Bd 1-4 cplt. 480,-

Münster · Cosmographia Band I

Antiqua-Verlag
Lindau

ISBN 3-88210-018-4
Faksimile-Druck nach dem
Original von 1628
Alle Rechte für diese Ausgabe 1978
by Antiqua-Verlag, Lindau
Reproduktion und Druck: Hain-Druck KG, Meisenheim/Glan
Bindearbeiten: Buchbinderei Kränkl, Heppenheim
Printed in Germany

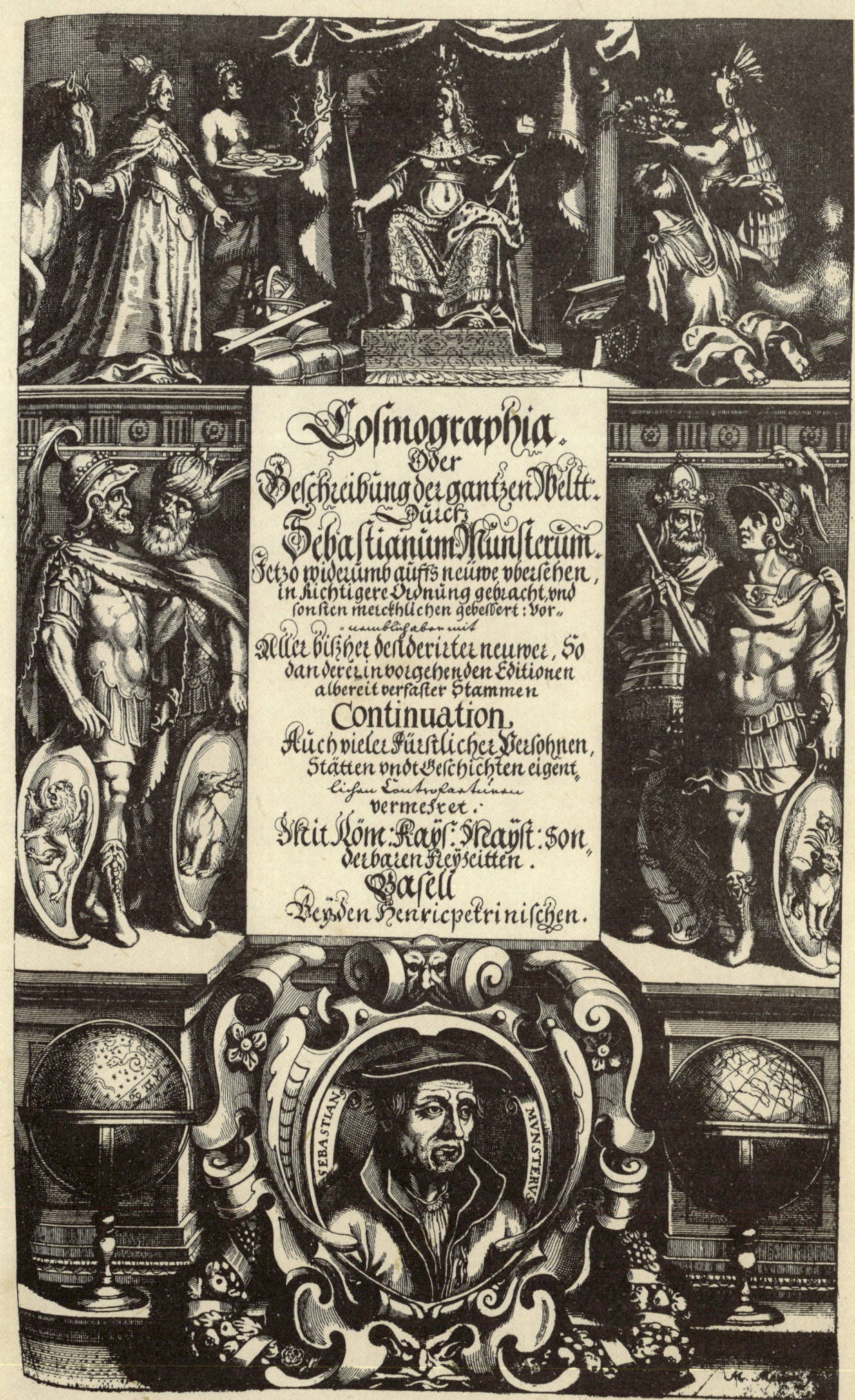

COSMOGRAPHIA,

Das ist:

Beschreibung der gantzen Welt/

Darinnen

Aller Monarchien

Keyserthumben/ Königreichen/ Fürstenthumben/ Graff- vnd Herzschafften/ Länderen/ Stätten vnd Gemeinden; wie auch aller Geistlichen Stifften/ Bisthumben/ Abteyen/ Klöstern/ Vrsprung/ Regiment/ Reichthumb/ Gewalt vnd Macht/ Veränderung/ Auff- vnd Abnehmen/ zu Fried- vnd Kriegszeiten/ sampt aller vbrigen Beschaffenheit.

Deßgleichen

Aller deren/ beyder Ständen/ Regenten: Keysern/ Königen/ Bäpsten/ Bischoffen/ ꝛc. Leben/ Succession/ Genealogien vnd Stammbäumen:

So dann

Aller Völcker in gemein Religion/ Gesätz/ Sitten/ Nahrung/ Kleydung vnnd Vbungen/ wie auch aller Ländern sonderbare Thier/ Vögel/ Fisch/ Gewächs/ Metall/ vnd was dergleichen mehr bey einem jeglichen Landt in acht zunehmen/ in guter Ordnung zusammen getragen:

Mit schönen Landtaffeln/ auch der fürnehmbsten Stätten vnd Gebäwen der gantzen Welt/ sampt obgedachter Geistlicher vnd Weltlicher Regenten vnd anderer verrühmbten Personen/ wie nicht weniger aller seltzamen Thieren vnd Gewächsen eigentlichen Contrafacturen gleichsam abgemahlet vnd vnder Augen gestellt.

Erstlichen

Auß Antrieb vnd Vorschub/ vieler hohen Potentaten/ Fürsten vnd Stätten/ durch den fürtrefflichen vnd weitberühmbten Herrn

SEBASTIANVM MVNSTERVM

an den Tag gegeben:

Jetzund aber

Auff das newe vbersehen vnd mit vielerley nohtwendigen Sachen Fürstlichen Stambäumen/ Figuren vnd Stätten:

Sonderlich aber

Einer vollkommnen Beschreibung der vnbekandten Länder Asiæ, Africæ, Americæ, so viel darvon durch allerhandt Reysen vnd Schiffarten/ biß auff dieses 1628. jahr kundt gemacht worden/ trefflich vermehrt/ vnd mit newen Indianischen Figuren geziehret.

Basel/

Bey den Henricpetrinischen:

Im Jahr

M. DC. XXIIX.

Sebaſtianus Munſterus iſt in dieſe Welt geboren worden in dem jahr vnſers HErren Chriſti 1489. zu Jngelheim in der Pfaltz/ da auch in dem jahr 742. Keyſer Carolus der Groſſe geboren worden. Jn dem jahr 1529. zur zeit der Kirchen Reformation kam er mit Herrn Simone Grynæo nacher Baſel/ vnd ward daſelbſten Profeſſor der Hebræiſchen Spraach: da er auch neben vielen andern herrlichen Büchern/ dieſes fürtreffliche Werck der Coſmographien geſchrieben. Starb an der Peſt in dem jahr 1552. ſeines Alters in dem 63. jahr/ vnd ward in der Thumbkirchen begraben: da jhme zu Ehren beygeſetztes Epitaphium auffgerichtet worden.

GERMANUS ESDRAS HEIC
STRABOQUE CONDITUR.
SI PLURA QUÆRIS AUDIES:
SEBAST. MUNSTERUS INGELH.
THEOL. ET COSMOGR.
INTER PRIMOS SUMMUS
SOLENNEM ASCENSIONIS MEM.
ANNO SAL. M. D. LII.
MAIOR SEXAG. MORTE PIA
ILLUSTRAVIT.

Dem Durchleuchtigsten vnnd
Großmächtigsten Landsfürsten vnd Herren/Herren
Gustaff zu Schwedien/ der Gothen vnd Wenden/ ꝛc. König/
meinem allergnädigsten Herren.

Je gantze Welt zu beschreiben/wie mein Fürnehmen ist in diesem Buch/ Großmächtigster vnd Gnädigster Herr/erfordert ein weitschweiffig vnd wolbericht Gemüth/ daß viel gelesen/ viel gesehen/ viel gehört vnd viel erfahren habe. Welches dannoch alles nicht genug wil seyn/ wo nicht ein recht Vrtheil darbey ist/ dardurch man möge vnderscheiden/ das wahr von dem falschen/ vnnd das gewiß von dem vngewissen. Es were/ nach den Büchern Göttlicher Schrifft / kein lesen auff Erdtrich lustiger vnd nutzlicher dem Menschen/dann das lesen der Historien/wo sie(als sie solten) ohn angesehen dieser oder jener Partheyen geschrieben weren. Dann was sind alle Historien anders/ weder fürgebildte Exempel/ an denen man sicht wie diese oder jene Sach außgeschlagen/ wie Menschliche Witz vnd Vorsehung zum offternmal so vngewiß/ ja blindt ist/ vnd alle Ding so gar an der Handt Gottes hangen/ der alle Ding wircket in allen Dingen? All vnser Rahtschlag geht hinder sich/ wo er der Fürsehung Gottes nicht gemäß ist. Sihe zu/es wolten die Kinder Adams ein Thurn bawen biß an Himmel/vnd dem zukünfftigen Sündfluß entrinnen. Wie weit sie gefehlet haben/ist menniglichem Offenbar. Es haben vnderstanden Ninus vnd Semiramis zu bawen vnüberwindliche Stätt/ nemlich Niniven vnd Babyloniam: machten Mawren darumb so breit/ daß etliche Wägen neben einander gehen möchten. Es halff sie aber nichts: wie es sich mit der Zeit erfunden hat. Die Römer wolten jhnen zueygnen ein ewigs Regiment/ vnd höchst Imperium vber die gantze Welt: vertilcketen auch deßhalben die Africanische Statt Carthaginem/ die solches auch vnderstund. Wie lang aber haben sie es behalten? Die Juden vnd nach jhnen die Heyden/ wolten außtilgen Christum vnd sein heylsame Lehr/ wider den Rahtschlag Gottes. Aber was haben sie geschaffet? Es sind die Juden darüber zu grund gangen/ vnnd die Heyden ab jhrem Irrthumb vnd falscher Religion genommen/ wie vast sie darwider getobet haben. Das H. Land hat vor zeiten geflossen mit Milch vnd Honig. Aber jetzt ist es ein rauh/bitter/vngeschlacht Erdtrich. Griechenland hat zu denselbigen zeiten gehabt die sinnreichsten vnd spitzfündigsten Männer/ so in der Welt habe mögen erfunden werden/ da auch alle Philosophi vnd natürliche Meister erstanden sind. Was hat es jetzund anders/ dann elende/ grobe/ vngelehrte vnd vnverständige

):(ij   Leuth:

Vorrede

Leuth? Schweden/ Gothen/ Nordwegien vnd andere Mitnächtige Länder/ sind vor zeiten also arm vnd dürfftig gewesen an der Leibsnahrung/ daß sie ihre Indigenas vnd Landsleut nit haben mögen erziehen/ sondern mit grossen hauffen in andere fruchtbare Länder geschickt. Dann daher sind komen die Gothen/ Longobarden/ Nordmänner/ Cimbern/ Schweitzer/ Alamañen/ vnd andere viel mehr. Aber zu vnsern zeiten vbertreffen sie in Reichthumben gar nahe alle Länder Europe: wird auch nicht minder darinn gefunden/ dann in diesen äussern Ländern. Wo find man mehr Golds/ Silbers/ Kupffers/ vnd auch anderer Metallen/ dann in diesen Ländern? Wo find man schöner Vieh/ vnd mehr Fleisch vnd Fisch/ dann in diesen Ländern? Die auch dem gantzen Teutschlandt/ Franckreich/ Behem vnd Polandt/ dürre vnd gesaltzene Fisch genug geben. Was köstliche Fell/ Peltz oder Füterwerck auß diesen Ländern kommen in alle Mittägige Länder/ weißt jederman. Wo kompt aber das her/ daß diese Länder jhre Eynwohner nicht haben mögen ernehren/ speisen jetzundt vnnd schicken Nahrung in andere Länder? Es kompt von der Handt Gottes: der gibt vnd nimmet nach seinem Gefallen/ vnd erzeigt mit seinen Thaten/ daß er der HErr ist/ nicht allein im Himmel/ sondern auch auff Erden/ vnd in dem weiten Meere/ vnd alle Ding durch jhn verhandlet werden/ vnd nicht ex fortuna vel casu, das ist/ von Glück oder Vnglück/ wie die Menschen darvon reden/ sondern alles auß dem Wissen/ ja Ordnung Gottes geschicht. Daher kompt es/ daß ein Königreich abgeht/ vnnd das ander auffgeht: ein Landt reich wirdt/ vnd das ander verdirbt: ein Statt zunimmet/ vnd die andere abnimmet: ein Herrschafft außstirbt/ vnd die andere auffsteht: vnd in summa/ vnder dem beweglichen Himmel nichts beständig bleibt/ alles der Wandelbarligkeit vnderworffen ist. Darauß wir lernen sollen/ vnser Hertz nicht auffs Zergänglich/ sondern auf das Ewig zu schlahen. Solches aber schreib ich/ nit daß ich Ewer Königl. Majest. damit lehren wöll/ die solches wol weißt: sondern daß ich etwas Anzeigung gebe/ was mich verursachet hat zu schreiben diß Buch/ das vor mir keiner vnderstanden hat in solcher Gestallt/ vnd in Teutscher Zungen. Dann das Argument streckt sich gar weit. Ich hab hie ein Compendium vnd kurtzen Begriff/ von allen Ländern deß Erdtrichs/ dem gemeinen Mann wöllen fürschreiben/ sich darinn mit lesen zuerlustigen: vnd den Gelehrten ein Weg anzeigen/ wie man noch so viel Teutscher Chronographien/ auch gar nutzliche Cosmographien/ schreiben möchte. Wie ich dann solches vor achzehen jahren hab vnderstanden/ vnnd angefangen mit diesem Werck/ nachgefolgt dem Hochgelehrtn Mann Straboni. Als ich aber vor sechs jahren noch mit dieser Arbeit vmbgieng/ ist zu mir kommen Ewer Königl. Majest. Diener/ der Hochgelehrte Herr/ Georgius Normannus/ dem ich vorhin auß etlichen Büchern vnder meinem Nammen außgangen/ bekandt war/ vnd als er besichtiget diese vorgenommene Arbeit/ schetzet er sie wol würdig/ daß sie vnder dem Königlichen Schirm Ewer Königl. Mdjest. an tag käme: sonst were ich nicht so vermessen gewesen/ diesem Buch ein solchen Patron fürzustellen. Hab mich auch dieser anmutung dester lieber vnderzogen/ alß ich von jhm vernommen hab das fry vnnd geneigt Gemüt/ so Ewer Königl. Mayst. tregt gegen allen Gelehrten vnnd Kunstreichen. welches sie sonderlich bißher bewiesen hat in dem/ daß sie sich geflissen/ die jungen Lands fürsten vnnd Printzen/ Ewer Königl. Mayest. Söhn/ zu instituieren in Christlichen Tugenden vnnd Adelichen Künsten. Gott wöll sollich Gemüt bestättigen biß zum End. Ich het Ewer Königl. Mayest. Hauptstatt Stockholm/ sampt andern fürnemmen Stetten des Reichs Schwedien/ gern verfaßt gehabt in diese dritte Edition/ wie sonst andere Stett/ damit ich ein danckbar Gemüt hett erzeigt gegen Ewer Königl. Mayest. mir bewisen: aber nach dem Ewer Königl.

An Kön. Majestat zu Schwedien.

nigl. Mayest. mir von dem Königlichen Schloß Calmar Anno Christi tausend/ fünffhundert/sechs vnd viertzig/gantz gnediglich zugeschrieben/ist mir seidher biß auff den heutigen Tag nie kein gewisse Bottschafft zugestanden einen solchen ferren Weg / dardurch ich mein Fürnemmen hett mögen entblössen Ewer Königl. Mayest. Vnd damit will ich mich entschuldiget haben. Will auch mich hinfür Ewer Königl. Majest. auff das aller vnderthänigst vnd mit höchstem fleiß befohlen haben. Datum zu Basel am siebenzehen Tag Mertzens / im jahr nach Christi geburt/tausent/fünffhundert vnd fünfftzig.

Ewr Königl. Mayes.

Vnderthänigster

Sebastianus Munsterus.

Vorrede Sebastiani Munsteri, in das Buch der Cosmographey oder Weltbeschreibung.

Was Geographi ist.

DJE Kunst/ so man mit einem Griechischen Wort Cosmographiam nennt/ das ist/ Beschreibung der Welt/ oder Geographiam, Beschreibung des Erdrichs/ wie hoch vnnd Edel sie allwegen geachtet sey bey den erfahrnen Männern/ zeigen vns alle Historien an: ja die Historien gründen sich auch auff diese Kunst/ vnnd ohn sie mag niemand ein History ordenlich beschreiben/ oder auch recht verstehn. Wie dann ein weiser vnnd gelehrter Mann spricht: Die Geography ist ein erkantnuß des Erdrichs/ das wir sterblichen Leute auß der gnaden Gottes eynwohnen/ welche die Kunstliebhaber richtig vnnd fertig macht/ zu verstehn die geschehenen ding/ so vns von alter zeit her in Geschrifften verlassen sind. Ja diese Kunst eröffnet vns zum dickern mal die verborgene heimligkeit der H. Geschrifft/ vnnd entblöst die Krafft der klugen Natur/ so da verborgen ligt in mancherley dingen. Wie hetten die alten/ ja auch die so zu vnserer zeit leben/ also glückhafftige Krieg mögen führen in frembden vnnd fernen Ländern/ da sie etwan vber hohe Berg/ etwan vber tieffe Wasser/ haben müssen reysen/ auch etwan vber Meer schiffen: wann sie nicht hetten gewüst durch diese Kunst die gelegenheit des Erdrichs/ weite vnd enge des Meers/ vnd eygenschafft der Länder? Was meynst du/ daß die König in Hispania für kosten vnd schaden haben erlitten/ biß sie das vndertheil des Erdrichs haben erfahren/ vnd die Schiffarten von Hispania in Orient durch den Mittag erkundiget? Man achtete vor zeiten die Menschen hoch verständig vnd klug/ die da weit gewandert vnd an vielen enden gewesen waren/ viel Stätt gesehen/ der Menschen Sitten vnd Eygenschafft/ Gewonheit vnd Gebräuche erfahren/ darzu mancherley Thier/ Bäum/ vnd der Kräuter natur/ hetten gelernt vnd erkent.

In was achtung bey den alten die Cosmography gewesen.

Man entbote jnen grosse Ehre/ vnd brauchte sie zu Räthen gemeines Nutzes/ vnd zu Richtern des Volcks: alß die jenigen/ so durch eygne erfahrung gute vnd sälige Rhät geben könten. Dann diese Kunst streckt sich nicht allein vber die Länder/ wohnungen vnnd sitten mancherley Völcker/ sonder bekümmert sich auch mit andern dingen des Erdrichs vnd Meeres: alß mit seltzamen Thieren/ Bäumen/ Metallen/ vnd andern nützen vnnd vnnützen dingen/ so auff dem Erdrich oder in dem Meere erfunden werden. Zu vnsern zeiten ist es gar nicht von nöthen/ daß du weit hin vnd her auff der Erden vmbschweiffest/ zu besichtigen vnd erfahren die Gelegenheit der Länder/ Stätt/ Wässer/ Bergen vnnd Thäler/ item die Sitten/ Gebräuch/ Gesatz vnd Regiment der Menschen/ eygenschafft vnd natur der Thier/ Bäum vnd Kräutern. Du magst diese ding jetzund in den Büchern finden/ vnd darauß mehr lernen vnnd erkennen von diesem oder jenem Landt/ dann ein anderer/ der gleich darinn Jar vnd Tag gewesen ist. Hie findest du (wie man zu vnsern zeiten also scheinbarlich vnd Burgerlich vndereinander in den Gemeinden lebt / weder zu alten vnnd ersten zeiten / da die Menschen auff der Erden schlecht/ einfeltig/ ja frech vnd roh lebten. Sie hetten kein verzeichnete Müntz im brauch: da war kein Gewerb noch Kauffhandel/ sonder sie gaben Waar vmb Waar / vnnd vergolten ein gutthat mit der andern. Es hete keiner etwas besonders oder eygenthumb/ sonder wie der Lufft vnd Himmel gemein waren/ also war auch das Erdrich vnnd Wasser frey bey jederman. Sie strebten nit nach zeitlicher Ehren vnnd Reichthumen: dann es war ein jeglicher mit wenigem benügt. Auff dem Feld/ vnder dem Himmel / oder vnder einem schatechtigen Baum/ oder vnder einer niederen Hütten/ saß vnd wohnet der Mann mit seinem Gemahel vnd lieben Kindern sicher/ vnnd gar nahe müssig. Sie lebten von den zusam-

Vorrede Sebastiani Munsteri.

zusammen getragnen Ackerfrüchten/ vn̄ von Milch des Viehs. Das Wasser war jhr Tranck: mit den breiten Blettern machten sie jhnen zum ersten Kleyder: darnach hefftetenen sie zusammen Thierhäut oder fäll/ vn̄ schlugen dieselben vmb sich an der Kleyder stat. Sie hetten dazumal keine Ringkmawren vmb sich gehn/ oder auch Gräben: sonder sie schweiften damalen frey vnder den freyen Thieren: vnd wo sie die Nacht begriff/ da legten sie sich nider zu der ruhe: sie besorgten sich keiner Mörder oder Dieben: ja sie wusten nichts von diesen dingen/ die hernach (alß die Welt auffgieng vn̄ zunam) entstunden auß den mancherley vnd zweyträchtigen fürnemen der Menschen. Dann da das Erdrich ohn baw vnd arbeit nicht mehr Nahrung bracht/ darzu andere mehr mängel vnder den Menschen entstunden/ vnd die wilden Thier vn̄ außlendigen Menschen begunten auff den Raub zu lauffen: da haben sich die Menschen zusammen gethan/ vn̄ gemeine hülff zusammen getragen/ auff daß sie gleich wie mit einer hand widerstand theten dem freffenlichen vnd mutwilligen eynlauffen/ vnd haben angefangen jhnen zuzueignen bestimpte örter vnd gemärckt des Erdrichs/ haben beyeinander jhre Hütten auffgericht/ vnd Völcklich oder burgerlich mit einander angefangen zu leben/ vnd Menschlich vnder einander zu wandlen. Darnach/ da weiter noth jhnen zugestanden ist/ haben sie sich mit Mawren vn̄ Gräben bewart/ Satzungen gemacht/ vn̄ Oberkeiten erwehlt: damit sie fridsamlich beyeinander leben möchten. Vnd zu letst haben sie sich nicht allein mit dem Feld vnd Vieh/ sonder auch mit mancherley erfundenen Handwercken vnd anderer Arbeit/ ernehret. Sie haben mit zusammen gebundenen Bäumen vber Meere geschiffet/ vnd angefangen Kauffmanschatz zu treiben/ Wägen mit eyngespannten Pferden zu brauchen/ das Ertz zu der Müntz ziehen/ zierlicher vnd sennfter sich zubekleiden/ freundlicher reden/ scheinbarlicher essen/ herzlicher bawen/ von Todtschlag vnd speiß Menschliches fleischs abstehn/ Rauberey vnnd offentliche Vnkeuschheit/ vnd besonderlich mit den Müttern vnd Töchtern/ zu vermeiden. Sie haben sich forthin gebraucht der Vernunfft vnd Leibskrefften: vnd haben das Erdrich so mit dicken Wälden vberzogen/ mit schädlichen Thieren erfüllt/ vnnd mit grossen Lachen oder Pfützen vngebawen vnd wüst lag/ mit klugheit vnnd arbeit gesäubert von den Steinen/ von den hölzenen Blöchern vnd vberflüssigen Wassern/ haben es eben/ fruchtbar vn̄ hübsch zugerichtet. Die ebnen Felder haben sie zu Ackern/ vnd die Bühel zu Weingärten verordnet/ vnd angefangen mit dem Karst Korn vnd Wein auß dem Erdrich zu ziehen/ das vorhin kaum Eicheln vnnd Holzäpffel zu der Nahrung bringen mochte. Die Thäler haben sie gezieret mit feuchten Wisen oder Marten/ vnd lustigen Gärten/ vnd die gipffel der Bergen den Wälden gelassen. Vnd ist also bald darnach das gantz Erdrich der Fruchttragung dermassen zugeeignet worden/ daß kaum so viel vberblieben ist/ das zu der Weyde vnnd dem Holzwachs genug gewesen. In diesem allem haben die Menschen angefangen hin vnnd her/ an bequemlichen örtern/ Fläcken zu bawen/ auß den kleinen Dörffern grosse Stätt zu machen/ auff die hohe Berg Schlösser zu setzen/ in den Thälern heilsame vnnd lustige Brunnen in steinene Särche zu fassen/ hübsche Bäum/ die ein schatten machen/ darumb zu pflantzen/ vnd davon durch Rätel vn̄ Teuchel weit in die Stätt hinein springende Brunnen gelegt. Die Bäch vnd vngestüme Wasser/ die vorhin etwan weit außgelauffen/ zu mercklichem schaden des felds vn̄ der Frucht/ haben sie mit Dämmen vn̄ geschlagenem Erdrich bezwungen/ vnd in einen stäten gang gefasset/ vnnd daß man gering (so man wolte) darüber kommen möcht/ starcke Brücken gemacht. Also ist das Erdrich nach vnd nach so gar durchbawen worden/ mit Stetten/ Schlössern/ Dörffern/ Ackern/ Wiesen/ Weingärten/ Obsgärten/ vn̄ dergleichen dingen/ daß es jetzund zu dieser zeit ein ander Erdrich möcht genennt werden/ wann man es rechnen wolt gegen der wilden form vnnd gestalt/ so es zu den ersten zeiten gehabt hat. Es sind auch durch die Menschen mit der zeit erfunden viel sinnreicher Künsten/ die sie in Geschrifften jhren Nachkommen haben verlassen: ettliche aber sind zu grund gangen. Vnd also sichst du/ daß die Welt in ein gar hübsche ordnung gebracht ist/ weder sie vorhin gehabt hat. Aber der Feind Menschliches geschlechts hat gar bald seinen Saamen dareyn gesäet. Dann erstlich hat er die Menschen jhm vnderthänig gemacht

Vorrede.

Anfang der Abgötterey.

gemacht mit allen Lastern: darnach ein begierd in jhnen erweckt/ zu wissen zukünfftige vnd himmelische ding/ auch durch dunckele weissagung in sie getrieben ein forcht/ vnd fürgehalten ein verworfnen dienst der Götter vnnd Göttin/ damit er abtilgete des wahren Allmechtigen Gottes erkantnuß. Da kam es her/ daß er antwort gab durch die spöttlichen Bilder zu Delphis/ Item in Böotia/ in Euböa/ vnd bey dem Hammon in Egypten: vnnd brachte es auch dahin/ daß die Menschen göttliche Ehr entborten dem Saturno zu Rom/ dem Jupiter in der Insel Creta/ Junoni zu Samos/ Baccho zu Thebis/ Osyri in Egypten/ Apollini zu Delphis/ vnnd Veneri in Cypern: deren Namen hoch bekannt waren bey jhren Völckern/ der Gutthat halben so sie jhnen bewiesen/ oder ettlicher nutzlicher newer ding halben die sie erfunden hatten. Ja so hart hat es die blinde Leuth verführt vnnd an sich gezogen/ daß man den Teuffelischen dienst auß jhren Hertzen nicht bringen möchte/ ohn vieler heyliger Menschen vberflüssiges blutvergiessen. Vnd da das auch geschehen/ hat der listige Satan etwas anders erdacht/ vnd die Menschen weiters in einer andern gestalt angriffen/ verführt vnd betrogen: auch sein listigen anschlag dahin bracht/ daß die Völcker in dem kleinen Asia/ vnnd in Armenia/ Arabia/ Persia/ Syria/ Assyria/ Media/ Egypten/ Numidia/ Libya/ Mauritania/ Thracia/ Griechenlandt/ sampt anderen mehr Ländern/ Christum/ den wahren Heylandt der Welt/ haben vbergeben/ vnnd Mahometo/ dem falschen Propheten/ vnnd fallendsiechtägigen Menschen geschworen/ göttliche ehr bewisen/ vnd seine verführische Lehr angenommen. Ich geschweig hie der Scythen vnd Tartarn/ deren auch viel einen anderen Glauben haben/ weder die Türcken vnd Sultanischen. Auß diesem magst du mercken/ daß gegen den jetzgemeldten Völckern/ ein kleiner hauff ist auff Erden/ der Christum den Hertzen bekent/ vnd an jhn glaubt. Ja jhre zahl mindert sich täglich besonder gegen Orient/ da der Türck jmer ein Landt nach dem andern eynnimpt. Vnd ob er schon die Christen bleiben lasst bey jhrem Glauben: verbeut er doch offentlichen zu predigen das Wort Gottes: folget darauß/ daß die Christen/ vnder dem Türcken geboren/ auß beywohnung der Türcken/ liederlich zum abfall gebracht werden/ vnnd sich an jhre Religion begeben. Wie der Prophet im Psalter sagt: Sie sind vermischet vnder die Völcker/ vnd haben jhre Werck gelernet. Es kompt auß diesen zweyspältigen Glauben/ vnd mißhelligem leben/ daß ein jegliches Volck seinen Gott/ alß den höchsten/ erhebt/ vnd vermeynen sie gangen den rechten weg zur Seligkeit/ vnd alle andere Menschen gangen jrr/ vnd besliessen sich auch jhre Sect weit außzubreiten/ vnd wer jhnen nicht gehorchet/ den verfolgen sie mit grossem neid vnd haß: also daß jetzund keiner/ ohn gefehrligkeit seines Leibs vnnd Lebens/ wanderen mag in ein frembd Land/ das eines andern Glaubens ist/ daßselbige zu erfahren vnnd zu besichtigen nach jetziger Gelegenheit. Ich sprich/ nach jetziger Gelegenheit: nit daß das Erdreich durch andere Eynwohner verwandlet werde: (dann es bleiben für vnd für in einem wesen/ eines jeden Landts grosse Berg vnnd Thäler/ fliessende Wasser/ vnnd stillstehende See/) aber der baw des Erdtrichs verendert sich stäts in Stätt vnnd Flecken/ darzu in fruchtbarkeit vnnd newen eynflüssen des Himmels: ich geschweig der manigfaltigen Regierungen/ Sitten vnd Gebräuchen der Eynwohnern. Nim für dich vnser Teutschlandt: so wirst du finden/ daß es zu vnsern zeiten gar viel ein andere gestalt hat/ weder es vor zwölffhundert jahren gehabt/ da es Ptolomeus beschrieben hat/ vnd vor jhm Strabo. Dann dazumal hat man kein vmbmaurte Statt darinn gefunden: sonder es war vberzogen mit einem grawsamen grossen Wald/ vnnd wohneten

Sebastiani Münsteri.

neten die Menschen hin vnd her in den Thälern/ vnd bey den Wässern/ in kleinen Hütten/ hatten kein Gewerb oder Handtierung/ reyseten auch nicht in frembde Länder/ wie ich hie vnden weiter darvon schreiben will. Aber zu vnsern zeiten ist es nicht minder erbawen/ dann Italia/ oder auch Gallia. Das widerspiel findest du im Heyligen Land: das zu vnsern zeiten gar nahe öd vnd wüst ligt/ aber vor zeiten alle Länder der Erden in fruchtbarkeit vbertroffen. Demnach laß dich nicht wunder nemen/ daß man im Ptolemeo zweyerley Tafeln sind vber ein Land/ die alten/ vnnd die newen. Die alten/ so Ptolemeus/ Strabo/ vnd Cornelius Tacitus/ beschrieben haben/ zeigen an/ was für Völcker vnd Wohnungen zu jren zeiten in einem jeden Land sind gewesen: vnd weil dieselbigen jetzund mehrer theils in ein abgang oder verenderung komen sind/ hat von nöthen seyn wöllen/ durch newe Tafeln/ die gelegenheit der Welt vnnd eines jeden Lands anzuzeigen/ weil man damalen hat mögen beschreiben die frembden Länder/ die zu vnsern zeitē nit wol mögen durch wandert werdē. Aber weil vor alten zeiten her alle Landschafft beschrieben sind nach jren Gelegenheiten: ist nit schwer ein newe Taffel darnach zu richten/ so einer weißt die newen Namen der Bergen vnd Wässern/ auch die Stätt darinn gelegen/ vnd der Völcker durch welche sie bewohnet. Ich kan wol erkennen/ daß einem vernünfftigen vnnd sinnreichen Menschen gar anmütig were/ ein Land zu besehen in jhm selbst/ nach seiner natürlichen gelegenheit vnd wesen. Dieweil aber solches nicht wol mag seyn: ist es nicht für ein kleines zu achtē/ so man dir für augen stellt in einer Tafeln sollichs Lands lenge vnd breite/ Völcker/ Stett/ Berg/ Thier/ vnd dergleichen ding/ die darinn gefunden werden. Ja ich darff sagen/ daß ein wolbeleßner vnd verständiger Mann etwan mehr weißt zu sagen von einem frembden Land/ dareyn er doch nie kommen ist mit seinem Leib: dann mancher grober Mensch/ der gleich wol solches Land durchwandert/ aber keiner dingen acht gehabt hat. Damit nun mancher Mensch/ dem nicht müglich ist diß oder jenes Land an jhm selbst zu beschawen/ vnd doch gern wußte der Länder gelegenheit/ seines fürnemmens nicht gar beraubt werde: hab ich mir fürgenommen/ allen liebhabern der freyen Künsten für augen zu stellen/ gelegenheit vnnd form des gantzen Erdrichs/ vnd seiner theilen/ das ist/ besunderer Landschafften: vnnd das mit bequemlichen Figuren/ so zum theil vor alten zeitē der hochberühmpt Astronomus vnd Cosmographus/ Ptolemeus/ vnd andere nach jhm/ hinder jhnen verlassen haben/ aber allermeist wie sie zu vnsern zeiten auff das allerfleissigst beschriben werden. In welchen ich dich vmbher führen will von einem Land zum andern/ ja auch mit dir vber Meer fahren/ vnd anzeigen die Stätt/ Berg/ Wässer/ Wildnussen/ vnd andere ding/ die dem Menschen lustig vnd kurtzweilig sind zu wissen/ alß Sitten/ Wesen/ Wandel vnd Handtierung der frembden Völckern/ dazu was besunders bey jhnen auß dem Erdrich entspringt vnd gefunden wirdt. Also wöllen wir kein Land vntersucht lassen: damit wir erkennen/ was Gott für seltzame vnd wunderbarliche ding auff dem weiten Erdrich erschaffen habe/ vnd je einem Land etwas geben/ das in dem andern nicht gefunden wird/ vnd seine Gaaben also wunderbarlich außgetheilt/ daß wir darbey lehrnetē/ daß ein Mensch vnd ein Land des andern allwegen bedarff/ vnd keins alle ding auff einen hauffen empfangen hab. Was ich aber selbst nie gesehen hab/ dessen nun viel ist/ will ich nemmen auß den Geschrifften/ die hinder jhnen verlassen haben ettliche Hochgelehrte vnd weiterfahrne Männer: alß da sind/ Ptolemeus/ Strabo/ Tacitus/ Diodorus Siculus/ Plinius/ Quintus Curtius: vnd vnder den newen/ Matthias Michaw/ Sabellicus/ Johannes Boemus/ Varrogensis/ Paulus Venetus/ Vesputius/ Albertus Krantz/ Frisingensis/ Vrspergensis/ Nauclerus/ Cuspinianus/ Bonsinius/ Beatus Rhenanus/ Egidius Tschudus/ Jrenicus: vnd sonst andere Historien vnd Chronicken beschreiber ohn zahl/ die ich auff diß Werck hab durchsehen/ vnd darauß genommen/ was meinem Fürnemmen dienstlich gewesen. Ich hab mich auch weiter beworben bey Fürsten vnd Herren/ grossen vnnd kleinen Stätten/ item bey vielen herrlichen vnd gelehrten Männer/ die mir allenthalben grosse hülff vnd stewr gethan haben zu diesem Werck: wie ichs an einem jeden ort nit verschweigē will. Es ist nit müglich/ daß ein Mensch jetzund möge beschawen das gantze Erdrich: dann das Leben ist zu kurtz/ so sind der gefehrlichkeiten auff dem Land zu viel/ des mißhelligen Glaubens halber/ daß niemand also sicher das Land durchwandlen mag/ alß vor zeiten/ da vnder einem Regiment viel Länder vnnd Königreich waren bezwungen/ vnnd das halben ohn besonderer müh alle ding von dem Menschen haben mögen gesehen werden. Wie dann auch in des grossen Alexanders Reise/ da er in Orient zog/ ein groß theil des Lands Asie

den

Vorrede.

Aſie den Menſchen iſt offenbar worden. Darnach / vnder den Römern / iſt das gantz Europa / vnd ein gut theil von Aſia vnd Africa / bekandt worden. Es ſindt auch zu vnſern zeiten hin vnd her viel trefflicher Männer gefunden / die ettliche Länder inſonderheit durchgangen vnd beſchrieben haben: wie das anzeigen die newen Taflen / in kurtzen jahren dem Ptolomeo nach vnd nach angehenckt. In welcher Arbeit ich auch etwas gethan hab / beſonder das antrifft den Rheinſtrom vnd Schwartzwald: doch nicht ohn hülff anderer guter Männer / wie ich an ſeinem Ort anzeigen wil. Damit aber ein rechte Ordnung gehalten werde in beſchreibung der Welt vnd aller Länder / ſo iſt diß Buch vnderſcheiden in acht Theil.

Ordnung dieſes Buchs. Im I. Theil.

Im erſten Theil wird erkläret die figur der gantzen Welt / mit Zirckeln / Linien / Parallelen / vnd was darbey noht wird ſeyn zu wiſſen: dann das iſt ein Grund vnd Fundament aller dingen damit die Coſmographey oder Weltbeſchreibung vmbgeht.

II. Im andern Theil dieſes Buchs / wird zu handen genommen Europa vnd beſchrieben die Länder / groß Britannia / Hibernia / Engelland / Schottland / Hiſpania mit jhren Stätten / Bergen / Waſſern / Völckern / ꝛc.

III. Der dritt Theil begreifft Galliam oder Franckreich / nach aller ſeiner Gelegenheit / Außtheilung / Völcker / Stätten / Bergen / Waſſern / ꝛc.

IV. Der vierdte Theil / iſt ein beſchreibung Italiæ / nach aller gelegenheit / in Völckern / Stätten / ꝛc. vnd Verenderungen.

V. Der fünffte Theil handlet von Teutſchlandt / mit allen ſeinen Landſchaften / Fürſtenthumben / Stätten vnd namhafftigen flecken.

VI. Der ſechſte Theil erkläret die vbrigen Länder Europe: nemlich Dennmarck / Norwegien / Gothen / Schweden / Vngerlandt / Polandt / Littaw / Reuſſen / Moſcow / Wenden / Siebenbürg / Griechenland vnd die Türckey.

VII. Im ſiebenden / wirdt zu handen genommen Aſia / mit ſeinen Ländern / Völckern vnd Inſeln.

VIII. Im achten vnd letzten / Africa: vnd werden darinn erzehlt die manigfaltigen Königreich vnd Provintzen / mit kurtzer Anzeigung deren Dingen ſo darinn gefunden / vnd auch etlicher namhafftiger Geſchichten / die ſich darinn verlauffen haben.

Weiter ſolt du freundlicher Leſer wiſſen / daß mein erſt Fürnehmen iſt geweſen / Teutſche Nation / ſo viel mir müglich / herfür zu bringen / in jhren Landſchafften vnd Stätten: in was geſtalt ſie angefangen vnd auffgangen: was die Natur darinn ſonderlich bracht / oder Menſchlich Kunſt erfunden: was mercklichs ſich verlauffen vnd geſchehen. Doch auff allweg mich gefliſſen zu ſchreiben die ehrlichen Thaten / außgenommen die widerwertigen Spänn / ſo ſich zwiſchen den Stätten vnd Fürſten erhebt / die zum offternmal nicht mögen beſchrieben werden (will man der Warheit nachgehen / wie das alle Hiſtorien erforderen) ohn verletzung einer Partheyen: aber in ſolchem gantz vnparteyiſch mich gehalten / auff keine Seiten meine Affect laſſen lauffen / ſondern der That ſtracks nach gangen / die beſchrieben wie ſie ſich verlauffen / vnd wie ſie von den Hiſtoryſchreibern ſeynd verzeichnet worden / ja zum offternmal außgelaſſen / was häſſig vnd vngeſchaffen ich darinn gefunden. Gott weißt es / daß mein Fürnehmen nie geweſen / jemands verächtlichen anzutaſten: ſondern viel lieber wolt ich bey menniglichem Danck / dann Vndanck oder Feindtſchafft / in meinem Schreiben erlangen. In ſumma / was ich von einer jeden Statt oder Herrſchafft hab gefunden das hab ich mit kurtzen worten angezeichnet. Iſt es vngeſchaffen geweſen / ſo hab ichs auffs glimpffigſt geſchrieben. Ich bekenn auch / daß ich manche Statt Teutſcher Nation für mich genommen hab zu beſchreiben / vnnd etwan den mindren theil jhres Lobs angezeiget: nicht auß verachtung / ſonder daß mir nicht mehr darvon zu wiſſen iſt geweſen. Welches auch eben die Vrſach iſt geweſen / daß ich manche Herrliche Statt überhufft hab / vnd gar nichts von jhrem weſen geſchrieben. Ich hab mich bißher achtzehen jar lang / vnnd etwas darüber / weit vnd breit erkündigt in Teutſchem Lande / vnd allenthalben hülff geſucht (wie dann das die notturfft in einem ſolchen fürgenommen Werck erfordert) vnd wo ich ein Gelehrten vnd erfahrnen Mann gewüſt / den angerüfft / jhm mein Fürnemmen entblöſt: hab auch manchen gutwilligen gefunden / der mir mit geneigtem willen die hand gebotten / mit ſchreiben / mir bericht geben / vnnd mit zugeſchickten Büchern: hab dargegen auch etlich geſpürt / die hierzu nichts haben wöllen helffen / ſo ſie doch wol hetten gemöcht: dieſe laß ich nun hin fahren. Die aber / ſo mir trewlich zugeſprungen / vnd behülfflich geweſen / einer auff dieſen / ein andrer auff einandern weg / vnd darumb einer ewigen vnnd vnſterblichen gedechtnuß bey vnſern Nachkommenen wol würdig / ſeind erſtlich / der

Durch-

Sebastiani Munsteri.

Durchleuchtig vnd Hochgeboren Fürst/ Hertzog Johan/ Pfaltzgraffe bey Rhein/ Graffe zu Spanheim ꝛc. Die Hochwürdigen Herren vnd Fürsten: Herr Johann/ Graff zu Ysenburg/ Ertzbischoff zu Trier/ vnd des Heyligen Reichs Churfürst: Herr Melchior Zobel/ Bischoff zu Wirtzburg/ vnd Hertzog in Francken: Herr Johan Magnus/ Ertzbischoff zu Ypsal in Schweden/ mit seinem Bruder Olao Magno: Herr Adrian von Rietmat/ Bischoff zu Sitten in Wallis. Der Wolgeboren Herr/ Herr Wilhelm Wernher/ etwan Freyherr/ jetzt aber Graff zu Zimbern. Item die Hoch vnnd Wolgelehrten Herren: Herr Bonifacius Amerbachius/ Doctor in Rechten: Herr Simon Reichwein/ Herr Wolffgang Lazius/ vnnd Herr Achilles Gassarus/ Doctores der Artzney: Herr Nicolaus Briefer/ Licentiat in Rechten: Herr Johannes Dryander/ Doctor der Artzney zu Marpurg in Hessen: Herr Jörg Pictorius/ Doctor in der Artzney zu Einßheim im obern Elsaß/ Herr Johannes Kalbermatter Landtvogt in Wallis: Juncker Andres/ Alexanders/ des alten Cantzlers zu Heidelberg Sohn: Herr Johann Hubinsack/ Landrichter im Leberthal: Jacob Röbel/ Stattschreiber zu Oppenheim: Andreas Heinlein/ Burger zu Nürnberg: Wolffgang Vogelman/ Stattschreiber zu Nördlingen: vnnd andere mehr/ ettliche auß Dännmarck/ etliche auß Siebenbürgen/ etliche auß der Insel Majorica/ etliche auß Schottland/ etliche auß Finland/ ꝛc. deren ich auch sonst gedencke/ eins jeden an seinem ort/ da sie mir hülff haben gethan. Wie ich dann auch allemal anzeuch die Cosmographen/ Historiographen/ Jarbücher/ die man Annales nennt/ Itineraria, die Wegfärt beschreiben/ Chronicken/ Zeitbücher/ vnd Geographen/ der Länder Beschreiber. Dann nach dem ich nicht allein bey Teutschland hab wöllen bleiben/ sonder auch ein Compendium vnd kurtzen begriff der gantzen Welt wöllen zusammon lesen: ist mir von nöhten gewesen zu besehen alle Bücher/ die von diesem oder jenem Land meldung thun. Dieweil sie aber nicht allwegen gleich zu stimmen/ etwan in der zeit: etwan auch zwen ein handlung anders vnd anders beschreiben/ nach dem sie darzu geneigt oder vngünstig sind gewesen: etwan auch einer von hörensagen/ der ander aber auß gutem wissen geschrieben: komm dann ich oder ein andrer darüber/ lesen jhre Geschicht/ finden ein mißhäll in jhrem Schreiben/ welchem soll ich nun glauben: Wann die menge der Bücher vorhanden were/ da ein Sach durch vil beschriben wird were etwan ein gewiß Vrtheil zu fellen/ sonst muß man sich der conjectur behelffen/ oder anzeigen was dieser vnd jener schreibt. Das schreib ich nun darumb/ ob etwan einer ein mißhäll in diesem Buch fünde/ das er nicht gleich wider mich tobe: sonder gedencke/ daß ich zum offtern mal mehr der andern/ dan meine eigne meynnug anzeig/ vnd dem Leser das Vrtheil laß. Ich bekenn auch/ daß ich etwan in einer Herschafft zu lang gestanden bin/ vnd sachen anzeuch/ die niemand anmütig sind zu lesen/ dann jren Eynwohnern/ vnd denen sie bekant sind. In frembden Ländern aber so ausserthalb dem Teutschen Land ligen/ weiß ich nichts/ das ich je geschrieben hab/ das nicht jederman kurtzweilig zu lesen sey: besunders waß Asiam Indiam/ die Newen Inseln/ vnd Africam antrifft.

Ende der Vorrede.

Von

Von Contrafehtung der Stätten.

So viel der Stätten Contrafehtung antrifft / soll menigklich wissen / das ich in dieser meiner Arbeit vnderstanden hab / einer jeden Statt / deren Beschreibung in diesem Buch verfaßt ist / Gelegenheit vnnd Contrafetischen Pictur / so viel müglich / eynzuleiben / hab auch deßhalben mich mit schreiben / vnd durch Mittelpersonen / weit vnd breit beworben / nicht allein in Teutschem Landt / sonder auch in Italia / Franckreich / Engelland / Poland / vnd Dännmarck. Was ich aber erlangt hab bey etlichen Fürsten / Bischoffen / Stetten / vnd etlichen besonderen Personen / wirdt in diesem Buch mit ewigem Lob deren / so jhr hülff herzu gethan / an jedem Ort gemeldet. Von manchem ort ist mir auff mein anlangen kein antwort worden. Es hat sich auch manch ort beklagt / das es mir nit hat mögen zu willen werden / eines geschickten Malers halben. Wie dann ich auch bey etlichen grossen Stätten erfahren hab / daß nicht ein jeder Maler ein Statt in grundt legen kan. Die Maler in Italia sindt deßhalben nicht vngeschickt / wie dessen schein ist in Rom / Neapels / Venedig / Florentz / Constantinopel / rc. Welche alle in Italia contrafehtet / vnd recht in grundt gelegt / in grosser form getruckt / vnd mir zuhanden kommen sind / wie ich sie dan auch in diß Werck (aber gar klein) geordnet hab.

An den Buchbinder.

Die Stätt oder andere grosse Figuren / so vberzwerch von einer Columna zu der andern sich erstrecken / sollen eyngebunden werden wie andere Landtafeln: darumb sie auch allwegen das mittel der Quatern / Tritern oder Duern innhaben / oder stehen allein / wie die Zahl vnd Signatur außweisen.

Register aller fürnehmen Länder/
Keyserthumben / Königreichen / Herzschafften / Völckern/
Stätten/ Flecken/ Dörffern/ Schlössern/ Klöstern/ Wälden/ Thieren/ Wässern/ Flüssen/ Inseln/ vnd allerley namhafftigen Geschichten/ so in diesem Werck der Cosmographey begriffen werden.

A.

Ach/Aquisgranum	892	
Abertham Silbergrub	1162	
Abeville	286	
Abgötterey/woher sie jhren Anfang genommen	1517	
Abystiner	1580	
Abnoba/berg	609	
Accon	1291. 1509	
Acheln	1012	
Achiala vnd Tarsus in einem Tag von Sardanapalo gebawen	1480	
Achillis Gassers Bildnuß	933	
Ackerbaw/ wenn vnd von wem erfunden	1644	
Acridophagi	1541	
Adel woher der komme 661. im Elsaß 832. zu Wirtzburg. 1280 Kernden 1126		
Adels Mißbräuch 662 Standt bey den Teutschen	575	
Adelbertus Bischoff gemartert	1291	
Aden ein Gewerbstatt	1522	
K. Adolph von Nassaw wird erschlagen	536	
Aelen	698. 757	
Affen	1559. 1873	
Affrica 38. 53. 1628. das klein 1634. außtheilung	1631	
Agathyrsi	1541	
Agaunum/jetzt S. Moritz	682	
Agle	257	
Aglar	1374	
Agra	1597	
Agria von Türcken gewonnen	1464	
Agrigentum	581	
Aigue mortes	270	
Ajan	1676	
Ajax	1523	
Aix	272	
Ala	1664	
Alais	269	
Alb	985	
Albania	1493	
Albertus Magnus	1007. 1034	
Alboinus der Longobarden König	559	
Albrecht Röm. König/ wirdt ertödt von seines Bruders Sohn	637. 710	
Albrecht König in Vngarn	1390	
Albrecht Landgraf in Thüringen	1167	
Albrecht Marggraf zu Brandenburg.	1189. 1295	
Albuch	988	
Alchama	124	
Alchoran	1524	
Alen	989	
Alenspach	939	
Aleria	595	
Alemacarana	1523	
Aldenburg	1198	
Alemantia/was es heisse	604	
Alemannier/wie sie sich in Helvetiam nidergelassen	700	
Alexander der groß 1438. sein zug in Indiam 1552 Schlacht 1526. ersteigt die Sogdianer 1534 gewint Tyrum 1512 wird geschädiget vom Hagel	1540	
Alexandria in Italia 571 in Egypten	1654	
Alger	592	
Algier	1634	
Algöw	964	
Altair 1676. erobert	1460	
Allobroges	295	
Allodia/was es bey den Alten geheissen	661	
Almaysbach oder Alensbach	939	
Aloe	1577	
Alperspach	1008	
Alphonius Astronomus	109	
Altraun ein Zauberin	146	
Alsfeld	1139	
Altenburg ein Schloß	1109. 1154	
Altenstaig	961	
Altripp	860	
Alt Sider	690	
Altorff	1083	
Alstett	722	
Altzheimer Göw	868	
Amalsi	480	
Amara Berg vnd Königliche Gefangenschafft	1672	
Amazones	1483	
Amberg	1054	
Ambra	1601	
America 1687. Nam. ibid. Metall 1688 was die alten von America gewust/erste entdeckung 1692. Vögel/Thier vnd Gewächß 1695. das Mittägig	1718	
Amboise	232	
Amicea	447	
Amiens	285	
Ammirals in Franckreich Bildnus	205	
Ammonis Tempel	1642	
Ammorsfort	651	
Amphipolis	1520	
Amurathes Türckischer Keyser	1455. 1457. 1463	
Amsterdam	325	
Amyclae	447	
S Ander	112	
Ancona	434	
Antipodes	2	
Ancerma	1723	
Anchiala	1480	
Andernach	884	
Andlow	828	
Andreae Dortae Bildnuß	420	
Angelsachsen	66	
Angermann Hertzogthumb	1356	
Angiers	232	
Angulesune	287	
Angola	1680	
Angol	1738	
Annata Römische Schatzungen	875	
Annaberg	1109	
Annae Königs Rudolphi Semahl Grab zu Basel	635	
Annenberg ein Schloß	979	
Ananas Apffel	1697	
Antibe	276	
Antiochia	1514	
Antiquera	123	
Antonius de Leva	368	
Antorff	897	
Antwinus König der Werlen vnd Wenden	1271	
Anzigues	1680	
Apelles	1486	
Apis/Abgott der Egyptier	1650	
Apollinis Tempel	1437	
Appentzell 757. Krieg 722. werden geschlagen	940	
Apis nimbt ein Weib	109	
Apis Hoffart zu Meyntz auff einem Reichstag	873	
Abrenen die Fürnembsten in Teutschlandt	668	
Aquapendente	429	
Aquileia 516. wird verstört	ibid.	
Aquilunda ein See	1681	
Aquitania	147	
Arabia das Steinig 1519. das Einödig vnd das Edle	1521	
Aracan Königreich	1583	
Arachosia	1534	
Araw geplündert	793	
Arauca	1738	
Arbela	1526	
Arben	940	
Arch Noe	49. 1489	
Archidona	124	
Archon	1283	
Arelat Statt vnd Königreich 296. kompt an das Röm. Reich/vnd Franckreich	ibid.	
Arestum was es seye	191	
Arezia der Teutschen Mutter	604	
Argon	1619	
Argypper	1541	
Aria	1548	
Arica	1739	
Ariminum	437	
Aristotelis bildnuß 1443. ertränckt sich 8		
Arles	271	
Arlenberg	935	
Arzagöw	771	
Arm Cunradt	1016	
Armenia das klein 1481 das grosse 1487 von vilen völckern verwüstet	1490	
Armenjecken/bey Basel 786 zu Ensheim 816 bey Schlettstatt	828	
Armuchiquoi völcker	1701	
Armleder ein Bawrenkönig/wider die Juden	834	
Arnburg	772	
Arnoba/Berg	609	
Arnßheim gewunnen	1059	
Antropophagi	1541	
Arragonie Königreichs anfang 127 Würde vnd Herschafften	129	
Arras	281	
Arsaces	1531	
Arsinoe	1653	
Artois	320	
Asclepiades	1486	
Asia 30. 1472. das klein	ibid.	
Asphaltisch Meer	1501	
Assumption ein Insul	1700	
Assyria	51. 1525	
Assyrier am Fluß Indo vbel gelitten	1547	
Asura	496	
Athen	1436	
Athos/Berg	1439	
Atlas/Berg	1634	
Attila/ein Geissel Gottes 329. der Hunnen König 1373. Macht vnd Tyranney. ibid. wird abgetrieben 1374. verderbt Italiam	ibid.	
Ava	1584.	
Avinion	268	
Aufflauff zu Meylandt	638	
Braunschweig	1188	
Auffruhr zu Rom 629 zu Basel 783 zu Rufach 821 zu Eger 35. in Vngern 1382. zu Cöln 889. zu Münster in West-		

Register.

Westphalen 1256. zu Prag 1308 der Hussiten 1327 in Schweden 1348
Augspurg 1027. etliche Thäler darumb 1038
Augspurger Bischöff 1032
Augustus der Keyser/ bekriegt die Teutschen 612
Augustus Churfürst in Sachsen 1181
Augusta Rauricia/ jetzt Augst genannt 774.
Augstein 1290
Aurange 266
Aurochsen 1298. 1418
Aussetzige vergifften die Brunnen 330
Ausonius 244
Austrasia 188
Authun 287
Avernia ibid.
Avgas 1523
Azenaga. 1585

B.

Abylon 1517. 1650. zerstörung 1518
Babylonia 1516
Bacharach 884
Bachi Wohnung 1554
Bactriana 1554
Bäder so auß der Erden quellen 13
Baden im Ergöw 762 in der Maarggraffschafft 961
Baden weiler 958
Baix 474
Baiazeth/ Türckischer Keyser 1456. 1460
Baldus 432
Balsam/ wo er wachse 1652.
Bamba 1679
Bamberg 1109
Bamberger Bistumb 1088
Bantam statt 1605
Bannaras 1583
Bapst zu Rom 399 erwehlung 407 krönung 408. Weyhung 412 Bildnuß mit einem Bart im Bergwerck gefunden 1175. drey auff ein mal 645. Leo stirbt vor frewden 566. Felix 786. wird Cardinal 789. Johannes gefangen 769. Julius ein Kriegsman 208. Benedick trutzig wider den Keyser 641
Barbarossa schlecht herkommen 1637
Bardewick 1191
Bären Natur 1418. sindt weiß in Jßland 1365
Barzelona 128
Bartenstein 1292
Basel von Graffe Rudolph bekriegt 708
Basel 776. hohe Schul 798. Concilium 781. Psittich vnd Stern Gesellschaft 708. in Bündnuß mit Bern vnd Solerthurn 716. mit allen Orten der Eydtgnoßschafft 802 wird beschädiges vom Wetter 776. vom Brand vom Wasser vnnd Erdbiedem 781. hat Krieg 782. 783. 785. 788. Geschichten so da verlauffen 883. 890
Baßler dapffere Leut 632. werden wider den Friden beleydiget 802
Baßler Bisthumb 780. item ihre Krieg 782
Basiliscus 1642
Basmo 1602
Basteia 595
Baumgänß 70
Baum wollen gewechß 584
Bauren stand 676 des Reichs 664 Krieg 1070. in Vngern 1383. vmb Plawen 1160
Beyerlandt 1066. kompt an Sachsen 1063. fruchtbarkeit 1061
Beyerisch Stambaum 1065
Bebenhausen 1019
Beblingen 1021
Bdellium 1535
Beffort 804
Beicht der alten Francken 672
Beinheim 961
Beira 1554

Belbuck/ein Abgott 1283
Bellentz 792. 802
Beltzfäl/woher sie kommen 1369
Belus ein fluß 1513
Bengala Statt vnd Königreich 1580
Benevent 493
Beniti Königreich 1667
Bena 1665
Benomotapa 1677
Berenfelser Waapen 642
Berg die allzeit brennen/ vnd Fewr außwerffen 24. 579. des Reichs 664. Adula 929. im Algöw 965 Brenner 980 Gotthard 682. 929 Künterssberg 981. Lötschenberg 683. Montosch 981. Rätzberg 980. Reuschlinsberg 772. Vocetius 704. in Wallis 681
Bergamo 524
Bergen/ Hertzogthumb 900
Bergmänntlein 29
Bergwerck 27. 693. 1175. in Teutschland im Elsas 808. zu Schwatz 981 zu Lavetz ibid
Bergwercker seltzame Rüstung vnd Instrument 27. 809. 812
Berg Zabern 851
Berlin 1262
Bern 738 wird gefreyet 716. verschenckt 952. kompt an das Reich 739. verendert ihr Paner 744. macht Bündnuß 721. Krieg 739. 744. 747
Bernaw 1262
Berneck 1020
Bernwald 1282
Berosus 607
Bermuda 1751
Bertha/ Königin 736. 791
Bertholdus von Zäringen 951. 952
Besicken 961
Besiers 258
Bethulia 1511
Bethlengabor Fürst in Siebenbürge 1431
Bettburg 951
Bettele Indianisch Krautt 1606
Bibrach 985
Bilbao 125
Bilder werden bey den Türcken nit gefunden 1468
Biel wird verbrennt 782
Bieler See 791
Bildnuß vnser Frawen/ durch S. Lucam abgemalet 1075
Billungus/ der Wenden König 1272
Bingen 877
Bisäntz 300
Bisemkatz 1617
Biscalia/ mit seiner gelegenheit vnd Statt 115. 116
Bischoff in Teutschlandt 658. die Alten vnd jetzige im. Ampt vnd Leben thun vngleich 902. in der Kirchen geschlagen 296. sitzt in einem Kesich 893. Bischoffs Vnzucht 856. Verrätherey 1109
Bisnagar 1569
Bithynia 1473
Bitsch 845
Blamont 798
S. Bläsy 1007
Blawbeuren 1019
Blawen/der Berg 736
Bley 981
Bleygruben 878
Bleywurff 21
Bloys 226
Blechmund 781
Blodesheim 707
Bludentz 935
Blumberg verbrennt 801
Blutvergiessen durch ein Weib abgestellt 1324
Buchard von Anions 321
Bochwerck/ dämit man das Ertz bocht 814
Boden see 937
Bodmen 971

Böhem wird ein Königreich 1306. sein beschreibung 1305. König vnd Hertzogen 1322. Gebirg vnd Wald 1154
Böhemisch Religion in Seckten zertheilt 1326
Böhemischer König kriegt wider Oesterreich 634. 1130. Bündnuß 647 versetzt des Reichs Zoll 1327
Boleslaus der Krauß/ Hertzog in Polen 1399 ermördet seinen Bruder 1224
Boliena 229
S. Bonifacius 671
Bonn 884
Bononia 441
Bonwald 767
Boppart 884
Bor/ Landtgraffschafft 1008
Borneo 1602
Bornstein 1296
Böß pfenning 794
Bossen/ Königreich 1425
Bötzberg 794
Boulonge 286
Braband 297
Brackenheim 1020
Bragmani 1560. 1561
Brandenburg 1261
Brasilia 1724. brasilianer mit seim weib vnd kind sampt auffgehengtem Bett ibid.
Brasilianer wie sie in Krieg ziehen 1709 wie sie ein gefangnen Tödten vnd schlachten 1726 mit auffgeschrentzter Haut ibid wie ihre Weiber die Gäst empfahen ibid. grawsames Sauffen 1727. Wie sie den Teuffel begütigen 1728. wie sie essen 1729. Jhre Todten beklagen ibid
Brasilianer werden von Teuffel geplagt 1730.
Brüchsel im Brurein 980
Brück in Flandern 314. im Ergöw 705
Brudermörder 106. 107. 292. 322. 344. 1343.
Bruneck 979
Brunn am morgen löw zu mittag kalt: gegen der nacht warm vmb mitternacht heiß ist 1642
Brunraut 708
Bruchsel 1040
Bucephalus 1552
Buenas aeres 1732
Buchen 1059
Buchenaw 977
Buda 1377
Bugia 1640
Bundschuch bey Brüchsel 1046
Burbon 288
Burdeaux 240
Burgaw 979
Burgdorff 739. 748
Bürgenstein 746
Burges/ oder Bituris 227
Burgerstand 676
Burggraffen des Reichs 664. Nürnberg 1083 zu Meidenburg 1198
Burgos 125
Bugia 1641
Burgund 293. wird ein Königreich 294 kompt anß reich 296. an Keyser Maximilianum 297. an Franckreich züs. klein Burgundt 699. krieg 322. 361. 781. 794
Büchsen wo sie erfunden 874
Buniken 1011
Bursa 1474
Buschweiler 828
Byssen/ wie er gemacht vnd wo er her gebracht wirdt 1528. 1578. 1617
Bysantz in burgun td 300
Byzantium 1444

C

Abecas 122
Cajeta 469
Cain

Register.

Cain 49
Cafraria 1678
Caffares 1677
Calapinus Türckischer Keyser 1457
Calaris 591
Calatrava 114
Cales 282. 284 das new 1720.
California 1705
Calikuth 1574. beten den Teuffel an 1574. Secten 1576. wachsende ding Vögel vnd Thier 1577
Cambaia 1564
Camboia 1592
Cambaly 1514
Camprion 1617
Cambria 87
Camala 1615
Cameren art 1535
Camelopardalen 1672
Cameracher friden 651
Cammergerichts Anfang 865
Camul 1617
Canada 1698
Canarien 1684
Canderburg oder Candellberg 86
Candia 1441
Cantabriga oder Cambritsch 86
Canibali 1723. 1749
Canini 918
Constatt 1019. 1023
Canton 1624
Capha 1459
Cappadocia 1482
Capo vela 1719
Caput bonæ spei 1678
Cardinäl zahl vnd Aempter 415
Carasan 1618
Capraria 195
Caria 1478
Caribes 1723
Carmania 1533
Carloman/ König in Franckreich 170
Carolus V. 652. sein gantze Historia 649 sein schif/von der statt Brüssel auf gerichtet 654. Vegrebnuß 656. Reyß gehn Thunis 1637. Allgier 1640
Carolus König in Franckreich 168. 169. 170. 172. 180. 181. 182. 183. 185.
Carolus magnus 168. 620. Crönung 862. verdilget die Hunnen 1375
Carotus von burgundt 332. sein Todt 800
Carolus von Manßfeldt 1376
Cartagena in Spanien/ 119. in Peru 1718
Cartana 119
Carthago 52. 1634
Carthaginenser Krieg ibid.
Caspisch Meer 10. 1530
Cassel 1139. Cassuben 1285
Castilia Königreich 106. 107. das guldene in Peru 1718
Castel graffschafft 1094
Catania 579
Catalonia mit seinen stetten 128
Cataio 1614
Caub 1045
Caximir Königreich 1594
Cell 946
Cefala 1677
Centgraffen 660
Centrones 699
Cerne 1682
Cesarea in Cappadocia 1482
Cesena 438
Chalcedon 1474
Chalcis 1444
Chaldea 1517
Chalon 287
Cham des grossen land 1596
Chamberg 1017
Charebert König in franckreich 161
Chartres 224
Charrebdis 483
Chersone jus aurea 1589
Chequian 1625
Chili 1737

Childepert König in Franckreich 160. 165
Childerich König in Franckreich 158. 162 164. 166.
China 1620. müntz Religion 1612
Chirgessi 1619
Chimera/berg 1479
Chachin 1578
Chinca 1740
Choran 164
Christen verrathen einander 1381. werden vom Türcken geschlagen 1456. vbel gehalten 1469 geitz dem glauben schädlich 1257. Losung im Krieg 772
Christianus Churfürst in Sachsen 1181
Christiernius graff von Aldenburg wirdt König in Dennemarck 1347 des andern Thyranney in Schweden 1359. wird auß dennemarck vertrieben ibid.
Christierni 1. handlung in Dennemarck 1348
Chur 924
Churer Bischoff 921
Churfürsten Stand 662. 864
Churwalen Landschaffe 918 Gemeinden 919
Cibola 1704
Cichora 1702
Cilicia 1480
Cilia 1124
Cimbri 679
Cinchiamsu 1625
Circassia 1492
Circeia 446
Circkel vnd Linien Bedeutung in den General vnd Landtaffeln 31
Circklen die man Paralelen nennt erklärung 32
Ciuitella 425
Cleopatra 1646
Clermont 285
Clerovia 806
Cletgöw 760
Cleve/hertzogthumb 900
Clima/was es sey 34. 46
Clodion 2. König in Franckreich 157
Clöster sind anfang schulen gewessen 755. auff dem Schwartzwald 1007. 1009 Tonaw 1112. Namen vnd vrsprung Ahausen 99. Allerheiligen 759. 1008 Alperspach 1008. Amerbach 1061. Andlow 828. Anhausen 993. Arlenberg 935 Aw 904. Bergen 1077. S. Bläsy 1007. Blawbeyren 1019. Buchaw 977. Cadolsberg 772. S. Cathrina 1037. Clingenmünster 844. Degernsee 071. Doberan 1273. Ehingen 1006. Eichbrun 1025. Einsidel 754. Eitelstetten 1038. Elhingen 1025 Etwangen 991. Engelberg 7000. Feldbach 804. Franckenthall 860 Frawenbrunn 783. Füssen 1037. S. Gallen 755. Gengenbach 9.0.S. Herman 852. Gottsaw 961. Hasselach 844. zum H Creutz 992. 1037. Heina 1139 Herrenalb 1007 hochenberg 828. Hirsaw 1017. S. Jörg 1007. Kempten 971 Keißheim 988. Königsbrunn 1000. Königsfeld 766. Laich 879 Leberaw 815 Limpurg 852. Lorch 1000. Luders 806. Lützel 804. Marckthal 1006. S. Marienberg 979. Maulbrunn 840. Maßmünster 804. Münster in S. Gregorien thal 827 Mürsbach 816. Nersheim 989 Newenburg 840 Nidermünster 828 Nonnenmünster 863. Ocre 747 Ollsperg 771.S. Peter 1070. Pfeffers 752. Reichenaw 946. Reicenbach 1008. S. Ruprecht 960 Salmon weiler 946. Salvator 759. Schönstall 1060. Schussenriedt 966 Schuttern 960. Schwartzach 851 Selden 960 Stabs 939. Stechsfelden 840. S. Stephan 1033. 1037. Steinen zu Basel 726. Sultzberg 951. Surburg 844. Teckingen 933. Tennenbach 1008. S. Vl-

rich 1036 Vogelbach 852 Vrsel 1038. Sancte Walpurg 849. Waldkirch 860. Weidlingen 1025. Weichesseffan 1076 Weissenaw 966. Weissenburg 844. Weingarten 965. Ysne 970. zweyfalten 988 Closter in einem fels 683.
Clowis König in Franckreich 159. 163. 165.
Clotarius / König in Franckreich 160. 162. 164. 166.
Cobolentz 824
Colchis 1490. fruchtbarkeit ibid.
Colmar 826
Colmogora 1420
Cöln am Rhein 885
Colossus zu Rodiß 1484
Christophorus Columbus 1692
Compaß 20
Compostel 108
Conception 1738
Concilium zu Basell 646. 785. 790. Calcedon 1474 Ecstentz 646. 769 Franckfurt 1108 Ingelheim 876. Leon 263. Losanna 789 Nicea 1474. Wirtzburg 1089 Worms 864
Congo 1679
Conrad von Zäringen 952
Conradinus 450. zeucht in Italiam ibid. wird gefangen 451. enthauptet ibid letzter Hertzog in Schwaben 1002
Constantinopel 1448 von Venedigern vñ Frantzosen gewonnen 1450. vom Türcken eyngenommen 1453
Constantinopolitanische Keyser 1450
Convent zu Isne stirbt in Monatsfrist gar auß 968
Coper Thal 1356
Coppenhag̃ 1366. wird eingenommen 1344
Corbeil 1348
Corallen 1653
Corduba 123
Corinthus 1433
Corsica 593
Corvantier 930
Cosentza 487
Costentz 767
Costantzer Bisthumb 766
Cranganor 1578
Cracaw 1394. Hertzogthumb vnder viel Herren hin vnd wider gefahren 1404. von Tartarn eingenommen 1378
Crecis 286
Crema 524
Cremona 571
Creta 1441
Creutzbrüder 671
Creutzenach 878
Cristallberg 1732
Crocodill 1573. 1654. 1679
Cronenstatt 1428
Crotona 485
Cubagua 1720
Cumbæ 1665
Cumana 1739
Cuentza 114
Cumæ 471
Curdi 1492
Curiana 1719
Curßwein 595
Cusco Königliche Strassen vnnd Posten 1746
Cypern 1493. wirdt dem Königreich Jerusalem einverleibt 1495. kompt an die Genueser ibid. an die Venediger 1495 vom Türcken besessen 1497
Cyrene 1641
Cyri Parlamenthauß 1527. Todt 1539

D.

Dacia 1426
Dagobertus König in Franck. 163 165. Stiffter deß Bisthumbs Straßburg 836 deß Klosters Surburg vnnd Hasselach 844 bawt Rufach 820
Dalmatia 1424
Damascus 1514
Damiata 1653

Register.

Damthier 1298
Dantzig 1300
Daphne ein lustig Ort 1513
Darius von Macedoniern geschlagen 1481
Dariene 1717
Darmstatt 1137
Dawerfeld 933
Decan/Königreich 1566
Delphin/ein fisch 256
Delphi 1437
Delphinat 147.264
Delphinisch Krieg 786
Delsperg 791
Delta 1657
S. Denis 221
Dennmarck 1329. gelegenheit ibid. König vor Christi geburt 1338. nach Christi geburt 1339. wird zum glauben gebracht 1341. Krieg mit holstein 1345. dem Röm. Reich vnderworffen 1341
Diamantberg 1567
Diessenhoffen 938
Diebeltz 84
Dietenhoffen 324
Dietmarichen 1331
Dietrich König in Franckreich 164.166
Dieterichs bern 524
Dillingen 1007.1025
Dünckelspühel 991
Disson 334
Diu/an Portugal ergeben 1565
Doberan 1273
Dompieter 672
Dörffer des Reichs. 664. vmb den bodensee 939
Dornach 801
Dorneck 313
Dover 86
Drachen 1550. Vnersettigkeit 1344
Dracken blutt 1686
Dracule Thrannen 1429
Dragoian 1602
Dresen 1162
Dreux 226
Druntheim 1353
Duc de alba 898
Düngen 1004
Durlach 961

E

Ebenisch baum 551
Ebersheimmünster 672
Eberstein 985
Ecbatana 1529
Edessa 1515
Edinburg 92. verbrennt 96
Eger 1312
Egisheim 827
Egyptenland 1643 gelegenheit vnd stett 1645
Egyptier Sitten/gebrauch vnd Satzungen 1658
Ehebruchs Straff bey den alten Teutschen 615. alten Francken 148. Sachsen 1174
Ehingen 1006
Eichelstein 870
Eichhorn 1522
Einsidlen 754
Einßheim 816
Eldfelden 1140
Elen/graffschafft 681
Ellenbogen 1338
Elend 1369
Elicurt 785.896
Eliopolis 1646
Elsa kompt von Franckreich 806
Elsaßzabern 839
Elwangen 991
S. Emerin 803
Emperiall 1738
Emps 936
Engadin 80
Engelland 66 abtheilung vnd gelegenheit 67. macht vnd hochheit 73. gewalt vnd freye Monarchey 74. reichthumb 81. Königliche empter ibid. Stätt 82 König vnd völcker 68 krieg mit Franckreich 94. mit Schottland 72
Engelländer sitten vnd gebrauch 80. krieg im Elsaß vnd Schweitzerland 834
Englischer Landen art 79. Regiment 87
Enosstatt 49
Ephesinisch Tempel 1477
Epirus 1441
Erasmus Roterdam 328
Erdbidem 23.136.781.999
Erdfurt 1145
Erdrich wie von gott beschaffen 1. fruchtbarkeit 23. abteilung 30. erste einwonung 48
Ergöw eingenommen 646.768
Erla vom Türcken belägert 1464
Erlacher wapen 744
Ertz 26. wie man es bochet 814
Ertzgruben in Beyerland 1061
Ertzknappen im Bergwerck erschlagen 1175
Eschwege 1139
Esslingen 1017
Ethiopia 1667 das vnder 1676
Estampes 225
Estrematura 125
Estiones 933
Etna 579
Etschland 979
Etuatier 929
Euboea 1443
Euclides 1436
S Euphemia 480
Europa begrif 53. außteilung 55. fruchtbarkeit 54. Fürsten so mit Hispanien grentzen 139
Exarchus 559
Exarchat zu Ravenna 440
Eyberg 951
Eydgnossen erster Bund 639.718 wz sich zur zeit K Heinrichs von Lützelburg vn Ludwigen von Bäyern bey inen verloffen 716 kriege wider die von Zürich 731. nehmen das Ergöw eyn 646.768. Krieg von hundert jahren her 792
Eyer in Backöfen außgebrütet 1655
Eyfel 879
Eysen 27.982. Eysene Müntz 1434
Eysenburg zu Rufach 820
Eyßland 1364
Eystätt 1076

F

Fabian 1673
Falckenstein 782.1800
Famagusta 1496
Fano 437
Fansur 1602
Farsburg 732
Fasaneu 697
Felech 1602
Felberg 980
Felß fewrig 24.1685
K. Ferdinandus 657.658
Ferzara 444
Fewr so im Erdtrich brennt 24. von Löwenbeinen 1630
Fewrberg 1712
Fewrsval schlegt in Pulverthurn 895
Fetz 1632
Fiechtelberg 1080.1316
Finland 1362
Fionia 1333
Fischer wird ein König 1598
Flädermäuß so groß als Tauben 1697
Frischfang wunderlich 1749
Flandern 147.312. Stätt 313. alt vñ new wape 320 wassernot ib. wird bekriegt 318
Flandrisch Graf wird Key. zu Constantinopel 1450 im Tepel zu tod geschlage 319
Florentz 525
Florida 1702
Fondi 468. Fondura 1716
Fontenebleau 224
Forum Julij 287. Tiberij 758
Fossumbruno 437

S. Francesco 575
Franciscus König in Franckreich 184
Franciscus Petrarcha 130
Franciscus Sfortia 566
Frantz von Sickingen 846.857
Franconates 315
Franckenberg 1139
Franckenthal 860
Franckfurt am Mayn 1108 an der Oder 1266
Franckenl. 1084. Fruchtbarkeit 1086. das Teutsche Königreich genannt 624
Francken/wo sie herkomen 146. setzen sich in Gallia 701. sind frey 145.1085. erste Hertzog 146
Franckreich Namen 145. Landschafften 146. Fruchtbarkeit 148. gelegenheit 149. macht 152. Vestungen 153. Regiment 189. Parlament 191. Bistumb 203. Einkomen 206. Reichthumb ib. Hertzogthum 208 Flüß 150 König 156. getheilet 188. Wapen 202 hefftig gescheit 331
Frantzosen sitten vnd gewonheit 148 Ansprach an Meylandt 564
Freisingen 1071
Freiberg in Meissen 1167
Friburg in Vchtland 737.798. im Breißgöw 957 Krieg 721
Freyherren 652
Fretum le maire 1736
Friaul 276.517
Frickthal 788
Friedberg 1096
H Friderich von Oesterreich gerichtet 451 wird gefangen 639
K Friderich 2. wird abgesetzt 631
K Fridrich 3. der truncken̈heit gehessig 648
Frießland 1259. verderbt durch vberlauff deß Meers 320
Frißland 1364
Frobury Grafen 772
Frontinian 257
Frühling/ein Schloß 1302
Frydingen 1008
Fuld 1143
Fünffkirchen 1378
Füssen 1037
Fürsten 662. Fürstenthumb wie die bey den Alten Teutschen aufgericht 660
Fürstenberg 1008
Fürstenstein 784
Fürstenaw 923.980

G

Hades 121
Gaeta 469
Gago 1662
Galatia 1483
Galgal 1509
Galilea 1511
Galleen 19
S. Gallen 755. belägert 722
Gallier Zug in Griechenland 1440
Gallicia 114
Gallogræcia 1483
Ganges 1548
Gasconien 148

Geburtstag der Königen
Arragonien 127. Böhem 1222 Burgund 294. Dennmarck 1200. Engelland 71. Franckr. 186. Jerusalē 1503. Lusitania oder Portugal 107. Navarten 110. Obotriten 308 Schwedien 1357. Polen 1397 Schotlād 95 Schwedē 1361. Vngern 1387

Hertzogen
Braband 308. Braunschweig 1183 Florentz 535. Francken 1085. Fr. Sfortiæ 564 Gellern 899. Gülch 901. Lottringe 109. Lüneburg 1183. Mechelb. 1273. Meyland 561. Oestereich 1131. 1134 Parma vnd Placentz 549. Pomern 1286. Sachsen 1177 Saphon 294. Schwaben 1005 Zeck 978. Vrbin 436 Zäringen 951

Fürsten
Bäyern 1065. Cassubien 1287. Rugen 1284. Tartarn 1545. Littaw 1406

Landgraffen
Hessen 1141. Liechtenberg 1083. Marg

Register.

Marggraffen
Meissen 1153.1179. Oesiereich 1128 Baden vnd Hochberg 963. Brandenb. 1267

Pfaltzgraffen bey
Rhein 1046.1048.1049

Graffen
Altenburg 1200. Flandern 316. Fürstenberg 917. Freiburg 957. Habspurg 712. Holandt 90.. Holsaß 1200. Holstein 1243. Kyburg 706. Rheinfelden 769. Schawenburg 1200. Thüringen 1353. Würtenberg 1013

Herren
Freiburg 917 Fründsperg 978 Rechberg 979. Truchjessen zu Walpurg 969.
Zimbern 1011
Gedroasia 1547
Gebweiler 828
Geienhofen 939
Geißler Sect 643
Geißlingen 1025
Geissen jo wild 1582
Gelboe 1511
Gellern 898
Gelnhausen 1045
Gelobs Lande 1498
Geld wie es geschmied wird 982
Gembsen 696
Gemmiberg 694
Gemüd 1000
Gendt 313
Genf 292. wird bekriegt 790.798
Genfer See 698
Genebaldus 146
Gengenbach 950
Genoa 1662
Genua 539. Regiment ibid wird geplündert 567
Genueser der Christen Verrähter 1381
Georgia 1491
Geographus wem er nachfolge 35
Geppingen 1019.1021
Gerbe 595
Geraw 1109
Gersbach 961
Gespenst 1616
Geschütz von wem es erstlich gebraucht worden 874
S. Gewere 884
Giachi 1680
Gibelliner vnd Guelffen 561
Giengen 1000
Giessen 1137
Gifft das strengste 1642
S. Gibes 270
Gilolo 1606
Glaris 754
Gletscher 691
Glogaw 1320
Gluris 979
Gnisen Ertzbisthumb 1410
Goa 1567. an die Portugesen ibid. Nationen vnd Religion 1568
Goaga 1663
Gold 25 1688. worinn es andere Metall vbertrifft / vnnd nachgültiger ist dann Silber vnd Ertz 982
Goldgestatt 1666
Goleta/Schloß 1636
Gomorra 1501
Goslar 1175
Gostavus König in Schweden 1360
Gotha 1150
Gothen 600. vberfallen Provantzen 271. König 524
Gothland 1354
Gottschalcus/ein Tyrann 1199
Gottaw 961
Göw in dem Schwabenland 985
Grachus König in Polen 1394
Graben 961
Gradesch 690
Graffen 662 664 deß Reichs 666
Graf Gunthern von Schwartzenburg wird vergeben 644
G. Rudolph von Habspurg 705. bekriegt

die von Basel 708. wird Rö. König ib.
Graffen von Aniou 69. von Kyburg 706
Graff von Cilien wird erschlagen 1390
Graffenstein 980
Gran 1376
Granaten 116
Granada 1704
Granoble 265
Grans 806
Gransen 750. Schlacht 798
Graveling 284
Gravenhage 328
Grawbündner 918
Greiffen 1511.1627
Grieß von Jahren 21
Greiffensee 732
Griechenlandt 1431
Griechisch Weissenburg 1381. wird gewonnen 1461
Griers 747
Grigente 581
Grimsel 683
Groß Britannien 58
Grubenheimer 1307
Grünland 1368
Grüningen 1260
Grünenberg 1150
Grünwitsch 87
Gripswalden 1282
Gualaten 1662
Guatimala 176
Guber 1662
Guiana 1712
Guines 281
Guinea 1663. nova 1736.
Gülch 899
Guldenbach 878
Guldenflüß 18.1490
Gulden Bull 643
Gulden Lämblins Orden 315.904
Güldene Glocken 1719. Garten 1740. Ziegel ibid.
Gumenen gewonnen 747
Gundelfingen 1025
Guntzerthal 1038

H.

Hübingen 1020
Habspurg 711
Häringfang 1283
Hage 328
Hagenaw 840
Hagenbach 794
Hagenschieß 962
Haigerloch 959
Halberstatt 1250
Hall im Inthal 979. im Kocherthal 989
Hamburg 1249. hat streit mit Denmarck (1343)
Hammelburg 698
Hampiemourt 86
Hanenkam 988
Hanno der Carthaginenser Oberster 1629
Haran 1515
Harenscara/ein Straff 864
Harlem 326
Hartstat 826
Hasen weiß 695. Hasle 839
Hawenstein 761
Haute ein Indianischer Aff 1696
Hebal 1511
Hebrides 57
Heckelberg 24.1365
Hegöw 760. verbrenne 801
Heydelberg 1042
Heinrich König in Franckr. 175.184.185
K. Heinrich 3 stellt auff seiner Hochzeit Seitenspiel ab 876
K. Heinrich 4 viel erlitten 877. von seinem Sohn bekriegt 871. Keyserlicher Zierden beraubt 872
Heiterschen von Baßlern vberzogen 800
Helfanten 1549.1564.1572.1582.1598.
Helfingen Hertzogthumb 1356
S. Helena 1683
Helicon 1436
Helschenör 1316
Heltprunn 1017
Helvetia 678. von Cimbern bewohnt 679.

sein Länder vnd Sttät ibid.
Hennegöw dem Bistumb Lüttich zugethan 319
Hennenberg 1104
Herculis Bildt 582.181. Seulen 1631
Herculis vnd Bachi Reiß 1557
Heriman Billing 1191
Hermannus Contractus 1020
Hermenstatt 1428
Herodium/stätlein 1511
Hertenfeldt 989
Hertzogen 662
Hertzogenbusch 896
Hertzogen auß Normanden 69
Herulen 1270
Hessenlande 1136
Hertschafften 1140
Hettenbach 1038
Heyden 603
Heiligen Cörper so im Elsaß gefunde 808
Heilig Brodt 1686
Heilig Lande 1498
Heilig Grab 1504
Heilig Creutz 1733
Hibernia 61
Hieronymus von Prag 767
S. Hildegard 877
Hildeshein 1087. vberzogen 1058
Hirminger 772
Hirschaw 1017
Hirßhorn 1045
Hirtzen Natur 1494
Hispania 97. Wapen vnd Länder 38 Bistumb 101. Flüß 98. Vniversiteten 103 Hertzogen vnd Marggr ibid. Krieg in Glaubenssache 105. Könige herkomen 106 von vnglaubigen eyngenomen 107
Hispanier Sitten vnd Gebräuch 104
Hispania nova 1706
Hispaniola 1750
Hochberg im Brißgäw 958
Hochstätt 1007.1079
Hof zu Chur 921
Hochenberg 959 bey Rotweil 1008
Hochen Eck 1020
Hohen Stauffen 1000
Hohen Twiel 947
Hohen Zorn oder Zollern 1018
Holand 325.901. Namen 912. Wassernoht 320.912 kompt an Burgund 292
Holländer handlung in India 1592
Holee bey Basel 611
Helstein oder Holsatz 1331. kriegt mit Denmarckt 1345 kompt an Altenburg 1200
Holstein die Graffschafft 1347
Homburg 710
Honorat 280. Honing 1415
Horb 1008
Horneck 1017
Host ein Wald 991
Houden 226
Hünd in Albania 1493
Hugo Capet König in Franckreich 173
Hunen 602 1373 werden wunderbarlich geschlagen 772
Hunesruck 878
Hünerthal 1038
Humibaldus 1084
Hufingen 1008
Hussitten Anfang 645. Auffruhr 1327
Hydrunt 491
Hypre 315
Hyrcania 1530
Hystereich 1127

J.

Judera 1424
S. Jago 1733
Jajassa 1480
Jaiza 1425
Japonische Insuln 1610 Erdbieden 1613 Gesandschafft gen Rom 1613
Janus 49.336
Java 1602
Jaxtberg vnd Jaxthausen 991
Iberia 1491

Icarta

Register.

Icaria 1450
Ida 1442
Iena 1151
Iericho 1509
Ierusalem 1507. zu einem Königreich gemacht 1512. vom Sultan eyngenommen 1503
Ilantz 923
Ilium 1476
Imaus 1548
Imber 1577
Imbit 1676
Imola 441
India ausser dem Gange 1548. vber dem Gange 1585 dz Mitnächtige 1593 Ost India 1561. Länder vn̄ königreich 1561
Indianer Seelen 1561
Indianischer Hönig 1733
Ingelheim 872.876
Ingolstat 1079
Inßpruck 979
Inseln vnd jhr vrsprung 5. auff dem roten Meer 1682. auff dem Etiopischen 83. auff dem Atlandischen 1684
Inseln Namen Ambona 1609 Assumption 1700. Bandan 1599. Banda 1609 Batavia 901. Balearice 129. Borne 1602 Boriquen 1749. Bosphorus 1450. Britannische 57. Canarie 1684 Canibale 1749 Capraria 595. Cebu 1610. Cerne 1682. Celebes 1606. Chius 1450. Corsica 593. Coray 1614. Corsula 513. Cous 1486. Creta 1441. Cypern 1493. Cuba 1749. Del principe 1683. Delos 1444. Dominica 1543. Elba 596. Ethalia 597 Fionia 1333. Formosa 1614. Gades 121. Gerbe 596. Gilolo 1606 Gothia 600. Helena 1683. Hispana 1706. S. Honorat 280 Ilua 596 Java 1602. Icaria 1450 Jamaica 1749 Jschia 1476. Isela 597. Lemnos 1445 Lequio 1614 Lesbus 1450. Leuca ib. Lipari 597. Lucais 1749. Madagascar 1682. Macassar 1606. Maldiva 160. Magalona 256. Majorca 120. Malta 584. Mayo 1684. Meisnaw 938. Minorca 129 Mindana 1610 Monoch 1599. Morea 1459. Orcades 57. Procida 476. Paulon 1610. Porto santo 1685. Rhodis 1484. Reich 1w 945. Reinaw 760. Rugen 1192 Samos 1450 Sardinia 588. Scandia 601 Seeland 298. Sicilia 572. Socotore 1682. Sumatra 1597. Tendara 1609 Tidore 1608 Thyle 1358. S. Thomas 1683 Vulcania 1358. Zanzibar 1676. Zacotora 1682. Zubal 1610. Zeilan 1600
Interim 1198.1252
Inthal 980. Joachimsthal 1161
Johanna Hertzogin in Calabria 454
Joachimus Vadianus 932
Johannes König in Franckreich 181
Joh. von Leyden 1256
Joh. Huß 1307
Joh. Picus 551
Joh de Valetta 587
Joh. Kalbermatter 681
Joh. Hubinsack 808
Joh. Rauchlin 962
Joh. Stöffler 1015
Joh. Oecolampadius 1036
Joh. Bugenhagius 1194
Joh. Evangelista 1444
Joh. Friderich Churf. zu Sachsen 1180
Joh. König in Denmarck 1349
Joartan 1603
Jonia 1476
Joppe 1476
Jordan 1499
Jovis Tempel 1643
Irland 61. wan es an Engeland komen ib.
Irmensäul 1174
Isenburg 321
Islland 1364
Issedoner 1541
Istria 1127
Italia 335. theilung vnd Stätt 337. berg vnd wässer 338. Einkommen 337
Itium 313
Jucatan 1715
Judlandt 1330
Jud sitzt 2 tag im Sprachhauß 1197. an baum gehenckt vnd dran getaufft 783
Juden zerstörung vnd zerstrewung 1502. creutzigen Kinder 330.739. vergifften die brunnen 331.834. erstechen sich selber 331 vertrieben 106.330.827. werden verbiennet 834. zu todt geschlagen 994.1315
Jura/Landt 1375. Berg 791
Jula Vestung 1385. erobert 1463
Julianus 613
Julinum 1277.1282.1342
Jungfraw ohn essen 1036
Justinopel 1127

K.

Kaffenburg 989
Kalw 1000.1012
Kampffgericht 990
Kärnten 1125.1424
Kasevaris Vogel 1603
Katzenelnbogen 1140
Katzenwicker 1089
Kempten 971
Kästenwäldt 845
Ketzermeister zu Wormbs 866
Keyser/wenn erstlich entstanden 662. zu Constantinopel 1450. in Italia 387. bey den Teutschen 621
Keyserl. Kleinoter 821. Sitz vnder den Churfürsten 667. Wahl kompt an die Teutschen 625. Krönung 667.892
Keyserthum wie entstande vnd widergangen 51 wan vnd wie es an die Teutschen kommen 621 Ordnungen 663. verkaufft 666
Keyserslautern 560
Keysheim 1025
S. Kilian 1087
Kinder wie sie solle erzogen werden 1434
Kintersweg 980. Kiow 1413
Kirchberg 1091
Kladen 1442
Knöringen 979
Kocherthal 989
Kolmol 1357. Kolstein 716
Königs Namen vnd Ampt 661. Wahl bey den Gothen 601
Königen in Engeland gewalt 75 prærogatif vnnd vorzug 76 freye Monarchey 74 Succession 78
Kön. in Franckr. Crönung 195. begräbnuß 200. herkomen 150 Leben vñ Historie ib.
Kön. in Hisp. benachbarte Fürste: in Europa 139. in Indien 135 Macht vnd Regiment in Europa 137. auff dem Meer 138. in der newen Welt 139. in den Philippinischen Inseln 140. in Portugal ib. in Africa vnd Etiopia ib. in Asia 141
König in Schotland 93
Königsperg in Preussen 1292
Königsfelden 766
Königshofen 1103
König zu Kalicuth wie er ist vnd zur Ehe greifft 1575
Könige wie sie verwechselt werden 1552
Krautheim 991
Krayn 1126
Kreglingen 1059
Kraychgöw 1054
Krentzach verbrennt 770
Kreyden 1415
Krieg durch ein böß Weib angericht 634 in Meylandt 565 in Niderland 653. in Piemont 505. Picardey 653 Pfaltz 1056 in Sachsen 1253. zwischen Holstein vnd Denmarck 1345. Oestereich wider Basel 788. wider die Eydgnossen 636 wider Zürich 731 wider Franckr. 802. Bischof von Costentz wider Oestereich 709 wider den Abt zu S. Gallen 706 vmb 6. Pfaperen willen 791 wege eines Bergwercks 1167. zwische Bapst vnd K. Philippo 417
Kriegslist 1536
Kruckenwäscher 83
Kupfer 26.878. warumb ing rossen Achtung gehalten 98
Küssenberg 760
Kyburger Graffen 705

L.

Laberberg 791
Läzerliche Geschicht 1599
Lac was es ist 1599
Lacedemonier was sie für Ceremonien mit den Todten gehabt 1435
Laconia oder Lacedemonia 1434
Ladenburg 1044
Ladrones 1747
Laibach 1124
Lahor 1597
Lambri 1602
Landaw 851
Landshut 1079
Landgraffen 660 deß Reichs 664
Land deß Jewrs 1735
Landrecht im Keyserthum 672
Landschaft zu beschreiben wz von nöte 55
Länder breyte vnd länge wie zu suchen 33.35.43
Länder wordurch sie zu grund gehn 51
Land vnd Leut werden verzuckt ibid.
Land der Finsternuß 1492
drey Länder im Schweitzerland 713 sind allwegen freye Landsässen gewesen 713 deß Reichs verwauten 716. wie sie jhre Vögt vertrieben 715
Langenburg 992
Lanzer Ampt 805. verbrennt 788
Laocoontis Bildnuß zu Rom 373
Laodicea 1476
Lappenland 1363
Laßzettel mißhellung 42
Lauden 1045
Lauffenberg 948. belägert 732
Lautenbach 820
Lauterburg 807
Leberthal 808
Leberaw 815
Lechthal 1037
Legion/statt 105
Leipzig 1152. hohe Schul daselbst 645
Lemburg 1415
Lemsvögel 1370
Länge auff der Eben zu messen 41
Lentzburg 701
Leon in Spanien 114 in Franckreich 262
Lerchenbaum 693
Lerida 129
Lesbus 1485
Leyden 914
Leuchtenberg 1080
Leuck 690
Leucker Bads 694
Leutfresser 1541
Libanus 1499
Libya 1660
Liechtenaw 828
Lintz 960
Lignitz 1321
Ligno santo 1749
Ligorno 537
Lima Hauptstatt in Peru 1746
Limpurg 325
Limpurg Hertzogthumb 889
Limoges 287
Lindaw 941
Lindenfelß 1045
Linien in den Landtafeln 31
Linterno 471
Lisbona 134
Littaw 1460. an Polen 1411
Loango Königreich 1680
Locri 484
Löffelganß 1648
Londen 82
Longobarder 1339. wohnen in Rugen 1340
Lopos 1731
Loreto 433
Lorsch 1044

Lesan-

Register.

Losanna	699.751	
Losanner See	682	
Loßburg	1316	
Lotharius König in Franckreich	173	
Lotringen 147.297 woher es genennt	147	
Loupen	744	
Löven	894	
Löwen vnd ihr Natur	1630	
Löwen warumb so viel in Schilden geführt	320	
Löwenfels	991	
Löwenstein	1027.1045	
Lubus	1266	
Luca	538	
Lucern	723	
Lucens	749	
Luch	696	
Luchsburg	1316	
S. Lucius	928	
Luders	806	
K. Ludwigen dem 4. wird vergeben bestättigt den dreyen Wallstätten ihre Privilegia	642, 716	
Ludwig König in Franckreich 159. 170. 172. 177.179.182		
Ludwig Landgraff in Hessen	1143	
Lubeck	1192	
Lüneburg statt 1190. Hertzogthumb	1191	
H. Lüpold von Oesterreich erschlagen 719 Begräbnuß	766	
Lusitania	131	
Lüttich 891.verherget	331	
Lüttichter Bisthumb	319	
Lütkirch	964	
Lützenburg	323	
Lützelstein	822.850	
Lycaonia	1479	
Lycia	ibid.	
Lycurgus	1434	
Lydia	1477	
Lyffland	1302	
Lyffländer Seltzame Bräuch vnd Sitten	1308	
Lystra	1479	

M.

Macassar	1606	
Macedonia	1438	
Macerata	432	
Madagascar	1682	
Madrill	113	
Madera	1685	
Magalona	256	
Magellantische Strassen	1734	
Magnet	1439	
Mahomets Grab 1520. Vrsprung vnd Lehr 1522 Paradeiß	1716	
Mahomet türckischer Keyser 1457.1458 1464		
Mähren	1317	
Majorica	129	
Malabar	1573	
Malepur	1571	
Malacha 1590. kompt an die Portugesen	1591	
Malserheid	980	
Malta 584. von Türcken belägert	586	
Malvaster	1442	
Manfredus	632	
Manheim	769.1044	
Mans	262	
Manßfelden Bergwerck	809	
Manta	226	
Mantua	550	
Maranen	111	
Maraquites	1731	
Marci Crassi elender Todt	1542	
Marckthal	1006	
Marcomirus König der Francken	146	
Margiana	1533	
Marggraffen 662.664. deß Reichs	666	
Marggraf Albrecht	1389	
Marggrafen von Baden 952.959. von Hochberg ibid. ihr Vrsprung 952. deß Lands Oestereich 1128. zu Schleßwick	1340	
Marggrafschaffe Baden	961	
K. Margretha iu Dennmarck ein listig Weib	1353.1357	
Maria Königin in Engeland	72	
S. Maria	1738	
Marienburg	1291	
Marij Siegzeichen	382	
Markirch	812	
Marmarica	1642	
Marmolsteinerne Bruck	1616	
Maroco	1632	
Marpurg	1138	
S. Martha	1719	
Martin Luthers Bildnuß	657	
S. Marxen Begräbnuß	946	
Massilia 273. Regiment 275. erst Closter	276	
Mastix	1444	
Maßmünster	804	
Masterich	894	
Massa	480	
Matterberg	682	
K. Matthias	658	
Math Huniades	1391	
Matzen	684	
Mauritania	1631	
Maursmünster	840	
Mausoli grab	1479	
K. Maximilianus I.	648.II.657	
K. Maximin	273	
Mayis der Indianern getreidt	1697	
Mayn	1317	
Mayo insul	1684	
Mecha	1521	
Mechmüll	1059	
Mechell	895	
Meckelburg	1270	
Medera	1585	
Media	1529	
Medianiter land	1529	
Medina ibid		
Meer vnd erdrich wie beschaffen	1	
Meers abtheilung	4	
geschmackt 7. bewegung 8. Schiffung	18	
Meer ist rund 2. nit grösser als die erden	3	
Meermenschen	17	
Meerwunder vnd seltzame thier 13.1366		
Meerochs	1699	
Meinaw	938	
S. Meinrad	754	
Meissen	1165	
Meissenland	1151	
Meißnische bergwerck	1161	
Mela/berg	1435	
Melli	1662	
Melinde	1676	
Melun	223	
Memmingen	978	
Menschen Corper 40. ellenbogen lang	1442	
Menschenopfer	1579	
Menschenfresser	1680 1723	
Menschen mit schafschwentzen	1599	
Mengrelia	1491	
Metz	809	
Mentzer bistumb	873	
Mergeten	1059	
Meron	929	
Meroveus König in Franckreich	157	
Meree statt	1663	
Merspurg	939	
Messina	578	
Messenia	1435	
Mesopotamia	1515	
Meta incognita	1698	
Metall wie sie gegraben werden 24. worumb eins dem andern fürgesetzt 980. wo sie wächsen	1488	
Metaponte	487	
Metz	310. 869	
Meusthurn im Rhein	877	
Meuß fressen ein König 1396. ein bischof	877	
Mehdenburg	1195	
Mehdenburger bistumb 1096. burggraffschafft	1108	
Meyenfeld	910	
Meylandt 557. zerstört. 560 worumb es dem frantzosen gehöret 564. Partey en 561 von Frantzosen eingenomen 562. Schloß 566. Krieg 565 Schlacht 802		
Meylender woher sie Longobarden genennt worden	558	
Mexico 1706. König 1707. vmbkehrung vnd eroberung	1710	
Mina	1666	
Mindelheim	978	
Minorica	129	
Mirandula	552	
Mittelfreyen	661	
Mithridatis silberen pfenning	1475	
Modena	556	
Modon vom Türcken eingenomen	1435	
Mogors Königreich rc.	1596	
Morill	690	
Mola	468	
Moluccæ insuln	1607	
Mombaza	1676	
Mond ist feuchter Natur	9	
Monarcheien in der welt wie veil	52	
Monheim	988	
Monstreyll	286	
Monstrum zu Birstatt	1059	
Montafun	936	
Montesiascon	429	
Montmartre	221	
Montpellier	251	
Monfort in franckreich 226 in teutschlandt 722. Graffenschafft	939	
Moravia	1317	
Morea vnd Türcken eingenomen	1459	
Morenlandt	1667	
S. Moritz	683.689	
H. Moritz Churfürst in Sachsen	1118	
Mörtingen	1006	
Morsee	699	
Mortnaw	960	
Moscawische Fürsten	1420	
Moscowiterlands	1416	
Mospach	1045	
Mozambique	1676	
Mosel	805	
Moyses Turckischer Keyser	1457	
Moulen	288	
Motecuma der Mexicaner König	1708	
Motanes	1731	
Mudoch	1059	
Muffelthier	586	
Myllberg	962	
Mollberg in Düringen	1150	
Mülden	749	
Mülhausen im Elsaß	805	
Mülheim	1006	
Muckensturm	961	
Mympelgardt	806	
Mundat	820.845	
München	1078	
Münsingen	1019	
Münstertal	979	
Münster in S. Gregorien thal 827. im Ergöw 729. in Westphalen	1255	
Müntz wird geselschet	26	
Muran	515	
Murbach	810	
Murten	899	
Muscatnus vnd Macis	1599	
Muscatbäum	ibid.	
Muscateller	257	
Murtia	119	
Myndelberg zerbrochen	1035	
Myndelheim	978	
Myndelheim	1250	
Myrren 1521. auß der Erdengraben 1317		
Mysia	1478	

N

Nackende leut	1724	
Nagolterthal	1000	
Nägelin	1599	
Nanquin	1624	
Nanse	799	
Narbona	258	
Narni	428	

Register.

Narr redt vernunfftige wort 718
Narsinga.Königreich 1569. Statt 1572 blutiger gotts dienst 1571
Naters 690
Navarra/Königsreichs anfang 125.beschreibung vnd Könige 128
Navazza 1750
Neapels statt 460.vil herren daselbst 467
Neapels Königrei.h 448 grösse 457. König 454. viel streben nach Neapels 453. kompt an Oesterreich 455. Vice König 456.grösse 457. Eynkommen ibid.
Nebligower 932
Nebrissa 122
Neckers Vrsprung 985
Neprun 24
Nereßheim 989
Neuß 892. belägerung 796
Neustria 316
Newenburg am Rhein 949
Newenburg an der Tonaw 1079
Newenbürger See 747
Newenstatt 1096
Newlandt 1699
Neweiler 828
New Francia 1700
New Spanien 1706
Nicenisch Concilium 1474
Nicaragua 1716
Niclaus haussen 1060
Niderland an burgundischen stammen 322
Niderlanden zustandt vnder Carolo V. 2c 915
Niger flaß 1661
Nigropont 1443
Nilus 7. 1656
Nimes 245
Nimrod 49
Ninive 1517
Nisibis 1516
Nissa 280
Nola 479
Nördlingen 993
Nordwegen 1350
Nordtgöw 1089
Nordmannen 148.189
Nordmänner Tyranney 316
Nowgrod 1414
Nozareth 304
Nubia 1663
Nürnberg 1081
Nürnberger burggraffschafften 1083
Numidia 1660
Numiter 344
Nußlach 1045
Nydingen 1008
Nysa 1478

O

O Belisci 382
Oberhoffen 1079
Obrinca 878
Oceanus 1
Ochsenfort in Engelland 86
Ocodurum 689
Oericoli 417
Odo/König in Franckreich 171
Ofen in Vngarn 1377
Ogersheim 860
Offenburg 960
Oesterreich 1111. sein auffkommen 1120. freyheitten 1121. vil streben noch Oesterreich 1120
Oesterreichisch Herrn sind nie der Schweitzer landherren gewesen 714. vertragen sich mit den Eydgnossen 794
Oesterreichisch Parlament 1133
Oetingen 991
Olmüntz 1317
Olsperg 771
Olympus 1439
Omensen so groß alß ein Fuchß 1559
Ophir 1677
Oppenheim 868
Orben 750
Orcades 17
Orchanes Türckisch Keyser 1455
Oristangen 592
Orixa/Königreich 1579
Orleans 227
Ormus 1528
Orsone 1738
Orienburg 793
Osnabrug 1254
Ostia 423
Otenwald 1053.1059
Othmarsen 806
S. Otilien berg 815.832
Otranto 491
K. Otto verkaufft 626. entsetzt 702
K. Ottens dochter wird entführet 1323
Otto Frisingensis 1072
Ottomannus Türckisch Keyser 1435
Ow 951
Oxus 1536

P.

Pudelborn 1257
Padua 519
Palentia oder Palatias 122
Palermo 583
Palestina 1498
Palma 518
Palmen 1601
Pamphilia 1479
Pancket im wasser gehalten 1598
Pannonia 1373
Pantherthier 1530.1674
Pantheon 363
Paphlagonia 1483
Papaya 1723
Paphy 570
Paquin 1624
Parallelen 32.46
Paradiß 50
Paradißvogell 1607
Pares in Franckreich 192
Paria 1721
Paris 218
Pariser mord 205
Parlament in Franckreich 191. in Engelland 73 deren anfang 191
Parma 544
Parnisen 697
Paropanisus 1547
Parthia 1531
Patriarch zu Venedig 515. zu Constantinopel 1448
Passerthal 980
Passion blum 1697
Postelaff 980
Passaw 1086
Patane 1583
Pater noster wo sie gemacht worden 958
Patagones Risen 1733
Pausilippus 478
Pegu Königreich 1584. gebräuch vnd Religion 1586
Peloponesus 1433
Pelecan 1657
Pelusium 1653
Peninsel 6
Pera 1448
Perlin 1521.1528
Perrigmen/statt 174
Persia 1526
Perusa 431
Peru 1738 stätt 1739. Regiment 1740 vnder den Spanier gewalt 1740
Pest erobert 1463
Pesaro 437
Peter von hagenbach 790
Petrus Ramus 205
S. Peters bistumb 1514
Pererlingen 699.749
Pfaff von Calenberg 1162
Pfaltz nammen 1042. am rein ibid. kompt an Beyern 1047. an Schwaben 1049. stätt vnd flecke 1043 fruchtbarkeit 1053
Pfaltzg. 660. 662. des lands Polen 1393
Pfaltzgr. von Scherern vnd Witelspach 1064
Pfedersheim 868
Pfeffer 1577
Pfeffers 752. bad 753
Pfeffingen 788
Pfirter Ampt geschediget 788
Pfirter graffschafft 793.1132
Pfortzheim 962
Phalaris 581
Pharamundus König in Franckreich 156
Philadelphia 1477
Philippinische Insuln 1609
Philippus König in franckreich 175.176. 178.179 180. (vnd todt 111
Philippi II Königs in Hyspanien leben
Philippus Landgraff in Hessen 1142
Philippus Melancton 1046
Phoenix 1521
Phoenicia 1512
Phingia 1475
Pictorij bildnus 1010
Piemonder schlacht 565
Pigmæi 1585
Pilatus See 724
Pipinus König in Franckreich 167
Pirreport 791. erobert 782
Pita 536
Pisidia 1483
Pistoia 538
Placenza 548
Plawen statt 1155
Pleskaw 1214
Plinius was er von den Schwaben schreibe 984
Plotzko gestürmbt 1303
Poasis 1490
Podolia 1409
Poictiers 236
Poisin 223
Poland 1351
Polen wie es zum Königreich worden 1399. Herschafften 1409. Regiment nach Grachi geschlecht 1395. was für länder vnder ihm gehabt 1398. wird wider zum Hertzogthumb 1400. fruchtbarkeit 1303 kompt zum glauben 1407
Polen vnd Vngarn ein Königreich 1405 König so zu Vnserer zeit regiert haben 1408. Hertzogen wider die Preussen gezogen 1402
Polus was es seye 31
Pomern 1277. fruchtbarkeit 1278. Bistumb 1287
Pomerisch Hertzog wird König in Denmarck 1344
Pont du gard 269
Pontus 1473
Pontzel 980
Pori Historia 1555
Pories 1731
Port zu Villa franca 280
Porto santo 1685
Porta Miseno 476
Portugall 131. seine Könige ibid gelegenheit vnd sieet 132
Prag 1312
Pratelino 530
Prentzthal 1000
Presilien 1578
Preslaw 1318
Prettigöw 931
Preussen 1287 wird den Christen 691
Primislaus 1272
Priester Johann 1618. 1668. sein Hof 1671
Propontis 1450
Protosi silbergruben 1739
Priami müntz 1476
Prusij silberne pfenning 1474
Prun 1317
Psittich 1678
Ptolemais 1291.1409
Ptolemeus Astronomus 1655 was er tractiert in seinen büchern 35
Purpurfarb 1513
Puttiers 236
Puzzolo 477
Pyast König in Polen 1396
Pyramides 370.1651
Pyreneisch geburg 92

Physi=

Register.

Pythagoras	1486

Q.

Queckſilber	26.28.850.1689
Quedelburg	1198
Quenzaſu	1619
Quiloa	1676
S. Quintin	278
Qutnſay	1625
Quito	1746

R.

Raab 1113. vom Türcken erobert	1464
Rhabarbarum	1617
Ragatz	931
Rainiger Thier	1363
Ranckwyl	935
Rangen Wein	805
Rapþus König in Frießlandt	1259
Rapolſtein	827
Rapperswyl	737
Raren	960
Raſtatt	961
Ratolffzell	946
Ratten in Pommern nit gefunden	1281
Rätzen	1426
Ravenna	439
Ravenſpurg	966
Reame	1523
Rechberg	1000
Regenſperg	706
Regenſpurg	1066
Regio	556
Reichenbach	1008
Reichsſtät vnd Thäler gefreyet	663
Reichenaw	946
Reichsſtätt vor alten zeiten her	666
Reichs geiſtliche Fürſten	665
Reichsſtänd wie ſie außgetheilt ſind	ib.
Reichstag zu Worms 650. 1173. zu Ingelheim 876. Cöln	649
Reichszöll verſetzt	644
Reichsſtätt verſetzt	640
Reichshofen	828
Reiffwein	698
Remont	700
Remſthal	1000
Rennes	292
Reuſſen	1415
Reutlingen	1017
Rheggio	483
Reineck	722.939
Rhein was es für Waſſer in ſich ſchöpffe 610 brente zu Baſel 40. Vrſprung 929. Gröſſe	800
Rheinbrucken wo ſie all gefunden werden	918
Rheinſtroms Beſchreibung 846. Stätt auff der Gallier ſeiten daran gelegen	879
Rheinfelden ans Reich 766. Graffſ.	769
Rheingöw	973
Rheinthal	721
Rheinwald	1012
Rheta	1271
Rheti	918
Rhesiæ abtheilung	611
Rheticus pagus	932
Rheticus Berg	931
Rhetiſche Völcker	918
Rhinoceros	1581
Rhoda	270
Rhodanus Vrſprung	682
Rhodis 1484. vom Türcken erobert 1462 von Johanſer Herren	1293
Rohr ſo groß als Bäum	1552
Rhucantier	930
Richildis	318
Rieß	992
Riga	1304
Ringsnaw	979
Rimini	437
Ringaw verbrennt	864
Rhittiſchmund	88
Ritter Orden deß Gülden Flüß 904. verſambling	909
Ritters Ampt	663
Roan	290
Robert König in Franckreich	774
Rom 339. wie ſie zu Romuli zeiten geweſen 344. wie ſie vnder den Königen vnd Keyſern zugenomen 345. in 14. Creyß abgetheilt. 345. ire abbildung vnder Romulo 346. vnder Servio Tull. 347. vnder Veſpaſian 350. offt zerſtört 356. wider auffkommen ibid. von Keyſerſchen eyngenommen 476. groſſer ſchatz gefunden	369
Röm. Grentzen 353. Gräber 367. Palläſt 384 Luſtbäder 377. ſchawſpiel 247 ſchawſpielhäuſer 375. Säulen vnd Wilder 372. Tempel 362 Triumphbögen 373 Landſtraß 353 waſſerleitung 380 Brucken ibid. Triumphſäul	383
Römer wider das Teutſchlandt geſtritten 612. warumb Germanici geheiſſen 614. begeren das Röm. Reich widerumb	663
Römiſche Keyſer 385. Verfolger der Chriſten	357
Römiſche Adler wird berufft	667
Römiſch Reich in 10 Creyß abgetheilet 669. 23. jahr ohn ein Haupt	703
Röm. Königs Erwehlung	663
Röm. Reichs Hochgericht zu Rotweil	1009
Romans	265
Romishorn	940
Romulus	340
Roßmarin	252
Roſchach	939
Roſchelle	236
Roſt woher	26
Roſtock	1276 1344
Rot Meer	5
Rotſchaden	691
Rötelen	949.958
Rotenburg am Neckar 1018. an der Tauber	1103
Roterdam	328
Rotweil	1009
Rotſchildt	1366
Rubinberg	1584
Ruchenberg	931
Rudolff Graff von Rheinfelden	701
Rudolff von Habſpurg 701. wirdt zum Röm. König erwehlt 633. ſein Inſigel	1333
K. Rudolff	633.658
Rudolff König in Franckreich	172
Rudolff von Erlach	744
Ruſach 820. von Engelländern verbrennt	822
Rugaſci oder Rheguſci	936
Rugen	1283
Rüſſel	318

S.

SAca	1536
Sacca Veſtung	1387
Sachſen Nam 1172. Hertzogen 1176. Krieg 1253. wie zum Glauben kommen 1173 wie ſie in Engelland komen	66
Sachſenland 1172. Fruchtbarkeit 1174. Bergwerg 1175. abtheilung	ibid.
Saintes	244
Saal zu Ingelheim	876
Saba fl.	1096
Sachion	1616
Salamanca	112
Salamandra	1617
Salerno	480
Salin	304
Salica Lex	156
Salmans Weiler	946
Salomons Inſul	1736
Saltzburg	1069
Saltzbrunn	1190
Saltzberg	950
Salvator/ſtatt	1679
Salvianus	212
Samara	1602
Samaria	1511
Samogetia	1413
Samos	1450
Sana	1593
Sanceria	284
Sandmeer	1520.1629
Saphoy	293
Saracenen fallen in Spanien 105. werden zinßbar 109. Bilgerfahrt gen Mecha 1522. Krieg 330. Alcoran	1524
Saragoſſa	128
Sardanapalus	1480
Sardinia 588. Fruchtbarkeit 589. Hertſchafft 590 Stätt ibid. Oberkeit/ſitten vnd Religion 592. Ertzbiſtumben	593
Sardis	1477
Sargans 754. Sarganſer wapen	932
Sarmatia 1391 Aſiæ	1486
Saruntier	931
Saſſaris	592
Sategam/ſtatt	1583
Sava 1553. Savona	544
Sawfiſch	1680
Sawrbrunn	1314
Schafhauſen	758
Scania	1330
Schalberg	932
Schans	980
Scher	988
Schiferbergwerck	1175
Schiff mancherley	19
Schifffarte 18 in die newe welt 1563.1692
Schiffbruch	1193
Schilach	827.1020
Schtrazo	1528
Schlachten bey Arbela 1526. Augſpurg 636. Baden 762. Baſel 786. Blodesheim 702. Burgund 800. Cariona in Biemont 556. Dornach 801 Elſaszabern 839. Fraſtentz 801. Frawenbrunn 783. Glarts 721. Grantzen 798. Gräveling 284. Hildesheim 171. Loupe 744 Lechfeld 1376 Morgarte 717 Murte 799 Navarra 802 Nanſee 799 Neapels 651. Nicopolis 1457. Paphy 568. Pfederdesheim 868 Poland 1383 Quintin 280 Ravena 802. Reinthal 722. Sempach 719. Schalauner Heyd 329. Sumpff 613. Wyl 721.1016 Winterthur 709 Zürich 732. Zugerberg	790
Schleſi	1318
Schleßwick	1340
Schlettſtatt	228
Schloß Reinfelden eyngenommen	771
Schlöſſer vff 8 Höh wie zu beſchieſſen	42
Schlöſſer an der Tonaw 1112 vmb dē Bodenſee 938. Alerheim 993. Altheim ibid. Annenberg 979. Bartenſtein 1292. Berenberg 980. Berlachingen 991. Brentz 1000. Caſtelmaur 980. Dornſperg 979. Eberſtein 961. Eſelburg 1000. Eyberg 961. Falckenſtein 1000. Firmian 980. Fründſperg 979. Fallenberg 980. Fronheim 991. Grabe 961 Greiffenſtein 980 Grunenberg 1150. Helenſtein 1000. Helfmit Gott 980. Hohenrode 988. Inßbruck 979. Reichenberg ibid Kochenberg 789. Kronburg 980 Landeck ib. Lauterburg 988. Lichtenberg 979. Liersheim 993. Marienb. 1291 Marmols 980 Metſch ibid. Realt 923 Reams 980. Rechberg 988. Reichenbach 991. Rötelen 949 Ro und 980 Schillingfürſt 991. Sigmundsburg 980 Starckeberg/Steinach/Triel Tolbach/ibid Turberg 979 Tyrol ibid. Uxwing 992. Walſcher 980. Weltingen 999 Zierlach	980
Schlangen eſſen verbotten	1749
Schmeltzhütten	815
Schneeballen	690
Schneeberg	960.1316
Schneegebirg	918
Schnecken für Geldt	1601
Schepina	980
Schorndorff	1020
Schottland 83. König	93
Schrieſſen	1044
Schwaben alte Völcker 607. wo ſie vor zeiten gewohnt 984. Hertzogthumb 1001. der alten vnd jetzigen ſitten 1000. ſetzen

Register.

setzen sich vmb Augspurg 1027. Niderlag 1167
Schwabenland 984
Schwäbische Krieg 800
Schwäbisch Hall 990
Schwalben verbrennen ein Statt 1338
Schwartzach 851
Schwartzwalde 1004
Schwartz 981
Schweden Königreich 1355. König 1357 Fruchtbarkeit 1361
Schweinfurt 1102
Schweitz 712
Schweitzer kommen in Helvetiam 702. dem Reich trew 716. leyden Tyranney 715. werden vom Bapst Engel genent 421
Schweitzerbund 718. Krieg 790. 793. 800
Schweitzerlandt 678
Schwerdbrüder 631. 1292. 1299
Schwerdtisch 481
Sclavonia 1423. Sclaven 18
Schenern 1060
Sciauhai 1626
Scythen 1419
Scythia ausserhalb dem Berg Imao 1537
Scythier König Begräbnuß 1538
Segesta 583
Säck voll abgeschnittener Ohren 1379
Seckinge 948. verbrent 708. belägert 788
Sedum 681
See gantz schwartz 1362
Seelow 1266
Segna erobert 422
Seleucia 1519
Seltz 851
Seltzthal 980
Semiramidis Baumgarten 1517. jr Laster 1548
Sempach 719
Semperfreyen 664
Sena 535
Senegallia 435
Sens 227
Serica 1540
Sethina 1437
Sevilia 110
Sewrüssel in der Thonaw 1062
Sfortia 562
Sibyllen Warsagerin 472
Siam Königreich 1588. Religion vnnd Bramenes 1589
Sicambri 146
Sicilia 572. beherrschung 574. König 575. Ampteleut 576. abtheilung 577. fruchtbarkeit 574. von Aragoniern eyngenommen 452
Sider 690
Siebenbürgen 1427. Nam ibid. Fruchtbarkeit 1492. Bergwerck ibid. kompt zu dem Glauben ibid.
Sieben Weldwunder 339
Siebenstatt den Saracenen abgenommen 131
K. Sigmund 646. König in Polen 1408. Fürst auß Siebenbürgen 1430
Simmern 851
Simringen 1006
Sinckolthal 1038
Sindelfingen 1019
Sinus was das sud 4
Sintzen 1045. 1054
Sisnaw 966
Sitten 688
Smolenzo 1408
Sodoma 1501
Sogdiana 1536
Soisson oder Suesson 286
Solon der Athenienser Gesatzgeber 1436
Solothurn 736 belägert 718.
Solymannus 1461
Somiers 270
Sommer vnd Winter mit einander 32
Sonnenberg 985. Graffschafft 969
Sophy Persier König 1527
Spandaw 1262 Spanheim 845. 878
Spanien such Hispania

Specerey woher sie komme 132. 1578
Speir/Statt 852. Bisthumb 855
Spielhauß zu Verona 521
Spietz 747
Stahel 982
Staden 1089
Stantzerthal 980
Starckenberg 864
Starcard 1357
Stechfeld 840
Stein zu Reinfelden 784
Stein Stättlein 930
Steinbach 961
Steinböck 696
Stein Bezoar 1696
Steinhüner 697
Steinkolen 891
Steinsaltz 1403
Steinwick 1260
Stätt wie sie verendert werden 51. an der länge vnd breyte/wie zu vnderscheiden 31. an der Thonaw 1112. am Rheinstrom/auff der Gallier seiten 884. auß Heerläger worden 993. im Bäyerland 1066. am Bodensee 939 im Algöw 965. im Franckenland 1187. in Histria 1128. in Gothia 1354 in Norwegen 1351. in Finland 1362. in d Littaw 1413. Siebenbürger 1427 in Cambaya 1564. dem Mogel zuständig 1597.
Stättkrieg 998
Stettin 1282
Steyrmarck 1124
Stockfisch 1350
Stockholm 1355. belägert 1359
Stocklein 990
Stollberg 1150
Stollhofen 961
Stopffer 929
Storcken bey den Egyptiern hoch gehalten 1659
Strabo 1441
Stralsund 1282
Straßburg 833. Bisthumb 836
Straussen 1655. 1675
Strudel in der Thonaw 1062
Stynelingen verbrannt 801
Stutgard 1018
Stulweissenburg 1378
Sturmwindt 1036
Suandeolcus ein falscher Christ 1293
Suider wie sie in Helvetiam kommen 702
Succeur 1617
Sultz 820
Sultzberg 950
Simetag 981
Sundgöw 804. verbrennt 793. versetzt ib. wider abgelöst 1579
Surat Meerstatt 1597
Surrento 480
Susiana 1529
Süß Holtz 1187
Sündflutß in Holand 92
Swerin 1272
Sydon 1513
Sylber 25. 891. 1688
Synai/Berg 1519
Syra/Vestung 1595
Syracusa 580
Syrst 1426
Syria 1497
Syrtes 1641

T.

Tabia 544
Tachs 696
Tag zu Utrecht darinn 50. Ritter gewesen 911
Taglänge aller Landschafften 34
Tamerlanes 1456
Tamiens ein klein Vögelein 1697
Tamira Königin 1536
Tanbach 828
Tanguth 1616
Tabiacum 1521
Tarnasseri/ein Statt 1588
Tarnuio 488

Tarsus 1480
Tartarn 1541. Sitten vnd Bräuch 1543 Aberglauben 1544. verderben Ungern 1378
Tauberthal 1193
Tauromino 578
Tauroscythier 1541
Taurus 1548
Tebet 1618
Teck Hertzogthumb 1012. 1018
Tenduch 1618
Tergovista 1429
Terpentin 693
Terra del Fuego 1735
Terracina 447
Terra laboratoris vnd Cor terealis 1690
Terviso 518
Teuffel gewaltig zu Delphis 1436. wird verehret 1574. 1587. jol König Fridrichen erledigen 636. Dantz 1160. plagt die Brasilianer 1730
Teuffenbach ein Bad 695
Teutschen 599
Teutsche Keyserthumb 619
Teutsch Orden vnd Hochmeister in Preussen 1291
Teutsche Herren 671. wie sie Preussen besassen 1290
Teutsch Hauß das Oberste 1293
Teutschen Leben vor vnnd nach Christi Geburt 614. Stärcke 611. Kleydung 615
Teutscher Keyser Nam vnnd Ordnung 621. Erwählung 675
Teutscher Nation aller Völcker beschreibung 607. alter vnd newer Namen vergleichung 609
Teutschlandt 599. Nam 604. abtheilung 619. Fruchtbarkeit 615. die jetzige Gelegenheit 605. Flüß 609. alte sprach vnd Satzungen 672. Bräuch 675. vom Röm. Keyser bekriegt worden 611. zum Christlichen Glauben kommen 670. Ertzbisthumb vnnd Apteyen 668 Oerter vnd Marckstein 605. Fruchtbarkeit bey den Alten 617
Thäler vmb Augspurg 1038
Than 805
Thebes 1646
Thermopylæ 1436
Thessalia 1440
Thessalonica 1439
Thiatyra 1477
Thiengen 760
Thierstein/Graffen 816
Thierburg 989
S Thomas 1683
Thonaw Vrsprung 1005. was sie für Wasser in sich schöpffe 609. Stätt Schlösser vnd Klöster so daran ligen 1112
Thonawer Thal 1006
Thonawerd 992
Thorn 1290
Thracia 1444
Thumbherren erhenckt 889
Thüringen 1145
Thunis Statt vnd Königreich 1635
Thurgaw 757
Thuria 491
Thurn 690
Thurin 572
Thurnier wie der entstanden 1202. wo vñ wann sie gehalten worden 1204
Thurthal 757
Tidore 1608
Tigerthier 1530
Tiuitivas 1721
Tigris Vrsprung 1515
Tlascala 1712
Todt Meer 1510
Toggenburg 757
Tocken 1484
Toledo 113
Tolentino 432
Tolosa 262

Tolon

Register.

Tolon 276
Tombuto 1639
Torgaw 1162
Tonpaciay 1719
Tonenfisch 481
Topinambaces 1731
Topinaques 1731
Toticaca/ein See 1739
Tours 228
Transsylvania 1427
Travancor 1579
Trauben vier Spannen lang 1685
Trapesunz 1454 verlohren 1457
Tremisen 1633
Triangels Nutzbarkeit 37
Triclinium 520
Triend 980
Trier 212. 869
Trinckgeschirr auß Menschen Hirnschalen 1537
Trinckgeschirr auß Ochsenhörner 1670
Trinidado 1721
Triumphbogen 267
Tropia 482
Troja 1476
Truchseß 664
Truchseß zu Waltpurg 969
Truckerey erfunden 874 1622
Tuban 1604
Tübingen 1016
Tucabel 1738
Tungern 894
Tuisco 670
Turzis 592
Türck wird von Christen berrnfft 1455. siegt in Ungern 1462
Türcken Anfang vnd Herkommen 1444. Sitten/Gebräuch/Regiment/Religion/rc. 1456. Fasten/Beschneidung 1467. Rechts 1468. Tyranney gegen den Gefangnen 1469
Türckische Keyser 1455
Turquestan 1533
Tuscana 525
Tuslingen 1006
Twiel 947
Tybur 426
Tyrol 3126
Tyrus 1512

V.

Valentia 129. 266
Vasten/Statt 1354
Vatter von 2. Söhnen erschlagen 1277
Vatter vnser in Liessländischer spraach 1305. in Schwedischer 1362 Finländischer vnd Philappener 1363 Isländischer 1368
Vberlingen 946
Vbertrincken verbotten 1417
Veldbach 804
Veldenzer Graffschafft 878
Veldkirch 932. 933
S. Veltin 821
Vendome 226
Venedig 493. Gelegenheit 511. wunderlicher Diebstal mit dem Schatz ibid.
Venediger Hertzogen 494. Erwehlung 504 Zeughauß 512
Venediger Auffgang vnd Macht 513
Venedig wie heutigs tag beschaffen 414
Venezuola 1719
Verenderung der Statt vnd Länder 51
Veringen 988. 1020.
Verma Königreich 1583
Verona 524
Vesuvius 479
Viechtelberg 1316
Vicovaro 427
S. Victor Gebein gen Genff geführet 736
Villa Richa 1738
Villingen 1010
Vilna 1412
Vincennes 221
Vincenz 521
Vindonissa 766

Vinstgöw 797
Viragrund 991
Virginia Landschafft 1701
Vilp 690
V.terbo 430
Vitzlipntzli der Mexicaner Abgott 1707
Vivis 698
Vlm 1024
H. Ulrich von Wirtenberg 1051
S. Ulrich Bischoff zu Augspurg 703
Vpsal 1336
Vnderwalden 712
Ungern beschädigen Bäyerlandt 1072. Teutschlandt 1376. kommen in Pannoniam 1375. vom Türcken beschädiget 1379. werden Christen 1376
Ungern vnnd Polen vnder ein König 1406
Ungerlandt 1372. Der Hunnen Fluchthauß 1373
Ungewitter vber Alexandrum 1540. zu Thorn 1290
Voburg 1313
Vögel vngehewr 1626
Vogel Insuln 1699
Voitlandt 1203
Vögel ohne Federn 1735
Vögt in den Ländern Vri / Schweitz vnd Vnderwalden 714
Vrbanus Rhegius 1036
Vrbin 435
Vrßlinger 1012
Vry 712
Vsais 269
Vstinga 1420
Vrecht 913
Vrechter Bisthumb 901
Vtzenberg 706

W.

Waiblingen 1025
Walachey 1426
Waldeck Freyherren 1007
Waldemarus 1342
Waldesel 1456. Waldorff 1045
Walpurg Truchsessen 1077
Waldshut 947
Waldkirch 951. 960
Wallfisch 1368
Wallgöw 935
Waldsee 965
Wallia 87
Wallis 681. Berg 682. Völcker 684. Regiment ibid. ist in Bündtnuß mit den Eydgnossen 688. Wassersnoht 689. Fruchtbarkeit 692. Bäum/Kräuter/ vnd Wurtzlen ibid. Bergwerck 693. Bäder ibid. seltzam Thier 695
Walruschen 1371
Walther Raleigh 1722
Wandalen 602. Krieg 329. Stätt 1271.
— wo sie gewohnt 1199
Wangen 967
Warpurg 1330
Wasserfall/Berg 791
Wasser mancherley Natur 13. gifftig 1552 weiß wie Meel 1789
Wasserflüß 11. Atrrech 956 Altmül 1081 Arg 956. Arola 732, 739. Blaw 1019 Boristenes 1408. Rilus 1513. Brüsch 807. Bürsch 786. Brentz 988. Dzuina 1414. Dan 1415. Eger 1317. Elmenaw 1191. Elb 610. Elster 1158. Embs 610. Etsch 980. Fächt 807. Ganges 1548. Güntz 1038. Hettenbach 1038. Jaxt 991 Jn 980 Indus 1548. Jordan 1499. Kocher 989. Küntzig 1006. Larg 807. Lauch ib. Lech 1037. Mader 807. Mayn 610. 1317 Mümling 1004 Mosel 805. Multaw 1306. Murbach 807 Musel 610. Nab 1317. Nagolt 1000. Necker 610. 1007. Nilus 1656. Obrica 878. Ombach 807. Onacra 1188. Oder 610. Oxus 1536. Pegnitz 1081 Preusch 610. Rembs 1020. Reuß 929. Rhein 610. Rhodan 682. Rudus 1394. Saal 610. 1096. Schmotter 1038. Sorn 807.

Spree 610. Sprieß 981. Sulz ib. Sur 807. Tanais 28. 1414. Tolder 807. Tonaw 609. 985. Tigris 1515. Thur 807. Viperata 425. Wertach 1038. Wasten 1349. Weser 610. Wixel ibid. 1395 Ysne 970. Zusum 1038
Wasseroß 1553
Waßgäw 846
Weib stillet Blutvergiessen 1324. richtet Krieg an 634. werden auff die Schaw geführt 1560. wirds in ein Mann verwandelt 432. werden mit ihren Mannen verbreñt 1566, 5170 vertauscht 1574
Weimar 1151
Weingarten 965
Weinheim 1044
Weissenburg im Sibenthal 739
Weissenbnrg/Statt 844
Weissenstein 988
Weidstand der Orter zu erkündigen 36
Welt Erschaffung 29. Abtheilung 53
Wenden statt 1305
Wenden verfolgen den Christl. Glauben 1272
Wendigen 993
Werd 1007. 1025
Werlen oder Herulen 1270
Wernitz 992
Wertheim 1104
ober Wesel 884
Westereich 850
Westphalen 1253
Wetter/statt 1139
Weyrauch 1523
Wicleff 767
Wider ein Abgott 1643
Widern 991
Widertäuffer Auffruhr 1256
Wien in Franckr. 265. in Oestereich 1111. namen 1112. vom Türcken belägert 1462
Wieterspach 1076
Wifflispurger Göw 748. eingenommen ib.
Wildtbadt 1017
Wildt Pferdt 1298
Willstätten 960
Wilhelm Thel 715
Wiler thal 705
Wimpffen 1020
Wind 20
Windisch 766
Windisch Landt 1423
Spraach ist Weitleuffig 1419
Windsheim 1086
Wineta 1283
Weißhorn oder Winser 87
Wirtenbergerlandt 1013
Wirtzburg 1094. Bischoff 1087. eynritt vnd begrebnuß 1095
Wißbaden 1140
Wißmar 1271
Wißmut 981
Wittenberg 1252
Wixel 610
Wölf werden in Pommern nicht gefunden 1281
Wolffenbüttel 1189
Wolhausen 636
Wollin 1282
Wohnung auff den Bäumen 1747
Wormbs 860. Keyser Conrads Fluchthauß 864. belägert 867
Wormser Burger vnnd Pfaffen Vneinigkeit 867
Wormser Bisthumb 868
Wunderbildt 1411
Wunder der Welt 339
Wurzach 965
Wüste darinn Gespenst oder böse Geister 1578
Wymnis 739
Weissenaw 966

Y.

Yler 965
Ymenstatt ibid.
Ysne 970. wird ein Reichsstatt 968

Zabern

Register.

Z.

Abern nach dem Calender erbawen 839	Ziget 1386. von dem Türcken gewonnen 1463	731. Aufflauff 727. vberfallen 728. gei. ört etwan zu Schwaben 1082 belägert 728.729
Zan eines Affen wird verehrt 1571	Zimbren 1010	Zürich vnd Schweitz wider einander 731
Zanguebar 1676	Zimmet woher sie komme 1578	Zurzach 758
Zamboalla 1712	Zinn 982	Zuzum/Thal 1038
Zaire Fluß 1680	Zipserland 1426	Zutrincken kompt von Sachsen 1175
Zara 1424	Ziseck vom Türcken gewonnen 1465	Zwantewitus ein Abgott 1283
Zairingen 956 Titul vnd Wapen 702	Zizymus deß Türcken Bruder fleucht gen Rhodis 1463	Zwerglin 1585
Zeckenlandt 1427	Zofingen 767	Zweybruck 845
Zeilan 1600	Zollern ibid	Zweyfalten 988
Zeitz 1162	Zoroastes 1535	Zweytracht im Römischen Reich 1313. in Dennemarck 1342
Zell 1017	Zuckerwachs 482.584. in Egypten 1657	Zwickaw 1161
Zelymus 1460.1463	Zug 761	Zygeuner 602
Zergans 748	Zürich 724. Krieg mit den Eydtgnossen	

Ende deß Registers in die neun Bücher der Cosmographey.

Die erste General.

Die Erste Land=

tafel/ begreifft in sich der gantzen Erd=
kugel vmbkreiß auff die Ebne außgebreitet/ mit den fünff für=
nemmen Weltcirckeln/ die man Parallelen nennet/ vnderschiedlich nach der breite vom
Aequinoctial obsich gegen Mitnacht oder Septentrion/ vndersich gegen Mittag oder Meridies abge=
theilt/ wiewol dieselben Circkel allhie nur mit stracken Linien angedeutet werden. Nach der lenge/ ist
sie auff dem Aequinoctial in 360. theil oder Grad zertheilt. Die theilung fahet vom mittel an
gegen der rechten Hand: das ist/ Orient/ vnd schlecht sich herumb von der lincken
Hand: das ist/ Occident/ alß wann Occident in die ründe hin=
vmb gebogen vnd an Orient gestos=
sen würde.

Erklerung etlicher Lateinischer Wörter
dieser Landtafel.

India vel America nova	New Indien	Tropicus Cancri, des Krebs Circkel
Hispania nova	New Spanien	Tropicus Capricorni, Stein= bocks Circkel
Oceanus Occidentalis	Meer gegen Vndergang	Terra florida, Grünlandt
Oceanus Orientalis	Meer gegen Auffgang	Psitacorum regio, Papagoyer Landt
Mare pacificum	still Meer	Francia nova, New Francien.
Mare Aethiopicum	Aethiopisch Meer	
Mare Indicum	Indianisch Meer	

Die erst General Tafel / die Beschreibung vnd den

Des Erdtrichs theilung fahen wir Europeer an / nach de[m]
vollstrecken sie gegen Orient / durch das Indianische Meer
gen Orient: aber gegen Mittag Africa vnd Papagoyer land

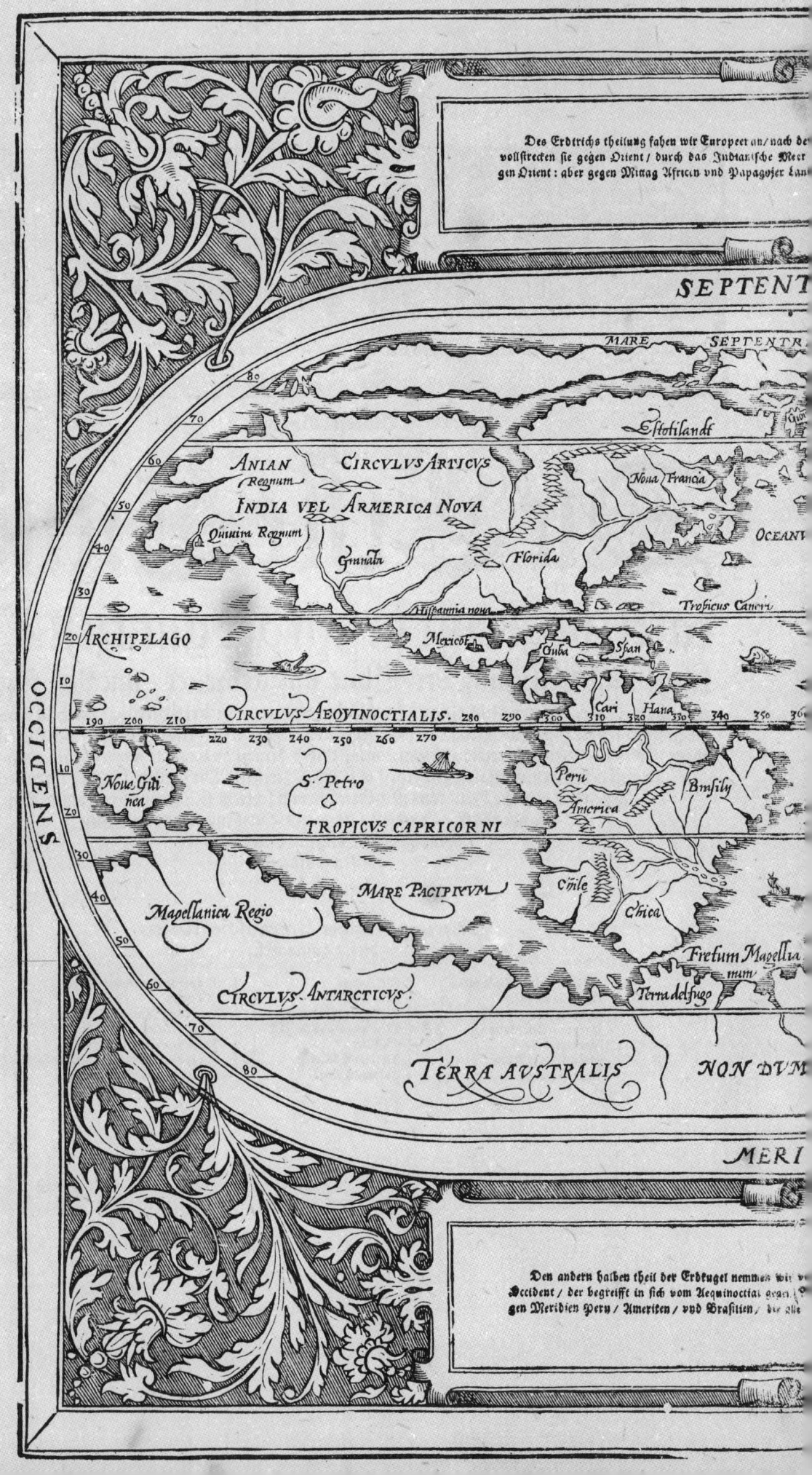

Den andern halben theil der Erdkugel nemmen wir v[on]
Occident / der begreifft in sich vom Aequinoctial gege[n]
gen Meridien Peru / Ameriken / vnd Brasilien / die glic[h]

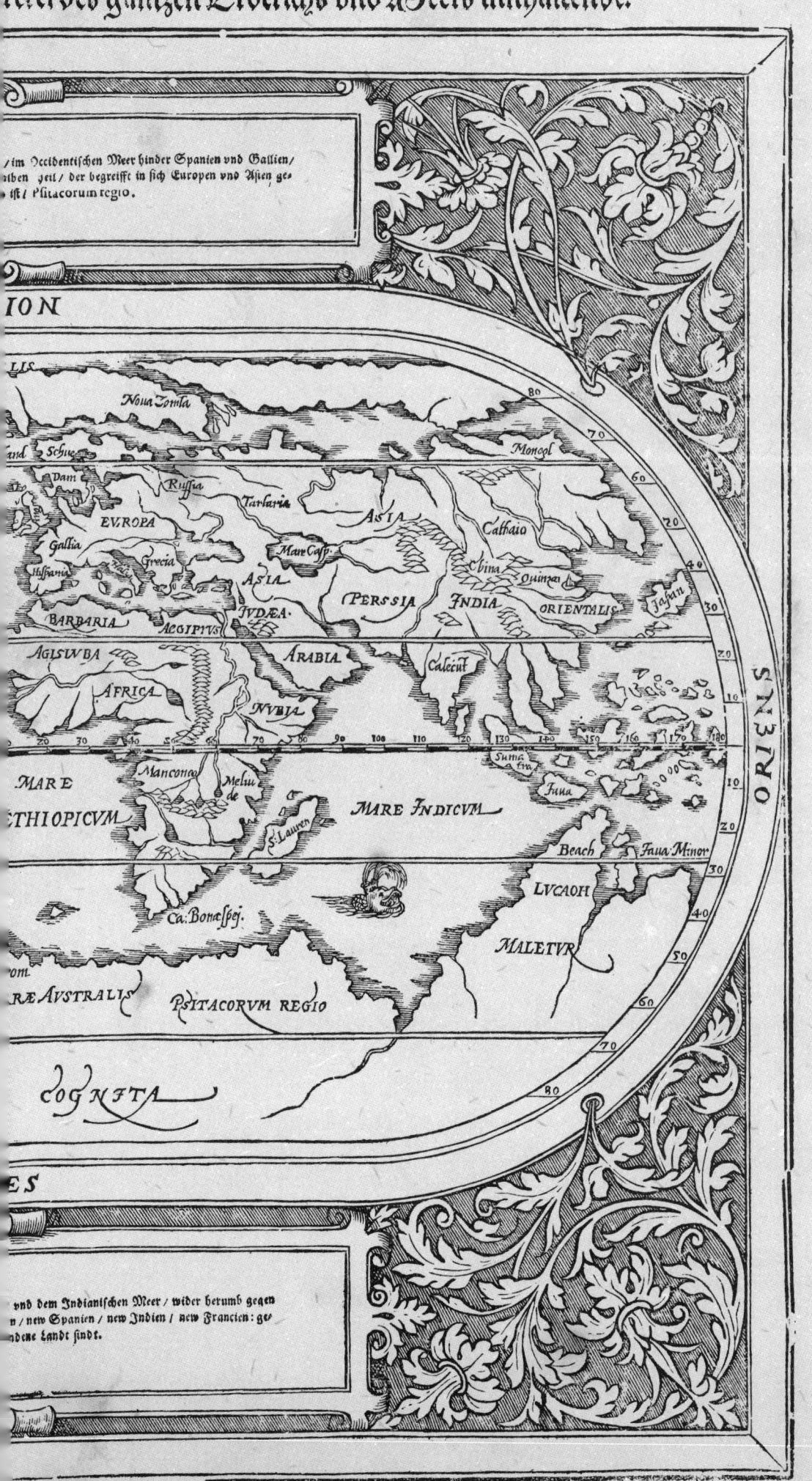

Die ander General.

Diese Andere

Landtafel begreifft in sich die

halbe Erdkugel/ auff die ebne/ in die lenge vnd breite gelegt/ nach Beschreibung des alten Geographen Ptolemæi. Sie ist getheilt erstlich nach der lenge von der lincken Hand gegen der rechten: das ist/ von Occident gegen Orient in 180. Grad/ wie die Ziffer oben vnd vnden außweisen/ vnnd gehet je durch den zehenden Grad ein Circkelriß von Mittnacht herab gegen Mittag/ deren jeder bedeut ein Mediancirckel. Darnach ist sie auch getheilt nach der breite vom Aequinoctial obsich vnnd vndersich mit Parallelcirckeln von zehen zu zehen Graden/ dieselben streichen von Occident gegen Orient. Nach dieser Außtheilung wird eines jeden Lands Gelegenheit gegen dem andern erkannt.

Ptolemeisch General Tafel/ die hal

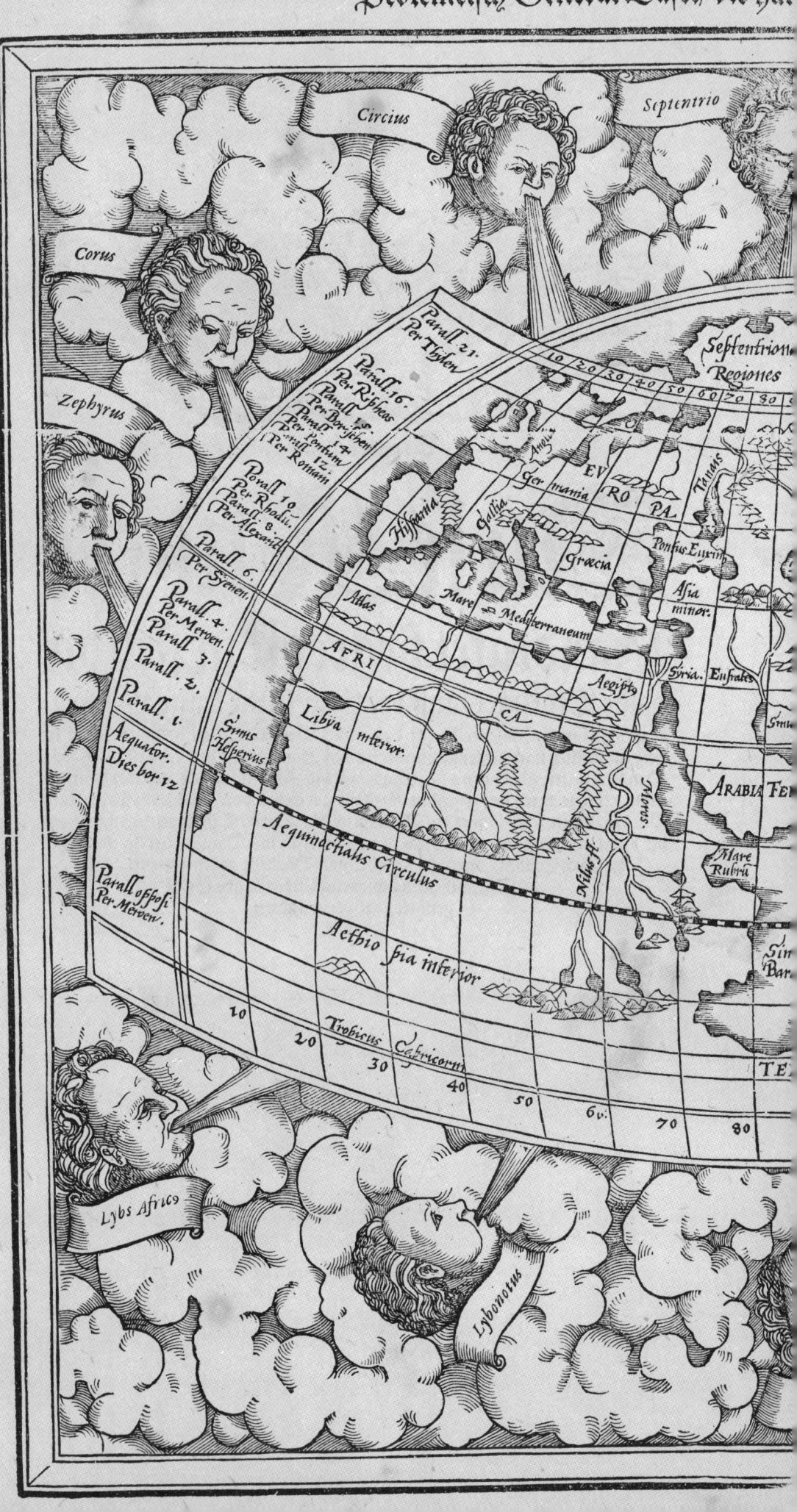

Kugel der Welt begreiffende.

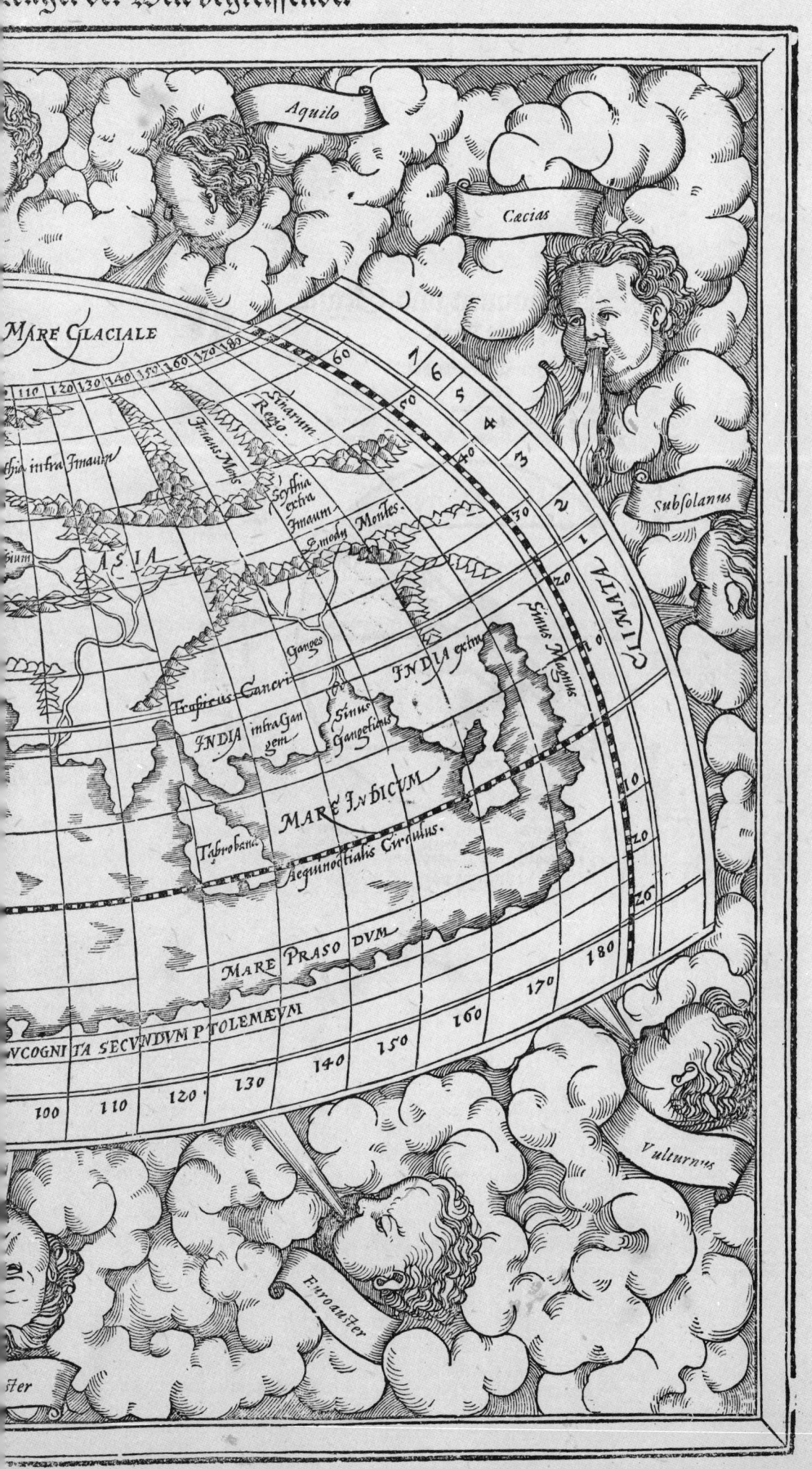

Die Nammen vnd Gegne der Wind.

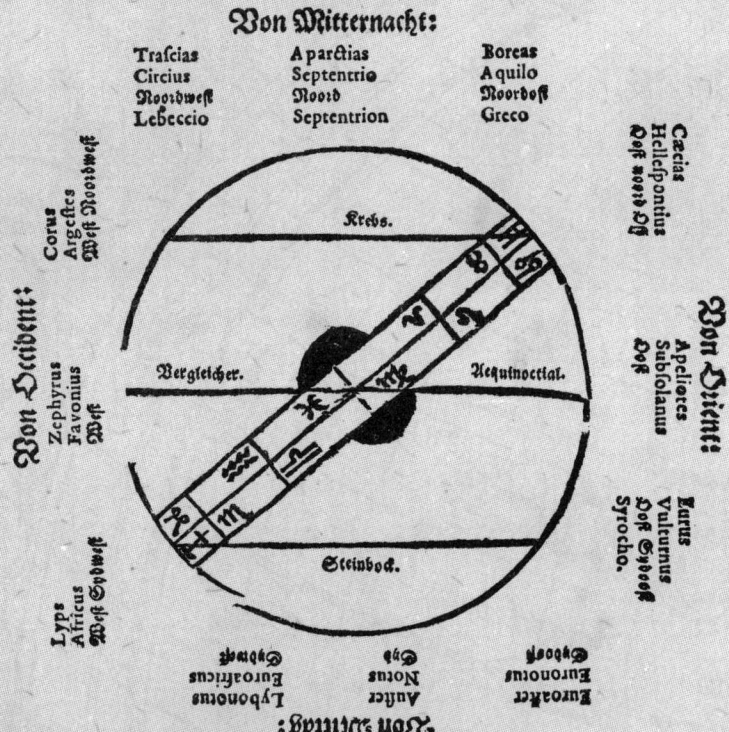

EVROPA.

New Europa.

Es hat Ptolemeus nicht sonder-
lichen Europam beschrieben: aber man möchte auß der
Landtafeln/ die Europa begreifft/ leichtlich ein gantz Europam beschrei-
ben/nach Ptolemei Fürschreibung. Vns aber zu vnseren zeiten/ist nützer die newe dañ die
alte Beschreibung/sintemal vom Ptolemei zeiten her/ grosse verenderung/in diesen vnd
anderen Lenderen sich verloffen haben. Europa (wie vorhin auch zum theil gemelt) ist ein
treffenlich fruchtbares Landt/ vnd hat auch ein natürlichen temperierten Lufft/ vnd auch
einen milten Himmel/ vnd ist kein mangel darinn/ weder am Wein/ noch auch am Korn/
oder an anderen fruchtbaren Bäumen. Darzu ist es auch ein schön lustig Landt/ wol gezieret mit Stetten/ Schlösseren vnd auch Dörfferen/ darzu hat es auch ein dapffers vnd
Mannhafftiges Volck/ daß es vbertrifft Asiam vnd Africam. Zu dem so wirdt es allenthalben eyngewohnet von den Menschen/ außgenommen ein klein theil/ da man von der
grossen Kelte halben nicht wol bleiben mag/ besonders gegen Mitnacht zu. Es sind auch
ettliche Oerter mit rauhen Bergen vmbzogen/vnd da ist auch rauhe Wohnung. Aber da
es eben/ ist es vberauß ein gut Landt/ vñ wachsen da alle ding mit solchem grossen vberfluß/
daß man auch den Völckeren/ so in den Bergen wohnen/ damit zu hilff kommen mag. Es
ist auch Europa Reich an Gold/Sylber/Kupffer/Ziñ vnd Eysen/besonders in Teutsch
Landt vnd Nordwegien/ da grebt man groß Gut vnd Sylber auß den Bergen. Vngern
hat das beste Gold. Kerndten den besten Stahel. Gewürtz/ Edelgestein/wolriechen-
de ding/ alß Weyrauch/ ꝛc. findt man nicht in Europa/ man bringt
es alles auß Asia. Europa für andere Länder/ ist voll
zamer Thier/ wenig schedlicher fin-
det man darinnen.

Europa/ das ein Drittheil der Erden

ach gelegenheit vnserer zeit beschrieben.

ANGLIA.

Engellandt die
Insel/ wie sie zu vnseren zeiten
ist beschrieben/mit den anstossenden Län-
dern/ Schottlandt vnd Jrlandt.

iiij

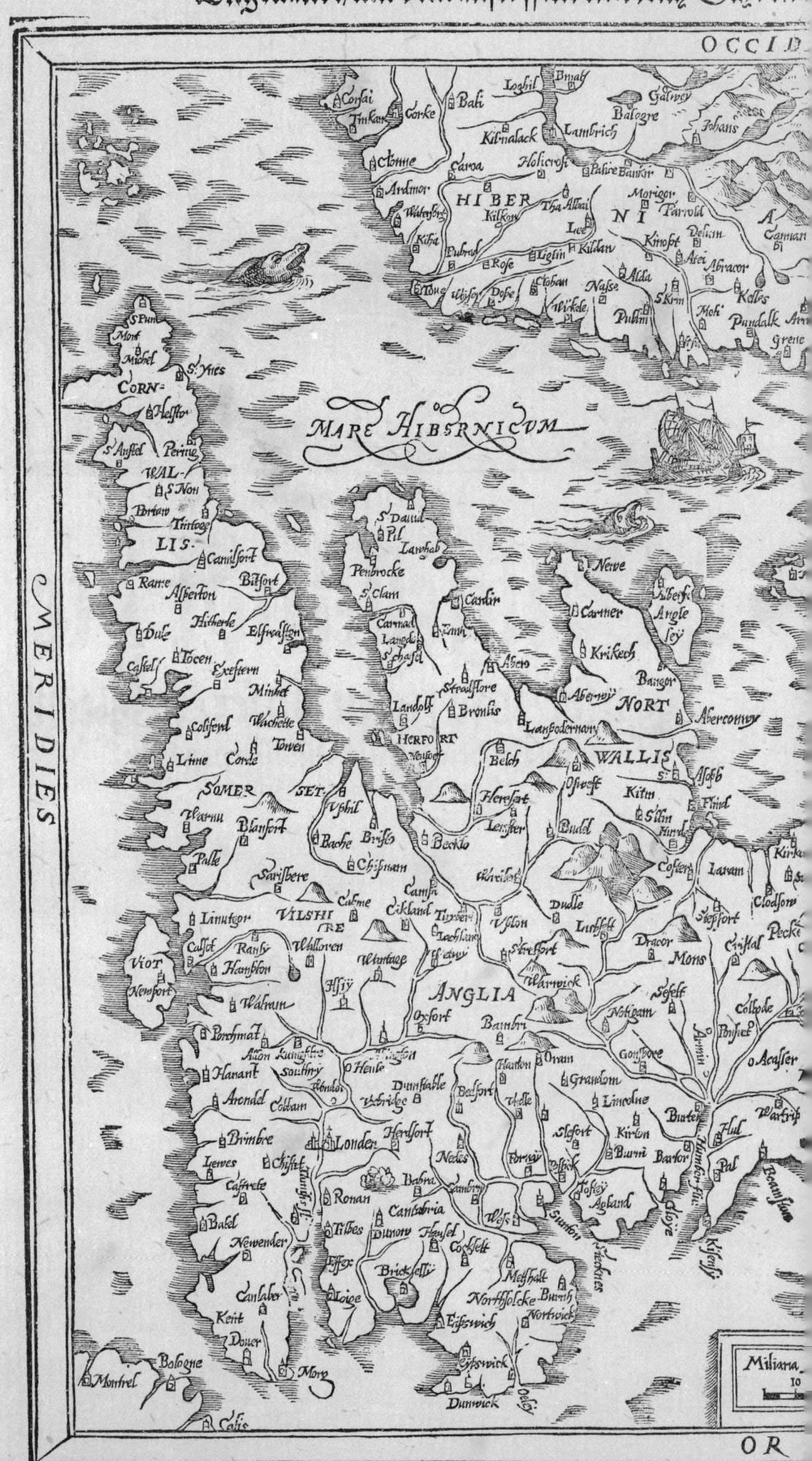

HISPANIA.

Hispania new=
lich beschrieben nach ge=
legenheit dieser jetzi=
gen Zeit.

h

Hispanien nach aller seiner gelegenheit / in Bergen /

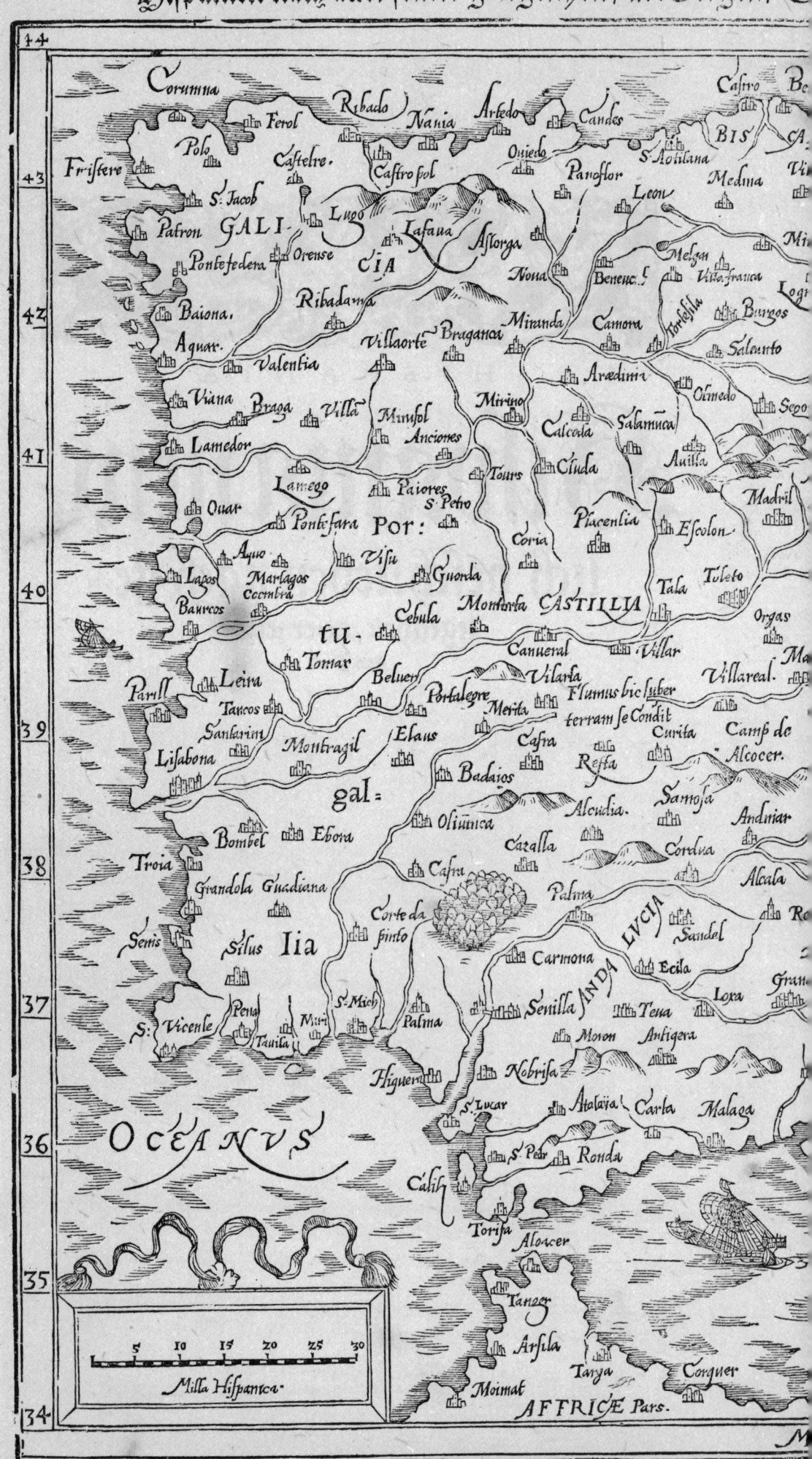

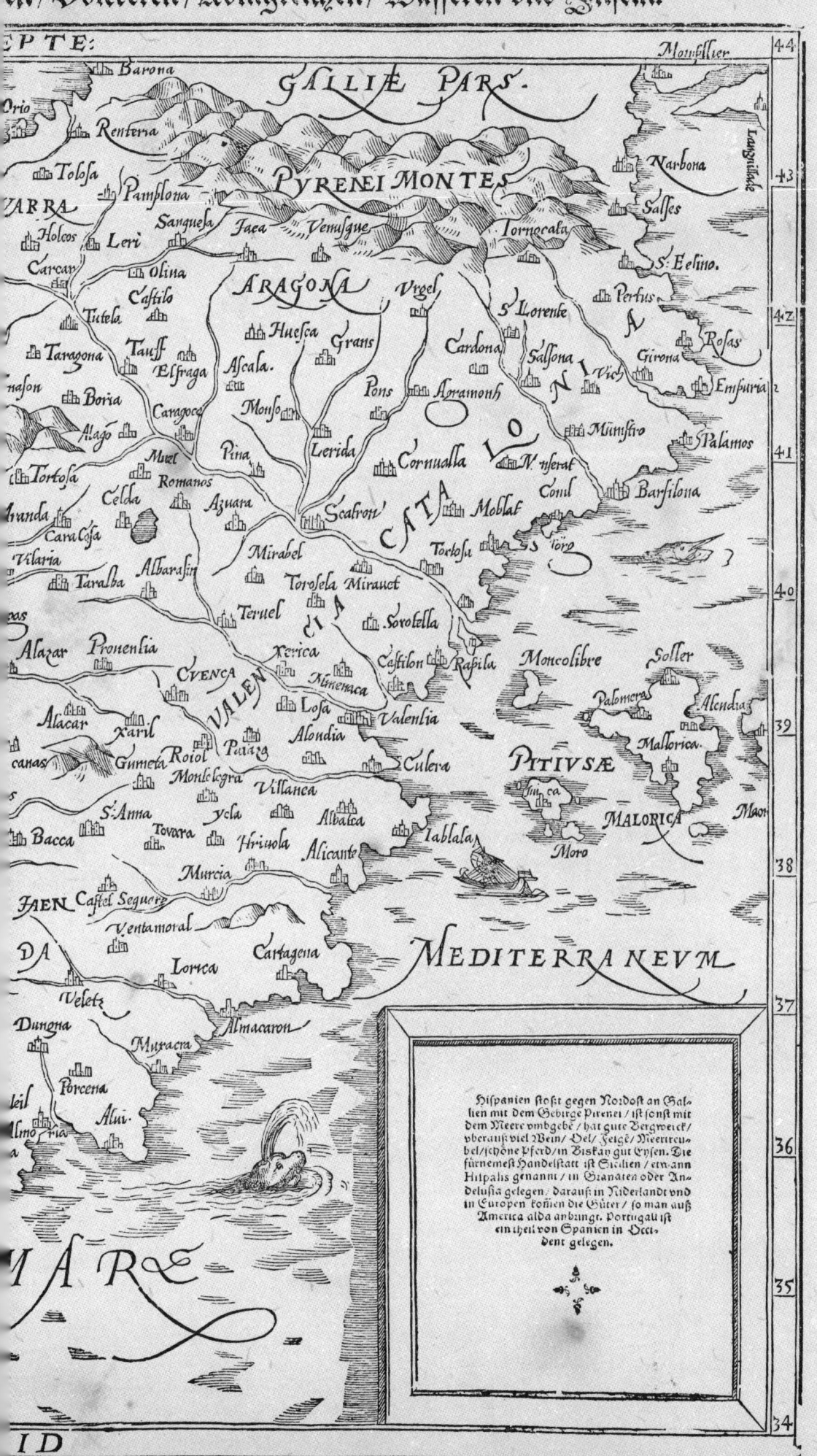

FRANCIA.

Franckreich in
Ländern vñ Stetten beschrieben nach jetziger Gelegenheit:Ptolemeus hat zu seinen zeiten diß Landt etwas anders beschrieben: dann er hats getheilet in Galliam Belgicam/das zwischen dem Rhein vnd der Sequana ligt: in Lugduner Galliam/das zwischen den Wässeren Ligeris vnd Sequana sein Läger hat: in Aquitaniam/das am Meere gegen Occident ligt/vnnd wird durch das Wasser Ligeris gescheiden/vō Lugduner Gallia. Aber Gallia Belgica hat sich zwischen dem Rhein vnd der Sequana hinab gezogen/biß zum Engellischen Meere/vnd ist der Rhein zu denselbigen zeiten/gegen Orient ein endt gewesen Gallie: aber jetz zu vnsern zeiten streckt sich Teutschlandt weit vber den Rhein gegen Franckreich/besonder vnder Straßburg hinab.

bj

Das gantze Franckreich / so vorzeiten Narbonensis, L

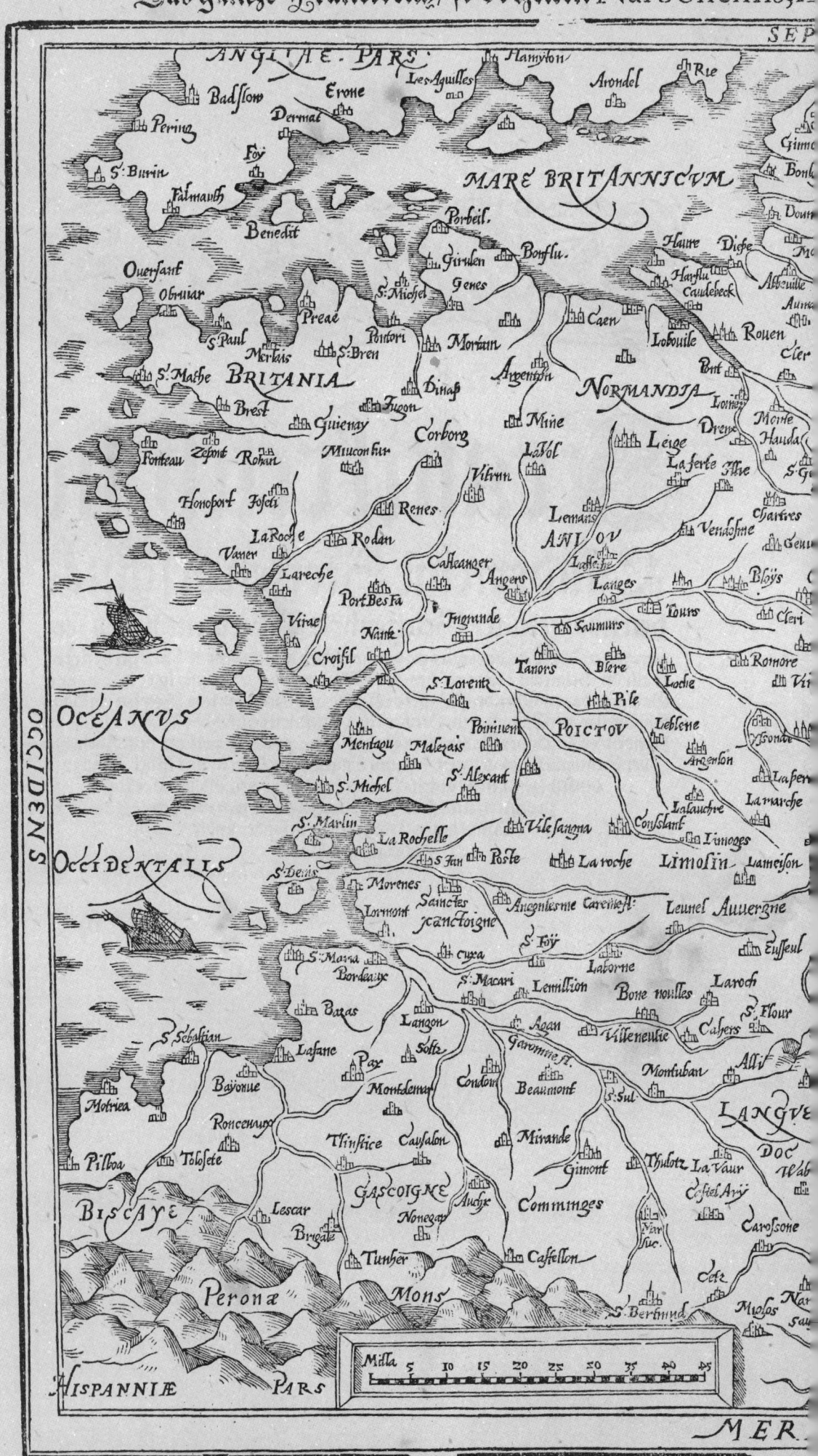

dunensis, Belgica vnd Celtica ist genennt worden.

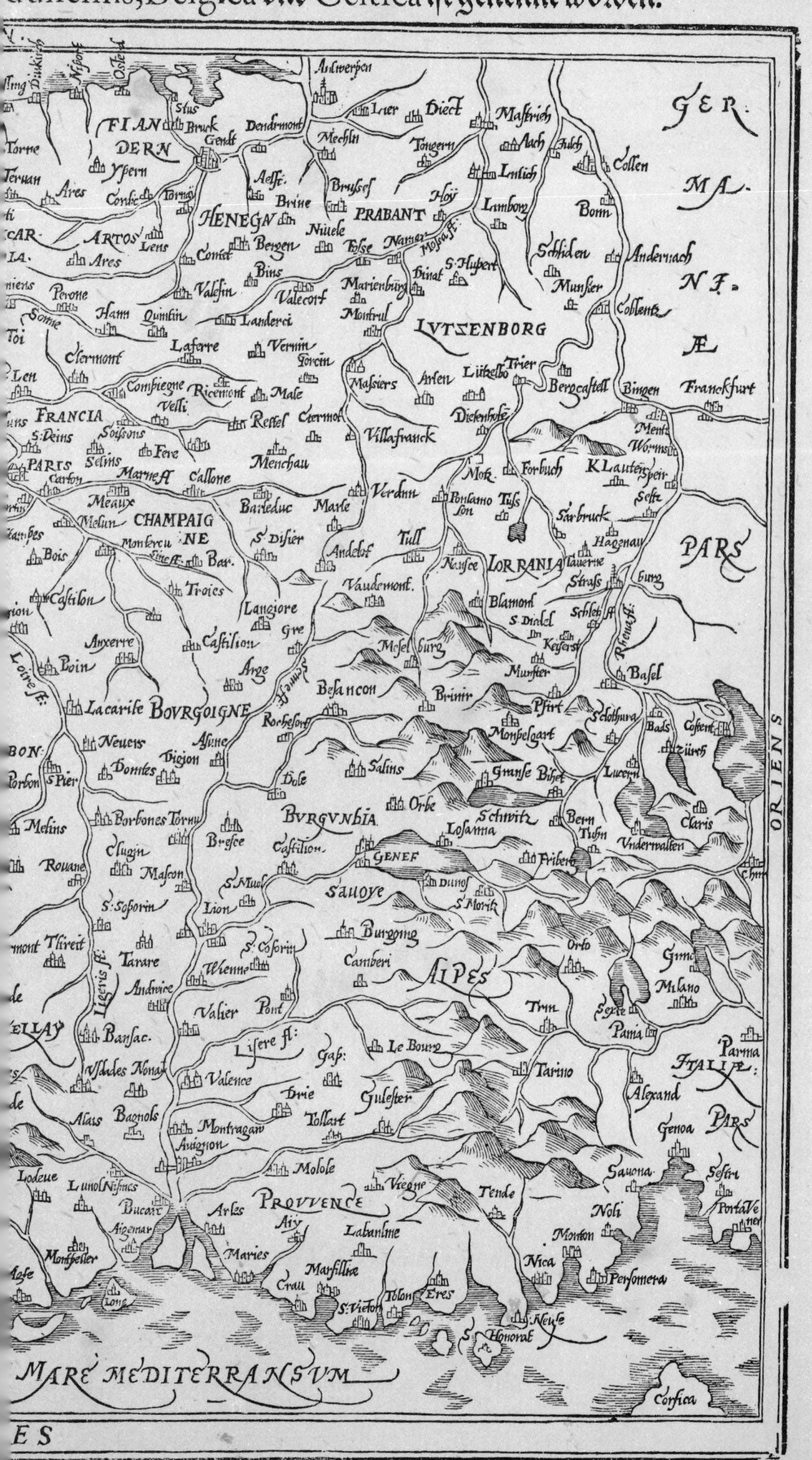

GERMANIA

New Teutschlan̄/

de/wie es zu vnseren zeiten beschrieben wird/vnd strecket sich zu den jetzigen zeiten vber den Rhein/vnd auch gar weit vber die Thonaw. Dieweil aber das Teutschlandt zu den jetzigen zeiten gar ein andere Form vnd Gestalt vberkom̄en hat/daß es zu den alten zeiten bekannt gewesen vnnd eyngewohnet worden. Nachdem aber das gewaltig Keyserthumb dareyn kommen/so were jetzt an gar wol von nöten/daß ein jetliches Fürstenthumb/vnd ein jetliche Landtschafft/mit einer besonderen Tafel beschrieben möchte werden/angesehen die grösse Teutscher Nation/vnd die menge anzahl der Stett/die nach dem verzuckten Keyserthumb/darin̄ gebawen vnd erstanden sind/vnd in dieser engen Tafeln nicht alle genennt worden: so nicht der zwentzigst theil dareyn hat mögen kommen. Der Platz ist in dieser Pictur vielzu eng/wie du dan̄ solliches wol mercken magst/so du hieunden das gantze Elsas wilt besichtigen/vnd suchst es darnach in dieser jetz gemelten Tafel/so wirdst du vernemmen/wie dasselbig so gar ein kleines pletzlein in sich halte/so man dasselbig gegen dem jetzgemelten Teutschen Lande will proportionieren.

h ij

egriff vnd cyngeschloßnen Landtschafften.

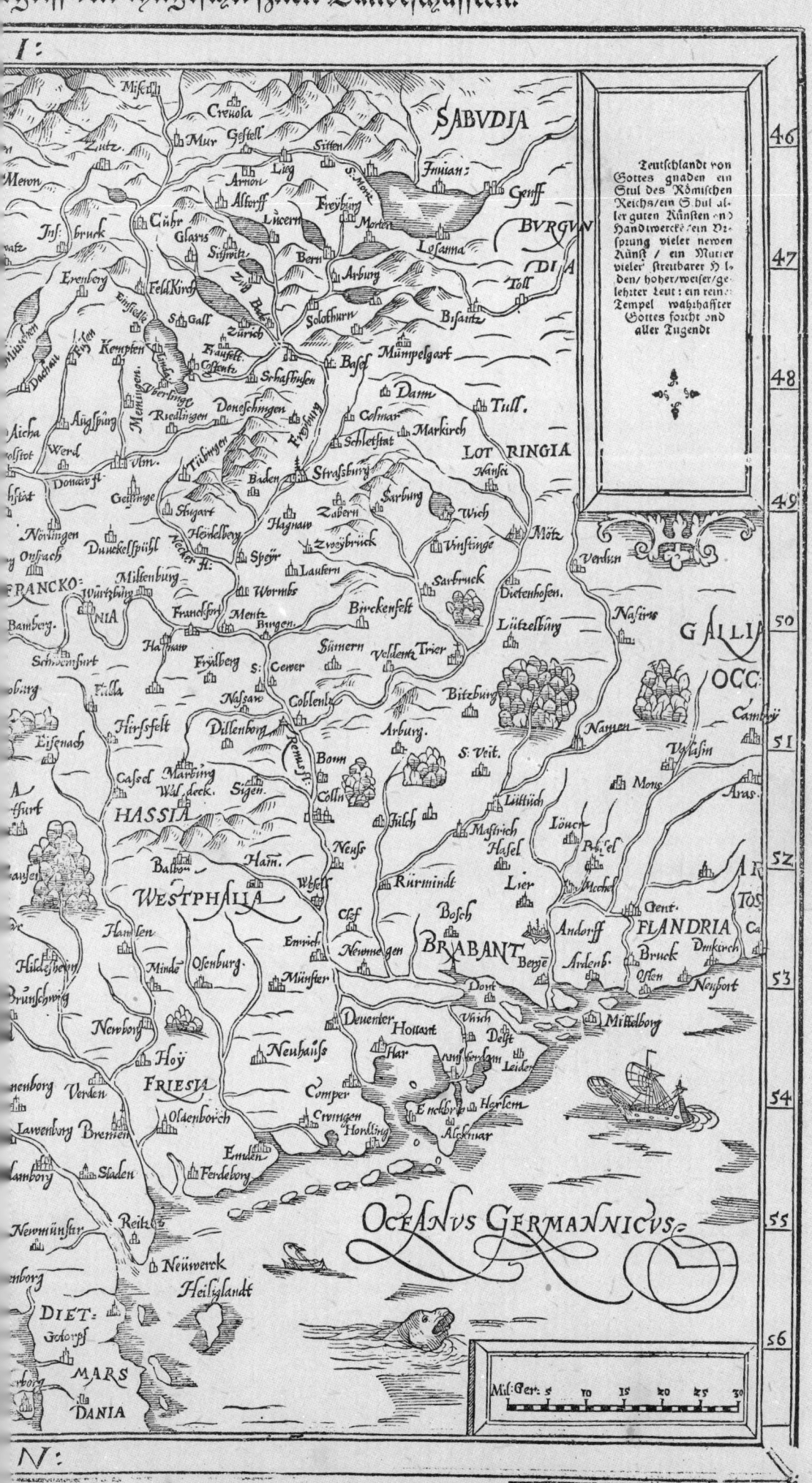

Die erste Tafel

des Rheinstroms begreifft in sich
die Eydgnoschafft oder das Schweytzerlandt/ mit
den anstossenden Ländern/ Schwartzwald/ Bodensee/ Elsaß vnd Breißgöw.

biij

Die erste Tafel innhaltend des Schwey

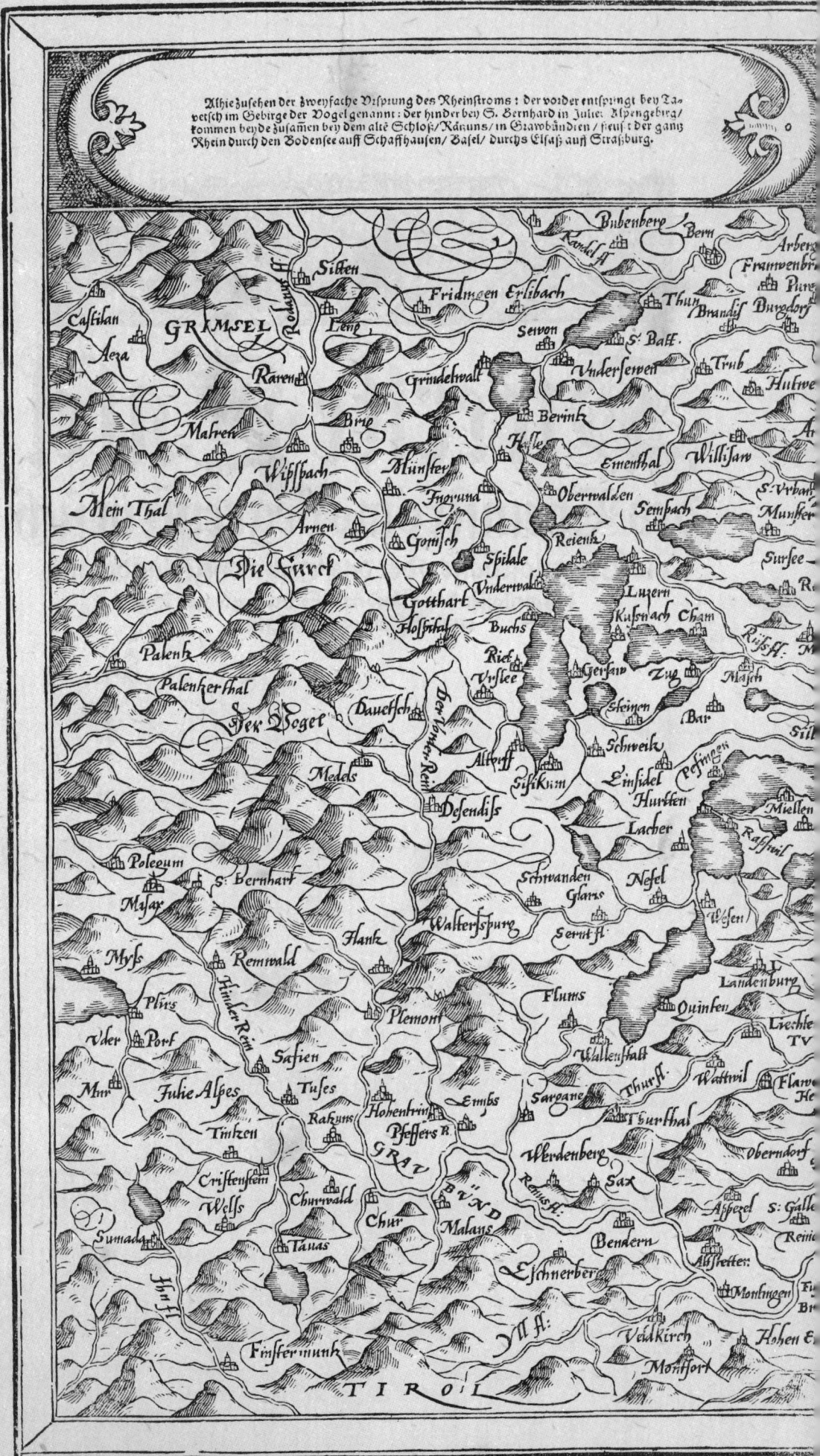

...andt/mit den anstoffenden Ländern.

Das Schweytzer oder Helvetier Gebiet ist getheilt in dreyzehen/ die man Ort nennet/ auff Frantzösisch Contones, die sitzen in jhren Rhatsversamlungen in dieser ordnung: Zürich/ Bern/ Lucern/ Ury/ Schweytz/ Underwalden/ Zug/ Glaris/ Basel/ Freyburg/ Solothurn/ Schaffhausen/ Appenzell.

Die ander Tafel

des Rheinstroms/von Straßburg
biß gen Cobolentz/begreifft in sich auff der einen seiten
Wirtenberg/Pfaltz/vnd Hessen: Auff der andern seiten
Elsaß/Westereich/Lützelburg/Eyfel/vnd
den Fluß Mosel.

Die ander Tafel des Rheinstroms/be

Neben andern guten Ländern ist alhie zusehen/die Edle gegne des Rheinstroms von Straßburg biß gen Cobolenn/da er den Flunnen/von wegen der viel hohen Bisthumb/Stifft vnd Closter/so darinn ligen/alß Straßburger vnnd Speyer Bistkumb/vnnd die auß schönen Gelegenheit des Stromes/reichen Fruchtbarkeit an Wein/Korn vnd allem Gewechs/deren keine in Teutschen Land

send die Pfaltz/ Westereich/ Eyfel/ ꝛc.

npfahet. Diese herzliche Gegne hat der Allerdurchleuchtigst vñ Weysest Keyser Maximilian der Erst pflegen die Pfaffengasse zu nen‐
stifft Meinn vnd Cöln/ neben andern vnzehlich vielen Stifften vnd Clöstern/ die sich alle daher geledgert haben/von wegen der vber‐
heit mag verglichen werden.

Maaß vnd Rheinstrom.

Die dritte Land-
tafel des Rheinstroms / inn
deren begriffen wird das Nider
Teutschlandt.

p

Die dritte Tafel des Rheinst[roms]

Diß ist die dritte Tafel des Reinstroms/ darinn zusehen/ wie er von Cöln hinab im Niderlandt durchs Bisthum Cöln/ Westphalen/ Cleue/ Gellern vn Hollandt/ sich in die See ergeußt/ vn neben ihme die Mase von Namur hinab auff Lüttich in die See fleust.

/innhaltend das Nider Teutschlandt.

Es theilet sich aber allhie der Rhein in zwen theil vnderhalb Emmerich/ Der eine theil verleurt sein Namen/ vn wird die Wael genañt/ laufft neben der Mase auff Newmegen/ vnnd falt oberhalb der Statt Gorckum in die See.

Der ander Arm des Rheins fleust fort vnd theilt sich bey Arnheim/ der ein theil heist die Ysel/ fleust auff Deventer vnd bey Campen in die Sudder See. Der mitler Strange behelt den nammen Rhein biß gen Wagening/ da nennen jhn etlich die Leck. Es fliessen dem Rhein-strom zu 62. andere Wasser.

SVEVIA ET BAVARIA.

Schwaben
vnd Bayerlands
Landtafel.

xj

Schwaben vnd Bäyerlandt/ darbey

Schwabenlandt ein Edel Landt/ an Gelegenheit vnd Fruchtbarkeit/ Berg/ Thäler/ Wäld/ Aecker vnd Gärten/ wol erbawen Stetten/ Schlösser/ Clöster vnd Dörffer/ guter Speiß vnd Getrencke/ gesunden Wassern vnd frischen Lufft. Ein Sitz des eltesten/ edlesten/ sittsamen/ holdseligen/ arbeitsamen/ streitbaren/ kunstreichen vnd Gottsförchtigen Volcks.

ORIENS

BAVARIA

BERLOHER HEID

BOHEMIÆ PARS

begriffen der Otenwald / Nortgöw / ꝛc.

Bäyerlandt ist mit Gebirge gegen Mittag vnd Septentrion beschlossen / mit Bergwerck reichlich begabt / mit schönen Wälden / besunders Aichen weit vnd breit bedeckt / mit viel Flüssen vnd Seen gewässert / mit der Thonaw durchstrichen / mit weiten Fruchtfäldern vberzogen / mit viel schönen / herrlichen Stetten / Schlössern / Clöstern vnd Dörffern gezieret.

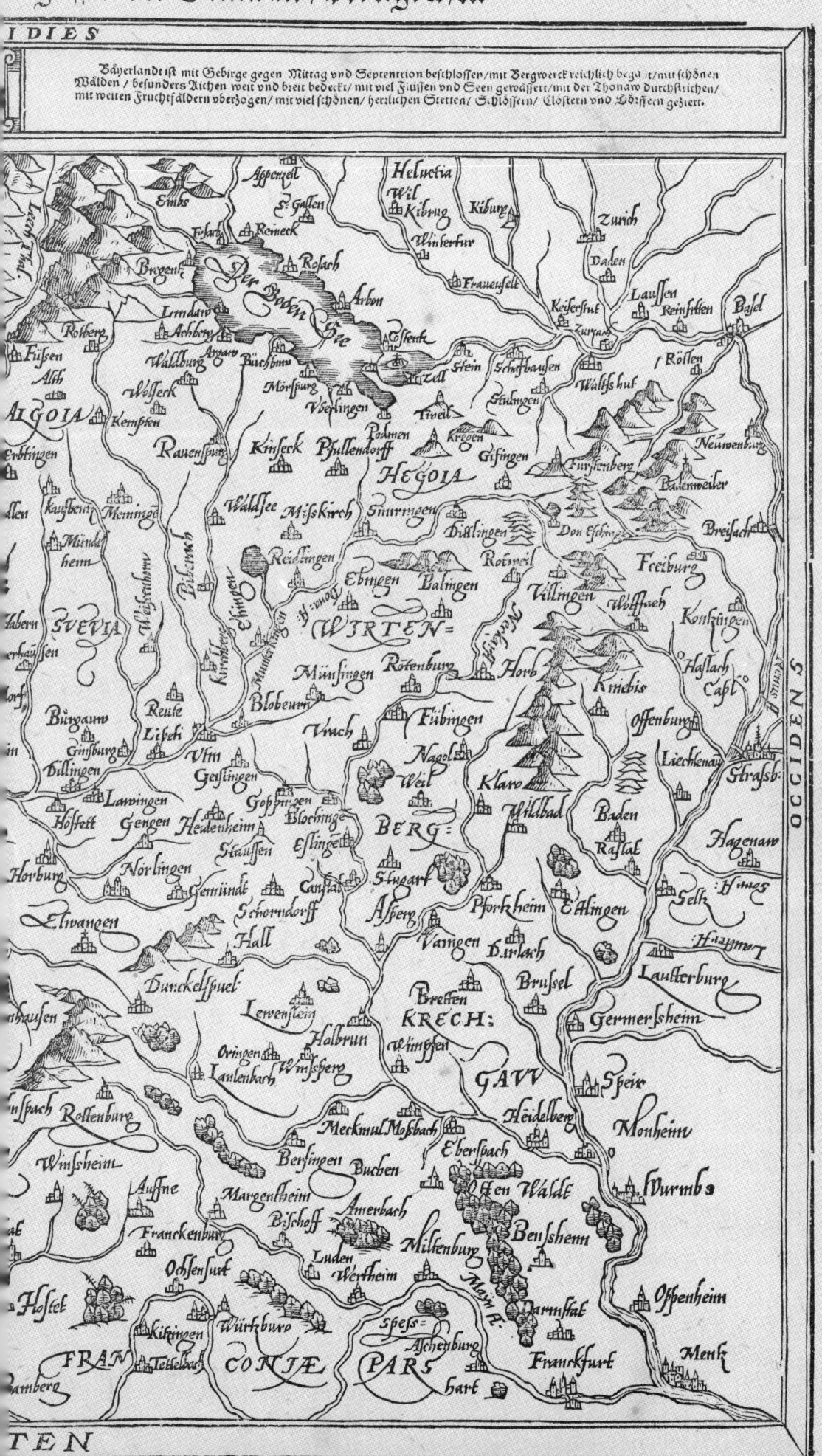

FRANCONIA.

Franckenlandt

Teutsch/nach Gelegenheit jetziger zeit/in Stetten/Bergen/Wässern vnd Wälden/ꝛc. beschriben.

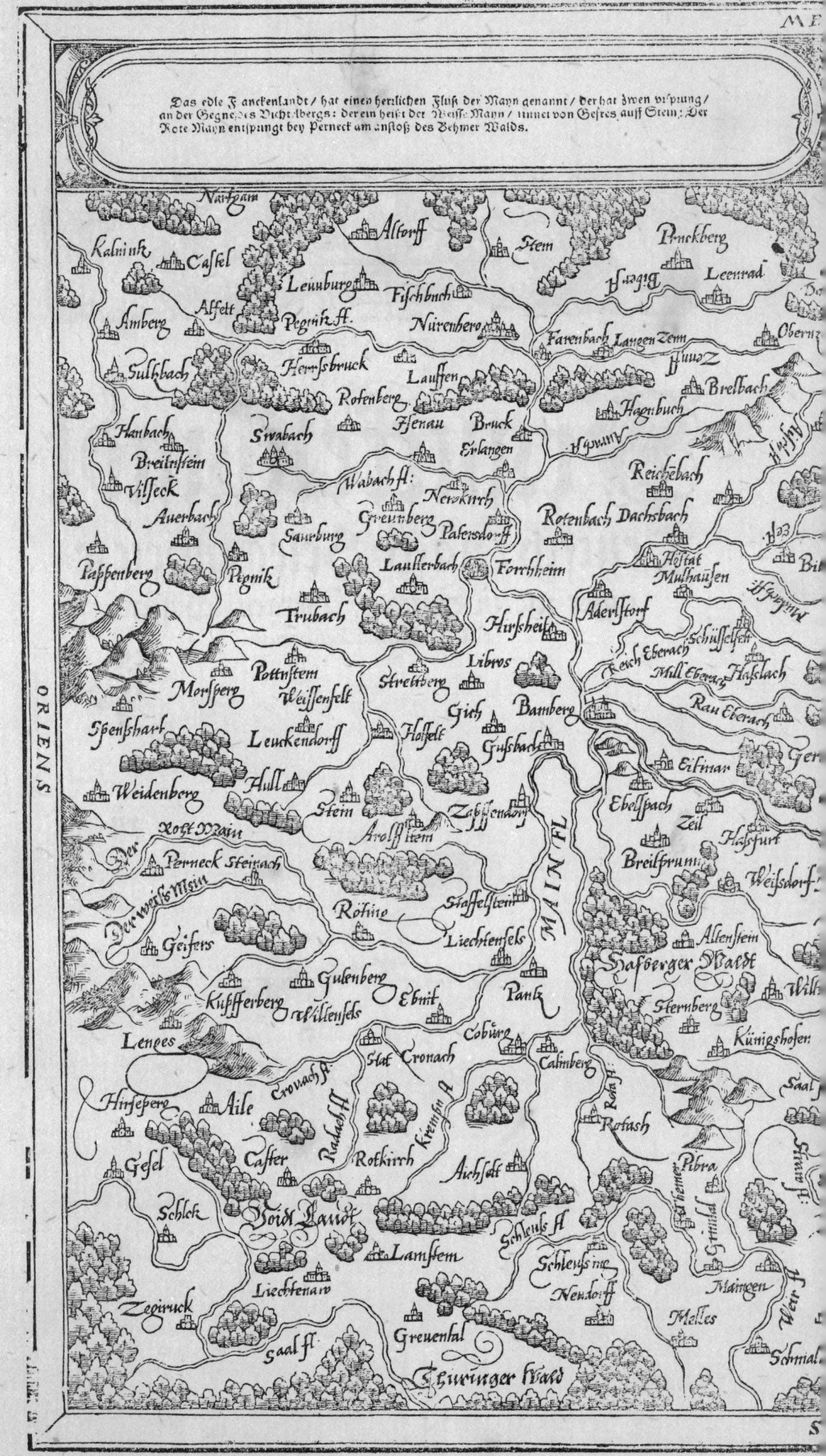

en/Bergen/Wässeren/Wälden/vnd anstoffenden Ländern.

> Der Weiß vnd Rote Mayn kommen zusammen zwischen Stein vnnd Roting/fleust demnach der gantze Mayn/durch viel krümme vnd er Bamberg auff Haßfurt/Schweinfurt/Kitzing/Wirtzburg/Gemünd/Miltenburg/Franckfurt vnd gegen Meintz in den Rhein.

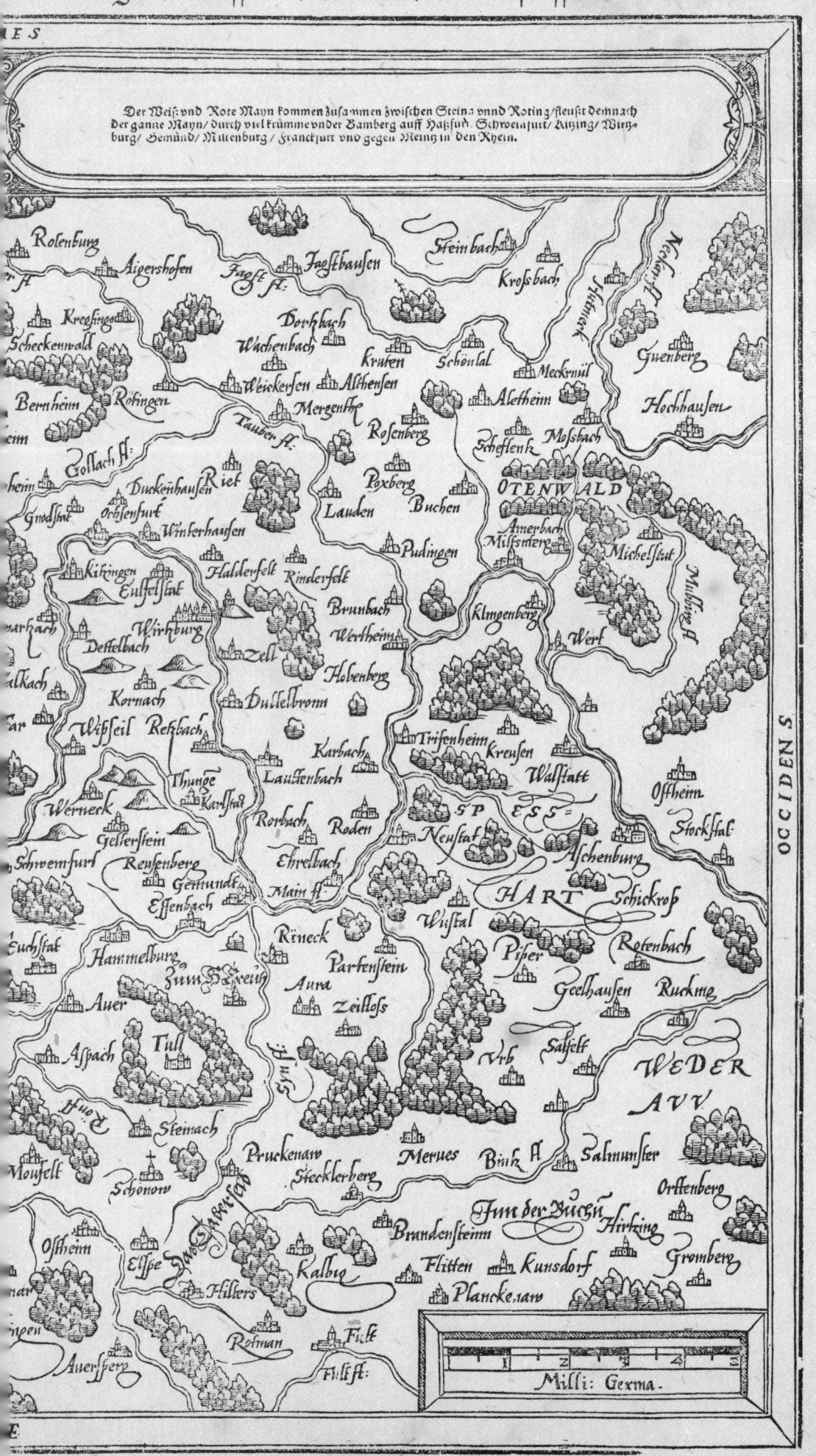

SILESIA.

Schlesien nach
beschreibung M. Martini Helvigij/ dem Edlen vesten Niclaus Rhedinger Hauptmann in Breßlaw verehrt/ Anno 1561. vnd von M. David Wolckenstein von Breßlaw Mathematico in Straßburg/ zu diesem Werck verordnet/ Anno 1587.

Durch Schlesien fleußt die Ader/ deren vrsprung ligt in einer vberauß tieffen Gegne der Erden/ vnden am Carpatischen Gebirge/ welches Vngern/ Märhern/ Polen vnnd Schlesien scheidet/ nicht weit von dem Flecken Adry/ hinder der Statt Ostrow auff 60. stadia gelegen/ in Polus höhe 50. Grad/ 46. Minut. Sie nimmet jhren lauff gegen Septentrion/ vnnd nachdem sie fünff andere Wasser in sich geschluckt/ laufft sie von Oderberge in Occident/ auff Ratibor/ Krapitz/ Brieg/ da eine Fürstliche Hoshaltung/ Breßlaw die Hauptstatt des Landts/ Gloga/ Krossen/ vnd von dannen in die Brandenburger Marck/ auff Franckfurt/ vnd dann in Pomern auff Stetin/ da sie in den Erichshafen laufft/ in Polus höhe 54. Grad/ nach dem sie vielerley Flüß vnnd Brunnen/ so auß dem Böhemischen/ Mährischen vnnd Carpatischen Gebirg dareyn fallen/ in sich gefaßt hat.

riij

d Bergen / mit sampt andern anstossenden Ländern.

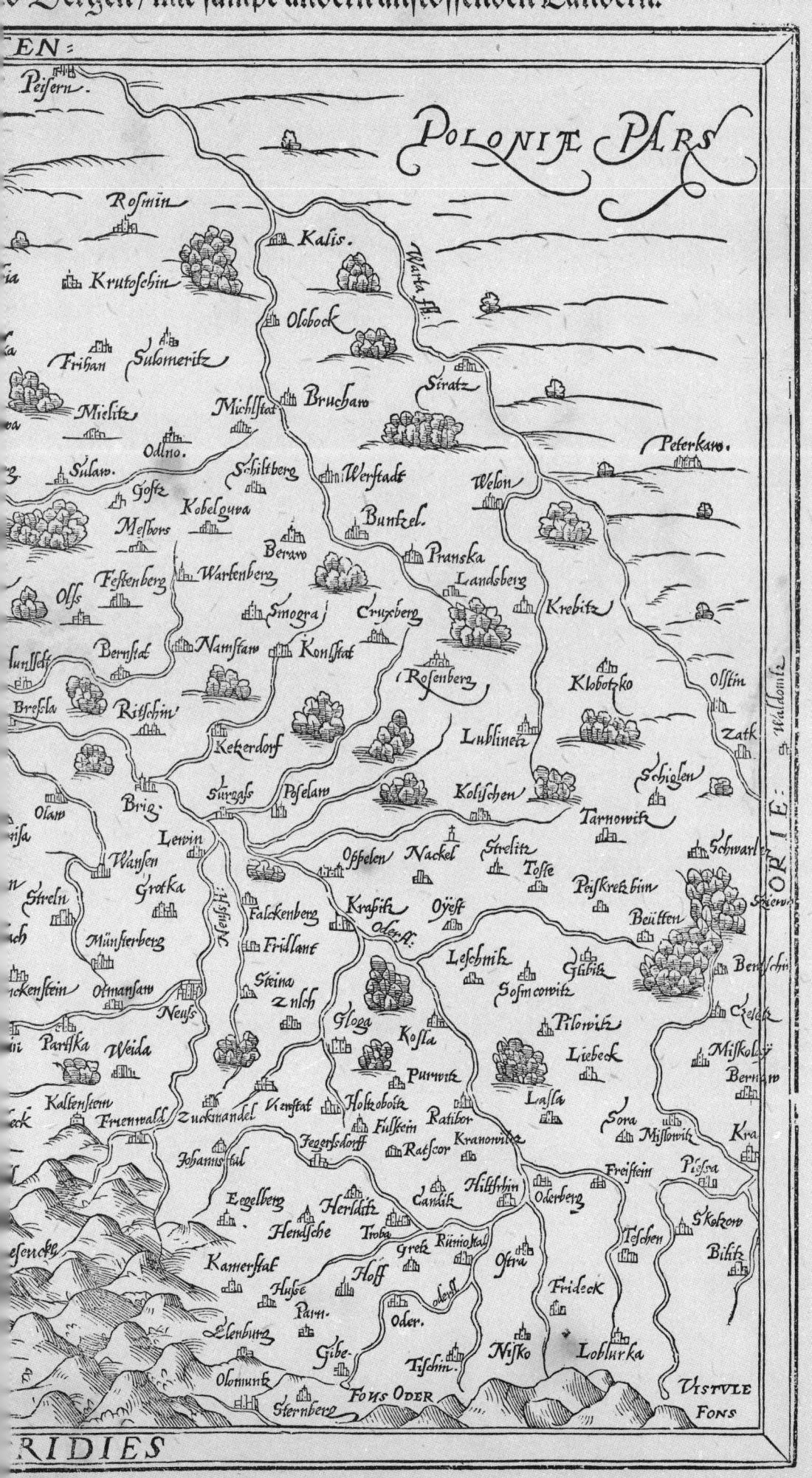

BOHEMIA.

Des Behemerlan-
des beschreibung / in Bergen / Stet-
ten / Schlössern vnnd Wässern / nach jetziger zeit Gelegenheit:

Ist ein rund beschlossen Landt / gegen Schlesien mit hohen Gebirgen / gegen
andern / alß Meissen / Voitlandt / Bäyern vnd Märhern mit grossen
dicken Wälden / ist drey Tagreiß lang / drey breit /
in allerley notturfft fruchtbar.

riiij

Böhemer Königreich / mit Berg

Im Böhemerlandt entspringt die Elbe / im Risengebirge / im 50. Grad Polus höhe / laufft gegen Mittag / ins Thal Teuffels Grund genant / biß gen Kuttenberg / von dannen wendet sie sich geg. Septentrion in Meissen / Brandenburger Marck und Sachsen auff Hamburg / fellt in die Ostsee an der Titmarschen Grentz.

d Wälden/gerings vmb beschlossen.

SARMATIA EVROPÆA.

Des Ungerlan-
des/Polandes/Reussen/Lit-
taw/Walachey/Bulgarey/2c. Beschreibung:
welche Länder Ptolemeus mit einander nennt
Sarmatiam Europæam.

rb

Landtafel des Ungerlands/Polands/

TRANSSYLVANIA.

Siebenbürg / so

man auch mit seinem gantzen Begriff vnd Innhalt Transsyluaniam nennet/in
Stetten/Wässern vnd Bergen/ꝛc. mit sampt den anstossenden Ländern/Walachey/Bulgarey/
Moldaw/ꝛc.

rbj

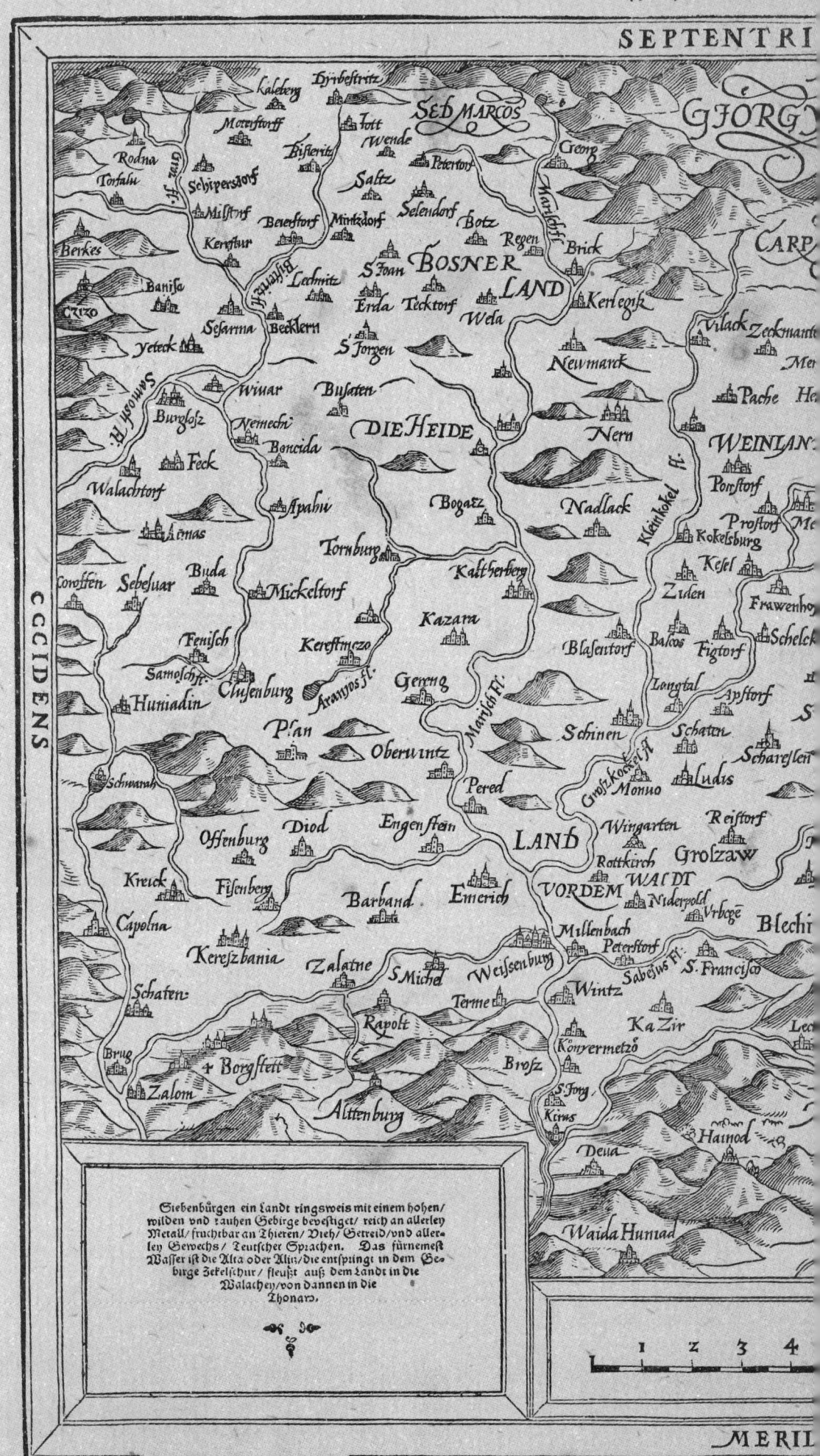

Transsyluaniam nennt.

SCLAVONIA.
Die Windische
Marck/ vnd auch Dalmatien/ Crabaten/ Steyrmarck/ Istereich/ Crain/ ꝛc.

xvij

Sclauonia oder Windisch

Die Drava kompt auß Kernten / von Villach durch Stewrmarck in Ungern zu der Statt Trazat / da fellt sie in die Thonaw. Die Sawa kompt auß Crain durch Windisch Marck / Boßna biß gen Griechisch Weissenburg / da laufft sie in die Thonaw.

arck/Bossen/Crabaten/ꝛc.

ITALIA.

Italia mit den
dreyen fürnemesten Inseln/
Corsica/ Sardinia/ Sicilia/ vnd andern vielen kleinen Inseln.

Verenderung etlicher Nammen.

Lacus Benacus, *Gardsee.*	Faventia, *Faenza.*
Brundusium, *Branditio.*	Forum Liuij, *Forlivio.*
Athesis, *Etsch.*	Falerinum, *Monstascon.*
Pado, *Po.*	Nagnia, *Narvia.*
Nicæa, *Nissa.*	Amiternum, *Aquila.*
Tarentum, *Taranto.*	Cinesius, *Montcinis.*
Ariminum, *Rimino.*	**In Sicilia.**
Novaria, *Nauvar.*	Etna, *Gibello monte.*
Regium, *Rezo.*	Syracusa, *Saragosa.*
Bononia, *Bologno.*	Drapanum, *Trapani.*
Florentia, *Firenze.*	Panormus, *Palermo.*

Corsica/Sardinia/vnd Sicilia.

REGIONES SEPTENTRIONALES.

Schweden/Fin-
lande/Gothia/Nortwegien/
Dennmarck/Iszlandt/Lappenlandt/ mit
andern anstossenden Ländern.

xix

Schweden/Gothen/Norwegien/Dennmarck/rc.

GRÆCIA.

New Griechen-
landt / so jetz zu dieser
zeit die Türckey ist.

New Griechenlandt/ mit andern anstossend-

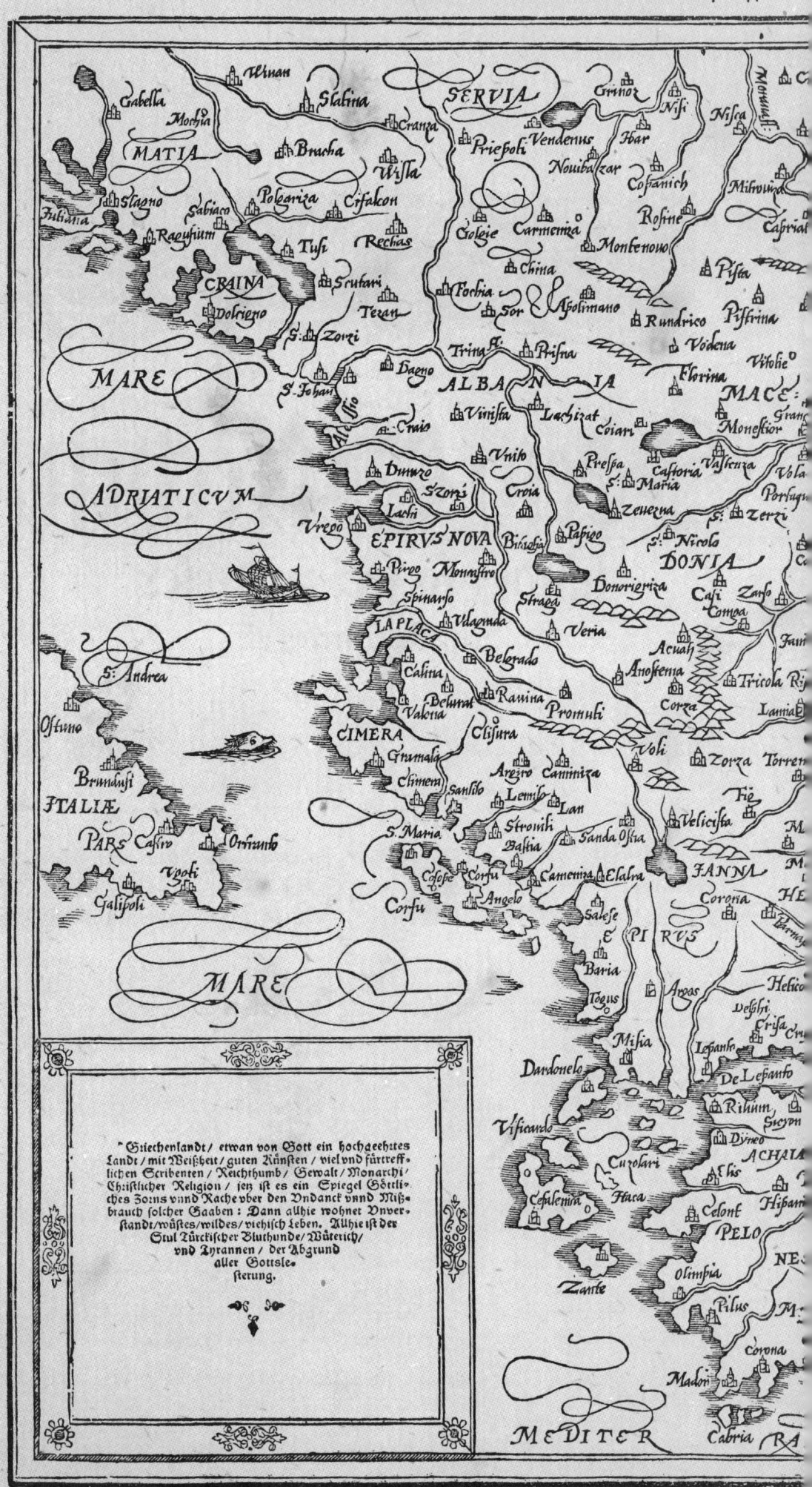

Griechenlandt/ etwan von Gott ein hochgeehrtes
Landt/ mit Weißheit/ guten Künsten/ viel vnd fürtrefflichen Scribenten/ Reichthumb/ Gewalt/ Monarchi/
Christlicher Religion/ jetz ist es ein Spiegel Göttli-
ches Zorns vnnd Rache vber den Vndanck vnnd Miß-
brauch solcher Gaaben: Dann allhie wohnt Vnver-
standt/wüstes/wildes/viehisch Leben. Allhie ist der
Stul Türckischer Bluthunde/ Wüterich/
vnd Tyrannen/ der Abgrund
aller Gottsle-
sterung.

ndern/ wie es zu unsern zeiten beschriben ist.

ASIA.

Die Lender Asie

nach jhrer Gelegenheit vnd weiten
Begriff/zu Lande vnd Wasser/mit vnzehlig Inseln
groß vnd klein/wie es zu vnsern zeiten erfahren
vnd beschriben ist.

FFj

Herrschafften abgetheilet vnd beschriben ist.

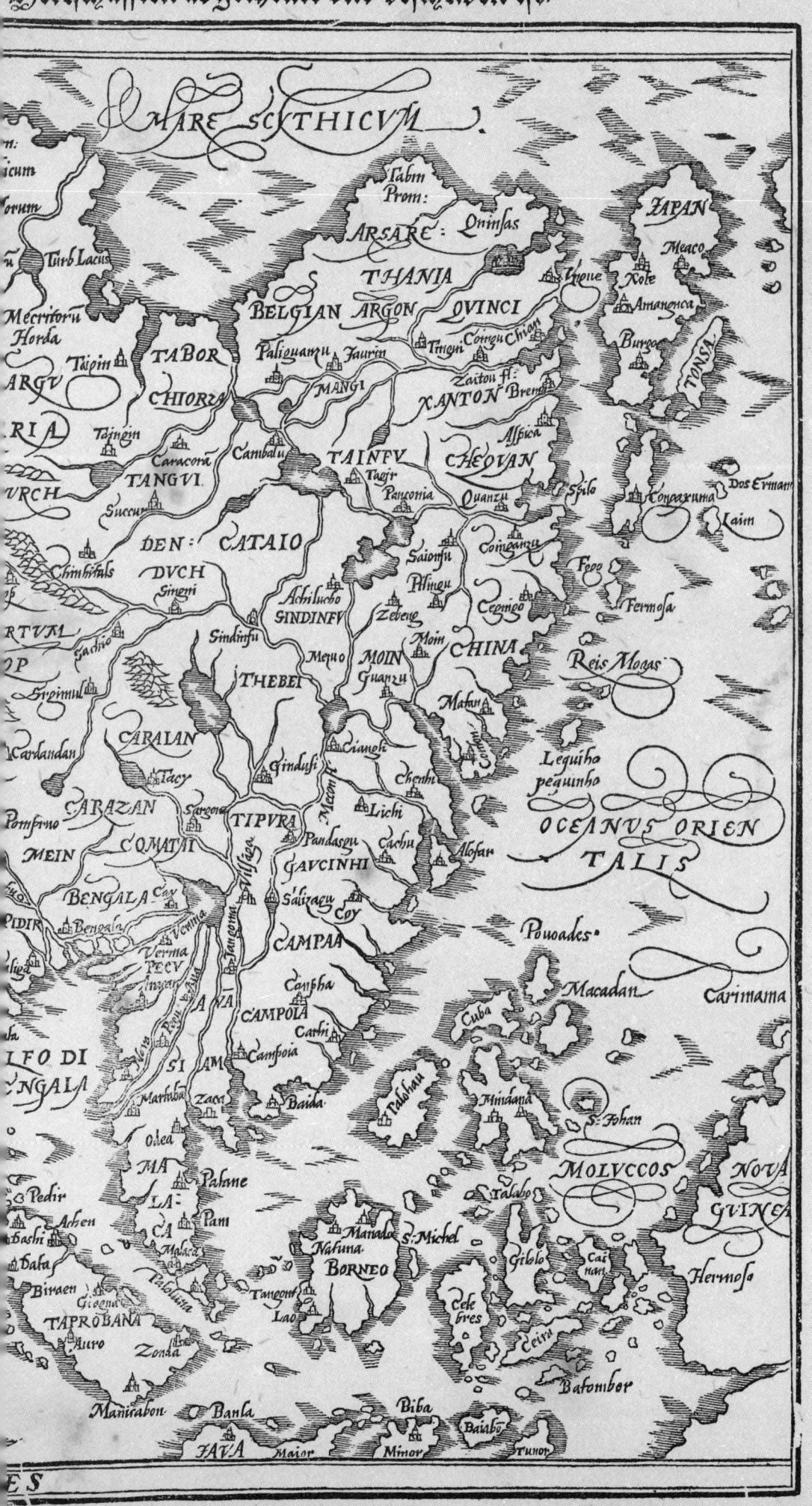

Asiatische tafel / darinnen begriffen:

Cyprus Die Insel   Assyria
Syria   Arabia petrea, das Steinechtig
Palæstina   Arabia deserta, das Einödig
Mesopotamia   Media
Babylonia oder Chaldæa   Persia.

Syria/ Cypern/ Palestina/ Mesopotamia/ Babyl

In dieser Tafel sind begriffen die Landtschafften/ deren in heiliger Schrifft oder Bibel offt meldung geschicht/ alß Egypten/ Arabien/ Philister oder/ Palestiner Landt/ Canaan/ Moabiter/ Ammoniter/ Syria/ Mesopotamia/ Chaldea/ Assyrien/ Persen vnnd Meden/ welche Länder alle vns gegen Orient/ aber wol hinüber gegen Mittag gelegen.

wey Arabia/ mit Bergen/ Wässeren vnd Stetten.

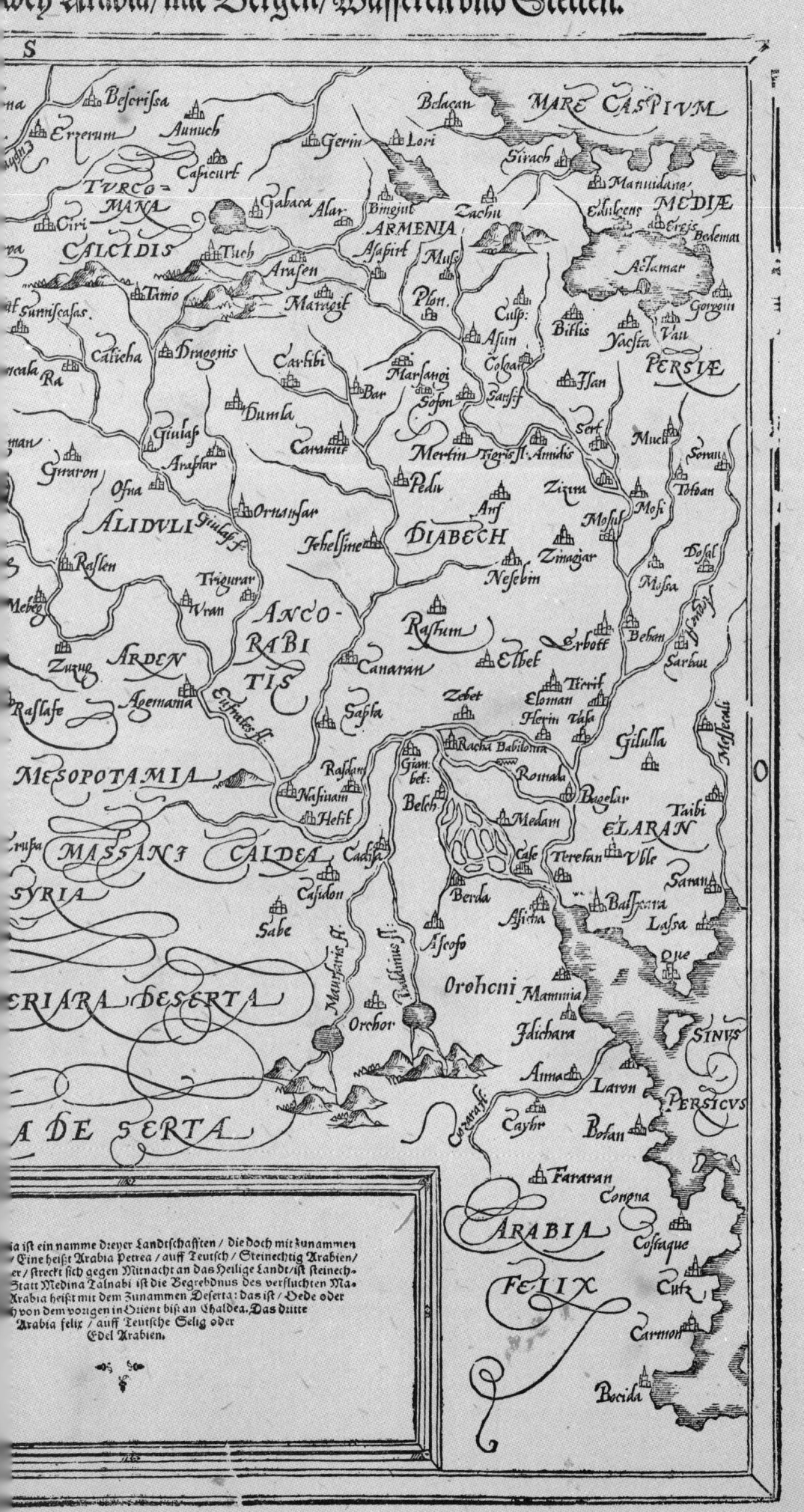

ia ist ein namme dreyer Landtschafften/ die doch mit zunammen
/ Eine heist Arabia Petrea/ auff Teutsch/ Steinechtig Arabien/
er/ streckt sich gegen Mitnacht an das Heilige Landt/ ist steinech
Statt Medina Talnabi ist die Begrebdnus des verfluchten Ma-
Arabia heist mit dem Zunammen Deserta: das ist/ Oede oder
h von dem vorigen in Orient bis an Chaldea. Das dritte
Arabia felix/ auff Teutsche Selig oder
Edel Arabien.

PALÆSTINA.

Des Heiltgen

Landts Beschreibung/mit
sampt den anstossenden Ländern vnd
Völckern/ alß die Ammoniter/
Jdumeer/Araber/ꝛc.

xxiij

theilung der zwölff Geschlechter.

Jordan der Fluß entspringet in dem Königreich Basan/ an dem Berge Libano/ auß zweyen vrsprungen/ deren einer heißt Jor/ der ander Dan/ die beyde gleich vor der Porten der Statt Cesarea Philippi/ welche die Türcken Belenas heissen/ zusammen komen/ und fürthin mit einem namen genennet werdē Jordan: Aber man vermeynet der Dan habe seinen ersten Ursprung auß dem Brunnen Phiala/ der bey sechshundert Roßläuffen gegen Mittag darvon gelegen/ auß beweiß der Spreuwer/ so in Phiala geworffen/ in Dan widerumb herfür kommen.

TAPROBANA

Taprobane der
Insel Beschreibung/ so in
den Indianischen Meere
ist gelegen.

xxiiij

Sumatra ein grosse Insel / so von den al

eographen Taprobana genennet worden.

Wir lesen bey dem Vartemanno/daß in Taprobana,jetz Sumatra,herr schen vier Könige. Es fallen Helfanten darinn/die besser unnd auch geräder dann anderswo sind. Es wechßt auch besser/unnd vberflüssiger Pfeffer in dieser Insel dañ anderswo/welchē die Einwohner Molagra nennen/vñ weil derselbig leichter ist dañ ander Pfeffer/so verkaufft man jhn mit dē Mäß. Plinius schreibt daß man vor alten zeiten gemeynet habe/diese Landtschafft seye etwan ein andere Welt: Aber bey Alexandri Magni zeiten/vnd auß seinen Thaten habe man erfahrē daß es eine Insel seye/zeucht auch Scribenten an/die vermelden daß sie reicher an Goldt/vnd Edlen Gestein seye dann India: Item er schreibt daß eine Legation zum Keyser Claudio darauß gesandt die dem Keyser des gantzen Landts Gelegenheit/Sitten/vnd Gebreuch erzehlet/vnd vnder andern vermeldet/daß hundert jar ein schlechtes Menschen alter bey jhnen seye.

AFRICA.

Africe des gan-
tzen Landts gemeine Beschrei-
bung: vmb welches groß Landt/ das den dritten Theil
der Welt begreifft/ ist zu vnserer zeit ein Schiffung erfunden/ die auß Hispanien zu den Canarien Inseln/ vnd darnach fürbaß biß zum Caput bonæ spei: das ist/
ein Tröstliche Schifflendung/im aussersten Speitz Africæ, vnd darnach
von dannen an biß gen Calikuth gehet/daher man alßdann
allerley Specerey vnd gute köstliche
Gewürtz ꝛc.ing.t.

xxb

Africa/Lybia/Morenlandt/mit allen Kön

…en/ so jetziger zeit darumb gefunden werden.

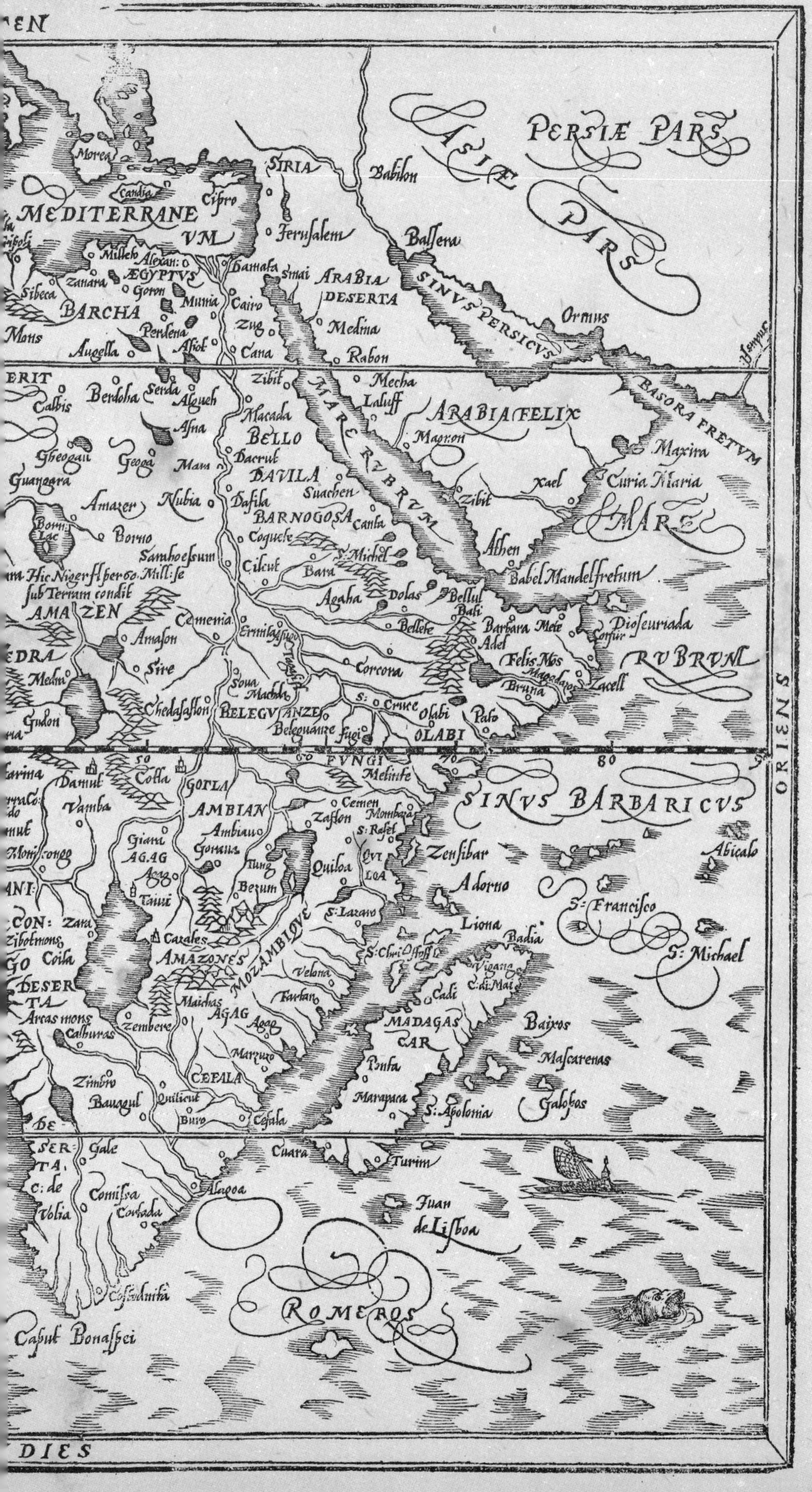

(Map of Africa, Arabia, and the Indian Ocean with the following labels visible:)

PERSIÆ PARS — **ASIÆ PARS**

MEDITERRANEUM — Morea — Candia — Cipro — SIRIA — Babilon — Jerusalem — Bassera
Milleh — Alexan:o — Damata — Ismai — ARABIA DESERTA — SINVS PERSICVS — Ormus
ÆGYPTVS — Gorrn — Munia — Cairo
Zanara — BARCHA — Persena — Zug — Medina — Rabon
Sibeca — Mons — Augella — Asiot — Cana

ERIT — Berdoha — Serda — Alcueh — Macada — Zibit — Mecha — Laluff — ARABIA FELIX — BASORA FRETVM
Calbis — Asna — BELLO — Dacrut — Magnon — Maxixa — Curia Maria
Gheogari — Geroa — Mam — DAVILA — Suachen — Zibit — Xael — MARE
Guanagra — Amazer — Nubia — Dafila — BARNOGOSA — Canla — Athen
Bornu Lac — Amason — Samhoessum — Coquele — Cileut — S. Michel — Babel Mandel fretum — Dioscuriada
AMAZEN — Cemenia — Ernilassuo — Bara — Agaha — Dolas — Bellul — Barbara Mete — Corsur
EDRA — Amason — Sire — Soua — Corcona — Belleke — Bati — Adel — Felis Mos — RVBRVM
Medin — Chedasston — Macho — S. Cruce — Olabi — Magdaloso — Bruna — Lacell
Gulon — BELEGVANZE — Beleguanze — Fugi — Palo — OLABI

50 — 60 — FVNGI — 70 — 80 — ORIENS
Carina — Danut — Cotla — GORLA — Melinte — SINVS BARBARICVS
Vamba — AMBIAN — Cemen — Mombaza — Abicalo
Giani — Ambiauo — Zaflon — S. Rafel — Zensibar — S. Francisco
CON: — Zara — AGAG — Gorrus — QVI — Adorno
Zibotmons — Agag — Taiui — Tung — LOA — Liona — Badia — S. Michael
GO — Coisa — Bezum — S. Lazaro — S. Christoffl — Vigana
DESERTA — Carales — AMAZONES — Velona — Cadi — S. di Mat
Areas mons — Maichas — MOZAMBIQVE — Tarban — Baixos
Calburas — Zembere — AGAG — Agoa — MADAGASCAR — Mascarenas
Zimbro — Marzuzo — CEPALA — Penta — Galopos
Bauzeyl — Quilicut — Buro — Cefala — Marapaca — S. Apolonia

DESERTA — Gale — Cuara — Turim
C: de Volia — Comissa — Corbada — Alagoa — Juan de Lisboa
Cosedunita
ROMEROS
Caput Bonaspei

DIES

AMERICA

Die neuwe Welt/
oder Inseln/ so hinder Hispania gegen Orient/ bey dem Landt Indie gelegen.

xxvj

Die newen Inseln/ so hinder Hispania

Die newe Welt wird also genannt/von wegen der newen erfindung anno Domini 1492. beschehen/vnd von wegen jhrer grösse/ daß sie die eine halbe Kugel des Erdtrichs in die Wellenge vnd breite beschleust/ wie wol sie der breite nach dieser zeit noch nicht gar ertündigt ist.

ANIAN
Vlterius Septentrionem Versus he Regiones Incognite huc sunt
TOLM
Tuchana
QVIVIRA
TIGUA
Quiuira Sierranevada
Cicuir   Axa   Chucho
         Tiguex   Tesonleac
                  Granada MARATA
                           Marata
                  C. de crus ASTATLAN
Los dos hermanos Los Volcanes Cazones Quicansa MARE VERMEIO
                                                   HISPA
Malabrigo La farfana   Juf: Cedri Baia   NOV
           Leftingue de ladrones   C. California Xelisco
Zamol   ARCHIPELAGO DI   Rocha   La Sanubiana
    Los corales SAN LAZARO   Paulita
Los Iardines   Ju: de los Reys
OCCIDENS
Juf: de Crispos   CIRCVLVS AEQVINOCTIALIS

Darinis La Barbada
         La Caimana   Infu delos
         Los Bolcanes   Tiburnos
                                S Petri
NOVA GUINEA
Andreas Coesalus Florent
videtur eam sub nomine Ter
re Piccinnacoli designare

AMERICÆ SIVE NO-
VI ORBIS, NOVA
DESCRIPTIO

Orient / bey dem Landt Indie gelegen.

Bresilien / so vber den equinoctial im Mittag gelegen / hat der König vom Portugal inne: Noua Francia in Septentrion gelegen / ist vnder der Frantzosen Herrschafft: Das vbrige ist dem König in Spanien angehörig.

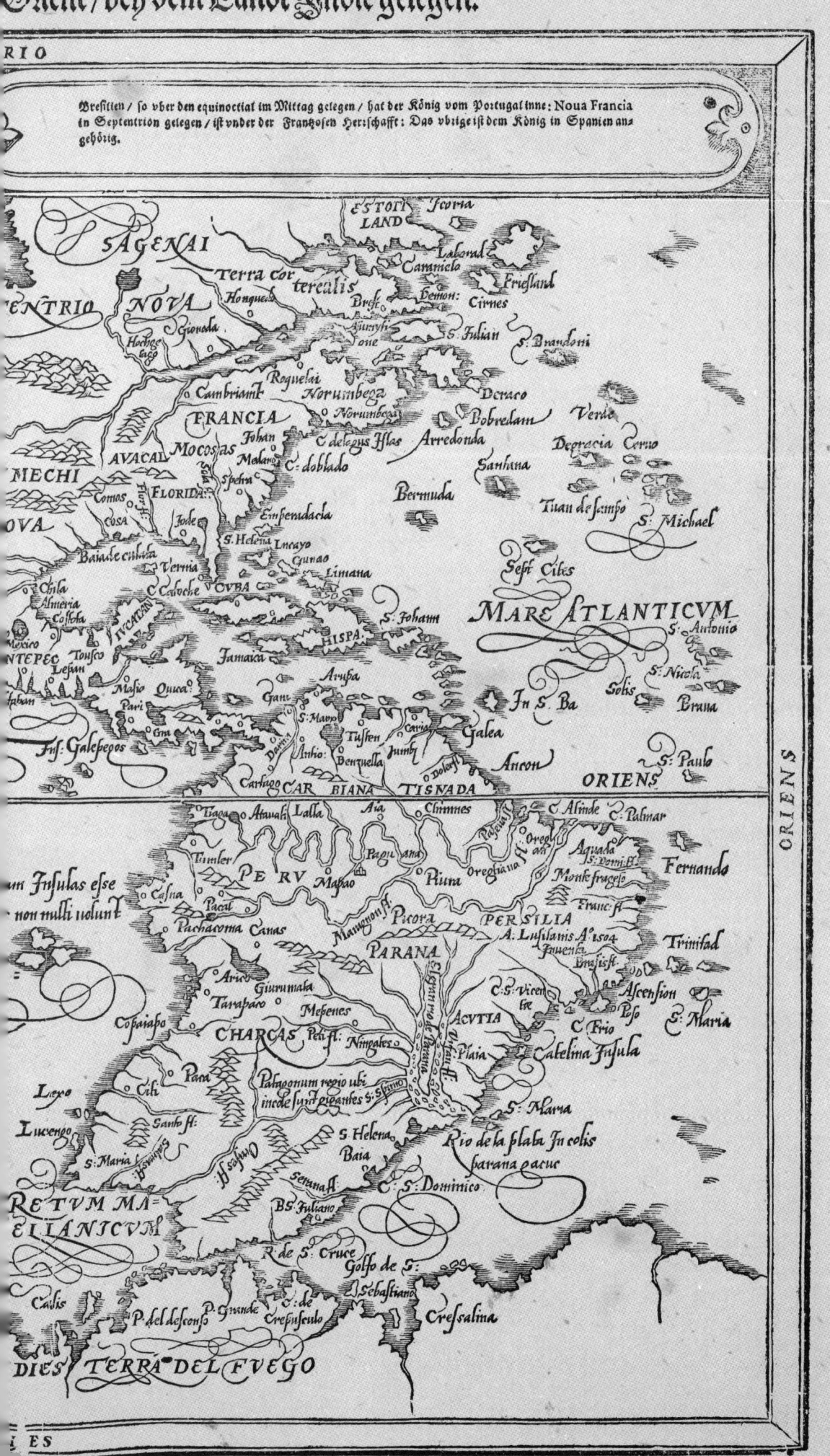

Das Erste Buch der Cosmogra-
phey/ Sebastiani Münsteri/ auß Ptolemeo/ Strabone/
Solino/ Pomponio/ auch andren alten vnd newen erfahrnen
Cosmographis/ trewlich zusammen gezogen
vnd verteutschet.

Grundtlicher bericht/ von dem Meer/ desselben
natur vnd beschaffenheit. Cap. j.

JR haben auß Göttlicher offenbarung in der
Heiligen Geschrifft/ wie daß das Wasser/ so von anfang auß be-
fehl Gottes vnder der Veste/ oder Himmel verblieben/ vnd die Erden gantz
vnd gar rings weiß vmbgeben/ seye hernach auff des Allmächtigen Schöpffers gebott zusammen an ein gewiß ort geloffen/ vnd Meer genaut worden/
damit der Mensch sampt andern Thieren/ so in dem Wasser nicht leben
können/ ihre bequeme wohnung vnd nahrung daselbst haben möchten.

   Welches aber der ort des Meers seye/ wie es beschaffen/ vnd was dasselbe sampt der Erden/ für
ein gestalt habe/ wie oder ob sie in ein Corpus oder Kugel zusammen kommen/ ist nicht aller ein
meinung.

   Etliche vermeinen/ das Erdtrich seye zwar an seinem ort verblieben/ aber das Wasser seye von
einer desselben seiten/ da jetzund Asia/ Africa/ vnd Europa ist/ zu der anderen geloffen vnd sich
in ein besondere Kugel versamblet/ doch werden weder der Erden noch des Wassers Kugel gantz
gesehen/ sondern seyen beyder ein guten theil/ ja biß auff das mittel zusammen gestossen/ vnd habe

A   die

die Erden ein beschaffenheit/ alß schwimmete sie auff dem Wasser/ seye der wegen das Centrum oder Mittelpunct der Erden von des Meers mittel vnderscheiden.

Andere sagen/es machen dise zwey Element/Erden vnd Wasser/nicht nur zwo vnderscheidene Kugeln/sondern sie seyen zugleich/beydes von jhren natürlichen/jhnen von Gott erstlich gegebnen örtern/abgewichen/ vnd habe also nicht nur das Wasser von der Erden/ vnd gantzem Weltkreiß/ sondern auch die Erde von der Welt/ ein vnderschiedlich mittel/ setzen derwegen diese drey Centra/ eins der gantzen Welt/das ander der Erde/das dritt des Wassers.

Widerumb seind etliche/die darfür halten/es mache die Erde vnd das Meer zwar ein klooß/ welcher aber nicht rond/ sondern viel mehr einer langen oder andern form vnd figur seye.

Die meinungen aber seind jrrig vñ streiten mit der erfahrung/ dann es lehrt dieselbige/daß beyde die Erd vnd das Meer an allen orten gleich weit von dem Firmament oder hohen Himmel vnd dem Mittelpunct der gantzen Welt standen: welches nicht seyn könte/ so oberzelte meinungen zugleich wahr weren/ vnd eintweders das Meer/ oder zugleich die Erd vnd das Meer ein besonder Mittel oder Centrum hetten/wie auch nicht wann die beyde Element einer langen oder sonst anderer dann ronder Figur weren.

Antipodes. Demnach ist auß den Schiffarthen vnd Reisen gnugsam bekant/ daß ja Antipodes/das ist/solche leuthe die stracks schnur schlecht/ gegen/ oder ob/ vnd vnder einander jhre wohnung haben vnd also jhre Füß gegen einander keren.

Die Portugaleser vnd Hispanier haben erfahren/dz die so in dem eüssersten theil der Landtschafft China wohnen/ denen entgegen gesetzt seind so in dem Land/ genannt caput bonæ spei/ leben: gleiche gestalt hat es mit der Landtschafft Peru vnnd dem theil der Orientalischen Indien/ darinnen Calecut ligt/mit Malacha so in den Orientalischen/ vnd Bresilia so in den Occidentalischē Indien gelegen/ wie auch mit anderen deß gleichen Ländern mehr/ welches dann gantz vnmöglich were/ so das Wasser vnd die Erden obermelte gelegenheit hetten.

Damit aber des Meers ort sein gelegenheit/ vñ wie es sampt der Erden ein gestalt habe/grundlich erklärt werde/ist nutzlich/ja von nöten/daß man den befehl Gottes/welchen er dem Meer gegeben/vñ Moses d’ H. Prophet/im Buch d’ Schöpffung beschreibt/ eigentlich erwege vñ bedencke.

Der befehl Gottes verhelt sich also: Es samble sich das Wasser vnder dem Himmel an ein ort/daß man das trocken sehe: welchem befehl dz Wasser fertig nach kommen/dann Moses sagt hierauff: vnd es geschach also. Es hatte zwar Gott der Herr albereit einen theil des Wassers am andern tag der Schöpffung vber den vnderschlacht erhabē/nicht destoweniger/weil auch vil Wasser hieunde verblieben/ welches die gantze Erden rings weiß vmbgeben/ von welchen sie/ so sie je solte bewohnt werden/vnd frucht tragen/ mußte zu gutem theil entblößt/ vnd (jedoch nicht aller ding/damit sie nicht vnfruchtbar were) entlediget werdē/ der wegen befihlet jhm Gott/daß es die Erde nicht mehr aller dingen bedecken/ sonder an ein gewissen ort der Erden sich versamblen/daselbsten verbleiben vnd ohne seine erlaubnuß vnd gebot vber das gesteckte zeil nicht weichen solle/wie dann solches die H. Schrifft auch anderstwa bezeugt/ alß Job. 38. cap. Jer. 5. vnd Psalm. 104.

Es hat aber das Meer sein bestimbt ort also genommen/ daß es mit sampt dem Erdtboden/ eine ronde von Erden vnd Wasser zusammen gesetzte Kugel macht/ welche auff keiner materi bestehet/ oder auffgehalten wirdt/ sonder schwebt inwendig der himlischen grossen Kugel in dem Lufft aller ding/ alß ob ein Vogel sich in dem Luffte still hielte vnd nirgendt bewegte: oder gleich wie es mit der eisenen Ladē des verfluchten Türckischē Abgots Machomet ein gestalt hat/welche/ alß man sagt/ in seinem Tempel zwischen der Büne vnd Boden desselbigen in dem Lufft schwebt/vnd immer an einem ort hangen bleibt/wegen der krafft beyder Magneten so vnder vñ ob dem Kastē seind/ vnd dz eisen/nach jhrer Natur zu beyden seyten gegen sich ziehen/ auß welchem dann die sonderbare weißheit vnd allmacht Gottes genugsam erscheint. Ich heisse aber disen von erd vnd wasser zusammen *Das Meer* gefügten Klooß rond/ nicht wie einen Deller oder Trommenboden: sonder wie eine durch vmb *ist rond.* ronde Kugel/ doch nicht der gestalten/ alß were sie ein rechte außpolierte Kugel/sonder viel mehr ist sie gleich einer noch nicht aller dings/an allen orten in die ründe geträyten/ vnd die noch hin vnd her etliche ecke/oder bucklen/ruch/ löcher vnd breite bläßlin hat/vnd sich doch schon aller dings sonsten in die ründe zeucht/wie dann solches die hohe Berge/die tieffen Thäler/auch ebne so auff dem Erdboden hin vnd her gefunden werden/gnugsam bezeugen/ dann es wurde ja/ so man solte ein schnur von dem mittel der Erden biß zu oberst an einen hohen Berg/vnd dann ein andre von gemeltē Centro oder mittel biß an ein thal od’ ebne außziehen/die eine viel lenger seyn dann die andre. Ob gleichwol aber disem also/ kan man nicht desto weniger mit warheit sagē/ daß die Erden sampt dem Meer eine ronde Kugel machen/ob sie schon etliche bülen/ vnd gleichsam alß runtzeln hat/ wie solches die Astronomi gnugsam beweisen vñ die erfahrung selbs in die hand gibt: dann gleich wie man auff der Erden warhafftig befindet/daß so zwo Stätt oder Flecken seind/ so vnder einem Parallelo gelegen/ deren eine 15. Grad dem Auffgang neher ist/ dann die andere/ die Sonn vnd andere Sternen ein stund eher/in deren so gegen Auffgang dann in deren so gegen Nidergang gelegē/ auffgeht: also haben es die aller fleissigsten Schiffleuthe gleicher gestalten auff dem Meer befunden/ dann die so auß

Lusitania

der Cosmographey. 3

Lusitania in Americam gegen der Provintz Florida genannt/ geschifft/ nach dem sie 15. grad fort geschritten/ habe sie auß vnfehlbaren warzeichen/ fürnemlich auß den Finsternussen so sich an dem Mond begeben wargenoñen/ daß die Sonn vnd andre Sternen/ in Lusitania/ ein gantze stund ehe auff vñ nider gangen/ dañ an dem ort des Meers/ so 15. grad von gedachtem Land gelegen/ welches dann keins wegs geschehen könte/ wann dz Meer nicht ein ronde Kugel mit dem Erdtrich machte. Es ist auch nit gläublich/ daß der schatten/ welchen offt gedachter Globus von sich gibt/ also gantz rond were/ wie solchs in den Finsternussen/ so an dem Mond geschehen/ klärlich erscheint/ so Erden vnd Meer nit in eine Sphæram zusamen geordnet weren: dann man allezeit sieht dz der schatten dem ding davon er herkoñt gleich seye. Wie könte es dann geschehen/ dz die Sonn vñ andre Sternen/ nit allein in allen vnd jeden Landen/ sonder auch allenthalbē auff dem Meer/ in gleicher grösse/ distantz oder weite gesehen vñ gewiß befunden wurden/ so nicht beyde Element ermelte gelegenheit vnd gestaltnuß hetten? Hie möchte aber nit vnbillich sich jemand verwundern/ vñ fragen/ wie doch solches hette mögen geschehen/ vnd das Wasser an das bestimte ort obgedachter gestalten sich versamblen? sintemal es sich nicht vidersich jrgent wahin versamlen können/ dieweil schon zuvor die Erden gantz mit Wasser vmbgeben/ vnd erfüllet gewesen? viel weniger hat es können obsich/ oder beiseits steigen/ vnd allda einen beständigen ort suchen/ daß solches schon zuvor widerlegt/ vnd gantz wider die Natur des wassers were? Hierzu kompt auch daß das wasser dafür gemeinlich gehalten wirt/ es seye mehr vñ grösser dañ die Erd/ ja so etlichen Philosophis zu glauben/ nit nur vmb etwas sonder zehen mal grösser/ wie möchte dañ solche menge gnugsam orts vnd platzes in der Erden finden/ in eine Kugel mit derselbē zusamen koñen/ vñ nit viel mehr den gantzen Erdboden vberlauffen? Dieses aber mag alles leichtlich beantwortet werden/ dann dieweil erstlich gnugsam bewiesen/ daß die versamlung der wassern obgedachter massen geschehen/ ligt nichts daran/ wir verstehē gleich die weiß vnd maß/ wie solches Gott der Schöpffer können zu wegen bringen/ oder nit: sintemal die allmechtige hand Gottes vnsern verstand weit vbertrifft/ vnd an denselbigen nit gebunden/ ja so Gott nur solte erschaffen haben/ dessen weiß vnd maß zu machen/ die menschen wissen mögen/ müßte er sehr wenig oder wol gar nichts erschaffen haben. Demnach muß man das Werck der schöpffung/ nit nach dem gmeinen lauff der schon erschaffenen Natur der gantzē Welt schetzen/ sonsten wurden noch von vielen andern wercken viel vngereumbte dinge müssen gesagt werden/ alß/ wir wissen alle wol/ daß die Baum/ Graß vnd Kraut/ nach dem gemeinem lauff vnd Gesatz der Natur/ ohne alle jrrdische Materi/ auch werme vnd krafft der Sonnen/ Monds sampt andern Gestirnen/ nit wachsen mögen/ nun kan man aber nicht verneinen/ daß am 3. tag der schöpffung/ der Erdboden ohne alle Materi/ ohne zuthun des Gestirns/ jnmassen Sonn vnd Mond erst hernach am 4. tag erschaffen/ seye geziert worden.

Das Werck d Schöpffung ist ein anfang der Natur vnd aller Creaturen.

Also war auch tag eher die Sonn erschaffen.

Vber diß alles aber ist dem nicht also wie etlich vermeinen/ daß diß Wasser zehen mal grösser sey dann die Erden/ besonder aber so solches von dem wasser/ so vnder dem Himmel/ nach dem willen Gottes verblieben/ verstanden wirt/ wie dann diß die Mathematici mit vnaufflößlichen Argumenten gnugsam beweisen: vnd ob schon das wasser/ was sein substantz anlanget/ grösser ist (wie wol auch solches nothalben nicht muß zugeben werden/ sintemal der Herr wol gewußt/ daß er dz wasser mit der Erden verbinden vnd derselben gleichsam eynverleiben wölle/ auch wie vil er hierzu erschaffen solte) vnd mehr theil hat/ dann das Erdtrich/ so hat doch der Schöpffer solches (wie der H. Augustinus vermeint) wol vmb etwas dicker (dann die erfahrung gibt es sonst selbs/ daß das Meerwasser etwas dicker seye dann andere) vñ deßwegen auch kleiner machen können: ja ob gleichwolden nicht also/ oder wann schon auch nach disem dz wasser mehr vñ grösser were gewesen dann die Erde/ demselbigen doch wol orts genug in dem Erdboden gewußt zu finden/ in dem er dasselbig jnnen erweiteret/ mechtige vnd sehr grosse schlünde vñ hülinen darein gemacht/ welche das wasser zu fassen gnugsam weren: wir sehē ja täglich/ daß ein/ seiner substantz vñ theile halben/ grosse Corpus, von einem vō substantz (daß ich red nit von der weite) vil kleineren gefäßt möge werdē. So hat nun Gott den wassern gebotten/ dz sie sich in die grosse gruben/ schlünd od' hülinen der Erden versamlē solten/ wie solches die wort Mosis קוה (ij kavu) vnd מקוה (mikveh) die da eigentlich solches versamlen/ dz da in außgehölte ort geschicht/ bedeuten/ mit bringen. Hieher dienet auch diß/ so in dem 33. Psalm. von Gott dem Herzen gesagt wirdt: Er helt das wasser im Meer zusamen/ wie in einem schlauch/ vnd legt die tieffe ins verborgen. Vnd im 136. Psalm spricht der Psalmist: Lobet den Herzen/ der die Erd auffs Wasser außgebreitet hat. Gleichen verstand hat auch dieses so im 24. Psalmen geschrieben steht: Die Erde ist des Herzen/ vñ was darinnen ist/ der Erdboden vnd was darauff wohnet/ dann er hat jhn auff das Meer gegründet.

Weiters ist auch hiezu rechtem verstand/ der gestalt der Erd vnd Meer Kugel zu mercken/ daß ob wol sonsten das Wasser/ seiner Substantz halben/ etwas grösser sein möchte/ dañ die Erden/ so seye doch wol vermuthlich/ die Superficies, eussere theil/ vberstrich oder fläche des Erdtrichs halte mehr platz vnd weite in sich/ dann des Meers/ vñ wiewol andere/ besonders die alten Scribenten/ welchen nit so viel Landes/ alß zu jetziger zeit bekannt gewesen/ des Meers Vmkraiß für grösser achten/ so ist doch der warheit nicht ähnlich/ daß der ort des Erdbodens an welchem der Schöpffer dem Wasser

Das Meer ist nit grösser alß die Erden.

A ij sich

sich zu versamblen gebotten/einen grösseren vberstrich vnd vmbkraiß habe dann die gantze Erden/ welche so vielen Thieren vnd Menschen zu einer wohnung verordnet.

Es lehren vns auch die Schiffarten dieser zeit/ daß gegen Auffgang vn Nidergang der Sonnen/ grosse/weite/vor dieser zeiten vnbekañte Lande gefunden werden/ welche Asia/ Africa/ Europa/ den dreyen noch vor nicht gar viel jahren allein bekañten Ländern/ an weite vnd grösse/ wa nicht fürzu ziehen/ doch wol mögen verglichen werden: vnd gleichwol helt man darfür/ es seye noch ein grosser theil der Erden/ so biß auff dise zeit nicht gefunden worden. Mit diser meinung stimt auch vberein/ das im 4. buch Esdrę (welches sonsten zwar vnder die alten Biblischen Bücher nicht gezehlt wirt) geschrieben steht: Gott habe am dritten tag der Schöpffung die Wasser versamblet/ an dem siebenden theil der Erden/ aber sechs theil habe er getröcknet/ vnd darzu behalten/ daß man darinn säye vnd bawe.

Endlich möchte wider dz so bißher von dem ort/ welchen Gott der Herr dem Meer/ daß es davon nicht weichen solle/ zugeignet/ fürgeworffen werden: Wie es dann komme vnd zugehe/ daß/ alß glaubwürdige Historien vnd Geographi/ Aristoteles Meteor.lib.1. vnd Plinius lib.2. cap.85. bezeugen/ das Meer offt mit grossem gewalt (wie dann das vor jahren Holand leider mit grossem schaden erfahren) außgebrochen/ auch bißweilen seine gehabte statt verändert habe/ vñ etwan noch thüe/ oder ins künfftig dergleichen wol geschehen könne?

Hierauff nun ist zu mercken/ daß gleich wie das Meer/ alß eines von den fürnembsten theilen der gantzen Welt/ so lang dieselbe stehn wirdt/ nicht vergehen/ noch zu nicht werden mag/ also wenig werde es seinen bestimbten ort/ welchen es von anfang nach dem befehl Gottes (Genes.1.Job.26. Jer.5.Psalm.104.rc.) gehabt vnd bißher behalten/ jemahlen verändern/ derwegen angezogene außbrüch vnd veränderungen/ nicht von dem rechten grossen Meer/ Oceano genant/ sonder etwan von einem See oder Arm desselbigen/ welche Gott bißweilen/ alß der ein Herr der Natur/ vnd an dieselbige nicht gebunden/ zur anzeigung seiner Allmacht den Menschen zur warnung vnd straff gebrauchen thut.

Von der abtheilung des Meers/ vnd ob ein oder viel Meer seyen. Cap. ij.

Biß daher hab ich von des Meers erschaffung/ gestalt/ ort vnd was massen es mit der Erden/ von Gott dem Schöpffer in eine Kugel zusamen gefügt/ so viel mein fürnemmen zugelassen/ vnd mich allhie zu vermelden nutzlich bedunckt/ gnugsam gesagt. Wann ich dann auch/ von desselbigen abtheilung/ ob ein oder mehr Meer seyen/ wie es hin vnd her grosse blätze/ neben seinem fürnembsten grossen Strich/ inhabe/ viel Insuln mach/ ein gewissen theil der Erden von dem andern eusserlich abziehe vnd vnderscheide/ kurtzlich etwas schreibe/ wirdt zugleich was biß daher von dem ort vnd gelegenheit des Meers beygebracht/ noch besser vnd vollkommenlicher verstanden werden. Dann ja viel der Leuthen sich finden/ welche sich verwundern/ wann sie offtermahlen hören oder lesen/ daß jetz viel vnderscheidene Meere mit vnderscheidenen nammen genant werden/ bald nicht mehr dann von einem einigen geredt wirdt.

So ist nun das Meer/ in wahrheit davon zu reden/ nur ein einiges/ welches die Erd vmbgibt/ vnd ein sehr grossen theil derselbigen/ für seinen platz inhelt/ darneben sich an vielen orten zwischen das bewohnte Land/ durch offene/ sichtbare/ oder auch verborgene Gänge/ mehr oder weniger/ je nach von Gott bestimbter maß vnd gelegenheit eynlaßt/ vnd allerley beyde groß vnd klein Mittelländische Meere/ so man neũt ärme/ Sinus vñ Busen macht/ gleich eine Leib so durch die füß/ ärm vnd geäder manigfaltig vnderscheiden/ vnd gleichwol ein einiger gantzer Leib ist vnd bleibt. Darumb dann das Meer/ gleich wie eines Menschen leib/ oder ein Baum in das Corpus oder rechte grosse Meer selber/ vnd in seine Arm/ Geäder/ äst vnd Busen von den Cosmographen getheilt vnd vnderscheiden wirdt.

Das rechte grosse Meercorpus/ welches man fürnemlich/ so des Meers meldung geschicht/ verstehet/ wirdt in Hebraischer Sprach ע (iam) in Griechischer ὠκεανός (Okeanos) zu Latin Mare magnum genañt. Dieses ob es wol seiner Materi/ Form vnd orts halben/ nur einig vnd nicht vnderscheiden ist/ hat es doch je nach gelegenheit/ gegen den vier Orten oder Winden der Welt/ auch von den Landschafften daran es stosset/ vñ dergleichen vrsachen/ mancherley nammen/ damit man namlich anzeigen könte/ sintemal diß Meer groß/ von welchem theil oder ort desselbigen man jrgendt was rede oder schreibe/ bekommen. Gegen Occident oder Nidergang wirdt es genannt Atlanticum Mare, das Atlantische Meer/ von einem Berg in Mauritania: gegen Orient/ Auffgang vñ India/ Oceanus Orientalis & Indicus, das Orientalische vnd Indische Meer: gegen Mittag vñ Aethiopien/ Mare Aethiopicum, das Aethiopische Meer: gegen Mitnacht/ Oceanus Cronius, von der Jnsel Crono: Item Oceanus glacialis, das gefroren Meer/ dann es in Septentrionalischen Ländern gar hart pflegt zu gefrieren/ also das die Schiffleuht/ wie solches die erfahrung lehrt/ offt deßwegen in grosse noht kommen/ vnd die Eynwohner derselbigen Ländern viel kurtzweil mit lauffen vñ fahren/ auff dem gefrornen Meer treiben. Gleiche gestalt hat es mit andern

deßgleichen

der Cosmographey.

deßgleichen nammen/alß wann es dz Asiatische/Americanische/Teutsche/Hibernische/Englische Meer/das stille Meer/das Magellanische Meer genannt wirdt.

Die Mittelländische Meere aber/Arme vnd Busen/so der grosse Oceanus hin vnd her/in das bewohnte Land außspreitet/seind gar viel vñ mancherley/groß vnd klein. Ich will nur etlicher fürnemmer vnd wolbekañter gedencken. Der fürnembste vnd gröste vnder allen ist/welcher Africam vnd Europam scheidet/bricht in Occident/hinder Hispanien bey Portugal in dz Erdtrich hineyn/hat zwar einen engen Eyngang/aber breitet sich sehr weit auß/vnd nimbt eine grosse weite eyn/da er am aller schmälsten ist/halt er 70.Stadien/sein gröste breite aber soll 5000.Stadien seyn. *Mittelländische Meerbusen.*

Es hat diß Meer/wie der Oceanus selbs seine Sinus vnd Busen/alß Sinum Adriaticum, Archipelagum, Pontum Euxinum, von welchen dann auch kompt das Mæotische Meer Mæotis palus genannt. Es begreifft auch das Aegyptische vnd Pamphilische Meer/vñ verändert wegen seiner grösse/nach gelegenheit der örter seinen nammen: gegen dem Land Africa heißt es das Africanische vnd Lybische Meer/am gegentheil aber wirdt es das Hispanische/Ligustische/Sardonische/vnd endlich das Tyrrhenische Meer genäñt: nicht weit vom anfang da es eynbricht/heißt es das Iberische Meer. Vnd dieweil/wie gemelt/diser Arm oder Sinus der gröste ist vnd allen anderen/wirdt er von vilen nicht vnder die Sinus oder Busen gezellet/sondern von denselbigen jhn zu vnderscheiden/mit dem gemeinen nammen/Mare mediterraneum, oder Mittelländische Meer vorauß genannt.

Weiter macht der Oceanus/oder grosse Meer/von Mittag her zwen Sinus/Busen oder arme zwischen welchen dz Land Arabia ligt/einen so gegen Orient gelegen/heisset man/weil er an Persia stosset/das Persische Meer: der ander aber ligt gegen Occident/vnd ist grösser dañ der Persische/derowegen er auch zwen nammen hat/der erste theil desselbige/an dem eynfluß gegen Mittag/heisset Sinus Arabicus, der andere aber/so sich gegen Mittnacht/vnd dem obgedachten Mittelländischen Meere erstreckt/wirdt das rothe Meer genannt.

Dieses nammens halben seind vngleiche meinungen: etliche halten/es werde also genäñt/dieweil es rohtzu seyn scheine/wegen des widerscheins der Sonn straalen: die andern sprechë/es seye rohtt/wegen eines Flusses/so viel roht Wasser voller Minien in diß Meer außgiesse: So schreiben andere/es habe diesen nammen nicht von der farb/an deren es dem vbrigen Meerwasser gleich seye/sondern von einem Persier/so daselbsten geregieret habe/dessen sehr grosses grab auch in der Insel Tyrina solle gezeigt werden. *Rot Meer.*

Die H.Schrifft nennet es Mare cariosum, vel algosum, dz Rohr Meer/dieweil viel lang Riedtgraß vnd Rohr an demselbigen wachsen sollen. Plinius schreibt im anderen Buch/es wachsen viel ölbäum vnd grüne Stauden in dem rothen Meer.

Vnd dieses ist das Meer/dadurch vorzeiten Gott der Herr sein außerwöhltes volck Israel/auß Aegypten mit gewaltiger hand/aller dings alß auff trockenem weg geführet/Pharaonem aber/so jhnen nach eylete/ertrencket hat.

In Asia ligt das Hircanisch oder Caspisch Meer/welches allerding mit Erden vmbfangen vnd hat eusserlich anzusehen/weder eyngang noch außgang/allein das viel Wasser darein gehe/derwegen dann Ptolemeus vñ etliche andere vermeinen/es habe erst nach dem Sündflut/von den wasseren/so auß dem Caspischen Gebürge sich dahin versamblet/seinen Vrsprung genommen/aber es gefalt mir besser die meinung Plinij/Solini vnd anderer mehr/daß auch dieses von dem grossen Oceano durch heimliche verborgene Gänge vnder der Erden seinen eynfluß habe.

In Gallilea ligt dz Tiberiatisch Meer/sonst Genesareth genäñt/welches bey 20.teutscher Meil vmb sich begreiffen solle: dieses ist in welches die von Christo außgetribnen Teuffel/der Gergesener Schwein/in welche sie auß erlaubnuß des Herren gefahren/gestürtzt haben/vber welches auch Christus darnach gehn Capernaum gefahren.

Noch viel andere Arm/Busen vñ See spreitet dz grosse Meer von sich auß/in vnd zwischen dem Erdboden/alß da seind/Sinus Mexicanus, welcher stosset an new Hispaniam/vnd sehr groß ist. Sinus S.Laurentij stosset an new Franciam: Sinus Grannicus oder mare album bey Lappenland: Sinus Boldicus,&c. welche allhie zu erzehlen viel zu lang were.

Von den Insuln. Cap. iij.

Vnun gleich wol in gedachten Meeren bißweilen weit vnd breit kein Erden mag gesehen werden/so seind doch in denselben hin vnd wider viel schöne Plätz vñ Insuln/nicht nur geringes vnd mittelmässigen/sondern sehr grossen Vmbkraiß/eyngeschlossen. Dañ gleich wie dz Meer nach der aller weysisten ordnung Gottes des Schöpffers/neben seinem vngehewren grossen begriff/vnd platz welchen es eyngenommen/hin vnd her gegen Auff- vnd Nidergang/Mittag vñ Mitternacht/dem Menschen vnd allen Thieren zu gutem/sich durch das Erdtrich erstreckt/vnd dasselbe befeuchtiget/auch allerley schöne vnd liebliche Flüß vnd Brunnen (wie an seinem ort verzeichnet) auff dem Erdboden erweckt vnd verursachet: Also erstreckt sich auch das Erdtrich in das Meer/thut sich in demselben an etlichen orten hoch herfür/vnd macht schöne lustige Frücht vnd wohnbare Insuln.

Seind also die Inſuln gewiſſe theil des Erdtrichs / mit dem Meer von jhrem Hauptland abgeſöndert / vnd allenthalben mit waſſer vmbgeben. Im Oceano oder groſſen Meer ligen Engelland / Schottland vnd Jrzland. Davon an seinem ort ſoll gehandelt werden.

Jßland. Jßland von der Kelte vnd Eiß alſo genañt / erſtreckt ſich in der lenge auff die hundert teutſcher meilen / dem König in Dennmarck vnderworffen. Hat viel hohe Berg / darunder einer Hecla genannt / groſſe Fewrflammen vnd Stein außwirfft. Darbey viel Schwefel gruben / vnd andere mit äſchen bedeckte hölinen / in welche bißweilen die ſo des Bergs natur wöllen erkundigen vnverſehens verfallen. Wann das Eiß am Vfer / ſo die 8. Monat hart gefroren / bricht / vnd ein ſehr erſchrockenlichen krach laßt / ſagen die Eynwohner im Land / es ſeye das geſchrey welches die verfallenen Seelen hören laſſen.

Hinder Schottland ligen die Inſuln Orchades genañt / deren Ptolemeus dreiſſig gezellet / will anderer Jnſuln im Oceano geſchweigen. Im Mittelländiſchen Meer ligen / Majorca / Minorca / Malta / Corcyra / Sardinia / Candia / Cypern / Rhodis vnd andre.

Erſterzehlte vnd andere dergleichen Inſulen haben mehrtheils jhren vrſprung vnd anfang von der erſten Schöpffung her: es iſt aber wol zu erachten / daß etliche von dem Sündflut herkommen / vñ andere widerumb auff ein andere weiß entſprungen ſeyen. Es geſchicht etwan daß die flieſſenden waſſer ein Jnſel auffwerffen / wann ſie viel ſand hauffechtig in das Meer treiben / welches ſo es ſich ſetzt vnd ſtehn bleibt / wirdt ein Jnſel darauß.

Deßgleichen ſo ein Erdbidem ſeinen außbruch im Meer nimbt / mag er wol ſo viel ſand auffwerffen / daß er zu einer Jnſel werden kan.

Auch hat dz wütende Meer etwan ein ſtuck vom Erdtrich geriſſen / vñ alſo ein Jnſul verurſachet / wie dann Sicilia / Cyprus vnd Euböa ſollen ſolchen anfang genommen haben.

Strabo ſchreibt im 5. Buch / mitten zwiſchẽ Tyra vñ Theraſia den Inſulen ſo zwiſchen Creta vñ Cyrenen gelegen / ſeyen auff ein zeit Fewrflammen vier tag lang geſehen worden / alſo daß dz Meer ſich anſehen lieſſe / als brennete es / nach dem aber das fewr erlöſcht / habe man ein Jnſul ſo in jhrem bezirck 12. ſtadien begreifft / gleichſam alß hetten die fewrflammen dieſelbige auß dem boden gebracht / vnd herfür gezogen / geſehen: zu welcher hernach die Rhodiſer / ſo daſſelbige Meer beherrſchet / erſtmalß geſchiffet vñ jhrem Abgott Neptuno Aſphelio in derſelbigen Jnſul einen Tempel gebawen.

Es iſt aber an den Inſulen groſſen vñ kleinen / welche frey mit waſſer vmbgeben / die Allmacht vñ Weißheit des Schöpffers gnugſam abzunemmen / vnd ſich zu verwunderen / daß ſie von dem vngeſtümen wütenden Meere nicht vmbgeſtürtzt werden. Aber es muß nach dem befehl Gottes des Herren das Meer an ſeinem ort verbleiben / ſich im Zaum halten / vor einem kleinen plätzlein Erdtrich ſtill ſtehen / vnd ſeine ſtoltzen wällen niderlegen.

Peninſel. Halbe Jnſel / Peninſel genañt / erſtrecken ſich nur ins Meer hinauß / wie Italia / Hiſpania / vnd Peloponneſus. Hiſpania könte durch ein graben von der Garumna / biß gehn Narbona / von Franckreich gantz abgeſöndert vñ zu einer Jnſel gemacht werden: wie dañ dergleichen Demetrius / Caſius Ceſar / Caligula / Nero vnd andere mit Peloponneſo hatten fürgenommen.

Von

Von dem gesaltzenen geschmack des Meers vnd waher jhm derselbige komme. Cap. iiij.

Daß das Meer nicht süß seye wie andere wasser/ sonder gantz versaltzen/ ist bey jederman sonders allen zweiffel: Aber waher jm diser versaltzene geschmack kome/ ob es jhm gleich in der ersten erschaffung/ oder doch gleich alß es an ein ort versamlet/ vñ Meer genaũt worde/ von Gott dem Schöpffer/ od aber viel mehr nach den tagen d Schöpffung/ von eusserliche zufällige vrsachen/ vñ so dz also/ welches dieselbige vrsach seyen/ empfange habe/ sind bey den Cosmographen vñ Natur erkundigern nit einerley meinunge/ es were auch zu lang võ denselben allen zu reden vñ nach notturfft zu bedencken.

Es vermeinen etlich/ die Erde/ so mit dem Meer etlicher massen vermischt/ sey dessen vrsach: dann gleich wie dz süsse wasser/ so es durch äschen geseechtet/ bitter vnd versaltzen werde/ also bekomme auch das Meer/ võ der Erden/ in welche es sich nider leßt/ disen seinen versaltzene geschmack. Andere sprechen die Erde/ nach dem sie võ der Sonnen erhitzet/ gebe võ sich eine schweiß/ oder dampff/ welcher gleichsam eines menschẽ schweiß/ bitter vñ versaltzẽ seye/ vñ dieweil solches mit dẽ Meer vermischet werde/ müsse es auch nothalben seine jm von natur gegebnen geschmack verlieren/ vnd also verändern. Aber dise beyde meinungen/ weil sie keinen gnugsamen grund haben/ mögen nicht bestehn/ vnd können gar leichtlich vmbgestossen werden. Dañ welcher wolte zu geben/ daß/ dieweil sich das Meer in die Erde nider leßt/ vñ mit der selbigen etwas vermischt werde/ darumm solchen geschmack bekommẽ? Müßte nit solches auch an andern wassern/ so viel kleiner vnd geringer/ geschehen? Zu dem wirde das Meerwasser/ so es durch die Erde laufft/ vñ dadurch sich seechtet/ nicht bitter/ sondern gantz süß/ wie solches an den Brunquellen/ so auß dem Meer fliessen war zunemmẽ/ vñ wie viel Erden/ wie viel dampffs vñ bittern schweisses müßte der Erdboden von sich gebẽ: es müßte ja wol dz gantze Erdtrich saltz seyn vnd in dämpff verkehrt werden/ ehe es solche grosse menge wassers könte versaltzen.

Wie geht es aber zu/ daß/ sintemal die Sonn auch an denen ortẽ/ da andere süsse wasser gelegen/ das Erdtrich erhitzget/ daselbsten es doch eintweder keinen bitteren dampff von sich gibt/ oder derselbig nicht gnugsam ist ein klein wasser versaltzen zu machen?

Welche aber dem Regenwasser diesen effect zuschreiben/ die fehlen noch viel weiter: es ist ja wol bekandt/ daß das Regenwasser nicht bitter/ sonder süß seye/ wie andere wasser: mit was gestaltẽ will dañ dz so von sich selbs süß/ ein anders/ so auch von natur nit bitter/ versaltzen machẽ? vnd wz müßte doch für ein vrsach seyn/ daß von dem Regenwasser andere Flüß nicht auch gleicher gestaltẽ versaltzen wurden? ja mehr alß die weniger wasser haben alß das Meer? Warumb bleibt auch der Fluß Nilus in Africa/ darein doch gar viel regnen soll/ allzeit süß? Aber laß es also seyn/ es fallen nur in das Meer bittere Regen/ so ist es doch vnmöglich daß solche grosse menge wassers/ in betrachtung/ daß mehr süß wasser in das Meer laufft/ dann darein regnen kan/ möchte also leichtlich versaltzen werden/ heisset diß nicht ein Mücklein mit einem grossen Helphanten vergleichen?

Noch ist eine andere meinung Aristotelis/ deren gemeinlich alle beyfallen/ daß namlich die Sonn eine würckliche vrsach dieses versaltzenen geschmackts seye/ in dem sie viel des süssen vnd subtileren Meerwassers auffziehe vnd außtröckne/ den vbrigen gröberen theil aber so sie darinn lasst/ durch grosse hitz also verbrenne/ daß es nothalben müsse versaltzen werden/ nicht anders dann wie das süsse getranck/ nach dem die Natur den besseren vnd lieblicheren theil desselbigen/ den leib damit zu nehren/ von den vbrigen abgesöndert/ nicht mehr süß/ lieblich/ sondern gantz versaltzen/ bitter vnd vnanmütig ist.

Ich will aber hie den verstendigen Leser bedencken lassen/ wie so ein vber grosse menge Wassers/ damit dieser effect seinen fortgang haben möchte/ die Sonn auß dem Meer ziehen müßte? Mich zwar gedaucht/ es bringen die Flüß eben so viel/ ja wa nicht mehr süß wasser in das Meer/ alß die Sonn jmmer auffziehen mag: zu dem so falt doch das süß regenwasser/ so durch krafft der Sonnen darauß kommen/ wider darein. So dann nun ein grosse menge süsses wassers jmmer in das Meer fleußt/ vñ dann was die Sonn darauß gezogẽ/ widerumb darein felt/ ist nicht gläublich/ daß solches außdorren der Sonnen dieses versaltzenen geschmackes vrsach seye/ vnd zum wenigsten könte die Sonn nicht das gantze grosse Meer biß in die tieffe hinein also bitter machẽ/ welchs doch wie es durch die erfahrung glaubwürdigen Leuthen/ Patricii vñ Philippi Mocenici/ noch vor wenig jahren gewert/ biß auff den grund gantz versaltzen ist. Was möchte aber für ein vrsach seyn/ daß nicht andre wasser auch dieser vrsach wegen versaltzen wurden? dañ ob gleichwol die hinfliessenden wasser/ von wegen jhrer bewegung nicht können so hefftig verbrennt werden/ alß die stillstehenden/ müßten sie doch/ sintemal bewußt/ daß die Sonn auch auß diesem viel wasser außziehe/ vnd jhre strahlen darein wirfft/ etwas bitter/ zum minsten oben her dieser vrsach halben werden.

Der fluß Nilus/ welcher sehr groß/ vnd schier vnbeweglich ist/ erleidet sehr viel/ nach desselbigen strichs gelegenheit/ von der Sonnen hitz/ hat doch nichts desto weniger sehr süsses wasser/ davon die Acker vnd Wiesen gantz fruchtbarlich mögen gewässert werden.

Nun seind auch hin vnd her viel stillstehende wasser/ alß Weyer/ Sümpff vnd See/ so der Sonnen hitz vnverborgen/ die doch jhren alten geschmack jmmerdar behalten/ warumb werden diese nicht versaltzen? Sprichst du/ dieweil sie nicht so groß vnd breit seind alß das Meer/ vnd derwegen die Sonn keins wegs so viel stralen darein schiessen kan: so bedencke dargegen/ dz solche kleine wasser auch nicht so viel hitz vnd außdörrens bedörffen/ damit sie versaltzen werden könten/ alß das Meer: auch daß es der Sonnen viel leichter seyn wurde/ein klein dünn stillstehends Wasser bitter zu mache/ dann den grossen vnd gleichsam alß vnendtlichen Oceanum. Vber diß findet man in der Erden gantz versaltzene Brunquellen/ welche der Sonnen liecht zum theil gar nit/ zum theil sehr wenig berüret: was muß dan dise versaltz machen? der Sonnen hitz kan dises zwar nit zugeschribē werden.

Mich will derwegen beduncke/ es seyen deren meinung der wahrheit am aller ähnlichsten/ welche darfür halten/ es komme dem Meer diese qualitet von keiner eusserlichen vrsach her/alß wañ jemand fragte/wa von der Lufft subtil/ die Erden dick / gegeben werden. anders dann daß es von Gott dem Herren also dick/ vnd versaltzen in der Schöpffung entweders gleich von anfang/ da es seinen ersten vrsprung bekommen/ oder doch nach dem der einte/ vnd wie gläublich/ dünnere theil/ vber den vnderschlacht des Luffts erhaben/ der ander aber an sein bestimbte ort der Erden versamblet/ erschaffen worden. Wiewol ich nicht will gantz verneint haben/ daß der Sonnen hitz des Erdtrichs natur vnd gelegenheit sampt denen in das Meer fliessenden wassern/ seyen eine vrsach/ daß das Meerwasser an einem ort mehr dann an dem anderen (wie solches die erfahrung mit bringt) gesaltzen seye.

Von des Meers bewegung/ vnd sonderlich von dem wunderlichen ab: vnd zu lauff/ Fluxus & Refluxus, auch Aestus marinus genannt. Cap. v.

Ob gleichwol das Meer nicht wie die Wasserflüß/ von einem gewissen ort an das ander daher fleußt vnd laufft/ steht es doch nicht jmmer still/ sondern hat viel vnd mancherley bewegungen.

Von den Winden wirdt es nicht nur in gemein zu vngewissen zeiten/ etwan auß sonderer anschickung Gottes/ mit grosser forcht/ schrecken/ gefahr vnd schaden der schiffenden/ bald mehr oder hefftiger/ bald aber weniger bewegt/ wie solches alle Historien mit vielen Exemplen bezeugen/ vnd vns dergleichen auch die H. Schrifft/ alß im buch Jonæ des Propheten am ersten capitel: im Evangelio Matthei am 8. vnd 14. cap. wie auch Actor. 27. die Allmacht Gottes hierin zu bedencken / fürgestelt worden. Das Venedische Meer fahrt etwan vber seine stelle/ vnd das bißweilen mit solcher macht/ daß alle Cisternen daselbst versaltzen/ auch viel köstliche Waaren in den vndersten Gemachen verderbt vnd zu nichts werden.

Jhm jahr Christi 1446. oder wie andere melden/ 1420. den 17. tag Aprilis/ bewegte der Wind Corus genannt/ das Meer also hefftig/ daß es hinder Dordrecht einen eynbruch nam/ in Holand vnd Seeland viel Land/ Städt vnd Flecken/ namlich 16. Pfarten/ mit 100000. Menschen verderbte/ wie dann dieses Jamers noch heutiges tags gnugsame anzeigungen sollen gewiesen werden: Sondern es wirdt auch zu gewissen Jahrs zeiten bewegt/ von gewissen Winden/ alß da seind die Ethesiæ/ welche zu Sommers zeiten das Wasser/ etwa von Ponto biß in Aegypten treiben. Die Favonij bewegen das gantze Mittelländische Meer/ biß an das Syrische Vfer: deßgleichen bewegungen gespürt man auch auff dem Persischen vnd Indischen Meere: Columbus hat solche auff dem Lusitanischen auch erfahren.

Vber dise vnd andere so von eusserlichen zufelligen vrsachen erweckt werden/ hat das Meer noch andere natürliche sehr wundersame bewegungen/ die man nicht gnugsam ergründen kan. Jch will allhie geschweigen vnd nichts schreiben von denen bewegungen/ die man motus Hebdomaticos, Menstricos, Trimestres, Semestres, dadurch das Meer alle Wochen / Monat / Viertheil/ halb vnd gantze Jahr/ sonderlich bewegt wirdt: ja ich will auch dessen nicht meldung thun/ welchen man purgationem Maris nennt/ dadurch sich das Meer selbs purgiert/ vnd was seiner Natur vñ Substantz zu wider von sich außwirfft: sondern allein von dem/ so man motum diurnum die tägliche bewegung/ Aestum, Fluxum, & Refluxum, des Meers ab: vnd zulauff neũt/ nach welche es gleich alß ein Mensch vnd andere Thier athmet/ den Lufft an sich zeucht vnd wider von sich außgibt alle 12. stund bewegt wirdt/ dann in 6. stunden laufft es ohne fehlen nah vñ nah vom/ vnd gleich fahls in in andern sechsen widerumb zum Vfer/ also daß/ so jemand an dem Vfer steht / in dem im die Füß setzt mit Wasser bedeckt/ bald wider entblößt werden/ solches wol fühlen vnd gespüren kan/ kurtzlich etwas alß dem fürnembsten vnd bekandtischsten vermelden.

Aristoteles errenckt sich. Es hat dise bewegung zu allen zeiten den Natur erkundigern viel zuschaffen geben/ in dem sie dieselbigen vrsachen zu ergründē vnderstanden. Daher daß etliche schreiben/ es seye Aristoteles/ weil er dieselbige vrsach/ alß er lang vñ viel darnach getrachtet/ nit verstehē noch erfindē können/ vor grossem kummer gestorben/ ja wie andere melden/ habe er sich selbs in das Meer Euripum gestürtzt/ vnd zu demselbigen gesprochen: Sintemal ich dich nit fassen vnd ergreiffen kan/ so fasse du mich.

Etliche nun haben diesen wundersamen Lauff/ der Sonnen/ alß welche viel Wind herfür bringe vnd erwecke/ dadurch das Meer also bewegt werde/ zugeschriben. Dieweil aber andere Wasser/ so dieser bewegung gantz ohn seind/ auch Wind erleiden/ vnd keine Wind nicht seind/ welche also ordenlich vnd allezeit wie dieser des Meers Ab: vnd Zulauff beschaffen/ kan solches gedachter vrsach nicht zugemessen werden/ besonder/ weil auch in der allergrösten Windstille diese bewegung nicht verhindert/ vnd bey den aller sterckesten Winden nicht gefürdert wirdt.

Andere

der Cosmographey.

Andere haben darfür gehalten/diese bewegung vnd auffblasen des Meers werde von bewegung der Erden verursachet/dann dieweil sich die Erde wende/könne ja das Meer/so mit derselben in ein corpus gefügt/nicht vnbewegt verbleiben. Diese aber solten zuvor wol bedacht haben/daß auch die andern Flüß vnd Wasser/von gleicher vrsach/gleiche effect gewünnen müssen. Doch ist genugsam vnsern augen bekant/kan auch krefftig erwiesen werdē/daß der Erdboden von natur aller dings still stehe/vnd deßwegen diese meynung gantz kein fundament habe.   *Erden steht still*

Die Philosophi haben gemeinlich den Mond für die einige vrsach dargeben/wiewol auch dise in jhrer meinung vngleich seind. Die fürnembsten aber halten es also: Sintemal der Mond feuchter natur/vñ aller feuchten Cörpern also zu reden Regent/so blase er durch seine sonderliche natürliche krafft dz Meer auff/dünnere vnd erhebe dasselbig/deßgleichen durch entziehung gedachter seiner natürlichen krafft fahre es widerumb nider vnd lauffe an sein zuvor gehaben ort/nicht anderst alß wie in einem siedenden Hafen das Wasser sich auffthut vnd nider laßt/je nach dem man das fewr darzu oder darvon thut. Derowegen/so der Mond anfange auffzugehen/thue sich das Meer nah vñ nah je lenger je mehr/biß der Mond am höchsten/in 6. stunden auff/vnd lauffe von dem Land od Gestad ab/alß bald aber er widerumb anfange nider zu gehen/folge jhm auch das Meer nach/setze sich aller dings nach des Monds lauff in 6. stunden nider/vnd erfülle wider seine zuvor verlassene stette. Diese vrsach zwar ist der wahrheit ähnlicher/dann die vor ermelten/wirdt auch gemeinlich für die einige vnd eigentliche erkennt vnd gehalten.   *Mond feuchter natur.*

So man aber der sach fleissiger nachsinnen thut/befindt es sich/daß auch durch diese vrsach/die fürgelegte frag/nicht nach notturfft kan beantwortet werden. Dann billich hie mag fürgeworffen vnd fürbaß gefragt werden: Was das Meer bewege/so der Mond new wirdt/vñ kein liecht von sich gibt? Warumb dieser bewegung kein hindernuß alßdann gespürt werde? Warumb solcher ab: vñ zulauff/an so vil ört des Meers/ja auch denen/da der Mond sehr krefftig ist/sub Zona torrida, nicht geschehe? Fürwahr wanner das Meer also zu bewegen gnugsam were/wurde es sonders alten zweiffel/solche seine angeborne wirckung/wa nicht an andern Wassern doch in dem Meer allenthalben beweisen vnd erzeigen/welches doch wie gnugsam bekannt/nicht geschicht.

Dann es wirdt das Hircanisch/das Matianisch/Meotis/Pontus/Propontis/Tyrrhenisch/ Ligustisch/Narbonensisch/auch das rohte Meer nicht/dann nur in seinem halben theile bewegt: auß welchem erscheint/wie schwärlich der Mond für die einige genugsame dieses effects vrsach möge erkennt werden. Vber das seind die Meer in jhrem ab: vnd zulauffen einander nicht gleich/ sondern vast ein jedes anderst beschaffen.

Das gemein vnd groß Meer laufft alle sechs Stund ab/vnd kömpt vber sechs Stund widerumb/ wie obgemelt/vnd hat in seim hin vnd wider lauffen ein solchen vngestümen gewalt/daß er den Fluß Tamesin in Engelland/vnd Betin in Hispania fünfftzig Meilen vber sich hinauff schwellet. Der gemein lauff dises Meers ist von Auffgang biß zu Nidergang/also das die Schiffart auß Hispaniā viel ringer in die newē Welt gegen Nidergang/dann von dannen widerumb in Hispaniam.

Das Hadriatisch oder Venetianisch Meer/bewegt sich gegen Mittag/vnd darnach etwas gegen Auffgang.

Das Gasconische Meer/da die Garumna außlaufft/kompt alle sieben Stund/vnd weichet alle fünff Stund.

Bey der Aegyptischen Guinea kömt das Meer alle vier Stund/vnd verlaufft alle acht Stund: vnd wütet mit solcher vngestüme/das ein Schiff kaum mit drey Anckern mag gehalten werden.

Das Calicutische Meer wachset bey vollem Mond/hergegen das bey dem Fluß Indo wachßt bey newem Mond.

Vnd zwar wie vns die gantze Natur vñ alle Creaturen/wie gering die auch seyn mögen/vnserer grossen vnwissenheit/Gottes aber des Schöpffers vnermeßlicher weyßheit vnd gewaltigster fürsehung weit vberzeuge/also müssen wir vnser schwachheit/des Herrn vnsers Gottes aber Allmacht/ in betrachtung des Meers in gemein/auch jnsonderheit/diser jeiner wundersame bewegung gnugsam gespüre/daß es vberauß schwer/die vrsach derselbige eigentlich nach notturfft zu erklärē/vñ haben sich auch die aller spitzfindigste köpffe/welche doch mehrertheils sehr weit gefehl/hierin ermüdet.

Damit ich aber nicht gar still schweige/will ich was mich in der wahrheit am ähnlichen zu seyn bedunckt/kurtzlich vermelden.

Was dann die gemeinen vrsachen so ausserthalb dem Meere seind belangen thut/kan man die Sonn/sonderlich auch den Mond/sampt andern Gestirnen/welcher vielfaltige krafft vnd bewegung/gleich wie anderen wercken der Natur/also der wunderlichen vielfaltigen des Meers bewegung/behilffliche vrsach gegeben/nicht vbergehen.

Dann es erhaltet die Sonn alle der Geschöpffen natürliche wärme/sterckt/erwärmbt/vñ richtet endlich auch dieselbige in das werck: wann nun die natürliche wärme also gesterckt vnd erwärmbt wirdt/werden alle ding hierdurch geschickt sich zu bewegen/vnd auff diese weiß kan die Sonn der innerlichen wärme des Meers zur bewegung behilfflich seyn. Der Mond aber nehrt/erhelt/ersterckt/ja treibt vnd muntert zur bewegung auch die jrdischen Feüchtigkeiten. Wir haben

also

Das Erste Buch

Vrsachen der bewegung des Meers.

also die innerliche vñ eigentliche vrsach noch nicht. Ich halt darfür man müsse dieselbige suchẽ/vnd erkennen lehrnen an irgendt einer eygenschafft/so des Meers allein eygen ist/vnd welche/gleich wie diese bewegung selbs/kein andere Wasser mit ihm gemein haben/keine aber mag gefunden werden/ so diesem Effect dienstlicher/dann der versalzene geschmack/der in andern Wassern nicht gespüret wirdt/es laufft auch kein süß Wasser also ab vnd zu/dann nur das gesalzen Meer/darumb dann diese eigenschafft für die innerliche eigentliche vrsach/alß mich bedüncken will/wol mag erkeñt vnd gehalten werden: dann der versalzene geschmack des Wassers grössere vñ sterckere Hitz erforderet/ vnd in sich helt/dann der lieblich süsse: vñd wiewol alle vnd jede feuchtigkeiten vnd Wasser jhre Spiritus/Geister oder Dämpffe/dadurch sie etwan möchten auffgeblasen werden/in sich haben/ so befinden sich doch solche stercker vnd hefftiger/können auch leichtlicher in dem versalzenen alß hitzigern vermehrt/ja auch durch beystand der eusserlichen vrsachen in das werck gerichtet werden.

So wirdt nun von solchem innerlichen Spiritu oder Blast dz Meerwasser gleich alß einem Instrument/zu solcher bewegung verursachet/in dem namlich die natürliche des versalzenen Meerwassers hitz vnd werme/welcher des Monds vnd der Sonnen krafft behilfflich/solche dämpff vnd bläst erweckt/vermehrt vñ sterckt/daß das wasser hiemit etwz dünnert vñ auffblast/dañ dieweil der dampff oder blast sich nah vnd nah vermehrt/vnd außgang sucht/steigt vnd thut sich dz Meer nothalbẽ auff vñ lauffet also hiemit ab von dem Gestad/nach dem er sich aber wider anfangt nah vñ nah zu setzen/vnd zu verminderen/lasset sich alßdann auch das wasser nider/vnd laufft wider zu: gleich wie vns die erfahrung täglich lehrt/dz in den Häfen bey dem few: das wasser oder anders dergleiche/ seudet/wallet/sich auffthut/vnd etwas von enden der Häfen abzeucht/allein darumb/weil es erhitzget vnd wegen der hitz gedünnert vnd auffgeblasen wirdt/nach dem aber durch verminderung des fews die hitz nachleßt/vñ deßwegen auch die bläste gemindert werden/steht es nah vñ nah widrumb still/laßt nach in die höhe zu steigen/vnd erfüllet endlich wider die gehabtẽ endẽ des Hafens: also hat es vmb gedachter vrsach mit des Meers bewegung eine gleichförmige gestalt vnd gelegenheit.

Hie möcht nun jemand nicht vnbillich fragen: So die fürnembste vrsach dieser des Meers wunderlicher bewegung ist/wie gemeldt/der versalzene geschmack/wegen seiner natürlichen hitze/wie es dann abermahlen zugang/daß nicht alle Meerwasser wie droben vermelde/ob sie gleichwol gesalzen/ab vnd zulauffen? Warumb auch etliche Meere solcher brunst vnd bewegung/mehr oder minder dann die anderen vnderworffen seyen?

Darauff nun ist berichts halben zu mercken/daß dieses wegen gewisser örter gelegenheit verhindert werde/welcher verhinderung halben gedachte vrsach jhren natürlichen effect/entweders gantz nicht/oder doch nicht aller ding vnverhindert ins werck richten kan. Solcher verhindernussen nun mögen drey sonderlich vermeldet werden: Erstlich daß etwan das Meer nach desselbige gelegenheit an eim ort minder/dann am anderen versalzen ist/vñ derhalben nicht so viel hitz alß zu solchem effect gnugsam vnd erfordert wirdt/in sich helt.

Caspische Meer nicht sonders versalzen.

Demnach ist solchem auch offt zu wider/die grössere vnd mechtigere tieffe/die das Meer an einem ort an dem anderen hat/derwegen Sonn vñ Mond/nicht so weit dringen mögen/daß sie der innerlichen hitz fürhelffen möchten/damit sie so viel dämpff vnd bläst erwecke/alß zu solcher bewegung gnugsam seyn möchten. Vnd diß befindet sich an etlichen orten/daß das wasser gar zu dick/zäh/leimechtig/vñ deßwegen schwärer ist/dann daß es könne also auffgehn vnd bewegt werden. Derhalben so jemand fragt/warumb das Caspische Meer/nach etlicher fürgeben/nicht ab oder zulauff/kan die erste oder andere gemeldter vrsachen angezogen werden/daß es namblich erstlich minder versalzen seye/dann andere Meer/vnd deßwegen achtzig süsser Flüssen/vnd fünff grosser See/so sich darinn außgiessen/von welcher sehr grossen menge süsses Wassers/dasselbige Meer nothalben minder gesalzen verbleiben kan/sonder etwas süsser werden muß: welches auch darauß abzunemmen/daß die zwo gattung der Fischen/Sturio vnd Murena genannt/welche gar gern in süssen Wasseren sich halten/hauffechtig vnd in grosser anzahl darinn gefangen werden. Zu diesem kompt auch die grosse tieffe desselbigen/welche alß gemeldet/auch ein vrsach ist/daß die bewegung schwerlicher beschehen mag. Gleichförmige gestalt hat es mit den Baltischen Meer/vnd seinen gesellen/dem Liuorischen/ Finorischen/Boteicischen/welcher tieffe schier vnermeßlich ist/vnd haben achtzig See/zusampt mehr dann sechtzig süsser Flüssen darein jhren außguß: vnd dieweil wie man schreibet/vom Agstein an dem Vffer/so also durch die Wasserwällen zusamen getrieben/gefunden werden/ist solches eine anzeigung daß auch zähe leimechte Matery daselbsten verhanden sey.

Solche oder gleiche vrsachen mögen nun an anderen orten des Meers/da diese bewegung nicht gespürt wirdt/auch gegeben werden.

Auß diesem allem kan auch gnug verstanden werden/warumb das Meer an etlichen orten dieser bewegung mehr vnderworffen/dañ an andern/sintemal/wa obgedachte vrsach schwecher od kräfftiger/auch mehr oder weniger verhindert wirdt/da muß auch dieser ab vnd zulauff seinen fortgang/ je nach der örter gelegenheit mehr oder minder gewinnen. Vnd diese biß daher dieser wunderlichen Meer bewegung beygebrachte vrsach bedunckt mich zwar/seye der Wahrheit/vielleicht vor allen andern/am ähnlichsten/jedoch kan ich wol erachten/daß solche nicht allen vñ jeden gnug thun werde/

de/ aber mit diser muß man zu frieden seyn/ biß etwan jemandts anders eine gewissere vnd eigentlichere darstelle/ vnd darneben gedencken/ daß noch viel andere sachen in der Natur vns verborgen/ deren kein Mensch gründtliche vrsachen geben kan.

Wer hat jemalen erklärt warumb der Magnet das eisen nach sich ziehe/ vnd jmmer nach dem Mitnächtigen Polus Stern sich stelle? wer hat die innerliche formen der Elementen vnd anderer natürlichen Cörperen je genugsam erkennt? ja daß ich anderer ding aller/ deren viel/ ja mehr/ dann gar viel/ zumelden weren/ geschweige/ welcher Mensch hat seine selbs eigne natürliche eigenschafften/ auch nach grosser müh/ vnd vielen nachsinnen recht erlehrnet?

Ich will von dem Leib allein reden/ dann solte ich des Gemüts meldung thun/ wie weit wurden alle Adams kinder gefehlt haben? Haben nicht die aller weisesten Heiden von des menschen beschaffenheit vñ krefften/ schier nichts anders/ dann stoltze närische eitele gedancken gehabt? Ja so blind/ so träg seind der menschen kinder/ daß sie/ was Gott der Herr selbs/ auch von jhrer eigenen Natur/ auch dero gebrechligkeit vnd vnvollkommenheit/ von Himmel herab/ jhnen durch sein Wort geoffenbaret/ nicht können noch wöllen verstehen. Derohalben Augustinus recht sagt: Wir Meñschen verstehn in diesem allgemeinen Geschöpffe Gottes der Welt viel sachen nicht/ eintweders deren so in den Himmlen höher seind/ dann daß vnsere sinne solche erreichen möchten/ oder die da seind in den vnbewohnten Länderen des Erdtrichs/ oder auch dieser so vnden in tieffe des abgrunds verborgen ligen.

Deßgleichen auch Ireneus: Wir sollen erkennen/ daß wir weit vnder Gott seyen/ vnd können nicht aller dingen die erschaffene Natur vnd vrsach ergründen.

Der Mensch hat seinen scharpffen Verstand verlohren.

Augustinus.

Ireneus.

Von den Wasserflüssen/ Seen/ Brunnen vnd Quellen so von dem Meer jhren vrsprung haben. Cap. vj.

Jeweil der grosse Oceanus in das Erdtrich/ gleich wie dz blut ins menschen leib/ nicht nur durch seine grossen Adern/ Arm vnd Busen/ die er hin vnd her macht/ sondern auch durch das kleine Geäder der Flüssen/ Brunnen vnd Quellen/ sich erstreckt/ vnd außtheilt/ wirdt ich nicht ab weg gehn/ so ich wie solches zugehn vnd geschehen könne/ auch wie vielerley Quellen gefunden werden/ besonders weil offtermahlen in der H. Schrifft vnder dem wort des Meers die Flüß/ Brunnen/ vnd Quellen verstanden werden/ kurtz vermelde.

Es vermeint zwar Aristoteles/ die Flüsse/ Brunnen vñ Quellen haben einen solchen vrsprung/ sintemal d Erdboden viel hölinen habe/ in welche (weil die Natur nichts läres dulsten kan) sich d lufft in grosser menge linden müsse/ so werde derselbe erstdoch von der kelte daselbste gedickert/ verliere seine natürliche werme/ vnd dieweil er mit dem wasser der feuchtigkeit halben vberkomme/ werde er durch die hinein tringende werme d Sonnen/ leichtlich im wasser verwandlet/ nit anders dañ wie man zu Winters zeit an den stubenfenstern gleichförmigen effect gespüren thut.

Nach diesem versamle sich dasselbige Wasser vnder der Erden an ein gelegen ort/ verbleibe daselbsten biß es viel worden/ vñ endlich an einem bequemē ort herfür breche: dañ vngereimbt/ spricht Aristoteles/ were es/ so man solte darfür halten/ daß das Wasser/ so auß der Erden entspringet/ solle ein andere vrsach haben/ dann das so ob der Erden in dem Lufft sich versamblet/ vnd des regens Matery ist.

Diese meinung aber Aristotelis/ welcher die Schöpffung des Himmels/ der Erden vñ des Meers nicht können in seinen kopff bringen/ vnd dieselbe deßwegen verleugnet/ ist jrrig vnd streitet auch wider die natürliche vernunfft/ dann ob man schon wol mag zugeben/ daß auff solche gemelte weiß etwan etliche wenig Brunnen/ vnd Bäche jhren vrsprung natürlicher weiß gewinnen köndten/ mag doch solches von allen sonderlich grossen Flüssen mit warheit nicht gesagt werden.

Dann dieweil/ so ein gewisser theil Wassers auß dem Lufft werde solle/ alleizeit zehen mahl so viel mehr Lufft dann Wassers ist (vnd diß darumb weil der Lufft gar subtil) darzu erfordert wirdt/ kan man nicht verstehn/ durch welche Gänge/ ein solche grosse menge Luffts/ in die Erden kommen möge.

Es ist auch vnglaublich/ daß das Erdtrich also grosse hölinen/ alß hierzu nothalben/ erfordert wurdē/ sonderlich weil ohn diß das Meer viel platzes in demelbigen eynnimt/ habe oder haben könne: Ja es müßte auch wol der Lufft/ alß der nicht vnendlich/ dermassen ob dem Erdboden gemindert

Das Erste Buch

dert werden/ daß er sein natürliches ort nicht gar erfüllen könne/ sondern zu etwas theil lär müßte stehen lassen: welches dann die Natur in keinen weg zulasset.

Andere halten/ es kommen die quellen von dem Regenwasser her/ so sich in der Erden versamble/ vnd endtlich herauß geüßt. Aber ob gleichwol etliche Brunnen von dem Regen (welches Materi doch auch endtlich dem Meer vnd anderen Flüssen/ nicht muß zugeschrieben werden) jhren vrsprung nemmen/ möchten auch andere Wasser von dem Regen vermehrt werden/ jedoch ist zu bedencken/ daß die Flüß vnd Bäch gewesen seyen/ ehe es jemahlen geregnet/ deßgleichen daß das Regenwasser nicht genugsam die Erden zu befeuchten/ vnd den Flüssen/ Brunnen vnd Quellen wasser zu geben.

Derwegen dann was droben gemelt besteht/ daß auch die süssen Wasser vnd manigfaltige Quellen von dem Meer jhren vrsprung haben/ wie dann solches auch Plato in dem Phaedone/ ja Salomon selbs bezeuget/ in seinem Prediger am erstē cap. alß er spricht: Alle Wasserflüß lauffen in das Meer/ vnd wirdt doch das Meer ab jhnen nicht voll/ dann da die Flüß hinlauffen/ daher kommen sie auch wider. Vnd im buch Jesu des Sohns Syrach steht geschrieben: Alles was der Erden ist/ wirdt wider zu Erden/ vnd was vom Wasser ist/ das zeucht sich wider in das Meer: darauß dann zugleich die rechte vrsach/ warumb das Meer/ ob schon viel Wassers täglich darein laufft doch nicht grösser werde/ oder vberlauffe/ kan verstanden werden.

Erdtrich hat seine wasser adern.

Wie kan aber/ möcht jemand fragen/ das wasser auß dem Meer in so hohe Berg kommen/ vnd also wider sein natur ob sich steigen? oder wie geht es zu daß die Flüß vnd Brunnen süß/ so das versaltzene bittere Meer deren ein vrsprung ist? Darauff dann zu mercken/ dz solches alles wol geschehen könne/ daß in dem das Meerwasser durch viel Adern vnd Genge der Erden laufft/ wirdt es also zu reden geseechtet/ vñ verleurt die bitterkeit/ ehe dann es herfür bricht/ daher dann die erfahrung gibt/ daß die Brunnen/ so weit von dem Meer/ süsser seind/ dann die so demselbigen näher gelegen. Vnd ob wol wahr/ daß das Wasser von sich selbs vnd ohn getrieben nicht selbs vber sich steigen kan/ weil es aber/ wie gemelt/ durch viel kromme Gäng hin vnd her laufft/ geschicht es endlich/ in dem jhm weiters zu kommen vnmöglich/ vnnd aber jmmerdar von mehr zulauffendem Wasser getrieben wirdt/ vnd an allen orten/ da es kan/ einen bequemen Außgang sucht/ daß es so weit ob sich steigen muß/ biß es endlich den begerten Außgang gewünt/ wie dann deßgleichen an den Röhrbrunnen vnnd anderem Wasserwerck wol zu sehen vnnd wahrzunemmen.

So dan die Menschen leichtlich mittel erfunden/ dadurch sie das Wasser ob sich zulauffen getrieben/ warumb wolte solches der Natur/ ja dem Schöpffer derselbigen/ verborgen seyn?

Dieser Wassern nun vnnd Flüssen seind gar vnzahlbar viel vnd mancherley. Es ist nicht zu erzehlen/ wie viel Flüß/ Brunnen/ Bäch vnd andere Quellen hin vnd her auff dem Erdboden gefunden werden/ sie haben auch viel vnnd mancherley vngleiche bewegung/ Qualitet vñ Eigenschafften/ welches alles jhrer gelegenheit/ vnnd nach dem sie ein ort haben/ oder von einem herlauffen/ zuzuschreiben.

Dann daß etliche Wasser still stehen/ sich nicht bewegen/ andere aber daher lauffen/ geschicht nach dem sie an einem kumlichen ort gelegen/ oder nicht: daß auch etliche süß/ etliche sawr/ oder gesaltzen/ etliche gesund/ etliche schädlich/ etliche kalt/ die andern warm/ vnd was sie deßgleichen für vnderscheidene eigenschafften haben mögen/ verursachet die Natur vnd Qualitet des Erdtrichs dadurch sie lauffen.

Der Wassere wunderesame Naturen.

Welche durch schwäblechte Bäch/ vnd leimechte örter lauffen/ vnd etwan inwendig der Erden Fewr antreffen/ dieselbigen seind warm.

Die durch Stein: vnd felsechte ort kommen/ dieselben seind kalt: Welche durch versaltzene vnd dürre/ die bleiben versaltzen.

Die

Die durch Alaunerden gehen/ werden bitter: Die durch Nitergewächs fliessen/ werden saur: vnd also hat es eine gestalt mit anderen dergleichen.

Man erfahrt aber an etlichen Wasseren noch viel sonderbare eigenschafften/ deren man ohne die ohnermeßliche Weißheit vnd Allmacht Gottes bißweilen eine/ bißweilen kein vrsach geben kan.

In Hibernia oder Irland/ wie auch anderstwa sollen See gefunden werden/ in welche so man ein Holtz schlahet/ wirdt es an dem ort/ da es in grund geht/ vast in einem jahr/ wie ein Stein/ da es in dem Wasser steht/ wie ein Eisen/ da es aber für das Wasser herauß geht/ bleibt wie zuvor.

Solinus thut eines Wassers meldung/ welches also kalt seyn solle/ daß es nirgendtwa/ dann in einem Esels klawen oder huffe mag behalten werden.

In Dodona soll der brunnen Jovis also warm seyn/ daß man ein außgelöschte Fackeln darbey mag anzünden.

Von dem wasser Lymestis genant/ gibt man auß/ es mache die Leuth truncken wie der Wein.

In Morenlandt/ da die Völcker Troglodite genant/ wohnen/ wirdt ein Wasser gefunden/ welches dreymal am Tag wie auch zu Nacht bitter vnd widerumb süß wirdt/ derwegen es auch Lacus insanus, das ist/ der vnsinnige See genannt wirdt.

In Britanien/ bey der Statt Slanin/ so an Doverna dem Wasser gelegen/ ist ein Hölin/ in welcher das wasser/ so darein laufft/ zu einem weissen Stein wirdt/ vnd wa man die nicht darauß nemme/ were die Höle längerst voll worden.

Es seind auch Wasser/ welche so man sie trinckt/ die Weiber fruchtbar/ vnd dargegen andere/ die sie vnfruchtbar machen. Man schreibt auch/ daß etliche von den Schaaffen getruncken/ weisse/ andere hergegen schwartze Wullen machen vnd verursachen. Will jetzundt nichts sagen/ von wunderbarer/ heilsamen würckung der warmen Bäderen/ Säurbrunnen vnd anderer sonderbaren Wasseren/ so allerhand schwäre Kranckheiten vnd Prästen der Menschen wegnemmen/ darvon wol ein vollkommenes Buch möchte geschrieben werden.

Von den wunderbaren Geschöpffen Gottes so in dem Meer gefunden werden.   Cap. vij.

Nach dem Gott der Schöpffer allerdingen das Meer erschaffen/ vnd jhme seinen bestimpten ort gegeben/ hat er dasselbige nicht läh stehn lassen/ sondern gleich wie den Lufft vnd die Erden/ mit allerley Thieren/ Gevögel/ Kräutern vñ Brünnen/ also auch am fünfften tag der Schöpffung dasselbige mit vielen grossen vnd mancherley wundersamen Creaturen/ ab denen man sich nicht weniger dann von dem Meer selbs zu verwunderen hat/ erfüllet vnd gezieret: von welchen so man nach notturfft schreiben solte/ wurde man wol ein vberauß grosses werck machen müssen. Ich will nur hie etliche wenig von denen so dem Menschen bekant (dann gewißlichen noch viel seind so von niemande gesehen noch erkundiget worden) anziehen/ vnd dardurch auch in diesem fahl dem Leser die hohe Weißheit/ vnd vnendtliche krafft des Schöpffers/ zu bedencken/ auffs wenigste etwas anlaß geben.

Daß nun sehr vielerley grosse Fisch vnd Wunder in dem Meer gefunden werden/ ist auß dem Buch der Schöpffung am 1. Cap. gnugsam abzunemmen. Es wirdt vns auch dessen im Büchlein Jone des Propheten/ ein klares Exempel fürgestelt/ da eines von Gott dem Herren darzu verordnete Fisches/ welcher dem H. Propheten Jonam/ da er in das Meer geworffen worden/ verschlucket/ vnd nach dreyen Tagen jhne widerumb ohn verletzt auff das trocken Land herauß gegeben/ gedacht wirdt. Vñ auß dem 41. Cap. des Buchs Job/ da vns der grosse vnd vngeheure Wallfisch beschrieben wirdt.

Iuba der Geschichtschreiber in den Bücheren die er an Keyser Cajum Caligulam auß Arabia geschrieben/ bezeugt/ daß in Arabia in einem Fluß Wallfisch sollen kommen sein/ auff 600. Schuh lang/ vnd 360. breit.

Turanius meldet/ daß an die Gaditanischen gestadt Wallfisch getrieben worden/ welcher weite zwischen zweyen Fäderen des Schwantzes 16. Ellen gehabt: das Maul 130. Zän/ die grösten einer Ellen lang/ die kleinesten eines halben Schuhes.

Anno 1522. menſ. Aug. iſt in Engelland am Vfer/ ein Fiſch geſehē worden/ welcher 90. Werckſchuh lang/ vnd 28. dick war/ in ſeiner Seiten hat er 30. Rippē/ welche mehrtheils 21. Schuh lang/ vnd ein halben Schuh dick waren / ſein Zung iſt 21. Schuh lang geweſen/ aber keine Zän könte man in jhm finden.

Anno 1589. den 2. Febr. iſt in Holand zwiſchen Catwyck vnd Scheſelingen ein Wallfiſch 52. Werckſchuh lang gefangen worden/ die Augen ſtunden 15. Schuh vom Maul: 4. Schuh hinder den Augen hat er die Flim/ das vnderſte vom Maul war 7. Schuh/ aber gantz ſchmal/ darinn ſtunden 44. Zän/ weiß alß Helffenbein/ deren jeder ſich einem Hüner ey vergleichet / vnd ſchuſſen in ſo viel Löcher ins oberſte theil des Mauls. War von den Fiſchern ein Potewallfiſch genannt/ vnd mäuliches geſchlechts/ wie er auch ein Glied 6. Schuh lang gehabt. Der Schwantz war 13. Schuh hoch oder breit/ die dicke weil er im Sand gelegen/ könte man nicht meſſen. War in nammen der Graffſchafft Holand/ vmb 126. Gulden oder Francken/ welches ein geringe ſumma/ verkaufft. Das Maul ward Graff Johann von Naſſaw geſchenckt/ vnd naher Dillenburg geführt.

In dem Nortwegiſchen Meer werden viel grauſame Fiſch/ die keine nammen haben/ vnd ſehr ſcheutzlich vnd grewlich anzuſchawen ſeind/ geſehen. Sie haben eine erſchreckliche Geſtalt/ ihre Häupter ſeind viereckt/ hin vnd her mit groſſen ſpitzigen Hörnern/ 10. oder 12. Ellenbogen lang/ vmbgeben/ von Farben ſeind ſie gantz ſchwartz/ haben ſehr groſſe Augen/ welcher bezirck neun / ja auch eilff/ der Augapffel aber ſo fewrig roht/ einen Ellenbogen in ſich begreifft/ ſie haben auch einen groſſen Bart. Der vbrige Leib aber iſt gegen dem Haupt zu rechnen alß welcher etwan 15. Ellenbogen lang ſeyn mag/ zimlich klein. Einer ſolcher Fiſchen kan leichtlich auch mehr dann ein groſſes vnd wolverſorgtes Schiff zu grund richten.

Vnder anderen Wallfiſchen iſt auch der ſo Phyſeter oder Priſtes genannt wirdt/ ſehr groß vnd grauſam zu ſehen. Er iſt vngefehrlich 200. Ellenbogen lang/ auch vberauß hoch/ alſo daß er ſo er ſich auffricht/ einer mechtigen Saul oder Berg gleich iſt. Er hat ein ſehr groß Maul/ auff dem Haupt zwo groſſe Rhören/ auß welchen er das durch den Mund in ſich gefaßte waſſer/ gleich einem mechtigē Fluß/ außwirfft/ vnd hiedurch offt hefftige Schiff ertrencket/ welche er auch mit ſeinē Schwantz/ alß ein kleines geſchirrlein leichtlich vmbwirfft. Die Schiffleuth wenden jhn/ ſo ſie ſeinen gewahr werden/ mit allem fleiß ab/ etwan werffen ſie jhm lähre Fäſſer dar/ damit kurtzweilet er/ fleucht auch der Trommeten vnd Büchſen thon. Es geſchicht bißweilen/ ſo die Schiffleuth auff deßgleichen groſſen Wallfiſch kommen/ vermeinten ſie/ es ſeye ein Inſel/ vnd wann ſie ihre Ancker außwerffen/ kommen ſie in groſſe noht vnd gefahr.  Wann es aber geſchicht/ daß dieſer Wallfiſch ſich etwan nahe bey dem Geſtad zu lang ſäumet/ vnd das Meer zu bald ablaufft/ daß er nicht mehr genug waſſer hat/ dadurch er fort kommen mag/ laßt er alßdann ein grauſames geſchrey/ welches ſo es ſein Geſpan erhört/ faſſet er in ſich ein groſſe menge waſſers/ geüßt es durch die groſſen Röhrten/ ſo er oben bey dem Haupt hat/ gegen ihm auß/ vnd erlöſet jhn offtermalen: wann die vmbwohnende Leuth ſein geſchrey/ ſo jhnen bekannt/ hören/ vnd er nicht gleich erlößt wirdt/ ſeind ſie albbald mit Beyeln/ Hämmeren/ Axen/ Seileren/ ꝛc: verhanden/ ſchlagen jhn zu todt/ feßlen jhn vnd arbeiten ſo viel/ biß ſie jhn auffs Land bringen/ vnd ſeiner meiſter werden.

Dieſer vnd anderer vberauß groſſen Fiſchen ſeind auch etliche/ welche ſechs/ ſiben/ acht/ neun hundert/ ja auch mehr Schuh lang ſeind. Von ſolchen vnd dergleichen Fleiſch/ Schmaltz vñ Beyn mögen zweyhundert vnd fünfftzig/ oder dreyhundert Wägen wol geladen werden: man macht von einem gemeinlich zwölff/ auch zwantzig oder viertzig Logeln voll ſchmaltz/ an deren einer ein Mann genug zu tragen hat/ auß der Haut macht man Gürtel/ Seckel/ Ziehſeiler an die Glocken/ welche ſehr wehrhafft ſeind: es machen jhnen die Leuth kleider auß dieſen Fällen/ vnd mag man von einem derſelbigen vngefähr 40. Menſchen bekleiden.

Dieweil auch in Septentrionaliſchen Landen/ wegen groſer kelte nicht viel Holtz wachſet/ vnd die Bäum nicht vaſt groß werden/ daß man viel derſelbigen Häuſer davon auffzurichten gebrauchen kan/ nutzen die Eynwohner ſolcher Fiſchen Grädt oder Bein an ſtatt des Holtzes/ die kleineren brennen ſie/ die gröſſeren brauchen ſie zu Thrämen/ Säulen/ ꝛc. Sie machen auch Tiſch/ Bänck/ vnd anders deßgleichen darauß: den Kiefel nemmen ſie zu einem Thür geſtell/ bißweilen laſſen ſie auch den Cörper gantz/ biß das Fleiſch alles darvon vnd die Bein allein vorig ſeind/ alßdan machen ſie Wänd vnd Fenſter dareyn/ vnderſcheiden jhn in gewiſſe Gemach/ wohnen darinn alß ſonſten in einer Behauſung.

Monoceros/ oder das Meer Einhorn/ hat ein ſchädliches groſſes Horn an ſeiner Stirn/ dadurch es die Schiff verderbt/ iſt ſonſt von Natur zur bewegung langſam/ darumb dann die Schiffleuth/ ſo ſie es geſpüren/ jhm leichtlich entgehn können.

Serra

Serra ist auch ein grosser Meerfisch/ hat ein hart vnd rauchen Kopff mit spitzen gleich alß Sagzänen verwart/ damit es die Schiff zerschneidet/ vnd frißt die Menschen so ins Meer fallen.

Das Meerschwein ist auch ein wunderlich Thier/ grabt vnd wirfft in dem Meer das Erdtrich auff/ wie ein gemein Schwein. Anno 1527. ward ein solches im teutsche Meer gefunden/ sein Haupt war wie eines Schweins mit einem krummen Mou/ hatte 3. Augen/ zwey auff den Seiten/ vnd eines an dem Bauch/ 4. Füß wie ein Drack/ ein Schwantz wie ein gemeiner Fisch.

Man findet auch in dem Meer Fisch die zwen flügel vnd zwen Füß haben/ welche auff dem Meer herumb fliegen/ vnd sich darnach in die tieffe versencken: etliche haben auch vier Füß vnd vier Flügel.

Das Meerroß/ so zwischen Britanien vñ Nortwegen offt gesehen wirdt/ ist von geschrey vnd Haupt den Pferden gleich/ hat aber gespalte Füß/ wie ein Ochs/ sucht seine nahrung auff der Erden vnd dem Meer/ wirdt so groß alß ein Rind/ hat sonsten ein Schwantz wie ein Fisch. Doch wollen etliche an dieser gestalt zweifflen vnd vor ein Poetisch gedicht halten.

So sonsten wirdt ein anders kleines Meerpferdt gefunden/ vnd mehrmalen an den Gestaden des Frantzösischen Meers gesehen/ so nicht gar einer spannen lang/ vnd sich gar artig vnd eigendtlich einem Pferdt vergleichet/ wie auß beygefügter abbildung zusehen.

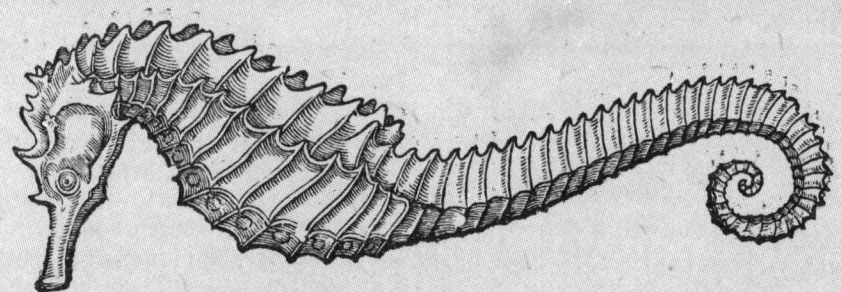

Der Meerhaaß/ hat hinder seinem Haupt 4. Federn/ deren zwo lang seind wie Hasenohren/ dieser stelt sich in dem Meer erschrockenlich/ auff der Erden ist er forchtsam vnd zittert wie ein Haaß.

Meerschlangen werden auch gesehen/ 200. oder 300. Schuhlang/ vnd 20. oder 30. Schuh dick/ diese haben vmb den Halß Haar eines Ellenbogens lang. Vmb Sommerszeiten/ so die Nächt heiter seind lassen sie sich herfür/ fressen Schaaff/ Schwein/ vnd was jhnen deßgleichen werden mag/ offt verwicklen sie sich in die Schiff/ schädigen die Schiffleuth vnd verschlucken sie/ vnderstehen auch das Schiff zu fellen.

Sternfisch oder Meerstern/ ist ein Fisch so streimen hat/ etliche fünff/ etlich acht/ zwölff oder weniger. Es ist ein wunderbarer Fisch/ welcher/ weil er lebt/ durch seine werme alles verbrennet vnd verzehrt: man sagt er sterbe ausserthalb dem Wasser/ wann aber das Meer wider anlaufft/ werde er wider lebendig.

Lamia ist auch ein trefflicher grosser Meerfisch/ also daß die mittelmäßige vber 1000 Pfund wägen/ die grossen mag man auff keinem Wagen führen. Sie seind gar fressig/ also dz etliche anzeigen/ man hab in deren Leib gantz Menschen so in Küriß angethan gefunden. Etliche vermeinen es seye der Fisch so Jonam verschluckt/ dieser art gewesen. Er hat sechs ordnungen Zän nach einander/ welches dann wol zuverwundern/ vnder welchen der eusserste herauß gehet/ der ander ist gestracks/ die dritte seind inwendig vnd krumb: er hat gar harte vnd gehürnete Augen hinden vnd fornen.

Der Delphin oder Meerschwein/ so auch in dem Meer sein wohnung hat/ ist ein listiges Thier/ hat grosse Augen/ aber also mit der Haut vberzogen/ daß man jhme allein den Augapffel sihet/ hinder den Augen hat er Gruben/ die mga kümmerlich sehen mag/ durch welche er hört. Sein Rucken ist hogerecht/ zu oberst auff dem Haupt hat er ein Rohren: auff dem Rucken hat er ein gebeinen vnd kröspellächtig Gefider/einen langen Schnabel/ also daß er bey 40. Zänen in dem Kinbacken auff einer jeden seiten hat/die fein in vnd gegen einander gehen: es hat der Schnabel ein gestalt wie der Gänsen/eben/breit/gestrack vnd nider. Das Fleisch ist schwartzlecht/ die Haut dick vnd steiff/ vnder welcher ein Feiste vñ Speck wie in den Schweinen ligt/ er hat kein Gall/ den Schnabel verbirgt er vnder den vorderen theil des Hauptes. Er hat viel Tugenden an jhm/ vnd ist dem Menschen sonderlich geneigt/hat zur zeit Augusti einem Knaben von Baijs gen Puzolo/vnd zuvor den Poeten Arionem auß Meersnoht geholffen. Hat in Caria vmb einen Jüngling gebulet/ vnd bißweilen die Meeraleten helffen fangen. Darvon zu lesen/Solinus cap.18. Aelianus vnd Athæneus.

Olaus Magnus von den Mitnächtigen Länderen lib.21.cap.9. beschreibet ein Mitnächtiges Wunderthier/so er Xiphiam nennet/ so mit seiner häßlichen gestalt alle andere Thier vbertriffet/ vnd sich keinem vergleichen solle. Habe einen Kopff wie eine Eyl/grewliche Augen/ ein spitzigen scharffen Rucken vnd scharffen Schnabel/damit es die Schiff zu grund richte.

Sonsten wirdt Xiphia eigentlich für den Schwerdtfisch gehalten/ so ein vberauß schöner/ gewaltiger vnd edler Fisch/ hat ein harten langen Schnabel wie ein Schwerdt/darvon er auch den nammen bekommen/damit er in gleichen den Schiffen zusetzet/selbige durchschießt/ auffschneidet vnd in boden richtet.

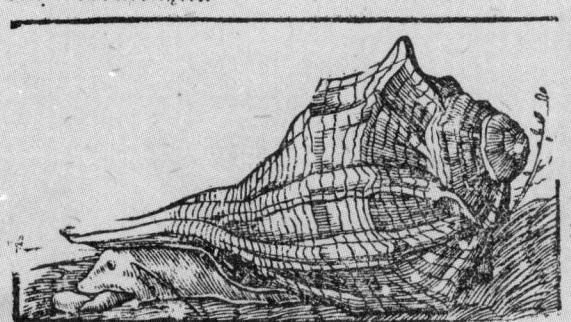

Mancherley Schnecken seind auch in dem Meer/ von welchen man hin vnd her viel schreibt/als da seind die Purpurschnecken/ in welchen die Purpurblum gefunden wirdt/Conchen/Ostreen od Bärleinschnecken/ in welchen Bärlein wachsen. Es hat die Natur in diesem einigen Haußrath des Meers/ mit der Bergen Edelgestein/ vnd des Sandes Gold auch köstlichkeit kempffen wöllen.

Libella oder Bleywag ist auch ein wunderbarer Fisch/dessen Haupt einem langen Schlegel gleich ist/ vnd hat Zän in der ordnung wie die Bleywag/auch die Augen in dem hinderen theil des Haupts stehn: ist sehr fressig vnd grausam.

Grosse Krebs findet man auch in dem Meer/ deren einer 10.oder mehr Pfundt wigt: in deren Maul hat die Natur so viel Heutlein/ anhäng vnd heimligkeiten gestelt/ daß wir auch in den aller kleinesten jhr fleiß vnd geschwindigkeit verwunderen müssen. Etliche dieser Krebsen so man Humer nennt/ seind also groß vnd starck/daß sie ein schwimmenden Mann fangen vnd erwürgen.

Der Meerschwalm ist am flug den Vöglen sehr gleich/ er hat ein vierecket Haupt/ so beinen hart vnd rauh wie der Schnecken ist: zu beiden seiten ausserst da dz Maul gespalten/seind zwey kügelein/ so den Bärlinen gleich seind/die Augen seind groß/ rond vnd rohtt wie der Nachteulen/ das Maul ist inwendig rohtt wie Zinober/ zu Nacht meint man es seyen angezündte Kolen/ der gantz Leib ist mit beinechtigen vnd harten Schüpen vberzogen/bey dem Haupt vnd Schwantz ist er vierecket/ in der mitte rond/an dem Bauch weiß/ auff dem Rucken rohtt/ er hat vier Gefider/ zwo lang vnd breite an jetweder seiten/so den Schwalmen flüglen wie auch der Schwantz nicht vngleich.

Der Fisch Orthragoriscus ist einer wunderbaren art/alß groß daß er vast den Wallfischen mag verglichen werden. Er hat eines Ey gestalt/ eine rauhe Haut/ so silberfarb/ klein Maul vnd Augen/ breite Zän/ auff jeder seiten zwey Gefider/ so breit vnd rond/demnach zwey andere auff dem Rucken/ vnd noch eine vnder dem Bauch bey dem Affter. Wann er gefangen/ schreyet er wie ein Schwein. Er scheinet in der Nacht an etlichen orten so heiter/daß die so jhn in der düncke sehen/vnd von seiner art nichts wissen/davon alß einem Gespengst erschrecken vnd fliehen.

In dem Magellanischen Meer seind Fisch/an grösse einem kleinen Schiff zuvergleiche/ an Haupt vnd Augen einem Schwein gleich/ an ohren einem Helfant/ohne Zän/ mit einem breiten Schwantz.

der Cosmographey.

Es werdẽ auch Fisch gefundẽ/ welche Bischoff/ Mönchen vnd Löwen gestalt haben: so sich der Mönch herfür thut/ halten es die Schiffleuth für ein gewiß regens vnd vngewitters zeichen daher sie dañ im Sprichwort haben: Enatat ut Monachus, mox freta turbat hyems, Das ist:

So bald der Mönch herfür thut schwimmen/
Das Meer Vngwitter muß gewinnen.

Von diesen vnd anderen dergleichen Meerwunderen besiehe Gesnerum vnd Olaum Magnum.

Weil aber im Meer allerley jrrdischer Geschöpff vnd Creaturen/ gleich vnd Bildtnussen/ wie Plin. im 9. am 2. Cap. meldet/ gefunden werden/ kan man ja die Syrenen vnd Meermenschen nicht so gar für Fabel Märlein halten: Inmassen dann gedachter Author im 3. Cap. verzeichnet/ es habe der Legat in Gallien Keysern Augusto zugeschrieben/ wie er am Meer viel todte Nereides oder Meerfrawen gesehen: Auch die Hauptstatt Lisbona in Portugal Keysern Tiberio durch ein besondere Bottschafft zu wissen gemacht/ wie daß in jhrem Meer ein Meermann/ Triton genañt/ in einer Höle gesehen worden/ so mit einer Meermuschlen geblasen.

Meermenschen.

Es haben auch damahlen etliche vornemme Römische Ritter offentlich bezeuget/ daß sie im Gaditanischen Oceano ein Meermann gesehen/ so allerdings einem Menschen ähnlich gewesen/ seye auch zu Nacht auff die Schiff gestiegen/ habe dieselbig hefftig beschwert/ vnd wann er lang darauff verblieben/ das ort da er gesessen ins Meer gezogen.

Alexander von Alexandro/ meldet im 3. Buch seiner Belustigungen am 8. Cap. Es hab der weit erfahrne Draconetus Bonifacius jhme vñ anderen vornemmen Herrn zu Neapols vnder der Hallen Porta Nuovo erzehlet/ wie er in Hispania zu der zeit des Kriegs/ ein Tritonem oder Meermenschen/ so dem König in Hispania auß Maritania zugeschickt vnd verehret wordẽ/ gesehen. Gedachter Triton seye mehr dann menschlicher grösse/ allerdings biß auff den Nabel einem Mann/ vnd vnden auß einem Fisch gleich gewesen. Habe ein lustig Angesicht/ krause Haar vnd Bart blawer farb/ wie das Meerwasser gehabt.

Draconetus Bonifacius.

Theodorus Gaza erzehlet etwan von dem weitberhümbten Joviano Pontano/ wie er in Peloponneso zur zeit eines grausamen Vngewitters/ ein Meerfraw am Vfer habe sehen ligen/ so/ weil sie auß dem Wasser ans drocken Landt ward geworffen/ gleichsam mit hochbetrübtem hertzen viel malen sehr tieffe vnd klägliche seufftzen gelassen/ vnd alß viel volck hinauß kommen/ vnd vmb sie gestanden/ vor grossem schmertzen bitterlichen gewäinet/ biß daß sie/ nach dem gedachter Gaza auß

B iij erbärm

erbärmbd das vmstehend Volck abzuweichen vermahnt/mit den Armen vnd Schwantz/so wie ein Höwschrecken gewesen/zum Wasser gekrochen/da sie dann gantz begierlich in das Meer gesprungen/vnd mit grosser behendigkeit jedermenniglichen auß den Augen geschwummen.

Georgius Trapezuntius/pflegt etwan seinen Freunden zu erzehlen/wie daß er auff ein zeit/alß er am Meer bey einem Brunnen spatzieren gangen ein Meerjungfraw/eines sehr schönen vnd lieblichen Angesichts habe gesehen/so auch oben ein Jungfraw vnd vnden ein Fisch gewesen: Seye gantz frewdig vnd muhtwillig im Meer herumb geschwummen/habe sich bißweilen vnder das Wasser verborgen/vnd alß sie vermerckt/daß sie von den Leuthen gesehen worden/seye sie davon geschwummen.

Im jahr 1527. den 3. Weinmonat sahe man zu Rom an dem Gestadt ein Meerfraw in der gestalt wie hie abgebildet.

In Epiro hat sich ein Meermann/wie dann in glaubwürdigen Chronicken verzeichnet/nicht fern von einem Brunnen sehen lassen/so auff die Weiber vñ Jungfrawe/die daselbst Wasser geschöpfft/sehr begierig achtung geben: auch eine so allein am Vfer herumb gangen/hinderwerts heimlich erwitscht/vnd mit derselbigen gewalthetige Vnzucht getrieben. Da solches aber in der Statt erschallen/hat man jhm auff alle weiß vnd weg nachgesetzt/vnd jhn endtlich mit Stricken gefangen: Weil er aber nichts wolte essen/ist er auff dem Land verschmacht vnd gleichsam außdorret. Sonsten ist gewiß/daß gedachte Meermänner den Weiberen sehr nachstellen/vnd von schandtlicher vnlauterkeit vber die massen erzündt vnd getrieben werden.

Ludovicus Vives in seinem Buch von der wahrheit Christlichen Glaubens/in dem 2. Buch meldet/das vor 12. Jahren/ehe er namblich dieses geschrieben/in den Niderlanden ein Meermann seye gefangen vnd 2. Jahr auffgehalten worden/daß er auch angefangen die redt zuergreiffen/seye zum anderen mahl von der Pest begriffen/vnd endtlichen widerumb in das Meer geworffen worden/da er sich gantz frewdig erzeiget.

Salomon Schweiger/verzeichnet im 3. Buch am 7. Cap. seiner Reyß/daß Adam von Schliben bey den Insuln Cycladibus ein Meermann gesehe/so allerdings wie man pflegt zu malen gewesen. Habe eines Manns gestalt/doch Fischfarb/an statt des Barts habe er Flußfedern/vnderhalb dem Nabel seye er ein Fisch vnd habe sich zu nechst bey dem Schiff vberworffen.

Verzeichnet auch weiters/es habe jhm gedachter von Schliben damahlen erzehlet/wie er in Hispania von glaubwürdigen Schiffleuthen gehört hette/daß sich ein solcher Wassermann oder Meermensch/auff ein zeit nicht nur im Meer habe sehen lassen/sondern seye auch auff ein Schiff kommen oder gestiegen/vnd habe sich plötzlich ins Meer gestürtzt.

In Pomeren bey der Statt Edam/solle auch das Wasser eine stumme vnd vast geile Meerfraw außgeworffen haben/so viel Jahr hernach gelebet.

Von der Schiffahrt. Cap. viij.

Vwelcher zeit/vnd von was Nationen die ersten Schiff angeben/vnd auff ferne Reysen ins Meer seyen gestossen worde/wirdt nichts gewisses bey den alten Scribenten verzeichnet.

Diodorus Siculus im 6. Buch vermeint/es habe Neptunus/ein sinnreicher vnd erfahrner Held/so die Stattmauren zu Troja gebawen/die kunst mit den Schiffen auff dem Meer zu fahren funden.

Strabo aber im 10. Buch setzt/es hab Minos König in Creta zum ersten das Meer beherrschet/vnd vber dasselbe die Schiff gehn lassen. Wie dann auch die Cretenser für die erfahrnesten auff dem Meer von altem her seind gehalten worden/daher das Sprichwort enttstanden: die Cretenser verstehen sich nichts auff das Meer: wann man von einem wolt reden/der sein kunst/deren er doch ein rechter meister verleugnet.

Plinius setzt im 7. Buch/König Erithra habe die erste Schiffahrt auff dem rohtem Meer angeordnet vnd seyen die ersten Schiff auß Egypto in Griechenland kommen.

Andere wöllen die Engelländer für die ersten Schiffleuth halten.

Eusebius im 1. Buch von der vorbereitung des Euangelij vermeint/es haben die Samothracier zum ersten die Schiff erfunden.

Recht vnd grundtlich aber von der sach zu vrtheilen/ist ohn allen zweyffel kein anderer dann der H. Altvatter Noah gewesen/so das erste Schiff/namlich die Arch gemacht: wie jhm dann Gott der Herr im 1. Buch Mosis am 6. Cap. befohlen.

Diese

der Cosmographey. 19

Diese Arch ist nicht anders gewesen/ dann ein recht kunstlich vnd wol versehen Schiff/ welches hernach/ alß die Welt widerumb zugenommen/ das Recht Muster vnd Meisterstuck gewesen/ nach welchem die Schiff gemacht worden: wie dann der weyse König Salomon im Buch der Weißheit am 14. Cap. diese Arch ein Schiff gcheissen/ da er gesprochen:

Dann auch von alters/ da die hochmütigen Risen vmbbracht wurden/ flohen die/ an welcher hoffnung blieb die Welt zu mehren in ein Schiff/ welches deine Händ regierte/ vnd liessen also der Welt Samen hindersich.

Weil dann Noah das erste Schiff gebawen/ ist gläublich daß die Egyptier die Schiffahrten angefangen/ vnd darauff die Tyrier/ volgends die Cretenser/ vnd endlich die Griechen zu Lehrjungen vnd Nachfolger bekommen.

Die Schiff aber zu regieren/ haben/ sondern zweiffel/ die Menschen von den Fischen erlehrnet. Dann gleich wie die Fisch mit jhren Fäderen den leib fortschalten/ vnd mit dem schwung hin vnd her wendung des Schwantzes jhren lauff richten. Also werden die Schiff mit den Riemen vnd Ruderen fortgetrieben: mit dem Steurruder aber auff eine oder die andere seiten gewendet.

Es ist aber die Schiffahrt ein vnsäglich vnd wundersames werck menschlicher freudigkeit/ vnd ein vberbliebe stuck von der Herrschafft vber die gantze Welt/ welche Adam nach seiner erschaffung von Gott dem Allmächtigen zu Lehen empfangen hat/ vber den gantzen Erdtkraiß zu herrschen.

Erstlichen ist man nur auff den Flössen gefahren/ vnd hat man an statt der Schiffen Flöß gebraucht.

Da die Schiff auffkommen/ haben sie die Engelländer vnden mit Läder vberzogen.

Die erste Schiffahrt/ deren die Historien gedencke/ hat der fürtreffliche Held Jason auß Thessalia in Griechenlande mit einer ansehealichē Gesellschafft angestelt/ alß derselb mit fliegendem Sägel in Colch: dem/ das guldin Flüß zuholen/ geschiffet. (Diß guldin Flüß wirdt von den alte Poeten ein guldin Widderfell genañt/ ist aber nichts anders dann ein Läderin Buch gewesē/ darinn jrgend ein weyser Philosophus die Alchemei vnd Goldkunst begriffen vnd verzechnet. Dieses ist geschehen im jar nach erschaffung d' Welt 2774. vor Christi vnsers Herrē geburt 1193.)

Güldin Flüß.

Nicht lang hernach ist die Schiffahrt zum Krieg gerauucht worden/ da namblich die Griechischen Fürsten mit tausend vnd zweyhundert Schiffen für Troiam gezogen/ darauff zu beyden theilen den Griechen vnd Trojanern mercklicher schaden erfolget.

Gleicher massen ist Xerxes im Jahr nach Erschaffung der Welt 3480. vor Christi vnsers Herren geburt 487. mit einer mechtigen Armada wider die Griechen mit tausend zweyhundert vnd acht Galeren/ vnd dreyhundert ringen Schiffen/ an Propontidem außgefahren/ welches nicht ohne mercklichen schaden vnd Blutvergiessen bey beyen theilen/ sonderlich aber den Persern/ abgangen.

Das Erste Buch

Endtlichen ist auch der schandtliche Geitz zugefahren/ vnd hat sich der Herrschafft des Meers angemasset/hat das Meer an allen orten der Welt durchsucht/ groß Gelt zu hauff gebracht/ mit grausamer schinderey vñ finantz die Welt erfüllet/ da doch die Schiffart ein solche gutthat Gottes ist/ die dem menschlichen Geschlecht in viel weg zu seiner zeitlichen wolfahrt könnt heilsam vnd nutzlich seyn/ vnd nicht wenig möcht dienen die mechtigen wunder Gottes zu erlernen/ vñ die gemeinschafft der Menschen zu erhalten/ so wirdt doch dieselbige schandtlich mißbraucht/ daß die Völcker einander beleidigen/ins verderben setzen/ mit Blutvergiessen/ vntrew vnd vnbilligkeit nit geringen schade einander zufügen. Vnd wo sich der böse Feind mit disem werck nit hette eyngemischt/ köntē wir noch heutigs tags mit dem weisen König Salomon auß dem 14.cap. seiner Weißheit sprechen:

Die Schiffahrt ist erfunden Nahrung damit zu suchen/ aber dein fürsichtigkeit O Himmelischer Vatter/ regiert es/ dann du auch im Meer weg gibst/ vnd mitten vnder den Wällen sicheren lauff/ damit du beweisest wie du an allen enden helffen kanst/ ob auch gleich iemandt ohne Schiff ins Meer sich begebe. Doch weil du nicht wilt/ das ledig lige was du durch deine Weißheit geschaffen hast/ geschichts daß die Menschen ihr Leben auch so geringem Holtz vertrawen/ vnd behalten werden im Schiff damit sie durch die Meerwällen fahren.

Gleich wie nun die vrsachen vnd vorhaben der Schiffahrten mancherley/ also seind auch die Schiff nicht einerley art vnd gattung.

Galleon. Etliche seind vber die massen groß/ vnd werden Galleon genañt/ darauff man vast so viel Volck/ Geschütz/ Munition vnd dergleichen notturfft kan führen/ alß ein zimlich Castel fassen mag.

Naven. Daß nechst nach dem Galleon ist ein Naven/ auch mit einer gewaltigē anzahl grosser Stucken/ vnd allerley Munition versehen.

Daß dritt ist ein gemein Fahr: vnd Lastschiff/ möcht ein kleine Naven heissen/ ist behend vnd fertig auff dem Meer.

Nach diesem ist ein Barcken/ gleicher form mit der Naven/ allein etwas kleiners. Diese alle werden ohne Ruder durch den Wind getrieben.

Die Galeren seind lang/ nicht sonderlich hoch/ haben auch Sägel/ werden aber von 200. oder mehr Ruderknechten fortgeschalten. Seind gemeinlich mit 50. oder 60. Soldaten vnd gutem Geschütz versehen/ können mit Wind vnd ohne Wind fahren.

Ptolemæus Philopater wie Plutarch. meldet in Demetrio/ vñ Athenæus l.5.c.6. hat eine dergleichen Galeren von viertzig ordnungen lassen zurüsten/ so 280. Ellenbogen lang/ vnd biß an die obriste Bretter 48. hoch war/ hatte 500. Schiffleuth/ vnd 4000. Ruderknecht/ vnd darüber noch in 3000. Kriegsknecht/ ware aber mehr zu lust dann zu tägliche Kriegsgebrauch verordnet. Gleich wie die grosse Galeren zu Venedig Bucentauro genañt/ darin der Hertzog mit dē Raht jährlichen auff das Fest der Himelfahrt Christi außfehrt/ vñ die gebräuchliche vermehlung mit dem Meer begehet.

Die kleineren Galeren werden Fergada oder Fragata genañt/ seind eygentlich Späch schifflein/ haben etwan nur 20. bißweilen nur 16. oder auch minder Ruderknecht. Seind im Italiänischen Meer sehr bräuchig/ fahren gemeinlich alle Nacht zu Land.

Die Ruderknecht so auff den Galeren ziehen seind alle an Eisen geschlagen/ schlechtlich bekleidet vnd sehr vbel gehalten. Haben mehrtheil das Leben verschuldt: Etliche aber/ seind gefangene Türcken/ etliche seind nur auff etliche jahr zum Rudern verurtheilt: vnd werden vnder solchem Gesindlein so gewiß sehr böß vn verrucht/ allerley stands Personen gefundē. Da müssen Edelleuth/ Mönchen/ Pfaffen dañ auch dieselben disen Reyen singē müssen/ wañ sie was begehen/ werdē aber zuvor heimlich degradiert/vnd anderst bekleidet) Burger/Bauren/Soldaten vnd andere/mit einander haußhalten. Wann diese durch jhr begangene Mißhandlung/alß Todschlag/Diebstal/falsch Brieff oder Müntz/Auffruhr vnd dergleichen zu den Galeren seind verurtheilt/werden sie zu gewissen zeiten von einer Gefängnuß zu der anderen gesamblet/vnd gleich wie die Pferdt an eysene Ketten zusammen gekuppelt. Da wirdt ein kurtzer vnd ein langer/ein krancker vnd ein gesunder/ein trauriger/vnd ein frölicher vnd boßhafftiger/mit Halß: Arm: oder Fußeisen zusammen gebunden/vnd von etlichen bewehrten Amptleuthen zu den Meerhäfen geführt. Werden in den Stätten durch die Gassen geführt/damit sie ein allmusen eynsamblen: treiben aber bißweilen noch grossen muthwillen/stälen alles was sie auff den Handwercks: vnd Kauffmansläden finden/fallen auch die Leuth auff der Straß an/wo sie nicht von jhren zugebnen mit Brüglen werden abgehalten/ligen zu Nacht alle bey einander im Stall wie die Jaghünd/oder andere vnvernünfftige Thier.

Die Türckischen Sclaven seind sehr arbeitsam/vnd starck von Leib/werden von den Christen mit einem langen Haarlocken mitten auff dem Kopff vnderscheiden.

Es werden auch gewisse ämpter auff den Schiffen bestelt: alß da seind erstlich der Patron/ist der Obrist vnd Schutzherr: der Schreiber der die verzeichnuß der Waaren hat: der das Schiff regiert: der des Wassers vnd der gegne erfahrung: der den Timon regiert/deren dann gemeinlich zwen/drey oder vier: der Artzet vnd Balbierer: die Schiffzimmerleuth zum Schifflicken: der die Waaren vnderhanden hat: des Schreibers jung: die Schiffleut oder Knecht auff den Schiffen: die Büchsenmeister/deren seind drey oder vier/der Koch vnd die Schiffbuben. *Aempter auff den Schiffen.*

Vnd wirdt in solchen Schiffen sehr gute Ordnung vnd Politia gehalten/daß sich offt ein außgerüstet Schiff einem rechten Statt Regiment vergleicht.

Den Gottsdienst betreffendt/wirdt derselbe in den Schiffen sehr fleissig gehalten. Die Euangelische haben jhre gewisse morgen/mittag vnd abendt Gebät/Psalmen vnd geistliche Gesäng/vnd bißweilen jhre Predigte. Die anderen halten morgens jhre Mäß/singen die Horas/vnd verrichten jhre sachen/alß wann sie zu Hauß weren.

Wann man von den Tagreisen will reden/so die Schiff auff dem Meer pflegen zuthun/sprechen die Schiffleuth gemeinlich/daß ein Lastschiff oder Naven mit mittelmässigem Wind in einer stund 8. Welscher Meilen/mit gutem Wind 12. mit Fortuna oder starckem Wind 20. Meilen fahren mag: Also daß mit mittelmessigem Wind in 24. Stunden/oder Tag vnd Nacht 48. Teutscher Meilen im fahren mögen vollbracht werden: mit gutem Wind in Tag vnd Nacht 70. Teutsche Meilen: mit Fortuna auff die 126. Meilen. *Der Schiffen lauff.*

Herodotus zwar schreibet im 2. Buch/daß ein Schiff einen Tag mög 70000. Schritt gehen: Nun machen 4000. Schritt ein Teutsche Meil/welches nicht mehr alß 17. Meilen thut/welches ein gerings gegen einem solchen schnellen lauff were/wie das Schiff an jhm hat. Darauß man dann mag schliessen/daß man zur selbigen zeit/namlich vor 2000. Jahren in der Schiffart nicht solcher massen/wie jetziger zeit ist erfahren gewesen.

Fürnemlich ist sich ab dem Compaß (darvon die Alten nichts gewißt/jnmassen derselbe erst im Jahr 1300. zu Amalphi in dem Königreich Neapoli/von einem Flavio di Gioja genannt ist erfunden worden) zuverwundern/nach welchem man sich mit fahren also kan richten/alß wann man auff dem Land fuhre. Dieser Compaß stehet gleich beym Timon in einem Käßlin/ist gestalt wie ein Schüsselein einer Handbreit/darüber ein Glaß gemacht ist/darunder ein steiffer Papirener Stern/auff welche die Wind mit grossen Buchstaben sind verzeichnet. *Compaß.*

Sonsten haben die Schiffleuth auch Landtaffeln/darinn die Wind/Landtschafften/Anlende/Insuln vnd andre ding mit sonderm fleiß abgerissen vnd verzeichnet sind/dadurch sie bey einer Meilwegs wissen können/wie weit sie zu diesem oder jenem ort haben/vnd so sie durch bösen Wind verfahrn vnd jrren/wo sie müssen hinlencken.

Die Wind belangend/auff welche die Schiffleuth dieser zeit achtung geben/werden derselben 32. gezellet/ohn angesehen daß die Alten nur von 4. Winden gewußt haben/namlich vom Ost/West/Sud vnd Nord. Der Ostwind kompt vom Auffgang: der West von Nidergang: der Sud von Mittag: der Nordwind von Mitternacht. *32. Wind.*

Volgends

Volgends haben/etliche/alß Andronicus Cyrrhestes die natur besser erkundiget/vnd einem jeden von erzehlten Winden noch zwen zugeben: einen namblichen auff die rechte/vnd einen auff die lincke seiten: vnd seind also 12. Wind gezellet worden.

Hierauff seind noch vier andere darzu kommen/vnd haben 16. Wind gemacht: Endtlichen aber hat man befunden/daß sich in der warheit 32. Wind erzeigen.

Die alten Philosophi haben vermeint/sie wolten mit jhrem scharffsinnigen verstand die Natur dermassen erkundige/daß sie allerdingen/so vnder dem Himmel leben vnd schweben/vrsprung vnd beschaffenheit/gnugsame vnd eigentliche wissenschafft solten haben: derowegen sie die Naturkündiger auch außgeben/ (die vrsachen der Winden betreffend) es seyen die Wind nichts anders dann drockene dämpff/so von der Sonnen auß der Erden gezogen/vnd vom kalten Lufft widerumb zuruck gestossen werden. Vnd zwar es ist nicht ohn/es können der Winden vrsachen anzeigt vnd erwiesen werden: je mehr man aber vmb sich siehet/vnd die Winde etwas fleissiger betrachtet/muß man bekennen/daß vnser vernunfft sehr kindisch/vnd die sach nit beim besten/wie sie aber vermeint/verstehet/inmassen die Wind sonderbare werck Gottes seind/die er auß seiner wundersame Schatzkammer/sein Allmacht zubeweisen/herfür bringt.

Derowegen da an der H. Geist mehrmalen/alß namlich durch den König David im 135. Psalm/ den Propheten Jeremiam im 10. vnd 51. Capp. seiner Weissagung/diese Sprüch fleissig verzeichnen lassen.

Gott lesst die Wolcken auffgehen vom ende der Erden/im Meer vnd in allen tieffen.

Er macht die Blitzen sampt dem Regen/ vnd lesst den Wind auß heimlichen orten kommen.

Wie dann auch Moses im 10. Cap. von der Kindern Jsrael außzug verzeichnet/daß Gott der Herr/alß er den König Pharao gestrafft/den gantze Tag vñ die gantze Nacht den Ostwind ins Land getrieben habe/so morgens die Höwschrecken dahin geführet.

Die Wind so von Auffgang kommen/seind warm vnd trocken: seind auch rein vnd gesund/fürnemlich am Morgen.

Die Wind von Nidergang/seind kalt vnd feucht.

Die Wind von Mittag sind warm vnd feucht: bringen gern Rägen/verursachen Pestilentz/ vnd Feber.

Die Wind von Mitternacht seind kalt vnd trocken/vertreiben Pestilentz/reinigen den Lufft/ blasen gemeinlich im anfang des Frülings/vnd zu end des Winters.

Vnd so viel vom Compaß vnd Windtaffel/wöllen auch etwas vom Bleywurff/vñ der Schiffladung melden.

Bleywurff. Mit dem Bleywurff hat es ein solche beschaffenheit: An einem Haspel ist ein Seil oder Schnur/ bey 150. Klaffter lang/auffgewickelt/an dem end derselben hangt ein langer ronder Bleykloz einer spannen lang/bey 10. Pfund schwer/darinn zu vnderst ein Grüblein mit Vnschlit außgefüllet/ wann das Bley den Boden antrifft/hengt sich der Sand oder die Erden in die feißte des Bleyß/ dardurch die Schiffleuth nicht allein wissen wie tieffes am selben ort sey/damit sie nicht etwan auff den Grund oder Sand fahren/vnd alßdann bestecken/sondern sie können auch auß der farb des Erdtrichs so sich an dz Bley anhengt/bey leuffig erkennen was daß für ein Land sey/dahin sie kommen/ob es Egypten/Barbaren/Asia etc. damit sie bey guter zeit sich können lencken.

Dieses Bleywurffs gedencket Lucas im 27. Cap. der Apostel Geschichten/ alß namlich Paulus ins Hadriatische oder Venetianische Meer/gegen Calabrien gefahren/vñ die Schiffleuth gewehnet/sie seyen an ein Land kommen/derowegen sie dann den Bleywurff eyngesenckt/vñ 20. Klaffter/ bald darauff an einem andern ort 15. Klaffter tieff funden.

Es seind auch vor diesem der Schiffarten halben/insonderheit die Kauffleuth betreffend/gewisse ordnungen gehalten worden.

Wie lang die Schiffahrten im Jahr gewehret. Bey herrschung Keysers Valentiniani/wie Vegetius ein Graff von Constantinopel im vierdten seines Handbüchleins verzeichnet/seind die Schiffarten/wegen der kurtzen tagen/vnd vielfaltigen Vngewittern/vom 11. Novembris/biß auff den 10. Martij still gestanden/vnd die Meerhäfen beschlossen gewesen.

Bald hernach haben Gratianus vnd Theodosius die Meerporten/den 1. Aprilis geöffnet/ vnd die Schiffarten nur biß auff den 1. Octobris gut geheissen. Wie das Keyß. gesetz anzeigt in l. quoties. 3. de Naufrag. lib. 11.

Wann die Schiffleuth bey offenem Meer/das ist/vom Aprellen biß in October die Waaren eyngeladen/vnd auff der Reiß ein Schiffbruch erlitten/seind sie entschuldiget gewesen/vnd haben nichts erstatten dörffen. l. vtique. 16. ff. de rei vindic.

Wann sie aber ausserhalb ermelter zeit/wider die gewohnheit mit den vertrawten Waaren außgefahren/vnd in vnglück kommen/habe sie den Kauffherrn/deren Güter gewesen/red vnd antwort geben müssen. d. l. 3. & d l. vtique. 16. in fin. l. qui petitorio. 36. in fin. ff. de rei vindic. l. item quæritur. 13. ibi; vel quo non debuit tempore. & §. seq. ff. Locati.

Wann

Wann jemand die Waaren von einem Schiffbruch heimlich auffgefangen/ vnd für sich behalten/ oder die Leuth so den Schiffbruch erlitten zu Sclaven vnd leibeigenen Knechten gemacht/ wie heutiges tags der Türck thut/ wurde derselb nach dem gesatz Cornelia wie ein Räuber vnd Mörder am leben gestrafft. l. ejusdem. z. s. item 15. ff. ad leg. Corn. de Sic.

Hernach hat Keyser Leo denen so allein die Güter auffgefangen vn behalten/ dz leben geschenckt/ hergegen aber geordnet/ daß sie die hinderhaltenen Güter vierfach bezahlen vn gut machen solten.

Ob schon in gemein grosse sorgen den Menschen vor der zeit greiß vnd alt machen/ so ist doch lauthar vnd bekant/ daß die so etwan ein Schiffbruch erlitten/ oder auch sonsten in grosser Wassernoth gewesen/ für alle andere eher greiß werden.

Vnd eigenlich von der Schiffahrt zu reden/ sagt man gemeinlich/ daß die so sich auffs Meer oder andere Wasser begeben/ jhr seel oder leben einem geringen holtz/ wie Salomon sagt/ vertrawen. Derowegen dann auch der berühmbte Philosophus auß Scythia/ Anacharsis/ gesprochen: Daß alle die so sich in ein Schiff begeben/ nur 4. Finger weit vom todt seyen: wisse auch nit ob man dieselben vnder die Todten oder Lebendigen zehlen solle/ in ansehung sie jhr leben den Winden vnd Wällen vertrawen. Cap. 14 fi
Anacharsis.

Es redt aber gedachter Anacharsis wie ein Heyd/ der von der frommen zuversicht gegen Gott dem Allmächtigen/ vnserem himmelischen Vatter/ vnd dessen gnädige Fürsorg vnd liebe gegen vns armen Menschen nicht gewußt hat. Dann ein gottsförchtig Gemüt vertrawet sein leben nicht den Winden vnd Wällen/ auch nicht dem Holtz/ es sey dick vnd starck als es immer wolle/ sondern Gott seinem Schöpffer vnd Erlöser/ vnserem Herren Jesu Christo/ dessen wir eyben seind/ wir leben oder sterben.

Ist auch nicht gar ein weise Red gewesen/ die der alte Cato gethan/ als er gesprochen: Er habe drey ding begangen/ so jhn hefftig rewen: daß er namblich einem Weib seine heimligkeiten vertrawet: daß er ein Tag ohne frucht vn verrichtung etwas gutes habe lassen hinfliessen: vnd daß er auff einem Schiff seye gefahren/ da er zu fuß hette können hinkommen. Catonem
rewen drey
ding.

Von der Fruchtbarkeit vnd Reichthumb des Erdtrichs.
Cap. iv.

Gleich wie der Himmel Gottes wohnung ist/ also ist das Erdtrich der Menschen vnd Thieren behausung/ ja jhre Mutter. Dann es empfaht vns so wir geboren werden/ es ernehrt vnd tregt vns dieweil wir leben/ vnd zu leist empfaht es vns in sein Schoß/ behelt vnsere Cörper biß zum Jüngsten tag/ da er sampt der Seelen in Himmel genommen wirdt/ hat er anderst in dieser zeit nach seiner art erkennt seinen Schöpffer vnd Erlöser. Vnd zwar das Element des Erdtrichs/ ist als ein freundtliche Muter gegen den Menschen/ erzeigt keinen zorn gegen jhme wie die andern Element. Dann das Wasser geußt herab Schlegregen/ es gebiert Hägel/ richt sich auff in vngestüme Wällen/ es bringet Güß denen niemandt widerstehen mag/ etc. Der Lufft verändert sich in die dicke Wolcken/ darauß grausame Donner kommen. Deren keins thut das Erdtrich/ sondern es dienet jederman. Was bringt es nicht? was truckt es nicht gutwilliglich auß jhm zu des Menschen nutz? wolriechende ding/ schmackhafftige Speiß/ allerley gute Safft/ seltzame Farben/ vnd wo jhme etwas trawt wirdt/ gibt es wider mit Wucher. Wer mag genugsam außsprechen seinen Reichthumb? Wer mag ermessen seine Fruchtbarkeit? Erdtrich
welches
wohnung
es seye.

Besonder wo man acht hat/ wie viel vnd mancherley Metallen jetz so viel Jahr vor vnd nach Christi geburt auß jhm seind gezogen/ vnd man noch auff den heutigen tag ohn vnderlaß grebt in das Erdtrich/ vnd an vielen orten es voll Leuthen steckt/ die mit grossem ernst dem Sylber vnd Gold nachstellen/ vnd andern Metallen die minderer achtung seind. Wie viel Golds/ Sylbers/ Zinn vnd Eysen ist auß dem Erdtrich gezogen worden/ daß widerumb abgenützt oder im few zu nicht wirdt/ oder gar verloren? Wie viel gehet zu grund mit den zerstörten Stätten? Wie viel verschluckt das Meere in Schiffbrüchen? Wie viel wirdt durch menschlichen geitz vergraben in das Erdtrich/ vnd bleibt da biß es verdirbt? Wie viel vernützen die hochfertigen vnd prächtigen Menschen? Nun das bringt nicht allein Metall/ sondern auch köstliche vn hüpsche geferbte Stein/ die man in seiner tieffe findt. Es geußt auß viel heilsame Wässer/ kalt vnd warm/ die in jhren Adern vnd Quellen nimmer versiegen. Deßgleichen schlagen auß dem Erdtrich in manchen orten grausame Fewrflammen. Item es steigen herauß mancherley Dempff/ etlich warm/ etlich trocken/ etlich feucht/ etlich heilsam vnd etlich gifftig. Das Erdtrich voll
Ertz.

Edelgstein.

Vnd was soll ich sagen von dem gegrabnen Saltz/ von dem Berglasur/ Bleyweiß/ Calimey/ Alaun/ Niter/ Menig/ Glantz/ Salpeter/ Bergler/ Spießglaß/ vnd dergleichen dingen die das Erdtrich in jhm gebiert/ vnd in seinem Bauch finden laßt? Was meinst du steckt für ein krafft im Erdtrich/ daß jährlich ein solche menge Korns/ Weins vnd Obs herfür bringt/ darvon Thier vnd Menschen geleben? Warlich das ist die vnaußsprechliche güte vn der segen des lebendigen Gottes/ der sein hand auffthut/ vnd gibt nahrung allen lebendigen Creaturen.

Von

Das Erste Buch
Von mancherley krefftigen würckungen des Erdtrichs/ wie sich dieselben herfür thun. Cap. v.

Wunderbarliche ding im Erdtrich.

ES hat das Erdtrich in seiner tieffe verborgene Gäng vnd Canalen/ darinn die Natur wunderbarliche ding wircket/ welche zum theil gewaltiglichen herfür dringen/ alß da seind Feuchtigkeiten/ eyngeschloßner Lufft/ Dämpff/ Fewr/ hitzige Räuch/ darvon auff dem Erdtrich vnd im Lufft seltzame ding erwachsen. Etlich kochen sich im Erdtrich/ alß da seind etliche besondere Erden/ verherteter Safft/ Edelgestein/ Metallen/ꝛc. Welche man im Erdtrich suchen muß/ da sie gezeuget werden durch wunderbarliche wirckung der Natur. Es hat die Natur auß dem Erdtrich vnd im Lufft nicht so seltzame wirckung/ sie hat viel wunderbarlicher veränderung/ wirckung vñ bewegungen in dem Magen des Erdtrichs. Dann dieweil die Natur nicht leiden mag daß etwas lär sey/ vñ das Erdtrich aber nicht durchauß gantz vnd gar mit grund außgefüllt ist/ sonder an manchem ort luck/ an manchem ort Steinig vnd Felsig ist/ vnd zwischen den grossen Felsen viel Schrunden/ Lucken/ Adern vñ Speluncken hat/ vñ an alle orten wo es dz Meere berührt/ befeuchtet wirdt/ ja etliche seine Löcher gar außgefüllt/ zu etlichen Adern vnd innerlichen Gängen solche feuchte dringet: Item der Lufft so im Erdtrich gefangen/ vñ widerumb herauß demffs/ genötiget wirdt/ vñ dardurch erhitziget/ etwan auch erkaltet vñ nicht herauß dringet/ sondern in Wasser verändert wirdt/ wiewol der Lufft von seiner Natur warm vnd feucht ist/ geschicht es doch etwan/ daß die Kelte vertreibt die Hitz/ vnd dann muß es von nohtwegen sich verwandlen in Wasser.

Lufft verändert sich in Wasser.

Erdbidem woher.

Daß aber in dem Erdtrich grosse Löcher vnd weite Hülen seind/ mag man darauß nemmen/ daß man hin vnd wider geschrieben findt/ daß etwan Aecker/ Stätt vnd Berg versuncken seind. So mögen auch nicht kleine Hülen ein solchen grossen Lufft fassen/ der groß vnd schwere Felsen herauß werffe gegen dem Himmel/ oder grosse Bühel/ ja Berg auff ebnem Erdtrich vber sich werff/ oder solchen grausamen Erdbidem erweckt/ darvon auch gantze Stätt vndergehn/ wie wir dann zum theil wissen/ daß vor wenig Jahren zu Puzolo bey Neaples geschehen. Es geschicht auch vnderweilen/ daß die Wässergäng im Erdtrich in jhren gewohnten Canalen verfallen vnd verstopffet werden/ so macht jhm solcher Fluß ein newen Gang an einem andern ort/ oder öffnet ein alten verfallenen Gang. Diese Handthierung treibt die Natur ohn vnderlaß in dem tieffen Erdtrich/ gleich wie sie auch durch mancherley dicke Safft vnd coagulierte feuchtigkeit gebürt viel seltzame ding. Dann so das geschicht bey Metallischer Matery/ besonder bey Kupffermateri/ wirdt darauß Chrysocolla: das ist/ Berggrün/ bey den Pyriten (ist Metallisch Kiß) wirdt ein bitter coaguliert Gesafft/ so man Vitril nennet/ oder auch fliessender Alaun. Vnd so die krafft gar groß ist im Erdtrich/ treibt sie solchen Gesafft herauß/ gleich wie das Fewr auß dem Kienholtz herauß treibt das Hartz. Ist aber der gewalt nicht so groß/ so tropfft das Gesafft vom Erdtrich/ gleich wie Hartz vom Lörchenbaum/ oder von der Tannen/ wie dann mancherley Pech auß dem Erdtrich hin vnd wider fleußt.

Safft vnd feuchtigkeit des Erdtrichs woher.

Vom Fewr so jnwendig im Erdtrich brennt. Cap. vj.

Heckelberg.

Berg die all zeit brennen.

MAn weißt wol/ daß vor zeiten Berg vnd ebene Felder auff Erdtrich gebrennt haben/ ja man find auch noch zu vnsern zeiten Fewr die auß dem Erdtrich schlahen/ besonder in Jßland ist der Heckelberg/ welcher zu etlichen zeiten grosse Stein vnd Schwebel außwirfft/ er spreitet gerings vmbher so viel äschen/ daß das Erdtrich etwan weit vmbher nicht mag gebawen werden. Nun wo Berg seind die allweg brennen/ ist gut zu verstehn/ daß an dem ort das Rauchloch vnverstopffet ist/ vnd deßhalben die Flamm vnd Rauch ein freyen außgang haben. Vnd so es sich zutregt/ daß mit der zeit die jnneren Gäng verschlagen werden/ brennt das Fewr nichts destominder in seinem jnneren Ofen/ aber im obern Camin erlöschet es ein zeitlang/ darumm daß es daselbst kein Matery hat darvon es zu leben hab. So aber ein starcker Blast vnd vngestümer Wind zum jnnerlichen Brennofen kompt/ wirdt das Fewr dermassen von jhm genötiget/ daß es sein vordrig verstopfft Rauchloch mit gewalt auffbricht/ oder sonst einander Camin vnd außgang sucht/ vnd mit jhm außtreibt Eschen/ Sand/ Schwebel/ Bimhstein/ Eysenklötz/ felsechtig Stein vnd andere Matery/ vnd das zum offtermal nicht ohn schaden der vmbligenden Ländern.

Des gibt vns ein mercklliche anzeigung der Brunst/ so in verruckten jahren in Sicilia im Berg Ethna gewesen ist.

der Cosmographey.

Von Metallen vnd sonderlich von Gold. Cap. vij.

VOn natur ist das gegraben Metall weich vnd flüssig / wie das Quecksilber / oder hert / aber das flüssig mag gemacht werden durch hitz des Fewrs / alß da ist Gold / Sylber / Kupffer vnd vielerley Bley / oder mag weich gemacht werden / wie dañ ist das Eysen. Nun diese Metall werden in jhren Gängen etwan lauter gefunden / etliche vermischt mit grundt vnd steinen. Im Teutschland zu vnsern zeiten wirdt viel gedigen Sylber gefunden / gleich wie auch Kupffer vnd Bley / daß dann wider Plinium ist / der hat vermeint man mög kein lauter Sylber / das lauter gewachsen sey / finden: aber er leßt zu / daß man allein Gold im Erdtrich finde alß hüpsche glantzende funcken. Wann wir zu vnsern zeiten wöllen acht haben / wie man das Gold macht / müssen wir sprechen / daß man je vnd je mehr gedigen Golds hab gefunden / dann man auß dem Erdtrich / vnd den Steinen / welchen es anklebt / hab gezoge. Diß bewären viel Wässer / die vom Gold daß sie bringe / hoch gerhümbt werden / besonder Ganges in India / Pactolus in Lybia / Hebrus in Thracia / Tagus in Hispania / Padus in Italia / die Elb vnd der Rhein in Teutschland. Es bestetige auch diese meynung so mancherley Knollen lauters Gold / die man groß vnd klein in Hispania gefunden hat / vnder welchen ein theil zehen pfund schwer seind gewesen. Man schreibt auch daß man zu vnsern zeiten in den newen Inseln vast grosse stuck lauters Golds hin vnd wider gefunden hab. Nun solche Stück oder dünne Blechlein oder Schiffer des Goldes / die da leuchten gleich wie die funcken / werden in zweyerley weiß gefunden / eintweders abgesündert von den Steinen / oder hangen noch an der edel Steinen / darvon sie abgestossen werden von vngestüme des Wassers / vnd geflötzt in die grossen fliessenden Wasser / darinn man sie findt / seind gemeinlich fein Gold / vnd dörffen keiner leuterung / vnd solch Gold nennen die Griechen Apyron: das ist / daß des fewrs nicht bedarff. Vnd dargegen das Gold das man schmeltzen muß / biß man das Sylber darvon gescheidet / nennen sie Apephton: das ist / vnaußbereit / vnd Obrysum. Wann man aber das Gold mit dem fewr zerleßt / geht jhm von seiner substantz vnd schwere nichts ab / wie den anderen Metallen / sondern je mehr vnd je lenger man es brennt / je besser vnd edler wirdt es / deßhalben es auch vnder den Metallen allwegen das edelst ist geschetzt worden. Es wirdt auch sein Gewicht nicht geringert vñ gemindert von den rässen vñ scharff beissenden dingen / alß da seind / Saltz / Niter / Essig / Safft auß vnzeitigen Trauben getruckt / darzu thut jhm kein Rost vnd Schimmel etwas zu leid / vnd so man es mit händen viel angreifft / besudelt es die händ nicht wie andere Metallen thun / welche ding alle das Gold weit köstlicher ober andere Metallen machen. Vnd wiewol es weicher dann das Sylber ist / ist es doch darumb nicht / desto schwerer / sondern man mag es treiben mit dem Hammer / daß auß einem guldenen Pfenning fünfftzig guldene Täfelein sechs finger breit gemacht werden / wie sie die Goldschmid brauchen. Man macht auch subtile Fäden darauß / die man etwan mit Baumwollen verwebet. Diß Metall gibt dem Menschen manichfeltig gezierd vnd bräuch: dann man macht auß jhm Ring / Schloßband / Hefftlein / Ohrband / Haltzband / Kronen / Ketten / rc. Item guldene Trinckgeschirr / Beckin / ja daß wüst zuschreiben / der schandtlich vnd vnfletig Keyser Heliogabalus / hat Kachlen darauß lassen machen / zu seines Bauchs notturfft.

Fein oder gedigen Metall.

Goldwasser.

Lauter Gold.

Gold das edelst Metall.

Viel gebräuch des Golds.

Von dem Sylber. Cap. viij.

ES haben die Alten gemeint man finde kein lauter vnd gedigen Sylber: aber zu vnsern zeiten findet man das widerspiel in teutschem Land. Dann der Schneeberg vnd S. Annaberg / Joachimsthal / das Leberthal vnd andere mehr Sylbergruben bringen fein Sylber / wiewol nicht gar viel / außgenommen zwo Gruben in Meissen / Böhem / eine im Schneeberg die heißt S. Jörg / die vbertrifft weit alle andere Gruben / vnd hat ein Gang der gibt gar nahe eitel gedigen Sylber.

26 Das Erste Buch

Schneeberg ein herrliche Sylbergrub.

Sylberstuck so groß daß sie für ein Tisch seind gebraucht worden.

Die ander ist zu Abertham/ vnd wirdt genennt zu S. Lorentzen vnd S. Theodor/ darauß man ein groß Gut lauter Sylber gezogen hat/ vnd des vngedigen nicht viel. Auß S. Jörgen gruben im Schneeberg/ hat man solche grosse stuck lauter Sylber gebracht/ daß auch Hertzog Albrecht von Sachsen mit seinen Leibhütern vnd Trabanten hinab fuhr/ vnd ein groß sylber Blatte in der Gruben braucht für ein Tisch/ vnd sprach vber dem sylbern Tisch: Keyser Friederich ist vast reich vnd gewaltig/ aber er hat heutigs Tags nit ein solchen Tisch. Item in Joachims-thal hat man gefunden in der Schweitzer gruben/ die man zum Stern nennt/ ein stuck gedigen Sylbers/ daß hat gewogen 10. Attich Centner. Man hat auch viel grosser stuck gegraben zu Abertham auß S. Theodors gruben die da gewogen haben 1.oder 2. Centner. Sonst findt man in den Säxischen gruben viel particfel vñ dünne Schifer lauters abgescheiden von den Steinen vñ Marmoren/ oder auch noch daran hangend: ja man findt daß die Natur kunstiert mit disem Metall/ vnd figuriert es in allerley gestalt/ macht auß jhm Beumlein/ Ruten/ Haar vnd dergleichen ding. Diß

Sylber nach Gold das edlest Metall.

Sylber wann es abnemme.

Metall hat nach dem Gold den höchsten Grad seiner güte halb: dann es hat ein hüpsche weisse farb vnd ist solcher Natur/ daß es sich laßt schmeltzen vnd giessen. Wann andere schlechte Metallen zum Sylber in Tigel werden geworffen/ veränderen sie sich etlicher massen/ aber das Sylber bleibt lauter. Doch so man es zu lang in dem fewr halt/ geht jhm etwas ab: darzu fressen es die etzende ding/ deßhalben es geringer ist weder Gold/ aber es ist herter dann Gold. Je weicher es ist/ je besser es geschetzt wirdt: dann es bricht desto weniger/ vnd laßt sich mit dem Hammer treiben/ doch laßt es sich nicht so wol treiben alß das Gold/ vnd ist auch nit so schwer. Seiner herte halb thönet es wann man es wirfft oder schlecht/ vnd man macht auch allerley Hand gefeß darauß/ wie auß dem Gold/ doch viel mehr/ dieweil es geringer anzukommen ist.

Von dem Queckfylber. Cap. yiiij.

Wo man Queckfylber grabt.

Je Alten haben nichts vom Queckfylber geschrieben/ sondern gedencken dreyerley Minien/ darauß sie Queckfylber pflegten zu machen. Die erste Minn hat man auß Hispania in Italiam bracht/ die andere auß Attica/ vnd die dritte auß Jonia bey der Statt Epheso. Aber zu vnsern zeiten grebt man diß new Metall Queckfylber in Schottland: item bey den Teutschē zu Landtsperg in Westerich vnd zu Creutzenach/ vñ vber den Rhein im alten Teutschen Landt zu Schönbach zwischen Voitland vnd Böhemerland/ zu Beraun in Böhem/ vñ nicht ferr davon zu Camerana/ welches doch nicht vast gut ist/ daß es ist vermischt mit Eysen. Weiter grebt man es auch zu Königstein im Franckenlandt. Diß Metall ist in der farb dem rechten Sylber gleichförmig/ es ge-

Queckfylber zweyerley.

steht aber nicht/ sondern zerfleußt gleich wie das wasser. Es ist auch zweyerley Queckfylber/ eins ist lauter/ vñ das ander vnlauter. Das lauter findt man in den Metallen/ vñ das vnlauter in der Minn. Das lauter nimbt man auß den nassen Gruben/ darein die Metallische Adern tropffen vñ befeuchtigen die Minn. Vnd darumb so man es trocknet/ wirdt widerumb Minn darauß. Die trocknen Adern bringen kein Queckfylber. Dieweil aber das von Natur flüssig ist/ mag es sich auff einer ebne nicht gehalten/ sondern zerfleußt/ vnd netzt doch nicht die Tafel/ oder die ebne vber die es laufft/ wie andere netzende ding thun/ vnd das von wegen einer tröckne/ welche die feuchtigkeit temperiert. Es hat Queckfylber etwas geheimnuß mit dem Gold. Daß so andere Metallen schwimmen im Queck-

Gold falt zu boden im Queckfylber.

fylber/ falt in jhm das Gold zu grund. Wann du nimmest 2. Centner Queckfylbers/ vnd wirffst ein Centner Eysen darein/ so falt das Eysen nicht zu grund/ aber ein klein guldener Pfenning falt an Boden. Es henckt sich das Queckfylber gern an Bley vnd Zinn/ aber vngern an das Sylber/ vnd noch kümerlicher an Kupffer/ vñ allerschwerlichst an Eysen. Dioscorides schreibt/ das Queckfylber getruncken ein gifftig ding sey: dann es zernagt mit seiner schwere die inneren Glieder.

Von Ertz oder Kupffer. Cap. xv.

Vngerisch Kupffer.

An findt Kupffer gantz lauter/ etwan in seinen eigenen Gängen/ vnd etwan in Sylbern Gängen. Aber dz man mit Steinen vermischt findt/ das reiniget man in den Schmeltzöfen. Es hat auch zum offtermal das gegraben Kupffer etwas Sylbers in jhm. Das Vngarisch Kupffer/ deßgleichen das Cottenbergisch vnd Nordwegisch ist gar hüpsch roht/ aber das man in Meissen grebt/ ist braunlecht. Welches gar gut ist/ das zertreibt man mit Hämmern vnd geußt es auch/ aber an etlichen orten/ besonder im Leberthal/ grebt man Kupffer daß laßt sich wol giessen/ aber nit treiben. Man kan auch ein hypsche Goldfarb in das Kupffer bringen/ daß wir Möschen nennen/ vnd das geht zu mit einem gegrabnen Calmeies. Man tunckt auch den Magneten darein/ vnd vberkompt das Kupffer darvon ein weisse farb. Es empfacht gar liederlich wüst flecken vñ mackeln/ besonder so es mit scharpffen vnd bitzlechtigen/ feuchten vnd fliessenden dingen berührt wirdt. Wann man auß

Wie man Mösch macht.

Kupffer Mösch will machen/ legt man in ein Hafen viel stück Kupffer/ vnd darauff ein ander theil von Calmey/ darnach widerumb Kupffer/ ec. vnd setzt den Hafen darnach in ein heiß fewr/ vñ so die Materien zergehn/ vñ sich durch einandern temperieren/ wirdt hüpsch Mösch darauß. Man macht auch das Kupffer weiß mit weissem Arsenico/ Salpeter/ Sublimiert Queckfylber/ Weinstein/ ec.

Von

der Cosmographey. 27

Von dem Eysen. Cap. xvj.

Vn haben es die Alten nicht in jhren Geschrifften hinder jhnen gelassen/daß man lauter Eysen finde/sondern es hat allwegen Fæces an jhme hangen/vnd wann man es anfänglichen schmelzet/mag man es giessen. Wann man es aber darnach widerumb in das Fewr thut vnd erhitziget/wirdts weych/daß man es schmiden mag mit dem Hammer/vnd zertreiben in dünne Blech/aber man kan es nicht leichtlich widerumb giessen/man werffe es dann in ersten Ofen. Ein theil Eysen ist gantz zäh/vnd wirdt für das beste geschätzt/wie dann ist das Schwedisch/Norwegich vnd Nordgöwisch Eysen: Ein theil ist mittelmässig/als da ist Meißnisch vnd Nordgöwisch vber der Thonaw: vnd das dritt ist gar schwach vnd mürb. Dises Metall empfahet auch bald rost/ besonder so es von nassen dingen berüret wirdt/allermeist aber von Menschen blut. Doch wirdt jhm solcher flecken bald genommen durch Meerwasser/vnd wirdt darfür verwahret/so man darauff streicht Minig/Gyps/vnd zerlassen Pech oder Hartz.

Eysen auff was weise es zu bezwingen sey.

Rost woher.

Von der Metallen Mixtur. Cap. xvij.

Also vermischet etwan die Natur dise drey Metall vndereinander/Gold/Sylber vnd Kupffer. Etwa findet man bey einander dise vier Metallen/Sylber/Kupffer/Zinn vnd Bißmut. Item/wann das fünffte theil Golds zum Sylber kost/ nennet man dieselbig Mixtur electrum, darumb daß es ein farb hat wie der gelbe Augstein/den man electrum nennet. Es ist darnach ein andere Mixtur/die man zu den grossen Büchsen braucht/da man zu zwentzig pfunden Kupfers ein pfund Zinn thut. Item/aber ein andere temperierung/da man zu sechszehen pfunden thut ein halb pfund Bißmut/daß das Zinn thöne/vnd darauß macht man die geschlagenen Blatten vnd Teller. Aber ein andere Mixtur/da man zu zweyen stucken Bleys thut ein stuck Zinn/damit die Alten haben die Orgelpfeiffen gesteckett. Weiter haben auch die Goldschmid vnd Müntzmeister jhre Mixtur vnd Getätz so sie mögen thun zum Sylber vnd Gold/aber etlich mißbrauchen das also grob/daß die Obrigkeit gezwungen wirdt/etliche geschlagene Gulden vnd andere Müntz zu verbieten/weil sie jhr ordenlich schrot vnd korn nicht haben/wie sie aber haben solten: wie wir dann bey ve-schienener Landsverderblicher Müntz Confusion/leyder mehr als gut war/sehen vnd erfahren müssen.

Metall wie sie vermischt werden.

Müntz wirdt verfälschet.

Wo man vorzeiten/vnd jetzt zu vnsern zeiten Bergwerck hat auffgericht. Cap. xviij.

C ij Als

28 Das Erste Buch

Teutschland jenseit des Rheins.

Als viel die Bergwerck antrifft/ haben die Alten fleissiglich ermessen alle gelegenheit des gantzen Europe / vnd viel gefunden daß sie dem Land Hispanien den höchsten preiß gegeben haben der Metallen halben: vnd das ander lob nach Hispanien dem Land Thracie: das dritt Britannien oder Schotland: das vierdte Gallie/ wie sich Gallia vor zeiten biß an den Rhein gezogen hat/ vnd izt jhme begriffen Lothringen/ die Eyfel/ den Hundsruck/ ꝛc. da man biß auff den heutigen Tag viel Metallen grebt: vnd das fünfft dem Griechenlandt. Aber Plinius (der sein Italiam auch gern hoch auffgemutzt hette) schreibet/ daß es an Gold/ Sylber/ Kupffer vnd Eysen/ dieweil man disen Metallen nachgesucht hat/ allen anderen Metallischen Ländern hat mögen verglichen werden.

Bapst Clemens berüffe Ertzgräber auß Teutschland.

Aber zu vnseren zeiten erfindet sich das Widerspiel: Dann vor 20. Jahren hat Bapst Clemens etlich von Schwatz lassen berüffen/ die sich etwas auff die Bergwerck verstanden haben/ vnd jhnen befohlen auffzuthun etliche Gruben vnd Gäng/ vnd zu schmeltzen was sie funden in Klüfften vnd Gängen.

Italia hat wenig Sylber.

Vnd als sie solches mit grossem fleiß vnderstanden/ haben sie gefunden daß die Gäng in den Italiänischen Bergen nicht ohn Metall seind: Aber dergestalten/ daß der Kosten nicht geringer alß die Nutzung/ vnd dessentwegen schlechter Gewin da zu verhoffen. Es wirdt zu vnseren zeiten Sylber gegraben in Hispanien bey Pampalona/ in Franckreich/ in Normanden/ in Schotland bey dem Wasser Tueda/ in Teutschland an manchem ort/ besonder in der Eyfel/ im Leberthal/ in Wallis/ in Sachsen bey dem Cellerfeld/ in Meissen/ in Böhem/ in Beyern/ bey Schwatz/ in Vngern vnd in Schweden. Item/ man grebt nicht fer von Basel Sylber im Schwartzwald zu Dotnaw/ wie man dann auch vor etlichen Jahren bey Freyburg viel Sylbergruben auffgethan hat.

Quecksylber.

Das Quecksylber grebt man in Böhem zu Schönbach an dem Fluß Eger gelegen/ vnd zu Beraun. Kupffer aber findet man vberflüssig am Hartzberg vnd Vngerischen Gebirg/ so die Alten Melibocum vnd Carpatum genennet haben. Gut Zinn gibts in Meissen/ Adelberg vnd Imbersdorff/ in Böhem Schlackefeld. Bley bringt der Samelberg bey Goßlar/ vnd das Leberthal bey Schletstatt. Bißmut findet man im Schneeberg in Meissen. Eysen grebt man an vielen Orten. Gold findet man zu vnseren zeiten zu Granfurt in Engelland: Item/ in der Normandy/ vnd in Teutschland/ zu Corbach in Westphalen/ vnd bey den Hessen.

Goldsand wo.

Das Wasser Edera hat Goldsand/ deßgleichen findet man zu Goldernach in Francken/ vnd zu Steinheid nicht fern von Nürnberg. Item/ bey Böhem zu Goldberg vnd Risegrund seind Flüßlein die da Gold tragen. Item zu Schlotten vnd Adelberg in Siebenbürgen/ bey den Vngerischen Bergen findet man gedigen Gold/ vnder welchen zu zeiten werden gefunden knollen so groß alß ein Haselnuß. In Beyern zu Gasteinen vnd Raurisium findet man zweyerley Gold/ vnd daselbst führet auch das Wasser Lisara Goldsand. In Vngerischen Bergen grebt man auch trefflich gut Kupffer/ das haben die Fucker an sich gezogen/ vnd geben jährlich darumb zwentzig tausend Vngerische Ducaten. An einem anderen ort desselbigen Gebirgs/ nemblich zu Golnitz/ Rosenthal vnd Smolnitz hat man drey Ertz oder Kupffergruben/ vnd daselbst findet man auch Wasser vnd Vitrill.

Von der seltzamen Rüstung vnd Instrumenten/ so die Bergwercker in Gruben brauchen: Item von Geistern vnd Bergmännlein die darinn gehen. Cap. xix.

Wo die Bergwercker in die tieffe gehen/ da hat man Häspel mit denen hasplen zwen Gesellen herauff was da vnden abgeschlagen vnd gegraben/ vnd seind alßbald andere da/ die führen mit Truggen hinweg was herauff gezogen ist: vnd was lauter Grund ist/ schütten sie zusammen/ vnd setzen darmit ein Berg an den andern. Sie haben zu vnsern zeiten gar wunderbarlichen Werckzeug/ der ein grossen vnderscheid hat von dem Werckzeug der Alten. Zu Cottenberg in Böhem seind etlich Gruben/ die seind bey 500. schritt tieff. Vnd deren seind ein theil ohn Wasser/ vnd darff man nicht vieler Instrumenten. Aber etliche andere seind so wässerig/ daß auch Thales Milesius darauß probieren wöllen/ das Erdtrich schwimme in dem Wasser. Da muß man ein groß vnd ewige Arbeit haben/ das Wasser so stäts zufällt/ zu erschöpffen. Vnd diß ist ein einige vrsach/ darumb man so viel vnd seltzame Instrument vnd Werckzeug hat erdacht/ damit man in tieffen Gruben des Wassers für vnd für ledig sey.

Sylber vnd andere Metall wie sie gesenbert werden.

Wann man nun die Bergmatery hat außgegraben vnd abgebicklet/ ist es guter Metallischer Zeug/ so führt man jhn zum Stampff/ doch bocht man jhn mit Stempffeln/ seubert jhn mit Syben: vnd hat solcher Zeug viel Stein/ so zerschlegt man jhn mit Hämmern/ wäscht jhn in Sümpffen/ vnd rädet jhn mit Syben. Dise vnd andere viel Arbeiten geschehen alle ehe man das Ertz zu der Schmeltzhütten führt. Die Gäng vnd Metallischen A   so sich etwan ferr strecken/ werden für die besten geschätzet/ wann sie von Auffgang zu Nidergang mit geheng des Bergs sich erstrecken/ vnd des Bergs rucken gegen Mittag/ vnd das geheng gegen Mit-

nacht

der Cosmographey. 29

nacht sich neyget. Vnd je mehr der gang sich wendet von diser gelegenheit/ je fruchtbarer er ist. Es haben auch die gäng jhre hangends vnd ligends/darauß die Bergwercker sich wol wissen zu richten. Die können wissen auß dem ligen was der anfang der Adern vermag. Vnd gleich wie eines jeden Thiers Leib hat etliche grosse Adern/die von den kleinen äderlein sich außspreitzen: also haben die Metallischen gäng auch jhre neben äderlein. Von mancherleyen Empteren/Ordnungen vnd Gesatzen/so die Bergwercker vnder jhnen haben/were viel zu schreiben/aber ich lasse es von kürtze wegen jetzt anstehen. Das hat man auch offt erfahren/daß in etlichen Ertzgruben kleine Teuffelein oder Bergmännlein gefunden werden/deren etliche den Menschen keinen schaden thun/sondern lauffen hin vnd wider/gleich als weren sie gar geschäfftig/vnd thun doch nichts. Sie lassen sich sehen als grüben sie in den Gängen/vnd schöpffen die Matery in die Trucken/treiben den Haspel vmbher/vnd vexieren die Arbeiter/vnd am allermeisten thun sie das in den Gruben da viel Sylber verborgen ligt. Sie werffen etwan schollen von Erdtrich nach den Arbeitern/verletzen sie aber gar selten/dann allein wann man jhren spottet/verlachet oder jhnen fluchet. Die Bergwercker sehen solche Bergmännlein nicht vngern in den klüfften/dann es ist ein zeichen das Sylber am selbigen ort ist. Etliche seind gar schädlich/wie dann zu S. Annenberg in der Gruben Rosenkron genant/ vor etlichen jahren sich begeben hat/da der böse Geist so vnruhig ist gewesen/daß er in gestalt eines Pferds/mit einem hüpschen Halß vnd grimmigen Augen gesehen ward/vnd mit seinem gifftigen athem zwölff Arbeiter vmb das Leben brachte/vnd deßhalben man auch die Gruben gar reich von Sylber/hat müssen verlassen. Deßgleichen ist einer gesehen worden im Schneeberg/in S. Georgen Gruben/in gestalt als hette er ein schwartze Kutten an/der name einen Arbeiter vnd zohe jhn hoch hinauff in der Gruben/nicht ohn verletzung seines Leibs. Die Römer hatten vorzeiten/da sie noch in jhrem gewalt waren/in solche Gruben verschickt verdampte Leuth/die das Leben hatten verwürcket. Nun dise ding alle/so das Bergwerck berühren/hab ich genommen auß dem Buch des hocherfahrnen vnd hochgelehrten Manns Georgij Agricolæ, der zu diser zeit noch lebte/ vnd sein wesen hatt zu Kemnitz/nicht ferz von dem Bergwerck der Ländern Meissen vnd Böhem.

Von der ersten Theilung des gantzen Erdtrichs/ in Europam/ Africam vnd Asiam. Cap. xx.

Europa. Asia.

IN drey stuck haben vorzeiten die Alten vnd hocherfahrnen Männer das gantze Erdtrich außgetheilet. Das ein Theil haben sie genennet Europam/ das ander Africam/vnd das dritte Asiam: vnder welchen Europa das kleinest ist/ vnd Asia das gröste. India wirdt zugeschrieben Asie. Europa vnd Asia die zwey Theil/ haben jhren Namen empfangen von zweyen Weiberen/ wie die Alten schreiben. Dann Europa soll ein Tochter seyn gewesen des Königs Agenor/ die Jupiter dem Vatter entführet von Phenicia/ vñ brachte sie in die Insel Cretam.

Africa.

Aber Asia ist ein Königin gewesen desselbigen Lands/vnd ein Tochter Oceani vnd Thetis. Doch sprechen die andern/der Nam komme von Asio/ der ein Sohn ist gewesen Manei Lidii. Africa hat den Namen vberkommen/wie etliche wöllen/von Afro/der ein Sohn ist gewesen Abrahe von der Cetura/vnd hat bestritten das Land Libyam/ vnd das Feld wider seine Feind behalten. Aber die anderen meynen es werde also geheissen/ daß es ohn alle kälte ist: dann Africa ist ein Griechisch Wort/vnd heißt ohn Kälte. Das laß ich nun fahren/ es ist nicht viel an dem Namen gelegen/so man weißt was darbey verstanden wirdt. Nun nimm für dich die Tafel so dir vor augen gestellet wirdt im anfang der Landtafeln/vnd hab acht auff Europam/darinn wir ligen/das wird abgesündert von Africa durch das Mittelländisch Meere/ deßgleichen scheidet es etlicher maß dasselbig Meere von Asia. Dann es wendet sich herumb gegen Mitnacht/da man es nennet Pontum Euxinum/vnd an seinem ende empfahet es ein groß Wasser/das heißt Tanais/ vñ scheidet Europam

Tanais ein Fluß. Europa.

von Asia. Hie sihest du selbs/wann das Meer Pontus weiter hinauß gieng biß in das Mitnächtig Meere/so were Europa eigentlich ein Insel. Du sihest auch daß Europa vnder den dreyen Theilen das kleinest ist/ aber nicht das geringest: dann es ist von seiner natürlichen temperierung trefflich fruchtbar/ vnd hat ein mittelmässigen Himmel in Früchten vnd Weingewächs/vnd in mänge der Bäumen. Es mag keinem Land nachgesetzt/sondern den besten Ländern verglichen werden. Es ist erbawen vnd gezieret mit wunder hübschen Stätten/Schlössern/Märckten vnd Dörffern/ auch in stercke der Völcker gehet es weit vor den Ländern Africa vnd Asia. In wie viel Länder es aber in jhm selbs getheilet wirdt/will ich hie vnden anzeigen. Weiter wie Africa von den andern zweyen theilen des Erdtrichs gescheiden wird/magst du leichtlich in den General oder ersten Figuren erkennen. Dann das Meere gehet geringsweiß darumb biß in Orient/da macht das Rote Meere in Egypten ein vnderscheid zwischen Asiam vnd Africam.

Von der grösse des Erdtrichs. Cap. xxj.

ICh weiß nicht ob du mir glauben werdest in disen dingen so ich schreiben werde von der grösse des Erdtrichs/ wann du nicht einen besondern Bericht hast auß der adelichen Kunst der Mathematic. Doch ist mir genug/ daß bey den Gelehrten in disen dingen kein zweyfel ist. Das Erdtrich ist ein grosse ronde Kugel/wie du dann augenscheinlich sihest/daß Gott die Himmel vnd die Element vnder die Himmel alle in ronder weiß vnd form geschaffen hat/wiewol vnderscheidenlich. Dann die Himmel vnd die drey obern Element seind innwendig hol/vnd steckt ein Himmel in dem anderen/ vnd ein Element wirdt verfaßt in das ander / aber das Erdtrich ist innwendig nicht hol/vnd steckt kein ander rond corpus darin/sondern ist ein ronde Kugel allenthalben mit Erdtrich außgefüllet. Dann ob gleich vielerley Speluncken/heimliche gänge abgesöndert/hölen/wie auch mächtige hohe Berg/ so sich viel Meilen in die höhe strecken/gefunden werden/ist doch dises alles gegen dem gantzen Erdtrich nichts zu rechnen/vnd mag der rönde desselbigen nichts benemmen/so wenig ein knopff oder grüble der Rönde einer grossen ronden Kuglen benemmen mag. Das Erdtrich begreifft in seinem Circk gerings vmbher 5400. Teutscher meile. Darauß man nun weiter findet/ daß die dicke des Erdtrichs hat 1718. Teutscher meilen/ vnd zwey eilff theil einer Meilen. Theil dise zahl weiter in zwey theil/so hast du weit hinab biß zu dem Centro, oder zu dem mittel puncten der Erden/ nemlich 859. Teutscher meilen.

Das Erdtrich ist ein Kugel.

der Cosmographey. 31

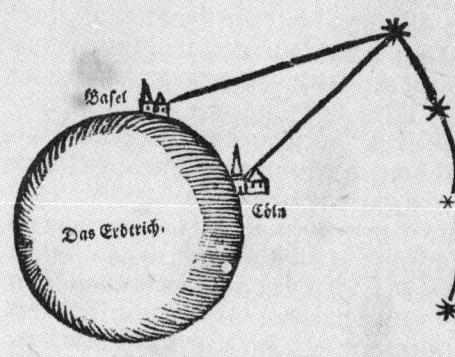

meilen. Wilt du nun wissen wie viel zeit einem darauff gehen wirdt/der das Erdtrich Circkweiß vmbgehen wölte/wann es möglich were vor den Wässern/Bergen vnd Wüsten/vnd gieng alle Tag vier Teutscher meilen/so theil 5400/mit vieren/vnd findest 1350.Tag/die machen drey Jahr vñ 260.Tag. So viel zeit were jhm noth. Aber dieweil von Occident gegen Orient das Erdtrich nicht viel vber das halb theil/vnd von Mittnacht gegen Mittag nicht das drittheil von Wässern entblößt ist/ist es nicht möglich daß einer mit trocknen Füssen es möge vmbgehen. Der grund darauß man findet die grösse der Erden/stehet in disem. Das Erdtrich ist gerad gesetzt in mittel des Himmels/vnd so ich zu Nacht ein bestimbten Sternen hie zu Basel finde stehen in der Mitnächtigen Linien/erhebt vber das Erdtrich 30.Grad/vnd verzuck mich von Basel gegen Mittnacht 60.Meilen ferr/vnd hab acht an demselbigen ort auff den vorbestimbten Sterne/so er die Mittnächtige Liny erreicht/werde ich jhn finden erhebt vber das Erdtrich 34.Grad/darauß ich vermerck/daß ein Grad im Himmel/auff Erden mache 15.gemeiner Teutscher meilen. Nun theilt man den Circkel oder vmbkreiß des Himmels in 360.Grad/welche durch 15.multipliciert/bringen die vordrige zahl des vmbkreiß der Erden.

Erdtrichs grösse woher es bewiesen werde.

Was die Circkel vnd Linien bedeuten in den Landtafeln/besonder in dem General/vnd zum ersten von dem Mittags Circkel.
Cap. xxij.

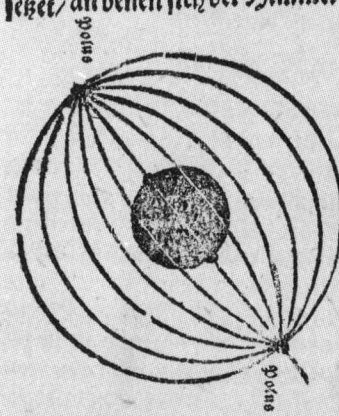

Gleich wie man den Himmel pflegt zu theilen in 360.Grad/nach seinen Circkeln creutzweiß vber einander geschrenckt/deren ein theil gehn von einem Polo zu dem andern/vnd die anderen von Occident gegen Orient/also helt man gleiche theilung in beschreibung des Erdtrichs. Dann es ligt gantz in mitte des Himmels/vnd neiget sich an keinem ort zu dem Himmel mehr dann zu dem andern. Bey den zweyen Polis solt du verstehen an dem Himmel zwen puncten gegen einander gesetzet/an denen sich der Himmel alle 24.stunden einmal herumb wendet. Nun laß dir eben seyn als gieng ein mächtige lange Stang von einem Polo zu dem andern/magst du wol ermessen daß sie gehen wirdt mitten durch das Erdtrich/vnd wird durch jhren eyngang in das Erdtrich vnd auch außgang/zwen Polos in das Erdtrich machen/gleich wie im Himmel: einen gegen Mittnacht/vnd den andern gegen Mittag. Durch dise zwen Polos zeucht man nun viel Circkel (wie du sihest in dem herzugesetzten Figürlein vnd in dem General/) die heissen Mittags Circkel: dann die Länder vnd Stätt so da ligen vnder einem Mittags Circkel/die haben mit einander vnd zu einer Stund Mittag. Exempel: Nimm für dich das General/vnd habe acht auff die Mittags Linien oder Circkel/vnd gehe einer solchen Linien nach/auß Europa in Africam vber Meere/es seye gleich die darbey geschrieben stehet 30. oder die verzeichnet ist mit 40.so werden alle Stätt ein Mittag haben/die vnder einem Circkel gelegen seind. Das ist so viel geredt: In dem Puncten so es hie zu Basel Mittag ist/ist es auch in allen Stätten so vnder dem Baßler Meridian gelegen seind/Mittag/ob sie schon tausend Meilen von hinnen gegen Mittag oder gegen Mittnacht gelegen seind. Also haben mit vns Baßlern gegen Mittnacht gleichen Mittag die von Straßburg/Keyserslautern/Coblentz/Münster in Westphalen/Gröningen in Frießland/ꝛc. Vnd gegen Mittag/die da wohnen im Piemont/in Sardinia/in Numidia/oder in dem kleinen Africa. Widerumb wañ zwo Stätt ligen vnder zweyen Mittägigen Circkeln/so halten sie nit gleichen Mittag/sondern die eine hat früer/die ander später Mittag/nach dem die Circkel nahe oder weit von einander stehen. Exempel: Nimm für dich die ander Tafel/die des Ptolemæi General wird genennet/so findest du Teutschland/in Europa zwischen dem 36.vnd 40.Meridian Circkel gelegen: aber Syriam/darinn das H.Land ligt/findest du in Asia nicht ferr von dem Rocen Meere/zwischen dem 60.vnd 70.Meridian. Nun dise zwey Land ligen nicht vnder einem Mittags Circkel/sonder seind drey Circkel darzwischen/vnd deßhalben wirdt es viel früer Mittag zu Jerusalem im H.Land/weder im Teutschland/nemblich drey stund: alß wann es zu Jerusalem Mittag ist/ist es bey vns am Rheinstrom vmb die neunte stund vor Mittag. Also auch mag ich dir ein Exempel geben von den Finsternussen der Sonnen oder des Mons: Item von dem Newen vnd Volmon. Dann so wir hie zu Land vmb die Mittnacht ein Finsternuß

Was Polus sey.

Was Mittags Linien ist.

Stätt wie sie an der länge vnd breite vnderscheiden werden.

C iij

Das Erste Buch

sternuß oder Vollmon haben/ so wirdt sie zu Jerusalem gesehen vmb die dritte stund nach Mitternacht. Dann in dem augenblick so es bey vns Mittnacht ist/ ist es in Syria oder Palestina vmb die dritte stund nach Mittnacht. Nun mercke hie: Es stehet in den ersten zweyen general Tafeln je ein Mittags Circkel von dem andern zehen Grad weit. Nun machen fünffzehen Grad ein stund/ sechszig Grad vier stund/ vnd also für vnd für. Vnd dieweil das Teutschland von Jerusalem ohngefährlich vierzig Grad weit gelegen ist/ magst du leichtlich mercken/ daß bey der Mittag vber dritthalb stund von einander streben. Will ich weiter ein rechnung machen von dem Teutschen Land biß an das Land Indiam/ vnd nemblich biß an den Circkel an welchem verzeichnet seind hundert vnd zwentzig Grad/ so befinde ich daß dise zwo Landtschafften sechs stund weit von einander seind: das ist/ wann es am Rheinstrom Mittag ist/ so ist es in India zu Calikut Abend/ vnd vmb die zeit daß die Sonn vndergehet: dann dise Länder ligen 90. Grad von einander/ in denen man sechs mal fünffzehen findet. Fahrest du weiter hinauß gegen Orient zu dem zwey hunderten Meridian Circkel/ so wirst du finden daß derselbige Indianer Meridian Circkel von dem Rheinstrom zwölff stund weit stehe: Vnd hie magst du nun viel seltzamer ding betrachten/ alß wann der Tag bey vns angehet/ gehet er in India auß: wann es bey vns Mittag ist/ ist es bey jhnen Mittnacht: wann der Sontag bey vns anfahet am morgen/ so ist er in India schon vergangen: wann wir bey Tag wachen/ so schlaffen sie dieselbige zeit bey Nacht: wann die Sonn bey vns am morgen auffgehet/ so gehet sie bey jhnen vnder: vnd so sie bey vns vndergehet/ wirdt es bey jhnen tag/ vnd gehet die Sonn auff: dann vnser Abend ist jhr Morgen. Du solt hie auch mercken/ daß die erste general Tafel anzeiget ein gantze Kugel oder ronde Sphere/ die in der mitte von einander/ vnd auff die ebne getruckt ist/ vnd deßhalben die zwen eussersten Circkel/ der in Orient/ bey dem verzeichnet stehet 260. vnd der in Occident/ bey dem verzeichnet ist 170. seind ein Circkel. Dann wann ich auß der Figuren machen wolte ein Kugel/ müste ich das Papier mit der Figuren an den eussersten theilen krümen/ biß daß die zwen gemeldten Circkel an einander kämen. Vnd also wann ich wolt wissen auß Europa in die Insul Zipangri zu der rechten hand im General gelegen/ nicht vber dem 23. Meridian Circkel/ ist nicht von nöthen daß ich auß Europa durch Asiam vnd Indiam ziehe/ darnach vber Meer schiffe biß zu genandter Insuln/ sondern ich habe einen näheren weg zu Schiff von Europa gegen Occident. Wann ich komme zu dem eussersten Circkel in Occident/ so bin ich schon am eussersten Circkel in Orient/ vnd habe darnach 24. Grad biß in Zipangri. Das ist nun gut zu mercken/ wann du jhm nachdenckest/ wie es ein gestalt gewinnet mit der Figuren so du kuglecht machest/ wie gesagt ist. Vnd die solt du auch bey den alten Mappen verstehen/ wann sie anderst universales seind: das ist/ wann sie einen gantzen Circkel/ oder den gantzen vmbkreiß des Erdtrichs begreiffen.

Von den Circklen die man Parallelen nennet. Cap. xxiii.

Vm andern seind in der ersten general Tafeln Linien/ die werden creutzweiß gezogen vber die Mittags Circkel von Occident in Orient/ vnd das seind auch Circkel wie du spüren magst/ so du die Figuren rundweiß zusamen fügest. Vnd dise Circkel heißt man die Parallele: das seind Circkel die allenthalben gleich weit von einander stehen/ vnd sich nicht zusamen ziehen wie die Mittags Circkel. Vnder denen seind drey namhafftige Parallelen/ die ein groß ansehen haben in der Welt/ der Nasten seind Equinoctial Circkel/ oder Vergleicher/ daß Tag vnd Nacht gleiche länge haben/ so die Sonn vnder jhm ist/ wie dan das zwey mal im Jahr geschicht. Das ander heißt Circkel des mittel Sommers/ oder des Krebs/ vnd das darumb/ daß die Sonn nicht näher zu vns kommen mag/ sondern wann sie disen Circkel erzeicht/ so haben wir den längsten Tag/ vnd das mittel des Somers. Der dritt Circkel gegen Mittag heißt Winter Circkel/ oder des Steinbocks Circkel: dann so die Son disen Circkel erzeicht/ ist es bey vns mitten im Winter/ vnd ist der Tag am kürtzsten. Es werden sonst noch zwen namhafftiger Circkel beschrieben/ der eine heißt Arcticus, d' ander Antarcticus, die lasse dich in der Mappen nicht hinderen/ dann dise tragen keine besondere heimlichkeit auff jhnen: Sie werden darumb beschrieben/ daß in jhnen vmbher fahrt die zwen Poli des Zodiaci durch den embsigen lauff primi Mobilis, wie man das lehrnet in der materialischen Sphera, vn das ist dem gemeinen Mann zu schwer hie zu begreiffen. Aber diser dreyen Circkeln/ Equinoctial/ Somer vnd Win-

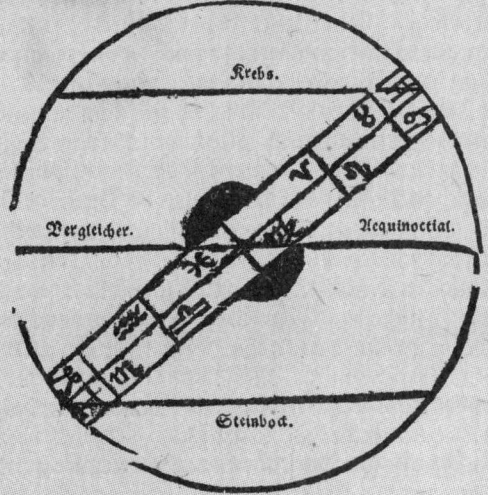

ter Circkel solt du groß acht haben. Deßhalben solt du hie mercken/ daß die Sonn allwegen begriffen

der Cosmographey. 33

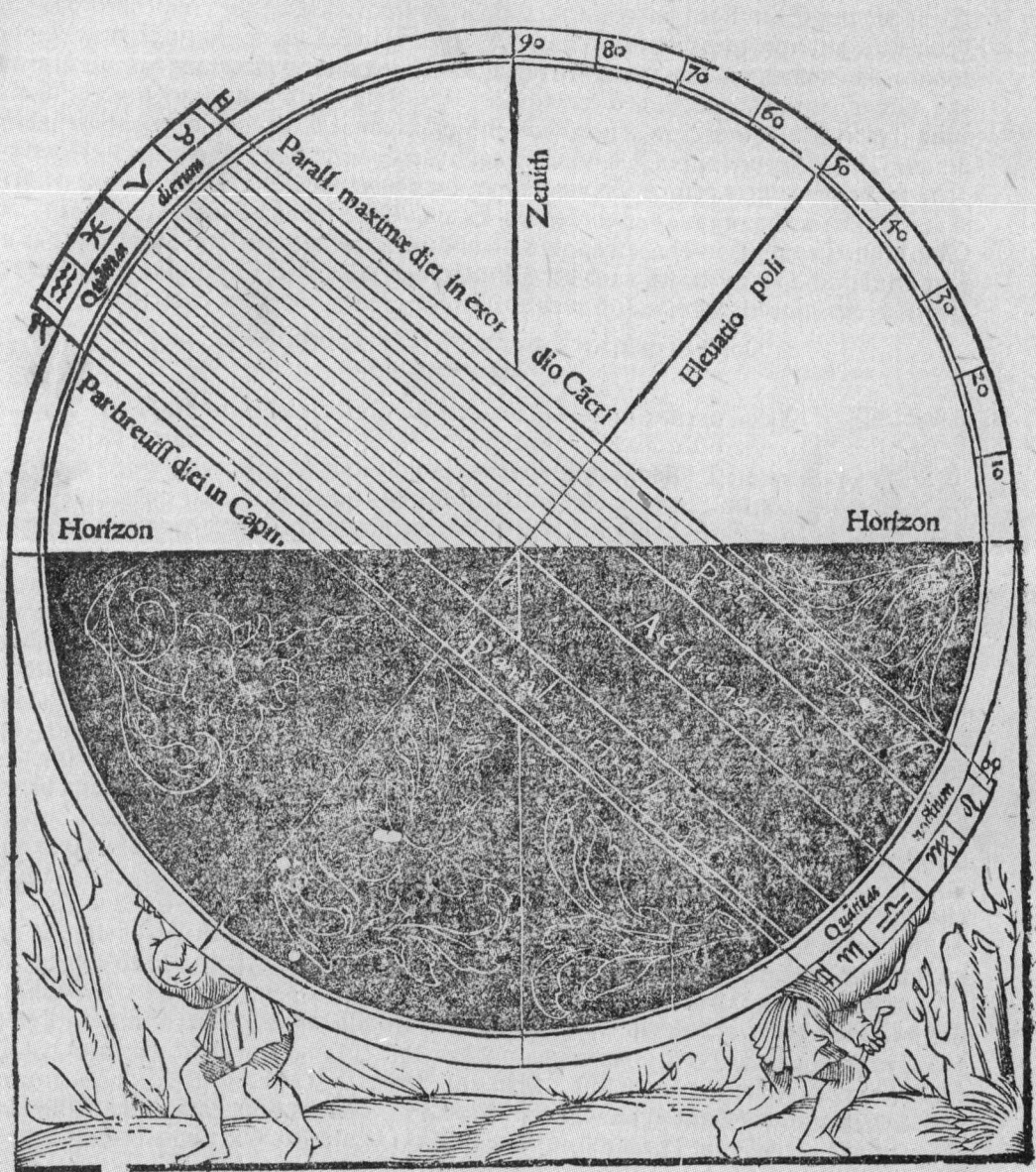

fen wirdt zwischen dem Sommer vnd Winter Circkel/ vnd nimmer weiter hinauß gegen Mittag/ oder zu vns gegen Mittnacht kompt/ sondern wann sie diser einen erreichet/ kehret sie widerumb vnd bewegt sich auch die ander seyten. Auß disem folget nun/ daß die Leuth so da wohnen vnder dem Equinoctial oder darbey/ allweg Sommer vnd nimmer Winter haben: vnd ist daselbst ein heiß Land/ vnd wohnen da eitel Moren/ vnd wann schon die Sonn am weitesten von jhnen ist (wie dann im hohen Sommer vnd im hohen Winter geschicht/ so die Sonn in den zweyen eussersten Circkeln ist) ist sie doch näher bey jhnen weder bey vns im hohen Sommer. Zum andern/ magst du hie auch erkennen/ daß das Sprichwort wahr ist: Wann es bey vns Sommer ist/ ist es vber Meer im andern Land Winter: vnd widerumb/ wan hie zu Land Winter ist/ ist es vber Meer Sommer. Vnd das wird bestätiget in dem eusseren theil Africe/ das dann sich hinauß streckt vber den Winter Circkel/ vnd ist derselbig Winter Circkel bey jhnen der Sommer Circkel/ vnd vnser Sommer Circkel ist jhr Winter Circkel. Dann Gott hat durch sein hohe vnd vbertreffliche Weißheit die Himel vnd Sonn also geordnet/ daß sie in einem jeden Jahr auff beyden seiten durch jhre beywohnung solten bequeme Einfluß vnd notturfftige Vorsehung dem Erdtrich zufügen. Sonst wo das nicht were/ vnd die Sonn allein auff einer seiten jhren Lauff hette/ wurd das Land auff derselbigen seiten durch embsige vnd stäte hitz außgedörrt/ vn auff der andern seiten durch langwierige vnd ewige kälte auch vngeschickt zur fruchtbarkeit. Solchem aber ist Gott fürkommen mit dem/ dz die Sonn alle halbe Jahr von einem eusseren Circkel kompt zu dem andern/ vnd in jrer bewegung nimer still stehet/ sondern macht alle Tag ein newen Circkel vnd Parallel vmb das Erdtrich. Auß disen Parallelen nimpt man die länge vnd kürtze/ vnd die vergleichung vnd vnvergleichung der Tagen.

Sommer vnd Winter mit einander.

Dann

Dann wo zwo Stätt ligen vnder einem Parallel/so seind alle Tag vnd Nächt durch das gantze Jahr gleich an denselbigen örteren. Exempel: Wie die Statt Maintz am Rheinstrom gelegen/den lengsten Sommertag 16. stund/vnd den kürtzesten Wintertag acht stund lang hat/also ist es auch mit allen Stätten die vnder dem Maintzischen Parallel biß in Indiam gelegen seind/beschaffen.

Was breite der länder ist. Nun aber der Maintzisch Parallel ist der 50. von dem Equinoctial/wie du jhn verzeichnet findest in der general Tafel zu der lincken Hand/wann man anderst von grad zu grad ein Parallel setzen will. Vnd solche zahl heißt man in der Cosmographey/der Länder vnd der Stätt breite/vnd wirdt solche zahl in jhrer rechnung angefangen bey dem Equinoctial/vnd außgestreckt gegen beyden Polis. Man nennet sie auch Polus höhe: dañ als weit ein Land oder Statt von dem Equinoctial ligt/also hoch erhebt sich in demselbigen Land der Mittnächtig Polus oder des Himmels Angel vber das Erdtrich/vnd also viel ernidriget sich auch der Mittägig Polus vnder das Erdtrich.

Von den grösten Taglängen aller Landschafften.
Cap. xxiiij.

DAß du in einer summ bey einander habest die verenderung der grösten Taglänge nach den Parallelen/hab ich allhie verordnet ein Figur/darinnen du sehen magst wie die Taglänge auffsteiget vnd zunimt/nach der zahl vnd erweiterung der Parallelen. Vnd hie solt du mercken/daß die Leuth so da wohnen vnder dem Equinoctial Circkel/der dann der erst Parallel ist/allwegen durch das gantz Jahr haben 12. stunden tag/vnd 12. stunden nacht. Vnd widerumb die da wohnen vnder dem *Ein halb jahr tag.* Mittnächtigen Polo oder darbey/haben zu Sommerzeiten ein halb jahr tag/also daß bey jhnen die Sonn in einem halben jahr nicht vndergehet/vnd widerumb zu Winterszeiten sehen sie die Sonn nicht in einem halben jahr. Nun wie der äusser Circkel in dem General sich in Occident krümt von dem Equinoctial an biß zu dem Polo/also steigt auch auff die Taglänge/zum ersten gantz gemächlich biß zum 50. Parallel/da der lengste Tag hat 16. stund/darnach wie sich der Circkel schnell krümbt/also nimbt auch der Tag eylend zu. Das zu mercken/schaw an die hernach gesetzte Figur. Vnder disen Parallelen werden etlich sonderlichen angezogen/vnd vom Ptolemeo in disem Buch genennet/als dann seind die: da gehen vber die Inseln Meroen/da der Tag 13. stund lang ist: vber die Statt Sienen/da der längst Tag 13. stund vnd ein halbe hat: vber Alexandriam/da der längst Tag hat 14. stund: vber Rhodis/da der längst Tag hat 14. stund vnd ein halbe: vber Rom/da der längst Tag hat 15. stund: vber Byzantium/so man darnach Constantinopel hat genennet/da der längst Tag hat 15. stund vnd ein halbe: vber das Wasser Boristhenem/da der längst Tag hat 16. stund: vber die Berg Rypheos/da der längst Tag hat 16. stund vnd ein halbe. Solche Parallelen mit jhren Namen findest du verzeichnet in der anderen general Tafel zu der lincken Hand.

Was ein Clima sey. Nun zwischen den Parallelen so vom Equinoctial gegen den Polum gezehlet werden/haben die Alten Climata gesetzt/vnd die mit den Parallelen geendet/also daß zwen Parallelen eyngeschlossen haben gerings vmb das Erdtrich ein Clima/vnd die haben ein vngleiche breite/nachdem der Tag sich in einem Clima langsamer/vnd im andern zeitlicher endet. Es ist aber kein Clima breiter dann nach enderung einer halben stund. Also gehet das erst Clima von dem Equinoctial/da der längst Tag 12. stund hat/biß zum Parallel da der längst Tag 12. stund hat/vnd ein halbe stund/oder 45. Minuten/vnd da sich endet das erste Clima/da gehet das ander an/vnd endet sich am Parallel/da der längst Tag hat 13. stund vnd 15. minuten/vnd also biß zu dem siebenden Clima. Nun will ich dir für augen stellen mit einer Figuren die Parallelen vnd die sieben Climaten/wie sie zwischen zweyen vnd zweyen Parallelen begriffen seind.

Der gröste Tag			Polus höhe	
Stund	m.		Grad	m.
12	45		12	45
		Das erst Clima gehet durch Meroen.		
13	15		20	30
		Das ander Clima gehet durch Sienen.		
13	45		27	30
		Das dritt Clima gehet durch Alexandriam.		
14	15		33	40
		Das vierte Clima gehet durch Rhodis.		
14	45		39	0
		Das fünfft Clima gehet durch Rom.		
15	15		43	30
		Das sechst Clima gehet durch Boristhenem.		
15	45		47	51
		Das siebend geht durch die Ryphenberg.		
16	15		50	30

Wo des Landts Breite oder Parallel hat Grad,		Daselbst ist der gröste Tag lang		
	52		16	stund vnd ein halbe.
	54		17	stund.
	56		17	stund vnd ein halbe.
	58		18	stund.
	61		19	stund.
	63		20	stund.
	64		21	stund.
	65		22	stund.
	66		23	stund.
	66½		24	stund.
	68			Eines Monats.
	70			Zweyer Monat.

Kurtzer begriff vnd innhalt des ersten Buchs Ptolemei. Cap. xxv.

Jeweil diß Buch fürnemlich vnder dem Titel der Ptolemaischen Cosmographey außgeht, ist nicht vnbillich daß ich auch in meinem 1. Buch meldung thu, vnd den vngelehrten Leyen anzeigung gebe, was Ptolemeus im 1. Buch seiner Cosmographey handlet. Demnach soltu hie mercken, daß er sein 1. Buch theilt in xxiiij. Cap. Im ersten zeigt er an den vnderscheidt so da ist zwischen Geographey vnd Corographey. Dann die Geographey beschreibt die Hauptstück der gantzen Erden nach aller gelegenheit vnd Proportion oder gleichförmiger maß. Aber die Corographey beschreibt alle Hauptstück insonderheit, vnd hat kein auffsehen auff dem gantzen vmbkraiß der Erden, oder auch

auff diß oder jenes Landt. Das wol zu verstehen, gibt er ein solch Exempel. So ein Mahler ein Bild machen will, bossiert er zum ersten die fürnembsten Glieder, vnd bringt sie herfür mit Linien vnd strichen nach bequemer proportion, alß dann seind das Haupt, die Arm, Brust, Bauch, die Schenckel vnd Füß. Darnach nimpt er für sich insonderheit die kleinen Glieder den grossen eyngeschlossen: alß in dem Haupt seind die Augen, Ohren, Naß, Mund, ec. Also thut die Geographey. Sie hat acht auff die grossen ding in dieser Welt: alß auff die grossen nambhafftigen Stätt, auff die fürnembsten Flüsse, vnd auff die Landschafften. Aber die Chorographey bekümmert sich auch mit den kleinen dingen, alß mit den Dörffern, Schlössern, Porten, Flüssen, Wälden, Seen, ec. Im 2. Cap. zeigt er an was von nöthen ist zu der Geographey. Man kan (spricht er) die Welt nicht beschreiben, man hab sie dann durchgangen vnd besichtiget, vnd wo einer viel Landtschafften gesehen hat, vnd die nit in ein bequeme Figur gestelt, aber in der Geschrifft gefaßt, vnd aller dingen so auff Erden gefunden werden, lenge vnd breite verzeichnet, solche Geschrifft ist einem jeden geschickten Mann gnugsam darauß ein Tafel zu beschreiben, das vorhin nicht besichtiget ist, ist ein vergebene arbeit.

Ein Landt künstlich zu beschreiben, fordert zwey ding, namblich daß man acht hab auff ein jedes orts lenge vnd breite. Die lenge wirdt gerechnet von Occident gegen Orient, vnd die breite gegen Mitnacht oder Mittag. Zwo Stätt haben ein lenge, die gerad ein Mittag haben, vnd eine gegen Mitnacht, die ander gegen Mittag gelegen ist, alß Basel vnd Straßburg, Costantz vnd Stutgart. Solche lenge mag durch ein gerechten Compaß observiert werden, wo man von einer Statt zur andern sehen mag. Doch wirdt hie viel artlicher durch den Himmel, durch Sonn vnd Mond zu jhren Finsternussen die lenge gesucht, vnd ist das sonderlich von nöthen wo die Landtschafft Birgig vnd vneben ist, oder ein groß distantz oder breit Meere zwischen zweyen örtern gelegen ist. Zwo Stätt haben ein breite, wann sie vnder einem Parallel ligen, eine gegen Orient, die ander gegen Occident, alß Basel vnnd München, Mentz vnd Bamberg, Cöln vnd Preßlaw. Solche breite zweyer Länder oder Stätt eigentlich zu erfahren, mag nit geschehen ohn erkundigung des Polus höhe. Wie aber des Polus höhe täglichen durch der Sonnen schein erfunden wirdt in einer jeden Statt, ist nicht von nöthen hie zu erzehlen, es mag ohn viel calculieren vnd observieren nicht zu wegen gebracht werden. In den Tafeln der Ländern werden des Polus höhe mit Ziffern anzeigt, in den Leitern die zu beyden seiten auff oder absteigen. Darumb wann du wilt wissen welche zwo, drey oder vier Stätt ein breite haben, so zeuch ein Faden vberzwerch durch die Tafel, der zu beyden seiten ein Ziffer zahl erreicht, vnd was dann Stätt oder Flecken vnder dem Faden, haben alle ein breite oder ein Polus höhe. Die lenge wirdt auch also gesucht, wann der Faden oben herab zogen wirdt vber zwo einerley Ziffer. Dann was Stätt er anrührt, haben alle ein lenge, ein Mittag, gleich New vnd Vollmon, ec.

Das Erste Buch

Nutzbarkeit der Compassen.

Zu vnsern zeiten da behilfft man sich zu Land vnd Wasser/ mit dem edlen Instrument/ Compaß genant/ vnd hat ein beweglich Zünglin/ das mit einem Magnet bestrichen ist/ vnd darvon sich stäts gegen Mitnacht richtet/ vñ deßhalben die Mittags Linien kleine fähler anzeigt. Waß man aber die Mittags Liny hat/ hat man auch die Morgen vñ Abendt Liny: dañ dise 2. Linien fallt Creutzweiß vbereinander. Demnach mag auch der Compaß in drey weg gebraucht werden/ namblich daß man durch jhn sucht gelegenheit einer vnbekandten Statt/ Landt oder Insel/ oder auch daß er zeig den Menschen die gelegenheit einer bekandten Statt/ Insel oder Landtschafft: vnd zum dritten/ daß man auch durch jhn erfahre die Distantz oder Interuall zweyer oder dreyer Stätt/ die nicht gerad in einer Mittags Linien ligen.

Daß man aber den Compaß in solcher gestalt brauchen könne/ ist von nöthen daß er eyngefaßt seye in einem Circkel vnd ein beweglich Liny hab darauff gehefft/ vnd der Circkel in bequeme Grad außgetheilet sey. Diese weiß gefalt mir am besten/ wie ich hieher zu einē Instrument hab entworffen/ vñ ich es auch also gebraucht hab. Wann du nun ein solch Instrument hast zugericht/ vñ wilt wandlen zu einer Statt die dir vnbekant ist/ so frag etwan ein Menschen der dir eygentlich könne anzeigen die gelegenheit der Statt zu der du zu wandlen begerest/ vnd alßbald stell ein Instrument auff denselbigen Weg: zum ersten sihe daß dz Zünglin im Compaß recht stand auff der Mittags Liny/ darnach richt den Zeiger auff dem Instrument gegen der Statt dahin du wilt/ vnd hab acht wo er

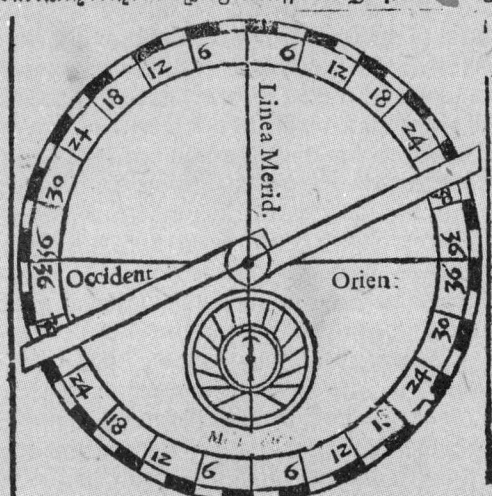

Instrumētum Viatorium.

hin weise/ von Mitnacht gegen Occident/ oder Orient/ vnd sihe eygentlich wie viel Grad er abschneide in demselbigē Quadrant oð Viertheil/ vnd behalt es. Darnach fahr dein Straß. Vnd wo es darzu käm/ daß du auff dem weitem Feld/ oder in einem Wald irr wurdest/ vnd hettest niemand der dir köndte anzeigen/ wo hinauß du dich richten soltest/ so nimb dein Instrument/ vnd stell es wie es vorhin gestanden/ da man dir die gelegenheit der Statt anzeigt/ so wirdt dir der Zeiger behülfflich seyn/ vnd gleich alß mit einem Finger deuten auff die Statt da du hin wilt. Wann aber die Statt da ich hin wandlen will/ gar ferr gelegen were von dem ort da ich außgehe: Alß ich wolt von Basel gehn München ziehen/ muß ich das Viatorium oder den Wegzeiger stellen auff ein nähere Statt/ die doch in demselbigen Weg gelegen ist/ alß auff Schaffhausen oder Costantz/

deren gelegenheit hie zu Basel wol bekant ist/ vnd darnach von Costantz auff Rauenspurg/ Memmingen vnd Augspurg ziehen/ vnd von dannen gehn München. Dieser Practic müssen sich behelffen die erfahrnen Schiffleuth auff dem Meere. Ja die Ertzknappen so im Erdtrich stecken/ Gäng vnd Klüfften etwan weit in die Berg hineyn fahren/ können ohn den Compassen nichts schaffen. Sie heissen es nach den stunden fahren.

Du solt hie auch mercken/ wann du ein gute Landtafel hast/ vnd wilt reysen von einer Statt zu einer andern/ magstu leichtlich auß solcher Tafel finden gelegenheit deiner fürgenommen Statt/ vñ das mit solcher weiß. Reiß auff ein Papeirlin ein halben Circkel vnd vmbschneid jhn/ vnd mach die theilung dareyn wie du vorhin gethan hast vnd vor augen sihest/ darnach leg sein Centrum auff die Statt darauß du gehn wilt/ vnd richt die Mittags Liny nach der Landtafel Mittags Liny/ vñ zeuch den Faden auß dem Centro zu der Statt da du hinreysen wilt/ vnd hab acht in welches viertheyl der Faden fallt/ in den auffgelegten halben Circkel/ vnd siehe wie viel Grad er abschneide/ so hastu schon

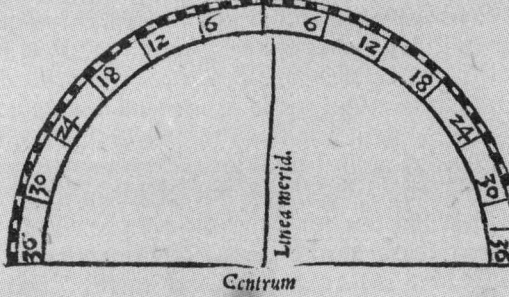

Nach den Landtafeln zureysen.

alle bescheid/ wie du stellē solt dein Viatorium nach dem du richtest deinen Weg. Nimb ein exempel. Ich will wandlen von Basel gehn Nürenberg/ vnd nimb für mich die Landtafel des Beyern vnd Schwabenlandts/ hie vnden vnder den newen Tafeln begriffen/ vnd sind oben auff der rechten hand auff dem Rhein die Statt Basel verzeichnet/ vnd Nürenberg vnden in der mitte auff dem wasser Pegnitz/ vnd so ich den halben Circkel mit dem Centro auff die Statt Basel leg/ nach gelegenheit des Meridians/ vnd zeuch ein Faden von Basel gehn Nürenberg/ fallt mir der Faden in die Quart zwischen Mitnacht vnd Orient vnd schneidet ab 19. Grad von den 36. Graden dieser Quart/ vnd diser Linien muß ich nachziehen auff Nürnberg zu/ dann so viel Berg vnd Thal/ Wasser vnd

Sümpff/

der Cosmographey. 37

Sümpff/ mich etwan tringen abzuweichen von schnurschlechtem Weg/ daß ich böser Weg ver=
meiden/ der krümme mich zu zeiten gebrauchen muß. Von dem sey nun gnug gesagt.

Zu erkundigen dreyer vnderschiedlichen örtern weitstand/ wie ferr sie von einander ligen. Cap. xxvj.

JCh habe zum dritten da vornen gesagt/ daß man durch den Compassen zweyer *Merck das*
oder dreyer Stätt intervall vnd weite gar subtil mag zuwegen bringen/ wie ich *Fundament.*
jetzund sagen will/ vnd merck eben. Wann drey Stätt seind/ die nicht in einer
Liny ligen/ machen sie ein Triangel/ wie das wol zu verstehen ist. Auff diß Fundament setz ich ein solche Lehre. So man ein Triangel hat/ vnd ist eine seiner
Linien bekandt nach jhrer länge/ mögen auß derselben erkandten Linien auch bekandt werden die andern zwo Linien/ die nicht mit diser Linien den Triangel beschliessen. Nimb deß ein Exempel bey diser Figur so hernach gesetzt ist. Wann ich weiß wie viel
Schuh lang ist die Liny a b/ so weiß ich auch darauß wie lang die zwo Linien seind a c vnd b c/ besonder so der Triangel auff Erden geschlagen wirdt auff drey Stätt. Das will ich nun dir anzeigen wie es zugehet. Ich stehe in einer Statt vnd sehe von ferrn zwo andere Stätt/ vnd beger zu
wissen wie ferr sie von mir gelegen/ vnd wie ferr sie von einander ligen. Als ich stehe im c vnd sehe
gegen dem a vnd gegen dem b/ vn wolt gern wissen wie ferr es were vom c zum a/ vnd vom c zum b/
vnd vom a zum b. Dem muß ich also thun.

A

C

B

Ich nimb das vordrig Instrument Viatorium genandt für
mich/ vnd observier beyde Stätt so ich vor mir sehe/ oder observier
jhre gelegenheit/ so ich sie nicht sehen mag/ vnd hab gut acht auff
den Zeiger/ in welche Quart er fall vn wie viel Grad er abschneide. Wann das geschehen/ hab ich zwo Linien von einem Trian-
gel/ vnd manglet mir noch die dritte. Dise zwo Linien muß ich
abtragen von dem gemelten Instrument/ vnd reissen auff ein
Charten oder halben bogen Papier mit solcher weiß. Zum ersten
reiß ich ein schlechte Liny mitten durch den halben bogen Papier/
die mir anzeigt den Mittag oder Mittnacht/ es gilt hie gleich/ vnd
mach mitten in die Liny ein Puncten/ den heiß ich c.

Zum obern theil diser Liny schreib ich Mittag/ vnd zum andern theil Mittnacht. Darnach hefft
ich in den Puncten c den vorgemelten halben Circkel/ vn richt jhn gegen Mittag oder Mittnacht/
nachdem ich der vordrigen zweyer Stätt gelegenheit gefunden/ vnd wie ich im Viatorio gefunden
die zwo Linien/ so reiß ich sie auff den halben bogen Papier/ vnd behalt sie biß ich ein Reiß voll-
bring/ vnd den Triangel vollende. Dann ich muß von meiner Statt wandlen zu der vordrigen *Triangel wo-*
Stätten eine (es gilt hie gleich) vnd des Wegs acht haben/ in wie viel stunden ich zu Fuß oder zu *zu er diene.*
Roß von der ersten Statt komme zu der andern/ vnd meinen Fußgang oder Ritt zu Meilen wenden. Wann das geschehen/ nimb ich ein Eysen Circkel/ vnd spann jhn ein wenig von einander/ so
viel daß vngefahr der klein Finger darzwischen mög/ vnd mach so viel Puncten mit dem außge-
spannten Circkel/ als ich Meilen gefunden hab zwischen den zweyen Stätten in der Liny/ die auff
dem Papier meiner Reiß dienet/ vnd wie sich die letste Meil endet/ zu demselbigen Puncten mache
ich den Buchstaben a. Nach disem allem wann ich in die ander Statt kommen bin/ muß ich mein
Viatorium widerumb brauchen/ vnd es richten auff die dritte Statt/ oder jhre gelegenheit/ mag
ich die Statt nicht sehen/ vnd acht haben in welche Quart vnd Grad die Regel im Viatorio falle.
So das geschehen/ muß ich ein kleine Mittags Liny durch den Puncten a ziehen/ die von der vordrigen Mittags Liny durch c gezogen allenthalben gleich weit stehe/ vnd darnach den halben papie-
ren Circkel mit seinem Centro hefften in den Puncten a/ vnd die jetz gefunden Liny tragen auff
das Papier/ so hab ich den Triangel vn die weite der vordrigen dreyen Stätt wie sie gegen einander
gelegen seind. Dann will ich wissen wie ferr es ist vom a zum b/ oder vom b zum c/ so mache ich auch
ein Puncten in die zwo a b vnd b c/ wie ich gemacht hab in die Liny c a/ vnd so viel Puncten ich
finde von einem Buchstaben zu dem anderen/ so viel Meilen seind von einer Statt zu der andern.

Deß wöllen wir nun ein Exempel geben. Ich bin hie zu Basel/ vnd will wissen wie ferr es ist von
Basel gen Thann im Obern Elsas/ vnd von Basel gen Offenburg in die Mortnaw/ Item von
Thann gen Offenburg. Nun wann es schön ist/ mag man hie zu Basel Thann oder sein hindern
Berg sehen/ aber Offenburg mag man nicht sehen/ aber sein gelegenheit. Vnd also zum ersten richt
ich mein Viatorium auff Thann/ vnd find die Regel in der Quart von Mitternacht gegen Occident in 22. Grad. Aber Offenburg find ich in der Quart von Mitternacht gegen Orient 4. Grad.
Dise zwo Linien trag ich nun ab/ vnd reiß sie auff ein Papier mit der Mittags Linien/ vnd werden
sie also stehen wie die vorige Figur herzu gemacht/ außweißt. Weiter so ich von Basel gen Thann
persönlich fahr/ find ich 5. Meilen distantz/ so zwischen zweyen Stätten seind/ die zeichne ich mit einem eysenen Circkel/ groß oder klein/ es ist nicht viel daran gelegen/ so ferr daß die Spacia gleich seind.

D   Weiter

38 Das Erste Buch

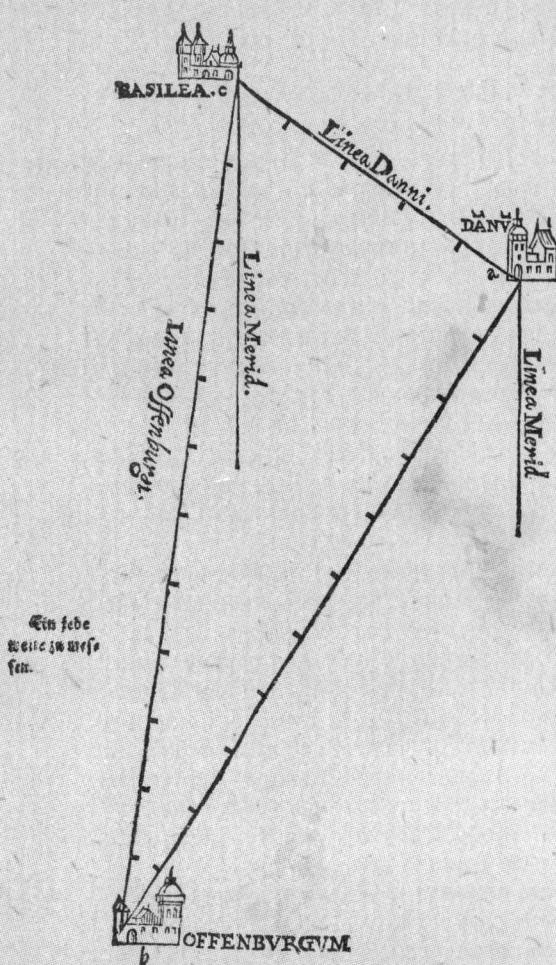

Weiter so ich zu Thann bin/laß ich mir zeigen die gelegenheit der Statt Offenburg/so vil es müglich ist/ vnd richte dahin das Viatorium/vnd fallt der Zeiger in die Quart zwischen Mitternacht vnd Orient auff den 14. Grad. So ich dises hab/mach ich ein Mittags Liny auff Thann/die gleich ferz stehe von der Baßler Mittags Linien/vnd schlag das Papierlein mit dem halben Circkel auff Thann/vnd zeuch ein Linien von Thann nach gemeldten 14. Graden biß zu der Linien die von Basel gen Offenburg gehet/ vnd misse beyde Linien von Basel gen Offenburg/ vnnd von Thann gen Offenburg/nach den Meilen von Basel gen Thann gerechnet/ vnd finde zwischen Basel vnd Offenburg zwölff Meil/ vnd zwischen Thann vnd Offenburg eilff Meilen. Sihest du hie/wie ich durch hilff des Compaß finde/ wie ferz Offenburg von Thann vnd Basel gelegen ist/ vnd darff dannoch nicht disen oder jenen weg wandlen.

In gleicher weiß magst du durch gemeldt Instrument messen ein jegliche weite die da für sich hat hundert vnd acht/zwey oder drey hundert Schuh/ꝛc. Nim zu einem Exempel. Du wilt messen eines Wassers oder Sees breite/oder sonst ein weite auff einem ebnen Feld/oder wilt du schiessen mit Büchsen zu einem vnbekandten ziel/vnd weißt nicht wie ferz es dahin ist/solche breite oder weite solt du also erkundigen. Reiß auff ein Tafel oder auff ein Papier einen grossen Circkel/des halber Diameter hab ein gute Spañ oder Schuh/ vnd theil den Circkel in so viel vnderscheid alß das vordrig Viatorium hat. Ein Creutz liny soll anzeigen die Mittags Liny/vnd die andere wird anzeigen den Orient vnd Occident. Vnd wann solches geschehen ist/so fahre weiter für mit solcher weiß. Stell das Viatorium nach des Compassen gelegenheit/gleich alß woltest du darinn sehen welche zeit es am Tag were/ vnd richt die Regel auff das Ort des ferze oder weite von dir/die du gern wissen woltest/vnd hab acht in welche Quartierung vnd Grad die Regel fallt/oder wie viel Puncten sie abweicht von der Mittag oder Mitnacht Liny/vnd solche Liny trage eigentlich in den Circkel so du vorhin auff Papier oder ander Tafel gemacht hast. Ich sprich eigentlich: dañ du must sie ziehen auß dem Centro in die Quartierung vnd abtrettung von Mittag oder Mitnacht/wie du sie gefunden hast im Viatorio. So das geschehen ist/laß dein Instrument nach des Magnets gelegenheit stehen/vnd wend die Regel zur rechten oder zur lincken Hand/auff ein Zeichen darzu du mit deinen Füssen kommen magst/ vnd das etlich schritt ferz von deinem ersten stand gelegen ist/vnd hab acht auff welche Quartierung/vnd auff welche Puncten oder Graden die Regel fallt/vnd solche Liny trag auch auff das vorgemeldt Papier oder Tafel nach gelegenheit des Mittags/Orients/ꝛc. Vnd solche Liny wöllen wir heissen die andere vnd oberzwerch Liny. Nach disem allem must du messen mit deinen Füssen diß ander vermerckt ziel/vom ersten stand biß zum andern/vnd alß viel Schuh oder Schritt du findest/in so viel theil must du vnderscheiden die andere oberzwerch Liny auff das Papier oder Tafel getragen. Findest du 60. Schritt/solt du solche Liny mit dem Circkel theilen in 60. gleiche theil/anfahen vom Centro/vnd fahren biß zum vmbkreiß des Circkels: Oder mag es des Papiers grösse erleiden/so magst du dise theilung strecken vber den Circkelring hinauß/so ferz daß die Puncten der theilung gleich weit von einander stehen. Man muß zwen Ständ haben in diser arbeit/dann es mag sonst gar kümmerlich ein länge auff der ebne gemessen werden ohn mittel der höhe. Wann nun die gemeldten zwo Linien mit dem Compaß erfunden seind/vnd auff das Papier getragen/muß man die dritte suchen/welche mit den zweyen ein Triangel macht. Dann alles was man mißt/mißt man Triangels weiß. Dem solt du aber also thun. Stell dich auff den andern Stand/vnd nim ein Viatorium/richte es nach den Magneten/vnd kehre die Regel nach dem Ort deß weite du wilt wissen/ vnd hab acht auff die Quartierung vnd Grad durch welchen die Regel gehet/vnd trag solche Liny auch auff dem Papier oder Tafel/so wird sie dir geben mit den anderen zweyen Linien ein Triangel: Dann dise dritte Liny fahet an den Puncten/da die theilung in der andern Liny außgehet/vnd streckt sich gegen dem ort deß weite du begerest zu wissen. Vnd da sie stoßt an die erst Liny/die du vom

ersten

der Cosmographey. 39

erſten ſtand gezogen haſt/gegen dem ort deß weite du ſucheſt/da wirdt ſolch ort auff dem Papier ſein lägerſtatt haben/vnd findeſt du ſetz auff dem Papier wie weit es iſt vom erſten ſtand biß zu dem ort das du von fernen geſehen haſt/vñ ſeine weite begereſt zu wiſſen/ſo du die theilungen in der Zwerch linien gemacht/fleiſſig zehleſt auff der dritten Linien ſo offt du ſie darinnen findeſt/welches du mit dem Circkel gering finden magſt. Vnd gleich wie in den andern Zwerchlinien die Puncten der thei lungen anzeigen Schritt/alſo werden in diſer Linien auch die außtheilten Puncten auch Schritt anzeigen. Daß du deß aber ein ebenbild habeſt/hab ich dir hieher verzeichnet ein Figur/die den gantzen handel außtrucket. Bey der Statio prima, verſtehe den erſten ſtand/bey Statio ſecunda, den anderen ſtand/bey Linea ſecunda, die Zwerchlinn/bey Linea meridiana, Mittags Linn. Will dir aber diſe weiß zu ſchwer ſeyn/will ich ſie dir etwas geringer (alß ich meyn) fürgeben/vnd erſtlich muſt du dir ein Inſtrument machen nach aller Form wie ich es hie verzeichnet habe/vnd dem ſolt du alſo thun. Nimb ein groſſe vnd ebne Tafel/vnd reiß in jhre mitte ein Liny/deren örter verzeichnet werden mit a b/vnd theil ſie in 24. gleiche theil/vnd ſchreib auch zu diſer abtheilung die Zahl/von dem a biß zum b. Darnach mach zwo beweglicher Regel/vnd theil ſie auß alß weit ſie reiche mit der theilung die da hat die Liny a b. Ein verzeichne mit dem Buchſtaben a d/die etwas länger ſeyn ſoll weder die Liny a b/darumb ſie auch ein weitere außtheilung hat. Die andere vnd kürtzere verzeichne mit b c/vnd deren theilung iſt jhrer kürtze halb minder dann die theilung a b.

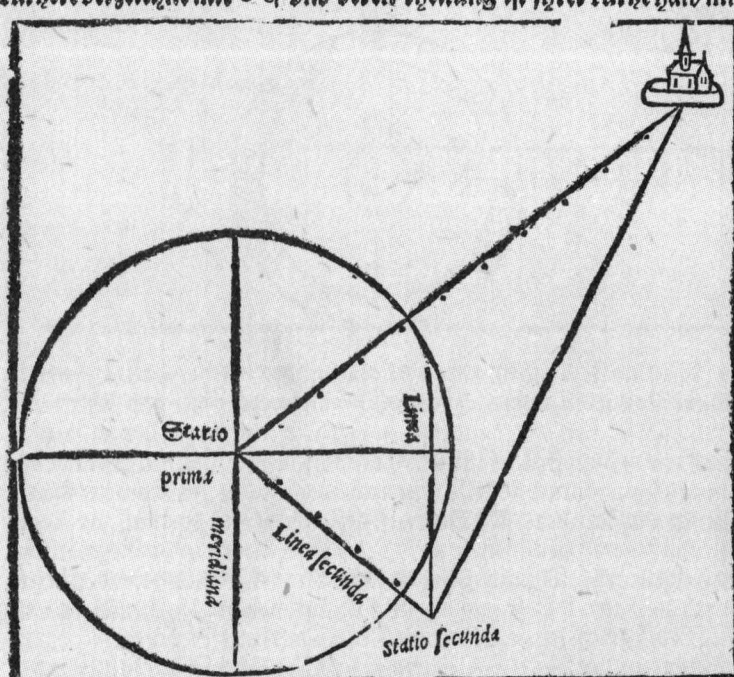

Du ſolt auch diſe theilung der zweyen Reglen weiter in vier Minuten vnder ſcheiden. Nach diſem mach in die Regeln a d vnnd b c löchlein die ſtracks gegen ein ander in auffgerichtem kleinen Täfflin ſtehn/eins in das Centrum a/vnnd eines in das Centrum b/vnd darnach am end d vnd c/oder richt ſonſten etwas ſpitziges auff die Regel bey c vnd d. Mach auch vmb das Centrum b ein Cir ckel/quartier jhn/vnd theil ein jede Quart in 90. grad. Deßgleichen mache auff das Centrum a ein halben Circkel/vnd dividier jhn in zwen mal 90. Grad. Wei ter muſt du haben ein gu ten viereckechtigen Com

paß/deß Circkel dividiert ſey in 12. gleiche theil/den du brauchen mögeſt in alle Winckel der Welt/ in welches Centro das Zünglein ſein gewohnliche bewegung hab. Die gemeinen Compaß ſeind nicht vaſt gut/es ſchein dann die Sonn/dann jhr Circkel iſt nicht durchauß getheilt/vnd iſt auch nicht auff das Centrum gerichtet. Item/ein Regel muß dicker ſeyn dann die ander/beſonder die länger/daß man ſie vnderſcheiden könne vom auſſern theil biß zu der mitte/vnd die vndere oder klei ner Regel jhr bewegung vnder der dickern hab. Dann es müſſen diſe zwo Regeln für vnd für vber einander gehen/vnd ſampt der Liny a b ein Triangel machen.

Wann nun das Inſtrument iſt zugericht/ſolt du dardurch auff der ebne ein lenge ſuchen mit ſol- Brauch des cher weiß. Du begerſt zu wiſſen/wie ferr von dir ein Thurn/Schloß oder ander ding ligt/oder wie Inſt. vmêro. breit ein flieſſend Waſſer iſt/darüber du nicht kommen kanſt/ſo thu jhm alſo. Leg das Inſtrument auff ein Stein oder Holtz/vnd kehre es vmbher biß du durch die löchlein ſo vber die Regel B A gehe/ ſiheſt das ort dahin du zieleſt/vnd deß weite die du begereſt zu wiſſen. Darnach laß das Inſtrument alſo ſtehn/vnd kehr dich zur rechten oder lincken/vnd ſuch ein zeichen das von dir 30. oder 40. ſchritt weit ſtehet/mehr oder minder/zu dem du koſtlich gehn magſt/vnd gegen diſem zeichen richt die Regel B C ſo ſtracks alß du magſt/alſo daß du durch die löcher B C das gemelt vnd fürgenommen zeichen ſeheſt/vnd alßdann hab acht in welche Quart vnd auff welchen Grad diſe Regel fall: dann du muſt in der andern ſtation das Inſtrument gerad nach diſer gelegenheit ſtellen/vnd darumb vor vnd eh du das Inſtrument verruckeſt von ſeiner erſten ſtätt/ſolt du darauff ſetzen ein Compaß des Mittags Liny oder ſeiten gerad ſeyen an die Liny A B/vnd acht haben/welche Stund oder ander Puncten zwiſchen den verzeichneten Stunden des Compaſſen Zünglein anzeig/oder ſcheint die Sonn/ſo ſihe auff welche Stund der ſchatten vom Faden fall/vnd behalt diſen Puncten auff das

D ij   fleiß-

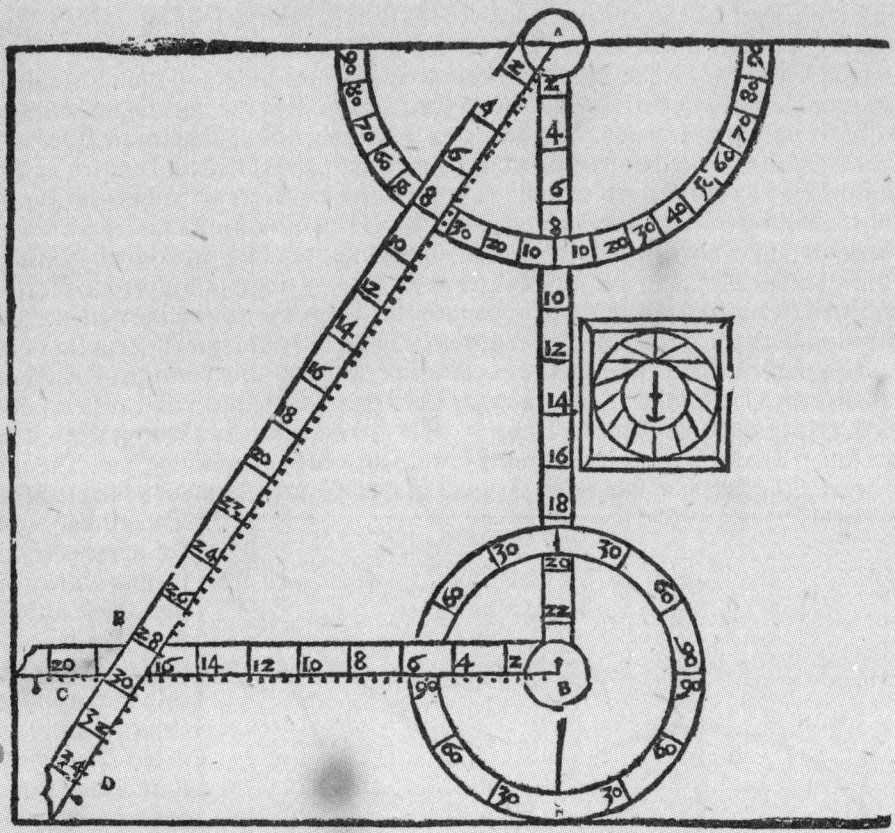

fleissigst: dann man muß das Instrument gleich im anderen stand vnd am vermerckten zeichen widerumb also stellen. So nun dise erste station außgericht ist/solt du dich verrucken/ vnd zehlen wie viel schritt seind biß zum verruckten zeichen da die ander station gehalten werden soll/vnd daselbst das Instrument in all maß auff etwas hoch stellen sampt den Compassen wie er vorhin gestanden ist/ vnd darnach den Compaß hinweg thun: dann du darffst sein nicht mehr so das Instrument stehet. Du solt auch die Regel B C stellen wie sie in der ersten station ist gestanden/ vnd darnach die Regel da richten auff das ort deß weite du begerest zu wissen/ so wird sie dir abschneiden in der Regel etliche besondere Puncten/ derselben hab gut acht. Deßgleichen hab acht wie viel Puncten werden abgeschnitten in der Regel D A durch die Regel B C/ so hast du ein Triangel von dreyen Linien/vnd hast darmit auch jhr außtheilung. So diß geschehen/ applicier die Regel Detri mit solcher weiß. Setze zum ersten die abgeschnitten Puncten der Regel B C/ darnach setz die zahl der schritt so du von der ersten station zu der andern verzeichnet hast. Zum dritten setz die zahl der Linien A B/ welche allwegen ist 24. Nun handle nach der Regel Detri/ vnd multiplicier die dritt zahl mit der andern/ vnd was darauß erwachst/ dividier durch die erste zahl/ so findest du wie viel schritt seind vom erste stand biß zum vermeinten ort/ deß weite du anfänglich hast begert zu wissen. Deßgleichen wann du wilt wissen/ wie weit es ist von der andern station biß an dein vermeint ort/ so setz die zahl der abgeschnittenen Puncten in die Regel D A an das dritt ort/ vnd handel mit der Regel Detri wie vorhin.

Wie breit der Rhein zu Basel. Exempel. Ich hab hie zu Basel die breite des Rheins so er bey dem Münster der Thumbkirchen hat/ von der außeren Mawren der Pfaltz biß zum Zwängermäwrlein der kleinen Statt also gemessen. Anfänglich hab ich vermerckt die ober Port der kleinen Statt Basel/die zum Rhein führt/ vnd hab die erste station gehalten in dem lincken Winckel der Mawren am Rhein/ ich hab daselbst mein Instrument auff die Mawr gelegt/ vnd aber die Liny A B durch die löchlin gesehen an gemelte Port der kleinen Statt: Ich hab auch gleich die Liny B C gerichtet auff den andern Winckel so zu der rechten am Rhein auff der Pfaltz stehet/ vnd hab gefunden daß solche Regel abgeschnitten hat in der innern quart des Circkels zu der rechten Hand 82. Grad. Weiter hab ich den Compaß gesetzt an die Liny B A/ vnd ist der schatten gefallen gerad zwischen 5. vnd 6. dann der Himmel war heiter/ were er aber nicht heiter gewesen/ hett ich mich beholffen mit dem Züglein/ des Gebelin fiel zwischen 6. vnd 10. Also gieng ich dann vnd zehlet mit füssen das Spacium/ von der ersten station biß zum vermerckten zeichen/ nemlich zum andern Winckel/ vnd fande 147. Schuh oder Füß/ vnd setzt das Instrument in diser andern station auff die Mawr/ setzt den Compassen auff das Instrument/ vnd kehret das Instrument vmbher biß der Sonnen schatten/ wie vorhin/ fiel zwischen 5. vnd 6. das thet ich aber von stund an/ es möcht sonst ein jrrthumb bringen/ wo sich zwischen den zweyen

stationen

der Cosmographey. 41

stationen etwas zeit solt verlauffen. Ich hab auch die Regel B C wie vormals gesetzt auff den 82. Grad des Circkels/vnd hab die ober Regel da gericht vber den Rhein/biß ich durch jhre löchlin gesehen hab die ober Port in der kleinen Statt/vnd hab gesehen wie die Regel B C ist abgeschnitten worden im 5. Puncten vnd 3. Minut/aber die Regel D A ist von der andern Regel vberfahren worden im 24. Puncten ohn einige Minuten. Vnd dieweil ich vber gantze Puncten hab 3. Minuten gehabt in der Regel B C/hab ich beyder Reglen Puncten verwandlet in Minuten/vnd hab die drey Zahlen also in die ordnungen gestellt 23.147.96. Die 23. seind Minuten der Regeln B C/die 147. seind Füß zwischen den zweyen stationen/vnd die dritt zahl seind Minuten zwischen der ersten station vnd der Porten vber Rhein in der Liny A B erwachsen. Nun handel ich nach der Regel Detri/vnd find im quotient 609. Schuh/vn also breit ist der Rhein von der Pfaltz biß zum kleinë Mewrlin vber Rhein. Doch erzeicht der Rhein nimmer die Pfaltzmawr/dann sie steht hoch an der Halden/darumb geht den 609. Schuhen etwas ab.

Ein andere form/wie man die länge auff einer ebne abmessen soll.
Cap. xxvij.

Wie vorhin gesagt ist/man muß auff der ebne zwo station haben/will man etwas messen: aber ein höhe zu messen/darff nicht mehr dann eines stands/hat man anders weite/daß man zum auffrechten ding kommen mag. Vrsach ist/wann ich vor einem hohen Thurn stande/mag ich ein freyen Triangel mit einem gesicht machen / ein Liny gehet von meinen augen schnurschlecht auff die höhe des Thurns/die man Hypotenusam nennet/die ander streckt sich von meinem gesicht vnden an den Thurn/die heißt man Basim: die dritte ist die Liny die sich am Thurn in die höhe zeucht/dise drey Linien machen ein auffgerichten Triangel/vnd wann ich ein Liny gemessen hab/mag ich leichtlich die andern finden. Wann ich aber auff der ebne stehe/vnd sihe etwas ferr von mir auff der ebne/da ist zwischen meinem Aug vnd dem gesehenen ding nicht mehr dann ein Liny: nun muß ich aber noch zwo haben die mit diser Linien ein Triangel machen/das kan ich nicht zu wegen bringen/ich gehe dann neben auß zur lincken oder rechten/so gibt mir der gang die ander Liny/vnd wann ich am end dises gangs oder diser ander Linien das vorder ding widerumb sehe/hab ich drey Linien/die erste vnd die dritte spitzen sich/vnd kommen zusammen an dem ding/von dem ich gern wissen wolt wie weit es von mir wer/vnd also muß ich ein gedichten Triangel auff die ebne legen/wann ich will messen wie ferr es von mir ist. Die erste Liny wird der Cathetus seyn/die ander die Basis/die dritt Hypotenusa, welche Hypotenusa ist allwegen ein Diameter im Quadrat/das auß dem Catheto vnd Basi gemacht wirdt/wie dann auch ein jeder Triangel mit einem rechten Angel ist ein halb quadrat/beschlossen mit dem Diameter.

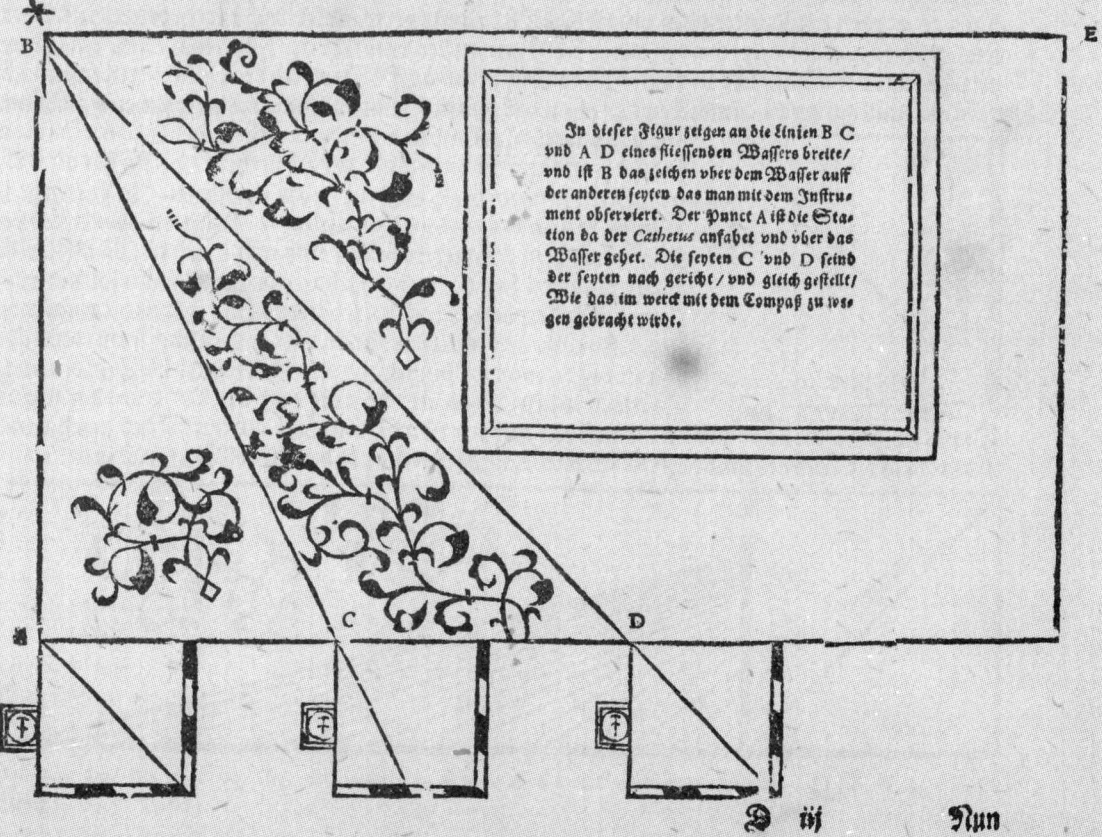

In dieser Figur zeigen an die linien B C vnd A D eines fliessenden Wassers breite/ vnd ist B das zeichen vber dem Wasser auff der anderen seyten das man mit dem Instrument observiert. Der Punct A ist die Station da der Cathetus anfahet vnd vber das Wasser gehet. Die seyten C vnd D seind der seyten nach gericht/vnd gleich gestellt/ Wie das im werck mit dem Compaß zu wegen gebracht wirdt.

Das Erste Buch

Nun ein länge zu messen/magstu brauchen ein Meßleiter/die man Scalam altimetram nennet/ auff ein solche weiß: Leg die Meßleiter nider vnd sihe vber den Cathetum oder durch sein löchlin zu dem ding deß weite du begerest zu wissen/vnd bezeichne dise Liny mit dem Compaß wohin sie sich streckt/vnd mach auch ein zeichen an das ort deines stands. Darnach gehe von deinem stand beyseits hinauß 20.oder 30.schritt ferr/doch daß dein gang mit dem verzeichneten Catheto ein rechten winckel mach/vnd leg die Meßleiter widerumb mit hilff des Compaß/wie sie vor gelegen ist/nemlich daß diser ander Cathetus dem vordrigen Catheto zugleich stehe: das ist/vmb vnd vmb gleich weit von jhm/vnd alßdann sihe durch den beweglichen Diameter/oder durch sein löchlein (dann es ist hie die Hypotenusa) zu dem für observierten ding/vnd hab acht wie viel Grad oder Puncten er ergreifft in der vndern außtheilung/die man nennet Grad des rechten schattens/vnd mit solchen Graden vnd den gezehlten schritten mach ein proporz oder vergleichung gegen den 12.so wirst du finden wie viel schritt seind vom ersten stand zu dem ding deß weite du suchest. Dann ergreifft der Diameter 6.Puncten/die das halb theil seind von 12.so must du die gezehlten schritt duplieren/vnd wird dir kommen die weite die du suchest. Schneidet aber der Diameter 8.Puncten ab/welche zwey drittheil seind von 12.so must du deinen gezehlten schritten noch halber so viel zulegen/vnd wirst die weite finden. Item/kompt die Hypotenusa gerad auff den 12.Puncten/so wird der Cathetus eben gleich seyn der Basi: dann der 12.Punct in der Meßleitern vergleicht ein jeglich Spacium seiner höhe/vnd also geht es auff der ebne zu.

Wie Hypotenusa gefunden wirt.

Wilt du aber haben die länge der Hypotenusæ: Alß du wilt beschiessen ein Schloß auff der höhe gelegen/vnd ist das Geschütz hie vnden auff der ebne/woltest gern wissen wie weit der Stein fahren müßt von der Büchsen durch den Lufft zum Schloß oder Thurn/so thu jhm also. Such zum ersten die länge der Basis/vnd darnach auch die höhe des Catheti/wie viel schritt ein jede Liny hat (welches ich hie vnden anzeigen will) vnd multiplicier die schritt der Basis mit jhr selb/deßgleichen multiplicier die schritt des Catheti mit jhr selb/vnd addier die zwo summen zusammen/vnd auß der gantzen summa ziehe die wurtzel der gevierdten oder quadraten zahl/so hast du die länge der Hypotenusæ. Die etwas in Arithmetica gestudiert haben/verstehen was ich hie schreib. Nun will ich dir ein Figur für augen stellen/wie man die Meßleitern brauchen soll. Das Exempel ist vorhin gemeldet worden. Wann aber in deiner handlung der Basis spacium grösser were dann der Cathetus, deß länge du suchest/vñ die Hypotenusa oder der Diameter fiele in die seiten des vmbkehrten schattens/in welchen die Basis allwegen grösser ist weder der Cathetus, wie im rechten schatten der Basis allwegen kleiner ist dann Cathetus: aber zwischen dem rechten vñ vmbkehrten schatten seind gleich lang/so must du die Puncten des vmbkehrten schattens verwandlen in Puncten des rechten schattens/vnd acht haben in was proportion/oder wie offt die Puncten so vber 12.kommen/vbertreffen die 12. dann in solcher proportion wird dein gemessen Spacium oder Basis vbertreffen den Cathetū. Nun es werden die Puncten des vmbkehrten schattens verwandlet in Puncten des rechten schattens/wann 144.dividiert werden durch die Puncten des vmbkehrten schattens. Nim ein Exempel: Es fallt der Diameter in deiner handlung gerad auff 8.Puncten des vmbkehrten schattens/ darumb must du mit 8.dividieren 144/so wirst du im Quotient finden 18.in welchen 12.ein mal vnd das halb theil gefunden wirdt/vnd also wirdt der Basis spacium grösser seyn dann der Cathetus zu halben theil: das ist/hat die Basis 90.schritt/so wirdt der Cathetus haben 60.schritt. In Latein heißt man es Sesquialteram proportionem. Wilt du aber dise arbeit fliehen mit dem dividieren/so thu eins vnd mach ein Meßleiter/die allein Puncten hab des rechten schattens/nemlich mit solcher weiß. Ziehe die Basin oder des rechten schattens Liny so weit du magst vber die 12.hinauß/vñ verzeichne darein die 12.theilung so offt du magst von 12.biß 24.von 24.biß 36.vnd also weit schreib die Zahl darzu/rc.

Darnach leg ein Regel an einem ort auff das Centrum darauß der Diameter gehet/vnd am andern ort auff den dreyzehenden Puncten/14.15.rc. Vnd mach damit Puncten in die Liny des vmbkehrten schattens/vnd schreib auch darzu die Zahl 13.14.15.rc.

der Cosmographey.

Nim dise Figur zu einem Exempel. Wann das Instrument groß ist/mag man alle Puncten vnderscheidlich verzeichnen/sampt der Zahl in der auffsteigenden Linien des vmbkehrten schattens. Es möcht sich auch begeben daß du in einer handlung durch die Meßleiter nicht wol möchtest neben außkommen nach der Basis rechten Angel/sondern die Basis Liny muß deinem außgang nach machen einen engen oder weiten Angel da sie anrühret den Cathetum/so wirdt von nöthen seyn/ daß du machest ein beweglichen Basin/vnd ein beweglichen Diametrum/vnd den Diametrū gleich außtheilest/wie die Basin/doch daß sich seine theilung weiter hinauß streckt/dann wo sich die 12. in Basi enden/da hat der Diameter 17. vnd noch ein wenig mehr/daß doch kein irrthumb bringt. Dieweil aber die Basis offt länger ist dann der Cathetus/so magst du die Basin wol zwey mal länger machen/das ist/24. Puncten lang/so der Cathetus nicht mehr dann 12. hat/gleich wie dem Diametro auch etliche theilungen zu sollen gethan werden/vñ bey den Linien löchlein auffgesetzt/ vnd wird das Instrument vast gleich dem ersten/dann daß die proportz der Basis vnd Catheti hie gerichtet ist auff die Zahl 12. in gestalt der Meßleitern. Ich gib dir allhie dise nachfolgende Figur zu einem Exempel. Vnd meines beduncken mag nichts geringers angeben werden/etwas auff der ebne zu messen. Dann auß der gemessenen Basi hat man den Cathetum vnd Hypotenusam. Wann 12. in Basi, vnd 17. in Diametro zusammen kommen/hast du ein rechten Angel. Wann aber im Diametro weniger Puncten dann 17. gefallen/so ist der Angel des Basis vnd Catheti eng/ doch daß der Diameter sey in der Linien des vmbkehrten schattens. Aber der Angel wird weit: daß die Liny der Basis fallt vnder die Liny der quadrierten Basis. Wann du nun etwas messen wilt mit disem Instrument/so sihe daß du die ander station haltest an einem ort/da der Diameter ein Zahl abschneidet/die gegen den 12. ein vergleichung habe/alß da seind 2. 3. 4. 6. 8. 10. Dann damit ist gut handlen. Nimpt er 6. so ist es gewiß daß das Spacium zwischen den zweyen stationen halb so groß ist/ alß das Spacium so du messen wilt/gleich wie 6. das halb theil ist gegen 12. Begreifft aber der Diameter 8. so wirdt das gemes-

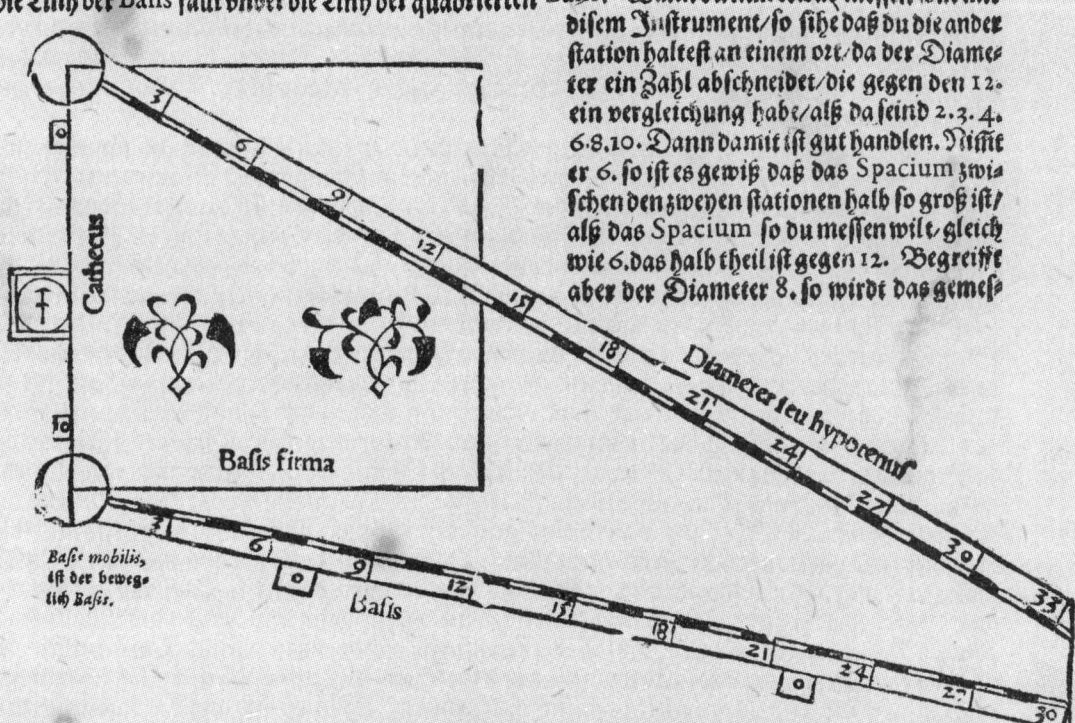

sen Spacium eins dritten theils kleiner seyn dann das Spacium so zu messen ist/wie dann 8. vmb ein dritteil minder ist weder 12. vnd darumb muß ein dritteil dem gemessenen Spacio zugelegt werden/will man haben den Cathetum der zu messen ist. Fallt aber der Diameter gerad auff den außgang der 12. Zahl/so wird das gemessen Spacium/vnd das zu messen ist/gleich groß. Fallt aber der Diameter in den 15. Puncten/so wird das gemessen Spacium grösser seyn vmb 3. weder das zu messen ist: nun ist 3. ein viertheil von 12. Item fallt der Diameter in den 16. Puncten/so wird das gemessen Spacium vbertreffen das so zu messen ist im dritten theil. Begreifft er dann 18. Puncten/ so wird das gemessen Spaciū grösser seyn weder das/das gemessen soll werden/vmb das halb theil. Dise ding werden gar hübsch durch die Regel Detri gefunden. Dann ich sprich/8. Puncten machen im gemessenen Spacio 30. schritt/wie viel machen nun 12. Puncten? handlest du nach der Regel Detri/so findest du 45. schritt. Dann wie 8. zwey dritteil seind gegen 12. also seind 30. zwey dritteil gegen 48.

Was Ptolemæus im 3. vnd 4. Capitel seines Ersten Buchs handlet.
Cap. xxviij.

Im 3. Capitel des 1. Buchs lehret Ptolemæus wie man auß den Himlischen Graden finden mag wie viel Roßzläuff oder auch Meylen vmb das Erdtrich gehen/vnd wie viel Meylen auff ein Grad gehen/das hab ich nun hie vornen im 16. Cap. außgerichtet/darumb nicht von nöthen ist hie etwas weiter darvon zu schreiben. Im 5. Cap. lehret Ptolemæus/so einer ein Land beschreiben will/ist von nöthen/daß er ein gut vnd gerecht Fundament leg/etliche namhaffte Stätt dareyn setz nach der rechten Kunst. Die länge der Stätt such auß den Finsternussen der Sonnen oder des Mons/vnd die breite durch bequeme Instrument/dardurch man zuwegen bringt in einem jeden Flecken des Polus höhe. Der breite halb hat es gar kein noth/man mag solches alle Tag so die Sonn scheint/in einem jeden Flecken zu wegen bringen. Aber die länge zwischen zweyen Stätten kan man nicht also gering durch den Himmel finden/vnd das ist kein andere vrsach/dann daß der Himmel der länge nach nimmer still stehet/sonst hett es kein noth. Wann nun etliche Stätt in einer Landtafel nach rechter Kunst eyngesetzt seind/mögen die andern vmbligenden Stätt gar gering darinn geschrieben werden. Alß da ich das Elsaß vn Breyßgöw beschrieben hab/habe ich dareyn gesetzt zu einem Fundament/Basel/Straßburg/Offenburg/Freyburg/Brysach/Colmar vnd Thann/vnd darnach acht gehabt auff die Flecken/so vmb ein jede Statt ligen/oder so zwischen zweyen Stätten auff der Strassen gefunden werden. Wie aber die länge der Stätt durch die Finsternussen soll gefunden werden/ist hievornen zum theil angezeigt worden/da wir von den Meridianen oder Mittags Circkel geschrieben haben. Dann da haben wir gesagt/daß die Finsternussen zu andern vnd andern Stunden gesehen werden in den Occidentischen vnd Orientischen Ländern.

Die länge eines Lands zu suchen.

Hie merck nun gar eben. Wann ich einen rechten Meridian setzen will/vnd nimb für mich zwo Stätt (wir wöllen setzen/es sey Basel im obern Elsas/oder im Sungöw vn Gröningen im Frießland) muß ich warten auff ein Finsternuß des Mons/(dann die ist gewisser dann der Sonnen Finsternuß) vnd muß einen bestellen der zu Gröningen observiert die Eclipsim/wie ich hie zu Basel acht darauff hab. Da muß an beyden orten das Horologium gar just vnd gerecht dieselbig Nacht gestellt seyn/daß es auch nicht vmb ein Minut fähle. Vnd so das versehen ist/warten wir beyde zu Nacht der Finsternuß/vnd haben eigentlich acht auff den Puncten oder augenblick/wan der Mon sein schein gar verleurt/vnd zeichnen die stund vnd Minut so das geschicht/oder haben acht auff den Puncten so der Mon auß den Finsternussen gehet/vnd wider anfahet heiter zu werden. Ist es dann sach daß solches geschicht zu einer stund vnd in einem Augenblick/seind wir deß gewiß daß die gemelten zwo Stätt ein länge haben/vnd vnder einem Meridian ligen. Kompt aber die Finsternuß zu Gröningen zwo Minuten früer dann zu Basel/so ist Gröningen 4. Meil weiter gegen Orient gelegen dann Basel/vnd fehlen dise Stätt an der länge vier Meilen/die machen zwo Minuten an der zeit. Kompt aber die Eclipsis zu Gröningen früer vmb vier Minuten/so vbertrifft dieselbige länge der Baßler länge acht Teutscher meilen. Dann hie zu Land machen vast zwo Teutsch meilen der länge nach ein Minut an der zeit. Vnd daher kompt es daß die Laßzedel auff Nürenberg oder Wien gemacht/seind zu Basel nicht gerecht/man nemme dann von der zeit des Vollmons/oder des Newen/etlich Minuten. Die zeit des Vollmons vnd des mittels seiner Finsternussen/ist ein zeit: aber nicht also ist es mit dem Newen vnd der Sonnen Finsternussen: das laß ich nun hie ruhen. Es hat sonst auch noch ein grossen fehler mit dem Vollmon vnd dem Newmon/mit der Sonnen vnd des Mons Finsternussen. Daß die Zahlen so man in die Laßzedel setzt/fehlen alle gar nahe vmb ein stund/vnd ist wol ein wunder daß so viel gelehrter Astronomi seind/vnd niemand den groben jrrthumb mercken vnd corrigieren will.

Mißhellung der Laßzedel.

Was Ptolemæus im 5. 6. vnd etlichen andern nachgehenden Capiteln schreibt. Cap. xxix.

Ptolemæus lehret in dem 5. Capitel/daß man die Tafeln vber die Länder für vnd für verenderen muß/gleich wie sich die Königreich vnd Fürstenthumben verenderen/vnd nicht allwegen vnverwandlet in einem Land stehen. Ja das ist die fürnemste vrsach/darumb man zu den Ptolemeischen Tafeln jetzund newe Tafeln macht. Dann von seiner zeit an/der dann vngefahr 150. jahr nach Christi geburt gelebt hat/biß zu vnsern zeiten/seind gar vil grosse verenderung auff Erden geschehen. Das mögen wir wol in vnserm Teutschland spüren/in dem zu seiner zeit nicht vil Stätt/Schlösser noch andere Wohnungen seind gewesen/ich will geschweigen so viel Fürstenthumen/Herzogthumen/Landgraffschafften vnd Marggraffschafften. Man hat dazumal nicht gewußt zu sagen von dem Elsas/von dem Franckenland/Hessenland/Thüringerland/Sachsenland/vnd andern dergleichen vielen Ländern/die darnach erst durch eynwohnung gewisser Völcker seind berhümbt worden. Poland ist zu seiner zeit vast ein einiger Wald gewesen/aber jetzund ist es ein groß Königreich.

Teutschland vor zeiten schlecht erbawen.

der Cosmographey. 45

reich. Item/Constantinopel vnd die gantze Türckey ist zu seinen zeiten vnder den Römeren gewesen/aber jetzund können die Römer kaum sich des Türcken erwehren. Demnach ist wol von nöthen/daß man zu den vnseren zeiten andere Tafeln mache vber die Länder/weder die Alten vor vns gemacht haben: dann die Welt hat jetzund gar ein andere gestalt/vnd ist auch anderst außge-theilet dann vor zeiten. Item im sechsten Capitul zeigt Ptolemæus an/daß vor zeiten die gelehr-ten Leuth in grosser achtung seind gewesen/vnd haben sich die Königreich gar trefflich weit auß-gestreckt/deßhalben man dazumal diß oder jenes Land gar komblich hat beschreiben können. Es seind auch viel gelehrter Männer vor Ptolemæo gewesen/die vnderstanden haben die Welt zu be-schreiben/vnder welchen Marinus vber die anderen gelobt wirdt/aber doch hat er etwan auch ge-jrret/vnd nemblich zu zeiten die länge für die breite genommen/vnd widerumb die breite für die länge. Er hat auch nicht angezeigt vnd vnderweisung geben/wie man die gantze Welt beschrei-ben vnd figurieren solt auff der ebne. Darzu hat er etwan die länge vnd etwan die breite der Stätt grösser gemacht dann sie sollen seyn. Dise drey ding vnderstehet Ptolemæus zu corrigieren vnd rechtfertigen in Marino. Im siebenden Capitul verwirfft Ptolemæus des gemeldten Marini meynung/da er geschrieben hat/daß das Erdtrich von dem Equinoctial zu beyden seiten/vnd ge-gen beyden Polis, möge nicht weiter eyngewohnet werden/dann auff 87.Grad/vnd vnderstehet das zu probieren durch etliche Himmelische Zeichen/so ferr zu Wasser vnd Land geschehen. Die Himmelischen Zeichen darauff Marinus tringt/seind etliche Sternen/als da ist der groß vnd klein Bär/die der gemeine Mann nennet den grossen vnd kleinen Wagen/Orion, Pleiades, Ca-nopus, &c. Im achten Capitul verwirfft Ptolemæus Marinum mit seiner meynung/da er vn-derstehet zu probieren etliche Schiffungen vnd Fußgäng/wie das Erdtrich gegen Mittag sich nicht weiter erstrecke dann biß zu dem Steinbock Circkel: das ist 24.Grad/von dem Equinoctial/ das laß ich hie fahren. Wir wissen zu vnseren zeiten besser dann Marinus vnd Ptolemæus, wie ferr sich das Erdtrich gegen Mittag strecke/da man jetz stäts vmbfahret/da man auß Hispania in Orient schiffet/wie ich hie vnden anzeigen will mit einem besonderen Capitul. Im neundten Capitul verwirfft Ptolemæus die vordrige meynung Marini, da er anzeigt etliche Schiffungen/ vnd dardurch vermeynet zu bestätigen sein fürnemmen. Im zehenden Capitul beschreibt Ptole-mæus sein einige meynung/was er halte von der Breite der erkandten Welt. Darnach im eilff-ten Capitul corrigiert Ptolemæus die Tafeln Marini der länge halb. Dann so Marinus geschrie-ben hat/daß von den Canarien Inseln/allernächst hinder Hispanien gelegen/gegen Orient biß zu den Völckern Seres/seind 225.Grad/hat Ptolemæus nicht mehr dann 180.Grad gefunden. Im zwölfften Capitul examiniert er in Stuckweiß die vordrige länge/vnd zeigt an daß Marinus von den Canarien Inseln biß zu dem Wasser Euphrates nicht vbel gerechnet hat/aber darnach weiter biß in Indiam hat er die Interuall nicht wol troffen/wie er darnach im dreyzehendtn vnd vierzehenden Capitul durch etliche Schiffungen probieret/die da gangen seind biß zum vorgebirg Cory vnd der Statt Curura/ɾc. Im fünffzehenden vnd sechszehenden Capitul bewähret Ptole-mæus,daß Marinus nicht allein gefählet hat in beschreibung der gantzen jrdischen Kugel/sondern auch in vielen besonderen Stätten vnd örtern/denen er nicht jhre rechte länge vnd breite gegeben hat/sondern also grob mit etlichen vmbgangen/daß er etwan zwo Stätt in ein Mittags Liny ge-setzt hat/die doch in einem Parallelen ligen/vnd herwiderumb/Er hat auch etliche Länder nicht nach rechter gelegenheit an einander gesetzt/sondern etwan ein Land dem andern zu rucken gesetzt/ das doch neben jhm auff der seiten ligt. Im siebenzehenden Capitul zeigt Ptolemæus an/daß Marinus in seiner Cosmographey nicht zustimbt mit den Historien die zu seinen zeiten beschrieben seind/von den Schiffungen die man gethan hat in dem Indianischen Meere/biß zu der Haupt-statt Seram,vnd von dannen biß in das vnbekandte Land. Im achtzehenden Capitul beweißt Ptolemæus,daß Marinus kein rechte vnderweisung geben hat/wie man ein Kugel zurichten soll/ oder die entwerffen soll auff einer ebne/dareyn man bringen köndte Stätt/Berg vnd Wasser/ɾc. Im neunzehenden Capitul bezeugt Ptolemæus, daß er nicht ein kleine arbeit habe gehabt in der Geographia Marini, biß er alle jrzthumben corrigiert hat/vnd darzu beschrieben die länge vnd breite. Er zeigt auch an/wie er einer jeden Landschafft gegeben hab jhren gebür-
lichen anfang vnd außgang/gerings vmb nach
den vier Winden der
Welt.

Marinus ein grosser Cos-mographus.

Was

Was Ptolemæus im yy. vnd etlichen nachgehnden Capituln tractiert.
Cap. xxx.

Im 20. Capitul strafft Ptolemæus Marinum darumb/daß er nicht geschicklich beschrieben hat die Kugel der Erden auff der ebne. Er lehret auch wie man die vnder Welt/darinn wir wohnen/in zwen weg mag figurieren/ein mal in eine ronden Kugel/vnd die darff nicht vieler Kunst. Doch muß ein solche Kugel gar groß seyn/in deren eusseren weite alle ding beschrieben werden. Darzu mocht man nicht in jhr eins mals anschawen die gantze Welt in jhr entworffen/sondern man müßt ein Land nach dem andern besehen/nach dem man die Kugel anderst vnd anderst vmbher treibt. Aber so die gantze Welt geschicklich auff ein ebne figuriert wird/mag man sie mit einem anblick eins mals anschawen/vnd man darff nicht ein theil nach dem andren herumb werffen. Ein solche Rüstung wol zusamnen proportioniert/hat Marinus nicht können fürschreiben/sondern in den Parallelen mercklichen gefählt. Im 21. Capitel thut Ptolemæus meldung von einer Rüstung/darinn man nicht vnbequemlich fassen mag die Welt/nemlich: wan man für die Meridian schlechte Linien/vnd für die Parallelen krumm Circkel Linien/auß einem Centro gerissen/machte. Im 22. Capitul lehret Ptolemæus, wie man ein Eynfassung zurichten soll/dareyn man die Welt/so weit sie bekand ist/begreiffen mag. Vnd dieweil zu den zeiten Ptolemæi nicht mehr dann die halbe Welt bekand vnd erfahren ist gewesen/lehret er wie man die halbe Kugel auff der ebne beschreiben soll/solche halbe Kugel hab ich beschrieben nach der Universal Tafel/in welcher angezeigt wird die halbe Welt/so weit sie bekand ist gewesen zu den zeiten Ptolemæi. Im 23. Capitul setzt Ptolemæus 20. namhafftiger Parallelen/nach denen die größte Taglänge in einer jeden reuier im Jahr genommen werden. Vnd hie solt du mercken/daß die gemeldten Parallelen also seind geordnet/daß sie auffsteigen von viertheil stunden oder halben stunden/wie du sehen magst in diser Figur herzu gesetzt.

Parallelen anzeiger der Taglänge. Was Parallel.

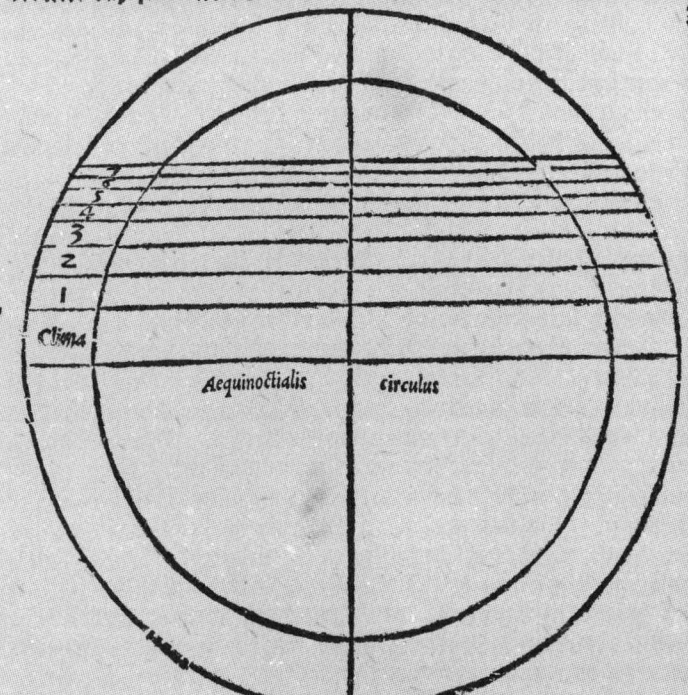

Was Clima.

Sie haben auch nicht alle besondere Nammen/dan allein daß die gezogen werden vber namhafftige Stätt/Wasser/Berg/oder andere örter. Zwischen die Parallelen setzen etliche Clima, vnd begreifft Clima ein solch breit Spacium gerings vmb das Erdtrich/daß der Tag von anfang des Climatis, biß zu seinem außgang sich verwandlet auff ein halbe stund. Deßhalben ist Clima ein ander ding dann Parallel/wiewol sie beyde gehen vmb das Erdtrich von Occident gegen Orient. Dann Parallel ist ein blosser Circkel/aber Clima ist ein breite Revier vmb das Erdtrich/wie du bey der Figur herzu gesetz/sehen magst. Es hat ein jeglich Clima drey Parallelen/da es angehet/außgehet/vnd im mittel/vnd werden die Climata je weiter von dem Equinoctial je länger/nach dem die Taglänge gegen Mitnacht je weiter je mehr sich außstrecket.

Meroe ein Insul des Wassers Nil.

Da das erst Clima angehet/hat derselbig Parallel den längsten Tag 12. stund vnd 45. minuten. Aber der mittel Parallel hat den längsten Tag 13. stund/vnd geht durch Meroen/darvon er auch den Nammen hat. Der Parallel bey dem das erst Clima außgehet/vnd das ander anfahet/hat den längsten Tag 13. stund vnd 15. minuten. Da das ander Clima außgehet/vnd das dritt anfahet/hat der längst Tag 13. stund 45. minuten/vnd der Parallel darzwischen hat 13. stund vnd 30. minuten/vnd heißt der Syenisch Parallel. Da das dritt Clima außgehet/hat derselbig Parallel den längsten Tag 14. stund vnd 15. minuten/vnd der mittel Parallel/Alexandrinisch genennet/14. stund vnd nicht mehr. Da das vierdt Clima außgehet/hat derselbig Parallel den längsten Tag 14. stund vnd 45. minuten/vnd der mittel Parallel von Rhodys genennet/14. stund vnd 30. minuten. Da das fünfft Clima außgehet/hat derselbig Parallel/der Byzantisch oder Constantinopolisch genannt/den längsten Tag 15. stund vnd 15. minuten/vnd der mittel/der Römisch genannt/15. stund/dann also lang ist zu Rom der längste

Sommertag/vnd in allen Flecken die vnder demselbigen Parallel ligen. Da das sechßt Clima auß gehet/hat derselbig Parallel den längsten Tag 15. stund vnd 45. minuten/vnd derselbig Parallel gehet vber die Eydgnoßschafft/da sich dann das siebend Clima anfahet/vnd endet sich an dem Parallel da der längst Sommertag hat 16. stund vnd 5. minuten. Vnder disem Parallel ligen Cöln/ Marpurg/Erdfurt/Leipzig/rc. Weiter gegen Mitnacht zu/haben die Alten keine Climata, aber Parallelen gesetzt/dann der Tag nimmt gegen dem Polo gar treffenlich sehr zu an der Sommer länge/ gleich wie zu Winterszeiten die Nacht je weiter gegen dem Polo, je mehr an der länge zunimmt. Von disen Parallelen hab ich auch hievornen etwas geschriben im 19. Capitel.

Was Ptolemæus im 24. vnd letsten Capitel seines ersten Buchs beschreibt.
Cap. xxxj.

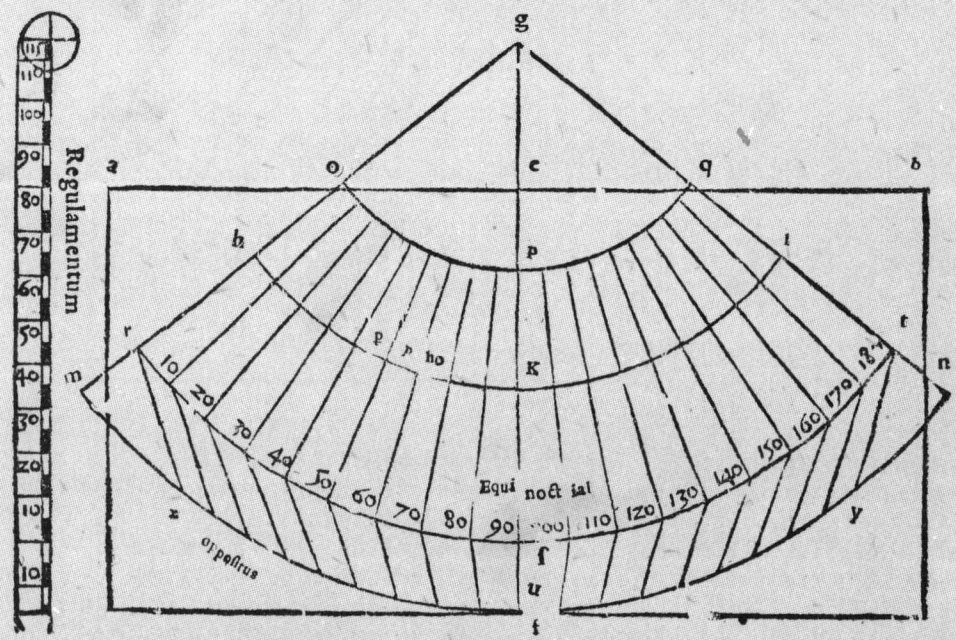

S schreibt Ptolemæus im letsten Cap. zwen weg oder weiß/wie man den vmb kreiß oder Kugel der Erden entwerffen soll auff einer ebne. Die erste weiß wirdt genommen auß einer Kugel die man stäts vmbher treibt/vnd scheinen die Mit tags Circkel gleich alß weren sie schlechte Linien. Die andere aber wird abgezogen von einer Kugel oder Spher die still stehet. Die erste Beschreibung wird also in fassung gestellt. Mach neben einander zwen Quadrangel mit gleichen seiten/vnd verzeichne sie mit disen Buchstaben a c, f d, b c, darnach streck die Liny f e vberhinauß schler hal ber so lang alß da ist f g, vnd theil die Liny f c an einem besonderen ort in 79. gleiche Gradus vnd 20. Minuten/das ist ein drittheil eines Grads/vnd so das geschehen ist/nimb mit einem Eysen Circkel von der Liny f e/34. Grad/vnd trag sie mit dem gespannenen Circkel vber/in die gestrecke Liny/vnd wohin der Circkel reichet/da mache den Puncten g/der den Mitnächtigen Polum an zeiget/vnd ein Centrum ist für Parallelen/Equinoctial/vnd durch Rhodis/vnd durch die Jn sel Thylen gehe h. Der Parallel durch Rhodis steht 79. Grad weit von dem Centro g/vnd der durch Thylen 52. Grad/der Equinoctial 115. Grad/vnd der am gegentheil durch Meroen 131. Grad. Die Meridian schreib also drein: Nimb von dem Regulament mit einem Circkel 40. Grad/vnd setz den Circkel also gespannen auff den Circkel der durch Rhodis gehet/vnd theil die selbige weite in fünff gleiche theil/vnd zeuch darnach schlechte Linien von dem Parallel der durch Thylen gehet biß zu dem Equinoctial/vnd diser Meridian Linien nach zu beyden seiten 9. so steht je ein Meridian 10. Grad weit von dem anderen/vnd begreifft die gantze fassung der Circkeln vnd Linien die halbe Kugel des Erdtrichs. Vnd damit du nicht verfahrest in deiner handlung/ hab ich dir für Augen wöllen stellen ein Figur diser beschreibung. Das Regulament ob diser Fi gur/dienet zu eynschreibung der Stätten/Bergen/Völckern/Wässer/so vil die breite antrifft/rc. Dann ein jegliche Statt in Ptolemæo hat zwo Zahlen/die erst dienet zu der länge/vnd die rechnet man nach der Zahl die zu dem Equinoctial ist geschriben. Die andere zeigt an die breite/vnd die wird gerechnet von dem Equinoctial gegen Mitnacht/vnd das nach dem Regulament/das man

heffter

48 Das Erste Buch

hefftet in das Centrum g/vnd laßt es vmbher lauffen auff der Figuren. Weiter lehrt Ptolemæus in disem Capitel/wie man ein Spher oder Kugel auff die ebne beschreiben soll/nach dem gesicht eyner stillstehenden Kugel/vnd das mit solcher weiß.

Mach zwey quadrat neben einander mit gleichen seyten/vnd vnderscheid sie mit einer Linien/die soll verzeichnet seyn mit den Buchstaben e f. Dise Liny theile anderstwo in 90. gleicher Grad/vnd streck sie vber das e hinauß etwas länger dann sie an jhr selbs

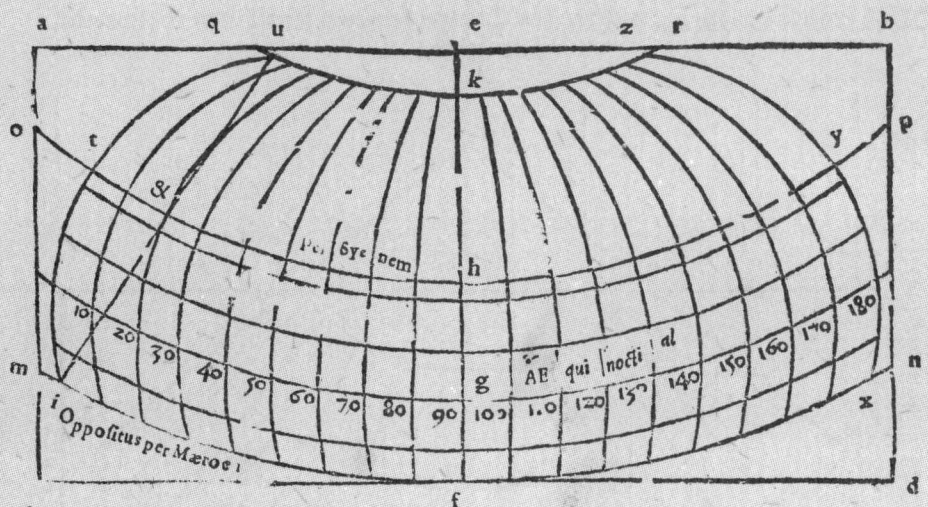

ist/nemlich 19. Grad vnd 50. Minuten/vnd mach dahinden ein puncten l/der wirdt das Centrum seyn aller Parallelen/welche mit solcher weiß sollen eyngeschrieben werden. Zehle vom f vbersich 16. Grad vnd 25. Minuten/vnd schreib daselbst hinauß zu dem Centro l den Equinoctial Circkel/zehle obsich 23. Grad vnd 50. Minuten/vnd schreib daselbst hinauß dem Centro l den Krebs Circkel oder Parallelen. So das geschehen ist/zehle von dem Equinoctial 73. Grad/vnd mach daselbst hinauß dem Centro l den Parallelen der durch Thylen gehet. Nach den Parallelen schreib die Meridian Circkel in dise Figur mit solcher weiß. Wilt du daß die fünff Grad von einander standen/ so thu jhm also. Faß mit einem Circkel zwen Grad vnd 15. Minuten/vnd trag dieselbige weite in den Parallelen der durch Thylen gehet/vnd truck sie achtzehen mal auff ein jede seyten auff denselbigen: das ist/mach zu der rechten Hand achtzehen Puncten im Parallel/vnd zu der lincken auch so viel. Weiter faß mit dem Circkel vier Grad vnd 35. Minuten/vnd mach im Parallel der durch Sienen gehet/auff jeglicher seyten achtzehen Puncten. Deßgleichen solt du thun im Parallel der da heißt oppositus per Meroën: das ist/der so ferz von dem Equinoctial gegen Mittag stehet/alß Meroë vondem Equinoctial gegen Mittnacht ligt. Vnd so du in disen dreyen Parallelen alle Puncten gemachet hast/solt du ein krumme Linien mit dem Circkel ziehen die drey Puncten/die am nechsten bey der Linien f e stehn in den dreyen Parallelen/vnd das zu beyden seyten der Liny f e. Darnach soltu zu gleicher weiß thun mit den andern dreyen Puncten in den dreyen Parallelen gelegen/vnd sie auch in ein krumme Liny ziehen/vnd also für vnd für biß zu den letsten Puncten. Vnd damit du der handlung gewiß seyest/hast du hie vornen ein Figur/die dir weiter bericht geben wirdt.

Vnd also hast du in einer kurtzen summa/mit etlichen meinen zugelegten worten/was Ptolemæus im ersten Buch von Capitel zu Capitel handlet.

Von der ersten eynwohnung des Erdtrichs. Cap. xxvij.

Wie weit vnd breit sich die wohnung Menschliches geschlechts vor dem Sündfluß auff Erden außgestreckt/vnd was sie für Gebäw auffgericht/Stätt vnd Länder bewohnet/ist vns nicht zu wissen/dann es ist alles zu grund gangen in dem Sündfluß/was sie haben gebawen vnd zugerüst. Es ist aber wol zu gedencken/daß sie grosse treffliche Gebäw haben gemachet/angesehen/daß jhr Alter sich gestreckt hat auff die acht vnd neunhundert Jahr/auch viel grosse vnd starcke Rysen vnder jhnen gewesen seind. Die H. Geschrifft Genesis am 4. 5. vñ 6. Cap. thut meldung von jhrem wandel vnd wesen. Es schreibt auch der alt Heydnisch Historischreiber Berosus, der zu den zeiten des grossen Alexanders zu Babylonien gelebt hat/võ dem wesen das vor dem Sündfluß die Menschen auff Erden geführt haben/vnd schreibt also: Vor dem erschrocklichen Sündfluß/in dem

der Cosmographey. 49

dem die gantze Welt verdarb/haben sich viel Jahr verlauffen. In den zeiten war bey dem | Cain hat E-
Wald Libano ein grosse mächtige Statt/Enos genandt/darinn wohneten die Helden vnd | nos gebawen
Rysen/vnd herrscheten oder tyrannisierten vber die gantze Welt/von Vndergang biß zu Auff- | darauß zu
gang der Sonnen. Dann sie verliessen sich auff jhren grossen starcken leib/vnd mit new | rauben.
erfundenen Waaffen vnterdruckten sie jederman. Sie giengen nach den Leibslüsten/vnd er-
funden Gezellt/Seitenspiel/vnd allen Lust. Sie frassen die Leuth/verderbten die empfan- | Menschen
genen Kinder/trieben vnkeuschheit mit jhren | fressen.
Müttern/Töchtern/Schwestern/Knaben
vnd Thieren/vnd war kein Laster das sie nicht
begiengen/mit verachtung der Geistlichkeit
vnd der Götter. Aber nach dem die Welt mit
jhrer ertrinckung widerumb trocken ward von
dem Wasser/seind nicht mehr dann acht Menschen gewesen in Armenia Saga/von denen
pflantzet ist worden das gantz menschlich Geschlecht auff Erden. Vnd es gieng also zu. Alß
das Schiff im gewässer sich gesetzt hatte/auff
den Gipffel des Bergs Gordies/gelegen in Ar-
menia/vnd das Erdtrich widerumb ertröcknet
war/ist Noa mit seinem Gesind von dem Berg | Die Arch
herab gestigen auff die ebne des Felds/das dann | Noe.

voller todter Cörper lag/vnd darumb auch biß auff den heutigen Tag אדם מתה Methe Adam, genennet wirdt: das ist todte Menschen/vnd seind da die Eheleut zusammen kommen/vnd haben
allwegen ein Zwilling geboren/ein Knäblein vnd Meidlein/vnd da dise auffkamen vnd auch Ehe-
leuth wurden/haben sie auch zwen auff ein geburt gebracht. Dann Gott vnd die Natur hat nie
die Creatur in nöthen lassen stecken/was anderst antrifft erhaltung der Welt. Da nun in solcher
gestalt in kurtzer zeit das menschlich Geschlecht sich vast sehr gemehret hat/vnd das Land Armenia
voller Leuth war/wurden sie gezwungen sich von
dannen zu machen/vnd newe Wohnungen zu suchen.
Vnd Janus jhr Vatter (also nennet Berosus den al- | Janus wo-
ten Noe) vermahnet jhre Fürweser/daß sie vmb newe | her ginennet.
Wohnungen schawten/Policeyen vnd wolgeordnete
Gemeinen vnder den Menschen anstelleten/vnd bawten Stätt vnd Flecken. Er bestimpt jhnen die drey
theil der Welt/Asiam/Africam vnd Europam/wie
er sie vor dem Sündfluß gesehen hat/vnd gab einem
jeglichen Fürsten ein Land/zu dem er sich fügen sölt
mit seinem Volck. Den Nimrod setzte er zu einem | Nimrod der
König in Babylonia/welcher auch kam in das Feld | erst König.
Sannaar/vnd gab da an ein Statt/vnd richtet auff
ein trefflichen grossen Thurn biß vber die höhe der
Berg/zu einem zeichen daß das Babylonisch Volck
das erst in der Welt. Aber in Egypten schickt er den

Cham/in Lybiam vnd Cyrenen sandte er Tritonem/
vnd in das ander theil Africe Japetum/der sampt Africa auch hett ein groß theil in Europa. Gegen
Orient in Asiam schickt er Gangen/von dem auch ein gewaltiger Fluß daselbst den Namen hat
empfangen. Vnd in Europam verordnet er Tuisconem/der herrschet von dem Wasser Tanais
biß zum Rhein. Zu letst ist auch Janus selbs außgangen von Armenia/daß er allenthalben in der
Welt Ordnungen mächte vnd Bäw anrichtete. Dises seind die wort Berosi/die er ohn zweyffel
gefunden hat in Geschrifften die seine Vorfahren hinder jhnen gelassen haben. Es ist wol zu ge-
dencken/daß Noe vnd seine drey Söhn/die beyde Welt vor vnd nach dem Sündfluß gesehen/auch
jhren Nachkommenden gesagt haben/wie es vor dem Sündfluß ein gestalt auff Erden gehabt habe/
vnd ist also etwas nach jhrem todt blieben auff Erden vnder den Menschen von der ersten Welt so
vor dem Sündfluß ist gewesen. Vnd daß du wol verstehest die vorgesetzten wort Berosi/solt du
mercken/daß Armenia vnd Babylonia ligen in Asia/wie du sehen magst in der Tafeln Asie/aber
Egypten vnd Cyrene seind in Africa gelegen. Es ist auch auß den worten Berosi zu mercken/
daß von Tuiscon wir Teutschen vnsern Vrsprung vnd Namen haben/wie
davon weiter bey Teutschland soll gesagt
werden.

E   Von

Das Erste Buch
Von dem Jrrdischen Paradeiß. Cap. xxviii.

Mancherley meynung võ Paradeiß.

JEweil ich mir fürgenommen in disem Buch zubeschreiben das gantz Erdtrich nach seiner Gelegenheit vnd bewohnten Landschafft/vnd das Paradeiß auch ein bestimten platz des Erdtrichs begreifft/ist es nicht auß dem weg/daß ich hie im anfang meines schreibens anzeig/wo da diser Lustgarten auff Erden sein Läger habe gehabt/zu den zeiten da vnsere erste Eltern Adam vnd Eua von Gott erschaffen seind/vnd ob auch solcher Garten noch vorhanden sey oder nicht. Auff das solt du nun hie zum ersten wissen/daß bey den Gelehrten gar mancherley meynungen seind von dem Paradeiß/vñ gar nahe ein jeglicher darvon ein besonder gedicht hinder jhm verlassen. Etlich sprechen/es lige in Orient/ausserhalb dem Krebs Circkel/vnd auch des Steinbocks Circkel. Die andern setzen es vnder den Equinoctial/in ein wol temperiert Land. Die dritten haben gedichtet/es lige auff einem hohen Berg/der alle vngestüme der Wolcken vbersteige/vnd werden Henoch vnd Elias lebendig mit Leib vnd Seel darinn behalten. Die vierdten halten/es habe vor dem Sündfluß etliche fruchtbare Länder in Orient begriffen/alß nemlich Syriam/Damascum/Arabiam/Egyptum/ꝛc.

Seine meynung võ dem Paradeiß.

vnd sey sein begriff nicht klein oder eng/sondern groß vnd weit gewesen/vñ ist gestanden biß zu dem Sündfluß/verwahret durch hut der Engeln/wie die H. Schrifft meldet. Alß aber die gantze Welt durch den Sündfluß vertilget ward/ist auch diser edel Garten zu grund gangen. Dann wo er noch vorhanden were/hette er nachdem alle winckel der Erden erfunden vnd beschrieben seind/nicht wol können verborgen bleiben. Er hat in jhm begriffen das besser theil des Erdtrichs/vñ Gott hat auch edlere Bäum darinn gepflantzt/dann auff dem andern Erdtrich/von welchen der Mensch gar ein zarte vnd gesunde Nahrung zu auffenthaltung seines Lebens hette gehabt. Vnd besonder war ein Baum darinn/der hieß der Baum des Lebens/vnd deß Frucht war gleich alß ein heylsame Artzney dem Menschen gewesen/die jhn in einer ewigen Jugend hette erhalten/daß er nicht Alt were worden/noch des Alters mühseligkeit empfunden hett/sondern kräfftige Glieder behalten/biß er zu letst von dem zeitlichen vnd leiblichen Leben ohn mittel des Tods genommen were/vnd in das geistlich vnd ewig Leben mit Leib vnd Seel gesetzt. Es hett der Mensch in disem Garten auch arbeit gehabt/die were aber gewesen ohne alle schwächung des Leibs/ohn schweiß vnd müde. Das Erdtrich hett von jhm selbs bracht nicht allein notturfftige/sondern auch lustige ding/vnd were der Mensch vnder dem gewächs gangen/vnd hette alle ding geordnet nach seinem gefallen/vnd were sein Arbeit nur ein kurtzweil gewesen/vnd ein verwunderung der gutthaten Gottes/so er durch die Geschöpff dem Menschen hette bewiesen. Das Erdtrich hett noch kein Fluch/darumb were kein Vnkraut noch vnfruchtbars da gewesen.

Der Juden Fabel vom Paradeiß.

Es haben die Juden auch ein besondere fantasey von disem Garten/vnd ich find seltzam Lugenwerck bey jhnen darvon geschrieben. Sie wöllen er sey noch vorhanden/vnd seyen viel Personen darinn mit Leib vnd Seel/vnd sonderlich beschreiben sie ein Fabel von dem grossen vnd gerechten Richter Jehosua/sie halte es für ein Wahrheit/wie Gott der Herr zu jhm geschickt hab den Engel des Tods/da er sterben solt/vnd ließ jhn fragen was er von Gott begerte. Da begerte er/man solte jhm sein statt zeigen im Garten Eden: das ist/im Paradeiß. Er ward der bitt gewährt/vnd vom Engel des Tods geführt biß zu der Mawren des Paradeises/da solter oben hinein sehen/aber dorfft nicht hinein gehn. Was geschah? Da er also nahe darzu kam/entran er dem Engel/vnd wütschte eylend hinein/durchgieng es/vnd besahe alle Gemach/fand sieben Wohnungen darinnen/deren ein jede in der länge hatt 100000. Meilen/vnd in der breite 1000. In der ersten waren die Heyden/so von jhren Jrrthumben sich bekehrt hatten zu dem Gesatz Gottes. In der andern wohneten die Bußfertigen. In der dritten/Abraham/Isaac/Jacob/vnd alle Kinder Israel die auß Egypten gangen waren/vnd in der Wüste gestorben. In der vierdten war niemand: Aber in der fünfften ware Elias vnd Messias/ein Sohn David. In der sechsten waren die jenigen/so in kummer vnd angst gestorben. Vnd in der siebenden alle die/die durch kranckheit oder Marter von hinnen geschieden waren. Solche Narrheit schreiben die arbeitseligen Juden/vnd die einfältigen halten viel darauff/ob schon nicht ein Buchstaben auß der Geschrifft darbey ist. Hie mag aber einer mir fürwerffen das

Paradeiß nach Christi wort.

wort Christi/so er sprach: Heut wirst du bey mir seyn in dem Paradeiß/vnd darauß probieren/daß noch auff Erden das Paradeiß ist. Antwort. Es erklärt sich diser Spruch selbs auß der Bitt des Schächers/da er sprach: HErr gedenck mein/so du kommest in dein Reych. Antwortet jhm Christus: Heut wirst du bey mir seyn im Paradeiß: das ist/in meinem Reych. Das Reych Christi ist aber nicht in diser Welt/wie er zu Pilato gesagt.

der Cosmographey. 51
Von verenderung der Stätten vnd Länderen.
Cap. xxxiiij.

Er weiß Mann Salomon spricht Eccles. am 1. Cap. daß die gedancken der Menschen herkommen vnd widerumb vergehn/ aber das Erdtrich steht allwegz. Alß wolte er sprechen: Was Gott macht/ das hat ein bestand/ aber was durch die Menschen wird auffgericht/ das zergeht mit den Menschen. Es seind vor zeiten gewesen grosse namhaffte Stätt in der Welt/ vnd wann du sie jetzund suchen woltest/ so wurdest du auch ihre zerfallene Mawren nicht finden/ ja nicht ein einigen Menschen der dir köndte zeigen die Hoffstatt/ auff deren sie gelegen seind/ vnd wann du an dasselbig ort kämest/ möchtest du kaum in dein Hertz fassen daß Leuth da hette gewohnet/ also gar zergeht der Menschen Pracht hie auff Erden. Das bezeugt Troja in Asia/ Alexia in Burgund/ Tyrus in Palestina/ Corinthus in Peloponneso/ Babylon in Sennaar/ Athen in Attica/ vnd andere mehr treffliche Stätt/ die vor viel hundert jaren in grund geschleifft seind. Vnd doch wie Strabo schreibt/ ist der Mensch darzu geneigt/ daß er gern geht an die end vn ort/ da vor zeiten solche grosse vnd herrliche Stätt seind gelegen/ zu beschawen ihre fußstapffen vnd verfallene Mawren/ gleich wie man gern heimsucht die Gräber/ darinnen verdeckt seind die Gebein der namhafften vnd hochberühmten Männern. Daß aber etliche Stätt so gar zu grund seind gericht/ daß nachmals keine vberbliebene zeichen mehr gesehen werden/ ist kein andere vrsach/ dann daß die Alten vast mit Holtz haben gebawen/ vnd nicht mit Steinen/ wie zu vnsern zeiten/ vnd darumb so das Fewr in ein Statt kommen/ ist sie darnider gelegen/ vnd nichts vberblieben/ man hab sie dann wider auffgericht. Es seind auch vor zeiten gewesen etliche Länder/ die mercklich sehr in jhrem gewalt haben zugenommen/ vnd jhre Königreich weit auß gebreitet/ die noch jetzund zu vnsern zeiten gantz vnd gar erlegen/ oder gar vnachtbar worden seind. Deß magst du zum Exempel nemmen Babyloniam/ Persiam/ das Jüdisch Land/ ja Italiam vnd Macedoniam/ vnd andere viel Länder mehr/ die zu vnseren zeiten noch anderen Ländern vnderworffen seind. Vnd dargegen wo vor zeiten kein Gewalt noch Herrschafft ist gewesen/ da wird zu vnsern zeiten groß Macht vnd Pracht gefunden. Vnd also geht es in der Welt auff vnd ab/ daß es je wahr ist: Es ist nichts/ ewig vnder dem Mon/ vnd nichts beständig vnder der Sonnen. Es verendern sich die Königreich vnd Fürstenthumben/ es geht ein Statt ab vnd die andere auff/ es werden die Völcker verzuckt von einem Land in das ander/ da zerfallt das Land/ da verdirbt die gelegenheit/ da vberfallt das Fürstenthumb ein groß vnglück/ vnd der verenderung seind so viel in der Welt/ daß niemand sie erzehlen mag/ vnd das noch erschrocklicher ist/ wir verfallen mit der verfallenden Welt/ vnd verderben mit jhrem verderben. Darbey wir erkennen sollen/ daß wir vnser Hertz nicht schlagen sollen auff die Welt/ noch jhren anhange/ sondern suchen die Statt vnd Wohnung Christi/ die auff ein starck Felsen gegründet ist/ da wir in Ewigkeit nicht verfahren mögen. Gemeldter vndergang der Länder vnd Stätt geschicht etwan durch die Feind/ etwan durch Fewer oder ander vnglück/ etwan verfallen sie auch durch die Erdbidem oder andere heimliche vnd verborgene sachen/ wie wir dann in den Historien finden/ daß in den Erdbidmen viel Menschen vmb jhr Leben kommen seind. Es seind auch durch den Erdbidem etliche Insuln zu dem Erdtrich gewachsen/ vnd dargegen etliche Insuln von dem Erdtrich abgerissen/ wie dann kundtbar ist von Sicilia/ Euboea/ vnd sonsten mehr. Es ist auch etwan geschehen/ daß grosse vnd weite Felder verwandlet seind in grosse Wassersee. Ein Exempel hast du in der Bibel bey dem Todten Meer. Es seind auch in etlichen Ländern abgangen etliche natürliche ding/ vnd dargegen auffgangen etliche ding/ deren man vor zeiten daselbst mangel hat gehabt. Nimm ein Exempel bey dem Balsam/ der vor zeiten zu Jericho allein in der Welt gewachsen ist/ aber nach der zerstörung Jerusalem nicht mehr da hat wöllen wachsen/ wie Iosephus schreibt. Solche verenderung kompt auß newer gelegenheit vnd zusammenfügung der Himlischen Cörper. Ja daher kompt es/ daß jetzund in einem Land Wein wachst/ da er vor zeiten nie hat wöllen wachsen. Oder an einem Ort gefallt jetzund Sylber vnd Ertz/ da man es vor zeiten nicht hett mögen finden. Dann die Himlischen einflüß/ die dem Erdtrich zu disem oder jenem krafft geben/ verendern sich/ nach dem die Himael durch jhre stäte bewegung anderst vnd anderst sich zusammen fügen.

Verenderung der Völcker von einem Land in das ander/ geschicht gemeinlichen vmb zweyer vrsachen willen. Es mag etwan ein Land die menge seines Volcks nicht ernehren/ vnd dann ist von nöthen daß ein theil darauß ziehe/ vnd ein ander Land eynnemme/ wie vor zeiten die Gothen/ Cimbern vnd Longobarden gethan haben. Es ist auch etwan ein Boden besser dann der ander/ das hat offt die Leuth bewegt/ daß sie jhr vngeschlacht Erdtrich haben verlassen/ vn ein anders eyngenommen. Also finden wir/ daß die alten Cosmographi setzen die Helvetier zum vrsprung der Thonaw/ vnd nennen jhre wohnung Heremum Helvetiorum, die doch zu vnsern zeiten alle wohnen im Schweitzergebürg. Es seind auch durch die Krieg offt gantze Völcker verzuckt vnd in andere Länder geführt worden.

E ij Wie

Das Erste Buch der Cosmographey.

Wie die grossen Keyserthumben in der Welt erstanden/vnd wider zergangen. Cap. xxxx.

Schöne Gleichnuß.

Das Königreich von Assyrien.

Der groß Alexander.

Carthago vñ Rom.

Jch hab in dem vorigen Capitel angezeigt/wie alle Menschliche ding also gar vnbeständig vnd wandelbarlich seind/nicht anderst dann der Mensch selbs. Dann wie der Mensch zum ersten nichts ist/darnach wird er empfangen/vnd gar klein auff Erdtrich geboren/vñ demnach wächßt er vnd nimmt zu biß er ein rechte statur erlangt/darnach wird er alt/vnd nimmt von tag zu tag ab/biß er zu letst gar zu boden fallt: Also geht es auff Erdtrich zu mit den grossen Königreichen oder Keyserthumben. Sie haben offt ein schlechten anfang/aber nemmen mit glück also lang zu/biß sie kommen auff das höchst/vñ erreichen den obersten Grad. Sie werden mit Waffen/mit Schatzungen/vnd mit Räht bevestiget/aber werden dennoch alt/vnd fallen zu letst gar darnider. Es hat das Keyserthumb zu Assyria gar ein alte gedächtnuß/vnd ist groß vnd langwierig gewesen/ist aber dannoch zergangen. Dann man findt/daß dieselben König haben 1300. Jahr weit vnd breit regiert. Darnach verzuckt sich diß gewaltig Reych/in das Land Mediam/vnd bleibt da 350.jahr/aber es zergieng auch/vnd kam aller gewalt vnder die von Persia. Die Persier kondten den grossen gewalt nicht viel hundert jahr behaupten/sondern das glück kehret sich bey jhnen auch herumb/vnd kam der Groß Alexander von Macedonien auß Griechenland/vnd brachte vnder sich das gantz Asiam/mit allen Königreichen/Provintzen vnd Landschafften. Er hett solch groß glück/daß jhm nie kein angriff mißrathen/wiewol jhme viel Könige/Fürsten/vñ mächtige Stätte grossen widerstand gethan haben. Aber alß schnell der gewalt bey jhm zunam/also schnell fiel er wider darnider. Dann da er zwölff Jahr im gantzen Asia biß in Indiam regiert hatte/ward jhm zu Babylonien vergeben/vñ erstunden nach jhm sieben Könige/die vnder sich theilten die eroberten Länder. Zu derselbigen zeit fiengen an die zwo Stätt/Carthago in Africa/vnd Rom in Italia auch gewaltig werden/vnd brachten vnder sich viel Königreich. Doch wolt Rom weder sehen noch leiden das Carthago jhr gleich wurd/viel minder daß sie höher in dem gewalt auffstiege/vnd in zeitlicher glory jhr fürgienge/darumb sie dann Carthaginem mit dreyen grossen vnd harten Kriegen gantz zu grund gerichtet/damit sie allein allen gewalt zu jhr brächte/vnd es hat jhr auch gelungen. Dann sie ist also ferrn kommen/daß sie vnder sich bracht hat Europam/Africam/vnd ein theil von Asia biß gen Persiam/Mediam/Hircaniam/rc. Aber sie hat zu letst auch empfunden/daß sie Menschlicher eytelkeit ist vnderworffen. Daß wie sie andere Völcker vberwunden/also ist sie auch zu letst von den Gothen vberwunden/beraubt vnd verbrennt worden. Dises seind nun die vier grösten Monarcheyen vnd Keyserthumb gewesen/die je auff Erdtrich kommen seind/das Assyrische/Medische/Persische vnd Römische Reych. Aber es ist nie keins so mächtig worden/daß die gantze Welt vnder sich hett mögen bringen. Du findest nicht das die Römer vnder jhnen gehabt haben das eusser Morenland in Africa/Indiam in Orient/vnd viel Inseln/ja diese Länder seind dazumal den Römern noch nicht recht/oder auch gar nicht bekandt gewesen. Zu vnsern zeiten haben wir von dem Römischen Reych kaum ein schatten/also hat es sich geschmälert/vnd ist zubesorgen/es werde ein mal gar darnider fallen. Dann wir sehen wie neben jhm andere mächtige Keyserthumben erstehen bey den Soldanischen/Tartarn vnd Türcken. Wie aber das Römisch Reych vnder dem Keyser Constantino gen Constantinopel kommen sey/vnd darnach/durch den grossen König Carolum in das Teutschland gebracht/vnd also der Römisch Adler ein zweyspaltigen Kopff vberkommen/will ich hernach sagen/wann ich zum Teutschlandt komme.

Ende des Ersten Buchs der Cosmographey.

Das Ander Buch der Cosmographey/ Sebastiani Münsteri/ auß Ptolemeo/ vnd andern gezogen.

Erklärung der zweyen ersten General Tafeln vber die gantze Welt. Cap. j.

Twas fruchtbarlichs zu lehrnen in den Landtschafften Europe/ Africe vnd Asie/ ist von nöthen/ daß du vor allen dingen die gelegenheit der gantzen Welt/ der Erden vnd des Meers fassest/ wie sie in einander stecken/ vnd wie das Erdrich auß dem Meere sich erhebt. Vnd herzu dienen die zwo ersten Tafeln/ vnder welchen die erste weiß/ form vnd gestalt des gantzen Erdtrichs vnd Meeres/ wie es zu vnseren zeiten gar erfahren vnd erfunden ist / zu Wasser vnnd zu Land/ mit Bergen/ Inseln/ Flüssen/ Meridianen vnd Mittags Circkeln vnd Parallelen. Sie seind beyde General Tafeln / aber die vordere begreifft die gantze Kugel/ vnd die andere die halb Kugel/ wie Ptolemæus zu seinen zeiten die Welt beschrieben hat/ vnd die dannocht nicht gar: dann gegen Mittag hinauß ist Ptolemæus mit seiner beschreibung nicht kommen zu end des Lands Africe/ wie die andere General Tafel anzeiget/ die eigentlichen Ptolemæi ist. Nun merck hie mit kurtzen Worten: Die gantze Welt wird getheilet in drey vngleiche theil/ Europam/ Asiam vnd Africam. Europam sihest du fein in den anderen General/ vnderscheiden von Africa durch das Mitteländisch Meere/ vnd von Asia durch den Fluß Tanais/ so von Mitternacht einher fallt in das Meer/ genandt Pontus Euxinus. Dann Europa wird nur von Ptolemæo in zehen besondere Tafeln außgetheilt vnd beschrieben/ wie hernach angezeigt wirdt. Was Lands aber vber dem Mitteländischen Meer ligt gegen Mittag hinauß/ das wird alles Africe zugeschrieben/ vnd streckt sich gegen Orient hinauß biß zu dem Fluß Nilus/ oder wie die andern sprechē/ biß zum Roten Meere. Im ersten General ist die länge des Erdtrichs verzeichnet bey dem Circkel des Steinbocks/ vnd die breite zu der lincken hand am ende der Tafeln. Die länge fangt an hinder Hispaniam vñ Mauritaniam/ vnd geht biß in Orient/ vnd da sie in Orient außgehet/ gehet sie wider an in Occident/ wie dir das anzeigt die zugeschriebne Ziffer. Die breite fahet an bey dem Equinoctial/ vnd gehet gegen Mittag vnd gegen Mittnacht.

Welt theilung.

Nim darnach für dich das ander General/ das nicht mehr dann die halbe Welt beschreibt/ so findest du die länge verzeichnet oben vnd vnden/ vnd die breite zu der rechten hand. Daselbst findest du auch verzeichnet die sieben Climata, aber die Parallelen seind zu der lincken hand mit jhren Zahlen vnd Namen verzeichnet. Heb nun diß ander General gegen dem ersten/ so wirst du sehen wie viel Lands weiter erfunden ist/ weder zu Ptolemæi zeiten bekandt gewesen. Du magst auch auß dem ersten General erkennen/ wie die Spanier fahren müssen/ wann sie zu den newen Insuln schiffen wöllen/ oder so sie in Africam/ vnd in Orient gen Callikut jhre Segel wenden. Hie sihest du nun wie das Erdrich gar nahe ein grosse Insul ist/ vnd schwebt in eitel Wasser. Du sihest auch wie gantz Europa also ein klein stuck ist gegen dem gantzen Erdtrich/ vnd fählet vmb ein kleines/ es were ein grosse Insul/ allenthalbē mit Wasser des Meers vmbgossen. Allein bey dem Wasser Tanais hanget es an dem grossen Land Asia/ sonst endet es sich gerings vmb an dem Meer. Die Länder so hinden außziehen gegen Mitnacht vber den 63. Parallel/ seind Ptolemæo nicht bekandt gewesen/ aber zu vnsern zeiten seind sie bekandt worden/ vnd von denen wöllen wir hie vnden an jhrem ort etlich besondere Tafeln beschreiben/ vnd damit solcher Länder gelegenheit anmelden.

Das Erdrich im Meer als ein Insul.

Von Europa/ so zu vnsern zeiten die Christenheit begreifft/ vnd etwas von der Türckey. Cap. ij.

N der Welt ist Europa der erst drittheil/ ob er schon kleiner ist dann Africa oder Asia/ nach seiner breite vnd länge/ ist es doch ein trefflich groß Land/ das da seiner länge nach von Hispania biß gen Constantinopel/ in das eusser theil des Griechenlands/ bey 556. Teutscher Meilen begreifft/ nach der rechnung Ptolemæi: Aber in der breite ist es etwas kleiner vnd schmäler/ wie du sehen magst in den

E iij zweyen

Das ander Buch

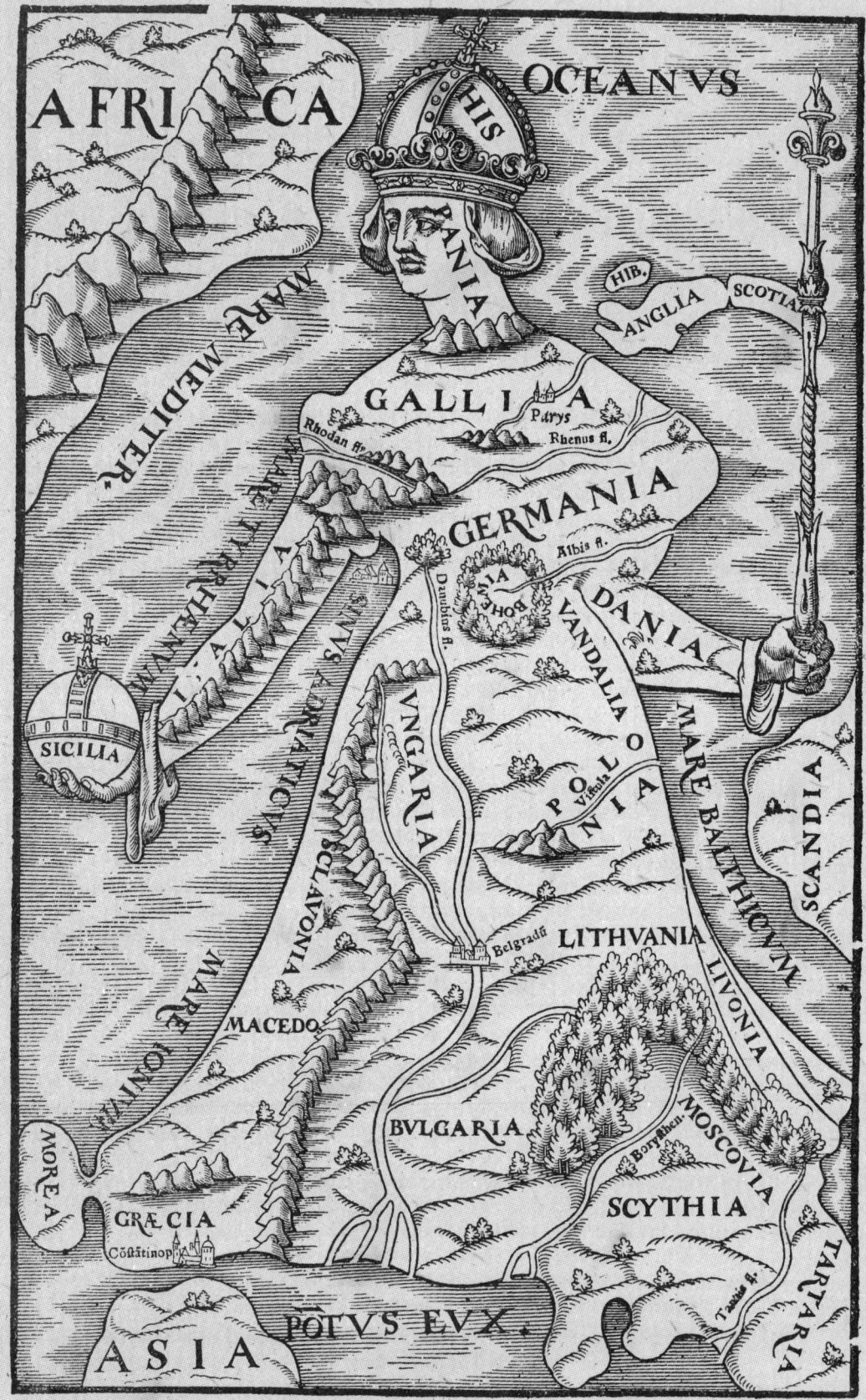

Europa wie fruchtbar es sey.

zweyen General Tafeln/vnd in der newen Tafel die allein Europam begreifft. Doch wann man ansehen will vnd darzu rechnen die grossen Landschafften die gegen Mitnacht gehn/solt wol die breite Europe vbertreffen die länge. Wie aber Ptolemæus Europam beschrieben hat/ist sein länge grösser dann die breite. Das ist ein mal gewiß/daß Europa ist ein trefflich fruchtbar vnd wol erbawen

der Cosmographey. 55

wen Land/vnd hat nicht minder/ja mehr Volcks dann Africa/ob schon Africa seiner weite vnd breite halb viel grösser ist. Dann es werden in Europa nicht gefunden sollich weit vnd groß Wüsten/noch sollich vnfruchtbar Sand vnd grosse Hitz wie in Africa. Es ist kein Ort oder Land also gering/da die Menschen nicht haben Wohnung gemacht/vnd sich da zimlich mögen ernehren. Wer wolt anfänglichen gemeynt haben/daß in den hohen Alpen vnd rauchen Bergen/die im Schweitzerland ligen/vnd mit ewigem dickem Schnee gleissen/die Menschen solten jr Nahrung gesucht/vnd da ein süß Vatterland gemacht habe? Seind nun die hohen Schneeberg also fruchtbar/daß ein grosse Landschafft sich darauß ernehren mag/ist gut zuerachten wie fruchtbar die andern Länder seind in Europa/die keine Schneeberg haben. Wilt du darnach besehen die manigfaltigen Insuln die in Europa gelegen seind/so wirst du finden daß sie vnser Europam zieren/gleich wie ein Edelgestein ein guldene Kron/besonder die Insuln/die gegen Mittag hinauß ligen. Es haben vor zeiten die zwo mächtigen Stätt Rom in Italia/vnd Carthago in Africa nicht vergebens solche schwere Krieg wider einander gefürt der Insuln halb/Sicilien vnd Sardinia. Ich will jetzund geschweigen Nigropont/Peloponnesum/Candiam/vnd andere Insuln/von denen ich hie vnden sagen will an jhren örtern.

Von außtheilung des grossen Lands Europe. Cap. iij.

Die Alten haben vor zeiten Europam in Occident angefangen/vnd ein end gesetzt in Orient an das Wasser Tanaim/das in die Meotischen Sümpffe fallt: aber gegen Mitnacht zu/endet es sich in dem Mitteländischen Meere/vnd gegen Mittag zu/geht es so weit alß man Land findet. Darnach haben sie es in viel besondere Landschafften getheilet/nemlich in die Insuln Albionem vnd Hiberniam/Hispaniam/Galliam/das lang hernach Franckreich ward genennet/ Germaniam: das ist Teutschland/Italiam/Sarmatiam: das ist/Poland/Littaw/Vngern/vnd Wallachey/Græciam: das ist/Griechenland. Es hat Ptolemæus auch auß etlichen Insuln besondere Tafeln gemacht/wie du hie vnden sehen wirst.

Europam wo es die Alten haben angefangen.

Wie man sich in der Tafeln Europe vben soll. Cap. iiij.

Die wird dir noht seyn daß du offt vnd viel anschawest die Tafel Europe/vnd der Länder gelegenheit wol in dein Kopff eynfassest: dann es ein trefflich nutzlich ding ist/so der Mensch weißt wo hinauß ein jeglich Land gelegen ist/ob es gegen Occident oder Orient/oder Mittag hinauß sein Läger habe. Hie wirst du sehen/daß einer zu Basel oder zu Mentz in ein Schiff sitzen mag/vnd fahren biß zu S. Jacob in Hispaniam. Fragest du/wo muß er dann hinauß fahren? Antwort ich/nimm für dich die Tafel Europe/wie ich sie herzu gesetzt hab/so sihest du daß er den Rhein hinab fahren kan biß in das Meer/darnach fahret er zwischen Flandern vnd Engelland der Normandy zu/vnd darnach fürbaß in Hispaniam. Item noch mehr/wilt du von S. Jacob fahren biß gen Rom in Italiam/so must du von S. Jacob neben Portugal hinauß fahren/vnd darnach das Schiff auß dem grossen Meere Oceano bey Granat in das Mitteländisch Meere wenden/so kommest du neben den Insuln herauß gen Rom. Auß diser fahrt magst du nun selbs wol mercken/wie man zu andern örtern vnd Stätten schiffen mag: Alß so einer von Venedig biß gen Constantinopel vber Wasser fahren wolt/der muß das Adriatisch Meere/das man jetzund das Venedisch Meer nennet/hinab fahren/vnd darnach bey Peloponeso oder Morea mit dem Schiff vmbher fahrt gegen Mitnacht/so kompt er gen Constantinopel an die Statt/dann sie ligt an dem Meer/wie du in der Tafel Europe sihest. Aber wir in Teutschland haben ein nähern weg dahin zu fahren. Dann es mag einer zu Vlm oder Regenspurg auff die Thonaw sitzen/vnd das Wasser hinab fahren biß in das Meer/vnd darnach durch das Meer biß gen Constantinopel. Wilt du aber auß dem Teutschland in ein ander ferr Land zu Fuß ziehen/so sihest du auch in diser Tafel wo du hinauß must. Exempel: Du must geschäfft halb von Mentz in Siciliam wandlen/vnd weist doch nicht wo es hinauß ligt/so thu eins vnd besihe die Tafel Europam/die wird dir anzeigung geben daß Sicilia gegen Mittag hinauß gelegen ist/vnd du must durch Italiam ziehen biß in Calabriam/da fahrest du vber ein eng Meer biß in die gemeldte Insel. Also sihest du auch/daß du auß dem Teutschen Land zu S. Jacob zu Fuß nicht kommen magst/du ziehest dann durch Galliam oder Franckreich. Europa der erst vnd fürnemst/oder kleinest theil des Erdtrichs/wird von Ptolemæo zertheilt in zehen theil/nemlich in Albionem/Hispaniam/Galliam/Germaniam/Rhetiam zu sampt Vindelicia/Italiam/Sardiniam zu sampt Sicilia/Sarmatiam/Daciam/zu sampt Mysia/vnd zu letst in Græciam. Nun dise Länder wöllen wir nach alter vnd newer beschreibung ordenlich für vns nemmen/auch etliche andere Tafeln darzu thun/besonder im Teutschland/vnd in den Mitnächtigen Ländern.

Meerfahrt.

Schiffung gen Constantinopel.

E iiij Von

Das Ander Buch
Von den Britannischen Insuln.

der Cosmographey.
Von groß Britannien/vnd derselben herumb ligenden Insuln.
Cap. v.

Roß Britannien begreifft vnder sich alle vñ jegliche Insulen/ so sich hin vnnd wider auff dem Oceano vnd grossen Meer/ zwischen Hispanien/Franckreich/vnd Niderlande/erzeigen: vnder welchen Engellandt vnd Irlandt die grösten/ auch derselben Häupter vñ Königreich sind. Haben alle ein guten temperierten lufft/fruchtbar Erdtrich/ Fischreich Meer/ mächtige vñ bequeme Meerporten oder Häfen/streitbare mannliche Leuth/weisser farbe/schöner Statur/vnnd guter Sitten. Werdē wider allerley eynfall vnnd gewalt gleichsam von Natur verwahrt/vnd beschützet. Gehören alle vnder die Cron Engelland/gebrauchen vast alle einerley Sprachen/ vñ wo schon etwas bißweilen geendert/mögen sie doch einander kostlich verstehen.

Die Insuln so vmb Engelland vnd Irland herumb ligen/werden also vnderscheiden/das etliche heissen Orcades/etliche aber Hebrides.

Der Orcade/heut Orkaey genandt/seind bey dreyssig/waren zur zeit Solini noch vnbewohnt/ Orcades. voller bintzen vnd graß wüst gelegen. Seind heut wol erbawet/vnd bewohnet. Haben weder Holtz noch Wäld/sind fruchtbar an Gersten: Korn vñ Weitzen aber ist nicht gemein. In allen disen Insuln findet man keine Schlangen/oder dergleichen vergifftige Thier vnd vngezieffer. Haben gute Weiden vnd nehren viel Vieh. Haben viel Hasen/Cunill/Kranich/vnd Schwanen. Seind auch allenthalben mit gutem Fischfang versehen.

Iulius Agricola hat angeregte Insuln zum ersten den Römern entdeckt/darumb sich dann Hieronymus in seiner Cronick/geirret/das er für geben sie seyen von Keyser Claudio bezwungen worden. Nach dem sich des Römischen Reichs hohe Macht angefangen zu neigen/seind die Pictavier/ vnd darnach die Nordweger vnd Dennmärcker dareyn gezogen/daher es kommen das sich die Sprachen daselbst auff Frantzösisch/Göttisch vnd Dänisch ziehen. Anno 1474. hat Christianus König in Dennenmarck/Jacobo dem König in Schottland alle gerechtigkeiten angeregter Insuln vmb ein gewisse Summa gelts vbergeben vnd zugestelt.

Die vornemste vnder den Orcadischen Insuln ist Pomania/von den Einwohnern Mainlande genandt/hat sehr lange tag/ist mit einem Bisthumb gezieret/dessen residentz zu Kirckzuva einem Stättlin vnd zweyen Schlösseren/ist reich an zinn vnd bley: von Ptolemæo wirdt eine vnder disen Insuln Ocetis genandt: Cambdenus vermeint sie solle heissen Hethy: wie er darneben auch im zweiffel ist ob er die jenige soll Hey nennen/ die Plinius Dumna geheissen. Buchananus aber vermeint die Insel Hey seye Merehuys in Lappenlandt. Johann Maior nennet eine auß disen Insuln Zelandie/soll sich in die lenge 50000. Schritt erstrecken. Diser Insuln Einwohner seind gemeinlich grewliche Biersäuffer/vnnd werden gleichwol nicht Hirnwütig/laut des zeugnuß so jhnen Boethius geben.

Der Insuln Hebrides seind an der zahl 44. von Beda Mavavies/von Giraldo Juchades/vnd Hebrides. Leucades võ Ptolemæo/Plinio vnd Solino Ebrides/vnd von den Schottländern heut Westerne Illes/das ist/Occidentalische Insuln genannt.

Die

Die erste ist Raclinen/strack gegen Irzland hinüber/nicht sonders groß: nahe darbey ligt Ila/ groß vnd fruchtbar. Zwischen diser vnd Schottland ist Jone/von Beda Hy vnd Hu genandt/ligt schön eben/hat ein Bißthumb in dem Stättlein Sodore/darvon die nächstgelegnen Inseln Soderenses heissen/weil sie disem Bißthumb vnderworffen/ist wegen der alten Königen auß Schottland Begräbnussen sehr verrhümbt. Nach diser ligt Mula/erstreckt sich in die 25000. Schritt. Hebrides ligt näher gegen Auffgang dann Skie/auff der seiten gegen Schottland/die vbrigen seind nicht sonderlich berhümbt/aber doch alle in gemein herzlich vnd gut.

Eher daß wir aber zu abtheilung des Grossen Britannien schreiten/vnd ein jede Insul nach seinen gelegenheiten insonderheit beschreiben/wöllen wir solches mächtigen Königreichs Herzlichkeit vnd Macht/etlicher massen andeuten/entwerffen/vnd mit gewissen merckzeichen zuerkennen geben.

Von des Königreichs Groß Britannien bevestigung vnd Kriegsmacht.
Cap. vj.

Das Königreich Britannien wird gewißlichen heutiges Tags an guter Christlicher Regierung/Macht vnd Stärcke keinem Königreich viel bevor geben. Vnd jetzund allein von seiner Macht vnd natürlichen Veste zu reden/ist bekandt/daß man demselbigen schwärlichen zukommen kan/hingegen aber kan man leichtlich hinauß kommen/vnd ausser Lands kriegen: dann es ligt in einem solchen Meer/ welches sich für sich selbs bevestiget: daß das Hibernische od Irzländische Meer/ welches gegen Nidergang vber ligt/ist dermassen nidrig vn mit felsen vnd grossen gefährlichkeiten erfüllt/das man mit grossen Schiffen nicht kan hinein komen. Das Britannische aber/welches gegen Mittag vber ligt/laufft auff vnd ab/vnd wachset gemeinlich 12. oder 15. schritt hoch/mit einer grossen vnd sehr erschrocklichen vngestümigkeit: Also/das/wann man zu Land will/man den flut oder wachsend Wasser neben gutem Winde haben muß. Zu dem ist das Meergestad allenthalben rauch/felsig vnd vngestüm/wie in Engelland Barwich/Dovar/Dorcester/Toines/Dertmans/ Plimut/Falmut/Milfort/Bristo/rc. Dannenhero diß Königreich für eine gantze Vestung gehalten wirdt.

Zu diser natürlichen deß Gegend oder Situs bevestigung/kompt auch die Macht des Meers vnd des Lands/dann ausser der stäts verhandenen gerüsteten Galeonen vnd Kriegsschiffen/deren gemeinlich immerdar 70. in Engelland vorhanden/hat diß Königreich dermassen viel gute Meerporten vnd Gewerbstätt/daß die anzahl der Schiffen nur in Engelland sich biß in die 2000. erstrecket/ vnd im fahl der noth 400. Kriegsschiff können außgerüstet werden.

Eduard der dritte/vnd Heinricus der achte/Könige in Engelland haben Cales vnd Bolonge mit 1000. Kriegsschiffen belägert. Darauß dann leichtlich abzunemmen/wie schwärlich vnd gefährlich es seye/ein solches von natur vestes/vnd zur verthädigung mit so vielen Kriegsschiffen versehenes Land zu erobern. Ich geschweige die tapfferkeit des Volcks auff dem Meer/dann kein einiges Volck ist käcker/hurtiger/geschickter/geschwinder vnd listiger auff dem Meer alß eben die Engelländer/dann mit geringen/aber wol versorgten Schiffen durchstreichen sie das Oceanische Meer/so wol im Winter alß im Sommer/handlen gen Catayo/Alexandria/Constantinopel/Barbarien/China/Lißland/rc. So gar haben sie vnderstanden die Indien zu besuchen/vermittelst vnderschiedlicher vmbfahrten.

Vber das alles ist auch die Kriegsmacht zu Land nicht zu verachten/nicht allein von wegen der grossen anzahl deß Kriegsvolcks/sondern auch ihrer qualiteten vnd beschaffenheit daß was die anzahl belangt/ist Engellandt getheilet in fünfftzig Graffschafften/deren die einige Graffschafft Locaissier 70060. Fußvolcks kan auffbringen. Vnd ist gewiß/daß allein Engelland 100000. zu Fuß/ vnd 20000. zu Rossz ins Feld bringen kan. Das Fußvolck bestehet gemeinlich in den lengsten vnd sterckesten Männeren/vnd deren seind vielerley sorten/dann etliche gebrauchen Bogen vnd Pfeil/ mit welchen Waffen dann die Engelländer vor zeiten schier gantz Franckreich erobert/König Johannem gefangen/Pariß eyngenommen vnd 16. jahr lang besessen. Andere brauchen sonderbare Spieß/mit denen sie die Leuth von den Pferden herunder schlagen vnd reissen. Die dritten brauchen das Geschütz. Die vierdten lange Spieß/mit denen sie dann sonderlich wol vmbgehen/weil sie von Person lang vnd starck seind.

Zu der Reuterey brauchen sie nur kleine/aber hurtige vnd wackere Männer/wie sie dann auch nur kleine Pferd haben/die sich mit den Teutschen vnd andern nicht vergleichen.

Die Reuterey ist zweyerley/ein theil ist gewaffnet/vnd seind die Edelleuth: der ander theil seind geringe Reuter/theils auff Albanisch/theils Italiänisch bewaffnet/vnd führen lange vnd dünne Lantzen. Man hat aber nie gehört das die Engelländer mit ihrer Reuterey so viel außgerichtet hetten/alß aber mit dem Fußvolck: derowegen dann Eduard der dritt als er mit Franckreich Krieg geführt/sich nur vnder dem Fußvolck hat finden lassen.

Alß Heinricus der achte/König in Engelland Bologne bekriegte/ward sein Volck in drey hauf-

der Cosmographey.

hauffen getheilt/im ersten hauffen waren zwölff tausend zu Fuß/vnd fünffzehen hundert leichte Pferd/so allesampt in blaw mit roten brämen bekleidet waren. Der ander hauffen hette eben die erst gemeldte anzahl vnd Kleidung/vnd ward geführt durch den Hertzog von Nordfolch. Hinder ihnen folgten tausend Irrländer mit langen weissen Hembdern/so hinden eng zusammen gezogen waren/sampt einem Mantel darüber/mit blossen Köpffen/langen Haaren/vnd ein langes Rappier in der rechten/vnd einen Pantzerhandtschuh an der lincken. Sie gürten sich hoch auff/vnd seind schnell im lauffen. Der gröste Kriegshauffen in dem sich der König selbs persönlich befande: hatte zwantzig tausend zu Fuß/vnd zwey tausend Engelländer zu Pferd/ so alle in roth bekleidet/vnd mit gelben Borten verbrämt waren. Hinden hernach zogen hundert Stuck grobes Geschützes: deßgleichen wurden hundert Mülen auff Kärzen naher geführet/ so durch ein einiges Rosß vmbgetrieben/Mähl machten. Ebenmässig lagen Backöffen auff Kärzen/darinnen sie vnderweeg Brodt backten. Die anzahl der Wägen vnd Kärzen war dermassen so groß/daß sie das gantze Läger/wie ein Schantz vmbgaben. Der Rossen aber/so dieselben Wägen vnd Geschütz zogen/waren fünff vnd zwantzig tausend. Ausser aller diser Victualien/die sie mit führten/waren auch fünffzehen tausend Ochsen/will jetz der vielen Leitern/Brucken/Pulfer/Kuglen/vnd anderen Kriegsrüstungen geschweigen.

Allhie bey beschreibung der natürlichen Veste/Macht vnd Stärcke dises Königreichs/sollen wir billichen zu der Ehren GOttes vnd vnsterblichen Rhum diser Nation/auch etwas melden/ von der mächtigen vnd gleichsam vnüberwindtliche Schiff-Armada/so König Philippus in Hispanien Anno 1588. wider Engelland außgeschickt/vñ wie selbige durch den beystandt Gottes widerumb abgetrieben/vnd guten theils zu grund gerichtet worden/vñ verhalt sich der verlauff also:

Demnach König Philippus II. gesehen vnd erfahren/wie ihme Engelland an den Indianischen Schiffarten vnd Niderländischen Kriegen/so er allbereit in die 22. Jahr/mit grösten Vnkosten vergeblich geführet/so hinderlich were: Alß hat er sich entschlossen seine eusserste Macht auff einmal gegen diß Königreich anzuwenden/vnd selbiges (wo jmmer möglichen) zu bezwingen. Hatte darzu drey gantzer Jahr mit aller seiner Macht sich bearbeitet/vnd eine solche menge Schiff bawen vnd zurüsten lassen/daß dardurch auch gantze Wäld/sowol in Italia alß Hispania geröst vnd vmbgehawen worden. Er ließ auch vnzählich viel grobes Geschütz giessen/wie auch einen vberfluß von allerhand Victualien/Munition/vnd anderer Notturfft zu hauff samlen: bewarb sich so viel möglich war vmb die besten vnd erfahrnesten Schiffleuth/so er inn: vnd ausser seinem Königreich zuwegen bringen mocht/vnd bestellete alles dergestalten/daß er endtlichen Anno 1588. zu Lißbona in Portugall eine solche Schiff-Armada mit aller zuzehör vnd notturfft zusamen gebracht/dergleichen zuvor in acht hundert Jahren auff dem Oceanschen Meer nicht gesehen worden.

Der

Der Kriegsschiffen waren zusammen 150. darunder bey 60. grosser Galleonen alß grosse Castell/ so dick von Holtz/ sonderlichen vnden auß/ daß auch schwärlichen die groben Geschütz durchtringen mochten/ wie man dann nachmahlen ein guten theil Kuglen in dem Holtz steckend funden/ waren fast bequem zum widerstand/ aber zum schnellen angriff nicht so ring alß die Englischen vñ Niderländischen/ welche man gantz ringfährig auff alle seiten wenden mochte. Darmit auch die Englischen/ wie hernach der außgang bezeuget/ den Spanischen/ mit jhrer geschwindigkeit mächtig vberlegen gewesen. Der Schifferen auff diser Armada wurden gerechnet vber acht tausend. Der Soldaten vnd Kriegsknechten bey zwentzig tausend/ außgenommen der Adel vnd freywillige/ deren eine grosse anzahl war/ vnd achtet man/ es seye kein ansehnlicher Geschlecht/ oder grosser Herr in Hispanien gewesen/ der nicht einen Sohn/ Bruder/ oder nahen Verwanthen bey diser Armada gehabt. Die anzahl der Menschen zu hauff/ wie nachmals Don Diego di Pimentel bekandt/ hat der König selbs geschätzt in drey hundert vñ zwentzig tausend/ darunder auch hundert Capuziner vñ Jesuiter. Der Metallen groben Stuck waren bey 1600. von Eysen bey 1050. sambt anderer zugehör von allerhand Waaffen/ Instrumenten/ Munition/ Victualien/ etc. auff 6. Monat zum vberfluß versehen/ wie solches alles in sonderbaren Tractat/ so auch die Spanischen selbsten/ von diser Armada in Truck gegeben/ von stuck zu stuck specificiert wirdt. Es war der Vnkosten so täglichen vber dise Armada ergienge/ geschätzt dreyssig tausend Ducaten. Der Obrist vber dise Armada war Ludovicus Peres Crismannus Hertzog von Medina Sidonia: Der obriste Ammiral war Iohannes Martines Ricaldus: Obriste Marschalck Franciscus Bovadilla. Alß nun alles in guter ordnung vnd zum besten bestellt zu seyn erachtet ward/ ist dise mächtige Armada den 29. Meyen von Lißbona abgefahren/ vnd bald darnach von einem Sturmwind gantz zerstrewet worden/ vnd sich zu Corogne in Gallicien nach vnd nach widerumb gesamblet/ vnd hat also erst den 29. Julij das Englische Meer erreicht.

Vnder deß wurde der Hertzog von Parma/ so auß befelch des Königs auch eine grosse anzahl Schiff vnd andere Notturfft zu hilff der Spanischen außgerüstet/ berichtet/ sich zu dem Succurs fertig zu halten. Die Englischen hatten diser Armada ankunfft bald außgespächt/ vnd sich nach möglichem fleiß selbiger zu begegnen außgerüstet/ vñ brachten in allem auch in 150. Schiff zusammen/ deren Obriste Ammiral war Carolus Howard/ vnd war jhme zugeben der Edle vnd weitberühmbte Kriegsobriste zu Meer Franciscus Draco/ welche alßbald dem Feind vnder augen gesäglet/ vnd nach vnderschiedlichen scharmützen den 4. Augusti mit jhme ein hartes Treffen gethan/ jhme nicht wenig schaden zugefüget. Damals vermeynten die Spanischen zeit seyn/ daß sie von dem von Parma assistentz bekämen/ vnd trachteten nach aller gelegenheit sich mit jhme zu conjungieren. Weil aber dreyssig Holländische vnd Seeländische Schiff vnder dem Ammiral Iustino von Nassaw/ daselbst herumb den Paß vñ die See inn hatten/ dorfften sich die Parmesischen nicht herfür lassen. Nach disem haben sich die Spanischen theils durch Tempest/ theils auch vnderschiedlichen Treffen vnd Scharmützen nach vnd nach dergestalten abgemattet vnd geschwächt/ daß sie den 14. Augusti/ nach mercklichem verlurst vieler Schiffen/ so theils zu grund gangē/ theils auch in Engelland/ Seeland vnd andern Orten mit jhren Obristen vnd grossem Gut eyngebracht worden/ jhren Lauff Nordwerts widerumben naher Hauß gerichtet/ da sie dann noch viel von dem Sturmwind außgestanden/ vnd noch viel Schiff darvon zu grund gangen/ etliche in Norwegen/ andere in Franckreich/ Engelland/ Seeland/ etc. getrieben worden. Also daß von diser gantzen Armada mehr nicht alß 53. groß vnd kleine Schiff in Hispanien widerumb ankamen. Deren hernach zwo Galleonen in dem Hafen durch vnglück in brandt gerahten.

Von den Schiffern vnd Kriegsleuthen ist auch der gröste theil geblieben vnd ertruncken/ vnd viel von denen so widerumb naher Hauß kommen/ kurtz hernach gestorben. Der Hertzog von Medina General Obriste entschuldigte sich so gut er kondte/ es galte aber alles nichts/ sondern muste sich vom Hoff gäntzlichen absentieren. Also hat Gott der Allmächtige dise mächtige vnd vnerhörte Spanische Armada zu grund gerichtet/ vnd jhre gefährliche anschläge zu nicht gemacht.

Zur gedächtnuß diser wunderlichen erlösung wurden in Seeland allerhand silberne vnd kupfferne Pfenning geschlagen. Auff deren einem war das Seeländische Waapen/ vnd darumb Soli Deo Gloria, Gott allein die Ehr: Auff der andern seiten die Spanische Armada/ mit disen Worten/ Venit, ivit, fuit, Anno 1588. Ist so viel gesagt/ diß Jahr kam/ Gieng vnd vergieng die Spanische Armada. Auff einem andern war ein sinckendes Schiff: auff der andern seiten vier Mannen auff jhren Knien/ Gott lobend/ mit disen Worten: Homo proponit: Deus disponit, Der Mensch macht den Anschlag/ aber Gott gibt den Außgang. Dergleichen Pfenning seind noch andere mehr hin vnd wider geschlagen worden. Es ist auch den 29. Novemb. Newen Calenders/ in Engelland vnd den vereinigten Niderlanden/ ein allgemeiner Bett: vnd Feyertag angesetzt worden/ da jedermänniglichen für dise grosse gutthat/ Gott loben vnd dancken solte: wie dann selbiger Tag/ mit Fasten/ Vermahnungen/ Bätt: vnd Lobgesängen zugebracht worden.

Nach disem hat die Königin in Engelland den 4. Decemb. einen ansehenlichen Christlichen Triumph gehalten/ welcher auch neben andern hertzlichen solenniteten, mit Predigen/ Lob: vnd Dancksagen zu Gott verricht worden.

Von

der Cosmographey. 61

Von der herzlichen vnd schönen Insul Irrland. Cap. vij.

Irland/vor zeiten Hibernia/entweders von dem Spanischen Kriegs Obristen Jbero/so seine Landsleuth in die Insul gebracht/oder võ dem Spanischen Fluß Jbero/von dessen rivier ein anzahl Spanier hinüber geschifft/genandt. Wird von etlichen auch Jverna/oder Jerna genandt/von den Eynwohnern Eryn/da hero nach Englischer art Jrinland kommen/vnd dann Jrland. Ist eine der aller eltesten Insuln/vnd gleichsam aller Britannischen Mutter: Ligt zwischen dem Tropico Cancri vnd dem Circul Arctico/vnd hiemit zwischen Hispanien vnd Britannien.

Hat Britanien gegen Orient/vnd wird durch das Mitternächtige Meer nur ein einzige Tagreiß zu wasser von derselben Insul vnderscheiden. Hat gegen Occident das grosse Meer/gegen Mitternacht/alß auff welcher seiten das Deucalionische Meer/von Ptolemeo das Hyperborische genandt/die Insul Eyßlandt gelegen/vnd gegen Mittag das Königreich Hispanien. *Grenze.*

Dise Insul halt in der lenge 400000. schritt/nach der breite aber halb so vil. Hat ein vberauß gesunde gelinden vnd lustigen Lufft/so den Englischen vnd Schottischen an güte vbertrifft/alß dessen hitz im Sommer nicht so vnerträglich/das man viel schattens vnd külung/noch die Kelte im Winter also beschaffen/das man dieselbe zu fliehen Fewr vnd warme Stuben besuchen müsse. Man höret keine schwere Wetter/also das es ein seltzam ding wann man einmal im Sommer hört tonneren.

Das Landt ist allenthalben sehr fruchtbar: vnnd ob wol die Samen gegen der Ernd vnd Herbst etwas beschwerden vnd schadens von Wind vnd Regen empfahen vnd leiden/so hat es doch ein solche Graßreiche gute Weyd/daß man das Vieh im Sommer mit gewalt darvon abtreiben muß: vnd weil der Lufft so temperiert vnd gut/bedarff man des Winters weder eines vorraths an Höw/noch jrgend eines warmen zugemachten Stalls.

Man weißt in diser Insul/gleich wie in Candia oder Creta/von keinem kriechenden vngezieffer/alß Schlangen vnd dergleichen. Wirdt auch glaubwürdig bestätiget/daß die Schlangen/so etwan auß Engelland dahin gebracht werden/wann die Erde nur riechet/also bald in ohnmachten verschmachten vnd sterben. Ja alles was in diser Insul wachst vnd ist/hat ein sonderbare verborgene eygenschafft vnd krafft wider alles Gifft/wie dann Beda bezeuget/daß er selbs gesehen/daß etliche/so anderswo von vergifftigen Schlangen gebissen worden/Papeyr/so in Jrland gemacht wordt/geschabet vnd getruncken/vnd darauff beyde des giffts/vnd erfolgter geschwulst glücklich erlediget worden.

Von den Bienen hat man in Jrrland ein solche völle/daß nicht nur die Körb allenthalben voll sitzen/sondern auch gleichsam alle Bäum vnd Höle der Erden besetzet seind. Die Weinreben so etwan in Jrrland geypflantzt werden/seind mehr Lusts vnd Schatten/dann Früchten halben geachtet. Vnder allem andern aber hats treffentliche Pferd/vñ gemeinlich die allerbesten Zelter/so in andern Landen an den Höfen hoch geachtet werden.

Es ist aber sonderlich für denckwürdig zu achten/daß auß dem Gehöltz/so vngefahr auff dem Meer herumb schwimmet/erstlich ein Gummi herauß fleust/welches Gummi nachmahls ausserhalb ein harte Rüsse/innerhalb aber kleine Thierlin bekompt/die dann nach dem sie angefangen zu leben/Federn vnd Schnäbel vberkommen/vnd eintweder in der Lufft herumb fliegen/oder auff das Wasser fallen/vnd schwimmen: solcher Vögel hat Gyraldus viel gesehen/ehe sie recht vollkommen worden/vnd jhre Schnäbel auß der schalen herauß gestreckt. Werden nach etlicher zeugnuß auch in Schottland gefunden/vnd Barcifles genandt.

Auff dem grossen Britannischen Meer lassen sich besonder Vögel sehen/welche den Endten ähnlich/hencken sich an das faul Gehöltz/der zerbrochenen Schiff/biß sie jhr vollkommenheit daselbst erlangen/vnd eylen alßdann den Fischen/alß jhrer gewohnten Nahrung nach. Herr Scaliger bezeuget/Er habe einen solchen Vogel selbs gesehen.

Ermeldter Herr Scaliger gedenckt auch einer Muschel/die ein vast vollkommen Vögelein/mit scheinbaren Mahlzeichen der Flügeln/seinen Schnabel vnd Schenckel an dem Mundloch hangen gehabt/vnd für ein Wunder König Francisco in Franckreich verehrt worden sey. Ebener massen pflegen auch auff dem Meerbusen Codano etliche Wasservögel zu den Meerbäumlein zu fliegen/sich auff demselben mit einander zu vermischen/biß jhnen der Samen hauffenweiß in das Wasser fallt/vnd sonderlich an denen orten/da das Meer fein still ruhet/welcher alßdann in lebendige Vögel formiert wirdt. Vnd wer die Natur vñ gelegenheit der Seidenwürm mit fleiß betrachtet/dem kompt diß alles nicht vnmöglich vor/sintemal die tägliche erfahrung bezeuget/daß

F sehr

sehr viel ding den vnverſtändigen vnd vnerfahrnen vnmöglich ſcheinen/die doch der Natur gantz eygen ſeind.

Georg Warner ſchreibt in ſeinem Buch von den wunderbahren Waſſern des Königreichs Hungern/daß man in Siebenbürgen mitten auß einem Berg/Saltz/ein Henn vber etlichen Eyern ſitzen herauß gehawen habe. Vnd an einem andern ort ſagt er: Es wird noch täglich ein groſſe menge Kolen vnd Saltz gefunden: Vnd ſonderlich hat man in der Deſidianſer Gruben/dere tieffe alle andere in gantz Siebenbürgen vbertrifft/noch vor wenig Jahren einen groſſen Balcken in der mitte des Saltzes angetroffen/welcher dermaſſen ſo hart geweſen/daß man jhn mit keinerley Stahel vnd Eyſen hat können durchhawen: bekam aber auſſer der Gruben in vier Tagen ein ſolche fäule/daß er ſich mit den Fingern vnd ohne mühe zerreiben lieſſe.

Gleicher geſtalt ſchreibt auch Wanidich von einer Krotten/die man in einem/von der Natur allenthalben verſchloſſnen Felſen/lebendig gefunden/vnd vngefäh herauß gehawen habe/welches dann auch bey dem Columbo zu leſen. In gleichem wird einer Schlangen gedacht/ſo zu Bapſt Martini des fünfften zeiten/in einem Felſen gefunden worden/auß welchem dann anders nichts folgen kan/dann das ſolche ding/daſelbſt wo ſie gefunden/herauß gewachſen ſeind.

Es werden auch in diſer Inſul viel Adler geſehen/vnd findet man der groſſen Kranich ſo vil/daß man offtermal mehr dann 100. beyſammen ſihet. Der Storcken gibt es wenig/vnd die man ſihet/ſeind gantz ſchwartz. Es gibt aber ſehr viel Schwanen/ſonderlich gegen Nordt. Man ſagt es ſeyn in Jrland keine Rebhüner/Nachtigall/Phaſan vnd dergleichen. Es hat auch ein ſonderbare art Vögel/ſehen raſt wie die Weyhen/haben ein Fuß mit kräweln wie ein Adler/vnd einen wie ein Gantz/lebt zu Waſſer vnd zu Land. Hat grewlich viel Mäuß vnd Ratten/aber doch gar wenig Maulwerff/hat viel Wölff vnd Füchs/hat viel Haſen/aber keine Rehe vnd Geiſſen.

Flieſſende Waſſer. Betreffend die Brunnen vnd flieſſenden Waſſer/ſo hat Jrland daran keinen mangel/in maſſen folgende Waſſer die Inſul hin vnd wider befeuchten/Vilva/Argita/Ravius/Libuius/Auſaba/ Sanus/Dur/Jeraus/ſo nunmehr Schevia heißt/vnd Coanaciam von Mamonia vnderſcheidet Dabona/Birgus/Modar/Oboca/Bubinda vnd Vinderias.

Vielgemeldte Inſul wird diſer zeit in vier vnderſcheidenliche Landſchafften zertheilt/als in Laganiam gegen Engelland vnd Orient: in Mamaniam gegen Franckreich: in Connaciam gegen Occident: vnd in Hultaniam gegen Mitternacht: zu welchen etliche auch Madiam hinzu thun/ ſo zwiſchen gemeldten vieren ligt/vnd mit derſelben ringsweiß vmbgeben.

Sonſten wird auch Jrland nach der Einwohnern Sitten vnd Vernunfft vnderſcheiden. Etliche werden wild Jriſch/die wilden Jrländer genandt/von jhrer wilden art/ſeind grobe vnbändige Leuth/der andern Land wird Engliſch Pala genandt/ſeind guter Sitten/reden Engliſch/vñ verſtehen nicht deſtominder die wilden Jrländer ſo ein grobe Sprach haben.

Die gantze Inſul hat 33. Graffſchafften. In Lagenia ſeind Vnerferd/Caterlog. In Kilkenij/ die Dubelinenſer/Kildarinenſer/die Graffſchafft des Königs/die Graffſchafft der Königin/vnd dann die Graffſchafft Lanfort/zu welcher Fernes vnd Wichlo gezehlet wirdt. In Mamania/die Kyrianſer/Limiricenſer/Corgagienſer/Triparianſer/Waterfortienſer/Desmanienſer/vnd die zum H. Creutz. In Connacia/ſeind Claria/Latrimme/Galluveia/Roſecomin/Majo vñ Sligo. In Hultonia diſſeits gelegen/Louht/Daroum vnd Antrimma/vnd in Hultonia jenſeits/ Monalian/Tiroan/Armah/Colrana/Donergall/Fermanah vnd Cavon.

Iſt Anno 335. zu Chriſtlichem Glauben kommen/vnd Anno 433. hat Bapſt Celeſtinus/den H. Biſchoff Patricium/S. Martins Schweſter Sohn dahin geſchickt/das Euangelium weiters zu predigen vnd zu bekräfftigen.

Was die Biſthumb anlangt/ſo ſeind derſelben in Jrland/vnd darumb ligenden Inſuln 50. darunder das zu Armah in der Hauptſtatt/das fürnehmſte.

Sonſten hat Jrland 4. gewaltige Ertzbiſthumb/welcher 25. Suffraganei vnderworffen. Vor zeiten aber haben ſie volgende Biſthumb vnder jhnen gehabt.

Der Ertzbiſchoff zu Armah/ſo der obriſte General Primat/vber gantz Jrland/hatte Conueria/Lugundas/Connaran/Cluen/Racloben/Damligiares/Canarin/Satpockes/Clochera/ Arkades/Sacluten/Datrian/Lundun/Drukalden/Midien/Dunan/Tobarnan/Brunomaren.

Der Ertzbiſchoff zu Diblin ſo Primat in Jrland allein/hatte Glambesbach/Danen/Caldaran/Furihlan/Legianan/Jornan/Oſſorian.

Der

der Cosmographey. 63

Der Ertzbischoff zu Casseln/hatte vnder jhme/Laoman/Finaborn/Himblichan/Carthagan/Corkhagan/Artfort/Latmiritz/Vinalock/Corthay/Derestal/Stoffan/Altfort/Inßlan/Wattfort/Listmoran/Clovan/Stossan.

Der Ertzbischoff zu Thumen hatte vnder jhme/Duack/Altades/Derchaln/Suakan/Enalden/Clorfort/Deriwartan/Deroßkan/Athaben/Delundunuh.

Das Irrlandt aber mit so viel Bisthumben besetzt worden/kompt ohne zweyffel daher/daß die Einwohner/seit sie den Christen Glauben angenommen/dem Römischen Stul onderworffen gewesen/vnd sonsten keinem Herren gehorsam seyn wöllen/wie sie sich dann auch zu vnsern zeiten gesträußt habe. Wahr ist/daß vor 500.jaren sie Gregorius der Schotten König bekriegt/vnd etwas beherrschet/sind aber niemalen gäntzlich vnder einen Herren komen/sondern jmmerdar sich in vier Herrschafften außgetheilet/vnd Landvögt gehabt/welches jhnen dann offtermalen vbel bekommen.

Etwas vber hundert Jahr hernach/als König Heinrich von Engelland/sie vberzogen/da niemand war der dem andern raht oder hülff bewiesen/also das schier das gantz Land sich ergab/biß an Connatien/dessen Königs Roderichs geschlecht/der Engeländer Herrschafft nicht leiden wolt/vnd die Insul gar vnderstund in seinen gewalt zubringen: vnd ob jhm gleich die Herrschafft nicht gedeyen mögen/ists doch dahin gerathen/daß noch heut zum theil dieselbige Landtschafft frey/in Räuhe vnd Bergen/auch der Einwohnern freudigkeit halben/wiewol durch geschicklichkeit Thomæ Harwarder/sie etwas Bündtnuß mit den Engelländern angenommen haben/vnder Herren Hanelo/Hertzogen zu Hultania. Dann verselbe bey vnseren zeiten alle vmbgelegene Landtherren zubekriegen nie vnderlassen/dann die Engelländer so Midian/Fingalien/Lageniam innhaben/sich stets vnderwunden diese Insul gar einzunemmen.

Aber Hanelo bracht 4000.Pferd/vnd 12000.Mann zu Fuß/stellte sich zur wehr/schlegt die Engelländer/das sie fro wurden in Bündtnuß zu kommen. Sein Hoffläger war zu Armah/hatt gleichwol keine Mawren/wie vast alle Ort in Hultania. Darnach es gelegen vnd kommen/darnach hausen sie an den Gebärgen. Der Fürst ligt auch gemeinlich mehr zu Feld dann in Häusern oder Vestungen: Seine Hütten seind wie anderer Kriegsleuthen von Zelten/tregt keinen andern Hut dann ein Sturmhauben hat ein zusammen gekrauset Haar vber den Ohren rings herumb abgeschnitten/vnd einen starcken Knebelbart. Das Volck hat gemeinlich Gürpen oder lange leinene Röck an/darauß der linck Arm ledig vnd bloß/darüber wulline Kassacken biß zu den Knyen/alles wol köstlich verbrämbt.

F ij Dem

Demnach Hanelo gestorben/ vnd der Amptmann in Irlandt vernommen/ daß sein Vatter von einem Engelländer vmbkommen/ hat er Anno 1534. eine Auffrhur erweckt/ vnd hat zu Rossz vnd zu Fuß 40000. Mann zuwegen gebracht/ aber die Sach ist ihm mit grosser Gefährligkeit vnd Schaden/ der armen angeführten Irländer durch Mittel vnd Schaden gestillet worden.

Wann Irland an Engelland kommen.
Von der Engelländer in Irlandt regierung eigentlich zu reden/ so ward Irlandt vor zeiten durch vielerley sonderbare Herren/ so sich König getituliert/ beherrschet: nach dem aber Roderich König in Connacia sich vmb das Jahr Christi 1175. zum König vber gantz Irlandt auffwerffen vnd erheben wöllen/ haben sich die vbrigen Landts Herren/ dem Rhoderich zu trotz/ Heinrico dem Andren König in Engellandt/ ohne einiges Blutvergiessen freywillig vnderworffen/ von welcher zeit auch Irlandt bey der Kron Engellandt verblieben. In dem sich also die Irländischen Herren dem Englischen Scepter ergeben/ bekame Hugo Laceius/ den besten Theil in Irlandt/ welches ihme auch König Heinrich zu Lehen bestätiget/ vnd ihn einen Herren vber Madian geordnet/ ward aber entlich von etlichen Irländern vberfallen/ alß er eben das Schloß Derwahrte bewohnt/ vnd darbey jämerlich erwürgt/ in massen sie ihme das Haupt abgehawen: Verliesse zwen Söhn/ Hugonem/ Graffen zu Hultonia/ vnd Gautiern/ Herren zu Trim. Nach derselben Todt kamen die Herrschafften theils an die Kron Engellandt/ theils an die Herren von Janvilla/ des Geblüts auß Lotharingen/ dann Mathildis Gautiers Tochter/ war Herren Peters von Janvillen auß Lothringen Mutter.

Von den Stätten in Irlandt zu reden/ so seind derselben viel/ vnd wie die gantze Insul voll schöner Flüssen vnnd Bergen ist/ treffentlich wol gelegen/ theils mit Holtz theils aber mit Stein erbawet. Haben etliche treffentliche Meerhäfen/ darunder das Wattfart auß Engelland vnd Niderlandt zu seglen sehr wol gelegen. Dise Statt ligt in Mamania/ an dem starcken vnd mächtigen Fluß Swir/ darein sonsten zwey Wasser lauffen/ namblich die Visalt vnd Arcalt/ machen bey der Statt einen treffenlichen Hafen. Chariga/ Clomel/ Caroen vnd Casseln ligen auch an schönen Wasseren. Carragia vnd Charis seind in einem Winckel gelegen gegen ein ander ober. An dem Fluß Lischo/ so von Waldwassern mächtig zugehet/ vnnd billich Leuffen heissen mag/ ligt die Haupt Statt Dublin/ so durch den Strom in zwo Stätt vnderscheiden/ Item die Statt Midia/ Forven/ Kilda/ Kilkan/ Ossoridan/ da etwan Polidorus Virgilius/ sonsten von Vrbin auß Italia bürtig/ vnd hernach der thewre Mann Johannes Baleus Bischoff gewesen: Item Calen Lerchen/ Tosten: in gleichem auch Benedicts Brucke.

Ihre Kirchen seind gemeinlich in Wälden/ vnd auff den Höhinen/ daū zu wissen/ das Irland Engelland mit Bergen vnd Flüssen vbertrifft/ vnd ist sich zu verwundern/ daß man auch auff den höchsten Bergen schöne Brunnen/ Weyer vnd See findet in Irlandt.

Die Irländer betreffend/ so seind dieselben an Leib vnd Sitten/ den Spaniern sehr ähnlich/ wie dann Iberus ein Spanier Irlandt mit Colonien soll besetzt haben/ sind schlechte Arbeiter/ ob schon das Landt vber alle massen fruchtbar/ vnd die Wasser sehr Fischreich/ seind doch wenig die sich nehren/ vnd halten mögen/ gehn lieber bettlen/ dañ daß sie arbeiten solten. Vor wenig jaren ist Franckreich/ solcher Irländischer fauler Betiler gantz voll geloffen/ daß sie König Heinrich der Grosse allenthalben mit angeschlagnen Patenten auß dem Königreich/ dem sie vberlegen vnd beschwerlich gewesen/ abgeschafft/ vnd Schiff vol widerumb in ihr Heimat verschickt hat. Neben ihrem vnverschampten bettlen/ haben sie auch geraubet/ vnd gemördet: ist auch ihrenthalben zu Paris selbs an dem Wasser/ da die Hütten gelegen/ Nachts nicht gar sicher gewesen. Ist also nicht wol ein Nation vnder der Sonnen zufinden/ die ihnen so guter gelegenheit nicht mag gebrauchen.

Sie haben Weiden vber alle massen viel/ sie haben mercklich viel Salmen/ Stockfisch/ Häring/ vnd andere nutzliche Fisch/ in solcher viele das man gantz Italiam damit wol versehen kan.

Man findet auch Verlin Dacianen/ die es auch an grösse vnd schöne den Indianischen zu thun/ wo sie nur auch so schön wären. Sie können sich auch treffentlich ernehren mit dem stattlichen Bergwerck/ so sie haben/ dann ein Bischoff in Irlandt Andreas Theves selbs bezeugt/ daß sie Silber vnd Goldgruben haben/ Marder/ wild Katzen/ vnd ander edels Gefähl. Item Ochsenhäut/ Schafffähl nach dem besten/ köstliche Falcken zu Königlichem beysen haben sie genug vñ bekommen viel darumb/ dann sie vertauschen sie in Hispanien vnd Franckreich/ an Pantzer/ Harnisch/ Spieß/ Schwerdt/ ꝛc. Wein/ Oel/ Saffran/ vñ dergleichen Wahren. Doch achten sie der Kauffmanschafft wenig/ halten das Kriegen höher. Sie zancken nicht lang mit einander/ tragen kurtze feindschafft/ dann bey ihnen hats kein Fürsprechen: allen Hader/ Zanck/ Vnwillen/ vnd Zertrennung/ macht eintweder die Billigkeit/ oder das Schwerdt in kurtzem auß. Vnder der Priesterschafft aber ist das Chorgericht gemein/ dann sie sich fast auffs Geistliche Recht begebē. Sie heuraten seltzam ding vnder einander/ ist ein geil vnkeusch Volck/ wie dann alle so in Insuln wohnen/ der vnlauterkeit ergebē/ darumb auch die alten Poeten gedichtet/ die Venus seye auß einem Meerschaum erwachsen/ vnd in der Insul Cypern aufferzogen.

Das Kriegswesen ist in grossen Ehren bey jhnen/der Reuter hat ein Helm vnd Pantzerhembd/ in der lincken Hand ein Schäfflein/in der rechten viel Pfeyl mit gekrümten spitzen/die er hin vnd wider vnder dem Gürtel oder in einem Köcher hat stecken/von ferren braucht er Pfeyl/in der nähe Schäfflein. Jeder hat zwey Pferd/auff das geruhet sitzt er wann der Streit angehet. Sie haben keine Trommeten/sondern allein Schalmeyen/damit sie lehrnen pfeiffen. Seind zu Pferd also geschwind/daß sie einem Pfeyl entweichen können/ja im Sattel heben sie ein Pfeyl von der Erden auff/der etwan in boden geschossen.

Die Fußknecht tragen Sturmhauben/Pantzer/stählne Krägen: so sie ein Pfeyl verschossen/ brauchen sie die Helleparten vnd Mordtaxen.

Vnd wie die Reuter anstatt der Trommeten/Schalmeyen vnd lange Pfeiffen haben/also haben die Fußknecht an statt der Trommen/ein Sackpfeiffen/die muß den Lärmen ankünden/da gedenckt keiner an die flucht/es muß rasend gewonnen/oder Mannlich gestorben seyn.

Andreas Thevetus sagt im 16. Buch seiner Frantzösischen Cosmographey: Die Irländer seyen zimlich schöner Statur/frisch vnd behertzt zum Streit/reiten ohne Sattel/tragen jhrer Pferd mit dem Futter fleissige rechnung: bewahren sich mit Schildt/Schwerdt/Mordtax/ vnd Steinen/seind raw/vnd vnbarmhertzig/ober alle massen rachgierig/vermög jhrer wilden Natur. Vnd wann ich auff jhr thun vnd lassen fleissige achtung gibe/befinde ich/daß sie/den Christen Glauben außgenommen/den Arabiern/so ich in Egypten/vnd Palestina gesehen/nicht vngleich seind. Sie haben alle einerley Außsprechen/wer sie hört reden/der vermeynt sie weynen vnd seufftzen. Seind arglistig vnd sehr verschlagen/vnd reden viel anderst dann sie es im Hertzen meynen/ welches dann leyder auch jetzunder bey denen gemein/die man sonst für die auffrichtigsten gehalten. Seind der Lugen sehr ergeben/haben sonsten die Künst vnd gelehrte Leuth lieb/leben mässig/können Hunger vnd Durst wol leyden. Seind an etlichen orten gegen den Frembden sehr freundlich/ sonderlich wann man jhnen was verehret. Haben die Musicam lieb/vnd spielen gar trefflich wol auff jhrer gattung Instrumenten. Vnd daß wir es beschliessen/Pflug vnd Pflegels achten sie wenig/jhre Speiß ist Schaffmilch/Käß/Honigwaben/Fisch/Vögel/deren man genug hat: Grosse Herren gebrauchen sich Getreids vnd Weins/darnach der gemein Mann nicht forschet/haben Kuchen/vnd Bier ist jhr schleck.

Eher wir vns aber auß Irlandt in Engellandt begeben/wöllen wir auch etlicher sehr wunderlicher dingen gedencken. Jenseit der Statt Armah/hat es ein See/eines geringen bezircks/in welchen wann man einen Spieß hineyn stößt/vnd etliche Monat darinnen laßt/wirdt alles das jenig so in der Erden gewesen/in Eysen/gleich wie das vbrige/so oberhalb des Letts/vnd in dem Wasser geblieben/in ein harten Stein verwandelt: was aber oberhalb oder ausser dem Wasser gewesen/ bleibt Holtz wie zuvor. Von den Kühen sagt man/sie lassen sich von den Melchkübeln nicht bezwingen/sie haben dann jhre Kälber entweder lebendig/oder derselben Fehl mit Stro außgefüllt/ vnd wie ein Kalb formieret/neben jhnen stehen. Fünffzehen Meil von dem See Erno/in Hultonia/ist ein See/vnd darinn ein Insul mit einer schönen Kirchen gezieret/sonst gantz wüst vñ einöd/ vnd hat mehr nichts dann fünff vnderschiedliche Brunnen/wer in diser Einöde vber nacht bleibt/ wirdt von bösen polter Geistern vnd Gespensten dermassen geängstiget/daß er den Tag kaum erleben mag: dardurch dann der Ort/das Fegfewr S. Patricii genandt wirdt.

Von dem See Erno meldet Gyraldus Cambrensis/welcher ohngefehr vor 400. jaren ein sonderbar Buch von Irlandt geschrieben/es seye vor zeiten ein Brunnen gewesen/vnd seye auß gerechtem vrtheil Gottes/wegen selbiger gegne Eynwohnern schandtlicher vermischung mit den vnvernünfftigen Thieren/also auffgeschwallen/vnd habe die gantze gegend sampt deren Einwohnern vberschwämbt vnd ersäufft: dahero man dannoch zur zeit bey hellem Wetter die spitzen der Thürnen sehen solle. Er schreibet auch/daß in den Irländischen Insulen Arran die Cörper der Abgestorbenen auff dem Erdtrich vnversehrt verblieben/vnd dessentwegen nicht begraben werden/ dahero die Leuth daselbsten jhrer Voreltern in viel Geschlecht erkennen mögen.

In Momonia ist ein Brunnen/von dessen Wasser alle Haar/so man damit besprengt/also bald graw werden. Hingegen solle es einen in Vltonia haben/welcher so man sich damit wäschet/mache daß man nicht graw werden möge. In Connahia hat es ein Berg/vnd oben auff desselbigen Güpffel einen Brunnen/welcher zugleich mit dem Meer ab vnd zunimbt: Item/einen anderen/ welcher dem Menschen heylsam/dem Vieh aber vnd anderen Thieren wie gifft ist. In Momonia seind zwo Insulen/in deren einen/wie Gyraldus meldet/kein Weib noch Thier Weibliches Geschlechts/lebendig verbleiben/in der anderen aber kein Mensch natürlichen Tods sterben möge: welches wir an seinen ort wöllen gesetzt haben/vnd denen heim
stellen/so selbiger orten gelegenheit
bekandt.

Das Ander Buch
Von dem mächtigen vnd schönen Königreich Engellandt.
Cap. viij.

Vrsprung des Nammens Anglix.

Lß gesagt/ist Engellandt vnd Schottlandt ein Insel: vnd werden dise zwey Königreich von einander gescheiden durch ein Gewässer / nemblich gegen Occident durch einen schmalen Arm des Meers/vnd gegen Orient durch das Wasser Thuede vnd darzwischen ligt ein Gebürg daß die Engelländer Cheuit nennen. Woher aber der Nam Anglia komme/ seind viel meynungen. Etliche sprechen es sey darumb/ daß die Insel ein Angel oder Winckel sey vnser Welt. Die andern sagen/sie heiß Anglia von einer Königin Angela genandt/ vnd auß Sachsen geboren. Johannes Major schreibt in den Geschichten der Schottländer/ daß vmb das Jahr Christi 449. die von Britannia wurden von den Feinden vberfallen/daß Vortigerus jhr König gezwungen ward außländige hilff zu suchen/vnd nemblich rüfft er an die Sachsen/die jhm auch zu willen wurden. Dann es kam jhr Hertzog Engistus genandt/mit einem grossen Heere der Sachsen/vnd halff dem König seine Feind vertreiben. Dahinder bekam er den König mit betriegerey/ vnd bracht vmb grossen Adel in Britannia / vnd erobert zu letst das Königreich. Vnd alß das geschehen war/wolt er nicht daß man fürhin das Landt Britanniam nennet/ sondern man solt es nach seinem Nammen Engistlandt heissen/daß doch in nachfolgender zeit ward Engellandt mit außtheilung einer Sylb genandt. Etlich schreiben / daß diser Engistus nach seinem geleisten Dienst begert von dem König vmb seinen Sold ein Fürstenthumb/dann das Landt gefiel jhm wol/ vnd wolt nicht darauß weichen. Vnd alß jhm das ward versagt/begert er daß man jhm doch so weit Landts gebe/alß er mit einem Riemen vmbziehen/darauff er ein Gebäw möcht setzen/deß ward er gewähret. Da nam er ein Ochsenhaut/vnd zerschnitt sie zu einem Zügel/ vnd gieng an das Ort/daß er vorhin außgewettet hat/vnd vmbcirckelt daselbst ein groß spacium des Erdtrichs/ vnd satzt darauff ein Castel oder Schloß/ vnd nennet das Corrigia, das ist/ein Riem oder Zügel.

Sachsen wie sie in Engelland komen.

Albertus Krantz beschreibt dise Historien etwas anderst/vnd spricht mit dem Lehrer Beda also: Nach dem die Britones wurden vielfältig genötiget von den frembd herkommenden Völckern / welche Picten vnd Schotten waren genennet/ vnd jhnen nicht genugsam widerstand mochten thun/rüfften sie die Römer an vmb hilff/denen sie jetzund vnderthänig waren. Aber da die Römer viel zu schaffen hatten in Gallia wider die Hunnen/ mochten sie den von Britannia keine Handtreichung thun. Alß solches die von Britannia innen wurden/hetten sie ein zuflucht zu den Sachsen/ nemlich zu den Sachsen die man Anglos nennet/vnd bestellten sie vmb ein Sold. Dises war den Anglis in Sachsen ein ebenspiel. Sie kamen bald mit jhrem Hertzogen genandt Vortigerius/ vnd vertrieben die Schotten vnd Picten. Die Schotten wohneten dazumal in Hibernia/aber die Picten kamen auß dem ferren Land Scythia/wie man meynt/daher die Schotten vorhin auch kommen waren/vnd wolten Hiberniam anfallen vnd eynnemmen. Da gaben die Schotten jhnen den Rhat/sie solten ein theil von Britannia eynnemmen/dann das Landt hett nicht viel Eynwohner/vnd bliebe deßhalben vnerbawen. Es hett grosse vnd weite Felder die stunden lähr/vnd wurden nicht gebawen. Dises ist geschehen im Jahr nach Christi geburt 449. Vnd alß die Angel-Sachsen die Feind hetten vertrieben/ wurden sie selbs des Landts Feind/vnd strebten nach dem guten vnd fruchtbaren Lande mit allen listen/biß daß sie zu letst also mächtig im Land wurden/daß sie den König ertödeten mit allen Vögten vnd Regenten. Sie fiengen auch an das Landt zu verhergen mit Fewr/daß viel Eynwohner flohen in die Wäld vnd auff die Berg. Die anderen fuhren vber Meer in Galliam oder Franckreich/vnd namen eyn mit gewalt ein Landt/das noch auff den heutigen Tag von jhnen Britannia wirdt genennet. Vnd also behaupteten die Angel-Sachsen die Insul Britanniam/ vnd ward von jhnen darnach die Insul Britannia Anglia genandt/dise Angel-Sachsen/eher sie Engelland eyngenommen/haben im Landt gewohnet/daß nach jhrem abscheid Angria vnd Engren genandt worden/wie dann die Fürsten von Sachsen noch auff den heutigen Tag sich Hertzogen von Engren vnd Westphalen schreiben.

der Cosmographey.

Von des Königreichs Engellandt abtheilung vnd gelegenheit.
Cap. iv.

Engellandt vor alten zeiten des weissen Gebürgs halben / Albion genandt / ist ein vberauß schöne vnd fruchtbare Insel / im Oceano gegen Franckreich vnd Niderland hinüber / vnder einem sehr milten vnd gesunden Himmel gelegen.

Mag sich wegen der Form vnd Situation / nicht vbel mit Sicilia im Mittelländischen Meer vergleichen / dann sie auch dreyecket / vnd hat gleicher gestalt drey mächtige Vorgebürg.

Das erste gegen Nidergang / heisset Thu Cape of Cornual / bey Diodoro Velerium.

Das ander gegen Auffgang Nohrtfarlandt / Cantium.

Das dritte gegen Mitternacht Dungis Behead / Tarvisium.

Vom ersten biß zum andern seind 812. Meylen.

Vom andern zum dritten seind 320. Meylen.

Vnd vom dritten zum ersten seind 704. Meylen.

Je ein Meyl für 1000. Schritt / wie die alten Römer / vnd noch heutiges Tags die Italiäner zehlen.

Also daß der Bezirck were von 1836. Italiänischer Meylen.

Gedachte Insel ward erstlich in zwen theil / nemblich in groß vnd klein Britanniam abgetheilet.

Groß Britannia lag gegen Mittag.

Klein Britannia aber lag gegen Mitternacht.

Volgends wurden von den Römern drey theil gemacht: nemlich Maxima Cęsariensis, Britannia prima, vnd Britannia secunda.

Vnd weil dann drey sonderbare Römische Landvögt in gedachter Insul gesessen / seind darauff drey Ertzbißthumb entstanden.

Wie dann vast allenthalben in den Stätten / da die Landtpflåger gesessen / Ertzbißthumb auffkommen.

Endtlichen wurden sie in fünff theil getheilet.

Sonsten seind auch mit der zeit in vielgedachter Insul / sieben sonderbare Königreich entstanden: Alß nemblich 1. Das Königreich Cantium.

2. Das Königreich Eastlandia begrieff Norfolciam / Suthfolciam / vnd Cantabrigiam / mit sampt der Insul Elye.

3. Das Königreich Suthsexia / begrieff Suthsexiam vnd Suthreiam.

4. Das Königreich Westsexia / begrieff Cornwalliam / Somersetiam / Devoniam / Wiltoniam / Dorsetiam / Suthamptoniam / vnd Bercheriam.

5. Das Königreich Northumbria / begrieff Lancastriam / Northumbriam / Eboracum / Dunelmiam / Cumbriam / Westmariam / vnd alles biß gen Edenburg.

6. Das Königreich Estsexia / begrieff Estsexiam / Midlesexiam / vnd ein theil Herbfordiæ.

7. Das Königreich Mercia / begrieff Gloceßriam / Herefordiam / Vigoniam / Warwicum / Leicestriam / Northantoniam / Lincolniam / ein theil Hertfordiæ / Huntingthoniam / Bedfordiam / Buchinghamiam / Oxenfordiam / Staffordiam / Novighamiam vnd Cestriam.

Vnder disen Königen / so nicht sehr mächtig gewesen / seind keine Fürsten / Graffen oder Herren gewesen / sondern es seind erst dieselben vnder König Aluredo / so gedachte Königreich allein besessen / auffkommen.

Im Jahr Christi 1016. wurden vnder König Ethelredo 32. Graffschafften gezehlet.

Vnder König Wilhelm dem Ersten / waren 34.

Zu vnsern zeiten seind es 41. worden.

Wie Volckreich aber Engellandt seye / ist auß volgenden Graff: vnd Herrschafften abzunemmen.

1. Cornwal / hat 161. Pfahren.
2. Denßhire / hat 394. Pfahren.
3. Dorsetßhire / hat 248. Pfahren.
4. Somersetßhire / hat 385. Pfahren.
5. Wilßhire / hat 304. Pfahren.
6. Hautßhire / hat 253. Pfahren / vnd 18. Gewerbstättlin.
7. Barkßhire / hat 140. Pfahren.
8. Suthry / hat 140. Pfahren.
9. Susser / hat 312. Pfahren.
10. Kent / hatt 398. Pfahren.
11. Glocesterßhire / hat 280. Pfahren.
12. Oxfordßhire / hat 280. Pfahren.

13. Buckinghamßhire/hat 116. Pfahren.
14. Hertfordßhire/hat 120. Pfahren.
15. Midleser/hat ausserhalb der Königlichen Hauptstatt Londen 73. Pfahren.
16. Essex/hat 415. Pfahren.
17. Suffolk/hat 575. Pfahren.
18. Northfolke/hat 660. Pfahren.
19. Cambridgeßhire/hat 163. Pfahren.
20. Huntingdoeßhire/hat 78. Pfahren.
21. Northamptonßhire/hat 326. Pfahren.
22. Leicesterßhire/hat 200. Pfahren.
23. Rutlandßhire/hat 47. Pfahren.
24. Lincoleßhire/hat 630. Pfahren.
25. Nottinghamßhire/hat 168. Pfahren.
26. Darbißhire/hat 106. Pfahren.
27. Warwirkßhire/hat 158. Pfahren.
28. Worcesterßhire/hat 152. Pfahren.
29. Staffordßhire/hat 130. Pfahren.
30. Shroppßhire/hat 170. Pfahren.
31. Cheßhire/hat 68. Pfahren.
32. Herefordßhire/hat 176. Pfahren.
33. Yorkßhire/hat 459. Pfahren.
34. Richmondßhire/hat 104. Pfahren.
35. Lancaßhire/hat 36. Pfahren/ohne andere Capellen. Seind alle sehr Volckreich.
36. Bißhoprick of Ducham/hat 118. Pfahren.
37. Westmorlandt/hat 26. Pfahren.
38. Cumberlandt/hat 58. Pfahren.

Von den Völckern vnd Königen/so in Engelland geherzscher.
Cap. v.

Daß Vlysses nach zerstörung der Statt Trojæ/mit seinen Gesellen seye in Engellandt kommen/vnd habe sich darinnen nidergelassen/ist ein solche lächerliche Fabel/daß nicht von nöthen dieselbe mit jrgent einem Argument vmbzustossen.

Gläublich vnd gantz vnzweyffelbar ist/daß die Niderländer auß Flandern/See: vnd Hollandt erstlich vber Meer in gedachte Insul kommen/vnd darinnen/wegen der schönen gelegenheiten/jhre Läger geschlagen.

Auff dise seind die Gallier auß Poictou/vnd darauff die Schotten/volgends die Saxen vnd derselben Nachbawren kommen.

Vier vnd fünfftzig Jahr vor Christi vnsers Herren geburt/hat Iulius Cæsar den Römern ein zugang in Engelland gemacht.

Im volgenden Jahr aber hat er ein guten theil gedachter Insul eyngenommen/vnd die Eynwohner den Römern zinßbar gemacht.

Vnder Keyser Claudio/ward der theil so gegen Franckreich vnd Niderland sihet/zu einer Römischen Provintz gemacht.

Von derselben zeit an haben die Römer viel gute Ordnungen vnd Sitten in Engelland auffgebracht/vnd viel gewaltige Gebäw angeben/so aber mehrtheils verfallen.

Vnder Keyser Valentiniano dem Jüngeren/hat der Römer Macht in Engelland auffgehört: dann alß dieselben an allen enden vnd orten im Reich zu wehren hatten/haben die Gallier so auß Poictou kommen/vnd Saxen/welche Vortigernus vmb hilff wider die Gallier angeruffen/mit einander vmb die Beherrschung gefochten.

Vnd ward also vmb das Jahr Christi vnsers Herren 494. Hengistus ein Säxischer Herr/der erste Englische König.

Weil gedachtes Hengisti Nachfahren/biß auff die Normandische König gemeinlich vnbekandt/wöllen wir dieselben dißmahlen vbergehen/vnd deren allein gedencken/so von Anno 1066. biß auff heutigen Tag geregieret.

der Cosmographey. 69

Von den Hertzogen auß Normandey vnd den Graffen von Aniou/ so König in Engelland worden. Cap. vj.

I. Wilhelm Hertzog Roberts auß Normanden/ vnd Fouberts desselben Kammer-Dieners Tochter Sohn/ ward wegen seiner tapfferen Thaten/ von König Eduard/ seinem Vettern/ alß derselbe auß Engelland vertrieben/ in Normanden geflohen/ zum Erben eyngesetzt/ derowegen dann gedachter Wilhelm/ König Haraldum vertrieben/ vnd das Königreich eyngenommen/ da er dann also bald newe Gesatz vñ Ordnungen/ nach Normandischem brauch/ in seiner Mutter Sprach auffgebracht/ vñ in das künfftig zu halten befohlen. Sein Gemahel ward Machaud/ Graff Balduini auß Flandern Tochter. Regiert 21. Jahr. Starb zu Roan/ Anno 1087. Ward zu Caen in Normanden/ bey S. Stephan/ so er gestifftet/ vnd da sein erstgeborne Tochter Aebtissin gewesen/ begraben.

II. Wilhelm mit dem Zunamen der Rothe/ gedachtes Wilhelms dritter Sohn/ ward Anno 1088. auff seines Vatters begeren zum König gekrönet/ vnd Robert seinem eltern Bruder vorgezogen/ weil derselbe geboren ehe der Vatter König in Engelland gewesen/ oder wie andere wöllen/ weil er seinen Vattern/ das Hertzogthumb Normanden betreffend/ erzörnet. Lebt ausserhalb dem Ehestand/ vnd hett keine Kinder. Regiert 13. Jahr. Ward Anno 1101. in der Normanden auff der jagt/ von Gautier Tirel seinem Hoff-Junckhern/ mit einem Pfeyl erschossen/ alß derselbe nach einem Hirschen gezielet. Ist zu Westmünster begraben.

III. Heinrich der Erste diß Namens/ obgedachtes Wilhelms des Ersten/ letster Sohn/ ward Anno 1101. zum König gekrönet/ nam Mathildam des Königs auß Schottlandt Tochter zur Ehe/ bracht hierauff vnder sich Schottlandt vnd Walliam. Starb im December/ Anno 1135. Ward zu Redingue im Closter/ so er an der Tems gebawen/ begraben.

IV. Stephanus/ Graff Stephani von Blois Sohn/ vnd Wilhelmi des Ersten/ Enckel/ ward König Anno 1136. Regiert vber die 18. Jahr. Ward zu Cantorbery/ im Closter so er gestifftet/ begraben.

V. Heinrich der Ander diß Namens/ ward wegen seiner Mutter Machaud der Keyserin/ Heinrici des Ersten Tochter/ König in Engellandt/ vnd Hertzog in Normanden: wegen seines Vatters Graff zu Aniou/ Touraine vnd Maine: vnd wegen seiner Gemahel der Königin Eleonorae/ von deren sich König Ludwig der Jünger scheiden lassen/ König in Franckreich/ Hertzog in Aquitanien/ vnd Graff zu Poictou. Regiert 34. Jahr/ beflecket sein Königliche Würde mit dem Todtschlag/ so er an dem H. Thoma Bischoff zu Candelburg begangen: bekam Irlandt/ die Orcades/ Normanden vnd Aquitaniam. Starb zu Chinon/ vnd ward zu Fonteuraut begraben. Bey disem Heinrich hat das Hauß Aniou in Engelland angefangen zu herschen.

VI. Richard der Erste diß Namens/ sonsten Löwenhertz genandt/ ward Anno 1189. an seines Vatters Heinrici statt König/ zog Anno 1191. mit Philippo von Franckreich ins H. Landt/ vnd starb/ alß er widerumb heim kommen. Regiert 10. Jahr. Ward in belägerung des Schloß Shalus von Bertrando erschossen/ vnd zu Fonteuraut bey seines Vatters Füssen begraben. Das Hertz ward gen Roan geführt/ vnd daselbst begraben.

VII. Johannes mit dem Zunamen ohne Land/ Heinrici des Andern vierdter Sohn/ ward Anno 1199. mit hilff seiner Mutter Eleonorae/ vnd anordnung seines Bruders König Richards/ zum König in Engellandt/ vnd Hertzog in Normanden erwehlt. Ward auch nach seiner Mutter absterben Hertzog in Aquitanien/ Graff zu Poictou/ vnd volgends Graff zu Aniou/ Touraine vnd Maine. Regiert 17. Jahr/ thet dem Römischen Stul auch gelübd/ vnd gab jhm jährlich 70. marck Gold/ alß er von Ludovico auß Franckreich mit harten Kriegen verfolgt. Ward von zwen Mönchen mit Gifft hingerichtet: vnd zu Vorcestet begraben.

IIX. Heinrich der Dritte/ kam an seines Vatters Johannis statt. Regiert 56. Jahr. Nam Eleonoram des Graffen von Provantzen Tochter. Ligt zu Westmünster begraben.

IX. Eduard Heinrici des Dritten Sohn/ der Erste vom Hauß Aniou/ daß die andern Eduarden/ so vor disem König gewesen/ von einem andern Geblüt kommen/ ward Anno 1274. zum König gekrönt. Schlegt 60000. Schottländer/ vnd bezwingt sie widerumb zum gehorsam/ verlohr 7000. Mann/ vertreibt die Juden auß gantz Engelland. Hatt zwey Weiber/ das erste ward Eleonora/ König Ferdinandi des Dritten in Castilien Tochter. Die andere ward Margaretha von Franckreich/ König Philippi des Schönen Schwester. Ist der Erste so Schottlandt beherrschet. Regiert 34. Jahr. Ligt zu Westmünster begraben.

X. Eduard der Ander diß Namens/ ward Anno 1308. im Hornung gekrönet. Nam Isabel Philippi des Schönen auß Franckreich Tochter. Regiert 18. Jahr. Ward zu Dorcester begraben.

XI. Eduard

XI. Eduard der dritte ward Anno 1326. gekrönet. Nam Philippam/Graff Wilhelms von Haynold Tochter. Ordnet daß die Rechtshändel in Englischer Sprach verzichtet/vnd beschrieben wurden: dann man hat zuvor in Engelland auß Wilhelmi des ersten befelch/der Normandischen vnd alten Französischen Sprach gebraucht/wie noch auß den Büchern vnd Schrifften genugsam zu beweisen. Hat zum ersten die Kron Franckreich angefahren: vnd seinen Schilt oder Panier/mit den Französischen Lilien gezieret. Hat Callais eyngenommen/vnd dem Frantzosen Tribut auffgelegt/dem er 30000. Mann erschlagen/Anno 1308. Regiert 50. Jahr. Ligt zu Westmünster begraben.

XII. Richard der Ander/ward Anno 1377. im Julio gekrönt. Hatte zwey Weiber. Das erste war Anna Keysers Wenceßlai Tochter: das andere war Isabella Königs Caroli des Sechsten auß Franckreich Tochter/so nur acht Jahr alt gewesen. Regiert 22. Jahr vnd zwen Monat. Ligt zu Aigly begraben.

XIII. Heinrich der Vierdte/mit dem Zunamen von Lancastre/ward den letsten Septembris Anno 1399. gekrönet. Hatte zwey Weiber: das erste war Maria/des Graffen von Herdfort vnd Essex Tochter. Das andere war Johanna/Johannis von Montfort/des Hertzogen auß Britannien Wittib. Regiert 13. Jahr. Starb den 20. Martij/Anno 1412. Ligt zu Cantorbiery begraben.

XIV. Heinrich der Fünffte diß Nammens/ward im Aprellen Anno 1413. gekrönet. Nam Catharinam/König Caroli des Sechsten in Franckreich Tochter. Regiert 9. Jahr. Erobert vnd plündert Roan. Starb im Augusto/Anno 1424. zu Pariß. Ligt zu Westmünster begraben.

XV. Heinrich der Sechste/wirdt Anno 1432. seines Alters im 10. Jahr zu Pariß gekrönet/zu einem König in Franckreich vnd Engelland. Nam Margaretham Königs Renati auß Sicilien/vnd Graffen von Aniou Tochter. Regiert 38. Jahr in sehr grosser vnrhu/verleurt Normandey die sein Vatter bekommen/kompt von seinem Königreich/vnd ward von seinen Verfolgern heimlich hingerichtet/Anno 1471. seines Reichs in dem 38. Jahr.

XVI. Eduard der Vierdte/zuvor Graff von der Marche/Hertzog Richards von York Sohn/regiert auch nicht in geringerer vnrhu 22. Jahr vnd etlich Monat. Nam heimlicher weiß Isabel/Graff Richards von Riviere Tochter/Johannis de Groy/Ritters/Wittib/alß er Bonam des Hertzogs auß Saffoy Tochter/so mit seiner Schwester Charlote/König Ludwigs des Eilfften in Franckreich Gemahel erzogen/begeren lassen. Starb den 10. Aprellen/Anno 1483. zu Westmünster. Ward zu Wintzhorn begraben.

XVII. Eduard der Fünffte/regiert nicht mehr dann zwen Monat/ward von Hertzog Richard von Glocester im Julio entsetzt/vnd darauff zu Londen im Thurn/mit sampt seinem Bruder Hertzog Richard von York enthauptet/Anno 1483.

XIIX. Richard der Dritte/regiert zwey Jahr/ward von Heinrich dem Siebenden oberwunden/vnd wie er es an König Eduard verschuldt/Anno 1485. erwürgt.

XIX. Heinrich der Siebende/ward den letsten Octobris/Anno 1486. durch hilff vñ beystandt König Caroli des Achten auß Franckreich zum König erwehlt. Nam Elisabeth Königs Eduard des Vierdten Tochter. Starb zu Richemont den 21. Aprellen/Anno 1509. Ligt zu Westmünster begraben.

XX. Heinrich der Achte/ward Anno 1509. zum König gekrönt. Hat sechs Weiber. 1. Catharinam/seines Bruders Artus Wittib/von deren er die Königin Mariam bekommen. 2. Annam Boulen/von Bolen/so jhne Elizabeth geboren. Ward wegen des Ehebruchs enthauptet. 3. Johannam Seaten/Eduards des Sechsten Mutter/starb in desselben Kindbettin. 4. Annam Hertzog Wilhelms von Cleven Schwester. Ward ohne vrsach verwiesen. 5. Catharinam Havard/ward auch vmb des Ehebruchs willen enthauptet. 6. Catharinam Thomæ Parre/Ritters Tochter. Gedachter König Heinrich starb den 28. Jenners/Anno 1546. Ligt zu Wintzhorn begraben.

XXI. Eduard der Sechste/ward Anno 1546. König/vnd mit Isabel/König Heinrichs des Andern auß Franckreich Tochter/versprochen. Starb im 16. Jahr seines Alters/Anno 1553. Nach dises jungen Königs absterben / wolte der Hertzog von Northumberland nach der Kron greiffen.

XXII. Maria/König Heinrichs des Achten elteste Tochter/ward für eine Königin erkandt vnd gekrönt/nam Don Philippum/Keysers Caroli des Fünfften Sohn. Regiert 5. Jahr vnd 4. Monat: vnd starb Anno 1558. jhres Alters im 42. Jahr.

XXIII. Elisabeth/König Heinrichs des Achten andere Tochter / ward ein Spiegel aller Weißheit/Erkandtnuß/Verstand vñ Großmütigkeit/von deren allein ein gantz groß Buch were zu schreiben. Starb den 24. Martij Anno Christi vnsers Herren 1603. jhres Alters im 70. Jahr.

XXIV. Jacobus der sechste dises Nammens König in Schottland/ auß dem Geschlecht der Stuarten/ward von höchstgedachter Elisabeth zum Erben im Reich verordnet/vnd darauff von den Ständen angenommen. Ward dises Nammens in Engelland der erste König. Regiert 22. Jahr:

vnd

der Cosmographey. 71

vnd starb Anno 1625. Sein Gemahel war Anna König Friderichs in Dennmarck Tochter/vnd Christiani des vierdten Schwester: starb vor jhme Anno 1619.

XXV. Carolus Jacobi Sohn jetz regierend/welchem Gott der Allmächtige/König aller Königen/vnd Herr der Herrscharen vnder dem schatten seiner Gnaden/zu gutem seiner beträngten Kirchen lang erhalten/vnd durch seinen guten Geist regieren wölle.

Genealogy der Königen von Engellandt/angefangen von König Heinrichen dem anderen/der den Ertzbischoffen Thomam von Cantzelburg ließ vmbbringen.

```
                    26
                 Reichard König
                 Adela Frantzösin.
              27              28              29              30
Heinrich 2. König  Johannes König   Heinrich 3. König  Edwardus König   Eduard 2. König
Leonora von        Isabella von En- Leonora auß Provintz Leonora von Castilien Isabella Frantzösin
Poyctier           golismen

                 Heinrich König mit sampt
                 dem Vatter

                 Margreth Frantzösin
                                        33                      34
                 Johan Hertzog zu Langcaster  Heinrich 4. König    Heinrich 5. König/Catharina Fran-
                 zur roten Rosen              Maria Gräffin zu Herford  tzösin.
                 Constantia von Castilien     Johann Hertzog zu Somerset  Johann Hertzog zu Somerset
  31
Eduardus 3. Kö-  Edward Fürst zu Wallia       32
nig Philippa auß Johanna Gräffin zu Candel-  Reichard 2. König
Hennegöw         burg                         Anna Böhmin

                 Leonellus Hertzog zu Clarentz  Philippa Leonelli Tochter
                 Violanta von Meylandt          Edward Graffe zu Merch      Rogkrius Graff zu Mariamer.
                 Edmund Hertzog zu Jork

                 Isabella von Castilien die weiß  Reichard Hertzog in Jork
                 Rose                             Anna Rogerti Tochter

                                                                    42
                 Maria sein Tochter        Francisca jhr Tochter     Jana jhr Tochter Königin
  35             Carolus Brandon           Heinrich von Grey         Gilford Dudley.
Heinrich 6. Kö-
nig Eduard                                                     41
Margreth von                                          Eduardus 6. König auß Fraw Jana Samein/
D'anjou                                               starb 1533.

  Margreth                                                     43
  Hertzog Hansen              39                40    Maria sein Tochter Königin/ starb
  Tochter         Heinrich 7. König  Heinrich 8. König  1558.
                  Elisabeth Eduardi 4. Catharina Spanierin
  Eduard Graff    Tochter                              Philippus König in Spanien.
  zu Reichmund
                                                               44
                                                      Elisabeth sein Tochter Königin/ auß
                    36                 37             Fraw Anna Polenin/ward Königin
N. Reichard Plan-  Eduardus 4. König  Eduardus 5. König  Anno 1558.
tagenet Ce-        Elisabeth Riuerin  Reichard
cilia
                    38
                  Reichard 2. König
                  Anna Gräffin zu Warwick.
```

Auff Heinricum den achten/welcher angehends Jenners/im 1547. seines Reichs im 38. jahr/mit Todt abgangen/erfolget sein Sohn Eduard der sechst/ein junger Herr von neun jahren/vermög des abgestorbenen Testaments am Königreich/welches er doch nicht lang behielt/dann er einer tödtlichen kranckheit/den 6. tag Julij/im 1553. Jahr tods verschied.

Zuvor aber alß sein tödliche kranckheit vberhand genommen/hat er zu Erben des Königreichs gesetzt Janam Graiiam/ein Tochter von Maria der Schwester Heinrici des achten/die hat zu der Ehe gehabt des Hertzogen Sohn von Northumbrien/ist vondem Königlichen Raht gen Londen berüfft worden/vnd zur Königin erwehlt/im Jahr Christi 1553. Maria aber von Catharina Königs Ferdinandi auß Hispanien Tochter erboren/vnd ein Tochter Heinrici des achten/vnd Schwester Eduardi des sechsten/vermeynt ein rechte Erbin zu seyn/darumb sie ein Zeug versamblet/jhr Recht vnd Anspruch zuerhalten. Johannes Hertzog von Northumbrien versamlet auch ein Zeug/vnd führt jhn wider Mariam/das Volck lencket sich auff Mariæ seiten/ward Jana abgesetzt/vnd Maria außgerufft für ein Königin/den 19. Julij zu Londen/im 1553. Jahr/vnd hat alß gleich die Religion wider verwandlet in alten Stand/vnd hat zu der Ehe genommen

Philip-

Das ander Buch

Philippum Keyser Carlen des fünfften Sohn/ vnd ist also zu einem Streit kommen/ vnd der Sieg bey Maria gewesen. Der Hertzog von Northumbrien ist sampt seinem Sohn/ auch Jana die Königin jhres alters im 17. Jahr enthauptet/ den 12. Februarij/ Anno 1554. Hernach im Jahr 1558. den 6. Januarij ist die Statt Calles/ welche von den Engelländern wol 211. Jahr besessen/ widerumb in der Frantzosen Hand vnd vnder diser Königin kommen/ wie weitläuffiger hernach darvon geredt soll werden. Alß nachmahlen in 1558. Jahr den 6 Tag Novemb. Maria mit Todt abgangen/ ward jhr Schwester Elisabeth den 16. gesagtes Monats zur Königin erwehlet. Jhres alters im 33. Jahr/ welche die vorige Religion so Maria abgeschafft/ mit ernst wider angestellt hat.

Von den Kriegen vnd Zwytrachten/ so sich zwischen Engellandt vnd Franckreich erhebt haben. Cap. vij.

Weil in erzehlung beyde der Frantzösischen vnd Englischen Königen/ etlich mal gedacht worden/ daß gedachte König bißweilen schwere Krieg wider einander geführt/ wöllen wir kurtzlich verzeichnen/ woher vnd auß was vrsachen/ dieselben Krieg vnd Zänck entstanden.

1. Der erste/ doch nicht der älteste/ aber schwerste vnd grösseste Krieg/ erhub sich zwischen Eduard dem Dritten/ vñ König Philippo von Valois/ die Kron Franckreich betreffend.

2. Der ander entstunde auß dem ersten/ vnd betraff das Land Flandern/ welches der Engeländer/ alß ein vermeinter König in Franckreich angesprochen.

Beyde Krieg wurden durch das alte Gesatz/ Lex Salica genandt/ gestillet/ so nicht zulasset/ daß die Kron Franckreich auff einen Weibsstammen falle.

3. Der dritte Streit entstund wegen des Hertzogthumbs Normandey.
4. Der vierdte erwuchs auß dem dritten wegen des Hertzogthumbs Britannien.

Das Hertzogthumb Normandey/ ward zwar Wilhelmi des Ersten Erbland/ aber seine Nachkommen/ haben dasselbe mit verletzung der Königlichen Majestat in Franckreich verwircket/ derowegen

der Cosmographey. 73

wegen es jhnen dann von dem Parlament zu Pariß abgesprochen/vnd mit sampt Britannien der Kron Franckreich eynverleibt worden.

5. Der fünffte Streit erhub sich wegen des Hertzogthumbs Aniou.
6. Der sechste wegen des Hertzogthumbs Touraine.
7. Der siebende wegen der Graffschafft Maine.

Gedacht Hertzogthumb vnd Graffschafft/waren König Heinrichs des andern in Engelland Erbländer/wegen seines Vatters Graff Gottfried von Aniou/wurden aber confisciert/vnd der Kron Franckreich widerumb zugethan.

8. Der achte Krieg vnd Streit erhub sich wegen des Hertzogthumbs Guienne.
9. Der neunte erhub sich wegen der Graffschafft Poictou.
10. Der zehende wegen der Graffschafft Tholosa.
11. Der eilffte wegen der Graffschafft Auernien/vnd etlicher Herrschafften in Berry.
12. Der zwölffte wegen der Graffschafft Ponthieu/vnd Monstrevil am Meer.
13. Der dreyzehende wegen der Graffschafft Guynes/Callais/Merck/der Landschafft Oye/ vnd anderen vmbligenden örteren.
14. Der vierzehende wegen der Herrschafft Nogent/Artolt/vnd Beaufort in Champanien.
15. Der fünffzehende vnd letste Streit entstund wegen der Pension vnd etlichen vermeinten Schulden/so die Engelländer von den Frantzosen wolten bezahlet haben.

Von des Königs in Engelland Preeminentz/Macht vnd Hochheit/ vnd erstlich von dem Parlament.
Cap. viij.

DEr höchste vnd vollkommenlichste Gewalt/Macht vnd Authoritet der Kron oder Königreichs Engelland bestehet bey dem König: Nach ihme ist das Parlament: in dem seind erstlich alß das fürnehmste Haupt der König: zum andern der hohe Adel/nemlich die Hertzogen/Marggraffen vnd Bannerherren: zum dritten die Bischoff vnd etliche Aebt so privilegiert seind. Vnd dise drey Ständ machen/wie sie es nennen/das hohe Oberhauß des Parlaments. Alßdann werden auß allen Provintzen oder Meyereyen/zwen namhaffte Vorsteher des Lands beschrieben: solche nemlich die Erbgüter besitzen/vnd die Freyholders genandt werden/von dem Adel des Lands darzu erkohren. Deßgleichen jegliche Statt oder Freyheit/welche darzu privilegiert ist/erkieset zwen Burger/disen wirdt gegeben Vollmacht vnd Gewalt zuhören/zusprechen/ jhr Gutduncken frey außzusagen vnd zu consentieren/von wegen des Lands oder der Statt von denen sie gesandt seind/gleich ob die selbs zugegen: vnd dörffen nicht erst nach empfangenem Gewalt von den jhrigen ferners Consens sich erholen/sondern werden die Deputanten in allem dem jenigen/so jhre Deputierten geredt oder gethan/ohn alles eynreden absolute verbunden vnd verpflichtet. Dise also versamblet/mögen in einer anzahl bey 400.Personen machen/vnd werden das Vnderhauß des Parlaments genennet. Die müssen zuvorderst/ehe sie zugelassen werden/ schweren vnd bekennen/daß der Printz das Oberhaupt der Kirchen in Engelland seye/vnd dem Bapst abschweren: dann derselbig vorzeiten grössere Iurisdiction dann der König selbs pflegte zu haben. Auff welches sie das Privilegium empfangen/im Parlament alles rundt vnd frey außzusprechen/mit solcher Freyheit/daß sie sich auch vor dem König nichts vberal darüber zubeförchten haben: sondern werden/da sie sich jhrer Freyheit mißbrauchen/von jhren Mitgenossen/ dem Parlament/deßwegen zu Red gesetzt.

Parlament in Engellandt.

Dise versamlung des vndern Hauses oder Parlaments/erwehlen einen ansehenlichen gelehrten Mann/welchen sie den Vorsprecher nennen:dem ein jeglicher in Schrifften vbergibt/was jhn beduncket dem Land zu nutzen vnd frommen zugereichen. Gleiches Ampt versihet auch der Reichs-Cantzler in dem Oberhauß: haben aber solche Personen keine stim.

Solche vbergebene Schrifften werden offentlich den versamleten Herren vorgelesen/welcher dann auß jhnen vor oder gegen solche sprechen will/der stehet auff mit entblößtem Haupt/so aber jrgendt mehr dann einer auffstehet/so werden alle ordenlich nach einander/von dem ersten biß zum letsten gehört/ohn alles Gezänck oder Einred/dieweil ein jeglicher den Vorsprecher anredt/vnd nicht einer den andern: auch den Gegentheil nicht nennet: also daß sie jhre notturfft vollkommenlich vnd ohngehindert außreden. Wann er dann einmal außgeredt/darff er denselben Tag nichts weiter replicieren võ derselben Sach/ob er auch schon seine Meynung geendert/biß auff den nechstfolgenden Tag: Auch dörffen keine verweiß oder zänckische Wort daselbst fürgebracht werden/ sonst wurden die andern alle einhellig gegen denselbigen ruffen. Also auch so jrgend einer sich mit schandtbaren/auffrhürischen oder ander vngebürlichen Worten gegen den Raht oder andere verlieff/würde derselbige nicht allein von der Versamlung interrumpiert/sondern auch in die Gefängnuß zur bestraffung verwiesen.

Form des vmbfragens in Gerichtssachen.

Wann dann die Frag oder Vortrag/drey verscheidnen Tag ohne sonderlichs widersprechen ist

G

ist vorgelesen worden/fragt der Vorsprecher (welcher/alß gesagt/im Obernhauß der Cantzler ist) ob dieselbe also soll beschlossen werden oder nicht? so der mehrertheil dareyn williget/wird von dem Schreiber vnderschrieben: Soit baile aux Communs, das soll der Gemeind fürgehalten werden. Dann in dergleichen sachen/gebrauchen sie noch die alte Welsche oder Normandische wörter vnd Sprach. Alßdann wird solches mit sonderlicher Reverentz an das Vnderhauß des Parlaments dem Vorsprecher vbersendet/welcher dann solches vor sitzendem Raht verliset. Dasselbig thun auch die von dem Vnderhauß gegen dem Oberhauß des Parlaments.

In dem Oberhauß hat ein jedweder Bannerherr oder Bischoff seine stim/vnd so er abwesend/ gibt er einem andern seine Macht/welches sich in dem Vndernhauß nicht also verhelt/vñ daselbst die abwesenden keine stimme haben.

Wann dann das Ober vnd das Vnderhauß in jhren stimmen verscheiden oder trennig seind/ conferieren sie alßdann mit etlichen hierzu insonders Deputierten jhre meynung so lang/biß sie accordieren vnd einig werden: Nach welchem allem es endtlich auff der Confirmation oder bestätigung des Königs beruhet.

Proceß des Königs/ wann sie im Parlament erscheinen.

Der König oder Königin kompt den ersten Gerichtstag/mit grossem Pomp vnd Herrligkeit/ von dem hohen Adel vnd Bischoffen begleitet/alle in rot vnd Scharlacken Parlaments Roben (wie sie es nennen) gekleidet/mit gar grossen Ceremonien in das Oberhauß/welches allenthalben mit köstlichen Teppichen vnd gewürckten Thüchern vmbhenget/da in der mitte ein Königlicher Thron vnd Sessel stehet/mit einem guldenen Himmel/darauff der König oder Königin in seiner Parlaments Majestät nider sitzet.

Vor dem König sitzet der Cantzler/welcher des Königs Wort thut/deßgleichen der Tresorier: auff der rechten seiten sitzen die Ertzbischoff vnd Bischoff: an der lincken Hand die Hertzogen/ Marggraffen/Graffen vnd die Bannerherren. Mitten sitzen auff etlichen Wollsäcken/welche mit roten Thüchern bedeckt/die Richter/Meister der Rollen der Archiven vnd die Secretarij: aber dise haben keine stimme/sondern seind darumb zugegen/daß sie die fürfallende Fragen zu Recht aufflösen oder erklären/vnd die Instrumenten oder Brieff/so von nöthen/auß der Roll eynlieferen. Mit den Wollsäcken wird das Parlament erjnnert/die nutzbarkeit der Schaaffen vnd Woll stäts vor augen zu haben. Wiewol etliche vnder jhnen der meynung/daß es nutzlicher vnd besser were wenig Schaaff/vnd desto mehr Pflüg im Land zu haben. Ausserhalb dem schrancken pflegen die vom Vndernhauß zu stehen/da dann der König oder der Cantzler vor jhnen die vrsachen/warumb sie von dem Parlament beschrieben oder beruffen worden/kurtzlich erzehlet.

Ebenmässiger gestalten/wie dise zwey Häuser oder Cammeren jhre versamblungen beginnen/ also pflegen sie auch auffzubrechen/oder dieselbigen zu enden: da dann der Cantzler von wegen deß Oberhauß vnd der Vorsprecher deß Vnderhauses der Königlichen Majestät danck saget für die tragende sorgfältigkeit für den gemeinen Nutzen/vnd zugleich Seine Majestät bittet/jhnen das jenige/so dißmal were bewilliget worden/zu bestätigen/darauff der König gelobt/dasselbig zu vbersehen: dann kein Statut krafftig noch zu Recht beständig geachtet wirdt/das Leib/Leben oder Gut antrifft/ehe es dann von den beyden Häuseren oder Cammeren approbiert/vnd durch Königlicher Majestät Authoritet bekräfftiget worden. Vnd alßdann wird es für die Erkandtnuß des gantzen Reichs geachtet.

Nach disem wird verlesen das jenig was ordiniert ist/vnd wann es der König approbiert/vnderschrieben/Le Roy Veult, oder da es die Königin ist/La Royne Veult, also will es der König oder die Königin haben. Welches aber von dem König oder Königin nicht approbiert wird/darunder wird geschrieben/Le Roy (vel) La Royne se advisera, das ist/der König oder Königin will dises in bedacht nemmen/oder noch weiters darüber berahtschlagen/vnd dises gilt vberall nichts/vnd hat keinen Effect: die andere Placaten aber werden registriert/nachmals getruckt/vnd haben jhre volle krafft.

Von der Königen in Engelland Gewalt vnd freyen Monarchey.
Cap. viiij.

Die König in Engelland/seit sie das Römische Bäpstliche Joch abgeworffen/ seind vollkommene Monarchen vber jhr Land oder Königreich/vnd mögen darinnen nach jhrem belieben disponieren/so wol in dem Geistlichen alß Weltlichen Regiment. Sie erkennen keinen Lehenherren: weder Bapst/Keyser noch andere. Haben von alters her durch freywillige vnderthänigkeit ein Privilegium erlangt/daß sie freyere vnd vollkommenere Macht vnd Gewalt haben in der Regierung dann andere Könige. In des Bapsts Eleuthrÿ Brieff wird König Lucius in Engelland genandt Vicarius Dei in regno suo, das ist/Gottes Statthalter in seinem Reich. welcher beweysungen noch mehr von den Englischen angezogen werden. Der Rechtsgelehrte Baldus schreibt auch/daß der König in Engelland ein Monarch seye/das ist/allein zu gebieten habe in seinem Reich. Man möcht aber hier fürwerffen/was Polydorus Virgilius, Munsterus,

rus, Paulus Aemilius vnd andere/ deren je einer dem anderen gefolgt/ geschrieben/ daß die König von Engelland vom Jahr 727. her/ allzeit ein Tribut an den Römischen Stul bezahlt haben/ S. Peters Pfenning/ oder König Jnas Tribut genandt.

Hierauff antworten die Engelländer vnd erweisen mit alten Büchern/ die mehr dann vor 300. oder 400. jahren geschrieben seind/ welche wir auch selbsten gesehen vnd gelesen haben: daß Jnas der Westsächsische König/ dasselbig Gelt jährlich erlegt habe/ für ein Almusen/ zu vnderhaltung der armen Engelländer so dazumal zu Rom wohnten/ gar nicht aber anstatt eines Tributs: wie auch erscheinet auß einem Brieff des Herren Eduarts/ in welchem dasselbig Geldt genandt wirdt: Eleemosyna Regis, des Königs Almusen: vnd anderstwo/ Regis larga benignitas, des Königs grosse miltigkeit. Man hat vns auch in Engelland ein Buch oder Bulle des Bapsts Gregorij/ so er in Engelland gesandt/ dasselbig Gelt zu empfangen/ sehen lassen/ darinnen gar keine meldung beschicht einiges Tributs: vñ bracht dazumal die rechnung 199. pfundt/ 16. schilling/ 8. pfenning/ darauß abzunemmen/ daß dazumal 47960. Häuser in Engelland gewesen/ so darzu contribuiert.

Daß man aber fürgeben will/ es habe König Johann das Königreich dem Bapst Innocentio dem dritten auffgetragen: darauff sagen die Englischen/ daß der König solches ohne gemeine bewilligung seiner Ständ vnd Vnderthanen nicht hab thun können/ wie solches auch der Rechtsgelehrte Jason bezeugt. Diser meynung ist auch gewesen Thomas Morus, ein sehr gelehrter vnd Catholischer Mann (wie auß seinen Schrifften zuersehen) welcher sagt/ vnd mit Bäpstlichen Bullen/ so zu derselbigen zeit geschrieben worden/ beweyset/ daß der Stul zu Rom mit keinem Instrument oder einig anderen Schrifften vnd vrkunden solche aufftracht könne beweysen.

Sie wöllen auch beweysen/ daß ihre Könige zu gebieten haben/ vnd allezeit gehabt vber den Geistlichen Stand/ wie auß vielen Exempeln zu ersehen/ alß das keine Legati à latere oder Bäpstliche Gesandten in Engelland haben kommen dörffen/ ehe sie von dem König vrlaub erlanget/ derowegen sie gemeinlich zu Cales so lang gewartet/ biß sie den Eyd gethan/ daß sie in Engelland nichts zu nachtheil der Königlichen Authoritet oder der Kronen fürnemmen wolten. So möcht niemand auß Engelland zu schmälerung des Königs Authoritet/ ein Proceß oder Gerichtssach gen Rom gelangen lassen oder allda außführen. König Heinrich der vierdte/ hat den Bischoff Clare wegen einer verräterey zum Todt verdampt/ wiewol derselbig ein gesalbter vnd geweyheter Bischoff gewesen. Der Ertzbischoff von Cantelberg ist in Gefangenschafft gelegt worden/ weil er ein Bäpstlichen Bann oder Excommunication wider den Bischoff von Durhum außgesprochen. Der Rechtsgelehrte Baldus sagt/ daß man in Engelland von dem König nicht appellieren könne/ er bewillige es dann. Die König in Engelland hetten macht allein Bischoffen eynzusetzen/ eben so wol alß Carolus Magnus gehabt/ vnd köndte keiner zum Bischoff geweyhet werden/ er hette dann zuvor den Stab vnd Ring von dem König empfangen. Derowegen die Könige in Engelland eben so wol gesalbt werden alß die in Franckreich/ vnd tragen ein beschlossene Kron/ alß in welcher neben der Weltlichen Herrschafft auch die Geistliche eyngeschlossen: deßhalben auch von beyden angeregten Königen fürgeben wirdt/ daß sie ein besondere kranckheit Escrovelles, auff Teutsch der Kropff genandt/ heylen können.

Der Geistliche Stand ist in Engelland vor zeiten in trefflichem ansehen gewesen/ vñ hat grosse Reichthumb vnd Eynkommen gehabt. Dann allda wurden gerechnet Ertzbisthumb vnd Bisthumb 26. Dechaneyen 11. Ertzdechaneyen 60. Stifftspreben den 394. Beneficien 8803. Häuser für die Geistlichen oder Clöster/ 610. Collegien/ 96. Spittäl/ 110. Contreyen vnd freyen Capellen/ 23374. der Geistlichen Beneficien waren zusammen 12479. ohne die so in den Landtschafften Walles seyn möchten.

Die Geistlichen Güter vnd Renten belieffen sich jährlich/ nach dem Tax den man findt da die erste Früchte vnd Zehenden bezahlet vnd eyngenommen worden/ auff 320180. Pfundt/ 10. schilling/ Sterlings oder Englisch Gelts/ das seind 3201800. gulden Niderländisches Gelts/ wie dasselbig Anno 1600. gangen vnd gegolten.

Nach dem nun König Heinrich der siebend auff Bapst Clementem den siebende hefftig ergrimmet vnd erzörnet/ weil gemeldter Bapst die Ehescheidung des Königs/ die er zuvor bewilliget/ hernach nicht bestätigen vnd gutheissen wolte/ wie oben im 1. Buch dise Historien angeregt worden: ward ihm von etlichen gerahten/ daß er sich wider des Bapsts Excommunication oder Bann vnd wider Keyser Caroli des fünfften Macht mit den Geistlichen versehen vnd stercken solte: welches er nicht allein gethan/ sondern auch bey andern Fürsten so auff Reformation der Religion trungen/ vnd die/ schon eyngeführt/ Bündtnuß/ Hilff vnd Freundtschafft gesucht/ auch selbst ein Reformation fürgenommen vnd angestellt/ wiewol er sonst bey der Römischen Religion verblieben/ alß der im Testament verordnet daß man alle tag für seine Seel ein Meß halten solle. Hat also die Geistlichen Güter angesprochen/ vnd alle Clöster abgethan/ vnd dero Güter vnd Eynkommens/ mit bewilligung des Parlaments an sich gezogen/ vnd von obgemeldter summ des Geistlichen Eynkommens vngefäh: den halben theil behalten/ nemlich 160100. pfundt/ ließ also den Geistlichen noch 150980. pfundt Sterlings/ welche vertheilt wurden vnder 2226. Pfarren/ so von Vicarien vnd nicht Priestern bedient werden/welche sie auff Englisch Inpropriatie nennen: die vbrige Kirchen aber an der zahl bey 5577. die allda Incumbente Kirchen genennet werden/behielten die Geistlichen in besitzung. Das Weltliche Regiment betreffend/haben die Könige in Engelland in gleichem vollmächtigen gewalt/alles nach jhrem gutduncken zu verwalten. Mögen nach jhrem belieben außländischen Königen/Fürsten vnd Völckern/nach gelegenheit Krieg ankünden/vnd mit jhnen widerumb Frieden machen: mögen auch mit denselbigen in Bündtnuß tretten. Doch pflegen sie etwan dergleichen wichtige sachen/so des Lands Heyl vnd Wolfahrt betreffen. Zu mehrer sicherheit/auch jhrem geheimen Raht zu communicieren/welchen sie jhnen selbst nach jhrem wolgefallen/auß dem hohen Adel/Geistlichen Rittern vnd andern erkiesen/doch beschicht dises alles freywillig vnd ohne einigen zwang. Also auch wann der König Krieg führet oder zu Feld ligt/hat er gleicher weiß alle macht: also daß sein Wort/das Statut oder Gesatz selber ist: stehet bey jhm zu tödten oder zu straffen/wenn/vnd vmb was willen er will/ohne einigen Proceß oder Form Rechtens der 12. Mannen/oder anderst/wie sonst wol gebräuchlich ist: vnd dise vollkommene macht/ist bey jhnen das Martial oder Kriegsrecht genandt.

Gleicher weiß haben sie auch vollkommenen gewalt zu müntzen/wie auch die Müntzen durch jhre Mandaten oder Proclamation nach jhrem gefallen auff vnd abzusetzen. Auff jhren Müntzen seind der Kron Bildtnussen/Wapen vnd Titul geschlagen: derselbigen form/gewicht vnd wärth oder valor stehet in des Königs discretion, dan die Vnderthanen des besten sich zu jhm versehen/ dieweil sie jhme damit seine Eynkoffen/Schoß/Zoll vnd Vmbgelt/entrichten. Aber die gewicht vnd maß/so wol der trockenen alß der nassen dingen/werden gemeiniglich von dem Parlament geordnet vnd vorgeschrieben.

Die Könige pflegen auch vber die Gesätz zu disponieren/deßgleichen in den Straffen so in den Statuten begriffen: nemlich in denen da die Bussen jhme allein zukommen/in denen aber da die Bussen dem Anbringer halb zukommen/vermag er allein in seinem antheil zu disponieren: gleiche gestalt hats auch in Criminal sachen/so dieselbe jhn betreffen.

Der König theilet alle höchste Empter vnd Digniteten des Reichs/so wol Geistliche alß Weltliche vnder die jenige auß/welche er selbst will. Auch hat er den Zehenden vnd die Erstlinge von allen Früchten des Jahrs/von aller Geistlicher Promonan/außgenommen die Vniversiteten vnd andere privilegierten Collegien.

Der König vber Geistlich vnd Weltlich. Alle Edicten/Mandaten vnd Executionen geschehen im Namen des Printzen oder Königs/ dann sie (die Englischen) sagen/jhr Leib vnd Güter seyen des Königs: damit sie wöllen zu verstehn geben/daß niemand bey jhnen die hohe vnd mittel Iustitien hab/dan allein der König/von welchem nicht mag appelliert werden. Derowegen alle Proceß die Leibsstraff betreffend/werden Proceß der Officien der Krone genandt/vnd können von niemand/dann dem Könige gebraucht vnd verricht werden/mag auch niemand dann der König verzeyhung darüber geben. Ob wol bey vorigen zeiten etliche Graffschafften die hohe Iurisdiction hatten/ist doch solches nicht mehr im brauch/vn seind solche Privilegien mit der zeit/weil sie jhre Gerechtigkeiten in Schrifften nicht köndten darthun/ gäntzlich verloschen vnd vergangen.

In summa die König in Engelland werden geachtet alß das Leben/Haupt/Macht vnd Authoritet vber alle vnd in allen dingen im gantzen Reich: keinem anderen König oder Fürsten wird grössere Ehr vnd Reverentz erzeigt alß jhnen. Menigklich stehet mit entblößtem Haupt in seiner gegenwart. Ja/daß noch mehr/darff niemand in der Principal Cammer des Hoffs/welche man die Present Cammer nennet/gehen/noch mit bedecktem Haupt stehen/ob schon der Printz nicht zugegen.

Gleich wie nun Engelland das älteste vnd erste Königreich in Europa gewesen/so den Christlichen Glauben angenommen: also hat es auch zum ersten die reformierte Religion eyngeführet/ doch die Bischoff vnd Geistlichen Stand bey grossem Ansehen vnd Ehren/wie auch stattlichem eynkommen vnd vnderhaltung gelassen/also daß sie jhrem König wol vnderthan seind/doch noch was von der Geistlichen Iurisdiction behalten.

Von des Königs in Engelland Prærogatif vnd Vorzug. Cap. xv.

DJe Engelländer geben für/daß jhren Königen der vorzug vnd nechste stell nach dem König in Franckreich vor allen Königen/auch dem König in Spanien selbs gebüre/vnd das vmb vieler vrsachen willen.

Vergleichüg des vorzugs zwischen Engelland vnd Hispanien. Erstlich/weil jhrem fürgeben nach/jhr Königreich das ältiste ist/vnd sie die ältisten Christen/vnd darneben von dem edelsten Stammen entsprossen seind: wie auch wegen der vollkommenen Macht so sie im Regiment haben/auch vber den Geistlichen Stand: vnd dann weil von alten zeiten her solche Ehr des Vorzugs oder Preeminentz jhnen vergunt worden.

Jhren vralten Adelichen/oder vielmehr Königlichen Staff beweysen sie nicht vom Adelberto dem Ersten Christlichen König/welcher/Anno 596. von dem H. Augustino getaufft worden/
sondern

Von Engellandt.

sondern auß den Schrifften Iulij Cæsaris des ersten Römischen Keysers/ in gleichen auch der Müntz vnd geschlagen Gelt des Königs Cunobiline/ deren man noch findt/ vñ wir selbst ein stuck gesehen haben da sein angesicht auffstunde/ neben einer Vberschrifft/ darauß man verstehn kan das derselbig zur zeit der Geburt vnsers Säligmachers regiert habe. Dieses Nachfolger vnd der Britannischen Königen Nammen werden bey Iuuenali/ Dioni/ vnd Tacito angezogen/ alß Anaragus/ Vvaditia/ Cartesmadus/ etc. Vnder dem Keyser Antonino Pio/ wie Beda schreibt/ ist Lucius der erste Christlich König in Britannia getaufft worden/ Anno 143. Hernach hat Keyser Constantinus des Britannischen Königs Tochter Helenam zur Ehe genommen/ vnd mit jhren erzeugt Constantinum den Grossen/ welches Kinder lang allda geregiert haben. Darnach im jahr Christi 450. ward Votimor in Britannien König/ welcher das Reich den Sachsen nachgelassen/ auß welchen diese letste 900. jahr her die Könige in Engellandt entsprossen seindt. Hingegen/ sagen sie/ können die Könige võ Spanien jhr Herkommen nicht älter herbringen dann von Attalarico/ welcher doch allein der Gothen König genant wirdt: Sintemal Castilien noch vor 500. Jahren allein eine Graffschafft gewesen/ wie dann auch die Ertzhertzogen von Oestereich so die Spanische Königreich heutiges tags besitze/ vor 400. jahren allein Graffen von Hapspurg gewesen. Vnd gleich wie Britannia oder Engellandt sehr hoch vnder das Römisch Reich ist gebracht worden/ also hat es auch das Joch viel ehe widerumb abgeworffen/ vnd sich in Freyheit gesetzt/ dann Spanien, sintemahl Ferdinandus der erste König in Spanien oder Castilien gewesen Anno 1017. Seindt also die Britanische König vngefahr 500. jahr älter dann die Göttische/ 460. jahr dann die Castilien/ vnnd 120. dann die in Spanien.

Die Elte jhrer Christlichen Profession oder Bekandtnuß zu dem Christlichen Glauben/ beweysen sie auß Polidoro Gildam/ vnd etlichen versen/ so auch in des Cardinals Baronij schrifften zu finde/ darauß man schliessen will daß Joseph võ Ar. lathea den Christliche glaubẽ erstlich allda solte gepflantzt vnd gelehrt haben/ vnd das Simon Zelotes vñ Aristobulus von denen St. Paulus zun Römeren am 14. schreibt/ die erste Bischoffen gewesen: vnd so man glaubẽ wolte dem was Nicephorus/ Sophronius vnd Theodoretus schreiben/ solten St. Peter vnd St. Paulus selbs allda geprediget haben. Der König Lucius ist gewesen ein jünger Timothei des Christenlichen Königs/ welcher das Creutz auff sein Müntz geschlagen/ Bischoffen eingesetzt vnnd Collegien oder Clöster gestifftet zu Bangas/ die Schuler vnd jugent allda im Christlichen Glauben zu vnderweisen/ auch vnangesehen der verfolgung bey Keysers Serveri zeiten/ allzeit bey der Christenlichen Religion vnd deren handthabungen verharret.

Zur selben zeit vnder Diocletiano/ ist jhr erster Märtyer Albanus getödt worden neben viel anderen/ vnder welchen auch gewesen Emmeita des Königs Schwester/ welche verbrent worden. Vnder diser verfolgung werden auch begriffen oder gerechnet die 11000. Jungfrawen.

Von S. Helena schreibt man daß sie daß heilige Creutz erfunden vnd mit dem Keyser Constantino dem grossen Constantinum erzeugt/ welcher der erste Keyser gewesen so den Christlichen glauben vnnd Religion im Römischen Reich zu gelassen/ vnnd die Päpst oder Römische Bischoffen sampt der gantzen Kirchẽ höchlich verehrt vñ gezieret/ auch etliche Concilia halten lassen/ in welchen die Bischoffen auß Engellandt allzeit jhren sitz vnnd stim gehabt/ vnnd die Acta oder Decreta mit vnderzeichnet haben.

Vnd wiewohl der Christliche Glaub vnd Religion dabevoren vnd zur selben zeit auch hernach hefftig angefochten vnd verfolgt worden/ hat doch Engellandt allzeit darinn floriert vnd gute Rhu gehabt/ also das es gewesen wie Bernhardus von Claravalla schreibt/ omnium totius Europæ Monasteriorũ parens, Et altrix, das ist/ ein Mutter vnd Ernehrerin aller Clöster in gantz Europa: vnd hat kein Landt/ wie Jacob Maier bezeugt/ mehr Christen erzogen vnnd herfür gebracht dann Britannia. Ja die Niderländischen Provintzen/ Burgundien/ Schottlandt/ Schweden vnnd Friesland seind von den Engelländeren zu dem Christlichen Glauben bekehrt worden.

Ferner sagen sie: Es haben die Englischen Könige vollkommenen gewalt/ so wol vber den Geistlichen alß Weltlichen Stand/ wie allbereit vermeldet worden: Hingegen seyen die Könige auß Hispanien dem Bapst mit mancherley Pflichten zugethan. Erkennen viel jhrer Königreichen vnd Herrschafften von dem Bapst mit viel Dienßbarkeiten zu Lehen. Es schreibt auch der fürnehme Politicus Iohannes Bodinus, daß der König auß Hispanien nicht ohn grosses Gelt bey dem Bapst zuwegen gebracht/ daß keine Frembdlinge zu denen Bißthumben in Spanien möchten befürdert werden.

Fürs letst geben die Engelländer für/ daß jhre Könige in allen Concilien vor den Königen in Spanien gesetzt seyen worden: Alß in dem Concilio zu Clarmont seyen die Engelländische Gesandten oder Bischoffen an des Bapst Vrbani rechten Fuß gesessen/ da gemelter Bapst dise wort gebraucht: Includamus hunc Orbi nostro tanquam alterius Orbis Pontificem Maximũ, das ist/ lasset vns disen (König) in vnser Welt eynschliessen alß ein Bapst einer anderen Welt (daß solcher Nammen diser Insul geben wird/ daß es nemlich gleichsam ein andere Welt seye.) Im Concilio zu Costantz/ allda die gantze Christenheit in 4. Nationen abgetheilt vnd vnderscheiden worden/

nemlich Italiäner/Teutsche/Frantzosen/Engelländer/war Spanien under Italien begriffen gewesen: und wie die Frantzosen an die rechte/also seyen die Engelländer an die lincke seit/und nach ihnen erst die von Spanien gesetzt/und solches bißhero allzeit also gehalten worden. Wölle sie nicht ohne das Anno 1431. zu Basel deßhalben Streit entstande/da sie aber beschlossen worden/das man dem alten brauch folgen solle. Und gleich wie dazumal der König von Spanien mit Heinrich dem sechsten/König in Engelland wegen des fürzugs sich in Streit eyngelassen/also haben seine Nachfolger hernach im Concilio zu Trient den fürzug vor Franckreich haben wöllen/aber noch nichts behaupten oder erlangen können. Schließlich/sagen die Engelländer daß in allen Handlungen/Verträgen und Tractaten ihre Könige vor den Spanischen stehen und genennet werden.

Von der Succession der Königlichen Kron Engelland. Cap. xvj.

IN der Reichsfolg oder Succession der Cronen/ pflegẽ die Engelländer gemeinlich ein allgemeine Regel zu halten/daß nach absterben der Söhne ohne Erben/ die Töchter succedieren: also ist auch weiland die Hochweyse Königin Elisabeth ihrer Schwester succediert/welche an ihres Bruders statt kommen/und ist die letzte gewesen dises Stammens der Königen in Engelland. Ihr Vatter Heinricus der achte dises Nammens hatte zwo Schwesteren/darunder die älteste Margaretha genandt/Jacobum den vierdten König in Schottland bekommen/bey welchem sie Jacobum den fünfften der Königin Maria Stuart Vatter gezeuget: Maria aber zeugete mit ihrem Herren Heinrico Stuart Jacobum den sechsten/König in Schottland/und ersten diß Nammens in groß Britannien/jetz regierenden Königs Caroli Vattern.

Nach dem dise Margaretha des Königs Heinrici des 8. ältiste Schwester/durch absterbẽ Jacobi des 4. ein Wittib wordẽ/heurathet sie zum andern mal an Archibald Duglaß Graffen võ Anguis/ welchẽ sie ein Tochter gebar/Margareth Duglaß. Alß sie aber mit einander uneins wurden/weil nemlich gemelte Margaretha in erfahrung kommen/daß ersgedachter Graff Duglaß zuvor ehe sie sich mit ihme verheurathet/einer andern die Ehe solt versprochen haben/hat sie sich endtlich võ im gescheiden. Jedoch ward ihr Tochter Margaretha/so von ihnẽ beyden gezeuget/in Recht für ehelich erkant/weil die Mutter von den vorigen gelübten nicht gewußt hatte. Also trawete sie zum dritten mal an Heinrich Stuart/Herren võ Meffen. Obgedachte Tochter aber Margaretha/verheurathet sich nachmahls an Mattheum Stuart Graffen von Linor: mit dem sie zeugete Heinrich Stuart Herren zu Dareley der unglückseligen Königin Maria Ehemañ Jacobi des 6. Vatter/uñ jetzt regierenden Königs in Engelland Großvatter/und dannoch einen Sohn Carlen Stuart Graffen von Linor: welcher nach der hand in Engelland/mit Elizabeth/einer Tochter von Candisch/sich verehelichet/und eine eheliche Tochter Arbela genandt/nach ihme hinderlassen.

Heinrich der 8. hette noch ein ander junge Schwester Maria genannt/die sich an König Ludwig den 12. in Franckreich bestattet/bekam aber mit im keine kinder: uñ alß sie ein Wittib worde/trawete sie wider in Engelland Carolum Brandon/Hertzogen von Suffolckh/welchẽ sie zwo Töchter gebar/Franciscam und Leonoram. Francisca ward Heinrich Grey Marggraffen von Dorset vermählet/welcher durch disen Heurath/Hertzog von Suffolckh ward/und zeugete 3. Töchter/auß welchen die älteste Jana Grey den Graffen Gilfort Dudley/des Hertzogẽ von Northumberland Sohn getrawet/welche ohne Leibs Erben mit ihrem Herren dem Hertzogen enthaupt. ward/umb daß sie zur Königin offentlich war auffgeworffen/uñ under dem Pretext des Testaments des Königs Eduards des 6. für den rechten nechstẽ Erben der Cron Engelland erklärt worden/gegen und wider die Königin Maria/uñ ihr Schwester Elisabeth. Es hatte wol König Heinrich der 8. in seinem Testament verordnet/daß sein Schwester Maria Erbẽ oder Nachkömlein vor seiner ältistẽ Schwester kinder erben solten/aber erst wann Eduard/Maria uñ Elisabeth seine Kinder/ohn Erben sturben. Aber die Schottländer/welche dem Recht der ältesten Tochter und Schwester fürstehen/wöllen gemelt Testament nicht geltẽ lassen: uñ ob wol angeregts Testament mit diser Clausel zu Londen/wie man sagte/in der Cantzley registriert ward/sage sie doch solches seye erst zu Königin Maria zeiten eyngeflickt/und das wöllen sie beweysen. Die zweyte Tochter Franciscæ Catharina Grey/ward alß sie noch minderjährig/des Graffen von Penbrombs Sohne verlobt: Trawet aber nachmals heimlich Eduard/des Hertzogẽ von Soffersets/Protectoris in Engelland Sohn/ welche beyde uber disem Heurath von der Königin in Engelland gefänglich eyngezogen/uñ nachmals umb ein grosse summa Geltes gestrafft worden. Dise beyde zeugten in ihrer Gefängnuß zu Londen zwen Söhn/Eduard Seymer/Hertzog võ Beamhamp/und Thomas Seymer/welche newlich beyde an Edelfrawen vom ritterlichen Stammen sich bestattet. Under denẽ der älteste Lander Beamhamp drey Söhne hat von Honora Rogers/Herren Reichard Rogers Ritters Tochter/nemlich Eduard Wilhelm und Frantz/und eine Tochter mit Nammen Honora. Die dritte Tochter Franciscæ Maria genandt/heurathete gantz schlechtlich/und starb ohne Kinder.

Eleonora/Franciscæ Schwester/trawte Heinrich Cliffordt/Graffen von Comberland/dem sie eine Tochter gebar Margaretham/so dem Graffen von Darbey/Heinrich Stauley vermählet ist/mit welchem sie gezeuget Ferdinand Staulen/welcher alß Graffe hernacher gestorben/vnd hinderlassen drey Töchter vnd Wilhelm Staulen jetzo Graffen von Darbey/welcher zur Ehe hat des Graffen von Orfort Tochter/mit deren er etliche Kinder erzeuget. Vnd dise seind alle nachkömlinge auß dem Stammen der beyder Königen Heinrich des siebenden vnd achten.

Es ist zwar offtermals darnach getrachtet vnd versucht worden/daß dise grosse Insul/welche in zwey Königreich/alß Engelland vñ Schottland getheilt ist/durch beständige Heyrath in ein Königreich möchte vereiniget werden: darinnen sich dann weiland König Heinrich der 8. Hochloblichster gedechtnuß/höchlich bemühet/alß die Kron võ Schottland auff die Königin Maria/welche/wie obgedacht Anno 1587. in Engelland enthauptet worden/verstorben war: dañ er gerne erstgemeldter Mariæ seinen Sohn Eduard vermählet hette. Ward aber durch heimliche Practicken Keyser Caroli des fünfften/vnd des Königs in Franckreich daran verhindert: alß die wol sahen was grosser verlurst/schaden vnd gefährligkeit jhnen darauß in das künfftige entstehen möchte/wo dise zwey Königreich vereiniget wurden/von wegen beyder Ort gelegenheit/vnd guter Schiff vnd Meerhäfen: auch vmb deß willen/daß sie jhre vereinigste Macht beförchten/dieweil sie offtermahls vor alten zeiten auff der See die benachbarte Land vnd deren Schiffart/hefftig geplagt hatten. Dargegen dann die erste verbündnuß zwischen Franckreich vnd Schottland/bey zeiten Keyser Caroli Magni/der auch ein Herr der Niderlanden war/auffgerichtet worden/vñ bißher offtermals durch verscheidene Tractaten gemehret vnd gekräfftiget worden. Also daß Franckreich dem König in Schottland in Nothfählen auff seinen eygnen Kosten muß behülfflich seyn: Hergegen aber Schottland dem König in Franckreich auff jhrer der Frantzosen Kosten beystandt thun. Zu welchem ende auch der Adel in Schottland mehrertheils gewohnet ist/jhr eynkommen oder bestallung von dem König in Franckreich zu haben/vnd das allein darumb/damit Engelland im zaum gehalten wurde/welches sonst nicht leichtlich köndte geschehen: dieweil der Landen gelegenheit/vnd jhre gute Schiffhäfen/welche den benachbarten vberauß bequem vnd nutzlich/ja fast nötig seyn/die Eynwohner zum Seerauben locken vnd anreitzen: in dem sie auß jhren Häusern/ja bey Nacht auß jhren Betthen/die fürüberfahrende Schiff mit grossem Reichthumb vnd Gütern beladen leichtlich sehen können/darumb die benachbarten nicht gern leiden oder zugeben wöllen/daß dise zwey Königreich vnder ein Cron gebracht wurden/eyngedenck der Geschicht/die sich etwan in dem Läger vor Cales begeben/alß Keyser Carl/vnd Franciscus König in Franckreich zum König Heinrich dem siebenden/in erstgedachtes Läger sprach zu halten kommen waren/da sie daselbst auff der Pforten oder eynngang des Königlichen Gezelts gesehen hatten/einen Englischen Bogenschützen künstlich gemahlet/mit diser Vberschrifft: Cui adhæreo, præst, dem ich zufalle/der ligt oben. Darauff die beyde Fürsten gedachten/da der König in Engelland ein solches von jhme selbst hielte/in gegenwertigem stand/was wurde er erst thun/wann er vber beyde Königreich wurde zu gebieten haben.

Dises ist auch die fürnehmste vrsach/darumb Königin Elisabeth in Engelland/welche nunmehr ausser hoffnung einiges Leibs Erben/nach zeitlicher vnd reifflicher erwegung aller diser dingen Jacobum den sechsten/König in Schottland/zu jhrem Erben nicht ernennen wöllen/damit sie jhren Benachbarten kein vrsach zum Argwohn vnd Mißtrawen gebe.

Von der Englischen Landen art. Cap. xvij.

Er Lufft in Engelland ist temperiert/aber doch dick vnd grob/derohalben es dann viel Wolcken/Wind vnd Regen gibt: vnd weil der Lufft also dick/so ist es auch niemalen weder zu heiß noch zu warm. Die Nächt seind gemeinlich häll/vnd weil es nicht vil böser Kranckheiten gibt/braucht man nicht gar viel Artzneyen. Es erzeigt sich aber vast alle vier Jahr ein Pestilentz/so ein mercklich Volck hinnimpt.

Das Land ist vber alle massen fruchtbar/bringt allerley gattung Früchte von Geträid vnd Bäumen. Manglen allein der Pomerantzen/Granat vnd Oelbäumen: hat Lorbeer vnd Rosmarin/daß man die Gärten mit vmbzäunet. Hat ein mercklichen vberfluß an dem schönsten Blumwerck/vnd bringt vber alle massen gute Kuchenkräuter. Das Land zu Berg vnd Thal ist Graßreich vnd voll der besten Weiden/darumb sie auch mit allerley Vieh treffentlich versehn. Die Pferd seind schön vnd bering/schnell zum lauffen/gemeinlich die besten Zelter: etliche seind vber alle massen arbeitsam/die Schaaffe tragen sehr reine Wollen/kompt so wol vom Lufft/alß von der Weid her. Die Hirten lassen das Vieh nicht zu allen Brunnen/sondern lassen sie das Thaw

Thaw lecken/vnd das feuchte Graß abweiden/dann sie befinden das etliche Brunnen schädlich seind. Es gibt nirgent kein vngezieffer/hat auch keine Wölff/vnd das von der zeit an/da König Cydarus/dem Hertzog Ludwalo in Walia 300. Wölff zu einem jährlichen Zoll oder Zinß zu liefferen aufferlegt: dann alß Ludwalus solchen Zinß drey Jahr nach einander geliefert hatte/vnd das vierte Jahr auch herbey kam/bekandte er offentlich/daß es jhme vnmöglich einige Wolff mehr zu bekommen. Der starcken Dockhen hat es ein grosse menge/hergegen aber keine Esel vnd Maulthier. Ist mit den reichsten Bergwercken von Sylber vñ Gold/Ertz/Zinn/Bley/Bleyweiß/auch etwas Eysen/vnd dergleichen begabet. Vnd ob schon mangel an Wein/so hat es doch die beste Bier/so man auch in andere Länder verführet/vnd thewr verkaufft.

Die Engelländer haben sehr viel Gevögel/wild vnd zahm. Die Kapphanen in Cantio seind so feißt alß die zu Polteerare bey Padua oder die bey Manns: die Gänß seind fast zart. Es gibt viel Rebhüner/Schnäpffen/auch Phasanen vnd dergleichen. Sonderlich ist es im Winter alles voll der besten Lörchen.

Es hat in allen Flüssen vnd Weyeren viel Schwanen/vnd hin vnd wider auff dem Land viel Raben vnd Krähen/dergleichen schwerlich an einem ort zu sehen/fressen die Würm so auß der jmmerwährenden feuchte wachsen. Thun dem Geträid auff dem Feld so grossen schaden/daß man nicht nur Knaben auff dem Feld hat sie zu verjagen vnd zu schiessen/sondern auch von den Landtständen nach mittel getrachtet worden/wie man sie vertreiben köndte.

Was die Fisch anbelanget/so ist der besten allenthalben ein vberfluß/wann man sie fleissig möchte fangen. Die Meerschnecken/seind viel besser vnd viel grösser dann anderstwo.

Man findet auch Perle/seind aber gering vnd gelblecht.

Es hat auch Saltzbrunnen vnd warme Bäder/vnd bringt den Stein Gagatem.

In summa Engelland ist an allen dingen so reich/daß es vast nichts von andern kauffen darff.

Was von anderen Landen dahin geführt wirdt/ist Wein/Gewürtz/Zucker/Baumöl/ vnd Farben die Thücher zu färben.

Die Sachen/derentwegen Engelland sonderlich vnd vor anderen Landen gepriesen/haben die Alten mit disem Verßlein begriffen:

Mons & fons & pons Ecclesia, fœmina, Lana.

Ist so viel/alß das Engelland an schönem fruchtbaren Gebürg/guten frischen Brunnen/stattlichen vnd herrlichen Brucken/schönem zarten Weibervolck/vñ köstlicher reiner Wollen/sonderlich den Preiß behalte.

Das groß gebrechen diser herrlichen Insul ist/die Pestilentzische Seuche/so vast/wie gesagt/alle vier Jahr eynreißt/vnd mächtig viel Volcks hinnimpt. Also weißt Gott der Allmächtige nach seinem allweisen Raht das süsse mit dem bitteren zu temperieren/vnd die Völcker so sonsten etwan durch den vberfluß vnd völle aller Lüste vnd Gütern diser Welt sich versteigen möchten/fein artig in dem Zaum zu halten.

Von der Engelländer Thun/Sitten vnd Gebräuchen.
Cap. xviij.

Strabo sagt/die Engelländer seyen vor zeiten gantz wild vnd barbarisch gewesen. Ob sie schon ein vberfluß an Milch gehabt/haben sie doch nicht gewußt wie man die Käß soll machen.

Tacitus schreibt/es seyen die Weiber nicht nur in Krieg gezogen/sondern seyen auch Kriegs Oberstin gewesen. Vnd Dion bezeugt/sie haben keine Felder gebawet/haben von der Jagt/Fischfang vnd Baumfrüchten gelebt. Andere vermelden/sie haben sich mit Schaaffsfählen bekleidet/vnd sich wunderlich am angesicht gefärbet/damit sie gegen dem Feind scheutzlich außsehen/haben starcke Knebelbärt vnd lange Haar getragen/im Krieg brauchten sie Wägen/vnd machten mit den Rädern ein groß getöß. Waren der Zauberey ergeben/vnd zeichneten jhre Kinder mit gewissen Zeichen.

Zu diser zeit aber seind die Engelländer gar feine burgerliche Leuth/vnd sonderlich ist der Adel recht Adelich/nemblich allen schönen Tugenden vñ guten Künsten ergeben. Alles Volck ist schön von Person/hurtig/wachtbar/frewdig/freymütig/Mannlich vnd sinnreich. Achten keiner gefahren/wagen sich jmmer frisch hineyn/also daß die Englischen viel mehr eines fürsichtigen führers/dann eines antreibers bedörffen. Seind nicht so arbeitsam vnd nehrhafft alß die Teutschen/thun es jhnen aber mit dem Trincken wol zu/vnd vbertreffen sie mit dem Essen/darzu jhnen dann des Lands fruchtbarkeit gute mittel vnd gelegenheit gibt. Sonderlich speisen sie viel Fleisch/wie sie dann das beste ein vberfluß haben. Haben vor kurtzen Jahren den Häringfang angefangen/vnd mögen allbereit alle Jahr 10. oder 1400. Läst Häring in Engelland bringen/von dannen sie dann

dann fünff oder sechshundert Läst in Italiam oder anderstwohin führen. Halten ein groß Hauß=
gesind/tragen zierliche Kleider/bleiben nicht lang bey einer Manier/in massen sie fast alle Jahr jh=
re Kleider verenderen nach der Frantzosen brauch/haben nicht solchen vberfluß an Kleidern vnd
Haußrath alß die Teutschen/die dessenthalben offt verarmen. Die Weiber wissen jhr schöne vnd
zartigkeit/mit Hüten/Schleyern vnd Handtschuh wol zu bewahren/welches so gemein bey jhnen/
daß auch die Bawrsweiber sich dessen gebrauchen. Die Weiber haben grosse Freyheit/sitzen al=
lenthalben oben an/werden von Dienern begleitet/man thut den Mannen ein freundtstuck wann
man sie zum Wein führet. Haben ein gebrochene Sprach/vnd lispen mit der Zungen/das auß=
sprechen ist zimlich Weibisch/vnd haben klägliche oder weinende geberden/sie haben gemeinlich
die Natur/daß was man vnder jhnen verleurt/man nicht mehr verhoffen darff widerumb zu finden.
Seind rhumrhätig/verachten ander Leuth/vnd haben in vielen dingen Spanischen Humor: jh=
rer viel haben sich nicht ersättigen lassen mit rauben auff dem Land/wie es dann nicht allenthalben
sicher zu wanderen/sondern haben sich auff die See begeben/vnd gewaltige Kauffmansschiff an=
griffen/wie sie dann gute Schiffleut seind. Sie haben zu diser zeit ein wunderliche weiß an sich ge=
nommen mit dem Taback trincken/welchem sie dermassen ergeben/daß sie jhre Tabackpfeiffen jm=
merdar mit sich tragen/vnd nicht nur nach dem Essen in den Häusern/sondern auff der Reiß/wan
sie zu Schiff oder zu Pferd seyn/vnd das so offt sie gelegenheit haben mögen.

Von der Reichthumb in Engellandt. Cap. xix.

IN gemein samlet Engelland alle Jahr ein mercklichs Gelt auß allerley gattung
schönen Thüchern/so in Teutschland/Polen/Dennmarck/Schweden vnd an=
derstwohin verführt werden/welches sich dan für gewiß alle jahr auff anderthalb
Milion Gold lauffen soll. Auß dem feinen Zinn/so gleichsam Silber scheinet/
erlösen sie jährlich in die 500000. Cronen. So gibt auch der gewaltige Härings=
fang bey Jorchen ein stattliche summa Gelt/wie in gleichem das Bier/so hin vnd
wider verführt wirdt. Item/es wird auch ein mercklichs auß Läder vnd Kälstein
erlöst. Ja sie erlösen auch ein zimlich Gelt auß den Rindshörnern/deren ich gantze Schiff voll hab
gesehen hinauß führen/welche zu Käm/Laternen/vnd dergleichen gebraucht werden. Guicciardin
vermeynt/der Kauffmanshandel in Engelland möge alle Jahr 12. Milion Gold bringen.

Was aber der Kron Eynkommen besonders anlanget/so war dasselbe/eher König Heinrich der
Achte sich von dem Bapst absündert/nicht mehr dann 500000. Cronen.

Nach disem ist das Eynkommen durch die geistlichen Güter/Zehenden/freywillige Stewr/
Tribut der Meerräubern/vnd dergleichen vber alle massen hoch gestigen/wöllen von den Straf=
fen nichts reden/so täglich verfallen.

Betreffend das Außgeben/so hat Königin Elisabeth 200000. Cronen täglich zur Hoffhal=
tung gebraucht/vnd war gleichwol nicht der vierdte theil des Kostens/so etwan vber König Hein=
rich vnd Eduard jhre Vorfahren ergangen.

Von den Königlichen Emptern in Engellandt. Cap. xx.

DIe Königlichen Empter in Engelland werden nicht abgewechselt oder geendert/
so lang der Herr lebt/so das Ampt tregt/er habe sich dann an Königlicher Maje=
stat vergriffen. Die fürnembsten Empter seind/Groß Cantzler/Groß Rentmei=
ster/Groß Cammermeister/Connestable/Groß Marschall/Admiral/rc. Des
Connestable vnd Marschals Ampt währen nur zur zeit des Königs/der Krö=
nung/vnd dergleichen Solenniteten. Vnd gehören dise Empter alle dem König
zu/nach seinem willen zu verleihen/vnd ist keins erblich.

Die hohen Titul damit der König wol verdiente oder sonst geliebte Herren verehret/seind Her=
tzog/Marggraff/Graff/Viconta/Freyherr/vnd was den Titul Milord anlangt/so stirbt dersel=
be mit der Person ab/es seye dann sach daß sie des Parlaments seye gewesen/alßdann ist er erblich.
Wann ein Hertzog stirbt/so wird der Sohn nicht also bald Hertzog geheissen/wie anderstwo/son=
der der König macht jhn erst zum Hertzogen/welches auff solche weiß zugehet: Der Sohn so seinem
Vatter begert nachzufolgen mit dem Hertzoglichen Titul/præsentiert sich vor dem König/dersel=
be macht jhn Wehrhafft/vnd setzt jhm die Kron auff/mit gewissen Ceremonien. Weil aber die
Hertzogen leben/werden die Söhn nur Milord geheissen. Vnd wann der König einem Geschlecht
ein mal einen dergleichen Titul geben/so bleibt derselbe bey den Nachkommen/es were dann sach/
daß man sich an Königlicher Majestat hette vergriffen/alßdann seind alle Ehren vnd Würden
verfallen/welches sie heissen des Geblüts beraubt werden.

Was den Ritter-Orden belangt/so ist derselbe in Engelland manigfalt: bißweilen wird er geben
vor dem Streit/damit man desto beherzter vnd männlicher werde: bißweilen nach dem Streit/
daß die männliche That verehrt vnd bekandt werde/vnd also andere in gleichem nachfolgen. Etlich
werden zu Ritter geschlagen von dem König persönlich selbs/etliche in seinem Namen durch den

Feldobersten. Wann der newe Ritter den Orden empfahet/muß er in diser Reverentz nider knien/ wird vber die Achsel oder Rucken mit einem blossen Schwerdt berühret/vnd jhme zugesprochen: Ihr seind in Gottes Namen Ritter/vnd tretten herfür. Bey des Königs Krönung werden besondere Ritter geschlagen mit vielfaltigen Ceremonien. Die im Läger zu Ritter geschlagen werden/ führen die Fahnen/vnd haben die Freyheit jhre Wapen dareyn zu setzen.

Vnder allen Ritter-Orden ist insonderheit verrhümbt der Orden des Hosenbands/ welchen Eduard der dritte König in Engelland gestifftet/nach dem er Johannem König in Franckreich/ vnd David König in Schottland gefangen/ vnd mit seiner Ritterschafft hertzlich triumphiert hat. Andere wöllen/ es habe disem Orden anlaß gegeben/ Johanna Gräffin von Sarisbar/ so jhrer schönheit halben hoch gepriesen ward. Diser war bey einem Königlichen Tantz ein Hosenbandt entfallen/ welchen der König selbsten auffgehoben. Vnd als darauß vnder dem Adel ein gelächter vnd gespött worden / hat der König disen spott abzuwenden / geantwortet/ es müsse diser fahl gemeldter Gräffin zu grossen Ehren gereichen: vnd hat darauß disen Orden gestifftet.

Dises Ordens Zeichen war: Ein blawer Hosenbandt/auff welchem mit guldenen Buchstaben gesticket: HONY SOIT QVI MAL Y PENSE. Schandt widerfahre dem so es vbel meynt. Ward an dem lincken Fuß getragen mit einem guldenen Hafften. Es ist diser Ritters-Orden nach vnd nach in solch zunemmen kommen/ das darinnen in 22.Keyser vnd König gewesen. Es seind der Ritteren jederweilen 26. deren Haupt der König. Haben jährlichen auff Georgij eine zusammenkunfft.

Von den Stätten in Engellandt/vnd fürnemlich von der Statt Londen.
Cap. xxj.

Engellandt hat viel lustiger guter Stätten/vnd darunder treffentliche Meerporten/alß namlich/ Varwich/ Dovon/ Dorcaster/ Zotnes/ Dertmons/ Plimout/ Falmout/ Milfort/ vnd Briste.

Es ist Londen ein gar alte Statt (deren auch Cornelius Tacitus in der Mittel-Sächsischen Graffschafft gedenckt/) vnder den Stätten des gantzen Engellandts die fruchtbarste vnd gesündeste/ 60000. schritt von dem Meere/ am Wasser Thamesis gelegen/ hat in der breite 51.Grad vnd 30.Minuten/in der länge 11.Grad vnd 20.Minuten. Dise Statt wird in der alten Englischen Sprach genennet Troi Nouant: lautet auff Latein Troja Nova: das ist/ New Troja: dieweil sie auß den Reliquien der Statt Troiæ: zu den zeiten Bruti/ soll erbawen seyn/ dahero sie dann nur auß enderung etlicher Buchstaben von Cæsare (wie auch andere mehr meynen) Trinobantum genennt worden. Jhren Namen nun betreffendt/ solle sie denselbigen von einem König/ so Ludo geheissen/ empfangen haben: vnd daß dem also/ gibt dessen noch ein alt Thor der Statt genugsame anzeigung/welches er erbawen vnd nach jhme Ludgat oder Ludons Thor genennet worden/ sampt einem gar alten Stein/der mitten in der Statt auff einer Gassen stehet/vnd von jhme auffgerichtet/noch auff den heutigen tag Londenstein heisset.

Was nun den herrlichen Fluß Thamesin/ welcher erstlich Isis genandt/ anbelanget/ nimbt er seinen vrsprung nicht weit ob dem Dorff Vinckelkomb/ vnd weil er sich allenthalben durch etliche Wasser so neben Oxenfurt dareyn lauffen/ hefftig mehret/ kan man mit grossen Lastschiffen allerley Kauffmans Güter vnd anders / auß allerley Landen zu diser Statt kommlichen führen/ welches alßdann derselbigen vberauß grossen nutz vnd gewin bringet. Es hat auch dise Statt (wiewol sie an jhr selbs groß) weite vnd lange Vorstätt/schöne Palläst/ vnd ein gewaltig Schloß (zum Thurn genandt) auffs herrlichste vnd stärckste gebawen. Sie wird auch der Gebäwen/an Häusern/Collegien vnd Kirchen/deren 129. seind/ vnd von jhnen Parochiales oder Pfarrkirchen genennet werden/ sampt vieler herrlichen Ingenien/ vnd in allerley Künsten gelehrter vnd hochberhümter Männern/ grosser Reichthumb vnd vberfluß/ aller notwendigen dingen halb hoch gepriesen. Nun vnder jetzgemeldter Kirchenzahl werden die fürnembsten gerechnet/ S. Pauls Kirch/ist der Thumbstifft/ darinn etliche sehenswürdige Begrebnussen/ darunder zwey sehr alte vnd schlechte/ Sebastiani des Orientalischen Sachsen Königs/ vnd Ethaldardi des Enalischen Königs. Item Thomæ Livacri/ Christophori Hattoci vnd Graff Wilhelms von Penirochen. Der Thurn so vierecket gebawet/ward sehr hoch/ ist aber vom Wetter vbel beschädiget worden. Auff dessen Kirchhoff ist ein Predigstul/ zu S. Pauls Creutz genandt/ darauff wird alle Sontag für die gantze Gemeind der Statt/ allein von Doctoren oder sonst fürnemen Predigern/ ein Predig gehalten/ welcher vber die 6000. Menschen zuhören. Vnd wohnet zu rings vmb disen Kirchhoff niemands anders dann Buchtruckerherren vnd Buchführer: die andere ist Westmünster/darin haben die König gar prächtige Begrebnuß. Item die zu S. Maria Overys/ S. Pulcher/ S. Botolff/ S. Egidii/ Aller Heiligen/ Fankirch/ ꝛc. Vnder andern Collegien zu Londen seind die folgenden vberauß schön vnd lustig erbawen/ die von jhnen Hospitia oder In heissen/deren

Die Statt Lunden

Welches die Hauptstatt ist in Engellandt/ mit gantzem fleiß/ wie sie heutigs Tags im Wesen/ abgemahlet/ vnd beschrieben.

H ij   Londen

84　Londen oder Lunden die Hauptstatt in En

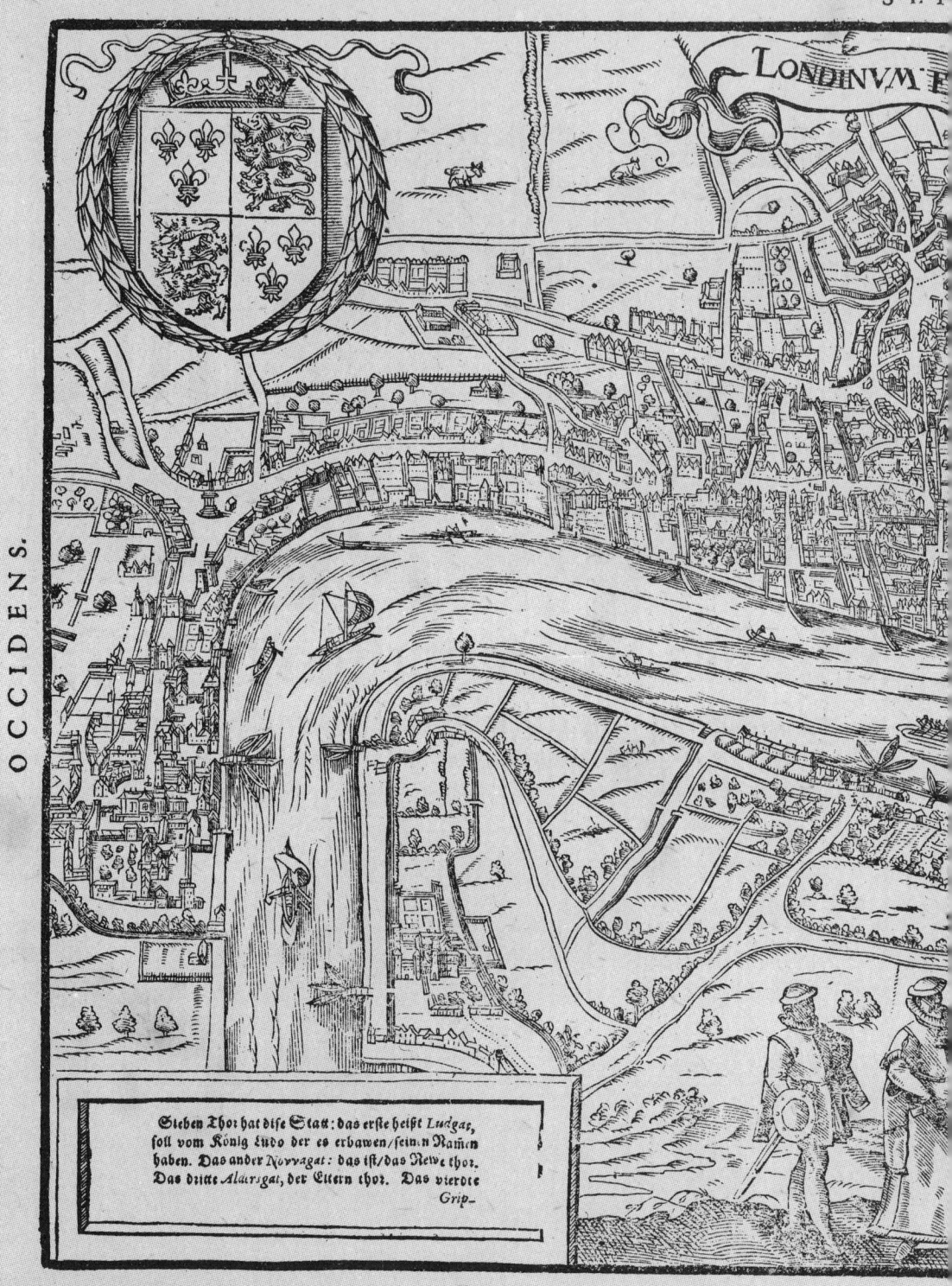

ren zweyen ersten Nassien seind/der mittel vnd inner Tempel/das dritte Hospitium Graii, oder Grays In: das vierdte Hospitium Lincolnense, oder Lincolns In. In disen Collegien studieren allein die vom Adel vnd sonst fürnehmer Herren Kinder jhre Landrecht. Die Lustfelder vmb die Statt/da die Burger fürnemlich spacieren vnd kurzweil treiben/seind S. Georgsfeld/Spittelfeld/S. Jacobsfeld/Lincolns vnd Grays Infelder. Aber das so hat es gegen Mittag ein gantz steinene Bruck 330. schritt lang/so künstlich gemacht / das auff beyden seiten derselbigen feine Wohnungen darauff gebawen/vnd also viel mehr/so man darüber gehet/einer Gassen/dann einer Brucken gleich sihet.

Polydorus Virgilius schreibt/daß dise Statt võ den zeiten Königs Archenuiniher/ein Königliche vnd des gantzen Königreichs Engellands Hauptstatt gewesen/in welcher auch ein gewaltiger Kauff-

/am fluß Thamesis gelegen/ auff das aller-
heit abcontrafehtet.
RIO.

Kauffmans Gewerb/von Burgern vnd frembden getrieben. Es werden auch in diser Statt die
König gekrönet/vnd mit herzlichen Ceremonien dem Reich eyngeleibet/vnd hat der König seinen
Königlichen Pallast vnd Begrebnuß bey dem Closter Vest oder Westmünster/welches bey 1000.
schritt von der Statt gegen Occident am Wasser Thamesis gelegen. Zu dem hat es ein Concilium da (welches sie das Parlament nennen) dasselbig wird nach der alten Engelländischen
Königen Satzung vnd Brauch/von 24. Burgern administriert vnd verwaltet/welche die Engelländer Aldermannos: das ist/die Eltisten nennen: auß welcher zahl sie einen Schultheiß/von
jhnen Major: das ist/ Oberste/ vnd zwen Zunfftmeister von jhnen Shriffes, oder Vitzgraffen
genandt/durch jährliche abwechslung erwehlen: die sich alßdann jhres Statt Rechts gebrauchen/
vnd nach demselbigen in gutem friede vnd ruhe leben.

An dem Ort da jetzund das Schloß stehet/soll Iulius Cæsar ein Besatzung gehabt haben. Ist heutiges tags mit Thürnen/Wehren/vnd allerley Kriegswaffen/sampt einem tieffen Graben sehr befestiget. Hat etlichen Königlichen vnd Fürstlichen Personen zur Gefängnuß vnd Wallstatt dienen müssen. Vielleicht ist auch Constantini Magni Müntz daselbst gewesen/wie noch jetzund. Des Hauptmans Hauß ist mit schönen Gängen vnd Gewölben gantz zierlich vnd kumblich gebawet. Die Goldschmid gassen/hat grade/schöne vnd weite halber nicht bald jhres gleichen in gantz Europa. Es schreibt Fitz Stephanus in Thomæ Becketi Leben/daß zu seiner zeit 40000.zu Fuß/vnd 20000.zu Pferd in der Statt Londen auff einer Musterung seyen gefunden worden. Im Waisenhauß werde 600. Waisen erhalten: im Spittal/vnsers Herren Christi Hauß genandt/werden 1250.erhalten. Bey Westmünster ist der Königliche Pallast Whithall/das ist/ Weißhuff/da König Heinrich der acht gewohnet/hat schöne Zinnen/vnd darinnen gewaltige Contrafacturen vnd gemälde: Alß Attilæ/Keyser Friderichs des dritten/Maximiliani: Bolonier/Pavier vnd Ravenner Schlacht.

Weil vielgedachte Statt sehr grosse Freyheit von den Königt erlangt/ist dieselbe in 25. Zünfft abgetheilt/vnd wird das Regiment von 24.alten Herren Aldermannen genandt/verwaltet.

Disen wird ein Oberhaupt/gleichsam alß ein Burgermeister/Milord Major/vn zwen Zunfftmeister/Schriffes genandt/jährlichen fürgesetzt.

Die Burgerschafft ist mächtig ansichtbar/vnd handlet gemeinlich mit wollenen Thücheren.

Was für ein mercklichen anzahl Thücher aber auß Londen geführt werden/ist auß disem genugsam abzunemmen/daß jährlichen 200000.stuck Thücher allein gen Antorff geführt werden.

Die ander fürnehmste Statt ist Eboracum/die man auff jhr Sprach Jorck oder Yorck nennet. Dise Statt hat ein grossen begriff/aber ist nicht darnach reich oder mit Volck besetzt. Die dritte grosse Statt heißt Norwickh/vnd ist ein Bißthumb da.

Von Candelberg vnd etlichen anderen Stätten vnd Pallästen in Engellandt. Cap. xxij.

Canderbürg oder Candelberg ist ein recht lustige Statt/darinn die schöne vnd prachtige Kirchen/so für die fürnehmste in gantz Engellandt gehalten wirdt.

Gedachte Kirchen hat noch ein andere vnder jhren gebawet/vnd ist mit etlichen stattlichen Begrebnussen gezieret.

Cantabrigia oder Cambritsch.

Ist auch ein lustige Statt/oder viel mehr ein Flecken/inmassen dann die Rinckmawren sehr schlecht/vnd abgebrochen/wie in Engellandt der brauch. Hat ein sehr alte vnd verrhümbte Vniversitet/so 375.Jahr vor Christi geburt erstlich gestifftet/vnd 636.nach Christi geburt vnder König Sigisbert ernewert worden.

Hat 15.reiche vnd sehr stattliche Collegia: darinnen ein sehr grosse anzahl Studenten wol erhalten wirdt. Bey dem Königlichen Collegio ist ein grosse Capellen von einem Gewölb/ohn einige Saul/mit grosser Kunst gebawet.

Ochsenfort.

Dise Statt ist etwas kleiner dann Cambritsch/aber sehr lustig/vnd mit allerhand gelegenheit treffentlich versehen. Hat 16.Collegia/darinn auch sehr viel Studenten gar wol vnd ehrlich erhalten werden: vnd 8.Höffe/darinn widerumb viel Studenten auff jhren seckel zehren.

Dover.

Weil das Schloß Dover des Königreichs Engellands Schlüssel ist/hat es an Gebäw vnd bevestigung dermassen zugenommen/daß es für den besten Platz in gantz Engelland gehalten wirdt.

Hat ein schönen vnd wol erbawten Flecken/aber kein sonderlich gut Port.

An dem Ort/da etliche vermeynen das Iulij Cæsaris Altar gestanden/ist ein grosser Thurn gewesen/welchen die Römer zur Wacht/vnd Nacht-Laternen gebawet.

Ein solcher Thurn ist auch auff der andern seiten in Franckreich zu Bolonien gestanden.

Hamptcomourt.

Dises ist der schönste Königliche Pallast in Engellandt/vom Cardinal Walseo erbawet: darinn sehr viel köstliche vnd schöne ding zu sehen.

Rithschmund.

Ist ein groß alt Königlich Schloß/darinn die Königin Elisabeth Hoff gehalten.

Denckwürdig ist/das König Heinrich der siebende/in der Cammer/darinn er gestorben/sein Blut an die Wänd befohlen zu spritzen/wie dann noch heutigs tags zu sehen.

In gedachtem Schloß wird neben vielen alten geschriebnen vnd getruckten Büchern/ein grosser runder Spiegel gewiesen/darinnen König Heinrich der siebende vermittelst der Zauberey gesehen/was anderstwo beyde zu Wasser vnd Land fürgangen.

Von Engellandt.

Der heimlichen Gäng/ deren sich diser König gebraucht/ seind erst vnder Königin Elisabeth gefunden worden.

Dieboltz.

Ist ein schön vnnd groß Königlich Gebew/ mit drey gewaltigen Höffen/ vnd einem außbündigen Lustgarten.

Gruenwirtsch.

Ligt fünff Meil vnder Londen an der Tems/ darin Königin Elisabeth geboren/ derwegen sie daß daselbst mehr theils Hoff gehalten.

Winshorn oder Winsor.

Ist ein recht Königlich Schloß von Quaderstucken/ so in Engellandt sehr seltzam/ von grund auff/ biß vnder das Thach gebawen. Hat ein grossen begriff/ vnd ist der innerst Hoff vierecket/ eines Bogenschutz lang vnd breit/ in dessen mitten ein gantz von Bley künstlich gemachter hoher Brunnen.

In dem Vorhoff bey der Kirchen/ so sehr schön/ vnd mit der Rittern des Hosenbandts Schilde vnd Helm gezieret/ haben 17. arme Ritter ihre Wohnung/ die sich in Kriegen vnd Schlachten zu Wasser vnd Land Mannlich gehalten. Haben zur Pfrundt ein jeglicher 100. Cronen zu verzehren/ sampt einem Kleid.

Von Wallia oder Cambria. Cap. xxiij.

Allia ist der Britannier vralte Wohnung/ hat auch noch jhre alte vnd eygene Sprach/ ist auch beydes durch dieselbe/ vnd dann die beyde Wasser Sabrinam vnd Dinam von dem Sächsischen Engellandt vnderscheiden: Das vbrige dises Landts stosset an das Jrrländische Meer. Ist gantz voller gebürg/ rauch vnd vneben/ ohn was auff dem Meer etwas nahe gelegen/ welches geschlacht vnd fruchtbar ist. Die Eynwohner halten sich den Engelländern in Kleidung gleich/ seind der Arbeit schlechtlich gewohnt/ bochen viel auff jhr Adelich herkommen/ führen zu Hauß ein hart vñ sparsam Leben/ geben sich mehrer theils vnder der Englischen Könige/ vnd anderer Adels Personen schutz vnd dienst/ wissen sich auch in die selben sehr wol zu schicken. Wenden grossen fleiß auff jhre Kinderzucht/ darauß dann erfolgt/ das keiner im gantzen Landt/ so irgent etwas vermögen/ nicht loblich studiert hatte. Begeben sich auch mehrtheils auff die Rechten/ wissen auch in gantz Engellandt zum besten darvon zu reden.

Diese Provintz falt nach dem alten recht vnd gebrauch jederzeit dem erstgebornen Sohn des Englischen Königs heimb/ vnd wirt in drey besondere Landtschafften/ alß in Dehenbartiam/ gegen Mittag/ in Venedotiam/ gegen Miternacht/ vnd in Povisiam/ mitten zwischen disen beyden gelegen/ vnderscheiden. Dahenbartia hat sieben Graffschafften/ Venedotia hat vier/ vnd Povisia zwo. Denckwürdig ist/ das zwischen dem anfang des Fluß Tinæ, vnd dem außlauff der Itunæ in den aussersten Englischen Grentzen ein mawr/ alß der Römer Grentzen Schlüssel/ von Keyser Severo erbawet/ welche sich nach der länge 122000. schuh erstreckt/ diesen theil der Insul von den vnbändigen Heydnischen Völckern zu vnderscheiden: vñ solches desto mehr zu verrichten/ hat er auch ein tieffen graben/ vnd grossen hohen wahl in der länge der mawren gleich geführt/ vnd mit vielen vnderschiedlichen Thürnen gezieret. Beda sagt/ dises Bollwerck seye 8. Schuh dick vnd 12. hoch gewesen/ stracks wegs von Orient gegen Occident gerichtet/ von welchem heutiges tags nicht nur die fundamenta/ sondern auch etliche zerstrewte stuck hin vnd wider zu sehen. In diser Insul ist Keyser Constantinus der Grosse/ von Constantino Chloro vnd seiner Mutter Helena gezeuget vnd geboren.

Von der Englischen Stätten Regiment. Cap. xxiiij.

Ach der Statt Londen regulieren vñ richten sich mehrtheils alle andere Stätt in Engelland vnd Irrland. Die Regenten von Londe/ werden von vñ auß den Bürgern zu solchem Ampt in grosser menge/ mit außgestreckten Händen gekoren/ vñ Aldermannen/ das ist/ die ältern Männer genañt/ diser seind 26. in der Statt Londen. Auß den Aldermannen wird ein Maior gekohren/ vñ 2. Seriffers die sie in Latein Vicecomites nennen/ auß denen der Maior/ des Königs Statthalter oder Schultheiß ist/ die anderen zwen aber der Statt/ vnd hat der Maior zu Londen sehr grossen vnd völligen Gewalt oder Macht: diese seind ein gantz jahr lang im Ampt/ vnd alß dann werden sie abgewechselt/ haben ausserhalb etlicher geringer Nutzbarkeiten/ kein besoldung: dargegē seind jhre Empter auß dermassen köstlich vñ Lästig/ erfordern grossen vmbkostē: dañ sie vor meniglich ein offens Hauß vñ kostfrey Taffel halten müssen. Deßgleichen ein grosse anzahl Scherganten/ Stattdiener oder Knechte/ welche die vbelthäter zu fangen/ für Gericht führē/ zu Citieren oder Arrestieren pflegen/ beköstigen. Darumb wirdt niemand darzu erwöhlt/ dann die fürtrefflich reich seyn.

Welche

Welche aber erstlich Seriff vnd darnach Maior gewesen/ die werden alle geadlet vnd zu Ritter geschlagen.

Diser offt gedachter Magistrat/ gehet gantz Bürgerlich vber die Strassen/ dem Maior wird allzeit ein Schwerdt fürgetragen/ sehr herzlich/ sampt den Seriffen/ nach gelegenheit zwischen seinen Stattknechten/ mehrertheils reitendt/ vnd auff Feyrtagen gemeinlich in einem langen Scharlacken Rock/ die Stattknecht oder Schergen seindt gleicher weyß Bürgerlich mit langen Röcken bekleidet/ ohne Weer oder Waffen. Die Stätt haben jhr Ambachten/ Gesellschaften vñ Collegien: vñ die selbige jhre gewisse Dechant oder Haußleuth/ welche zusammen das Corpus oder gantzen Rhat der Statt machen.

Auch haben die Aldermannen jhre Pensionarios oder Syndicos/ so in den Englischen Rechten erfahren/ auß welchen der Oberste/ der Recordator genandt wirdt: welcher fast an allen orten/ da es von nöthen/ der Statt Redner ist/ vnd das Wort thut.

Vnlangest haben sie einen Doctor der Keyserlichen Rechten zu jhrem dienst angenommen/ neben welchen sie noch jhre Stattschreiber vnnd Statt Kammerer haben/ vnnd dergleichen Personen.

Die Stätt haben kein gemein Schatzkammer: Derowegen so etliche grosse vnd extra ordinari kosten in gemein/ alß zu newen Gebeuwen/ oder auch in geringen Sachen/ alß zu extra ordinari Wachten/ Gassen säuberungen/ zu vnderhaltung der Armen/ vnd dergleichen erfordert werden/ so wird den Häusern jedem pro rata ein Schatzung auffgelegt/ alß groß die vnkösten solches erfordern. Sonst seind sie dargegen von anderen Imposten vnnd Schatzungen gefreyet/ es sey dann daß sie dem König auß freyem willen im Parlament/ in etwas zu stewr kommen wöllen. Die Printzen oder Königen/ mögen kein Schatzung auffheben/ oder anstellen/ dann mit wissen vnnd willen deß Parlaments/ das ist/ der Landständen/ welche darzu von jhnen beschrieben werden/ die Schatzung/ so bittsweiß ersucht wirdt/ wird bewilliget/ vnd ist nicht groß/ vngefehrlich drey/ vier oder fünff schilling vom Pfundt/ zu weilen jährlichs/ zuweilen in drey oder vier jahren eins/ nach dem ein jeder reich vnd vermögens ist/ von 2.3. biß zu 20. vnd 30. vnd zum höchsten biß zu 200. oder 300. Pfundt/ vnd niemand leichtlich höher.

Die Außländischen werden höher gesetzt alß die andern/ vnd bezahlen noch ein mal so viel/ alß die Eynheimische: die Erbgüter werdt auch täglich angeschlagen/ in gleich der Geistlichen Renten. Sonsten haben die Printzen mehr nicht dann jhrer Cammergüter Zöll vnd dergleichen/ so Prerogativen vnd vortheil genandt werden.

Von dem vralten Königreich
Schottlandt. Cap. xxv.

Das Königreich Schottlandt/ ist ein theil der Insul Britannien/ rauch vnnd voller Bergen/ von etlichen der alten Albania/ wie dann auch noch heut von deñ Einwohnern so die alte sprach behalten Albayn genañt: Cornelius Tacitus/ nimpt den namen von dem berhümbten Wald Colisdonia/ vnnd nennet jhm das gantz Königreich also nach.

Die ersten Einwohner seind die Scythẽ gewesen/ welche man hernach Schotthẽ geheissen. Die Grentzen gegen Mittag vnnd Engellandt/ seind die Flüß Turta vnnd Solueius: gegen Mitternacht das Deucalionische Meer: gegen Occident das Irzländische/ vnnd gegen Orient das Teutsche: stoßt sonsten an allen anderen orten an das grosse vnd Teutsche Meer: Ist 67. Teutsche oder 257. Engelländische Meilen lang/ vnd 52. Teutsche/ 190. Engelländische breit: Wird sonsten mit vielen außläuffen deß grossen Meers dermassen durchstößt/ das fast kein Hauß denselbigen vber zwantzig Leucas entlegen.

Das Meer selbs ist an Ostereen/ Heringen/ Corallen/ vnnd allerley Muschelen gewaltig reich. In den Thälen aber hat es gleichsfahls viel Fischreiche Teich/ Sümpff vñ schöne Quellen/ deren mehrer vnd gröste Theil auß dem Berg Grampio entspringt.

Dieser Berg trennet Schottlandt in zwey gleiche Theil/ deren das eine gegen Mittag zu/ das

Ober

Ober Schottlandt/das ander aber gegen Mitternacht das Nidere genennet wirdt. Das obere Schottlandt ist dem anderen an fruchtbarkeit vberlegen/vnd hat auch höfflichere Burger/die man Männer vom hohen Land zu nennen pflegt/vnd gebrauchen sich mehrertheils der Engelländischen Sprach. Das nider Schottland aber ist rauch/vnerbawet vnd wild/derowegen seine Einwohner die wilde oder grobe Schottländer im vnderen Land werden genennet: Seind von den Irrländischen/vnd haben demnach auch derselben Sitten/Sprach vnd Gebrauch zu kriegen noch an sich. Seind mit langen Saffrenfarben Röcken bekleidet: brauchen wider jhre Feinde Bogen vnd Pfeil/darneben breite Schwerdter/vnd vnder den Röcken die allerspitzigsten Dolchen. In gemein aber haben die Schottländer einen vberauß scharpffen verstandt/können vermög desselbigen ein ding sehr leichtlich fassen/wie solches an Johanne Duus genugsam erschienen/vnd auch in künfftigem noch mehr erschienen wer/wann jhme der Allmächtige das Leben länger hette gegönnet/von welches seines hohen verstands wegen/jhne das gemein Volck von subtilen Doctoren: den Scaliger aber die theil der Wahrheit zu nennen gepflegt. Ist aber im Jahr 1308. zu Cöllen gestorben/dann alß er mitten in seinem studieren vnd tieffen gedancken wegen des scharpffen nachsinnens allerdings verzuckt worden/vnd in solcher Ecstasi oder verzuckung fast lang geblieben/haben jhn seine Schuler für todt gehalten/derowegen hinauß getragen vnd begraben.

Der fürnehmste aber vnder solchen seinen Discipulis vnd Schuleren ist gewesen Wilhelmus Occa ein Engelländer/welcher mit seinem verstand alle andere seiner vnd der vorigen zeit vbertroffen. Der ander aber vñ der gelehrtste nach gemeldt Occa war Georgius Buchananus ein fürtrefflicher Schottländischer Poet/welcher es nicht allein allen andern Poeten jetziger zeit in den Odis/Elegijs vnd Tragoedien weit vorgethan/sondern auch den berhümtesten vnder den Alten im geringsten nichts vorgibt.

Es wird aber das gantze Schottland in viel sonderbare Länder vnderscheiden/vnder welchen dises die fürnemste seind: Alß Landonia/Merchia/ist Engellands vnd Schottlands Gräntz/in welchem die Gadeni vor zeite gewohnt: Eschedal/in welche die Soresti: Nidisadal/Amandia/Gallovidia/Carista/Coila/darin die Novantes ihr wohnüg gehabt: Sterlinga/Mendethia/Cluidsdal/Lagovia der Damuorum Sitz vnd Wohnung: Cruvalia/Stratheruia/Storia/Rossia/Argatelia/Tautina/Loquabria/da die Eridil vor diser zeit habe gelebt: Strathnahernia/da die Creones/Fifa/Augusia/Marnia/Buthquhan eine wohnung der Taizalorum/Rosenueray/Nesselandt/Tarbath der Wacomagorum alte Sitz/Braurossen/Sutherlandt/darinnen sich die Ligures vnd Merte auffenthalten/vnd Cathues der Catinorum vnd Coruabiorum eygen Losament.

Was für wunder in disem theil der Britannischen Insul vorgangen/zeigt zwar Ortelius an/ vnd dasselbige jedoch auß einem vngewissen Scribente/nemlich dem Hectore Boetho/der bey vielen in geringem glaubē ist. In disem gantzen Land findet man kein eintzige Mauß vnd kan auch kein andere/so etwan von andern orten dahin gebracht wird/darinnen leben. In Gallovidia ist der See Mirtoun genant/dessen ein theil/wie alle andere Wasser im Winter gefrieret/der ander aber bleibt stätigs offen/vnd leßt sich durch kein kält/sie sey so groß alß sie jmmer wöll/bezwingen. In dem Land Carieta hat es vngehewre grosse Ochsen/eines zarten vnd wolgeschmackten fleisches/deren fett/ wann es einmal geschmeltzt vnd zerlassen wird/nimmermehr gestehet/sondern wie ein öl allzeit flüssig bleibt. In der Provintz Coyl vngefahr 10000. schritt von der Statt Aer ligt ein Feiß bey 10. schuh hoch/vnd gleich so dick/welchen die Einwohner der orten nicht vnbillich den tauben nennen: dann waß jemand vor demselbigen ein laut geschrey führet/oder auch ein Rohr loß scheußt oder sonst ein groß getümmel/so hefftig er jmmer kan/es hebt/kan der jenige/so auff der andern seiten des Steins stehet/nicht das geringste darvon hören/welcher aber/zwar auch auff derselbigen seiten/jedoch etwas weiter darvon steht/vernimbt es besser/gleich wie der weitest oder fernste am allerbesten. In Lennos ist der See Loumond so von Ptolemæo Lelgovia genandt 24. meilen lang vnd 8. breit: hat 30. vnderscheidenliche Insuln in sich/deren mehrertheil mit vielen Flecken/Kirchen vnd Capellen erbawet. Das aber in disem See sonderlich zu mercken/ist/daß alle seine Fisch/die doch eines guten geschmacks/ihrer Floßfedern manglen: zum anderen/daß sich das Wasser auch etwan ohne gegenwart einiges Winds dermassen beweget / daß es die aller behertzteste Schiffleuth erschreckt. Vnd dann zum dritten/daß eine vnder disen seinen Insuln zur Viehweyd sehr bequem/vnd mit Viehe auch genugsam versehen/gantz ledig auff dem Wasser daher schwimmet/vnd sich von dem Wind treiben vnd bewegen läßt/welches mich dann gäntzlich glauben macht/alß hab dieselbige einen schwammechten vnd leichten grund. Dergleichen erzehlt auch Plinius an einem ort von den Römern/welche/alß sie mit jhrem Kriegsvolck vmb Holand herumb gelegen/vnd von fernem ein Heer gegen jhnen sich bewegen sehen/seyen sie demselbigen also bald entgegen geeylet/ vnd sich zur Schlacht bereitet vnd fertig gemacht/aber anders nichts angetroffen/alß etliche viel Bäum/ so auff ledigen Insulen daher gefahren/ vnd sich hie vnd da an die nächste Vfer begeben. Also sagt auch Petrus Nanius von einer anderen Insul/ die in Dennmarck sey loß worden/ vnd an die Holländische See/ da jetzund Fenen ist angelanget: derowegen alß die Dennmärcker kommen/ vnd das jhrige abzuholen begert/ habe sich ein zanck darüber erhaben/ vnd endlich die antwort erfolget/ daß sie entweder allen Grund vnd Boden/ so nicht zu der Insul gehört/ solten ablösen/ oder sich derselbigen Possess allerdings verzeihen. Vnd endlich so fünden sich auch in Teutschland in dem Palatinatu zwischen Vilsica vnd Weida etliche mit vielen Bäumen gezierte Insulen/ welche der Wind etwan hie vnd dahin beweget.

Aber widerumb in Schottlandt zu kommen: So sagt man auch von Argadia/ es wachse daselbst ein besonderer Stein/ welcher/ nach dem er eine weil mit Stroh oder Werck vnderlegt gewesen/ endlich von sich selbsten anfange zu brennen. Bey dem Flecken Slanis in Buthquhania gelegen/ ist ein wunderseltzame hölin/ in welcher alles Wasser so man etwan hineyn geußt/ in harte Stein verwandlet wirdt. Bey dem außgang des Flusses Forthea/ mitten in dem Meer/ ligt ein hoher Felsen/ auff dessen höhe oder güpffel ein jmmerwährende Brunquell gefunden wirdt.

Fünff meilwegs von Edinburg in dem außgang des Flusses soll auch ein Felsen gefunden werden/ dessen form vnd gestalt sich einem ligenden Rad vergleichet/ wird von den Schiffleuthen deß Orts/ den Baß genandt.

Auff disem Felsen sollen sich sonderbare Gänß auffhalten/ Soleniers genandt/ seind zwischen den gemeinen Gänsen vnd den Endten einer mittelmässigen grösse/ sehr feißt von Leib/ vnd dieweil sie sich mehrtheils von den Häringen nehren/ denselbigen am geschmack fast gleich/ stellen jhre Näster also an/ daß sie das Meer stätigs vor augen behalten/ dann wo sie dasselbige einmal auß dem Gesicht verlieren/ entgehet jhnen alle bewegliche krafft/ daß man sie alß in ihrem vollen schlaff/ fahen vnd greiffen kan. Ihre Weiblein stehen auff einem Fuß/ brüteln die Eyer also auß/ vnd weichen auch nicht darvon/ biß die Jungen zum außschlieffen gelangen: werden aber vnder dessen von den Männlein mit Fischen vnd Geholtz dermassen versehen/ daß nicht allein sie/ sondern auch die Eynwohner/ alß deren bey 40. auff disem Felsen seind/ reichlich darvon können leben/ vnd das Geholtz zum brennen gebrauchen. Ja es hat auch diser Ort nicht allein für Schottlandt/ sondern auch vor allen andern orten der Welt/ die Freyheit/ daß die jetztgemeldte Vögel nirgend anderswo vnderstehen zu nisten: vnd so bald man sie in ein andere Landtschafft verschickt/ wöllen sie gleichsam ersticken/ vnd nemmen (biß sie endlich sterben) geschwind vom Leib ab. Aber von disem genug.

In Drisdalia einer Landtschafft in Schotten/ hat es ein besondere Goldgrub/ in welcher der Lasurstein gefunden wirdt: vñ beyneben derselbigen auch andere Bergwerck von Eysen vnd Bley. Der Insulen vmb Schotlandt herumb/ seind sehr viel/ die fürnehmsten darunder seind die 44. Hebrides von Solino Ebudæ vnd von dem Beda Menanie genandt. Item/ die 30. Orcades/ deren Haupt Pomonia wegen jhres Bisthumbs sehr berhümbt. Dise Orcades hat Iulius Agricola in dem er Britannien vmbschiffet/ am ersten erfunden vnd vnder seinen Gewalt bezwungen.

Das gantze Volck in Schottlandt wirdt in drey Ständ abgetheilet/ nemblich in den Geistlichen/ Adelichen vnd Burgerlichen. Der Geistlich hat zwey Ertzbisthumb (gleich wie auch Engellandt zwey Ertzbisthumb/ das zu Cantelberg vnnd zu Jorck/ beyde sehr mächtig vnd schön) Sanct Andreas vnd Glascou. Sanct Andreas/ so der Primat in Schottlandt/ hat acht Bisthumb vnder jhme/ Dunckeld/ Aberdan/ Maratei/ Dumblan/ Brechin/ Rosse/ Cathan vnd Orcades. Der Ertzbischoff zu Glascou hat drey: Blauchacase/ Eismorie oder Argädy/ Sodor.

Vnder dem Adel-Stand hat der König vnd seine Eheliche Leibs Erben den obersten platz. Der König schweret in seiner Krönung dem Volck einen Eyd/ vnd verheisset demselben/ Er wölle alle vnd jede Gesatz/ brauch vnd gewohnheiten steiff vnd vest halten/ wie sie von je zeiten gehalten worden. Den andern platz haben die Hertzogen/ die Graffen den dritten/ vnd den vierdten die Edlen/ so man Mylord heisset/ welches ein solcher Titul ist/ den man auch den Bischoffen vñ Graffen gibt. Den fünfften platz haben die Ritter/ so man gemeinlich Lords heisset. Zum sechsten vnd letsten folgen die guten Geschlechter/ Gentilman genant/ seind der Graffen/ Edlen vnd Rittern letst gebornen/ so nicht erbe: sintemal nur die erstgebornen erben/ die vbrigen werden allein außgesteurt: Daher es kommt/ daß so viel armer Edelleuth auß Schottland in Franckreich vnd anderswo herumb ziehe/ wiewol sich auch viel derselben grosses vnd ansehnlichen Adels rhümen/ da doch jhre Eltern kaum

Von Schottlandt.

das Brodt zu essen haben. Es bestehet aber fast die gantze Kriegsmacht bey disen Geschlechtern Gentilman genandt.

Der Burgerstand begreifft die Kauff: vnd Handwercksleuth/so gemeinlich reich vnd wol vermöglich seind/dann sie sich treffentlich wol ernehren können/vnd werden von keinen Tributen/ Zöllen oder dergleichen Aufflagen belästiget. Vnd damit auff den Reichstagen nichts vnerträglich gehandlet vnd fürgenommen werde/so ist von dem König einer jeden Statt zugelassen/drey oder vier Burger dahin zu senden/vnd den oberzehlten Ständen beyzuwohnen.

Der Geistliche Stand hat sich vor zeiten allein der Decreten beholffen/heutigs tags aber ist er gleich wie die anderen des Königs vnd der drey Stånden Ordinantzen vnderworffen. Es hat Schottlandt seine besondere Rechten/werden auch der Reichstagen oder Parlamenten abscheid verzeichnet vnd behalten.

Die Empter seind in Schottlandt wie in anderen Königreichen: Nach dem König ist des Königreichs Procurator/Gubernator genandt/ist Statthalter/so kein König/oder derselbe minderjährlich ist. Zu Edinburg hat es ein Raht von alten Ständen besetzt/in welchem der Præsident von den Geistlichen die erste Stimm vnd oberstes Ansehen hat. Dem alle Criminal sachen vertrawet/heißt Groß Justitiæ: dem das Meer befohlen/heißt Admiral: dem das Kriegsheer Marschall: dem/was sich zu Hoff zutregt/vbergeben/heißt Constabel.

Die Empter seind gemeinlich erblich. Es haben auch die Stått jhre Profoß/Amptleuth/ vnd dergleichen Magistrat/die Burger im Frieden vnd Wohlstand zu erhalten/darumb dann Schottlandt billich hoch zu preysen. Die Parlament vnd Reichstag seind in grossem ansehen/die Gesätze werden fleissig gehalten/vnd die Obrigkeiten vnd fürgesetzten respectiert vnd geehret.

Betreffendt die Hertzogen/Graffen vnd Vicanten in Schottlandt/so werden derselbigen folgende gezehlet. Der Hertzog von Rorsay/der Hertzog von Albania. Der Graff von Carnes/ der Graff von Soterlandt/Rosse/Bucquhan/Carniah/Germoran/Mar/Merui Augius/ Gowry/Füsse/Marche/Athole/Stratheue/Menteich/Lerueror/Wagion/Dauglasse/Carricke/Cartefort/Annandole/Vurmouhr vnd Hundtli. Der Vicante von Berwilen/Rorburg/ Solkick/Twedale/Dunfrise/Oididsdala/Wiglan/Arelanargle/Dunbratten/Sterveligt/Loutethan/Laudavia/Clackmaran/Kinros/Pert/Augus/Meruis/Aberdener/Bantsch/Fares/vnd zu Vernes.

Die Hohen Schulen vnd Academien seind S.Andreas vnd Aberdonia/so etwan der Königliche Sitz gewesen/hat einen guten Port vnd starcken Kauffmanshandel. S.Andreas ward Anno Christi 1411. von König Jacob fundiert. Aberdonia ward Anno Christi 1240. von König Alexander vnd seiner Schwester Isabella gestifftet. Die Schottländer seind zu studieren sehr tugendtlich/ haben feine subtile/lebendige vnd geschwinde Geister/seind arbeitsam/aber gemeinlich rhumrhätig/hässig vnd zänckisch.

Bey Aberdonia gibt es viel Berge/von denselbigen dicke grosse Wäld/vnd wird darfür gehalten alß sey der Wald Caledonia daselbst gestanden/gibt noch
heutiges tags viel Hirschen vnd
Tahmthier.

Das Ander Buch
Beschreibung der Königlichen Statt Edinburg/ durch
Alexandrum *von Ales*/ Doctorem der H. Schrifft.
Cap. xxvj.

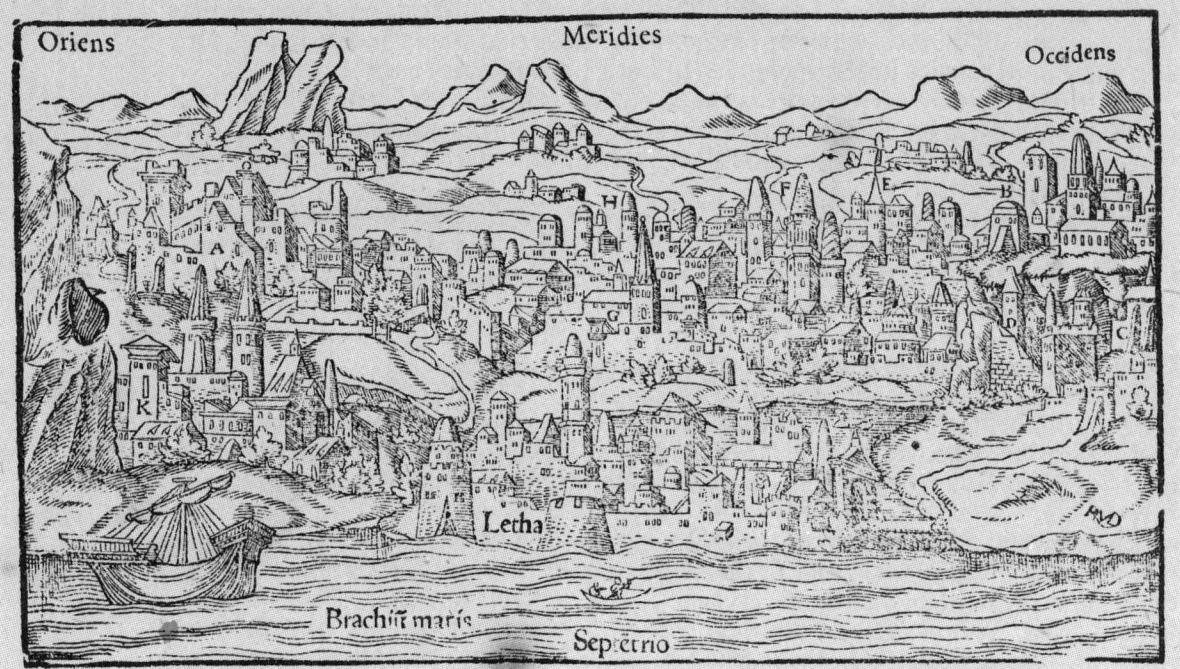

Erklärung etlicher Buchstaben so hie verzeichnet seind.

- A Königs Pallast.
- B Magten Schloß.
- C S. Cuberti Kirch.
- D S. Egidii Kirch.
- E Zun Barfüssern.
- F Zu unser Frawen im Feld.
- G Der Königen Collegium.
- H Zun Predigern.
- K Closter zum H. Creutz.

Egen Mittag in der Landtschafft Landonia ligt Edinburg/ein Italiänische meil ferr von dem Arm des Meers/darein fallt das Wasser Fortha/so von Occident dahin fleust/von natürlichen quadersteinen gebawet/daß auch alle Häuser/grossen Fürstlichen Pallästen mögen verglichen werden. Hat mitten in der Statt ein Rhathauß/vñ S. Egidii Stifft. Es hat die Statt zwen Berg gegẽ Orient/einer nemlich der Mittägige heißt Arthmus Sessel/vnd der ander so gegen Mittnacht ist gericht/wird genãt Ebertzberg. Der boden vmb dise Statt ist gantz fruchtbar/ hat lustige Matten oder Wiesen/Wäld/Weyer/Flüßlin/vnd mehr dann 100. Schlösser vmb dise Statt auff ein meil wegs weit. Gegen Mittnacht auff ein Italiänische meil ferr/ wie gesagt/ist ein Arm des Meers/an dem da ligt der Flecken Letha/der hat in seiner mitte ein gewaltig Port/an dem man offt 100.geladene Schiff sihet. Es ist derselbig Arm des Meers 7.meilen breit/vnd hat auff der andern seiten gegen Mittnacht auch ein Flecken vñ new Port. Es ligt die Statt Edinburg an einem Berg/gleich wie Prag/vnd hat in der länge ein Welsche meil/vnd in der breite ein halbe. Die länge wird gerechnet võ Occident gegen Orient. Gegen Occident der Statt/richtet sich auff ein Berg vnd hoher Felß/vnd ligt im Felsen ein Schloß/vnder welchem ist ein tieff Thal gerings vmb den Berg/außgenomẽ gegen der Statt/vñ darumb mag das Schloß an keinem ort ersteigen vñ gewunnen werden/dann auß der Statt. Es mögen da keine Leitern etwas schaffen/also gähe vnd hart ist der Felß. Es nisten darein die Geyren/vnd so sie die jungen vnd kecken Gesellen wöllen außreissen/lassen sie sich in Körben vom Schloß hinab. Dises Schloß heißt Castrum Puellarũ: das ist Magten Schloß/vnd beschleußt die Statt von Occident. Bey Orient aber der Statt ist ein mächtig reich Closter zum H. Creutz genandt/vnd daran stoßt des Königs Pallast vnd etliche Lustgärten/die strecken sich biß zu einem grossen Weyer/der ligt vnden am Arthmus Sessel. In disem Berg findt man Edelgestein die glantzen bey heiterem tag/vnd sonderlich Diamanten. In diser Statt seind zwo grosser Strassen vom Magtenberg biß zum H. Creutz/vnd die seind mit quadersteinen besetzt/fürnemlich die Königliche Straß. Es ist auch bey Occident der Statt ein Vorstatt/die ist einer halben meilen lang/S. Cuthbergs weg genandt. Hat viel Kirchen vnd Clöster/zun Barfüssern/zun Predigern/zu vnser Frawen im Feld/zur H. Dreyfaltigkeit Stifft vnd S. Thomas Spittal. Des Königs Pallast ligt ob dem Closter/groß vnd zierlich gebawet/gehet von einem Schloß biß zum andern Magtberg genandt/ein lange Straß/des Königs Straß genandt/breit bey dem Magtberg/aber eng bey dem Closter/hat zu beyden seiten stattliche Häuser.

Item

Von Schottlandt.

Item ein Straß/der Thumbherren Straß genandt/aber enger dann die vordere/wird von derselben auch mit einer Mawren/Pforten vnd Thürnen vnderschlagen/gleich einer Vorstatt. Hat viel neben vnd vberzwerch Gassen/gegen Mittag vnd Mitternacht mit grossen Häusern gezieret.

Von den Königen in Schottlandt. Cap. xxvij.

SChottlandt ist ein gar vralt Königreich/alß welches schon vor etlich hundert jahren vor Christi vnsers Herren geburt/seine ordenliche König gehabt/deren Namen folgender weise von etlichen verzeichnet worden.

Fregus/soll 320. jahr vor Christi vnsers Herren geburt König in Schottlandt gewesen seyn.

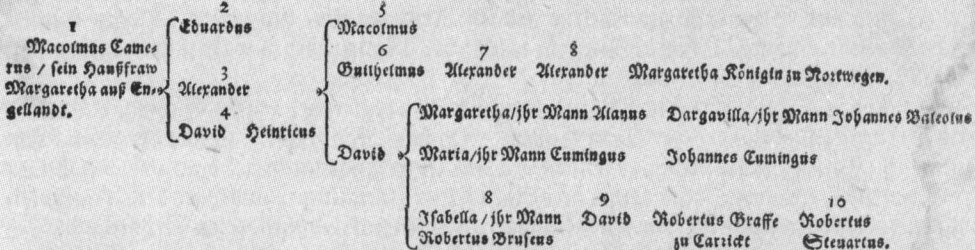

Von disem biß auff Edero/vnder welchem Groß Britannien in der Römer gewalt kommen/werden 12. König gezehlet/so gemeinlich alle zimlich lang geregiert haben.

Nach Edero kam Evenus der dritte/vnd auff denselben Metellus/so vmb die zeit da vnser Herr vnd Heyland Mensch worden/regiert/vnd 39. jahr dem Königreich vorgestanden.

Von disem biß auff Eugenium/nach dessen Todt der Römische Keyser/Maximum in Britannien geschickt/vnd Schottlandt 44. jahr lang ohne König gewesen/werden 19. König gezehlet.

Fregus/Eugenij Enckel/wird König in Schottland/vnd regiert 7. jahr. Von disem biß auff Macolmum seind 42. König.

Genealogy der Königen auß Schottlandt/ von 400. Jahren her.

1	2	5			
Macolmus Camerus/sein Haußfraw Margaretha auß Engellandt.	Eduardus	Macolmus			
	3	6	7	8	
	Alexander	Guilhelmus	Alexander	Alexander	Margaretha Königin zu Nortwegen.
	4				
	David Heinricus	Margaretha/jhr Mann Alanus		Dargavilla/jhr Mann Johannes Baleolus	
		David	Maria/jhr Mann Cumingus		Johannes Cumingus
			Isabella/jhr Mann Robertus Brusens	8 David	9 Robertus Graffe zu Caritck	10 Robertus Steuartus

Vmb das Jahr 1100. hat in Schottland regiert Eduardus/vnd auff jhn ist kommen im Jahr 1107. sein Bruder Alexander/ein gottseliger vnd gerechter Mann: alß er kein Erben verließ/hat nach jhm geregiert sein Bruder David. Er hat zwen grosse Krieg geführt wider König Stephan von Engellandt/der Grentzen halb beyder Königreichen. Er hat auch viel köstlicher Gebäw verführt/vn vil Clöster beyderley Geschlechter gestifftet/nicht ohn grossen nachtheil der Königlichen Schatzkammern/sonderlich dieweil die Schotten dem König gar kein oder gar klein Stewr/Zoll vnd ander Vmbgelt geben. Es hett diser David ein Sohn mit Namen Heinrich/der doch vor dem Vatter starb/vnd ließ viel Kinder hinder jhm.

5. Macolmus ward König nach seinem Großvatter/hielt sich freundtlich zu den Engelländern/darumb ward er verhaßt von seinen Vnderthanen.

6. Guilhelmus ist kommen an das Reich nach seinem Bruder/im Jahr 1165. Er hat sich etwas verpflicht dem König von Engelland/der Herrschafften halb so in den Grentzen beyder Königreichen lagen/vnd alß er nachmals von dem Englischen König gefangen ward/gab er jhm vmb seine erledigung viel Schlösser. Es kam auch zu seinen zeiten Reichard König von Engelland auß dem heiligen Land/vnd ward in Oesterreich gefangen/darumb er ein mercklich groß Gelt geben must/vnd schencket jhm König Wilhelm zu seiner erledigung 2000. Marck/vnd wir finden nicht das grösser Einigkeit zwischen zweyen Reichen sey gewesen dann dazumal. Dann es seind nachmals allweg Zwytracht/Gezänck/Haßz/Auffsatz vnd grosse Krieg eyngefallen/die weder mit Bündnussen noch mit Ehelichen vermählungn haben mögen hinweg genommen werden/sonderlich nach dem der Frantzoß sich zum Schottländer geschlagen. Es ist König Wilhelm im Jahr 1214. kranck worden vnd gestorben.

7. Alexander König Wilhelms Sohn ein friedsamer Mann/ist nach seinem Vatter König worden/vnd im Jahr 1219. gestorben.

8. Alexander König Wilhelms einiger Sohn/ist gesalbet worden von dem Ertzbischoff von S. Andreas/vnd hat zu der Ehe genommen Margaretham König Heinrichs von Engelland Tochter. Nach dem er aber von einem Roß zu todt fiel/vnd keinen Erben hinder jhm ließ/ist nach jhm

Statthalter des Reichs worden Wilhelm Vallaceus ein Kriegsmann/ der viel Schlachten in Engellandt gethan hat/ vnd König Eduarden etwan in die flucht getrieben. Vnd als jhm die seinen solche Ehr nich gönneten/ vnd jhn verliessen/ hat König Eduard grosse Krieg geführt wider die Schotten. Da erwehleten die Schotten zu einem Statthalter des Reichs Johannem Cumingum/ der Dauids Tochtermann oder Enckel war: dann er hat Marioriam zu der Ehe/ oder war jhr Sohn/ vnd vnder seinem Regiment fiel König Eduard in Schottlandt/ vnd bracht es gar vnder sich. Es ward auch Cumingus bald darnach von Roberto Bruseo in der Kirchen bey dem Altar erschlagen/ vnd zohe Bruseus an sich das Reich mit hilff etlicher Freunden. Da das die Engelländer vnd Schotten sahen/ besonder des Cumingi Verwandten/ haben sie Bruseum in die flucht getrieben/ seine Brüder gefangen vnd getödt/ vnd sein Haußfraw in Engelland geführt/ vnd in Gefengnuß geworffen. Da wolt König Eduard in Schottlandt vnd im Königreich etwas rechts haben/ vnd hat auch solches von Johann Baleolo/ der von der eltern Schwester Eduardi kommen war/ erfordert. Aber Bruseus sterckt sich widerumb/ vnd legt sich mit gewalt wider Eduardum. Es fielen auch die Schotten in die Landtschafft Northumbriam/ verhergten vnd verbrenneten sie/ schlugen Jung vnd Alt/ Mann vnd Frawen zu todt/ vnd plünderten die Kirchen. Dise ding haben sich alle verloffen vnder König Eduardo dem andern/ der ein grosse Schlacht mit den Schotten gethan/ vnd viel tausent von seinem Zeug verloren/ doch war der Schotten Sieg nicht ohn verlurst vieler Männer. Im jahr 1322. samlet König Eduard hundert tausent Kriegsmänner zusammen/ vnd schickt sie in Schottlandt/ vnd alß die Schotten vor einem solchen grossen Zeug flohen/ kam König Eduard mit seinem Volck zu einem grossen Hunger/ vnd ward gezwungen wider hinder sich zu ziehen. Im jahr Christi 1326. schickt König Eduard oder Isabella sein Mutter ein bottschafft in Schottlandt/ vnd ließ sein Schwester antragen König Roberts Sohn/ vnd verzieg sich auch darmit der Gerechtigkeit/ so er vermeint zu haben in Schottlandt. Es verwilliget sich Robertus Bruseus/ vnd nam seinem Sohn Dauid der fünffjärig war/ Johannam die Schwester König Eduards. Vnd alß Robertus vber drey jahr darnach starb/ der sich also dapfferlich in Kriegen hat gehalten/ zwo Schlachten wider die Engelländer gethan vnd gesieget/ sie auch auß Schotland getrieben/ ward im Reich an statt des vnerwachsenen jungen Königs fürgesetzt Thomas Rhanulphus/ ein weidlicher Mann: aber es ward jhm vergeben von einem Münch der sich der Artzey annam.

9. Alß König Dauid Schottlandt angefangen hat zu regieren/ hat sein Schwager Eduard König zu Engellandt belägert die Statt Calles. Da bat Philippus Valesius der König von Franckreich/ König Dauiden/ daß er seinem Schwager in Engelland fiel/ damit er von Calles auffbrechen müßt. König Dauid folget dem Raht seiner Jünglingen/ vnd ward dem Frantzosen zu willen: Aber die Engelländer zogen jhm entgegen/ fiengen jhn vnd plünderten Schottlandt. Alß der Frantzoß solches ersahe/ schickt er Gelt in Schottland/ ließ ein newen Zeug versamlen: Aber des Königs Statthalter nam das Gelt/ vnd gab den Knechten nichts. Also ward Calles gewunnen/ vnd im jahr 1558. erst widerumb erobert. Es fielen nichts destominder die Schotten in Engelland/ vnd beschedigten es/ aber nicht ohn jhr Blut. König Eduard der sein Schwager in seiner Gefencknuß hett/ da er vernam daß die seinen von den Schotten geschedigt waren/ zoge er ab von Franckreich/ vnd fiel mit einem grossen Zeug in Schottlandt/ erwürgt was er ankam/ verbrent Edinburg/ vnd die Landtschafft/ vnd zu letst kehrt er wider vmb/ doch nicht ohn schaden in Engelland. König David den der schertz gerawen hette/ gab seinem Schwager Bürgen/ macht sich in Schottland/ damit er mit den seinen zu raht wurd/ wie er ledig möcht werden. Da sich aber das Volck dem König nicht wolt verwilligen/ ist er wider vmbkehrt in Engelland/ vnd hat die Bürgen ledig gemacht.

Im jar 1356. ist Johannes der König von Franckreich gefangen worden/ võ König Eduarden/ vñ seind also zwen gefangener König zusammen in Engellandt kommen. Von der Schotten König wurde gefordert 200000. Noblen/ die er zu zielen solt erleg/ wolt er ledig werde. Aber die Frantzosen wolten geben den Engelländern ein gut theil von jhrem Reich/ damit sie jhren König ledig mächt. Die Königin von Schottland zoge jrem Gemahel nach in Engelland/ vnd starb auch darin. Es ist auch jhr Bruder der König von Engellandt gestorben/ ein dapfferer Kriegsmañ. Alß aber König Dauid kein Erben hett/ vnderstund er die Schottländer zu vberreden/ daß sie den König von Engelland annemen zu einem König. Aber es war vergebens/ sie wolten viel mehr daß er ein ander Gemahel neme/ darvon sie möchten empfahen. Vnd alß solches geschahe/ vnd diese andere Fraw vnfruchtbar war/ stieß sie der König von jhm ohn ergernuß. Endlich ist König David im jahr Christi 1370. gestorben zu Edinburg/ vnd ward erwehlt zum Reich sein Enckel Robertus Steuartus/ welches Nachkommen haben geregiert biß auff den heutigen Tag. Zu seiner zeit ist gebrochen worden der Anstandt/ so in der Erledigung König Dauids auff 14. jahr lang ward gemacht/ darauß zu beyden seiten viel vbels vnd schadens ist entstanden. Es ist Robertus der ander gestorben im jahr 1390.

Von Schottlandt.

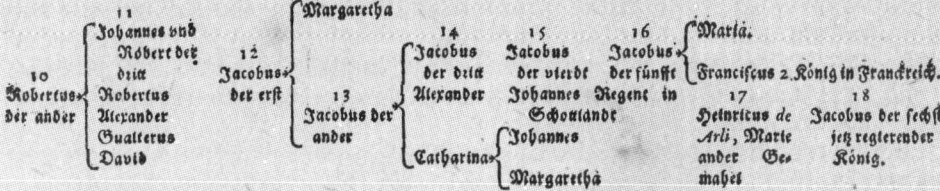

Nach dem Robertus der ander gestorben war/hat er viel Söhn verlassen/nemlich Johannem/ der seinen Namen in Robertum den dritten verendert/Robertum Hertzogen in Albania/Alexandrum/Graffen in Buchania/vnd auß der andern Frawen Gualtherum den Graffen zu Atholia vnd Daviden. Es hat König Johannes Robert ein einigen Sohn/mit Namen Jacob/den schickt er in Franckreich/aber er ward von Engelländern auff dem Meer gefangen/das beschwert den Vatter also vbel/daß er vor kummer starb. Da ward des Reichs Regierung befohlen den Hertzogen von Albanien/des jungen gefangnen Königs Vatters Bruder. Im jahr Christi 1424. nam König Jacob zu einem Gemahel Johannam Hertzogin von Clarentz: aber jhr zugebracht Gut war nicht genugsam/daß der König darmit möcht erlediget werden/sondern für das vbrig Gelt muße er Bürgen geben/nemlich der Landsherren Erben.

Im jahr 1436. hat Jacob der erst König in Schottland sein Tochter Margarethen zu einem Gemahel geben König Ludwigen dem eilfften/dem Frantzosen. Bey zeiten des Königs schickt der König von Engelland zu den Schotten/vnd begert/daß die zwey Königreich also nahe bey einander gelegen/zusammen hielten/vnd ein ewigen Frieden machten/auch einer dem andern in seiner noth zu hilff käme. Da ließ König Jacob ein Reichstag halten/vnd in dem ward beschlossen/daß sie nicht solten brechen den Eydbundt/so sie von alter her mit den Frantzosen hetten.

Im jahr Christi 1447. wurd diser König Jacob verrätherlich mit vielen wunden zu tod geschlagen/durch anrichtung seines Vatters Bruder/Graffe zu Atholia/der gern zum Reich komen were. Es hette diser Jacob in seiner Gefengnuß viel Künst gelehrt/er war ein freyer Ringer vnd Springer/ein schneller Läuffer/ein kunstreicher Singer/ein sinnreicher Harpffenschlager vnd ein gewaltiger Steinstosser. Die Hauptsächer seines tods seind von des Reichs Fürsten gefangen worden/vnd grausamlich getödet. Daß den Graffen von Atholia vnd seine Anhänger haben sie zu Edinburg zum Tod verurtheilt/sie entblößten den Graffen/vnd führten jhn durch die Statt/zogen jhn mit seylern in die höhe/vnd liessen jhn darnach herab fallen auff die Erden/sie setzten jhm auff sein Haupt ein eysene vnd glüende Kron/vnd darnach am andern tag bunden sie jhn einem Rosz an schwantz/vnd schleifften jhn sampt seinen Gesellen von einer Gassen in die ander. Am dritten tag legten sie jhn auff ein Tafel/vnd zogen jhm also lebendig die Därm herauß vnd verbrenten sie/hernach namen sie jhm das Hertz auch herauß/vnd warffen es ins Fewr/vnd zu letst schlugen sie jhm ab sein Haupt/vnd viertheilten das Corpus. Aber Robertum Gramum/der fürnemlich seine Hand hett an den König gelegt/den setzten sie auff ein Wagen/vnd sein rechte Hand/mit deren er den König hett geschlagen/bunden sie an Galgen/der an Wagen gehefftet war/führen jhn also vmbher/vnd pfetzen jhn mit glüenden Zangen/vnd zu letst viertheilten sie jhn. Den anderen jhren Mitgesellen theten sie andere Peinen an.

König Jacob wird ertödt.

Grausame peinigung.

13. Jacobus der ander ist nach seinem Vatter zum Reich komen/vnd hat geboren drey Söhn/ Jacobum den dritten/welcher auch König/Alexandrum Hertzogen in Albania/vnd Graffe Johannem. Alß diser König Jacob belägert das Schloß Rorburg/daß die Engelländer ein gute weil in Schottlandt hatten inngehabt/sprang auß einer grossen Büchsen ein höltzener Zapffen/vnd schlug den König zu todt: aber die Schotten liessen nicht nach biß sie das Schloß gewunnen. Es war der König 29. jahr alt da er vmbkam/vnd ward zum Heiligen Creutz ins Closter begraben.

14. Im jahr Christi 1469. nam König Jacob der dritt zu einem Gemahel Fraw Margarethen des Königs von Norwegen Tochter/die jhm zubracht jhres Vatters Gerechtigkeit so er hatt in disen Insuln Orcades genandt. Aber Jacob der vierdt nam zu der Ehe Fraw Margarethen Heinrici des siebenden von Engelland Tochter/vnd Schwester Heinrici des achten.

15. Jacob der vierdt ein Schwager Heinrici des achten von Engelland/war ein auffrichtiger Herr/vnd der lang solt gelebt haben: dann er war fromm vnd gerecht/er regiert ein gute zeit friedsamlichen/biß zum jahr Christi 1514. Er ward in den vordrigen jahren vom Frantzosen viel gehetzt wider den König Heinrichen den Engelländer seinen Schwager: aber man möcht jhn nicht dahin bringen daß er Krieg wolte anfangen/biß zu letst die Bischoff vnd Münch jhn dahin triben. Er gab jhnen allwegen zu antwort/er könte kein Krieg anfahen wider seinen Schwager/dieweil er jhm nichts zu leyd thet. Da antworteten die Frantzosen/es were ein alter auffgerichter Bundt zwischen Schottlandt vnd Franckreich/nun were Franckreich von Engelland schier gar vbermeistert/ darumb were Schottlandt schuldig dem Land Franckreich hülff zu thun. Es warff der fromm König

König jhnen für das Gesatz Gottes/das alle Bündtnussen soll fürgehen: aber die Frantzosen verantworteten die Eynred also/daß dem Bapst vnd der Kirchen zustünde das Gesatz Gottes außzulegen. Also ward der fromme König vberredt/daß er ein Reichstag beschrieben/auff welchen er auch berüfft die Geistlichen/folget jhrem Raht/fieng ein Krieg an wider seinen Schwager/vnd kam darinn vmb sein Leben.

16. Jacobus der fünfft war nicht vber ein jahr alt da sein Vatter vmbkam: ward also noch ein Kind im jahr 1515. zu Schonen (da man die Schottländische König zu krönen pflegt) gekrönet. Ward seiner jugend halb Johannes des abgestorbenen Königs Vatters Bruders Sohn auß Franckreich beruffen/auff daß er sein Vormünder vnd Statthalter des Königreichs were. Weil er aber mit sampt dem König in Franckreich/dem er sich geneigt war/grosse krieg vnd vnruhe wider den König auß Engelland anhube/auch viel fürnemer des Reichs Fürsten hinrichten liesse/lude er grossen haß auff sich/dermassen daß er das Reich/sein Leben zu fristen/bald zu verlassen gezwungen ward. Hiezwischen als König Jacob zu einem rechten Alter kommen war/nam er zu der Ehe im jahr 1535. Magdalenam Königs Francisci in Franckreich erstgeborne Tochter: weil sie aber gleich des ersten jahrs starb/nam er widerumb im jahr 1538. Fraw Mariam Hertzogs Claudij võ Guyse Tochter zu der Ehe. Von welcher er zwen Söhn/so in vnderschiedlichen zweyen orten/24. stund einander nach gestorben seind/bekommen. Nach disem/verwilliget er ein gütlich Gespräch mit König Heinrichen dem achten in Engelland zu Jorck/von wegen jrrung vnd gespän beyder Königreich/zu halten: Weil er aber auß seiner Mutter des Königs auß Engelland Schwester/vnd anderer/bösem Raht nicht erschienen/kamen die sachen nach langem zwytracht/zu einer offnen Schlacht/in welcher die Engelländer obsiegten/vnd ein statlichen Schottländischen Adel mit sich gefangen hinweg führten. Diser vnfahl hat König Jacobi Hertzleid/auß seiner zweyen Söhnen vrplötzlichen Todt im vorigen 1541. jahr empfangen/also gemehrt/daß er vor grossem kummer im Schloß Falckenland gestorben. Sechs tag aber vor seinem Todt ward jhm ein Tochter Maria genandt/geboren/welcher zum Vormünd geordnet ist worden Graff Jacob von Vrania/Herr zu Hamelthon. Weil nun solche ein einige Erbin des Königreichs/begert sie König Heinrich seinem Sohn Eduarden zu der Ehe/gab derhalben den gefangnen Schottländischen Adel gutwillig widerumb ledig. Diser war geneigt dem König zu willfahren/bekamen auff ihre seiten Graff Jacoben Hamelthon/vnd belägerten feindlich die Königin/namen den Cardinal von S. Andreas gefangen/weil sie sich jhrem vorhaben widersetzten/vnd volgends versprachen vnd verschrieben sie die begerte Heurath König Heinrichen/welches vieler Kriegen vnd Blutvergiessens vrsach gewesen: dann der vbrig Adel mochte den jamer jhrer Königin nicht sehen/rufften den König in Franckreich vmb hilff an/zu welchem sich Graff Jacob Hamelthon auch widerumb schlug/wurden also alle sachen verhindert/welches als König Heinrich gesehen/hat er im jahr 1544. im anfang des Meyens ein grosse Schiffrüstung in Schottland geschickt/durch welche erstlichen Leth ein berhümbter Port/demnach Edinburg eyngenommen vnd verbrent ward: weil aber von der andern seiten der König auß Franckreich auch nicht feyret/zoge er widerumb hindersich vnd dem Frantzosen entgegen/vnd währet derhalben solcher Krieg schier biß zum absterben Heinrici Königs in Engelland/ins jahr 1547. doch blieben die sachen nichts destominder im alten stath: dann eben in disem jahr haben die Engelländer widerumb ein Schlacht gegen den Schottländern erhalten/als sie aber dem glück nach getruckt/vnd ein guten theil Schottlands eyngenommen/haben sie vermeynt die Schottländer wurden ein mal die versprochene Braut folgen lassen/vnd jhnen den Frieden angebotten/wo ferz das begeren erstattet wurde: Aber dessen ohn angesehen blieben sie in jhrer vorigen meynung. Welches als der Hertzog von Somerset Oberster Vormund gesehen/giengen die Kriegshändel widerumb an/der König von Franckreich schickt den Schottländern hülff durch den Hertzen von Esen/welcher nachmalen die junge Königin Maria mit sich in Franckreich führt/allda sie gleich im jahr 1548. Francisco dem Delphin hernach König in Franckreich vermählet ward. Bliebe jhr Mutter Regentin in Schottlandt. Im jahr 1560. den 10. tag Brachmonats/als in Schottlandt beyde der Religion vnd Frantzosen so allen gewalt haben wolten/ein grosse auffrhur entstunde/starb dise Königin Maria gleich wie zuvor jhr Gemahel Jacob der fünfft vor leyd. Gleich darauff den 5. Christmonats vorgesagtes jahrs/starbe jhr Tochterman Franciscus der ander König in Franckreich. Zoge derhalben Maria sein verlassene Wittib im jahr 1561. im Augstmonat widerumb in Schottlandt. Allda sie mit Heinrichen de Arli Königlichen Stammens vermählet/von welchem Jacobus der sechst/jetzt Regierenden Königs Vatter erboren.

Von

Von dem mächtigen Königreich
Hispanien. Cap. xxviij.

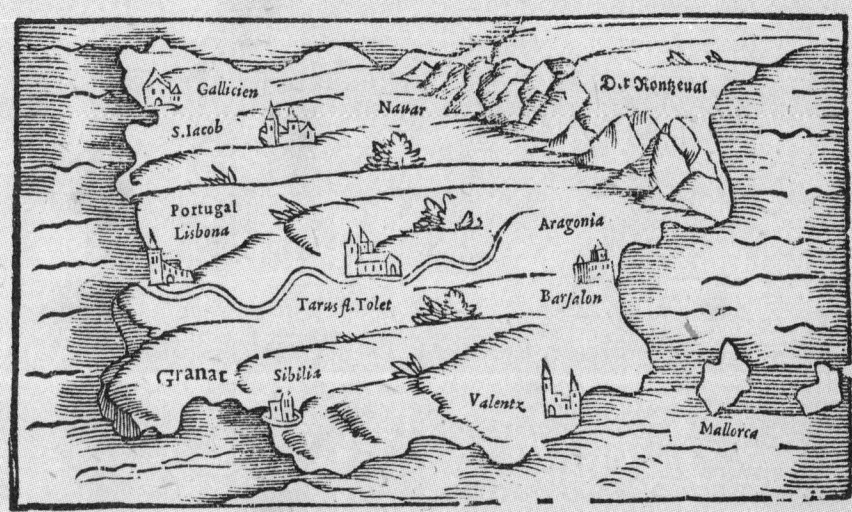

Hispanien/ etwan auch Spanien/ das ist/ Seltzam/ dann viel seltzame ding darinnen ist ein gar Edle/ vnd an allen so wol lustbarlichen/ alß nothwendigen Sachen fürtreffentliche Landtschafft in Europa/ auch der erste theil des trocknen Lands/ hat auff der seiten gegen Orient das Pyreneisch Gebürg/ Ronzevail genandt/ welches bey dem Vorgebürg Veneris anfangt/ vnd sich bey Colike in das Spanische Meer erstreckt/ daselbst dann das Land ein sehr schmale enge bekompt: hat gegen Mitternacht das Spanische Grosse Meer/ gegen Occident das Atlandische/ vnd gegen Mittag das Herculische oder Balearische. Das Pyreneische Gebürg hat seinen Namen bey den Griechen vom Fewr bekommen/ dann sie fabulieren/ die Hirten haben vor zeiten Fewr auff dise Berg geworffen/ darvon alle Wohnungen vnd Wäld angegangen vnd verbrunnen. Vnd alß solch Fewr mit grosser Macht in den Bergen gebrunnen/ haben Silberin Bächlin angefangen herab zu fliessen: da aber die Eynwohner so einfältig gewesen/ daß sie nicht gewußt was Silber were/ seind die Kauffleuth auß Phenicia kommen/ vñ haben dasselbe gegen jhren Wahren abgetauschet vnd grosse Reichthumb darvon geführt.

Hispanien ist in seiner gantzen grösse 200. Spanischer meilen lang/ 140. breit/ vnd in dem gantzen vmbkreiß solcher meilen 600. groß: Ligt mit einander vnder dem vierdten Climate/ oder viel mehr zwischen der mitte des vierdten vnd sechsten. Ist an gestalt ein Peninsul oder halbe Insul/ hanget dem Isthmo oder auffgeworffnen Land in Franckreich an/ wird aber beyderseits von dem Meer nicht allein berühret/ sondern hatte sich auch/ wann das Pyreneische gebürg nicht im weg lege/ eines gewaltsamen durchbruchs zu befohren. Ward von dem Fluß Ibero Iberia/ vnd vom König Hespero/ Hesperia genannt/ erstlich von Tubal/ Noas Enckel/ bald nach der Sündflut bewohnt. Nach zerstörung der Statt Troja/ seind die Etholier auß Griechenland mit jhrem Fürsten Diomede dareyn gezogen.

Marcus Varro sagt/ die Jberer seyen auß Africa da Carthago gestanden/ kommen.

Es haben auch die Carthaginenser Hispanien beherrschet biß zur zeit des zweytē Carthaginensischen Kriegs/ damalen dann die Römer die zwen gewaltigen Helden Cneum vnd Publiū Cornelium, die Scipiones, mit Heersmacht in Hispanien geschickt/ darinn sie aber erschlagen wordē/ im folgenden Jahr kam Scipio mit dem Zunamen Africanus, an seines Vatters vnd Vetters statt/ hatte besser glück vnd bezwang Hispanien/ im Jahr der Statt Rom 542. alß Q. Cecilius Metellus, vnd L. Veturius Philo Burgermeister gewesen. Nach dem sich die Hispanier den Römern rebellierten/ hat M. Portius Cato im Jahr der Statt Rom 560. vieler Stätten in Hispanien Rinckmawren zerbrochen/ vnd die vngehorsamen Hispanier gedemmet/ vnder Augusto aber ist Hispanien erst recht in der Römer gewalt kommen vnd Zinßbar worden.

Nachdem aber Hispanien 500. Jahr in der Römer gewalt gewesen/ seind die Wandalen/ Schwaben vnd andere Völcker in Hispania gezogen/ vnd haben solche herrliche Provintz vnder Keyser Honorio vñ Theodosio dem Römischen Reich entzogen im jahr Christi 494. Etliche jahr hernach seind auch die Gothen/ so in Franckreich gewohnet/ in Hispanien gezogen/ wurden aber

endlich

endtlich von den Saracenen/ so mit grosser Heersmacht auß Africa in Hispanien kommen/ vertrieben/ vnd gleichsam außgetilget.   Diese Saracenen hat Ferdinandus König von Arragon Caroli V. Großvatter vertrieben/ darumb er dann auch den Titul des Catholischen Königs bekommen/ welchen noch heutiges tags alle König in Hispanien behalten.

Vnd dieweil Hispanien weit vnd groß/ wurden viel vnderscheidene Königreich darinn auffgerichtet. Etwan ward Hispanien in fünff Königreich getheilet/ alß namblich in Castille/ Aragon/

Waapen der Königreich zu Hispaniē.

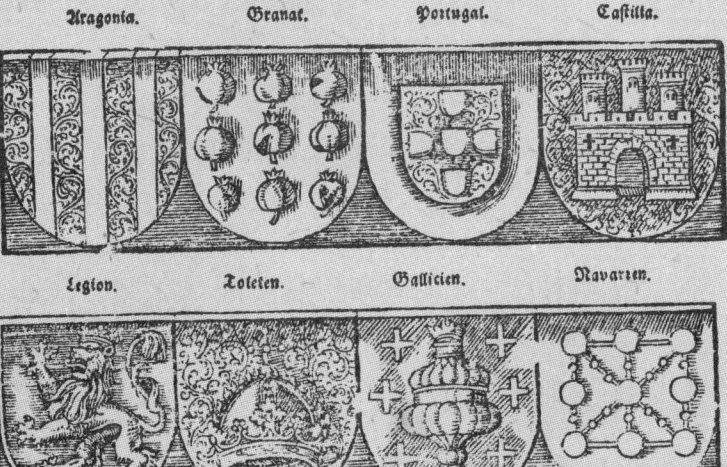

Portugal/ Granade vnd Navarre.   Heutiges tags aber seind drey Haupt Königreich in Hispanien/ Arragon/ Castille vnd Portugal. Arragon aber begreifft Catalogne/ Valence/ Majorq, Minorque: Castille begreifft Biscaglia/ Asturie/ Gallicien/ Estremadura/ Andaluß/ Granade/ Murcie/ beyde Castilles vnd Navarren sampt der Insuln Canarien. Portugal begreifft Algarbes.

Dise Königreich seind gleichsam mit vnzahlbaren Stätten erbawen vnd wol bewohnet. Dann der Lufft in Hispanien ist gesund/ gibt keine böse Nebel oder starcke Wind/ wie etwan in Franckreich. Es hat auch keine faulen Sümpff oder Pfützen. Das Meer so Hispanien an dreyen orten vmbgibt/ vnd das Hochgebürg/ so Franckreich absündert/ erfrischet den Lufft ohne vnderlaß. Die Landtschafft gegen Nordt gelegen/ ist etwas kalt/ bürgig/ dürr vnd ohne Wasser/ was aber gegen Mittag ligt/ ist zwar bürgig/ aber sehr fruchtbar von den besten Wassern befeuchtiget. Allerhand Kräuter/ Baumfrücht/ Weingewächs/ Geträid vnd Metall/ seind in Hispanien so vberflüssig das nicht darvon zu sagen.

Es ist auch kein mangel an Saltzbrunnen/ vnd heylsamen Bäderen.   Hat aller gattung nutzlich Viehe/ die besten Pferd/ gut Wildprät vnd viel Fisch/ herzliche Brunnquellen/ treffentlich gut Gevögel/ abgerichte Jaghund/ vnd in einer summa alles was der Mensch zu Speiß/ Tranck/ Artzney/ Kleidung/ Zierdt/ Waaffen vnd dergleichen so wol zu lust/ alß zum täglichen gebrauch bedarff.

Was die Flüß vnd schönen Wasser belangt so durch Hispanien fliessen/ werden derselben 150. gezehlet/ vber welche 700. Brucken seyn sollen/ darunter die bey Segovia/ vnd Alcantara an Gebäw nicht nur mächtig/ sondern auch gantz wunderlich seind.

Vnder den Flüssen aber seind folgende die fürnehmsten/ Iberus/ jetz Ebro genandt/ entspringt im gebürg Idubeda in Biscay/ von zwo sonderbaren Quellen/ bey Occa vnd Fuentibre: wächst durch vieler strömen einfluß/ laufft durch Cataloniam stracks auff Juliobriga vnd Tuabella/ im Königreich Navarra/ darnach auff Julia vnd Celsa/ alßdann auff Saragossa/ alßdann zeucht er sich gegen Mittag/ hernach also bald gegen Morgen/ vnd kompt in Catalonia/ vnd nach dem er 460000. schritt geloffen/ stürtzet er sich an zweyen orten in das Meer.

Durius ist der gröste Fluß in Hispanien wegen der menge gewaltiger Flüssen so dareyn lauffen/ entspringt in dem gebürg Idubeda/ genandt Sierra de Cocollo/ schneidet Portugall vñ Gallicien von einander/ vnd fleußt bey Porro gegen Nidergang ins Meer.

Tagus/ welchen die Spanier gemeinlich Tajo/ vnd die Portugaleser Tejo heissen/ entspringt nicht weit von Tragacet/ auff dem gebürg Orospeda/ fleußt durch die Königliche Statt Toledo Talavera/ Augusto/ Briga/ Alcautura vnd andere mächtige Stätt/ fleußt mitten durch Portugal/ vnd kompt vnder Lißbona in Oceanum/ ist Gold vnd Fischreich/ bringet auch Perlen.

Anas/ Gadiana Rio genandt/ ist darumb wunderlich/ daß er sich bey Metelino vnder das Erdrich verbirgt/ vnd vber ein gute weil bey Villarta mit grosser vngestüme widerumb herfür kompt. Hat bey Castell Marin zwen eynfluß in Oceanum.

Betis

Von Hispanien.

Betis entspringt bey dem Gebirg Orospeda/ nahe bey Castoran genandt Sierra Alcaroz/ laufft gegen Nidergang durch Corduba/ vnd andere Stätt/ vnd kehrt sich gegen Mittag auff Sevilla: sein Außlauff beym Atlantischen Meer/ soll einer gantzen Meilen breit seyn. War vorzeiten auch des Golds halben/ so darinn gefunden/ vnd der schönen Oelbäumen/ so allenthalben darbey gewachsen/ sehr berhümbt: wirt heutiges Tags Quadalquiuir/ oder Quadalchebir/ das ist grosser Fluß genandt/ dann Quad heist auff Saracenisch ein Fluß/ vnd Alquiuir/ oder Alcabir/ groß.

Lugo vorzeiten Minius genandt/ entspringt sechs Meil von Aras Sextianas/ vnd fleußt ins Meer bey Valentia.

Vnder den Bergen in Hispanien seind die fürnembsten so sie Los Pireneos heissen/ darnach Idubeda/ gemeinlich Monte d'Occa vnd d'Auca genandt. Orospeda ist ein theils von Idubeda/ wirdt an etlichen orten Sierra Vermiglia/ an etlichen Sierra Molina/ vnd Sierra Morena genandt.

Calpe ist nicht groß/ aber sehr hoch vnd gäh/ sonsten Gibraltar genandt.

Bey Archidona/ ist auch ein sehr gäher Berg/ La Penna de Los Enamarados genandt. Von zweyen liebenden Menschen die sich von dañen zu todt gestürtzt haben/ wie an seinem Ort zusehen.

Bey Barcelona ist Mon Jui/ Mons Judæorum/ der Judenberg/ darauff die Juden jhre Begrebnussen hatten/ wie derselben noch viel anzeigungen vorhanden. Hat heutiges Tags zu oberst einen Thurn/ darauß die Wächter am Tag einen weissen Fahnen/ vnd zu Nacht Fewr sehen lassen/ wann Schiff ankommen.

Hispanien hat auch viel schöner vnd nutzlicher Wälde/ darunder einer bey der Statt Mont Maior/ sonderlich rhumwürdig/ dañ derselben fast von eytel Eychbäumen/ Kastanien/ Nüß/ Haselnüß/ Kirschen/ Pflaumen/ Byren/ vnd Feygenbäumen/ wilden Reben besetzt. Nicht fern von der Statt Beios ist ein sehr lustiger Wald/ in demselben ward ein Kastanien Baum gefunden/ der hatte am Stammen 40. Schuh in der ründe herumb/ wie jhn dann Lucius Marineus auß Sicilien gemessen.

Sonst seind auch in Hispanien Wäld die schöne lange Höltzer tragen/ darauß viel gewaltiger Schiff werden gebauwet.

So ist auch gantz Hispanien mit den schönsten vnd besten Stätten erbawet/ auch mit gewaltigen Abteyen/ Clöstern/ Spitäl/ Siechhäuser vnd dergleichen Gebäuwen/ wie dann in gleichem mit stattlichen Pallästen vnd Adelichen Häusern treffentlich gezieret.

Von dem Weltlichen Regiment des Königreichs Hispanien.
Cap. xxix.

Er König ist das oberste Haupt/ welchem die Kron erblich zufellt. Desselben Kinder werden Infantes d'Espage/ vnd die erstgeborne/ Printzen in Hispanien genennet. Vnd so kein Manns Stammen vorhanden/ so kompt die Kron auff das Weiblich Geschlecht/ inmassen solcher gestalt Hispanien an das Hauß Oesterreich kommen. In der Krönung schwert der König dem Volck/ vnd das Volck jhme hinwiderumb. Ob gleichwol der König allen Gewalt hat/ so thut er doch nichts ohne raht vnd vorwissen seines geheimen Rhats.

Der Consilien oder Rhät hat es mancherley in Hispania. Der erste vnd fürnehmste ist Consilio d'Estado/ der Statt Rhat/ in welchem die fürnehmsten Herren des Königreichs versamlet seind/ vnd werden darinnen alle die sachen verhandlet/ so die Königliche Hochheit/ vnd die Regierung des gantzen Lands betreffen. Der ander ist Consilio Reale/ der Königliche Rhat: ist besetzt von einem Presidenten vnd zwölff Rhäten: vnd an disem Raht/ alß vor dem obersten Richter/

Das Ander Buch

mag man von den andern Gerichten des Königreichs appellieren. Dergleichen Rhät vn Gericht hat es auch in den vbrigen Königreichen Hispaniæ. Sonsten hat es auch noch etliche sonderbare Consilia oder Rhät: Alß da ist der Kriegs Rhat/ in welchem alle Kriegssachen zu Wasser vnd zu Land tractiert werden. Vnd in disem Rhat seind eben die Rhäte so auch in dem Statt Rhat seind/ außgenommen der Secretarius/ welcher hie sonderbar. Deßgleichen die Rhät so vber die außländische Land vnd deren Statuten vnd Gerechtigkeiten gesetzt seind. Alß da seind der Italiänische Rhat/ handlet allein von Neapoli/ Sicilien/ Sardinia vnd Meylandt. Der Niderländische tractiert die Niderländische vnd Burgundische Händel. Der Arragonische/ die Privilegien vnd gerechtsame der Königreichen Arragoniæ/ Valentiæ/ Cataloniæ vnd vmbligender Inseln. Der Indianische/ handlet von aller gerechtsame der Indianischen Landen.

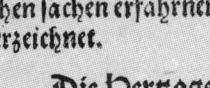

Neben disen seind noch der Rhat vber die Ritter Orden/ S. Jacobi/ Alcantaræ vnd Calatravæ. Item der Cammer Rhat/ so vber das eynkommen vnd außgeben Hispaniæ gesetzt. Der Müntz Rhat/ so vber die Müntzen vnd deren zugehör verordnet. Der Geistliche Inquisitions Rhat/ darinn die Religionssachen examiniert werden/ hat einen solchen gewalt/ daß es auch wider die fürnemsten des Königreichs/ ja den König selbsten procedieren kan.

Der Hertzogen/ Marggraffen/ Graffen/ Visconten/ Landtherren/ ꝛc. ist in Hispania ein grosse anzahl/ so wir sampt deren vermögen vnd jährlichen eynkommen/ wie es heutiges tags beschaffen vnd von dergleichen sachen erfahrnen Leuthen an tag gegeben/ in folgender ordnung verzeichnet.

Die Hertzogen.

Hertzog von:
Fiata/ Marggraffe von Berlanga/ Graff von Haro/ Connestabel in Castilien vnd Reichs President/ ein haupt des Hauß von Velasco: hat jährliches eynkommen Ducaten	80000
Medina de Rio Seco/ ꝛc. Almirante oder Ammiral in Castilien/ ist von königlichem Geblüt/ alß dessen Großvater war König Alphonsus der eilffte/ ein haupt des hauses von Henriques hat Duc.	100000
Alba/ ꝛc. ein Haupt des hauses von Toledo	80000
Infantado/ ꝛc. ein Haupt des hauses von Mendoza	80000
Alcalia/ ꝛc. ein Haupt des hauses von Ribera	150000
Albuquerque/ ꝛc. ein Haupt des hauses von Cueva	40000
Escalona/ ꝛc. ein Haupt des hauses von Pacheco	130000
Ossuna/ ꝛc. ein Haupt des hauses von Girones	100000
Arcos/ ꝛc. ein Haupt des hauses von Leon	80000
Baiar/ ꝛc. ein Haupt des hauses von Zunegas	70000

Hertzog von:
Gandia/ ꝛc. ein Haupt des hauses Borias	60000
Sessa/ ꝛc. ein Haupt des hauses vō Cordova	70000
Medina Cœli/ ꝛc. ein Haupt des hauses von Corda	
Medina Sidonia/ ꝛc. ein Haupt des hauses Gußman	130000
Maqueda/ ꝛc. ein Haupt des hauses von Cardenas	40000
Nagera/ ꝛc. ein Haupt des hauses vō Manriquez de Lara	50000
Feria/ ꝛc. ein Haupt des hauses von Figueroa	50000
Cardona vnd Segorva/ ist von königlichem Geblüt von Arragonia	110000
Soma/ ꝛc. Ammiral des Königreichs Napoli von dem hauß Cordova	40000
Villa Hermosa/ ꝛc. auß königlichem Geblüt von Arragonia	25000
Pastrana/ ꝛc. ein Haupt des hauses von Silva auß Portugal hat	50000
Francavilla/ ꝛc. auß dem hauß Mendoza	40000

Die grösseren Marggraffen.

Marggraff von:
Astorga/ ꝛc. ein Haupt des hauses Villalobos vnd von Ororio/ hat jährliches eynkommens Ducaten	50000
Aguilar/ ꝛc. von dem hauß Manriques de Lara Duc.	40000
Denra/ ꝛc. ein Haupt deren von Roia	25000
Mendelar/ ꝛc. auß dem hauß Mendoza	36000
Priego/ ꝛc. ein Haupt des hauses Aguilar auß dem hauß Cordova	50000

Marggraff von:
Navarres/ ꝛc. ein Haupt des hauses von Borias	20000
Garria/ Graff von Leucos/ ꝛc. ein Haupt des hauses von Castro hat	80000
Veles/ Adelantado/ ꝛc. auß dem hauß von Faiardes	60000
S. Croce/ ꝛc. auß dem hauß Bacan	36000
Villa Franca/ ꝛc. auß dem hauß Toledo	30000
Polada/ auß dem hauß Avila Toledo	20000

Die geringeren Marggraffen.

Marggraff von:
Aiamont/ auß dem hauß Zunegas/ hat jährlichen eynkommens Ducaten	26000
Altamira/ auß dem hauß von Rojas Duc.	12000
Viana/ auß dem hauß Pimentel	14000
Camarata vnd Sabroso	50000
Cortes/ auß dem hauß Toledo	16000
Monte maior/ auß dem hauß von Silva	15000
Guarda/ de S. Eugenia/ ein Haupt des hauß von Mexias hat	40000
Montes Claros/ auß dem hauß Mendoza	16000
Navas/ ꝛc.	16000
Possa/ auß dem hauß Rojas	20000
Estigra/ auß dem hauß Centurioni von Genua	25000
Ibara/ auß dem hauß Pimentelli	16000
Villa Manriq.	

Marggraff von:
Villa Nova del Riß	25000
Draba auß dem hauß von Cueva	10000
Cavete/ auß dem hauß Mendoza	15000
Fromista	10000
Falces	8000
Valle/ auß dem hauß Cortese	5000
Ardales/ Graff von Leva	16000
Alcala de la Alameda	1000
Alcavizo/ auß dem hauß Henriques	16000
Avilafuente/ auß dem hauß Zuniga	12000
Piora	12000
Villa Manrique	16000
Aunon	25000
Molina	6000
Cerralvo	8000

Die Graffen erster Ordnung.

Gräff von:
Benavente/ ein Haupt des hauses Pimentelli/ hat jährlichen Ducaten	100000
Alba de Lista/ auß dem hauß Henriques	40000
Miranda	35000
Connestabile des Königreichs Navarren/ auß dem hauß Toledo	25000

Von Hispanien.

Die Graffen der anderen Ordnung.

Graff von		Duc.
	Ribadeo / auß dem hauß Avellanda vnd Mendoza. Diser hat wegen seiner Vorfahren Riterlichen Thaten / so sie dem König von Castilien erwisen in eynnemmung der Statt Toledo / ein Privilegium bekommen / daß er auff die Weyhnachten vnd Ostertag mit dem König von Castilien mag zu Mittag essen / vnd fallen jhme heim die Königlichen Kleider / Pferd vnd zugehör / so der König selbige Tag braucht / hat eynkommen jährlich Duc.	20000
	Aguilar / ein Haupt deren von Arellano	15000
	Aranda	16000
	Alcandeta auß dem hauß Cordova	8000
	Aytona	14000
	Altamira	8000
	Oniendia / auß dem hauß Acuenas	20000
	Ayllon	8000
	Belchite / auß dem hauß Texar	10000
	Castellar	14000
	Castro / auß dem hauß Mendoza	10000
	Chracon / das Haupt deren von Bovadilla	40000
	Cifuentes	25000
	Coruna	20000
	Fuensalda	20000
	Camino	6000
	Gelues	22000
	Gomira / auß dem hauß Ayala	16000
	Olivares / auß dem hauß Gußman	40000
	Corentagna / Haupt des hauß von Corellas	14000
	Fuentes	10000
	Medellin	35000
	Montoriey / auß dem hauß Azevedo	18000

Graff von		
	Monte agudo / Marggraff von Almaeas / auß dem hauß Mendoza	18000
	Oropesa / auß dem hauß Toledo	35000
	Iserno / auß dem hauß Mauriquez	20000
	Onanto / das Haupt deren von Gnevard	10000
	Morata / auß dem hauß Luna	12000
	Orgaz / auß dem hauß Mendoza	12000
	Puebla / auß dem hauß Cardinas	18000
	Pliego / auß dem hauß Mendoza	12000
	Puno di Rostro / Haupt des hauß Arras	20000
	Paredes / auß dem hauß Mauriquez	14000
	Rivadetara / auß dem hauß Avellaneds	10000
	Sastago / auß dem hauß Alagon	18000
	S. Stephani	8000
	Varaias	12000
	Puebla de Montalvan	20000
	Bagelen	16000
	Nieva / auß dem hauß Valasco	12000
	Salvaterra / auß dem hauß Ayala	10000
	Luna	20000
	Guerra / auß dem hauß Carrillos	6000
	Uceda / auß dem hauß Mexias	10000
	Fuensaldana	8000
	Lodosa	8000
	Santa Gadea Adelantado oder President in Castilien	20000
	Almenara	8000
	Oliva / Haupt des hauß Cantellos	18000
	Albayda / Haupt deren von Capellido von Milan	10000
	Elda	8000

Die Visconten.

Visconte von		Ducaten
	Peralta	6000
	Guchnil	8000
	Chelua	6000

Neben disen erzehlten Weltlichen Herren vnd Ständen hat es noch viel Amptsverwalter grosses eynkommens / so alle hier zu erzehlen sich zu weit erstrecken wurde. Doch verbleiben die fürnehmsten ämpter sampt dero eynkommen gemeiniglich bey oberzehlten grossen Herren / vnd kommen selten vnder andere. Die fürnehmsten diser ämpter seind die drey Almiranti oder Ammiralen: Alß da seind der von Castilien / hat jährliches eynkommens 40000. Ducaten. Der von Arragonia hat bey 80000. Der von Valenza / hat 10000.

Item / die vier Adelantados obriste Richter: Alß da seind der von Saragosa / hat jährliches eynkommens 12000. Ducaten. Der von Gallicia / hat 8000. Der von Canaria / hat 10000. Der von Castilia / hat 12000.

Von dem Geistlichen Regiment des Königreichs Spanien / sampt dessen Eynkommen vnd Gewalt. Cap. xxx.

Das Geistliche vnd Kirchen-Regiment in Spanien hat sich offtermalen geendert / vnd das wegen vielen streitigkeiten / so die Könige mit der Römischen Kirchen dessentwegen gehabt / ist jetzund in 10. Ertzbisthum abgetheilt / so noch in 50. Bischoffe vnder sich haben / wie auß folgender verzeichnuß zu sehen.

Das Ertzbisthumb zu Toledo ist das erste vnd fürnehmste / hat ein sonderbar Territorium / bey siebenzehen Stätten vnd Flecken / vnd darüber auch die Weltliche Herrlichkeit. Sein eynkommen belaufft sich auff 200000. Cronen.

Hat vnder sich nachfolgende Bisthumb.

Bisthumb		Duc.	Bisthumb		
	Siguenza vermag jährlich	40000		Valenza	30000
	Cuenza	36000		Segovia	20000
	Cordova	40000		Hoznia	10000

Das Ertzbisthumb zu Sevilia hat eynkomen Duc. 100000. hatte vor disem 11. Bisthumb vnder sich / aber jetzund mehr nicht alß drey.

Bisthumb		Duc.
	Cadis hat eynkommen	14000
	Jaen	30000
	Avila	30000

Das Ertzbisthumb S. Jacob zu Compostel vermag jährlichen Duc. 60000.
hat vnder sich

Bisthumb			Bisthumb		
	Plasenza/hat jährlich	Duc 40000		Ovense hat	Duc. 8000
	Salamanca	20000		Jurg	7000
	Coria	25000		Mondonedo	7000
	Asterga	20000		Samora	16000
	Badaiaza	20000		Lugo	6000
	Gudaemdrigo	14000			

Das Ertzbisthumb von Granata vermag jährlich Duc. 50000.
hat vnder sich

Bisthumb		
	Malaga/hat	Ducaten 30000
	Almeria	13000
	Guadia	12000

Das Ertzbisthumb von Saragosen vermag jährlichen Duc. 50000.
hat vnder sich

Bisthumb			Bisthumb		
	Pampelona vermag	Duc. 16000		Balbastri	8000
	Calahora	16000		Tarracona	16000
	Hursca	12000			

Das Ertzbisthumb von Valentz vermag jährlich Duc. 60000.
hat vnder sich

Bisthumb			Bisthumb		
	Cartagena hat	Duc. 12000		Albarazen	8000
	Origuela	8000		Mallorca	6000
	Secorbe	8000			

Das Ertzbisthumb zu Tarragon vermag jährlich Duc. 20000.
hat vnder sich

Bisthumb			Bisthumb		
	Giron vermag	Duc. 10000		Vrne	6000
	Lerida	10000		Cerduna	4000
	Vrgel	8000		Tortosa	12000
	Cive	7000			

Das Ertzbisthumb Lißbona in Portugal vermag jährlich Duc. 30000.
hat vnder sich

Bisthumb			Bisthumb		
	Leon vermag	Duc. 12000		Civida	6000
	Vbeda	8000		Leria	10000
	Zamora	16000		Rosalo	8000

Das Ertzbisthumb zu Arzaga in Portugal hat jährlich Duc. 20000.
hat vnder sich

Bisthumb			Bisthumb		
	Cohimber hat jährlich	Duc. 16000		Zideo	3000
	Lamego	8000		Almogro	6000
	Viseo	1000			

Das Ertzbisthumb zu Buegas vermag jährlichen 40000. Ducaten/hat keine andere Bisthumb vnder sich.

Ritter-Orden. Hieher mögen auch gebracht werden die vier Ritter-Orden des Königreichs: Alß da seind

I. Der Orden S. Jacob hat jährlichen eynkommens 200000. Ducaten.

II. Der Orden Calatranæ hat jährlichen 100000. Ducaten.

III. Der Orden di Alcantara hat jährlichen 100000. Ducaten. Dise drey Orden eygnet sich der König selbsten zu.

IV. Der Orden S. Johann. Diser hat vier Prioren. Der erste Prior von Castilien vñ Leon/ hat jährlich eynkommen 100000. Ducaten. Der ander/Prior von Catalonia/ hat 14000. Der dritt/von Valenza/hat 7000. Der vierdte/von Arzagon hat 6000.

Wenn Hispanien bekehrt. Es berhümbt sich Spanien/ daß es vor andern Königreichen den Christlichen Glauben angenommen/vnd vermeynt neben anderen vrsachen/ auch derenthalben vor anderen Königen allen den vorzug zu haben. Sie vermeynen es habe der S. Apostel Paulus persönlich das Euangelium von Christo in Hispanien geprediget/ dieweil er an die gläubigen zu Rom schreibet am 15. Capitel selbiger Epistel: Er wölle durch ihre Statt in Spanien ziehen/vnd sie auff der Reiß ansprechen/ vnd habe vermutlichen/wie auch auß dem 4. Cap. der 2. Epist. an Timotheum zu vernemmen/dises vorhaben vollbracht/nach seiner erledigung auß der Gefängnuß zu Rom/vnd alß er einezeitlang in Spanien geprediget/seye er widerumb gen Rom kommen/vnd da von Nerone enthauptet worden. Welches nun doch grösser were/so sie bey der Lehr des S. Apostels verblieben weren.

In dem Kirchen Regiment hat die Inquisition fast den grösten gewalt/ward erstlichen ange= *Inquisition.*
fangen wider die Sarazenen/Juden/Moren vnd andere Barbarische Ketzereyen vnd Aberglau=
ben in Hispanien. Endtlichen wurd derselbigen voller gewalt vbergeben wider alle die/so es nicht
mit der Römischen Bäpstlichen Kirchen hielten. Vnd ist von deren gewalt niemand auch der Kö=
nig selbsten gefreyet.

Der General Inquisitor bleibt allzeit zu Hoff/vnd hat da wie gemeldt/ein sonderbar Consi=
lium mit seinen Rähten. Vnder disem seind noch andere Inquisitores/so sich in allen Provintzen
des Königreichs verhalten.

Es seind auch viel berhümbter Hoher Schulen *Hohe Schu=*
vnd Vniversiteten in Hispanien/haben auch ein *len.*
grosses eynkommen vnd werden gar ansehelich admi=
nistriert. Deren fürnehmste seind Conimbricensis
vnd Eborensis in Portugal: Complutensis vnd
Salmantica in Castell: Granatensis in Granates:
Ileridensis, Oscana, in Arragonia: Item/die zu
Toledo vnd Palentia. Die vbrigen deren noch bey
zwölff/seind heutiges tags nicht fast groß geachtet.

Von fruchtbarkeit des gantzen Lands Hispanien. Cap. xxxj.

Wiewol Hispanien nicht wenig ör=
ter hat da es wüst vnd vnerbawen
ligt (dann es an manchem ort stei=
nig ist/oder mit wildnussen vber=
zogen/oder sonst vngeschlacht) ist
es doch viel fruchtbahrer weder
Africa/dann es hat nicht solche grosse hitz. Man
findt vberflüssig darinn was zu Menschlicher auff=
enthaltung noth ist/an Früchten/Wein/Baum=
früchten/Oel/Vieh/Leinwath/Eysen vnd Ertz/Honig/Wachs/Fischreiche Bäch vnd andere
ding. Da seudet man nicht Saltz/sondern man grebt es auß dem Erdtrich. Es hat nicht so viel
Wind alß Franckreich/so wird der Wind auch nicht mit schädlichen pfützen vnd neblen verunrei=
niget. Gold/Silber vnd Eysen hat man an keinem ort so viel bewährt vnd gut befunden alß in Hi=
spania. Dann man grebt nicht allein das Gold auß den Ertzgruben/sondern die Bäch wann sie
vom regen wachsen/bringen vnd flötzen herfür guldin Sand/vnd besonder das Wasser Tagus. *Tagus*
Man hat vorzeiten in Hispania stück Golds gefunden so groß alß ein halb pfund/vnd solch Par= *Goldreich.*
tickel haben nicht bedörfft purgierung. Darumb haben etliche gesagt/daß vnder jhrem Erdtrich
die Hell nicht sey/sonder Pluto: das ist/Gott der Reichthumb. Am Vieh hat Hispanien auch kei=
nen mangel/sonder es ist vberflüssig darinn/nicht allein der zamen/sonder auch viel der wilden Thie=
ren/vnd besonder hat es vorzeiten so schnelle Pferd gehabt/daß man gemeynt/sie weren von dem
Wind empfangen. Der schädlichen Thieren hat es nicht viel/ohn allein der Küngelin/die das
Erdtrich durchgraben/vnd dem Gewächs die Wurtzeln abbeissen vnd anderen schaden thun/
wie du hernach hören wirst/so ich die Balearen Insuln beschreiben werde. Ein Saltzpfann hät
es zu Gegnitia/vnd darzu in Bergen bey Reagortia ein Saltz=Ertz/das man grebt. Bey Anti=
quera da ist ein eyngeschlossen Thal/das von Regenwasser vberschwembt/ vnd dann von der
Sonnen außgedörrt/daß Wasser zu Saltz wirdt. Zu Atanea/Sainit/de Ora/vnd Nemaen
hat es auch Saltzpfannen/die alle groß Gut tragen/aber je weiter gegen dem Meer/je bes=
ser vnd weisser Saltz man findet. Warme Bäder die heylsam seind hat es auch/alß zu Ledesma *Warme Bä=*
bey Salamanca/welches heiß von jhm selbs/ist gut für die Raud vnd andere gebrästen/deßglei= *der.*
chen ist auch ein Wildbad zu Bepar vnd eins zu Oren/ so heiß von natur/daß man darinn Eyer
sieden vnd Schwein brüen kan. Zu Sicilien/zu Granaten/zu Valentz Alhana/hats auch war=
me Bäder gehabt/zu Toleten seind viere/für die Frantzosen gar gut/noch ist eins zu Voberg.
Viel Brunnwasser hat es/vnd vnder anderen eins zu Villanova in Portugall/das von dem er=
sten tag Meyens biß auff den ersten tag Weinmonats laufft/darnach sich den gantzen Winter
verbirget. Bey Burges zu Bötzen entspringet ein Brunnen der macht zwey Seelin/dasselbig
Wasser angestrichen/stillet alles bluten. Bey Antiquera ist ein Brunnen der allen Stein in der
Blatern vertreibet/so man jhn trincket. Bey Cazern vnd Salsen bey Xatuen da seind Sawr=
brunnen. In Malua dem Thal/da ist der vberfluß an Schaaffen vnd guter Wollen/auch an
Hammel vnd Schaaffsleisch/also daß mans in alle Land fähret/in demselbigen Thal seind etwan
3500. Häuser/die ziehen mehr dann 40000. schar Schaaffen. Die Wasser so durch Hispaniam
fliessen/lauffen sittiglich/vnd thun dem Feld keinen schaden mit strengem Lauff/sie seind auch sehr

Das Ander Buch

Gallicia gantz fruchtbar an Ertz.

fischreich: dann das Meer schickt durch sie viel Fisch ins Landt. Gallicia wirdt sonderlich gelobt des Ertzes halb so man darinn findet/dann Bley vnd Miny wird da vberflüssig gefunden. Es geschicht auch etwan/daß man mit dem Pflug im selbigen Land gut schollen Golds herfür grebt. Die gemeine Sprach in Hispania hat ein kleinen vnderscheid von der Römer Sprach/vnd wiewol sie vorzeiten ein besondere Sprach haben gehabt/es sey Teutsch oder andere Sprach gewesen/ist sie doch verendert worden mit der zeit durch die Römer/da sie Herren darüber worden seind.

Von der Natur/Sitten vnd Geberden der Spaniern.
Cap. xxxij.

ES haben die Spanier einen fertigen vnd sinnreichen Geist/vnd werden doch selten recht gelehrt. Dann wann sie noch kaum die gemeinen Fundamenta ergriffen/erachten sie sich auß angeborner hochmut gar subtil vnd gelehrt/ vnd führen wie in anderen sachen also auch in der geschicklichkeit mehr schein dann hinder jhnen ist. Haben lust zur Sophisterey: Reden lieber jhr Muttersprach dann Latein/dahero vnder jhnen selten einer gefunden wird/der der Lateinischen Sprach recht erfahren/dann sie vermischen sie mit Spanischen vnd Mauritanischen wörteren/dahero auch so wenig Bücher in Lateinischer Sprach von jhnen geschrieben werden. Doch haben sie auß jhrer Nation vnder anderen auch viel hochgelehrte vnd verrhümbte Männer gehabt. Alß da seind gewesen in H.Schrifft: Vigilantius vnd Marcianus

Gelehrte leuth in Spanien.

Priester vnd Bischoff zu Barselona/Justinianus Bischoff zu Valentia/Isidorus vnd Leander Bischoff zu Sevilien/Fulgentius Bischoff zu Carthagine/Eladens vnd Franciscus Ximineus Ertzbischoff zu Toledo/Paulus Orosius/Audentius/Pacianus vñ sein Sohn Dexter/Avitus/ Aquilius/Severus/Prudentius Bischoff zu Armanca/Osius von Corduba/Martinus Bischoff zu Mardo/Johannes Bischoff zu Gironda/vnd die Rabinen Abenezra/David vnd Moses Kimchi.

Im Rechten/Bernhardus von Compostell/Raymundus von Pennya Forti/Hugo von Barselona/Ludovicus Gomezius/Ferdinandus Loazes/Arius Pinellus/Didacus Covarruvius/ Antonius Augustinus von Sariagossa/Marcus Fortunius Carcia/Calixtus 3.Römische Bischoff/Alsitanus Bischoff zu Lerida/ein fürtrefflicher Antiquarius vnd andere.

In der Artzney Avicenna/Averroes/Rasis/Almansor/Messahaloh.

In Historien/Trogus Pompeius/Justinus vnd andere.

In der Philosophey/Seneca/Mela/Columella/Hyginus/Lud.Vives/Raim.Lullus.

In der Mathematica/Abraham Cacutius/Alphonsus König in Castilien/Heinricus Infans in Portugall/Heinricus Marggraff de Villena/Arnoldus de Villa Nova.

In der Rhetorica/Partius Latro/Quictilianus vnd andere.

In der Poesi/Seneca/Lucanus/Martialis/Festus/Avienus/Prudentius/Damasus Papa/ Juvencus/Sedulius vnd andere.

Die Spanier seind in gemein ernstlich/gestreng/vnbarmhertzig/hochgetragen/verächtlich/ neidig/mißgünstig/vnverträglich/dencken jmmerdar auff mittel jhren Feinden zu schaden/seind eifferig in der Religion/darneben abergläubisch/fluchen schrecklich: fertig/bedächtlich im Streit/halten zusammen: ehren jhren König/Magistrat vnd Nation: rhümen jhre Stätt vnd Länder: tragen sich prächtig in Kleidung/mögen sich wol bey einem bißlein Brodt/Reiß vñ Zwibel behelffen/seind nüchter vnd wachtbar/können hunger/durst vnd hitz wol leiden/wo sie aber zu Gast seind vñ nichts außgeben/da lassen sie sich gern vberflüssig tractieren/verachten den Trunck nicht/ob sie sich gleichwol daheim mit Wasser behelffen: seind verschwiegen/vnd wissen die Kunst zu simulieren vnd dissimulieren. Die Weiber seind nicht sonderlich fruchtbar/vnd bringen die Kinder mit schmertzen. Trincken wenig Wein/vnd kommen selten auff die Gassen. Die frembden seind schlechtlich willkomb/gemeinlich armutselig tractiert. Wer durch Hispanien reiset/der mag an vielen orten Proviandt selbs mit sich nemmen.

Kauffmanshandel.

Ihr Kauffmanshandel ist mit Seiden/Wollen/allergattung gute Thücher/Saltz/Zucker/ Honig/Saffran/Granatapffel/Citronen/Oliven/Capres/Rosein oder Meertrauben/Lorbeer/ Reiß/Aniß/Kümmel/Coriander/Mandeln/Castanien/Baumöl/Wachs/Alaun/Seyffen/rote Farb/Gold/Silber/Kupffer/Zinn/Bley/Stahel/Eysen/Kreiden/Quecksilber/Edelgestein/ Perlen/Corallen/Alabaster/Meerfisch/Baumwollen/Gewürtz so sie auß Indien bringen. In summa sie haben alles was der wollust vnd die notturfft mag erheischen/vnd was jhnen mangelt bekommen sie leichtlich auß allen orten der Welt.

Den vnderscheid betreffend so zwischen Spaniern vñ Frantzosen ist/erscheinet derselbe mannigfalt. Die Frantzosen verrichten jhre Krieg mehr mit hitz vnd vngestümme/dañ mit bedacht: die Spanier aber gebrauchen sich auch gutes rahts. Die Spanischen Reuter seind den andern in leichter Rüstung vñ in der geschwindigkeit vberlegen/gleich wie die Frantzosen in dem gebrauch der Küriß. Die Frantzosen seind im gespräch gantz offen vnd rund: die Spanier aber im gegentheil sehr verschwieschwiegen. Die Frantzosen seind von natur freudig/vnd bey den Gastungen von allerley gutem Gespräch. Die Spanier aber befleissen sich eines sauren Gesichts/seind gar ernsthafftig vnd melancholisch.

Von den Sitten aber vnd gewohnheiten der alten Völckern in Hispanien schreiben Strabo vñ Posidonius vnd andere mehr seltzame ding. Die Menschen so in den Bergen Lusitanie gewohnet/ haben fast Eycheln Brodt gessen vnd Gersten tranck getruncken. Vnd welcher zum todt war verurtheilt/den versteinigten sie. Ihre Krancken haben sie auff die Gassen gelegt/damit jhnen geholffen oder gerahten wurde von den Fürgängern/die auch in solcher Kranckheit gelegen waren vnd darvon entrunnen. Es schreibt Posidonius daß sie vorzeiten so hart seind gewesen/daß auch die Kindtbettern sich nicht legten nach jhrem gebären/vnd setzt ein solche Geschicht. Auff ein zeit da man von Massilia hett Leuth vmb Taglohn bestellt Mann vnd Frawen/einen Acker vmbzugraben/ward einer Frawen vnder jhnen wehe zum Kind/vnd da sie das empfand/gieng sie ein wenig hinweg auß der Arbeit vnd gebar das Kind/vnd von stund an kehret sie widerumb zu der Arbeit/daß sie jhres Lohns nicht beraubt wurde. Aber als der Herr des Ackers sahe daß sie schwerlich jhre Arbeit vollbracht/vnd wußt doch nicht was jhren angelegen war/fragt er was jhr gebräst/ vnd nach dem er die sach erfuhr/gab er jhr jhren Lohn vnd ließ sie hingehen. Da nam sie jhr Kind vnd wusch es mit Brunnwasser/vnd wickelt es in ein thüchlein vnd trug es frisch vnd gesund heim. Es ist auch der alten Spanier brauch gewesen/daß sie auff dem Erdtrich haben geschlaffen. In Cantabria haben die Mütter in Kriegsnöthen jhre eygene Kinder erwürgt/damit sie nicht kämen in die Händ jhrer Feind. Man list auch daß ein Kind seine eygene Eltern vnd seine Brüder in der Gefängnuß hab vmbbracht auß geheiß seines Vatters/der jhm das Schwerdt solches zu thun/ darbot. Es seind die alten Hispanier allwegen streitbare Leuth gewesen/vnd haben lieber Krieg dañ müssiggang gehabt. Vnd wann der außländig Feind nicht vorhanden ist gewesen/habe sie da heim feindschafft aufferweckt. Sie haben reysige Gäul vnd Waffen jhrem eygenen Blut vorgesetzt. Die Weiber versahen die Häuser vnd das Feld/aber die Männer kümerten sich mit Waffen vnd Rauberey.

Was für Krieg vorzeiten des Glaubens halben in Hispania seyen gewesen. Cap. xxxiij.

ALs nun die Gothen viel schaden hetten gethan in vnsern Ländern/seind sie zu letst kommen in Hispaniam/vnd haben da erobert ein Königreich/vnd seind darnach durch den heiligen Leandrum Bischoff zu Hispali bekehrt worden võ dem Arzianischen jrrthumb zu dem Christlichen Glauben/nemlich Anno Christi 600. Darnach vmb das jahr Christi 720. ist der Saracener König mit Namen Muca/mit einem mächtigen Heer von Africa in Hispaniam kommen/vnd hat allen Adel der Gothen vmbbracht/vnd mit Fewr/Hunger vnd Schwerdt vnder sich bracht Hispaniam. Aber

die Christen so vberblieben waren/machten jhnen widerumb einen König/vñ hetten viel Streit mit den Saracenen/vnd brachten jhrer auch viel vmb/ vñ das währet biß auff den grossen Keyser Carl/ der dempfft sie noch mehr. Dann im jahr 778. hett er ein solchen grossen Streit mit jnen/daß jhm in Vasconia von den Vngläubigen erschlagen wurden 40000. Christen. Da kehret er vmb in Franckreich/vñ stercket sich widerumb mit den Teutschen vñ Frantzosen/vñ setzt also hart an die Vngläubigen Mahumetischen/biß er sie dempffet/vnd zwen König in die Flucht schlug. Darnach haben die Christen jmmerdar Krieg gehabt in Hispania mit den Saracenen/biß zu den zeiten Königs Ramiri des andern/der erschlug Año Christi 1100. 80000. Vngläubiger. Zu denselbigen zeiten war die Hauptstatt Legion ein Hauptstatt der Vngläubigen. Aber es ward jhm mit der zeit das Land eng genug. Dann Anno Christi 1216. da der Saracenisch König Hismirolinus mit einem grossen Heer verwüstet Hispaniam biß gen Avinion/haben sich zusammen geschlagen vier Christlicher König/mit Namen der von Castell/der von Arragonia/der von Portugall vnd der von Navarr/vnd haben den Sieg wider jhn behalten/das er vmb alles Land kam/außgenommen Granat.

Man findt auch das Anno Christi 1147. der H. Bernhardus bey dem Keyser Conrad vnd andern Königen zuwegen bracht ein Meerfahrt gen Jerusalem. Vnd als zu Cöln am Rhein ein grosses Heer sich versamlet hette/vnd mit Schiffen naher Hispaniam fuhren/haben sie vorhin wöl wöllen heimsuchen den heiligen S. Jacob zu Compostell. Ehe sie weiter fort fuhren/da bat sie der König von Gallicien daß sie jhm hülff theten wider die Statt Lißbonam/so die Saracenen inn hatten/vnd theten den Christen darauß viel zu leyd. Das theten sie/vnd belägerten die Statt am Meer/aber der König von Gallicien vmbgab sie auff dem Landt/vnd engstiget sie also lang/biß sie erstritten ward. Also namen die Christen die Statt eyn/vnd haben sie auch behalten biß auff den heutigen tag. Von diser Statt schiffet man jetzund biß in Indiam/vnd bringt darauß Gewürtz vnd Specerey/vnd ander Kauffmanschatz/daß doch bey den Alten ein wunderbarlich ding were gewesen/die solches nie haben verstanden. Anno Christi 1233. hat der Christlich König Alfonsus der acht 200000. Saracenen erschlagen.

König von Gallicia Lißbona von den Christen erobert.

Darnach Anno Christi 1480. ward Ferdinandus König in Hispanien/Arragonien vnd Navarren Keyser Caroli des fünfften Anherr/entzündet mit einem Christlichen eyfer/vnd bekriegt den König von Granat/Meles genandt zu Wasser vnd zu Land/sechs jahr lang/vnd nam jhm viel Stätt/biß zu letst Anno Christi 1492. da hat er jhn also genötiget/daß er sich mußt ergeben/vnd damit hat der Saracenen oder Moren gewalt in Hispania ein end genommen/vnd ist jetzund gantz Hispanien vnder dem Christlichen Glauben. Acht hundert jahr haben die Saracenen Granat besessen/biß man sie darauß hat mögen bringen. Im selbigen jahr/da der Saracenisch König vertrieben ward/seind auch die Juden auß Hispania vertrieben worden/nemlich 124000. vnd das ist nach Jüdischer rechnung gewesen 5238. jahr von anfang der Welt/dann sie zehlen gleich alß wir zehlen von der geburt Christi. Es seind allwegen gelehrte Juden in Hispania gewesen/die viel Bücher geschrieben haben/alß das erscheinet in den dreyen Kimhi, Aben Ezra, Rabi Abraham/der beschrieben hat das Buch Zeror Hammor. Also seind Anno Christi 1492. auß Hispania vertrieben worden 124000. Juden/vnd hat der König verbotten/daß sie weder Gold noch Edelgestein auß dem Land tragen solten/sondern möchten das geben vmb Waar/Thücher/Wein vnd dergleichen/die sie mit jhnen möchten hinweg führen. Es mußt auch ein jeglicher Jud/der vber das eng Meer fuhr/geben dem König zwo Ducaten. Vnd wo einer sich nicht auß dem Land machte jnnerhalben der fürgeschriebenen zeit/der solte dem König Leib vnd Gut verfallen seyn. Demnach seind zwo Galeen Juden gefunden worden/die nicht zu bestimpter zeit sich hinweg hatten gemacht/die seind alle verkaufft vnd zu der dienstbarkeit gezwungen worden.

Die Juden auß Hispanien vertrieben.

Von den Königen/die von alten zeiten her/in Hispanien gewesen seind/vnd wie sie nach einander kommen/biß auff vnsere zeit.
Cap. xxxviij.

Vor vnd ehe die Römer zum höchsten gewalt kommen seind/haben die Carthaginenser Hspaniam vnder jhrem gewalt gehabt/biß zu dem andern Africanischen Krieg/da haben sie die Römer darauß geschlagen vnd es besessen. Sie haben es getheilt in Beticam vnd Tarraconensem/vnd haben II. Gericht darein gesetzt. Das ist also blieben biß auff Attilam: da ward es nach vnd nach getheilt vnder den vielen Königen in fünff Reich/nemlich Legion vnd Castiliam, Arragoniam, Navarren, Portugal vnd Beticam. Beticam oder Granat haben die Saracenen oder Mauren schier biß zu vnsern zeiten ingehabt: aber die König zu Castilien seind zeitlich zum Christlichen Glauben kommen. Als nun die Gothen auß Italia vertrieben wurden/vnd vnder Alarico vnd Ataulpho grossen schaden gethan hetten/flohen sie in Hispaniam/hetten ein König der hieß:

1. Singericus oder Segericus.
2. Vallias oder Vualia.
3. Theodoricus/die andern nennen jhn Rodericum. Er ward König Anno Christi 492.
4. Torismundus vnd seine Brüder Theodoricus vnd Heinricus.
5. Alaricus König Heinrichs Sohn. Dieser hatte seinen Königlichen Sitz zu Tolos/ward aber von Clodoueo der Francier König in Hispanien vertrieben.
6. Tendius Alarici Sohn ward erschlagen.
7. Tendesilius/die andern nennen jhn Theodegosilum. Er ward erschlagen seiner Büberey halb/so er mit ehrlichen Weiber begieng.
8. Agula. Er kam vmb in einem Krieg.
9. Atanagildus ward erschlagen bey Tolet.
10. Levogildus mit seinem Bruder Luida. Der war ein Arrianer/vnd bracht die Statt Hispalim zum Reich Castell. Er verfolgt seinen Sohn Hermogildum/vnd erschlug jhn daß er ein rechter Christ war/Anno Christi 572.
11. Richaredus/auch des vorigen Sohn/ein frommer Christ. Er verdampt in einem Concilio/so er zu Tolet hielt/die Arrianische Lehr.

12. Lubia

12. Lubia vnd Victericus.
13. Gundamirus. Dieser dempfft die Gasconier.
14. Sisebatus/ein frommer vnd Gottsförchtiger Christ/zu welches zeiten Isidorus Bischoff war zu Hispali. Dieser beherrschet das gantz Hispaniam.
15. Recharedus der ander des Nammens.
16. Suitilla. Dieser war Siseberti oberster Hauptmann.
17. Sisenandus. Etliche setzen vor jhm Richimirum.
18. Suitilla der ander des Nammens.
19. Tulga.
20. Vindus die andern nennen jhn Videsuindum.
21. Recensuindus ein frommer König.
22. Bamba. Dieser hat die Mauren so auß Africa kamen/vnd wolten hausieren in Hispania/ gar vbel geschlagen. Sein Nachbawer gab jhm ein Tranck/darvon er sein gedechtnuß verlor/darumb er in ein Closter gieng.
23. Heringius vnd sein Tochtermann Egica.
24. Vitiza. Dieser ließ Recensuindi Sohn/der Theobertus hieß/die Augen außstechen in seiner Kindtheit/dem das Reich zugehört. Aber der Blind nam nichts desto minder ein Haußfraw/ vnd gebar Rodericum/der auch nachmals König ward/vnd rechet seinen Vatter an Vitiza vnd seinen Kindern.
25. Rodericus. In disem ist der Gothen Königlich geschlecht gar abgangen/vnd das in solcher gestalt. Er hatte vber Meer in dem Landt Tingitana ein Graffen: das ist/ein Landtvogt/der hieß Julianus/die andern schreiben/er gab jn hinüber in Legaten weiß geschickt/vñ die weil schwechet er jhm sein Tochter. Das bekümmert den Vatter so vbel/daß er es vngerochen nicht wolt lassen hingehn. Er brachte zuwege bey dem Saracenischen König Miramolino ein grossen Zeug der Vngläubigen/deren Hauptmañ hieß Muza/die schifften Anno Christi 714. vber das enge Meer/ vnd fielen in Hispaniam/vnd namen es gar nahe eyn in zweyen jahren/erschlugen König Rodericum vnd sonst viel Christen. Man schreibt daß in den zweyen jahren vmbkommen seind zu beyden seiten 700000. Mann. Es verlohren die Christen das Landt gar/außgenommen daß sich etliche rotteten in die gegenheit Asturia/das ein Birgig vnd beschlossen Landt ist/vnd deß halben von den Saracenen nicht mocht erobert werden. Alß nun die Vngläubigen das gantz Landt gar nahe vndersich bracht hatten/richteten sie auff/viel Königlicher Sitz/ein zu Corduba/den sie das Abenalibetisch Reich nenneten/ein zu Hispalis vnd in der newen Carthago: haben also Hispaniam ingehabt bey 500. jahren/biß zu dem jahr Christi 1216. Da hat sie König Ferdinandus der dritt gewaltiglich darauß geschlagen/wie das hie vnden angezeigt wird/außgenommen/daß sie zu Malaga vnd in Granat/die vnder das Reich Corduba gehören/noch ein auffenthalt hetten biß zu dem jahr Christi 1480. Wie es aber den Christen so in Asturiam geflohen waren/vnd sich da enthielten/nach vnd nach ergangen sey/will ich nun beschreiben/vnd jhre König mit besonderer zahl verzeichnen.

Hispanien von Vngläubigen eyngenommen.

Anfang des Königreichs Castilien. Cap. xxxv.

1. Pelagius. Dieser ist des vorgemeldten Roderici Vatters Bruder gewesen. Dann da Vitiza seinem Bruder Theodeberto die Augen außstach/ floh er in Cantabriam/vnd lag da verborgen lange zeit/biß der Krieg angieng mit den Saracenen/ vnd alß die Christen Land vnd Leuth verlohren/ zog er mit den vbrigen Christen in das gemeldt birgig Land Asturiam vnd Galliciam/vnd ward jhr König. Er vberkam auch die Statt Legion/vnd regiert darinn bey 20. jahren. Vnd in nachkommender zeit ward diser Königlicher Sitz genandt New Castell/ wie dann die gewonheit ist bey den Spaniern die Königlichen Sitz zu nennen die Castell. Es war sonst ein ander Castell bey Corduba vnd Hispali/das hieß alt Castell. Also ward Pelagius vnd seine Nachkommen genennt König von Asturia/vnd König von Legion/vnd König von Castell/vnd gieng jhnen der Gothen Nam ab.
2. Fasilaa/Pelagij Sohn. Diesen zerreiß ein Bär auff dem gejägt.
3. Alfonsus/des vordrigen Tochtermann. Er reuttet auß die Arrianisch Lehr/die wider eyngewurtzelt hett. Er nam auch viel Stätt eyn/vnd treib die Saracenen darauß. Sein Vatter war Petrus Hertzog zu Cantabria/der auch von der Gothen König Geschlecht war.

4. Froils

4. Froilla/die andern nennen jhn Friolam/Alfonsi Sohn/der schlug die Saracenen/so die Christen in Gallicien beleydigten/vnd bracht jhr vmb bey 50000. Es schlug jhn sein Bruder zu todt/vnd ward König nach jhm.

5. Aurelius/seines Bruders Todschleger.

6. Silo/Alfonsi Tochtermann. Etlich setzen vor jhm Veremunden.

7. Muregatus/Alfonsi vnehlicher Sohn. Er kam durch hilff der Saracenen zum Reich/darumb schickt er jährlich jhnen etliche Jungfrawen für ein Tribut. Schlug seinen frommen Eltern nicht nach.

8. Veremundus Alfonsi Sohns Sohn. Dieser war Diacon da er König ward/vbergab das Reich vnd ward ein Münch.

9. Alfonsus der ander/Alfonsi des ersten Sohns Sohn/Er war geschwister Kindt mit Veremundo. Er war ein frommer Mann/lebt keusch in der Ehe/berürt seine Haußfraw nicht. Vnd als die Saracenen sein Land vnderstunden zu verderben mit Fewr vnd mit dem Schwerdt/zog er gewaltiglichen wider sie/vnd schlug jhren viel tausent zu todt/vnd bracht ein solche grosse Beut darvon/daß er darauß bawet zwo Bischoffliche Kirchen/nemlich Auricen vnd Osueten. Er lebt zu den zeiten Keyser Carlens des Grossen.

Auricen vnd Osueten erbawet.

10. Ramirus/Veremundi Sohn. Dieser hat die Normänner geschlagen/die mit grossen Schiffen kamen vnd fielen in Galliciam.

11. Ordonius Ramiri Sohn/verließ fünff Söhn hinder jhm.

12. Alfonsus der drit/ward König Anno Christi 883. Er hat grosse Thaten vollbracht wider die Vngläubigen/nam jhnen zwo Stätt in Portugallia mit namen Colimbriam vnd Viseum Er ließ vier Brüdern die Augen außstechen/die zusammen hetten geschworen wider jn. Man schreibt auch von jm daß er S. Jacobs Münster zu Compostell gebawen hab/vnd gestifft das Ertzbisthumb Ouetense.

Compostell.

13. Garsias/Alfonsi Sohn. Er hat auch Krieg geführt wider die Vngläuben/vnd jhren König Aiolam gefangen.

14. Ordonius/Garsie Bruder. Dieser hat die Kirch zu Legion gar zierlich gebawen vnd hoch begabt. Er hat vnglücklich wider die Saracene gekriegt: daß er verlor etliche Gottsförchtige Bischöff. Er hat in der Herrschafft Castell vier Graffen/die widrigten sich mit jhm zu kriegen/deßhalben beschickt er sie/vnd sagt jhnen ein frey Geleidt zu/hielt es aber jhnen nicht/sondern ließ sie töden/das bewegt die Castellaner also sehr/daß sie dem König von Legion widerspennig wurden/vnd wurffen auff ein besondere Herrschafft vnd Richter/darvon auch nachmals König erstanden seind.

15. Froila der ander/Ordoni Bruder. Er handlet tyrannisch wider seine Edlen/ward zuletzt aussetzig/vnd verließ vier Kinder.

16. Alfonsus der 4. Er vbergab das Reich seinem Bruder Ramiro/vnd ward ein Mönch. Darnach gerewet es jhn/vnd strebt wider nach dem Reich/da ließ jhm Ramirus die Augen außstechen.

17. Sanctius/Ramiri Bruder. Der war so feyßt/daß er sich selbst nit getragen mocht. Er versucht viel ding die jhm die feyßte nämen/halff aber alles nichts. Nun war der Saracenen König zu Corduba/mit namen Abdemarus/gelehrt vnd hett viel erfahrne Ertzt/darumb macht er ein Frieden mit jhm/fügt sich zu jhm/daß jm geholffen wurde/da ward jm ein Kraut geben/das macht jhn gantz mager/daß er auch vnlang hernach starb/nit ohne argwohn empfangnen Giffts. In seinem abwesen fiel Ordonius ein Sohn des 4. Alfonsi/in das Reich/vnd wolt es besessen haben/aber Sanctius erobert es widerumb mit hilff der Saracenen. Er freyet auch den Graffen von Castell/daß er dem Königreich Legion nicht mehr solt vnderworffen seyn. Starb Anno 928.

18. Ramirus Sanctij Sohn. Vnder dieses Regiment brachen die Saracenen den angenommenen Frieden/vn theten den Christen viel zu leyd/da verachteten die Gallier des Königs jugend/vnd wurffen auff zum König Veremundum Ordonij Sohn/vnd rüfften jn auß zu Compostell für ein König. Da erhub sich ein grosser Krieg zwischen disem Veremundo vnd Almanzore der Saracenen König/vnd ward Veremundus in die flucht geschlagen daß er sich in Asturia mußt lägern. Da nam Almanzor eyn die Stätt Legion vnd Compostell vn zerbrach sie. Aber es theten sich zusammen Veremundus vnd Garsias der Graffe von Castell/vnd theten den Saracenen grossen schaden.

19. Alfonsus der fünfft/Veremundi Sohn: Dieser gab sein Schwester Thyrasiam dem Saracenischen König zu Tolet/mit namen Abdale/zu einer Haußfrawen. Aber die fromme Tochter wolt sich des Vngläubigen Menschen nichts annemmen/sondern gieng in ein Closter/vnd ergab sich Gott. Alfonsus ward vor der Saracenischen Statt Viscum erschossen.

20. Veremundus der drit/Alfonsi Sohn/starb bald ohne Kinder.

21. Ferdinandus der erst/Veremundi Schwester Mann/ein Sohn Sanctij des Graffen von Castell. Der bracht zusammen Anno Christi 1017. die zwey Königreich Legion vnd Castell/wiewol Castell biß auff jn ein Graffschafft war gewesen. Er ward auch König zu Nauarra/nach dem derselb-

Castell ein Königreich.

selbig König vnd sein Bruder erschlagen ward. Weiter vberkam er Columbriam/vnd noch mehr Landts in Portugall. Die andern sagen etwas anders von diser History/ich laß es fahren.

22. Sanctius vnd Alfonsus/der sechßte deß Nammens/Ferdinandi Sohn. Es vertrieb San-ctius seinen Bruder/der flohe gehn Tolet zum Vngläubigen König. Da aber sein Bruder starb/ ward er von dem Volck zum Reich berüfft/da wolte jn der Saracenisch König nit von jhm lassen/ biß er jhm verhieß/daß er jhn sein lebenlang zum Freund halten wolte/das er doch nit hielt/sondern alßbald er König ward/gewan er Tolet/vnd vertrieb den König. Er verließ ein einige Tochter mit namen Viriacam/die nam zu der Ehe Graff Raimundus von Barsalon/vnd gebar einen Sohn/nemlich Alfonsum den siebenden/der König ward auff sein Großvatter. *Tolet ge-wonnen.*

23. Alfonsus der siebend {
Sanctius König zu Castell. Alfonsus der acht Sanctij Sohn.
Ferdinandus König zu Legion. Alfonsus der neundt.
Beatrix/ward König Ludwigen von Franckreich vermählet.
}

Diser Alfonsus der 7. hat in gewalt vbertroffen alle Könige vor jhm/darumb er auch genennet ward Keyser in Hispania. Er hat eyngenommen Cordubam/Almeriam vnd Baionam.

24. Sanctius der dritt des nammens König zu Castell/nam zu der Ehe Blancham des Kö-nigs Garsie von Navarr Tochter vnd gebar Alfonsum den Achten.

25. Alfonsus der acht/nam König Richards von Engellandt Tochter zu der Ehe/vnd gebar viel Kinder mit jhr.

Alfonsus der acht {
Heinricus der erste diß Nammens/König zu Castell.
Blancha/Königs Ludwigen von Franckreich des Heiligen Mutter.
Berengaria/Königs Alfonsi zu Legion Gemahel.
Hieraca oder Viraca/des Königs Gemahel.
Elionora/des Königs zu Arragonia Gemahel.
}

Es hat dieser Alfonsus die Saracenen gar hart bekriegt/vnd jhr bey hundert tausent geschlagen/ er starb Anno Christi 1160.

26. Alfonsus der neundt/König Ferdinandi von Legion Sohn/regiert nach Alfonso dem achten/vnd gebar Ferdinandum den dritten dieses Nammens.

27. Heinrich/ein Sohn Alfonsi des achten/regiert nicht gar zwey jahr/starb in der Jugent.

28. Ferdinandus der dritte/Alfonsi des neundten Sohn/wurd König zu Legion vnd Castell. Dieser hat groß Glück gehabt in seinen Kriegen wider die Vngläubigen: dann er hat gantz Hispaniam vndersich bracht/außgenommen Beticam oder Granat/darein er die Saracenen treib gleich alß in einen Winckel/vnd machet sie jhm Zinßbar. Zu seinen zeiten/nemlich Anno Christi 1252. hat König Jacob von Arragonia/doch mit hilff dieses Ferdinandi/erstritten die Insul Ba-leares/vnd sie dem Christen glauben vnderworffen. *Saracenen werden dienstbar.*

29. Alfonsus der 10. Ferdinandi des 3. Sohn. Diser nam des Königs von Dennmarck Toch-ter zu der Ehe/vñ alß man sie jhm heimführt/hett sie so ein grossen Bauch alß were sie schwanger/ darumb wolt er jhr nicht. Dieweil es aber ein schön Mensch war/nam sie sein Bruder Philip-pus/der war Abt zu Vallisolet vnd Bischoff zu Hispali/ließ aber die Abtey vnd das Bisthumb fahren. Es ist diser Alfonsus gar ein gelehrter Mann gewesen/vnd hat etliche Bücher geschri-ben/besonder ein History von der Welt vnd dem Lauff der Sternen vnd Planeten/welches auch von jhm Canones vnd Tabulæ Alfonsine genennet werden. Doch schreiben etliche/er habe es nicht selber gemacht/sonder ein anderer in seinem Nammen. Es ward jhm auch das Keyserthumb angebotten/aber es wolt es nicht annemmen. Die andern schreiben/er sey kommen es anzunem-men: aber dieweil die Churfürsten nicht einhellig waren/mocht es jhm nicht werden. Dann es ge-fiel nicht jederman das Keyser Friderich der ander entsetzt ward. *Abt nimbt ein Weib. Alfonsus Astronomus.*

Alfonsus der zehend {
Sanctius der vierdt {
Ferdinandus der vierdt
Petrus
Philippus
Heinricus.
}
Johannes
Jacobus
Petrus
Berengarius
}

30. Sanctius der vierdt hat regiert nach seinem Vatter. Er hat glücklich gestritten wider die Saracenen/vnd hat erobert die Statt Tariffam/die vorzeiten Carteia hat geheissen. Er hat auch auff dem Meer vberwunden König Mahometh von Feß auß Africa. Er war ein rauher Mensch. Da sein Vatter auß Teutschlandt kam/vnd jhm am Keyserthumb gefehlt hat/wolt er jhm nicht weichen im Reich. Er hört auch auff ein mal daß man seines Bruders Sohn in eim aufflauff den Tittel eines Königs gab/da ließ er vier tausent Menschen tödten.

31. Ferdinandus der vierdt des Nammens/König zu Castell vnd Legion/hat geboren mit Con-stantia des Königs von Portugal Tochter Alfonsum den 11. vnd Elionoram/die König Alfonsus von Arragonia zu der Ehe nam.

32. Alfonsus der 11. des Nammens/König zu Castell.

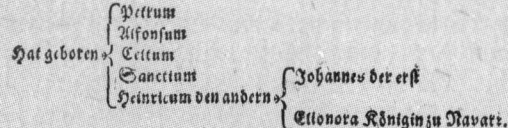

33. Petrus regiert nach seinem Vatter/ist ein böser Mensch gewesen/ließ viel dapfferer Männer unverschuldter ursach tödten/vnd alß er wider seinen Bruder Heinrichen toben wolte/flohe derselbig zum König in Arragoniam/begert und erlangt hilff von jhm/beldgeret Tolet/vn ergriff Petrum seinen Bruder/ließ jhn tödten vnd ward er König Anno Christi 1379.

34. Heinricus der ander diß Namens/Alfonsi des II. Sohn.

35. Johannes der erst/nam zu der Ehe Elionoram des Königs Petri von Arragonia Tochter. Er hat zwen grosse Krieg geführt/einen wider die Portugalleser/die nach abgang jhres Königs ein unehelichen Sohn zum König annamen: da aber diser Johannes von wegen seiner Haußfrawen vermeynt König zu werden. Den andern Krieg führet er wider die Engelländer/die jhn auß Castell und Legion vertreiben wolten. Dann des Königs Sohn von Engelland/der des Königs Petri von Arragonia Tochter zu der Ehe hett/vermeynt recht zu haben an Castellam und Legion. Doch ward diser Krieg zu letst gericht durch ein Ehe. Nun will ich setzen die gantz Genealogey und Geburtliny so vom König Johanne erwachsen ist.

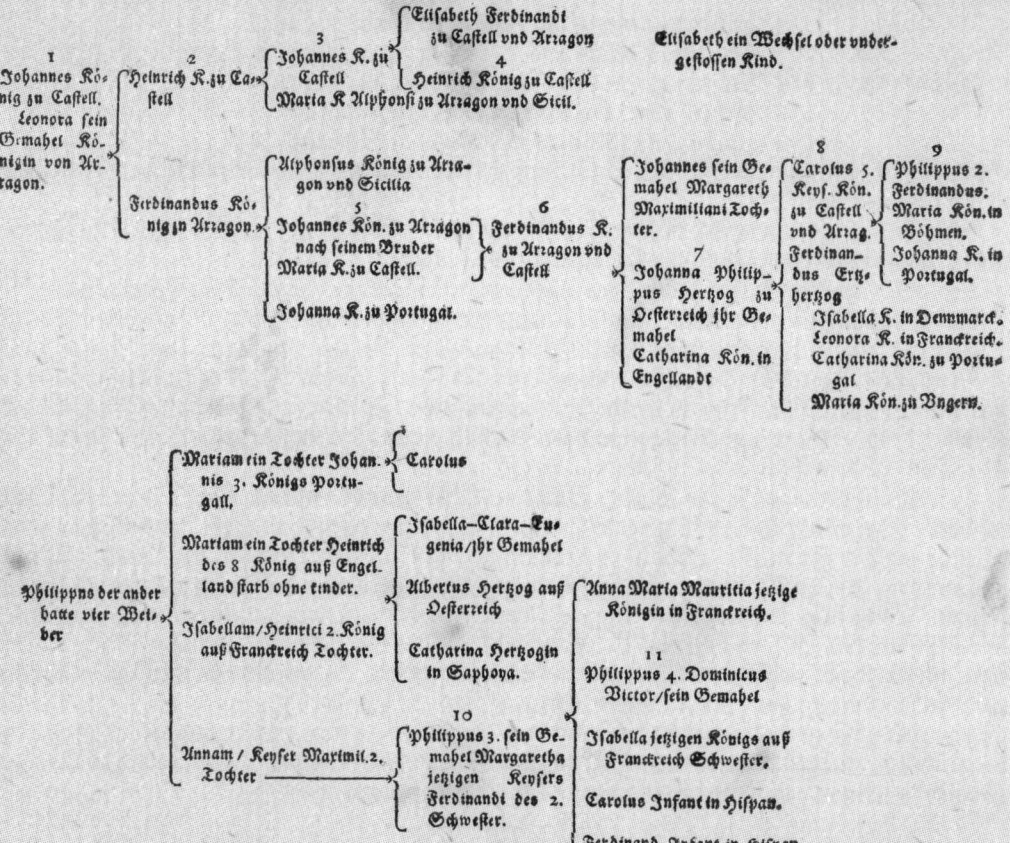

36. Heinricus der dritt diß Namens/ist Anno Christi 1390. nach seinem Vatter Johanne König worden. Aber sein Bruder Ferdinandus ward König zu Arragonia/nach dem König Martinus zu Arragonia ohn Erben abgieng. Dann sein Mutter war des Königs Petri zu Arragonia Tochter gewesen. Es gab auch diser König Heinrich sein Tochter Mariam seines Bruders Sohn Alphonso zu der Ehe/die regiert das Königreich Arragoniam 25. jahr lang/dieweil jhr Gemahel in Italia mit dem Reich Sicilia zu schaffen hette.

37. Johannes der ander/diser ward König in Castell nach seinem Vatter/und gebar mit seinem Gemahel Maria/die König Ferdinandi Tochter war/Heinricum den vierdten. Er legt sich wider seinen Schwager oder Vatters Bruder des Reichs halb zu Arragonia/schuff aber nichts. Er ward beredt von Vincentio dem Prediger Mönch/daß er die Juden alle auß dem Land triebe mit verlust jhrer Güter. Da namen viel Juden den Tauff an sich mit falschem Hertzen/damit sie nicht umb das jhr kämen/aber hielten heimlich jhr Jüdisch Gesatz/und ist also mit der zeit ein böß Volck darauß erwachsen/das man zu unsern zeiten Marzanen nennet.

38. Heinricus der vierdt des Namens/ward König nach seinem Vatter Anno 1454. Er nam

Von Hispanien.

den Saracenen etliche Stätt eyn/ vnd erobert auch mit dem Schwerdt das Königreich Navarr/ da Carol König Johanns von Arragonia Sohn starb. Er vberkam kein Kind/ dann er hat der dingen halb kein männlich krafft/ wiewol er beredt ward/ er hette ein Tochter erkämpfft/ war aber nicht sein/ die ordnet er auch jhm zu erben seiner Reich/ aber die Fürsten des Reichs wolten sie gar nicht haben/ sondern namen an sein Schwester Elisabeth/ vnd gaben jhr zu der Ehe jhren Vettern Ferdinandum den fünfften diß Namens/ König Johannis von Arragonia Sohn/ der erbt das Reich Castell vnd Arragonia.

39. Ferdinandus der 5. ein mechtiger vnd Christlicher Fürst/ der Anno Christi 1491. die Saracenen gar auß Hispania geschlagen hat/ besonder auß Granat/ das sie 768. jar hetten inngehabt. Er vertreib auch die Marranen/ vnd was vnreformierte Mönch in Hispania waren. Wie er darnach König worden ist zu Neapels vnd Sicilia/ will ich hie vnden bey disen Ländern erzehlen. Er hette einen einigen Sohn/ dem ward Fraw Margaretha von Oesterreich vermählt/ starb aber ohn Erben vor dem Vatter. Da nam Ferdinandus gleich alß an Kindsstatt an Philippum den Ertzhertzogen von Oesterreich/ vnd gab jhm sein Tochter/ von denen erboren seind Carolus vnd Ferdinandus/ welcher doch auch vor jhm im jahr 1506. am Fieber zu Burgos starb. Er aber ist im Jenner des 1515. jahrs zu Madrigalegio einem schlechten Dorff/ alß er auff Sevilia zureisen wolt/ einer langwierigen Kranckheit gestorben. Hat zu Erben seiner Königreich verordnet Johannam sein Tochter vnd jhren Sohn Carolum.

40. Carolus nachmalen der fünfft dises Namens Römischer Keyser/ ist seinem Großvatter Anno 1519. im Reich nachgefolget. Ward im jahr 1519. zum Römischen Keyser erwehlet/ hat grosse Krieg glücklichen verführt. Den Türcken zwey mal alß er Wien in Oesterreich mit vnzalbarer macht vberzogen hat/ mercklichen geschlagen/ vnd zu weichen gezwungen. Erstlich im jahr 1529. demnach im 1532. Nachghends aber im jahr 1535. hat er Golletham ein mächtige Vestung in Africa eyngenommen/ vnd das Königreich Tunes dem rechten Erben widerumb zugestellt. Hatt einen einigen Sohn Philippum genant/ erzeugt. Gieng im 1556. jahr in ein Closter S. Just genandt/ bey Placentz in einer Einöde gelegen: Alß er zuvor seinem Bruder Ferdinando das Römisch Reich/ vnd seinem Sohn die Erbländer vnd Königreich befohlen hatte. Starb gleich hernach im 1557. jahr/ seines Alters 57.

9. Philippus der ander/ disem hat Carolus der fünfft sein Vatter die Regierung vbergeben im jahr 1556. alß er dieselbige abgetretten/ vnd sich/ wie gemeldt/ in ein Closter begeben. Er hette ein vnruhige Regierung: gab zu daß viel tausent Menschen der Religion halber in den Niderlanden hingericht wurde. Er ließ auch seinen erstgebornen vnd damals einigen Sohn Carolum in der Gefangenschafft durch etliche seiner Sclaven strangulieren/ ob gleich andere was anderst von disem fahl reden. Er bracht vnder sich das Königreich Portugal/ vnd verfolget Antonium so sich für ein Erben vnd natürlichen Successoren des Reichs dargabe. Schickte Anno 1588. eine mächtige vnd vnerhörte Schiffarmee wider Engelland/ ward aber/ wie droben bey Engelland darvon weitläuffiger geredt worden/ wunderbarer weiß/ durch den gewalt Gottes zu grund gerichtet. Starb endtliche in seinem Closter Escuriol in dem jahr Christi 1598. den 13. Septembr. seines Alters 71. vnd des Reichs in dem 42. jahr.

10. Philippus der dritt/ ein Sohn Philippi des anderen/ folget seinem Vatter in dem Reich/ vñ empfieng von jhme die Kron noch bey seinen Lebzeiten/ Er regierte 23. jahr/ vñ starb Anno 1621. verließ nach jhme von Margaretha jetzigen Keysers Ferdinandi 2. Schwester/ drey Söhne: Philippum/ Dominicum/ Victorem/ der nach jhme König worden: Carolum Infantem/ ward geboren Anno 1607. Ferdinandum: ward geboren Anno 1611. vnd zwo Töchteren: Annam Mariam Mauritiam/ jetzund Königin in Franckreich/ ward geboren Anno 1601. Catharinam/ so geboren Anno 1606.

11. Philippus der vierdt/ des vorigen Sohn/ jetzund regierender König/ kam an das Reich im jahr 1621.

Von den Königreichen Castilien vnd Leon/ sampt jhrer gelegenheit vnd Stätten. Cap. xxxvj.

Gantz Hispanien/ wie droben gemeldt/ wird jetzund in drey Hauptkönigreich abgetheilt/ in Castilien/ Arragonien vnd Portugal. Castilien wirdt widerumb abgetheilt in viel sonderbare Königreich vnd Provintzien/ so vor disem auch seine sonderbare König gehabt: Alß namlichen Castilien/ von welchem das Hauptkönigreich seinen Namen bekommen/ Leon/ Gallitien/ Asturien/ Biscalien/ Estrematur/ Andalusien/ Granaten/ Murtien/ Navarren.

Castilien ist die fürnehmste vnd gleichsam das Haupt diser Provintzien vnd Königreichen/ ligt mitten in Hispanien/ wird von einem rauchen gebürg/ so sich zeucht von der gegne Navarren biß in Portugal mitten von einander geschnitten/ vñ wird das theil so jenseit dem gebürg ligt/ gegen Leon zu das Alte/ dises aber New Castilien genandt. Dise beyde seind einander an gelegenheit/ fruchtbarkeit/ natur vnd gattung der Menschen nicht vngleich/ doch ist dises etwas ebner/ vnd weil es sich mehr gegen Mittag zeucht/ was hitziger dann jenes: Dieses ist reicher an Frucht/ jenes an Vieh. Dises wird begossen von dem Fluß Torgo/ jenes von dem Fluß Duero/ so das gröste Wasser ist in gantz Hispanien: Die fürnehmsten Stätt in alt Castilien seind Burgos/ Tormes/ Salamanca/ Plazentia/ Medina del Campo/ Camora/ Voriadolid/ Soria/ Medina di Rio/ Palentia. In new Castilien: Toledo/ Madril/ Calatrava/ Conca/ Ocagna/ Alcantara.

Von der Königlichen Statt Burgos.

Dises ist die Hauptstatt in Alt Castilien: vnd haben da die alten Könige jhren Sitz vñ Residentz gehabt/ ist eine von den fürnehmsten Stätten in gantz Hispanien/ mit schönen vnd bequemen Gebäwen/ gewaltigen Plätzen/ Brucken/ Kirchen/ Clöstern/ Hospitälen/ Pallästen vnd dergleichen treffentlich gezieret/ doch seind die Gassen etwas eng.

Die Thumbkirchen ist inn vnd aussen einer sehr kunstlichen Architectur/ vnd einer solchen grösse vnd weite/ daß man darinn zugleich an fünff sonderbaren orten ohne einige jrrung vnd hinderung singen/ orglen vnd selbiger orten gebräuchliche Officien verrichten kan. Ausserhalb der Statt hat es etliche Königliche Hospitäl mächtiges eynkommens.

In der Abtey Huelgas/ so König Sancius gebawen vnd gestifftet/ seind 150. Closterfrawen/ alle Fürstlichen/ Ritterlichen vnd sonsten hohen Adelichen Stands. Diser Abtey seind vnderworffen 17. Clöster/ 14. Stätt vnd 50. Flecken. Besetzt alle Empter vnd Magistrat nach eygnem gefallen. Es ist dise Statt Burgos mit Bergen gantz vmbgeben/ welche verursachen daß der Tag daselbsten viel kürtzer ist alß er sonsten seyn solte/ sie machen auch viel kalter Lüffte. Es hatte dise Statt einen alten Streit mit der Statt Toledo des vorzugs halben/ vnd können sich dessentwegen auff den zusammenkünfften nicht vergleichen. Sie hat vnder jhrer Dioces 180. Stätt vnd Flecken.

Von der rhumwürdigen Statt Salamanca.

Dises ist die Statt/ welche die Spanier ein Mutter vñ Nehrerin aller Tugenden vnd Künsten heissen: alß welche gantz Hispanien Ritter vnd Doctores genug gibt. Von dannen werden fast alle Königliche Räht/ Prediger/ Medici vnd andere beruffen. Die Hohe Schul ward von Johanne Agiraio/ dem Ertzbischoff zu Sevilia gestifftet: vnd biß daher nicht nur von Spaniern/ sonder auch von Außländischen dermassen besucht/ das die gantze Statt dardurch reich vnd herrlich worden.

Acht meilen von der Statt/ entspringt auff einem Berg ein warm Schweffelwasser/ welches zum baden sehr heylsam: darumb es dann ein Cepha einem berhümbten Saracenischen Artzet/ schön auffgefangen vnd eyngefasset worden. Wann man ein weil in disem Wasser gebadet/ vnd sich anfangt vbel befinden/ so begibt man sich also bald zu Betth/ schwitzet vnd schläfft/ darauff folget die gesundheit.

Von den Stätten Soria/ Valladolid/ Medina del Campo/ Palentia/ Placentia.

Soria/ von den Alten Numantia geheissen/ ist sonderlich verrhümbt bey den alten Scribenten/ vnd das wegen jhrer mannlichen Thaten/ so sie wider die Römer erzeiget/ dann keine Statt bald in der Welt so jhnen mehr zu schaffen geben/ vnd jhnen mehr schaden zugefügt/ alß dise.

Valladolid/ wird für der lustigsten vnd edelsten orten einen gehalten in gantz Europa/ ist an einem lustigen ort gelegen/ an dem Fluß Pisuerga/ ist mit allerhand nothwendigen sachen zum vberfluß versehen. Hat schöne zierliche Gassen vnd Plätz/ vnd vnder andern einen eyngefaßten grossen Platz/ da der Marckt/ in dessen vmbkreiß/ so 700. schritt begreifft/ 330. Thüren/ vnd 3000. Fenster. Nahe darbey ist eine grosse Gassen/ so allein von kunstreichen Gold vnd Silberarbeitern bewohnt wirdt. Es seind auch da viel schöner herrlicher Palläst/ Gärten/ Brunnen vnd andere sachen so zum wollust dienen. Ist von den Königen in solch ansehen kommen/ welche jederweilen gern an disem

Von Hispanien.

disem ort gewohnt haben/vñ die fürnemsten Fürstē des Reichs nachgezogē/wie jetzund zu Madril.

Medina del Campo ist eine fürnehme Kauffmans Statt/hat zwo verrühmte Messen/eine den Sommer/die andere den Winter/deren jegliche drey Monat wäret. Ist von dem Fewr und Brunsten mehrmalen verwüstet worden/ist doch wegen der guten gelegenheit jederweilen widerumb auffkom̃en/vnd vor anderen Stätten mit herrlichen Privilegien begabt worden/ist Schatz-vnd Zollfrey. Es mag jhnen da weder der König in besetzung der Empteren/noch der Bapst in verleyhung der Beneficien/einigen eyntrag thun. Es ist das Brodt vnd der Wein von Medina in Spanien verrühmbt.

Palencia ist auch ein verrühmbt ort/an dem Fluß Carrion gelegen/gegen Leon zu/solle vor disem ein Hohe Schul gehabt haben/so hernaher gen Salamanca gelegt worden. Es ist diß ort von den Alten Pallantia geheissen worden/vnd solle von dem König Pallante erbawen seyn.

Placentia/hat ein sonderlich gut Brodt/Citronen vnd aller gattung edle Frücht. Ist berühmt wegen einer herrlichen Academia/so schon vor 380 jahren dahin gestifftet worden/darauß viel fürtreffentliche Männer kommen.

Von den Stätten in New Castilien: vnd erstlich von den Königlichen Stätten Toledo vnd Madril.

Von der Königlichen Statt Toledo.

Toledo ist die fürnehmste Statt in disem gantzē Land an dem Fluß Tayo/von König Bamba im jahr Christi 674. mehrtheils erbawet/vnd mit schönen Gebäwen/vnd sonderlich mit gewaltigen Thürnen/einer starcken Ringmawr vnd vnderscheidenlichen Porten gezieret. An deren einē werden die Rämen gelesen/Erexit fautore Deo Rex inclitus urbem Bamba, suæ celebrem protendens gentis honorem. Das ist: Zu rhum vnd besondern ehren allein/Dem Volck vñ Vnderthanen seyn/Bamba der König diese Statt/mit Gottes hülff erbawet hat. Ligt an einem Berg dergestalten daß man da nimmermehr auff der ebne gehen/sonder entweder Berg auff oder Berg absteiget/hat in seinem bezirck vier meilen/hat enge Gassen/die Häuser seind schöner jnwendig als außwendig.

Von dem Schloß zu Toledo schreibt Rodericus d Ertzbischoff daselbst also: Im jar nach Christi geburt 1200. vnder der regierung Roderici des letsten Gothen Königs/ward das Toletaner Palatium/von vieler Königen zeiten hero verschlossen/vnd mit vielen eysern Rigeln verwahrt/biß es Rodericus wider seiner fürnehmsten Herzen vñ Rähten willen eröffnen ließ/fand aber nichts mehr darinnen/dann ein eintzige Kisten/vnd in derselben ein Thuch/welchem dise Wort eyngeweben oder gewürckt stunde CVM CLAVSTRA HAEC FRANGENTVR, APERIETVRQ. ARCA ET PALATIVM, ERVNTQ. CONSPICVA, QVAE HACTENVS LATVERVNT, TVNC QVALES HIC VIDES IN PANNO EXPRESSAS GENTES, HISPANIAS INVADENT ET SIBI SVBIVGABVNT. Das ist: Wann dise Schloß zusampt der Kisten vnd Palläst werden eröffnet/vnd dasjenige so bißhero verborgen gelegen/offenbaret/so werden dise Völcker/dergleichen auff dem Thuch vorgebildet seind/Hispanien vberfallen/vnd jhrem Gewalt vnderwerffen.

Derowegen nach dem der König solches gelesen/ward er für trawrigkeit sehr betrübt/vñ befahl alles widerumb in seinen ort zu setzen vnd zu verschliessen. Es waren aber die Bilder so in diß Thuch gewürckt den Arabiern ähnlich. Disem seye wie jhm wölle/ 17. oder wie etliche rechnen nur 13. jahr hernach kamen die Saracenen in Hispanien/vñ eroberten bald darauff die Statt Toledo/so jnen von Moren vñ Juden verrahten ward. Keyser Carolus V. hat zu Toledo einen Königlichen Pallast gebawet/welcher des wunderbaren Wasserwercks denck-vnd sehenswürdig. Dann dasselbe erhebt das Wasser auß dem Fluß Tayo hinauff in das Schloß/welches durch vnderscheidenliche Röhren nicht allein durch gedachtes Schloß/sonder auch in die Statt/in viel vnderscheidenliche Gärten/Bäder/Kuchen/Färbhäuser vnd andere ort/so dessen bedörffen/begleitet wirdt. Es ist hier sonderlich verrühmbt die Hauptkirch/so der fürnehmsten vnd köstlichsten Gebäwen eines in gantz Hispanien. Der Vorstehender diser Kirchen vnd zugehör/ist der nechste nach dem König/so wol an ansehen als an vermögen/dann sich sein jährliches eynkommen auff 200000. Ducaten erstrecket.

Madril ligt zwölff meilen von Toledo an einem sehr guten ort/vnd hat einen schönen gesunden Lufft/ist nicht nur mit einer mercklichen Burgerschafft besetzt/sonder auch mit einem gewaltigen Adel ansehnlich gezieret. Vnd weil daselbst viel gewaltiger Häuser/vnd allerhand Sachen einfälle/ist die Königliche Hoffhaltung dahin gelegt worden.

Madril

Keyser Carolus V. ward in diser Statt des viertägigen Fiebers erlediget/welches jhn sonsten schier hette außgemattet. Die Häuser seind mit grossen Steinen gebawet/wie es dann nicht fern darvon einen treffentlichen weissen harten Steinbruch hat. Innerhalb den Ringmawren seind 20. schöner Kirchen/vnd vmb die Statt herumb 128. starcker Thürn. Das Land bringt den besten Wein vnd allerhand notturfft.

Das Ander Buch

Von den Stätten Cuenza vnd Calatrava.

Cuenza.

Calatrava.

Cuenza/eine feste Statt von den Moren erbawen/ligt nicht weit von dem vrsprung des Fluß Tago auff einem harten gähen Felsen/also daß sie gleichsam für vnüberwindtlich gehaltē wirdt/ist ihren wegen der mächtigen felsen vnd enger strassen nit wol beyzukommen/vnd hat einer zu thun daß er zu fuß in die Statt komme/will geschweigen zu Pferd. Seind jetzund auch lebendige Brunnen von den Bergen dahin begleitet worden/so dise Statt noch mehr fest macht.

Calatrava ligt an einem festen Ort/an dem Fluß Anas/ist vor altem den Moren abgenommen vnd den Rittern/Tempelhertz genañt/vbergeben worden/allda die eynfäll der Barbaren zuverhüten. Alß die Ritter aber selbiges auß forch widerumb verlassen/ist es einem Abt Raymundo vnd seinen Gesellen/so vor disem verzühmte Kriegsleut gewesen/vbergeben worden/so es auch wider die Barbaren beschirmt/vnd hernach eygenthumblich von König Alphonso erhalten: dannenhero der verzühnbte Ritter-Orden von Calatrava entsprungen vnd in diß ansehen kommen/welchen Alexander der dritt mit Freyheiten bestätiget Anno 1164. vnd ist Garsias der erste Meister dises Ordens gewesen.

Ritter-Orden.

Von dem Königreich Leon vnd dessen Hauptstatt diß Namens.

In disem Königreich haben sich die König in Spania erstlich nider gelassen/nach dem eynfall der Moren/vnd haben selbige mit stäten Kriegen so in die 800. jahr gewähret/endtlichen dahin gebracht/daß sie Hispanien widerumb verlassen vnd in Africam weichen müssen.

Leon ist die Hauptstatt dises Königreichs/hat den Namen von der Teutschen Legion/so von den Römern dahin gelegt war/wird der vberauß schönen Thumbkirchen halben/allen anderen Stätten in Hispanien fürgezogen. Dann ob gleichwol diß Thumbkirch zu Sevilien/wegen der grösse des Gebäws/die zu Toleto wegen der Reichthumben/Zierden vnd schönen Fenstern/vnd die zu Compostell/wegen der gewaltigen Architectur/allen Kirchen in Hispanien vorgezogen werde/so hat doch dise wegen der wunderbaren Kunststücken/den grösten preiß für allen. In diser Kirchen ligen 37. König begraben.

Von den Spanischen Provintzien/Gallitien/Asturien vnd Biscalia/sampt jhren Stätten. Cap. xxxvij.

Allitia/wie Strabo vermeint/soll seinen Namen von den Gallis haben/so jhnen nicht weit entlegen. Muß vor disem ein reiches Land von Gold gewesen seyn/daß es meldet Plinius, es habe Gallitia beyneben den Lusitanis vnd Asturibus/den Römern auff die zwo Million Golds zu einer Pension erlegen müssen. Haben also die Römer so viel Gold auß disen Landen hinweg geführt/alß die Spanier jetzund auß Peru vnd den West Indien. Gallitia ist heut ein Königreich/dem Castellanischen neben anderen vnderworffen/ist in die 34. meilen breit vnd so viel lang/ist gantz steinecht vñ bergecht/hat doch einen vberfluß von allerhand klein vnd grossem Vieh/auch trefflentliches Wild vñ Weidwerck/ist auch so reich an allerhand Meer-vnd andern Fischen/das ein guter theil Hispaniæ darmit versehen wirdt. Hat einen guten temperierten Lufft/dahero auch allerhand schöne Frücht: insonderheit Limonen so für die besten in gantz Spanien gehalten werden. Es wächst auch in diser gegne der beste Wein so man in gantz Europa finden mag. Es hat auch viel heylsamer warmer Bäder. Hat auch kein mangel an guten Meerporten/vnder welchen der fürnehmste seind der zu Corunna/vnd der zu Bayona/da die Engelländer mit jhren Wahren anländen/haben auch da eine sonderbare stappfel vnd freyheiten für jhre Thücher.

Die fürnehmste Stätt vnd örter in Gallitien neben gemelten Meerporten/seind Compostella/Orense/Pontevedra/Rivadeo/Mondoniedo/Lugo/Tuy/Artabro.

Compo-

Von Hispanien.

Compostel ist erstlich ein Dörff gewesen/demnach man aber S. Jacobs Leib/wie sie sagen/dahin gebracht/hat dises ort dergestalten zugenommen/daß es jetzund die fürnehmste Statt im gantzen Gallicien/ist zu einem Ertzbisthumb erhebt/vnd von vielen Königen vnd Fürsten mit mächtigen Reichthumben begabet worden. Alphonsus der neundt/nach dem er mit gewältiger hand Miramolinam vberwunden/hat er den Ritter-Orden S. Jacob gestifftet/so der fürnehmste in Hispanien.

Orense/eine Bischoffliche Statt an dem Fluß Minia gelegen/ist sonderlichen verrhümbt wegen der köstlichen vnd herrlichen Weinen vñ andern Früchte/so da herumb wachsen vnd in ferre ort verführt werden. Nicht weit darvon ist ein Brunn/dessen Wasser so warm/daß man darinn Eyer/Fleisch vnd dergleichen sieden vnd brühen kan/von welchem Brunnen dise Statt von den Alten Aquæ calidæ genennet worden.

Mondoniedo ist auch eine Bischoffliche Statt/in welcher Bischoff gewesen Antonius de Guevara/so bey Carolo 5. dem Keyser in grossem ansehen gewesen/hat ein herrliches Buch Horologium Principum genandt/so von den gelehrten Politicis hochgehalten wird/vnd andere fürnehme sachen in Truck gegeben.

Artabro/Finis terræ, das end der Welt genandt/ligt an dem aussersten spitzen/Capo di Finis terræ, gegen den West Indien zu/ist also von den Alten genandt worden/weil sie vermeint es seye nun weiter kein Land mehr/sondern nemme hie ein end.

Von Asturien sampt dero Stätten.

Asturia/vergleicht sich der Lands art halben wol mit Gallicien/ist aber etwas räucher vnd weniger bewohnt/ligt gegen dem Oceano Cantabrico zu/seine Hauptstatt ist Oviedo/dahin sich vor disem in der Araber eynfahl die Gothen salviert hatten. Von dannen haben die Hidalgi oder Edelleuth in Hispanien jhren vrsprung. Die andere Statt so noch etwas bekandt ist Santiliano: ausser welchen zweyen Stätten/nichts sonderlichs bekandt in Asturia/alß das Promontorium Scythicum, heut Capo di Firo.

Von Biscalia seiner gelegenheit vnd Stätten.

Biscalia ist ein rauches vnd bergicht Land/vnd nicht an allen orten bewohnt/solle exempt seyn von allen beschwerden vnd eine sonderbare freyheit haben/das wañ der König/so sich nur ein Herr von Biscalia nennet/dahin will/solches mit blossen füssen thun müsse. Es wächst in disen orten wenig Wein/dahero die Einwohner/sonderlich zu S. Andrea viel Oepffel pflantzen/von welchen sie jhren ein Tranck machen. Es ist dises ort sonderlich reich an Eysen vnd Stahel/dergestalten das Navagerius schreibet in seinem Reißbuch/daß es jährlichen 80000. Ducaten ertragen mag. Dahero auch Plinius lib. 34. cap. 14. schreibt/es habe in diser gegne einen hohen Berg/so gantz von Eysen. Es wird dise Provintz in drey theil getheilt/In Biscalien/Guipuscoa vnd Alava/so einander an gelegenheit gantz gleich.

Die Hauptstatt in Biscalien ist Bilbao / Flavia Briga genandt. Ligt zwo meil von dem Meer/auff schönem ebnen Feldt/da alles lustig vnd fruchtbar/hat einen gesunden Lufft/ist nicht zu kalt vnd nicht zu warm/hat einen Arm von dem Meer/zu allen Sachen gantz bequem. Ist nicht bald ein Statt in gantz Hispanien da also beharrlich wolfeil zu leben ist. Hat ein sonderlich gut Brodt/welches doch nicht auff vnser manier gebacken wird. Von des besten Rind- vnd Hammelfleisch/vnd aller gattung Gevögel/ist ein erwünschte völle: vnd ist kein tag/da nicht vber die hundert Weiber zu Marckt sitzen/vnd allerley Speisen feyl haben.

Die Jungfrawen lassen in diesem Landt jhr Haar nit wachsen/tragen auch keine Schleyer/biß daß sie heyrahten. Es ist kein gattung guter Fischen/die man nicht daselbst vberflüssig findet. Von allerley bestem Obs ist järlichen solche menge/das man vmb ein halben guldẽ/so viel Apffel kaufft/alß ein Maulthier mag ertragen. Was auß Engelland/Franckreich vnd Niderlanden kompt/gelanget mehrtheils in diesem Port an/vnd werden von dannen die Spanischen Wahrẽ außgeführt. Sonderlich aber werden von Bilbao/viel schöner Thücher weg geführt/vnd ist kein jahr/daß nicht von dañen 50. Last Schiff mit Wollen geladen/abfahren/darauff mehr dann 50000. Säcke gelade werden. In der gantzen Statt sihet man schier nichts dann Kauffmann vnd Kramer Läden/ man findet auch daselbst etliche Bürger/die in einem jahr/drey oder auch vier Schiffe/auff eignen Kosten bawen/wie es dann des Schiffbaws halben gute gelegenheit hat.

Das Ander Buch

S. Ander. Die andere Statt diser Provintz ist S. Ander/ so eine gewaltige MeerStatt/ mit einem treffentlichen Hafen versehen/ soll zu zeit des Patriarchen Noahs gebawet seyn. Sorsten ist Hispanien gewißlich bald bewohnt worden/ nach dem das Menschliche Geschlecht nach der Sündflut widerumb gewachsen vnd zugenossen/ dann weil Africa gar zu heiß vnd dürr/ hat man hinüber geschiffet/ vnd sich an diesen Orten wol befunden.

Diese Statt ist in die länge gebawet/ mit starcken Mawren vnd tieffen Gräben vmbgeben. Hat so wol innerhalb/ als ausserhalb der StattMawren sechs vberauß schöne vnd gesunde springende WasserBrunnen. In der Vorstatt welche sich dann auch wol einer Statt vergleichet/ wohnen mehrtheils Fischer/ dann der Fischfang daselbst sehr gut. Der Stattporten seind sieben. Die Gebäw alle hoch/ vnd theil von einem reinen Stein/ theils von einem guten Holtz lustig erbawt. Hat zwey Closter/ die Thumbkirchen de los Cuerpos Santos zu der H. Leichnam/ ist eines gar kunstreichen schönen Gebäws/ hat in der mitte den Hospital zum H. Geist genandt: darinnen die Armen freundlich empfangen/ vnd nach notturfft fleissig tractiert werden. Darbey ist auch ein schöner Baum vnd Lustgarten/ vnd gegen dem Meer ein vralt Schloß/ nicht nur vber die Statt sondern auch vber den Port gebietent.

Die Burgerschafft hat vnder allen Spaniern den rhum/ daß sie treffentliche Soldaten seind. Hat einen mercklichen Wollenhandel/ vnd ist mit aller gattung der besten Früchten vollauff versehen. Neben disen Stätten ist noch in Biscalia Laredo mit einem schönen weiten Port/ vnd Portogalete.

S. Sebastian. Die Hauptstatt in Guipuscoa ist S. Sebastiano/ võ den Einwohnern/ so eine sondere Sprach haben/ Donostien genandt: ist sonderlich verrühmbt wegen seines sicheren vnd köstlichen Ports/ von der natur also versehen/ dahin von allen orten Teutschlands viel Kauffleuth ankommen/ so in Spanien zu handlen: hat einen herrlichen boden von Korn vnd Wein/ auch eine gute gelegenheit der Wollen halben. Vier meilen vber S. Sebastian erzeigt sich das Pyreneische Gebürg/ von den Einwonern La Sierra Lasquiuez genandt.

Fonterabia. Neben diser Statt seind noch Deuia/ Ora/ Fonterabia ein festes Ort gegen den Frantzösischen Grentzen: Pasafe ein guter Port.

Vittoria. Alaua das dritte theil Biscaliæ/ ist 18. meil breit vnd 28. lang/ dessen Hauptstatt Vittoria genandt.

Von dem Königreich Granaten vnd seinen Stätten.
Cap. xxxviij.

Dises Königreich erstreckt sich von Vera biß naher Malaga. Ist vor disem da es die Moren noch ingehabt/ so Volckreich vnd allenthalben so wol erbawen gewesen/ vnd hat in summa einen solchen vberfluß aller Gütern gehabt/ daß ihme schwerlich ein Land zu vergleichen ware. Die Berg vnd Hügel waren aller orten voller Reben vnd fruchtbaren Bäumen: Die Thal vnd Ebnen voller Korn/ Habern vnd andern dergleichen Früchten: Es hatte hin vnd wider viel schöner Gärten: das Land war voller Stätt/ Flecken vnd Dörffern/ allenthalben häuffig bewohnet vñ mit allem Vorraht zum vberfluß versehen. Dahero die Moren pflegten zu sagen: Es were das Paradeiß in diser gegne des Himmels/ so vber Granaten stunde. Nach dem aber in dem jahr vnsers Herrn 1492. in dem Jenner/ König Ferdinandus neben anderen Barbaren auch dise Moren auß Hispanien vertrieben vnd außgetilget/ ist diß herrliche Land mächtig abgangẽ/ weil es ihme an Einwohnern vnd dannenhero auch an dem Baw ermanglete. Mag doch/ vngeachtet es bey weitem nicht mehr so herrlich/ als es zu der Moren zeiten gewesen/ noch jetzund vnder die fruchtbarsten vnd besten gegnen Hispaniæ gezehlt werden: sonderlich an disen orten da es von den Flüssen Xenil vnd Daro begossen wirdt/ welche das Erdtrich auß dermassen fruchtbar machen/ vnd an allerhand Güteren bereichen/ sonderlich an Zucker vnd schöner Seiden.

Von der Königlichen Statt Granata.

Die alte Königliche Statt Granata hat jhren Namen von den Granen/ zu Latein Coccus genandt/ darauß die Purpurfarb zubereitet wirdt/ dann daselbst werden die schönsten vnd besten Thücher bereitet vnd auff Purpur gefärbet. Andere vermeinen sie habe jhren Namen von dem Granat Apffel/ welchem sich die gegne diser Statt vergleiche: vnd wie der Granat Apffel voller schöner Kernen ist/ vnd von dero völle auffspringt/ also ist auch dise Statt mit gewaltigen Burgern gantz außgefüllet/ vnd dermassen wol besetzt/ daß sich zu verwundern/ wo so viel Leuth wohnen vnd sich nehren können.

Begreifft zwen Berg in sich/ welche durch den schönen Fluß Durius mit einem lustigen Thal vnderscheiden.

Die gantze Statt ist in vier Kreisse oder Regionen abgetheilet.

Von Hispanien. 117

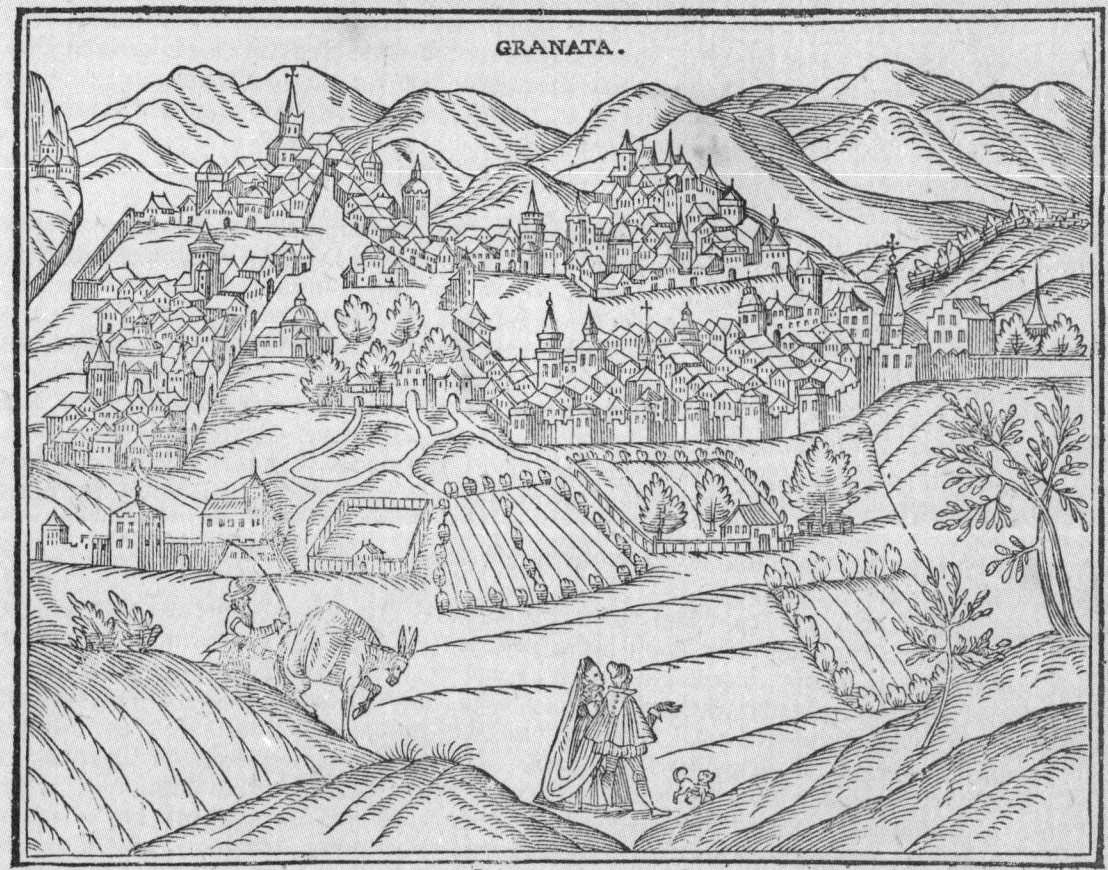

GRANATA.

Der Theil vmb das Thal herumb wird Granata genandt: Der ander/ so gegen Auffgang/ Sierra del Sol: Der dritte Aluessin: vnd der vierdte Antiqueruela.

In dem ersten Kreiß wohnen die Geistlichen/ die fürnehmsten Edelleuth vnd Kauffleuth/ in solcher menge das nicht wol zu glauben: dahero auch die schönsten Gebäw darinnen zu sehen. Es

K iij   ligt

Das Ander Buch

ligt darinn die grosse Thumbkirchen/ein sehr mächtig vnd prächtig Gebäw/in die ründe gebawet/ fast auff die Manier vnd Architectur wie die Rotonda zu Rom. In der mitte ist der Altar. In einer schönen Capellen diser Kirchen ligt begraben Ferdinandus König in Hispanien/so die Moren auß Granata vertrieben/sampt seiner Gemahelin Isabella. Darumb dann auch hernach dise Kirchen zu der Königen in Hispanien Begräbnussen verordnet worden/wie dann viel schöner Königlicher Monumenten darinnen zu sehen.

Nahe darbey ist ein sehr alter Tempel/von den Moren zu jhrem Aberglauben geweyhet/vnd von jhnen Masquita genandt.

Königlich Cammergericht. Es ist auch in disem Kreiß ein Königlich Cammergericht/dahin alle Appellationes gelangen. Die Räht vnd Beysitzer dises Parlaments/so Oidores heissen/halten sich sehr prächtig/in Gold vnd Seiden fast köstlich angethan/werden auch nicht minder dann der König selbsten respectiert. In disem Kreiß ist auch die so schöne vnd weite Straß/auff das stattlichste von den Christen erbawet/etwan von den Moren Bivarambsam genandt: mit einem hohen Brunnen/vnd auff beyden seiten mit schönen Pallästen vnd Häuseren gezieret. Darbey ist ein grosser lustiger Platz/vnd alß dann ein mercklich groß Hauß Alcacer genandt/so sich einem kleinen Stättlein vergleichet: hat vber die 200. Kauffmans Läden/darinn allerley seidene Thücher vnd Wahren verkaufft werden. Es hat auch 10. Porten mit eysenen Ketten verspannet/damit man nicht zu Pferd darinnen herumb reite oder fahre/dann die Gassen/so sonsten etwas eng/immerdar vollen Volck seind. Obgedachte Porten seind zu Nacht beschlossen/vnd halt der Stathalter fleissige Wacht/darzu dann auch sonderbare Hund bestellet seind. Er fordert auch in des Königs Namen den Zinß vnd Zoll von disen Läden vnd Wahren eyn.

Der Fluß Darus gibt nicht nur allen Einwohnern Wassers gnug/welches von natur sehr gesund/vnd andem Vieh allerley kranckheiten heylet/sondern lasset auch vnder seinem Sand Gold sehen/wie dann darinnen gefunden worden/darumb jhn dann etliche Daurum/gleichsam Dans Aurum/daß er Gold gibt/geheissen. Dieweil dann fast alle Flüß in Hispanien ein Goldsand führen/so muß natürlich folgen/daß auch derselben Wasser gesund vnd kräfftig seind/vnd sich also die Spanier mit Wasser wol behelffen mögen. Vber disen Fluß seind etliche schöne Brucken/darunder eine von wunderbarem Gebäw/mit einem gewaltigen Wasserreichen Brunnen gezieret.

In dem andern Kreiß Sierra del Sol (sonsten von den Moren Alhambre/oder der Rohte genandt/von einem der denselben Ort erstlich gebawet/oder von der rothen Erden so daselbsten zu sehen) seind drey sehenswürdige Gebäwe. Der alte Königliche Pallast/von dem schönsten vnd köstlichsten Marmor gebawet/auch mit Wasserbrunnen vnd treffentlichen Lustgärten gezieret. Der newe Königliche Pallast/so schön vnd herzlich/daß es auch vnder die Wunder der Welt möchte gezehlet werden. Vnd das Hauß Generalipha/von den Moren vnden am Gebürg gebawet/vnd mit den allerfruchtbarsten Gärten/auch einem sehr künstlichen Wald gezieret.

Der dritte Kreiß/Aluesin begreifft zwen Hügel mit den schönsten Häusern vberbawet/mehrertheils von Gärtnern vnd Sammerwebern bewohnet.

Der vierdte Theil ist auch sehr Volckreich/hat viel Häuser/darinnen sonderbare schöne seidene Thücher gemacht werden.

Die gantze Statt haltet im bezirck 12000. schritt/mit 1030. Thürnen vnd Pasteyen verwahret: hat zwölff Porten. Auff einer seiten diser Statt gegen Mittag seind die Schneeberge/so selten den Schnee gantz verlieren/dannenhero viel kalter Lüfften kommen: Auff der andern seiten ist eine bestandige ebne/so fruchtbar/das anders zu geschweigt/allein die Maulbeerbletter dem König jährlichen 130000. Cronen eynkommens tragen.

Sieben vnd zwantzig meilen vmb die Statt herumb entspringen 36. schöner gesunder Brunnen.

Von der Enge des Meers Stretto di Gibraltar genandt/ vnd von Herculis Seulen. Cap. xxxviiij.

Zwischen Granaten vnd der Barbarey in Africa/vor disem Mauritania genant/ laufft der mächtige Oceanus/alß durch eine Porten/neben Europa vnd Africa an Asiam/vnd wird genandt Mare Mediterraneũ, das Mittelländische Meer. Dise Porten oder Enge wird jetzund genandt Stretto di Gibraltar, von einem ort dises Namens in Hispanien nechst darbey gelegen: Dise enge ist etwan so viel alß anderhalb Teutscher meilen breit/hat seinen ablauff vnd zulauff nach dises Meers natur/ward von den Alten genandt Fretum Gaditanum, von der nechstgelegnen Insul Gadis: sonsten ward sie auch genandt Fretum Herculeum, von dem Hercule her/dann die Alten vermeinten es were bey diser enge Hispania vnd Africa an einander gewesen/vnd hette sie Hercules erst durch seine stercke durchbrochen vnd beyde Länder von einander gesöndert. An beyden spitzen diser Enge sind zwen mächtige hohe Berg: Abila in Africa/der so hoch daß er schier in Himmel reicht: vnd Calve in Spanien/so bey den Poeten verrhümbt vnd Herculis Seulen genandt werden/alß wann er selbige/wie gesagt/durchbrochen vnd von einander gesöndert hette.

Etlic

Von Hispanien.

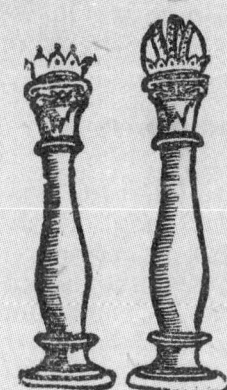

Etliche andere sprechen/ daß die Seulen Gades seyen Herculis Seulen gewesen: Andere aber sagen/ Herculis Seulen seyen zwo ehrine Seulen gewesen/ acht Elenbogen hoch/ gesetzt in Herculis Tempel/ der in der Insul Gades war/ vnd daran ward verzeichnet der Kosten/ der auff desselbigen Tempels Baw gangen war: vnd darumb haben vorzeiten die Schiffleut/ Herculi daselbst geopffert/ wann sie mit glück dahin kommen seind. Dann das Ort ist zu alten zeiten gewesen das ende der Welt/ vnd hat weder Hercules noch andere Leuth ferrer in das Land dörffen schiffen/ oder sich dareyn wagen. Es ist vorzeiten der brauch gewesen bey hohen vnd fürnehmen Personen/ daß sie Altär oder Seulen habe auffgericht an das ende jhrer Reiß/ wie dann der Groß Alexander in Asia an manchem Ort hat Porten vnd Altär gesetzt/ vn alß mit der zeit solche verfielen/ haben dannoch dieselbigen Stätt noch den Namen behalten: also ist es ergangen mit dem Grossen Colos zu Rhodiß/ vnd mit den Seulen Herculis/ deren gedechtnuß biß auff den heutigen tag in Hispanien wäret/ vnd kan doch niemand eygentlich wissen/ ob es gemachte Seulen oder Berg seind gewesen. Man findt auch daß Hannibal sein Opffer oder Gelübd gebracht hat in disen Tempel/ da er wolt steigen vber das Gebürg Alpes/ vnd die Römer angreiffen.

Von dem Königreich Murtia vnd seinen Stätten. Cap. pl.

Murtia erstrecket sich von dem Capo di Gates biß auff die Grentzen Alicante/ hat in sich einen bekandten Meerbusen Sinum Virgitanu, von Virgi, jetzunder Vera, dem nechstgelegnen Ort also genandt. Hat wenig Wohnungen vnd dieselbigen zimlich schlecht: ist voller rauchen vn vnerbawten gebürgs/ vnd da es eben/ mangelt jhme das Wasser. Die Hauptstatt dises Königreichs ist Murtia vor disem Oreola genandt. Alß die Saracenen Granaten eyngenomen/ seind sie auch vor Murtiam kommen/ vnd haben dasselbig belägert/ weil aber der Herr dises Orts mit Volck schlecht versehen war/ hat er den Weibern das lange Haar abschneiden lassen/ vn auff die Mawren gestellt/ damit man vermeinte sie weren Männer/ vnd an statt der Lantzen hatten sie leichte Rohr. Der Herr aber begabe sich/ alß ob er ein schlechter Gesandter auß der Statt were/ zu dem Feind/ vnd erhielte einen anstandt. Alß er aber hernach etliche mit sich in die Statt genommen vnd den List gesehen haben/ hat es sie mächtig geschmirtzt/ daß sie Glauben halten mußten: verliessen also selbige Gegne vnd begaben sich naher Toledo. Alphonsus der zehend hat dise Statt den Saracenen abgenommen vnd mit Christen besetzt/ ist jhme wegen jhrer getrewen Diensten sehr wärth gewesen. Es ist dises Ort verrühmbt wegen der schönen Geschirren von Kreiden/ vnd der stattlichen Seiden/ so darinnen gemacht wird.

Murtia.

Sonsten ist nicht viel sonderbares in disem Königreich/ außgenomen das verrühmte Meerport Cartagena genandt/ welches der besten Porten einer in gantz Hispanien/ ward vor disem Nova Carthago genandt/ bey den alten Scribenten verrühmbt/ ist biß zu der Gothen zeiten der fürnehmsten Sitzen einer in Hispanien gewesen. Es ist gantz gläublich es seye eben diß Ort/ so Virgil. lib. 1. Aeneid. beschreibet: dann die kleine Insul so gegen vber ligt / verwahrt das Port vor den vngestümen Winden vnd den grausamen Meerwellen. Es pflegte etwan Andreas D'Oria der verrühmte Kriegsfürst zu Wasser zu sagen: Er hielte drey Port auff dem Mittelländischen Meer für die aller sichersten: Cartagenam, Iulium vnd Augustum: darmit er die sicherheit dises Ports andeuten wöllen. Die Statt ist schlecht vnd vbel erbawen/ hat aber doch einen mächtigen Wollenhandel/ so durch dises ort in Italien getrieben

Cartagena.

ben wirdt/dardurch die Statt reich wirdt. Alß König Philippus gesehen/wie mächtig viel an disem Port gelegen/vnd was es für eine gefahr brächte/so etwan die Türcken/so sich viel in selbigen gegnen sehen liessen/dareyn nisteten/hat er dises Port schön befestigen lassen.

Von den Landschafften Andalusia vnd Estrematura/sampt jhrer gelegenheit vnd Stätten. Cap. xlj.

Andalusia oder Wandalusia/von den Wandalis/welche selbige letzt ingehabt/erstrecket sich von dem anfang der enge Gibraltar biß an den Fluß Guadianam. Es vbertrifft dise Provintz an fruchtbarkeit vnd allerhand Güteren alle andere Provintzien in Hispanien. Ist mächtig reich an Früchten/Korn/Wein/schönen Weiden/klein vnd groß Vieh/sonderlich an schönen Pferden/so hoch gehalten werden. Vnd mag also gewißlich dises Land ein Fruchthauß/Kornkasten/Keller vnd Stall des gantzen Königreichs genandt werden. Es hat auch darinn ein solche menge allerhand Vögel/insonderheit Krametsvögel/das gleichsam vngläublich.

Von der weitberühmbten Statt Sevilien.

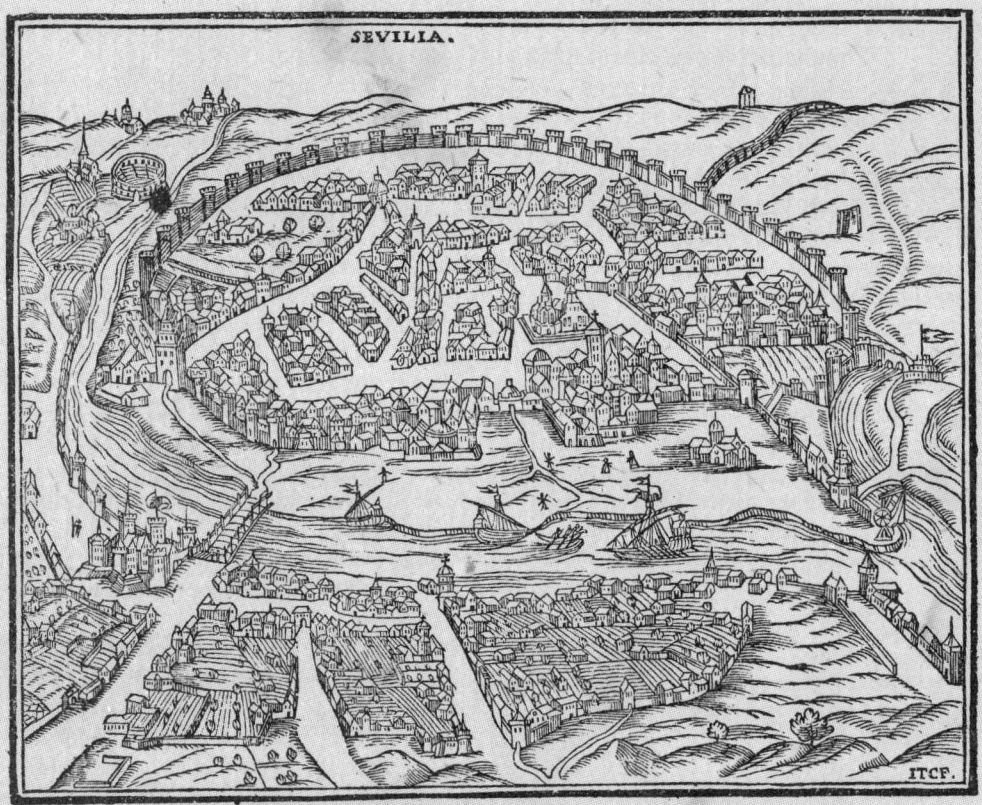
SEVILIA.

Sevilia ist die Hauptstatt in Andalusia/ward vorzeiten Hispalis genandt: ist ein sehr schöne/herrliche/gute vñ reiche Statt/alß eine nicht nur in Hispanien/oder auch Europa/sondern auch gewißlich in der gantzen Welt seyn mag: in gesundem reinen Lufft/vnd allerfruchtbarsten Land an dem berhümbsten Fluß Beti/oder Quadalqueuir nicht fern vom Meer gelegen. Ward von den Römern hoch gehalten/mit einer Colonia besetzt/vnd Julia Romula zu sonderer Reputation genandt. Hat den Namen Hispalis von des Herculis Lybici Sohn/so sie angefangen zu bawen. Sonst sagt Arias Montanus/Hispalis heisse bey den Phoeniciern (welche Hispaniam mit Colonien besetzt) ein schön blühend Feld/wie es dañ ein recht schön blühend Feld darumb hat. Ward im jahr Christi 1290. nach 16. Monats langer belägerung von König Ferdinando dem andern auß der Moren gewalt erlediget/vñ dem Spanischen Scepter vnderworffen. Ist sehr wol erbawet vnd so wol mit Weltlichen alß Geistlichen Gebäwen ansehnlich vnd gantz prächtig gezieret. Hat ein sehr schön Königlich Schloß/vnd vieler Hertzogen/Graffen/Rittern vñ grosser Herzen vberauß stattliche Palläst. Die Thumbkirchen ist an Gebäw vnd Zierd/wie in gleichem an grossem Einkosten gantz wundersam. Hat vngläublich viel Hospitäl vnd Wäisen Häuser/deren Einkommen jährlich für ein jedes jahr besonder gerechnet auff die 15000. Ducaten laufft. Ist so Volckreich/

daß

Von Hispanien. 121

daß vor wenig jaren 24000.einwohnende Burger daselbst gezehlt worde/da doch auch alle Häuser vnd Strassen voll frembder Leuthen mit verwunderung zusehen. Hatt dem König in etlichen jahren auß den frembden Schiffahrten vber die hundert Million Goldt eyngetragen/ohn geachtet/ daß auß dem jenigen so im Landt wachset vnd gehandlet wirdt/jährlich anderhalb Thonen Gold für Zinß/Tribut/Zöll vnd Stewer erlegt wirdt.

In der Vorstatt aussen an dem Wasser/darüber ein höltzine Bruck ist/wohnen in die 3000. Burger/oder auch wol darüber. Ist alles mit Lustgärten gezieret/vnd hat an keinen dingen mangel: also das die Spanier ein Sprichwort haben/Wan Gott einen liebt/so laßt er jhn zu Sevilia wohnen. Aber es soll heissen/wann Gott einen liebt/so laßt er jhn auff seinem H. Berg vnder seinen Zelten wohnen. Die Frantzosen haben ein ander Sprichwort/vnd sprechen: Qui n'a veu Seville, n'a veu merveille. Wer Sevilia nicht gesehen/der hat auch kein Wunder gesehen.

Es ist ein mächtig verrühmbt Port des Meers/vnd werden von dannen alle nothwendige sachen des gantzen Königreichs so etwas auff sich haben/verfertiget: vnd allein den Wein betreffend/pflegt man zu sagen: wann nicht alle Tag 4000. Arrove (ist eine gewisse maß/wie man dar für haltet 25.pfundt schwer) von Wein in das Port kommen/so müsse der Verwalter selbigen Zolls fallieren. Es werden auch in disem Port alle Reichthumen des Königreichs außgeladen/ so auß West Indien oder andern orten dahin gebracht werden. Also das man darfür halt/es seye dise Statt vnd Port dem König so gut alß ein Königreich.

Nicht weit von Sevilia/ligt auff einem Bühel an dem Fluß Bœtis/jetzund Guadalquivir genandt/ein alt verfallen Schloß / mächtiger grösse / so man nennet S. Iohan del Fortache. Auß dessen gattung vnd art zu bawen erscheinet/daß es von den Gothen seye erbawet worden.

An einem anderen ort bey Sevilia sihet man ein ort/da eine mächtige anzahl Stein in dem Erdtrich stecken/alß wann sie mit sonderem fleiß dahin weren versetzt worden: oder aber alß wann sie von einem Wetter von Himmel dahin were getrieben worden: Man vermeinet es seye von einem Erdbidem geschehen/so vmb selbige gegne viel Häuser vnd Gebäw zu grund gerichtet.

Von Sevilia gegen Caliß zu / ligen noch drey andere Port/grosser komlichkeit: S. Lucar/ (da die Schiff pflegen anzulenden: Allda sie auff guten Wind warten/eintweder von Sevilia in das hohe Meer/oder aber in den Port eynzufahren) S. Maria vnd Porto Real: Gegen welchen vber ligt die verrühmbte Insul Caliß.

Von der Insul Caliß vnd etlichen vmbligenden Stätten.

Caliß / bey den Spanischen Cadiz / vnd etwan auch von anderen Calis Malis genandt/ist eine fürnehme Insul auß den eussersten Grentzen Hispaniæ gelegen. Strabo, Plinius vnd andere haben sie für zwo Insuln gezehlet vnd sie Gades geheissen/die eine Majorem, vnd die andere Minorem. Mela aber/Solinus, Dionysius Ptolemæus, haben nur von einer Insul geredt/wie sie noch ist/vnd sie Gadirā geheissen. In der kleineren war eine Statt Gadiū genandt: in der grösseren eine andere Iulia Gaditana Augusta, welche zuvor/wie Strabo meldet/Neapolis geheissen: Die Alten vermeinten es were auch hier das end der Welt. Derowegen die Poeten gedichtet/alß senckte sich die Sonne an disem ort ins Meer/jenseit welchen kein Welt oder Land mehr seye.

Geryon der dem Hercules sein Vieh entführt/soll darin gewohnt haben. Ward erstlich von den Phœniciern erbawet/welche dan mit jhrem handlen die besten örter in der gantzen Welt ersehen vñ behaltē. An der ecken diser Insul ist des Herculis berhümter Tempel/darin seine Gebein sollen gelegen/vnd des Grossen Alexandri Bild gewesen seyn/wie sie dan daselbst Cæsar gesehen/laut Suetonij Zeugnusse. Es soll auch zwo ehrene Seulen darinn gestanden seyn/an welchen verzeichnet/ was dasselbe mächtige Gebäw solle gekostet haben. In diser Insul ist ein Brunn/so mit des Meers lauff ab vnd zunimbt. Die Einwohner haben jederzeit den rhum gehabt/daß sie der Schiffahrten sonderlich wol berichtet seind. Haben jhr grösten gewin an Saltz vnd Thunnen/einer gattung guter Meerfischen/deren sie jährlich viel fangen/welche sie in stuck schneiden vnd einschlagen. ligt 700. Schuh von dem trocknen Landt/vnd gibt dem Meer so zwischen Africa vnd Hispania ligt/ den nammen Gaditanum: auch von Herculis Tempel vnd Säulen/Herculeum. Die Einwohner nennen es Estrecho de Gibraltar/dann Gibal heißt auff Arabisch einen Berg: Tarz aber ist der Tartessus/vñ gleich so viel alß spreche man das Meer des Bergs Tartessi. Tarz ist ein Phœnicisch Wort/vnd kompt von dem Wort Tarsis/welches Meer bedeutet.

Es

Es wirdt aber dises Meer wegen der nähe des Oceani/mehr vnd hefftiger bewegt/alß man sonst im vbrigen Mittelländischen Meer je gespüren mag.

Die Statt Gades ist etwan sehr groß vnd mechtig gewesen/wie bey den Ringmawren abzunemmen/welche auß einem gewaltigen Theatro daselbst erbawen worden.

In disem Theatro ward ein vberauß schön Bild Cupidinis von weissem Marmor gefunden/welches vor dem Rhathauß auffgerichtet worden/wie dann auch ein sehr grosser Hercules/so im Winckel bey der Kirchen de la Misericordia gestellet.

Man sihet viel alter Cisternen/Marmorsteinene Gemewr vnd dergleichen Antiquiteten. Man hat etwan Leuth vnder das Wasser gelassen/die bezeugt habenes seyen schöne ehrine Porten darunder versencket. Sonsten sagt Strabo/daß dise Statt alle Stätt/Rom außgenommen/habe vbertroffen/alß in welcher 500. edle Ritter gewohnt haben/welches dann allein auch von Padua geschrieben wirdt.

Viel Thunnen. Sechs meil von Gades ligt Conil/ein herrliche Statt dem Hertzogen von Sluca/welcher auch Hertzog zu Medina Sidonia ist/zugehörig. Die Einwohner nehren sich des Fischfangs/vnd gibt daselbsten sonderlich viel guter Thunnen. Sollen jährlich bey 100000. Ducaten auß disen Fischen lösen. Der Fischfang aber hat seinen strich vom ersten tag Maij biß auff den fünfften Junij. Der Hertzog hat ein schön Schloß daselbst/vnd darbey ein groß weit Hauß/darinnen die Fisch zuerhalten/vnd stucksweise eyngesaltzen/darnach auff Schiffen in Italiam verführt werden.

Marchena. Marchena/vor zeiten Martia/ein berühmte Römische Colonia/gehört dem Hertzogen von Arcobriga/daselbst er auch sein Stattshauß hat neben der Thumbkirchen/so mit einem hohen Thurn geziert/mit Bollwercken vnd hohen Wachten/gegen der Statt Porten da man auff Astygim gehet/treffentlich versehen.

Nicht fern von dannen ist ein herrlich Closter/darinnen der Hertzogen Witweiber jhr Leben zu bringen.

Die Vorstatt ist etwas grösser dann die Statt selbs/ligt gegen Nidergang da man auff Sevilia zu reyset. In diser Vorstatt ist gegen dem Hospital hinüber ein schöner Brunnen/darauß so viel Wasser laufft/daß die gantze Statt für Leuth vnd Vieh wol versehen ist. Wann dise gegne mit Wasser befeuchtet were/so möchte sie ohne zweyffel für gantz Hispanien Baumöl vnd Geträid genug tragen/dann vngläublich/wie das Land allenthalben so gut vnd fruchtbar: Aber es heisset gut Land/böß Volck.

Von den Stätten Palentia/Cabecas/Nebrissa/rc.

Palentia. Palentia gemeinlich Palatias genandt/fünff Meilen von Sevilia auff der Straß gegen dem Gaditanischen vnd Herculischen Meer gelegen/hat auff der seiten ein vberauß alt Schloß. In *Wüstinen.* dieser Gegne befinden sich grosse Wüstinen/darüber Winterszeit von wegen der Gewässer/vnd vberlauffenden Sümpffen/Sommerszeit aber von wegen der grossen Hitz fast vnmöglich zu reisen.

Dieweil aber die Strassen müssen gebraucht werden/so nemen die erfahrnen Wandersleut einen Compas mit sich/nach welchen sie sich richten auff dem Feld/wie die Schiffleuth auff dem Meer.

Viel sterben vnderwegen von Hitz vnd Durst/derhalben von nöthen daß sich die Reisenden mit Speiß vnd Tranck versehen vnd dem Esel oder Pferdt ein volle Fläschen an den Sattel hencken/dann fünff gantzer Meilen weit/kein einige Herberg zu finden/dieweil der Ort oberzehlter vrsachen halben nicht zu bewonen. Vber dise Sümpff ist die berühmte Bruck Alcantara/so die Römer gantz künstlich vnd prächtig gebawen/darvon die besten Zierden gen Sevilia in die Thumbkirchen transferiert vnd versetzt worden. Auff einer seiten diser Brucken ist ein alter Saracenischer Tempel/etwan von Christen geweyhet/aber jetzund mehrtheils verschlossen. Auff der andern seiten ist ein Gastherberg. In Castilien muß man auch an etlichen orten zwen oder drey gantzer Tag reisen/ehe man ein Dorff oder Stättlein antrifft/derenthalben man sich mit dergleichen schlechten Herbergen/so etwan auff freyem Feld stehen/behelffen muß. Es haben aber dise Gastgeben im brauch/daß/wann die Strassen der Räuber vnd Mörder halben beschrawen werden/sie sich also bald auff machen/vnd zu Pferd einmütiglich dieselben verjagen vnd verfolgen.

Cabecas. Nicht fern von dannen ist an dem Gebürg Cabecas/so etwan ein mächtige Statt gewesen/wie bey den alten Mawren abzunemmen. Die Einwohner nehren sich von dem Feldbaw/vnd von durchreisenden Leuthen/so naher Calis vnd S. Lucar ziehen.

Nebrissa. Nebrissa ein gar lustige vnd wolerbawte Statt/mit einem alten Schloß vnd gantz fruchtbaren Feld vmbgeben. Dann ob gleichwol die Betische Provintz oder Andalusia allenthalben an Korn/Wein/Oliven vnd dergleichen sehr fruchtbar/so ist doch dise Gegne insonderheit gut. Dann wo man jmmerzur Statt hinauß kompt/ist alles voll Gärten/Wiesen/Weinreben/Feldt vnd Oelbäumen/welche auch den Rhum für alle andere in Hispanien haben. Vnd werden daselbst für das Baumöl sehr grosse vnd schöne Häfen oder Töpff gemacht/welche sie Tenagias vnd Botigias heissen/darinnen sie es in ferre Land verführen.

Xeres

Von Hispanien.

Xeres de la Frontera/zwo meil von dem berühmbten Meerport S. Maria gelegen/wird darumb de la Frontera genandt/weil sie die erste Statt in derselb Gegne gegẽ dem Meer ist. Ist groß/ schön vnd von stattlichen Burgern wol bewohnt. Hat ein vberauß fruchtbar Landt/welches vast das gantze jahr vber voller Früchten ist. Dañ auch das geringste Plätzlein seinen treffentlichen nutzen bringt. Hat reiche Burger vnd gewaltige Handelsleuth. Der Wein so darumb wachset/wirt in Indien/Schottlandt/Engellandt vnd Niderlandt verführt. Vnd alß Anno 1565. ein schwere thewrung im Teutschlandt gewesen/seind merklich viel Frücht von dannen in die Seestett geführt worden. Sie haben diser Orten tieffe vnd weite Löcher/in gestalt gewaltiger Cisternen oder Sodbrunnen/darinn sie ihre Frücht behalten/vnd mit Steinen wol zu decken. Ist fast vngläublich wie viel Wein vnd Korn alle jahr vmb dise Statt wachset.

In diser gegne fallen auch die schönsten/fürtrefflichsten Spanischẽ Pferd/Ginetti genañt/des gantzen Königreichs/seind gantz freudig/mutig/frech vnd hurtig/rahn von Schencklen vñ Leib/ doch vollkommen/einer schönen vnd recht adelichen Proportion/vnd manglet jhnen nichts alß die stercke/in welcher sie die Teutsche/Friesische/Hessische vnd dergleichen Pferd/weit vbertreffen.

Von der Statt Corduva.

Corduva im Mittel der Betischen Provintz an dem Fluß Betis gelegen/hat gegen Mittag schöne weite Felder/biß an das Mittelländische Meer/gegen Mitternacht das Marianische Gebürg Siera Morena genandt. Ist allenthalben sehr fruchtbar/vnd alles voll des besten Getreids/ Weins/Baumöl/allerhand köstlichen Früchten/sonderlich ist ein vnseglicher vberfluß an Citronen deren gantze grosse hauffen hin vnd wider auff den Gassen vmb geringen Pfenning feyl ligen: werden bißweilen/damit der herwachsenden newen Früchten geschont vnd gewartet werde/auff den Mist geworffen.

Wie lustig aber Corduva seye ist auß Maiocæ/des Arabischen Fürsten Red abzunehmen/welcher alß er Hispanien bezwungen von Corduva reisete/vorhabens widerumb in Africam zuschiffen/zuruck sehende in dise Wort außgebrochen: O Corduva wie bistu so schön vñ herrlich/was hastu doch nur für Wollüst? was hat dir doch Gott nur guts erzeigt? Das Metall bey Corduva wirdt sehr gepriesen/in massen dann der Poet darumb Corduvam die Goldreiche geheissen.

Von den Stätten Cartama/Antiquera vnd Archidona.

Cartama/Statt vnd Schloß/zwo meilen von Malaca/gegen dem Mittelländischen Meer gelegen/bringt sehr viel Eychelen/vnd Gallapffel/so man zur schwartzen Farb vnd Lederbereitung braucht: Ist mit aller gattung Waidwerck vnd Wildbret treffentlich versehen. Alles was gegen dem Meer ligt/ist dermassen so fruchtbar/daß man auch viel der aller edelsten Früchten hinweg zu führen grosse völle hat. In den Weingärten seind die besten Mandel vnd Feigenbäum.

Daselbst wachsen die besten Rosin oder Meertrauben/welche auff zweyerley weise also zuzureiten werden. Etliche schneiden den zeitigen Trauben die Kammen halber ab/vnd lassen sie also am Stock von der Sonnen wol außtrocknen/alßdann legen sie dieselbigen in Körbe. Etliche verbrennen das Rebholtz so im Frühling abgeschnitten wirdt/vnd machen auß desselbigen äschen ein reine Laugen/damit waschen sie die Trauben/hencken dieselbigen hernach an die Sonnen/vnd wann sie wol außgetrocknet seind/legen sie dieselbigen in die verordnete Körbe/verschicken sie alßdann hin vnd wider in frembde Land. Auff gleiche weise machen sie auch die Feigen eyn/sie haben auch sehr viel Caparen/welche sie naher Niderland führen. Es seind aber die Caparen nichts anders dann blust/so noch kleine knöpfflein vnd nicht außgeschlossen seind/dann wañ man sie etliche Tag lasset stehen/so geben es weisse Blumen.

Antiquera ist ein berühmbte Statt/an einem vnebenen bürgigen ort von den Moren gebawet/ vnd mit gewaltigen wehrhafften Mawren vmbgeben: hat zu oberst auff dem Berg ein mächtig Schloß/darinnen die Könige von Granata/gesunden Luffts vnd lustigen Prospects halben/ mehrtheils Hoff gehalten.

In vnd bey diser Statt seind gar klare gesunde Brunnen/die Porten am Schloß seind alle gantz Eysen/vnd werden daselbst auch viel alte Waaffen/alß Pantzer/Spieß/wunderbare Handschuh/die lincke Hand wider die Bögen zu beschirmen/der alten Königen zu Granata auffbehalten vnd gewiesen.

Bey diser Statt ist ein köstlich Saltzwerck/so von der Sonnen gantz weiß vnd reinlich außgetrocknet wirdt. Hat schöne Steinbrüch von den köstlichsten Steinen/wie in gleichem ein sonderbare gattung Kalck/so vber alle massen zum Gebäw starck vnd dawrhafft/darvon die Mawren gemacht/scheinen alß weren sie allein ein einiger Stein oder Felsen.

Auß

124 **Das Ander Buch**

Auß disem Kalch oder Gyps bereiten sie aller gattung schöne Töpff vnd Geschirr/ nicht nur für Specereyen vnd köstliche Wasser/ sondern auch gantz vngläublicher grösse/ für Wein/ Baumöl/ Caparen/ Oliven vnd dergleichen Kauffmans Wahren. Nahe darbey ist ein Brunnen so das Grieß oder Stein von den Nieren purgiert vnd resolviert/ derhalben er auch Petra genandt wirdt.

Archidona ist in der Betischen Provintz auff der Straß so von Sevilia naher Granata gehet/ an einem lustigen ort bey einem Berg gelegen/ mit den aller schönsten vñ fruchtbarsten Gärten vber alle massen gezieret.

Auff dem nechstgelegnen Berg darbey/ ist ein alt zerfallen Schloß/ dessen sich vor zeiten die Moren zu beschirmung jrer Tyranney/ mit deren sie dise Provintz lange zeit geplagt/ gebraucht haben.

In diser gegne ist auff ebnem Feld ein hoher gäher Berg/ la penna de los Enamarados/ das ist/ der liebenden Pein genañt/ von einer wunderbaren bekañten Historien/ welche sich also zugetragen: Alß sich ein schwerer vnd harter Krieg zwischen den Moren vnd Christen erhebt/ hat der Moren König ein Christen Jüngling gefangen/ denselben ob seiner schönheit vnd guter vernunfft halben frey gelassen/ vnd bey sich zu Hoff gehalten. Gegen disem wurd des Königs Tochter in allen Ehren verliebt/ welches alß der Tyrann erfahren/ beden nach dem Leben gestellet/ da haben sie sich zusammen auff disen Berg versteckt/ der zeit erwartende/ daß sie außkommen vnd bey einander im Christen Glaubē/ darzu sie durch den Jüngling allbereit gebracht war/ leben möchten. Alß sie sich aber verkundschafft vnd mit gewehrter Hand vmbstellt gesehen/ seind sie mit einander auff die spitzen gestiegen/ vnd haben zu oberst einander vmbfangen/ vñ sich beyde hinunder zu tod gestürtzt.

Von der Statt Alchama vnd etlich anderen orten in Andalusia.

Alchama sieben meil von Granata gelegen/ an einem solchen lustigen guten Ort/ daß auch die Moren vorzeiten daselbst jhre Lusthäuser gehabt/ ist der warmen Bädern halb sehr berühmbt/ welche von so klarem Wasser entspringen/ daß man auch einen geringen Pfenning in der tieffe sehen vnd eigentlich erkennen mag. Vnd weil dasselbige keinen bösen vnd wunderbarlichen Geschmack hat/ so wird es auch für vielerley Seuchen vnd Kranckheiten heylsam getruncken: vnd derowegen auß gantz Hispanien sehr besucht/ vnd darzu mit bequemen vnd grossen Herbergen trefflich versehen.

Jaen

Von Hispanien.

Jaen/vor zeiten Mentesa genandt/ligt auff einem hohen Bühel/mit Mawren vnd Pasteyen vmbgeben/ist ein rechter edler Ort/daß sich auch die Könige in jhren Titlen dessen nicht zu beschämen hetten. Hat einen vberfluß an schönen Bäumen/Feldern/Gärten vnd Früchten. Daher es auch seinen Namen bekommen: dann Jaen heißt auff Mauritanisch einen Schatz vnd völle aller Güteren. Hat vnder sich Vbeda/Baessa vnd Andusar/so auch schöne grosse Ort seind. *Jaen.*

Almaden/ist ein Ort des Ritter-Ordens Alcantara/vnder dem Gebiet Corduua/ist verzühmbt wegen deß Quecksilbers so in diser gegne in grosser menge gesamlet wirdt/nicht nur das gemeine/so auß dem tieffen Erdrich gegraben vnd mit mühe außgezogen wirdt/sondern auch das feine/so auß den brochnen steinen vnd felsen herauß laufft. Die Leuthe dises Orts so gemeiniglich mit disen Mineralien vmbgehen/sehen gantz bleich vnd mehr den todten alß den lebendigen gleich/dann dise gifftige Matery/böse/schädliche/vnempfindliche kräffte von sich gibt/so Haut vnd Bein durchtringen. Dannenhero glaubwürdig gesagt wirdt/daß man etwan zu Almaden auß der abgestorbenen todtenbein/so man sie von einander geschlagen/habe sehen Quecksilber fliessen. *Almaden.*

Lorena hat sein sonderbar Gebiet/vnd vnder sich in 800. Gemeinden/darauß man sehen kan/ daß Spanien nicht so gar vnbewohnt/wie man gemeiniglich darfür halt. Von disem Ort waren bürtig Seneca, Lucanus, wie auch der fürtreffliche Kriegsobriste Gonsaluo Fernando. *Lorena.*

Von der Landschafft Estrematura genandt vnd jhrer Stätten.

Dise Provintz erstreckt sich von Villa reale dem Fluß Guadiana nach/biß an die Statt Badaios/vnd von dem Gebürg Sierra Morena genandt/biß an den Fluß Tago. Ist ein mächtig heiß Land/vnd dessentwegen nicht sonders Volckreich/hat geringe Stätte/darunder Badaios vnd Merida die fürnehmste an der Guadiana gelegen/welcher Fluß doch disen Landen sich gantz mißgönstig erzeigt/in dem er sich bey Fillarta gantz vnder das Erdrich verbirgt 15. meilen lang/ vnd erst bey Medelino (von dannen Ferrante Cortese so Mexico bezwungen/bürtig gewesen) widerumb herfür quilt. Vnd an disen orten da sich diser Fluß verbirgt/seind herzliche Weiden. Dahero vnder anderen Wundern in Hispanien auch dises gesetzt wirdt/daß namlichen da ein Fluß seye/darauff das Vieh weide. Es ist diß Land verzühmbt worden von einer newen Silbergruben/ so man zu Guadacanal erfunden/welche gemeiniglich täglich auff 600. Cronen geben solle/sonsten ist nicht viel schrifftwürdigs hier zu finden.

Von dem Königreich Nauarren/seiner gelegenheit/vrsprung vnd Regierung biß auff vnsere zeit.
Cap. xlij.

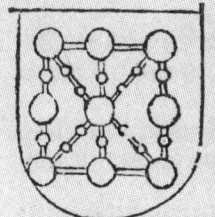  

Nauarra hat seinen Namen bekommen von dem Gebürg Navaia/so zwischen Mescua vnd Eulate gelegen: dann nach dem Keyser Augustus vier Legionen in dise gegne geschickt/vnd die Einwohner vor denselben dahin geflohen/haben sie die Römer/Nauinios/vnd folgends die Moren/so fast gantz Hispanien beherrschet/Nauarrer geheissen.

Es ligt dises Königreich zwischen dem Fluß Ebro/vnd dem Pyrenæischen Gebürg.

Ist nicht sonders groß/aber fruchtbar/vnd an allen Güteren reich.

Hat nur 56. Stätt/nicht sonders bewohnt/derowegen dann Don Gabriel von Aburche Gubernator zu Meyland vermeynen wöllen/es seye fast so viel Volck zu Meyland/alß im Königreich Nauarren/da er dann etwan Statthalter gewesen.

Die Hauptstatt dises Königreichs/ist Pampelona/von Pompeio dem Grossen vor Christi vnsers Herren geburt erbawet/vnd derowegen Pompeiopolis genandt/hat ein so gewaltige Vestung alß eine in Europa seyn mag.

Bekam bald zu der Apostel zeit das Euangelium von vnserm Herren Christo: vnd hat folgends viel böses von den Moren vnd Saracenen erlitten.

Alß Keyser Carolus der Grosse/gedachte Statt belägert/sollen die Ringmawren vor jhme/ gleich wie hernach die zu Angouleme vor König Clouis/eyngefallen seyn: darab dann die Moren dermassen erschrocken/daß sie sich also bald ergeben. Carolus ließ alle Moren/so sich nicht wolten tauffen lassen/mit dem Schwerdt vmbbringen.

Calahorra/von den Alten Calacurrum genandt/ist eine verzühmbte Statt/von dannen auch Fabius Quintilianus bürtig gewesen. Cæsar Augustus hat dise Statt sonderlich wärh gehalten/ vnd seine Leibsguardi jederweilen von dessen Burgern wöllen bestellt haben/alß welchen er sich vor andern vertrawt.

M   Ronce-

Das Ander Buch

Ronceval/ist der Paß auß Hispania in Franckreich vber das Pyrenæische Gebürg.

S. Iohan mit dem Zunammen Pedis Portus genandt/ligt auff den obersten gypffeln des Pyrenæischen Gebürgs/darzu man zwo meilen in die höhe zu steigen. Diser gypffel/so wunder sam/hat eine schöne ebne/mit einem lieblichen fruchtbaren Feldt/so jederweilen grünet: Es seind auch hin vnd wider viel frischer springender Brunnen.

Dises Königreich Navarr/so vnder den Gasconiern vnd Cantabren gelegen/hat seinen anfang genommen vmb das jahr Christi 961. Dann zu derselbigen zeit kam von der Graffschafft Bigorra/ die in den Pyrenen Bergen ligt/ein fürtrefflicher Held/auff die ebne vmb Navarr gelegen mit einem Heerzeug/erlediget dieselbige gegne von den Saracenen/die den Einwohnern viel zu leyd thetten/darumb er auch vmb seiner gutthat willen zu einem König auffgeworffen vnd angenommen ward. Andere nennen jhn Guarcy Ximenem/nam zu einem Königklichen Waapen oder Panier/ ein Baum sampt einem Creutz oben darauff.

1. Enecus/der erst König von Navarr.
2. Garsias sein Sohn: so die Statt Pampelonam eyngenommen vnd mit newen Mawren bevestiget.
3. Sanctius/des Zunammen war Abarca/des vorigen Sohn.
4. Garsias Tremulentus.
5. Sanctius der grösser. Diser nam zu der Ehe Eluiriam des Graffen zu Castell Tochter/vnd ward auch durch sie König zu Castell.

Hat geboren
- Ferdinandum/der ward König zu Castell.
- Garsiam König zu Navarr.
- Ramiram vnehelich/ward König zu Artagonia.

1. Etliche sprechen diser Garsias seye von K. Ferdinando von Leon dem 5. vberwunden/vnd seye also das Königreich Navarren durch die Leonischen König biß auff das jahr 1234. geregiert worden: In wellichem es durch ein Heurat auff Theobaldum ein Graffen von Brie vnd Schampanien/gefallen seye/wecher nachmalen Isabellam König Ludwigs des Heyligen/vnd 9. diß Namens in Franckreichs Tochter zur Ehe name. Von diesem seind nachvolgende entsprossen:

2. Theobaldus der 2. regiert nach seinem Vatter nicht lenger alß zwey jahr.
3. Ihm volget nach Heinricus sein Bruder: dieser nam zur Ehe Roberti des Graffen von Artoys/so ein Bruder war König Ludwig des Heyligen/ Tochter/von welcher er ein einige Tochter erzeuget/Johanna genandt.
4. Diese ist im jahr 1284. Philip dem Schönen vñ 4. diß nammens Kön. in Franckr. verehelicht worden: Hat das Collegium zu Paris/so man Nauarrisch nennt/erbawen vñ mit stattlichem eynkommen begabet.
5. Ludwig der 10. genandt Huttin/Philips des 4. Sohn/König in Franckreich vnd Nauarra/ hinderließ eine Tochter Johanna genandt.
6. Welche sich mit Philips Graffen von Eureux dem Guten verlobet: dieser alß er sich auch auch in Heyligen Zug wider die Vngläubigen versprach/ward vor Arsegitza in Granaten erschossen vnd zu Pampelone begraben.
7. Ihm kam nach Carolus der böß/welcher seinem Leben nach erbärmlichen gestorben ist: dann alß er durch vnordnung/von allen seinen krefften kommen war/haben jhn die Artzney gelehrten widerumb erwermen wöllen/vnd deßhalben zwischen zwey Thücher in Gebrandtenwein genetzt/ gelegt: welche ohngefehr angezünt/nicht mehr zu erlöschen waren/must also schmertzlichen sterben/ verliesse ein Sohn.

8. Carolus der ander verliesse nur ein Tochter Blancha genandt/so dem König Johansen von Artagonien vermählet ward.
9. Johannes König von Artagonien vñ Nauarren/von disem kam Carolus der 3. welcher ohn Erben abgangen/vnd Leonora.
10. Gaston de Foix kam durch Leonoram sein Gemahel zum Reich/von welcher er zwey Kind erzeugt.

11. Fran-

Von Hispanien.

11. Franciscus Phœbus genandt/ so seinem Vatter Gasten nur ein jahr nach gelebt hatt.

12. Johannes von Albret ward König zu Navarren durch sein Gemahel Catharinã Francisci Schwester. Dieser ward von Bapst Julio dem andern/ in Bann gethan/ darumb daß er Ludouico dem 12. König in Franckreich anhieng/ ward jhm derhalb sein Königreich zum theil von Ferdinando dem 5. König in Hispanien entzogen.

13. Heinrich von Albret ist nach seinem Vatter zum Reich kommen. Nam zu der Ehe Margaretham Kön. Francisci des 1. auß Franckreich Schwester; von jren kam ein einige Tochter Johanna genandt.

14. Diese ist Antonio von Bourbon einem Königliches Stammens auß Franckreich/ vermählet worden. Dieser ist Anno 1562. vor Roan tödtlichen geschossen worden/ und under wegen/ alß man jhn gen Paris führen wolte/ gestorben. Johannæ aber seiner Gemahel ist Anno 1572. durch ein par Handschuh mit einem starcken gifftigen geruch mit Bisam vermischt/ vergeben worden.

15. Nach jhm volget sein Sohn Heinricus/ der 4. König von Franckreich und Navarren/ von welchem under den Königen von Franckreich etwas weiters soll geredt werden.

Von dem HauptKönigreich Arragonia und seiner Regierung. Cap. xliii.

Arragonia solle also genandt seyn von den Gothen/ alß were es Ara Gothorum/ ein Altar der Gothen gewesen; wird in drey sonderbare theil abgetheilet/ in Arragonien/ Catalonien und Valentz/ welche etwan jhre sonderbare König und Regenten gehabt/ seind aber doch mehrtheils/ sonderlich nach dem die Ungläubigen auß Hispanien vertrieben wurden/ beysammen gewesen: zu denen seind hernach auch die Insul und Königreich Maiorca und Minorca kommen/ durch die Könige von Arragon.

Den Anfang und Progreß dises Königreichs muß man nemmen auß der beschreibung der Regierung des Königreichs Castell/ theils auch von den Königen von Navarren/ bey deren geblüt auch Arragonien eine lange zeit verblieben/ vñ seind also die Geburtslinien diser drey Königreichen alle in einander geflochten/ darumb man sie auch gegen einander halten muß. Es hat aber Munsterus nicht ohne ursach dise Arragonische Genealogey etwas anders gesetzt/ alß er droben gethan bey den Königen von Castell/ damit man nemlichen sehe/ was einer und der ander von disen sachen halte. Dann man findet hierinn bey den Alten eine mächige Confusion/ und ist nicht möglich etwas gewisses hiervon zu schreiben.

Es hatte Sanctius der grösser (dessen Vorfahren bey gemeldten Königreichen zu suchen) neben andern einen unehelichen Sohn Ramirum genandt/ so in dem jahr unsers Herren 1016. König ward zu Arragonia/ von welchem die Arragonier König nach jhme kommen seyn.

1	2	3		5	6	7	8	9
Ramirus	Sanctius	Petrus / Alfonsus / 4 Ramirus		Viriaca Raimundus Graffe zu Barsalon jhr Gmahel.	Jacobus	Petrus König zu Neapels	Jacobus / Elionora / Fridericus	Martinus.

Sanctius Ramiri Sohn ward vor einer Statt die er belägert/ erschossen. Petrus regiert nach seinem Vatter/ und erweitert das Reich mit etlichen gewunnen Stätten. Er und sein Bruder Alfonsus sturben ohn Erbẽ/ da namen die Underthanen Ramirum/ der ein Münch war/ auß dem Closter/ und machten jhn zum König. Er uberkam ein einige Tochter/ die gab er dem Graffen von Barsalon der Raimundus hieß/ und der ward auch König nach seinem Schweher/ und bracht die Statt Barsalon zum Reich. (Auß diser Ehe Raimundi mit Viriaca und jhrem Vatter magst du sehen/ wie dise Geburtsliny der Arragonischen zu wider lauffe.) Anno 1250. ward Jacob König/ un der eroberet die Insula Baleares/ uberkam auch die Statt Valentz zu seinem Reich. Auff jhn ist kommen in das Reich Arragoniæ Petrus sein Sohn/ dem der Bapst Nicolaus ubergab das Königreich Neapels. Alß aber die Frantzosen jhn nit wolten in das Reich lassen kommen/ ward er auff dem Meere erschossen. Da regiert nach jhm sein Sohn Jacob in Arragonia und Sicilia/ doch gab er Siciliam seinem Bruder Friderico und zog in Arragoniam/ starb und ließ ein Sohn mit namen Martinum/ der verließ auch ein einige Tochter hinder jhm/ die nam der König zu Castell/ vñ ward nach abgang dises Martini ein grosser zanck uñ das Reich Arragoniæ/ jedoch behielt es Ferdinandus der 5. dises Namens/ ein Bruder König Heinrichen von Castell/ Anno Christi 1407.

Wie König Alfonsi vneheliche Sohn Ferdinandus König worden sey in Sicilia/will ich beschreiben hie vnden bey der Insuln Sicilia.

Von Arragonia/Catalonia vnd Valentz/sampt deren gelegenheit vnd Stätten. Cap. vliii.

Arragonia hat für seine Grentzen: gegen Auffgang den Fluß Cinga: gegen Nidergang die Berg von Moncaco vnd Molina: gegen Mitternacht den Fluß Ebro: gegen Mittag den Berg di Brabanza. Ist ein rauch/dürr vnd trocken Land/sonderlich gegen dem Pyrenæischen Gebürg/da man manchmalen in einem gantzen Tag keine Wohnung antrifft. Doch hat es auch schöne fruchtbare Thal von Korn vnd allerhand Früchten/insonderheit da es Wasser haben kan.

Saragossa. Die Hauptstatt in Arragonia ist Saragossa/von den Römern Cæsar Augusta genandt/ligt an dem Fluß Ebro/darüber ein schöne lange Bruck von Steinen gebawen. Der Situs vnd Gelegenheit vergleichen sich einer Fußsolen. Hat vier Porten nach den vier enden der Welt: ist mit gewaltigen Mawren vnd vielen Thürnen befestiget.

Was die Plätz/Kirchen/Häuser vnd Gassen belanget/so seind dieselbigen alle gar schön vnd herrlich. Hat zwen Hospital/darunder der eine nahe bey der Statt auff einem lustigen Feld gelegen/vnd ist die Statt von Rittern/Gelehrten/Kauff vnd Handtwercksleuthen herrlich bewohnet: wirdt vor der fürnehmsten Stätten eine in gantz Hispanien gehalten.

Calataint. Calataint von den Alten Bilbilis geheissen/ist jenseit dem Fluß Ebro gelegen/hat einen gesunden temperierten Lufft vnd ein sehr fruchtbar Land: ist vmb vnd vmb mit schönen Gärten gezieret vnd wol bewohnet. Von dannen ist Martialis der Poet her kommen.

Moson. Moson. Ist sonderlich verrühmbt/wegen der stattlichen Hoffhaltungen vnd zusammenkunfften so da gehalten werden. Es berühmbt sich eines sonderlichen spruchs: daß namlich en der König sich von drey zu drey jahren dahin begeben solle/so er 600000. Cronen lieb habe. Dann so viel bezahlen jhm in diser zeit die Stände in Arragonien.

Neben disen Stätten seind noch Jacca/Huesca/Venasca etwas bekandt. Jacca ligt mitten in dem Gebürg/dahero es auch den namen bekommen/ist ein Bischofflicher Sitz/dahin er von Huesca gelegt worden.

Der Statt Huesca/sonst Osca/gedencken die alten Historici. Plutarchus sagt/es habe da Sertorius eine Academiam auffgerichtet.

Von Catalonia vnd seinen Stätten.

Catalonia ist also genandt worden von seinen Einwoneren den Gothis vnd Alanis/oder aber von Otgero Catalone/so von Martello/Hispaniam zu bekriegen dahin geschickt worden. Erstrecket sich von Salsas biß an den Fluß Ebrum/vnd von dem Leonischen Meer biß an den Fluß Cinga. Es ist in gemein ein rauch vnd vnfruchtbar Land/hat mehr allerhand Obswerck vnd Gartenfrüchte dann Korn vnd dergleichen Früchte. Vnd seind die Bäum mehr wilder dann zahmer art. Die Einwohner behelffen sich des Meers vnd der Schifffahrten/dardurch sie grossen nutzen schaffen.

Barselona. Die Hauptstatt Cataloniæ ist Barselona an dem Mittelländischen Meer gelegen/ward von Amilcare/mit dem Zunamen Barca/mehr dann 252.jahr vor Christi geburt erbawet: zu der zeit alß die Carthaginenser angeregten Amilcarem mit Heersmacht in Spanien geschickt. Ward erstlich klein vnd etwas von dem Meer gelegen/aber doch mit schönen Häusern/hohen Mawren vnd vier Stattporten nach den vier Winden gesetzt/gezieret: deren dann auch noch etliche anzeigungen im mittel diser jetzigen Statt zu sehen.

Demnach aber die Einwohner zugenommen/ist Barselona der guten gelegenheiten halben/dermassen auffkommen/daß sie an der grösse/schöne der Gebäwen/gleichheit der Häusern/geräde der Strassen/lustbarkeit der Gärten/darinnen auch neben anderen schönen früchten/Datteln wachsen/vielen Stätten in Hispanien nichts vorgibt. Es mangelt jhren nichts alß ein Port.

Die Einwohner prangen mit vielen herrlichen Privilegien/vnd wöllen sich darmit gleichsam für frey achten/vnd vermeynen sie seyen dem König anderst nicht schuldig zu gehorchen/alß mit sonderbarem beding/in welchem sie mächtig eyfferen.

Perpignano. Perpignano/ist das Haupt der Graffschafft Ronciglion/so ein gewiß theil ist Cataloniæ/ligt an dem Meer gegen Franckreich zu/ist von Johanne König von Arragon/dem Frantzosen vmb eine summa Gelts versetzt gewesen: welches hernach Carolus der 8. dem König von Arragon widerumb zugestellet/mit der Condition/daß er jhne an seinem anschlag auff Napoli nicht verhinderen solte.

Weiter gegen Franckreich auff den Grentzen ist Salsas eine mächtige Vestung/so wol von Natur/dann sie ligt an einem engen Paß/in einem sumpffigen ort/alß von der Hand: dann nach dem sie der Spanier widerumb auß der Frantzosen Hand bekommen/hat er sie nach altem vortheil befestigen lassen.

Es

Von Hispanien

Es seind noch in diser Landtschafft bekandt die Stätte Girona/Vich/(ist rauch vnd ödes ort/ die Einwohner gantz bäwrisch vnd wild) Cardona/Vrgel/Monserrato verrühmbt wegen des zulauffs vnd der Walfahrten. Item/Tarragona/von welchem Hispania Tarraconensis. Tortosa.

Lerida: Dise Statt haben die Römer Ilardam geheissen/ist ein gar edle Statt/in mitten zwischen Saragossa vnd Barselona/an dem Wasser Sicoris auff einer höhe gelegen. Ist der Römischen Kriegen halben treffentlich berühmbt/dann daselbst Julius Cæsar/des Grossen Pompeij Kriegs Armada/welche Marcus Varro/Lucius Afranius vnd Marcus Patricius geführt/mit siegreichem gewalt vberwunden. Hat schöne Kirchen/stattliche Häuser vnd ein alte berühmbte Hohe Schul/ein gewaltige Bruck vber das Wasser/welches ein Goldsand führet/wie dann fast alle Flüß in Hispanien. Vnd hat Lerida allein disen mangel/daß der Himmel Winters trüb vnd Melancholisch.

Von dem Königreich Valentz vnd seinen Stätten.

Valentia ist zu einem Königreich worden in dem jahr 788. wie die alten Historien melden. Ligt an dem Mittelländischen Meer: wird begossen von den Flüssen Tortes vnd Xucar. Tortes solle nicht sonderlich tieff seyn/aber eine vber die massen schöne gegne/dann seinen Gestad mit Rosen vnd anderen schönen Blumen gezieret/auch mit schönem Gehöltz der länge nach besetzt: Dahero Claudianus von jhme gesagt: Floribus & roseis formosus Duria ripis. Es seind in disen Landen zwen Berge Manola vnd Penna gelos: auff welche tägliche Wahlfahrten/der Artzt/Kräutleren vnd deren Leuthen/so sich mit den Kräutern belustigen. Dann man darfür haltet/es seyen darauff viel sonderbarer vnd seltzamer Gewächsen vnd heilsamer Kräutern/so sonsten nirgend gefunden werden.

Die Hauptstatt dises Königreichs ist Valentia/ist eine von den schönsten vnd säubersten Stätten in Hispania/jhrer guten Policey halben/sehr respectiert. Hat ein gewaltige Adeliche Ritterschafft vnd einen reichen Kauffmanshandel/sonderlich was Wollen vn̄ Thücher belanget/deren daselbst gar hertzliche zubereitet werden. Ward etwan von den Römern treffentlich gezieret/dessen dann viel anzeigungen von Marmor vnd andern Antiquiteten vorhanden/wird in einem alten Marmor geheissen Colonia Iulia Valentia. Die vmbligende Landtschafft wurde mehrtheils von den Maranen gebawet/welche noch viel von der Arabischen Sprach vnd Mahometanischer Ketzerey behalten: vnd wurden geduldet/ob gleichwol daselbst die Inquisition gar scharpff ist.

Es ist dise Statt voll schöner Gärten vnd anderen lustigen gelegenheiten/ist reich an Reiß/Zucker/Korn vnd andern Früchten/wird der Statt Napoli verglichen. Die Einwohner seind von den anderen Spaniern veracht wegen jhrer wollüsten/denen sie gantz ergeben/vnd werden von jhnen Peniti genandt. Vnd ob gleich die gemeinen Weiber in Hispania vn̄ Italia an allen orten frey geduldet werden/auch jhre gewisse Freyheiten vnd Recht haben/sollen sie doch an keinem ort in gantz Europa mehr geacht seyn alß in diser Statt/da alles nur auff den wollust gerichtet ist/vnd achten der Welschen wenig. Es solle dise Statt bey 12000. Häuser habē/ohn die Häuser in den Vorstätten vnd Lusthäuser ausser der Statt/sie soll auch vber die 10000. Sodbrunnen haben.

Das Port dises Königreichs ist Alcante/ein verrühmbt Port/von den Alten Illice genandt.

Von den Jnsuln Maiorca vnd Minorca/ so etwan ein sonderbar Königreich gemacht. Cap. xlv.

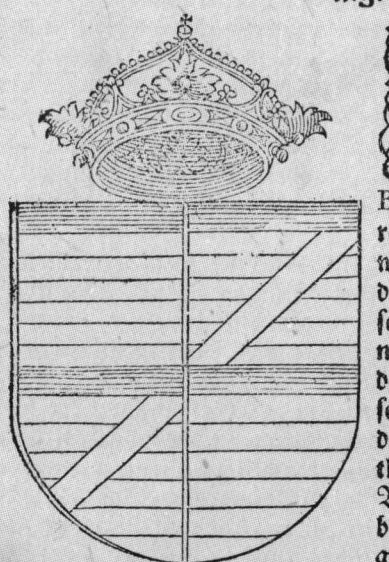

Vor zeiten seind diese zwo Jnsuln von den Griechen so zu Massilien gewohnt/vn̄ vber die vmbgelegene ort grosse Hertschafft gehabt/Gimnesiæ genannt worden/weil derselben Einwohner fast gantz nackend giengen: von den Römern wurden sie genandt Baleares oder Balearicæ, weil sie mit schlenderē so gewiß waren alß andere mit Bögen/vn̄ seind sehr fruchtbär allwegē gewesen. Man zeucht viel Viehs darin̄/vnd besonder findet man da grosse vn̄ viel Maulesel. Es seind mehr dan̄ 30000. Menschen die darinn wohnē. Sie wohnen in den Hölen vn̄ gebogenen Felsen/vn̄ haben vor zeiten kein gebrauch gehabt der guldenen vn̄ silberen Müntz. Die Weiber haben sie auß dermassen lieb/also daß sie ein Weib von den Räubern lösen mit 3. oder 4. Männern. Vnd alß sie vor zeiten hetten denen vō Carthago in einer Reiß gedienet/kaufften sie mit jhrem Sold Weiber vnd Wein/vnd brachten sie mit jhnen heim. Sie haben in Kriegen Schlenckern gebraucht/vnd haben auch wie gesagt/so hart geworffen/daß einer hett meynen mögen der Stein were auß einer Büchsen gangē. Sie seind auch also gewiß gewesen in jhrem Wurff/daß sie des fürgesetzten zwecks nicht gefehlt haben. Daß sie seind von Kind auff gewent jhren Müttern/die gaben jhnn nicht zu essen/biß sie ein Brot mit den Schlenckern herab warffen/das sie auff ein pfal gesteckt hatten. In disen zweyen Insuln wird kein schädlich Thier gefunde/wiewol viel Küngelin

Küngelein schaden viel Insulen.

darinn sind/vnd grossen schaden thun/aber sie sind nicht darinn erschaffen/sondern da auff ein zeit einer ein par dareyn bracht/habe sie sich also sehr gemehrt/daß dz gantz Erdtrich vñ Häuser vndergrube/daß die Eynwohner gezwungen wurden Raht zu suchen bey den Römern/wie sie jhnen widerstand möchten thun. Vnd da ward jnen Raht gefunde/sie solten wilde Katze auß Africa bringen/vnd die mit stricken in der Küngelin Hölen lassen gehn/so wurden sie mit jhren Klawen die Thier herauß ziehen/oder wurden sie zu den andern Löchern herauß treiben/daß man sie fahen möchte. Vnd das geschah auch also.

Zu vnsern zeiten ist ein besonder Königreich in disen Insuln/das man nennt das Königreich von Mallorca vnd Menorca/vnd begreifft vnder jm drey Insuln/Maioricam/Minoricam vnd Ebussam/die man in gemeiner Sprach nest Mallorcam/Menorcam vnd Evissam. Malorca hat in seinem bezirck h 300. Italiänischer meilen/vnd Milorca 150.ligen 14.meilen von einander. Malorca ist näher bey Hispania/Minorca näher gegen Orient gelegen. Evissa ist die kleinest vnder disen Insuln/vnd hat nicht mehr dann ein Dorff/das ligt auff einem Berg/vñ wird jährlich ein groß Gut von Saltz darinn darinn auffgehebt. Dann man läßt zu bequemer zeit das Meer hineyn in das Erdtrich lauffen/vñ darnach beschleußt man den Eyngang vnd leßt das Wasser sich setzen/so ersteht ein solcher grosser hauffen Saltz/dz man es mit grossen Schiffen hinweg führt/vnd speiset damit Mallorcam/Menorcam vñ Genuam in Italia. In den zweyen grössern Insuln Mallorca vnd Menorca/wechst ein groß Gut von dem besten Oel/das man von dannen führet in Vallentz/Flandern vnd Italiam. Man macht auch solche gute Käß darinn/daß sie zu Rom vñ in Hispania rhum haben vor andern Käsen. Es ist weiter darin ein grosse Handthierung mit den groben Wollthüchern/die man auch hinweg führt biß in Siciliam. In disen Insuln findet man kein schädlich Thier/ aber viel Hirtzen vnd Küngelin werden darinn gefunden/vnd wechst darin trefflich guter Wein vnd Frücht genug. Waren biß auff Anno 1128.von den Barbaren vnd Moren beherrschet/so auß Africa dareyn gefallen/vñ genossen was die Römer zuvor gepflantzt vnd gebawt hatte. Die Arragonischen König haben sie darnach der Kron Spanien vnderworffen/deren sie noch heut bey tag zugethan. In Mallorca ligt ein namhafftige Statt am Meer gegē Orient/die hat ein trefflich gut Port/vnd heißt auch Mallorca/vnd ist diser Insuln Hauptstatt/hat vor zeiten Palma geheissen/vnd ist dā ein Hohe Schul: vnd besonder wird da hoch geachtet Raimundus Lullus/der da erboren ist/vnd wird jhme dazu ehren erhalten ein gelehrter Mañ mit einem grossen Stipendio/der sein Lehr offentlich profitiert. Diß hat mir angezeigt ein gelehrter Mann/mit namen Antonius Lullus/geboren auß genandter Insuln/vnd von dem Geschlecht Raimundi Lulli. Es ligt auch ein andere Statt in diser Insuln/mit namen Polentia/die man in gemeiner Sprach Polentiam nennet/vñ sicht gegen Mittnacht/gleich wie Mallorca sicht gegen Mittag. Dise Insul ist fruchtbar am Meer/aber jnwendig hat sie hohe Berg vnd ist zum grössern theil vnfruchtbar. Jhre Einwohner müssen viel erleyden von den Saracenen auß Africa/die ohn vnderlaß dareyn schiffen vnd die Leuth gefangen hinweg führen/sie schätzen/plagen vñ zu der Dienstbarkeit brauchen oder vmb Gelt verkauffen. Deßhalben auch ain Feyrtag in der Kirchen ein gemein Almusen auffgehebt wird/die armen gefangenen damit zu erlösen. Die Insul ligt stracks gegen dem ort da das Wasser Iber in das Meer fallt/vnd mag sanfft in vier oder fünff stunden darauß in Hispaniam fahren/vnd gen Alger in Mauritaniam in zweyen oder dreyen tagen. Die ander Insul Menorca genandt/hat kein namhafftige Statt/aber viel Dörffer/vnd ist am Meer mit hohen Bergen vmbfangen/die mit grossen dicken Wälden bedeckt werden.

Evissa Saltzreich.

Käß gar gut. Handtierūg jederman gemein.

Raimundus Lullus.

Antonius Lullus.

Anno 1558.hat Pialus der Türckisch Wassa den Flecken Candella in diser Insul vberfalle/mit viel stürmen erobert/verderbt/eröst vnd vertilgt/1500.darinnen erwürgt/vnd 2000.Menschen hinweg geführt/alte/kinder/schwach vnd verwundt/die andere in das Meer geworffen/die besten verkaufft. Wie zu vnsern zeiten Keyser Carle Anno Christi 1541.von disen Insuln geschiffet ist in Africam/wider die königliche Statt Argieram/so man in gemeiner Sprach nennet Alger/will ich hie vnden anzeigen/da ich new Africam beschreiben werd. Im jahr 1550.hat Dragut Rays/den man auch nennet Dorguten/ein fürnehmer Meerzäuber/von niderem Stammen geboren ein Türck: da er aber alle andere fürtraff/ist er von Oenobarbo/vnder welches Dienst er war/der Othomannischen Schiffung fürgesetzt worden. Er hat die Insul Meningen vnd Aphrodisium eyngenommen/alß er nach Mauritanien vnd Africam stellet/hat er 47.Schiff zusammen gebracht die Christen zu beschädigen/vnd hat sich zu den Balearischen Insuln gethan vnd die gröste Statt diser Insuln Polentiam vberfallen: Aber die Eynwohner haben sich der Türcken erwehrt/

seind

seind jhren viel vmbkommen/auch jhnen nachgefolget biß zu den Schiffen vnd jhnen einen grossen Raub abgeloffen.

Von dem Königreich Portugal vnd seiner Regierung. Cap. xlvj.

Portugal das Königreich hat sein anfang genommen vmb das Jahr Christi 1110. mit solcher weiß. Es kam Graff Heinrich von Lothringen in Hispanien/vnd begieng grosse Thaten/vnd führt grosse Krieg wider die Saracenen oder Vngläubige/deßhalben Alfonsus der sechst/König zu Castel bewegt ward vnd gab jhm sein Tochter/mit Namen Tyresiam/die doch vnehelich war/zu der Ehe: gab jhm auch ein theil des Lands Gallicien/so vnder das Königreich Lusitaniæ gehört. Die zwey gebaren einen Sohn/nenneten jhn Alfonsum/vnd der war der erst König Lusitaniæ. Er trang den Vngläubigen ab die Statt Lißbonam/vnd vberwandt in einem Streit fünff König/deßhalben er auch vñ alle seine Nachkommen führen in jhrem Waapen fünff Schiltlein. Aber gegen seiner Mutter hielt er sich vngebürlich. Dann alß sie nach abgang jhres Herren zu der andern Ehe griff/ leget sie der Sohn in ein Gefengnuß/vnd mocht jhn niemand erbitten/auch der Bapst nicht/daß er sie ledig ließ. Alß nun die Mutter raach schrey vber den Sohn/kam die Straff Gottes/daß er gefangen ward von den Vngläubigen.

1	2	3	4	5	6
Alfonsus	Sanctius	Alfonsus	Sanctius	Alfonsus	Dionysius

König Dionysius ist ein Enckel gewesen des Königs von Castell/nemlich Alfonsi des zehenden/der ein Tochter gab König Alfonso von Portugal. Diser Dionysius erlangt von seinem Großvatter ein ewige Freyheit von allem Tribut. Dann biß auff jhn seind die König von Portugal zinßbar vnd vnderworffen gewesen den Königen von Castell.

7	8	9	10	11		
Alfonsus	Petrus	Ferdinandus	Johannes	Eduardus		
				Ferdinandus		
				Johannes		Petrus
				Petrus		Johannes
				Heinricus		Gemahel.
				Leonora Keyser Friderichs des 3		
				Johanna Heinrici 4. von Castell		

Es war Johannes der 10. auch vnehelich/vñ ein Ritterbruder in eim Closter worden/war aber seiner Mannheit halben zum Reich berüfft/vnd gewañ den Saracenen ab ein grosse Statt/die man Siebenstatt nennet. Er gebar auch sieben Söhn/vnder welchen Ferdinandus war ein geistlicher Mann/vnd wirdt von den Portugallesern für heilig gehalten. Darumb weil er von den Vngläubigen gefangen im Krieg wider die Saracenen/vnd bey jhnen mit grosser gedult den Mülstein/sein Brodt zu gewinnen/gezogen hat. Aber Henricus/ein gewaltiger Mathematicus/ alß er zuvor lang bey sich des Himmels vnd Erdtrichs zustandt bedacht/hat er sich letstlichen auff das Meer begeben vnd seinen Landsleuthen der erst die Newe Welt nach des Himmels lauff zu suchen/gewiesen: wie wir hernach melden wöllen. Eduardus der grösser Sohn ward König nach seinem Vatter/vnd erstritt drey Stätt in Africa/nemlich Zeliam/Tigem vnd Alcazar/vnd incorporiert sie seinem Reich. Er hett zwo Schwestern/Johannam vnd Elionoram. Johannam nam der König von Castell/vnd Elionoram Keyser Friderich der dritt/von dem König Maximilianus geboren ist. [marginal note: Siebenstatt gewonnen.]

11		13			16
Eduardus	Ferdinandus	Johannes fiel zu tod von einem Pferdt.			Sebastianus
	12		15		
	Alfonsus		Johannes	Johannes	
		14	Ludovicus		17
		Emanuel	Ferdinandus	Alfonsus Cardinal von Portugal	Anthonius
			Heinrich		
			Eduard		
			Isabella Keyser Carols des 5 Gemahel.		

König Emanuel der 14. hat die andere Haußfraw gehabt Leonoram/die nach seinem Todt genommen hat König Franciscus von Franckreich. Mit der ersten Haußfraw hat er vberkommen Isabellam Keyser Carlen des fünfften Gemahel/vnd ein andere Tochter/die Hertzog Carlen von Saphoy zu der Ehe genommen hat.

König Eduardi Bruder/nemblich Heinricus Infant/ein großmütiger Herr/hat zum ersten vnderstanden zu schiffen auff dem Meer zu vnbekandten Ländern/ist kommen zu der Inseln

Mederam/die gar nahe gantz öd ist gelegen/hat doch einen köstlichen vnd fruchtbaren Boden zu allen Früchten/vnd besonder wachst darinnen der beste Zucker/den man in den eusseren Ländern finden mag. Darnach ist er gefahren zu den Canarien Inseln/vnd von dannen gegen Mittag vmb Africam geschiffet/vnd viel seltzam ding gefunden. Etliche jahr hernach/nemlich Anno 1500.hat König Emanuel ein grosse Schifffahrt zugericht/vnd die außgeschickt gegen Occident/Mittag vnd Orient/vnd wunderbarlich ding erfahren. Er hat gefunden ein Schifffahrt der Newen vnd vnbekandten Welt/so man die newen Insuln nennet: Er hat auch einen weg gefunden/durch welchen man von Portugall schifft biß in Indiam/vnd herauß zu Wasser bringt allerley Gewürtz vn Specerey/wie er das selbs dem Bapst Leoni in einer Epistel anzeigt vn rühmt. Aber es hat sich erfunden/daß dise Schifffahrt den Teutschen/Frantzosen/Engelländern/Dennmärckern/ic.grossen schaden thut. Demnach schreibt Paulus Iouius ein gelehrter Mann in Italia/daß der Portugalleser Schiffart nicht allein andern Landtschafften verschlegt die Straß in Indiam/sondern sie macht auch/daß das Gewürtz zu vns kompt mit einem grossen gewiß der Portugalleser/vnd vnserm merchlichen schaden. Dann was gut ist/das behalten sie/vnd das nichts soll verkauffen sie vns auff das thewrest. Sie wenden für/wie sie mit jhrer Schifffahrt die Christliche Religion vnderstehen hineyn zu bringen/vnd suchen vnder diesem schein jhren grossen nutz. Sie sprechen/wie sie so ein grossen Kosten auff dem Meer erleiden/vnd darumb schlagen sie also viel auff das Gewürtz. Aber Damianus ein Portugalleser vnderstehet die seinen zu versprechen/beschuldet die Fürkäuffer/die alle Gewürtz an sich kauffen/vnd andere Vnderkäuffer dermassen strecken/dessen der gemein Mann durch gantz Europam muß entgelten. Dise schädliche Fürkäuffer solt man zum Land hinauß treiben/vnd im gantzen Europa nicht dulden.

Johannes der dritt/vnd 15. König in Portugall/ist seinem Vatter Emanuel im Reich nachgetretten/hat ein einigen Sohn gehabt/welcher drey jahr vor jhm gestorben. Er aber ist jhm nachgefolgt im Brachmonat des 1557.jahrs/seines Alters im 51. hat dem Reich glücklichen vnd wol 36.jahr vorgestanden.

Nach jhm ist Sebastianus sein Enckel nur drey jahr alt/König erwehlt worden: welcher alß er von Zeriff einem Mauritanischen König/so seines Bruders Sohn Abimelech genandt/vnder dem schein der Vormündschafft seiner Königreichen beraubt hat/vnd von jhm durch hilff des Königs von Algier widerumb vertrieben ward/zu hilff geruffen/ist er sampt 15000. starck vber Meer geschifft vnd mit den Saracenen ein Schlacht begangen/in welcher er den vierdten Augusti des 1579.jahrs/sampt dem grösten theil seiner Macht erlegt ward.

Alfonsus König Johansen des dritten Bruder/ein Cardinal grosses alters/ward auß mangel Königliches Stammens/zum Regenten in Portugall erwehlet: alß er aber gleich im nachfolgenden 1580.jahr/den letsten Jenner mit todt abgieng/erwehlten sie Antonium ein natürlichen Königliches Stammens: welcher doc gleich/von König Philips auß Hispanien/so die Kron begert hatte/vnd jhm von wegen Isabella seiner Mutter König Johansen Schwester zu gehören vermeint/vertrieben ward. Ist also gantz Hispanien mit allen Provintzen vnder eines Königs gewalt kommen.

Algarbe ist heutiges Tags auch Portugal vnderworffen/ward von den Arabiern also genandt/dieweil das Land allenthalben sehr gut vnd fruchtbar/ist das geringste Königreich in gantz Hispanien/ward ein Graffschafft/vnd von Alfonso dem zehenden/König zu Leon/Alfonso dem dritten/auß Portugal zum Heurahtsgut für sein Gemahelin Berenicen/gedachtes Königs von Leon natürlichen Tochter gegeben. Auff disem Heurath ward Dionysius gezeuget/derselbe macht Algarbe zu einem Königreich.

Von der gelegenheit des Königreichs Portugall vnd seinen Stätten.
Cap. xlvij.

Portugall hat den Namen/dieweil es der alten Gallier Port war/Lusitania aber ward Luso Dionysij Sohn genandt. Stoßt gegen Nort an Gallicien/gegen Mittag an Castilien vnd an den Occidentalischen Oceanum. Hat treffentliche Pferd/die im Lauff so geschwind/daß die Alten vermeintē/die Stuten hetten sie vom Wind empfangen. Die Einwohner seind Mannlicher dann andere Spanier/sonderlich auff dem Meer erfahren/wie sie dann durch jhre erfundene Indianische Schifffahrten ewigen Namen vnd groß Gut bekommen. Hat fünff schöne Flüß/gewaltige Meerporten/fruchtbare Felder/mächtige Stätt vnd viel herzlicher Gebäwen. Hat neben obgemeldten Bistthumben 130.Clöster/zusampt 1460.Pfarren/Hospitäl/Siechen vnd Waisen Häuser nicht gezehlet: zwo berhümbte hohe Schulen/eine zu Ebora/von Cardinal Heinrich/vnd die andre zu Coimbra/von König Johanne dem andren gestifftet.

Wirdt durch drey fürnehme Flüß in drey sonderbare Theil abgetheilet. Der eine ligt zwischen den Wassern Minio vnd Durio/vergleichet sich Gallicien. Der ander ist zwischen dem Taio vnd Durio/ist Volckreich vn besser erbawet. Vnder dritte zwischen dem Taio vnd Ana/Bürgig vnd nit sonderlich bewohnt. Der mitler ist der beste/alß in welchem sechs vnderschiedne gute Meerporten/25000.Brunnenquellen/vnd in die 200.schöner Brucken/von quadersteinen zu sehen.

Die Statt

Von Hispanien.

Die Statt Liſzbona

Welche iſt die Hauptſtatt in Portugal/vnd eine der fürnehmſten Stätten in gantz Hiſpania/außgetruckt nach aller form vnd geſtalt/wie ſie zu vnſern zeiten beſchaffen.

N   Oliſipo

134　　　　Olisiponis oder Lißbonæ der fürnehmen / vnd w
　　　　　　　　　　　　　　　　　　　　　weitbekandten Statt

LIS

Aß Lißbona vnder die gar alten Stätt in Spanien zu rechnen seye / bezeugen etliche fürtreffliche vnd vralte Scribenten. Von Varrone wird diese Olisipo, von Ptolemæo Oliosipo / von Plinio Salatia vnd Iulia Fœlix / von Strabone aber Vlissea / von Vlysse genandt / der sie (wie auß den Worten Myrliani zu vernemmen) soll erbawen haben. Diese Statt hat anfenglichen nur ein Berg in ihr begriffen / vnd biß zum Fluß Tago gereicht: jetz aber nach dem sie mächtig erweitert worden / seind deren noch mehr / wie auch etliche Thäler oder Ebne / darzu kommen. Gegen Mittag stehet der alte Königliche Sitz gar herrlich / vnd künstlich erbawen / wird zu den Heyligen genandt. Aber gegen Mittnacht ist das stattlich Frawen Closter S. Clara am Gestad des Wassers Tagi: gegen Mittag hat sie das Meer: zu den andern drey orten mag man zu Landt darzu kommen. Dieweil nun diese Statt fünff Berg vnd so viel Thäler oder Ebne / die

gantz

gewaltigen Kauffmans Gewerb/ so allda getrieben/
wahre abcontrafactur.   135

gantz fruchtbar vnd lustig seind/in jr begreifft/machen sie der Statt vmbkreiß dermassen so groß/
das derselbig auff sieben tausent Geometrischer schritt gerechnet wirdt. Inwendig ist sie weit vnd
vberauß schön/vnd werden da vber die zwentzig tausent Häuser gezehlet/vnder welchen nicht allein
der fürnehmen vnd grossen Herren/sonder auch gemeiner Bürger Häuser auff das schöneste vnd
köstlichste erbawen seind. Es entspringen auch am Vfer viel guter Brunnen/die hin vnd wider in
die Gassen geleitet/damit das Volck zu täglichem Brauch Wassers genug hat. Kürtzlichen dar=
von zu reden/so wird diese Statt sieben köstlicher Gebäw halben/so sie für andere vberauß wol zie=
ren/sehr gerühmet. Das erste/ist der Tempel der Barmhertzigkeit/welcher allenthalben mit Qua=
dratsteinen auff das herzlichste erbawen/vnd die zu demselbigen sorg tragen/werden die Brüder der
Barmhertzigkeit genennet: weil sie den Schatz/so da auß Barmhertzigkeit gestewrt wirdt/ver=
walten: darauß jährlichen armen Leuthen vber die 24000.Ducaten außgetheilt werden. Das an=
der

der in aller Heyligen Nassen erbawen/ist auß Barmherzigkeit vnd Gütigkeit für alle arme/krancke vnd schwache Leuth geordnet. Dessen miltreiche Außgab jährlich in die 40000. Ducaten laufft. Von dem Einkommen soll nichts auff Zinß gelegt/sonder den Dürfftigen redlich ertheilt werden. Das dritte ist vom Herzen Petro/des Königs Johannis dieses nammens des ersten Sohn/auß dem gemeinen Gut erbawen/damit die frembden Leut/vnd besonders der Königen Gesandten da eynkehren möchten/ist ein weit/schön Hauß/vnd das mit grosser verwunderung wol anzusehen. Das vierte ist Königs Johannis des dritten ewige Lobs würdig/welches nicht allein der Statt Lißbone/sondern des ganzen Portugalliæ Kornkasten mag genennet werden. Hinder dem Hauß stehet das newe Rhathauß gegen dem Meere/welches billich seiner Köstlichkeit vnd schöne wegen/für das fünffte mag gezehlet werden. Das sechste ist ein vberauß wunderbarlich Gebäw/welches vom Raub vnd Beut/so sie vielen Völckern vnd Königen in Kriegen abgesagt/ganz voll ist: vnd weil im selbigen auch die Indianischen Sachen tractiert vnd verhandlet werden/wird es von dem gemeinen Mann das Indianisch Hauß genandt. Das siebend ist das Zeughauß/darinn allerley was zum Krieg nothwendig/vberflüssig gefunden wirdt. Gegen dem Meer zu hat dise Statt 22. Thor: gegen dem Land aber 16. Sie hat auch vmb die Ringkmawer 77. starcker Thürn: 25. Pfarzkirchen. Dises schreibt Damianus Goes ein Ritter auß Lisiania/welcher ein besonder Büchlein von diser Statt geschriben.

Anno Christi 1506. ist in Portugall zu Lißbona ein grosse vnruh erwachsen vnder den Bürgern der Juden halb/die sich kürzlich darvor hetten lassen tauffen. Dann sie hielten die Mosaischen Ceremonien/vnd waren Christen mit dem Mund/aber heimlich waren sie noch Juden. Als die Christen solches vermerckten/haben sie die Juden vor dem König alß falsche Christen verklagt/da ließ der König 16. fahen/vnd bald hernach wider ledig gehen. Da die Christen solches vernommen/haben sie ein Auffruhr gemacht/vnd bey 600. getauffter Juden vnd andere Juden zu todt geschlagen vnd verbrennt. Es fuhr auch ihr Auffruhr auß der Statt auff das Land/vnd da wurden auch viel erwürgt/daß die summ der ertödten vnd getaufften Juden kam auff 1930. Alß der König solches vernam/ward er erzürnt/vnd ließ die Hauptsächer fahen/ließ etliche verbrennen/etliche enthaupten/etliche hencken/vnd vielen nam er ihr Gut vnd verjagt sie auß dem Landt.

Erdbidem. Anno 1531. 26. Jan. ward ein solcher Erdbidem in Portugal/daß zu Lißbona in die 1050. Häuser verfallen/vnd in die 600. gebäw also erschüttet worden/daß niemandt mehr hat seine Wohnung darinn können haben. Dieser Erdbidem hat gewert acht ganzer Tag vnd ist ein solche bewegung des Erdtrichs gewesen/daß sie alle Tag sieben oder acht mal ist entsprungen. Dardurch dann die Einwohner genötiget seind worden auff das Feld zu fliehen vnd allda ihr Wohnung zu suchen.

Anno 1580. den letzten Tag Januarii/kam Lißbona vnd demnach das ganz Portugal nach des Cardinals absterben an König Philippum von Castilien.

Von der Statt Coimbra.

Coimbra/etwan Conimbria vnd Colimbria/ein schöne herzliche Statt / mit einer Hohen Schul vnd Stifft begabet/ligt in einem sehr fruchtbaren Land/da sonderlich viel Oelbäum vnd Weingärten seind. Die gewaltige Wasserleitung daselbst ward Anno 1572. von König Sebastiano erbawet/vnd laufft das Wasser auß einem grossen Marmorsteininen Trog durch alle Gassen. Die Professores in H. Schrifft/Rechten vnd Arzney/werden mit Königlichen Stipendijs wol besoldet.

Von des Königs in Hispanien ganzer macht in eine Summam zusammen gezogen. Cap. xlviij.

Von der erschaffung der Welt hero/hat niemalen ein Fürst ein grössers Reich gehabt/alß eben der König in Hispanien/seithero Portugal mit der Cron Castilia vereiniget worden: dann er besitzt viel herzliche Provinzen in Europa/ansehenliche Herrschafften in Africa vnd Asia/noch viel mehr aber in der Newen Welt.

In Europa hat er ganz Hispanien/welches seit 800. jahren hero niemalen ganz vnd gar vnder einer Crongewesen. Er hat die Niderlanden so 1000. meilen im gezirckh haben. Er hat das Königreich Neapolis/welches 1400. meilen: Item/das Herzogthumb Meyland/welches 300. meilen: Item/die Insul Maiorca/welche 300. meilen: die Insul Minorca/welche 150. meilen: die Terza/so 80. meilen: Siciliam/so 700. meilen: vnd Sardinia welches 562. meilen im gezirckh hat.

In Africa hat er den besten Port/welchen das Mittelländisch Meer haben möchte/nemblich Marzaquivir: Item Oran/Melilla vnd Pennon.

Ausser der enge des Meers/hat er die 12. Insuln Canariæ: deren der fürnehmsten sieben seind/vnd ein jede 90. meilen im gezirckh hat: aber von wegen der Cron Portugal hat er in Africa die ansehenliche ort/Setta vnd Tanger/so die Schlüssel seind nicht allein besagter Enge/sondern auch des ganzen Mittelländischen Meers vnd Oceani Atlantici/vnd ausser der Enge Nazagan.

Ebenmässig hat Portugal in demselbigen Oceanischen Meer/die 7. Insuln Terzere/deren
Angra

Von Hispanien. 137

Angra 40. meilen im vmbkreiß hat: S. Michael 90. Nicht weniger hat er Porto Sancto vñ Madera. Item/die Insuln Capo Verde/deren 7.seind. Vnder Linea Equinoctiale hat er S. Thomas/so grösser ist dann Madera. Er ist auch ein Herr der gantzen Africanischen seiten/welche sich erstreckt von Capo d'Aguero biß zum Capo Goardafu.

In Asia hat er ebenfahls/von wegen Portugal die beste Ort innen: alß Ormutz/Diu/Goa/ Mallaca. Diu ist der Schlüssel der reichen Insul Cambaya vnd ihres Meers/allda die Portugeser auch besitzen Daman/Bazain vnd Tarnaca. An Goa ist dem König viel gelegen/vnd tregt im wol so viel/alß etliche Königreich in Europa: deßgleichen besitzen die Portugeser schier die gantze seiten/welche sich von Daman biß zu der Statt Melipur erstreckt. In der Insul Zeilan/welche die allerlustigste ist in der gantzen Welt/haben sie auch den Port vnd Vestung Colombo. Malacca ist das letste Ort der Portugesern in Asia/vnd der Schlüssel aller Schifffahrten vnd Gewerb des Oceani/Eoo vñ der vnendlichen Insuln/so zusammen nicht viel kleiner seind dañ Europa. Gleichsfahls haben sie gute Niderlagen oder Vestungen zu Armacan vnd den Kauffhandel von China. Item zu Tidor/vnd das Gewerb von den Molocken vnd Banden: darbey daß höchst zuverwunderen/das nur 12000.Portugeser/so sich der orten am Meer vnd auff dem Land befinden/bezwingen vnd im zaum halten können so viel mächtige Könige in Asia/vnd daß sie das gantze Atlantische/Indische vnd Eooische Meer bezwungen/vnd nunmehr in das 90. jahr sich allda bevestiget haben. Vnd soll keiner vermeynen/daß sie hierunder zuschaffen gehabt haben mit verächtlichen vnd im Krieg vnerfahrnen Völckeren: dann sie haben das Königreich Ormutz einem Vnderthanen des Königs in Persia genommen: Sie haben zu Diu des Soldans in Egypten Kriegsschiff vnd Macht geschlagen/vnd Diu wider des Türcken vnd der Guzaratier Mächt verthädiget/die Türcken vielmals auff dem Roten Meer in die flucht geschlagen vnd ihnen die Kriegsschiff Anno 1552.bey Ormutz genommen. Deßgleichen haben sie gestritten wider den König von Cambaya: mit dem Fürsten von Decan: mit dem König von Calicut vnd Achen/vnangesehen dieselbigen versehen vnd staffiert waren mit Türckischen Soldaten vnd Waaffen: also daß man sich viel billicher vnd mehrers zu verwundern hat vber die dapfferkeit vnd sieg diser Nation/die sie in disem gantzen Oceano vnd der gegend Asiæ erlangt haben/dann vber die Victorien vnd Sieg Alexandri Magni vnd der Macedoniern/vnd zwar vmb so viel desto mehr: allweil Portugal bey weitem nicht so groß vnd mächtig/vnd die anzahl ihres damals gehabten Kriegsvolcks nicht so groß war alß der Macedoniern/dann nur 19.Kriegsschiff haben die Armada oder Kriegsmacht des Egyptischen Soldans zertrennet/2000.Portugeser haben Goa erobert/mit 1500.haben sie es verthädiget/ mit 800.haben sie Malacca vnd mit viel wenigern Ormutz bekommen.

Der ander theil der Herrschafften des Königs in Hispanien bestehet in der Newen Welt/vnd weil er daselbst keinen widerstand findet/so hat er alles darauß was er will. Dise Newe Welt bestehet theils in Insulen/theils im vesten Land. Der Insuln des Nordt Meers seind vnzählich viel/ dann der Lucarischen seind vber die 400.darunder etliche so groß/daß sie ein Königreich vertretten köndten. Dann Borichen ist 300.meilen lang/600.breit. Jamaica ist nicht viel kleiner. Cuba ist 300.meilen lang vnd 20.breit. Die Insul Hispaniola begreifft 1600.meilen im gezirck. Was das veste Land belanget/wissen wir daß der König zu Hispanien/beherrschet vnd würcklich besitzet/ alles was an Florida vnd New Hispanien vnd Lucatam stosset/wie nicht weniger dieselbige gantze Meridionalische halb Insul 1000.meilen lang vnd 100.breit: vnd die menge der starck fliessenden vnd todten Wassern haben verhindert/daß man nicht weiter gesegelt.

Auß dem Newen Hispanien/Peru/Brasilien vnd Philippinen empfahet der König jährlichen einen grossen Schatz an Gold/Sylber vnd köstlichen Wahren.

Weil derowegen das Reich dises Königs dermassen groß vnd gleichsam vnendtlich ist/so wöllen wir es/alß viel die Macht vnd das Regiment belanget/in vier Theil abtheilen. Der erst Theil soll seyn was in Europa ligt. Der ander solle die Newe Welt begreiffen. Der dritte/was an der Occidentalischen vnd Meridionalischen seiten in Africa ligt. Der letste soll seyn was in Indien vnd Asia ist.

Von des Königs in Hispanien Macht vnd Regiment in Europa.

Die Herrschafften welche der König zu Hispanien in Europa hat/seind die aller reicheste vnd vberflüssigste/so irgends in der Welt zu finden: Dann Hispanien ist dermassen reich an Gold vnd Sylber/vnd ist so gar viel daran gelegen/daß es das aller erste veste Land gewesen/darumb die Carthaginenser/Römer/Gothen vnd Wenden dermassen hefftig gestritten/vnd nach dem die besagten Gothen das gantze Römische Reich durchlauffen/haben sie Hispanien für ihre Wohnung erwehlet.

Trebellius vnd Pollio/nennen Hispanien vnd Franckreich starcke Waaffen des Römischen Reichs: So hat er auch das allerbeste Kleinodt in Italien/alß Neapolis vnd Meylandt/wie dann in gleichem die allerbeste Insul des Mittelländischen Meers. Item/die Niderlanden/alß welche

O alle

alle andere an der fruchtbarkeit des Erdtrichs/an der herrligkeit der Stätten/an der embsigkeit des Volcks vnd an der beuestigung der orten/vbertrifft.

Von des Königs in Hispanien macht auff dem Meer.

Was des Königs zu Hispanien macht auff dem Meer belangt/vermeinen gleichwol etliche/das der Türck jhm in derselben vberlegen seye/ob schon aber der Türck mehr hat an Meergestadt/so hat er doch keine so grosse macht an Volck/so sich auff die gescheff des Meers verstehn. Dann außgenommen Algier vnd Tripoli/ist gewiß das er an den gantzen Africanischen seiten kein einiges Ort hat/da er ein par Galeren bawen oder erhalten köndte: vnd eben dieses kan auch gesagt werden vom grösseren Meer/allda nichts namhafftes ist/alß allein Cafa vnd Trapezont: Deßgleichen kan auch solches gerehdt werden schier von allen seiten Asiae/dann es nit gnug/das man Meers genug habe/sondern es ist auch ein notturfft/daß man Leuth habe die einen lust haben zum Meer/ welche die müh vnd arbeit des Meers außstehen/sich der Schiffart vnd gewerbschafften befleissen/einen vberfluß haben an Holtz vnd Seil/damit sie die Schiff bawen vnd erhalten mögen/ vnd dapffer ihr Leben in gefahr setzen/vnd zwischen dem Scilla vnd Charibdi den Todt trutzen. Der halbe theil des Türckischen Reichs/hat durchauß keine Schiffleuth/so gegen den Catalonieren/Bißkayeren/Portugesern vnd Genuesern zu vergleichen weren.

Beschließlichen hat der König zweyerley vortheil vber den Türcken/der erste ist/das/ob schon der Türck mehr Volcks in seinem Reich hat/jedoch er jhnen/weil sie meisten theils Christen seind/ nicht trawen darff. Der ander vortheil ist/weil die Meergestaden des Königs viel näher beysammen dann des Türcken/dannenhero kan er sein macht viel geschwinder zusammen bringen. Man hat jederzeit gesehen vnd erfahren/das die macht der Occidentalischen Völcker vberlegen gewesen den Orientalischen/vnd die Septentrionalische den Meridionalischen: die Römische den Cartaginensern/Die Griechische den Asiatische. Keyser Octavianus hat mit d' Italiänischen Armada die Egyptische/vnd die Christen haben die Türckische geschlagen. Wie die Türcken selbs bekennen/daß vnsere Galeren die jhrige vbertreffen/vnd daß sie jhnen vngern begegnen. Alß offt Carolus Quintus/ein Kriegsmacht zu Wasser führte/hat sich der Türck niemalen rühren dörffen/dann ohne alle seine verhinderung oder gegenwehr ist er mit 500. Schiffen für Algier gesegelt/ mit 600. vor Tunis/vnd Andreas Doria hat ein so grosse Macht in Græciam geführt/da er ohne alle jrrung vnd verhinderung Patras vnd Corone erobert.

Was ferner die macht/welche der König in dem Oceanischen Teutschen Meer hat/belangt/ist bekandt/das die Niderlandt an Schiffen/herzlichen Porten vnd fürtrefflichen Schiffleuthen/ keinem Landt viel bevor geben: Ich geschweig der vielerhand Schiffen zu Sevilia vnd Portugal/ allda die Flotten auß der newen Welt vnd Indien anlenden/vnd dardurch ein vnendtliche anzahl Piloten vnd Schiffleuth immerdar in übung gehalten werden. Ich geschweige auch der Bißkayner Schiffleuth/welche dermassen gute Soldaten vnd Schiffleuth zugleich geben/daß sie mit ebenmässiger grimmigkeit sich den gewaffneten Feinden vnd den erschrocklichen Wellen des Oceanischen Meers dörffen widersetzen.

Von des Königs in Hispanien Macht auff dem Land.

Des Königs Kriegsmacht zu Land bestehet in der Reuterey vnd Fußvolck. Was das Fußvolck belangt/seindt die Wallonen vnd Teutschen die besten: Aber fertiger seindt die Spanier. Dann die Römer haben die Frantzosen bezwungen innerhalb neun jahren. Aber die Spanier haben zwey hundert jahr lang den Krieg wider sie außgehaltë: damit nur des Keysers Augusti macht köndte die Bißkayner bezwingen. Die Spanier haben mit jhren Händen vnd Waffen jhr Vatterlandt den Moren auß den Händen gerissen.

Volgendts alßbald darauff Africam vberfallen vnd ansehenliche Vestungen darinn erobert. Hernacher haben die Portugeser Mauritaniam vexiert/dem Meergestad zu Chinea/Etiopia vnd Cafraria ein Gebiß eyngelegt/Indien/Malacca vnd die Insuln Moluccæ erobert: Nicht weniger haben die Castilianer sich vber das Oceanische Atlantische Meer begeben/die Newe Welt bekriegt/darinnen viel Königreich/Provintzen vnd vnderschiedlich Völcker bezwungen/vnd letztlichen die Frantzosen auß Neapolis vnd Meiland vertrieben. Kein einige Nation mercket im Kriegswesen besser auff jhren vortheil/sie verschlaffen/vbersehen vnd versaumen nichts/seind allzeit einig vnd haltens mit einander/vnd gedulden den Hunger/Durst/Kälte/Hitz vnd allerhand mühseligkeiten viel besser dann kein einige andere Nation. Durch dise Eygenschafften vnd mittel haben sie jhren Feinden stattliche Sieg aberhalten vnd gar selten geschlagen worden/außgenommen was vor Algier vnd Engellandt beschehen ist: wie sie dann auch das beste gethan haben in der Schlacht welche Keyser Carl vor Ingelstatt wider die Teutsche Fürsten erhalten. Das Italiänisch dem König zugehörige Fußvolck belangend/weißt vnd kennet man die dapfferkeit der Marsier/Peligner/Hernicier/Samniter/Lucaner. Die Reuterey betreffend/hat der König

die

Von Hispanien.

die aller besten Pferd/nemlich die Ginetten. Item/Burgundische Rossz/so die besten seind in Franckreich: Item/die Niderländische/so die besten seind in Teutschlandt.

Es ist auch Spanien versehen mit Eysen/welches genommen vnd bereitet wirdt in Biscalien/Gipuscoa vnd Molina: Item/mit Waaffen/so gemacht werden zu Meyland/Neapolis vñ Herzogenbusch. Item/mit Victualien vnd Proviant/welches vberflüssig kompt auß Apulia/Sicilia/Sardinia/Artoys/Castilia vnd Andalusia. Item/mit allerhand guten Wein von Somma/Calabria/S.Martin/Aimonte vnd anderen orten.

Was für Fürsten in Europa/mit des Königs in Hispanien Landen grentzen.

Die fürnehmsten Fürsten Europę/welche mit dem König zu Hispanien grentzen/seind die Venetianer/der König in Franckreich/Engelland vnd der Türck.

Was die Venetianer betrifft/seithero Meyland in des Königs Hände gerahten/ist guter fried zwischen jhnen/dann die Venetianer trachten viel mehr dahin/damit sie jhre ort befestigen/den andere vnd frembde Länder an sich bringen/dann weil sie aller dings dem frieden ergeben/so fahen sie nichts widerwertiges an wider jhre Nachbarn: Hergegen hat der König selbs so viel Länder vnd Herrschafften/daß er darmit solt zu frieden seyn: Er hat auch schier aller orten wider die Türcken/Moren vnd Vngläubigen dermassen so viel zu schaffen/daß er der andern solte vergessen.

Was Franckreich belanget/grentzet Hispanien mit jhm an vielen orten/vnd seind gleichwol an jetzo eins vnd friedlich mit einander/aber hie bevor jmmerdar in weitem Feld gelegen: vnd wie die Macht Franckreichs bestehet in vngestümigkeit vnd eylfertigkeit / also bestehet die Spanische Macht in bedachtsamkeit vnd langsamkeit. Nun ist es aber viel leichter/daß die vngestümigkeit gedempt werde durch die langsamkeit/dann dise durch die vngestümigkeit/dann die vngestümigkeit wirdt vorhin bey zeiten gesehen vnd wahr genommen/vnd ein standthafftiger vnd bedachtsamer Mensch treibet einen vngestümen leichtlich zu ruck vnd ermüdet jhn/vnd durch dises mittel/weil nemlich der Spanisch Kriegsoberster sich in Barletta vnd an der reser Gariliano auffhielte/hat der Frantzoß Neapolis/vnd so gar die hoffnung es widerumb zu bekommen/verlohren: Deßgleichen hat mit ebendiser Kunst Antonius de Leiva/den König Franciscum vor Pavia müd gemacht vnd Prosper Colonna die Französische Hauptleuth auß Meyland vertrieben. Vnd ob schon die Frantzosen mit jhrer Furi vnd vngestümigkeiten im ersten angriff vnd im stürmen/alß sonderlich zu Jovis/Mommedi vnd Cales etwas verricht haben/seind sie doch bißweilen in den Feldschlachten/zu Gräflingen/S.Quintin vnd Siena geschlagen worden: Dann alßdann gilt die ordnung/kunst vnd geschickligkeit viel mehr/dann die Furi vnd vngestümigkeit. Ob auch schon die Spanische langsamkeit in anderen fällen schädlich ist/weil dardurch sehr viel gute gelegenheiten versaumbt werden/ist sie doch jhnen wider die Frantzosen fürträglich/nicht allein in Kriegssachen/sondern auch anderen vnderhandlungen/dann weil die Frantzosen von Natur hitzig seind/ vnd wann derowegen sie die Spanische langsamkeit antreffen/so erkalten vnd ermüden sie geschwind vnd lassen bald nach.

Was Engelland belanget/hat sich Carolus der fünfft zu versicherung seiner Niderlanden bemühet/sich mit Heinrico dem achten zu vereinigen/wie nicht weniger hernacher seinen Sohn mit der Königin Maria zu verheurathen/aber doch nach absterben gesagter Königin/ist Spanien vnd Engelland niemahlen wol mit einander gestanden/vnd vnangesehen/ die Engelländische Kriegsmacht viel tauglicher ist jhr eygen Land zu verthädigen/dann frembde zu bekriegen/dannenhero die Engelländer ausserhalb jhrem Königreich ohne frembde hülff vnd zuthun/selten etwas namhafft verrichtet haben/nicht desto weniger haben sie des Königs in Hispanien Ländern starck zugesetzt.

Von der Spanier Macht in der Newen Welt.

Die Provintzen welche der König zu Hispanien in der Newen Welt hat / seind dermassen viel/mächtig vnd groß/daß sie sich vor keinem Feind förchten dörffen/dann die Spanier haben an den aller gelegenesten Orten gute Colonias vnd eyngäng der Wasserflüssen: Item/die Meerporten vnd fürnehmste Päß oder fruchtbare vnd Gold oder Sylber reiche Ort besetzt/vnd dardurch den kriegerischen Völckern einen Zaum vnd Gebiß ins Maul gelegt. Gegen Mittag haben sie gar keinen Feind/der sie feindtlich anfallen könne/dann auff viel tausend Meilen seind keine Insulen vorhanden. Gegen dem Nordt werden die Spanischen Flotten vnd Porten zimlich vexiert von den Frantzosen/Holländern/Engelländern/den allergrößten schaden haben sie erlitten Anno 1586. alß Franciscus Draco die Insul S.Dominici/Hispaniola vnd Cartagena am festen Land plünderte. Aber eben dises hat verursacht/daß der Spanier die Augen auffgethan vnd auff mittel gedacht/jhr Land besser zu versichern/vnd an vnderschiedlichen Orten/alß zu Vera Croce gegen Mexico vberligend/ein starcke Vestung zu bawen vnd dadurch den Feinden jhre gelegenheit zu brauchen/abgeschnitten. Nicht weniger hat er ein Vestung in der Insul S.Dominici gebawet/

bawet/vnd also gleichsam einen Patron vber dasselbe Meer dorthin gesetzt. Wie es dann das ansehen hat/alß seye der Situs vnd die gelegenheit Italiæ von der Natur gemacht worden/das Mittelländische Meer zu beherrschen/also läßt es sich ansehen/alß seye der Situs vnd die gelegenheit Hispaniæ formiert das Oceanische Meer zu beherrschen/wie dann solches auch die Complexion vnd Natur der Spanier außweiset/alß welche allerhand verenderungen der Lüfft vnd Landen können erdulden vnd außstehen.

Von der Spanier Macht in den Philippinischen Insuln.

Die Philippinischen Insuln gehören vnder New Hispanien/nicht darumb daß sie in desselben gräntzen begriffen/sondern Anno 1564. durch Michaelem Lopez de Legaspe/des Statthalters in New Hispanien/abgeordneten/erfunden vnd zu Ehren Königs Philippi des anderen also genennet wordt. Man vermeint/das in dem Oceanischen Meer/welches sich zwischen New Hispanien vnd Sumatra erstrecket/11000. grosse vnd kleine Insuln ligen. Vnd ob schon sie allesampt ingemein Philippinæ genennet werden/so gebürt doch derselbig Nam nur denen so gegen Mittnacht ligen/vnd derselbigen seind biß dato nicht vber 40. erobert worden.

Die fürnemste heißt Luzon/vnd ist 200. meilen lang/aber sehr eng. Daselbst haben die Spanier an dem außfluß des Wassers Manila ein grosse Statt gebawt/vnd wird an zweyen orten vmbgeben vom Meer vnd vom Fluß. Wo der Fluß in das Oceanisch Meer laufft/ist auff der einen seiten ein stärcker Thurn/auff der anderen ein gute Statt gebawt worden. Die allergröste Insul ist Vendeuneo: Die allerberhümste ist Cadaya/welche weil sie zum allerersten erfunden worden/für andere Philippina genandt wirdt. Vnder anderen ist auch Cebe/daselbst Malianes vmbkommen/die hat 11. meilen im gezirckh vnd ligt im 10. grad hoch. Dise vnd andere benachbarte Insuln seind gemeiniglich reich an Goldaderen vnd Victualien: Vendeuneo ist vberflüssig an Zimmet/welches in grosser anzahl in New vnd Alt Hispanien geführt wirdt.

Die anzahl der Spanier so dise gegend erobert haben/vnd noch zur zeit beschützen/ist anjetzo 1600. vnd vnder denselbigen seind nicht vber 900. Soldaten/haben gelegene Vestungen gebawet/nemlich zu Luzon/zu Pañay vnd in Cebu/vnd haben etliche Galeren vnd Kriegsschiff. In der Statt Monila wohnet ein Bischoff mit 18. Priesteren/Ordensleuthen vnd Jesuiten/welche sich berühmen daß sie vber 300000. Personen bekehrt habe. Die meiste verhinderung ihrer bekehrung ist/daß sie gewohnt seind viel Weiber zu haben/vnd dieselbigen verlassen sie vngern. An disen Insuln ist viel mehr gelegen dann man vermeint/dann nicht allein seind sie Goldreich/sondern ligen auch an einer guten vnd wolgelegenen gegend/die benachbarte Insulen zu bekriegen/die Molüccische zu erhalten/vnd die Kauffmanschafft zwischen dem Archipelago vnd dem Newen Hispanien: Item/zwischen China vnd Mexico zu erhalten: So gar hat man von dannen auß/angefangen die Mahometische Sect vnd Macht im Zaum zu halten/da doch sie zuvor anfiengen sich der Insuln/Asiatischen vnd Arabischen Meergestads zu Impatronieren vnd zu bemächtigen. Vnd ist den Spaniern im Newen Hispanien vnd Peru viel gelegener dann den Arabern/auß ihren gegenden etwan ein Impresa oder anschlag fürzunemmen. Dann es hat sich befunden/das ein Schiff in zwen Monaten von Peru ist in Philippinen ankommen/da man auß Arabia ein halb jahr darzu braucht/vnd ist also nicht allein näher/sondern die Wind seind auch den Spanischen Schifffahrten viel fürträglicher dann den Morischen/dann die Spanier fahren die gerade Linien/aber die Moren ein krumme.

Von des Königs in Hispanien Macht in Portugal.

Das Königreich Portugal ist 320. meilen lang vnd 60. breit/sehr wol gelegen/nicht allein zu der schifffart/sondern auch ansehnliche Impresen vnd Sieg anderstwohin zuverrichten. Die eynwohner seind dermassen dapffer/das sie herrliche Sieg erlangt haben/in Barbaria/Ethiopia/India vnd Brasill/vñ seind nunmehr etliche jahr/daß sie besagte ort/vnd die fürnembste ort darinn besitzen/erhalten vnd Herren seind der schiffarten auff dem Oceanischen Atlantico vnd Eoo.

Die Insuln Terzeræ gehören auch zu diser Cron/vnd ist an denselbigen so viel gelegen/dz ohne sie die schifffarte in Ethiopia/India/Brasill vnd der newen Welt nit wol erhalten wurden/dan die Flotten/so von derselbigen gegne her gen Seuilia oder Lißbona kommen/können nit wol vnderlassen allda an zu lenden/damit sie volgendts andere vnd bessere Wind erlangen. Die Eynwohner haben sich dem König zu Hispanien halßstarziger weiß widersetzt/vñ seind seithero der orten viel Sieg erhalten worden/wider die Frantzösische vnd Engelländische Armaden oder Kriegsschiff.

Von des Königs in Hispanien Macht in Africa vnd Æthiopia.

Der König hat am Africanischen Meergestad vnd in der Enge Gibraltar nicht allein Sepia vñ Tanger/sondern auch Magazan/welches ausser der Enge 20. meilen gegen Mittag auff Areel zu ligt: In dem Africanischen Meergestad vom Vorberg Arguero biß an den Vorberg Guardafu hat er zweyerley Landtschafften/dann etliche seind jhme ohne mittel vnderworffen/alß nemlich die

Von Hispanien. 141

Insuln Maderę/ Porto Sancto/ Capo Verde/ Arguin/ S. Thomas vñ andere benachbarte. Vñ dise Insuln erhalten sich mit dem Fluß der Victualien/ Zucker/ Frücht vñ Wein/ deren sie ein theil in Europam verführen. Haben kein andere klag/ alß allein wider die Engellendische/ Frantzösische vñ Niderländische Freybeuter. Zu S. Jörg Della Mina habe die Portugeser gleichsam zwo Vestungen/ von dannen auß handlen sie mit den benachbarten Völckeren võ Ghinea vnd Libia/ vnd ziehen an sich daß Gold von Mandinga vnd anderen vielen orten.

Die Portugeser habe im Königreich Congo in Ethiopia zwo Colonias/ nemlich in d' Statt S. Saluator/ vñ in der Insul Loanda. Auß disem Königreich ziehen die Portugeser vnderschiedliche Reichtumb/ vnd vnder andren jährlich 5000. Sclauen die sie in die Insuln vnd Newe Welt verschicken/ vnd für ein jeden solchen Sclauen muß man der Cron Portugal ein starcken Zoll geben/ auß disem Königreich kan man leichtlich in des Priester Johannes Landt kommen/ dann es ist nicht weit darvon.

Mit Congo gräntzet Angola vnd mit desselben Fürsten haben noch jmmerdar die Portugeser zu kempffen/ von wegen etlicher Sylberwerck/ so daselbst viel besser seindt/ dann die Portugesische. Wo fern die Portugeser die aldorten benachbarte ding eben so hoch geschetzet hetten/ alß die weit entlegene/ auch/ die macht mit deren sie den Capo bonę spei passiert/ vnd in Indien/ Malacca vnd Molucco kommen/ verwendt hetten zu der Africanischen Impressen/ so wurden sie mit viel schlechterm vnkosten viel grössere reichtumb erlangt haben/ dann in der gantzen Welt ist kein Reich vberflüssiger an Sylber/ alß eben die Königreich Madinga/ Ethiopia/ Congo Angola/ Butua/ Toroa/ Maticuo/ Boro/ Quiticui/ Monomotapa/ Cafati/ Monoemugi: Aber der geitz der Menschen helt allzeit mehr vom frembden/ dann von seinem eigenen Gut/ vnd die weit entlegene ding scheinen allzeit grösser zu seyn/ dann die nah gelegne.

Zwischen dem Capo bonę spei vñ Guardafu haben die Portugeser die Vestung Cefala vñ Mozambiche/ vnd vermittelst derselbigen/ verbleiben sie nit allein Herren vber den gewerb der vmbligenden Landen so allesampt sehr reich seindt/ an Gold vnd Helffenbein/ sondern befördern auch dadurch die Indianische Schiffahrten/ dann dieselbige Armaden kommen jhnen theils zum guten nutz/ vnd theils erfrischen sie sich.

Sie haben auch dieser orthen an dem König zu Melinde einen grossen Freund/ deßgleichen am König zu Quiloa vnd anderen benachbarten Insuln: vñ es mangelt dißfals den Portugesern nur am Volck/ dann vnder anderen Insuln ist S. Laurenzo die aller grösste in der gantzen Welt/ vnd ist 1200. Meilen lang vnd 40. breit / auch fruchtbar vnd versehen mit wohlgelegenen Porten vnd Seen. Diese Länder der Cron Portugall/ förchten sich vor niemand/ alß vor deß Türcken Kriegsschiffen/ aber doch werden sie durch daß jmmerwerende ab vnd zu fahren der Portugesischen Flotten beschützt vñ versichert. Sogar haben sie Anno 1559. nahe bey Mombrantza vier Türckische Galeeren vnd ein Galeotta/ der Orten erwütscht vnd erobert.

Von des Königs in Hispanien Macht in Asia.

Des Königs Asiatische Länder ligen theils in Persia/ theils Cambaya/ vnd in den jnnersten vnd eussersten Indien. In Persia haben die Portugeser das Königreich Ormuz. In Cambaya haben sie die Insul/ Diu/ Daman vnd Bazain. In den jnnersten Indien besitzen sie Caul/ die Insuln Goa vñ jhre benachbarte/ vnd die Vestungen Cocin/ Colan vñ die Insuln Manar/ vnd den Port Colombano in der Insul Zeilan. Aber der fürnembste ist Goa/ daselbst der Königliche Stathalter wohnet/ vnd die macht der Indien ist. Ormuz vnd Diu werden hoch geschetzt/ von wegen der beherschung des Meers vnd Kauffhandlung auff dem Persianischen vnd Cambayschen Meerbusen/ Cocin Colandt seind berühmbt wegen des Pfeffers/ der daselbst eyngeladen wird: Manar aber von wegen des Perlenfangs/ so im Meer beschicht. Colombo ist berühmbt von wegen des vberflusses der Nägelin/ Daman vñ Bazain/ von wegen der vmbligenden Landen/ deßwegen hat König Johannes der dritt/ diser orten die älteste Kriegsleuth hin verordnet.

Alle dise Indianische Landen habe den vberfluß/ an Baumwollen/ an Palmen/ Reiß/ Früchten Pfeffer vnd Jngber. Deßgleichen hat der König in Hispanien daselbst etliche Fürsten/ so theils seine Freundt/ theils aber seine Zinßleuth seindt. Der fürnemist ist der König zu Cocin: derselb war anfangs des Königs zu Calicut vnderthan vnd nicht sehr mechtig/ aber an jetzo hat er vermittelst der Freundtschafft vnd Gewerb/ die er mit den Portugeseren hat/ sehr grosse reichthumb vnd macht erlangt. Nicht weniger ist der König zu Colau der Spanier Freund/ vnd in disen beyden orten hat der König zu Hispanien ansehnliche Stätt/ꝛc.

Die Macht der Portugeser in disen Landen bestehet/ erstlich in der stercke vnd bevestigung der orten vnd gegenden/ am anderen in der zahl vnd dapfferkeit der Kriegsschiffen. Dann was die Situs vnd gegenden belangt/ weil die Portugeser vermerckt haben/ das jhnen/ von wegen der gar kleinen anzahl jhres Kriegsvolcks/ vnmöglich were etwas namhaffies/ im Land hinein zuverrichten/ vnd der macht der Persianern/ Guzarateren/ der Fürsten zu Decan/ des Königs zu Narsinga vñ anderer widerstandt zu thun/ so haben sie sich beflissen/ die jenige Situs vnd gegenden zu erobern/

die

die jhnen tugenlich weren das Meer zu beherrschen vnd Kauffmanschafft zu treiben/wie auch mit wenig Volcks einer grossen Kriegsmacht zu widerstreben. Weil derwegen sie die Meer Porten eingenommen/vnd Herren seind vber das Meer/so haben sie gute gelegenheit/ein so grosse Schiffarmada zu versamlen/daß jhnen niemandt kan widerstreben. Es seind auch jhre Schiff dermassen versehen vnd beschaffen/das sie sich nicht vor 3. oder vier anderen förchten. Franciscus Almeida hat mit 22. Kriegsschiffen die Mamalucken nahe bey der Insul Diu geschlagen. Alphonsus Illburkercke hat mit 30. Kriegschiffen Calicut vberfallen/mit 21. Schiffen Goa erobert/mit 24. wider zu wegen gebracht/mit 23. Malacca eyngenommen/mit 21. ins Rohte Meer kommen/vnd mit 22. Ormuz wider erobert: Folgendts hat Lopes Suarez 27. Schiff ins Rohte Meer gebracht/vnd Lopes Sequeira hat mit 24. grossen Schiffen Judæam im Rohten Meer/vnd mit 48. Diu heimgesucht/Heinricus de Menesses hat mit 50. Schiffen Patane zerstört. Lopes Voz Sampaio hat im Arsenal gelassen 36. wohl gerüste Kriegschiff. Nunno de Acunia ist mit 300. Schiffen für Diu gezogen/darauff waren 3000. Portugeser vnd 5000. Indianer. Don Constantin di Braganza hat in der Impresa vor Ormo 160. Schiff/vnd nicht weniger vor Jonesepatam.

Von des Königs in Hispanien benachbarten Fürsten so er in Indien hat.

Der König in Hispanien gräntzet nicht allein mit mächtigen freunden/sonder auch feinden/daß der Persianer Prætendiret Ormuz/welches seiner Vnderthanen einem zugehörete. Der König von Cambaya Prætendiert die Insuln Diu vnd andere Länder/darvon oben meldung beschehen.

Der Nizzamlucco vnd Iralcano Könige in Decan vnd die Könige von Calicut/haben sich gleichwol viel/aber vergeblich bemühet/Diu wider zuberkommen: der von Persia vnd Narsinga haben wohl mit anderen mechtigen feinden zuschaffen. Der Türck ist der Portugesern allerschädlichste feind/vnd hat sich viel mahls bemüht/sie vom Rothen Meer auß/vermittelst der guten gelegenheit/die jhm die Statt Aden an die handt gibt/auß Indien zuvertreiben/theils auff anhalten des Königs von Cambaya/theils auß eigenem ehrgeitz. Die gröste Armada die er wider sie auß vnd gehn Diu geschickt hat/ware von 64. Kriegsschiffe/ist aber schändlich in die flucht gebracht worden. Noch ein andere hat er vor Ormuz geschickt 27. Kriegsschiff/die ist ebenmessig geschlagen vnd zerstrewet worden. In Zeila haben die Portugeser mehr nicht alß Colombo/dan derselbig König war gleichwol jhr Zinßman/ist aber durch den Mohren Singa Pandara vertrieben worden/vnd wirdt durch die Portugeser erhalten.

Beschließlich was das eusserste Indien belangt/hat die Cron Portugall das Königreich Malacca vnd die Moluccische Insuln. Malacca erstreckt sich 270. meilen/aber von wegen des vngesunden Luffts/wirts wenig bewohnt/vnd hat nur die einige jetzt besagte Statt. Dieselbig ligt in einer solchen gegend/das sie schier alle Gewerb/alle Päß vnd Reisen/so durch den grossen Oceanum/von dem schlundt des Rohten Meers biß zum Vorberg Liampo beschehen/besitzet vnd innhat. Da selbst samlen sich auch alle schätz des Vesten Lands/welche den Europäischen nichts bevor geben. Vorzeiten war die Statt Malacca grösser/vnd erstreckte sich 3. meil wegs am Meergestad: Anjetzo haben diß ort die Portugeser enger gemacht/damit sie es desto leichter befestigen mögen. Der König zu Jor vnd Achen/habens mehr malhs belägert vnd hart beängstigt/aber allzeit durch hilff auß India mit des Feinds schaden entsetzt worden. Letztlich hat Paulus Lima den König von Jor geschlagen/vnd ein Vestung die er bey Malacca gebawt/erobert vnd darinn 900. stuck grobes Geschütz gefunden. Aber doch ist Malacca in grosser gefahr/von wegen der grossen macht des Königs von Achen.

Was das Königreich Molucce belangt/haben die Portugeser ein Vestung in der Insul Pernate gehabt/aber ist auß mangel der entsatzung vor etlichen jahren den Mahometischen vbergeben worden: Nichtdestoweniger aber haben die Portugeser in der Insuln Tidor das gewerb noch in händen.

Die Moluccen seind die trewlosesten vnd schlimbsten Leuth in der ganzen Welt/derowegen niemand mit jhnen zu frieden vnd ruhen seyn mag.

Vnd so viel von dem Königreich Hispanien/desselben gelegenheit/macht vnd Herzligkeit.

Von dem Eynkommen des Königreichs Hispanien.

Das Eynkommen dises gantzen Königreichs wie es jetzund beschaffen/betreffend/wirdt darvon vngleich gehalten. Die Spanier machen dasselbige nach jhrer gewohnheit dermassen groß/daß es gleichsam vnglaublich: Hingegen seind andere widrige so von disem Eynkommen viel zu gering halten wöllen. Wie nun dise beyde theil auß sonderbaren affecten der sachen zu viel oder zu wenig thun/alß haben wir auß vnpartheyischen Leuthen Relationen/wie es hiermit bewandt/ohne einige passion/kurzen vnd summarischen Bericht thun wöllen.

Das gantze Eynkommen diser Cron/wie es heutigs tags beschaffen/wirdt in einer summen geschätzt auff 22. Million Cronen.

Von Hispanien.

Gantz Hispanien/ Portugal eyngeschlossen/ bezahlt ein jahr in das ander auff 10. Million Cronen.

Das Hertzogthumb Meylandt bezahlt jährlichen 1. Million Cronen.

Das Königreich Napoli 2. Million Cronen.

Sicilia 1. Million Cronen.

Die Insul Sardinia/ Majorica/ Minorica/ tragen in 2. Million Cronen.

Die Niderland in 2. Million Cronen.

Die Indien tragen dem König ein jahr in das ander 4. Million Cronen.

Die Ordinari Außgaben dises Königreichs/ belauffen sich jährlichen in allem vber 14. Million Cronen: also daß jährlichen noch in dem vorschutz were bey 8. Million Cronen.

Meylandt/ Napoli/ Sicilien/ Sardinien/ Majorica/ Minorica fruchten wenig/ dann was sie geben/ das fressen sie widerumb/ vnd bißweilen noch mehr darzu.

Die Extraordinari Außgaben vnd Beschwerden dises Königreichs/ sonderlichen so vber das Kriegswesen zu Wasser vnd zu Land gehen/ seind also groß/ daß jetzt lange zeit hero die Eynkommen nicht genugsam waren/ selbige all abzurichten. Zu zeiten Keysers Caroli des fünfften/ wurden die meisten gefell diser Cron versetzt für viel Million Gold/ vnd halt man darfür/ daß er Carolus/ seinem Sohn Philippo in 25. Million Gold Schulden hinderlassen/ welche darnach wegen der Kriegen mit Franckreich vnd andern gemehrt worden. Nach dem aber Philippus der ander/ Portugal vnd darmit die Newen Indien in seinen gewalt gebracht/ seind viel diser Schulden abgelegt worden. Auff disen ist kommen Philippus der dritt/ vnder welchem die Krieg zu Wasser vnd zu Land/ wider die Niderländer/ den Türcken/ Hertzogen von Sayhoya/ Venetianer widerumb angangen/ dardurch neben andern spesen/ so auch an jetzigen Teutschen Krieg gewandt worden/ die gefell dises Königreichs so mächtig verpfendet vnd beschwärt worden/ alß sie jemalen gewesen/ daß also darfür gehalten wirdt/ daß bey disen beschwärlichen zeiten/
diß/ sonsten mächtigste vnd gewaltigste Königreich/
keinen grossen Vorraht werde ma=
chen können.

Ende des andern Buchs der Cosmographey.

G iiij   Das

Das Dritte Buch der Cosmographey oder Weltbeschreibung/ durch Sebastian Münster/

auß den erfahrnesten vnd besten Cosmographis vnd Geschichtschreibern fleissig zusammen getragen.

Von Gallia oder Franckreich/ nach aller seiner gelegenheit/ außtheilung/ Völcker/ Stätten/ Bergen/ Wassern/ ꝛc. Cap. j.

  Gallia die dritte Landtschafft Europe/ so man jetzund Franckreich nennet/ ist nicht mehr so groß/ wie etwan vor zeiten/ dañ auch der theil Italien/ so zwischen den Alpen vnd der Statt Amona ligt/ die Lombardey/ vor zeiten Gallia Cisalpina genandt/ wie gleichfals auch ein guter theil der Niderlanden darinnen begriffen waren. Was jenseit dem Gebürg gelegen/ Gallia Transalpina/ bey dem Plinio Comata vnd Ptol: mæo Celtica Gallia genandt/ haben sie in drey vnderscheidliche theil/ alß Celticam/ Belgicam vnd Aquitaniam/ welche aber Ptolemæus in vier/ alß Aquitaniam/ Lugdunensem/ welcher einerley mit des Cæsaris Celtica/ Belgicam vnd Narbonensem vnderscheidt.

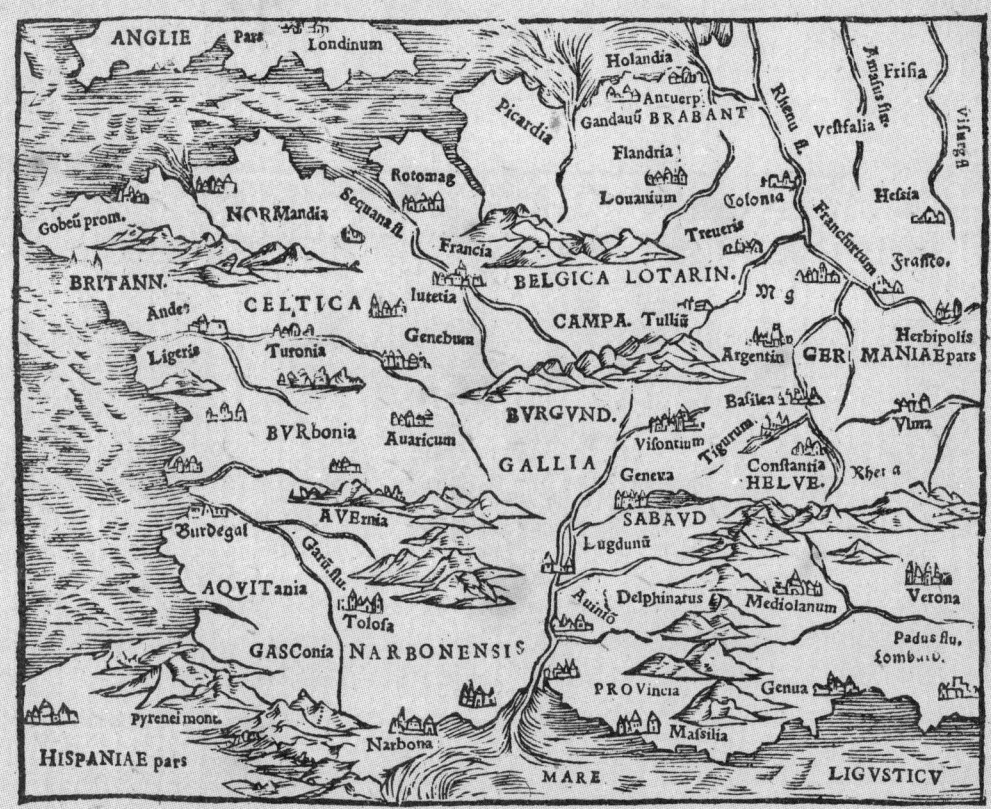

Dise Namen haben sich vor langen zeiten alle verendert/ dañ Gallia Celtica ward zu ersten verendert/

Von Gallia. 145

endert/in Lugduner vnd Narboner Galliam/begreifft Delphinat/Saffoy/Provantzen/Langendock vnd Burgund. Aquitania hat seinen Namen behalten/vnd streckt sich biß zum Fluß Ligeris. Belgica aber von König Belgio also genandt/erstrecket sich biß an Rhein/vnd begreifft Elsas/Lotharingen/Westereich/Brabandt/Flandern/Gellern/Normandey/Britannien vñ das Land vmb Pariß.

Die Länder waren vorzeiten durch Berg vnd Waßer vnderscheiden/wie heutiges tags durch die Sprachen/darumb dann Elsas/Westereich/Braband/Holland/Gellern vnd andere Länder so Teutsche Sprachen haben/nicht Franckreich sondern Teutschland werden zugeschrieben.

Die alten Grentzen waren/das Pyrenæisch Gebürg/der Oceanus/das Alpengebürg vnd der Rhein. Da aber heutiges tags/alles was von Calles gegen Orient zu ligt/nicht mehr Franckreich/sondern Teutschland zugerechnet wirdt. Vnd die Teutschen gleichfahls/an beyden seiten des Rheins weit vnd breit herrschen. Woher aber diß Land Gallia geheissen/seind vielerley meynung: Etliche sagen Hercules seye vor der zerstörung der Statt Troja auß Egypten in Franckreich kommen/vnd sich in Burgund nidergelassen/daselbst auch die Statt Alexiam/welche hernach Cæsar zerschleifft/gebawet/vnd daselbst einen Sohn mit namen Galata bekommen/demselben hab er hernach das Reich vbergeben/alß er aber viel vmbligende örter vnder sich gebracht/vnd von treffentlichen Thaten grossen namen hatte/wurden die Vnderthanen Galater genandt. Hernach machten die Römer auß dem wort Galati Galli vnd Galatia/Gallia. Appianus vnd andere wöllen/die Gallatier auß Asia haben dise Landtschafft eyngenommen vnd sie jhnen also nach genandt. Etliche setzen die Gallier haben disen Namen von der Milchspeiß oder Milchweissen Leibern/sintemal das Griechische wörtlein Gala/Milch bedeutet. Hernach wurden etliche in Gallia von den Römern genandt Comati/weil sie lange Haar getragen/etliche Braceati/von den Hosen/die bey den Römern vnd andern Völckern vngewohnlich gewesen/vnd etliche Togati/weil sie lange Röck getragen/genennet. Endlichen wurd gantz Gallien von den Teutschen Francken/so Anno 420. vber den Rhein gezogen/gen Metz vnd Doll kommen/vnd sich durch das gantze Land außgebreitet/Francia oder Franckreich genandt. Dise Francken/so auß Scythia oder anderswo vber Meer her in Europam kommen/vnd sich ein gute zeit bey dem Teutschen Meer herumb/da sich der Rhein außgeußt/auffgehalten/waren vmbs jahr Christi 407. von einem Rhatsherren zu Trier in dises Land gelocket vnd beruffen/die schmach so der Römische Landtvogt seiner Gemahel gewaltthätig erwiesen/zu rächen.

Was Sprachen die alten Francken sich möchten gebraucht haben/ist nicht wol vnd eigentlich zu wissen/weil keine Bücher gesehen worden/welche sie vielleicht geschrieben haben/ehe sie vnder der Römer Joch vnd gewalt kommen. Allein ist kundt vnd offenbar/daß gedachte Gallier auß täglicher beywohnung/so in die fünfftthalb hundert jahr gewähret/der Römer Sprach gelehrnet vnd ein schlecht vnd grob Latein geredt haben/daher dann auch die ersten Frantzösischen Christlichen Könige Clovis/Childebert vnd Chlotharius/die alten Gesätz/so König Pharamond in Fränckischer/das ist/Teutscher Sprach/deren sich noch lang die Sachsen vnd andere benachbarte Völcker gebraucht haben/in Latein vbersetzen vnd vertolmetschen lassen/damit sie von jedermenniglich in Gallia möchten verstanden/auch desto eher vnd ernstlicher gehalten werden. *Alte Fränckische vnd Gallische Sprach.*

Wie nun dise alte Fränckische Sprach seye beschaffen gewesen/ist zu Langres in des Capituls Liberey zu sehen/da dann ein Buch/die Concordantzen vber die vier Euangelisten genandt/auff einer seiten Latein/auff der andern alt Fränckisch geschrieben.

Gedachte Teutsche Sprach aber ward nach König Ludwig des Gütigen absterbe/vnder Carolo dem Kahlen im gantzen Reich/Flandern außgenommen/abgeschafft/vnd die Gallische/so man Römisch geheissen/darauß das jetzige Frantzösisch erwachsen/widerumb auffgebracht.

In Nider Bretagne werden nicht geringe anzeigungen von der alten Gallischen Sprach gespüret/wie dann derselbigen gegne Einwohner sich den Römern lang widersetzt/vnd auch vnder Valentiniano von den vbrigen Galliern seind abgefallen.

Von den alten Francken so in Gallien gezogen. Cap. ij.

Klärlich findt man in den Historien/daß Francia oder Franckreich disen Namen etlich hundert jahr nach Christi geburt hat vberkommen/vnd das von den Teutschen Francken/die die rechten vnd vrsprünglichen Francken seind/wiewol die Frantzosen sich deß beschämen/vnd sprechen Nein darzu. Nach jhrer meynung wirdt Gallia Franckreich genennet von Franco/der ein Sohn oder Nachkömmender Hectoris soll gewesen seyn/welcher dann nach zerstörung der namhafften Statt Troja kam in Galliam vnd regiert darinnen/vnd ward auch Gallia von jhm Francia genennet. Sie reden für wahr/das Franckreich von Franco habe den Namen empfangen: es hat sich aber ein lange zeit verlauffen von Franco biß zu der zeit daß Gallia ward Franckreich genennet. Dann Francus nicht in Franckreich regiert/sondern ist ein Hertzog oder König gewesen der Teutschen Francken. Dennach solt du hie mercken/ das die Historien sagen. Nach dem die *Franckreich woher es genennet wirdt.*

Statt

Marcomi-
rus König
der Francke.

Statt Ilium oder Troia zerbrochen ward/kamen Priami Enckeln über das Meere Hellespontum/vnd setzten sich an das Meotisch Meere vnd wurffen vnder jhnen einen König auff. Aber da sie viel mit Kriegen wurden angefochten von den Gothen/die nicht fern von jhnen wohneten/vnd mochten jhnen nicht genugsam widerstand thun/ward jhr König Marcomirus zu Raht mit seinen Landsherren/daß sie dasselbig Land/mit Namen Scythiam/verlassen wolten vnd ein new Land suchen/darinn sie ruhe mochten haben. Vnd alß er nach Heydnischer weiß ein Opffer gethan/ward er vermahnt durch ein heimlich eynsprechen/daß er mit seinem Volck ziehen solt an

Alrauna. das Meer/da der Rhein in das Meer fallt/da wurd er ruhe haben. Vnd daß er der sachen noch ge-

wisser were/ward er auch durch ein Zauberin oder Hex/Alrauna genandt/darzu ermahnet. Dann dise Zauberin brachte mit jhrer Zauberey zuwegen/daß bey der Nacht dem König Marcomiro ein Abgott erschiene mit dreyen Köpffen/ ein Kopff war ein Adlerskopff: der ander ein Krottenkopff: der dritte ein Löwenkopff. Der Adler sprach: O Marcomire/dein Geschlecht wirdt mich vndertrucken vnd wirdt den Löwen vndertretten vnd die Krott tödten. Er meynt das seine Nachkommen wurden herrschen vber die Frantzosen/vber die Römer vnd vber die Teutschen. Dann die Krott bedeutet die

Frantzosen: Der Löw die Teutschen vnd der Adler die Römer.

Demnach im jahr 433. vor Christi geburt/seind dise Scythen/Marcomirus vnd sein Volck kommen in Teutschland/vnd haben sich nider gelassen vnd gesetzt an das ort/da jetzund Gellern vnd Holland ist: Da haben sie die Sachsen Neomagos genennet/das ist ein Teutsch wort/vnd heißt Newmag/new Freund oder newe Nachbawren. Sie seind von einer Königin/die Cambra hieß/Sicambri genennet worden/vnd diser Nam ist jhnen lange zeit blieben/vnd ist dasselbig Land auch von jhnen lang vor Christi geburt Sicambria genennet worden. Ihr erster König den sie ge-

Die Francken
kommen von
Franco.

habt haben/ist gewesen Anthenor/deß jetzgemeldten Marcomiri Sohn. Der ander hat geheissen Priamus/der 16. Francus/der seiner grossen klugheit vnd mannlicher Thaten halben/die er in den Kriegen erzeigt hett/gar lieb gehabt ward von seinem Volck/vn deßhalben auch forthin sich Francken von jhm nenneten. Diser Francus hat vber die Sicambern regiert 42.jahr vor Christi geburt. Der siebend König nach jhm hieß Rhaterius/der bawete ein Statt in Batavia: das ist/Holandt/ vnd nennet sie nach jhm Roterdam/da er auch begraben ligt/vnd das geschahe vmb das 70.jahr

Genebaldus
der erst Her-
tzog in dem
Teutschen
Francken-
landt.

nach Christi geburt/da Nero Keyser ward. Darnach vmb das jahr 320. nach Christi geburt/regiert vber die Sicambern oder Francken Clodomirus/der hatte einen Bruder mit namen Genebaldus/ der war der erst gesetzt Hertzog in dem Teutschen Franckenlandt.

Nun merck weiter/daß die jetzgemeldten Sicambrischen oder Fränckischen König/dieweil sie im Niderland gesessen seind/gar viel Krieg geführt haben wider die Völcker/die in Gallia wohneten vnd wider die Römer/die das Land Gallia vnder jhrer gehorsame hetten/vnd behielten in jhrem Streit zum offtermal den Sieg/lagen auch etwan vnder. Es haben sich auch viel Teutsche zu jhnen geschlagen/also daß sie mit der Teutschen hilff in kurtzen jahren eroberten beyde seiten des Rheins/daran sie noch kein benügen hatten/sondern griffen weiter vmb sich vnd vberkamen die Statt Trier vnd andere Stätt mehr/biß zu dem Wasser Sequana das durch Pariß laufft/vnd schlugen die Römer darauß.

Von den Landtschafften vnd Wassern des Königreichs Gallie/ wie sie zu vnsern zeiten genennet werden.
Cap. iij.

DEr hocherfahrne Mann Strabo schreibt vnd erfindt sich auch also/daß Gallia allenthalben wirdt mit fliessenden vnd Schiffreichen Wassern vbergossen/vnder welchen der Rhodan/Ligeris/Mosel/Maß vn Sequana die fürnehmsten seind. Dise vnd andere geringere kehren jhren Fluß gegen Mittag/vnd entledigen sich in das Mittelländisch Meere/dardurch das Land sehr gefürdert wirdt/daß es gering von einem Meer in das ander Kauffmansschätz vnd andere Last führen mag. Hie merck daß die Maß vnd die Arar/die man jetzund Sagonam nennet/ an einem Berg entspringen/vnd laufft eins gegen Mittag/das ander gegen Mittnacht. Deßhalben ward vor zeiten ein grosser Landtsherr bewegt/vnd wolt den Berg lassen durchgraben vnd dise zwey Wasser zusammen fügen/damit man von einem Meer zu dem andern mit Schiffen kommen möcht. Aber es ward im Raht erfunden/daß viel vbels darauß erwachsen möchte/darumb ward es

vnders

Von Gallia.

vnderlassen. Solch Werck hat auch Keyser Carolus der Groß vnderstanden mit der Altmül vnd Rezentz bey Nürnberg zu vollbringen/wie ich im Teutschen Land anzeigen will. Der Landtschafft halb die zu vnsern zeiten in Gallia seind/groß vnd klein/sind ich dise/Aquitaniam/Gasconiam/Britanniam/Turoniam/Normanden/Picarden/Franciam/Limosin/Averniam/Burgund/Lothringen/Provintz/Delphinat/Hertzogthumb Bar/Hertzogthumb Bourbon/Champanien/Languedocken/Hertzogthumb Berry/Hertzogthumb Saphoy/ꝛc. Dise Länder alle gebrauchen sich der Frantzosen Zungen/außgenommen Britannien/die hat ein besondere Sprach/ist doch viel vnderscheid in diser Sprach/besonder werden die Saphoyer vnd Lothringer für die gröbsten geachtet. Gemeldte Länder seind alle dem König von Franckreich vnderworffen/außgenommen Lothringen/Saphoy vnd ein theil von Burgund/die gehören zum Römischen Reich. Dann vnder Keyser Conrad dem andern/der auff Keyser Heinrichen den Heyligen kam/ist das Königreich von Burgund/so 130.jahr vnder dem Frantzosen war gewesen/kommen vnder das Römisch Reich/vnd ist ein Provintz darauß worden/wiewol ein groß theil sich darvon geschlagen hat zu der Frantzösischen Herrschafft. Nun vor diser zeit ist dem König von Burgund gehorsam gewesen das gantz Saphoyerlandt vnd was jenseit dem Rhodan gelegen ist/alß das Delphinat vnd Graffschafft von Valentz/die dann auch jetzund zum Keyserthumb gehören.

Landtschafften in Gallia.

Das Delphinat ist ein Herrschafft in Franckreich/die dem erstgebornen Sohn des Königs/auß verwilligung des Königs zugehört/vnd ist der nechste Grad zu dem Königreich. Dann alßbald der König abgehet/kompt der Delphin an sein statt vnd wird König. Diß Delphinat ward Anno 1394. von dem Delphin Humberto/oder wie die andern jhn nennen/Imberto/verkaufft den Königen von Franckreich/mit bewilligung Keyser Carlens des vierdten: dann es gehört zu dem Keyserthumb/so ferz daß der erstgeborne Sohn des Frantzosen Königs das empfahe/alß ein Lehen von dem Römischen Reich. Vor diser zeit haben die Frantzosen das Delphinat nicht gehabt. Von disem findest du etwas weiters hie vnden.

Delphinat.

Anno Christi 1306.ward die namhafftige Statt Lugdun oder Leon von dem Ertzbischoff so da rinnen war/vbergeben vmb ein zimliche vergleichnuß der Zinß vnd Gült. Merck auch hie/daß Burgund vor etlichen jahren ist in zwo Landschafften getheilt worden. Das theil so an die Schampany stoßt/ist den Frantzosen blieben: aber das theil so sich gegen Bisantz zustreckt/ist bey dem Römischen Reich geblieben. Vnd wiewol das erst theil nach abgang Hertzog Carlens von Burgund solte gefallen seyn an Maximilianum Hertzogen von Oesterreich vnd seine Nachkommenden/ist es doch in jetzt lange zeit von den Königen auß Franckreich vorbehalten/vnd viel Christenblut darüber vergossen worden/wie du hernach hören wirst.

Zwo Herrschafften in Burgund.

Lothringen/das vorhin Austrasia war genandt/hat den Namen vberkommen von Lothario/des grossen Keysers Carlens Enckel/vnd ist vnder dem grossen Ottone dem ersten/eyngeleibt worden dem Römischen Reich. Dann von dem grossen Keyser Carlen an/biß in das fünffte Glied/haben seine Nachkommenden regiert das Teutschland vnd auch Franckreich/also daß ein einiger König etwan Land hette bey den Teutschen vnd bey den Frantzosen/vnd waren beyde Königreich/Franckreich vnd Teutschland/so viel alß vnder einer Herrschafft vnd einem Regiment: das ist/vnder Brüdern/oder Brüders kindern/biß in das fünffte Geschlecht/da zergieng Keysers Carlens Stammen/vnd wurffen die Frantzosen einen besondern König auff: aber die Teutschen behielten das Keyserthumb/das vorhin gemein war gewesen den Frantzosen vnd Teutschen/vnd ward Otto der erst Hertzog von Sachsen Römischer Keyser/der bracht Lothringen vnd Burgund zum Römischen Reich. Darvon werde ich hie vnden an seinem ort etwas weiter sage/jetzund stehen vns vor noch etliche Namen zu erklären/von dem will ich mit kurtzen worten etwas sagen. Von Lothario ist kommen der Nam Lothringen. Warumb Britannia also heißt/hab ich hievornen in Engelland gemeldet. Von der Normanden aber hast du hievornen gehört.

Lothringen.

Lothringen woher es genandt werde.

Aquitania ist ein Lateinisch Wort/vnd wird das Land also geheissen der krümme halb so das Wasser Ligeris hat/jetzt Guyenne genandt. Francia oder Franckreich kompt von den Völckern/Francken genandt/wie vorhin gemeldet ist. Also Picardia von den Völckern Picarden/vnd Turaine von der Statt Tours. Die Provintz darinn Marsilia oder Massilia ligt/kompt von den Römern. Flandern ist also genandt worden von einer Frawen so Flandria geheissen/die ein Gemahel war Luderici des ersten Regenten in Flandern/Anno Christi 782.ehe es zu einer Graffschafft gemacht ward. Guasconia oder Vasconia/wird durch das Wasser Garumna oder Girunda gescheiden von Aquitania/vnd hat zu den zeiten des grossen Keyser Carls geheissen das Reich von Vasconia.

Aquitania.

Flandern.

Von fruchtbarkeit der Landtschafften in Franckreich. Cap. iiij.

Aquitania

FRanckreich ist lange zeit ein wolerbawen Land gewesen/nicht allein in den Stätten vnd Flecken/sonder auch in Ackern/Gärten vnd Matten oder Wiesen. Daß wie Strabo geschrieben hat/zu den zeiten Christi vnsers Herren/ist kein Winckel nit in Gallia der nicht erbawen ist/außgenommen etliche/aber doch wenig sümpffe vnd Wäld die man nicht bawen kan. Vnd besonder ist es in der Provintz vnd in Langendocken gegen dem Mittelländischen Meere auß dermassen fruchtbar/da auch Cypressen vnd Rosmarin wachsen ohn Menschliche sorg/auff dem Feld/wie hie zu Landt der Wachholder. Item Pomerantzen/Granatapffel/Citronen vnd Feigen findt man an keinem ort also vberflüssig wie in der Provintz. Was guts vnd köstlichen Weins wächßt an den manigfaltigen Wassern/die das gantz Galliam begiessen/ist nicht von nöhten daß ich es erzehle. Man weißt hie zu Landt fast wol/wie der Burgundisch Wein schmeckt. Wie möchte Aquitania so trefflich viel Stätt erhalten/alß da seind Lyon/Bourdeaur/Limoges/Tholosa/Carcasson/rc. Ich laß die andren hinfahren/wann es nicht ein ärtig Landt were an Weinräben/fruchtbaren Bäumen/Brunnen/fliessenden Wässern/Wiesen/Weyden/Wälden/Vieh vnnd andren dingen/deren Menschlich Leben notturfftig ist. Wie Fruchtbar das Landt vmb Paris ist/erscheinet daß König Ludwig der eilffte auff eine zeit begerte zu wissen/wie viel streitbarer Mann auß Pariß in das Feld möchten gefühzt werden/da wurden gefunden 70000.gewaffneter Mann. Dann wo ein groß Volck ist/da muß ein fruchtbar Land seyn/das ein solch Volck ernehrt.

Normandia. Von der Normandey findt ich auch/daß sie ein Hauptstatt hat/vñ sonst sechs Stätt vnd 94.kleiner Stätt vnd Schlösser/Märckt vnd Dörffer ohn zahl. Sie ist reich an Fischen vñ Vieh/vñ hat vberfluß an Korn/vnd des Obs hat sie so viel/daß man gemeinlich Tranck darauß machet vnd viel anderswo hinführt. Hiervon soll noch eigentlicher an seinem ort geredt werden.

Von Sitten vnd gewonheit der alten Frantzosen. Cap.v.

ES haben vor zeiten die Menschen in Gallia glaubt/daß die Seelen nicht zerstört werden/sonder sie kommen in dem Todt in ein andern Cörper/vñ deßhalben entsetzten sie sich desto minder ab dem Todt/vnd wagten sich kecklich in den gefährlichkeiten. Die Reisigen waň sie kamen in gefährlichkeit/so opfferten sie für jhren theil ein Menschlich Opffer.Mercurius ist jr fürnembster Gott gewesen/dem sie groß Ehr erbotten haben/vñ sprachen: Er hette erfunden alle Künst/er were ein Geleiter oder Führer in den Wegen/vnd were den Menschen gar behilfflich zu der Reichtumb. Wann sie aber in Streit gehen wolten/gelobten sie dem Gott Marti alles das sie erobern möchten/damit sie den Sieg vberkämen/vnd deßhalben sahe man in vielen Stätten grosse zusaiten geschütte Hauffen/die von Kriegs Rauberey erwachsen waren. Vnd wann einer auß solchem Raub etwas betrüglichen entwendet/ward er hart darumb gestrafft. Jhre Kinder liessen sie nit für jhr Angesicht kommen/biß sie zu eim gestandenen Alter kamen/vnd jetzt sich der Waffen gebrauchen möchten. Dann sie achten es für ein vngeschaffen ding/wann der Sohn in seiner Kindtheit solt bey dem Vatter gestanden seyn.Die Männer hetten Gewalt zu töden jhre Weyber vnd Kinder.Vnd wann ein Fraw vberzeugt ward der Hurerey/so verbrandten sie jhres Mans nechste Freundt. In der Begrebnuß hetten sie den brauch/daß sie verbrant mit dem Todten alles das/dz jhm in dem Leben lieb gewesen/auch die Thier. Sie liessen das Haar lang wachsen/vnd zogen gerade Cörper/vnd beflissen sich den Leib weiß vnd scheinbarlich zu halten. Ein lang Schwert henckten sie auff die rechte seiten/vnd gebrauchten sich d'Bogen/vnd waren gantz gewiß in jhren schiessen. Sie schlieffen auff dem Erdtrich/vnd assen im geströw. Jhr Speiß war gemeinlich Milch vnd Schweinenfleisch/frisch vnd gesaltzen. Sie hetten grobe vernunfft vnd angeborne einfeltigkeit/vnd in Kriegen mehr stercke dann Klugheit. Sie beküsserten sich mehr mit Kriegen dann mit Feldarbeit. Jhre Weiber waren trefflich fruchtbar.Wann sie auß den Kriegen heimkehrten/henckten sie jhren Pferden an die Hälß jhrer Feind Köpff/vnd heffteten sie daheim an die Thürpfosten/zu einem Speetackel vnd sonderlichen Ehr.Wann es aber namhaffte vnd treffliche Leuth waren/so beisseten sie jhre Köpff in Cederhartz/vnd zeigten sie den Außlendischen:aber sie liessen dennnicht mit so viel Golds lösen: Wann sie ein Menschen hetten der zu der Weissagung verordnet war/schlugen sie jn auff den Rucken/vnd merckten auß seiner vngedult vnd vnwirsigkeit das wahrsagen. Es waren auch die Frantzosen vor zeiten auß stäter Arbeit vnd andern Geschäfften alle mager vnd dürr an dem Leib/vnd zogen keine grosse Bäuch/sondern sie waren den Schmaltzbäuchen feind vñ strafften offentlichen die grössere Bäuch

Von Gallia. 149

Bäuch hetten dann der Gürtel fassen kondte. Nach dem sie aber mit den Römern gemeinschafft bekommen/haben sie viel diser Sitten geendert/vnd sonderlich ward jhnen das vbermässig fressen

zugemessen/wie dann ein jedes Volck durch ein besonder Laster jederzeit beschrawen worden. Von dem Heldenmut vnd Kriegserfahrung der alten Galliern will ich anders dißmals nicht vermelden/dann daß die Römer jhre Priester vnd Geistlichen Personen niemalen zum Krieg vnd Außzug genötiget/es were dann sach/daß sie von den Galliern angriffen wurden/alßdann solte keinem Stand vnd Alter verschonet werden/sondern müßte Jungs vnd Alts/auch also zu reden/Weib vnd Mann zu der Wehr greiffen/sich wider einen so erschroeckenlichen Feind zubeschirmen. Durch ermeldte Gallier aber/vor denen sich die Römer/so sonsten für alle andere Völcker rechte Helden vnd Kriegsfürsten gewesen/dermassen gefürchtet/werden nicht nur die allein verstanden/so bey Paris/Amiens/Tours/Bourges/Lyon vnd andern Stätten in jetziger Cron Franckreich gesessen/sondern auch die von Trier/Cöln/Mentz/Speir/Straßburg/vñ fürnemlich die Schweitzer bey Basel/Wifflispurg vnd Losanna/wie dann Julius Cæsar die Schweizer vnder allen Galliern/die besten Soldaten geheissen: vnd wölle Gott daß sie neben anderm wolhergebrachten lob vnd ruhm/disen titul lang behalten/vnd gemeinem Vatterland zu gut vermehren.

Wie treffentlich wol Franckreich gelegen.
Cap. vj.

Jetzgedachtes Königreich hat seinen anfang an dem zwey vnd viertzigsten Grad/ wie Boterus in acht genommen/mit solcher vngleichheit des Luffts vnd Himmels/daß der theil so am Mittelländischen oder Ligurischen Meer gelegen/alß namlich Provantzen vnd Languedoc/eben allerley vnd gleiche Frücht tregt/wie Italia/ja auch bißweilen bessere vnd krafftigere/wie sie dann von den Italiänern auffkaufft vnd hinweg geführt werden. Was aber gegen dem Englischen Meer ligt/alß Bretagne vnd Normandey vnd ein theil der Picardey/mag wegen der kälte die Weintrauben zu keiner rechten zeitigung bringen: sonsten seind gedachte drey Provintzen vber die massen schön vnd fruchtbar/bringen auch alles was hin vnd her in Europa wachst/reichlich vnd volkommen/Granaten/Pomerantzen/Feigen/Oliven vnd dergleichen/so man ohn das wol kan bekommen/oder auch mehrertheil kommenlich mangeln.

Die miltigkeit vnd gute temperatur des Luffts/wie zugleich die güte vnd fruchtbarkeit des geschlachten Erdtrichs/beneben der erwünschten schönen gelegenheit/der lieblichen Wasserflüssen vnd gesunden Brunnen/so das Land nicht ohne höchste belustigung befeuchten vnd fett machen/ ist dem Getraid vnd erhaltung allerley nutzlichen Viehs dermassen bequem vnd gut/das Franckreich in solchem/alle andere Landtschafften Europæ weit vbertrifft.

Dann zwischen dem Ligurischen Meer/dem Auuernischen vnd Delphinatischen Gebürg/ist der Lufft dermassen von der kälte der Bergen/so gemeinlich mit Schnee bedeckt/temperiert vnd gemiltert/vnd von den lieblichen Meerwinden gereiniget/daß solches mit den Genuesischen Rivieren/so jederman vber alle weltliche lustbarkeit preiset/gar wol mag verglichen werden/welchem dann die Italiäner selbs müssen zeugnuß geben.

Auff der andern seiten ist das Pyrenische Gebürg oder Roncefal/alß ein schirm wider die kälte/ welche durch denselben gemiltert wirdt. Vnd ist wol in acht zu nemmen/daß gedachtes Gebürg

P an

an allen orten vberflüssig vnd reich an warmen Wasserquellen vnd heylsamen Bäderen. Die Wind so von Mitternacht wähen/seind in ermeldter Gegne bey weitem nicht so kalt/vngestümb vnd wild alß aber anderstwo. Sintemal die Wind gemeinlich die eygenschafft vnd art deren örtern an sich nemmen/durch welche sie gehen.

So sie an Schneebergen passieren/führen sie desselben Gebürgs kälte mit sich: durch vngesunden Lufft werden sie vergifftet: durch die Wäld werden sie verunreiniget: durch die See vnd Meer werden sie widerumb erfrischet vnd erkület. Daher dann geschicht/daß zu Palermo in Sicilia Syrochi oder Ostsydost genandt/vber die massen sehr hitzig seind/dieweil/eher sie dahin anlangen/ durch die ebne Siciliæ dringen/vnd also jhr brennende hitz an sich nemmen/welche sie hernach in gedachte Statt bringen. Eben diser Wind aber ist zu Genua frisch/dieweil/ehe er dahin ankompt/er vber das Meer fahrt/also daß er das trocken Land nicht berühret/darauß er dann seine kälte behelt.

Der Nordtwind so durch Flandern wähet/kompt von dem Meer/so seiner Natur vnd Eygenschafft halben/weil es gesaltzen/zimblich warm/vnd weil er keine rauche oder kalte Berg antrifft/ erstreckt er seinen Lauff durch die ebne der Normandien/Champanien/Franckreich bey Pariß herumb vnd anderen Provintzen/biß an das Auuernische Gebürg/welches bequemer ist solche kälte des Winds zu moderieren/dann sein Temperatur zu verlieren. Daher dann solche Berg in dem sie eins theils durch die Wind von Mittag/anders theils aber durch den Nordtwind erwermet werden/an allen orten treffentliche gute Weid tragen/vnd erhalten eine vnzalbare menge grosses vnd kleines Viehs. Zu dem seind die Kräuter daselbst sehr gesund vnd heylsam/auch die Simplicia wurden vollkommen vñ perfect/also daß ein gegne desselben Gebürgs Montoro/das ist/Goldberg/von wegen der herzlichen fürtrefflichen Kräutern/deren man daselbst herumb vnsäglich viel findet/genennet wirde.

Kurtzlich zu melden/ist das gantz Franckreich eines fürtrefflichen schönen ansehens/in dem das eben Feldt mit fruchtbaren Büheln vnd Berglein/wie auch mit lustigen graßechten Thälern vnderscheiden wirdt/also daß sich Italia/so herzlich vnd schön/mit Franckreich nicht mag vergleicht.

Dann ob schon an etlichen orten Italiæ das Land wunder anmühtig/lieblich vnd fruchtbar/alß in Calabria/Champania/Tuscana vnd Lombardey: jedoch ist solches alles/was Italia sämptlich hat/dem edlen Franckreich gemein/vñ insonderheit den Provintzen Languedoc/Provantzen/Delphinat/Auuernien/Burgund/Tauraine/Aniou vnd Normandey.

Viel Flüß in Franckreich. Was ist das aber/lieber meiner/für ein treffentlich ding/daß durch das gantze Franckreich an allen enden vnd orten so schöne vnd schiffreiche Flüß gesehen werden? Ist nicht das gantze Königreich dardurch vber die massen Gewerbreich/in dem die Kauffmansgüter vnd allerley Wahren/ ohne sondere mühe vnd kosten/hin vnd wider im Land gefertiget werden/daß man auch mit der wahrheit kan sagen/es seyen den Einwohnern dises Reichs alle ding gemein vnd an der hand/in massen dann einer dem andern gar komblich vnd wol kan mittheilen/was er immer hat.

In dem einigen Hertzogthumb Aniou/werden 40.Wasserflüß groß vnd klein gezehlet/daher dann Catharina von Medicis/Königin in Franckreich/pflegte zu sagen: Sie hielte darfür/daß in viel gedachtem Königreich mehr schiffreiche Flüß seyen/dann sonst in gantz Europa.

Weil dann nun Gott der Herr Franckreich mit einem so fruchtbaren Land vnd erwünschten gelegenheiten der Wasseren/die Gewerb vnd Handtierungen desto füglicher vnd leichter zu treiben/versehen/ist sich nicht zu verwunderen/daß ein solche menge Volcks vnd macht der Stätten auffkommen.

Vier Haupt Ström in Franckreich. So jemand aber möchte wissen/wie viel Flüß dañ durch Franckreich lauffen/wolt ich wol ohne forcht einiges auffruckens vnd widerlegung dörffen schreiben/daß man vber die hundert werde finden/so alle mit den Grentzen vielgedachtes Königreichs eyngeschlossen/vnder welchen allen/die Loyre/die Seine/die Rhone vnd Garumna die vier Hauptström seind.

Loyre. Die Loyre ist einer mercklichen länge/entspringt bey der Statt Puy/in den anstössen Auuernie/wachst allgemach von etlichen Brunnquellen/vnd dem geschmoltzenen Bergschnee/mag in die 24.meil kein Lastschiff tragen: nach dem sie aber durch Rovana gelauffen/begibt sie sich allerhand Kauffleuthen vñ Reisenden zu dienst/vnd streicht mit einem gantz glücklichen Lauff durch das mittel des schönen Franckreichs/gleich wie der Po durch Italiam/vnd die Thonaw durch Teutschland/derowegen obgedachter Fluß Loyre/nicht vnfüglich ein König der Frantzösischen Wassern mag genennet werden. Verleurt auch seinen Namen nicht eher/dann er S. Lazaren in Bretagne angetroffen/da sich dann diser liebliche Strom mit den schaumenden Britannischen Meerwellen vermischet/nach dem er viel schönen Stätten dienstliche hilff gethan/alß namblichen Nantes/Ancenis/Lepont de Se/Samur/Tours/Amboyse/Bloys/Baugency/Orleans/Gergeau/Gyan/Cosne/Sancerre/La Charite/Nevers/Desire/Rovane vnd viel kleinen Stätten vnd Schlössern.

Die Flüß so in die Loyre fallen/kommen von der seiten gegen Mayne auß Aniou/Bretagne: von der seiten aber des Poictou/auß Berzy/Bourbonnois/Auuergne vnd Limosin.

Die

Von Gallia.

Die Seine ist sehr bekandt/weil sie durch die Königliche Hauptstatt Paris fleust: entspringt nicht fern von Dyon in Burgund/vnd hat den namen von der Statt so an der Quellen gebawet. Hat ein krummen lauff/vnd tregt keine Schiff biß gen Nogen an der Seine: fleust durch Burgund/Champagne/Brie/France vñ Normandey: vnd fellt bey Haure de Grace in der Normandey ins Meer/nach dem sie mit jhrem Strom an Chastillon/Mussy/Pont/Bar an der Seine/Troie auff der Champagne Nogen an der Seine/Mor/Bras/Melun/Corbeil/Paris/Poissi/Meulan/Mantes/Veruon/Gaillan/Pont de l'Arche/Roven/Caudebec/Honfleur/Harfleur vnd Haure de Grace gestossen. *Seine.*

Die Rhona hat jr Brunquellen auß dem Gotthart gegen Nidergang/nicht viel vber drey stund wegs/wan die Berg nicht weren/von den orten da der Rhein/gegen Auffgang/der Ticin oder Tesin gegen Mittag/vnd die Reuß gegen Mitnacht entspringt. Da sich dann höchlich zu verwundern/daß gleichsam als auß einem Stock so vier gewaltige Ström mögen herfliessen. *Rhone.*

Laufft ohne außgiessung vnd vermischung durch den Genfer See/vnd kreucht aladann durch die tieffe Hölinen/bey Colango vnd Chastillon/leidet die ersten Schiff zu Seissel in Saffoy/empfahet aber die Grossen vnder Lyon auß der Sona/vnd fleust für Wienen/Tourron/Valentzen/Viviers/Saint Esprit/Auignon/Nannes/Tarascon/Beaucuire vnd Arles/vnderscheidet Delphinat von Vivaraiß vnd Provantzen von Languedoc: dringt entlich mit grosser vngestüme in das Mittelländische Meer.

Die Garumna entspringt nit fern vom Pyrenæischen Gebürg/laufft durch Languedoc vnd Guyenne/vnd stosset an Sanganson/S. Legier/Rieux/Murat/Grandre/Aen/Equilon/Toninnes Marmande/la Reolle/S. Macari/Cadillac/Bordeaux/Blaye/Thalmon vñ Royan/fellt darauff in den Oceanum. *Garumna.*

Die Wasser betreffent/so sich in diesen Fluß außgiessen/kommen dieselben auß Perigort/Ouerci/Languedoc/Armagnac vnd Gascongne.

Beneben den jetzt erzelten schönen vnd Schiffreichen Flüssen aber/deren sich die Einwohner in Kriegs vnd Friedens zeiten/nicht nur zur notturfft/sondern auch zum wollust vnd vberfluß/vnder vnd gegen einander in jhrem Vatterland ohne einige gefahr/nach gefallen täglichen gebrauchen: seind die zwen aller kombstlichen Meerström/das Britannische nemblich an der Picardey/Normandey/Bretagne vnd Gasconien: vnd das Mittelländische oder Ligurische/an Languedoc vnd Provantzen stossende: also daß die Einwohner auff denselben/in Teutschland/Groß Britannien/Schweden/Hispanien/new Indien/Barbarey/Italien/in summa in alle Länder vnd Insuln der gantzen weiten Welt/gantz kömblichen handelen vnd werben können: wie sie dann auch mit schönem Holtz zu den Schiffen/Hanff zu den Seylern vnd Segeln/Eysen zu den Anckern/Geschütz vnd Beschlecht: auch die Kauffmans wahren betreffendt/mit Korn/Wein/Saltz/Schuh vnd dergleichen/treffentlich wol versehen: da dann die erfahrung viel gute vñ geschickte Patronen vnd Schiffleuth geben: in ansehung den Frantzosen an dappfferem vnverzagten muht vnd subtilen Sinnreichen verstand/auß Gottes Segen niemalen gemangelt.

Ob nun gleichwol aber viel ermeldt Königreich mit viel vnd wol gelegenen Meerhäfen/als Calais/Bolongne/Diepen/Roan/Haure de Grace/Nantes/Roschelle/Bordeaux/Baione/Massilien/Tollan vnd anderen mehr versehen: seind doch die grösse vnd fürnehmste Stätt nicht an dem gestad des Meers/sondern in Mitteiländischen Orten erbawen/welches erweiset/das der Stätten in Franckreich wolstand vnd fürtrefflichkeit nicht anderst woher vnd auß frembden Orten/alß zu Genua/Venedig/Palermo/Amsterdam vnd dergleichen Gewerbestätten/so grössere hilff vnd beystand auß dem Meer haben dann aber auß jhren Ländern/sondern ist jhnen alß eygen vnd eynheimisch: wie es dann auch mit Meyland/Ferrara vnd andern Stätten in Lombardey/Flandern/Teutschland vnd Vngern beschaffen. Wie nun in gemein die Stätt vnd Länder in Franckreich viel nutzes vnd gute gelegenheiten von dem Meer vnd vielfaltigen schönen Wasserflüssen haben: gleicher weiß ist es auch beschaffen mit den Schlössern vnd Stätten der Privat Edelleuth/von wegen der See vnd Weyern. *Franckreich nehrt vnd mehrt sich selbs.*

Derowegen ob schon Franckreich nicht solche See hat/die man grösse halben nicht mit denen/so man bey der alten Statt Bolsena in Italia/Genff/Zürich/Costnitz/Newenburg vnd anderstwo im Schweitzerland sihet/vergleichet: seind doch solche geringe stille Wasser wunder Fischreich vnd mit den besten Fischen dermassen vberflüssig versehen/daß sie damit allen mangel der weite halben wol können ersetzen.

Eben dasselbe möchte man auch von den Wälden sagen/welche zwar nicht sonderlich groß/aber derselbigen hin vnd wider durch das Königreich sehr viel seind vnd guten Boden haben. Darauß dann der König ein mercklich Gelt vnd Eynkommen hat: wie zugleich die Edelleuth von dem Brennholtz/vnd noch viel mehr: von dem Zimmer vnd Bawholtz/weil an etlichen orten an Kalck vnd Quadersteinen zimlicher mangel/vnd viel Häuser vnd Gebäw von Holtz zugerichtet vnd erbawen werden.

Von Christi vnsers Herren geburt/seind durch gantz Franckreich/wie ich bey glaubwürdigen

P ij   alten

Das Dritte Buch

alten Scribenten gefunden/die Häuser gemeinlich mit geringem Holtz auff gericht/vñ mit Straw vnd Schindlen bedeckt gewesen.

Franckreich ein blühende Wiesen.

Weil dann Franckreich so wol gelegen vnd versehen/hat es König Ludwig der Elffte diß nammens/einer schönen Wiesen oder Matten verglichen/die er mähen köndte/so offt er wolt vnd jhm im besten gefiele.

So pflegt auch Keyser Maximilianus Hochlöblicher gedechtnus zu sagen/der König in Franckreich seye ein Hirt vber Lämmer/so guldine Wollen tragen/welche der Hirt nach gelegenheit vnd schickung seiner sachen wuste zu schären.

Weißheit vnd Gewalt ist selten bey einander.

Vnd gewißlich ohne gleichnus vnd verblümung die einfältige wahrheit zu reden/seind die König in Franckreich so mächtig/daß wo sie gleiches verstands vnd Klugheit mit jhrer macht vñ vermögen gewesen/weren sie vber alle Händel gantzes Europæ zu Richtern vnd Oberherren gesetzt worden. Aber es geschicht selten das der verstand vnd die ausserliche stercke bey einander lang wohnen: deßwegen vns dann die Sinnreichen Poeten/den Rasenden vnd Vnsinnigen Herculem fürbilden: vnd Ariostus seinen seltzamen Orlandum/Virgilius aber den stoltzen Dareten/vnd Homerus den zornmütigen Achillem/vnd den machtsamen Martem/als der sich auß vnfürsichtigkeit ins Vulcani eysene Nätz verstricken/vnd verspotten lassen.

Von der Macht deß Frantzösischen Königreichs.
Cap. vij.

Franckreich alß das mitten in der Christenheit gelegen/(wie dann etwan Keyser Carolus V. zu seinen Räthen pflegt zu sagen/Franckreich seye mitten in Europa gelegen/gleichsam alß das Hertz der gantzen Christenheit) hat disen mercklichen vortheil/daß es alle macht der vornemsten Fürsten in gantz Europa/beyde vereinigen vnd zertheilen kan: Dann vor jhme ligt Italia/hinder jhme Engelland/Spanien auff der rechten hand/vnd Teutschland auff der lincken. Daselbsten aber auff einer seyten die Schweytz/vnd auff der andern die Niderlanden. Vber das so ligt Franckreich auch zwischen zweyen Meeren/dem Mittelländschen vnd Oceano/also das dises Königreich zu Wasser vnd zu Landt/aller Fürsten in Europa/sonderlichen der benachbarten macht kan angreiffen. Ist von Engelland mit dem Meer/von Spanien vñ Italien/mit dem hohen gebürg/vnd irgleichem von Teutschland mit gewaltigen Flüssen vnderscheiden/vñ allenthalben mit den besten Vestungen verwahret. Ist auch niemalen von keinem andern volck/dann von Engelländern eingenommen worden: welches aber auch nicht were geschehen/wann nicht viel Frantzösische Herren den Englischen hetten angehangen.

Vnd das sich etwan frembde Völcker an Franckreich haben wagen dörffen/ist geschehen das etwan der Hertzog von Bretanien/etwan der von Guyenien/etwan der von Normandey/etwan der von Burgund/&c. dieselbigen durchgelassen vnd auffgenommen/alß wie der Hertzog von Bretanien die Engelländer in der Normandey empfangen vnd jhnen beygestanden.

Demnach aber heutiges tags Bretanien/vnd alle oberzelte Hartzogthumben/dem König in Franckreich gantz vnd gar eigen ergeben/hat man sich dergleichen nicht mehr zubefahren/es wolte sich dann jrgent ein böß wetter von der seiten der freyen Graffschafft Burgund erheben.

Es hilfft aber nicht wenig zu der macht des Frantzösischen Königreichs/das die grösten Geschlechter sich nicht also durch Erbfäll zertheilen vnd schwächen/wie in Italien vnd Teutschland/daß die Herrschafften allein dem Erstgebornen Sohn heimfallen/die vbrigen werdt außgestewrt/vnd ziehen dem Hoff vnd Krieg nach/befleissen sich hierinn durch tugent jhrem stand nach würdige Empter zubekommen/daher es dann geschicht/das so viel erfahrner Soldaten in Franckreich seind.

Es hat aber Franckreich zweyerley gattung Kriegsleuth/zu Wasser nemblich vnd zu Landt: zu Wasser haben die Frantzosen etwan auff dem Grossen Meer 200. Schiffe/vnd auff dem Mittelländischen 40. Galeren gehabt. König Franciscus der Erste hatte nicht gnug Volck zu Meer/derohalben er den Türcken/seinen Bundtsgenossen vmb hülff angeruffen/darbey aber wenig glück gewesen.

Die beste macht aber ist zu Land mit der Reuterey vnd Fußvolck/vñ hat Franckreich sonderliche gute gelegenheiten mit den Teutschen Fürsten vnd Stätten/wie dann auch fürnemblich mit den dreyzehen Orten der Eydgnoßschafft/im Schweytzerland. Die Reuterey ist gemeinlich vom Adel vnd wol erfahren/vnd weil der Adel groß/so ist auch die Reuterey desto stercker.

Die Königlichen Hauptmanschafften/vnd Compagnien seind theils von hundert/theils von fünfftzig Mañ. Die von hundert werden durch besondere Fürsten oder einen Marschalcken regiert. Heutigs tags zur zeit des friedens/werde solcher Compagnien wenig erhalten/in massen derselben vnder König Heinrich dem Grossen zu Pferd folgende gewesen.

Die Compagney des Königs. Die Compagney der Königin. Die Compagney des Delphins. Die Compag. des Hertzogen von Aniou/des Hertzogen von Orliens/des Hertzogen von Tandomen.

men/des Ritters von Vendomen/des Marggraffen von Verneull/des Hertzogen von Mayne/ des Connestables/des Grossen Rittmeisters.

Die König auß Franckreich hetten etwan nit so viel Fußvolck gebraucht/auß fürsorg daß dieselben jrgent ein vnruh möchten erwecken. Demnach aber Carolus der acht/desselben nicht manglen können/hat er 5000.Frantzosen zu Fuß gehalten. Franciscus hernach wolte derselben 50000.haben/kondte aber keinen bestandt behalten.

Ludwig der ander/nam an statt der Frantzosen die Schweitzer/nicht daß dieselben behertzter daß die Frantzosen waren/sondern daß sie jhme in jhrem stillen einfalt/fleissig zu dienst warteten. Vnder König Heinrich dem Grossen waren folgende Compagnien. Die vier Compagnien der Leibsquardien/vnder den Herren von Vitry/Montespan/la Force vnd Pralin. Das Regiment von Picardey von 20.Compagnien vnder dem Feldtherren Biron. Das Regiment von Piemant von 20.Compagnien vnder dem Feldtherren Fauselas. Das Regiment von Navarren von 20.Compagnien vnder dem Feldtherren von Boisse. Das Regiment von Champagne 20.Compagnien vnder dem Feldtherren de la Guesle. Das Regiment des Herren von Nerestan 10.Compagnien. Das Regiment des Herren von Bourg l'Espinasse 10.Compagnien. Das Regiment Schweitzer vnd die 100.Schweitzer in den Leibsquardien.

Sonsten seind auch auff die 4000.Soldaten auff den Grentzen/welche sich auff das meiste Kriegsgeschrey also bald zu Dienst eynstellen. Vber das ist Franckreich mit allerley Nahrung treffentlich versehen/welche von ort zu ort durch die flüß gantz kommlich vnd leichtlich können verführt werden. Daher es dann kommen/das/alß Carolus der fünfft durch Provantzen/vnd darnach durch die Champagni in Franckreich reisete/neben den Guarnisonen vnd Besatzungen 150000.Soldaten ohne einige Thewrung gespeißt wurden.

Was die Artillerey vnd Geschütz belangt/so hat Franckreich mit demselben ein treffentliche ordnung/dann die Stuck fast alle gleich gegossen/nicht zu groß vnd nicht zu klein/damit sie nicht hinderlich oder zu schwach seyen. Führen gemeinlich alle einerley kugeln von gleicher grösse vnd gewicht/auch einerley Geschirr vnd Instrument/also das ein gattung kugeln zu allen Stucken gut vnd wol zu brauchen: Wann dann schon ein Stuck springt oder verdirbt/so dienen die Kugeln noch jmmer fort/seind gemeinlich 10.schuh lang/vnd haben das Zündtloch von Eysen vnd nicht Metall/damit es währhaffter seye vnd vom fewr desto weniger außgefressen werde. Dann wan das Zündtloch zu groß wirdt/muß der Schuß viel an seinem gewalt nachgeben. Dann bißweilen ein Stuck auff das meiste 80.mal in einem sturm oder streit abgeschossen wird/dadurch dann das Metall consumiert/verzehrt vnd außgefressen wirdt/welches aber dem Eysen nicht geschehen thut.

Was die Macht antrifft/damit die Frantzosen ausserhalb jhrem Königreich an frembden Völckern erzeigt/so ist gnugsam bekandt/daß dieselben vorzeiten gantz Italiam erschreckt vnd mit solcher behendigkeit die Statt Rom eyngenommen/daß sich menniglich vor jhnen verkrochen/vnd jhre grösten gefahren mit dem Französischen eynfall verglichen. Carolus Magnus hat mit der Macht dises Königreichs Sachsen vnd Bayerland bezwungen/die Saracenen in Hispanien gedempt/das Lombardische Königreich zerstört/den besten theil Italiæ bekommen/vnd seinen Nachkommen fast den halben theil Europæ hinderlassen. Nichts loblichers ist gewesen/dan daß die Frantzosen auß Christenlichem eyfer/auff jhren eygenen kosten/Jerusalem vñ das heilige Land erobert/ wie sie dann zuvor solchen Zug im Concilio zu Clermant einhelliglich beschlossen. So hat auch Griechenland vnd Asia der Frantzosen Kriegs vnd Heldenmacht erfahren/alß derselben Keyserthumb von jhnen bestritten worden. So weißt man auch wie es der Barbarey vnd Egypten mit König Ludwigen dem Heyligen ergangen/welcher/ob er gleichwol gefangen wordt/dennoch den König zu Thunes dahin gebracht/daß er jährlich 40000.Ducaten Tributs weiß bezahlen müssen. So hat auch Carolus von Aniou Sicilien vnd Neaples vnd seine Nachkommen Hungern bekommen vnd etliche jahr lang beherrschet. Carolus der achte bekam ein grossen theil in Italien/ vnd gabe hiemit Ludovico dem zwölfften/Francisco vnd Heinrico das Hertz auch dahin zu ziehen/ wie sie dann daselbsten viel herrlicher Sieg erlangt/auch wol gantz Italiam vnder jhren Scepter gebracht hetten/wann jhnen das Glück nicht zuwider gewesen.

Von den Vestungen in Franckreich. Cap. viij.

Was aber die beschirmung des Franckreichs belanget/so ist dasselbe neben einer gleichsam vnzalbaren menge Volcks/(inmassen vnder Carolo dem neundten/ 20.Millien Mann darinn gewesen/) vollauff der Nahrung vnd fürsehung des Geschützes vnd allerhand Kriegsmunition/wie dann in gleichem der natürlichen wehrhafften Situation/mit gewaltigen Vestungen allenthalben wol verwahret.

Von Pariß ist nichts zu sagen/dann sie kein Statt/sonder gleichsam ein besondere Welt/vnd ob sie gleichwol mit schlechten ja schier gar keinen Mawren vmbgeben/so wirdt sie doch durch die grosse menge der Einwohnern beschützet/daß sie nicht dann allein durch Hunger zu gewinnen.

Corbeill were vnüberwindtlich wann sie die zwen bühel nicht hette/ wiewol der gegen dem Gastinois nicht so nachtheilig/ alß der bey der Sienete.

Chartres ist starck genug auch die mächtigste KriegsArmada auffzuhalten/ wie in den vergangenen Kriegen zu sehen gewesen.

Chasteaudun in der höhe auff Felsen gelegen/ ist ein rechte hinderhut in Kriegsläufften/ alß darzu der Feind nur an einem ort/ bey der Porten gegen Beauce/ mag zugang haben.

An Orleans ist wegen des Paß an der Loire viel gelegen/ wie vest sie aber seye/ erscheinet daß sie die erschrockenliche Heersmacht Attilę auffgehalten/ vnd Anno 1428. sich den Engelländern vom Weinmonat biß in Meyen widersetzt/ alß Johanna von Orleans die Jungfraw der Belägerung ein end gemacht. Sechs meilen von dannen ist Gergrau/ wegen der Bruck vñ Paß vber die Loire/ grosses bedenckens/ ob gleichwol nicht groß/ aber treffentlich wehrhafft. So ist auch Montargis ein vester platz/ vnd hat sich Chasteaulandon in Kriegen wol gehalten/ dann daselbst ist mit wenig Volck viel außgerichtet worden. Sens an dem Fluß Yone hat tieffe Gräben vnd starcke Mawren. Auxerre auff der höhe am Wasser gelegen/ hat etwan mit sampt dem alten Schloß daselbst das gantze Land beschirmbt.

Troje in Champanien hat starcke Mawren vnd treffentliche abgerichte Burgerschafft.

Choumoet in Bassigny ist schon von alten zeiten her mit gewaltigen Mawren vnd Thürnen/ tieffen Gräben vnd dergleichen/ wol verwahrt vnd bevestiget gewesen.

Vitry ward von Francisco auff der Frontier in Champanien gebawt/ in dem Flecken Monteorirt/ ein halb meil von dannen/ da Vitry vor zeiten gestanden. Sanct Desier ist mächtig bevestiget/ nach dem sie Anno 1544. zerstört worden. Meaur an der Marne auff einem Berg gelegen/ ist mit einem sehr tieffen Graben vnd gewaltigen Schloß versehen. Chalon in Champanien/ ist nicht minder vest dann die Hauptstatt Rheims.

In der Picardey seind Laon/ la fere/ Sainct Quintin/ Peronne/ la Capelle/ Ardres/ Ham/ Dorlens/ Corbie/ Amiers/ Abeville/ Bouloigne/ Monstrevil/ Buhan vnd dergleichen/ alle gewaltige Vestungen. Soissan ist ein vester Ort/ der sich wol beschirmen kan. Beaunais möcht ein lange Belägerung außstehen.

Calais ist jetzt durch den Herren von Vic sonderlich bevestiget/ daß sie für eine der mächtigsten Vestung mag passieren.

Langres hat ein treffentliche Situation vnd gewaltige Mawren. Montesclair ward von Francisto dem ersten/ vnd Heinrico dem andern/ treffentlich bevestiget/ in betrachtung an den Grentzen gegen Lotharingen gelegen.

Nevers wol im Land gelegen/ hat gute Mawren/ tieffe Gräben vnd ein Bruck vber die Loire/ sie ist ein wehrhaffter Ort/ an welchem wegen des Paß viel gelegen.

Bourges ist eine von den besten Vestungen mit Mawren vnd Gräben treffentlich versehen. Sancerre in der höhe gelegen/ kan sich auch der besten Armada widersetzen. La Charite ist beschaffen/ daß sie nicht geringe Kriegsmacht kan auffhalten. Yssoudun in Berri hat ein hoch Schloß/ mit Bollwercken vnd Gräben bevestiget.

Argenton zu eusserst im Berri hat ein Schloß mit zehen grossen vnd drey kleinen Thürnen bevestiget. Chastre hat gewaltige Mawren/ starcke Thürn vnd tieffe Gräben.

Tours an der Loire gelegen/ hat treffentliche Mawren vnd Gräben. Ambrise vnd Saumur an gedachtem Wasser gelegen/ seind ihrer bevestigung halben sehr berühmbt.

Das Schloß Loches auff einem hohen Felsen erbawen/ hat nur einen zugang/ vnd ist mit einem mächtigen Bolwerck/ starcken Mawren/ zweyfachen tieffen vnd breiten Gräben/ in der ründe 1200. schrit weit/ mag weder beschossen noch vndergraben werden.

Angiers ist ein gewaltige Statt/ mit einem vesten Schloß vnd tieffen Graben/ so in Felsen gehawen/ wol versehen.

Normandey hat viel gewaltiger plätz/ inmassen sich Roan vor keiner Belägerung zu befahren. Bayeur vnd Falaisen seind zwey gute Ort. Caen am Meer gelegen/ ist groß vnd vest/ sonderlich aber mit einem Schloß auff einem Felsen gebawet/ versehen/ in dessen mitte ein gewaltiger gevierter Thurn/ auff alle seiten zu schiessen. Honfley/ Dieppe vnd Sainct Valeri/ seind veste vnd wol versehene plätz. Chereburg ward durch König Carolum den siebenden/ auß der Engelländer genommen/ alß dieselben auß Franckreich vertrieben worden. Sanct Michael vnd die Vestung in der Insul Jere/ ist wider die Meerräuber. Vnder allen plätzen aber ist Haure d'Grace/ der beste/ welchen Franciscus der erst wider die Engelländer gebawet.

In Bretanien ist die Hauptstatt Rhennes/ Nantes/ Dol/ Vannes/ Quimper/ Corentin vnd S. Malo/ Blaves aber vnd Brest seind die fürnehmsten Vestungen.

In Poictou hat sich die Hauptstatt Poictiers einer Belägerung von 80000. Mann treffentfentlich widersetzt. Mellezays/ la Ganache/ Sanct Michel en l'her/ so in Kriegsläufften sich gewaltigen anläuffen widersetzt/ Niort/ Fontenali/ Chastelerand vnd Lusignem seind alle gute Vestungen.

Von Gallia.

In Sainctogne/ist Xainctes/mit einer der besten Citadellen verwahret/Sanct Jehan d'Angely/Blayes vnd Ponas/treffentliche Vestungen.

In Angoulmois ist Anguleme mit einer gewaltigen Citadellen versehen. In dem Land d'Aunis ligt Rochelle/ein solche veste Meerstatt/die sich weder zu Wasser noch zu Land vor dem mächtigsten Kriegsheer zu förchten hat.

So ist auch die Statt Perigeux ein vester platz/vnd ob sich schon von dem nechstgelegenen Bühel etwas zu beförchten/kan es doch leichtlich widerfochten vnd abgewendet werden.

In Limasin ist die Hauptstatt so vest/daß sie auch gewaltigen Fürsten gnug zu schaffen geben. Vzerche wirdt für vnüberwindlich gehalten.

In Aunergee ist Clermone/Chasteau d'vson vnd Monnette/so vest/daß sie nicht wol zu gewinnen. Sonderlich aber wirdt Sanct Flour für ein gewaltige Vestung gehalten.

In Bourbonois ist Molin dermassen bevestiget/daß sie in den letzten Kriegen keiner Macht weichen wöllen. So ist auch Montaigu in Combraille ein wehrhaffter platz.

Was Burgund antrifft/so seind darinn dise Vestungen/Diion/Chalon/Seurre/Aussone/ vnd Beaune mit einem sehr gewaltigen Schloß. Das Schloß Zalan vnd die Statt Autun/sampt dem Schloß/Semur können grossen widerstandt thun.

Gegen Teutschland ist Metz/hat Keyser Carolum den fünfften lang auffgehalten/ohn angesehen er ein mächtige anzahl Geschütz vnd Volck darfür geführt. So ist die Citadelle daselbst eins von den besten Wehren in Franckreich.

Was Lyon für ein veste Statt seye/ist dermassen bekandt/daß nicht von nöthen etwas darvon zu schreiben.

Im Delphinat ist Vienne/daselbst die Vestung Pippet vnd Bastide/so alle seiten beschirmen. Valence ist eine von den besten Kriegsstätten in Franckreich mit einer treffentlichen Citadellen versehen. Ein halbe meil von dem Rhodan ist Montelimar mit einem guten Schloß. In dem Land ligt Romans am Fluß Isere. Item das Schloß Moras vnd Quirrieu. Gronoblen ist durch Herren D'Ediguieres treffentlich auff die newe art bevestiget.

Gegen Saffoy ligt Baraut/gleichsam zu einem Biß vnd Zaum wider feindliche einfäll. Die Statt Dien/Gap/das Schloß Serre/Nyons/Embeun/Brianson/das Schloß Essilles/an den Grentzen/seind alle treffentliche plätz.

In Provantzen ist Aix/Arles/Cisteran/Ourgon/Brigneoles vñ Pertos/an dem Meer Marseille/Tollan/Castel d'Iff/Nostre dame de la Garde/la Taur du Bove/Antibe/rc.alles gewaltige Vestungen.

In Langendock Tholosen/Narbonen/Locaten/sehr veste Grentzhäuser gegen Hispanien/Carcasane/Resiers/Pezenas/Montpellier/Nismes/Pont Sainct Esprit/rc.

In Querey/Montauban vnd das Schloß Poligeat seiner situation vnd gelegenheit halben/ für vnüberwindlich geachtet.

In Gascogne/ Bourdeaux/ Castelnau de Barbarens/ Lectaure/ Consuges/rc. seind sehr vest. Sainct Fregau/Dax vnd Bayone/seind vber alle massen wehrhafft.

In Bearn ist Pau mit einem gewaltigen Schloß/vnd Navarries zu vnderst am Pyrenæischen Gebürg.

Was nun die Benachbarschafft vnd Grentzen belangt/so hette sich Franckreich wol vor Engellandt zu förchten/wann Guyennen vnd Normandey Englisch weren: vor Spanien/wann das Gebürg vnd Vestungen nicht weren. Niderlandt ist mit Franckreich verbunden/vnd muß sich fast auß Franckreich erhalten. Mit Teutschlandt hat es gleiche gelegenheit: Lotharingen ist zu schwach: Die Schweitzer seind liebe vnd getrewe Freundt/welche auch ihre Feind lieber mit Feldtschlachten angreiffen/dann in gewaltigen Stätten vnd Vestungen vberfallen. Dem Saffoyer ist ein hart Biß eyngelegt mit gewaltigen Vestungen. Die Italiänischen Fürsten seind vnder einander selbs zertheilet.

Eher daß wir aber von der Regierung dieses so mächtigen Königreichs reden/wöllen wir ein ordentlich Register aller vnd jeder Königen hierbey setzen/durch welche Franckreich biß auff dise zeit guberniert vnd beherrschet worden.

P iiij   Von

Das Dritte Buch
Von den Königen in Franckreich vnd derselbigen Denckwürdigsten Geschichten.

Vnd erstlich von den Geschlechtern/ von denen sie herkommen vnd entsprossen. Cap. viij.

Vnder andern mercklichen Sachen/ deren man sich in verzeichnuß der Frantzösischen Königen/ hat zu erinnern/ ist wol in acht zu nemmen/ daß innerhalb 1160. jahren/ nemlich vom jahr Christi vnsers lieben Herren geburt 450. biß auff dise zeit/ nur drey sonderbare Geschlecter vnd Geblüts Linien/ die Königliche Cron vnd Scepter in dem schönen vnd mächtigen Franckreich getragen: alß nemlich das Geschlecht Merovey/ Caroli deß Grossen vnd Hug Capets.

Der Merover seind 22. König gewesen/ haben vom jahr Christi 450. biß auff Anno 752. das ist 320. jahr/ den Königlichen Thron besessen.

Die Karoliner haben in jhrem Geschlecht 13. König gehabt/ darunder auch etliche Römische Keyser gewesen/ seind der Cron 233. jahr vorgestanden: nemlichen von Anno 769. biß auff das jahr 987.

Von Hug Capets Geblüt vnd Stammen haben von Anno 996. biß auff dise zeit 28. gekrönte König regiert.

Von Pharamund/ oder Wahrmund/ dem ersten König in Franckreich.

Nach dem sich die Francken ein gute zeit in Holand/ Frießland vnd darumb auffgehalten/ vnd sich nicht mehr vnder dem Gehorsam eines Königs/ sondern fürnemlich zur zeit Keysers Valentiniani des andern/ vnder einem Hertzogen/ durch viel fürtreffentliche Heldenthaten/ bey den Römern dermassen bekandt gemacht/ daß sie alles Tributs erlassen/ vnd zu grossem Ruhm Francken/ das ist/ freye Völcker genennet worden: haben sie vmb das jahr Christi vnsers Herren 420. bey herrschung der Römischen Keysern Honorij vnd Theodosij/ nach jhrem vorigen vnd anderer Völcker gemeinem Brauch ein Königreich auffgerichtet/ vnd Wahrmund Hertzogs Marcomirs Sohn/ einen in allen Tugenden fürtreffentlichen/ auch von Leib schön vnd starcken Helden zum König erwehlet/ sich desto füglicher an den Römern zu rächen/ deren Feldmarschalck Stillico jhren gedachten Hertzogen Marcomir/ gefangen vnd in Tuscana im Elend gehalten.

Diser Pharamund/ wie ihne hernach die Frantzosen geschrieben/ ward wegen der wahrheit/ deren er sich in allen seinen Reden vnd Handlungen/ wie einem rechten Fürsten vnd auffrichtigen redlichen Mann gebüret/ höchlich beflissen/ Wahrmund/ gleich wie andere wegen jhrem tröstlichen zusprechen Trostmund vnd züchtigen Reden/ Reinmund genandt.

Gedachter Wahrmund hat also bald wider die Tongrier/ so heutiges tags Brabandt vn Lütich bewohnen/ ernstliche Krieg geführt/ vnd denselbigen etliche Plätz eyngenommen/ darinnen er sich dann auch nidergelassen: vnd weil er/ alß ein weyser Fürst gesehen/ daß die Königreich mehr durch gute Gesätz vnd wolbestellte Policey/ dann durch Macht vñ viele der Länder/ erhalten vnd gemehret werden/ hat er also bald viel herrliche Gesätz vnd Statuten geordnet/ so zu beförderung des gemeinen Nutzens vnd pflantzung aller schönen Tugenden/ künfftig solten gehalten vnd geehret werden.

Lex Salica. Damalen dann auch das vralte Salische Gesatz/ so von seinen geliebten Voreltern in Francken auffgerichtet/ bestätiget worden/ daß für vnd für in ewige zeit die Weiber von der Regierung in Franckreich/ solten außgeschlossen seyn: darob auch alle König biß auff gegenwertige zeit fleissig gehalten: wie dann vnder andern von König Philippo von Valoys/ in beschreibung des harten Kriegs/ den er wider Eduard/ König in Engelland geführt/ dessen Mutter König Philippi des Schönen auß Franckreich eingeborne Tochter gewesen/ zu lesen: auch von vielen noch täglich zu hören/ auß was vrsachen König Heinrich der dritte/ Margaretham/ Caroli des neundten/ seines Bruders Tochter/ so noch bey leben/ vom Reich außgeschlossen. Pharamund starb/ nach dem er sieben/ oder wie andere wöllen/ zehen jahr loblich geregiert hatte.

Hieronymus. Zur zeit dises Königs ist der Heilige Hieronymus zu Betlehem in Judea gestorben.

Von Gallia.

Von Cloion oder Clodion/ dem andern König in Franckreich.

Der ander König ward Clodion/ obgedachtes Pharmunds Sohn/ mit dem Zunamen der Lang Haar/ in ansehung er/ wider Julij Cæsaris befehl/ die Frantzosen alß Leibeigene vnd Sclaven damit zu zeichnen/ gebotten/ daß die Frantzösische König vnd derselben Söhne/ denen man vbernacht den Scepter wurde vertrawen/ solten lange Haar tragen. Darauff sie auch so viel gehalten/ daß sie eher haben sterben wöllen/ dann solche Haar lassen abschären. Wie man dann von der Königin Clotilde vermeldet/ daß sie jhren jungen Söhnen viel lieber das Haupt/ dann die Haar habe lassen abschneiden.

So ward auch Clodomir König Clovis Sohn/ den die Burgundier in einer Feldtschlacht erlegt/ an den langen Haaren vnder den todten Cörpern erkennet.

Ermeldte lange auff die Achslen herab hangende Haare/ haben sie mit gewissen Instrumenten krauß gemachet/ mit köstlichen Wassern vnd Salben gerieben/ wie dann auch mit wolriechenden Specereyen geräuchert/ wie bey Armonio/ Agathia vnd andern alten Scribenten zu finden.

So man ein König wolte absetzen/ pflegte man jhme das lange Haar abzuschären/ wie man daß auch den jenigen gethan/ welche man nicht wolte für tüchtig vnd würdig erkennen/ daß sie die Königliche Cron tragen solten/ dessentwegen dann obgedachter Clotildis Söhne eintweders solten beschoren oder getödet werden.

Dise lange Haar haben die König in Franckreich/ biß auff das jahr Christi vnsers Herren 1159. da Peter Lombard/ Bischoff zu Pariß/ nicht nur geordnet/ daß die Priester jhre Bärt/ sonder auch die Könige jhre lange Haar solten abschären lassen. *Lange Haar werden abgeschafft.*

Alß die Römer mit Genserich der Wandalen König in Africa zuschaffen hatten/ ist Clodio mit einem starcken Heer in Thüringen/ Sachsen/ Brabant/ Seeland/ Flandern/ Artois/ Picardey vnd Beauuois gezogen/ vnd hat fast alles zwischen dem Rhein vnd der Seine/ vnd mit Namen die Statt Cambray vnd Tournai eyngenommen.

Etliche vermelden/ er habe auch Angulemen/ Gasconien vnd die Statt Tholosen bezwungen/ weil aber Aetius/ Stiliconis Nachfahr/ des Römischen Keysers Feldtoberster in Gallien/ gedachte Provintzen widerumb eyngenommen/ muste sich gedachter König Clodion auß dem Land widerumb vber den Rhein begeben.

Starb im 20. jahr seiner Regierung.

Andere setzen/ er seye also bald im Außzug auß Gallien am Rhein gestorben.

Zur zeit dises Königs/ ist der H. Augustinus zu Hipponen/ jetz Bonne in Barbarey genandt/ alß sie König Genserich belägert/ durch den zeitlichen Todt ins ewige Leben hingenommen/ vnd die mächtige Statt Ofen in Vngern erbawt worden. *Augustinus. Ofen.*

Von Meroveo oder Mehrwicht/ dem dritten König in Franckreich.

Weil Meroveus nach König Clodions abgang/ vnder allen andern Francken/ an dapfferkeit vnd nothwendigen Fürstlichen Tugenden/ das Mehr gehabt/ ward er Mehrwicht genandt vnd zum König erwehlt: dann bey den alten Francken/ so Teutsche gewesen/ Wicht so viel alß fürtreffenlich heissen/ also daß man die Mehrwicht getaufft/ so an tugend viel vnd mehr dan andere vbertroffen. Gleich wie wir noch heutigs tags diejenigen Böß wicht heissen/ so andere an Boßheit weit vbertreffen. *Woher Merovens sein Name.*

Vnd ist bey den Alten bräuchig gewesen/ daß sie einandern nicht vngeferdt vnd auß vnbedachtem muth Namen geben/ sondern dieselbigen eintweder von des Leibs gestalt/ oder des Gemühts tugenden hergenommen.

Etliche schreiben/ gedachter Mehrwicht seye Königs Clodions Bastardt oder nechster Vetter gewesen. Hat so wol diß alß jenseit des Rheins wider die Römer vnd anstossende Völcker siegreiche Krieg geführt.

Es ist aber im fürüber gehen/auff etlicher Historien anbringẽ/zu mercken/daß gedachter Mehr-wicht/erstlich der Römer Freund vnd Hilffgenoß gewesen/vñ Aetio dem Keyserischen Feldtobri-sten/bey Colans wider Attilam der Hunnen König/beygestanden/auch denselben hat helffen so ritterlich schlagen/daß zu beyden theilen 180000. streitbare Männer todt verblieben: vnd habe erst nach diser Schlacht sein Königreich in Franckreich auffgerichtet. Dann alß die Wandalen vnd Gothen/nach Aetij todt/welchen er von dem vnerkandtlichen Keyser Valentiniano dem drit-ten/wie es gemeinlich gehet/zur belohnung auß verleumbdung leiden müssen/in Galliam gefal-len vnd der Römer beste Provintzen eyngenommen/hat Mehrwicht/alß der zuvor seine Macht pro-biert vnd sehen lassen/seinen theil auch haben wöllen/vnd also ober Sens/Paris/Orleans vnd an-dere Stätt die Hand geschlagen.

Etliche aber vermeynen Mehr-wicht habe vor Attile Niderlag/gedachte Ort bezwungen/vnd seye in derselben Schlacht mit sampt Dietrich der Gothen König/so Languedock beherschet/wel-che Aetius vmb hilff angeruffen/auff dem platz blieben.

Die zeit seiner Regierung soll sich in die zehen jahr erstreckt haben.

Bey herrschung mehr gesagten Königs/hat Hilarius von Wienen an der Rhonen bürtig/Bi-schoff zu Arleß in Provantzen/ein sehr Gottesförchtiger Mann/so all sein Haab vnd Gut vmb Gottes willen den armen Christen geben/Bapst Leoni nicht wöllen zugeben vnd gestatten/daß er seinen falsch angemaßten Gewalt in den Frantzösischen Kirchen übete.

Damahlen soll sich auch zugetragen haben/was die Legenda von Ursula auß Engelland/sampt derselben 11000. Jungfrawen zu Cöllen: vnd den Sieben Schläffern/so 192. jahr bey Epheso ge-schlaffen/vermelden.

Von Chilperich dem vierdten König in Franckreich.

CHILDERICVS · FRANC · REX · IIII ·

Chilperich/der Hilffreich ward an seines Vatters Mehr-wicht statt zum König erwehlt/im dritten jahr/ aber darauff wegen schandtlicher vnzucht/so er an vielen ehrlichen Matronen vnd Jungfrawen gewaltthätig geübet/vertrieben/vnd Gillon oder Egidius/der Römische Landtpfleger zu Soisson zum Reich erfordert. Weil aber auch diser Gillon nicht viel besser gewesen/in dem er viel dapffere Frantzosen/mutwilliger weise/ohn verschuldt hin-richten lassen/wurd Chilperich/so sich hierzwischen acht jahr zu Metz bey König Bassin auffgehalten/auß anstel-lung Widmars/seines vertrawten Freunds/widerumb be-ruffen/mit entgegen geschicktem ansehnlichen Geleidt eyngeführt vnd auff den Königlichen Thron gesetzt.

Chilperich aber verbessert sein Leben/haltet sich wol vnd loblich/inmassen er dann die Statt Cöllen eyngenommen/ Gillon zu Trier belägert/viel Volck daselbst erschlagen/ vnd gedachten Gillon gen Soisson getrieben/da dann der-selbige sein Leben verschliessen müssen/dann alß er wider di-sen Chilperich/die Visegotthen in Languedock vmb hilff angeruffen/hat es sich zugetragen/daß dieselben eben sonsten genug zuthun hatten/weil die Engelländer vnversehens mit grosser Macht auß ihrer Insul in Poictu/Aniou/Angulemen/vnd ein theil Gasconien gefallen.

Gedachter Chilperich vberwandt auch bey Orleans Odoacrum einen Hertzogen auß Sach-sen/vnd bezwang alle Stätt an der Loire/biß gen Angiers/welche/Angiers namlich/er auch mit Fewr angesteckt/vnd Paulum den Römischen Landtvogt darinn vmbgebracht.

Bald nach disem starb Chilperich/nachdem er 26. oder (wie Paulus Aemilius meldet) 30. jahr geregiert.

Zu dises Königs zeiten haben viel gelehrte vnd heilige Männer hin vnd wider in Franckreich ge-lebt/vnder welchen/so viel durch die Historien bekandt/folgende die fürnehmsten gewesen: Sal-vian Bischoff zu Massilia/so der Frantzosen fluchen vnd schweren ernstlich gestrafft/vnd von der fürsehung Gottes trefflich schön geschrieben. Gennadius ein Priester zu Massilia/dessen An-herr hoch gepriesen. Sidonius Apollinaris Bischoff zu Auvernien/so seiner Schrifften halb bey den Gelehrten auch wol geachtet. Exuporius Bischoff zu Tholosa. Simplicius zu Wiennen. Ausonius zu Bordeaur/ein trefftenlicher Poet. Alitheus zu Cahors.
Pegasius zu Porigeur. Divamius zu
Angulemen.

Von Gallia.

Von Clovis dem fünfften in der ordnung/ vnd aber dem ersten Christlichen König in Franckreich.

NAch dem Clovis an Chilperichs seines Vatters statt kommen/ hat er Siagrium/ obgedachts Gillons Sohn/ von Soisson vertrieben vnnd dermassen geängstiget/ daß er zu Alarich der Visigothen König gen Tholosa geflohe/ verhoffende daselbst seines Lebens sicher zu seyn/ in ansehung sein Vatter Gillon/ ermelten Visigothen/ die Statt Narbona/ deren er als ein Römischer Gubernator solte rechnung tragen/ vbergeben. Weil aber Alarich den Frantzosen mehr/ dann aber den Römern bewogen vnd hold gewesen/ hat er den elenden Siagrium/ König Clovis zugeschickt/ welcher ihn dann also bald hinrichten lassen.

Nach disem verheurathet sich Clovis mit Clotilde/ König Chilperichs auß Burgund Tochter/ einer Gottseligen Jungfrawen/ von deren er vnabläßlich zum Christlichen Glauben bewegt/ vnd volgendts durch Gottes gnädige anschickung/ nach dem er alles so zwischen dem Rhein vnd der Seine gelegen/ seinem Gewalt vnderworffen/ auch nicht fern von Toul/ in grossen ängsten ein mercklichen Sieg wider die Teutschen erlangt/ zum Christen gemacht/ vnd zu Rheims von dem frommen Bischoff Remigio getaufft worden.

Hierauff verendert Clovis sein gewohnlich Waapen/ vnd führt anstatt dreyer Kronen/ drey weisse Lilien in Lasurer Feldung: wie er dann auch den ersten Namen fallen lassen vnd sich Ludwig geheissen/ das ist/ der die Leuth vbertrifft vnd vbermächtiget.

Damahlen musten die Teutschen der Cron Franckreich Tribut geben/ vnd die Visigothen vor Poitiers auff dem Feld Vogledin bey Schauuigne jämerlich darhalten.

Die Ringmawren zu Angulemẽ fielen eyn/ als Clovis sein Läger wolt darumb schlagen. Es trieb auch Clovis seine Feind biß gen Bordeaux/ vnd erschlug Rogier den Hertzogen zu Cambray vnd Artoys/ mit sampt desselben Bruder vnd gantzem Geschlecht/ vnd das darumb/ weil sich gedachter Rogier für des Königreichs Erben außgeben.

Vmb dieselbige zeit empfieng König Clovis von Keyser Anastasio ein guldene Cron/ mit viel köstlichen Steinen versetzt/ beneben dem Titul eines Burgermeisters vnd Patricij zu Rom/ welches dann damahlen die höchste Ehr gewesen.

Dise Cron hat König Clovis/ oder Ludwig nachmahlen zu Rom in S. Peters Kirchen verehret. Diser Christliche König regierte in die 30. jahr.

Starb zu Pariß/ vnd ward in seiner Kirchen/ die er S. Peter vnd Paul zu ehren gebawet/ heutiges tags Geneve genandt/ begraben. Verließ vier Söhn vnd zwo Töchtern/ deren eine mit Namen Clotildis/ Alarich der Visigothen König vermählet: die andere/ Trichildis ein Closterfraw worden.

Der erst Sohn hieß Childebert/ vnd ward König zu Pariß.

Der ander Clotarius/ ward König zu Soisson.

Der dritt Clodomir/ ward König zu Orleans.

Der vierdt Dietrich/ oder Thatreich/ ward König zu Metz.

Das Königreich Pariß hatte damahlen vnder sich die Provintzen/ Poictu/ Aniou/ Maine/ Thouraine vnd Gasconien.

Das Königreich Soisson hatte Vermandois/ Picardey/ Flandern vnd Normandey.

Das Königreich Orleans hatte Burgund/ Delphinat vnd Provantzen.

Das Königreich Metz hatte Lothringen/ Austrasia genandt/ vnd alles was zwischen der Statt Rheims in Schampanien vnd dem Rhein ligt.

Vmb dise zeit sollen die Juden ihren Talmut geschrieben haben.

Von Childebert dem sechsten König in Franckreich.

SO bald König Clovis gestorben/hat Childebert oder Hilffbrecht/mit sampt seinen Brüdern/auff täglichen ermahnen seiner Mutter Clotildis/seinen Anherren und Großmutter/so König Gondebert in Burgund umbgebracht/gerochen: König Sigmund auß Burgund vertrieben/und denselben mit sampt Weib und Kind zu Orleans in ein Sodbrunnen gestürtzt.

Nam bald darauff Auuernien eyn/und bezwang mit sampt seinem Bruder Clotario/die Statt Tolet in Hispanien/und erwürget Alaric seinen Schwager/wegen der schmach so derselbige Clotildi/Childebert und Clotarij Schwester widerfahren lassen.

Dann alß gedachte Clotildis/König Alarics Gemahel zu Toleto zur Kirchen gangen/dem Gottsdienst ihrem gebrauch nach andächtigst abzuwarten/ward sie von den Arrianern/so der Catholischen Lehr sehr zuwider gewesen/auff der Straß mit kath und stein schier zu tod geworffen/ und dermassen mißhandlet/daß sie sich ihres Lebens nicht mehr versichern dorffte: vberschickt derowegen die blutige Hauben ihren Brüdern Childebert und Clotario/bittende sie wolten sie doch von einer solchen Tyranney auffs fürderlichste erlösen. Welches sie dann vnverzogenlich gethan/und im heim reisen Gasconien eyngenommen und die Visegothen in Hispanien getrieben.

Nicht lang hernach wurd ermeldtem König Childebert/von der Ostrogotthen König gantz Provantzen eyngeraumet.

Bekam auch endtlichen die Statt Saragossa in Hispanien. Starb im 45.Jahr seiner Regierung/und ward in der Abtey S.Germain/so er gebawen/begraben.

Benedictiner Orden. Zur zeit dises Königs hat S.Benedict gelebt/so den Benedictiner Orden eyngesetzt/vnder welchem heutiges tags die Cistercenser/Camalducenser/Cluneacenser/Celestiner/Silvestiner und dergleichen Mönche werden begriffen. Ist auch von 530.biß auffs Jahr Christi 1197.kein anderer Orden gewesen/damalen dann Dominicus ein Spanier den Jacobiter Bettel-Orden/vnd Anno 1204.Franciscus die Barfüsser Kutten auffgebracht.

Es haben auch zu gedachter zeit Procopius/Agathias vnd Jornandes/drey berühmbte Historyschreiber gelebt.

Von Clothario dem siebenden König in Franckreich.

WEil Childebert keine Manns Erben/vnd nur zwo Töchter verlassen/welchen aber die alten Gesätz die Regierung nicht zugeben/ward Clotarius/so schon allbereit 45.Jahr zu Soisson in seinem eygenen Königreich geregieret/zum König vber Pariß gekrönt.

Da nun diser Clotarius zwey Königreich bekommen/hat er/alß er zu Tours gewesen/vnd vielleicht vermerckt was die Bischoff für Reichthumb besitzen/geordnet/daß der dritte theil von dem Eynkommen der Geistlichen Gütern solte in die Königliche Cammer geliefert werde: welchem sich aber Jniurosus Bischoff daselbst/so ernstlichen widersetzt/daß der König die angerichte Ordnung muste fallen lassen. Dise Kirchengüter aber dienten allein zu der vnderhaltung der Armen.

Hierauff zog Clotarius selbs persönlich wider die Sachsen/so ihme an den Grentzen mit täglichem eynfallen viel schaden zugefügt: vnd alß er dieselben vberwunden/wolte er sich auch an den Lothringern rechen/so zuvor den Sachsen beygestande.

Die Sachsen aber wolten ihre alte Freund nicht stecken lassen/sondern kame ihnen mit zimlichem Kriegsheer zu hilff. Da aber beyde Völcker/die Sachsen namlich vnd Lothringer zusammen kamen/dorfften sie ihnen selbs nicht genugsam trawen einem solchen mächtigen König ein Schlacht zu liessern. Begerten derowegen durch abgesandte Bottschafft Gnad/mit anerbietung deß halben theils ihrer Gütern: weil aber Clotarius so trotzig nichts eynwilligen wölle/griffen die Sachsen vnd Lothringer zur Wehr/gedachten sie müßten doch sterben/were ihnen nun viel löblicher im Streit/dann in der Flucht zu erligen. Darauff gienge das Treffen mit solcher vngestüme an/daß die Frantzosen vbel leiden und König Clotarius entfliehen mußte.

Vmb

Von Gallia. 161

Vnd dise zeit ward Gautier von Yvetot/ein wolverdienter Hoffraht vnd Kammer Junckher/ von mißgönstigen Tellerschleckern/wie es dann allenthalben zugehet/bey dem König fälschlichen angeben vnd so schandtlich verklagt/daß jhme der König den Todt geschworen: macht sich derowegen auß dem staub/vnd verhaltet sich in die 10.jahr so Ritterlich vnd Mannlich wider die Vngläubigen/daß jhm auff der heimfahrt/Bapst Agapitus zu Rom/an König ein Versöhnung-Brieff geben/der hoffnung/Jhre Majestät werden den falschen Suppenfressern nicht so leichtlich wider einen solchen fürtrefflichen/vnd nicht nur vmb Franckreich/sondern vmb die gantze Christenheit wolverdienten Helden/willfahren. So gedacht auch Gautier/die lange zeit/in deren man vielleicht seiner vergessen/werde dem grollen vnd vnwillen die Zähn außgebrochen oder stumpff gemacht haben. Reiset also gen Soisson/vnd vbergibt dem König das Schreiben am Charfreytag vor Ostern: da aber der König dasselbige in stille abgelesen/nimbt er den Dolchen vnd ersticht den frommen vnschuldigen Gautier.

Agapitus aber kondte zu solchem nicht durch die finger sehen/vngeacht der König/so wol ein älter Greyß/als ein mächtiger Monarch gewesen/sondern erjnnert den Todtschläger/wie höchlich er sich an Gott dem Herren vnd dem Nächsten/seinem Mitbruder vergriffen/vnd bringt den König so weit/daß er zu erkandtnuß vnd bekandtnuß seiner begangenen Missethat/deß ertödten Gautiers Herrschafft D'yvetot/mit Brieff vnd Siegel in ewige zeit von dem Reich muste befreyen/also daß gedachte Herrschafft D'yvetot/keinem höheren Gewalt vnderworffen/nicht anders alß ein klein Königreich seyn solte/wie man sie dann auch noch heutiges tags das Königreich D'yvetot nennet: hat vor wenig zeiten dem Herren von Ballay in Aniou zugehört.

König Clotarius starb zu Compingen im 51.jahr seiner Regierung/eben an dem Tag/an welchem er vor einem jahr seinen vnehelichen Sohn Chranum/so sich wider jhne den Vatter auffgeworffen/mit sampt Weib vnd Kind in einem Hauß verbrennen lassen.

Ward zu Soisson/bey S.Medard/so er angefangen zu bawen/begraben.

Darauff ward Franckreich widerumb vier Söhnen zugetheilet.

Cherebert bekam Pariß/Chilperich Soisson/Gontran Orleans oder Burgund/vnd Sigisbert Metz oder Austrasien.

Zur zeit dises Königs hat man erstlich zu Constantinopel angefangen Seiden zu weben/dann dieselbe zuvor nur auß Persien in Europam geschickt worden. Die Erfinder vnd Anfänger seind zwen Mönchen auß Indien gewesen/vnd haben Seidenwürm Saamen mit sich dahin gebracht/ vnd gewiesen/wie man denselben lebendig mache/auch volgendts die Würm mit Maulbeer Laub speise.

Seid. v wt. in Europa geweben

Zu disen zeiten haben S.Medard vnd S.Gildart/zwen Brüder gelebt/so auff einen Tag an dise Welt geboren/volgendts auff einen Tag zu Bischoffen erwehlt/der eine zu Noyon/der ander zu Roan/vnd endtlichen auff einen Tag auß disem Jammerthal ins ewige Leben abgefordert worden.

Damahlen haben obgedachte Königreich den Namen Gallien gantz verlohren/vnd vnder einem Titul samptlich Franckreich geheissen.

Von Cherebert dem achten König in Franckreich.

Cherebert oder Charibert hatte sich allen wollüsten vnd schanden ergeben / vnd derowegen nichts lobliches außgerichtet: Starb im 9.jahr seiner Regierung zu Bloys bey Bordeaux/vnd ward daselbst zu S.Roman begraben.

Seine Brüder Chilperich vnd Gontran waren nicht viel besser: Sigbert aber verhielt sich alß ein recht geschaffner Fürst/vnd schlug die Hunnen alß dieselben in Lothringen gefallen. Weil Cherebert keine Kinder verlassen/haben sich die vbrigen drey Brüder jhr lebenlang mit einander erbissen vnd erzancket.

Sonsten ist diser König Cherebert der erste vnder den Frantzösischen Königen gewesen/so Latein geredt hat/daß sich die andern alle nur der Sicambrischen vnd alt Fränckischen Sprach beholffen: wie Venatius Fortunatus im sechsten Buch verzeichnet.

Das Dritte Buch
Von Chilperich oder Hilffreich / dem neunten König in Franckreich.

NAch dem Chilperich zu Soisson neun Jahr geregieret / vnd an seines Bruders statt zum König vber Paris gesetzt / hat er bald nach dem Einritt zu Paris / seinen Sohn Mehrwicht mit einem starcken Heerzeug außgeschickt / die Stätt an der Loyre gelegen / vnder seinen Gehorsam zu bringen: an statt aber desselben zugs begab sich Mehrwicht naher Roan / vnd verheurahtet sich mit Brunhilde / König Sigeberts seines Vatters Bruders hinderlassener Wittib / darüber der Vatter dermassen erzörnet / daß er jhn zu Mans in ein Closter gestossen / darauß er aber bald entloffen / vnd mit Brunhilde in Austrasien gezogen / da jhn der Vatter fangen / vnd auff der Schampanien erwürgen lassen. Theodebert der Erstgeborne ward von Sigeberts Haupleuten im Streit erschlagen.

Clovis der dritte Sohn / ward bey Noceto an d' Marne / auff Fredegundis befelch vmbgebracht / damit jhre Kinder allein das Reich erblich besitzen solten. Gontran aber ließ den Leichnam / wie auch Mehrwichts Gebein gen Paris in Sanct Germains Kirchen legen.

Nach disem bezwang Chilperich den Graffen in klein Britanien / vnd lag etlich mahl wider seinen Bruder Gontran zu Feldt / wegen Massilia / Burges / vnd den Ländern Limosin / vnd Perigeur.

Ward im drey vnd zwentzigsten jahr seiner Königreichen / auff anstifftung Fredegundis seiner Gemaheln / so von geringen Leuten auß Picardey her gewesen / vnd dem Hoffmeister Landri vom Thurn derselben heimlichen Bulen / (alß er den possen auß jhren reden vermerckt /) in der Jagt bey Challes erstochen / vnd zu Paris in der Abtey S. Germain begraben.

Weil dann Chilperich dem gottlosen Weib Fredegundi zu gefallen seine zwey vordere fromme Weiber / deren eine Brunhildis Schwester / vnd eines Gotthischen Königs von Toleto Tochter gewesen / vnd etliche Kinder jämmerlichen vmbringen lassen / ist kein wunder daß ein Mörder von einer Mörderin / mit gleicher Müntz endtlichen bezahlet worden.

Sonsten ist auch Chilperich seinen Vnderthanen mit der Schatzung so hart vnd streng gewesen / daß sehr viel derselben in andere Länder gezogen.

So bald lautbar worden daß König Chilperich mit Todtabgangen / ward sein Tochter Riguncee / alß man sie Lennichildi der Visigotthen König heimgeführt / bey Tholosa aller Kleinodtern vnd Reichthumben spoliert vnd beraubet.

Nach diesem grieff Fredegundis nach dem Scepter / vnder dem schein der Vormündschafft / jhres jungen Sohns Clotarij / so nit halbjährig gewesen / besucht selbs eigner Person alle Stätt im Reich / vnd lasset jhrem Sohn schweren.

Etliche melden / Fredegundis habe nach jhres Königs todt / Gontran den König zu Orleans jhren Schwager gen Paris beruffen / vnd habe denselben zum Vormundt vnd Regenten angenommen.

Mord in der Kirchen. Alß etwas zeits hernach Fredegundis Pretextatum den Bischoff zu Roan / durch ein bestelten bösen Buben / am Ostertag in der Kirchen heimlich wolt erstechen lassen / der Mordt aber nach jhrem wunsch nicht so geschwind von statt gangen / hat sie den verwundten Bischoff nahe darbey in ein Kammer tragen lassen / vñ jhn darauff mit etlichen vornemen Herren besucht / vñ auß falschem hertzen zu jhm gesprochen / Sie beweine seinen trawrigen vnfahl / vnd wölle solchen an einem so heiligen Tag vnd Ort / an jhm bey dem Gottsdienst begangene grewliche that / nicht vngestrafft lassen: darauff jhren Pretextatus in seinen letzsten zügen geantwortet: Sie seye selbst die jenige die solches gethan habe.

Da nun Gontran der Sach fleissig nachgeforschet / hat er den Thäter bekommen / so bekandt / daß jhme Fredegundis / wie auch Melanthion / so gern Bischoff gewesen / Gelt geben / geschehenen Mordt zu volbringen.

Alß Gontran zu Chalans gestorben / wolte Childebert / König zu Metz seines Vatters vnd Veters Chilperichs Todt an Fredegunde rächen / vnd zog wider die selbe in Franckreich.

Fredegundis aber macht Landry vom Thurn jhren alten Bulen zum Feldtmarschalck / vnd des jungen Königs Leutenant / durchlaufft selbst das Läger: name den jungen König auff die *Ein kriegisch Weib.* Arme / vnd sprach dem Volck zu / daß es / wie seine Altvordern / mit schuldiger Trew / wie die Burgunder vnd Lothringer für jhren König streiten solten / befahle auch das man den Pferdten solte Schellen anhencken / vnd jhnen grosse äst vortragen / damit der Feindt vermeine

meine/es were nur ein herd Vieh/so in einem busche weidet/vberfiel also den Feind vnversehens bey Soisson/vnd thete mercklichen schaden.

Diß schandtlich blutdurstig Weib/hat lang gelebt/vnd ward auch zu Pariß in S. Germans Kirchen bey jhrem König begraben.

Von Clothario dem zehenden König in Franckreich.

Clotharius der Ander diß Namens/regiert 31.jahr/ nach dem sein Mutter Fredegundis 13. jahr das Reich verwaltet.

Verlohr seinen Sohn Mehrwicht in einer Schlacht vor Estampes/wider Theobert den Andern diß Namens/König zu Metz oder Austrasien: in welcher Schlacht 30000. Mann verblieben/darunder auch gedachter Theobertus Feldtoberster gewesen.

Nicht lang nach disem name Clotharius seinen Sohn Dagobert/oder Degenbrecht zu sich an die Regierung/vñ vbergab jhme Francken vnd Burgund/mit sampt einem theil des Königreichs Austrasie. Gab jhm auch S.Arnold den Bischoff zu Metz/vnd Pipin zu geheimen Rähten.

Zog volgendts seim Sohn Dagobert zu hilff in Sachsen/da er Dagobert sich ritterlich gehalten/vnd ein Wunden im kopff darvon getragen.

Damahlen ward der Hertzog in Sachsen sampt den seinen erschlagen.

Starb im 16.jahr seiner Monarchey/vnd ward zu Pariß in S. Germans Kirchen begraben.

Von Dagobert dem eilfften König in Franckreich.

Dagobert der erste diß Namens/regiert 14.jahr/gab seinem Bruder Aribert das Königreich Aquitanien/Languedoc namlich/Aniou vnd Xainctonge/ welches jhm aber innerhalb 9.jahren nach desselben Todt widerumb zugefallen.

Stillet die Gasconier/so sich empörten.

Thete dem König in Hispanien grosse hilff wider die Saracenen.

Bezwang die Sclavonier.

Bracht die Sachsen dahin/daß sie dem Königreich Metz jährlichen 500. Ochsen zum Tribut geben mußten. *Sachsen werden zinßbar.*

Vertrieb die Juden in ewige zeit auß Franckreich/dann sie damahlen ausser vnd innerhalb seiner Reich viel böses angestellet.

Setzt seinen Sohn Sigisbert vber Austrasien/vnd Ludwig vber Franckreich: vnd versahe beyde/der jungen jahren halben/mit getrewen Vormündern vnd weysen Rähten.

Bawet die Kirchen S. Dionysij/da jetzund die König jhre Begräbnussen haben/vnd beraubt zur zierung derselben/ viel andere Kirchen.

Were ein fürtreffentlicher Fürst gewesen/wañ er sich den Weibern nicht so sehr hette ergeben.

Starb zu Espinai an der rothen Rhur/vnd ward in der newen S. Dionysij Kirchen begraben.

Von Clovis oder Ludwig dem 2. diß Namens/ dem zwölfften König in Franckreich.

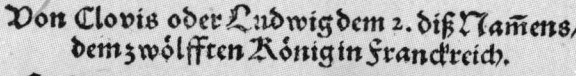

Vbgedachter Dagobert ist vnder den Meroveern der letste gewesen/so die Königliche Würde mit dapfferen Thaten beyde bey den frembden vnd einheimischen in gebürlich ansehen gebracht: inmassen dann die volgenden König/mehr den wollüsten/dañ aber dem Reich abgewartet/vnd alle geschäfft den Rähten/fürnemlich dem Hoffmeister befohlen/ vnd also nichts dannden eytelen Namen behalten.

Was disen König belangt/hat er sich jederzeit des Friedens befliſſen/gute Juſtitiam gehalten/ der Armen ſo Vätterliche rechnung getragen/daß er denſelben zu vnderhaltung in einer groſſen Thewrung vnd hungers noth/den Schatz in S. Dionyſij Kirchen angriffen: in anſehung barmhertzkeit Gott angenehmer dann groſſe Opffer/vnd die armen Chriſten der Kirchen beſte Kleynoter ſeind/als vmb deren willen auch Gottes Sohn geſtorben.

Sein Gemahel ward auß Sachſen ein Gottſelige Fürſtin/ſo viel an die Kirchen gewendet.

Ließ Grimwald ſampt deſſelben Sohn zu Paris offentlich richten/weil er König Sigberts Sohn/durch hilff Dodonis des Biſchoffs zu Poictiers/in Schottland in ein Cloſter verſchickt/ ſeinen Sohn dadurch dem Reich auffzutringen.

Verließ drey Söhn/vnd denſelben das Reich in erwünſchtem frieden: Starb im 23.jahr ſeines alters/vnd des Reichs im 16. ligt zu S. Dionyſio begraben.

Von Clothario dem dritten diß Nammens/dem dreyzehenden König in Franckreich.

Ettlicher Königen Welbiſcher Pracht.

VOn diſem König vnd ſeinen Nachkommen biß auff Carolum Marcellum/mag man wol ſagen/daß ſie nichts gethan/das hierinn ſonderlich zu jhrem lob zu vermelden were.

Diſer hat die Vnderthanen hefftig beſchwert/vnd pflegt zu ſagen/ſie lebten nur in einē zu feiten Land/beneben dem daß ſie jhren wolſtand in einem ſo beſtendigē Frieden nicht möchten erkennen.

Regiert vier Jahr/vnd ſtarb am Feber ohne Kinder.

Gedachtē Ludwig/wie auch volgende König/kont man das gantz Jahr vber nur ein mahl ſehen/vnd das am erſten Tag Maij/da er ein allgemeinen Landtag gehalten/vnd ſich auff eine/mit grünen Zweygen gezierten Wagen/von vier Ochſen auff eine beſondern Platz/Campus Martius genandt/führen laſſen/da er dann ſo wol den Partheyen/ ſo Rechtshändel gehabt/als den frembden Bottſchafften offentliche Audientz vñ antwort gebē: doch nach dem denckzettel ſo die Hoffmeiſter nach jhrem gefallen gemacht hettē.

Von Chilperich oder Hilfreich dem andern diß Nammens/dem vierzehenden König in Franckreich.

Wohlt ein Frauß fiſcher Hertz.

GLeich wie Chilperich der erſt ſich zu anfang ſeines Reichs vbel angelaſſen/volgents aber wol gehaltē: alſo hatte man ſich Chilperichs des andern erſtlich zu frewen/endtlich aber vbel zu förchten.

Daß nach dem jn die Frantzoſen zum König gekrönet/ vnd auff ſein Anlaſſen/alles guts verhoffet/hat er ein Tyrañey vber die ander geübt: Als er aber im andern Jahr ſeiner Regierung/Bodillum einen Fränckiſchen Herren an ein Saul binden/vnd mit Ruhten ſtreichen laſſen/hat jhn derſelbe bald darauff auff der Jagt bey Challes/vnd volgendts im Schloß die Königin Blithildin/ſo ſchwanger geweſen/mit hilff vieler Hoffleuthen vmbgebracht.

Darbey dann alle Potentäten vnd Regenten lehrnen ſollen/daß ſie/waß ſie glückſelige Regierung begeren/den Vnderthanen zum zorn vnd raach durch Tyranney kein vrſach geben ſollen.

Gedachter König ligt ſampt ſeiner Gemahel zu Paris in S. Germains Kirchen begraben.

Von Dietrich dem fünffzehenden König in Franckreich.

WEil den Frantzoſen keine frembden König wolten gefallen/habē ſie bald nach Chilperichs todt Dieterich/Ludwig des Andern Sohn/ſo man ſeines muthwillens halbē/ſampt Ebroin ſeinem Hoffmeiſter beſchoren/auß dem Cloſter S. Dionyſij gefordert/auff den königliche Thron geſetzt/vñ jme Landregeſil/Ercembalds Sohn/

Von Gallia. 165

Sohn zum Hoffmeister geben. Zu diser zeit ward das Reich in guter ruhe: So bald aber Ebroin auß dem Closter zu Pluviers kommen/ hat derselbe zur Wehr gegriffen/ den König nach seinem gefallen geführt/ den Bischoff zu Autun vnd viel fürtreffliche Personen vmbgebracht/ vnd sich also verhalten/ daß der König nur zusehen mußte.

Da nun Dieterich 19. jahr den Königlichen Nammen getragen/ verließ er denselben seinen drey Söhnen/ Ludwig/ Clotario vnd Childebert/ dem Pipin aber vnd desselbigen Freunden den Gewalt. Ward zu Arras begraben.

Von Clovis oder Ludwig dem dritten dises Nammens/ dem sechszehenden König in Franckreich.

Clovis der dritt dises Namens/ tregt die Königliche Cron vier jahr. Pipin sein Hoffmeister bringet die Frießländer zum Christlichen Glauben/ vnd verhaltet sich in des Reichs regierung so loblich/ daß alle Provintzen ein gute zeit fried hatten/ vnd sich alle frembde Völcker so etwan Franckreich vberfallen vnd bekümmert/ förchten müßten.

Gedachter Clovis oder Ludwig starb ohne Kinder/ vnd verließ ein schlechten Namen.

Vnder disem König hat der Hochgelehrt/ vnd seiner grossen Bücheren halben berühmbte Mann Beda gelebt.

Von Childebert dem andern dises Nammens/ dem siebenzehenden König in Franckreich.

Childebert der Ander/ regiert/ oder ließ viel mehr seinen Hoffmeister regieren 17. jahr/ ward zu Nancy in S. Steffans Kirchen begraben.

Vnder disem König starb auch Pipin/ so seinen Sohn Carolum Martellum/ an sein statt ans Hoffmeister oder Regenten Ampt gefürdert/ nach dem er in die 44. jahr alle Händel im Reich versehen vñ jhme bezeben einem ewigen guten Nammen/ bey allen Völckern ein mächtig ansehen gemacht.

Carolus Martellus ward Regent.

Von Dagobert dem andern dises Nammens/ dem achtzehenden König in Franckreich.

Dagobert der Ander/ hat seinen Nammen Degenbricht oder Degenbrecht wol vergebens gehabt/ dann er die vier jahr vber/ in denen er König vber Franckreich gewesen/ nichts sonders/ wie dann damahlen der Königen gemeiner brauch gewesen/ weder in gemein noch insonderheit außgerichtet. Regiert vier jahr.

Verließ zwen Söhn Chilperich vnd Theodoricum.

N iij Von

Von Clotario dem IV. diß Namens/dem 19. König in Franckreich.

Clotarius der viert diß Namens/war zwey jahr König/ ließ aber alles durch Carolum Martellum verrichten/ alß einen obersten Verwalter des Königreichs. War Dagoberti des andern Bruder/oder wie andere wöllen/seines Vatters Bruder/hatte nach dem brauch seiner Vorfahren/sich an dem Scepter vnd der Cron benügen lassen: also daß jhn Paulus Aemilius vnd andere Frantzösische Historyschreiber für keinen König erkennet/starb Anno Christi 722. vnd ward bey seinem Vatter vnd Bruder in der Statt Nanci begraben/vnd ward damahlen Franckreich sehr vnrühig.

Von Chilperich dem 20. König in Franckreich.

Dieser ist zuvor in einem Kloster ein Mönch gewesen/Daniel genandt/ward vor Carolo Martello/ auß Vasconia beruffen/vnd zum König gesetzt. Eudo der Hertzog in Vasconia vberantwortet jhn mit einem theil des Schatzes. War auß dem Geschlecht des grossen Clodovei: starb im fünfften jahr seiner Regierung/Anno 726. vñ ward zu Novioduno oder Noyon in der Thumbkirchen begraben.

Vmb dise zeit ist auch der König in Bretagne gestorb/ vñ hat keinen rechtmässigen Erb verlassen/daher die Fürsten des Königreichs in sieben faction getheilet/mit Bürgerlichen Kriegen gerumort/vnd in die 30. jahr einer den andern außzureuten vnd zuverderben nicht vnderlassen haben/biß Carolus Magnus ins Regiment kommen/dasselbige dem Frantzösischen Königreich einverleibt/die andern Fürsten Zinßbar gemacht/vnd die rumorenden Bretagner also gedempfft hat.

Von Dieterich dem 21. König in Franckreich.

Dieterich oder Thatreich/hatte auch nur den blossen Namen/vnd regiert gleich wie seine Vorfahren 15. jahr/dann aller gewalt stund allein bey Carolo Martello/welcher/alß er durch etliche schwere einheimische Krieg vnd Victorien nun sehr berühmt worden/ den Vasconischen Krieg wider Eudonem zuhanden genommen/weil derselbe die Saracenen auß Africa ins Land gebracht.

Endlich ist Carolus Martellus zu Carisiaco an dem Fluß Isara gestorben/vnd zu S. Dionysio in der Königlichen Begräbtnussen/vnder andern Königen ordentlich bestattet worden. Martellus aber hat drey Söhn nachgelassen/Pipinum/Gryfonem vnd Carolomannum. Pipinus kam ins Hoffmeister Ampt an seines Vatters statt. Gryfon bawet die Vestung Laon / ward aber ehe er sich gerüstet/ vberfallen/vñ ergab sich an seinen Bruder. Carolomannus zeucht auß andacht gen Rom vnd wird ein Ordensmann.

Von Childerich dem 22. König in Franckreich.

Childerich regiert neun jahr/ward auß Bapsts Zachariæ befelch wegen seiner liederlichkeit beschoren/vnd in einem Geistlichen Habit in ein Closter gethan. Vnd so viel von den Königen in Franckreich/ so von Meroveo/oder Mehrwich herkommen.

Von Gallia.

Von dem Pipino dem drey vnd zwantzigsten König in Franckreich.

PIPINVS · REX · FRANC · XXI ·

NAch dem nun die Frantzosen gesehen/daß der alten Meroveer Heldenmuht/mit des Reichs schaden abgestorben/ vnd dise jhre letzte König keine Manns/sondern Weiber Hertzen hatten/den schandtlichen wollüsten pflegten/vnd des Reichs keine rechnung trugen/haben sie ein allgemeine versamlung gehalten/jhres Vatterlands wolstand mit ernst betrachtet/ Childerich alß einen vnnützen Menschen/seines Königlichen herkommens vngeacht/billich abgesetzt/vnd hergegen den dapfferen Helden Pipinum/Caroli Martelli Sohn/einhälliglich zum König erwehlt/vnd mit vbergebung der Regierung/durch Bonifacium Ertzbischoff von Maintz zu Soisson gekrönt/vnd darauff nach altem brauch/auff einem grossen Schilt vmb die versamlung herumb getragen. Welches geschehen im jahr nach Christi vnsers Herren geburt 752. Zwey jahr nach disem/wurd König Pipin noch ein mal von Bapst Stephano/alß derselbe vmb Hilff wider die Longobarder in Franckreich kommen/persönlich zu S. Dionysio gekrönet. Hierauff zeucht Pipin in Italiam/vnd treibt Astulphum der Longobarder König/daß er die Länder so man S. Peters Erbgut nennet/das Ertzhertzogthumb Ravenna/vnd etliche Stätt in der Romanay/gedachtem Bapst müste vbergeben: dessen aber der Keyser zu Constantinopel/so durch seine Landvögt ermeldte Provintzen beherrschet/vbel zu frieden gewesen.

Damit aber Pipin in währendem guten frieden/den eynheimischen Kriegen in Franckreich möchte vorkommen/in betrachtung die Frantzosen gar schwärlich der ruhe gewohnen können/vnd hergegen sehr leichtlich wider einander verhetzt worden/ist er in Guiennen oder Gasconien gezogen/vnd die Stätt darinn/so sich wolten empören/bezwungen.

Dann weil die Frantzösischen König nach angeborner miltigkeit/den abgelegnen Provintzen viel stattliche Privilegien vnd Gerechtigkeiten gelassen/haben sie sich durch böse vnruhige Leuth wider jhren König leichtlich auffwerffen dörffen. Solchem aber ein end zu machen/hat Pipin ein Statthalter vber gantz Aquitanien gesetzt.

Volgendts hat König Pipin die Rebellischen Sachsen vnd Schwaben vnder das Joch gebracht/vnd denselbigen aufferlegt/daß sie der Cron Franckreich/jährlich 300. gute Pferd/zum zeichen jhres gehorsams geben mußten.

Etliche haben disen Krieg dem Gasconischen vorgesetzt.

Nach dem nun Pipin achtzehendhalb jahr/dem Reich treffentlich wol vorgestanden/(derowegen jhn dann die Eynwohner alß einen Vatter vnd Bruder geehret vnd geliebet: die Frembden aber vnd Außländischen alß einen Herren geförchtet/dem sich nicht ohne grossen schaden zu widersetzen were/) ward er zu Tours/auff der Heimfahrt auff Guiennen/mit einer schwärn kranckheit/so sich zu einer Wassersucht gezogen/angegriffen/deren er auch gestorben/im jahr Christi vnsers Herren 768. den 24. Septembris. Ligt zu S. Dionysio begraben.

Es ist aber zu wissen/das gedachter Pipin nicht aller dingen eines besondern vnd frembden Geblüts von den Meroveischen gewesen/sondern er hatte nur allein Vatter halben ein anderen Stammen vnd Geburts Linien: Dann Mutterhalb erstreckt sich sein Herkommen von König Clotario dem Grossen/Dagoberts des ersten Vatter/wie solches Secretarius Tillet/von Glied zu Glied fleissig erwiesen.

Ob schon auch König Pipins Nachkommne lange Haar getragen/waren doch dieselbigen nicht beschaffen/wie sie aber die Meroveer haben wachsen lassen: wie zu S. Dionysio in Franckreich an dem Portal vnd Kirchen/wie dann auch zu Pariß in S. Germains Abtey zu sehen.

Pipini herkommen.

Enderung der langen Haaren.

Von Carolo dem Grossen / dem vier vnd zwantzigsten König in Franckreich.

So bald Carolus mit seinem Bruder die Reich getheilet / mußte er den Harnisch anlegen vnd wider Herzog Lup in Gasconien / wie dann auch wider Hunolt in Aquitanien ziehen / vnd dieselbigen desto eher zu bezwingen / auch künfftig besser im zaum zu behalten / die Vestung Libourne bawen. Bald nach disem mußte er die Sachsen heimsuchen vnd mit denselbigen zu Feldt ligen / welche er auch nach dem er zwölff sonderbare Krieg zu vnderschiedlichen zeiten geführt / bezwang / vnd zum Christlichen Glauben brachte.

Hierzwischen hätte er auch mit den Britanniern zu thun / vnd vnderwarff jhme dieselbigen.

Zeucht volgendts in Navarren / bekompt Pampelonem: verruckt in Hispanien / schlegt die Saracenen / gewinnet Saragossa vnd trieb etliche König / daß sie jhm mußten Tribut geben. Name auch Beyerlandt eyn / vnd stieß Herzog Transilen seinen Vetter in ein Closter.

Vberwand die Sclavonier vnd Wandalen / so in Brandenburg / Mechelburg vnd Pommern gesessen.

Vnderwarff jhme auch die Hunnen vnd Panonier / heut Vngarer vnd Oesterreicher genandt.

Carolus wolt den Rhein vnd die Thonaw zusamen brechen.
Wolt auß anlaß zweyer Flüssen / so nicht sonders weit von einander / deren einer in Rhein / der ander in die Thonaw laufft / den Rhein vnd die Thonaw durch ein Canal zusamen brechen / desto komblicher auß dem Grossen Meer in den Oceanum zu handlen: dan bekandt / das gedachte zwen Ström in zwey besondere Meer fallen. Es sollen auch heutiges tags dises vorhabens etliche anzeigungen gesehen werden.

Dises geschahe alß Carolus die Hunnen bezwungen.

Wohlgedachter Carolus schlug auch die Normander vnd den König in Dennemarck.

Gab durch sein Sohn Pipin den Venedigern viel zu schaffen.

Stifftet zu fortpflantzung der Christlichen Religion vnd guten Künsten / drey wolbestellte vnd reiche hohe Schulen: die zu Pariß namlich / die zu Bononien vnd die zu Pavey.

Ward von seinen grossen Thaten der groß Carle oder Kerle genandt.

Vnd im jahr Christi 801. von Bapst Leone zum Römischen Keyser gekrönet / alß er allbereit 30. jahr in Franckreich geherrschet. Empfieng grosse Geschenck von dem König auß Persien.

Ward vnder dem schein einer Bündtnuß von Irene der Keyserin zu Constantinopel (so / wie Nauclerus verzeichnet / auß dem Hauß Beyern bürtig gewesen) vmb die Ehe ersucht: derowegen sie dann von Nicephoro verklagt vnd von dem Volck vertrieben worden.

Sonsten ist Caroli Mutter auch auß Beyern gewesen.

Fürnemlich aber soll dises mächtigen vnd frommen Helden jederzeit in höchsten Ehren gedacht werden / weil er neben den schweren Kriegen vnd erweiterung seiner Reichen / der Kirch vnd des Reichs Christi vnsers Herzen so ernstliche Rechnung getragen / da er dan auch zu befürderung vnd erhaltung desselben / fünff sonderbare Concilia beschrieben vnd gehalten.

Carolus hattet fünff Concilia.
Das erst ward zu Maintz: Das ander zu Rheims in Champanien: Das dritt zu Tours an der Loyre: Das vierdt zu Chalons: Vnd das fünfft zu Arles. Er soll auch in Palestina gewesen seyn / das H. Grab besucht / vnd daselbst wider die Vngläubigen gestritten haben.

Sonsten ist gewiß / daß jhme die Schlüssel des H. Grabs vberschickt worden.

Ward neben andern Fürstlichen Tugenden sehr wol beredt / in Lateinischer vnd Griechischer Sprach trefflich erfahren.

Gab ein guten Astrologum / Poeten vnd Historicum.

Ward in summa recht wol gelehrt / vnd hatte gelehrte Leuth in hohem wärth.

Starb Anno Christi vnsers Herzen 814. den 28. Januarij / seines Alters im 72. des Frantzösischen Königreichs im 46. vnd des Keyserthumbs im 14. jahr.

Ligt zu Aach begraben.

Von Gallia.

Von Ludwig dem Frommen/dem fünff vnd zwantzigsten König in Franckreich.

Ludwig der From ward von Bapst Stephano dem vierdten/ an seines Vatters statt/ zum König ober Franckreich vnd Römischen Keyser gekrönet.

Hatte von Hermingard einem Fräwlin auß Sachsen/drey Söhn/Lotharium/Pipinum vnd Ludwig.

Vnderwarff jhm die Sclavonier vnd Gasconier/ so nach seines Vatters Todt vom Reich abgefallen.

Setzt Hariald den König in Dennmarck widerumb eyn.

Hatte mit den Normandern/ Seeländern/ Frießländern vnd Britanniern zimblich zu thun/weil sich dieselben all empörten.

Haltet zu Aach ein Reichstag: laßt Lotharium seine Sohn zum Römischen Keyser krönen: vnd verbietet den Geistlichen jhre köstliche Kleider/mit denen sie/wie noch heutiges tags/zu grossen Pracht getrieben.

Kurtz vor seinem Absterben/setzt er Carolum/ so jhme Judith ein Gräffin von Altorff oder Ravenspurg/sein ander Gemahel geboren/zum König vber Franckreich.

Starb im 72.jahr seines alters/alß er mit grossem Lob vnd Nutz der gantzen Christenheit/dem Französischen vnd Römischen Reich treffentlich vorgestanden.

Ward zu Metz begraben.

Von Carolo dem Kahlen/dem sechs vnd zwantzigsten König in Franckreich.

Carolus der Kahl/ kam mit seinem Bruder Lothario so weit in zanck/daß sie gegen einander zu Feldt zogen/vnd am Ostertag zu Fontenai im Bißthumb Auxerre/einander ein blutige Schlacht liefferten.

Hierzwischen aber empörten sich die Britannier: vnd kamen die Normander biß gen Pariß / vberfielen die Abtey S. Germain: wolte Carolus haben/das gedachte Normanner widerumb auß dem Land zugen/mußt er dem Seckel das Maul auffthun / vnd nach jhrem gefallen ein gute summen Gelt darzehlen.

Nach disem zoge Carolus wider die Britannier/ sagt Neometricum derselben König in die Flucht/vnd schlegt sie volgendts noch zwey mahl.

Die Normander vberfielen Nantes / erfülleten alles mit Blut vnd Fewr/erwürgten auch den Bischoff in der Kirchen bey der Meß.

Fünffzehen jahr nach der Schlacht zu Fontenai/ließ sich Carolus zu Limogen zum König salben.

Nach disem empörten sich viel grosse Herren in Franckreich wider einander: vnd kamen die Britannier biß gen Poictiers.

Bekam nach Keyser Ludwig/Lotharij seines Bruders Sohns/todt/das Keyserthumb.

Ward dem Pracht sehr ergeben: alß er von Rom verreiset/pflegte er sich mit einem köstlichen langen Talar auff Griechisch bekleiden/wider sein vnd seiner Voreltern gewohnheit.

Alß er aber auff der Heimfahrt gen Mantua kommen/vergab jhm sein Leibartzet/ein Jud/mit Namen Sedechias.

Starb also im 36.jahr seiner Regierung/nach dem er nur zwey jahr Keyser gewesen.

Ward erstlich zu Vercell begraben/vnd volgendts gen S.Dionysio geführt.

Keyser Carolus der Kahl gehet auff Griechisch bekleidet.

Das Dritte Buch

Von Ludwig dem sieben vndzwantzigsten König in Franckreich.

Ludwig mit dem Zunammen der Stamler/stunde/ehe er zu Rheims zum König vnnd Keyser gekrönt worden/ nicht sonders wohl mit seinen Fürsten/weil er etliche Empter ohne jhr vorwissen besetzt vnd versehen hatte.

Vnd weil Bapst Johann Italien gedachtem Ludwig viel lieber/dann andern gegönnet/hatte er sich bey den andern so Carloman angehangē/treffentlich verhaßt gemacht/von denen er auch gefangen worden: entrunne aber mit seinē besten Schatz in Franckreich/vnd that seine Widersächer in Bann: dessenthalben sie sich doch wenig bekümmerten: sondern ein weg wie den andern/die Statt Rom in Carlomans hulden behielten.

Gedachter Ludwig soll sich zu Troies in Champanien verletzt haben/als er einer Jungfrawen/so geliebt/zu gefallen/zu einer nidern Thüren eynreitten wollen: darauff er gen Compiegne fuhre/der Hoffnung daselbst geheilet zu werden.

Starb aber am Charfreytag/vnd ließ sein Gemahel groß schwanger/welche dann bald hernach niderkommen/vnd Carolum mit dem Zunamen den Einfeltigen/geboren.

Sein Reich/so doch sehr vnrühwig gewesen/hat sich nur in die zwey Jahr erstreckt.

Von Carloman vnd Ludwig/dem acht vnd neun vndzwantzigsten Königen in Franckreich.

Ludwig vñ Carlon oder Carloman/erstgedachtes Ludwigs des Stamlers vneheliche Söhne/kamē an das Reich/weil Carolus der rechte eheliche Erbe/noch ein Kind gewesen.

Es erzeigten sich aber dise zwen Brüder/bald zu anfang alß dapffere Fürsten/alß denen der Wohlstand des edlen Franckreichs mit ernst angelegen.

Führten etliche siegreiche Krieg wider die Normander vnd Dennmärcker/so in die 5.jahr Franckreich mit brennen vnd mörden jämmerlichen angefochten: auch vnder andern schönen Stätten/Trier vnd Metz eyngenommen hatten.

Ludwig starb nach dem er 9000. Normander erschlagen: darauff gedachte Normander biß gen Pariß verzuckt/vnd jedermenniglich grossen schrecken eyngejagt: also daß Carloman von jhnen einen anstand mit Gelt kauffen muste.

Volgends ward Carloman auff der Jagt von einem wilden Schwein vmgebracht/alß er nicht viel vber 5.jahr die Königliche Cron getragen.

Von Carolo dem Feyßten/dem dreyssigsten König in Franckreich.

Weil Carolus der Feyßte/nicht nur Ludwigs des Teutschen Sohn vnd Ludwig des frommen Enckel/sondern auch Römischer Keyser gewesen: haben jhn die Frantzosen alß einen rechten natürlichen ErbKönig/zu anfang treffenlich geliebt/vnd die Außländer mit sampt jhren gehülffen/den auffrührischen Einwohnern/nicht minder geförcht.

Woher Normandia den Namen bekomen.

Nach dem er aber auff erlittene Niderlag/den Normandern/welche Dennmärcker vnd Schweden gewesen/von dem Nordt oder Mitnacht/da sie herkomen/also genandt/die schöne vnd fruchtbare Provintz in Neustria/am Englischen Meer gelegen/vbergeben/so derowegen von derselben zeit her Normandia genandt worden: Auch Giseline/Lotharij seines Vettern Tochter/Sigfried

einem

Von Gallia. 171

einem Normandischen Fürsten vermählet/ haben jhn die Frantzosen angefangen zu hassen: in betrachtung daß keinem König frey gelassen/ ohne der Stånden vorwissen vnd willen/ das Königreich zu vertheilen/ vnd anderen Völckern zu vbergeben.

Da nun diser gefaßte vnwillen wider Carolum vberhand genommen/ vnd wie nach dem gemeinen Sprichwort/ Kein vnfahl allein kompt/ sondern alle zeit seine Gefehrten hat/ ward Carolus von einer schweren Kranckheit/ vnd bald darauff einer Melancholey/ von wegen seiner Gemahel heimlichen Bulschafft vnd vermeinten Vntrew angriffen: volgents vom Reich verstossen/ zu welchem er dan auch nimmermehr kommen/ sonder im Land zu Schwaben/ in einem schlechten Dörfflin in ausserster Armut elendiglich gestorben. Hat also ein gering vnd vnachtbar Bawrenhäuslin/ Menschlicher eytelkeit zum Schawplatz dienen müssen/ auff welchem ein so wunderbarliche vnd klägliche Tragoedia mit Keyser

Ein Keyser verdirbt in Armut.

vnd König Carolo/ allen Potentaten/ Gewaltigen vnd Reichen zum Exempel/ agiert vñ gespielet worden. Sonsten hat nach Carlomans todt/ sein Sohn Ludwig/ mit dem Zunammen der Faull/ oder hinlässig/ Neustriam vnd alles was jenseit der Seinen ligt/ beherrschet/ vnd die Königliche Kron getragen. Starb aber ohne einiges Lob/ nach dem er zwey jahr lang König gewesen.

Vnd hatte also Carolus der Feyßte anfenglichen das Königreich Burgund vnd was disseits der Seinen ist.

Von Odone dem ein vnd dreyssigsten König in Franckreich.

WEil nun die vielfaltigen vnd schweren Kriegsläuffe diser zeit/ einen rechten bewertē Helden zu beschirmung des Vaterlands ernstlichen erforderten/ ward Odon/ Graff Roberts von Pariß Sohn/ ein rechtgeschaffner Kriegsfürst/ seiner hochlöblichen Tugenden halben/ von den Reichsständen/ mit Keyser Arnolds bewilligung/ zum König erwehlt/ vñ durch Gautier Ertzbischoffen zu Sens/ mit gewohnlichen Ceremonien vnd Solenniteten gesalbet/ in betrachtung der Königliche Erb/ Carolus der Einfältig/ sein vollkommen Alter noch nicht erreichet.

Ohn angesehen aber/ daß Odon/ oder Eudon dem Reich sehr nutzlich gewesen/ vnd trefflich wol angestanden/ in dem er die von der bösen Welt verhaßte Gerechtigkeit geschützet/ vnd den auffrührischen Normandern ein Biß eyngelegt: so haben sich doch nicht nur etliche Frantzösische vom Adel vnd Ritterstand/ bald im andern jahr nach der Krönung wider jhn trotziglich auffgeworffen: sondern es haben jhn auch die gantz ernstlichen angefochten/ die jhme zuvor gleichsam alß den Königlichen Scepter mit gewalt in die Hand geben/ darunder dan Fulcks Ertzbischoff zu Rheims nicht der minste gewesen: inmassen dan derselbe hin vnd wider außgeben/ man müsse dem Odoni die königliche Cron abziehen/ weil er keines königlichen Gebluts seye/ vnd dieselbe Carolo dem Einfältigen auffsetzen. Derowegen dann Carolus im zwölfften jahr seines Alters zu Rheims gesalbet/ vnd Odon in Aquitaniam vertrieben worden.

Starb also König Odon oder Eudon im andern jahr/ alß er mit Carolo dem Einfältigen das Reich theilen müssen: verließ keine Leibserben/ vnd erkennet Carolum für den rechten natürlichen Erben der Cron Franckreich.

Von Carolo dem Einfältigen/ dem zwey vnd dreyssigsten König in Franckreich.

OB gleichwol jetzt obgedachter König Odon oder Eudon in seinem Todtbeth vnd Testament die Cron Franckreich Carolo dem Einfältigen/ aller andern Ansprachen vngeacht/ heiter vnd beständiglich zuerkennet/ so hat sich doch sein Bruder Robert/ so viel vnd lang bemühet/ biß daß er durch den Ertzbischoff zu Rheims/ alß Carolus in Lothringen gewesen/ zum König gesalbet vnd gekrönt worden.

Zu diser zeit wurden die Hertzogthumben vnd Graffschafften in Franckreich zu Erbländern gemacht/ weil dem jungen König Carolo das vermögen vnd ansehen gemangelt/ sich/ wie aber von nöthen gewesen/ zuwidersetzen.

Dann zuvor alle Hertzogen vnd Graffen nur Ampleuth/ vnd nicht Erbherren vber die Hertzogthumb vnd Graffschafften gewesen.

Caro=

Carolus erschlug Robertum vor Soisson/verlohr aber sehr viel Volck: flohe also Carolus in Lothringen mit einer geringen hilff/ward bald darauff von Herbert oder Heribert/dem Graffen zu Troys oder Champanien/des Graffen von Vermandoys Bruder/vnder dem schein eines Parlaments vñ friedens Tractation gefangen/erstlich gen S. Quintin/volgendts gen Chasteau Thieri an der Marne/so Heriberts eygen gewesen/vnd endtlich gen Peronne geführt/da er dann im fünfften jahr seiner Gefengnuß elendiglich gestorben.

Sein Gemahel flohe mit sampt jhrem Sohn Ludwig dem jungen Erben/in Engelland zu König Eduard jhrem Vatter.

Vmb dise zeit ist die Keyserliche Cron von den Carolinern gefallen/vnd an Hertzog Conraden in Franckreich kommen.

Keyser Arnold ward in einer wunderbaren kranckheit von den Leusen gefressen.

Von der zeit Ludwigs des Stamlers/biß auff dises Caroli absterben/ward Franckreich durch einheimische Krieg vnd empörungen so vielfältiglich angerennet vnd zertrennet/daß man schier nicht eygentlich kan setzen/wer gedachte zeit vber dem Reich vorgestanden.

Zu diser zeit wurden die Normander zum Christlichen Glauben bekehrt/vnd ward Rollo derselben Hertzog durch den Ertzbischoff von Roan obgedachtem Robert nach getaufft.

Von Rhodolph auß Burgund dem drey vnd dreyssigsten König in Franckreich.

Rhodolph Hertzog Richards auß Burgund Sohn/ward nach obgedachtes Roberti todt zu Soisson im Thumb zum König vber Franckreich gesalbet: regiert aber nur zwey jahr/wie die Chronick zu S. Dionysio vnd andere melden: wiewol Paulus Aemilius, Robert Gaguin vnd etliche andere wöllen/ermelder Rhodolph habe in die zwölff jahr in Franckreich geregieret.

Sein Gemahel ward Bertha ein Hertzogin auß Schwaben/vnd vermeinet durch derselben Heurath zum Keyserthumb zu kommen: derowegen er dañ in Italiam gezogen/vnd Berengarium darinn vberwunden.

Damit er nicht aber weiters in Italiam zuge/gab jhm Hug/König zu Arles/seine Stätt in Franckreich.

Keyser Heinrich auß Sachsen machet auch ein fried mit König Rhodolph/mit dem geding/daß er Rhodolpho etliche Heiligthumb/alß die Cron vnd Nägel vbergeben solte/so seine Vorfahren von Constantinopel bekommen.

Gedachter Rhodolph starb zu Auxerren/vnd ligt bey seinem Vatter König Reichard zu Sens in der Kirchen Saincte Colombe begraben.

Weil aber gedachter Rhodolph vnd dessen Vatter Reichard/sich mit gewalt vnd Tyranney dem Reich auffgetrungen/werden sie gemeinlich von den Scribenten nicht vnder die Frantzösische König gezehlet.

Von Ludwig Transmarino/dem vier vnd dreyssigsten König in Franckreich.

Weil diser Ludwig/Caroli des einfältigen Sohn/zu seinem Anherrn König Eduard in Engelland vber Meer geflöhtet/vñ zur zeit Rhodolphi von den Frantzösischen Fürsten vnd Ständen widerumb in Franckreich beruffen vnd gebracht worden/ward er nicht vnbillich Transmarinus/von den Frantzosen/d'outre Mer/das ist/vber Meer her/genandt. Ward zu Laon zum König vber Franckreich gesalbet/hatte mit den Burgundischen vnd Normandern viel zu thun: muste im Königreich einen jämerlichen hunger vnd allerley vnglück sehe. Starb an einer wunderbaren kranckheit/vnd ward zu Rheims begraben/alß er 19. jahr König gewesen: vnd viel böses begangen/dessentwegen er dann einen schlechten Namen hinderlassen.

Alß

Von Gallia. 173

Alß auff ein zeit gedachter König Ludwig zu Loan seine Fürsten versamblet/wolt er auch Graff Heribert von Troyes haben/ so seinen Vatter König Carolum den Einfältigen verrähterischer weise gefangen/wie in desselben Leben vermeldet.

Da sie nun alle beysammen gewesen/name der König einen Brieff in die Hand/vnd sagt: Es ist wol wahr/daß die Engelländer nit zu sehr klug seind. Hierauff fragten jhn die fürnehmsten Fürst/ warumb er solches sagte: der König auß Engelland/antwortet er/spricht euch vmb ein trewen Raht an/wie er sich gegt einem seiner Vnderthanen solle verhalten/der seinen Herren vnder dem schein/ alß wolt er jhn zu Gast halten/schandtlicher weise hatte vmbgebracht vñ ermördet. Graff Heribert gedacht nicht mehr an seine begangene mißhandlung/mit deren er eben gleicher gestalten König Carolum den Einfältigen hindergangen vnd getödet/ sondern sprach also bald mit sampt den vmb- stehenden Herrn: es solle ein solcher des allerschandtlichsten Tods sterbē. Darauff sagt der König: Du Schalcksknecht vñ Bößwicht/du hast dir mit deinem eygnen mund selbs das Vrtheil gefellet vnd dir das Leben abgesprochen. Dann erinnere dich nur wol/wie du meinen Vatter König Carolum in dein Hauß geladen/alß woltestu jhme freundtschafft erzeigen/jhn aber darauff gebunden vñ in ewige Gefängnuß geworffen/darinn er dann auch alß ein Vbelthäter jämmerlich gestorben: solt derowegen ohne verzug auch hingerichtet werden. Ward also Graff Heribert von stund an gefangen/auß dem Saal geführt/ dem Scharpffrichter vbergeben / vnd vor der Statt Laon/da der König Hoff gehalten/auff einem Hügel offentlich gehenckt/welches Ort dann noch heutiges tags Heriberts Berg genennet wirdt.

Graff Heribert wirdt gehenckt.

Von Lothario dem fünff vnd dreyssigsten König in Franckreich.

Lotharius hat nichts denckwürdigers gethan/dann daß er sich seines Vatters Ludwigs in falschheit vnd vntrew einen wahren Erben erkläret.

Regieret neun jahr/vnd verließ Ludwig zum beschluß vnd außschwang der Caroliner. Starb zu Rheims.

Von Ludwig dem sechs vnd dreyssigsten König in Franckreich.

Ludwig regieret nur ein jahr: starb ohne Erben/ohne Namen vnd ohn einiges Lob.

Etliche vermeinen sein Gemahel Blanca/ ein Hertzogin auß Aquitania/habe jhm/weil er nichts währt gewesen/ mit Gifft vergeben / welches dann auch seinem Vatter Lothario soll begegnet seyn.

Vnd so viel von den Königen/ so Caroli Magni Gebluts gewesen. Volget nun Hug Capet/mit sampt seinen Nachkommen/ so das dritte Geschlecht der Frantzösischen Königen machet: vnd noch heutiges tags in grossen Ehren schweben.

Von Hug Capet/dem sieben vnd dreyssigsten König in Franckreich.

Nach dem nun Caroli des grössen Himmelischen Helden Muht in den Nachkommen allgemach abgenommen/vnd endtlichen in Lothario vnd Ludwig allerdingen verschwunden: gleich wie in Dieterich vñ Childerich der Meroveer Hertz gantz abgestorben: Hat Gott der Herr/ so die König setzt vnd absetzt/ abermahl ein ander Geschlecht erwecken wöllen/welchem die Regierung des schönen vnd mächtigen Franckreichs solte vertrawet vnd befohlen werden.

Weil dann nun Hug Capet Graff zu Pariß/mit allen Fürstlichen Tugenden für andern von Gott hoch begabet/vnd weit vnd breit berühmbt/derowegen auch jedermenniglich lieb vnd währt gewesen/ward er im jahr Christi vnsers Herrn 989. von den Fürsten/Freyherren/Prelaten vnd gemeinen Ständen/einmütiglich zu Noyon zum König vber Franckreich erwehlet/vnd darauff zu Rheims nach alter gewohnheit gesalbet.

Daß aber die gemeine sag ist/gedachtes Hug Capets Anherr oder Großvatter seye ein Metzger vnd Fleischhacker gewesen/soll nicht nach dem Buchstaben/sondern nach der Alten art zu reden/ deren sich die Italiäner vnd Frantzosen gebraucht haben/verstanden werden.

Waū man vor alten zeiten von einer grossen Schlacht wolte reden/darinn ein mercklichē anzahl

R   Volcks

Das Dritte Buch

Wer bey den Alten Metzger geheissen.

Hug Capets herkommen.

Volcks erschlagen worden/ pflegt man zusagen/ es seye ein recht Metzger gewesen: vnd waß einer mit seinem Schwert dem Feind mercklichen schaden gethan/ vnd alles nider gehawen was er angetroffen/ hat man jhn zu grösserem rhum ein Metzger geheissen.

Weil dañ nun jetzgedachter Hug Capets Anherr/ ein solcher Held gewesen/ der in den Kriegen alles durch sein Klingen gejagt/ was sich jhme widersetzt/ hat jhn vnder andern alten Scribenten der berühmbt vnd subtile Poet Dantes Aligerius võ Florentz/ in seinem schönen vnd sinreichen gedicht/ das Fegfewr genañt/ ein Metzger intitulieren wöllen.

Eigentlich aber von der sach zu reden/ ist Robert mit dem Zunammen der Starcke/ ein Marggraff auß Sachsen/ Hug Capets Aene oder Groß Anherr gewesen/ so vnder König vnd Keyser Carolo dem Kahlen/ mit sampt Hertzog Reinold auß Aquitanien/ von den Normandern erschlagen worden.

Diser Robert verließ zwen Söhne: Odonem vñ Robertum/ so beyde König in Franckreich worden/ wie an seinem ort verzeichnet.

Robert ward vor Soisson erschlagen/ vñ verließ Hug den Grossen/ mit dem Zunammen der Abt/ weil er die Abtey Saint Denis/ Saint Germain vnd dergleichen an sich gezogen. Hatt erstlich König Eduards auß Engelland Tochter/ König Caroli des Einfältigen Gemahel Schwester/ so jhme ohne Kinder gestorben. Nach diser name er Keyser Ottonis des Ersten/ vnd Geberdæ König Ludwigs Transmarini Gemahel Schwester/ von deren er dann disen Hug Capet/ sampt fünff andern Söhnen vnd zwo Töchtern bekommen.

Darauß dann gleichsam alß im mitten tag klar vnd heiter erscheinet/ daß diser Hug Capet eines sehr alten vnd königlichen Geblüts gewesen.

Woher der Namen Capet kommen.

Daß er aber Capet geheissen/ vermeynen etliche es seye daher kom̃en/ daß er ein zimlichen grossen Kopff gehabt: etliche aber/ daß er in seiner jugend pflegte den jungen Knaben den Hut ab den Köpffen zuschlagen/ zur andeutung/ daß man vber nacht solte den Hut vor jhm/ alß einem König abnemmen vnd gebürliche Ehr erzeigen.

Nach der Krönung hatt König Hug mit Carolo von Lothringen/ deß verstorbenen König Ludwigs Oheim/ vier gantze jahr lang vmb das Reich zufechten.

Carolus aber ward sampt seiner Gemahel zu Orleans in ein Gefengnuß geworffen/ darinn sie zwey Kinder bekommen/ endtlichen aber alle viere darinn gestorben.

König Hug starb zu anfang des neunten jahrs seiner Regierung/ vnd ward zu Sanct Denis begraben.

Vmb dise zeit ist das Hauß Saffoy zu Gräfflichen Würden erhebt worden.

Von Robert dem acht vnd dreyssigsten König in Franckreich.

Robert ward bey Lebzeiten seines Vatters Hug Capets/ zum König gesalbet.

Ward ein freundtlicher/ gütiger vnd gelehrter Herr/ hat viel Gesang gestellet/ so man in den Kirchen singet.

Hat das Reich mit guten Satz-vnd Ordnungen versehen/ vnd allerley böse Mißbräuch abgeschafft.

Reiset auß andacht gen Rom zum Bapst vñ den berühmten Kirchen.

Sein Pallast ward zu Pariß/ da jetzund das Closter Sainct Martin des Champs stehet.

Hat die Abtey Saint Denis reichlich begabet/ vnd viel gewaltige schöne Kirchen im Reich gebawet. Alß namblich bey seinem Pallast Saint Nicolas des Champs/ Nostre Dame des Champs zu Pariß/ Nostre Dame des Bonnes Novelles zu Orleans/ vñ die Abtey zu Aignan bey Orleans/ Sainct Hilaire zu Poictiers/ Sainct Leger zu Yvedine/ Sainct Marc zu Vitriy/ sampt dem Schloß daselbst: wie auch zu Estampes das Schloß vnd die Kirchen Nostre Dame/ ꝛc.

Gedachter Robert regiert vngefähr dreyssig jahr. Starb zu Meltzn/ vnd ward zu Sainct Denis begraben.

Von Gallia.

Von Heinrich dem neun vnd dreyssigsten König in Franckreich.

Einrich der Erste diß Nammens/kam an seines Vatters statt/bey dessen Lebzeiten er auch Gekrönt vnd gesalbt worden.

Regiert dreyssig Jahr.

Hat zu anfang nicht wenig vnruhwige Tag: in massen dann sein jüngerer Bruder gern König gewesen/vnd grossen anhang gehabt. Die vbrige zeit ward sehr friedsam.

Ward nach seinem Tödlichen abgang wegen vielfaltigen Tugenden/von den Vnderthanen bitterlich beweinet. Ligt zu Sainct Denis begraben.

Von Philippo dem viertzigsten König in Franckreich.

Weil Philippus nur acht Jahr alt gewesen/hat jhm sein Vatter König Heinrich/den Graffen Baldwin auß Flandern zum Vormund vnd Regenten geben; welcher dann vnder dem schein eines Zugs wider die Saracenen/die auffrührische Gasconier gestillet. Vnder diesem König haben die Engelländer zum ersten mit feindlicher Hand in Franckreich geschifft/vnd Poyton vnd Xaintonge vberfallen.

Vmb dieselbe zeit hat auch Gottfried võ Bullion Hierusalem eyngenommen/vnd dem Königreich daselbst widerumb vnder den Christen ein anfang gemacht.

Die Vornembsten Herren in demselben zug waren Peter von Amiens. Aonin Bischoff zu Pnij in Auuernien Wilhelm Bischoff zu Orange. Hug der Groß König Philipps Bruder. Gottfried Hertzog von Lothringen. Robert Graff von Flandern. Reimund Graff von Tholosa. Stephan Graff von Bloys. Herpin Graff von Burges/ɾc.

Die Armada war von sechs hundert tausent zu Fuß: vnd waren die Frantzosen die Obersten. Sonsten waren auch viel tapffere Teutsche/Schotten vnd Welsche darunder.

König Philipp starb zu Melun im sieben vnd fünfftzigsten Jahr seines alters/vnd ward zu Sanct Benedict an der Loyre begraben.

Von Ludwig dem Feyßten oder Dicken/dem ein vnd viertzigsten König in Franckreich.

Dieser Ludwig ward zu Orleans in Sanct Samtsons Kirchẽ/durch Gilbert Ertzbischoff zu Sens/zum König gesalbet. Hatte ein gute zeit viel mit den Engelländern zu thun/vberwand aber dieselben endtlichen.

Starb im sechstzigsten Jahr seines alters/zu Paris/als er acht vnd zwentzig Jahr geregiert. Ligt zu S. Denis.

Verließ seinen Söhnen das Reich in gutem frieden.

Sein Tochter Constantiam gab er Graff Reimond von Sainct Gilles bey Nismes in Languedoc/welcher die Graffschafft Tholosa gekaufft/vnd Herr vber Tripoli in Syria worden. Darbey dann abzunemmen/was S. Gilles vor altem für ein mechtige Graffschafft muß gewesen sein. Gedachter Reimund ward zu Nismes begraben.

Vnder diesem König seind beneben etlichen Mönchs-Orden/als Cistertzern vnd Carthäusern/die Tempelherrn/die Johanniter/vnd die Teutschen Herren auffkommen.

Gedachtes Ludwigs Gemahel ward ein Gräffin auß Saffoy: ligt zu Montmartin begraben.

Von Ludwig dem zwey vnd viertzigsten König in Franckreich.

Ludwig mit dem Zunammen der Jung/ ein listiger vnd hertzhaffter/ aber nicht sonders glückseliger Fürst: Regieret 43.jahr. Zohe mit sampt seiner Gemahel/ einem hochmütigen Weib durch Teutschland vnd Vngeren ins H. Land/ wider die vngläubigen vnd barbarischen Saracenen/ vnd thät daselbst Keyser Conrad auß Schwaben nicht geringe hilff.

Weil aber beyde Potentaten von den Christen in Palestina/ insonderheit aber von den Griechen/ die dann jhr art nicht lassen/ mehr falschheit dann trew erfahren/ musten sie vor Damiata abziehen/ welche sie doch hart vnd streng hatten belägert. Im heimreisen were König Ludwig von dem Griechischen Keyser gefangen worden/ wo jhm nicht Georgius König Rogiers in Sicilia Leutenant/ mit sampt den Venedigern/ were zu hilff kommen. Etliche setzen gedachter König habe ein grosse Rantzion müssen geben.

Da nun Ludwig in Franckreich kommen/ hat er sich von seiner Gemahel Leonora scheiden lassen/ weil sie sich zu Antiochia sehr üppig vnd ergerlich verhalten/ auch einen losen Heyden mit Namen Saladin/ viel lieber dann jhren getrewen Christlichen Herren gesehen: derowegen sie daß daselbst hatte verbleiben wollen.

Name also König Ludwig Constantiam Königs Alphonsi auß Castilia Tochter/ von deren er dann im Jahr Christi vnsers Herrn 1165. nahe darumb angeordneten Bettagen durch das gantze Königreich/ einen Sohn/ mit Namen Philippum bekommen/ welchem er auch vber 14.jahr zu Rheims die Königliche Cron auffgesetzt vnd die Regierung vbergeben/ seinen alten tagen in desto besserer ruhe zupflegen.

Starb zu Pariß am Schlag den 28.Septembris/ Anno 1180. ward zu Barbeau/ so er gebawet/ begraben. Sein Gemahel starb auch zu Pariß/ ward aber bey jhrem Vatter zu Pontigny begraben.

Von Philippo Augusto/ dem drey vnd viertzigsten König in Franckreich.

Dieser fürtreffentliche vnd hochberühmbte Held/ ward seiner dapfferen vnd glücklichen Thaten halben Augustus vnd Mehrer des Reichs genañt: von seinem Vatter aber/ weil er jhn beyde/ durch sonderbares vñ gemeines Gebett/ von Gott erlanget/ Deodates/ das ist/ von Gott gegeben/ geheissen.

Hat sein recht Fürstliches gemüht bald von jugend auff erzeigt. Spatzieret an einem Ostertag zu Pariß in der Juden Schul/ vnd als er jhren falschen Aberglauben vnd betrug in jhren handlungen gegen seinem Volck gesehen/ hat er sie alle auß dem Königreich vertrieben.

Etwas zeits hernach zog er mit dem Englischen König in Palestinam/ oder Heilige Land wider die Saracenen. Nach beyder widerkunfft aber/ muste er sich ein gute zeit mit den Engelländern/ so in Franckreich gefallen/ erbeissen vnd schlagen.

Starb zu Nantes am viertägigen Feber/ im 59.jahr seines Alters/ vnd im 44. seiner glückseligen vnd siegreichen Regierung.

Ward in beysein Johannis des Königs von Hierusalem/ welchem er zu vnderhaltung der Tempelherren/ vnd verführung des Kriegs wider die Heyden/ ein grosse summam Gelts vermacht/ wie dann auch in beysein des Bäpstlichen Legaten vnd vieler Bischoffen/ mit grosser Solennitet zu Sainct Denis begraben.

Vnder disem König haben die Frantzosen das Griechische Keyserthumb eyngenommen/ vnd den Venedigern/ so jhnen darzu hilff gethan/ den Kriegskosten bezahlet/ haben auch die Griechen mit der Römischen Kirchen vereinbaret. Vnd ward Graff Baldwin auß Flandern Keyser zu Constantinopel.

Von Ludwig dem vier vnd viertzigsten König in Franckreich.

KOnig Ludwig ernewert zu Vaucouleur in Barrois den Bundt mit Keyser Friderich/darauff seine Vorfahren jederzeit viel gesehen.

Hatte genug mit den Engelländern zu thun/vnd trieb dieselben auß Poictu vnd Xaintonge. Hierauff kam Richard des Königs auß Engelland Bruder in Franckreich/vnd belägert die Statt Roschellen/mocht aber nichts außrichten.

Gedachter Ludwig regiert nur drey jahr vnd vier Monat/starb zu Montpensier in Auuernien/darumb er dann Ludwig von Montpensier geheissen. Ward zu Sainct Dionysio begraben.

Sein Contestabel war Mattheus von Montmorenci. Vnder disem König ist Languedoc der Cron in Franckreich für gantz eygen incorporiert vnd vnderworffen worden/dann zuvor gedachte Provintz seine besondere Graffen vnd Erbherren gehabt. *Languedoc.*

Zu diser zeit wurden die Albigeser/so es in der Religion mit den heutigen Euangelischen hielten/in Languedoc durch schwere Krieg hefftig verfolgt. *Albigeser.*

Von Ludwig dem Heyligen/dem fünff vnd viertzigsten König in Franckreich.

LVdwig der neunte dises Namens/kam Anno 1226. im zwölfften jahr seines Alters/an seines Vatters/Ludwigs des achten statt/vñ ward zu Rheims durch den Ertzbischoff võ Sens/auß mangel dessen von Rheims/welchem dañ solches zugestanden/zum König vber Franckreich gesalbet. Blanca aber sein Mutter/ein gottselige vnd weise Matron/ward jhm von den Ständen zur Regentin verordnet vnd zugeben.

Acht jahr hernach/alß er nemblich zwantzig jahr alt gewesen/nam er Margaretham Graff Raimunds Berungiers auß Prouantzen Tochter: vnd macht das Landt Artoys zu einer Graffschafft/vnd vbergab sie seinem Bruder Robert. Schaffet hierauff alle Mißbräuch im Reich ab/so wol vnder den Geistlichen/alß vnder den Weltlichen.

Verbietet den Priestern vnd Thumbherren/zwoer Pfründen zu geniessen/ohn angesehen daß Wilhelm Bischoff vnd oberster Prelat zu Pariß/solches in ein Disputation gezogen. Weil aber den frommen König vnrecht seyn gedaucht/daß einer zu viel/ein anderer aber zu wenig haben solte/ward darwider nichts erhalten.

Weil er auch die H. Schrifft fleissig gelesen/vnd derselbigen grossen Nutz vnd Trost gesehen/ hat er sie auff Frantzösisch transferieren vnd vbersetzen lassen/damit sie auch der gemeine Mann möchte lesen. Weil auch die Vniuersitet vnd Hohe Schul in den langwährenden Kriegen etwas abgangen/hat er dieselbige widerumb ernewert/vnd mit gelehrten Männern bestellet.

Sonsten hette der König in Engelland gedachte Vniuersitet/gern gen Ochsenfurt transferiert.

Er hat auch die schöne vnd prächtige Kirchen Saincte Capelle genandt/auff dem Pallast oder Parlamenthauß gebawet/vnd mit viel Heiligthumben begabet.

Durch das gantze Königreich wurden alle lange Proceß abgeschafft/vnd jedermenniglich/dem Armen so wol alß dem Reichen/gute Justitia gehalten.

Die Empter wurden nicht nach Gunst vnd Gaben/sondern nach Tugenden verliehen.

Alle Auffruhr vnd Empörungen waren gestillet/vnd ward allenthalben im Reich guter Fried.

In Teutschland aber vnd Italia ward der Bapst wider den Keyser in Harnisch.

Die Königliche Hoffhaltung ward gleichsam alß ein Kirchen/darinnen man bättet vnd Gott dienet.

Vnd weil der König fromm/auffrichtig/freundtlich/milt vnd andächtig gewesen/haben sich jhme auch die Fürsten vnd Reichsstände gleich gehalten.

Von Hoff wurden alle Gauckler/Comedianten/Spielleuth vnd dergleichen Possenreisser abgeschafft.

geschafft. Denjenigen so fluchten vnd den Namen Gottes mißbrauchten/wurden gewisse Zeichen an die Stirnen gebrennt.

Zoge zweymahl vber Meer/name Damiatam/Karthagen vnd andere Stätt eyn.

Den ersten Zug thet er in Asiam/alß er von einer schweren Kranckheit zu Pontoysen auffkommen. Vnd setzte damahlen sein Mutter Blancam zur Regentin/dessen dann die Ständ wol zu frieden gewesen.

Die fürnehmsten Herren so mit jhme zogen/waren Alphonsus Graff zu Poictiers vnd Tholosen. Robert Graff zu Artoys/seine Brüder. Hug Hertzog von Burgund. Wilhelm Graff zu Flandren. Hug Graff zu Sainct Pol/vnd Gautier sein Enckel. Hug Graff zu der March. Die Graffen von Salbrunn/Vendomen/Montfort/Dreux vnd Burbon. Die gantze Armada war von 32000. Mann.

Die Königin sein Mutter gabe jhnen das Geleidt biß gen Lyon.

Sassen den 25. Augusti/Anno 1270. zu Massilia auff/vnd kamen glücklich in Cypern/daselbst dann die gantze Armada zusammen kommen.

Königin Margaretha wolt jhren Herren nicht lassen/sondern verreiset mit demselben/wie dann auch die Gräffin von Tholosen vnd Artoys gethan.

Den andern Zug thet wolgedachter König/mit Heinrich König auß Engelland/in Africam oder Barbarey/vnd ließ Simon von Nesle vnd Matthæum von Vendomen Franckreich verwalten.

Satz zu Aiquemortes auff/den ersten tag Meyens/vnd seglet auff Sardinien.

Die fürnehmsten so mit zogen/waren Philipp sein Sohn/des Reichs Erbe. Peter Graff von Alanson. Johann Graff von Nevers/mit dem Zunamen Tristand. Sein gantze Armada war 40000. Mann.

Wie starck die Engelländer gewesen/ist nicht so eygentlich verzeichnet.

Es starb aber der fromme König den 28. Augusti an der rohten Ruhr/mit sampt seinem Sohn Johann Tristand/alß er Thunis belägert.

Ward volgendts wegen seiner frombkeit Canonisiert vnd vnder die Heyligen gezehlet.

Mitler zeit beweinten jhn die Vnderthanen alß einen Vatter: die Fürsten vnd Ritter/alß einen Bruder: die Kirchen alß einen Vormund vnd Schutzherrn: die Vndergetruckten alß einen Helffer: die Richter vnd Amptleuth alß einen Auffseher vnd Gehülffen: die Kriegsleuth alß einen getrewen Obristen vnd Führer.

Von Philippo dem sechs vnd viertzigsten König in Franckreich.

Philippus ward an seines Vatters statt vor Thunis in Africa zum König in Franckreich erwehlt/vnd nach dem er im heim reisen/die Cardinäl/so ein gute zeit in erwehlung eines Bapsts/vnder einander streitig gewesen/zu Viterben vereinbaret/ward er auch zu Rheims den 30. Augusti Anno 1271. durch den Bischoff zu Soisson gesalbet.

Weil aber in Franckreich fried gewesen/zeucht er in Navarren/vnd vnderwirfft dasselbige Königreich seiner Baß Johanna König Heinrichs in Navarren Tochter.

Verreiset volgendts in Hispanien/vorhabens das Königreich von Arzagonien/welches Bapst Martinus der vierdte/ein geborner Frantzoß von Tours/seinem jungen Sohn Carolo geschenckt/eynzunemmen.

Wirdt aber in den grösten gefahren von einem hitzigen Feber angegriffen/vnd stirbt im October zu Perpignan/nach dem er 15. jahr König gewesen.

Ward in Franckreich geführt/vnd zu S. Dionysio begraben.

Zur gedächtnuß ward jhm ein schönes Begräbnuß zu Narbona auffgerichtet.

Gedachter König ward der Hertzhafft genannt/weil er sich so vnverzagt frembder gefährlicher Sachen vnderwunden.

Von Gallia.

Von Philippo dem Schönen / dem sieben vnd viertzigsten König in Franckreich.

Philippus der Schön ward sampt seiner Gemahel der Königin auß Navarra zu Rheims gekrönet.

Hat viel mit dem König auß Engelland / dem Graffen auß Flandern vnd dem Bapst Bonifacio dem achten zu thun / von welchem er auch mit sampt dem gantzen Reich / excommuniciert vnd in Bann gethan worden: dessen alles er doch wenig geachtet / vnd dem Bapst mehrmahlen zu verstehen geben / daß er nichts auff jhn halte.

Hat das Parlament zu Pariß geordnet / die Vniversitet daselbst ernewert / vnd die zu Orleans mit hilff Bapst Clementis des fünfften angefangen.

Sein Gemahel Johanna hat das Navarrisch Collegium gestifftet.

Starb im 28. jahr seiner Regierung zu Fontainebleau / da er auch geboren. Ward zu Sanct Dionysio / sein Gemahel Johanna aber zu Pariß in der Barfusser Kirchen begraben.

Von Ludwig genandt Hutin / dem acht vnd viertzigsten König in Franckreich.

Weil diser König jederzeit muste was zu zancken vnd zu haderen haben / ward er von seinen Frantzosen Hutin vnd Mutin / das ist / der zänckische vnd auffrührische genandt.

Macht jhm selbs viel vnruhe / vnd richtet wenig auß / dessen er ein Ehr gehabt.

Ließ auff Graff Caroli von Valoys seines Bruders anklag / Enguerrand von Marigni einen Graffen von Longeuillen / seinen obristen Pfennig-Meister an den grossen Galgen Montfaucon / den er gebawet / hencken / alß was er jhme vnd dem Reich viel Gelt / fürnemlich in erbawung des Pallasts solt entragen haben: welches aber nicht wahr gewesen. Derowegen dann vber etwas zeit das gegangene falsch vnd gottloß vrtheil widerrüfft vnd vernichtiget worden. Aber der gute Graff hatte darumb sein Leben vnd Ehr nicht widerumb. *Des Reichs obrister Pfennig-Meister wird gehenckt.*

Carolus ward bald darauff kranck / vnd starb allgemach / alß in einem kleinen Fewr / sehr jämmerlich. So blieb auch die Straff bey dem König nicht aussen. Er ließ die Juden widerumb in Franckreich kommen / welche sein Vatter kurtz vor seinem Absterben vertrieben.

Regiert nur anderthalb jahr / vnd starb fast gählingen / dann er nicht gar ein Tag kranck gewesen.

Verließ sein Gemahel Clementiam schwanger / so vier Monat hernach Johannen geboren / der aber am achten tag auch Todts verblieben.

Graff Philipps võ Eureux nam hernach gedachtes Königs Tochter / vnd wurd dardurch König in Navarra.

Von Philippo dem fünfften diß Namens / dem neun vnd viertzigsten König in Franckreich.

Dieser war wegen seiner ansehnlichen Person / so sonsten grösser dann das Gemüht gewesen / der Lang genandt. Ließ sich zu Rheims in der Kirchen bey versperrten / vnd mit starcker Guardi verwahrten Thüren krönen.

Erzaigte sonsten in der Regierung schlechten ernst: derowegen dann viel vnordnungen eyngerissen: darunder zwen Benedictiner / ein Mönch vnd ein Priester / vnder dem schein eines zugs in Palestinam / viel Volcks auffrührisch gemacht / welche aber in Languedoc gestillet worden.

Juden vergifften die Brunnen.

So hatten auch die Juden die Sondersiechen oder Außsetzigen an sich gebracht/ vnd mit hilff derselben hin vnd wider im Reich die Brunnen vergifftet/ darauff dann ein mercklicher Sterbend erfolget.

Es wolten sich auch die Händel in Flandern widerumb verwirren/ wurden aber durch einen Heyrath/ mit Margaretha des Königs anderen Tochter in gute Ordnung gebracht.

Gedachter König wolte durch sein gantz Reich einerley Gewicht/ Maaß vnd Müntz haben.

Starb aber ohn verrichteter Sach/ im fünfften jahr seiner Regierung/ nach Christi vnsers Herren geburt 1322.

Von Carolo dem vierdten/ sonsten der Schön genandt/ dem fünfftzigsten Königen in Franckreich.

Angeregter König/ ward ein weiser/ gerechter/ mässiger/ aber doch nicht sonders glückseliger Fürst.

Ward in erwünschter stille mit gebürlicher Solennitet/ in der Fürsten vnd Ständen gegenwart gesalbet.

Hielt bald nach der Krönung zu Pariß einen Reichstag/ vñ gab allerley gute anordnung/ damit man dem vbel möchte vorkommen/ welches Philippus der Lang durch seine güte/ Ludwig der Zänckisch durch sein zornmütigkeit/ vñ Philippus der Schön durch seine Krieg hat ennwurtzlen vnd vberhand nemmen lassen.

Vnd ließ damalen gedachter König einen Gasconischen vom Adel/ mit Namen Jordan von der Insul/ welchem zuvor 18. mißhandlungen verziegen worden/ deren die geringste des stricks wärth gewesen/ jedermeniglich zum Exempel offentlich zu Pariß hencken.

Es vereinbaret sich auch Ludwig mit Eduard dem Andern/ die Landtschafft Guiennen betreffend.

Schickt auch seinen Vettern Graff Carolum von Valoys in Gasconien/ wider den Herren von Montpesac/ so an den Grentzen dem Reich zum nachtheil ein Vestung gebawen/ damalen dann gedachter Carolus alle Stätt in Gasconien dem König vnderworffen/ Bordeaux/ Baione vnd Sainct Senes außgenommen.

Starb im sechsten jahr seiner Regierung: verließ beneben etlichen Töchtern/ sein Gemahel Johannam schwanger.

Von Philippo von Valoys/ dem ein vnd fünfftzigsten König in Franckreich.

So bald Philippus von Valoys Caroli Sohn/ vnd der drey vorderen Königen Vetter/ von den Reichsständen zum König bestätiget/ vnd zu Rheims von Wilhelm dem Ertzbischoff daselbst gesalbet/ hergegen Eduard der dritte auß Engelland/ dessen Mutter Philippi des Schönen Tochter gewesen/ außgeschlossen worden: in betrachtung die Cron Franckreich nur auff Mannsstammen fallen soll: muste er zur Wehr greiffen/ vnd die Flanderer/ so von jhrem Hertzog abgefallen/ vnders alte Joch bringen: volgendts auch den König auß Engelland dahin vermögen/ daß er das Hertzogthumb Guiennen vnd andere Provintz/ so der Cron Franckreich gehören/ vnbezwungen liesse.

Hierauff aber folgeten vielfaltige schwere vnd grosse Krieg/ vnd verlohr König Philipp bey Abevilen in der Picarden seinen besten Adel/ vnd bald darauff die Statt Callays. Nach disem kauffte er das Delphinat von Hertzog Humbert oder Imbert: vnd die Statt Montpellier vom König auß Majorka.

Starb endtlichen zu Nogent le Roy/ alß er 22. Jahr vnd 5. Monat geherrschet/ ligt auch zu S. Dionysio begraben.

Von Johanne dem zwey vnd fünfftzigsten König in Franckreich.

Johannes kam an seines Vatters statt/ vnd ward Anno 1350. den 26. Septembris zu Rheims gesalbet.

Ließ zu anfang seiner Regierung Rhodolpho von Nesle dem Contestabel/ Verrätherey halben/ das Haupt abschlagen/ vnd ordnet an desselben statt Graff Carolum von Angulemen/ welcher hernach von König Carolo auß Navarra vmbgebracht worden.

Hierauff verbindet sich der auß Navarra mit dem Engelländer/ vnd erhebt sich bald zwischen demselben vñ Johanne ein blutiger Krieg/ wie dann gedachter Johannes vor Poictiers gefangen/ vnd vber etwas zeits zu Calles loß worden.

Nach disem wolte Johannes vber Meer gen Hierusalem ziehen/ zuvorderst aber mit den Engelländern ein beständigen friede beschliessen: reyset also selbs eigner Person gen London/ vnd stirbt daselbst den 9. Aprilis/ Anno 1364. Verließ vier Söhne/ Carolum den Delphin/ Ludwig den Hertzogen zu Aniou/ Johannem den Hertzogen zu Berry/ vnd Philippum mit dem Zunammen den Hertzhafften/ Hertzog zu Burgund. Ward nacher Sanct Denis gebracht vnd daselbst begraben.

Von Carolo/ dem Fünfften diß Nammens/ der Weisse genandt/ dem drey vnd fünfftzigsten König in Franckreich.

Carolus ward den 19. Martij/ Anno 1364. zu Rheims gekrönet/ nach dem er seinen Vatter nach gebür begraben/ sich auch bey desselbē lebzeiten der Kron würdig gehalten.

Ward ein frommer Gottsförchtiger/ gerechter vnd weiser Fürst/ von jedermäniglich geehret/ geliebt vñ geförchtet.

Hat mehr nach frieden/ dann nach Krieg getrachtet.

Hat mit den Flanderen/ Britannern vnd Engelländern zimblich viel zu schaffen.

Ließ die Bibel/ gleich wie Ludwig der Heilige/ auffs beste verdolmetschen/ wie dann auch die Politicam vñ Ethicam Aristotelis/ beneben etlichen Büchern Ciceronis.

Regiert sechszehen Jahr/ vnd hinderließ einen mercklichen Schatz/ beneben dem Reich ein guten frieden.

Von Carolo dem Sechsten diß Nammens/ dem vier vnd fünfftzigsten König in Franckreich.

Carolus der sechste ward Anno 1380. den ersten Novembris/ im vierzehenden Jahre seines alters/ zum König vber Franckreich gesalbet. Vnd ward der zwytracht zwischen seinen dreyen Vettern gestillet/ so nach Caroli des fünfften todt das Reich verwalten wolten/ denen doch die Reichsstände/ die Hertzogen von Burgund vnd Bourbon vorgezogen.

Nach disem entpörten sich die Burger zu Pariß/ Roan vnd Amiens/ wegen des auffgelegten harten Tributs/ brachen den Juden/ fürnemblich zu Pariß/ in die Häuser/ namen was sie funden/ wurden aber alle drey Stätt von dem Hertzen von Caucij gestillet/ vnd volgents gestrafft.

Etwas zeits hernach/ ward ein andere auffruhr zu Pariß/ als der König auß Flandern kommen. Damit dann die Statt groß Vnglück auff sich geladen/ in massen derselben fast alle Freyheit benommen/ vnd viel dapfferer Männer gerichtet wurden.

Das Dritte Buch

182

Der König fiel auß zorn wider Peter von Craon/daß er den Contestabel von Clisse verletzt/in ein Taubsucht/vnd wurd die Regierung den Hertzogen von Berry vnd Burgund vbergeben.

Zu diser zeit ward viel vnruhe: vnd fielen die Engelländer in Franckreich.

Mummereyen geben böse Letzinen.

Vber ein lange zeit ward es besser mit dem König/schlug aber bald wider vmb. Dann als er gen Pariß kommen/wolten jhn etliche Herren mit Mummereyen frölich machen: verkleidten sich jhren sechs in wilde Männer/vnd wolt der König der siebend seyn. Da aber der Hertzog von Orleans in Saal kommen/vnd seine Diener mit den Fackeln beyseits gestanden/kam der König in seiner verstelten Kleidung zur Hertzogin von Berry/dieselbe will jhn nicht gehen lassen/sondern wissen wer er seye: Hierauff nimpt der Hertzog von Orleans ein Fackel einem seiner Dienern auß der Hand/vnd zündet gedachtem König vnders Angesicht. Entzwischen fangt der König an zu brennen/vnd schreyen die vbrigen so jämerlich/daß der König auß grosser forcht bald darauff widerumb in vorderer Kranckheit gefallen.

Vber etliche Jahr befand sich der König widerumb etwas besser/bekam auch etliche Kinder in wehrender Taubsucht. Hatte also ein gesunden Leib/aber ein krank Gemüth.

Starb endtlichen im Pallast S. Paul/den 21. Octob. Anno 1422. alß er 42. Jahr König gewesen.

Von Carolo dem siebenden diß Namens/dem fünff vnd fünfftzigsten König in Franckreich.

CAROLVS. 7. REX FRANC. LV.

Carolus der Siebende kompt im 21. Jahr seines alters an seines Vatters statt: Regiert 38. Jahr/in grosser vnruhe: weil die Engelländer fast gantz Franckreich eyngehabt/vñ jn zum gespött den kleinen König von Burges geheissen: sich auch Heinricus der Sechste auß Engelland zu Pariß in vnser Frawen Kirchen König vber Franckreich krönen lassen.

Zu dem waren sonsten auch allenthalben im Reich eynheimische Krieg/alß zwischen König Carolo/vñ dem Hertzogen von Burgund/wie dann auch zwischen dem Hertzogen von Orleans vnd dem von Burgund.

Als aber zwischen dem König vñ dem Hertzogen võ Burgund ein frieden beschlossen worden/muste der Engelländer die Statt Pariß auffgeben/so er neunzehen Jahr besessen.

Endtlichen wurden die Engelländer allerdingen auß Franckreich vertrieben/vnd denselben nichts dann Callays vnd die Graffschafft Guiennen gelassen.

Starb zu Meun an der Yeure an S. Magdalenen Tag/Anno 1461. ligt sampt seiner Gemahel Magdalene/so anderhalb Jahr nach jhm gestorben/zu S. Deniz begraben.

Von Ludwig dem Eilfften diß Nammens/dem sechs vnd fünfftzigsten König in Franckreich.

LVDOVICVS. 11. REX. FRANC. LVI.

ES seind auch dise drey vnd zwantzig Jahr/in denen Ludwig der Eilffte den Königlichen Scepter getragen/sehr vnrühwig/vnd Franckreich vnglückselig gewesen: also daß kein Jammer dem andern kondte entrinnen.

Weil nach Königs Caroli tod ein geschrey außgangen/es wöllen etliche Herren im Reich Ludovici jüngern Brudern zum König erwöhlen/ist Ludwig mit vier tausend außerlesenen Pferden auß Braband vñ Picardey von Hertzog Philippo võ Burgund/vnd desselben Sohn in Franckreich begleitet/vnd darauff den 15. Augusti/Anno 1461. zu Rheims vom Ertzbischoff Juvenal Vrsin/im 38. Jahr seines Alters gesalbet vnd gekrönt worden.

Bald hernach bestellet Ludwig die Aempter hin vñ wider in den Provintzen/vñ lasset sich vermercken/daß er etlichen nicht sonders gönstig/ohn angesehen jhme solches Hertzog Philipp ernstlich widerrahten/mit bitt er solle nun allen Neyd vnd Vnwillen fallen lassen/das Reich in desto besserer Ruhe zuerhalten.

Hierauff erzörnten sich viel der fürnehmbsten Fürsten/vnd fürnemblich sein Bruder Carolus/greiffen hiemit zur Wehr/vnd liefferten jhme den 15. Julij/Anno 1463. die mächtige Schlacht zu Montlehery.

Volgendts

Von Gallia.

Volgendts erhuben sich viel Zänck zwischen gedachtem König/vnd dem Hertzogen auß Britannien/dem auß Burgund vnd dem Contestabel von Sainct Paul.

Gedachtes Königs natur betreffend/so war derselbe ein weiser/ernsthaffter/arbeitsamer vnd in reden vnd kleidung demütiger Fürst: darneben aber sehr Rachgierig/verschlagen/betriegerisch/lästerisch/vnbarmhertzig/hasset die hohen vnd liebet die geringen Personen.

Ward in seiner kranckheit hefftig von seinẽ Gewissen angefochten: wolt vom Tod nichts hörẽ/schickt nach Rom/Pariß vnd andere Ort vmb Heiligthum/der hoffnung dadurch gesund zu werden. Ließ auch Franciscum/so der Minimer Orden gestifftet/durch seinen Hoffmeister/vnd des Königs von Neaples Sohn auß Italia abfordern/vor welchem er dann auff die Kny gefallen/vnd den elenden sterblichen Mönchen oder Einsidler vmb fristung seines Lebens angeruffen.

Gab seinem Leibartzt mit Namen Jacob Cottier/einem trotzigen Gesellen/Monatlich 10000. Cronen/neben stattlichen verheissungen/wann er widerumb auffkäme/vnd dem Tod/so jhn zu sehr angestuncken/entrinne.

Nach dem er sich aber etwas bessers zum abscheid geschickt/sprach er: Ich hoff Gott werde mir helffen/vnd vielleicht bin ich nicht so kranck wie jhr aber vermeynen. Hiemit kam sein stündlein/vnd sprang mit dem dürren heßlichen Todt an Reyen/zu Plois les Tours/den 30. Augusti/Anno 1483. vnd ward auff sein begeren in Nostre Dame de Clery begraben.

Von Carolo dem Achten diß Namens/dem sieben vnd fünfftzigsten König in Franckreich.

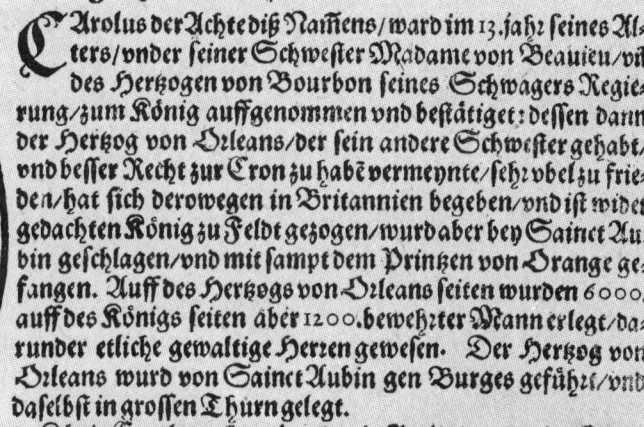

Carolus der Achte diß Namens/ward im 13. jahr seines Alters/vnder seiner Schwester Madame von Beaulieu/vñ des Hertzogen von Bourbon seines Schwagers Regierung/zum König auffgenommen vnd bestätiget: dessen dann der Hertzog von Orleans/der sein andere Schwester gehabt/vnd besser Recht zur Cron zu habẽ vermeynte/sehr vbel zu frieden/hat sich derowegen in Britannien begeben/vnd ist wider gedachten König zu Feldt gezogen/wurd aber bey Sainct Aubin geschlagen/vnd mit sampt dem Printzen von Orange gefangen. Auff des Hertzogs von Orleans seiten wurden 6000. auff des Königs seiten aber 1200. bewehrter Mann erlegt/darunder etliche gewaltige Herren gewesen. Der Hertzog von Orleans wurd von Sainct Aubin gen Burges geführt/vnd daselbst in grossen Thurn gelegt.

König Carolus zoh volgendts in Italien/vnd wird König zu Neaples vnd Sicilien. Starb im 14. jahr seiner Regierung den 7. Aprilis/Anno 1498. am Schlag/alß er zu Amboyse im Schloß die Ballen schlagen wöllen/vorhabens in kurtzem widerumb gen Neaples zuziehen/weil er verstanden/daß jhme dasselbige Reich solte benommen werden. Ligt zu Sainct Denis begraben.

War ein demütiger/frommer/freygeber/barmhertziger/auffrichtiger/dapfferer Fürst/so sich mit der zeit den fürtrefflichsten Königen hette verglichen/wann jhne nicht der Todt so geschwind hette hingezuckt.

Von Ludwig dem 12. diß Namens dem 58. König in Franckreich.

Ludwig der zwölfft ward Anno 1461. im Mertzen geborn/den 27. Maij Anno 1498. zu Rheims durch den Ertzbischoff daselbst gesalbet/vnd starb zu Pariß im Pallast des Tournelles den ersten Januarij 1515. im 17. jahr seiner Regierung.

Ward ein sehr frommer/auffrichtiger/mässiger/gelinder/vnd mit allen Tugenden gezierter Fürst. Liebet seine Fürsten vnd Vnderthanẽ/ward auch von denselben widerumb höchlich geliebet/vnd zur ewigen Ehr: ein Vatter des Vatterlands genandt.

Alß jhn etliche Fürsten auff eine zeit wolten wider den Hertzogen von Trimoulien verbitteren/weil derselbe in der Schlacht bey Sainct Aubin wider jhn/alß er noch Hertzog von Orleans gewesen/dem König seinem Vorfahrẽt beygestanden/gab er alß ein recht gottseliger vnd weiser Fürst zur antwort: Ein König in Franckreich solle sich keiner Zanckhändlen annemmen/die einen Hertzogen von Orleans betreffen. Wann er dem König seinem Herren wider mich/der ich damahlen nur ein Hertzog

Hertzog von Orleans gewesen/wol gedienet/so wirdt er künfftig auch mir trewlich dienen/weil ich jetzt ein König in Franckreich bin.

Gedachter König hat mit den Engelländern/Venedigern/Navarrer vnd Neapolitaner/wie dann auch mit dem Bapst im Hertzogthumb Ferrara zu thun.

Von Francisco dem Ersten diß Namens/dem neun vnd fünfftzigsten König in Franckreich.

Franciscus von Valois/Hertzog von Angulemen/ ward den 25. Januarij/Anno 1515. zu Rheims gesalbet/da dann auch Carolus von Bourbon Connestabel worden: Hat die Meyländer bezwungen/welche aber auff Bapst Leonis des zehenden anstifften/widerumb vmbgeschlagen vnd abgefallen. Ward in Belägerung der Statt Pavey gefangen vnd in Franckreich geschickt/ hat viel mächtige Krieg geführt. Ward ein tugendlieber vnd vberauß fürtreffentlicher Fürst/welchem die Gelehrten in ewigkeit hoch verbunden/in betrachtung er die guten Künst widerumb auffgebracht/viel hertzliche Ingenia erwecket/ vnd gleichsam die abgestorbenen Musas wider geholet/vnd den Parnassum, davon die Poeten so viel gedichtet haben/ in Franckreich versetzt.

Starb zu Ramboüillet den letsten Martij/Anno 1547. alß er 32. jahr vnd 3. Monat mit höchstem Lob König gewesen. Ligt zu Sanct Denis begraben.

Von Heinrico dem Andern diß Namens/dem sechszigsten König in Franckreich.

Diser war auch ein fürtreffentlicher Fürst/kam an seinem Geburtstag ans Reich/vnd ward im Augstmonat Anno 1547. zu Rheims gekrönet.

Hat mit dem Keyser/so auff Bapst Julij des dritten feindlich anweisen/Parmam vnd Mirandolam belägert/dem Burgunder vnd Engelländer zimlich zu thun.

Ward nach bestätigtem frieden in einem Schimpff-Thurnier/von einem zerbrochenen Speer durchs Aug ins Hirne verletzet.

Starb darauff den 10. Julij Anno 1556. zu Pariß im Pallast des Tournelles. Ligt zu Sanct Denis begraben.

Von Francisco dem Andern diß Namens/dem ein vnd sechszigsten König in Franckreich.

Franciscus der Ander/seiner Mutter Mariæ Stuart halben König in Schottlandt/kame im fünffzehenden Jahr vnd fünfften Monat seines Alters/an seines Vatters Heinrici statt: vnd ward Anno 1559. im September zu Rheims/durch den Cardinal von Lothringen/den Ertzbischoff daselbst gesalbet.

Muste die Regierung seiner Mutter lassen/dessen die Französische Fürsten vbel zu frieden gewesen.

Starb 16. Monat vnd 25. Tag nach der Krönung zu Orleans/an einem bösen Geschwär hinder dem Ohr/alß er in gedachter Statt die Ständ im Reich versamblen wöllen.

Ligt zu Sanct Denis begraben.

(O)

Von Gallia. 185

Von Carolo dem 9. diß Namens/ dem 62. König in Franckreich.

Der kam im 12. jahr seines Alters/an seines Bruders stat/regiert 14. jahr vnd 3. Monat/nicht ohn grosse vnruh vnd vielfältig blutvergiessen/darzu sein Mutter Catharina von Medices dapffer geholffen.

War ein listiger/leichtfertiger/blutdürstiger/(welches er vff der Jagt gewohnet) boßhaffter/sonsten ein gelehrter Fürst/schrieb schöne Verß/ vnd kondt treffentlich wol schwätzen. Starb den 13. Maij/Anno 1574. Ligt zu Saint Denis begraben.

Von Heinrich dem 3. diß Namens/ dem 63. König in Franckreich.

Heinrich König in Polen/war den 13. Hornung Anno 1475. an seines Bruders Caroli statt zu Rhems zum König gesalbet. Regieret 15. jahr vnd 2. Monat. Anfangs seiner Regierung war gute Ruhe/ folgents aber erhebten sich vielerley Auffruhr vnd Vngemachen durchs Reich.

Ware in Belägerung der Statt Pariß den 1. Augusti/ Anno 1589. zu S. Klou von einem Jacobiner Mönchen/ mit einem vergifften Messer erstochen/ als er den Brieff gelesen so jhme derselbe Böswicht vbergeben.

Ligt zu Compiegne noch vnbegraben. War ein gütiger/ geschickter/ ernsthaffter vnd doch freundlicher Fürst/ bey dem kein Stols vnd Vbermut gewesen/ hat mit jederman gern geredt/vnd die Gelehrten hoch gehalten.

Von Heinrich dem 4. diß Namens/ dem 64. König in Franckreich.

Weil dann König Heinrich der Dritte keine Leibs Erben verlassen/ hat er das Reich Heinrichen von Borbon König von Navarren/seinem Vettern/ einem rechten dapffern Helden/ so den nechsten Zudritt darzu gehabt/mit gutem Raht vbergeben/welches er auch mit grosser Müh/Arbeit vnd Gefahr zum schuldigen Gehorsam bringen müssen/in ansehung jhn der Hertzog von Mayennen/ bald nach diesem kläglichen vnd schädlichen Mordt/zu Dieppen/mit grosser Macht belägert. Weil aber der Allmächtige Gott/vnd oberste HErr der Herscharen/ auß vätterlicher Erbärmbd vnd Fürsorg gegen seiner angefochtenen Kirchen höchstgedachtem Heinrich dem 4. gnädigst beygestanden/ hat er gemelten Hertzog von Mayennen sampt mitgebrachtem Kriegsheer den 21. Septembris obverzeichneten 1589. jahrs/ zu ruck geschlagen/ balde darauff im November die Vorstätt zu Pariß eyngenommen. Auch folgends Vandomen/Mans vnd Falaisen bezwungen. Den 14. Martij Anno 1590. hat er den mächtigen Sieg zu Eurij erhalten. Pariß vnd S. Denis belägert/diese eyngenommen/vnd jene auffs höchste geängstiget.

Im Aprillen Anno 1591. hat er Chartres eyngenommen/ Da er auch folgends den 27. Hornung Anno 1594. gesalbet vnd gekrönet worden. Wöllen jetzund nicht melden was gestallt sich jhm Lyon/Orleans/ Burges/Roan/Pariß/Massilien vnd andere Stätt ergeben. Einmal wirdt von fürnehmen Frantzösischen Herren glaubwürdig gesagt vnd verzeichnet/daß höchstgedachter König Heinrich der Vierdte/ in drey grossen Feldschlachten gesieget vnd obgelegen: Sich selbst eygner Person in 35. Kriegsstreiten/ 140. Scharmützeln/ auch 300. vester Plätzen Beldgerung/ ritterlich ohne Leibs schaden gebraucht habe. Nach so vielfaltiger müh/arbeit vnd gefahr/ hat er sich den 17. Januarij/ Anno 1600. mit Maria von Medices verheurahtet/ von deren er dann gezeuget zwen Söhn/Ludovicum/jetzt regierenden König/ward geboren den 27. Septem. An. 1601. Der ander ward genannt Gaston Iohan Battista. Drey Töchter/mit Namen Elisabeth/war vermählt Philippo

Heinrich deß 4. Thaten.

Das dritte Buch

lippo dem vierdten / jetzt regierenden König in Hispanien: Christiernam / ward vermählt Philiberto dem eltern Prinzen von Saphoya: Henricam Mariam / jetzige Königin in Engellandt.

Endtlichen ward er Anno 1610 den 14. tag Meyens seines alters im 59 jahr vnd seiner regierung in dem 21. als er sich mit grosser Kriegs præparation auff Gülch bekümmert / zu Pariß auff offener Gassen an hellem tag in seiner Gautschen von dem schandtlichen Mörder Ravaliac mit einem vergifften Messer kläglich erstochen vnd ermordet.

Ludwig der 13. ward König an seines Vatters statt. Im Jahr 1610. seines alters im neundten jahr / doch ward jhme biß zu seinen vollkommen jahren in der Regierung zugeben seine Mutter Maria von Medices / wilche Anno 1615. jme die Regierung völlig vbergeben vnd abgetretten. Da er sich dann auch vermählt / mit Anna Maria Mauritia / Philippi des dritten / Königs in Hispanien Tochter / welche beyde Gott der almächtige in diesen beschwerlichen zeiten durch seinen gutten Geist regieren / vnd zu allem guten verleiten wolle.

Genealogia der Königen von Franckreich in ein kurtze Summ verfaßt.

Tiberius Keyser.	Erster König der Frantzosen.		Zwen oder drey Namen in einer zeil mit zwo oder drey zahlen / bedeuten daß sie Brüder seind gewesen / vnd gehe der vor / der ein Erben gelassen hat / wie das die zahl anzeigt / vnangesehen daß der jünger ist / vnd nach seinem Bruder an das Reich kommen.
Nero Keyser.	1 Francus 2 Clodius 3 Herimerus		
Commodus Keyser.	4 Marcomirus 5 Clodomirus 6 Anthenor		
	7 Rotherus 8 Richumerus 9 Odemarus		
Decius Keyser.	10 Marcomirus 11 Clodomirus		
	12 Farabertus 13 Sunno 14 Childericus		
	15 Bartheus 16 Clodus		
Diocletianus Keyser.	17 Waltherus 18 Dagobertus		
	19 Clodius / sein Bruder Genebaldus Hertzog in Franckenlandt. 20 Clodomirus		
Constantinus der Groß.	21 Richimerus	Dagobertus Hertzog	
	22 Theodomirus	Clodius Hertzog	
	23 Clodius	Marcomirus Hertzog	
Julianus Apostata.	24 Marcomirus	1 Pharamandus Hertzog vnd König / haben ano 430. regiert	
	Nach disem Marcomito kommen Fürsten	2 Clodius gestorben 449.	
		3 Meroveus 4. 8.	
	Dagobertus	4 Childericus 484.	
	Genebaldus	5 Clodius / oder Clodoveus / der erst Christlich König 514.	
	Sunno	6 Childebertus	
	Diocles	7 Lotharius	
	Meroveus	8 Charibert	
	Leontius	9 Chilpericus	
	Heribertus	10 Lotharius oder Clotarius gestorben 621.	
	Vrtamus	11 Dagobertus der Groß 646.	
	Sigibertus	12 Clodoveus gestorben 662. 13 Lotharius 666.	
	Anselbertus	14 Theodoricus	
	Ansigises	15 Childericus 679. 16 Clodoveus 697.	
	Sant Arnolff	17 Childebertus	
	Antisignes	18 Dagobertus 19 Lotharius 721.	
	Diser Fürst nam in der Ehe Beggam, des Hertzogen von Braband, Tochter / vnd ward	20 Theodoricus gestorben 741.	
		21 Childericus der letst dises Geschlechts / König gestorben 750.	
	des Heyligen Reichs Erbmarschalck / vnd ward von jhm geboren:		
	Pipinus.		
	Carolus Martellus		
	22 Pipinus König in Franckreich gestorben Anno 769.		
	23 Carolus der Groß. König in Franckreich vnd Keyser 824.		
	24 Ludovicus Pius / König vnd Keyser 840.		
	25 Carolus der Kahl / König vnd Keyser 878.		
	26 Ludwig der Stamler / König vnd Keyser 880.		
	27 Ludwig König 28 Carlen König		
	30 Carlen der Einfältig 926.		
	32 Ludwig 955.	29 Eude ein Graffe von Anioü	
	33 Lotharius 986.	31 Rudolff von Burgund. Dise zwen seind nicht von der Liny des grossen Carols.	
	34 Ludovicus 987.		

Nach abgang des Geschlechts vnd der Liny des Grossen Keysers Carlen / haben die Graffen von Pariß an sich gezogen das Reich / nemlich mit solcher weiß:

Nach dem Ludwig der 34. früh abgieng / war noch seines Vatters Lotharij Bruder / mit Namen Carl Hertzog zu Lothringen vorhanden / der solt nach rechter Liny König worden seyn in Franckreich / aber Capetus braucht list / fieng jhn / vnd warff jhn in Gefengnuß / zog also das Reich an sich.

Genealo-

Von Gallia.

Genealogia Königs Capeti vnd seiner Nachkomen
biß auff vnsere zeit.

Es hat Graff Robert von Angers vnd Pariß geboren Robertum Hertzogen zu Aquitania. Auff jhn ist kommen Hugo Graffe von Pariß/welcher nach jhm verlassen hat König Capetum/ der starb Anno Christi 996. dessen Nachkommen vnd Nachvolger in dem Reich/ haben wir in nachvolgende Tafeln verfaßt.

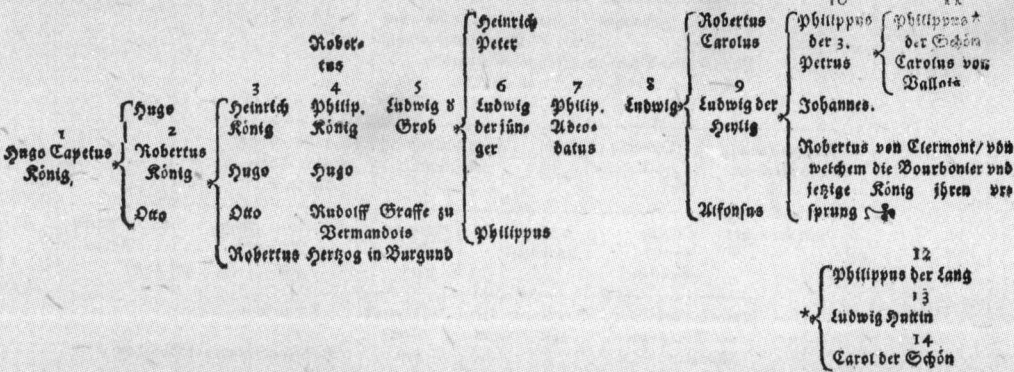

Die Weibliche Personen/so in andere Geschlecht durch die Ehe kommen seind/hab ich hie nicht wöllen verzeichnen: dann sie mögen nicht nach dem Gesatz/Salica genandt/empfähig seyn des Reichs Franckreich/darzu hetten sie die Ordnung von den Franckreichischen Königen hie etwas verdunckelt/besonder wann jhr Gemahel auch darzu weren verzeichnet worden. Item/in dieser Figur magst du klärlich sehen/wie die König nach einander kommen seind/vnd wie sie auch gewachsen seind in die Hertzschafft Burgund/Brabandt vnd Lothringen.

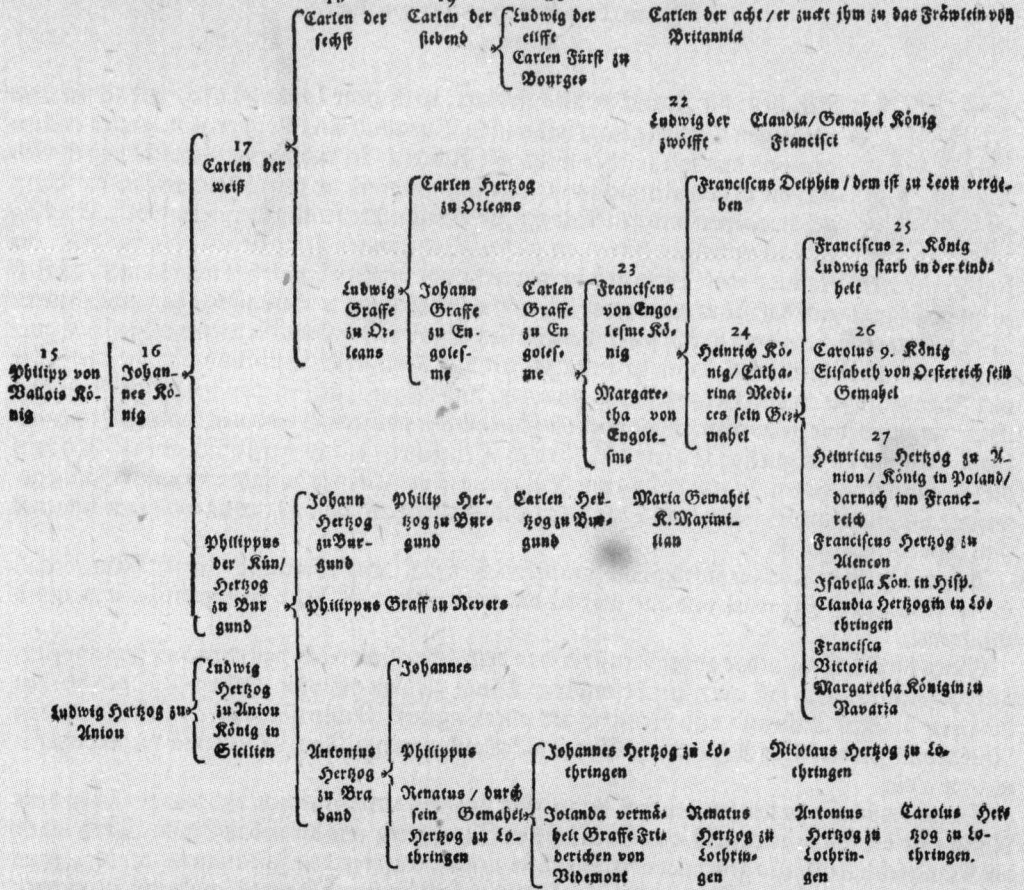

Hieher will ich auch Roberti des Heyligen Ludovici anderen Sohns Geburtslinn setzen/auff das der guthertzig Leser verständiget werde/warumb Heinricus von Bourbon der vierdt jetziger

S ij   König

König in Franckreich vnd Navarren/nach dem Tod Heinrici des dritten (welcher der letste von Vauois/vnd der Nachkömlingen Philippi des S. Ludovici ersten Sohn) der Cron allein rechter Erb gewesen seye.

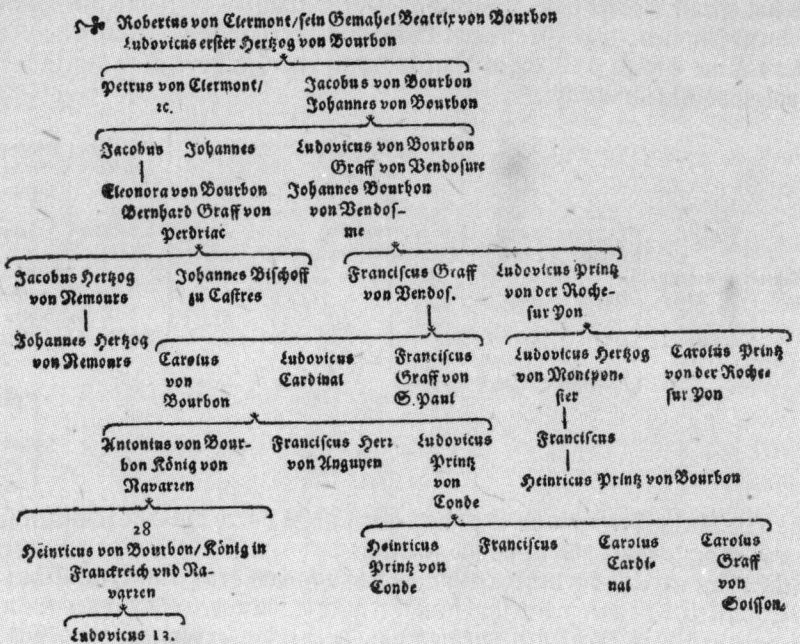

Von den theilungen die in Franckreich geschehen seind/nach dem es Franckreich genennet worden.
Cap. v.

Burgundischen Königreichs anfang.

Nach dem die Francken also strebten nach dem Landt Gallia/wie ich in dem vordrigen Capitel gesagt habe/ist in Burgund ein besonder Königreich erstanden/vnd das mit solcher weiß/wie Albertus Krantz darvon schreibt: Es haben sich die Wandalen zusammen geschlagen/vnd an den Rhein gesetzt/da Bürg gebawen/von welchen Bürgen sie Burgunder seind genennet worden. Aber da sie kein vernügen hetten an diesen Wohnungen/seind sie mit drey hundert tausend streitbaren Mannen vber Rhein gefahren/mit sampt vielen Schwaben vnd Alanen/die sich zu jhnen schluge/auff daß sie in einem trefflichen fruchtbaren vnd wol erbawten Land jhnen newe Wohnungen möchten/vnd haben sich nider gelassen bey den Völckern/die dazumal hiessen Edui/

Burgund.

Lingones vnd Vesuntij/vnd haben da auffgerichtet das Königreich Burgund/das hernach vber viel Jahr ward zu einem Hertzogthumb genidert/vnd darnach getheilet in Graffschafften vnd Hertzogthumb/wie es noch ist. Das aber die Burgunder von den Wandalen kommen seind/bezeugt Plinius da er spricht: Es seind fünfferley Teutschen/etliche heissen Wandali/zu denen die Burgunder gehören. Dem König von Burgund ist vor zeiten gehorsam vnd vnderthänig gewesen das gantz Land Saphoy/das Delphinat/die Graffschafft von Valentia/vnd was hie jenet dem Rhodan gelegen ist.

Anno Christi 514. da die König von Franckreich viel Kinder vberkamen/ward Franckreich in viel Königreich zertheilet/vnd das währet biß man zehlet 618. Jahr/da kamen sie widerumb zusammen.

Austrasia.

Eines hieß Austrasia/das ander Neustria/das dritt Suession reich/das man auff Frantzösisch Soyson nennet. Es saß auch ein besonderer König zu Aurelia oder Orliens. Doch blieben die zwen Namen Austrasia vnd Neustria am allerlängsten. Austrasia erstreckt sich biß an den Rhein/vnd hett derselbig König einen Sitz zu Metz vnd etwan zu Aach: Oder/wie die andern sagen/zu Cöln.

Dann Austrasia zu der zeit begreiff vnder jhm Lothringen/Braband/vnd was zwischen dem Rhein vnd der Maß gelegen ist/von Cöln biß gen Straßburg vnd biß in das Elsas. Vnd ward diß Königreich Austrasia genennet von Austrasio einem Regierer/den Justinianus der Keyser zu seinen zeiten daryn setzet. Die andern aber sagen/es seye Austrasius ein König darinn gewesen/vor vnd ehe die Francken Belgam vnder sich brachten. Die dritten sprechen/Austrasia seye also genennet worden daß es gegen Austriam: das ist/gegen Osterland oder Auffgang der Sonnen gelegen

gen ist/so man sie achten oder ansehen will gegen denen die in dem inneren Franckreich oder Occident gelegen seind. Aber Neustria begreifft vnder jhm alle Landtschafften/die zwischen den zweyen Wässern der Masen vnd Liger in gelegen seind. Sein königlicher Sitz ist zu Paritz gewesen. Darumb jrren die/die da meynen Neustria sey Westreich gewesen. Es kan auch nicht wol seyn/daß die Normandey vorzeiten Neustria sey gewesen/wiewol sie ein theil ist gewesen. In diser zeit da Austria noch im wesen war/regiert Dagobertus der neundt König in Franckreich/der nun zum ersten erbt das Königreich Austrasiam/vnd darnach auch vberkam Burgund/vñ darnach das gantz Franckreich. Dieweil er aber Austriam oder Austrasiam regiert/hat er sich viel im Elsas gehalten/vnd bawet das Schloß Eysenburg zu Rufach. Er richtet auff viel Benedictiner Clöster/vnd begabt sie herzlich/vnd insonderheit das Closter zu Weysenburg/acht meil vnder Straßburg gelegen/Anno Christi 623. vnd eins zu Surburg/zwo meil ob Weysenburg gegen Hagenaw gelegen/das jetzt ein Stifft ist. Item eins zu Haselach hinder Straßburg gegen dem Gebürg/ꝛc. Er macht auch die Kirch zu Straßburg zu einem Bisthumb/vnd begabt sie reichlich/von dem ich hie vnden etwas mehr schreiben will.

Nun in diser theilung des gantzen Galliæ/ist auch entstanden das Königreich Arelat oder Arle/das zu seiner zeit vnder jhm begriffen hat Saphoy/Burgund/Helvetiam oder Schweitzerland/Delphinat/die Herrschafften des Hertzogen von Zäringen vnd Graffen von Habspurg/von dem hernach weiter gesagt wirdt.

Armorica/das jetzt Britannia ist/ward Anno Christi 387. durch den König Maximinum von Britannia/das jetzt Engelland ist/erstritten/vnd darnach biß auff den heutigen tag genennet das klein oder new Britannia. Es setzten sich auch viel tausend Engelländer dareyn/vnd erschlugen alle Einwohner die noch vngläubig waren/aber die sich dareyn setzten/waren Christgläubig. Die andern schreiben das diß geschehen ist Anno 449. Dann da die Britannier oder Engelländer sehr genöhtiget wurden von den Sachsen/die sich in Engelland eyntrungen/vnd erschlugen oder verjagten die Einwohner/wie ich hie vornen in beschreibung des Engellands gesagt hab/da flohen die Engelländer vber Meer/vnd namen eyn das Land so vber Meer gegen Engelland gelegen/vnd nenneten es nach jhnen Britanniam. Sie sterckten sich auch also fast darinnen/daß sie/die vorhin jhr eygen Land nicht mochten behaupten vnd behalten/diß new eroberte Land nicht allein beschirmbten/sondern sie wurden auch dem gantzen Franckreich vberlästig vnd auffsätzig. Sie waren allweg widerspennig den Königen von Franckreich/darumb sie hernach gezwungen vnd gedempt wurden/da die Normannen auch ein Land am Meer eynnamen/vñ die König von Franckreich jhnen zu letst durch verpflicht Bündtnuß zuliessen/daß sie herrschen möchten vber die Britannier. Doch waren sie jhnen als vbel gehorsam/als sie auch vorhin den Königen waren gewesen.

Normandey ist also genennet worden von den Normannen/die mit macht vor zeiten kamen Normandey. auß Dennmarck/Schwedien vnd Nortwegien/vnd theten den Königen von Franckreich viel zu leyd/biß zu letst sie sich setzten in das Land/das nach jhnen Normandey ward genennet. Dise Nortmänner verbrenten zu Neumagen auff der Wahl ein wunderschönen Pallast/den Keyser Carlen daselbst hat gebawen. Darnach verbrennten vnd verwüsteten sie Lütich/Mastrich/Cöln/Bonn vnd andere Stätt. Item den Keyserlichen Pallast zu Ach brennten sie im grund auß/vnd hernach Trier. Jhr König hieß Gotfridus/vnd ließ sich tauffen nach disen bösen Thaten/vnd ward jhm vbergeben Frießland/aber mit vnderscheid/daß er auffhörte zu wüten/das er doch nicht hielt/dañ er fieng an auff ein newes die Stätt in Gallia zubeschädigen. Dise ding haben sich verlauffen vmb das jahr Christi 880. da Carolus Grossus, das ist/der Grob/regiert in Gallia/der den Nortmannen viel widerstand thet/aber vermocht sie nicht auß dem Land zutreiben/sondern must mit jhnen componieren oder vberkommen/vnd ein Land eyngeben/das nach jhnen den Namen behalten hat/ vnd noch zu vnsern zeiten die Normandey heißt/das vor aber Neustria geheissen.

Von dem Regiment des Lands Galliæ.
Cap. vj.

Lang vor Christi geburt/ehe die Römer Galliam vnder jhren Gewalt brachten/ hat Franckreich viel schlechter König vñ Hertzogen gehabt/als da gewesen seind Lugdus/Allobrox/Belgius/Trebeta vñ andere mehr/von denen die Landschafften jhre Namen empfangen haben/wie ich hie vornen gemeldet hab/vnd ist dazumal/vnd auch viel jahr nach Christi geburt/allein Gallia vnd nicht Franckreich genennet worden. Hundert jahr vor Christi geburt/vnd etwas vber 400. jahr nach seiner geburt/seind die Römer Meister gewesen vber das gantz Land Galliam. Vnd da in mitler zeit die Sicambern in Niderland/die darnach Francken wurden genennet/sich je länger je mehr sterckten/haben sie angefangen im Land Galliæ Stätt vnd Schlösser eynzunemmen/vnd die Römer darauß zu treiben/also daß Anno 420. nach Christi geburt/Pharamundus

S iij der

der 25. Fränckisch König/oder nach der andern Rechnung/die etwas weiter hinauß zehlen/der 43. König/ist worden der erst Frantzösisch König/vnd vnder seinem Sohn Clodio/vnd allermeist vnder Meroveo seinem Enckel/haben die Sicambren oder Francken gar nahe das gantz Galliam erobert/darumb sie dann auch jhre Wohnungen verliessen/die sie ohngefähzlich hatten gehabt 870. jahr/in Gellern/Holand/Westphalen vnd Frießland/vnd zogen hinein in Galliam/vnd wurden Herren darüber. Sie lehnten vñ gebrauchten sich auch der Galliern Sprachen vnd Sitt/gleich wie die andern Francken die auff den Mäynzugen/auch annamen die Teutsche Sprach vnd jhre Sittē. Es hat Pharamundus nach dem er einhelliglich erwehlt ward zum König in Franckreich/ auch ein Gesatz geben/das man Legem Salicam nennet/daß des Königreichs Erb nicht fallen soll auff die Kunckel: das ist/daß die Weiber nicht sollen Erben seyn des Reichs. Sonst hetten sie noch ein Gesatz/das sie Ripuariam heissen/welches bey jhnen in solchen Ehren gehaltē/vnd also geachtet ward/daß auch keinem der alten Königen vor Carles des Grossen zeiten/geziemet etwas darwider fürzunemen. Dise Satzungen seind nachmals in Latein verfasset/darinn noch viel alter Teutscher Wörter vnder dem Latein eyngemischet befunden werden/zu guter anzeigung/daß die ersten Francier Teutscher Sprachen seind gewesen. Zum ersten ein Satzung vom Mord/laut im Lateinischen also: Quod dicitur & mordet. Item/Straffgelt oder Schirmgelt/nennen sie Weergeltam. Ein Helm oder Eysenhut/Helmum. Beinharnisch nennē sie Beinbergas/tegumenta crurum. Ein Frieden zwischen den Feinden nennen sie Fredum. Ein Graffen/Grouionen. Manen zum Rechten/Maniere. Schewr/Scuria/pro horreo. Ein Schell/Kella/ꝛc. Deßgleichen hat die Frantzösisch Sprach noch heutigs tags viel Teutscher Wörter/die sie achten Welsch zu seyn/ vnd wissen nicht daß sie Teutsch seind.

Eygentlich aber von dem Regiment in Franckreich zu reden/so ist dasselbe vor zeiten Democratisch gewesen/vnd vom Volck bestellet/endtlich aber ein Monarchey worden/darinnen der König vber das gantze Land das obriste Haupt ist/welcher nicht durch die Wahl vnd Chur/sondern Erbschafft vnnd Succession an die Regierung gelanget: vnnd hiemit vollen Gewalt hat/beyde Krieg vnd Fried anzufangen vnd zubestätigen/also daß sein einiger Will in allen Sachen/gleichsam alß ein Gesatz wirdt gehalten/dem menniglich auff das fleissigste zugehorchen vnderworffen. Vnd gleich wie der Römische König den vorzug zum Keyserthumb hatte/also auch der Erstgeborne in Franckreich/Delphin genandt/für seine andere Herren Brüder den vortheil vnd prærogatif zur Cron.

Die Königin hat grossen Gewalt in Franckreich/also daß sie in jhren eygnen Herrschafften Reichstäg haltet/vnd dem Hoffgericht der 12. Pairen oder Pfaltzgraffen beywohnet: gehet auch des Königs Mutter vor/der Königin Ampt: vnd Hoffleuth haben einerley Gewalt vnd Gerechtigkeit mit des Königs Amptleuthen. Wann die König noch nicht bey jhren jahren seind/oder sonsten zu regieren noch nicht allerdingen qualificiert/so werden jhnen gewisse Regenten bestellet/wie jetzigem König Ludovico seine Mutter zugeben worden.

Etwan haben die Königlichen Kinder das Reich zu gleich getheilet/die Gerechtigkeit des Erstgebornen hindan gesetzt. Bißweilen seind auch die Natürlichen vnd Vnehelichen mit den Ehelichen zu Erb gegangen. Endtlichen aber hat man die Vnehelichen nicht nur von dem Reich/sondern auch allen Gerechtigkeiten verstossen.

Nach König Hug Capet/ward Anno 1243. geordnet/daß der Erstgeborne allein solte Erb seyn/die vbrigen aber außgesteurt wurden. Hernach Anno 1282. daß die Kinder so dem Erstgebornen folgen/sich mit jhrer vnderhaltung solten vernügen/vnd sich wider das geringste nicht beklagen.

Die Fräwlein in Franckreich erben nach dem Salischen Gesatz nichts dann Kleyder vnd Kleinodt/vnd seind der Königlichen Cron im geringsten nicht fähig/dann sich die großmütigen Frantzosen von Weibern nicht wöllen beherrschen lassen. Es werden aber dise Königliche Fräwlein vom Hauß Franckreich genandt/sie seyen in oder vor der Regierung geboren.

Wann die Königlichen Witwen sich mit einem geringeren dann König verheurahten/werden sie zwar Königin genañt/aber jhr Tauffnam wirdt hinzu gesetzt/alß naffentliche Königin Maria/welches dann auch geschicht/wann sie von jhren Königen gescheiden werden/alß zu sehen an der Königin Margaretha.

Was die Pares oder Pfaltzgraffen belanget/so waren denselben/Anno 1351. mercklich Gerechtigkeiten gegeben. Seind vor Carolo Magno vnd Hug Capet geordnet gewesen/von welchen sie aber auch bestätiget werden: wie zu sehen daß gedachter Hug Capet den Graffen von Flandern/vnd Erbischoff zu Rheims/in sehr hoher Würden gehalten/damit er sie zu Freunden bestätigte.

Der Alten zwölff Pares waren sechs Geistlich vnd sechs Weltlich: alß Hertzog vnd Bischoff zu Rheims/die Hertzog vnd Bischoff zu Laon vnd Langers/die Bischoff vnd Graffen zu Mayon/ Beauuas/vnd Chalon/der Hertzog von Burgund/der von Normandey/von Aquitania/die Graffen von Flandern/Tholosen vnd Champanien.

Dise

Von Gallia.

Diese ermelte zwölff Pares/können vor niemandt dann vor dem Parlament verklagt vnd gerechtfertiget werden/in welchem sie auch selbs sitzen/so wol alß die Fürsten des Königlichen Gebluts/inmassen jhr Stifft vnd Ordnung elter dañ das Parlament ist/sie auch jederzeit alle wichtige vnd hohe sachen/so für den König vnd seinen Raht kommen gepflegt haben zuentrichten: wie dann auch der König ohne jhren raht weder in Krieg- noch Friedens sachen niemahlen nichts fürgenommen vnd gehandelt. In der Krönung fragen die Bischoffen von Langers vnd Beauuois/ alß Pares, das vmbstehende Volck/ob es den König wölle annemmen.

Mit der zeit seind zu disen Würden volgende Geschlechter kommen/nach dem die Alten abgestorben/Eureux/Alanson/Bourbon/Estampes/Artois/Bretagne/Clermont/Beauuois/ Beaumont/le Roger/Aniou/Berri/Orleans/etc. vnd zu vnserer zeit/Espernon/Byron vnd Suilly.

Es wurden aber etliche Pares nur für jhr Person/vnd allein jhr Lebenlang/etliche auch für jhre Söhne/etliche aber für alle jhre Kinder in gemein vnd ohne vnderscheid/also das auch die Weiber solcher Würden fähig seind.

Was nun aber andere hohe Empter in dem Königlichen Hoff in Franckreich belanget/so ist der Großmeister vber alle Amptleut vñ Königliche Hoffhaltung gesetzt. Es hat etwan solcher Großmeister zwen gehabt: alß vnder König Heinrico dem andern geschehen/an Anna von Montmoranci/dem Connestable vñ Francisco von Lothringen/Hertzogen zu Guisen/General Leutenant. Dises Ampt wirdt von den fürnehmsten Fürsten versehen.

Der Groß Cammerer versicht alles/was deß Königs Saal/Cammer vnd Zimmer belangt/laßt die Leuth zu vnd von dem König/vnd ist vber alle Cammerdiener gesetzt: Zeucht dem König in der Krönung die Stieffel an. Dises Ampt wirdt heutigs tags von zwen fürnehmen vom Adel versehen.

Der Groß Rittmeister hat befelch vber die Ritterschafft/vñ tregt in königlichen Eynritte/Krönungen vnd Begrebnussen das Schwert vor mit den Frantzösischen Lilien gezieret. Diß Ampt wird heutiges tags auch von zwen Herren versehen/darunder der eine auch vber die Posten gesetzt ist.

Der Groß Jägermeister vnd Falckner/seind vber alle Edelleuth gesetzt/so zu der jagt verordnet.

Der Cantzler hat gewalt vber alle Schrifften vnd Patenten/vom König vnderschrieben vnd besiglet/allerley Gnaden/Freyheiten vnd Empter betreffend. Diser kan nicht entsetzt werden/er habe dann das Leben verschuldt/vnd werde dann also bald auch getödet.

Der Secretarien seind 26. darunder vier die fürnehmsten. Darnach hat es ein Secretarium des Königs geheimer Cammer. Der Connestabel hat befelch vber die Kriegssachen/beyde das Fußvolck vnd Reuterey betreffend/vnd ist General Oberster vber das Kriegsheer.

Die Marschallen seind dem Connestabel zugeben/vber die Kriegssachen zurichten. Vnd kom̃t alles für sie/was sich vnder dem Kriegsvolck zutregt. Erstlich war nur ein Marschall allein/darnach wurden zwen/bald drey/hernach vier/etwan auch sechs vnd sieben.

Der Admiral ist General Leutenant vber das Meer/so wol in Friedens- alß Kriegszeiten/vnd müssen mit seiner bewilligung alle Schiffarten vnd Kauffmanshändel zu Meer geschehen.

Die Ritters Orden betreffend/hat König Johannes den Orden zum Sternen gestifftet. König Ludwig der Eylfft/den Orden S. Michael: vnd König Heinrich der Dritte/den Orden vom H. Geist/weil jhme am Pfingstag das Glück sonderlich wol gewöllen.

Vom Parlament. Cap. vij.

Vn schreibt Robertus Ganguinus/daß das Parlament zu Pariß einen solchen anfang habe gehabt. Es kamen vor zeiten auß allen Stätten des gantzen Lands Franckreich die erfahrnen Männer zusammen in ein Raht/besonder die darzu erwehlt waren/Landtbräuch vnd Gericht wußten/vnd nach examinierung vnd befindung der Sachen/sprachen sie Recht denen/so zu jhnen appelliert hetten. Vnd da sie ein zeitlang kein bestimbte Statt hatten/ist endlich Pariß darzu erwehlt worden/vnd etliche bestimbte Richter verordnet/nemblich 80. die stäts da halten solten/vnd solten jhre Besoldung haben auß des Königs Cammer. Vnd da wurden sie getheilt in vier Räht oder Höf/so man Suntcammern nennet. *Parlaments anfang. Suntcammern.*

In der ersten Cammer sitzen vier Regenten oder Fürweser/vnd dreyssig Rhatsmänner/die verhörten die Sachen/Händel vnd Gezänck/vnd auff das machten sie auffschläg vnd ziel nach außweisung der Rechten. Doch was kleine vnd geringe Händel seind/richteten sie selbst auß. In der andern Cammern sitzen die achtzehen Räht/wie auch in der dritten/vnd hat ein jeglicher vier Presidenten/vnd die Räht seind eins theils Leyen/vñ eins theils Gelehrte. Sie examinieren mit fleiß/ vnd was sie für ein Vrtheil erkennen/das spricht einer auß von den vier Presidenten der ersten Cammern/vnd das am ersten tag/den er den Partheyen hat bestimpt. Vnd diß Vrtheil heissen sie Arestum: das ist/steiff/vnd darff keiner darvon appellieren/vnd welcher die Sach verleurt/der muß geben sechsig Turoner pfundt den Rähten. Wo aber einer vermeyne/daß sein Sach nicht recht verstanden oder genugsamlich examiniert/vnd dann jhm zu kurtz were geschehen/der mag sein *Arestum was.*

Das Dritte Buch

Sach wider für Gericht bringen/vñ die besser lassen examinieren. Doch nimmt man ein Sach nicht an/er leg jhnen dann das vorig Gelt zweyfach. In der vierdten Cammern seind die Räht/die man heißt Magistratus Palatij: dz ist/Pallastmeister/vnd die hören allein die Händel/die in des Königs Dienst seind/oder sonst mit Privilegien gefreyet/daß sie nicht mögen für andere Räht gezogen werden. In diser Cammern sitzen nicht mehr dann sechs Richter/vnd man mag von jhnen zum Parlament appellieren. Vnd wann sichs zutregt/daß etwan ein schwere Sach fürkompt/so kosten die Räht von allen Cammern zusammen/auch in den dingen die der König etwan für sich nimpt in dem gantzen Land/vnd erkennen darüber ein Vrtheil/was zu thun ist. Dann alle Satzungen werden durch sie gemacht/vnd die grossen Sachen werden durch sie entrichtet. Es hat diß Parlament auch etliche Mitrichter/besonder wann die Pares Franciæ: das ist/die Gleichen Fürsten von Franckreich/zugegen seind/vnd die Graffen die sich bey dem König halten/vnd dise mit sampt den Gleichen Fürsten erkennen vñ richten des Königs vnd andern dergleichen hohen Sachen oder Händel. So hat es auch sonst fast in Reichsversamblungen die Ordnungen. Erstlich ist die Königliche Person in Franckreich die höchst. Hernach die Königin/die Mutter/der Delphin/so der erstgeboren des Königs/des Delphins Sohn. Nach denselbigen jeder nechstgeboren nach dem Delphin. Alßdann die nechstverwandten vom Blut. Hernach der Hertzog von Burgund/alß der Dechan der zwölff Vättern. Die andern eylff Vätter. Wo aber die Reichsständ zusammen kommen/seind nach dem König gesetzt worden.

Welche Pa-
pe seyn.

1. Cardinäl
2. Blutfreund des Königs Connestabel
3. Die Geistlichen Vätter auß xij.
4. Die Bischöff vnd Geistlichen jhrem Stand nach
5. Die Obersten der vier Ständen
6. Die vier fürnemsten Ampleut der Ständen vnd Ritter.

Entgegen aber wurden gesetzt gegen den Geistlichen die Graffen vnd Herrn:

Candalle vnd Benon	Baur	Granges	Secretarius
Montieure	Lützelburg	Wandator	Capitän der Harfier
Tremouille	Martegne	Estoteuille	Guardy
Pons	Pulignack	Crony	Capitän der Guardy
Sancerre	Chermont Lobers vnd Nabansen	Diurt	Hofartz
Rusy	Schartres	Raa, vsen die Räht des Parlaments:	Rent oder Schatzmeister
Breme	Jugni		Proviandtmeister
Lestrack	Turian	Comesstabuls, oder Connestabel	Zahl oder Pfennigmeister
Malcurier	Trignack	Granmeister	Gegenschreiber
Castiuon	Montmoreney	Senescains	Hoffgesind.

Zwölff Fürsten seind/so man die Vätter/oder Höchsten vnd gleiche Räht nach dem König nennet/darunter dann sechs Geistlicher vnd so viel Weltlicher seind.

1. Burgund der oberst Hertzog: Vnder dem seind die Graffen: Nevers/Scharloys/Cahors.
2. Normanden/vnder demselbigen Hertzog seind keine Graffen.

3. Guyen-

Von Gallia.

3. Guyenne das Hertzogthumb Gasconien hat vnder jhm dise Graffen.
Poictiers/Armignack/zu der Marck/Rodez/Angulem zum Hertzogthumb erhaben/Perigort/ Partenay/Mendatur/Waron.

1. Schampanien der zwölff Vätter oberste Graffschafft/begreifft: Bar/Auxerre/Tonerre/ Porsian/Brennen/Granpre/Roschell/Malle/Vertus/Vianen/Bussi/Jugni.
2. Flandern die hat sonst keine Graffschafft vnder jhr.
3. Tholosen die Graffschafft hat vnder jh:: Foyx/Bigorre/Lißle/Cominges/Lestrac/Quercy.

Das seind nun die Weltlichen Vätter mit jhren Zugewandten: Wiewol derselbigen viel abgangen/vnd an jhre statt andere kommen.

Alß an statt: Burgund/Normandey/Guyenne oder Gasconien/seind jetz Alenzon/Vandome/Bourbon.

An statt der Graffen: Campania/Tholosen/seind jetz Nevers/Armignack.

Der Bischoff zu Rems hat in der Crönung das Ampt: Er salbet/weyhet/krönet. Laon tregt die Ampel damit gesalbet wirdt. Langres tregt den Scepter. Beauois tregt den Waapenrock. Schalon tregt den Sigel. Noyon tregt den Gürtel.

Die Weltlichen: Hertzog von Burgund hat das Amyt/tregt die Cron. Normandey tregt das Paner. Guyenne tregt den Rennfahnen. Graffe von Schampanien tregt das Fehnlein. Flandern tregt das Schwerdt. Tholosen tregt die Sporen.

Sonst seind in Franckreich gezehlet eilff Fürstenthumb/deren den meisten theil die Cron an sich gezogen.
1. Bretagnen hat dise Graffschafften, Pontieiure/Nantes/Purebers.
2. Orliens hat keine Graffschafft.
3. Bourbon das Hertzogthumb hat vnder jhme/Forest Clermont in Bevawosin.
4. Narbon das Hertzogthumb/hat Rossiglien/Leon/Nymes/Carcasson/Castres.
5. Aniou das Hertzogthumb/hat Mayne/Vandome/Belfort/Lauall.
6. Bar das Hertzogthumb/hat Vaudemont/Pelinont/Ligni.
7. Auergne das Hertzogthumb/hat Clermont/Montpensier/Boys.
8. Tours das Hertzogthumb hat kein Graffschafft.
9. Valloys hat kein Graffschafft.
10. Nemors hat kein Graffschafft.
11. Alanson hat kein Graffschafft.

Heut aber zu tage seind diser Fürstenthumb sieben vnder dem König/nemblich Bretaigne/ Orliens/Narbon/Aniou/Burgis oder Berry/Tours vnd Valoys.

Sonst hat es 14. Graffen die belehnet gewesen von dem König/doch ist jetz der meiste theil solcher Graffschafften vnder dem König.
1. Artoys. 2. Vermandoys. 3. Guysen. 4. Senlis. 5. Schartres. 6. Montfort. 7. Dampmartin. 8. Beaumont. 9. Meulans. 10. Preschen. 11. Bleais. 12. Dreux. 13. Estampes. 14. Dunoys.

Rems	Laon	Langres	Beauvais	Noyon	Chaalons
Rhemi	Landunum	Lingones	Belyacum	Noviodunum	Cathalaunum.

Burgundia	Campania	Aquitania	Flandria	Normandia	Tolosa

Dise 12. Fürsten hat erstlich der groß Keyser Carlen gesetzt/vnd hat sie Pares, das ist/Gleich genandt/daß sie vnder einander mit gleicher würdigkeit stehen sollen bey dem König. Sie seind sonst auch keinem Gericht vnderworffen dann dem Parlament.

Die vrsach der Parlamenten ist folgender weise beschaffen.

Nach dem den Königen in Franckreich außländischer Kriegen halben zu schwer gefallē/so vielfaltige/grosse vnd verwirrete Rechtshändel zuentörteren/vnd mit jhrem Außspruch auffzuheben: jhnen auch nicht rahtsam gewesen/daß sie jhrer vrtheilen halben bey den Vbelthätern/vnd derselben anhang/solten verhasset werden: haben sie zu befürderung der Gerechtigkeit vnd abstraffung der Lastern/8.gewisse Parlament oder Gerichts-Cammern geordnet/vnd dieselben mit so fürtreffentlichen/hochverständigen Personen versehen/daß sie auch die allerweisesten vnder den alten höchlichen wurden verwundern/so sie denselbigen jrgend ein par stund solten zuhören/derowegen dann nicht nur die König in Franckreich/sondern auch außländische Potentaten/alß vnder andern zur zeit Caroli des sechsten/Keyser Sigmund/jhren grösten lust gehabt/solchen versamlungen bißweilen beyzuwohnen.

Das erste vnd fürnehmste Parlament wirdt auff Philippi des Schönen/alß er in Flandern gezogen/anordnung/zu Pariß gehalten. Das ander zu Tholosen in Languedoc. Das dritte zu Bordeaux in Gasconien. Seind beyde von Carolo dem 7.gestifftet. Das vierdte zu Granoblen im Delphinat. Das fünffte zu Aix/in Provantzen. Das sechste zu Dyon/in Burgund. Das siebende zu Roan/in Normandey. Das achte vnd letste zu Rheims in Bretanien.

Was gestalten die Parlament vor dem König besetzt werden.

Weil aber vielleicht der günstige Leser möchte wissen/was gestalten gedachte Versamlungen vnd Parlament besetzt werden/wann denselben Königliche Majestat begert beyzuwohnen/hab ich die Ordnung/nach deren das Parlament Anno 1527.den 4.Junij/vnd Anno 1557.den 4.Januarij/in des Königs gegenwart gesessen/verzeichnen wöllen.

Erstlichen sasse der König auff seinem Thron/sieben stapfflen hoch/so mit Violbraunem Sammet/mit güldinen Lilien gestickt/bedeckt gewesen.

Auff der rechten hand saß zum ersten/der König auß Navarren/River vñ Mitregent in Franckreich/wegen etlicher Landen/so jhme zugefallen.

2. Der Hertzog von Vendomen/River/Mitregent/General Leutenantt vnd Gubernator in Picardey.

3. Der Graff von Sanct Paul/Ritter/General Leutenantt/Gubernator im Delphinat.

4. Der Graff von Guyse/Ritter/General Leutenantt vnd Gubernator in Brie vnd Champanien.

5. Der Herr von Montmerancy/Ritter/Großhoffmeister/Marschalck vnd Gubernator in Languedoc.

6. Herr Galyot von Genovillac/Ritter/obrister Büchsenmeister in Franckreich.

7. Herr Robert Stuart/Ritter/Hauptman vber hundert Lantzen/vnd vber die Schottländische Leibsguardy.

Auff der lincken seiten saß 1. der Cardinal von Bourbon Bischoff vnd Hertzog zu Laon/Mitregent.

2. Der Bischoff vnd Hertzog zu Langers/Mitregent.

3. Der Bischoff vnd Graff zu Noyon/Mitregent.

4. Der Ertzbischoff zu Burges/Primat in Aquitanien.

5. Der Bischoff zu Lysieux.

Zu des Königs Füssen sassen:

1. Der Hertzog von Longevillen/Groß Castterer/saß der nechst bey dem König auff der ersten Stapfflen/an der rechten seiten.

2. Herr Ludwig von Breze/Ritter/auff der oritten Stapffel/an der lincken seiten.

3. Herr Johañ de la Barze/Provoß zu Pariß/strack vor dem König auff der vndersten Stapffel/vnd haltet ein weissen Stab in der Hand.

Vor dem König stunden auff den Knyen:

1. Der Herr von Rene/genandt Michelet.

2. Der Herr von Nagy.

3. Etliche Herren mit Stäben in den Händen.

Auff den nideren Stülen/sassen die Presidenten vnd gewohnlichen Herren.

Nach disem sassen die Bottschafften von Engelland vnd Venedig.

Alßdann namen die Hoffrähte vnd Parlaments Herren jhre gebräuchliche Sitz eyn.

Anno 1557.den 4.Januarii/ward auff dem Pallast in Ludovici des Heiligen Saal Parlament gehaltē: vnd saß der König auff seinem Thron sechs Stapffeln hoch vnder einem Himmel/hatte ein schwartzen Satininen Rock an mit Marter gefütert: auff dem Haupt ein Sammet Paret/mit einer rohten Federn vnd Gold gezieret. Vber die Achseln den grossen Ritter Orden/vnd vnder den Füssen ein Sammet Küsse. Der Thron war mit Violbraunem Sammet vnd güldinen Lilien gezieret.

Auff

Von Gallia.

Auff der rechten saß der Delphin in gleicher Kleidung/ allein ohne Himmel vnd Küsse/ vnd ein Staffel niderer.

Auff gedachter seiten sassen besser vnden auff Stülen mit güldinen stucken bedeckt/ fünff Cardinäl: Von Lothringen/ von Bourbon/ von Sens/ von Chastillon/ von Guyse/ alle in jren rohten Röcken.

Auff einer Scabellen mit Lilien gezieret/ saß der Bischoff von Chalons/ Mitregent oder Pair in Franckreich.

Auff der lincken seiten sassen vff Stülen mit güldinen stucken bedeckt/ der Hertzog von Lothringen/ vnd der Hertzog von Nevers/ mit dem Königlichen Ritter Orden.

Hinder des Königs Thron stunden: Der Graff von Sancerre: der Herr de la Roche/ an der Mayrie: der Herr von Bourdillon: der Herr von Vrphe/ alle mit jhren Ritters Orden.

In dem vnderen Schrancken sassen auff drey Bäncken auff der lincken hand/ die Ertzbischoff: Von Tours/ Aix/ Arles vnd Bordeaux. Item/ die Bischoff: Von Chalons/ Clermont/ Rennes/ Angulemen/ Montpellier/ Eureux/ Glandeue/ Senlis/ Carcassone/ Baione/ Nevers/ Ryes/ Castres/ Nantes/ Bayeux/ Amies/ S. Papoal/ Lodeve/ Vennes/ Meaux/ Montauban/ Lavaur/ Metz/ Auxerren/ Mans/ Soissons: sampt den Aebten zu S. Geneveze zu Pariß/ vnd de la Ferte. Ob disen Prælaten/ sassen auff besonderen Bäncken die Presidenten der zwo Cammern.

Auff einem anderen Banck/ an derselben seiten/ sassen der Kauffleuthen Profosen vnd andere Befelchshaber der Statt Pariß.

Besser vnden in dem Schrancken sassen auff der lincken seiten: 1. Sechs Presidenten im Parlament zu Pariß. 2. Ein President auß dem Parlament zu Tholosen. 3. Der obriste President auß dem Parlament zu Granoblen. 4. Ein President auß dem Parlament zu Bordeaux. 5. Der obriste President auß dem Parlament zu Dyon. 6. Der obriste President auß dem Parlament zu Aix. 7. Der obriste President auß dem Parlament zu Roan. 8. Der obriste President/ vnd der elteste Raht auß dem Parlament zu Rennes.

Vor gedachter Presidenten Banck/ ward vor dem dritten Presidenten des Parlaments zu Pariß ein Stul mit Violbraunem Sammet vnd güldinen Lilien bedeckt/ darauff sassen: Der Herr von Mortier: der Ertzbischoff von Viennen: der Bischoff von Orleans: vnd der Herr von Avanson/ alle des Königs Geheime Räht.

Nach disem sassen die gewohnlichen Räht zu Pariß/ vnd Befelchshaber sampt dem Schatz: vnd Pfennigmeistern vnd Reichs Eynnemmern.

Der Saal war an allen orten mit violbraunem Sammet voller guldener Lilien/ wie auch mit andern guldinen Stücken vnd Tappezereyen vmbhengt.

Wie vnd was gestalten die König in Franckreich gekrönt vnd gesalbt werden. Cap. viij.

ES ist beydes auß summarischer Beschreibung oberzehlter Königen/ vnd auß anderen Büchern bekandt vnd offenbar/ daß die König in Franckreich ehe sie der Allmächtige Gott durch sein H. Geist/ zu Erkändtnuß seines eingebornen Sohns/ vnsers Erlösers gebracht/ zur zeit jhrer Jnauguration/ Crönung vnd Eynführung/ von etlichen fürnehmen Herren auff einem grossen runden Schilt drey mal vmb das Kriegs heer getragen/ vnd von den herumb stehenden/ mit grossem frolocken/ für jhren König außgeruffen worden.

Betreffend aber den Proceß/ welchen die Christlichen König/ nun allbereit innerthalb 1000. jahren gebraucht haben/ ist derselbe von Johann Tillet Herren von Bussiers/ weilandt Caroli 9. Secretario volgends inhalts/ vnder andern schönen Sachen/ in Frantzösisch beschrieben worden.

Am Sonnabend vor der Crönung/ gehet der König mit sampt seinen Fürsten zu Nacht in die Kirchen zu Rheims oder anderswo/ da er morgens solle gekrönt werden/ etliche Gebätt darinn zu verrichten/ auch etwas zeits daselbst zu wachen.

So bald aber der Tag an Himmel gestossen/ verordnet der König etliche auß seinen fürnehmsten Herren/ daß sie das Oel zur salbung sollen auß der Abtey S. Remi abfordern. Wann dieselben nun ins Closter kommen/ müssen sie dem Abt vnd Convent daselbst einen Eyd schwören/ daß sie daß Oel wöllen in guter gewahrsame halten (dann sie sagen/ es sey zur zeit Clodovei durch einen Engel von Himmel gebracht worden) vnd dasselbe jme nach verrichter Salbung trewlich vnd vnversehrt widerumb zustellen.

Hierzwischen verfügt sich der König mit dem Ertzbischoff vnd allen Geistlichen vnd Weltlichen Herren/ so darzu gehören/ in die Kirchen/ setzen sich zu allen seiten vmb den Altar herumb: der Ertzbischoff aber/ setzt sich zwischen den Altar vnd den König.

Wann nun die abgesandten Herren mit dem Oel kommen/ stehet der Ertzbischoff auff/ vnd gehet denselben mit allen seine Bischoffen vnd Prelaten entgegen nimpt das Fläschlein voll Oels

mit groß

grosser Reverentz in die Hand/vnd verheisset dem Abt von S. Remi von welchem man es abgefordert/dasselbe in trewen vnd vnversehrt widerumb zu vberliefferen.

Nach disem rüstet sich der Ertzbischoff zur Meß/mit den aller stattlichsten Kleidern geschmückt/vnd gehet mit seinen Diaconis vnd Subdiaconis zum Altar/in diesem stehet der König auff/vnd erzeigt dem Ertzbischoff demütige Reverentz.

Da nun der Ertzbischoff vor dem Altar stehet/fragt er den König folgender massen:

Wir begären von dir/daß du vns vnd vnsere Kirchen/so vns seind vertrawt/die gegebnen Canonischen Freyheiten/Gesätz vnd Gerechtigkeiten erhaltest/vns schützest vnd schirmest/wie einem König in seinem Reich gebürt vnd zustehet gegen einem jeden Bischoff vnd Kirchen.

Darauff gibt der König dem Ertzbischoff zur anwort:

Ich verheiß vnd versprich einem jeden vnder euch/neben den Kirchen so euch vertraw seind/daß ich die Canonische Freyheiten/Gesätz vnd Gerechtigkeiten/so euch gehören/wölle erhalten/vnd will euch nach meinem vermögen/durch Gottes beystandt schützen vnd schirmen/wie ein König durch Recht verbunden in seinem Reich/gegen einem jeden Bischoffe vnd der Kirchen/so jhm vertrawet ist

Es schweret auch der König volgenden Eyd: Ich verheiß in dem Namen Jesu Christi/dem Christlichen Volck/so mir vnderthan/diese Ding:

1. Daß ich nach ewerem Rhat/allen Christlichen Völckern/wahren Frieden in den Kirchen will erhalten.

2. Daß ich alle Rauberey vnd Vngerechtigkeit will verbieten vnd abschaffen.

3. Daß ich will befehlen/daß man in allen Gerichten vnd Vrtheilen/Gerechtigkeit vñ Barmhertzigkeit erweise/damit der barmhertzig vnd gütig Gott auch mir vnd euch sein Barmhertzigkeit erzeige.

4. Daß ich mich/nach meinem eussersten vermögen/wölle bearbeiten/daß ich alle Ketzer vnd Falschgläubige auß meinem Land vertreibe: vnd dise meine Verheissung versichere ich durch den Eydtschwur. Legt hiemit die Hand auff das Euangelium.

Hierauff singt man das Te Deum Laudamus Entzwischen kommen zwen Ertzbischoff/vnd führen den König bey der Hand zum Altar/da er dann niderkniet biß das man außgesungen.

Auff dem Altar nun ligen zwo königliche Cronen: ein grosse vnd ein kleine. Ein Schwerdt in der scheyden. Ein par guldin Sporen. Ein vergülter Scepter: Ein Stab eines Ellenbogens lang/darauff ein Hand von Helffenbein. Ein par seidener blawer Stieffel mit guldenen Lilien gezieret. Ein Rock mit gleicher farb vnd zierung: vergleicht sich fast dem vnder Rock/den die Priester bey der Meß tragen. Vnd alß dann ein Königlicher langer Mantel/auch vorgedachter farb vnd zierung.

Erzelte Kleinodter vnd Kleider muß der Abt von S. Denis auß Franckreich dahin lieffern:

In dem nun der König vor dem Altar stehet/werden jhme seine obern Kleider ab genommen: alß dann legt der Groß Cammerer dem König die Stieffel an/so jhme der Abt von S. Denis dargebotten vnd in die Hånd gegeben.

Der Hertzog von Burgund legt jhme die guldene Sporen an/vñ zeucht sie jhme bald wider ab.

Voldends gürtet jhm der Ertzbischoff das Schwerdt an: nimpts aber also bald widerumb/zeuchts auß der scheyden/gibt es jhm bloß in die Hånde/sprechende:

Nimb dises Schwerdt/so dir neben dem Segen Gottes vbergeben/mit welchem du in krafft des H. Geistes/allen deinen vnd der Kirchen Feinden wider stehen/vnd dieselben vertreiben/das Reich so dir befohlen/beschirmen/vnd das Kriegs heer Gottes erhalten mögest/durch die hülff vnsers Herren Jesu Christi/des vnüberwindtlichen Triumphierers/welcher regiert mit Gott dem Vatter vnd dem H. Geist von Ewigkeit zu Ewigkeit.

Nach disem singt man im Chor. Seye Mannhafft vnd gestärckt/bewahre die Lehr des Herren deines Gottes/daß du auff seinen wegen wandlest/vnd haltest seine bräuch/Gesätze/Zeugnuß vnd Gericht. Vnd das dich derselbe stärcke an allen enden/da du dich hinwendest.

So båtet auch der Ertzbischoff: Gott der du durch dein fürsehung erhaltest zumahl/alle himmelische vnd jrrdische ding/seye gnädig vnserem Christlichen König/damit durch die Krafft des Geistlichen Schwerdts/alle stärcke seiner Feinden gebrochen werde/weil du für jhn streitest/durch vnsern Herren Jesum Christum/Amen.

In disem nimt der König mit grosser Ehrerbietung das Schwerdt vom Ertzbischoff/vnd legts auff den Altar/darauff gibts jhme der Ertzbischoff widerumb: der König aber gibts dem Connestabel/derselbig tregt es jhm vor biß in den Pallast.

Nach disem nimt der Ertzbischoff ein wenig Oel auß dem Fläschlein/mit einem guldenen griffel/vnd vermischet dasselbig mit einem Chrisam/so auff dem Altar in einem Geschirr stehet.

Da nun dises bereitet/löset der Ertzbischof den seydenen Leib Rock vnd das Hembd hinden vnd vornen auff/so mit silbern Hafften zusamen gemacht: alß dann singen zwen Ertzbischoff die Litaney: Nach derselben spricht der Ertzbischoff im Sessel sitzende/drey Gebett.

I. Wir

Von Gallia.

1. Wir bitten dich Herr/ Heiliger Vatter/ allmächtiger ewiger Gott/ du wöllest disem deinem Diener/ Heinrich dem vierdten/ (oder wie er sonsten mag heissen) welchen du durch die fürsehung deiner Göttlichen Dispensation vnd verwaltung/ hast erschaffen vnd biß auff disen tag leben lassen/ von tag zu tag je länger je mehr in allem guten vor dir vnd den Menschen stercken/ damit er durch die miltigkeit deiner höchsten Macht/ mit freuden besitze den Thron deiner himlischen Regierung/ vnd daß er mit den Mawren deiner Barmhertzigkeit/ an allen seiten wider der Feinden angriffe verwahret/ das Volck so jhme vertrawt/ glückselig im frieden der versuchung vnd der krafft des Siegs möge regieren/ durch Jesum Christum/ Amen.

2. Gott der du durch dein krafft den Völckern rahtest/ vnd dieselbe durch dein Liebe regierest/ gib disem deinem Diener Heinrich/ den Geist deiner Weißheit vnd die Regel deines Willens/ damit er mit andächtigem vnd eyferigem Hertzen gegen dir/ alle tag tüchtig vnd geschickt seye/ dise Königreich zuverwalten: vnd das durch dein Gab/ die Kirch zu verordneter zeit ruhe vnd frieden habe: vnd das der geistliche Eyfer in ewigkeit beständig bleibe: daß er auch in guten Wercken beharrende/ durch dich ins ewige Königreich geleitet vnd geführet werde/ durch vnseren Herren Jesum Christum/ Amen.

3. In den Tagen dises vnsers Königs/ wachse allen Menschen Gerechtigkeit/ den Freunden Hilff/ den Feinden Verhinderung/ den Angefochtenen Trost/ den Jrrigen Besserung/ den Reichen Vnderweisung/ den Armen Erbärmbd/ den Vnderthanen Fried vnd Sicherheit im Vatterland. Lehre jhn/ daß er sich selbs regiere/ vnd mit bescheidenheit vber einen jeden hersche nach seinem Stand: damit er durch dein eyngeben/ allen Völckern ein Exempel gebe/ eines Lebens so dir gefällig/ vnd wandle auff dem weg deiner wahrheit/ mit seiner vertrawten Herde/ vnd erlange in vberfluß/ mässige Reichthumb: vnd empfahe zumal/ was von dir beyde zu der Seelen vnd des Leibs wolfahrt herkommet: segne sein Leben/ vnd hilff jhme zu einem hohen Alter/ vnd nach disem zu der vergeltung der vnendtlichen Seligkeit vnd ewigen Gesellschafft der Engeln/ durch vnseren Herren Jesum Christum/ Amen.

Nach disem bättet der Ertzbischoff weiters:

Ewiger/ Allmächtiger Schöpffer vnd Regierer Himmels vnd der Erden/ der Engeln vnd der Menschen/ König der Königen vnd Herr der Herren/ der du gemacht hast/ daß Abraham dein getrewer Diener vber seine Feinde triumphiert: hast Mosen vnd Josuam deinem Volck fürgesetzt: der du allen Sieg gibest: du hast das Königreich deines Dieners Davids erhöhet/ hast jhn erlöset auß dem Rachen des Löwens/ vnd auß dem Gewalt der wilden Thieren/ von Goliath vnd dem Schwerdt des bösen Sauls vnd allen seinen Feinden/ du hast Salomon mit vnaußsprechlichen Reichthumben deiner Weißheit vnd Friedens begabet.

Schawe auff das Gebätt vnser Demut/ vnd vermehre die Gaben deines Segens/ vber disen deinen Diener Heinrich/ welchen wir auß schuldiger demütiger andacht/ mit einander vber dises Königreich erwehlen. Begleite vnd vmbgibe jhn an allen enden vnd orten/ mit der rechten Hand deiner Macht/ damit er gesterckt werde/ mit der Trew Abrahams/ vn mit der Leutseligkeit Mosis. Gib jhme die Stercke Josue/ vnd erhöhe jhn in der Demut Davids. Ziere jhn mit der Weißheit Salomonis. Er seye dir in allem thun vnd lassen wohlgefällig/ vnd gehe auff den wegen deiner Gerechtigkeit. Nehre/ lehre/ erhalte vnd vnderrichte ins künfftig die Kirchen dises gantzen Königreichs vnd alle zugewandte Völcker. Führe die Regierung durch dein krafft/ wider alle sichtbare vnd vnsichtbare Feind/ damit er nicht etwan den Königlichen Thron verlasse/ den Scepter nemblich der Frantzosen/ Burgundiern vnd der Aquitaniern: Bringe sie durch dein hilff zu der einigkeit des ersten Glaubens vnd Friedens/ damit er durch die schuldige Vnderthänigkeit vnd Liebe des gantzen Volcks verrühmbt/ die Hochheit seiner Voreltern mit Ehren in langem Leben bevestige. Daß er auch mit dem Helm deiner beschirmung versehen/ vnd mit deinem vnüberwindtlichen Schildt täglich bedeckt/ vnd mit den Himmelischen Waffen vmbgeben/ glücklich erlange den erwünschten Sieg vber alle seine Feind. Gib daß die Vngläubigen sein Macht förchten/ vnd die seinen/ die frewd des friedens ergreiffen. Ziere jhn auch mit dem vielfaltigen Segen der Ehr vnd Tugenden/ mit denen du deine Gläubigen gezieret hast. Erhöhe jhn in der Regierung dises Königreichs/ vnd salbe jhn mit dem Oel der Gnaden durch deinen H. Geist.

Hierauff salbet jhn der Ertzbischoff an fünff orten.

1. Auff dem Haupt. 2. Auff dem Hertzen. 3. Vnder den Achseln. 4. Auff den Achseln. 5. An den Gläichen beyder Armen.

Vnd spricht der Ertzbischoff/ zu einer jeden Salbung: Ich salbe dich mit dem geheiligten Oel/ in dem Nammen Gott des Vatters/ Gott des Sohns vnd Gott des Heiligen Geistes.

Hierzwischen singt man: Der Priester Sadoc/ vñ der Prophet Nathan salbten Salomon den König zu Jerusalem/ vnd sprachen vor frewden/ der König lebe in ewigkeit.

Nach disem bättet der Ertzbischoff widerumb:

Herr Gott salbe disen König zur Regierung wie du gesalbet hast die Priester/ König/ Propheten vnd Märtyrer/ so durch den Glauben die Reich diser Welt vberwunden/ die Gerechtigkeit gewürckt / vnd die versöhnung erlangt haben. Dein allerheiligste Salbung fliesse durch vnd in sein Haupt / tringe auch in das innerste seines Hertzens / vnd werde durch dein Gnad aller verheissung würdig gemacht / deren die Siegreichen König theilhafftig worden: damit er in diser zeit glückselig regiere / vnd komme in die gesellschafft deines himmlischen Königreichs / durch Christum Jesum / welcher mit dem Frewdenöl / für alle gesalbet worden / vnd in der krafft seines Creutzes alle herrschafften der lüfften zerstöret / die hell zertretten / die Teuffel vberwunden / vnd mit grossem Sieg gen Himmel gefahren / in dessen hand alle Ehr / Macht vnd Sieg stehet: der mit dir lebet vnd regiert in Ewigkeit deß Heiligen Geistes / von Ewigkeit zu Ewigkeit.

Gott ein stercke deiner außerwehlten / vñ hochheit deiner demütige / der du von anfang die Welt mit dem Sündtfluß hast wöllen straffen / vnd hast durch den Oelzweig in der Tauben schnabel den Erdboden verkündiget: vnd volgents durch die salbung des Oels den Priester Aaron / deinen diener geordnet / auch darauff die Priester / König vnd Propheten tüchtig gemacht zu regieren daß Volck Jsrael / vnd durch die stimm des Propheten deines dieners geweissaget / daß das angesicht deiner Kirchen durch das Oel werde frölich gemacht. Also bitten wir dich Allmächtiger Vatter / du wöllest disen deinen Diener / mit deinem Segen heiligen / damit er gleich / wie dort die Tauben seinem Volck in der einfalt den frieden bringe / vnd dir nach dem Exempel Aaronis diene / vnd erreiche die höhe des Königreichs / in raht der Weißheit / vnd in gerechtigkeit seiner gerichten. Vnd gib das er durch diese salbung bekomme ein frölich angesicht gegen allen Völckern / durch Jesum Christum vnsern Herren / Amen.

Jesu Christe vnser Herr vnd Gott / du Sohn Gottes / der du von dem Vatter / mit dem Oel der freuden vber alle gesalbet bist / wöllest bey diser gegenwertigen Salbung / durch deinen H. Geist / auff daß Haupt vnsers Königs allen Segen außgiessen / vñ demselben in sein Hertz hineyn tringen lassen: damit er durch dise sichtbare vnd greiffliche salbung / der vnsichtbaren geniesse: vñ nach dem er disem irdischen Reich recht vnd wol vorgestanden / mit dir in ewigkeit regiere: durch Christum vnseren Herren / Amen.

Nach disem machen die Priester vnd Diaconi die hafften widerumb zu / vnd zeucht jhm der groß Cammerer den Rock an / vnd legt jhme den königlichen Mantel vmb: Also daß jhm der rechte Arm herfür gehet: auff dem lincken Arm ligt gedachter Mantel vberschlagen.

Hierauff steckt jhm der Ertzbischoff ein Ring an / vñ spricht: Nim̃ den Ring zum zeichen des heiligen Glaubens / der beständigkeit des Reichs vnd vermehrung des Gewalts / dardurch du die Feind in triumphierender Macht vertreibe / die Ketzer außrotten / die Vnderthanen vereinbaren / vnd zur verharrung des wahren allgemeinen Glaubens bringen mögest / durch Jesum Christum vnseren Herren / Amen.

Nach gehaltenem Gebätt / gibt jhm der Ertzbischoff den Scepter in die Hand / sprechende: Nim̃ den Scepter / das Zeichen des königlichen Gewalts / straff vnd verbessere die Gottlosen: liebe die Gerechten / vnd führe sie daß sie durch dich auff den rechten weg geleitet werden / damit du auß dem irdischen Königreich kommest in das ewige / vnd das durch den / dessen Reich ohn ende ist vnd bleibet von ewigkeit zu ewigkeit.

Vnd nach dem jhm der Scepter also vbergeben / bättet der Ertzbischoff weiters:

Herr du Brunn alles gutes / Gott du vrheber aller guten Wercken / wir bitten dich / gib disem deinem Diener / daß er nach der würde regiere / die er jetzt empfangt / stercke jhn in der Ehre / in die du jhn jetzt gesetzet hast: Erhebe jhn vber alle König auff Erden: Vberschütte jhn mit deinem reichen Segen: Stercke jhn in beständigkeit dises Königreichs: Segne jhn mit Leibs Erbē: Gib jhm langes Leben / vnd wachse bey seinen Tagen jederzeit Gerechtigkeit / damit er in freuden die Ehr vnd Herrlichkeit deines Reichs erlange / durch Jesum Christum vnseren Herren / Amen.

Volgends gibt jhme vielgedachter Ertzbischoff den Stab mit der Helffenbeinen Hand / in die lincke / vnd spricht:

Nimb die Ruthen der Tugendt vnd Gerechtigkeit / mit deren du die frommen versicherest / vnd die gottlosen erschreckest. Weise den Jrrigen den Weg: Biete den Gefallenen die Hand: Stürtze die Stoltzen: Erhöhe die Demütigen / damit dir vnser Herr Christus die Thür auffschliesse: der dann von jhme selbs gesagt: Ich bin die Thür des ewigen Lebens / denen die dardurch eyngehen.

Vnd der so der Schlüssel Davids / vnd der Scepter des Hauses Jsrael ist / der auffschliesset / vnd niemand zuschliesset: der da zuschliesset / vnd niemand auffschliesset: der / so die Gefangenen / vnd die in finsternuß vnd schatten des Tods sitzen / erlöset auß dem Hauß der Gefengnuß / helffe dir / damit du in allen dingen dem mögest nachfolgen / von welchem David gesungen: Gott / dein Thron ist von Ewigkeit zu Ewigkeit / die Ruthen der Gerechtigkeit / ist die Ruthen deines Reichs: mögest auch dem nachfolgen / so er spricht: Liebe die Gerechtigkeit / vnd hasse die Vngerechtigkeit / darumb dich nun dein Gott mit Frewdenöl gesalbet.

Hierauff gibt der Ertzbischoff die Ruthen dem Cantzler in Franckreich.

Nach disem rüfft der Ertzbischoff den zwölff Mitregenten / Les Pairs de France genandt / vnd

nach

Von Gallia.

nach dem sich dieselben rings vmb den König gestellet/setzt er dem König die Cron auff: vnd also bald tretten die zwölff Mitregenten herzu/vnd heben die Cron mit den Händen ob des Königs Haupt/vnd spricht der Ertzbischoff:

Gott kröne dich mit der Cron der Ehren/der Gerechtigkeit vnd Beständigkeit/damit du im rechten Glauben vnd guten Wercken eyngehest in das ewige Reich/durch die güte dessen Reich ewig vnd beständig/von Ewigkeit zu Ewigkeit.

Hierauff bättet der Ertzbischoff weiters:

Gott der Ewigkeit/ein Hertzog aller Tugenden/vnd ein Vberwinder aller Feinden/segne disen seinen Diener Heinrich/so sein Haupt jetzt vor dir neiget: erhalte jhn in langwärender gesundheit vnd glückseligkeit: stehe jhm bey in allen enden vnd orten/da er dich anrüffet: Schütze vnd schirme jhn. Wir bitten dich Herr/gib jhme die Reichthumb deiner Gnaden/mache jhn vollkommen in allem gutem/nach seinem wunsch: Erzeige vber sein Cron dein Gnad vnd Barmhertzigkeit/vnd erhalte jhn dir in stäter guter andacht/durch vnsern Herren Jesum Christum/Amen.

Der allmächtig Gott strecke die rechte seines segens vber dich auß/vn giesse vber dich die Gaben seines schutzes: Er vmbgebe dich mit den Mawren der glückseligkeit/vnd erhalte dich durch die versöhnung vnsers Herren Jesu Christi/Amen.

Der Herr verzeihe dir deine begangenen missethaten/vnd ertheile dir sein Gnad vnd Barmhertzigkeit/die du demütig begerest: Er erlöse dich auß allen widerwertigkeiten/vnd auß den stricken der sichtbaren vnd vnsichtbaren Feinden/Amen.

Er bestelle dein Macht vnd Guardi mit seinen guten Engeln/welche dir jmmerdar an allen orten vnd enden vor-mit-vnd nachgehen/dich vmbgeben vnd begleiten. Sein Macht behüte dich vor der Sünde/vor dem Schwerdt/vnd allem Vnglück vnd Gefahr/Amen.

Bekehre deine Feind zur gütigkeit des Friedens vnd der Liebe: Erzeige dich gegen allen frommen freundtlich/vnd mach deine Feind zu schanden: Es grüne vnd blühe ob dir die ewige Heiligung/Amen.

Der allmächtige Gott gebe dir den Thaw vom Himmel/das fette des Erdtrichs/den vberfluß des Korns/Weins vnd Oels.

Die Völcker dienen dir/vnd die Geschlechter verehren dich: Seye ein Herr vber deine Brüder/vnd die Söhne deiner Mutter neigen sich vor dir: Alle die dich segnen/werden erfüllet mit allerley Segen/vnd Gott seye dein Beystand/durch vnsern Herren Jesum Christum/Amen.

Der allmächtige Gott segne dich mit dem Himmelischen Segen von oben herab auff den Bergen vnd Hüglen: Er segne dich auß der tieffe hienieden mit allerley Segen/der Trauben vnd Apfflen.

Der Segen der Ertzvätter/Abrahams/Isaacs vnd Jacobs werde in dir bestätiget/durch vnseren Herren Jesum Christum/Amen.

Nach viel andern schönen Gebätten vnd Segen/führet jhn der Ertzbischoff/mit sampt dem Mitregenten zum Thron/vnd setzet jhn auff einen hohen Stul/daß er von menialichen mag gesehen werden/vnd spricht: der König lebe in Ewigkeit: welches dann auch die Mitregenten nachsprechen.

Nach disem fangt der obriste Cantor das Officium an/vnd bättet darauff für den König.

Weil man aber das Euangelium lieset/stehet der König von seinem Thron auff/vnd gibt die Cron von sich: alßdann führen sie die Mitregenten zum Altar.

Hierzwischen wirdt in Namen des Königs/ein Brodt/ein silber Fäßlein mit Wein/vñ 13. doppelte Constantinopolitanische Ducaten vom besten Gold/zum Opffer auff den Altar gelegt/vnd spricht der Ertzbischoff:

Wir bitten dich Herr/du wöllest dise Gab vnd Opffer heiligen/daß sie durch dein güte vnserem König/deinem Diener Heinrich/dienen beyde zur Seelen vnd des Leibs wolfahrt/daß er hiemit vollende sein befohlen Ampt/durch vnseren Herren Jesum Christum/Amen.

Herr/diß heylsame Gebätt/bewahre vnseren König Heinrich vor allem vbel/damit er die ruhe erlange des geistlichen friedens/vnd nach vollgebrachtem lauff diser zeit/komme in das ewige Erb/durch vnseren Herren Jesum Christum/Amen.

Herr segne vnd behüte jhn: vnd gleich wie es dir gefallen/jhne zum König vber dein Volck zu setzen/also wöllest du jhn in diser gegenwertigen zeit segnen vnd jhn theilhafftig machen der ewigen Seligkeit/Amen.

Nach etlichen andern Gebätten singt der Ertzbischoff: Der friede des Herren seye allezeit mit euch/rc.

Darauff empfanget der so das Euangelium dem König zu küssen gebracht/den frieden von dem Ertzbischoff mit einem kuß auff den backen/vnd alßdann kommen alle Ertzbischoff vnd Bischoff/vnd küssen den König auff seinem Thron sitzende/volgends führen die Mitregenten den König zum Altar.

Alßdann zeucht jhm der Ertzbischoff die grosse Cron ab/vnd setzet jhm ein kleinere auff/gibt jhm

T ij auch

auch andere Kleider/vnd gehet also der König in grosser Procession auß der Kirchen auff seinen Pallast.

Das Schwerdt wirdt jhme bloß vorgetragen/vnd das Hembd wegen des heiligen Oels verbrennet. Das Fläschlein aber darinn das heilige Oel/wirdt widerumb von obgedachten Herren mit grosser devotion in die Abtey S. Remi getragen.

Jetzt beschriebene Ceremonien werden fast allerdings auch in der Königin Krönung gehalten/wie bey der Krönung Heinrici des anderen/vnd Catharinæ von Medicis abzunemmen.

Was gestalten die König in Franckreich begraben werden.
Cap. viii.

Eil wir dann nun verstanden mit was grossen freuden vnd ehren die König in Franckreich auff jhren Thron gesetzt werden/wöllen wir nun anhören/mit was gepräng dieselben zur Erden bestattet werden.

So bald dann der König in Franckreich die schuld der Natur bezahlet/thut man sein Angesicht in einem schönen Wachs abtrucken/vnd formiert alßdann die gantz Lebens gestalt.

Entzwischen aber wirdt der Leichnam von den Cammer Junckherrn in einen bleyenen vnd mit Holtz vberzogenen Sarch geleget/vnd mit schwartzem Sammet/darauff ein weiß Attlas Creutz bedecket.

Die Sarch wirdt in eine darzu bestellte Kammer gestellet/vnd mit güldinen stücken vmbhencket. In der Kammer wirdt auch ein Altar zugerüstet/darbey die Mäß vnd gewisse Gebätt gelesen werden.

Wann dann nun die Bildtnuß außgemacht vnd fertig worden/legt man dieselbe mit schönem Holländischen Leinwath vnd allen Königlichen Kleidern/(deren wir bey der Krönung gedacht haben) angethan/in ein köstlich Betth/allerdingen alß wann der König lebte/also daß das Angesicht/Händ vnd Füß etwas herfür gehen. Die Deckinen seind von güldinen stücken/vnd hangen biß auff den boden.

Zu beyden seiten des Haupts ligen zwey rohte Sammete Küssen/auff dem einen zur rechten/ligt ein Königlicher Scepter/der Bildtnuß länge/auff dem andern zur lincken/ligt ein Stab drittthalb Schuh lang/mit einer Helffenbeinen Hand.

Oben bey dem Haupt stehet am eck ein köstlicher Sessel/mit einem güldinen Stück bedeckt.

Vnden bey den Füssen stehet ein Scabellen/auch mit einem güldinen Stück bedeckt/darauff ligt ein silbernes Creutz.

Etwas bessers hinab/stehet ein andere Scabell/auch mit einem güldinen Stück bedeckt/darauff stehet ein vergülte Platten voll Weyhwasser.

Auff jeder seiten diser Scabellen stehet ein andere Scabell/mit gleicher zierung/darauff sitzen zwen Herolden/welche die Fürsten vnd Herren so hineyn kommen/mit gedachtem Weyhwasser besprengen.

Vnder disen Herolden ist abgetheilet/daß allzeit zwen daselbst verbleiben/vnd neben angeregter besprengung zu gewissen stunden bätten vnd lesen.

Vmb das Betth herumb seind schöne Stül/darauff die Geistlichen vnd Weltlichen Fürsten des Reichs sitzen: vnd solches geschicht acht oder zehen tag bey offener Thüren: wirdt auch entzwischen disem von Wachs gemachten Bild/gleicher massen/auch mit den Mahlzeiten gedienet/alß wann der König lebte/vnd daselbst im Betth kranck were.

Dann zur stund des Mittags vñ Nacht Imbis/wirdt von den bestellten Herren die Königliche Tafel gedeckt/das Brodt verschnitten/die Speisen vnd Wein in jhrer ordnung vnd gebür auffgetragen/durch den Beichtvatter gesegnet/die Handtzwehel/Wasser vnd dergleichen alles dargebotten/alles widerumb mit grosser reverentz hinweg genommen/nicht anders alß wann der König gewöhnlicher weise Tafel hielte/allein werden die Speisen den Armen außgetheilet.

Nach dem nun dises alles in die acht oder zehen tag lang an einander fleissig verzichtet worden/thut man die Sarch mit dem Leichnam an das ort da das Betth gestanden/auff einen Schragen oder Tisch/fünffthalb Schuh hoch stellen. Dieselbe Sarch ist mit schwartzem Sammet biß auff den boden bedeckt/vnd hin vnd wider mit den Waapen vnd Kleinodien gezieret.

Vber dise Sarch nun ist weiters ein Himmel gemacht/vnd auff demselben ligen die Kron/Scepter/Stab vnd dergleichen Kleinodien/wie zuvor bey der Bildtnuß: beneben verzichtung aller obangeregter Ceremonien.

Etliche tag vor der Begräbnuß kompt der new erwehlte König in den Saal/da die Sarch stehet/mit einem langen Königlichen Mantel bekleidet/vnd verzichtet daselbst auff einem jhm darumb von einem Fürsten dargebottenen Schämel knyend/etliche Gebätt: vnd besprengt hernach die Sarch mit Weyhwasser. Das Weyhwasser gibt erstlich ein Herold dem Bischoff/vnd dasselbe alßdann der Bischoff dem König.

Von Gallia. 197

Der Mantel/ so der König damalen im Leyd tregt/ ist Purpurfarb: der jenige aber so die Königin tregt/ ist Tannet oder Negelfarb.

Wann ein König oder Königin zu Pariß stirbt/ so fordert man den Leichnam im Pallast ab: stirbt er aber ausser Pariß/ fordert man denselben in vnser Frawen oder S. Antonij Kirchen/ mit dem Zunammen des Champs/ da er dann hin geführt worden.

Die Pomp vnd Ordnung der Begrebnuß betreffend/ so verhaltet sich dieselbe gemeinlich volgender massen.

Erstlich tregt einer von den fürnehmsten Hoff Junckhern/ des Reichs Fahne zu fuß in Trawrkleidern/ der Fahnen ist blaw oder violbraun/ mit güldenen Lilien besprengt/ in ein schwartze Crepen/ oder rein durchsichtig seiden Thuch gewickelt.

Nach disem gehen die Pfeiffer/ Trommenschlager vnd Spielleut/ mit entblöktem Haupt/ vnd halten die Instrument vnder vbersich.

Hierauff kompt ein Wagen/ darauff der Leichnam mit einem schwartzen Sammet biß auff die Erden bedeckt/ darüber ein weiß Creutz von Satin/ sampt 24. Reichs Waapen. Auff dem vorderen vnd hinderen Pferd sitzen zwen Fuhrleut in Trawrkleidern mit entblößten Häupteren.

Alßdann volgen etliche Ordensleuth vnd Bettelmönchen/ die tragen grosse brennende Kertzen in jhren Händen/ vnd vnden an denselben des Reichs Waapen.

Auff dises kommen zwölff Edeljungen auff schönen Pferdten/ mit schwartzem Sammet biß auff die Erden bedeckt: vnd wirdt ein jedes Pferdt von einem Jungen/ mit entblößtem Haupt in Trawrkleidern an der Hand geführt.

Nach disem bringt einer vom Adel die Sporen.

Ein anderer die Händtschuh.

Der dritt hat den Schildt mit dem Waapen vnd Ritter Orden darumb.

Der vierdt tregt an einem Stab einen violbraunen Sammeten Rock/ mit Lilien von Perlen gezieret.

Der fünfft tregt den Helm: vnd etliche andere Ritterzierden.

Alle fünff seind gantz/ auch vbers Haupt mit Trawrkleidern angethan/ vnd derselben Pferdt mit schwartzem Sammet bedeckt/ darauff weisse Creutz von Satin.

Hierauff führen zwen vom Adel des verstorbenen Königs Leibpferdt/ gantz biß auff die Erden mit Violbraunem Sammet vnd güldinen Lilien bedeckt.

Vmb das Pferdt herumb gehen die Herolden in jhren Kleidern vnd Trawrkappen.

Alßdann kompt der Rittmeister auff einem schönen Pferd/ mit schwartzem Sammet vnd weissen Creutz bedeckt: hebt das Königliche Schwerdt/ in Violbraunem Sammet/ mit güldinen Lilien eyngewickelt/ in der Hand.

Gedachter Rittmeister hat ein Trawrkappen auff/ vnd viel Herolden mit den Waapen neben auff den seiten gehen.

Nach etlichen anderen Herren kompt der groß Cammerer/ vnd tregt des Reichs Paner an einer Purpurfarben stangen.

Diß Paner ist gevierdt/ von Violbraunem Sammet/ mit güldinen Lilien gestickt.

Gedachter Herren Pferdt/ seind alle mit schwartzem Sammet vnd weissen Atlassen Creutzen bedecket.

Hierauff wirdt mehr ermeldte Bildtnuß getragen/ so aber die Hände nicht zusammen/ wie dort im Saal auff dem Beth/ sondern hat in der rechten den Königlichen Scepter/ vnd in der lincken den Stab der Gerechtigkeit/ mit der Helffenbeinen Handt.

Strack hierauff tregt man den Himmel für gedachte Bildtnuß.

Alßdann kommen die Fürsten auff kleinen Maulthieren geritten/ vnd führen das grosse Leyde.

Dise Fürsten haben so lange Trawrkleider an/ daß einem jeden sein Hoff Junckher/ auch in Trawrkleidern/ den zipffel oder schwantz zu fuß naher tregt.

Disen volgen der frembden Königen vnd Potentaten Gesandte nach.

Nach denselben kommen die Ritter/ Hoff Junckhern vnd Hauptleut/ wie dann auch aller Ständen fürnehme Herren.

Nach dem man nun in vnser Frawen Kirchen zu Pariß/ gewohnliche Ceremonien verrichtet/ vnd mit der Königlichen Leych gen Sainct Denis kommen/ verrichten die Priester derselben Abtey Abends vnd Nachts vber jhre Geschäfft.

Morgens aber nimbt man das Bild/ von dem ort da es gestanden hinweg/ vnd gibt die Cron/ Scepter vnd Stab den Herolden/ dieselbigen geben sie dreyen Fürsten. Vnd also bald nemmen die Cammer Junckhern den Leichnam vnd tragen jhn zu dem Gewölb/ da er soll begraben werden.

Da nun der Leichnam im Gewölb ligt/ steigt ein Herold hinunder vnd ruffet den andern Herolden/ daß sie dahin kämen vnd jhr Ampt verrichten: dieselben machen sich alßbald herzu/ ziehen jhre Waapenröck auß/ vnd legen sie daselbsten nider/ der aber der im Gewölb stehet/ ruffet den fünff ob-

T iij

202 Das Dritte Buch

gedachten Edelleuthen mit Naſſen vnd ſagt/Sie ſollen die Sporen/Händtſchuh/Schildt vnd vbrige Zierden herbey bringen.

Da diſes geſchehen/heiſſet er den Fahnen/Paner vnd der Schweitzerfehnlein bringen.

Hierauff kommen die Hoffmeiſter/vnd werffen jhre Stäb ins Gewölb: vnd heiſſet der Herold die drey Fürſten die Cron/Scepter vnd Stab bringen. Hierauff gehen ſie all für die drey Fürſten/ in groſſem trawren/vnd neigen ſich gegen dem Grab. Der Herold ſo noch im Gewölb ſtehet/ ſchreyet drey mahl/der König iſt geſtorben/bätten Gott für ſein Seel. Vnd alſo ſchreyet er widerumb/der new erwehlt König lebe: nennet denſelbigen auch mit Naſſen/alß wann er ſagte: Es lebe der new erwehlte König Heinrich der vierdte/diſes verſtorbenen Nachfahr.

Nach diſem allem gehet der groſſe Hoffmeiſter mit den Prelaten vnd Rittern zum obriſten Tiſch im Parlament/da des Königs Amptleuth bey einander verſamblet ſeind/dancket denſelben vnd ſagt/ ſie haben keinen Herren mehr/mögen ſich derowegen weiters vmbſehen: vnd zum Zeichen diſes zerbricht er ſeinen Hoffmeiſter Stab.

Bey abſterben König Caroli des Achten/wie im Parlament Regiſter verzeichnet/ſtarben zwen Hoffdiener/ein Keller nemblich vnd ein Leibſchütz oder Camerdiener vor groſſer trawrigkeit/alß jhnen ſolches angezeigt worden/daß ſie nemblich keinen Herren mehr hatten/vnd ſich anderſtwo vmbſehen ſolten: alſo lieb hetten ſie jhren König.

Von der Königen in Franckreich Waapen.
Cap. xv.

Ann vnd von was Völckern erſtlichen die Waapen entſtanden ſeind/wirdt nirgend eygentlich beſchrieben. Dann ob ſchon Herodotus vermeint/die Carienſer in Aſia ſeyen die erſten geweſen/ſo jhre Schildt mit gewiſſen Gemählden vnd Bildtnuſſen gezieret/vnd auff den Helmen Federbuſchen getragen/iſt doch wol zuerachten/das ſolches andere Völcker/fürnemblich die Aſſyrier in der erſten Monarchey lang zuvor erdacht vnd gebraucht haben.

Die Römer habens erſt von den Griechen gelehrnet/vnd von denſelbigen etliche benachbarte grobe Völcker.

Demoſthenes der berühmbte Orator zu Achen/hat auff ſeinem Schildt/alß er auch zu Krieg zogen/mit güldinen Buchſtaben geſchrieben ΑΓΑΘΗ ΤΥΧΗ, das iſt/Glück zu.

Vnder den Burgern zu Lacedemone hatt einer in ſeinem Schilt ein ſehr kleine Muck oder Fliegen geführt/vnd alß er darüber verſpottet worden/alß hett er es darumb gethan/daß jhn der Feind nicht ſolte kennen/ſprach er: die Fliegen habe er darumb ſo klein vnd ſubtil auff den Schildt laſſen mahlen/damit jhn der Feind in der nähe vnd mit der Fauſt angreiffe/vnd jhn alſo vor augen erkenne.

Die Mechelburger vnd Vrner im Schweitzerland/haben jhr Waapen von den Macedoniern vnder dem Groſſen Alexandro in Teutſchland gebracht.

Die alten Francken haben eher ſie vber Rhein in Gallien gezogen einen Löwen geführt/volgends drey Krotten/oder viel mehr/wie etliche wöllen/drey Königliche Cronen/endtlichen aber drey Lilien.

Belangend die vrſach/daher die Waapen entſtanden/vermelden etliche der alten Scribenten/ das etwan die Keyſer (wie dann auch Julianus gethan) vnd Feldtobriſte jhren Kriegsleuten befohlen/daß ein jeder vnder jhnen/ſeinen vnd ſeines Hauptmans Naſſen auff ſeinen Schildt ſchreibe/damit man ſehe/welche ſich wol oder vbel verhalten.

Nach diſem hat man an ſtatt der Naſſen/gewiſſe Zeichen vnd Bildtnuſſen auff die Schildt gemahlet/dadurch beyde des Soldaten/vnd deſſelben Hauptmans Naſſen verſtanden werde: wie dann noch heutiges tags die Waapen an ſtatt der Naſſen auff Pitſchier gegraben/vnd anderſt wohin zum Zeichen geſetzt werden. Seind alſo die Waapen nichts anders dann geheime bedeutnuſſen der Perſonen von denen ſie geführt werden.

Von Clodoveo dem erſten Chriſtenlichen König in Franckreich/biß auff Carolum den ſechſten/

ward

Von Gallia.

ward das Königliche Waapen mit vielen Lilien gezieret/wie neben andern Gemerckzeichen zu Soisson in S. Marx Kirchen bey Clotarij des Ersten/vnd zu Pariß in der Abtey S. German bey Chilperichs Begrebnuß zu sehen/vnd ist obgedachter Carolus der erste gewesen/der nur drey Lilien geführt/ darbey es dann auch biß auff gegenwertige zeit verblieben.

Gedachter König Carolus gab zu Tholosa dem Hertz von Albret vnd volgends dem Graffen von Vertus/Hertzogen zu Meyland/die Freyheit/neben ihren angebornen Waapen etliche Lilien zu führen: Anno 1394. den 29. Januarij.

Carolus der siebende gab Anno 1432. den 10. Maij Hertzogen Nicolao von Ferzara/das Frantzösische Waapen auff der lincken seiten seines Schilts zu führen/darauff dann ermeldter Hertzog einen Eyd geschworen/in Kriegszeiten auff seinen eygenen kosten dem König zu dienen. So gab auch König Ludwig der eylfft/Anno 1465. Herrn Petro von Medices/drey Lilien in seinen Schilt/in der obristen Kugeln zu führen.

Waren also solche ertheilten Lilien ewige Gedenckzeichen sonderbarer Gnad vnd Königlicher Wolmeynung.

Das Navarrische Waapen/führet ein Eysen Getter mit Ringen verbunden/zum Siegzeichen/ daß die ersten Navarrischen König die Gothen gleichsam/alß mit einem Getter versperrt vnd in ihrem Gewalt bezwungen haben.

Von den Bisthumben vnd Kirchen Regiment in Franckreich. Cap. vvj.

Er Kirchen in Franckreich zustand betreffend/so schreibt Sophronius Patriarch zu Hierusalem/daß der H. Apostel Paulus/das seligmachende Euangelium von Christo in Gallien oder Franckreich geprediget/alß er auß Italien in Hispanien verreiset. Wie dann solches auch auß Epiphanio Bischoff zu Salamina/heut Famagusta in Cypern/vñ Hieronymo so selbs in Franckreich gewesen/abzunemen.

Vnd ist also gläublich/daß sich Paulus/nach dem er zu Rom ledig gelassen/strack in Syriam/Asiam vnd Greciam/die gläubigen Christen zu trösten/begeben/vnd alßdann/das Euangelium weiters außzubreiten/in Italiam geschiffet/vber das gebürg in Franckreich/von dannen in Hispanien verreiset/endtlichen widerumb gen Rom kommen/vnd daselbst von Nerone vmb des Euangelij willen enthauptet worden.

Vnder Clodoveo dem Ersten wurd die Heydnische Abgötterey allenthalben durch das Königreich abgeschafft/vnd das Euangelium von Christo der Welt einigen Heyland geprediget. In dem Christhumb erwachsen viel Bisthumb/Abteyen vnd Clöster/inmassen heutiges tags in Franckreich 16. gewaltiger Ertzbisthumben zu zehlen/welchen nicht geringe Bisthumb vnderworffen/wie volgends zusehen.

1. Lyon der Primat in gantz Franckreich hat vier Bisthumb.
2. Tarantaise hat zwey Bisthumb.
3. Bisantz hat drey Bisthumb.
4. Embrun hat sieben Bisthumb.
5. Aix hat vier Bisthumb.
6. Arles hat acht Bisthumb.
7. Vienna hat sechs Bisthumb.
8. Sens hat sieben Bisthumb.
9. Rheins hat eylff Bisthumb.
10. Roan hat sechs Bisthumb.
11. Tours hat eylff Bisthumb.
12. Bourges hat eylff Bisthumb.
13. Bourdeaur hat neun Bisthumb.
14. Aux hat zwölff Bisthumb.
15. Narbona hat neun Bisthumb.
16. Tholosa hat sieben Bisthumb.

Dise Bisthumb haben mehr dann 132000. Pfahren/ 540. Ertz Prioreyen/ 1456. Abteyen/ 12322. gemeine Prioreyen/ 259. Commandereyen/oder Johanniter vnd Maltheser Prioreyen/ vermögen 7200. Ritter/152000. Capellen. Item 180000. Schlösser/Herrschafften oder Lehen/ haben in 83000. obern Gericht/in den vbrigen die mittleren vnd vnderen Gericht. Die Vnderthanen lauffen in der zahl 1377000. Mann.

Es haben obgedachte Bisthumm 249. Meyerhöff/darunter etliche acht joch Ochsen zum Pflug brauchen/etliche sechs/etliche drey/etliche zwen/etliche einen. In Langendock vnd Provantzen brauchen sie Esel vnd Maulthier zum Pflug. Es ist aber das gantz Land allenthalben nicht so schwer zu bawen/alß bey vns in der Eydgnoßschafft oder anderstwo in Teutschlandt.

Item/sie haben 1700000. juhardt Räben/so sie selbs bawen lassen/vnd 400000. juhardt/da sie den dritten oder vierdten theil/in etlichen auch den sechsten theil der Früchten nemmen.

Sie haben 135000. Weyer groß vnd klein. Item 900000. juhardt Wiesen/die Schewren vnd Meyerhöff darneben wol versehen. Item 245000. lauffender Wasserräder/an Mähl vnd Papeyrmühlen/Hammerschmidten vnd dergleichen.

T iiij   180000.

1800000.juchart Holtz oder Wald. Item 1400000.juchart Weyden für das Vieh/es kommen auch die Reben vnd Felder/darauff sie die Zehenden nemmen auff 47. Million juchart.

Dises alles mag der Clerisey in Franckreich jährlichen 20. Million Cronen eyntragen.

Sie haben aber auch noch viel stattlicher Zöllen an jhren Wassern. Können auch auß vielen jhren Wehern/in den drey dürren Sommer Monaten die wässerung verkauffen.

In Langendock vnd Provantzen/hat der Groß Prior zu S. Gilles/vnd der Abt zu S. Moses ein treffenlich eynkommen/von dem daselbst gemachtem vnd gesambleten MeerSaltz.

Wiewol besetzt vnd Volckreich aber die geistlichen Häuser in Franckreich seyen/ist auß folgendem Register abzunemmen.

In dem Ertzbisthumb oder Primat Lyon seind Geistliche Mann vnd Weibspersonen 55230.

In dem Ertzbisthumb Rheims seind 56740.

In dem Ertzbisthumb Senns 56712.

In dem Ertzbisthumb Roan 62600.

In dem Ertzbisthumb Tours 57300.

In dem Ertzbisthumb Bourges 62400.

In dem Ertzbisthumb Bourdeaux 54700.

In dem Ertzbisthumb Tholosa 58600.

In dem Ertzbisthumb Narbona 58900.

In dem Ertzbisthumb Arles 56300.

In dem Ertzbisthumb Vienna 55000.

Der Euangelischen (von den widrigen spottsweiß Hugenotten genandt) zustandt in Franckreich betreffendt/haben sich dieselbigen/ohngeacht seit dem Religions gespräch zu Poissy gehalten/vber 2550. Kirchen vnder jhnen befunden worden/keiner sonderlichen beherrschung zu berühmen/sondern haben seit das Liecht des H. Euangelij widerumb herfür gebrochen/biß dato viel vnd mancherley grausame Verfolgungen außstehn müssen/vnd wirdt glaubwürdig verzeichnet/(wie dann auch selbiges von Gemein zu Gemein specificiert/an tag gegeben) das vnder disen Verfolgungen in sechs mal hundert tausend Seelen mit Fewr vnd Schwerdt jämerlich ermordet vnd hingerichtet worden: sonderlich vnder Heinrico dem andern/vnd Carolo dem neundten.

Grosse Verfolgung in Franckreich.

In dem Jahr vnsers Herren vnd Heylands Jesu Christi 1572. auff Bartholomei/ward das grausame vnd vnmenschliche Blutbad angestellt/dadurch gantz Franckreich/sonderlichen zu Pariß/eben auff das Hochzeitliche Fest Henrich des vierdten/damals König von Navarren/vnd Marga-

Margarethę König Caroli des neundten Schwester/vnzahlbar viel Euangelische/wie das Vieh geschlachtet vnd nider geschlagen wurden. Vnder anderen ward auch Caspar von Colligny Herꜩ

võ Castillon Admiral in Franckreich/d Euangelischen Houpt vnnd schutzherꜩ/als er wenig tag zuvor an deß hellen tag von einem/Jacob von Vaudrey genandt/mit einer Pistolen von einem fenster schwärlich verletzet ward/in seiner Kammer vollendts jämerlich ermõrdet/alßdann halb todt auff die gassen gestürꜩt / da er erst von den Henckersknechten vnd dem wütenden Põfel also nackend getrettẽ/an seinen Gliedern gestümlet/durch die Statt geschleifft/vnd endtlichen an offentlichen Galgen Montfaucon gehencket ward.

Gleicher massen ist man auch mit dem fürtreffentlichen vnd in der ganꜩenWelt verrühmten Mañ Petro Ramo verfahren/welcher eben auff disen Tag auß anstifftung seines widersachers Carpentarij in dem Collegio Perles auch erbärmlich hingerichtet/vnd gleich wie der Ammiral vnd andere also todt hin vnd her durch die Statt geschleiffet ward.

Deßgleichen ist noch vielen frommen vnd fürtreffentlichen Hoch vnd Nidrigsstands Personen begegnet/wie selbiges weitläuffig anderwerts vnderschiedlich in Truck gegeben worden. Der barmhertzige Gott wölle Keyser/Könige vnd andere Gewaltige dahin gnädiglich verleiten/daß sie in dem Frieden erwarten der zukunfft vnsers Herren Jesu Christi/der da alß der gerechte Richter der Welt/des gerechten Sach außführen wirdt.

Von dem Königlichen Eynkommen in Franckreich. Cap. xvij.

Was das Königliche Eynkommen belanget/ hat Ludovicus der Zwölffte vom Reich jährlichen eyngenommen auff die 15. Thonen Golds.

Franciscus der Erste ist nahe auff die 30. Thonen Golds kommen.

Heinricus der Ander/ auff 60. Thonen Golds.

Carolus der Neunte/ auff 70.

Heinricus der Dritte/ hat 100. Thonen Golds Eynkommens gehabt.

Weil aber Heinrich der Grosse ein rechter Haußhalter gewesen/ ist auch das Eynkommen vnder ihme sehr hoch gestiegen.

Für allerley Aufflag vnd Bezahlung der Emptern ist Anno 1609. folgende Summa erhebt worden.

Pariß: für Zinß vñ Aufflag 769000. Franck: für Besoldung der Amptleuten 147000.
Soisson: für Zinß vnd Aufflag 362465. Fr. für Besoldung der Amptl. 2634. Fr.
Chalons: für Zinß vnd Aufflag 473000. Fr. für Besoldung der Amptl. 72000. Fr.
Amiens: für Zinß vnd Aufflag 263000. Fr. für Besoldung der Amptl. 3600. Fr.
Rouan: für Aufflag ein Million 72000. Fr. für Besoldung der Amptl. 110000. Fr.
Caen: für die Aufflag 638280. Fr. für Besoldung der Amptl. 9720. Fr.
Orleans: für die Aufflag 537500. Fr. für Besoldung der Amptl. 70500. Fr.
Tours: für die Aufflag 919000. Fr. für Besoldung der Amptl. 102000. Fr.
Bourges: für die Aufflag 360740. Fr. für Besoldung der Amptl. 49260. Fr.
Maulins: für die Aufflag 423993. Fr. für Besoldung der Amptl. 66406. Fr.
Poictiers: für die Aufflag 670000. Fr. für Besoldung der Amptl. 75000. Fr.
Rion: für die Aufflag 656000. Fr. für Besoldung der Amptl. 9000. Fr.
Lyon: für die Aufflag 365000. Fr. für Besoldung der Amptl. 45000. Fr.
Bourdeaur: für Aufflag 623036. Fr. für Besoldung der Amptl. 40663. Fr.
Langendock/ Tholosa vnd Montpelier: für alles so daselbst erhebt wirdt 651517. Fr.
Delphinat: für alles so sich darinn erhebt für eins vnd das ander 77673. Fr.
Provantzen: für seine Aufflag 86463. Fr.
Bourgund vnd Bressen: für die Aufflag 168250. Fr. für Besoldung der Amptl. 9445. Fr.
Bretagne: für die Aufflag 380460. Fr.
Limogen: für die Aufflag 670000. für bezahlung der Amptl. 75000. Fr.

Was andere Eynkommen belanget/ seind dieselbigen so vielfältig vnd reich/ das nicht genugsam darvon zuerzehlen were.

Die Einige Duane/ oder das Kauffhauß zu Leon/ bracht vnder Heinrico III. 22. Million Fr.

Von dem so auffs Saltz ward geschlagen 48. Million Fr.

Von den Extraordinari Straffen 17. Million Fr. 600000. Fr.

Von Extraordinari Confiscation 12. Million Fr. 700000. Fr.

Von Legitimierung vnd ehelichung der Bastarden 9. Million Fr. 300000. Fr.

Von dem Aufflag der 5. Sols für ein Faß Wein 28. Million Fr.

Von dem was etlichen Amptleuten vmb gewisser vrsachen willen an ihrer Besoldung ward ingehalten 9. Million Fr. ꝛc.

König Franciscus der Erste hatte bey geringem Eynkommen schwere Krieg geführt/ vnd dennoch etwas fürgespart: Hergegen hat Heinricus grosse Eynkommen vnd schlechte Krieg geführt/ vnd darnach grosse Schulden hinderlassen/ darumb dann das arme Volck vnder Carolo IX. vnd Heinrico III. mächtig beschwert worden.

Von einer jeden Provintz in Franckreich sonderbaren Reichthumben. Cap. xviij.

Es ist fast kein winckel in Franckreich so gering alß er immer wölle/ der nicht seine sonderbare Reichthumb vnd Vortheil habe. Die fürnehmsten Ort betreffend/ so ist die Statt Pariß/ wegen der vielfältigen Emptern/ Kauffmanschafften vnd andern gelegenheiten vber alle massen reich/ alß dahin aller Welt Gold vnd Gelt gebracht wirdt.

Die Scharlatten vnd rothe Thücher so zu Pariß gemacht werden/ kommen biß in Chinam. Die Handtwerck-vnd Gewerbsleuth gewinnen was sie wöllen.

Vmb Chartres ist ein treffentlicher Kornwachs/ gleich wie auch in gantz Beause vnd Soloigne.

Orleans

Von Gallia.

Orleans nehret vnd bereichet sich von dem edlen Wein/ so nicht nur durch Franckreich/ sondern auch in Engelland verführet wirdt: Item/ von der Kauffmanschafft vnd frembden Studenten.

Beaunais hat schöne Leinwat. Niuerneis hat gut Eysen. Aniou/ herzliche Wein vnd Leinwat/ gleich wie Poictou.

Rouan hat den beste Kauffmanshandel. Gantz Normandey ist fruchtbar. Bretagne hat Eysen/ Bley vnd etwas Silber. Rochelle handlet mit grossem nutz ins Niderland vnd Engellandt.

Sainctonge/ löset von den Spaniern viel Gelt auß Getreide. Angoulesme hat neben dem Getreid viel Hanff. Perigort verkaufft viel Schwein in Hispanien/ vnd löset viel Gelt auß Eysen vnd Stahel.

Limosen nehret sich wol mit Leinwat vnd Nußöl.

Auuerne hat vnd verkaufft gute Käß/ allerley gattung Thücher vnd Tapezereyen/ löset auch viel auß Saffran/ vnd hat treffentliche Maulthier so wol gelten.

Burgund bereichet sich von dem besten Getreide/ so in Hispanien vnd Italien verführt wirdt.

Lyon hat einen treffentlichen Kauffmanshandel/ vnd gewinnet grosse Reichthumb.

Forest hat Eysen vnd Stahel vnd viel kunstreiche Handtwerck.

Delphinat hat viel Getreid/ vnd gegen dem Gebürg starcke Maulthier.

Langendock hat Saltz/ Wein/ Getreid/ Baumöl/ Farben/ Wollen vnd Thücher. Sonderlich werden die Muscatellerwein von Frontignac wol verkaufft.

Montpellier handlet mit allerley Drögen vnd Apotecker Wahren.

Provantzen hat Getreid/ Wein/ Citronen/ Pomerantzen/ Rosin oder Meertrauben/ Feigen/ Granatapffel/ Baumöl/ Pantoffelholtz/ vnd an den Meerporten gewaltigen Kauffmanshandel.

Foix hat Eysen vnd Vieh: Item/ Hartz/ Terpentin vnd Pantoffelholtz.

Armagnah hat viel Honig vnd Wachs.

Gascogne hat viel Wein vnd mächtigen Kauffmanshandel/ in Engelland/ Hispanien vnd Niderlandt.

Von der Frantzosen Natur/ Brauch vnd Sitten.
Cap. xviiij.

Die alten Gallier haben jhre Haar sehr lang wachsen lassen/ seind in Kleidung schlecht gewesen/ haben sich mit wullinen Hosen vnd kurtzen Röcken beholffen. Ihr Speiß war schlecht/ sassen nicht zu Tisch/ sondern lagen auff Wolffs vnd Hundsfählen/ brauchten grobe starcke irrdine Geschirr mit Blumwerck gezieret/ truncken Wasser vnd Milch/ die fürnehmsten hetten Wein/ welchen man auß Italien oder Provantzen der Massilianer Landtschafft pflegte zubringen/ dann damahlen Gallien von keinen Räben gewußt. Im Krieg brauchten sie grosse Schwerdter ohne spitz/ trugen dieselbigen an der lincken seiten mit einer Ketten angebunden. Hatten Schildt eines Manns hoch/ an den Spiessen führten sie ein Eysen eines Ellenbogen lang/ trugen Sturmhauben mit Hörnern vnd allerhand Thierköpffen gezieret. Ihre Todten wurden verbrendt/ vnd denselben alles was zum liebsten gewesen in das Fewr geworffen. Etliche sprungen vor liebe auch ins Fewr hineyn/ der meinung in jenem Leben desto minder von denselben getrennet zu werden. Sie waren sehr abergläubisch/ vnd hatten mancherley Götter/ welchen sie auch Menschen opfferten. Die Priesterschafft/ darunder die Druydes hochgeachtet wurden/ hielten sie in grossen Ehren/ beflissen sich der Wolredenheit/ vnd lehrneten viel gute Künste. Die Ritterschafft ward in der zeit fürtreffentlich/ wie sie dann auch Julius Cæsar befunden. Sie hatten von den Massilianern viel gute Gesätz/ Sitten vnd Bräuch gelehrnet/ vnd bey denselben gesehen/ wie man die Stätt bawen vnd beschliessen solle.

Heutiges tags seind die Frantzosen sinnreiche/ höffliche/ vnd zu allen dingen fertige lustige Leut/ schön von Leib/ scharpff von Verstandt/ vnd anmütig von Sitten vnd Gebärden. Haben jhr Sprach treffentlich gezieret/ in derselben sehr gute Bücher geschrieben.

Die Pariser seind zimblich gutmütig/ werden aber zum Auffruhr vnd Tumult bewegt/ setzen dem Gelt nach/ auff all weiß vnd weg. Die Weiber seind hoffertig/ köstlich gekleidet/ vnd führen die Meisterschafft. Das Volck auff der Landtschafft vmb Pariß ist trotzig/ böß vnd vngeschlacht/ auch treffentlich auff das Gelt abgerichtet.

Die zu Chartres seind freundtlich/ höfflich/ gutmütig vnd friedsam/ lieben die frembden/ vnd thun denselben alles guts.

Die in Beauße seind fast wie die zu Chartres/ darneben arbeitsam.

Die zu Chasteaudun machen nicht viel geschwätz/ hören auch nicht gern lang reden/ vnd haben einen subtilen verstandt.

Die zu Blois seind höfflich/ holdselig/ gute Haußhalter/ hurtig vnd im Gottsdienst andächtig.

Das Dritte Buch

Die zu Vendomen seind adelich/zu Orleans burgerlich/vnd im reden lieblich/hertzhafft vnd allein etwas zänckisch.

Die zu Sans seind mannlich/deren Altvorderen auch die ersten gewesen/welche mit Brenno in Italiam gezogen.

Die in der Picardey seind gar guter natur/höfflich/mannlich/aber etwas hitzig/wie sie dann von den Frantzosen die heissen Köpff genandt werden/leben gern wol: halten zusammen/vnd seind auffrichtig/frey vnd rund.

Die in Tourainen seind höfflich/der Kauffmanschafft ergeben/seind getrew an jhrem König/ wie sie dann solches an Carolo dem siebenden vnd Heinrico dem Grossen erwiesen.

Die in Aniou vnd Poictou/seind subtil/holdselig vnd höfflich.

Die in Normandey seind listig vnd verschlagen/vñ verstehen sich sehr treffentlich auff Rechtshändel. Item/im Krieg mannlich/vnd in der Religion andächtig.

Die in Bretagne seind etwas grob/vnd den Normandern heimlich feind.

Die in Angulemen leben in ruhe võ jhrem Eynkomen/halten nicht viel auff Kauffmanschafft/ studieren gemeinlich/seind prächtig vnd höfflich.

Die in Perigord seind hurtig vnd fertig/nüchter/vnd mit wenig vernügt. Sonderlich seind die adeliche Häuser gleichsam alß wolbestellte Schulen aller Tugenden.

Die in Limosin seind gute Haußhalter/einig/nüchter/arbeitsam/vnd werden gemeinlich alt/ seind aber den Rechtshändeln sehr ergeben.

Die in Auuergne seind dem gewien ergeben/wol bericht/arbeitsam/mehrtheils zänckisch vnd vngestüm/führen auch viel Proceß/der Adel ist sonderlich höfflich vnd mannlich.

Die in Bourbonois seind sittsam/gute Haußhalter/gegen den fremden freundtlich.

Die in Burgund seind eygensinnig/ehrgeitzig/arbeitsam vnd eyfferig in der Religion.

Die zu Lyon seind auff den gewien abgericht/halten sich stattlich.

Die in Delphinat lieben jhren König/sehen aber viel auff jhr Freyheit/seind frey im reden/hurtig vnd subtil/studieren wol/halten aber viel auff sich selbs/vnd seind ruhmrähtig. Das Landvolck ist sparsam vnd arbeitsam. Die Weiber in den Stätten seind prächtig/holdselig/aber züchtig vnd ehrbar.

Die in Prouantzen seind zu Hauß sparsam/vnd mit wenig vernügt/geitzig/mannlich/grosse schreyer/grimm vnd hochfertig/sonderlich aber seind die Weiber prächtig. Das Landvolck ist listig vnd verschlagen/machen täglich viel newe Lieder/vnd seind der Poeterey sehr ergeben. Die am Meer wohnen/seind treffentliche Kauffleut.

Die in Langendock seind mannlich/halten viel auff sich selbs/schwetzen viel/seind gäch/zornmütig vnd ruhmrähtig. Die Weiber prächtig vnd höfflich.

Die in Vinares seind schlecht vnd gerecht/arbeitsam/nüchter vnd sparsam/subtil vnd zu allem fertig.

Die in Comiegen seind arbeitsam/sparsam/subtil: die Weiber seind treffentliche Haußhalterin/züchtig vnd gottsförchtig/vnd halten jhre Ehemänner in grossen Ehren.

Die in Armignac seind grob vnd einfältig/arbeitsam/vnd dem Kauffmanshandel ergeben.

Die in Bigorre seind geschwind mit der Faust/vnd zum Krieg geboren.

Die Gasconier seind subtil/hochmütig/ehrgeitzig/mannlich/geschwind zum zorn.

Die in Bearn seind hurtig/freundtlich/subtil vnd wolberedt in jhrer Sprach.

Vnd so viel von Franckreich in gemein/da dann auch dises soll vermeldet werden/die mächtige weite vnd grösse dises herrlichen Königreichs desto besser zu verstehen.

Franckreichs Gräntzen. Heutiges tags seind dises Königreichs gräntzen/gegen auffgang oder Italien: Die Alpen vnd der Fluß Varus. Gegen Nidergang/Flandern. Gegen Mittag/das Ligurische Mitteländische Meer/vnd gegen Mitternacht das Englische Meer: wirdt mit dem Fluß Sona von der Burgundischen freyen Graffschafft/vnd mit der Mosel von Lothringen vnd Lützelburg vnderscheiden.

Jacob von Villamant zehlet von dem aussersten ort in Bretagne/biß zur Bruck Vonuaisie/so die Scheidmawr zwischen Franckreich vnd Saffon ist/187.meilen in der breite/vnd in der länge von Cales biß gen Narbone oder Aiguesmortes in Languedoc 208.oder mehr meilen.

Darauß abzunemmen das Franckreich diser zeit vast gleicher länge vnd breite/vnd einer runden Platten nicht gar vbel mag verglichen werden.

Hertzogthumb. Dises so groß vnd mächtig Königreich hat etwan 18.Hertzogthumb gehabt. 1. Orleans. 2. Burgund. 3. Narbone. 4. Bretagne. 5. Aniou. 6. Perry. 7. Normandey. 8. Auuernie. 9. Guyenne. 10. Tours. 11. Barleduc. 12. Valoys. 13. Nemaurs. 14. Alanson. 15. Rheims. 16. Laon. 17. Langres. 18. Bourbon.

Folgen jetz etliche sonderbare Stätt in Franckreich.

Die Statt

Von Gallia.

Die Statt Trier

Es hat der Hochwürdige Herr vnd Durchleuchtige Fürst/ Herr Johann/ des Heyligen Römischen Reichs Churfürst/ Ertzbischoff zu Trier/ vnd Graffe zu Eysenburg/ auff meine Anforderung gantz gnediglichen zu disem Werck/ Anno Christi 1548. lassen Contrafehten seines Fürstenthumbs fürnehmste vnd vralte Statt Trier vnd damit allen Kunstliebhabern angezeigt/ was Adelichen gemüts er tregt gegen der löblichen Kunst der Cosmographey. Hett ich bey etlichen anderen Bischoffen/ die auch Landt vnd Stätt vnder jhnen haben/ durch mein fleissiges ansuchen/ eine solche gutwilligkeit vnd Fürstlich gemüt gefunden/ ich wolte diß Werck der Cosmographen noch herrlicher außgestrichen vnd zugerichtet haben.

D Contra

Contrafehtung der uralten Statt Trier/ sampt des ur-

Erklärung

Mons Martis, Ist der Marsberg.
Mons Apollinis, Apolles Berg.

Nigra porta, Das Schwartz Thor.
Alba porta, Das Weiß Thor.

den Bodens vnd fürfliessenden Wassers Mosel genandt. 211

hen Wörter.
erfallenen Gebäw.

Summum Templum, Der Thumbstifft.
Domus Teutonicorum, Das Teutsch hauß.

Beata Virgo, Zu vnser Fraw.
Ad Martyres, Zu den Martern.

V 3 Von

Das Dritte Buch

Von etlichen Stätten vnd Völckern in Franckreich gelegen.

Von der Statt Trier. Cap. xx.

Trier von wem erbawt.

IN Gallia findet man kein eltere Statt dann Trier/wiewol sie offt zerbrochen ist nach ihrem anfang. Dise Statt nach anzeigung der Historien/ist gebawen worden von dem Fürsten Trebeta/wie man dañ Anno Christi 1200. an einem Stein gefunden hat. Diser Trebeta ward vertrieben auß dem Königreich Babylonia von seiner Stieffmutter/die hieß Semiramis/die nach abgang jhres Manns Nini/regiert im selbigen Reich. Vnd als diser Trebeta kam mit seinem Schiff vber Meer biß an den Rhein/fuhr er den Rhein hinauff/vnd kam durch die Mosel zu einem hübschen vnd lustigen Thal/vnd fieng an zu bawen eine Statt/vnd nennet sie nach jhm Treberis: das ist/Trier. Vnd das ist geschehen zu den zeiten Abrahe/das ist mehr dann 2000. jahr vor Christi geburt/vnd wie Aeneas Sylvius schreibt/ist dise Statt 1300.jahr elter weder Rom. Etliche wöllen das Treiber Manni der alten Teutschen Königs Sohn dise Statt gebawet/vnd Trier genandt habe. Kam durch König Clodoveum erstlich vnder der Gallier gewalt. Ihr letster Hertzog ward von Lucio erschlagen. Hat von Attila vnd Joviniani Kriegsvolck viel erlitten. Ward von den Francken zur zeit Theodomiri mit Fewr angesteckt/aber durch die Ottones vnd Heinricos ans Reich gebracht/darinn des Römischen Reichs Cantzler in Gallien seinen Sitz solle haben. Die Teutschen haben jhre erste Schul zu Trier gehabt/vnd ist Trier mehr vnder das Teutschland zu rechnen dann Gallien.

S. Matern bringt sie zu dem Christlichen Glauben.

S. Matern/der S. Peters Jünger ist gewesen/hat sie in dem Christlichen Glauben vnderwiesen: dann es ist der Christlich Glaub gar zeitlich in Franckreich weder im Teutschland geprediget worden. Es werden noch zu vnsern zeiten viel Antiquiteten in Geschrifften/Gemälden vnd gehawen Steinen in der Statt gefunden/darzu gedencken jhr viel dapfferer vnd gelehrter Männer in jhren Geschrifften/besonder Ausonius vnd Salvianus ein Bischoff zu Marsilia/der im sechsten Buch von dem gerechten Vrtheil vnd Vorsehung Gottes viel schreibt von der Herrligkeit vnd Reichthumb diser Statt/deren sich doch die Eynwohner zu seiner zeit mißbraucht haben/vnd Gott vndanckbar gewesen vmb seine gutthat/wie er das weitläuffig mit nachfolgenden Worten darthut. Ich hab gesehen/spricht er/die von Trier auch etliche grosse Männer/die durch die zufallenden arbeitseligkeiten böser worden seind. Es ist ein kläglich ding zu erzehlen was ich gesehen hab. Es haben dise Alten/vnd die so man für Ehrsam vnd gut Christen hat gehalten/sich gebraucht des Fraß vnd Geilheit/auch zu der zeit/da jetz vorhande war der Statt verderbnuß. Sie seind gelegen in den Wirthschafften/vnd haben vergessen jhrer Ehr/jhres Alters/jhrer Geistlichkeit vnd jhres Namens. Die Obersten fülleten sich/wurden leichtfertig vom Wein/schreyen alß weren sie nicht bey Sinnen/tobten wie die tauben Leuth. Ja/da sie schon verderbt waren/vnderliessen sie solche Laster nicht/das doch zu erbarmen ist.

Trier zum vierdten mal erobert.

Vier mal ist dise Statt Trier verhergt worden/vnd je mehr Vnglücks vber sie gangen ist/je mehr haben die Laster in jhr vberhand genommen/daß einer möchte sprechen/es weren jhre Peen nichts anders gewesen/dann ein Mutter der Laster. Es seind zu derselbigen zeit die Häupter in diser Statt vom Wein also taubig worden/daß sie auch darbey seind blieben sitzen/da der Feind jetz in die Statt war gefallen. Ich hab gesehen/daß doch zubeweinen ist/daß die Alten vnd die Kinder mit gleicher leichtfertigkeit vnd Narrheit behafft seind gewesen.

Wollust deren von Trier.

Es haben Jung vnd Alt sich begeben auff füllerey/sauffen/spielen vnd andere leichtfertigkeit/vnd die jetzt gar in jhrem Leben krafftloß waren worden/mochten kaum gehen/seind die allersterckesten gewesen/zu sauffen/tantzen vnd springen. Es ist auch nicht darbey blieben/sie haben die Ehe gebrochen/vnd angefangen Christum zu verläugnen. Darumb kein wunder ist/daß sie ein mercklichen schaden erlitten haben/vnd alle ding bey jhnen/zerfallen/die vorhin jhren gemütern gefallen war. Weiter schreibt vnd beklagt sich der heilig Bischoff/wie die Eynwohner nach so viel erlittenem schaden wolten auffrichten leichtfertige Spielhäuser/die man Theatra vnd Circos nennet/so sie doch kein gantzen Platz in der Statt hatten darauff nicht Blut war vergossen/oder Todtenbein/oder auch äschen von der verbrandten Statt wurden gefunden.

Statt Trier vbel erbawt.

Welches ich alles anziehe/daß man sehe/woher es kompt/daß die Statt Trier noch auff den heutigen tag so vbel erbawen ist/nach so viel zerstörungen so sie erlitten hat/die vor alten zeiten der fürnehmsten Stätten eine ist gewesen in Gallia. Doch wie mir zugeschrieben hat der Hochgelehrt vnd berühmbt Simon Reichwein/Doctor in der Artzney/ist sie an einem fruchtbaren ort gelegen/da man zu vberfluß haben mag was Menschliche notturfft bedarff. Es ist ein Heerzug durch das Stifft vnd Statt Trier durch Marggraffe Albrecht von Brandenburg/geschehen im jahr 1552.

Von Gallia.

Von den Bischoffen / Ertzbischoffen vnd Churfürsten
von Trier / wie sie auff einander kommen biß auff
dise zeit.

Die Bischoffen.

1. Eucharius ein Griech / wirdt für den ersten Bischoff von Trier gehalten / soll einer von den 72. Jüngeren vnsers Herren Christi gewesen seyn. Starb in dem Jahr Christi 66.
2. Valerius.
3. Maternus.
4. Auspicius.
5. Celsus.
6. Felix der erst.
7. Mansuetus.
8. Clemens.
9. Moses.
10. Martinus der erst.
11. Anastasius.
12. Andreas.
13. Rusticus der erst.
14. Auctor.
15. Fabricius.
16. Cassianus.
17. Marcus.
18. Mauritius der erst.
19. Avitus.
20. Marcellinus.
21. Metropolus vnder Keyser Antonino.
22. Severinus.
23. Florentius.
24. Mauritius der ander.
25. Maximinus.
26. Valentinus zur zeit der verfolgung der Christen / vnder Diocletiano dem Keyser.

Die Ertzbischoffen.

27. Agritius von Antiochia / im Jahr Christi 330. wirdt für den ersten Ertzbischoff zu Trier gehalten / nach welchem auch die nachfolgere biß auff dise zeit Ertzbischoffe verblieben.
28. Maximinus der ander / diser hat vnder Bapst Julio dem ersten einen Synodum naher Cöln beruffen wider Euphratem denselbigen Bischoff / so ein Arrianer war.
29. Paulinus ist ein mächtiger Verfolger der Arrianer gewesen / dessentwegen er auch von Keyser Constantio in das Elend vertrieben ward.
30. Bonosus.
31. Bricto / vnder disem ist die Briscillianesche Ketzerey zu Trier verdampt worden.
32. Felix der ander.
33. Mauritius der ander / lebte zu zeiten Hieronymi vnd Augustini.
34. Leguntius / in dem Jahr Christi 400.
35. Auctor der ander.
36. Severus.
37. Cyrillus.
38. Jammerus.
39. Emerus.
40. Marcus der ander.
41. Volusianus.
42. Miletus.
43. Modestus.
44. Maximianus.
45. Fibicius starb im Jahr Christi 500.
46. Aprunculus.
47. Rusticus der ander.
48. Aponoculus.
49. Nicetius.
50. Maguericus.
51. Gangericus.
52. Subandus.
53. Severinus.
54. Modoaldus / dessen Schwester Itta Pipino König in Franckreich vermählet ward.
55. Numerianus.
56. Basinus / des Hertzogen von Lothringen Bruder.
57. Luituinus. Starb zu Rheims in dem Concilio Anno 721.
58. Clodolphus.
59. Hilulphus.
60. Eberhardus.
61. Weomadus.
62. Reichboldus.
63. Watzo / vmb das Jahr 800.
64. Amalharius Fortunatus ward von Carolo Magno naher Constantinopel zu dem Griechischen Keyser Michaele gesandt / hernach auch vō Ludovico dem Keyser zu Bapst Gregorio dem vierdten.
65. Hetto.
66. Thietgardus.
67. Berchtoldus.
68. Ratbodus.
69. Rutgerus.
70. Rubertus.
71. Heinricus / diser hat Keyser Ottonem den ersten in Italien geführet.
72. Theodorus.
73. Eckhertus / ein Bruder Arnolphi Graffen in Holland.

Die Churfürsten.

74. Ludolphus ein Sachs / vmb das Jahr Christi 1000. ward der erste Churfürst zu Trier.
75. Adelberus.
76. Poppo / ein Sohn Ludolphi auß Vesterreich.
77. Eberhardus des Pfaltzgraffen Sohn.

X 78. Cono

78. Cono oder Conradus ward ermördt.
79. Vdo ein Schwab/ welchem etliche nachsetzen Adonem/ welcher Keyser Heinricum den vierdten vnd Rudolphum vergleichen wöllen.
80. Egilbertus ein Beyer/ vm̃ das Jahr Christi 1100.
81. Bruno ein Franck.
82. Godefridus.
83. Meginherus ward erstochen.
84. Adelbertus hat Bapst Eugenium mit achtzehen Cardinälen mit sich näher Trier gebracht.
85. Hellinus von Trier.
86. Arnoldus ward von Keyser Friderico dem ersten befördert.
87. Johannes Keyser Heinrichs des vierdten Cantzler.
88. Theodoricus der vierdt/ ein Graff von Weda.
89. Arnoldus der ander/ ein Graff von Isenburg/ ward wider Rudolphum erwehlt/ hat die Statt Trier bevestiget/ vnd mit vielen herrlichen Gebäwen gezieret.
90. Heinricus der ander.
91. Boemundus von Wansbrech.
92. Dietherus Keyser Adolphi von Nassaw Bruder/ vmb das Jahr 1300.
93. Balduinus ein Graff von Lützenburg/ vñ ein Bruder Keyser Heinrich des achten/ hat das Stifft mächtig gezieret.
94. Boemundus der ander von Sarprücken.
95. Cono von Falckenstein.
96. Wernerus von Königstein/ Cononis Schwester Sohn/ starb Anno 1418.
97. Otto Graff von Ziegenheim.
98. Rabanus von Helmstatt/ Bischoff von Speyr.
99. Jacobus Freyherr von Sirck.
100. Johannes Marggraff von Baden/ stunde dem Churfürstenthum̃ vor 53. Jahr/ biß vmb das Jahr Christi 1500.
101. Jacobus der ander/ Marggraff von Baden/ starb zu Cöln Anno 1511.
102. Richardus von Greiffenklaw/ vnder welchem Keyser Maximilianus d' erste/ zu Trier ein Reichstag gehalten/ starb im Jahr 1531.
103. Johannes von Meltzenhausen/ starb zu Hagenaw/ da ein zusammenkunfft der Fürsten gehalten ward/ den 22. Julij Anno 1540.
104. Johannes Ludovicus von Hagen/ starb Anno 1547.
105. Johannes der vierdt/ Graff võ Isenburg/ war in dem Concilio zu Trident/ starb Anno 1556.
106. Johannes der fünfft/ war bey der Wahl Keyser Maximiliani des anderen/ starb Anno 1567.
107. Jacobus der dritte/ von Eltz/ ein Trier/ hat Anno 1568. die Statt Trier/ alß sie schwierig war/ belägert/ war doch mit derselbigen bald widerumb verglichen.
108. Johannes von Schönberg/ kam an das Churfürstenthumb Anno 1581. starb Anno 1599.
109. Lotharius von Meternicht/ regiert 24. jahr vnd 3. Monat/ starb Anno 1623. den 7. Septembris/ im 70. jahr seines Alters.
110. Philippus Christophorus von Zettern Bischoff zu Speyr.

(o)

Die Statt Pariß

Wie sie zu vnsern zeiten in Mawren vnd Thürnen verfaßt ist. Sie wirdt in drey theil abgesünderet/das erst vnd gröste wirdt La Ville genandt: das ander die Jnsul/La Cite: das dritt die Vniuersitet L'Université: Das erst theil der Statt Pariß/helt in sich 31. Kirchen/ 10. Clöster/ 4. Spittäl/ 6. Capellen. Das mittel theil/darinn des Königs Pallast vnd Capell/auch vnser Frawen Thumbkirchen stehet/hat neben disen noch 20. Kirchen/ ein Spittal/ 5. Capellen. Die Vniuersitet aber jenseit der Seine gelegen/hat 17. Kirchen/ 14. Clöster/ 4. Spittäl/ 3. Capellen/ auch 50. sonderbare vnd gemeine Collegia. Sonst aber hat sie vberall 14. Porten/ 5. Brucken/ 16. Brunnen vnd 10. Vorstätt. Jst der grösten vnd mächtigsten Stätten eine in der gantzen Welt.

216 Die Statt Pariß etlicher maß figurī

Erklärung etlicher fürnehmen Orten vnd Gebäwe

A. Suburbium S. Iacobi, S. Jacobs Vorstatt. D. Der Thumbstifft.
B. Des Königs Pallast. E. Der Weg zu der Picardi.
C. Das Rhathauß. Arx valida, ein starck Schloß.

contrafehet nach jetziger Gelegenheit. 217

chen Hauptstatt Pariß/ so in jhren begriffen werden.

,bes Königs Schloß Louure genandt.   Collegium Reginn, des Königs
vnd Wea S. Dionis.   gestifft Collegium.
artina Port vnd Weg.   Cordeliers, Barfüsser.

X iij   Beschreibung

Das Dritte Buch
Beschreibung der herzlichen/mächtigen vnd weitberühmbten Statt Pariß. Cap. xxj.

Wir finden bey den Alten nichts sonderliches von diser mächtigen Statt Pariß/ welches dann ein anzeigung ist/ daß ihr Herzligkeit/ in deren sie zu vnsern zeiten ist/ bey den Alten nicht gewesen. Es thun wol die alten Cosmographen meldung der Völckern Pariser genandt/ die sich vor zeiten in der Gegenheit diser Statt gehalten habē: aber daß ihr Statt Pariß geheissen/ findet man nicht. Es will Boëtius Severinus, das Julius der erst Keyser dise Statt gebawen/ vnd nach ihm Juliam genennet habe. Man sicht wol an diser Statt contrafehtung/ wie sie nach vnd nach zugenossen hat vnd erweitert ist worde/ biß zu letst drey oder vier Stätt darauß worden seind/ vnd alle in Rinckmawr gefaßt/ außgenommen daß das Wasser Sequana dardurch lauffet/ vnd die zwo Stätt vnderscheidet/ vnd für die dritte platz macht mit einer Insul/ dareyn ein besondere Statt gebawen/ inhaltend die Bischoffliche Kirch vn Königliche Pallast/ mit sampt andern herzlichen Häusern. Vnd wiewol dise Stätt von einandern gesündert seind/ durch das gemeldt fürfliessende Wasser/ werden sie doch wider zusammen geheft durch wunderbarliche Brucken/ deren etliche so kunstreich gemacht seind auff das Wasser/ vnd zu beyden seiten mit gleichförmigen Häusern besetzt/ daß die frembden so darüber gehen/ nicht wissen daß sie auff einer Brucken gehen/ sondern vermeynen sie gehen auff einer gemeinen Gassen. Die Statt so auff der rechten hand ligt/ wirdt zum grösseren theil enngewohnet von den Gelehrten vnd Studenten/ so dahin kommen zu studieren. Es wöllen etliche/ daß der erst Vrhab diser Statt sey gewesen in der Insuln/ darnach seyen die zwo Neben-Stätt darzu gewachsen/ sampt etlichen grossen Vorstätten. Die Situation betreffend/ so hat Pariß ein schönen vnd guten Lufft/ viel herzliche Brunnen/ Schiff-vnd Fischreich Wasser/ ein erwünscht fruchtbar Land/ vnd viel tausend gelegenheiten/ alles zubekommen was des Menschen Hertz beyde zu des Gemüts vnd Leibs wollust vnd notturfft immer erdencken vnd erwünschen mag. Das etliche vermeynen vnd außgeben/ gedachte Statt habe ihren Namen von dem Trojanischen König Paris/ ist einer Kunckel fabel ähnlicher dann der Wahrheit. Wolte aber mit Andrea Thevet/ weyland Königlicher Majestat in Franckreich bestellten Cosmographo lieber halten/ daß die Eynwohner diser Statt/ vnd derselben gegne/ von den Parrhasiern auß Arcadia in Griechenland/ so in dise Landtschafft gezogen/ Pariser genennet worden.

Ward vor Christi vnsers Herzen geburt/ fürnemblich zur zeit Julij Cæsaris, so hernach das Römische Keyserthumb angefangen/ in der Insul erbawet/ so mit der Seinen vmbgeben : ringsherumb stunden dicke Wäld/ deren sich die Eynwohner an statt der Gräben/ Mawren/ Wählen vnd Bollwercken wider der Feinden eynfall gebrauchten/ wie dann auch heutiges tags mit etlichen Stätten in den Morgenländischen Indien vnd Africa beschaffen.

An den Orten herumb da man jetzund S. Dionysij/ S. Martini vnd S. Antonij Porten vnd Vorstätt gebawen/ seind bey gedachten zeiten/ nemblich vor 1600. vnd etlichen mehr jahren/ tieffe vnd faule Sümpff gewesen/ bey denen die alten Gallier der Römer Heerzüg auffgehalten/ vnd in zimbliche noht gebracht haben.

Wie dann auch Gregorius von Tours bezeuget/ daß zu seiner zeit/ nemblich vor 1000. jahren/ vnder Keyser Mauritio vnd Bapst Gregorio/ die Seine schröckenlich angelauffen/ vnd alles biß gen S. Laurentij Kirchen vberschwemmet habe. Wirdt auch noch in etlichen Schrifften zu Pariß gefunden/ daß dieselbe gegne/ so etwas nider am Wasser gelegen/ die alte Seine geheissen.

Keyser Julianus der Abtrünnige/ hat fast in die dritthalb jahr bey diser Statt herumb zugebracht/ vnd gleichsam damit angedeutet/ daß gedachte Statt mittler zeit des Römischen Keyserthumbs/ welchem er damahlen vorgestanden/ Residentz solte werden/ wie sie dann volgends vnder etlichen Königen nach Carolo dem Grossen gewesen.

Vor disem soll Keyser Marcus Antonius/ mit dem Zunammen der Philosophus/ in die drey jahr zu Pariß gelegen seyn/ vnd daselbsten den Thurn/ das groß Castellet genandt/ gebawen haben.

Im Jahr Christi vnsers Herzen 1565. seind an der Seinen zu Pariß sehr viel alte Römische Müntzen gefunden worden/ darunder 14. Keysers Aureliani gewesen/ darauff gestanden SOLI INVICTO, dem vnüberwindlichen Abgott der Sonnen. Damals hat auch ein Weingärtner ein alt Grab/ vnd darinn etliche alte Kriegswaffen herfür gegraben.

Die Gebäw seind damahlen/ wie dann auch ein gute zeit hernach/ sehr schlecht vnd gemeinlich von Holz gewesen/ derowegen dann so viel Brunsten darinn auffgangen: wie dañ von Anno 366. biß auff König Ludwig den Auffrührischen oder Zänckischen/ fünff mahl schröckliche Fewr auffgangen/ so ganze Gassen hinweg genommen.

Vnder König Clodion dem Langhaar/ ist S. Antonij Gassen biß zur Kirchen/ sampt dreyen anderen biß auff den grund verbrunnen.

Vnder König Carolo dem fünfften/ ist Pariß zimblich erweitert/ vnd darinn die Bastilien bey S. Antonio/ S. Michaels Bruck/ die kleine Bruck vnd das klein Chastelet gebawen worden.

Wie groß vnd Volckreich sie aber diser zeit seye/ ist auß dem genugsam abzunemmen/ das vnder

König

Von Gallia.

König Carolo dem neundten/in einer Musterung 100000.bewehrter Burger gezehlet worden/ vnd ist die Statt noch voller Leuthen/ alß Dienern/ Knechten/ Frembden vnd Geistlichen Personen gewesen.

Pariß sehr groß vnd Volckreich.

Es wirdt aber Pariß in drey Stätt abgetheilet/in die Statt/ la Cité genandt/in die Newe/ la Ville, vnd die Hohe Schul oder L'Vniversité.

Pariß in drey Stätt abgetheilt.

In der alten Statt seind 46.Gassen: in der newen Statt seind 280. vnd in der Vniversitet seind 178. Ligt in der länge vnder dem 23.Grad vnd 40.Minuten: in der breite aber vnder dem 48.Grad vnd 50.Minuten.

Die Hauptkirchen/welche König Philippus/mit dem Zunamen Augustus/ Anno Christi vnsers Herren 1196.der Jungfrawen Marię nach geheissen/ist ins Wasser auff 120.Säul gebawet.

Alß Philippus von Valoys Anno 1328.wider die Niderländer gesieget/ist er also bald Gott für den Sieg zu dancken in dise Kirchen geritten/sich gleichsam daselbst auffopfferende/darauff jhme dann zur Gedächtnuß dise sein Bildtnuß zu Pferdt/allerdingen wie er damahlen geritten kam/auffgerichtet worden.

Hat 45.Capellen/vnd vmb die gantze Kirchen einen schönen grossen Gang.

Gedachte Kirchen ist 174.Schuh lang/60.breit/gleicher höhe.

An den zwen Thürnen/so mächtig groß vnd hoch/stehen ob dem eyngang der Königen Bildtnussen vnd Statuę in Stein gehawen.

Hat 50.reiche vnd adeliche Thumbherren/darunder 8 sehr wichtige Empter tragen. Zu obgedachten Capellen seind 140.Capellan geordnet. Das gantz Gebäw ist neben viel gewaltige Kunststücken/auß dem Alten vnd Newen Testament/mit etlichen Fürstlichen Begräbnussen/herzlich gezieret. S.Geneveve Kirchen ward erstlich vom König Clovis/den H.Aposteln Petro vñ Paulo nach genennet. Ist ein schön Gebäw vnd sehr reiche Abtey/so keinem Bischoff vnderworffen/sondern für sich selbs alle Gerechtigkeit hat.

Sanct Vincentz hat König Childebert gebawen/ist auch ein sehr reiche vnd fast Königliche Abtey. S.Victor hat König Ludwig der Groß oder Grob gestifftet/darinnen viel fürtreffliche Leuth/alß Hug/Adam vnd Reichard von S.Victor gewesen. Daselbst ligen König Childebert/Chilperich vnd Clotarius der ander/begraben/wirdt heut S Germain genandt/weil Pipinus desselben Leichnam dahin legen lassen. S.Martin hat Heinricus der erste gebawen.

Weil aber der Kirchen zu Pariß sehr viel seind/wöllen wir kürtze halben derselben erzehlungen eynstellen/in ansehung mehrtheils menigklichen wolbekandt/vnd wöllen darfür etlicher alten Königen Palläsen gedencken.

Vor alten zeiten haben die König gemeinlich auff dem Pallast/da jetzund das Parlament ist/ gewohnet vnd Hoff gehalten: wie dann noch heutiges tags Königs Ludovici des Heyligen Saal darinn zu sehen. Es ward aber damahlen gedachter Pallast nicht so mächtig/wie jetzund erbawet.

Die Königlichen Wohnungen in Pariß.

König

König Clovis saß an dem ort da jetzund S. Geneveve Kirchen stehet.

König Robert vnd Heinrich sein Sohn/ hielten Hoff bey der Abtey S. Martin aux Champs.

Der jetzige Königliche Hoff ist an der Seine von König Philippo/ mit dem Zunammen Augustus/ gebawet/ vnd von dem gewaltigen Werck/ L'œuvre, volgends aber Louure genandt worden.

Was Franciscus der erste/ Heinricus der ander/ Carolus der neundte/ vnd König Heinrich der vierdte/ an gedachtem Pallast gebawen/ ist in aller Welt bekandter/ dann aber nothwendig zu verzeichnen. Sonsten haben auch etliche König bey S. Lazaro vnd an S. Antonij Gassen/ im Pallast Tournellus gewohnet. König Philippus der Schöne/ hat sein Hoffhaltung in der Templherren Pallast gehabt.

Die Vniversitet belanget/ ist dieselbe von Carolo dem Grossen angefangen/ von Ludovico dem siebenden ernewert/ vnd von Philippo Augusto verbessert worden.

Zum ersten hat man in des Bischoffs Hoff Lection gehalten vnd Doctores promoviert.

Die Professores dorfften sich nicht verheurathen/ vnd seind die Medici oder Doctores in der Artzney die ersten gewesen/ so durch den Cardinal von Touteville zuwegen gebracht/ daß sie sich haben in die Ehe begeben können.

Im Jahr Christi 1534. supplicierten auch die Juristen/ kondten aber nichts erlangen.

Die Theologi vnd Philosophi kondten der Ehe halben die minste hoffnung nicht haben.

Im Jahr aber 1552. wurd auß erkandtnuß des Parlaments den Juristen die Ehe zugelassen.

Nach dem nun Bischoff Petrus Lombard/ vnder Ludovico dem siebenden alle gute Künst zu Pariß trefflich gepflantzet/ seind also bald hin vnd wider durch die Statt Collegia vnd Schulen auffgerichtet worden. Wie dann noch heutiges tags bekandt/ das nicht fern von jetzigem Königlichen Hoff/ an S. Honorats Gassen das Collegium gewesen/ welches man der frommen Knaben Schul geheissen/ deßgleichen auch bey S. Germain de l'Auxerrois vnd S. Catharin Duval offentlich Lectiones gehalten worden.

Von der zeit aber/ alß nemblich von Anno 1304. das Johanna Königin von Navarra/ König Philipps des Schönen Gemahel/ auff der höhe ein schön Collegium gebawen/ vnd sich die Studenten Luffts halben besser befunden/ seind die Collegia alle in den Theil der Statt gelegt worden/ welchen man derwegen die Vniversitet geheissen.

Die Sorbone hat Robert von Sorbone/ Ludovici des Heyligen Kämmerling/ für die Theologos gebawet/ vnd das Collegium seinem Nammen nach genennet.

Das Bernhardiner Collegium entstund Anno 1243.

Das Præmonstratzer Anno 1256.

Das Collegium von Clugey/ Anno 1269.

Das von Harcourt/ Anno 1286.

Das von Bayeux an der Harpffen Gassen/ Anno 1308.

In summa die Studia namen von tag zu tag dermassen zu/ daß endtlichen die Vniversitet zu Pariß in die 50. Collegia bekommen.

Die Brucken zu Pariß betreffend/ waren derselben vnder König Childebert nur drey/ vnd dieselben höltzin/ waren Anno 1269. vom Wasser vmbgestürtzt.

Die kleine Bruck ward Anno 1314. auß der Juden Strassen von Stein gebawet.

Die Juden hatten einen getaufften Juden/ mit Nammen Dionysium/ vom Christlichen Glauben abtrünnig gemacht/ vnd denselbigen so weit auff ihr seiten gebracht/ daß er einen angefangenen schweren Rechtshandel wider die Juden fallen lassen/ vnd auß Pariß hinweg gezogen. Derowegen dann das Parlament zu jhnen gegriffen/ vnd die Böswicht in den Banden gehalten/ biß der abtrünnige vnd flüchtige Jud Dionysius widerumb gestellet worden.

Hierauff wurden gedachte fünff Juden an drey Sonnabend/ an dreyen vnderschiedenen orten/ alß nemblich bey den Hallen/ auff dem Platz Gräve vnd auff dem Platz Maubert/ auff hohen Brügenen/ mit Ruthen gestrichen. Nach disem mußten sie 10000. Pariser Pfundt zu Straff geben. Von diser summa ward dem Spittal 500. Pfundt geliefert: das vbrige aber/ alß nemblichen neun tausend fünff hundert Pfundt/ wirdt an dise Brucken gewendet. Die Juden wurden auch nicht auß dem Thurn gelassen/ biß die Straff vollkommenlich erlegt gewesen. Endtlichen wurden sie auß dem Reich verwiesen/ vnd ihr Haab vnd Gut confisciert/ vnd an gedachte Brucken gewendet.

S. Michaels Bruck ward Anno 1384. von Holtz gemacht/ ist aber Anno 1547. den 10. Decembris/ morgens vmb 10. vhren eyngefallen/ vnd bald darauff widerumb auffgerichtet worden.

Die Müller Bruck von Holtz gemacht/ fiel eyn Anno 1596. den 22. Decembris/ vnd kamen viel Leuth vmb: zwey Jahr hernach ward sie von Herzen Marchard widerumb auffgerichtet.

Vnser Frawen Bruck ward erstlich auch von Holtz gemacht/ 70. Schritt vnd 4. Schuh lang/ vnd 18. Schritt breit/ darauff stunden 60. schöne Häuser/ alle gleicher höhe vnd tachung/ ist Anno 1499. den 25. Octobris eyngefallen/ acht Jahr aber hernach/ auff angeben Johannis Jucundi

eines

Von Gallia.

eines Franciscaner Mönchen/ von Verona auß Italia bürtig/ auff heutige Form von Stein gehawen worden; derowegen dann in einem Bogen gehawen.

Iucundus geminos posuit tibi Sequana pontes,
Hunc tu jure potes dicere Pontificem.

Wann vnd von wem die Goldschmidbruck auffgerichtet worden/ ist vngewiß.

Diese beyde Brucken seyn gantz artig vnnd zierlich gebawen/ auff beyden seiten mit schönen Häusern vnd Kauffmannsläden erfüllet/ vnd der Durchgang wie eine veste Gassen mit Steinen besetzt. Dergestalten daß frembde durchreisende sich schwerlich bereden liessen/ dz es Brucken wärn.

Die newe Bruck/ ein recht Königliches Gebäw/ hat Königin Catharina/ vnd jhr Sohn Henrich der Dritte mit grosser Solennitet/ in beywesen der fürnembsten Fürsten angefangen/ im jahr 1578. folgents aber Henrich der Vierdte außgebawet/ vnd gantz Königlich gezieret.

Die Statt porten betreffend/ seynd derselbigen heutiges tags fünfftzehen: als namblichen. 1. S. Anthonij. 2. deß Tempels Porten. 3. S. Martin. 4. S. Dionysij. 5. Montmartre. 6. S. Honorat. 7. Newe Porten. 8. Nele. 9. Bucij. 10. S. Germain. 11. S. Michael. 12. S. Jacob. 13. S. Marcel. 14. S. Victor. 15. vnd Tournelle. *Statt-porten.*

Von etlichen Orten vmb Pariß gelegen.

Montmartre/ das ist/ Marter Berg/ hat seinen Namen von den Martyrern/ so daselbsten getödtet worden/ als sie jhren Abgott Mercurium/ nicht wolten anbetten. *Montmartre.*

Zu obrist auff dem Berg ist deß Mercurij Tempel gestanden/ vnd werden noch heutiges tags etliche alte Gemäwr darvon gesehen.

Die Mönchen zu S. Denis gehen alle sieben jahr in einer Procession gehn Montmartre Parfuß/ vnd Parhaupt.

Nicht fern von Montmartre ligt der berümpte Flecken Clichy/ von den alten Scribenten Clipiacum genannt/ da etwan die König Hoff gehalten/ in massen dann fleissig verzeichnet worden/ daß König Dagobert/ auß befelch seines Vatters Clotarij/ Cometrude sein erste Gemahel zu Clichy bey Pariß genommen/ auch König Johannes in dem Pallast S. Ouen/ an gedachtem Orth den Ritter Orden zum Sternen gestifftet/ welches dann/ wie Hallian bezeugt/ im jahr Christi 1351. im October/ im andern jahr seines Königreichs beschehen. *Clichy.*

Vier meil von Pariß ligt die Abtey Challes/ welche Königin Clotildis/ König Clovis Gemahel gestifftet/ auch Baudour/ Clovis deß andern Gemahel erweitert/ darinn sie dann auch sampt Clotario dem sechsten König in Franckreich begraben.

Bey gedachter Aptey hat König Robert ein Pallast gehabt/ vnd darinn Hoff gehalten.

Von dem Königlichen Schloß Vincennes.

Diß Lusthauß ward vor alten Zeiten nur mit einem Graben vmbgeben/ vnd die Mawren darumb erst vnder König Philippo Augusto/ Anno Christi vnsers HErren 1185. auffgerichtet worden. Den grossen Thurn hat König Philippus von Valoys Anno 1361. angefangen/ Johannes aber sein Sohn/ vnd folgents sein Enckel Carolus der Fünfft/ gantz außgebawet/ wie dann auß etlichen Versen/ so daselbsten in einen schwartzen Marmor gehawen/ vnd mit einem eysenen Gätter vmbgeben/ abzunehmen.

Bey diesem Lusthauß wird noch heutiges tags ein Eyche gewiesen/ darunder König Ludwig der Heilige/ auff einer Tapezerey sol Audientz geben/ vnd Justitiam gehalten haben: Wie dann die alten Scribenten melden/ daß wolgedachter König mehrmalen gethan habe.

Carolus der Fünffte/ mit dem Zunamen der Weise/ hat an mehrermeltem Ort die schöne vnd Königliche Capellen gebawen.

Nicht weit von diesem Schloß/ ligt das Königliche Lusthauß Madrill/ so König Franciscus der Erste/ Anno Christi 1529. gebawen/ vnd dem jenigen in Hispanien/ in welchem er vier jahr zuvor gefangen gelegen/ gleich gemacht.

Von der Statt vnd Königlichen Abtey Sanct Denis/ vnd etlichen andern Stätten. Cap. xxx.

Die Statt Sainct Denis ist vor zeiten viel grösser gewesen/ dann aber heutiges Tags/ in Ansehung die König biß auff Robertum/ die vier grossen Jahrsfest daselbsten gehalten/ auch noch gnugsame Gemerckzeichen vorhanden/ daß sie sich in die 200. Schritt weiters erstreckt/ vnd die Kirch S. Remi in der Stattmawren gestanden.

War etwann sehr volckreich/ vnd mit allerley Gewerben/ vnd Handwerckern wol besetzt: derowegen auch ein grosser Jahrmarckt dahin gelegt worden/ welchen nicht nur die benachbarten Stätt/ sondern auch Frießland/ Engelland/ Italia vñ andere Länder fleissig besuchten/ wärte vier Wochen lang.

Ist heutiges Tags noch ein schöne lustige Statt/ vnd ziemblicher massen bewohnet/ hat eylff Pfarrkirchen/ vnd viel stattliche Kirchengüter. König Dagobert hat die Statt/ vnd alle derselben Ge ben Gerechtigkeiten dem Abt vbergeben/derowegen dañ die armen Burger vnd Eynwohner/biß auff König Ludwig den Sechsten/des Abts gleichsam Leibeigene Knecht vnd Sclaven gewesen.

Carolus der Kahle hat der Kirchen S. Denis die Herrschafft Ruel/bey Nanterres/sampt allen derselben Gerechtigkeiten vbergeben/darauß fünffzehen grosse Wachskertzen/vnnd sieben Lampen/ohn der Kirchen Kosten/solte erhalten werden.

Die Kirchen S. Denis/ward erstlich in König Dagoberts kosten mit gutem Silber bedeckt/ vnd inwendig auff das köstlichst gezieret gewesen.

Der Goldschmidt so die arbeit angeben/ward hernach Bischoff zu Noyon/vnd entlichen vnder die Abgestorbenen Heiligen gezehlet.

Eher das aber Dagobert gedachte Kirchen vnd Abtey gebawen/hat der ort daselbst/so ein Dorff gewesen/Pagus Catulliacus geheissen: Von einem Weib Catulla/einer Gottseligen Römischen Matron/welche Dionysij/vnd seiner Gesellen/Eleutherij vnnd Rustici/(so vmb Christi willen von den Vngläubigen gemartert worden/) Cörper allda in einer Capellen soll vergraben haben.

Nach dem aber Dionysij Grab/König Dagobert durch ein Gesicht entdeckt worden/ist der alte Nammen abgangen/vnd der jetzige auffkommen.

Die Hauptkirch Sanct Denis/hat zwen hohe gevierdte Thürn/auff vier grossen Steinenen Säulen stehende. Die Glocken darinn seind von feinem vnd reinem Metall.

Die Porten seind von Kupffer gemacht/vnd mit Gold/von schöner arbeit gezieret.

Die Kirchen ist inwendig 390. Schuh lang/100. breit/vnd 80. hoch.

Das Chor ist in drey sonderbare Gewölb abgetheilet.

Das erste darinn die Thumbherrn sitzen/ist 68. Schuh lang/vnd 35. breit.

Das ander Gewölb oder Chor/ist 45. Schuh lang/vnd 35. breit.

Das dritte ist fünff vnd zwantzig Schuh lang/vnd so breit alß die andre zwey.

In dem ersten Chor seind Philippi Augusti/Ludovici des achten/vnd Ludovici des neundten/ mit dem zunamen des Heiligen/mit feinem Silber bedeckte Gräber gewesen/so von den Engel ländern vnd Carolo dem sechsten beraubt worden.

In mitten dieses Chors ist Caroli des Kahlen Begräbnuß von Metall: Auff der seiten seind Clovis Dagoberts Sohns/vnd Caroli Martelli Bildtnussen in Marmor.

An der lincken seiten des Altars/ligt Hug Capet/vnd Eudo/bey einander.

Im andern Chor ligen volgende König begraben:

1. Philippus der dritte.
2. Philippus der Schöne.
3. Isabel von Arragonien/sein Gemahel.
4. Pepin.
5. Bertha sein Gemahel.
6. Carloman/vnd Ludwig/Bastarten.
7. Ludovicus der Auffrührisch/sampt Johan.
8. Johanna/Königin von Navarra.
9. Robertus.
10. Constantia sein Gemahel.
11. Heinricus jhr Sohn.
12. Ludovicus der Groß.
13. Philippus/Ludovici Sohn.
14. Carloman/Pepini Sohn.
15. Hermintrud Caroli des Grossen Gemahel.
16. Carolus der achte/dessen Begräbnuß von Metal/vnd verguldet.

Im dritten Chor oder Gewölb ligen:

1. Dagobert/so die Kirchen gestifftet.
2. Philippus der Lang.
3. Johanna sein Gemahel.
4. Carolus der Schöne.
5. Johanna von Eureux/sein Gemahel.
6. Philippus von Valois.
7. Johannes sein Sohn.
8. Margarita Ludovici des Heiligen Gemahel.

Ausser dem Chor ligt auff der rechten Handt/Franciscus der Erste/sampt Claudia seiner Gemahel/wie dann auch Franciscus/vnd Carolus seine Söhne in einem sehr prächtigen Grab/an dessen seiten/seine Krieg vnd Siegzeichen gehawen.

Vor Sanct Hippolyti Capellen stehet Ludovici des Zwölfften/vnd Annæ von Bretanien seiner Gemahel Begräbnus/darauff derselben Bildnussen gantz nach dem leben gehawen.

Auff dem Kirchhoff/so an die Kirchen gegen Mitternacht stosset/ist die schöne Capellen/welche Catharina von Medices gebawen/in deren mittel Heinricus der Ander/Franciscus der Ander/ vnd Carolus der Neunte gantz prächtig begraben.

In dem ersten Chor/hanget vor Sanct Dionysij Gebein/die schöne Silbere Lampen/welche der König auß Hispanien/Carolo dem Neunten/für den Leichnam Sanct Eugenij/so die Burger zu Toleto soll bekehret haben/verehret.

Zu vnderst in dieser Kirchen/wird ein köstlich Einhorn siebenthalb Schuh lang auffgehalten.

Weiters wirdt oben in der Kirchen ein gantz Guldin Crucifix gewiesen. Wie dann auch nicht fern davon ein vberauß schöner Badkessel von Porphyr gehawen/welchen König Dagobert von Poytiers/auß Sanct Hilarij Kirchen/sampt den ehrinen Thüren/dahin führen lassen. Etliche vermeynen gedachter Kessel/seye ein Tauffstein gewesen.

Den Königlichen Schatz betreffent/so in vielgedachter Kirchen oben in einem grossen Saal verwahret/

Von Gallia.

verwahret/ist derselbe mit grösserer verwunderung anzuschawen/dann aber müglich mit worten zuentwerffen.

Die Fürnembsten vnd denckwurdigsten stuck darinn/seind die Königliche Kleider/zierden/vnd Kleinother/die Kron/der Scepter/die Hand der Gerechtigkeit/der Königliche Mantel/der Dalmatinische vnderrock/vnnd die Stüffel: welches alles der Abt von Sainct Denis an die end vnd orth muß lieffern/da ein König will gekrönt vnd gesalbet werden.

An gedachtem orth stehet König Heinrich der Vierdte in einem Kasten lebens grösse/gantz natürlich abgebildet/vnd mit allen Königlichen Kleidern vnd Kleinothern/gleichsam als zum Triumph gezieret.

An diesem orth ist vorzeiten das Königliche Panier gewesen/welches die alten König jhnen in schweren Kriegen vortragen lassen.

Vnd meldet Haillan/daß Philippus Augustus/als er in das Heilige Land ziehen wöllen/sich gehn Sainct Denis verfügt/vnd daselbsten das Königliche Panier abgefordert/welches er auch dem Graffen von Clermont zu tragen geben.

Also hat auch Herr Peter od Villiers/gedachtes Panier König Carolo dem Sechsten in Flandern/vnd in der Schlacht bey Rosebeck vorgetragen. Bey mannes gedencken ist in viel ermelter Königlicher Abtey/eine von den schönsten vnd reichisten Libereyen gewesen.

Kan also diese Statt vnd Abtey Sainct Denis mit gutem fug jhren zunamen von Franckreich nemmen/weil daselbsten/die Fürnembsten Schätz vnd Kleinoter behalten/die König begraben/ja auch bißweilen im antritt jhrer regierung/mit grosser Solennitet gesalbet werden.

Von der Statt Poissy.

Poissy ist ein zimbliche schöne Statt/an einem lustigen Ort/an der Seine gelegen: ist etwann nur ein Lusthauß gewesen/dahin sich die Königin begeben/eher Fontainableau vñ S. Germain/gebawet worden/wann sie Schwanger gewesen; wie dann auch vnder andern Fürtrefflichen Helden/König Ludwig der Heilige daselbst geboren/vnd getaufft worden: Derowegen höchstgedachter König mehrmahlen zu seinen freunden gesagt/Poissy seye der einige ort/da jme die grösste Ehr auff Erden wiederfahren/in betrachtung der Christenliche Tauff/die weltliche vnd vergengliche Krönung weit vbertrifft. Wie dann auch bekandt/daß er sich in vielen Brieffen/Ludwig von Poissy vnderschrieben.

Im Jahr Christi vnsers HErren 1561. ist vnder König Carolo dem Neunten/ein treffenlich gespräch zu Poissy der Religion halben gehalten worden/welchem auch der thewre Mann Theodorus Beza beygewohnet.

Von dem Königlichen Schloß Sanct Germayn en Laye.

Dieses ist eins von den schönsten Lusthäusern in Franckreich/an einem vberauß herrlichen orth gegen dem Wasser gelegen/mit viel schönen Gebäwen/vnnd Kunststucken/fürnemblich etlichen gar sinnreichen Wasserwercken gezieret. Vnder andern Wunderdingen/ist in gedachtem Lusthauß ein Marmorsteininke Tisch/darauß an allen orthen herumb schöne Wasser/in gestalt lustiger Gläsern/Schalen vnd Bechern springen.

Es ist auch ein Nympha oder Jungfraw/die auff der Orgel spielet: Ja es seind etliche Vögelein/vnd insonderheit etliche Nachtigallen/so durch das Wasserwerck getrieben/ein gantz liebliche Stimm formieren.

König Carolus der Fünffte/ist der erste gewesen/so gedachtes Lusthauß gebawet.

Ward vnder Carolo dem Sechsten von den Engellendern eyngenommen/vnd von Carolo dem Siebenden/vmb ein zimliche Summa Gelts/einem Englischen Hauptman abgekaufft.

Von der Statt Corbeil.

Corbeil ist ein sehr alte Statt/etwann Castrum Cornelium genannt/deren Julius Cæsar vnd andere alte Scribenten gedencken/als bey welcher die Römer etliche Läger geschlagen.

Ward zu einer Graffschafft gemacht/vnd ist die Sag/daß Aymon ein Gräff von Corbeil/daselbst die Kirchen S. Spir gebawet: welches dann auch auß desselben Grabschrifft auff der lincken Hand deß grossen Altars abzunemmen.

Die Königin Isenburg/Königs Philippi/mit dem Zunamen von Gott gegeben/Gemahel/hat in gedachter Statt ein schön Lusthauß gebawen/darinn sie sich daß auffgehalten/als jhre der König vnder dem Schein der nahen Verwandschafft/die Ehe auffgesagt.

Von diesem Schloß werden noch heutiges tags am Wasser Essone/an dem Ort so man alt Corbeil heisset/etliche Merckzeichen gesehen.

Von der Statt Melun.

Weil diese Statt schon allbereit zu der Römer zeiten in trefflichem Ansehen gewesen/wie dann solches bey Julio Cæsare zu sehen/haben sie die Frantzösische Könige billich zur Hauptstatt vber die Provintz vnd Landschafft Gastinois gemacht.

Als

Das dritte Buch

Als König Robert für diese Statt gezogen/vorhabens dieselbe mit Gewalt eynzunehmen/sollen die Ringmawren eyngefallen seyn/als er etliche Psalmen befohlen zu singen. Etliche wöllen solches seye vor Oleans beschehen. Ward Anno Christi vnsers HErren 1420. von den Engel-

ländern so hart belägert/daß die Eynwohner vor Hunger die Roß gefressen. Hat etwan jhre eygene Grafen gehabt. Jetzund wirdt sie durch einen Landtvogt/sieben Räht/vnd etliche Amptsleuth verwaltet.

Von dem Königlichen Schloß Fontaineblea,rc.

König Ludwig der Heilige/hat diesen Ort/wegen der Wälden sein Einöde geheissen.

Franciscus der Erste aber hat jn dermassen mit gewaltigen Gebäwen erhebt/vnd gezieret/daß er biß daher der Haupt Pallast gewesen/darinnen neben viel schönen Königlichen Zimmern/ein vberauß wolbestellte Bibliothek gewesen.

Hat ein schönen Lustgarten/vnd darinn etliche Römische Antiquiteten/vnd ein gewaltig Vogelhauß/dessen sich nicht wenig zuverwundern.

Wirdt von Tag zu Tag je länger je mehr verrühmpt: weil dieser König mehrertheils daselbst sein Zeit vertreibt. Allda ward auch zwischen Herren von Plessis/vnd dem Bischoff von Eurnux ein treffentlich Gespräch gehalten/die Religion betreffendt.

Von der vhralten Statt Chartres. Cap. xviii.

CHartres ist eine von den eltisten Stätten/nicht nur in Franckreich/sondern in Europa/ja in der gantzen Welt: in massen sie dann bald nach dem Sündfluß/von deß Noe Nachkommen gebawen/vnd biß auff Julium Cæsarem/das ist etlich vnd fünfftzig Jahr vor Christi vnsers HErrn Geburt/durch ein frey Regiment beherrschet worden.

Ward von gedachtem Julio Cæsare/in deß Römischen Reichs Bündtnuß genommen/nach dem sie etliche schwere Krieg mit der Statt vnd Landtschafft Burges in Berry geführt.

Nit lang aber hernach wolten sich die Burger zu Chartres/der Römer Freundschafft gar entschlagen/vnd erwürgten in einem Auffruhr/einen von jhren fürnembsten Burgern/dessen Voreltern etwann den obristen Gewalt vber Chartres gehabt: vnd das auß der Vrsach/weil Julius Cæsar denselben in seiner Voreltern Würde gesetzt/welches den Burgern/so der Freyheit schon zuvor wol gewonet hatten/sehr zu wider gewesen. Derowegen dann Julius Cæsar den gewaltigen Helden Plancum dahin geschickt/daß er gedachte Statt den Winter vber mit einer guten Garnison oder Besatzung versehen/vnd diejenigen so diesen Todschlag begangen/Händt vnd Füß gebunden/jhme vberschicken solte.

Die Thumbkirch zu Chartres wird für die eltiste in gantz Franckreich gehalten/in deren der

groß-

großmecht'ge König Heinricus der vierdte/zu End der eynheimischen Kriegen vnd Werwüstungen/gesalbet vnd gekrönet worden.

Diese Kirchen soll von den Heydnischen Priestern/Druides genannt/einer Jungfrawen zu ehren erbawet seyn/welche den Erlöser der gantzen Welt würde gebären: derowegen sich dann die Eynwohner von den H. Männern Saviniano vnd Potentiano/bald nach Christi vnsers H Erren Himmelfahrt/vom Heydnischen Aberglauben/zu der Erkanntnuß desselben wahren Erlösers/durch die Krafft des H. Geistes bewegen vnd bringen lassen.

Solinus der 14. Bischoff zu Chartres/soll König Clouis/ehe er von S. Remigio getauffet worden/die Glaubens Artickel außgelegt haben.

Gedachte Thumbkirchen hat nach der 72. Jünger zahl/72. Thumbherzen/vnd so viel Burg vnd Dörffer/darauß sie sich stattlich erhalten mögen.

Vnder Hardovin dem 50. Bischoff/ist die Statt Chartres/weil sie von Holtz gebawen gewesen/sampt dem grossen Thurn/so man auff dem Berg siehet/welchen Graff Diebolt gebawen/vast gantz verbrunnen.

Vnder Petro dem 65. Bischoff/so auch Abt zu S. Remy/in Rheims gewesen/ist die Statt Chartres mechtig erweitert/die Mawren darumb erhöhet/vñ die Gassen darin gepflastert worden.

Viel gedachte Statt wirdt der Statt Paris Kornkasten genannt. Ward Anno Christi vnsers Herren 1591. den 19. Aprilis/von König Heinrich dem Vierdten/so sie zwen Monat lang hart belägert/eyngenommen.

Sie hat neun Porten/vnnd dreyzehen schöne Kirchen. Durch die Statt laufft ein schön Wasser/welches bey Pont de l' Arche in die Seine laufft.

Die Graffschafft Chartres/ward vnder Francisco dem Ersten/zu einem Hertzogthum gemacht.

Von der Statt Estampes.

Diese Statt ligt an einem schönen vnd fruchtbaren Orth/ist aber zu jhrer grösse nicht sonderlich bewohnet.

Das Schloß vnd vnser Frawen Kirchen daselbst/hat König Robert gebawet.

Ward etwan ein Graffschafft: vnnd ist Anno 1401. der Graff von Estampes/als er bey dem Hertzog von Berry zu Gast gewesen/gählingen daselbst gestorben.

Dieser Hertzog von Berry/hatte gedachtem Graffen/Estampes abgekaufft/vnnd jhme die Nutzung sein Lebenlang gelassen.

Derowegen dann der Hertzog von Berry/die Graffschafft Estampes damalen an sich gezogen.

Es ist nicht bald ein Fluß in Franckreich/in welchem so viel Kräbs gefangen werden/als in dem zu Estampes.

Das dritte Buch

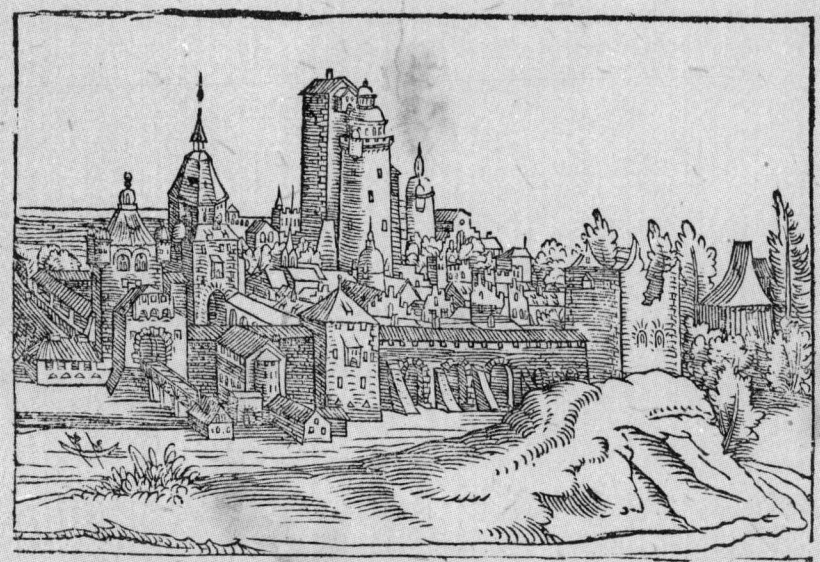

Von der Statt vnd Graffschafft Dreux/ sampt etlichen andern Orten.

Druides. Diese Statt sol Dryus der vierdte König in Gallien gebawet/ vnd darinn die Priester Druides geordnet haben/ so hernach alle jahr auß dem gantzen Land dahin zusammen kommen.

Als König Philippus Augustus/ den König auß Engellandt/ vnd desselben Sohn Reichard auß Franckreich vertrieben/ haben sie diese Statt Dreux mit Fewr angesteckt.

Hierumb ligt auch die Statt vnd Graffschafft Monfort l'Amaulry/ so noch vnder die alten Gräntzen der Statt Chartres gehört.

König Robert hat das Schloß Montfort gebawet/ vnd dasselbe mit gewaltigen Mawren vnd Thürnen bevestiget.

Gedachter König hat auch die Statt mit Ringmawren beschlossen/ vnd die Landschafft seinem Sohn Amaulry/ so er von einer Gräffin von Noyon gehabt/ vbergeben: von welchem hernach die Grafen von Montfort l'Amaulry herkommen.

Montfort l'Amaulry. Ein Graf von Montfort gewann den Albigenseren Anno 1213. ein gewaltige Statt ab.

Simon Graf von Montfort/ bekam eines Königs auß Engelland Schwester.

Houden. Nicht fern von Montfort/ ligt Houden/ von deren die Alten nichts anders melden/ dann daß obgedachter König Robert/ zwo Kirchen darinn gebawet.

Die Statt vnd Graffschafft Mante.

In dieser Statt ist Philippus Augustus Anno 1223. auß diesem Leben verschieden. König Carolus der Siebende/ hat sie mit grosser Mühe vnd Gefahr den Engelländern abgetrungen/ vnd der Kron Franckreich vnderworffen.

Die Statt vnd Hertzogthumb Vendome.

Vendome ward vor Christi vnsers HErrn Geburt/ ein Schloß/ von den Römern Vindocinum genannt. Gehört/ wie auch Mante/ vnder das Bistumb Chartres. Franciscus der Erst hat sie Anno 1514. in die Würde der Mitregierung/ oder Pairzie/ vnd Hertzogthumbs erhebt.

Der Abt zu Vendome ist keinem Bischoff vnderworffen/ sondern ist von Bapst Innocentio dem Dritten so hoch erhebt worden/ daß er kan Cardinal deß Tittuls Sanctæ Priscæ werden.

Anno 1563. wurden zu Vendome die Altar abgebrochen/ vnd die Bilder in den Kirchen zerschlagen/ derowegen dann die Papisten gesprochen: Vous abbatez les images, & destruisez les sepulchres des tres passez: mais nous abbatrons autant de vives images, qu'ils en pourra Choir en nos mains.

Anno 1589. ward es von König Henrico eyngenommen.

Ist der Händschuch halben/ so dselbst in grosser Anzahl gemacht werden/ vnder den Kauffleuten vnd Krämern sehr bekondt.

Hat vnder andern fürtrefflichen Männern/ den hochverstendigen vnd sinnreichen Poeten Peter Ronsard gezeuget/ dessen schöne Bücher hin vnd wider in grossem Werth gehalten werden.

Die Statt vnd Graffschafft Bloys.

An diesem lustigen/ gesunden Orth/ seyndt etwan der Königen Kinder aufferzogen/ vnd viel grosse Reichstag gehalten worden.

König Carolus mit dem Innammen der Einfältige/ hat Gelon Rollonis/ des ersten Christlichen Hertzogen in Normandey Bruder/ zum Grafen zu Bloys gemacht. Diese Normander aber waren eines Teutschen Geblüts vnd Herkommens.

Andreas

Von Gallia.

Andreas Thevet / nennet diesen Gelon / oder Gillon / einen Fürsten auß Dennemarck / wie dann auch oben angezeigt worden / daß die ersten Normander auß Dennemarck in Franckreich kommen. Nun aber haben die Dennmärcker vnd Teutschen einerley Voreltern gehabt.

Zwo meylen von Bloys / ligt der Flecken Orcheze / so Julij Cæsaris in wehrenden Kriegen Kornkasten gewesen.

Was dieses für ein gewaltiger Platz vor zeiten gewesen / ist auß den alten Schwybögen / Gewölben / vnd Gemäwren abzunehmen.

Die Herrschafft Bloys / erstreckt sich in der Länge in die 40. Frantzösische Meylen.

Begreiffet in jhrem Gewalt siebenzehen Stätt / vnd 600. grosse Pfarren.

Hat vor zeiten / wie auch Vendome / eigne Müntz geschlagen.

Anno Christi vnsers HErren / 1588. ist den 22. Novembris Heinrich von Lothringen / Hertzog von Gunse / vnd den folgenden Tag der Cardinal sein Bruder / zu Bloys vmbgebracht worden.

Von der Königlichen Statt Orleans. Cap. xxiv.

Ann vnd von wem diese lustige Statt / an der Loyre / seye gebawet worden / ist nicht wol zu erweisen. Es haben auch die jenigen kein gewissen Grund / so da fürgeben / sie seye die alte Statt Genabum / deren Julius Cæsar gedenckt.

Zwar ich wolte wol glauben / daß die Druides Genabum gebawen / ob es aber diese Statt / oder Gien seye / ist noch zweyffelhafftig.

Das ist ein mal gewiß / daß sie Keyser Aurelianus widerumb in Ehr gelegt / vnd mit newen Mawren vmbgeben / derowegen sie dann von den Römern Aurelianum / vnd heutiges tags von den Frantzosen vnd Teutschen Orleans genannt worden.

Etliche haben sagen wöllen / Julius Cæsar habe sie seiner Mutter nach Aureliam geheissen.

Nach Clovis deß Ersten absterben / hat Clodomir sein Sohn / Orleans zu seines Königreichs Hauptstatt gemacht / vnd daselbst Hof gehalten.

Im jahr Christi vnsers HErren 1312. hat König Philippus der Schöne / die Hohe Schul zu Orleans auffgericht: auff deren biß daher viel fürtrefflicher Männer gelesen.

Philippi von Valois Sohn / auch Philippus genannt / war der erste Hertzog zu Orleans. Von derselben Zeit hat deß Königs anderer Sohn gedachtes Hertzogthumb besessen.

Im jahr Christi 1427. hat ein Jungfraw / Johanna genannt / 18. Jahr alt / von Vaucouleurs in Lotharingen bürtig / die Statt Orleans von der Engelländer Gewalt erlediget / als sie von denselben hart belägert gewesen. Ermeldte Jungfraw / ist daselbsten zur Gedächtnuß auff der Bruck / so vber die Loyre gehet / neben Carolo dem Siebenden / in Metall abgebildet.

In vielgedachter Statt / ist König Ludwig der Groß in S. Stephans Kirchen / vnd Ludwig der Gütig sampt seiner Gemahel / in S. Sambsons Kirchen von Bapst Stephan dem Vierdten gesalbet worden.

Vnder König Childebert ist ein Fewer vom Himmel gefallen / vnd hat die Statt in jrem höchsten Blüst / vast gantz verbrennet.

Es seyn in dieser Statt fünff Concilia gehalten worden.

Das Erste hat König Clouis beruffen / welchem 33. Bischoff beygewohnet.

Das ander hat Childebert der Erste beschrieben / vnd hat Honorat der Ertzbischoff von Burges den obern Sitz.

Das Dritte hat widerumb Childebert angestellet / im 26. jahr seiner Regierung / vnd hat Lupus der Ertzbischoff von Lyon in demselbigen præsidiert.

Das Vierdte hat abermal Childebert versamblet.

Das Fünffte hat Childebert im 38. jahr seines Reichs zusammen beruffen / vnd wurden in demselben die Eutychianer / vnd Nestorianer als Kätzer verdampt.

Von der Statt Sens.

Diß ist die Statt so vor alten Zeiten so mächtig gewesen / daß sie ein groß Kriegsheer in Italiam geschickt / vnd im Hertzogthumb Vrbin die Statt Senogalliam / vnd in Tuscana die Statt Siene gebawet.

Diß ist auch die Statt / die ein so lange zeit Julio Cæsari widerstanden / vnd desselben vielfaltige ernstliche Vorhaben vmbgestossen.

Die Thumbkirchen zu Sens ist eine vnder den schönsten in Franckreich / darinn Ludwig vnd Carlomanna / Ludwig deß Stamblers Söhne / Eudo / Roberti Sohn / vnd Philippus Augustus / sampt seiner Gemahel gesalbet worden. Nicht fern von dannen ist ein Brunnquellen / dessen Wasser zu Steinen wirdt.

Von der Statt Burges.

Julius der Keyser nennet dise Statt Auaricum / vnd ist der Bituriger Hauptstatt / ist in jhrem Circkel sehr groß / daß sie auch den grösten Stätten in Franckreich vergleichet. Sie ligt an einem sumpffechtigen ort / allenthalben mit Sümpffen vnd Wässeren vmbgeben. Etliche nenneten sie Bituris / alß wan es were Biturris von 2. Thürnen / so vor alten zeiten von 2. Brüderen darinn gebawen

bawen seyn. Deren noch einer gesehen wirdt groß vnd rundt/vnd möcht wol einem starcken Schloß verglichen werden/vnd köndten jm die grossen Stücken schwärlich wz abgewinnen: das Landt vm̃ diese Statt ist fast fruchtbar. Tregt fast alles so sonsten in gantz Gallia wächst. Es ist hie ein mächtiger Wollen handel wegen der menge Schaffen/so da gezeüget werden/vnd seyn selbige Hämmel jhres zarten vnd wolgeschmackten Fleischs halben in gantz Europa verrümbt.

Diese Statt ist erstlich von den Römern vnder Julio Cæsare/folgents von den Hunnen/vnnd entlich von König Chilperichs Veldobristen/vast gantz vnd gar verstöret/vnnd erst von Carolo dem grossen widerumb erbawet/vnd in ehr gelegt worden.

S. Vrsin soll nach der Apostel zeit/zum ersten das Euangelium zu Burges geprediget haben.

In gedachter Statt ist vor zeiten ein gwaltig Amphitheatrum gewesen/wie noch bey dem alten gemewr abzunem̃en. Vnder andern schönen Häusern ist das Prächtigste welches Jacque Coeur/ein reicher Kauffmann von Burges bürtig gebawen / von welchem es auch seinen Nam̃en behalten.

Angeregter Kauffmann ward entlich verklagt/als wann er den Türcken zu viel hilff erwiesen/vnd denselben die heimligkeiten seines Vatterlands entdeckt hette/dessentwegen er umb ein merckliche summa Gelts gestrafft/vnd ins ellend verwiesen ward.

Die Vniuersitet daselbst/ist erstlich von Ludouico dem Heiligen bestelt/vnd folgents von Ludouico dem Eilfften verbessert worden/welchem zugefallen Bapst Paulus der Ander etliche treffenliche Freyheiten/gedachter stifftung zugethan.

Von der Statt Tours. Cap. xxx.

Tours an der Loyre im Garten der Kron Franckreich gelegen/ist ein sehr alte vñ lustige Statt/auch theils wegen der Fruchtbarkeit des Lands/theils wegen der eynwohnern geschickligkeit/voller Reichthumb: in massen sie dann neben andern nutzlichen Gewerben/den Seidenhandel so hoch gebracht/daß sie auch den Italiänischen Handelsstätten möchte verglichen werden Hat von den Engelländern viel erlitten: ist auch ein mal von jhnen schier gantz abgebrandt worden.

Bald nach Julij Cæsaris ankunfft wardt diese Statt von den Römern beherschet/vnnd durch Sanct Gratian vnder Keyser Diocletiano / in mitten der grossen Verfolgung/zum Christenlichen Glauben gebracht.

Sanct Martin auß Vngern Bürtig/ ward der Achte Bischoff zu Tours/als er zuvor mit S. Hilario vnder Keyser Juliano dem Abtrinnigen/ein Kriegsknecht gewesen.

Die Statt

Die Statt Tours

mit allen fürnembsten Oertern an
Gestalt vnd Form/wie sie zu vnsern Zeiten in dem
Wesen ist/gantz künstlich abcontrafehtet vnd ins
Werck gebracht.

Die ab=

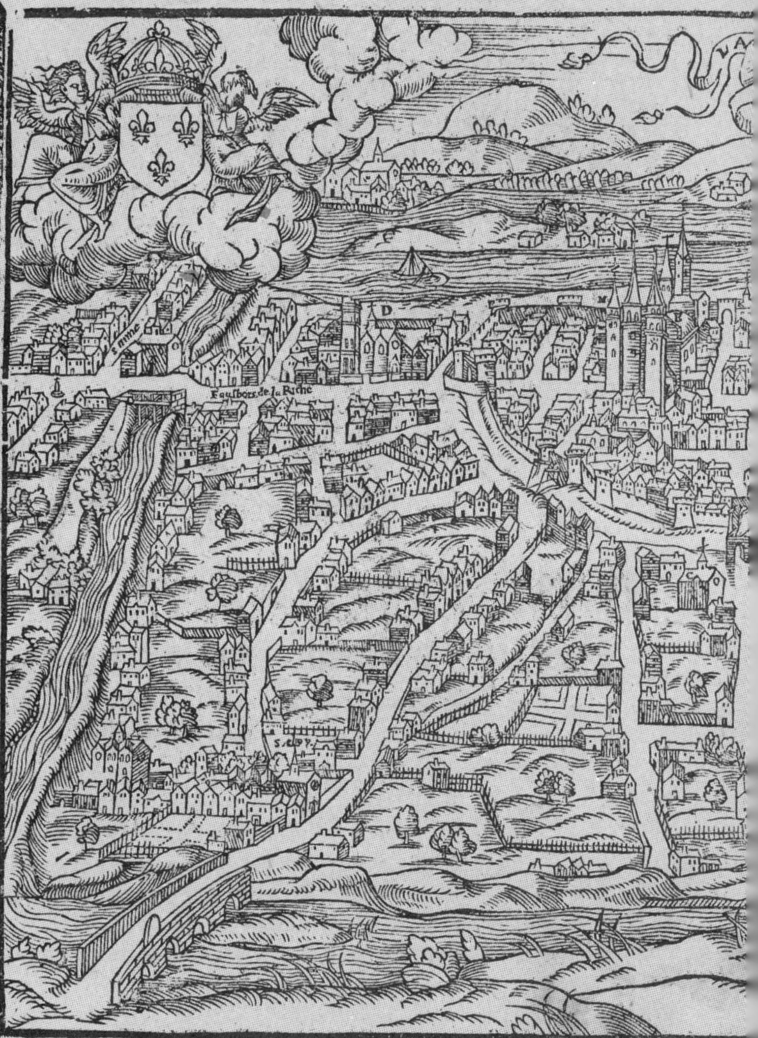

230 Die abcontrafactur der

Verzeichnuß der fürn

und Edlen Statt Tours. 231

en dieser Statt.
G S. Stephan.   K Carmelter.
H Barfüsser.   L Augustiner.
I Jacobiter.   M Ein Thor der Statt.

Z ij   Under

Das dritte Buch

Vnder andern fürtrefflichen Männern/ so zu Tours geboren/ seind Gregorius der Neunzehende Bischoff/ Anicij des Heiligen Bischoffs in Avernien Lehrjünger/ vnd Bapst Martinus der Vierdte diß Nammens/ die Fürnembsten gewesen.

Die alten König in Franckreich haben ein lange zeit zu Tours auff S. Martini grab/ jre Heurath/ Bündnussen vnd dergleichen schwere wichtige Contract/ zu ewiger versicherung versichert/ vnd vnderschrieben.

Drey Concilia seind zu Tours gehalten worden: das erste/ Anno 462. vnder Bapst Leone dem Grossen.

Das Ander vnder Pelagio dem Ersten/ Anno 556. wegen etlichen Heidnischen Ceremonien/ so in den Kirchen abgeschafft worden.

Das dritte vnder Victore dem Andern / wider Berengarium den Priester von Angers/ so nie wollen zugeben/ daß der wahre Leib vnd Blut Christi in dem heiligen Abendtmahl seye.

Gedachte Statt ward erstlich ein Graffschafft/ den Graffen von Bloys vnd Champanien zugehörig/ welche sich auch darumb Graffen von Touraine geschrieben.

Kam hernach an die Graffen von Aniou/ inmassen dann Theobaldus der Dritte diß Nammens/ Graff von Touraine/ gedachte Statt vnnd Herrschafft/ Gottfried dem Graffen von Aniou/ zur Ranzion vnd erledigung auß der Gefangenschafft geben müssen.

Endlichen aber haben die König in Franckreich ermelte Graffschafft zu einem Hertzogthumb gemacht/ vnd dasselbe einem von den jungen Hertzen zum Erbland geben/ wie Carolus der Fünffte gegen seinem Sohn Ludwig gethan.

An statt des Hertzogthumbs Touraine/ wurd hernach Orleans gegeben.

Carolus Martellus hat bey Tours mit Fünfftzehenhundert Frantzosen / Abdiram den König auß Hispanien / sampt viel tausent Sarracenen/ erschlagen.

Zu Colombiers zwo Meylen von Tours/ werden etliche Gewölber in harten Felsen gesehen/ darinn/ auch in den heissisten Sommer: vnd Hundstagen/ das Wasser so von oben herab fleußt/ gleichsam als Zuckercandel gefreyrt.

Von der Statt Amboise.

Zur zeit des H. Bischoffs Martini/ ist Amboise nur ein Dorff gewesen/ vñ wurd zu einer Statt gemacht/ alß die Dennmärcker Franckreich vberfallen. Die Graffen von Aniou haben gedachte Statt/ mit König Philippo von Valoys/ vm ein andre Herrschafft vertauschet. Carolus d' Achte/ hat das schön Schloß daselbst gebawet/ vnd darin in einer vnlustigen Kammer sein Leben geendet.

Von der Statt Mans in der Grafschafft Maine.

Mans/ sonsten auch Lemans genant/ ist ein sehr alte Statt / vnd vor zeit viel grösser vnd mechtiger gewesen/ dann aber heutiges Tags/ derowegen dann jener Poet gesungen:

Vrbs inter primas quondam numerata, potentes.
Vrbs generosa viris, vrbs spatiosa loco.

Die Eynwohner vnd Landtleuth darumb/ waren von den Römern Cenomanni/ oder vielmehr Senomani geheissen / wie neben andern gezeugnüssen im Schloß de Gue/ an einem alten Römischen Grab zu sehen/ daran volgende Wort gehawen.

L. A. MAINO. EQ. OB. EIVS. MERITA PLEBS VRBANA. SENOMAN. D.

Das ist: die Burger zu Mans haben diß Grab Lucio Aulo Mainio/ Rittern wegen seiner verdiensten auffgerichtet.

Etliche vermeynen es habe Simon der Aussetzige/ bey welchem vnser Herr Christus zu Gast gewesen/ alß jme die Magdalena die Füß mit Thränen gewaschen/ vnd mit jren Haaren getrucknet/ gedachte Statt zum Christenthumb bekehrt. Andere aber schreiben solches einem fürnemmen Burger von Rom zu/ welchen S. Clemens dahin soll abgefertiget haben. Alß der Römische Landtpfleger/ mit namen Defensor/ den Christlichen Glauben angenommen/ vnd darauff getaufft worden/ hat er auß seim Hauß die jetzige Thumkirchen bawen lassen: wie dann noch heutiges Tags am Portal etliche anzeigung eines Palasts/ vñ an den Säulen etliche alte Wapen mit Krottē gesehen werdē.

Von der Statt Angiers.

Es ist auch diese Statt eines sehr alten Nammens/ vnd den Römern treffentlich bekant gewesen/ wie solches auß einem eingefalln Amphitheatro/ vor der Statt/ heut Grohan genannt/ abzunemmen.

Ward bald auff der Statt Mans bekehrung/ mit dem H. Evangelio erleuchtet.

Die Hertzogen von Angiers/ seind ein gute zeit König in Engelland gewesen. Darbey dann derselben Hochheit vnd Macht zuerkennen. Im jahr Christi 1398. hat Ludwig der Ander dieß Nammens/ Hertzog von Angiers/ vnd König in Sicilien/ ein treffentlicher liebhaber der guten Künsten/ die Vniuersitet zu Angiers gestifftet/ vnnd derselben vom König in Franckreich/ vnnd dem Bapst zu Rom viel herrliche Privilegia vnd Freiheiten außgebracht.

Douay. Sechs oder sieben Meylen von Burges ist das Städtlin Douay/ da ein Wunderbar alt Amphitheatrum/ welches in der ronde von 160 Schritt/ darinnen auff die 15000. Personen haben sitzen können.

Die Statt Huttiers

Nach form vnd gestalt/wie sie zu vnsern zeiten gelegen vnd erbawen ist/mit sonderm fleiß abcontrafehtet vnd beschrieben.

Etlicher fürneh...

1. Etliche steinen Bogen.
2. S. Cyprian Aptey.
3. Ein heimlich Thor, genandt Tison.
4. Das Thor von welchem man auff den Wahl kompt.
5. S. Antony.
6. S. Gregori ein Pfarr.
7. S. Trinise Pfarrkirchen.
8. S. Hilary.
9. S. Hilary ein Gestifft.
10. Unser Fraw der Kertzen ein Pfarr.
11. Ein Lustplatz, da eines gewaltigen Amphitheatri alte zerstörte Mawr vorhanden.
12. Aufferständtnuß ein Pfarr.
13. Dreyfaltigkeit Aptey.
14. S. Polosine Pfarrkirchen.
15. S. Hilary von der Cell Aptey und Pfarr.
16. S. Nicolaus Priorat.
17. S. Peters Gestifft.
18. Ein Collegium genandt Punquartean.
19. Augustiner Closter.
20. S. Porchai. Priorat und Pfarr.
21. Das Rahthaus.
22. Die Hohe Sch...
23. Jacobiter.
24. Barfüsser.
25. S. Pauls Prior...
26. S. Ostin ein P...
27. H. Creutz Ap...
28. Radegonde ein...
29. S. Peter das...
30. Unser Fraw d...
31. Der Pallast.
32. S. Savino P...

Puttiers contrafactur 235

Statt Pictavia außlegung.

33 S.Didiers Pfarr.
34 Die Thy.
35 Vnser Fraw die Groß/ein Pfarr.
36 Agcalassis Collegium.
37 S. Michaels Pfarr.
38 Carmeliten Closter.
39 S. Cybards Pfarr.
40 S. Germans Pfarr.
41 S. Ladres Thor.
42 Das Schloß.
43 Das new Closter/Aptey vnd Pfarr.
44 Das Thor Rochereul genandt.
45 Pfliens Hauß.
46 Der Aebtissin Matten.
47 Das Thor der Brucken von Joubert.
48 Der Brunn von Joubert Bruck.
49 Vapsts Brunn.
50 Die Gräben an der Mawren.
51 Der Lach gewandt Thin.
52 Des Kings Mawr.
53 Des Bischoffs Matten.
54 Die erhebten Stein.

Aa ij   Von

Das dritte Buch

Von der Statt Poictiers. Cap. xxvj.

Pictiers von den Alten Pictavia/ vnd von Ptolemæo Augustorium genandt/ ist vor zeiten der Pictonum/ vnd der gantzen Graffschafft Hauptstatt gewesen: ward erstlich nur ein Meil wegs von Chastelleraud/ an dem ort so man noch alt Poictiers nennet/ gebawet: volgends aber vnder Keyser Claudio an dem Fluß Clin/ da sie noch biß auff heutigen tag stehet/ versetzet.

Hat von den Römern/ Wandalen/ Gothen/ Normandern oder Dennemärckern/ Sachsen vnd Engelländern sehr viel erlitten.

S. Martial/ so dem ersten Martyrer Stephano verwandt/ vnd der jenige soll gewesen seyn/ der dort in der Wüste die fünff Gerstenbrodt vnd zwen Fisch vnserm HErren Christo gegeben/ hat zum ersten das Euangelium zu Poictiers geprediget. Vnd melden die Historien/ daß sich die Burger daselbst gar gern bekehret/ vnd in dem Namen vnsers HErren Christi haben tauffen lassen.

Die Statt ist heutigs Tags sehr groß/ aber nicht sonders bewohnet: hat noch etliche Römische Gemäwr/ alß namblich ein Amphitheatrum/ vnd ein Keyserlichen Pallast/ welchen Gallienus soll gebawen haben.

Im jahr Christi 638. hat König Dagobert die schöne Kirchen S. Hilarij daselbst beraubet/ vnd die zwo ehrinen Thüren auff ein Schiff geladen/ vnd sampt dem Tauffstein gen S. Denis geführet.

Carolus der Kahle/ hat gedachte Statt zu einer Graffschafft gemacht.

Carolus der Siebende/ hat sie in ewige zeit der Kron eynverleibet/ vnd daselbsten die Vniversitet gestifftet/ welche hernach Bapst Eugenius der Vierdte mit etlichen grossen Freyheiten begaabet.

Von Roschelle. Cap. xxvij.

Jn der Statt Roschelle hab ich nicht sonders viel von alten zeiten herfür zu nemmen/ dann allein daß wol zu vermuthen/ sie seye vor langem im Wesen gestanden. Weil Ptolemæus dises Orts in seiner Geographey gedencket/ vnd es Santonum portum: das ist/ das Port des Lands Saintonge nennet: ob es aber schon dazumal mit Mawren vmbgeben vnd ein Statt gewesen seye/ stehet im zweyffel. Doch ist gewiß/ daß lange zeit etwas Wohnungen da gewesen seind/ welche allgemach zu einer Statt erwachsen. Sie ligt im Land Sainton am hohen Meer an einem köstlichen vnd wol bewahrten Ort/ hat ein treffenlich vnd köstlich Port/ Meerhafen oder Schiffstelle/ da der Kauffleuthen auß Engelland/ Niderland/ Hispanien/ etc. Schiffe in grosser anzahl anzukommen offt gepflegt haben. Gegen dieser Statt vber/ vorauß in dem Meer/ ligen drey Insuln/ deren die nechste Isle de Re, des Königs Insul genennet wirdt. Es haben die König in Engelland/ alß sie gantz Aquitanien innen gehabt vnd besessen/ dise wie auch Bourdeaux/ sehr lieb gehabt/ von wegen der Anfurten vnd Meers gelegenheit. Im 1542. Jahr hat sich zu Roschelle/ derselbigen Gegne/ den beyligenden Insuln auch in Poictu vnd anderstwo/ von wegen des newen Vngeldts/ so der König auff das Saltz geschlagen/ etwas empörung vnd vnruhe erhebt/ deßhalb der König des vbel zu frieden gewesen. Jedoch alß er mit Heeresmacht in Saintonge gen Roschelle kommen/ vnd sie jhr Majestät demütiglich vmb verzeyhung angerüfft/ ward jhnen solche Mißhandlung verziegen.

Nach anfang der Kriegen vnder Carolo dem Neundten/ im 1561. Jahr/ haben die von der Religion/ die Statt Roschelle neben anderen allzeit innen gehabt/ sich da enthalten/ daselbst jhre eynflucht genommen/ hülff auß Engelland bekommen/ vnd sich darauß zuerfristen vnderstanden. Deßhalben sie auch dise in selbigen Jahren mit starcken Pasteyen vnd Bollwercken vber die maß bevestiget/ bevorab gegen Osten/ da sie allein freyen zugang hat. Dann sie sonst die Natur an vbrigen enden/ eins theils mit dem Meer/ anders theils mit Sümpffen/ so von des Meers gewüll entstehen/ verwahret. Alß des Friedens Edict im 1570. Jahr/ von König Carolo außgangen vnd publiciert worden/ ist auch dise Statt Roschelle/ beneben Montauban/ Coignac vnd Charite/ denen von der Religion jnnzuhaben bewilliget vnd zugeben worden. Demnach aber dasselbig Pacifications Edict auff der Hochzeit Königs Heinrici von Navarra/ zu Paris gebrochen worden/ in dem (wie droben außführlicher beschrieben worden) Herr Caspar von Coligny der Admiral mit vielen Fürsten/ Herren/ Edlen/ vnd deren von der Religion fürnehmsten/ so vom König zum Hochzeit-Fest berüffet/ auff Bartholomæi des 1572. Jahrs vmbgebracht/ auch gleicher gestalten in vbrigen Stätten Franckreichs an den Religionsverwandten geübet ward: Hat sich die Statt Roschelle auß anmahnung des Graffen von Montgommery/ welcher auß Paris entrunnen/ vor solchem vnfahl bey zeiten verwahret/ den Herren von Byron/ des Königs Befelchshaber/ nicht zulassen/ vnd seinem zusagen nicht mehr trawen wöllen. Deßhalb sie der König durch seinen Bruder den Hertzogen von Aniou/ mit grosser Macht vnd einem gewaltigen Geschütz/ durch den

Winter

Die Statt Roschelle

Wie sie zu vnseren zeiten in Maw-
ren/Thürnen/Pasteyen/Bollwercken/schönen Gebäwen/
vmbgriffen wirdt: Mit sampt der Kriegsrüstung vnd den Lägern/so die von der
Religion in der Statt Anno 1572. biß ins 1573. wider die Königischen gantz Ritterlich beschützet vnd beschirmet haben. Alles mit sonderem fleiß hie vor augen abcontrafehtet vnd beschrieben.

Vij   Der

Erklärung der Buchstaben vnd Ziffer/

A Thor mit dem Spitz genandt Congne.
B Vestung vnser Frawen von Congne.
C Bisthumb.
D Platz vn̄ d Vestung des Schloß.
E Newe Thor vnd sein Bollwerck.
F Pasteyen mit Erden außfüllet.
G Bollwerck von der Metzg.
H Thurn Morelle.
I Frawen Bollwerck.

K Vestung S. Niclaus.
L Thurn vnd Bollwerck S. Niclaus.
M Thurn der den Hafen beschleußt.
N Der Laternen Thurn.
O Das Thor vnd grosse Vestung der zwo Mühlen.
P Eyngang des Wassers Rateau.
Q Der Thurn mit dem Whtzegger.
R Schiffenden. (weissen.
S Bollwerck genandt Evangelist/ setzt gar zer-

chett warhasseige Abcontrafactur. 239

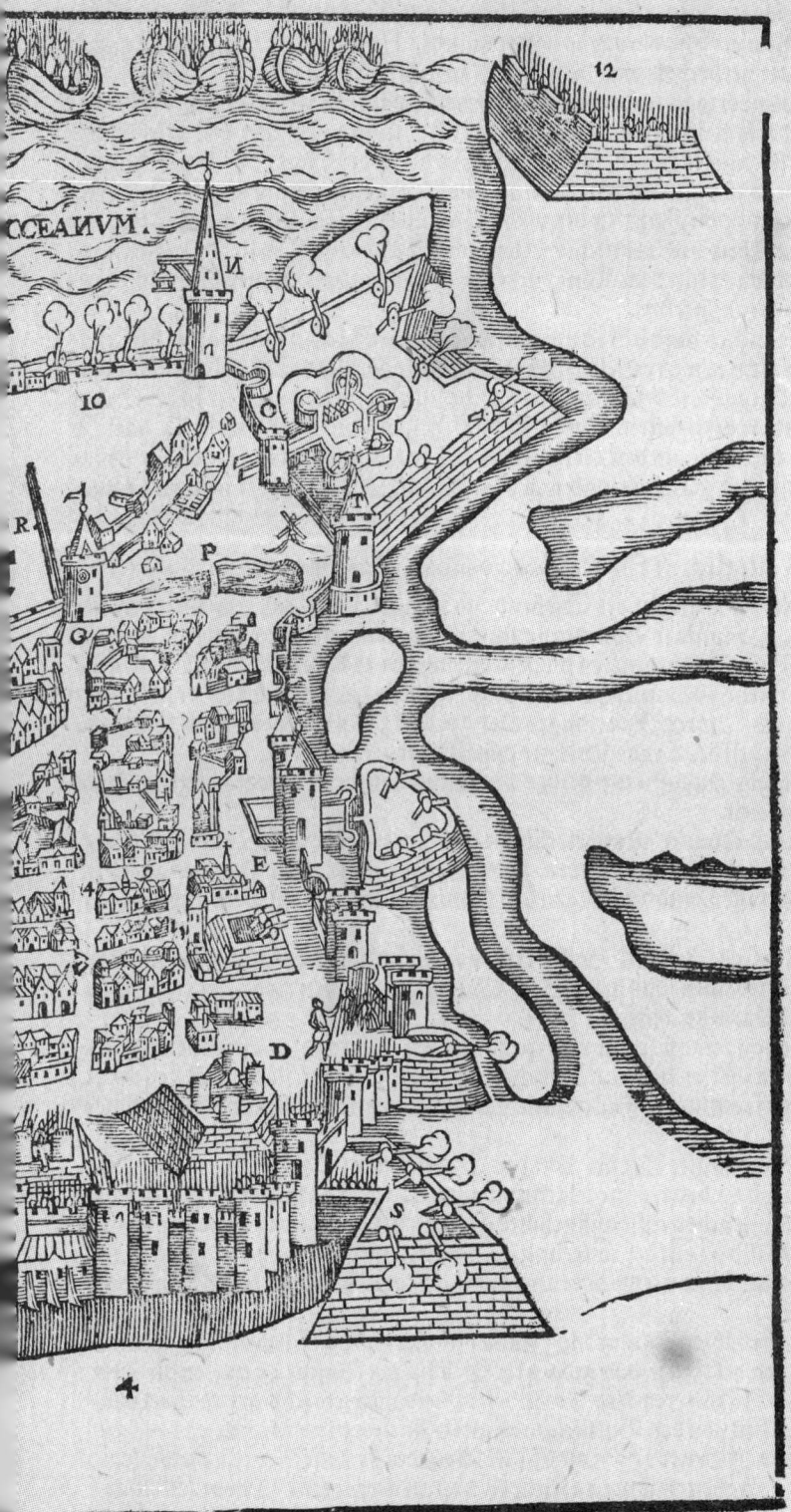

an den fürnehmsten Oertern verzeichnet seind.

3 Graben mit viel nideren Thürnen.
4 Graben mit den Gegenmawren.
5 Die Corterie.
6 Die Clouxterie.
7 Die grosse Gassen.
8 Salvator gassen.
9 Newe gassen.
10 Der Kay.
11 Bestung von Corette.
12 Vestung vom newen Thor.
13 Spital.
14 S. Bartholome.
15 Der groß Karack/mit viel ander Schiffen beschlossen/der Hafen genandt Chef de boys.
16 Gargoleau gassen.
17 Maos/kommen auß dem Wasserfluß des Meers.
18 S. Niclaus Thurn.

Bb ij

Winter gantz härtiglich belägert/beschossen vnd möglicher weiß benötiget. Aber die von Roschelle hatten sich zuvor dessen versehen/auch mit Proviandt/Volck vnd Munition wol gefaßt gemacht/alles vmb die Statt verderbet/was dem Feind zu nutz kommen mögen. Theten auch mit solchen Ritterlichen vnd vnverzagten Hertzen/so manchen Außbruch vnd Scharmützel wider die Feind/daß es gantz wundersam vnd gedächtnuß würdig ist. Wiewol jhnen mit Schiessen/Sprengen vnd Stürmen sehr zugesetzt ward/hielten sich doch die in der Statt also vnerschrocken vnd nothvest/daß sie keins wegs zu begwältigen waren. Dise Belägerung währet von Michaelis biß auff Johannis Baptistæ im 1573. Jahr/in die neun Monat lang/zwischen welcher zeit den Feinden/von Hunger/Kranckheit vnd tödtlicher Wehe vber die 20000. Personen vergiengen vnd hinsturben. Die Statt ward mit dem König vertragen/jedoch nicht eyngeraumet/vnd ein offentlicher Friede von newem außgerüfft.

Alß man aber mit gewalt nichts außrichten mögen/wurden die Sachen hinfort mit List außzurichten/fürgenommen. Dann es war bestellet/daß sich auß den nächsten Schlössern/Santes/Maille vnd S. Vinien ein Kriegsvolck besamlen solt/welche auffmahnung etlicher in der Statt warten/selbige vberfallen vnd erobern solten. Alß aber dise Practick im December erstgedachtes Jahrs/denen von Roschelle entdeckt/wurden die Huten der Thoren starck versehen/die Meutmacher vnd Verräther begriffen/vnd gerichtet/vnd ward dardurch die Statt vor künfftigem vngemach verwahrnet.

Von der Königlichen Statt Bourdeaux. Cap. xxviij.

Nach dem König Carolus der Siebende/die Engeländer auß Guienne vertrieben/vnd die Hauptstatt Bourdeaux in Eyd genommen/hat er dieselbige nicht weniger alß Tholosa bedencken wöllen/derowegen er dann das dritt Parlament vnd obriste Reychskammer zu Bourdeaux angestellet/vnd dasselbe vber Bourdolois/Landes/Albret/Xaintonge/Perigort/Agenois/Condomois/Bazandois/vnd ein theil des Lands Biscaye vnd Medoc gesetzt.

Gedachtes Parlament wird im Pallast l'umbriere versamblet/in welchem vor zeiten die Hertzogen von Guienne Hoff gehalten.

Isidorus Bischoff zu Scville/so viel alte Griechische vnd Lateinische Bücher gelesen/deren wir zu vnserer zeit nirgend mehr theilhafftig worden/sagt/Bourdeaux seye ein Burg gewesen/in welcher sich die Gallier nider gelassen/vnd derowegen den Namen Burdigalam/heut Bourdeaux bekommen.

Ward zur zeit Ausonij/Keysers Gallieni Hoff-Raht/von Bourdeaux bürtig/nicht sonders groß/aber schön in die vierung gebawen/vnd mit hohen Thürnen vmbgeben: mag heutiges tags den dritten theil von der Statt Paris begreiffen.

Das Amphitheatrum/so ein vberauß schön vnd gewaltig Gebäw gewesen/ist vnder Keyser Gallieno auffgerichtet worden/daher es dann auch noch heutiges tags Gallieni Pallast genennet wirdt. Hat ohne zweyffel vielen frommen Christen zum Kampffplatz mit den wilden Thieren dienen müssen.

Nicht fern vom Wasser stehet das alte Gebäw/von den Eynwohnern Palais Tutele genañt/in die ablänge 87. Schuh lang/vñ 63. breit/ohne Dachung/vnden zu aber auff Antiquisch gewölbet/hat auff jeder seiten in der länge acht grosse außgehölte Chorintische Säul/an einem jeden end aber/alß vnden vnd oben/sechs/also daß in der Vierung 24. Säul gewesen/darvon noch heutiges tags 18. auffrecht stehen/vnd nicht ohne verwunderung anzeigen/was sie vor zeiten für ein schön vnd stattlich Gebäw getragen.

Wer dergleichen Römische Gebäw in Languedoc/Italia vnd anderstwo/fürnemblich aber zu Rom gesehen/wird mit mir gern bekennen/das gedachtes Gebäw ein Basilica gewesen/in welchem neben verrichtung blinder Abgötterey/das Recht besetzt/vnd allerley schwäre Händel verrichtet worden: wie im Ersten Theil von den Basilicis/auß alten Authoren verzeichnet.

Alß man Anno Christi vnsers HErren 1557. die Statt Bourdeaux besser bevestigen wöllen/vnd allbereit das Fundament gegraben/hat man gefunden/daß an gedachtem Ort vor zeiten gewaltige Thermæ vnd Bäder gewesen/dergleichen etliche zu Rom gesehen werden / wie sich der günstige Läser deren/so Titus / Diocletianus/vnd andere gebawen/leichtlich wird erjnneren können.

Die Schul so heutiges tags zu Bourdeaux treffentlich wohl bestellet/hat schon vnder den alten Römern einen grossen Namen gehabt/wie dann auch viel gelehrte Leuth von dannen gen Rom vnd andere Ort kommen.

Der Heilige alte Kirchenlehrer Hieronymus gedenckt vmbs Jahr Christi 359. in seiner Chronick eines fürtrefflichen Oratoris / mit Namen Minervis / von Bourdeaux bürtig / welcher zu Rom mit grossem Lob sonderbarer Wohlredenheit vnd Geschicklichkeit/ in der Academey gelesen.

Die Statt Bourdeaux

an Form vnd Gestalt/ wie sie ietzund im Wesen/ mit sonderem Fleiß zu diesem Werck abfigurieret.

Erklärung der fü.

ABCD Die erste Statt Bordeaux/ vierecklig/ mehr lang dann breit.
AH S. Andres das Münster.
D Der Platz vor dem Pallast.
EFGD Die erste weiterung der Statt.
FKG Die Gräben.
C Das Thor zu den Saltzhütten.
I Der Marckplatz.
K Das alt Thor der Statt.
L Das Bollwerck deß H. Creutz.
M Bollwerck vnd S. Julianus Thor.
N A Das Schloß Ha genannt nach deß Landes
O Deß Gottes Jupiters Thor/ mit seinem Bo
sonst S. Severins Thor.

der Statt Bourdeaux.

EAVX

er dieser Statt.

Vorstatt vnd Kirchen S. Seuerins.
vberblieben Gemäwr eines Amphitheatri/der
last Galliens genannt.
Thor vnd Bollwerck S. Germans bey den Jacobern.
alt Gebäw/welches den Namen hat/der Tupallast/viereckig. Der länge nach mit acht Seuten/vnnd mit sechs inn die breyte/von welchen noch achtzehen auffrecht stehn.
T V Das Schloß Trompette.
X   Die Carmeliter.

Cc ij   Neben

Neben etlich andern/ als Altio Patera vnd Alcimo/ deren Nammen Hieronymus verzeichnet hat Delphidius/ wie bey Ammiano Marcellino zusehen/ ein treffentlicher Orator/ ein criminalischen Rechtshandel in Guienne/ vnd ohnzweifel allhie zu Bordeaur/ vor dem Keyser Juliano verführt.

So ist auch Pontius Paulinus Bischof zu Nola im Königreich Neapels/ ein Kind von Bordeaur gewesen/ wie dann noch heutiges tags bey der alten Mawren gegen Mitternacht/ der Ort wird gewiesen/ da desselben Eltern gewohnet haben.

Ausonius sol auch von dannen bürtig seyn.

Im 1548. Jahr/ war in Guyenne/ Saintonge/ vnd daselbst herumb/ beorab zu Bourdeaux/ das gemein Volck/ von wegen der newen Königlichen Edicten den Saltzzoll betreffend/ sehr auffrührisch worden/ zusammen gelauffen/ vnd in der Statt Bourdeaux den Herrn von Moneins/ deß Königs von Navarra (welcher Königlicher Gubernator deß Lands Guyenne war) Leutenant jämmerlich erschlagen. Deßhalben sie von König Heinrich dem zweyten durch den Connestabel vnd den von Aumalen vberzogen/ vnd insonderheit die Statt Bourdeaur vmb solcher Mißhandlung willen hart gestrafft ward. Dann es wurden daselbst die Vrheber solcher Empörung in der Statt gerichtet/ die vbrigen von Rähten vnd der Gemeynd mußten demütiglich/ in Leydtkleidern angethan/ mit gethanem Fußfall vmb Verzeyhung bitten. Ihr Rahthauß musten sie nider brechen/ vnnd an dieselbige Hofstatt/ dem erschlagenen Herrn von Moneins ein Capellen auffrichten/ darinn man ihm folgete vnd die Jahrzeiten hielte. Es wurden ihnen ihre Freyheiten verbrennet/ die Glocken auß den Kirchthürnen genommen vnd ihr Zeughauß geläret/ musten die zwey Schlösser in der Statt/ Ha vnd Trompette mit aller Notdurfft zu deß Königs Händen wol versehen. So must die Gemeynd in der Carmeliten Kirchen/ deß ermordeten Herrn von Moneins Cörpel ohn alle instrument mit blossen Händen außkratzen/ vnd ehrlich in die Thumbkirchen zu S. Andres tragen vnd bestatten/ vnd allezeit wann ihm ein Jahrzeit daselbst gehalten wurd/ solten sich die zwölff Fürnehmsten der Statt Burdeaux darbey finden lassen.

Der Erste so das seligmachende Evangelium von Christo vnserm HErrn zu Bordeaur geprediget/ soll auch S. Martial gewesen seyn/ auff welchen hernach viel H. Bischoff gefolget.

Der Ertzbischoff daselbst hat vnder ihm den Bischoff von Saintes/ Poitiers/ Lusson/ Maillaiß/ Perigeur/ Sarlat/ Comdon vnd Agden.

Hatt viel schöner Kirchen/ vnd sehr alte Begräbnussen.

Auff dem Kirchhof S. Severin ligen vast alle Ritter/ so vnder Carolo dem Grossen/ in Ganneolons Verräthery vmbkommen.

Vnder andern Gräbern ist eins sonderlich zu achten/ welches jederzeit wann der Mon voll/ zimlich Wasser hat/ ohn angesehen dasselbe doch auff einem steininen Postament stehet.

Im Schloß Trompette/ welches König Carolus der Siebende sampt einem andern gegen vber/ du fa genannt/ die Einwohner in besserer Gehorsam zu halten/ gebawet/ wird ein alter Heydnischer Altar von weissem Marmor gewiesen/ daran auff einer seiten ein Kanthen/ darinn man den Wein zum Opffer getragen/ auff der andern ein dicker Krantz von Eychen Laub/ dergleichen deß Juppiters Priester getragen: sampt einer Inscription.

AVGVSTO. SACRVM ET. GENIO. CIVITATIS BIT. VIV.

Das ist: diesen Altar haben die Burger zu Burges/ Keysern Augusto/ vnd dem Schirmgott der Statt auffgerichtet/ vnd geweyhet.

Darauß dann erwiesen/ daß die Eynwohner vielgedachter Statt Bituriges/ Vivisci genannt worden.

Von der Statt Saintes.

Diß ist eine von den drey fürnembsten Stätten in Aquitania gewesen/ wie bey Ammiano Marcellino zusehen/ von welchem sie mit namen angezogen werden: als nemblich Bourdeaux/ Saintes/ vnd Poictiers.

Hat auch ein gewaltig Amphitheatrum/ schöne Aqueductus/ oder Wasserleytungen/ vnd dergleichen prächtige Gebäw gehabt/ davon dann noch viel alte Gemäwr vberblieben.

Auff der Bruck vber die Caranthe stehet noch ein gewaltiger Schwybogen/ von Dorischen vnd Chorinthischen Säulen/ darüber ein schön Brunnwasser geloffen.

Wann dieselben auffgerichtet worden/ geben die eingehawene Schrifften zuverstehen.

Cæsari nep: D. Iulii Pontifici Auguri.

Das alt schloß so in dieser Statt gestanden hat Carolus von Aniou/ Philippi von Valois Bruder abgebrochen/ damit sich die Engelländer nicht daselbsten verschantzen.

Von Gallia.

Von der alten Königlichen Statt Nimes.
Cap. xxix.

Diese Statt ist vermög der alten Heydnischen Historien/ erstlich von des berühmten Helden Herculis Sohn Nemauso angefangen/ vñ etwas zeit hernach/ von den Griechen/ so Massilien gebawen/ erweitert/ vñ in bessere ehr gelegt worden. Endtlichen aber hat Keyser Augustus/ nach erlangtem Sieg in Egypto wider Antonium/ Tiberio Neroni/ Keysers Tiberij Vattern/ weyland in gedachtem Egyptischen Krieg Seckelmeistern/ vñ Admiralen befohlen/ in der Provintz da Narbona vnd Arles gelegen/ etliche alte Stätt mit wolverdientem Römischem Volck zu besetzen: da dann ohne einigen zweiffel auch diese Statt Nimes/ zu Latin Nemausus/ zu einer Colonia/ vnd Römischem Seßhauß worden: wie dann auß einer alten Müntz/ so damahlen dem Keyser Augusto/ vnnd Agrippae/ oder wie etliche vermeinen/ Tiberij Neronis zween Söhnen zu ehren geschlagen worden/ zu sehen: in deren auff einer seiten/ zwischen der Statt Nimes nammen/ COL. NEM. Colonia Nemausensis, ein Crocodil an einem Palmenbaum/ dabey ein geflochtener Lorbeerkrantz/ mit einer ketten gebunden/ zu einem Zeichen daß Egypten vberwunden: dann jedermenniglich gnugsam bekannt/ daß durch den Palmenbaum vnd Lorbeerkrantz erlangter Sieg: vnd durch den angebundenen Crocodil/ das Königreich Egypten/ in welchem der fluß Nilus solche Würm gebürt/ wirdt bedeutet. Auff der andern seyten seyndt/ wie angemelt/ zwey mannliche Brustbilder gegen einander/ Agrippa vnd Augustus/ oder Tiberij Neronis zween Söhne/ Drusus/ vnd Tiberius/ welche Keyser Augustus an Kindsstatt angenommen/ auch sich mit Livia derselben Mutter verheurahtet.

Suetonius vermeldet/ daß die Burgerschafft zu Nimes/ den jungen Tiberium sehr hoch gehalten/ vnd demselben/ eh daß er zu Keyserlicher Würde erhebt worden/ etliche Bilder vnd Statuas habe auffgerichtet/ welche sie aber hernach/ alß sie vernommen/ daß er in der Insel Rhodis auff die zwey Jahr lang der Römischen sitten ein vngmäß leben für rte/ wiederumb habe nider gerissen vnd abgeschafft. Darauß dann abzunemmen daß die Statt Nimes/ gleich wie Marsilien/ sehr fleissig auff Tugend vnd ehrbare Sitten gesehen. Nach dem Tiberius Keyser worden/ hat er die Statt Nimes mit etlichen gebäwen geziert/ wie dann dessen vnderschiedliche alte Inscriptiones zeugnuß geben. In dem nun die Römer die alte Griechische Statt Nimes angefangen zu bewohnen/ haben sie sich vnderstanden/ selbe der Hauptstatt Rom gleich zu bawen/ wie sie dann sieben vnderscheidenliche Berg mit den Ringmawren vmbfangen/ vnnd den Rho-

Tiberij Statua zu Nimes.

Nimes der Statt Rom gleich gebawen.

dan an statt der Tiber/haben brauchen können. Strabo schreibt/daß gedachte Statt Nimes 24. Stätt oder Ort/vnder jrer Herrschafft gehabt/auch derselben eynwohner die fürnembsten Oberkeitlichen ämpter zu Rom getragen haben:wie dann Keysers Antonini Pij Vatter vnd Großvatter/von Nimes bürtig/das Burgermeisterthumb zu Rom verwaltet.

Keyser Hadrianus/hat Plotinæ Keysers Trajani Gemaheln/so jhn an kindtsstatt auffgenommen/in viel gedachter Statt ein vberauß hohen Tempel gebawen/vnd denselben mit ordenlichen Priestern vnd Sängern versehen: wie solches neben Spartiano auß einer Marmortafel zu Aix in Provantzen zulesen. An welchem ort aber dieser köstliche Tempel gestanden/ist vnbewußt/ sintemal derselbig von den wilden Gothen/dem Römischen Reich zu trutz/zu boden geworffen/ vnd zerschleifft worden.

Keyser Antoninus Pius war von Nimes bürtig

Dieweil auch obgedachts Keysers Antonini Pij Voreltern/sampt seinem gantzen Geschlecht/ von Nimes gewesen/vnd daselbst hauß gehalten/were wol zu erachten/er habe seinem Vatterland zu ewiger zierd das mechtige Amphitheatrum gebawen.

Dieses Amphitheatrum ist ein mechtiges/gewaltiges gebäw/so keinem anderen/weder in Rom noch anderstwo was bevor gibt: Die Stein/davon es gebawen/seindt hart wie Stahel/gemeinlich vier oder mehr Schuh dick vnd breit/vnd von zehen biß in die vierzehen lang: begreifft in die rönde sechzig grosse Schwiebögen/davon eines jeden Pfeiler oder Saul zehen schuh dick/vnd der Bogen darauff zwölff Schuh weit ist. Vnd ob gleichwol nuhr zwen Schwiebögen auffeinander stehen/ so ist doch die höhe/wegen des Gesims/so zwischen den Bögen ist/vnd Krantzes/auff welchen in vnderscheidenen herfür gelegten außgehawenen Steinen/die Segel/den Zusehern/wider der Sonnen Hitz/ein Schatten zumachen/gestanden/sehr ansehenlich. Die Orchestra/oder vordere Sitz/darauff der Raht vnd Ritterschafft/wann man darinn gekämpffet/gesessen/seindt hinweg gehaben/vñ sampt der Arena/oder Platz/da die arme Menschen mit einander/oder mit den wilden Thieren gestritten/ist mit einer grossen anzahl Häusern/darunter auch ein Gastherberg/außgebawen vnd bewohnet. Es ist auch das gantz Gebäw so sauber in einander zusammen gefügt/daß man nirgend kein Kalch daran gespüren vnd sehen kan. Die vndern Pfeiler seind glatt/von breiten dicken Quaderstucken gemacht:von den obern aber hat ein jedes in seinem mittel ein schöne Dorische Saul/welches vberauß lustig zuschawen.

An dem orth da der vornembste Eyngang gewesen/sehen an dem obern Schwiebogen zwen grosse Ochsenköpff/sampt den vorderen Füssen/herfür: damit die Römer ohne zweiffel habē wöllen zuverstehen geben/daß sie viel gedacht Amphitheatrum dem Abgott Herculi/so bey seinen lebzeiten/die grossen Ochsen/so er Gerioni dem König in Maiorca vnd Minorca genommen/durch diesen Ort in Italiam getrieben/haben zu ehren gebawen.

Vnder diesem Schwybogen sihet man zwen Männer in Stein gehawen/so mit einander fechten/bey den alten Gladiatores genant/deren Figur wir hieunden beygesetzt.

Nit fern davon ist Remus vnd Romulus die Anfänger der Statt Rom vnder der Wölffin/in einem Pfeiler gehawen: wie dergleichen Bildnus auch in der Statt an einem hauß zusehen. An einem andern Pfeiler seind zwen fliegende Drachen/so die Göttin Proserpinā in einē Wagen ziehet.

Wann man bey dem Presidial/oder Königlichen Rahthauß auff der lincken seiten von dem Amphitheatro in die Statt gehet/sihet man die wunderbare Statuam des obgedachten Königs Gerionis/von welchem die alten geschrieben/daß er drey Leiber aneinander gehabt habe: wie dann auch ermelte statua/von dreyen zusamen gefügtē cörpern/sechs füssen/rc.gewesen. Dieses Gedicht aber ist auß dreyer Brüder höchster einigkeit vnd liebe entsprungen/dañ dieselben die drey Balcarischen Inseln/mit solcher einigkeit regiert haben/alß wañ sie durch einander aller dingen eines hertzens vñ leibs gewesen weren. Diese drey Brüder hat Hercules vberwunden/dessen zu gedächtnuß dann die Römer jhrem Schirmgott ein ehren Siegzeichen haben auffgerichtet.

Gerionis statua.

Dieweil/wie obgemelt/viel gedachte Statt Nimes/von d' Griechischen Statt Massilia/die ein rechte Schul aller schönen Tugenden vñ Künsten gewesen/erbawen/ist gläublich/daß sehr viel gelehrter Mäñer allda gewohnt haben/vnd welchen Domitius Afer/der berühmste Orator/gewesen.

Es wirdt auch neben vielen schönen Inscriptionen/so hin vnd wider durch die Statt gesehen werden/in eines Burgers hauß/ein grosse Marmor Tafel gewiesen/in welcher ein Pegasus/oder fliegend Pferd/dadurch alle löbliche Künst werden angedeutet/mit diesen wortē künstlich gehawē:

PROCVL ESTE PROFANI.

Welches ohne zweiffel vor zeiten an einem ort gestanden/da man offentlich was gelehrt vnd gelesen hat.

Vor dem Amphitheatro ist ein grosser platz/campus Martius genañt/gewesen/wie dessen die alten Instrument anzeigung geben. Ist aber dieser zeit mit Häusern verbawen/vñ zur gedächtnuß ein platz zu dem Marckt frey gelassen/auff welchen ein grosser Pappelbaum stehet/an dessen äst die vbelthäter werden auffgehenckt.

Es hatt offt ermelte Statt Nimes ein Römisch Capitolium/oder mechtig Rahthauß gehabt/ davon man doch jetziger zeit das minste nicht gespüren kan. Das alte Römisch hauß/Lamaison carree genannt/so in der lenge eylff/vñ in der breite fünff schöne Corinthische säul/sampt derselbigen

Von Gallia.

gen arbeit künstlichen Krantz hat/ist ein Basilica gewesen/irgendt einer wolverdienten Person zu ehren auffgerichtet/wie dergleichen noch etliche in Italien/fürnemlichen aber zu Rom gesehen werden.

Die alten Inscriptiones gedencken etlicher fürnemmen Tempel/alß namlichen des Schirmgotts/Nemausi/der Göttin Isidis/Serapis/Vestæ/Dianæ/vnd Somni/in welche die vralte Königliche hauptstatt Bourges etliche silberine Bilder verehret hat/wie derselben ein alte zum theil zerbrochene Inscription meldung thut. Es seind aber diese angeregte Gebäw alda biß an der Dianæ Tempel zu grund gangen/wiewol auch derselben sehr zerbrochen vnd verwüstet. *Viel Tempel zu Rom.*

Was die Gothen/so zu Nimes jhren Königlichen Hoff gehalten/in jhrem ersten eynfall/von dē schönen altē Römischen Ringmawren/nicht haben eyngeworffen/das hat hernach/Anno siebenhundert sechs vnd dreissig/Carolus Martellus/wenig außgenommen/so von gehawenen/gleichsam alß von Bachenen steinen zierlich gebawen/sampt etlichen Thürnen/gegen der Straß nach Beaucaire zusehen/biß auff das Fundament darnider gerissen/vnd zerschleisset/damit die Saracener die Statt nicht widerumb eynnemen/vnd zu einer gegenwehr behalten möchten. Zu derselbigen zeit hat wolgedachter Carolus Martellus/die hochwacht/so die Gothen auff dem Amphitheatro/welches jhnen zu einer vnuberwindlicher Vestung gedient/wie noch zusehen/gebawen haben/mit fewr angesteckt. Es werden auch zu Nimes hin vnd wider durch die Statt schöne Adler/lebens grösse/in weissen Marmortafeln zehawen/gesehen/welchen die grausamen Gothen die Köpff so sauber haben abgeschlagen/daß einer vermeint/sie seyen erstlich ohne Köpffen also gemacht worden. *Der Gothen König hat Hoff zu Nimes.* *Car. Martellus steckt das Amphitheatrum mit fewr an.*

Es haben aber die Gothen solches ohne zweifel mit fleiß gethan/alß wolten sie damit anzeigen/mit was ernst sie nach der Statt Rom/alß dem Haupt des Römischen Reichs trachteten. Diese Adler aber müssen auff jrgent einem schönen gebäw zur zierdt in gestalt eines Krantzes gestanden seyn.

Viel gedachter Carolus Martellus hat einen solchen anmuth zu dieser Statt getragen/daß er auß angeben Egydij eines Waldbruders von Athen bürtig Anno 715. ein Closter nicht fern dauon gebawen.

Es ist diese Statt Nimes zu der zeit Keysers Vespasiani den Römern so bekandt gewesen/daß sie auch etliche Dörffer darumb mit jhren eygenen Nammen zu nennen gewüst haben: inmassen Plinius im eylfften Buch seiner Historien zu anfangs des achten capitels verzeichnet. Daß man die Käß von Nimes/so zu Beaux vnd Leso/zwischen Auinion vnd Tarascon/zweyen alten Dörffern/gemacht wurden/habe zu Rom für die besten gehalten. *Käß von Nimes werden nach Rohm geführt.*

Alß Anno 1569. in den bürgerlichen Kriegen die Protestirenden in die Statt Nimes nicht kommen könten/hat sich Madaro ein zimmerman mit wissen eines seines gutten freundts/so in der Statt nah bey dem Schloß in einem nidern Häußlin wohnet/vnderstanden die Eisene Getter da das wasser in die Statt fleust abzufeilen/was er zu gelegener zeit nachts hinweg gefeilet/hat er mit Wachs vnd kohl fleissig verstrichen/vnd sich so artig fünffzehen nacht lang im schlam vnd anderwo darumb auffzehalten daß er von der Wacht/so daselbst sonst zum allerfleissigsten vnd sterckigsten gewesen/weder gespürt noch gesehen worden/dann weil eben das Wasser war angangen hatt man vom gereusch das feylen vnd rätzen nicht hören können. Da nun das gitter ledig gemacht worden/zeigt gedachter Madero/die sach dem Saluatio/der Protestierenden Veldobristen an/derselbe verordnet den Hauptman Sanct Cosmum/einen dapfferen Mañ mit dreyhundert beyde zu pferd vnd zu fuß/so sich in der Nacht vnder den ölbäumen hatten verstecket/in die Statt zu dringen: alß sie aber die sach wolten angreiffen erhub sich ein groß vngewiter/also dz man meniglich durch das Wetterleichen sehen kondt. Weil sie aber durch jhren Prediger ermant wurden/sie solten nicht erschrecken/in betrachtung solches von Gott ein zeichen seye/daß Gott den glast seiner herrligkeit wolle sehen lassen/wagten sie sich mañlich hinein/kamen in die Statt/renten durch die Gassen mit grossem Geschrey vnd Trommettenschall/die Burger zu erschrecken/mit dem schein alß seye grosse Macht beyde in vnd vor der Statt/wie dan etliche daraussen gleicher weiß vmb die Statt zur Cronen porten rendten/vnd wurd also die Statt wunderlich eyngenommen.

Vnd weil an dem Amphitheatro dieser Statt zwen Römische Fechter gehawen seindt/zur anzeigung was gestalten in diesem Schawspielhauß vor zeiten gefochten vnd gestritten worden/wollen wir von dergleichen Römischen Fächt-vnd Ritter-spielen etwas berichts thun.

Was gestalten vorzeiten in den Amphitheatris vnd dergleichen Römischen Schawplätzen gefochten worden. Cap. xxx.

DIse blutige Schawspil betreffent/seind dieselbē erstlich bey den Begräbnussen/gleichsam als solten die höllischen Geister dardurch versühnet werden/gehalten worden. Wañ jrgend ein streitbarer Held/so sich mit seiner Fäust vm̄ das Vatterland wol hatte verdient/gestorben/oder vom feind erschlagen worden/haben desselben Kinder oder näheste verwandten/etliche gefangene in dem Grab/so gemeinlich grosse/vnd gleichsam alß ronde Gewölber gewesen/vmbbracht. Nach dem aber dasselbe etwas zu grausam vnd abschewlich/wie Servius meldet/geachtet worden/

haben

haben die gefangenen/bey den Begräbnussen mit einander mit scharffen Wehren vmb Leib vnd Leben fächten müssen.

Vnd ist Decius Junius Brutus der erste gewesen/ so bey seines Vatters Begräbnuß dergleichen Schauspiel gehalten/in welchem drey par Fächter mit einander auff dem Rindermarck haben vmb Leib vnd Leben gestritten: im jahr nach erbawung der Statt Rom 490. zu anfang deß ersten Carthaginensischen Kriegs. Fünffzig jahr hernach haben 22. par Fechter bey der Begräbnuß Marci Aemilij Lepidi/ drey tag einander nach/ auff dem Römischen Märckt mit einander gestritten. Vierzehen jahr hernach haben 25. par Fächter/ bey der Begräbnuß Marci Valerij Levini/ vier tag einander nach/ auff gedachtem Marck mit einander gestritten. Bey der Begräbnuß Publij Licinij haben 70. Fächter mit einander gestritten. Im jahr nach erbawung der Statt Rom 580. haben 37. par Fächter drey Tag nach einander vmb Leib vnd Leben gekämpffet.

Volgendts hat man auch bey etlicher Weibern Begräbnussen/ obgemelte blutige Schawspiel gehalten/ wie bey Julij Cæsaris Töchter/ vnd Keysers Hadriani Schwieger Begräbnussen geschehen. Suetonius, Spartianus. Endtlichen haben die Keyser/ Schatzverweser/ Burgermeister/ Priester/ Kriegsoberste/ mehr ermelte Schawspiel ausserhalb den Begräbnussen/ dem Volck zu gefallen/ an grossen Festagen/ Triumphen vnd dergleichen frölichen zeiten/ in den Provintzen vnd in der Hauptstatt Rom gehalten. Julius Cæsar hat in seinem Bawmeisterampt dem Volck zu gefalle ein Schawspiel von 320. par Fächtern gehalten. Plutarchus. Keyser Hadriani Schawspiel hat 6. gantzer tag gewehret. Spartianus. Gordianus hat als er Bawmeister gewesen/ durch ein gantz jahr monatlich ein Schawspiel von etlich hundert par Fächtern gehalten. Capitol. Keyser Titus hat 100. tag aneinander blutige Schawspiel gehalten. Dio. Keysers Trajani Schawspiel haben 123. tag gewehret/ in welchem zehen tausent Fächter gestritten/ vnd bißweilen tausent/ bißweilen zehen tausent wilde Thier erlegt worden. Dio.

In Keysers Tiberij Schawspiel seynd auff ein tag tausent Personen/ darunder viel knaben vnd Weiber gewesen/ jämerlich erwürget worden. Suetonius vnd Tacitus.

Keyser Titus hat nach eynnehmung deß Jüdischen Lands auff seins Vatters Vespasiani Geburtstag/ etlich tausent Juden vnd Christen im Land Syria/ zu Schawspiel für die wilden Thier geworffen. Derselbe hat auch zu Cæsarea/ in Palestina/ an seines Bruds Domitiani Geburtstag 3000. Juden vnd Christen in das Theatrum führe lassen/ darin sie theils von wilde Thieren zerzeissen/ theils aber von einander selbs mit Wehr vñ Waffen/ seind vmbracht worden. Suetonius. Darauß dañ zu schliessen/ dz mehr gedachte Schawspil häuser/ als Theatra vnd Amphitheatra/ nicht nur in Rom/ oder auch nächstgelegenen Provintzen/ sonder auch jehnseits dem Meer/ in Asia seyen gewesen. Inmassen dañ der König Herodes zur zeit Keysers Augusti zu Hierusalem vnd in anderen Stätten deß Jüdischen Landts schöne Theatra vnd Amphitheatra/ den Rö-

mern zu Flatieren gebawen: vnnd König Agrippa in einem Amphitheatro ein Schawspiel von 700.

Von Gallia.

700. par Fächter gehalten. Ioseph.lib.19. Dergleichen Schawspiel hat auch König Perseus in Macedonia gehalten. Liv.lib.41. Diese Fächter aber/so in oberzehlten Orten/dem Volck zu gefallen/umb Leib vnd Leben gestritten/seynd erstlich im Krieg gefangene/theils zum Todt verurtheilte/theils mit Geldt erkauffte leibeigene Leuth gewesen. Macrinus hat die Knecht/so von jhren Herren wären hinweg geloffen/gezwungen/daß sie in den Schawspielhäusern fächten vnd streitten müssen. Capitolinus.

Keyser Claudius hat alle diejenigen/so jrgend ein Auffruhr angefangen vnd sich widerspenstig hatten erzeigt/mit Ketten gebunden/vnd wie andere gemeine Fächter auf die Schawspiel geführt. Nach dem aber alle gute Tugenden vnd Sitten zu Rom angefangen zü erlöschen/haben sich viel nicht nur von Bürgern/sondern auch von edlem Geschlecht/theils auß Armut/vmb Geldt vnd Besoldung/theils auß Mutwill vnd grossen Hertzen zu gefallen/in den Schawspielen mit streiten vnd kämpffen brauchen lassen.

Etliche begaben sich auß lauterer Frechheit auff den Streitplatz/mit den wilden Thieren zu kämpffen/vnd vermeynten gar schön zu seyn/wann sie jrgend ein grosse Schramen oder scheußlichen Biß darvon trugen/Tertull. ad Martyr. Manilius lib.4. Seneca Ep.85.&100. Livius l.28.

Endlichen hat Julius Cæsar auch dem Raht vnd Ritterschafft/sich in den Schawspielen mit fächten vñ kämpffen/zu vben/zugelassen; Darauff dann Furius Leptinus/dessen Vatter Schultheiß gewesen/vnd Aulus Calenus ein vornehmer Rähtsherr/auff dem Römischen Marckt offentlich gekämpffet. Sueton.

Ohnangesehen daß Keyser Augustus nachmals ernstlichen verbotten/daß kein Rahtsverwanter sich als ein Fechter in Schawspielen solte erzeigen: so haben doch 40. Rahtsherren/vnd 60. Ritter in Keyser Neronis Schawspiel offentlich/gleich wie andere gemeine Fechter/gestritten. Suetonius. Vnd das noch wunderbarer zu hören vnd zu lesen/wil geschweigen zu sehen/haben in gedachten Neronis/wie auch nachmals Keysers Domitiani Schawspielen/Weiber vnd Jungfrawen mit einander mit scharpffen Waffen vmb Leib vnd Leben gestritten. Sueton. Dio.

Papinius Statius vnd Xiphilinus vermelden außtrückenlich/Domitianus habe zu nacht etliche Schawspiel gehalten/in welchen Weiber vnd kleine Zwerglin mit einander haben gestritten.

Wie vnd was gestalten aber die Fächter mit einander haben gestritten/wird noch heutiges tags bey den Scribenten zimlicher massen gefunde/auß welchen ich folgende Puncten den liebhabern der Historien vnd Antiquiteten zu gefallen hab wöllen hieher setzen. Eher vnd zuvor das Schawspiel angängen/ward dasselbe allerdings wie es solte gehalten werden auff ein grosse Tafel abgemahlet/vnd vor dem Schäwspielhauß/oder an einem andern vornehmen Ort/als auff dem Platz oder der Abgöttin Dianæ Lustwald/angehenckt; Plin.lib.35. Trebell. Pollio in Carin. Capitolinus in Gord. Vnd ist dieser Brauch/noch auff heutigen tag in den Fächtschulen geblieben. Wie dann auch dieselben von gedachten Schawspielen jren Vrsprung haben. Die Kämpffer vnd Fächter musten sich ein tag oder zween vor dem Schawspiel/mit schlechten Spießstangen/vnd andern stumpffen Waffen probieren/doch ohn einiges hart zuschlägen vnd verwunden. Wann nun der Tag deß Schäwspiels herbey kommen/wurden die Fächter guter Ordnung ins Amphitheatrum/Circum oder Marckt/da sie streiten solten/geführet. Etliche waren fast gar nackend/etliche aber nicht nur wol bekleydet/sondern auch mit Schild vnd Sturmbhauben bewaffnet. Der Oberherr so das Schawspiel angesehen/vnd zu halten befohlen/pflegte beyde selbs/vnd durch seine Leut/der Fächter Wehr vnd Waffen zu beschawen/ob sie scharpff vnd spitz gnug weren/Alsdann wurden gleich vnd gleich zusammen verordnet/dann die Fächter mit geringern vnd schwächern dann sie waren/auß Begierd deß Ruhms selbs nit begerten zu streiten: In massen sie es eben so wol für ein sonder Lob gehalten/wann einer von einem dapffern vnd berühmten erschlagen worden/als wann einer auch ein dapffern vnd manhaften vberwunden/daher dann Seneca gesprochen: Sine gloria vincitur, qui sine periculo vincitur; der wird ohne Lob vnd Ehr vberwunden/der auch ohne Gefahr deß Vberwinders wird vberwunden: Odére pares: sie hatten mit jhres gleichen zu streiten. Lucan.lib.4. Nach dem aber die Trommeten vnd Posaunen/gleichsam als Lermen zu allen seiten geblasen/hat ein jeder mit seinem verordneten Gesellen/angefangen zu fächten/jetzt diesen jetzt ein andern streich außgeschlagen/vnd auff alle vortheil gesehen/dz er dem zusehenden Volck zu gefallen/sein Widerparthey/mit scheutzlichen Wunden vnd Streichen verletze/oder in eim Streich zu todt schlüge. Wann einer eine Wunden entpfangen/hat der so die Wunden geschlagen/wie auch der zuseher geschrawen: Hoc habet, das hat er/oder diese Wunden hat er: so jrgend einem vor dem Todt zu sehr grawet/hat derselbe nach entpfangener Wunden/seine Waffen auff den boden nider gelegt/vnd das zusehende Volck gantz trungenlich gebetten/dz er nit gar würde vmbgebracht: vngeachtet daß er wuste/daß er Leibeigen war/vnd ein ander mal widerumb müste darhalten. Etliche wurden jhrer bitt gewähret/etliche aber darüber höchlich veracht vnd verhaßt/vnd gleichsam als zaghaffte vnd nichtswerte/ohn einigen verzug hingerichtet. Damit aber sich nit jemand nur stelte als wer er gestorben/der Hoffnung etwas fristung seines Lebens/vnder den todten Cörpern zu haben/pflegten die Vberwinder jren vberwundenen/die Hand in die geschlagenen Wunden zu stos-

Dd iij

sen/dardurch sie dann bald erfahren ob es Schimpff oder Ernst golten. Lampridius sagt/es habe Keyser Commodus welcher damals sehr grossen Lust zu solchem Kämpffen vnd Schawspiel gehabt/auff ein zeit im Amphitheatro/einem von jme erschlagenen Fächter/die Hand in die Wunden gestossen/vnd hernach dieselbe am Haupt abgewischet/welches von dem Volck für ein böß zeichen gehalten worden/wie es dek auch bald hernach vber sein Haupt außgange. Etliche vnder den Fächtern waren so tyrannisch vnd grausam/daß sie der jenigen/so sie im Schawspiel hatten vmbbracht/Blut pflegten zu trincken. Sonsten thaten solches gemeiniglich diejenigen/so mit der hinfallenden Siech waren behafftet. Dann man nicht nur heutiges tags/sondern auch vor alten zeiten/gehalten/dz denselben nicht eher möge geholffen werden/dann wann sie frisch Menschen Blut trincken. Plin. lib. 28. c. 1. Der Boden darauff sie gestritten/ward mit Sand vberschüttet/damit das Blut von den Erschlagenen bald köndte versiegen/daher derselbe Streitplatz Arena/vnd noch heutiges tags von den Frantzosen Arenes genannt. Die Todten wurden mit langen eysenen Hacken zu den Gewelben gezogen/vnd daselbst auff ein Schragen gelegt. Mehrertheils hatten sich so wenig vor dem Todt geförchtet/daß sie ihren Mitkämpffern/das Hertz vnd Gurgel selbst darbotten/vnd demselben zum Erwürgen mit fleiß geholffen/allein dem Volck zu grösserem gefallen/wiewol solches ohne zweyffel viel gethan haben/damit sie desto geschwinder ab ver Marter kämen/vnd von solchem vnglückseligen Zustandt erlöset würden. Cicero 2. Tusculan. Seneca de Tranquill. anim.

Sonsten war das zusehende Volck auff die Fächter vnnd Kämpffer sehr zornig/wann sie mit zusammenschlagen etwas zeits zubrachten/vnd einander nicht geschwind erlegten vnd erwürgten: Lactant. lib. 6. Etliche mußten hauffenweiß/gleich wie im Krieg vnd grossen Feldschlachten mit einander streiten. Etliche stritten zu Pferdt: etliche mit verdeckten Augen: etliche mit Messeren: etliche mit Schwerdtern vnd Säbeln: etliche hatten Garn vnd Strick jre Widerpart zu fangen/vnd alsdann zu erstechen: etliche hatten dreyspitzige Gabeln: etliche lange Säck mit bleyern Kuglen: etliche andere Waffen: viel musten nackend/vnd dasselbe fürnemlich nachmittag/viel auch mit allerley Wehr vnd Waffen mit den wilden Thieren/als Löwen/Bären/Ochsen/Tigern vnd Wölffen streiten/deren sie auch bißweilen grosse Anzahlen erlegten/wie von Keyser Trajani Schawspiel vermeldet/in welchem etwan tausent/etwann zehen tausent wilde Thier erschlagen worden. Als Pompejus sein Theatrum eyngeweyhet/seynd im Circo 500. Löwen vnd 18. Elephanten in fünff tagen Schawspiels weise vmbgebracht worden/deren etliche also baldt/etliche nicht lang hernach gestorben. Die wilden Thier wurden in den vndern Gewölben/oder im Mittel in darzu von Holtz auffgerichten Häusern/gleichsam als grossen Schiffen behalten/vnd zur zeit deß Schawspiels vnversehens außgelassen. Bißweilen wurden auch durch gewisse grosse Canäl vnd Wasserleytungen/starcke Wasserström in die Amphitheatra vnd Circos geleytet/dz man darinn zu Schiff kondte streiten. Wie in Keysers Vespasiani Amphitheatro vnder Domitiano vnd Circo Maximo geschehen. Die besten Kämpffer vnd Fächter so in etlichen Schawspielen jre Widerpartheyen mit grosser Geschwindigkeit hatten vmbgebracht/wurden befreyet/daß sie nit mehr in Schawspielen vmb Leib vnd Leben kämpffen dorfften/sie wären dann darzu wol besoldet. Ein jeder aber so seinen Widerparth hatte vberwunden vnd vmbbracht/pflegte seine Waffen dem Abgott Herculi in dem Amphitheatro oder Circo dem Neptuno zu weyhen vnd ehren halb auffzuhencken. Gedachte grawsame Schawspiel wurden zu Rom gemeinlich gehalten/wann man zu Feldt in Krieg solte ziehen/damit das töden/würgen vnd Blutvergiessen dem Volck nit abschewlich/sondern gleichsam als eine gewohnliche Vbung fürkäme/vnd also allerley Gefahr/Mühe vnd Arbeit desto mutiger vnd frölicher außstunde.

Die Zuseher betreffend/seynd erstlichen die Rahtsherren auff den fünff vndersten Stafflen Orchestra genannt/gesessen. Vitruvius. Diese vndersten Sitz waren fast eines Spieß hoch von dem Fechtboden/mit eysenen Gittern vmbgeben/damit nicht etwann die wilden Thier möchten hinauff springen. Auff diesen Stafflen/sind auch frembder Völckern Bottschafften gesessen: daher der Teutschen Gesandte/als sie die Parthier vnd Armenier daselbsten gesehen/gedachte Ort in Keysers Claudij Schawspiel vngeheissen/den Vorsitz zuerhalten/eingenommen. Suetonius in Claud. Nach dem Raht ist auff 14. Stafflen die Ritterschafft gesessen: zu oberst hat das Volck seinen besondern Ort gehabt. Seneca. Zu aller oberst aber seynd die Weiber gesessen. Propertius.

Ohngeachtet daß im Circo Maximo oder grösten Rennplatz 260000. vnd in Vespasiani Amphitheatro 80000. Personen rühig haben sitzen/vnnd den Schawspielen ohn einige Hinderung zusehen mögen/so hat sich doch das Volck/gemeinlich vor tag/bißweilen auch vmb Mitternacht angedachte Ort begeben/damit es besseren vnd bequemeren Platz zu sitzen kondte bekommen. Etliche aber seynd am Tag zuvor dahin gangen/vnd daselbst vbernacht blieben/damit dieselben ihres Sitzes versichert wurden/daher Keyser Caligula auß dem Getümmel zu nacht erwachet/als das Volck die Stelle so man vergebens konte haben/dem künfftigen Beyspiel beyzuwohnen hatte eyngenossen/vnd darab dermassen erzörnt worden/daß er dasselbe mit Brügeln auß dem Schawspielhauß getrieben. Sueton. in Calig.

Darauß

Von Gallia.

Darauß dann neben andern Dingen/ auch kan abgenommen werden/ daß man nicht jeder zeit vmb sonsten vnnd vergebenlichen in den Schawspielen habe können platz bekommen: wie dann Plautus der berümbte Römische Comedischreiber an etlichen Orten verzeichnet/ daß man was Geldts für die Sitze habe bezahlet. Gedachte Schawspiel hatten den Römern vor zeiten so wol gefallen/ daß sie/ dieselben nicht nur an den Festtagen in den Theatris vnd gemeinen offen darzu gebawten Orten/ sondern auch in jhren sonderbaren Wohnhäusern pflegten zu halten: fürnemlichen wann sie einen guten Freundt zu gast geladen/ mußten zwey oder drey par Fächter für die Tafel tretten/ vnd daselbst den Gästen zu gefallen einander jämmerlich erwürgen/ welchem die Gäst mit grossem Frolocken als einem schönen Frewdenspiel zugesehen: Silius Italicus lib. 11. Livius 9. Strabo 5. Nicolaus Damascenus.

Vnder den Römischen Keysern hat Verus/ Antoninus/ vnd Commodus gedachte Fechtschulen offt vor den Tafeln in die Nacht hinein gehalten. Capitolinus vnd Lampridius in derselben Leben.

Von der Statt Montpelier/ vnd etlichen andern Stetten selbiger Gegne. Cap. xxxj.

Ontpelier in dem Landt Languedock gelegen/ ist kein alte Statt/ in welcher die Griechen so Massilien/ gebawen/ oder die Römer gewohnt hetten/ sondern ist erst vnder Carolo Martello/ von den Eynwohnern zu Lates/ vnd Magalona/ auß Forcht der Africanischen Saracenern/ angefangen/ hernach von den Königen auß Majorca vnd Minorca/ von welchen sie an die Cron Franckreich kommen/ besser erbawen/ vnd von denselben im jahr Christi 1196. mit einer Hohen Schul begabet worden.

Auffr. Mon.

Anno Christi 1319. den 25. Octobris haben die Burger zu Montpelier/ den Cantzler vnd Gubernatorn/ sampt andern Königlichen Rähten biß in die 24. erwürgt/ vnd vmbbracht/ darüber dann der Hertzog von Anjou/ deß Königs Bruder/ dermassen erzürnt worden/ daß er im Jenner deß folgenden Jahrs/ selbst persönlich nach Montpelier verreyset/ die Auffrührer zu straffen. Hat derowegen also baldt gedachter Statt die Vniversitet/ das Burgermeisterthumb/ die Glocken vnd alle Gerechtigkeiten genommen/ die Eynwohner vmb 26000. Francken gestrafft/ zwey hundert gehenckt/ zwey hundert enthauptet/ vnd zwey hundert verbrannt.

Die Bäpst von Avinion bawen Montpelter.

Nach diesem haben die Bäpst/ so damalen zu Avinion gesessen/ fürnemblich aber Anno 1364. Vrbanus der Fünfft/ die Vniversitet widerumb auffgerichtet/ vnd dieselbe mit stattlichen Privilegien vnd Freyheiten/ sampt einem newen Collegio gegen dem Spanischen hinüber/ vnd andern Gütern begabet/ auch die Statt mit etlichen schönen Kirchen/ vnd newen Ringmawren/ gleichsam wie die Statt Avinion/ auffs schönest gezieret.

Im Jahr Christi 1563. seynd in dieser Statt/ in den Religionskriegen/ nicht nur alle Weib vnd Manns Klöster/ sondern auch alle Kirchen/ deren biß in die neuntzig gewesen/ theils zerbrochen vnd eyngeworffen/ theils aber gantz vnd gar nidergerissen/ vnd biß auff den Grundt geschliffen worden.

S. Peter.

Vnder diesen Kirchen war die fürnembste der Thumb zu Sanct Peter/ darvon noch die drey Thürn vnd Mawren vbrig/ eines so gewaltigen vnd schönen Gebäws/ daß sie der gantzen Statt fürnemlich von ferrem/ ein besonder Zierd vnd Ansehen geben.

Schöne Gebäw zu Montpelier.

Was die vbrigen Gebäw durch die Statt belangt/ seyndt dieselbigen alle mit schönen weisen Quaderstucken/ vnd Gewölbern/ in die Höhe gebawen: haben mehrertheils weite lustige Höf/ mit guten Sodbrunnen versehen. Die Gemach seynd gemeinlich hoch vnd weit.

Es ist auch kein Statt im gantzen Königreich/ in deren die Burger in so wolerbawten vnnd schönen Häusern/ wie allhier zu Montpelier/ wohnen. Die Gassen seynd mehrertheils gerad/ vnd wegen der Hitz etwas eng/ vnnd werden sehr sauber gehalten/ das sonsten in Franckreich nicht bräuchig.

Burgermeister zu Montpelier seynd sehr ansehenlich.

Die Burgermeister allda/ deren die Evangelische Gemeynd/ jährlichen sechs auß jhrem Mittel ordenlich erwöhlt/ tragen an hohen Festtagen schöne purpurfarbe lange Röck biß auff die Füß hinab/ mit weiten Ermeln/ welches dann stattlich anzusehen: Sie werden von der Burgerschafft in grossen Ehren gehalten/ vnd von ansehnlichen Dienern/ theils mit rohten oder violbraunen langen Thalarn/ vnd grossen silbernen Stäben auff den Achseln/ theils mit rohten Mänteln vnd schönen Helleparten begleitet.

Die Königliche Räht betreffendt/ werden dieselbigen in drey Cammern abgetheilet/ vnder welchen viel fürtreffliche vnd gelährte Männer begriffen.

Es ist in dieser Statt sonderlichen verühmbt/ die feinen/ von allerley schönen Farben vnnd

Das dritte Buch

Viel schöne sachen werden zu Montpelier gemacht.

Gattungen / Cathalonische Deckinen / weiß Wachs / welches sie an der Sonnen bleichen / Verdet oder Spongrien / Theriackes / Alkermes / ein sonderbare köstliche Confection / zur Stärckung deß Hertzen / Magen vnd Hirns / wider alle Schwachheiten / auch böse Lüfft sehr dienstlich / vnd bewehrt / wirdt bißweilen offentlich vor allen Doctorn vnd Apoteckern zubereitet: auch vielerley wolriechende Pulver / Poudre de Cypre / vnd Violet genannt / welche Sachen auch in frembde vnd ferre Land verführt werden.

Stattliche Artzet.

Fürnemlich aber werden die Artzet vnd Apotecker dieser Statt / wegen jhrer wolbestellten Vniversitet / vnder allen andern in Franckreich / für die erfahrnesten vnd besten gehalten. Dann neben dem / daß die allergelehrtisten Doctores / offentlich in dem Collegio / von der Artzney / uff das fleissigest lesen vñ disputiren / auch einen jedl / so lust hat / zu den Krancken führen / vñ derselben Anligen erklären / werden auch jährlichen zweymal alle vnd jede Trogen oder Materien vnd Specereyen / deren man in der Artzney pflegt zu brauchen / durch einen darzu bestelten / erfahrnen vnd gelehrten Apotecker / offentlich in Frantzösischer Sprach ordenlich der länge nach erklärt / vnd augenscheinlich fürgelegt vnd gewiesen.

Deßgleichen hat es auch mit der Anatomey / vnd zubereytung vieler statlichen Artzneyen vnd Confecten / vnd dergleichen schönen vnd nohtwendigen Vbungen keinen Mangel.

Ausser der Statt ist ein grosser Königlicher Garten / in welchem alle Kräuter vnd Gewächs / so jrgent zu finden / schön ordenlich versetzt / von einem insonderheit darzu bestellten Professore gewiesen / vnd derselben Naturen vnd Eygenschafften / erklärt werden.

Die Eynwohner haben gemeinlich einen geschwinden subtilen Verstandt / vnd werden leichtlich zum äussersten Zorn bewegt / da sie dann / wie die vnsinnigen wilden Löwen / toben vnnd wüten.

Seynd sonsten freundlich / vnd gegen einander trew / haben Tugend vnd Ehr lieb / führen ein nüchter Leben / besuchen fleissig Gottes Wort / vnnd verstehen sich wol auff Religionssachen: können sich wol mit den Frembden vertragen / insonderheit aber sind sie löblicher Teutscher Nation / günstig vnd wol gewogen.

Fruchtbar Landt.

Roßmarin ist sehr gemein.

Vmb die Statt herumb hat es etliche schöne gesunde Brunnen / viel vnnd mancherley lustiger Gärten / von allerhand schönen Früchten / alß Oliven / Feigen / Granaten / Pomerantzen / Capres / Melonen vnnd dergleichen.

Der Roßmarin / auch der allerschönest / wird so ring geacht / daß man jhn Wällen vnd hauffenweiß in die Statt führt / vnd an statt deß gemeinen Holtzes zu dem Kochen vnd Bachen braucht / vnd verbrennet. In summa das gantze Landt ist an allem / was nur der Mensch mag erwünschen vnd begeren / vber die massen gut vnd fruchtbar / daß seines gleichen im gantzen Königreich / auch in andern Ländern nicht zu finden. Daher dann jeder zeit in diesem Landt wolfeil vnd wol zu leben.

Die Statt

Die Statt Montpellier

Gantz zierlich nach aller Gelegenheit/ wie sie zu vnsern zeiten in dem Wesen ist/ abcontrafehtet.

Erklärunge

A Zu vnser Frawen.
B Die Uhr.
C S. Firmin.
D S. Peters Stifft / Bischoffs Sitz
E Der Palast.
F S. Hilary.
G Das Prediger Kloster.
H Der Weg von Hignas.
I Der Weg gen Pezenas.
K Der Wahl.
L S. Guilhelms Gassen.
M Die Nonnen von S. Guilhelm.
N Zu S. Magdalena.
O Ein Straß zu einem ort Charnier genañt

mit ihrer Gelegenheit. 255

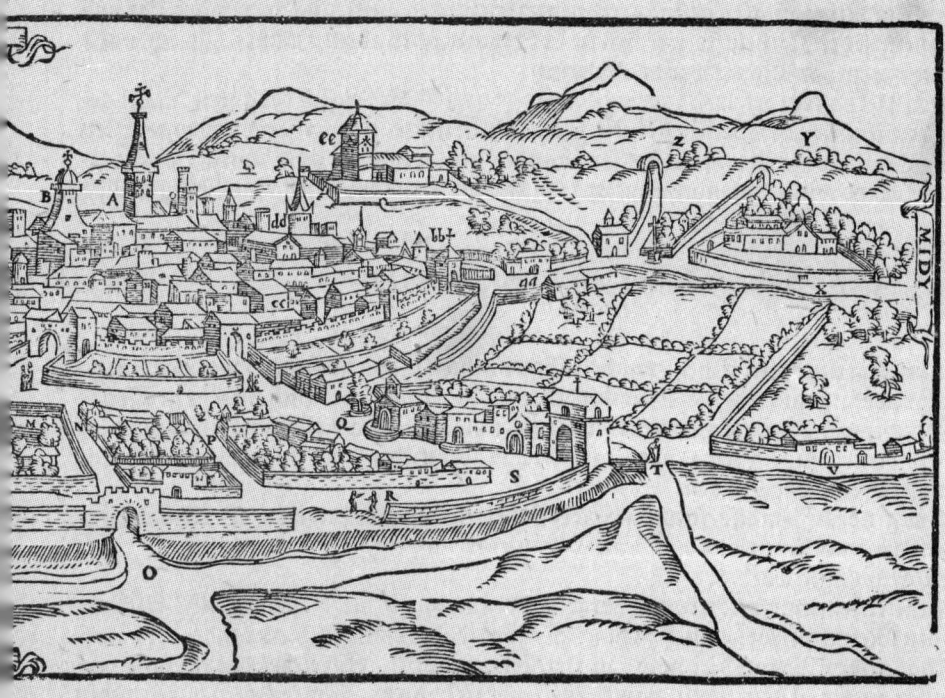

er dieser Statt.

Die kleine Observantz.
S. Thoman.
Der Wahl.
S. Sauvalre.
Die Straß von Bessiers.
Der groß S. Johannes.
Die groß Observantz.

Y Der Weg gen Lates.
Z Der Weg zu der Bruck Juvenax.
aa Saltzhauß.
bb Die innere Statt.
cc Fischmarckt.
dd Das Richthauß.
ee S. Denys.

Ee ij   Es hat

Es hat auch vielgedachte Statt einen gar reinen vnd Gesunden Lufft/gibt gemeinlich klar vnd schön Wetter: allein ist der Nachtlufft/welchen sie Le Serin nennen/dem Haupt schädlich/vnnd die Hitz im Sommer ein par Monat was beschwerlich.

Vor der porten Peru ist ein ort/la Carreire de bonne nyoch, die Gassen der guten Nacht genannt/in welcher auff ein zeit die Studiosi Iuris, so damahlen in der Vniversitet die vornembsten gewesen/in einer Nacht wegen jhres mutwilligen vnnd bösen Lebens/von der Burgerschafft erschlagen worden. Vnd wirdt auch noch heutiges tags ein alt Gemäwr von jhrem Collegio allda gesehen.

Von der alten Statt Lates/von Plinio Laterra genannt.

Dieweil Plinius im neundten Buch/vnd desselbigen achten Capitel/seiner Historien verzeichnet/daß die Eynwohner zu Lates vorzeiten mit den Delphinen gefischet auch ein sehr grosse anzahl Fischen/Mugiles genannt/etliche vermeinen es seyen die Muleten/gefangen haben: wolt ich nicht vnderlassen/denselben orth selbs zubesichtigen/hab aber nichts dann ein verwachsenen Canal/vnd etliche alte Gemäwr gefunden.

Der Lufft ist wegen des Sumpffs/so an das Meer stoßt/sehr vngesund/wie dann auch die Eynwohner entlichen davon zuziehen/vnd die Statt Montpelier/auff einem gesunden lustigen ronden Bühel zubawen/gezwungen worden.

Delphin ein wunderbarer Fisch.

Die Delphin betreffent/mit welchen man vor zeiten zu Lates gefischet/tragen dieselbe Fisch ein sondere lieb zu den Menschen/fürnemlich zu junge Knaben/daher dann auch Alexander der Groß junge lustige Knaben/dem Abgott Neptuno/zu Priestern geordnet. Sie lieben das Gesang vnd Musicspiel/wissen auch waů man sie mit namen rüfft/wie sie dann die Römer wegen jrer stumpffen Schaaffnasen/Simones pflegten zu nennen. Lassen sich auch mit dem Brot biß an das Vfer locken. Seind einer solchen Stercke/daß sie alle andere Fisch mit schnellem schwimen vbertreffen/daher sie auch vollem Sägel mögen nachvolgen.

Ein solcher Delphin hat zu der zeit Keysers Augusti einen armen Schulerknaben/dermassen geliebt/daß er denselben mehrmalen von Puzolen naher Bajas/vnd widerumb von Baisas naher Puzolen getragen/auch sich endtlichen alß der Knab an einer Kranckheit gestorben/zu todt bekümmert.

Also ist auch ein anderer bey der Insel Jaso in Caria auß vnmuht an das Vfer an das Sand geschwummen/vnd darin gestorben/alß jhme durch vngewitter/der Knab/so er auff dem Rucken getragen/ist in das vngestümme Meer gefallen/vnd darinn ertruncken.

Alß auch der König in Caria ein Delphin auff ein zeit/in dem Port hatte angebunden/haben jhn also bald andere Delphin gantz kläglichen vmbgeben/alß wann sie damit vmb Gnad vnd jres Gesellen erledigung den König zu bitten/in solcher anzahl/dahin kommen weren/darauff dann auch der angebunden Delphin auffgelöst/vnd frey gelassen:

Es werden auch heutiges tages etliche dieser Fischen bey Lates gesehen. Nun wöllen wir auch Magalonen besichtigen.

Von der Insel vnd Vestung Magalona.

Magalona ist ein kleine runde Lustige Insel/zwo Meil von Montpelier/ausserhalb dem Sumpff im Meer gelegen/so vor alten zeiten vnder die Balearischen Inseln gezehlt/vnd derselben Königen vnderthan gewesen/welche dann auch diese Vestung/lang vor Christi vnsers Herrn Geburt/wider die Africaner haben gebawen. Wie dann auch Pomponius Mela/so alß ein gebohrner Spanier/dieses Lands gelegenheit am besten gewußt/vnnd dreissig Jahr nach Christi Geburt/vnder Claudio dem vierdten Römischen Keyser gelebt hat/zu end des andern Buchs seiner Weltbeschreibung fleissig vnnd ordentlich verzeichnet/Daß sich die kleinen Balearischen Insel/biß an Massiliam erstreckt vnnd außgebreittet haben/auch in derselben einen/diß Castell/welches er Mago nennt/seye gestanden.

Von dieser Insel Magalona kommet die bekandte Histori von der schönen Magalona vnnd dem mechtigen Helden Petro auß Provantzen/welches aller anzeigung nach/nicht vor ein lauter gedicht zuhalten.

Von Gallia.

In dem Schloß daselbsten/wirdt auff einem alten Gang/ein steinerner Sarch gewiesen/darin gedachte Magalona soll gelegen seyn.

Es wirdt auch noch allda der Spittal gesehen/welchen dise Magalona soll gebawen haben.

Es hat auch dise Insul jhr eygen Bisthumb gehabt/dessen Prælaten in der Kirchen daselbst/wie auch der weitberühmbte alte Jurist Rebuffus/begraben ligen.

Nach dem aber die Eynwohner diser Insul/wider jhres Königs Verbott/mit den vertriebenen Saracenen heimlich vber Meer gehandlet/seind dieselben auffgefordert/vnd die Statt Mompelier zu bawen genötiget worden.

Vnd ist hiemit das Bisthumb von Magalonen gen Mompelier kommen: daher dann auch noch heutigs tags die Bischoff allda/jhre alte Jurisdiction vnd Gerechtigkeit behalten/vnd obgedachte Insul vnd Vestung/mit einem Gubernator/sampt guter Besatzung versehen.

Bisthumb Magalone wird gen Mompelier gelegt.

Von dem Stättlein Belleluc vnd desselben warmen Bad.

Diß Stättlein ist vor zeiten ein Wald gewesen in welchem die Griechen so Massiliam gebawen/den Abgott Beel oder Baal verehrt haben/Beli lucus genandt/wie dann die ältesten Heyden jhre Götter nicht in die Tempel verschlossen/sonder vnder freyem Himmel mit schönen Eychen/vnd dergleichen Bäumen hatten vmbgeben.

Ausserhalb disem Stättlein ist ein warme Brunnquell/dessen Wasser beydes zu trincken/vnd darinnen zu baden/für vielerley böse Kranckheiten vnd Schäden sehr nutzlich vnd dienstlich/wie solches die tägliche erfahrung genugsam bezeugt vnd an tag gibt.

Nicht fern von disem Bad/stehet ein alte eyngefallene Kirch/vor zeiten vnser Frawen Bad genandt: darauß dann abzunemmen/daß gedachtes Bad auch vor alten zeiten im brauch gewesen/alß bey welchem ein sonderbare Kirch gestifftet/damit die/so durch das mittel diser heylsamen Wassern jhr gesundheit von Gott widerumb erlangten/zur dancksagung jhren Gottsdienst darinn verrichten solten.

Von der Statt Frontinian.

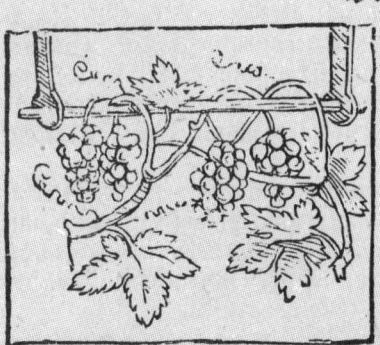

Nicht fern von erstgedachtem Ort/ligt an dem Meer/die Statt Frontinia/deren Nam von dem edlen Muscateller Wein/so darumb her wachset/in der gantzen Welt bekandt worden. Gleicher gestalt werden auch die besten Meertrauben auß diser Statt in vnsere Land gebracht.

Muscateller.

Von der alten Bischöfflichen Statt Agde.

Es ist ein sonderlicher lust die schöne gelegenheit diser gegne/an dem Meer gegen Narbona hinab zu sehen. Nach Frontinian folgt Mesavū Massilia/zwo gar lustige Stätt/ mit aller notturfft auff das beste versehen.

Von dannen kompt man in die alte Bischoffliche Statt Agde/welche die Griechen/von Massilia/an einem lustigen Fluß nahe am Meer gebawen/vnd Agátham/einer fürnehmen Statt in Phocide/von dannen sie dann in dise Land kommen/haben nach genennet.

Von disen Griechen werden noch etliche alte Inscriptiones vnd Müntzen in gedachter Statt gefunden.

Vnd ist denckwürdig/daß dise Statt bald nach der Apostel zeit ein sehr ansehenliche Christenliche Gemeind/vnd vber dieselbe einen besondern Bischoff bekommen/dadurch dann mehr ermelte Statt Agde jhren in der gantzen Christenheit einen solchen angenehmen Namen gemacht/daß Bapst Celestinus der erste diß Namens/vmb das Jahr Christi vnsers HErren 427. ein allgemein Concilium dahin gelegt/vnd außgeschrieben/welches dann auch von vielen Bischoffen vnd Prælaten auß allen Landen/in beywesen des Bapsts/in dem Thumb daselbst gehalten worden.

Dises Concilij fürnehmste Puncten waren:

1. Daß die so feindtschafft tragen/vnd nicht wöllen versöhnet werden/sollen auß der Kirchen gestossen werden.
2. Daß kein Christ/er seye Ley oder Priester/einige Gastung/oder Gemeinschafft mit den Juden solle haben.
3. Daß die Priester zu keiner Hochzeit/Tantz/Spiel/Leichtfertigkeit/weltlichem Gesäng vnd Bulenliederen gehn sollen.
4. Daß man die Priester so sich voll Wein sauffen/solle dreyssig Tag von der Kirchen außschliessen/vnd jhnen die Pfrund nider legen.
5. Daß man einen Juden acht Monat vnder den Schulern des Glaubens solle probieren/ehe daß man jhn tauffe.
6. Daß man die Leyen/so auff das wenigst am Christtag/Ostertag vnd Pfingsttag nicht zum Sacrament gehen/nicht solle für Christen halten.

Von der Statt Besiers.

Ein kleiner spatzierweg von Agde ligt auff einem Bühel an einem schönen Fischreichen Fluß/ die alte Römische Colonia Besiers/ welche Plinius im andern Buch seiner Historien Bliteras/ oder wie etliche geschriebene Exemplaria haben/ Bilteras/ nennet. Was die Römer vor zeiten in diser Statt gebawen/ das haben hernach die wilden Barbarischen Gothen vnd Saracener verwüstet/ vnd endtlichen Carolus Martellus/ alß er dieselbigen vertrieben/ gar zu boden geworffen: daher dann kommen/ daß heutiges tags in einer solchen mächtigen Statt so wenig Antiquiteten vnd Römische Monumenta gesehen werden.

Im Jahr Christi vnsers HErren 353. ist in diser Statt/ wie auch zu Arles/ auß befelch Keysers Constantij ein Concilium gehalten worden.

Zu dem daß gedachte Statt ein sonderbar Bißthumb hat/ so ist auch vor wenig Jahren an dem lustigen vnd stercksten Ort derselben/ ein gewaltig Jesuiter Closter gestifftet/ vnd gleichsam alß ein Burg oder Vestung erbawen worden.

Die Kirchen diser Statt seind noch alle gantz/ vnd mit jhren gewohnlichen Priestern bestellet.

Die Euangelischen haben jhre Predigten ausserhalb der Statt.

Die Eynwohner ziehen sich schon auff die Spanische Natur/ seind vnbarmhertzig vnd zornmütig/ sonsten gute Soldaten/ so dem Feind dörffen vnder die Augen tretten.

Das Land hierumb ist an Korn/ Oel vnd Wein/ welchen Plinius in seinem 14. Buch am 6. Capitel/ für den besten in Gallien gehalten/ sehr fruchtbar: der Lufft ist gar rein vnd gesund/ mit Fischen/ beyde von gesaltznen vnd süssen Wassern/ vber die massen wol versehen.

Von der vralten Statt Narbona.

Dise Statt hat Narbon/ ein Gallischer König/ dem gantzen Land zu einer Hauptstatt gebawen/ vnd dieselbe/ seinem Namen nach/ Narbonam genennet: welches dann/ wie etliche verzeichnen/ zur zeit Pharaonis des Tyrannischen Königs in Egypten/ so die Kinder Israel mit Ziegelbrennen in harter Dienstbarkeit biß auff Mosen den Propheten gehalten/ geschehen. Hundert vnd sechszehen Jahr vor Christi geburt/ hat Quintus Martius/ vñ fünfftzig Jahr hernach Pompeius der Groß/ gedachte Statt/ sampt 846. andern Stätten in disem Land eyngenommen/ vnd dieselbigen dem Römischen Reich vnderworffen vnd eynverleibt/ daher dann diß gantze Land/ die Narbonische Provintz ist genennet worden.

Volgends hat Julius Cesar/ mehr ermeldte Statt Narbonam zu einer Colonien gemacht/ vnd dieselbige dem Römischen Reich zu besserer beschirmung wider die vnrühwigen Spanier/ mit Römischen Burgern besetzt. Darauff dann von tag zu tag viel gewaltige Gebäw erwachsen/ die doch mit der zeit widerumb alle zu grund gangen. Keyser Carus/ so 285. Jahr nach Christi vnsers HErren geburt/ das Römisch Reich besessen/ ist auß diser Statt bürtig gewesen.

An den Stattporten vnd Mawren/ werden sehr viel schöne Inscriptiones vnd Antiquiteten gesehen/ darunder der dreyhäuptige Cerberus/ ein scheutzlicher Hund mit drey Köpffen/ welcher/ nach der Heyden fürgeben/ der Höllen gehütet.

Es ist vielgedachte Statt Narbona diser zeit/ eins von den fürnehmsten Hertzogthumben in Franckreich/ darinnen ein sehr alt Ertzbißthumb/ an dessen Bischoff Bapst Bonifacius der erst diß Namens 423. Jahr nach Christi vnsers HErren geburt/ ein sonderbar Schreiben von Rom abgesandt.

Schön Thumb Spruch ort von einer vollkommenen Kirchen.
Die Thumbkirch/ S. Just genandt/ ist ein vberauß stattlich Gebäw/ vnd wird für das schönste Chor in Franckreich gehalten. Daher man dann auch pflegt zu sagen/ daß auß dem Portal zu Reins in Schampanien/ dem Thurn zu Straßburg im Elsaß/ der Kirchen zu Amiens in Picardey/ auß der Glocken vnd Orgeln zu Roan in Normandey/ vnd dem Chor zu Narbonen in Langendock/ ein recht Weltwunder von einer vollkommenen Kirchen zu bawen were.

Königliche Begräbnuß.
In gedachtem Chor ist vor dem Fronaltar ein schöne Begräbnuß/ König Philippo/ Ludovici des Heiligen Sohn/ so Anno Christi vnsers HErren 1271. im October zu Perpinian in Hispanien an einem hitzigen Feber gestorben/ zu ewiger gedächtnuß auffgerichtet.

Schön Gemähl.
Strack vor diser Königlichen Begräbnuß/ ist das weitberühmbte Gemähl/ von der aufferweckung Lazari/ in der Wandt vnder den Feasteren mit zwen flügeln verschlossen/ welches von denen zweyen fürtrefflichen Meistern Michael Angelo vnd Sebastiano Veneto verfertiget worden/ welches der König selbsten für viel tausend Cronen/ so er darfür solle angebotten haben/ nicht hat erhalten mögen.

Narbona ein sehr guter ort.
Die Zehrung betreffend/ ist dieselbe in gedachter Statt sehr gut/ vnd alles vmb ein gering Gelt zubekommen/ fürnehmlich ist an dem besten Wein vnd Gevögel grosser vberfluß. So ist auch der Kauffmanshandel allda gar stattlich bestellt vnd wol versehen.

Von Gallia.

Die Statt Leon

Welche vnder andern Stätten in Franckreich für die schönste vnd herzlichste gehalten wirdt/mit aller jhrer gelegenheit/gantz künstlich abcontrafehtet.

Ff ij

260 Abcontrafehtung der schönen

Etlicher

A S. Johanns Stifft.
B S. Paulus Stifft.
C Pierre Seise/ein Schloß.
D Fowiere.
E Die Bruck der Sone.
F Der Fluß Sone.
G Esnay ein Aptey.
H Jacobiter.

cherhümbten Statt Leon.

gung.
S. Nifter.
Die Bruck des Rhodans.
Barfüsser.
in ort Platiere gwandt.

N S. Sebastians Bergle.
O Die Bollwerck S. Sebastians
    Thor.

Von

Das dritte Buch

Von der alten weitberhümbten Statt Tholosa/in welcher das ander Parlament in Franckreich.

Dise gewaltige Statt Tholosam/hat nicht Tholosus ein Trojaner/wie der mehrtheil under den Frantzosen/so vast alle wöllen Trojaner seyn/sonder Tholus/einer vom Geschlecht Japhet/ungefahr 2716. Jahr nach erschaffung der Welt/auff der höhe gebawet/volgends aber an der Garumna/fürnemlich da Hannibal auß Hispania in Italiam gezogen/mit zwen grossen Thürnen/bey der Inquisition und Basacle/bevestiget worden.

Alß der Römische Burgermeister Quintus Servilius Scepio/auß befelch des Rahts mit einem Heerzeug in Galliam abgefertigt/Tholosam der Tectosager Hauptstatt eyngenommen/und etlicher massen zerstöret/hat er den mercklichen Schatz/so 15000.Talent/ je ein Talent zu 600. Kronen gerechnet/welchen die Tholosaner im Tempel Apollinis behalten/under dem schein alß wolt er denselben gen Rom in gemeinen Wechsel schicken/zu Massilia zu seinem eigenen nutz verborgen: und damit die Sach nicht offenbar/und zu Rom außgespreitet wurde/die Befelchsleuth durch Practick hingerichtet. Im volgenden Jahr wurd gedachter Scepio des Kirchenraubs und Diebstals halben aller Ehren entsetzt/und starbe sehr elendiglich in eusserster Armut. Die ubrigen so des gestolenen Gelds theilhafftig gewesen/fielen von tag zu tag in groß unglück: also wan man von einem hat reden wöllen/welchem unrecht Gut nicht gedeyet/hat man gesprochen/es seye Tholosanisch Gold.

Das Parlament zu Tholosa betreffend/hat dasselbe Anno Christi unsers HErren 1442.König Carolus der Siebende für nider und ober Languedoc/Vivares/Valay/Gninaudan/Foix/ Comminges/Gaure/Quercij/Armaignac/Agenois/Condomois/Estrac/Lomaigne/Mognac/ Bigorre und Rovergne/auffgerichtet.

Der erste Rechtshandel so in disem Parlament agiert worden/hat die Graffschafft Comminge angetroffen/welche Johanna des Graffen von Cominge Tochter/gedachtem König vermacht/ wider Graff Matthæum von Chastelbon/von dem Hauß Foix jhren Ehemann.

Die Universitet hat Graff Reinmond von Tholosa gestifftet/und hernach Bapst Johannes der 22.und Innocentius der 6. mit trefflichen Freyheiten gezieret.

Volgends haben gedachte Universitet viel Ertzbischoff von Tholosa/die Bischoff von Magalana/Pampelana/Perigort/Foix und Mirepoix reichlich begabet.

Obermeldter Bapst Johannes/hat Anno 1317.das Bißthumb Tholosa/nach Bischoff Ludwigs von Sicilien/Caroli des Andern Königs in Sicilien/zum Ertzbisthum gemacht/und demselben die newen Bißthumb/Montauban/Rieux/Mirepoix/Lanaur/Lombes und Sanct Papoyne underworffen.

Der erste Bischoff und Christliche Seelsorger ist Sanct Saturninus gewesen/welchem die aberglaubischen Heyden einem Ochsen an Schwantz gebunden/und durch die Statt geschleifft. Ligt zu S. Saturnin begraben/da zuvor ein Tempel Apollinis gewesen.

Das Closter Daurade/ist auß dem alten Tempel Jupiter Ammonis gebawet.

In gedachter Statt ist auch ein Amphitheatrum und Capitolium gestanden/darüber der fromme Saturninus hinab gestürtzt worden.

Von der Statt Leon. Cap. xxxij.

LEon ist mehr dann vor 3240. Jahren/alß die Kinder Israels in der Dienstbarkeit Pharaonis in Egypten waren/von König Lugdo/zu einer Hauptstatt erbawen: 38.Jahr aber vor Christi unsers lieber HErren und Heylands Geburt/auß befelch des Rahts zu Rom/von dem Landpfleger Munatio Planco/so auch Augst bey Basel zu einer Colonien gemacht/widerumb ernewert un mit Römischen Burgern und Kriegsleuthen/so von Wienne vertrieben waren/besetzt worden. Gedachter Munatius aber hat dise Statt allein in der Insul/zwischen dem Rhodan und der Saona mit Mawren umbfangen und beschlossen. Ausserhalb derselben/jenseit der Saona hat gantz Franckreich/auß gemeinem Seckel/dem Keyser Augusto zu Ehren/einen köstlichen Tempel gebawen/auff welches Fundament hernach Sanct Alpin/der 14.Bischoff zu Leon/S.Johannis Thumbkirchen gesetzt. Dieweil nun dise Statt sehr wol gelegen/und von langen zeiten her einen mächtigen Handel getrieben/haben die Römer auch jhre Müntz und Wechsel dahin verordnet.

Etlich und dreyssig jahr nach Christi Himmelfart hat gedachte Statt ein solche unerhörte brunst erlitten/daß sie in 24.stunden in blüst gestanden/und gantz und gar in äschen gelegen: da dann viel mächtige Gebäw/wie Seneca in seinen Episteln schreibt/zu grund gangen/darunder ein jedes ein sonderbare Statt hette können zieren.

Nach dem nun dise mächtige und schöne Statt so jämerlich/biß auff den aussersten winckel verbrunnen/daß sie gleich wie ein todter Cörper gantz scheutzlich auff der Erden lag/hat man umb besserer Lufft willen/wie dann auß solchen brünsten böse dämpff entstehen/den Berg jenseit der Saona/angefangen zu bawen und bewohnen/daher dan auch noch heutig tags der gröste theil

Römische Colonien.

Gewaltiger Tempel.

Grewliche Brunst.

Von Gallia.

von Antiquiteten/darunder etliche Schwiebögen vnd wunderbare Gewölber gegen dem Wasser hinauß/hin vnd her/darauff zu sehen. In der Kirchen-History wird bey Eusebio im anfang des 5. Buchs/eines Amphitheatri oder Schawspielhauses gedacht/in welchem man die H. Märtyrer jämerlich pflegte zu tödt: etliche wurden von den wilden Thieren zerrissen: andere lebendig auff dem Rost gebraten/oder sonst verbrennt: welche wegen des Röm. Burgrechts grosse Gnad erlangten/ wurden enthauptet: viel wurden in den stinckenden Gefäncknussen jämmerlich erwürget/vnd für die Hund geworffen: viel sturben ander Marter: die Leichnam/so zum theil von den Hunden vnd anderen Thieren halb gefressen/zum theil halb verbrunnen/lagen sampt den enthaupteten sechs gantzer tag zu einem kläglichen/vnmenschlichen Spectackel vnder offnem Himmel vnbegraben/ dann von wegen der bestelten Wacht/ist niemand möglich gewesen nur das minste Bein zubegraben. Hernacher wurden alle Cörper vnd derselbigen Gebein verbrennet/vnd die äschen in den Rhodan geworffen.

Grosse Verfolgung.

Es wird auch bey den alten Scribenten eines grossen Altars gedacht/welchen 60. sonderbare Völcker der Göttin Minervae auffgerichtet/vnd denselben mit eines jeden sonderbaren Namen vnd Bild haben gezieret. Bey disem Altar pflegten die fürtrefflichsten Oratores vnd Poeten auß allen Ländern/ einander einen Kampff außzubieten/in welchem der jenige so den Kampff verlohren/ einen Vberwindern/mit einer Gaab vnd Lobspruch/mußte verehren: wa jrgend einer aber zu schlim bestanden/wurde er/wegen seiner stoltzen vermessenheit/in den Rhodan geworffen/oder wann er gnädig abgangen/wurde er gezwungen/seine geschriebene Orationes oder Gedicht/mit einem Schwamm/bißweilen auch mit eygner Zungen außzulöschen. Diser Kampff soll erstlichen in Engelland auffkommen seyn/hernach auch zu Neaples gehalten worden/ welchem viel freinde Völcker/auch die Römischen Keyser selbs pflegten beyzuwohne. Daher wol zuerachten/daß zu Leon vorzeiten viel gelehrte Leuth gewesen/wie dann auch Cicero bezeuget/daß er sampt seinem Bruder Quinto/Plotium einen gebornen Leoner/so zu Rom der erste die Rhetoricam gelesen/zum Preceptore gehabt haben. Sonsten ist auch Keyser Caracalla von Leon bürtig gewesen. Marcellus vermeynt/es seye gedachter Altar gestanden/da jetzunder die Benedictiner jhr Convent haben.

Gelehrter leuthen Kampff zu Leon.

Das Euangelium von vnserem HErren vnd Heyland Jesu Christo belangend/ist dasselbig ohne zweiffel bey der Apostel Leben verkündiget worden. Dann Eusebius schreibt in seiner Kirchen-History/daß S. Photin des Bisthumbs zu Leon seye Diacon gewesen/so Polycarpum den Jünger Johannis des Euangelisten gehört hat. In obgedachter grausamer Verfolgung/so vnder Keyser Antonino Vero 168. Jahr nach Christi geburt geschehen/fragt der gottlose Landpfleger/wer der Christen Gott were: welchem Photin geantwortet/wenn ers werth were/so wurde er es wissen: darauff dann das Volck/so herumb gestanden/den neunzigjährigen Mann dermassen mit fäusten geschlagen/vnd mit füssen getretten/daß er am anderen tag in einem stinckenden Kercker gestorben. Dise Kercker oder Gefangenschafften/dareyn man die Christen pflegte zu werffen/ waren mehrentheils die vndern Cellen vnd Gwölber in den Amphitheatris/da sonsten die wilden Thier wurden behalten. An dises Photini statt/ist Jreneus/so auch Polycarpum gehöret/ an das Bisthumb kommen. Ohnangesehen aber/daß die gottlosen Römer so tyrannisch wider die Christen gewütet/so wurde doch die Kirch zu Leon vñ Wienne sonderlich erhalten/also daß sie Jreneum in Asiam vnd Phrygiam schickten/etliche Jrrthum vnder den Brüderen daselbst abzuschaffen. Dieweil dann die Statt Leon/nicht nur vnder den Heyden/die fürnehmsten Tempel gehabt/sondern auch vnder den Christen sehr viel außgerichtet/ist in derselbigen/noch biß auff dise zeit der Kirchen Primat verblieben. Alß Keyser Friderich/der Ander diß Namens/die Bäpst in Italia getummelt/vnd etlichen Geistlichen Creuz biß auff die Hirnschalen geschnitten/hat sich Innocentius der Vierdte nacher Leon begeben/vnd Anno 1244. allda ein Concilium gehalten/ in welchem er wohlgedachten Keyser citiert/vnd in Bann gethan/vnd den Churfürsten einen andern zu erwöhlen gebotten.

Die Kirch Christi nimbt zu.

Concilium.

Anno 1305. ist Clemens der Fünffte/weyland Bischoff zu Bourdeaux/auß Philippi Königs in Franckreich/so damahlen im Bann gewesen/Practick/zum Bapst erwöhlet/vnd in beywesen gedachtes Königs Philippi/wie auch des Königs auß Engelland vnd Arragonien/ auch vieler Teutschen Fürsten/gekrönet worden. In dem aber jederman in der Krönung den Ceremonien zugesehen/ist ein grosse lange Mawr eben an dem ort eyngefallen/so mehr dann tausend Personen zu todt geschlagen/vnder welchen ein Hertzog von Britannien vnd andere viel grosse

Clemens der Fünffte wird Bapst zu Leon erwöhlet.

Herren gewesen. Der Bapst fiel in solchem grossem geträng von seinem Pferd/und war dermassen verletzt/daß er auch schier auff dem platz geblieben. Nach disem hat der new Bapst den verbannten König zur danckbarkeit/daß er ihm so fleissig auff den Stul gcholffen/absolviert/und mit der Kirchen versöhnet/auch demselben nicht nur alle und jede entzogene Ehren und Titul wider gebē/sonder auch fünff jahr lang/die Zehenden und Geistlichen Gefell/durch das gantz Königreich geschenckt/und die Statt Leon/über welche der Ertzbischoff oder Primat/sonderbare Gerechtigkeit hatte/gantz und gar in seinen Gewalt übergeben.

Wassernot.

Im Jahr 1570. den 2. Decembr. ist der Rhodan umb mitternacht dermassen angelauffen/daß beyde zu Statt und Land viel Häuser eyngefallen/und sehr viel Menschen und Vieh ertruncken. Zwey jahr hernach haben die von der reformierten Religion umb des Euangelij willen jämerlich gelitten. Dise Statt hat heutiges tags nach Rom und Marsilien den grösten Kauffmanshandel in gantz Franckreich/und wird von allerley Nationen sehr besucht. Ist mit schönen Kirchen uñ anderen Gebäwen auff das beste gezieret/auch mit allerley gelegenheit/so der Mensch mag begeren/über die massen wol versehen. Es hat das gemein Frantzösisch unglück diser Statt auch nicht verschonet: dann alß 1562. sie sich den Religionsverwandten auch günstig erzeiget/ward sie erstlichen von Touanne Burgundischen Statthaltern mit Heersmacht überzogen/alß er aber die Sachen lang verzog/ward der von Nemaurs an sein statt/zum Obristen geordnet: Diser ob er gleich allen fleiß anwendet/sie zum Gehorsam zu bringen/hat er doch nichts außrichten mögen/ dann under dessen eben des Friedens Edict außgeruffen worden/welches allen Sachen ein eynstand gemacht. Demnach Anno 1564. als sich ein newer Tumult erhube/und Carolus IX. dahin kommen/ward ein Citadell die Statt im zaum zu halten/auff S. Steffans Berg zu bawen geordnet. und demnach mit aller notturfft genugsam versehen. Hat auch Anno 1572. im Blutbad viel umb Christi willen gelitten.

Grosser Kauffmans-handel.

Von dem Delphinat und seinen Stätten. Cap. xxxviii.

Delphinat kompt vom Reych.

Elphinat eine sonderbare Provintz der Kron Franckreich/ist vor Christi unsers HErren geburt/under dem Allobrogischen Königreich gewesen/und hernach an die von Burgund und Arles/und von denselben/an das Römische Reich/Teutscher Nation/kommen: darunder gedachtes Delphinat zu einem sonderbaren Fürstenthumb worden/welches Humbertus/der letzte Fürst und Delphin (alß er auß kummer/wegen seines einigen verstorbenē Sohns/zu Leon in ein Prediger Closter gangen/so hernach zu Pariß gestorben/und bey den Jacobinern begraben) Anno 1349. mit verwilligung Keysers Caroli des vierdten/dem König auß Franckreich umb 40000. Cronen (welche summen er auff die Armen gewendet) verkaufft/und desselben erstgebornen Sohn/zu einem Lehen/von dem Römischen Reich zu tragen übergeben hat. Daher dann der Delphin dem H. Römischen Reich zu dienen verbunden/wie er auch demselben zu hilff gezogen/alß ihn die Eydgnossen haben vor Basel bey der Byrß geschlagē. Es hette Hertzog Humbert/alß ein newer Geistlicher Herr/auß grosser andacht gedachtes Fürstenthumb dem Bapst umb ein geringe summa Gelts verkaufft/wo der Adel nicht so sehr were darwider gewesen: dann dieweil derselbe von den Saphoyern offt wurd angefochten/könte er billich mehr schutz und schirm vom König in Franckreich/ dann vom Bapst verhoffen.

Von der Statt Wien.

Von Gallia.

Fünff gemeine Frantzösische Meil vnder Leon/ligt die Hauptstatt Wien/zwischen dem Gebürg vnd dem Rhodan/an einem sehr fruchtbarn vñ gesunden ort. Ist erstlich zur zeit des Propheten Helisei/von einē vertriebnen Africaner erbawet/vnd hernach des Allobrogischen Königreichs Hauptfleck gewesen: endlich von den Römern/alß sie nach der Catilinarischen auffruhr das gantz Land bezwungen/mit Mawren vmbgeben/vnd mit Römischen Burgern besetzt worden. Dieweil aber die Allobroger der Kriegen gewohnt warē/auch die fürnehmsten von denselben sich zu Wien nider gelassen/haben die Römer dise ihre newe Coloniam / neben einer starcken Besatzung/mit einem sonderbaren Raht vnd Regiment versehen.   *Wien ist ein alte Statt.*

Ein Römische Colonia.

In dise Statt hat Cajus Caligula der vierdte Römische Keyser/Herodem/so Johannem den Täuffer enthauptet/sampt der schnöden Herodiade/nach Tiberij tod/wegen entdeckter Vntrew vnd fürgenommener Verrähterey verwiesen/wie bey Josepho vnd Eusebio zu sehen. So soll sich auch Pontius Pilatus allda im elend auß verzweyfflung vmbgebracht haben.   *Herodes vñ Pilatus sterben im elend.*

Es hat in gedachter Statt ein sehr alt vnd herrlich Ertzbisthumb/welches Crescens/ein Jünger des H. Apostels Pauli/vnder dem gottlosen Keyser Nerone mit der Predig des Euangelij von Christo angefangen/vnd in volgenden Jahren vber die massen grausame verfolgungen erlitten/ vnd meldet Eusebius in seiner Kirchen-History daß Sanctus Diacon zu Wien vmb das Jahr Christi vnsers HErren 160. vnder Antonino Vero/in dem Amphitheatro/darvon noch etwas zu sehen/sampt vielen andern frommen Christen/jämerlich gemartert worden.   *Grosse verfolgung.*

Was die Römischen Antiquiteten belangt/ist derselben hin vnd wider/nicht nur in der Statt/ sonder auch auff dem Veld ein grosse anzahl / aber mehrtheils zerschlagen vnd eyngefallen/darauß dann genugsam abzunemmen/wie herrlich vnd schön vor zeiten Wien gewesen.   Nicht fern von dem Thumb/so gewißlich ein fein Gebäw/ist noch ein gantz steinene Tafel an einem Schwiebogen/darinnen mit sehr schöner Römischer Schrifft verzeichnet/wie daß ein fürnehm Römisch Waib/einen Tempel allda/mit ihrinen vergülten Zieglen/vnd etlichen Bilderen/vnd dergleichen Heydnischer Abgötterey habe gezieret: wo aber diser Tempel gestanden/ist vngewiß/vñ ob gleichwol vorzeiten viel da gewesen/so ist doch nur noch einer allein von Chorintischer Architectur vberblieben. Die zwen Löwen im Kirchhoff/auff welchen zwey Knäblein sitzen/seind ohn zweyffel in einem Circo oder Amphitheatro/der Göttin Cybele zu ehren/auffgerichtet gewesen.   *Antiquitet.*

Vor der Statt ist zwischen der Landtstraß vñ den Weingärten gegen dem Rhodan/ein schöner Pyramis/welcher zu einer stattlichen Begräbnuß gedienet hat.

Die Wienischen Klingen seind gute halb/hoch gehalten/daß sie auch in ferre Land geführt/vnd für die besten Spanischen verkaufft werden.

Im Jahr Christi 1311. hat Bapst Clemens der Fünffte zu Wien ein Concilium gehalten/vnd darin die Tempelherren/alß wann sie König Ludwig den 4. in Syria vor Damiata dem Soldan verrathen/vnd viel andere böse stück begangen hetten/verdammt/darauff sie dann also bald durch alle Land vnversehens vberfallen/außgetilgt vnd verbrennt wurden. Etliche vermeynen/es habe sie gedachter Bapst/dem König zu gefallē/so hernach jhre Güter durch gantz Franckreich genommen/ auß Neid vnd Haß/zu disem erschrocklichen vndergang gebracht: viel bekenneten an der Marter allerhand Vbelthaten/welche sie doch hernacher nicht mehr gestunden/sondern biß in den Tod ernstlich widerrufften. In disem Concilio/so zwey jahr gewähret/ist König Ludwig vnd ein Bischoff zu Tholosa/canonisiert/vnd in die zahl der Heiligen auffgenommen worden.   *Concilium. Tempelherrn werden all vberfallen.*

Von der Statt Granoble.

So jemand von Leon oder Wien lust hat nacher Granobel zu spatzieren/wird er allda ein schön Parlament sehen/wie dann auch nicht weit darvon das fürnehmste Carthäuser Closter/in gantz Europa/von Brunone/einem fürnehmen Theologo von Pariß/sonsten von Cölln bürtig/desselben Ordens vrheber/Anno 1084. angefangen. Dise Statt ligt an einem fruchtbaren schönen ort/ an dem Fluß Isara/ist vor langen zeiten gestanden/vnd vom Keyser Gratiano erweitert worden/ von welchem sie auch den Namen bekommen/dann sie zuvor Acusion geheissen.

Nicht ferr von gedachter Statt/ist ein wunderbare Brunquell/so rechte natürliche Fewrflammen von sich wirfft/vnd alles/was sie berühren/verbrennet.

Von der Statt Romans.

Romans ist auch ein sehr lustige vnd reiche Statt/von dem König Romo/welcher Allobrogis Sohn gewesen/erbawen. Es werden in beyden Stätten noch viel Römische Inscriptiones gesehē. An dem ort/da die Isara in den Rhodan fleußt/hat Butwit der Allobroger König/ein Bruck vber den Rhodan gemacht. Diser König war vber die massen mächtig/vnd derowegen so trutzig/daß er/alß jhm Q. Fabius Maximus Aemilianus/Burgermeister zu Rom/mit dreyssig tausend in in das Veldt entgegen gezogen/gesprochen: Das Römische Heer were nicht genugsam seine Hund damit zu speisen. Aber die Römer wußten sich so Ritterlich zu halten/daß sie gedachtem Butwit von seinen 180000. streitbaren Männern/130000. oder auch mehr/wie etliche schreiben/ zu boden schlugen / vnd seinen Sohn nach Rom/dahin sie jhn berufften / gefangen führten.   *Grosse Schlacht.*

Römische Siegzeichen.

Darumb dann auch Fabius ein Saul/ von weissem Marmor/ auff dem Veldt/ da die Schlacht geschehen/ hat auffgerichtet/ vnd von dem Raub/ zwen Tempel/ einen dem Abgott Marti/ den andern dem Helden Herculi zu ehren gebawen.

Es meldet Thevet in seiner Weltbeschreibung/ er habe kein Statt gesehen/ die sich besser mit Hierusalem vergleiche/ alß gedachte Statt Romans.

Von der Statt Valentzen.

Dises ist auch ein berühmbte alte Römische Colonia/ wie dann auch noch etliche feine Antiquiteten alda zu finden. In S. Felicis Kirchen ist ein Römischer Ritter sampt seinem Gemahel begraben gewesen/ wie man auß der Grabschrifft hat mögen erkennen.

So hat man auch vor Jahren/ ausserhalb der Statt/ in einem Weingarten/ ein alt steinen Grab gefunden/ darinnen ein Weibs Cörper/ mit zwey schönen Ohrbanden/ das einte mit einem Schmaragd/ das ander mit einem Türckis versetzt/ nach Römischem gebrauch gezieret/ gelegen.

Vnd ist bey den Alten sehr bräuchig gewesen/ daß man den verstorbenen solche Zierde angelassen/ ja jhnen auch güldine Ketten angehencket/ wie dann derselben etliche Keyser Ferdinando/ hochloblichster gedächtnuß/ seind vbergeben worden/ wie bey dem Lazio/ von der Römern Regiment zu sehen.

Es hat in gedachter Statt Valentz auch ein Pantheum vnd schönen runden Tempel gehabt/ welcher noch bey Mannsgedencken gestanden/ vnd erst in den letzten Kriegen/ sampt anderen hertzlichen Kirchen/ eyngeworffen worden.

In der Jacobiner Closter/ seind noch etliche Gebein eines Rysen/ so fünffzehen Ellen lang gewesen.

Dieweil dise Statt sey köstlich/ vnd wol an einem gesunden vnd fruchtbaren ort/ an dem Rhodan gelegen/ hat sie ein fürtreffenliche Vniversitet vnd Hohe Schül bekommen/ in welcher Cusacius neben andern gelehrten Männern viel guts außgerichtet hat.

Von der Statt vnd Fürstenthumb Aurange.

Etliche zehlen das Fürstenthumb Aurange vnder Provantzen/ etliche vnder Delphinat. Hat vor zeiten dem Graffen von Provantzen zugehört. Renatus/ König in Sicilien verkaufft es Ludovico von Chalon/ dessen Sohn Wilhelm solches König Ludovico dem eylfften widerumb zu kauffen geben Anno 1475. derselbige hat es dem Delphinat eynverleibt: doch hat es gedachter Wilhelm von Chalon widerumb von dem König bekommen mit aller Gerechtigkeit/ der gestalten daß er sich auch offentlich schreiben dorffte/ Wilhelmus von Gottes Gnaden/ Printz von Vianien. Von disem Hauß ist diß Fürstenthumb von Renato dem letzten Grafen von Chalon auff die Graffen von Nassaw kommen/ so es doch niemalen rhüwig besitzen können.

Anno 1562. ist Statt vnd Schloß jämmerlich in Brandt gesteckt vnd verwüstet worden.

Von Gallia. 267

Anno 1605. ward gedachte Statt vnd Fürstenthumb Philippo Printzen von Aurangen/ Mauritij ältisten Brudern widerumb zugestellt vnd eyngeraumbt/ daselbsten er auch Hoff gehalten.

Ausserhalb der Statt gegen Leon hinauff stehet ein wunderschöner Triumphbogen/ mit drey Gewölben/ in welchen Heydnische Götter gestanden. An gedachtem Triumphbogen seind an den vier Mawren herumb zwo Schlachten/ so der Römische Held Cajus Marius/ wider die alten Teutschen vnd Gallier/ darunder die Züricher nicht die geringsten gewesen/ in Provantzen gethan/ sampt einem gefangenen König/ vnd allerhand Kriegsrüstung in buscheln zusamen gebunden/ in Stein/ mehr dann Manns grösse/ gantz kunstlich außgehawen/ vnd erhaben. Ist gewißlich ein solche schöne Antiquitet/ deren gleichen in gantz Franckreich/ ja auch in Italien/ vnd in der Hauptstatt Rom selbst nicht gefunden wirdt.

Es erscheint in derselbigen gantz eygentlich/ was die alten Teutschen vnd Gallier für Kriegszeichen/ oder Panier/ auch was für Wehr vnd Waffen im Kriegen gebraucht haben.

Ein anderer dergleichen Triumphbogen ist auch bey S. Remi zwischen Auignon vnd Aix in Provantzen zu sehen.

In der Statt stehet noch vast ein halb Theatrum/ von grossen Quaderstucken erbawen/ deß gleichen auch weit vnd breit nicht wirdt gefunden. Auß den alten Ringmawren kan man genugsam abnemmen/ daß Aurangen vor zeiten sehr groß/ vnd der fürnehmsten Römischen Colonien eine gewesen. *Theatrum*

Das Schloß alda auff der höhe gelegen/ ist ober die massen vest vnd wehrhafft/ darinnen/ in Namen Königlicher Majestat in Franckreich/ ein starcke Besatzung von Eydgnossen gelegen.

Gg ij Von

Das dritte Buch
Von der Statt Avinion vnd vmbligenden Orten.
Cap. xxxiii.

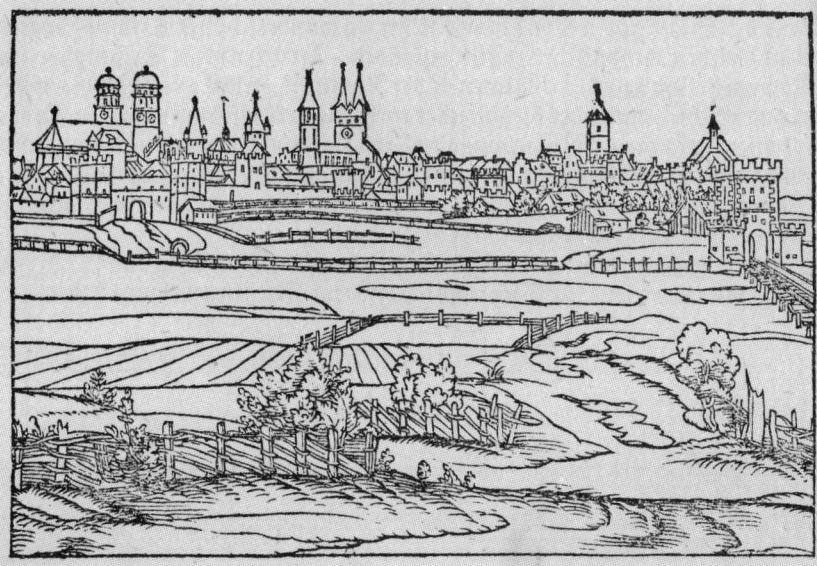

Rey meyl vnder Aurange ligt die Königliche Statt Avinion/welche auch schon zu der Römer zeit gestanden/vnd hernach von den Saracenen so auß Hispanien vber Meer in den Rhodan geschifft/eyngenommen/vnd biß daß sie Carolus Martellus vberwunden vnd außgetrieben/beherrschet worden.

Vmb das Jahr Christi 1360. hat sie Bapst Clemens VI. vnder Keyser Carolo dem vierdten/welcher 10. Jahr zuvor das Delphinat von dem Reich zu verkauffen bewilliget/von Johanna einer Königin in Sicilia/so ihme ein grosse summa Gelts schuldig gewesen/Kauffsweise bekommen: da dann erstlich Benedictus XI. ein Römer/vnd hernach Johannes XXII. Benedictus XII. Clemens VI. Innocentius VI. Vrbanus V. vnd Gregorius XI. alle auß Franckreich bürtig/auß forcht etlicher Teutscher Keysern in die 74. Jahr Hoff gehalten.

Wie es aber zu derselben zeiten zu Avinion gestanden/ist neben andern glaubwürdigen Historien/auß etlichen Episteln/so Franciscus Petrarcha hin vnd wider an seine gute Freund geschrieben/genugsam zu verstehen: in welchen er gedachte Statt bald einem Labyrinth/bald der Statt Babel vergleichet.

In gantz Franckreich ist kein schönere Statt dann dise zu sehen/hat ein vberauß schöne steinine Bruck/an welcher aber vor wenig Jahren etliche Schwibögen eyngefallen.

Die Thumbkirch ist ein fürtreffenlich Gebäw/mit vielen stattlichen Begräbnussen gezieret.

Der Pallast/so in der stund/als der letste Bapst zu Avinion gestorb/vnversehenlich ein erschrockenliche brunst erlitten/ist auff ein alte manier erbawet vnd wol bevestiget/wird auch noch heutiges tags von einem Legaten oder Statthalter bewohnet/vnd mit einer Schweitzer Gwardi verhütet. Die schöne vnd züchtige Jungfraw Laura/welche obgedachter Petrarcha so sehr geliebet/vnd als er sich zu Vaclusen/an einem vberauß lustigen Ort auffgehalten/mit seinen aller sinnreichesten Versen vnd Gedichten auff das höchste gepriesen/ligt bey den Barfusseren zu Avinion/mit einem Epitaphio/in welchem durch ein Creutz/vnd zwen Lorbeer Zweig sampt einer Rosen angedeutet/wie sie durch standhaffte Trew vnd Keuschheit/weltliche Begierd habe vberwunden/begraben. Sanct Rufus/so den Apostel Paulum gehöret/soll der erst zu Avinion das Evangelium von vnserem HErren vnd Heyland Jesu Christo/den abgöttischen Heyden geprediget haben. Gleich wie aber die Statt Rom der rechte Bäpstliche Sitz/mit sieben Bergen erhaben/also ist auch die Statt Avinion/mit sieben Palläsen/sieben Pfarrkirchen/sieben Spittälen/sieben Frawen-Clösteren/sieben Conventen/sieben Collegien (dann auch ein berühmte Vniversitet alda gestifftet) vñ sieben Porten od Statthoren gezieret. Also daß viel gedachte Statt die siebende zahl nicht ohne geheimnuß vnd sonderbare vrsach hat verehren wöllen. Die Ringmawren vmb die Statt herumb seind von grossen rote Quaderstücke wol erbawen/vnd mit lustig gebogenen Zinnen/als mit einem Krantz gezieret. Die Gwardien vnder den Porten/seind dem Bapst zu mehrer

sicher

Von Gallia. 269

sicherheit/ von Italiänern besetzet/ so auff jedermänniglichen/ der daselbst eyn vnd durchzeucht/ mit fleissiger befragung vnd eynschreibung achtung geben. Der Zoll ist vber die massen groß/ da her auch jederzeit zimblich thewr zu leben: hat ein starcken Kauffmanshandel/ vnd grosse anzahl Juden so gelbe Hüt tragen. Es werden da allerley gattung Thücher auff das schönest so jmmer zu sehen/ geferbet. Ehe das aber obermeldte Königin Johanna die Statt Avinion verkaufft/ hat er Bapst schon lang zuvor die Graffschafft Venissi (in welcher Carpentras/ Cavaillon vnd Vaison/ drey herrliche/ vnd wegen den alten Concilien/ die Bapst Leo der Erst darinnen gehalten/ wol bekandte Bißthumm gelegen) nach dem er Raimundum den Graffen von Tholosa vñ Venissi/ alß einen Ketzern in Bann gethan/ confisciert vnd an sich gezogen/ welches dann nach etlicher meynung Anno 1212. geschehen.

Von der dreyfachen wunderbaren Bruck/ Pont du Gard, genandt.

So jemand was wunderbares vnd gleichsam ein recht kennzeichen der alten Römischen Hertzligkeit begert zu sehen/ der mag sich von Avinion vber den Rhodan naher Ville Neve/ dem König zugehörig/ begeben/ vnd durch Sage vnd Serignac den weg auff Vsais nemmen/ so wird er nicht ohne verstaunen mit der that selbs erfahren/ was doch die Römer vorzeiten für mächtige Leuth gewesen/ welche nit nur allein auff dem flachen Veld/ sonder auch in der höhe/ haben jhre Macht erwiesen. Nach aller anzeigung/ ist diß mächtig Gebäw/ zur zeit Hadriani/ beyde zu einer Bruck vber die Gar vnd Wasserleitung für die Statt Nimes auffgericht worden. Es werden auch noch die Brunnen gesehen/ so durch gepflasterte Canäl zusamen gezogen/ vnd alßdann vber diß wunderbar hohe Gebäw geleitet worden. Die erst vnd vnderst Bruck ist 130. schritt lang/ stehet auff 6. grossen 11. klaffter hohen Schwybögen. Die erste Bruck aber ist also gebawen/ daß man darüber gehen/ reiten vnd fahren kan/ wie sie dann zu einer gangbaren Landtstrassen gebraucht wirdt: ohnangesehen das 11. andere grosse Schwybögen/ 15. klaffter hoch darauff gesetzt seind. Auff gedachten 11. Arcaden ligt die ander Bruck/ 220. schritt lang/ das mittel beyder Bergen begreiffend. Auff diser andern Bruck stehen 35. Schwybög/ 5. klaffter hoch/ auff welchen ein schöner breiter Canal/ eines halben Manns tieff/ dadurch das Wasser von einem Berg zu dem andern/ vber den Strom naher Nimes gelauffen. Es ist auch diser Canal mit schönen langen steinenen Tafeln bedeckt/ also daß man darauff von einem Berg zu dem andern hat gehen können. Das gantze Gebäw ist von lauter grossen Felsen/ deren mehrtheil 6. Schuh dick/ vnd 14. lang seind/ wunderbar zusamen gefüget/ daß man nirgend kein Kalck gespüren mag. Die höhe in gemein vbertrifft etlich vnd dreyssig klaffter.

Von den Stätten/ Vsais vnd Alais.

Ein kleine meil wegs von diser wunderbaren Bruck ligt in der höhe/ an einem sehr lustigen ort/ die Statt Vsais/ ein schöner Bischoff: vnd Fürstlicher Sitz/ so auch vorzeiten von den Römern bewoh-

bewohnet/vnd noch bey Manß gedencken/vor den letsten Kriegen mit gewaltigen grossen Kirchen geziert gewesen. Nicht viel vber ein Büchsenschutz vor der Statt/wird noch in einer alten zerstörten Kirchen/an einem schönen gemäwr/da etliche künstliche Marmorsäul gestanden/das Grab gesehen/darinn S. Firmin gelegen. Vnder andern Römischen Inscriptionen/deren auch von Catonis Geschlecht allda gefunden/ligt in des Hertzogen Hoff/vnden an einer Mawren im Garten ein Thürgestell von einem alten Tempel/welchen ein Römer/vor der Statt bey einem Brunnen/den Nymphis zu ehren gebawen/wie auß den Lateinischen Versen/so dareyn gehawen/zu sehen. Es ist die gemeine sag/daß in Langendock vnd Provantzen/ja gantz Franckreich/kein besser Brodt dann in gedachter Statt Vsais gebacken werde.

Volcier reich vnd mächtig. Die Völcker vmb Vsais herumb werden von den alten Scribenten Volcier genandt/seind vnder allen Galliern die reichsten vnd hertzhafftigsten gewesen/mit welchen Hannibal/als er auß Hispanien in Italien gezogen/zum mehrsten zu thun hatte/dañ sie jhn sampt seinem gantzen Heer/mit grossem gewalt auffgehalten/vnd nicht wöllen lassen vber den Rhodan ziehen/wie bey dem Plutarcho zu sehen.

Alais ist ein lustige Statt/daselbst der Connestable ein schön Schloß vñ wunderbaren Irrgarten hat/ward Anno 1614. im October durch einen Wolckenbruch jämerlich geschädiget.

Von den Stätten Somieres/Aigue Mortes/&c. Cap. xxxv

Somieres ligt zwischen Nimes vnd Montpelier/gegen dem Gebürge/wird gleich wie Andausen auch im Gebürg gelegen/von den Reformierten bewohnt. Ist wegen der reinen Wollin Thücher/so daselbst gemacht werden/durch gantz Franckreich sehr berühmbt.

Aigues Mortes/auff Teutsch/Todwasser/ist ein veste Statt/allernächst bey dem Mittelländischen Meer an der Vidurla gelegen: an etlichen orten mit einem Sumpff/gleichsam alß mit todtem Wasser vmbgeben/davon sie dann auch den *Saltzwerck.* Namen bekommen. Ein halbe stund von Aigues Mortes/seind auff freyem Veld etliche breite Thänn/in welche das Meerwasser durch gewisse Canäl geleitet/wird zu schönem Saltz gemacht/wie dann desselben grosse Bühel allda zu sehen. Vnd werden also jährlichen mit sehr ringem vnkosten/viel tausend Centner Saltz auffgesamlet.

Von der Statt Sanct Giles.

Nicht fern von Aigues Mortes ligt S. Giles/an einem sehr lustigen vnd fruchtbaren ort. Ist vorzeiten ein fürnehme Graffschafft gewesen. In gedachter Statt ist ein zerbrochē groß Gebäw/von dreyen zierlichen Kirchen auff einander/nicht ohne sondere verwunderung zu sehen.

Auß diser Kirch/wie dann auch auß S. Firmin bey Vsais/seind viel schöne vñ künstliche Marmorsäul/auß befelch Königs Francisci des Ersten/naher Paris geführt worden.

Von dem Graben in welchen Cajus Marius den Rhodan gerichtet/ Fossa Mariana genandt.

Alß der fürtreffenlich/vnd in allen Historien hochberühmbte Römische Held Cajus Marius/ 99. Jahr vor Christi vnsers HErren Geburt/in disen Landen wider die Züricher/Teutschen vnd Dennmärcker zu beschirmung des Römischen Reichs/einen schweren Krieg geführt/vnd sich des vngestümen Rhodans/zu nothwendiger Schiffart nicht wol kondte brauchen/hat er also bald einen tieffen Graben 100. Schuh breit auffgeworffen/vnd gedachten Strom dareyn/etwas besser auff die lincke Hand in das Mediterranisch Meer/geleitet/wie dann derselbe noch heutiges tags nicht fern von obgedachter Statt Aigues Mortes/alß ein sonderbar denckwürdig Werck mit grosser belustigung zu sehen.

Grosse Ochsen. Es wird auch das Veld herumb/darauff grosse schwartze Ochsen weiden/Camargues/vor zeiten Caij Marij ager/das ist/des Marij Veld/genandt.

Von der Statt Rhoda.

Es ist in diser gegne vor alten zeiten ein sehr berühmbte Statt gewesen/so die Rhodiser erbawen (wie bey dem Plinio im dritten Buch am vierdten Capitul seiner Historien zu sehen) vnd jhrem Namen haben nach genennet/von welcher dann auch der fürfliessende Rhodan seinen Namen bekommen.

Ob aber Aigues Mortes/oder S. Giles/so in disem geländ ligen/auß gedachter Statt Rhoda mit der zeit erwachsen seyen/ist mir vnbekandt. Es ist aber wol zu erachten/es seye mehr ermeldte Statt Rhoda/durch erweiterung der gewaltigen Stätten Arles vnd Nimes/in abgang kommen/wie dergleichen Exempel in allen Landen gnugsam zu finden.

Von Gallia 271

Von der Königlichen Statt Arles. Cap. xxxvj.

Nun kommen wir auch endtlich in die gewaltige Hauptstatt Arles/ deren Königreich sich vor zeiten biß gen Zürich vnd Basel/ in vnsere Land herauß/ erstreckt hat. Sie ist anfänglich von den Griechischen Massilianern/ hart an dem Rhodan/ so nicht fern darvon in das Meer fallet/ zu erwünschter Schiffart beyderseits gantz köstlich vnd lustig erbawen/ vnd dem Abgott Marti zu ehren also genennet worden: hat einen gesunden Lufft/ vnd sehr frisch Brunnenwasser/ hat auch am besten Wein vnd Korn/ sampt anderer Nahrung vnd Auffenthaltung mehr vberfluß dann mangel.

Daher sie dann/ so bald die Römer mit dem grossen Pompeio dise Land eyngenommen/ die Ehr vnd Gerechtigkeit einer fürnehmen Colonien bekommen/ in welcher die Statt Rom jhr sechste Legion gelegt/ darvon sie dann in des Plinij vnd Pomponij Melę Historien/ Sextanorum/ gleich wie Aurange/ von der zweyten Legion/ Secundanorum/ Besiers von der siebenden/ Septumanorum/ vnd Narbona von der zehenden/ Decumanorum Colonia genennet worden. Nach dem die Römer gedachte Statt angefangen zubesitzen/ haben sie dieselbige dermassen auffgebracht vnd gezieret/ daß sie Ausonius/ Keysers Gratiani Preceptor/ vmb das Jahr Christi vnsers HErren 380. billich mit Rom zu vergleichen/ vnd Romam Gallulam zu intitulieren nicht geschämet hat.

Arles die Römisch Colonia.

Darumb dann auch wenig Jahr hernach/ der mächtige Tyrann Constantinus/ welchen das Kriegsvolck zum Keyserthumb vnder Honorio dem Jüngeren erhebt/ allda Hoff gehalten/ biß daß er auß befehl Keysers Honorij/ von Constantio vberwunden/ vnd von Gerontio getödet worden. Auff dises haben sich die Gothen wider das Römisch Reych auffgeworffen/ vnd dise Provintz vberfallen/ welche sie auch biß auff Carolum Martellum besessen/ vnd daselbst geregiert haben.

Gothi vberfallen Provantzen.

Meler zeit haben die Bäpst in der Statt Arles/ drey fürnehme allgemeine Concilia gehalten/ vnd in denselben der Christlichen Kirchen/ fleissige fürsehung gethan. Sonsten hat S. Trophin/ des H. Apostels Pauli gewesener Jünger/ zum ersten das Euangelium von Christo vnserem Erlöser vnd Heyland zu Arles geprediget. Hierauff ist ein Bisthumb/ vnd auß demselben ein sehr berühmt Ertzbisthumb erwachsen.

Obgedacht falsch vermeynter Keyser Constantinus/ hat (wie Cusa vermeldet) bey seiner Regierung ein Gesatz vnd Ordnung gemacht/ daß die Deputierten von den sieben Provintzen/ alß namlichen von Narbonen/ Arles/ Aix/ Tarantaise/ Embrun/ Auch vnd Bourdeaux/ jährlichen vom 12. Augusti/ biß auff den 12. Septembris/ zu Arles solten zusammen kommen/ vnd allda von des Lands zustand Raht halten: mit angehengter Straff/ daß ein jeder/ so nicht erscheinen wurde/ fünff pfund lötiges Golds zubezahlen/ verfallen seyn sölte.

Königlicher Landtag zu Arles.

Das Königreich Arles aber betreffend/ ist dasselbig nach Caroli Magni Todt/ vnder Ludovico dem Ersten diß Namens/ oder viel mehr/ Anno Christi 855. vnder Lothario/ Ludovici Sohn/ angefangen vnd bestellet worden.

Dann alß Lotharius zehen jahr allein regiert/ hat er seine Fürsten zu sich beruffen/ vnd mit derselben wissen vnd willen/ das Reich vnder seine drey Söhne getheilet.

Ludovico wurde Italia/ Lothario Austrasia vnd Lothringen/ vnd Carolo dem Jüngsten/ Burgund/ sampt der Provintz/ darinn dise Statt Arles gelegen/ zuerkennt vnd vbergeben.

Gg iiij   Anno

Anno 1169.ist gedacht Königreich Arles vnder Keyser Friderich dem Ersten/an das Römisch Reich Teutscher Nation gefallen.

Anno 1279.alß der König von Arles ohne Erben auß disem Leben gescheiden/vnd Keyser Rudolpho von Habspurg/wegen anderen geschäfften nicht müglich gewesen/ein Kriegsheer in die Provintz zu schicken/hat der König in Franckreich vielgedacht Königreich Arles angriffen.

Hernach hat Keyser Carolus der vierdt/Anno Christi vnsers HErren 1347.(damit er das Königreich Böhmen desto reicher machte) den besten theil von disem Königreich dem Frantzosen vmb Gelt verkaufft: dardurch dann das Königreich Arles widerumb an die Cron Franckreich gefallt.

Es haben auch die alten Grafen von Provantzen/in vielgedachter Statt Arles/nach dem die Königliche Hochheit geschwächt worden/ihren Sitz vnd Wohnung gehabt. Von Römischen Gebäwen seind heutiges tags keine gantzen mehr allda zu sehen.

Amphitheatrum. Das Amphitheatrum/so zimlich klein/vnd nicht so mächtig alß das zu Nimes/ist sampt etlich Triumphbögen sehr zerbrochen. In S. Honorats Kirchen werden vor der Statt/viel schöner Gräber in Stein gehawen gesehen/in welchen nicht nur Christen/sondern auch fürnehme Heyden gelegen.

Menschenopffer. In vorgedachter Statt ist ein grosser Altar gestanden/auff welchem die blinden Heyden jährlichen der Abgöttin Dianæ zwen junge Männer gepflegt auffzuopfferen/vnd mit derselben Blut das darumb stehend Volck zu besprengen.

Der Ort/da solcher grewel fürgangen/wird von den Eynwohnern la Roquette genandt.

Den Adel vnd Kauffmanshandel betreffend/seind beyde in diser alten Königlichen Statt gutes ansehens/vnd grosses vermögens.

Es hat auch vor zeiten die Burgerschafft zu Arles/Faustinæ/Keysers Antonini Pij/so von Nimes/fünff meyl von Arles/bürtig gewesen/zu Rom was sonderbars zu ehren auffgerichtet/wie dann die Vberschrifft desselben zu Rom wird gesehen: Faustinæ Aug. Sextani Arelatenses.

Von der Statt Aix.

Nach dem Cajus Sextius Calvinus weyland Burgermeister zu Rom/die Eynwohner dises Lands/die Salyer genandt/bezwungen/vnd derselben König/so den Massilianern viel leyds vnd schaden gethan/auch die Römer von der Reiß in Hispanien mehrmalen verhindert vnd auffgehalten/flüchtig in Saphoy getrieben/hat er 121. Jahr vor Christi vnsers HErren Geburt/zu seinem Winterläger dise Statt gebawen/vnd dieselbe von den warmen Bädern/so er allda gefunden/vnd seinem Namen nach/Aquas Sextias, die Bäder Sertij/genandt.

Dise Bäder werden heutiges tags in gemeinen Wohnhäusern/vnder alten dicken Gewölben gesehen: haben ein schön klar vnd lieblich Wasser/aber geringer wärme vnd tugend/wie sie dann schon bey Keysers Vespasiani zeiten/wie bey dem Solino zu end des achten Capituls zu sehen/nicht mehr so starck vnd krafftig gewesen/alß da sie von obgedachtem Veldtobersten erfunden vnd in Ehr gelegt worden.

Andere Antiquiteten betreffend/werden derselben in gedachter Statt võ Begräbnussen/Säulen/Schrifften vnd dergleichen alten Stucken viel gesehe. S.Maximin/so einer von den 72.Jüngern gewesen/vnd mit Lazaro/sampt seinen Schwestern/Maria vnd Martha/vnd andern Gläubigen auß Judea vber Meer dahin kommen/hat den Burgern zu Ax das Euangelium von Christo vnserm HErren vnd Heyland geprediget.

Nach dem S. Maximin gestorbẽ/soll Cerdonius oder Celidonius/so blind an die Welt kommen/vnd von vnserm HErren Christo sehend worden/der angefangenen Kirchen am Wort Gottes gedienet haben.

Dieweil auch vielgedachte Statt an einem gesunden Lufft/vnd sehr fruchtbaren Ort/in dem mittel der Provintz gelegen/haben die König in Franckreich das Parlament dahin gelegt.

Cajus Marius vberwindet die Teutschen. Alß vngefähr hundert Jahr vor Christi vnsers HErren Geburt/die Cimbrier/(so Dennmärcker vnd Schweden gewesen) auß Hispanien vertrieben/in die Provintz gezogen/vorhabens sich in Italia nider zu lassen/ist Cajus Marius dieselben abzuwenden/von Rom geschickt worden. Es hatten sich aber zu den Cimbriern auch die Züricher vnd Zuger geschlagen/vnd haben sampt einem Gallischen Volck/die Ambrones genandt/ein sehr mächtig Kriegsheer zusammen gebracht. Derowegen Cajus Marius im Delphinat/da die Isara in den Rhodan fallet/sein Läger geschlagen/vnd daselbst auff gute gelegenheit sich mit dem Feind zu schlagen gewartet. Nach dem aber die Cimbrier/sampt ihren Gesellen gesehen/daß sich Marius auß seinem vortheil nicht wolte begebẽ/ haben sie ein Auffbruch gethan/vnd sich in drey sonderbare Heer abgetheilet/desto kömblicher in Italiam zuziehen. Die Cimbrier vnd Teutschen reißten durch Galliam hinauff/die Züricher vñ Ambroner verruckten in die Römische Provintz. Da sie nun also abgezogen/weicht auch Marius mit seinem Volck/zohe erstlich den Zürichern vnd Ambronern nach/das Land hinab/vnd nam also bald ein Bühel eyn/bey dem Wasser/nicht fern von obgedachter Statt Aix/vmb welche die Züricher zerstrewet gelegen.

Von Gallia.

Es kondten sich aber die Römer nicht lang auff dem Bühel/wegen mangel des Wassers/auffhalten: Derhalben Marius sein Volck zum Streit ordnet/vnd schicket alsobald das Troßvolck mit einem grossen geschrey hinab/welchem er auch in guter Ordnung strack auff dem fuß nach gefolget/vnd die Züricher vnd Ambroner dapffer angegriffen/welche er auch vberwunden/vnd in die flucht getrieben.

Am vierdten tag nach disem angriff/hatten sich obgedachte Völcker widerumb versamblet/vnd auff das beste gesterckt/da dann beyde Heer in das Veld zusamen gezogen/vnd wurde vom morgen früh biß auff den Mittag/gantz grimmiglich ohne einiges zu ruck sehen/oder weichen zu beyden theilen gestritten. Alß aber der Sonnen hitz nach Mittag zunam/in betrachtung auch das Land für sich selbs sehr hitzig/wurden die Züricher vnd Ambroner/sampt derselben Gesellen/alle grosse starcke vnd fatte Männer/so dergleichen hitz nicht gewohnet/abgemattet/vnd (wie etliche der alten Scribenten melden) gleichsam alß der Schnee erweichet: nicht desto minder aber wäret der Kampff biß in die finstere Nacht/vnd wurden in derselbigen Schlacht bey 200000. streitbarer Züricher vnd Ambroner erschlagen/80. oder wie etliche setzen/90000. gefangen/vnd 3000. in die Flucht geschlagen. Florus vnd Eutropius schreiben/König Theutobochus/jhr Veldtoberster/seye in der Flucht gefangen worden/ab dessen grösse/(dann er für die Siegzeichen außgangen/) sich das Römische Kriegsvolck sehr verwundert hatte. Vnd vielleicht ist diser König der jenige/so an des Marij Triumphbogen zu Aurangen gebunden/abgebildet ist.

Nach geschehener Schlacht begerten der Züricher vnd Ambroner Weiber von Mario jhres Lebens fristung: alß aber dieselben sich besorgten/sie wurden von dem Kriegsvolck etwan zur Vnzucht getrieben/haben sie jhre Kinder an die Felsen zu todt geschlagen/vnd sich hernach selbs jämmerlich vmbgebracht. Etliche erstachen sich mit den Waffen/so sie im Läger fanden/etliche aber erhengten sich an jhre Haarzöpff/vnd liessen also den Römern jhre todten Cörper zur Beuth. *Teutsche Weibern grausamkeit.*

Von disem grausamen vnd scheutzlichen Blutvergiessen/seind vielfältige dicke Dämpff in die Lufft gestiegen/auß welchen vber etliche tag/wie dann solches natürliche würckungen seind/grosse Platzregen herunder gefallen/dadurch die erschlagenen fätten Cörper bald verfaulet/davon dann die Velder sehr feißt vnd fruchtbar worden: vnd meldet Plutarchus in dem Leben dises gewaltigen Helden Marij/daß die Massilianer die Todtenbein hernach auffgelesen/vnd mit denselben jhre Weingarten vmbzäunet haben.

Zu S. Remy/nicht fern von Aix/ist ein schöner Triumphbogen/auch andere Antiquiteten zu sehen/so von disen ermelten Historien nicht geringen bericht geben.

Von dem Ort da Maria Magdalena Buß gethan.

Zwischen Aix vnd Massilien/ist ein Berg/drey hundert Schuh hoch/in welchem ein höle eines Steinwurffs hoch/sehr wunderbarlich anzusehen/darinnen sich Maria Magdalena ein lange zeit mit fasten vnd bätten soll auffgehalten haben. Wird von den Provantzalern la Saincte Baulme genandt.

Von S. Maximin.

In diser Statt soll S. Maximin/(darvon sie auch den Namen bekommen) vnd Maria Magdalena begraben seyn. Ist sonsten ein alte vnd lustige Statt/in welcher auch vor zeiten die Römer gesessen/wie auß etlichen alten Grabschrifften allda abzunemmen.

Am Charfreytag wird in gedachter Statt/bey den Jacobinern/mit grosser pomp/ein Glaß gewiesen/darinn/nach der Priester fürgeben/etwas erdtrichs verschlossen/so von dem Blut Christi vnsers Herren am Creutz soll besprengt seyn/vñ von der H. Magdalena auffbehalten worden.

Von der alten/vnd in aller Welt bekandten Statt Massilia.

Dise Statt ist nun allbereit in die 2216. Jahr gestanden/erstlichen von den Griechen auß klein Asia/die Phocenser genandt/alß dieselben/nach Eusebij/Solini/Justini/Marcellini vñ anderer Scribenten fleissigem verzeichnen/zur zeit des H. Propheten Daniels/vor der Persier Tyranney geflohen/erbawen.

Es hat aber gedachte Statt ohngefehrd disen Namen bekommen: dann alß der Phocenser Oberster an dem Vfer/da jetzt die Statt stehet/einen Fischer/auff Griechisch Halieus/gesehen/hat derselbe also bald befohlen/daß man die Sägel vnd Schiffseyl zusammen ziehe/welches Wort die Griechen/Massein/außsprechen/darvon die vbrigen so in den Schiffen gewesen/denselben Ort Massaliam geheissen/wie solches Eustathius vber die Weltbeschreibung Dionysij verzeichnet. *Massilia ein Griechischer Nam.*

Ehe

Ehe daß sich aber die Griechen zu Land wolten nider lassen/haben sie desselben Lands König Senanander Sunmam/umb Fried und Freundtschafft (wie sie dan auch im fürfahren zu Ostien mit den Römern gethan) freundlich angesprochen. Dieweil aber gedachter König eben damalen sein Tochter wolte verheyrathen/wurden auch dise Griechen/(so gemeinlich alle noch lustige und wackere junge Gesellen gewesen) zu der Hochzeit geladen. Da nun der Tag/an welchem das Beylager solte gehalten werden/kommen/und der König die Tochter in einen Saal geführt/der-selbigen befehlend/daß sie/nach des Orts gebrauch und gewohnheit/dem jenigen/welchen sie un-der den beruffenen Gästen zum liebsten zur Ehe möchte haben/Wasser die Händ zu wäschen solte geben/wurde der Jungfrawen Gemüt dermassen mit frömbder Liebe entzündet/daß sie alle andere (so grobe und schier wilde Gallier gewesen) ubergangen/und jhro also bald Peranum/oder wie jhn Plutarchus in Solone nennet/Protum/der Phocenser Obersten/einen recht adelichen und ver-ständigen Jüngling/zum künfftigen Ehegemahel außerkoren/und demselben die Händ zu wä-schen Wasser dargebotten. Ist also mehr gedachter Phocensern Oberster/nicht nur alß ein Gast von dem Gallischen König/freundtlich empfangen/sondern auch zu einem Tochterman auffge-nommen und bestätiget worden. Darauff dann die Griechen/auß des Königs freundtlicher be-willigung/die Statt Massiliam erbawen/und dieselbige mit einem gewaltigen Port/und schönen Ringmawren gezieret und bevestiget.

Der Statt Massilia anfang.

Auff der höhe des Bergs haben sie auch zwen köstliche Tempel/einen der Dianæ von Ephesa/ den andern dem Apollini von Delphis/jhrem Vatterland zu Ehren/auffgerichtet.

Es wurde auch König Comman/nach Summans seines Vatters Todt/von einem seiner Fürsten/der Massilianern wachsend und blühende Macht zu undertrucken/hefftig auffgewiesen: und wurde under anderm Gespräch dise Gleichnuß mit eyngeführt: Es habe namlich auff eine zeit eine Hündin von einem Hirten einen gewissen Ort begert/darauff sie jhre Jungen möchte werf-fen: nachdem dieselbe solches erlangt/habe sie weiters angehalten/daß sie nun die Jungen an dem erlangten Ort auch möchte ernehren. Volgends aber habe die Hündin denselben Ort mit hilff jhrer jungen Hunden für eygen gehalten/und den Hirten hinweg getrieben: Also werden auch/ sagt die mißgünstige Hoffkatz/die Massilianer/so von frömbden/alß namlich den Griechen auß Asia/in disem Land erboren/in kurtzem uber andere Herren werden.

Hierauß hat König Comman all weiß und weg gesucht/die Statt Massiliam zu uberfallen/ und derselben das Liecht außzulöschen. Derohalben alß er vernommen/daß die Massilianer der Göttin Floræ ein groß Fest angestellt/hat er etliche erfahrne und streitbare Männer/zum theil of-fentlich/under dem schein guter Freund und Nachbawrschafft dem Fest auch beyzuwohnen: zum theil

Von Gallia.

theil aber heimlich/auff die Wägen mit grünen ästen bedeckt/in die Statt geschickt/so jhme zu nacht die Porten solten öffnen/vorhabens die Eynwohner im Trunck vnd Schlaff auff ein mahl zu erwürgen. Alß aber ein Griechischer Jüngling diese angestellte Practick von seiner Bulschafft/ einer Ligurischen oder Gallischen Frawen/so dem König verwandt gewesen/vernommen/vnd dieselbe der Oberkeit also bald entdeckt/haben die Massilianer nicht allein die versteckten Verzähter in der Statt/sondern auch die vbrigen in die Hinderhüt/sampt jhrem König in die 7000. erschlagen. *Verrätherey auff Massiliam.*

Von derselbigen zeit haben die Massilianer an solchen Festtagen die Stattporten beschlossen/ vnd auff den Mawren gute Wacht gehalten/auch jederzeit den Frembden die Wehr vor der Statt abgenommen/dieselbigen biß auff jhren abscheid auffbehalten.

Nach disem haben die Massilianer auch bißweilen der Carthaginenser Armada in die Flucht getrieben/vnd mit den Spaniern in ein Freundtschafft getretten. Sonsten haben sie von anfang jhrer ankunfft/mit den Römern eine sonderbare Freundschafft gehabt/vnd denselben jederzeit mit Leib vnd Gut trewlich beygestanden/wie es sich dann fürnemlich zur zeit Furij Camilli erschien/ alß sie vber der Statt Rom kläglicher zustand/offentlich Leyd getragen/vnd beyde von gemeinem sonderbarem Gut/ein grosse summam Silber vnd Golds/den Galliern/so die Statt biß auff das Capitolium eyngenommen/die Rantzion zubezahlen/vberschickt haben. *Massilien stehet der Statt Rom bey.*

Der Statt Massilien alt Regiment betreffend/ist dasselbe von 600. Rahtsherren/Timuhi genandt/auff das beste bestellt gewesen: Vnder disen waren 15. Oberherren vnd 3. Presidenten/ alle sampt vnd sonders grosser Reichthumben vnd stattliches Ansehens: vnd wurde keiner in die zahl der 600. genommen/der nicht vom dritten Glied ein geborner Burger gewesen/vnd eheliche Kinder hatte. *Regiment in Massilien.*

Die Todten haben sie nicht beweynet/sondern bey derselben Begräbnussen Gastmähler gehalten/sprechende: Was nutzet vns daß wir vns vber die Todten vnd Abgestorbenen beküm̃eren? wöllen wir mit Gott zürnen/daß er vns nicht auch die vnsterblichkeit hat mitgetheilet?

Dieweil dann vielgedachte Massilianer/auß fleissiger betrachtung des Todts/auff diß arbeitselig vnd elend Leben nicht zu viel gesehen/haben sie an einem verschlossenen ort der Statt/ein gewiß temperiert Gifft gehabt/welches sie denjenigen pflegten mitzutheilen/so den 600. Rahtsherren genugsame Vrsachen anzeiget/auß welchen sie bewegt worden/diß Leben abzulegen/vnd den Tod zu begeren. *Wunderbarer brauch.*

Wann dann nun solchen Personen das verwahrte Gifft vergönnet vnd zugelassen worden/haben sie jhre besten Freundt vnd Verwandte/oder sonsten fürnehme Leuth/durch deren gegenwart sie einen rhumlichern Tod verhofften/berufen/vnd nach dem sie außfürlich angezeigt/wie vñ was gestalten jhnen das arbeitselig gegenwertig Leben erleidet seye/vnd also von jedermänniglichen gut Nacht genommen/haben sie sich auff ein Beth/so schöner dann täglich bräuchig/gezieret gewesen/nider gelegt/vnd das Gifft getruncken/ab welchem sie dann in wenig stunden/ohne sonderen Schmertzen gestorben.

Es haben aber die Massilienser disen brauch mit sich auß Asia vber Meer her gebracht: wie daß Valerius Maximus in seinem andern Buch bezeugt/daß er mit sampt Sexto Pompeio zu Julide in Asia/ein 90. jährige fürnehme Matron gesehen/so/nach dem sie gleicher gestalt vor der Burgerschafft angezeigt/auß was Vrsachen sie auß disem Leben begere abzuscheiden/in jhrem beywesen ein solch Gifft getruncken.

Ob gleichwol vor zeiten vnder den Heyden vielerley faule Bettel-Orden gewesen/so haben doch die Massilianer dieselben von jhrer Statt gantz vnd gar außgeschlossen/vnd nicht zugelassen/daß sich jemand vnder dem schein des Gottsdiensts der faulheit ergeben soll.

Es sagt Cicero zu Rom offentlich/alß er Lucio Flacco vor Gericht die Red thete: Es were Massilien/wegen guter Sitten vnd vielfältiger Geschicklichkeit/gantz Griechenland/vnd allen andern Völckern vorzuziehen: vnd könne männiglichen der Statt Massilien gute Satz: vnd Ordnungen viel leichter loben vnd preisen/dann aber denselben nachfolgen. *Massilianer sehr weiß vñ verständig.*

Varro sagt/daß drey sonderbare Sprachen/alß namlich Griechisch/Latein vnd Frantzösisch allda bräuchig gewesen. So findet man auch bey Cornelio Tacito/vnd andern alten Scribenten/ daß die Römer vielgedachte Statt Massilien/wie zuvor Athen vnd Rhodis/gute Künst vñ Sprachen zu lehrnen/viel besucht haben.

Alß aber mehr ermeldte Statt in den Römischen Burgerlichen Kriegen/Pompeio dem Grossen beygestanden/ist sie nach vielfältigen streiten von Julio Cesare erobert/vnd mit zwo Legionen besetzt worden. In diser erbawung hat Julius Cesar/in der zehenden Legion einen Römischen Burger/Cajus Attilius genandt/bey sich gehabt/welcher sich im Streit mit einem solchen Heldenmuth erzeigte/daß er ein Massilianisch Schiff mit der rechten Hand ergriffen/vnd alß jhme dieselbe von dem Feind abgehawen worden/hat er die Puppen desselben Schiffs also bald mit der lincken Hand erwütscht/vnd nicht nachgelassen/biß daß er dasselbe Schiff mit sampt den Massiliensern/so darauff waren/hat in das Meer versencket. *Mannliche That.*

Lazarus

Lazarus/welchen Christus der HErr zu Bethania bey Hierusalem/von den Todten hat aufferwecket/solle die Massilienser zum ersten von der Heydnischen Abgötterey/zu wahrer erkandtnuß Gottes des Allmächtigen/vnd seines Sohns Jesu Christi/vnsers einigen Heylands/gebracht haben: wie dann auch noch heutiges tags in der Thumbkirchen daselbst/gedachtes Lazari Begräbnuß/sampt etlichen Kleydern/deren er sich in der Kirchen pflegte zu gebrauchen/werden gewiesen.

Das erste Closter in Franckreich wirdt zu Massilien gebawen.

Vmb das Jahr Christi vnsers HErrn/drey hundert vnd etlich vn neuntzig/ist Johannes Cassianus/auß Scythia bürtig/vnd weyland Johannis Chrysostomi zu Constantinopel Jünger vnd Zuhörer/bey welchem er aber endtlich verhasset worden/auß Egypten gen Massiliam kommen/vnd daselbst neben seinem ordenlichen Kirchendienst/nach Egyptischem brauch/zwey Clöster/eins für Weibs/das ander für Mannspersonen/die H. Schrifft zulehrnen/mit hilff ansehenlicher vnd vermöglicher Leuthen/angerichtet: da er auch hernach in hohem Alter auß disem arbeitseligen Leben verscheiden/vnd viel schöner Bücher/darunder er eins an Bapst Leonem/von der Menschwerdung vnsers HErrn Christi/geschrieben/verlassen.

Gothen nemmen Massilien eyn.

Vmb dise zeit ist Massilia/sampt den vbrigen Stätten in Provantzen vnd Langendock gelegen/in der Gothen vnd Saracenen Gewalt kommen/vnd vnder derselben beherschung blieben/biß daß sie Carolus Martellus/Caroli Magni Großvatter/hat eyngenommen. Ist heutiges tags der Cron Franckreich vnderworffen/von deren sie mit einem Gubernator/vnd General vber die Galleen versehen. Hat ein sehr grossen Kauffmanshandel von allerley Wahren/so täglichen beyde zu Wasser vnd Land dahin kommen.

Antiquiteten betreffend/werden derselben keine/oder doch sehr wenig/vnd dieselbigen/geringer grösse gefunden. Stephanus mildet/es haben die Massilier/vor zeiten einen Ochsen im Panier/zum Waapen geführt.

Anno 1562. den ersten Maij/seind in vielgedachter Statt/viel frommer Leuth wegen der bekandtnuß des H. Euangelij/wie auch zu Aix/Sallon/vnd anderen orten derselben gegne/jämerlichen vberfallen vnd erwürgt worden.

Von der Statt Tollon.

Diß ist ein veste vnd sehr lustige Statt/an einem feinen Port des Meers/ein grosse Tagreiß von Massilien gelegen/von den Massiliern vorzeiten zu einer Colonia erbawen/von den Römern Tauruntium oder Trocentium genandt. Hat einen gesunden reinen Lufft/viel frische Wasser/vnd schöne Gärten/mit Pomerantzen/Granaten/Feigen/vnd dergleichen herrlichen Früchten auff das stattlichest gezieret.

Von der Statt Freiuls.

Die Statt Freiuls betreffend/ist dieselbe erstlich von den Massilianern erbawet/von Julio Cesare aber/von welchem sie dann auch Forum Iulij genandt/in bessere Ehr gelegt/vnd hernach von den Römern mit der achten Legion besetzt worden/daher sie auch den Namen Coloniæ Octauanorum bekommen. Neben gedachter Legion seind auch in dem Port Freiuls/so gewißlich sehr schön gewesen/der Römer Schiff vnd Galleen gestanden/wie sie dann auch Colonia Classica geheissen. Das Port ist heutiges tags mehrtheils verfallen vnd außgewachsen. Die Statt ist groß vnd mächtig gewesen/wie auß den alten Thürnen/Wasserleitungen/Amphitheatro/vnd dergleichen Antiquiteten genugsam abzunemmen.

Der Römer Galleen zu Freiuls.

Von der Statt Antibe.

Ein viertheil stund von Freiuls gehet das Gebürg an/vnd gibt ein halben tag zimlich bösen weg biß gen Canes/ein fein Stättlein/an dem Meer gelegen/da bißweilen viel grosse Barcken anfahren.

Von Canes ist ein geringer weg/mehrtheils strack an dem rand des Meers/vnd derowegen sehr lustig vnd kurtzweilig nacher Antibe.

Antibe etwan ein mächtige Statt.

Dise Statt Antibe/auff Griechisch Antipolis/hat etwan mit der Statt Massilien/von deren sie erbawet/grossen zwytracht gehabt/biß daß sie durch ein Rechtspruch von gedachter Statt erlediget/vnd für sich selbs frey erkennt worden.

Hernach aber haben sie die Römer beherschet/vnd in dieselbe jhren Landpfleger gesetzt/dadurch dann die Statt von tag zu tag bevestiget/vnd mit viel schönen Gebäwe/wie damalen bey den Römern bräuchig gewesen/gezieret worden/wie dann noch allbereit etliche schöne Antiquiteten allda zu finden. In gedachter Statt hat man vnder andern Monumenten/ein alte steinene Tafel gefunden/in welcher dise Wort/mit schönen Römischen Schrifften gestanden:

Pueri Septentrionis annorum xii. qui   Antipoli in Theatro biduo saltavit, & placuit.

Darauß heiter erscheint/daß zu Antibe ein Theatrum vnd Schawspiel hauß gewesen. So hat man auch ein öhrene Tafel gefunden/mit disen Worten:

Viator intus adi.   Tabula est Aenea   Quæ te cuncta perdocet.   Muß in einem

Die Statt

Die Statt S. Quintin

In Picardey am Sommestram/ nach aller form vnd gestalt an Mawren/Bollwercken/ Thürnen/sampt dem Läger/so die Spanischen Anno 1557. darumb geschlagen/auffs fleissigst abcontrafehtet.

278 Warhaffte abcontrafactur der namhafften Sta
Ort/ wie sie von Königs Phil

S. Quintin ward von den Spaniern Anno 1557. im Augusto hart belägert/ en l ch der
gelitten/ vnd seine vornembsten Herren verl

1. Allhie ist der Connestabel mit dem Frantzösischen Adel geschlagen worden.
3. Engelländischen Reutter Ordnung.
4. Engelländisch Fußvolcks Läger.
5. Esmey das grösser.
6. Der Engelländer Geschütz.
7. Hauptman Julianus vnd Carondolette Läger.
8. Die Aptey Insel vnd S. Eioye.
9. Des Graffen von Schwartzenburgs Läger.
10. Ein ort Daton genannt / all q ist der Graffe Egmond / vnnd Graffe von Horn gelegen/ vnd bey den dreyen Zelten besser droben/ der Herr von Haurincourt.

11. Raulcourts / Graffen von Ebersteins vnnd andrer mehr Läger.
12. Des Hertzogen von Saphoy Läger.
13. Bey der Windmülin/ ist der H. r1 von Dandolet mit 3000. geschlagen worden.
14. Des H. Geists Capellen.
16. Des Herrn lazari von Schwendy Läger.
17. Hertzog Erichen von Braunschweigs Läger.
18. Hertzog Ernst von Braunschweigs Läger.
19. Georgen von Holl Läger.
21. Des Graffen von Starrnburg Läger.
22. Des Graffen von Mansfeld Läger.

23. Hichmu
24. Fonson
25. Maure
27. Des H
28. Des W
29. Des G
30. Der M
31. Des Fü
32. Don E
33. Don F
34. Des G
35. Des G

Quintin / sampt aller Lägerstatt vnd vmbligenden 279
m Jahr 1557. Belägert worden.

an dreyen Orten gestürmbt / vnd eyngenommen / der Frantzoß hatte vberauß grossen schaden
irdt dem gantzen Landt ein Schrecken eyngejagt.

Somme.	36 Königlicher Harschieren läger.	48 Der Königlichen Harschieren Losament.
	37 Des Graffen von Rinagos läger.	49 Des Herren von Barlarmont läger.
Veldmarschalcks Losament.	38 Des Fürsten von Brangien läger.	50 Der Schauffelbawren läger.
läger.	39 Des Hertzogen von Saphoy läger.	52 Die Mülin von Rouuroye.
er.	40 Des Veldherrn von Carcheris läger.	55 Des Graffen von Meghen läger.
läger.	41 Herren von Glagnon läger	56 Das ander läger des Hertzogen von Saphoy.
ga läger.	42 Des Königs läger vnd Munition.	57 Hie haben die Spanier zum ersten gestürmpt.
r.	43 Don Johann Manricq	58 Die heimlichen Vndergräben.
	44 Die Königliche Leibwacht.	59 Die Schantzgräben.
	45 Der Reisigen läger.	60 Hie haben die Teutschen gestürmpt.
	46 Des lägers Mülin.	61 Conrads von Pemelberg läger.
	47 Des Herren von Bouffa läger.	62 Homeister.

Hh ij Tempel

Tempel/darinn irgend ein Abgott hat wahr gesagt/gewesen seyn. Diese Tafel ist hernach König Francisco dem Ersten diß Nammens/alß derselbe/Anno 1538. mit Keyser Carolo dem 5. in beyseyn Bapsts Pauli des 3. auff 9. jahr zu Nissa ein Frieden beschlossen/vbergeben worden.

Diese Statt hat auch vor zeiten jhr besonder eigen Bistumb gehabt: nach dem sich aber dero Burger gegen dem Bischoff vngebürlich gehalten/hat der Bapst/den Bischofflichen Siz von dannen nach Grasse verruckt.

Es wachßt ein solch menge Feygen bey Antibe herumb/daß sie auch von dar nach Genua geführt werden. Dieweil diese Statt die äusserste vnd letste in Provantzen/vnd der Cron Franckreich ist/vnd mit der Saphoyschen Statt Nissa/vnd dem Spannischen Port vnd Vestung Monaco/oder Mourgues/grentzet/wird dieselbe alle Tag mit grossem Fleiß/so wol gegen dem Land/alß gegen dem Meer/da es dann ein fein Port hat/bevestiget. Zwischen Antibe vnnd Nissa ist der Fluß Varus/so jederzeit Italiam von Gallia gescheiden.

Von der Statt Nissa.

Es haben die Massilier auch diese Statt gebawen/vnnd dieselbe von wegen jhres vielfaltigen Siegs/so sie wider die Ligurer erlangt/Nicæam genannt. Hat ein vberauß gewaltige Vestung/auff einem harten weissen Felsen/gegen dem brausenden Meer hinauß gelegen/heutiges Tags dem Hertzogen auß Saphoy zugehörig. Die Gassen dieser Statt seynd sehr zierlich von gefärbten kleinen steinen gepflastert. Die Eynwohner ziehen sich schon auff Italiänisch/oder schier Spannisch/treiben gemeinlich grossen Kauffhandel/reden halb Italiänisch/vnnd Provantzalisch durch einander.

Gewaltige Vestung.

Von dem Port zu Villa Franca.

Ein Stund ob Nissa ist ein zimlich fein Port/dem Hertzog auß Saffoy zugehörig/welches vor zeiten die Massilianer/alß die auff dẽ Meer sehr mechtig gewesen/erbawet/vnd Athenopolis genannt haben/dessen bey Plinio meldung zu finden. In diesem Port hat obgedachter Hertzog etliche Galleen/damit er sich wol zu Wasser/alß zu Land möge erzeigen.

Von der Insel S. Honorat.

Die Insul S. Honorat hatt vorzeiten Lerius oder Lirius geheissen/ligt nicht fern von Antibe im Mittelländischen Meer sehr lustig vnd wol. Es ist gedachte Insel vor alten zeiten gleichsam alß ein hohe Schul gewesen/auß welcher die fürnembsten gelehrten Männer in Franckreich kommen.

Fürnemb Closter.

Vincentius Lirinensis hat vnder Keyser Martiano 450. Jahr nach Christi vnsers HErrn Geburt/in dieser Insel viel stattliche Bücher geschrieben/die dann noch heutigs Tags von den Gelehrten in hohem Werth gehalten/vnd fleissig gelesen werden.

Es habẽ Anno 1557.jahr die Sachen sich ansehen lassen als wolte dz Glück den Frantzosen kein gnediglichen augenblick mehr beweisen/dann sie mercklichen Schaden in Picardien an verlierung S. Quintin gelitten haben/auch nichts sonders glücklichen zustand in Italien gehabt: derhalben auch Hertzog von Guyse/welcher in Italien Oberster gewesen mit dem Heerzug wider zu ruck gefordert ward/damit man sampthafft etwas grössers außrichten möchte: warden derhalben dieses 1558.jahr alle sachen Cales/so die König auß Engellandt lang inngehabt/widerumb zu erobern/gerichtet/vnd gleich ohn verzug ermeldter Hertzog von Guyse darzu geordnet/welcher den ersten Tag Jenners für Cales kommen/am sechsten ermeltes Monats beschossen/das Schloß mit dem Sturm gewunnen/vnd den achten mit gedingen ohne weitere mühe vnd arbeit die Statt auch bekommen/darauff den 13. Tag Jenners vorgesagtes jahres hat ermelter Hertzog die herrliche vnnd gewaltige Vestung Guines zubelägeren geeylet.

Guines

Von Gallia.

Guines der Vestung gelegenheit/ sampt der Belägerung warhaffte abcontrafehtung.

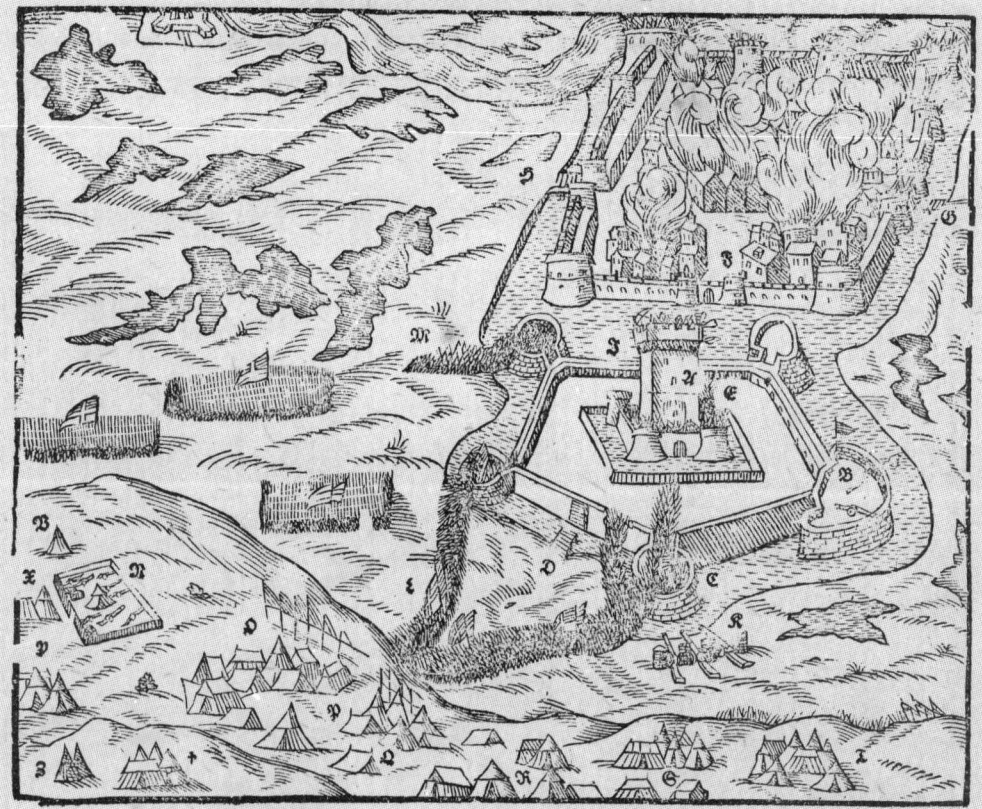

Außlegung der Buchstaben der Vestung Guines.

- A Das alte Schloß mit dem Wasser herumb.
- B Das Bollwerck Cime oder Coua genannt.
- C Das groß Bollwerck von Frantzosen eyngenommen.
- D Das Thor so auff das Veld geht.
- E Der Hoff umb das Schloß.
- F Das Thor gegen dem Schloß.
- G Das Thor auff Andres zu.
- H Das Thor gegen Hams.
- I Gräben 66. Schuh breit vnd 6. tieff.
- K Geschützplatz mit 30. stuck Büchsen.
- L Geschützplatz mit 10. stücken / vnnd darnach allda von Teutschen gewonnen.
- M Geschützplatz mit zehen stuck Büchsen / nach beschehenem Sturm von Schweitzern erobert.
- N Munitionplatz
- O Der Frantzosen Läger.
- P Der Frantzosen Wirthäuser.
- Q Der Teutschen Läger.
- R Der Teutschen Wirthäuser.
- S Der Schweitzer Läger.
- T Der Schweitzer Wirthäuser.
- V Der Herr von Estree Generalobrister über die Archeley.
- X Der Herr von Nemours.
- Y Der Herr von Mareschall Strozzi.
- Z Der Marggraff von Albeuff.
- + Der Hertzog von Guysen General Veldobristen.

Die stercke Guines ligt mehr entheils an der Veste des Schloß/ wiewol dz Stättlein auch wehrhafft gewesen/ welches die Frantzosen Anno 1558. so nach eroberung der Statt vnd Vestung Cales/ vngewarnet darfür kommen/ ohn grossen widerstand vnnd schaden eyngenommen haben: weil sie aber mit grosser vnordnung die Zelten vnd Läger schlugen/ ward die Veste von den Engelländern die sich zusammen gethan hatten/ wider erobert/ vnd alß sie der Frantzosen mechtigen gewalt gespürt/ vnd schon zuvor alle Sachen die etwas wert/ in das Schloß getragen/ haben sie das Fewr darein gestossen vnd es verbrennt. Da ließ der Hertzog von Guyse bald Schantzgräben auffwerffen/ vnd macht sich sicher vor dem außfallen der Engelländern/ wiewol das erschröcklich vnnd grewlich außschiessen/ sie hefftig beschedigen thet/ vnnd jhn das weit Veldt zu eng gemacht/ dann das Geschütz erschlug ohn vnderlaß die Kriegsleut vnd Schauffelbawren die wercken solten. Nach langer Belägerung vnd Stürmung ist die Vestung Guines den 18. tag Jenners mit etlichen Articklen vnnd gedingen auffgeben vnd auß bevelch König Heinrich des anderen auff den Boden geschleifft worden.

Von der Statt Arras in Artois.

Arras/ ist ein sehr grosse Statt/ vnd das Haupt der Graffschafft Artois/ welche an Dornicker/ Amienser vnd Bolongier Revier stosset/ vor zeiten dem Landt Flandern zugezehlt. Ptolemæus gedenckt einer Statt dieser Gegne/ vnd nennet/ sie Regiacum/ welche etliche für das heutig Arras verstehen wöllen. Es hat diese Statt vnnd beyligende Landschafft in Geistlichen Sachen dem

282 Das dritte Buch

Bisthumb Cambray vor langem zugehört. Alß aber Bapst Vrbanus der ander vmb das jar Christi 1090. in Franckreich kommen/ vnd daselbst ein Versamblung gehalten/ dabey verständiges worden/ wie der Heylig Remigius vor etlich hundert jahren/ S. Vedasten von Arras zum Vorstender geben/ alß der sie auch zum Glauben bekehrt/ eximiert er (wie Aemilius schreibt)

Zu Arras ein Bisthum auffgerichtet.

die Arzaser vom Camericher Bisthumb/ vnd setzet jhnen ein eygnen Bischoff/ nemlich Lamberte von Therovenne. Es wird auch S. Vedast nach dieser zeit in einer Abtey allda verehrt/ welche an Reichthumb vnd Gezierden alle andere Clöster vbertrifft. Dieser zeit gehört diß Bisthumb zu des Reimsischen Ertzbischoffs Provintz. Alß sich aber im 1477. jahr/ nach Hertzog Carles von Burgund Absterben/ der ein einige Tochter hinderließ/ in Niderlanden Krieg erhebt/ vnd die von Arras von König Ludwig dem eifften in Franckreich ein Abtritt gethon/ ward die Statt vom jhm belägert/ eroberet/ vnd der Eynsessen gröste theil in das jnner Franckreich versetzt/ dargegen newe Eynsesser dareyn geführt/ mit befelch fürhin Franciam zu nennen. Aber bald hernach/ nemblich Anno 1490/ ward sie durch Ertzhertzog Maximilians Kriegsvolck/ mit hilff eines Schmids/ so an der Stattmauren gewohnet/ vnnd vnder den alten Eynwohneren verblieben ward/ heimlich vberfallen/ eyngenommen vnd geplündert.

Es sind eigendlich zu reden/ mehr zwo Stätt denn eine/ mit Mawren vnderscheiden. Die kleinere gehört dem Bischoff/ darinn auch Vnser Frawen Thumbstifft ist: die grösser aber dem Landtfürsten/ hat schöne Häuser/ weite Gassen/ vnd ein grossen Marcktplatz/ ist mit Bollwercken/ Mawren vnnd Thürnen vest gebawen/ also daß sie ein Belägerung wol außstehen möchte. Es werden schöne Teppich/ der Arras vnd andere viel Gewand da gemacht.

Von Gallia.

Von der Statt Cales vnd jhrer warhafften Abcontrafehtung / sampt der Belägerung / so Anno 1558. geschehen. Cap. xxxvij.

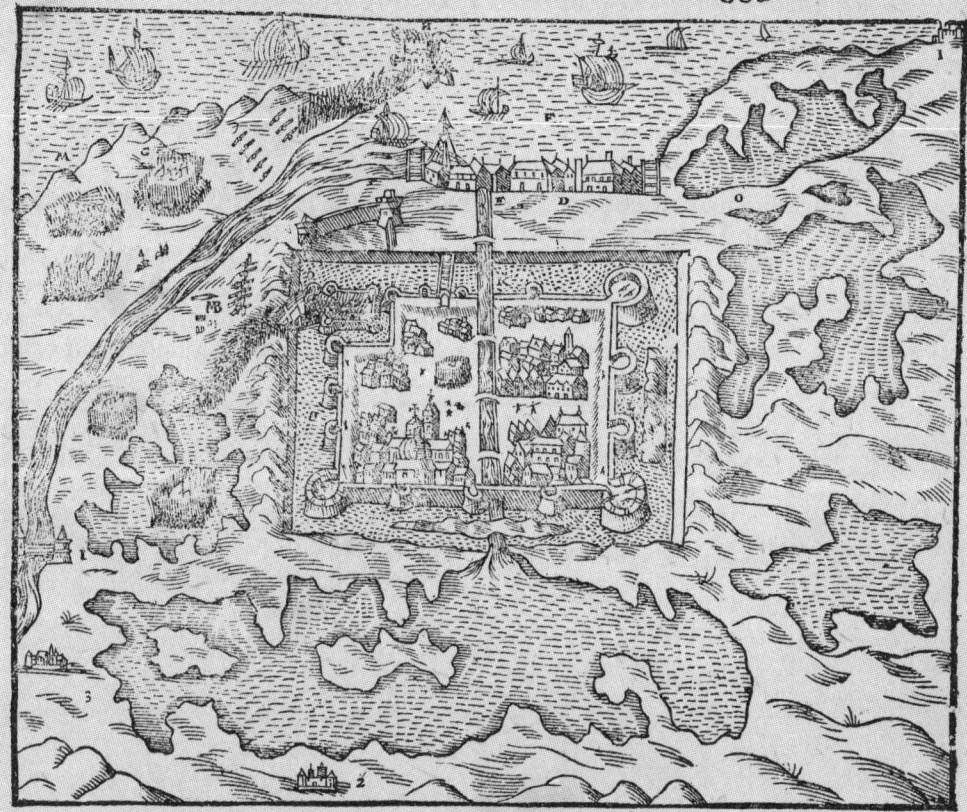

Außlegung der fürnembsten Oertern der Statt Cales / so mit Buchstaben vnd Ziffern verzeichnet.

A Ein alte Veste.
B Ein Wassergraben.
C Ein Thurn vor der Veste.
D Ein Straß zwischen dem Graben vnd der Vorstatt.
E Die Vorstatt gegen dem Meere / sampt einer Landtveste mit Pfälen.
F Die Eynfährt des Hafens.
G Ein Spitz von dem Landt / der den Hafen macht / vnnd wird von dem Meer bedeckt wann es anlaufft vnd wachset.
H Der Thurn oder Veste Rißben / welche zum ersten erobert / vnd beschahe am ersten tag Jenners.
I Die Bruck von Nuckay / darüber zeucht man gen Bolonien / ein halbe Meil von Cales.
K Der Känel dardurch das Wasser laufft / vnd wann er beschlossen wird / kan man das gantz Landt ertrencken.
L Doppelte Gräben.
M Ein ranck des Meeres gegen Bolonien.
N Das Thor da man auff Bolonien zureisst.
O Der weg gen Gräuelingen.
1 Gräuelingen.
2 Guines.
3 Hames.

Jeses ist zu vhralten zeiten bewohnet worden / von wegen seines köstlichen Ports vnd vberfahrs in Engellandt / deßhalb lang vor Christi geburt / berühmbt gewesen. Keyser Julius nennet es Portum Iccium, vnd sagt / daß der Vberfahr daselbst (verstehe zwischen Cales vnd der entgegen ligenden Statt Dover in Engellandt) nur dreyssig tausent Schritt breyt seye / das macht sechs grosser Teutscher Meilen / also eng zeuhet sich daselbst das Meere zwischen Engellandt vnd Flandern zusammen. Es ist auch Keyser Julius daselbst hinüber gefahren als er die Britannier bestritten. Paulus Aemilius zeigt an / daß Graffe Philips zu Bolonien / S. Ludwigs des Königs in Franckreich Vatters Bruder im jahr 1227. Cales vest gebawen / vnd mit Ringmawren vmbgeben habe / angesehen / daß sie zu Meerkriegen vnd andern Handtierungen wol gelegen. Alß auch S. Thomas Bischoff zu Canterberey / so nachmalen gemartert ward / lang darvor ehe es vest gebawen gewesen / vertrieben / vnnd Landtrünnig an diß Port hinüber kommen / habe er weißgesagt / es werd da ein haupt Schloß grosser Kriegen auffgehn. Sie ist in der Frantzösischen Handt blieben / biß in das 1346. jar / da sie der König auß Engellandt nach eroberung der grossen Hauptschlacht bey Crecy geschehen / belägert / vnnd alß er sie mit den seinen nicht erobern mocht / den gantzen Winter vber darvor blieben / vnd sie im eylfften Monat zur auffgebung genöthiget / demnach mit Engelländern besetzt. Diese haben sie in die 211. jar den Frantzosen vorgehalten / sie gar vest mit Bollwercken / Wälen / weiten Wassergräben / rc. gebawen / zu dem daß sie von Natur vnnd jhrer gelegenheit halb mit den Meersümpffen wol bewahret ist / hiemit diese alß ein Schlüssel in Franckreich nimmer von hand zu lassen gedacht.

Ji ij   Wie sich

284 **Das dritte Buch**

Wie sich aber die Zeiten verendern/also wechßlen sich auch diese ding wunderbar ab. Dann alß sich Anno 1558. zwischen König Heinrichen in Franckreich/vnd Philippo König zu Hispanien vnd Engellandt noch Krieg hielten/ward die Statt durch die Frantzosen/deren Oberster Hertzog Franciscus von Guysen gewesen/den 6. tag Jenners/den Englischen gewaltiglich abgetrungen vnnd eyngenommen/wie auch Guynes drey Meil darvon gelegen/kam also wider vnder jhr alte Oberhandt.

Von der Statt Gräuelingen/sampt jhrer beschreibung/auch warhafftigen Abcontrafactur vnd Gelegenheit/ꝛc. Cap. xxxviij.

RÄuelingen ist bey dem Meer an dem Fluß Ha zwischen Cales vnd Dunckerche/je drey Meilen von einander gelägen/ist vorzeiten ein fürnemme Statt mit einem verzümbten Meerhafen gewesen/aber hernach verhergt/vnd von den Normandiern mehrmals geplündert worden. Als aber die Frantzosen/Engelländer vnnd Burgunder mit einander in zweytracht waren/ist sie in einen schlechten Stand vnd Wesen gerathen. Endtlichen aber ist sie widerumb bevestiget vn̄ mit 8. mechtigen Pasteyen verwaret worden.

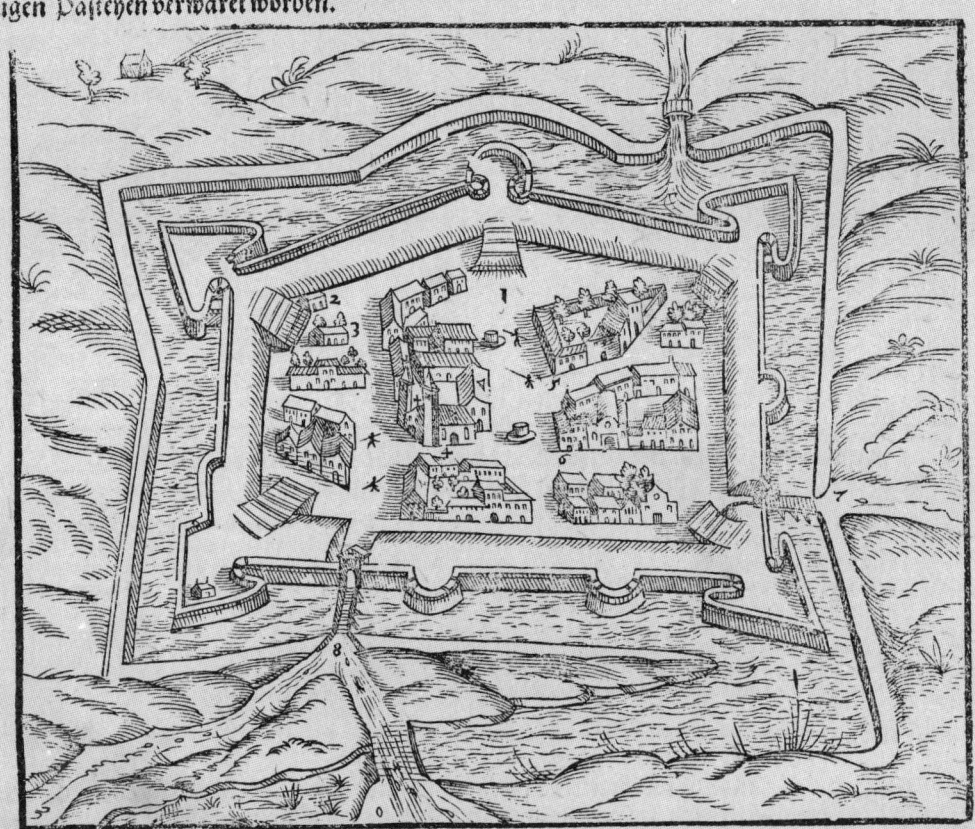

Schlacht zwischen den Frantzosen vnnd Burgundern.

Bey dieser Statt gegen der Clauß von Cales/nahend bey dem Meere/ist im jar 1558. ein grosse Schlacht geschehen/zwischen den Burgundiern/deren Haupt der Graffe von Egmond gewesen/vnd den Frantzosen/welche der Mareschall von Termes geführt/vnnd haben die Frantzosen ein grosse vnnd schwere Niderlag durch wunderbaren zustand erlitten. Dann alß man beyderseits noch mannlichen vnnd mit zweiffelhafftigem Glück stritte/führen daselbst ohn alles gefehr zehen Englischer Kriegsschiff fürüber/welche alß sie vermeldten Streit gesehen/ohn verzug neher zum Landt geruckt vnd grawsamlichen beyseits in der Frantzosen Ordnung geschossen/vnnd selbige also zur flucht getrungen.

Von der Statt Sancerra/vnd dem grewlichen Hunger so daselbst in der Belägerung gewesen. Cap. xxxix.

SAncerre ligt auff der höhe ein halb Meil von der Loire/vngefährlich zehen Meil von Burges/war vor zeite Gordon genandt/folgents sacrum Cereris, dz Stifft Cereris/darauß die Gallier Sancerre gemacht/vnd ward Ceres daselbst mit sonderbaren Opffern verehret. Julius Cæsar hat ein gewaltige Vestung da gebawen/vnd seyn Hoffläger vnd Gottsdienst allda gehalten. Die Statt ist mit vielen Kirchen/schönen Häusern vnd weiten Gassen zun Jahrmärckten gezieret/vnd erstreckt sich die Thumbkirchen sehr weit mit jhrer Jurisdiction. Die Bühel vmb die Statt seind mit den

Von Gallia.

mit den besten Räben besetzt/vnd mit Wälden vnnd Weiden vmbgeben/daselbsten eine völle aller gattung so wol wilder alß zammer Thieren.

Alß in dem Jahr Christi vnsers HErren 1573. die Statt von des Königs Obristen de la Chastre hefftig belägert wardt/weil viel Evangelischen/so auß dem Blutbad zu Burges vnnd Orleans entrunnen/sich dahin begaben / ist sie durch langwürige Belägerung endtlichen in solche Hungersnoth gerathen/dergleichen nicht viel gehört worden: Dann sie nicht allein alle bey sich habende Pferdt/Esel/Hundt/Katzen/Ratten/Mäuß/ec.schlachteten vnd assen/sondern auch alles Läder an Schuhen/Stiffelen/Sätteln vnd wo es nun möcht gefunden werden/altes Pergament an Bücheren/Syben/Trumlen/alten Brieffen wardt mit Vnschelt vnd anderem Fett zubereitet/vnd mit grosser Begierdt verschlungen. Es waren auch endlichen die hörner von Roßfässen vnd anderm Vieh/auß den Müsthauffen herfür gekratzt/alle Ochsen vnnd Küh hörner vnd viel andere vnmenschliche sachen zusammen geläsen/vnd den Hunger zu stillen genossen: vnd welches erschröcklich zu hören wardt den 21. Brachmonat endeckt/daß ein Weingärtner mit namen Simon Botardt/sampt seinem Weib Eugenia/vnnd noch einem alten Weib Emeria genandt/den Kopff/das Hirn/die Läber/vnnd das Eingewendt gessen/von jhrem Töchterlein einem so 3. jahr Alt gewesen/vnd für Hunger gestorben. Sie wurden erwischt da sie von der Zungen essen wolten: die zwo Hüffte/Waden vnd Füß/wurden in einem Kessel mit Essig/gewirtz vnd Saltz gefunden/zum essen bereit/wie auch die vbrigen Stück. Dieser that halben war der Vatter/so noch anderer mordtischen sachen bezüchtiget/Lebendig verbrandt: die Mutter erhenckt vnd verbrandt: das alte Weib so gestorben wardt wieder außgraben/vnd zu Aschen verbrandt.

Diesen jamer nun/hat diese Euangelische Statt in dieser Belägerung außgestanden/vnnd ist doch endlich zu der ergebung getrungen worden.

Von der Statt Amiens. Cap. xl.

ICh wolt mich eher bereden lassen / daß Amiens von Keyser Antonino Pio/ vnd Aurelio/dann aber von Pignone / einem Macedonischen Veldobristen nach Alexandri des grossen absterben/seye gebawet/vnd von dem Wasser/so die Statt vast gantz vmbgeben/Ambianum genant worden. Das Bistumb daselbst ist zur zeit Domitiani auffkommen/nach dem Firmin von Pampelunen auß Navarra bürtig die Heydnische abgötterey abgeschafft/vnd die Erlösung durch Christum geprediget. Der ander Bischoff/diesem Heiligen Firmin nach genant/eines reichen Burgers von Amiens Sohn/hat die jetzige schöne Kirchen angefangen zu bawen/vnd dieselbe seinem lieben vorfahren nach genant. Carolus der sechßt hat in gedachter Statt ein Parlament auffgericht/welches aber bald widerumb abgeschafft worden. Ward Anno 1597. den 27. Sep. durch König Heinrich den Grossen/dem Spanier so sie listiglich vberfallen/widerumb abgetrungen. Vnd ward der Spanische list also: Hernandus Portocarera Oesterreichischer Obrister/klein von Person/aber groß von gemüht/hatte mit etlichen Frantzosen guten verstand die Statt Amiens zu vberfallen: derohalben er den 11. Martij Anno 1597. achtzehen Mann mit bawrs kleidern verstelt gehn Amiens verschickt/vnder dem schein alß were sie ohn geferd von vnderscheidnē orten daselbst zusamen kommen: darunder etliche Säck mit nussen getragen/etliche einen Höwwagen begleitet. Alß dieselben nun bey der Statt Porten angeredt wurden/wo sie her kommen/vnd was sie von dem Spanischen Volck vernommen/wusten sie all bescheidenlich zu antworten/daß man jhnen das minste nicht zu getrawt

getrawt hatte. Entzwischen aber gesellet sich einer vnder derselben/ als were jhme ohn gefeid sein sack mit nussen auffgangen. Vnd laßt also die nuß in herd fallen/ welche baß von den Thorhütern bezierlich auffgehebt worden/ in diesem fahren die mit jrem fůderhöw vnder das thor/ vnd erschlagen gemeinlich die Thorhüter vnversehens/ geben hiemit jhrer hinder hutt ein gemerk zeichen/ darauff dann Portocarera mit seinem h. auffen in die Statt gefallen vnnd dieselbe eyngenommen. In diesem wurden die Burger erwürgt vnd geplündert/ die außgenommen/ so vmb die sach gewußt vnd darzu heimlich geholffen. Die Vorstätt vnd Dörffer wurden in brand gesteckt/ damit der König die Statt desto minder möchte belägeren. Der König aber achtet den verlust desto grösser/ weil er eben zum zug in Artois vnnd Hennegöw 55. gegossener stück sampt allerhand Munition dahin lieffern lassen. Zwë tag hernach schickt der König den Graffen von Sainct Paul mit dem von Byron vnd Belägert die Statt/ vnd beschiessen sie mit 45. stucken. Die Spanier fallen den 17. Julij herauß/ thun vñ empfahen zimlichen schade. Den 3. Sep. wird Portocarera mit einem stuck erschossen. Da nun der König die Statt widerumb bekommen/ vnd nach seiner angebornen Miltigkeit den Feindt abziehen lassen/ hat er sie mit einer gewaltigen Citadella/ nach deren zu Antorff beuestiget.

Von der Statt Soisson.

Soisson ist schon vor Christi geburt ein gewaltige Statt gewesen/ so/ wie bey Iulio Cæsare zusehen/ vber die vmbligenden Provintzen geherrschet/ ward durch Sixtum zum Christlichen Glauben gebracht/ vnnd nach Clovis des ersten absterben/ von Clotario zur Hauptstatt seines Königreichs gemacht/ da er dann auch in der Abtey Sanct Medard/ so er gestifftet/ begraben worden.

Von der Statt Abeville/ Monstreyll/ Boulonge/ vnd Crecy.

Weil die Statt Abeville/ sampt der Graffschafft Pontieu einem Fräwlein auß Franckreich/ alß sie einen König auß Engellandt bekommen/ zum Heurahtsgutt geben worden/ haben sich hernach viel schwere Krieg in dieser gegne zwischen den Frantzosen vnd Engelländern erhebt. Im jahr Christi 1411. hat Carolus VI. gedachte Statt versichert/ daß sie nimmer von der Kron Franckreich sol getheilet vnd abgesöndert werden.

Monstreyll hat den Nammen von einem Monstro/ vnd vngehewren einäugigen Thier bekommen/ so sich daselbst auffgehalten/ vnd bey erbawung der Statt erfunden worden.

Boulonge ist nur ein Burg vnd offner Flecken gewesen ehe die Engelländer in Franckreich gefallen. Mag wol vor zeiten Gessoriacum gewesen seyn/ dessen Plinius im 40. Buch c. 16. gedenckt da das Meer zwischen Franckreich vnd Engellandt 50000. Schritt breit/ ward von Carolo dem Kahlen zu einer Graffschafft gemacht/ vnd Balduin mit dem zunammen Eysenarmb seinem Eidam vbergeben. Hat zur selben zeit/ gleich wie auch Sainct Paul/ Guines/ vnnd Artois zu Flandern gehört. Ist heutiges tags ein lustige Statt mit breiten Gassen vnd feinen Häusern gezieret/ hat ein treffenlichen guten Fischfang/ vnd zimlichen Meervort.

Crecy war etwan nur ein Dorff/ vnd Anno 1346. von den Engelländern beuestiget worden/ ist sonderlich der Schlacht halben bekandt so König Philippus von Valois daselbst wider die Engelländer/

länder/ so die Graffschafft Pontieu alß ir Mütterlich Erbgut haben wolten/ mit grossem schaden verlohren: damahlen daß neben dem besten Adel in Franckreich / die vast Fürnembsten Fürsten in Europa auff dem Platz gebliebē: alß namentlich/ Johan võ Lützelburg/ König in Böhem. Carolus von Alanson/ Königs Philippi Bruder/ der Graff von Bloiß des Königs Vetter/ Hertzog Rhodolph von Lotharingen/ die Graffen von Flandern/ von Harecourt/ von Sancerra/ d' Delphin võ Vienna/ vñ viel andre Freyherren/ Ritter/ vñ dergleichē in die 1500. vñ sonsten 30000. Mañ. Diese so blutige Schlacht geschach den 16. Sep. oder wie andre wöllē den 26. Aug. An. 1346. Am folgendē tag lidten die Frantzosen eben so grossen schadē: daã alß die Engelländer die gewusten Frantzösische fahnē auff ein höhe gesteckt/ seind die flüchtigen Frantzosen derselben zugezogen/ d' hoffnung sie kāmen zu den jren/ da sie dann jämerlich nidergehawen worden. König Eduardus hat die Vornemsten Herrē zu Abeville lassen begraben: sonst hat man 3. tag gnug gehabt/ die erschlagnē zu begrabē.

Von der Statt Authun.

Authun ist ein sehr alte Statt/ deren pracht/ macht vnd herrligkeit etwan groß gewesen/ wie neben den Historien/ viel treffentliche Antiquiteten bezeugen/ ward etwan Bibracte/ folgendts Augustodunum Augusto zu ehren/ vnnd Flavia genandt/ weil sie von Constantio Flavio/ mit newen Mawren bevestiget worden.

Von der Statt Chalon.

Chalon an der Saone/ ward vnder Keyser Antonino Vero/ vmb das Jahr Christi 165. durch S. Marcell/ vnd S. Valerian zum Christlichen Glauben bekehrt: vnd vber etlich hundert Jahr von Attila der Hunnen König jämerlich zerstöret: vnnd nach dem sie widerumb erbawet/ durch Granum oder Chramnum/ Clotarij des Ersten Sohn verwüstet/ vnd beraubet.

König Gontran hat sich mehrtheils zu Chalon gehalten/ vnnd nicht fern davon die Abtey S. Marcell gebawen.

Vnder Carolo dem grossen/ ward zu Chalon ein algemein Concilium gehalten.

Hierauff ward gedachte Statt von Ludovico dem Gütigen/ Caroli des grossen Sohne/ zu einer Graffschafft gemacht.

Von der Statt Anguleme.

Diese Statt ist auff einem schönen hügel gebawet/ ward etwan des Königs dritten Sohn zum Erblandt gegeben.

Drey Meil wegs von dieser Statt hat man Anno 1541. in einem alten mit Eysen beschlagenen Sarch/ neben einem sehr grossen Cörpel ein guldene Taffel gefunden/ auff deren volgende Griechische schrifften gestanden.

```
Α Ε Η Ι Ο Υ Ω
Ω Υ Ο Ι Η Ε Α
Ε Η Ι Ο Υ Ω Α
Υ Ο Ι Η Ε Α Μ
Η Ι Ο Υ Ω Α Ξ
Ο Ι Η Ε Α Υ
Ι Ο Υ Ω Α Ε Η
```

Was aber diese Schrifften bedeuten/ hab ich noch nicht erfahren können.

Gedachte Tafel ward König Francisco verehret.

Andreas Thevet vermeynt/ es seye ein verborgener Lobspruch/ so dem verstorbenen/ welcher ein Griech gewesen/ vnd ohne zweiffel mit Marco Claudio Marcello/ 289. Jahr vor Christi Geburt/ in Galliam gezogen/ zugelegt worden.

Von der Statt Limoges.

Ohn angesehn daß die Vralte Statt Limoges/ in deren etwan Heydnische König Hoff gehalten/ erstlich von den Römern/ volgents von den Gothen/ vñ darnach von den Franckē/ endtlichen auch von den Engelländern zu vnderscheidenen Zeiten häßlich zerstört/ vnd mißhandelt worden/ so ist sie doch noch heutiges Tags ein schöne/ grosse/ wol erbawte vnd veste Statt.

Ward durch die Predig des Heyligen Martialis/ dessen wir bey Poictiers gedacht/ als der König mit Nammen Stephanus/ von Limoges den Römern zu hilff wider die Britannier außgezogen/ zum Christlichen Glauben bekehrt.

Gedachter König wolt erstlich die Christen nicht leiden/ sondern ließ neben andern auch Valeriam ein heilige Jungfraw/ so sich von S. Martial lassen tauffen/ enthaupten/ welche er sonsten jhrer schöne vnd tugent halben/ zur Ehe nemmen wollen.

Nach dem er aber gesehen/ daß er viel zu gering were/ Gottes Allmacht/ vnnd Weißheit sich zu widersetzen/ hat er mit sampt etlichen seiner Räthen das blinde Heydenthumb hingelegt/ vnd zum zeichen seines Glaubens an Christum den eingebornen Sohn Gottes/ vnsern Erlöser/ im nammen der Heiligen Dreyfaltigkeit die Tauff angenommen.

Der fromme Lehrer Martial starb im dritten Jahr des Keyserthumbs Vespasiani/ nach Christi vnsers HErrē Geburt siebentzig zwey/ an einem langwehrenden Feber/ vnd ward begraben/ da jetzund die Abtey seinem Nammen nachgenañt/ gebawet worden.

Obgedachter König Stephanus soll neben Sanct Martial ligen.

Von der alten vnd mechtigen Statt Clermont in Auuernia. Cap. vlj.

Iß ist die alte veste Statt vor zeiten Gorgovia genannt/ welcher Julius Cæsar mit seiner ernstlichen Belägerung nichts abgewinnen können/ wie in seinen Historien zusehen.

Auff der höhe da Julius sein Läger geschlagen/ werden noch etliche heimliche Gäng vnder dem Erdtreich gesehen/ durch welche man aber nit wol mehr gehn kan wegen des Wassers/ so da durch tringet.

Das Heydenthumb soll daselbst erstlich durch Anstremonium/ Petri Lehrjünger/ abgeschafft/ vnd das Evangelium von vnserm HErren Christo gepredigt worden seyn.

Im Closter Sanct Allire/ oder Illidij/ ist die wunderbare Bruck vber den Fluß Tiretaine/ dreyssig Klaffter lang/ vnd sechs dick/ von Stein gebawen/ welche alle von einem gewissen Brunwasser/ drey hundert schritt weit davon/ formiert vnd gegossen worden/ welches ein wundersames vnd gleichsam vnerhörtes werck der Natur/ auß dessen verwunderung König Carolus der Neunt selbs eygener Person/ als er sich naher Baione begeben/ dahin verreisen wöllen.

Das Wasser darauß diese Stein gemacht werden/ hat sehr viel saltz vnd Alaun/ gehöret zu der Abtey.

Die Abtey ist mit schönen Thürnen/ vñ hohen wehren/ in gestalt eines vesten Schloß gebawet.

Hat viel schöne Säul/ Begräbnussen/ vnd Altar von Jaspes/ von allerley köstlichem gefärbtem Marmor/ mit Mosaischer arbeit gezieret.

Nicht fern davon seyndt in einem Thal zwey heilsame warme Bäder.

In gedachter Statt seind zwey berühmbte Concilia gehalten worden; Das erste im Jahr Christi vnsers HErrn 540. Das ander anno 1095. vnder Bapst Vrbano dem Fünfften/ so von Limogen bürtig gewesen.

Daß den Römeren diese schöne vnd vberauß fruchtbare Provintz treffenlich wohl gefallen/ fürnemblich als derselben Monarchey auff das höchste kommen/ ist neben andern Gemerckzeichen/ deren wir albereit gedacht/ bey der gewaltigen Saul abzunemmen/ welche Keyser Trajanus/ ein geborner Spanier/ am Fluß Allier/ nicht fern vom Wald/ da Julius Cæsar vermeinte den Galliern ein list zu erzeigen/ auffgericht/ daran mit grossen Römischen Buchstaben geschrieben:

IMPERATOR. CAESAR
DIVI. TRAIANI. PARTHICI. FILIVS.
DIVI NERVAE. NEPOS
TRAIANVS. ADRIANVS.

Am Schloß Polignac in Velay/ stehet in einem Alten Marmor:
TEMPLVM APOLLINIS.

Darauß abzunemmen/ daß daselbst ein gewaltiger Tempel gewesen/ in welchem die Römer dem Heydnischen Abgott Apollini/ nach jhrem blinden Aberglauben gedienet haben.

Das schönste schreib: vnnd truck Papir so man in Franckreich mag haben/ wird zu Clermont gemacht.

Von der Statt Maulin/ vnd Burbon.

Diß ist auch ein sehr alte Statt/ welche Julius Cæsar/ wie etliche vermeinen/ Gergobinam geheissen.

Ligt an den Flüssen Allier/ an einem lustigen ort. Hat etwan den Königen in Franckreich zum Lusthauß gedienet. Es werden da die besten Messer vnnd Wehrklingen in gantz Franckreich gemacht.

Burbon ist erstlich nur ein Hauß gewesen/ welches man der heilsamen Bäder halben dahin gebawen. Weil sich die Leuth sehr wol befunden/ haben sie den ort Burgbon/ das ist ein gutte Burg/ geheissen/ darauß die Nachkommen haben Burbon gemacht.

Ligt in einem Thal an zwen schönen Flüssen Allier vnd Schett/ mit vier Bergen vmbgeben.

Ward zur zeit Keysers Caroli des Grossen sehr berühmbt/ ohnangesehen sie nur ein schlechte Freyherrschafft gewesen; biß daß sie Carolus der Schöne zu einem Hertzogthumb gemacht/ vnnd dasselbe Graff Ludwig von Clermont/ Roberti von Clermont/ vñ Beatricis von Burbon Sohne vbergeben; dann weil gedachter König Carolus der Schöne/ zu Clermont geboren worden/ hat er die Graffschafft Clermont für sich selbs haben wollen: derowegen sich dann die gebornen Graffen von Clermont von derselben zeit an Hertzogen von Burbon geschrieben.

Das Schloß/ welches die Hertzogen von Burbon gebawet/ ist mit vier vnnd zwantzig dick vnd hohen Thürnen bevestiget.

Diß ist eben das Bourbon/ von welchem sich die heutigen König in Franckreich her nennen/ von bannen es in grosse acht kommen.

Die Statt

Genff

In Saphoyer Landt/ bey Auß-
gang deß Losanners oder Genffer Sees gele-
gen/ contrafeht ter nach jetziger gelegenheit.

Beyde Stätt Genff groß vnd klein

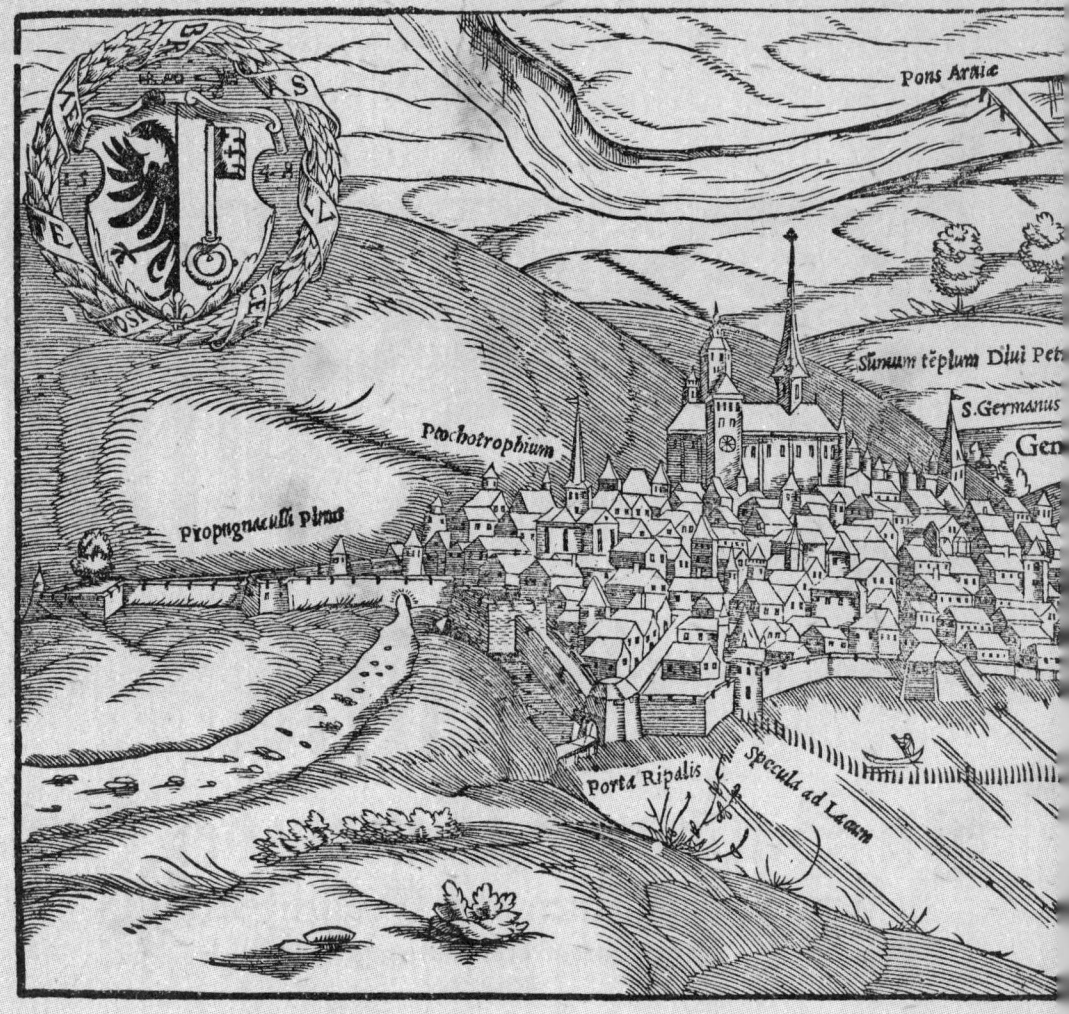

Geneua Maior.	Groß Genff.	Insula in medio Pontis	Erklärung et=
Minor Geneua.	Minder Genff.	Rhodani, in qua spe=	Ein Insel mitten im Rhodan
Lacus Lemannus.	Lemanner oder Genffer See.	cula est.	neben der Bruck/ darinn ei=
			Wachtthurn steht.

Von der Statt Roan. Cap. xliij.

Diese Statt Roan ist trefflich erbawt/ mit viel schönen Kirchen vnd andern schö=
nen Gebäwen gezieret/ auch mit einem guten Port/ da viel Schiff anfahren/
trefflich versehen. Dannenhero auch allda ein starcker Kauffmanshandel.

Ward durch S. Nicasium/ bald nach der Apostel zeit zum Christlichen Glau=
ben bekehret/ vnd allgemach von der Heydnischen Abgötterey gereiniget. Sanct
Melon/ auß groß Britannien bürtig/ hat den Tempel deß Abgotts Rhotoes
abgebrochen/ vnd dahin die Kirchen zur H. Dreyfaltigkeit gebawet.

S. Anidian so an Melonis stat Bischoff gewesen/ hat vnder Keyser Constantino dem Gro=
ssen zwey Concilia zu Arles in Provantzen besucht.

Normandey ward etwan Neustria genannt/ vnd damit die Stätt darinnen auch jr eygen Cam=
mergericht hetten/ da sie Rechtshändel vnnd Geschäfft erörtern köndten/ hat König Ludwig der
Zwölffte ein sonderbar Parlament zu Roan gestifftet/ vnnd demselben gewisse Stätt vnnd Herr=
schafften vnderworffen.

Von etlichen andern Stätten in Normandey.

Eureux ist eine von den fürnembsten Stätten nach Roan/ eines sehr alten namens/ deren auch
Julius Cæsar gedacht. Bekam das Evangelium nach Christi vnsers HErrn Geburt 94. jahr/
vnd sol der erste Bischoff S. Taurin gewesen seyn.

Hat

er Brucken zusammen gehencket.

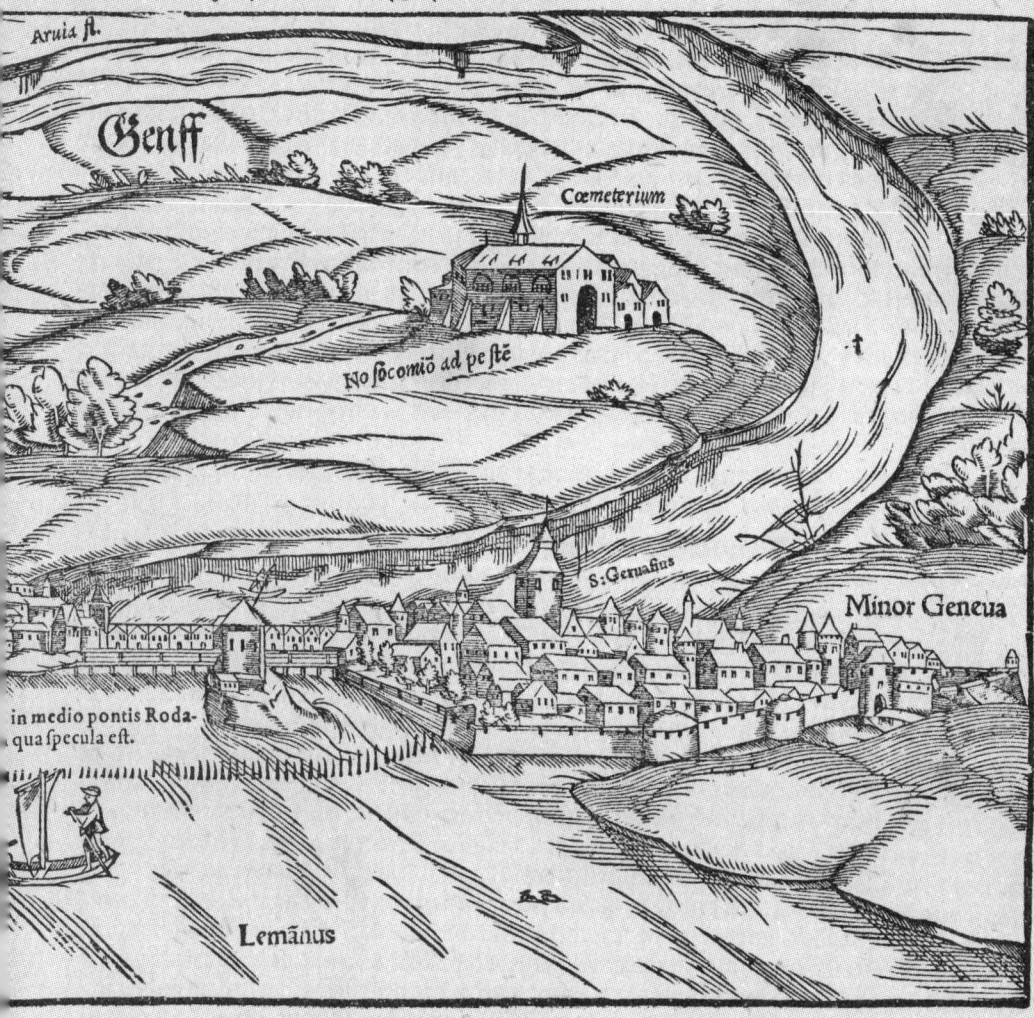

ischen Wörter.

acum,	Wacht auff dem See.	Summum templum,	S Peters Thumbstifft.
lum pinus,	Bollwerck am Fichtenbaum.	Nosocomion ad pestem,	Das Siechenhauß in der Pestilentz.
ium,	Der Armen Spital.	Pons Aruæ,	Die Bruck vber den Fluß Aruæ.

Hat ein lange zeit jhre eygne Graffen gehabt/ ward endtlichen der Kron eynverleibt/ vnd deß Königs Kinder zur Außstewer gegeben.

Gisors ward durch Wilhelm dem Rohten König auß Engelland/ einem Ritter/ dessen sie eygen gewesen/ abgetrungen/ als Philippus der Erst in Franckreich geherrschet.

Aumale ward Anno 1547. König Francisco dem Ersten zum Hertzogthumb/ vnd Pairie oder Mitregierung gemacht/ nach dem sie ein lange zeit sonderbare Graffen gehabt.

Arques ward vnder König Philippo Augusto/ von König Richard auß Engeland belägert.

Dinye ist ein berühmbte vnd lustige Statt/ mit einem feinen Port vnd Schloß versehen: hat etwan dem Bischoff zugehört/ vnd sonsten auß Begnadigung deß Bapsts kein andere Obrigkeit gehabt.

Alanson ist ein sehr alte Graffschafft/ hernach zum Hertzogthumb gemacht.

König Ludwig der Heilige/ gab gedachte Graffschafft/ seinem Sohn Petro/ als derselbe ein Gräffin von Bloys genommen.

Vermeil ist von König Heinrich/ deren von Antragen zugefallen/ zu einer Marggraffschaffe gemacht.

Caen ist sehr alt/ vnd die Hauptstatt in Nidernormandey/ Anno 1431. mit einer treffentlichen Vniversitet begabet.

Constances hat den Namen von Keyser Constantino/ so daselbst etliche schöne Gebäw auffgericht/ deren etliche vnder König Carolo dem Siebenden gantz geschlissen vnd abgebrochen worden.

Mortaing ward Anno Christi 1041. Petro von Navarren zugefallen/ zu einer Graffschafft gemacht/ gehört heutiges tags dem Hauß Montpensier.

Von der Statt Rennes. Cap. xliij.

Es ist ein sehr alte Statt nicht fern vom Oceano an einem lustigen Ort gelegen/ von Julio Cæsare hoch geachtet. Hat lang vor König Clodoveo sein eygen Bistumb gehabt. Henricus der Ander/ so der erst Frantzösische Hertzog in Britannien gewesen/ hat das Parlament daselbst geordnet/ vnd weil es also spat gestifftet worden/ hat es auch den letzten Ort bekommen.

Es ist aber das Hertzogthumb Britannien erst durch ein Heyrath an König Franciscum den Ersten kommen. Ist etwan ein sonderbar Königreich gewesen.

Ohnangesehen aber Britannien nicht sonderlich groß wie etwan andere Provintzen in Franckreich/ so ist doch die Spraach darinnen sehr vngleich/ vnd fast in drey sonderbare Spraachen abgetheilet. Zu Rennes/ Dol/ vnd Sainct Malo redt man Frantzösisch/ derowegen dann die Eynwohner Bretons Galors/ das ist Gallische Bretanier genannt werden. Zu Cornovaille/ Leon/ sonsten Saint Paul/ redt man Bretannisch/ derowegen die Eynwohner Bretons Bretonans/ Bretanische Bretanier heissen. Endlichen zu Sainct Brien Cannes/ vnd Nantes/ redt man ein vermischte Spraach.

Die Eynwohner vnd Landleut zu Rennes/ werden von Julio Cesare vnnd andern alten Römern Rhedones/ die zu Tregnier/ Trecorenses/ vnd die zu Nantes Nannetes genannt.

Von der Statt Genff. Cap. xliiij.

Genff ein lustige vnd mit allerhand Gelegenheit wolversehene veste Statt/ an dem Lemannischen See/ vnd Rhodano gelegen/ ist lang vor Christi Geburt gestanden/ bey welcher Julius Cæsar/ die Bruck vber den Rhodan abgeworffen/ vnnd vom See biß an den Berg Juram einen Graben sampt einer Mawren/ 19. schritt lang vnd 16. schuch hoch in drey wochen gemacht/ die Helvetier/ so Lucium Cassium einen Römischen Burgermeister erschlagen/ vnd desselben Kriegsheer gezwungen/ von der Reyß in Franckreich auffzuhalten. Sie ligt an einem gantz fruchtbaren Ort/ zu oberst an dem See/ vnd wird durch den Rhodan in zwo Stätt abgetheilet. War von Keyser Aureliano sehr lieb gehalten/ daß er sie nach seinem Namen wolt genannt haben. Hat ein alt Bistumb/ so sampt der Statt/ von Keyser Friderich dem Ersten/ höchlich befreyet worden. An dem Ort/ da jetzt S. Peter die Thumbkirch stehet/ ist vor zeiten deß Abgotts Apollinis Tempel gewesen. Die Graffen so von demselbigen Lehen getragen/ haben sich Graffen von Genff geschrieben. Damit aber der Graff von Saphoy/ mit der zeit in gedachte Statt möchte ein Fuß setzen/ hat er mit höchstem Ernst/ bey Keyser Carolo dem Vierdten/ vber diselbe deß Reichs Vicariat außgebracht/ welches aber durch deß Bischoffs bittlich anhalten/ von wolgedachtem Keyser Carolo bald widerruffen vnd vernichtiget worden. Verbliebe hiemit das Bistum vnd Statt Genff in deß Reichs alten Freyheiten/ für sich selbst ohn einigen Schirm/ oder Schutzherrn/ dessen dann auch nit von nöhten gewesen. Dieses aber alles ohn angesehen/ hat sich der Hertzog auß Saphoy je länger je mehr eynzutringen vnderstanden: Erstlich wolt er die Reformation nicht billichen/ vnd den Bischoff mit gewalt wider eynsetzen: herauß erfolgt der Löffelbundt/ in welchem seine Edelleut/ sich wider gedachte Statt verbunden/ vnd zum Zeichen der Bündnuß ein Löffel anhenckten/ als wolten sie die Statt/ gleich wie ein Suppen mit Löffeln/ fressen. Aber Gott der HErr verschuffe durch die Eydgenossen/ daß jhnen die Löffel bald vnder die Banck fielen. Anno 1561. hat der Hertzog das Fewer widerumb anzuzünden/ die Proviant abgeschlagen: vnd Anno 1578. mit dem Hertzogen von Nemurs vnd Guisen ein groß volck in das Land geschickt/ darauff dann Herr Nicolaus von Dießbach/ im namen der Statt Bern/ 3600. Mann in die Besatzung gebracht. Im folgenden jahr haben sich widerumb 1000. Spanier/ sampt 16. Wägen mit Steigleytern geladen/ sehen lassen. So wurde auch Anno 1582. nichts versaumt/ sondern kam gedachte Statt durch Verrähterey in grosse Gefahr/ also daß derselben die Statt Bern 2000. Mann zugeschickt. Hiemit macht sie auch ein bündnuß mit der Statt Zürich/ welche dann sampt der Statt Bern/ Anno 1589. in offenem Krieg jhr trewlich beygestanden. Anno 1602. den 12. Decembris hat der Hertzog von Saphoy mit Herrn Dalbiny ein außerlesen Völcklin seines besten Adels vnnd Kriegsvolcks heimlich für Genff geschickt/ dieselbe bey finsterer Nacht zu Fridens zeiten vnversehens zu vberfallen/ vnd männiglichen darinnen zuerwürgen. Diß Volck nun hat vmb Mitternacht die Statt mit wunderbaren Leytern bestiegen/ als aber bey 300. allbereit in der Statt waren/ vnd vermeynten die Statt schon gewunnen zu haben/ haben sie zu früh angefangen zu tumultuiren/ sind derowegen mit Gottes Beystand von der mannlichen Burgerschafft/ theils also bald widerumb vber die Mawren herab gesprengt/ theils erschlagen/ vnd theils gefangen worden/ welche morgens samptlich gehenckt/ vnd dero Köpf auff dem Bollwerck gegen dem Ort da sie auffgestiegen gesteckt/ die Leychnam aber in den Rhodan geworffen worden. Von derselben zeit hat man die Statt mercklich befestiget/ auch etliche Verrähter bekommen/ vnd dieselbige andern zum Exempel ernstlich hingerichtet.

Löffelbund.

Herr Nicolaus von Dießbach zeucht gen Genff.

Von

Von Gallia.

Von den Völckern Allobroges / jetzund Saphoyer genannt.
Cap. xlv.

Allobroges die Völcker seynd also genannt worden von einem König der hieß Allobrox / vnd ist Vienna oder Wien am Rhodan jhr Hauptstatt gewesen / wie sie dann jetzundt die Hauptstatt ist im Delphinat. Doch verstehet man jetzundt gemeinlich bey den Allobrogen die Saphoyer / so ferr herauff ligen gegen Genff zu. Nun merck hie. Die Alten gedencken eines Volcks Sabbatij genannt / deren wohnung gewesen ist bey anfang deß Alpgebirgs / 5. Teuscher Meylen von Genua herauß / die haben gegen Mitnacht herauß genistet / vnd die Landschafft der alten Allobroger jhnen nach genennet Sabaudiam, das ist / Saphoy / ist also jhr Herrschafft mit der Zeit zu einer grossen Graffschafft erwachsen / welche Graffen sollen jhr Ankommen haben von Keyser Otten dem andern. Sie seynd ein lange zeit Graffen gewesen / vnd haben sich jhres Gewalts nicht vberhebt / noch auch jhren Titel bißlang hernach verendert / jre Herrschafft hat sich gar weit außgestreckt / dann sie haben beherrschet der Allobroger Landschafft / von Genff biß schier gen Leon / zwischen dem Rhodan vñ dem Alpgebirg / sampt der Hauptstat Camerin. Im Tarentasier Thal / vnd das gantz Hertzogthumb Piemont biß ans Meere / sampt den Stätten Turin vnd Nissa. Item / das Augstthal vnd Vnderwallis / auch Fussenier Thal / Gavotterlandt / vnd die Watz beyden seiten deß Genffer Sees / darzu Vchtlandt / mehrertheils biß gen Freyburg / vnd an den Murter vnd Newenburger See. Diß Geschlecht hat sich etwan jrer Menge halb getheilt. Dann ein theil hat geherrschet vmb den Genffer See / Vnderwallis / Augstthal / vnd fürter hineyn / vnd die wurden genennet die Reichen. Die andern herrscheten in Vchtland vmb den Newenburger vnd Murter See. Zu letzt hat sich diß Geschlecht widerumb gemindert / vnd seynd alle obverzeichnete Land widerumb vnder ein Beherrschung kommen / vnd darauß seynd Hertzogen worden.

Saphoy.

Allobroger.

Man list daß Anno Christi 1077. als Keyser Heinrich der Vierdt / durch das Saphoyer Land vber das Gebirg in Italiam zog / wolten jhn die Landsherren / besonder Graff Amedeus nicht lassen durchziehen / Er geb jhnen dann zuvor dem Reich zu eygen die Verwaltung vnd Bevogtung vber die fünff nechstgelegenen Bisthumben / welches (als man meynt) seynd gewesen Sitten / Losann / Augst / Genff / Granoble / damit war jhnen auch ein Feder vom Adler. Nun jhr Vrsprung (wie gemeldet ist) kompt her von den Keysern / so vor zeiten vnder den Sächsischen Hertzogen gewesen seyndt / besonder von Keyser Otten dem Andern / vnd hat sich jhr Geschlecht also herab gezogen biß an Graffen Aimo / der hatte ein Sohn mit namen Amedeus / den macht Keyser Friderich der dritt / zum Hertzogen in Saphoy. Vnd nach dem jm sein Haußfraw starb / vbergab er das Hertzogthumb seinem Sohn Ludwigen / vnd thäte sich in ein Kloster. Vnd als er ein geistlich vnd erbar Leben darinn führet / ward das Concilium zu Basel zu raht / vnd erwölten jn zum Bapst. Vnd da das in der Kirchen zu weiterem Zweytracht reichen wolt / stand er gutwillig ab / vñ ward auß dem Bapst ein Cardinal gemacht. Aber Hertzog Ludwig gebar mit seiner Gemahel / die deß Königs von Cypern Tochter war / 7. Söhn / vnder welchen Philippus regiret nach seinem Vatter / vnd nam zu der ehe König Carlens von Franckreichs Tochter. Die andern setzen noch ein Person zwischen Hertzog Ludwigen vnd Hertzog Philippen / nemlich Hertzog Amedeum / deß Sohn soll Philippus seyn gewesen / vnd sol zu der Ehe haben gehabt deß Hertzogen von Bourbons Tochter / genannt Margarita / die jhm auch ein gut Heyrat zubracht hat. Er vberkam zween Söhn / nemlich Philibertum vnd Carolum / vnd ein Tochter Ludovicam / die König Francisci Mutter war. Philibertus nam zu der Ehe / Keyser Maximilians Tochter Margaritam / vnd starb bald hernach / darumb fiel das Regiment an Hertzog Carlen / der nam König Emanuels von Portugals Tochter zu der Ehe / Keyser Carlens Haußfrawen Schwester / vnnd gebar mit jhr Carolum / der ist jung in Hispania gestorben / vnnd Emanuelem Philibertum / der hat auß verwilligung seines Vatters vnder seinen Gewalt empfangen das Fürstenthumb Piemont / außgenoissen was der König von Franckreich darvon genommen hat. Aber die gemeldt Hertzogs Philippen Tochter ist vermählet worden in Franckreich Graff Carlen von Engelome / vnd hat geboren Hertzog Franciscum / der nachmals König worden ist in Franckreich / vnd noch zu vnsern zeiten dem Königreich vorgestanden ist / vnd seiner Großmutter halb Anspruch hett in Saphoy der Lehen halb so an die Weiber fallen. Dann sonst was das Hertzogthumb belangt / können die Weiber dessen gleich so wenig fehig seyn / als eben in Franckreich der Kron. Aber Emanuel Philibert ein standthaffter vnd streitbarer Heldt / nam zu der Ehe nach seines Vatters Todt / König Heinrichs Schwester Margaretam / von welcher jm Carol Emanuel ein dapfferer vnd mannlicher Fürst vieler vnd grosser Anschlägen geboren ist / so jetzt zu vnsern zeiten dem Hertzogthumb vorstehet.

Hertzog von Saphoy wird Bapst.

Es haben die Hertzogen von Saphoy ein Ritter Orden / welcher Amadeus der sechst deß letzten

Ll   Graf

Graffen Vatter angestellt hett/vnd werden genennt die Ritter der Verkündigung oder annuntiation: dann sie haben zu jhrem Zeichen ein gülden Halßbandt/mit Trewen/an stat der Ringen/in welchem die Buchstaben eyngeschlossen sind F.E.R.T. vnd solche schlagen sie auff jre Müntz. Welche zu wort Fortitudo eius Rhodum tenuit: vnd zu Teusch/Seine Stärck hat Rhodis erhalten/lauten/dieses darumb/weil einer dieser Hertzogen den Rittern S.Johanns Orden Rhodis hat eynnemmen helffen/welches geschehen vmb das jahr 1308. aber zu vnderst an dieser Ketten hangt der Englisch Gruß/von diesem nun (wie gemeld) hat der Orden den Namen.

Geburtliny der Hertzogen von Saphoy.

[genealogical table]

Von Burgund. Cap. xlvj.

Die Burgunder vnd Nuitoner/oder Nüchtländer/seynd anfänglichen Teutsche Völcker gewesen/vnd vmb das Jahr Christi 406. haben sie sich auffgemacht/ vnd vber Rhein gezogen in Galliam/waren jhrer sampt den Wenden/Alanen vnnd Schwaben/bey 300000. theilten sich vber den Rhein. Die Wenden/ Schwaben vnd Alanen/verliessen die Burgunder vnd Nuitoner/vnd zogen sie ferner in Galliam hineyn/nemlich in Aquitaniam. Aber die Burgunder zogen an das Wasser Rhodan/vnd in der Heduer Landt/vnd ward jhnen die Gelegenheit von den Römern zu bewohnen gelassen/vnd ward der Heduer vnd Sequaner Landschafft fürter Burgund genent. Sie haben auch vnder jnen ein König erwöhlt/wie andere Völcker/der hieß Gundicarius/den doch der Römisch Hauptmann Aetius nicht gedulden wolte/biß jhn die Noht vmb vnd vmb zwang/daß er jhn must bleiben lassen.

Geburtliny der ersten Königen von Burgund.

[genealogical table]

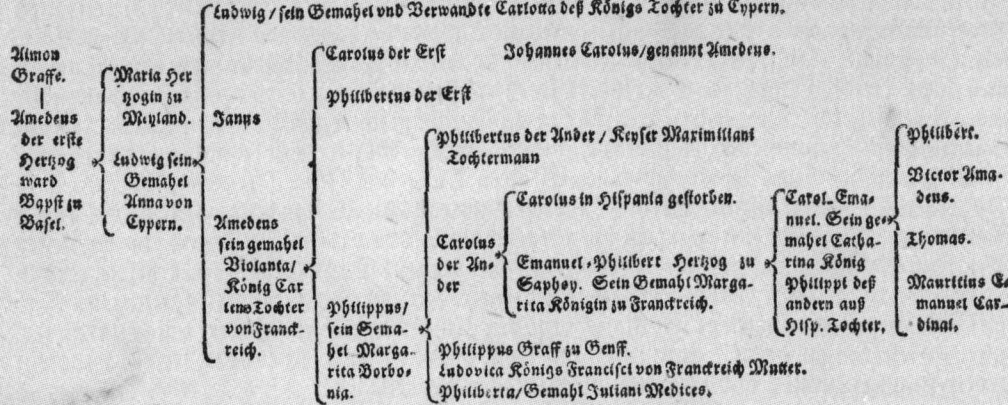

Es haben König Gunibaldi vier Söhn ein blutig Regiment geführt nach jhres Vatters Todt: dann Gundwald ließ seinen Bruder Hilperich oder Hilffrich den Kopff abgeschlagen/vnd versenckt sein Weib mit angehencktem Stein in ein Wasser/vnd den andern Bruder der in ein Thurn geflohen war/nemblich Gothmar/ließ er verbrennen/damit er das Regiment allein behielt. Das thät König Clodoveo gar wehe/der Clotilden deß enthaupten Hilffrichs Tochter zu der Ehe hat. Es flohe der junge Bruder Gotgisel zum König von Franckreich seinem Schwager/vnd erlangt Hülff bey jm wider seinen Bruder Gundwaldt/aber er blieb nicht lang in erlangtem theil seines Vätterlichen Erbs: dann sein Bruder belägert jn in der Statt Wien/vnd ließ jm sampt dem Bischof der Statt/sein Haupt abschlagen. Da ward König Clodoveus noch mehr ergrimmet/zog in Burgund/vertrieb König Gundwaldt/vnd vbergab

Von Gallia. 295

vbergab alles Land seinem Sohn Sigmunden. Es must auch dieser König Sigmund hinfür dem König von Franckreich etwas verpflicht / vnderthänig vnd gewärtig seyn / wie du mercken magst hie vnden bey dem Landt Wallis. König Sigmund hett Kinder von seiner ersten Frawen / nach welcher Todt er ein andere Fraw nam / die ward so verhetzt wider jhre Stieffkinder / dz sie heimlich einen ließ tödten / darauß groß Jammer entstund. Dann es zog der König von Franckreich Clodoueus in Burgund / sieng König Sigmunden vnd sein Gemahel / ließ jhn mit Weib vnd Kind in ein tieffen Brunnen stürtzen vnd verderben. Dieser Sigmund soll das Kloster zu S. Moritzen in Wallis gestifft haben. Es ward nach jhm sein Sohn oder Bruder Othmar König / der rüstet sich mit allen kräfften wider den Francier König. Vnd als sie beyder theil im Feld zusammen kamen / vnd König Clodomirus sich zu weit von seinem Hauffen gelassen hat / ward er durch die Burgunder ergriffen vnd getödt. Als das seine Brüder vernahmen / waren sie eylend auf mit bester Macht / vnd vertrieben König Gothmarum auß Burgung in Hispaniam / vnd von dannen in die Barbarey. Hiemit kam das Königreich Burgund an das Reich der Francken / vnd begriff in jhm Lyon / Wien / Arle / Genff / Yverdon / Wallis / Eschenthal / Augstthal / erstreckt sich an der Sona gegen Lothringen vnd Mümpelgart / vnd von dannen vber den Murten vnd Newenburger See / biß auf Solothurn.

Königreich Burgund kompt an die Frantzosen.

Als es nun nach seinem Abgang bey 367. Jahren dem Frantzösischen Reich war eyngeleibt gewesen / ward es widerumb zu einem Königreich vngefährlich Anno Christi 887. auffgericht / vnd hieß der erste König deß andern Reichs Rudolph. Es soll König Lotharius der ander Burgund wider beraubt haben der Königlichen Kronen. Dann lang hievor hat Lotharius der Erst die Länder vnder seine eheliche Söhn getheilet / nemlich Sigiberto gab er Austrasiam mit dem Rheinstrom / Bodensee / Schwaben vnd Alemanniam / aber Guntramen gab er Orliens vnd Burgund. Dieser Guntramus erlitt grossen schaden von den Longobarten. Vnd als er ohn Erben abgieng / vbergab er Burgund seines Bruders Sigberten Sohn / der hieß Hilffbert / vnd dieser verließ Anno Christi 600. zween Söhne / Theobertum vnd Theodoricum / die machten einander auß vmb das Königreich. Da nam es zu handen König Lotharius der ander / vnd setzt vber das eusser vnd inner Burgund zween Graffen / als oberste Pfaltzvögt. Von diesen zweyen Brüdern sollen die Graffen von Habspurg herkommen / wie etliche meynen.

Wie Burgund zum andern mal ein Königreich worden.
Cap. xlvij.

Anno Christi 888. hat Rudolphus Conradi Sohn (andere schreiben Richardi) die Heluetische Landtschafft / sampt Walliser Landt / eyngenommen / vnd alsbald durch etliche Bischöff / Priester vnd Edlen deß Volcks zu S. Moritzen im Kloster sich lassen krönen / vnd König zu Burgund nennen. Als solches Keyser Arnolpho fürkam / vnderstund er jn zu vberfallen. Aber Rudolphus entwich jhm in den hohen Felsen / daß jm der Keyser / dieweil er lebt / nicht mocht zukommen noch verletzen / vnd bleib Rudolphus also mit Gewalt König / vnd ward jm vermählet Bertha deß mächtigen Hertzogen von Schwaben Burckhardi Tochter. Bald darnach ward er auch König in Italia / durch Anruffung etlicher Italiänischer Fürsten / die durch Berengarium vndertruckt wurden.

| Conrad Graffe vnd Regierer in Burgund | Rudolph König in Burgund vnd Italien / starb Anno 899. Bertha sein Gemahel | Burckard Bischoff
Conrad König in Burgund / starb Anno 994.
Adelheit Königin in Italia / darnach Ottonis deß ersten Gemahel
Rudolph Hertzog zu Burgund. | Rudolph König zu Burgund / starb Anno 1032. |

Bertha König Rudolphs Wittib / hat Anno Christi 932. mit Bewilligung jhrer dreyen Söhnen die Statt Peterlingen an dasselbig Kloster vergabet. Es hat auch die Königin Bertha Sanct Vrsen Kirchen zu Solothurn / hievor durch Berthradam Caroli Magni Mutter gestifftet / weiter begabet. Jhre Tochter Adelheit ward zum ersten vermählet Lothario dem König in Italia / darnach Keyser Ottoni dem Grossen. Anno Christi 845. ist Keyser Otto in Burgund gezogen / vnnd hat König Conradum in deß Römischen Reichs Gewalt bracht. Anno Christi 1032. als König Rudolph von Burgund sterben wolt / vberschickt er Keyser Conrado sein Kron / Scepter

Ll ij vnd

Das dritte Buch

vnd Königliche Gezierd/ vnd vbergab jhm hiemit das Reich. Als aber Otto ein Graff von Campanien deß abgestorbenen Rudolphi Schwester Sohn/ sich vnderzog der Regierung Burgundiæ/ zog gegen jhm Anno 1033. Keyser Conrad/ bezwang jhn daß er must Gnad begeren. Er zog biß gen Genff/ vnd ließ sich da von dem Ertzbischoff von Meyland zum Burgundischen König krönen. Es starb dieser Keyser Conrad Anno Christi 1039. vnd ließ seinem Sohn Henrico dem Dritten das Burgundische Königreich/ das doch zu denselben Zeiten zu einer Provintz ist worden/ vnd besonder das eusser Burgund hat Graffen zu Herren vnd regenten gehabt/ die wurden in jhrem Titel zugenennt Rectores Burgundiæ/ als dann gewesen seyndt Vdo oder Otto/ Reynold/ Wilhelm/ dessen Mutter war Hertzogs Bertholdi von Zäringen deß Dritten Schwester. Nach Wilhelm regieret sein Nachverwandter Reynoldus/ ein junger mutwilliger Herr/ der Keyser Henrichen nicht erkennen wolt für einen Herren/ darumb jhn der Keyser Anno 1113. in die Aacht thät/ vnd verliehe Burgund Hertzog Conraden von Zäringen dem jungen Bruder Bertholden deß Dritten. Nach diesem zog Hertzog Conrad in das Landt/ vnd gewann es mit gewehrter Handt. Vnd als er starb/ folget jhm in dem Regiment sein Sohn Bertholdus der Vierdte. Doch kam Reynoldus wider/ vnd erobert etwas vom Landt/ besonder bey Bisantz an den Wassern Dubis vnd Sona. Aber Conradus/ vnd nach jhm Bertholdus/ behielten was jnnerhalb dẽ Leberberg vñ den Genffer See gelegen ist/ als Genff/ Losañen/ Vchtlandt/ Wifflispurger Göw/ vnd ein theil deß Ergöws. Es versühnt auch Keyser Friederich Barbarossa die zween Fürsten Reynoldum vnd Bertholdum auff solche weiß/ daß Reynoldus vmb Bisantz regieren/ vnd diesen Tittel haben/ Graff zu Burgund: vnnd dargegen solt Bertholdus haben Allobroger Landt/ jetzt Saphoyer Landtschafft/ Genffer vnd Losanner Gebiet/ vnd das klein Burgundia/ Vchtlandt/ vnd ein theil Ergöws/ vnd solt den Titel haben/ Hertzog zu Zähringen/ vnd ein Regierer Burgundiæ. Keyser Friderich nam Graff Reynoldi Tochter Beatricem zu der Ehe. Nach Reynoldum erbet Otto die Graffeschafft Burgund/ vnnd ward genennet Pfaltzgraffe zu Burgund. Nach Hertzog Bertholden deß Letzten Todt/ Anno 1218. fiel sein Landt in klein Burgund an die Landgraffen von Kiburg/ vnd an Saphoy.

Zu diesem Königreich Burgund hat auch vor zeiten gehört die Königliche Statt Arle/ vnd davon ein Titel vnd Namen gehabt: oder wann die Kinder der Königen das gantz Reich Burgund getheilet haben/ so hat einer sein Sitz zu Arle gehabt/ wie wir dann lesen/ daß zu zeiten Keyser Ottonis deß Ersten ein König zu Arle gewesen ist/ mit namen Boso/ oder er ist von Königlichem Geschlecht abkommen/ vnd ist jhm die Provintz zu theil worden/ hat ein Königlichen Pracht geführt/ von dem ich ein solche History hab gefunden. Es hat sich begeben zu seiner Zeit am Christabend/ daß König Boso entbote dem Bischoff zu Arle/ er solte das Nachtampt nicht halten/ biß er zugegen were. Als aber der Bischoff sampt seinen Clericken lang hatte gewartet vber die gewöhnliche Stund/ vnd der König nicht kam/ fuhr er mit dem Ampt für. Vnd als er der König zu spat in die Kirchen kam/ fieng er ein Hader an mit dem Bischoff/ warumb er nicht gewartet hette/ gab jhm damit ein streich an Halß mitten vnder dem Volck vnd den Geistlichen. Da erhub sich in der Kirchen ein grosser Rumor vnder dem Volck. Vnd als nachgehender Zeit der Bischoff zum Keyser kam/ vnd jhm klagt die Schmach so jm der König vor dem Volck gethan hett/ ward der Keyser zu Zorn bewegt/ vnd schwur bey seinem Bart/ Er wolt die Schmach rechen mit dem Todt: vnd auff das samblet er ein grossen Zeug/ zog in Galliam/ vnd belägert die Statt Arle/ erobert sie/ fieng den König vnd seine Hoffleut/ vnd gebott man solt dem König den Köpff abschlagen/ aber der Bischoff sampt andern Bischoffen/ Aebten vnd Fürsten erlangten mit jhrer Fürbitt/ daß diß streng Vrtheil deß Bluts ward hingenommen. Da sprach der Keyser: Es ziempt sich nicht daß ein recht Vrtheil deß Keysers nicht vollstreckt werde/ ja es soll kein Wort auß deß Fürsten Mund vergebens gehen. Als nun viel Red vnd Widerred sich verlieffen dieses Vrtheils halb/ ward zu letzt erkennet/ daß der König beschoren/ deß Königlichen Titels beraubt/ vnnd in ein Kloster gestossen wurde. Als diß geschahe/ da hat der Keyser das Arelatisch Königreich ewiglich zugeeygnet dem Römischen Reich. Er fand auch zu Arle ein jungen München/ mit namen Gilbertum/ der nachmals Bapst ward/ vnd Sylvester der Dritte genannt/ der war vber die maß in freyen Künsten gelehrt/ vnd wol beredt/ den nam er zu jhm/ daß er seinen Sohn Ottonem den Andern vnderrichtet/ vnd nach jhm dieses Ottonis Sohn/ der Otto der Dritte war/ welcher jhn auch machte zum Ertzbischoff zu Rheimbs/ vnd zu letzt Bischoff zu Rom/ oder Bapst.

Anno Christi 1169. soll Hertzog Berthold von Zäringen das Reich Arle/ so vnder Leon ligt/ Keyser Friderichen vbergeben haben/ vnd dargegen empfangen die Beherrschung vnd Kastvogteyen vber die drey Bisthumb/ Sitten/ Losannen vnd Genff. Item bey zeiten König Rudolphs von Habspurg/ nemlich Anno Christi 1279. starb ohn Erben der König von Arelat/ vnd fiel dasselbig Königreich wider an das Römische Reich. Als aber Keyser Rudolph in diesen Landen mit schweren Händeln beladen war/ mocht er kein Zug hinein verfertigen. Deßhalb der König von Franckreich solch Königreich eyngenommen vnd nachmaln an sich gezogen hat. Darnach vmb das jahr Christi 1347. soll Keyser Carlen der Vierdt dasselbig Reich (so jetzt Delphinat zum theil heist)

Von Gallia.

heist) verkaufft haben dem König von Franckreich / nicht ohne Nachtheil deß Römischen Reichs. Aber die andern schreiben / er habs jhm vbergeben als ein Lehen vom Römischen Reich / wie dann von Anfang das Reich Arelat von dem Burgundischen Reich erwachsen / vnder dem Römischen Reich gewesen ist.

Lotharingen vnd Braband. Cap. xlviij.

Was weiter die mindere Herrschafften antrifft in Franckreich / soltu also mercken. Es seynd vor zeiten diese zwey Hertzogthumb Lothringen vnd Braband vereynigt gewesen vnder dem Hertzogen Austrasiæ / biß nach den Zeiten deß grossen Keyser Carlens / da sind sie von einander kommen / vnd gefiel Lothringen Lothario / vnd Braband seinem Bruder Carlen / vnd das vmb das jahr Christi 659. Aber nach dem diese Hertzogen vnd der gantze Stam̃ deß grossen Keyser Carlens abgangen / das nem̃lich geschehen ist Anno Christi 1005. da starb Hertzog Otto / Hertzog Carlens Sohn / den König Capetus gefangen hat / ohn Erben / vnnd hat Keyser Otto der Erste seinem Tochterman geben beyde Hertzogthumb. Die andern schreiben / der heylig Keyser Heinrich habs seinem Tochtermann geben / Hertzog Gottfrieden. Doch ist zum offtermal der eyngesetzt Stam̃ abgangen / also daß Keyser Heinricus der Dritte ein ander Geschlecht darein gesetzt. Deßgleichen Keyser Heinricus der Fünffte vbergab diß Hertzogthumb den Herren von Loven / Anno 1106. Der Erste hieß Gottfridus mit dem Bart. Baldt hernach wurden die zwey Hertzogthumb von einander getheilt / vnd blieb Lothringen ein gute zeit in deß Gottfriden Liny / starb aber zu letzt auß / vnnd ward Renatus ein Graffe von Vademont oder Widemont / zum Hertzogthumb berufft / deß Erben es doch nicht haben / wie ich das hiunden in der Geburtliny weiter anzeigen will. Sie haben auch darzu den Titel deß Königreichs von Jerusalem vberkommen durch Hertzog Gottfrid / der Anno 1099. Jerusalem erobert / vnd König da ward. Deßgleichen hat Renatus jhnen zugebracht den Titel von Sicilien / aber sie haben in beyden Reichen wenig zu schaffen. Braband blieb auch ein gute weil in Gottfrids Geschlecht biß auff Hertzog Johannem den Dritten / der starb Anno Christi 1355. ließ kein Sohn hinder jhm / sondern drey Töchter. Eine hieß Johanna / vnd die nam Wenceslaus von Böhem zu der Ehe / vnd nach seinem Todt regiert sie Braband 22. jahr. Die ander hieß Margreth / ward vermählet Graff Ludwigen von Flandern / vnd gebar ein Tochter die hieß Königund / welche nam zu der Ehe Hertzog Philipp von Burgund / König Carlen deß Fünfften Bruder / vnd gebar mit jhr Johannẽ Hertzogen zu Burgund / vnd Antonium der nach Abschied Fraw Johanna seiner Goßmutter Schwester / Hertzog ward in Braband. Antonius gebar Hertzog Johannem den Vierdten / vnd Philippen / aber sie starben beyde ohn Erben: da nam Philippus Hertzog Hansen von Burgund Sohn / Braband in sein Gewalt / als der nechste Erb. An. Christi 1434. Er bezwang auch Holand vnd Seeland zu seiner Gehorsame / wiewol der letzt Graff von Holand ein Tochter hinder jn ließ mit namen Jacobam / die nam der letzte Hertzog von Braband Johannes / vnd als er ohn Erben starb / nam er Jacoba deß Königs von Engelland Bruder zu der Ehe / vnd vermeynt also zu behalten Braband mit Holand / aber es kam der Hertzog von Burgund vnd erfochte das Land mit dem Schwerdt / vnd ward groß Blut vergossen. Vnd als hernach Fraw Jacoba von Holand starb / die sein Braß war / nam er auch zu seinen Handen Holandt / Seelandt vnd Hennegöw. Flandern vnd Artois waren jhm vorhin zugestanden.

Diese Länder alle erbt nach jhm sein Sohn Carlen von Burgund / deß Tochter Mariam nam zu der Ehe Maximilianus / vnd vberkam durch sie alle jetzgemelte Länder / außgenommen was jm der König von Franckreich in Burgund vnd im Niderland entzuckt. Maximilianus vberkam mit Maria seinem Gemahl Philippum vnd Margaretam / Erben dieser Länder. Philippus hat hinder jhm verlassen Carolum vnd Ferdinandum. Es ist auch gar wild zugangen von allen zeiten her / mit der Provintz Burgund. Sie ist nachmals auffgericht worden zu einem Königreich / aber nicht lang in dieser Herrlichkeit beharret. Es vnderstund auch Carlen der letzt Hertzog von Burgund / wie hernach gemeldet wird / vnder Keyser Friderichen dem dritten Königlichen Titel zuerlangen / aber es ward jhm abgeschlagen.

Diß Königreich ward vor viel Jahren zertheilt in viel Herrschafften / da die Könige Kinder vberkamen. Burgund ward getheilet in ein Graffschafft vnd Hertzogthumb / vnd hat auch Anno Christi 1300. besondere Herren gehabt / gleich wie auch das Land Lugdun ein besondern Fürsten hat vberkom̃en / den sie haben genannt Delphin / der hat viel Krieg geführt mit seinem Nachbawren dem Graffen von Saphoy / vnd als diß Fürstenthumb zuletzt kam auff den Fürsten Vmbertum / vnd er seinen einigen Sohn verlohr / wolt er auß grossem Kum̃er in ein Kloster gehen / vnd dz Delphinat vmb ein gering Gelt vbergeben dem Bapst. Aber der Adel deß Delphinats wolt sich darzu nicht verwilligen / sondern sich viel mehr ergeben an den König von Franckreich / von dem sie ein schirm möchten haben wider die Saphoyer. Also ward das Delphinat eynverleibt dem König

Lothringen.
Jerusalem.
Sicilien.
Hertzogthum̃ von Burgund.
Burgund ein Königreich.
Delphinat.

El iij   von

Das dritte Buch

von Franckreich/vmb das Jahr Christi 1310. vnder dem Frantzösischen König Philippo Valesio. Es ward auch dazumal geordnet/daß die ältern Söhn deß Königs/die nach dem Vatter an das Reich kommen würden/solten Delphin genennet werden/vnd Oberherzen seyen dieser Landschafft/vnd ist Vienna: zu Teutsch Wien/die Hauptstatt darinn. Also schreibet darvon Paulus Aemilius im 9. Buch seiner Historien. Du findest auch darvon hie vornen im Cap. das von den Landschafften Galliæ Meldung thut. Vnd daß ich wider auff Burgund komme/soltu wissen daß die Graffschafft vnd das Hertzogthumb wie sie am ersten seynd von einander gescheyden gewesen/ also sind sie auch darnach wider vnder die Herrschafft kommen/vnd durch Abgang deß letsten Hertzogen Carlens wider von einander gesündert: dann der König von Franckreich hat eine vnd die beste Herrschafft zu jhm gezuckt/vnd Keyser Maximilianus die andere. Das Hertzogthumb ist blieben bey dem Königreich/vnd die Graffschafft bey dem Hauß Oesterreich/seynd doch beyde Lehen von der Kron Franckreich. Die andern sprechen/daß die Graffschafft sey ein Lehen von dem Keyserthumb/aber exempt/vnd wird genennet das Hoch Burgund/ligt fast in Bergen/aber das Hertzogthumb ligt auff der Ebne. Die namhafftigen Sätt in der Graffschafft sind Bisantz/Salin/Doll/vnd da ist ein Parlament vber die gantze Graffschafft. Es stöst die Graffschafft an die Eydgnoßschafft/vnd an das Hertzogthumb Lothringen/vnd an die Graffschafft Mümpelgart. Gegen Occident reicht sie an das Wasser Arar/so man jetzt Sona heist. Es ist zu mercken daß fast die geringe Wasser Galliæ zum theil entspringen auß den Schweitzer Alpen/die andern kommen auß den Bergen Pyrenen/die Hispaniam von Franckreich scheyden/die drey nehmen jren Vrsprung auß dem Berg Cemmeno/der sich streckt biß gen Lugdun. Ein theil Wasser fliessen gegen Mitnacht in das Englisch Meer. Die Graffschafft aber Obern Burgund ist in drey theil getheilet/der jedes ein Vogthey hat/oder Landvogthey/dahin sich ein jeder Stand/so er zu Tagen beruffe wird/verfügen soll. Im gantzen Land aber wird für den obristen Marschalck gehalten der Herr vnd Printz von Orengen/Herr zu Nozereth vnd Arlot/ꝛc. Welcher jetzt zu vnsern zeiten gewesen ist der Durchleuchtig Hochgeborn Fürst vnd Herr/Herr Wilhelm Printz von Orengen/zu Catzenelnbogen/Vienna/Lützelburg/Dietz vnd Nassaw/Vitzgraff zu Antdorff/Freyherr zu Bisantz/Herr zu Nozereth/Arlot/vnd Bralen.

¶ Die obere Landvogtey hat diese Graffen:

Mümpelgart
Roche vnd Vorais
Montriel/Herr zu Pema
Thalamey vñ Valgrenans
Vergey
Lystenois.

¶ 2 Graffen der vndern Landvogtey:

Ruffey vnd S. Albin
Cheureaul.

¶ 3 Doler Landvogtey:

Geury
Longe pierre vnd Ragon
Clervens
Der Ertzbischoff zu Bisantz.

¶ Die Aebt in der obern Landvogtey:

Apt von
- Croissant
- S. Charitas
- Bitaine
- Cornel
- Chilley
- Clarfont
- Bellevaul
- Lussow
- Grace Dieu
- Chariloc
- Zu dreyen Königen.

¶ Aepte der vndern Landvogtey:

S. Eugendy
Balmen
Balerne
Monte S. Maria.
S. Benedicts Berg
Goyllen
Rosen.

¶ Aepte Doler Landvogtey:

Billon
S. Vincentz
S. Paul
Dacey.

¶ In der obern Landvogtey sind Prelaten die man Priores nennt:

Zu Vaclusen
Lanthengm
Cusantz Marteret
Jussey Portuzon
Montereul an der Son
S. Marcell.

¶ In der Vndern Landvogtey hats diese Priorn:

Mainaul
Bonloc
Baleclus
Mota
Lonsalin
Arbosen
Mota
Syrodi
Polichnerthal
Mortan.

¶ In Doler Landvogtey findet man diese Priorat:

Loye
Laval Damparis
Jouhe Monterot
Munster an der Flu
Faye
Mostier.

¶ So hat es auch Chorherren Stifften/vnd Thumbstifften/die ich sind in der vndern Herrschafft oder Landvogtey:

S. Moritz
S. Anatolius ¦ zu Salin
S. Michel
Arbosen
Polyschney Nozereth.

¶ In der Doler Landvogtey ist der Thumb zu Bisantz:

Dol Bisantz.

¶ In der obern Landvogtey hat es diese Stätt:

Groum Portuzon
Vesuel Cromarn
Momboß S. Justusberg
Jussen Jacogney
Palma.

¶ In der vndern Landvogtey seynd diese Stätt:

Salin Arbosen
Polyschny Ponterlin
Nozereth Castracarl
Montmorot Orgeln.

¶ In Doler Landvogtey seynd

Dola Evingen
Omat Rochafort.

¶ Landherrn vom Adel in der obern Landvogtey/die Herrn von

Montmerot vñ S. Loup
S. Martin
Toulons
Vellenefue
Rupt Montgevelle
Castillon Constandy
Belluoy Valesson
Dazicey
Vgni vnd Chemilli
Soitzelet
Cicon
Trassues
Rainconoir Montcurt
Vogt in Castillon
Montbaillon
Costebrune
Sonbernom vnd Scey
Valefault
Barmont
Davilley
Mugnay
Vertzal vnd Tonraize
Cyron
Provantzierss
Grandmont
Velleucheu reulr

Vesey

Von Gallia.

Vesey
Dampierre an der Dub
Frotrey
Bental
Matay
Notronde
Cromarey
Millesey
Mallexencourt
Myon
Beuvenge
Vellerot lebo3
Ciere
Betoncourt
Montallot Clarmondanß vnd franßnoy
Cavirey
Montot
Mont S. Legier
Cuvry
Montereul
Sorans vnd Lambry.

¶ In der vndern Landt=
schafft seindt diese Landt=
herren vnd Adel.
Coulong vn Sandelot
Curlaon vnd Dupin
S. Amor   Pompet
Laullepin   Aryntoz
S. Sorlin
Darnam vnd Tramelai
Bercya   Cresseye
Fitigny   Chamberyen
Montene   Vekles
Roset
Marrignia
Beffort
Nauklez S. Amond
Laigle
Kurboson
Wertamboß
Largilla
Moiron
Lestoile   Chaned
Aresche   Ceges
Bar vnd Jusseaul
Daugea   Muyre
Charzim   Charlin
Chavannes
Bretterneres
Frontenay
Cognya
Chaulz
Montnet
Vaidans
Villeite les arbois
Daiglepierre
Castel willan
S. Julian   Descrilles
Vergeß   Chay
Compagne
Beaulchemin.
Villeneufve zu Orgele
Cases   Vincelle
Visneaulx
Jalzburg.

¶ Ju Doller Landvogtey
hats diesen Adel:
Waldrey
Rens/Rye
Montfort
Montrichard
Fertans
Mallot
Bergmont
Cleron
Verchamps
Dossans
Porta
Castell Rollalt
Sabans vnd Marchylk
Reculot
Chantrans
Mougrospin
Mutigney
Chassey
Paresey
S. Ilien
Raye
Parzell
Chemin
Rabut
Champ divers
Rans loniero
Rainchecourt
Paintre
Montrambart
Salans
Goussans
Chancry
Dantzey.

¶ Das Regiment vund
Parlament zu Dola hat
diese Amptleut:
Landrichter
Vndervogt   } Was die
Fürstliche Ad= } Cammer
vocaten   } antrifft
Königliche
Kläger

¶ Der oberst Landvogt
hat diese.
Ein Vnderrich= } W3 die
ter   } Krieg
Advocaten   } antrifft
Kläger

¶ Die vnder Landvog=
tey hat seine
Richter   } W3 die
Advocaten   } Camer
Kläger   } antrifft

¶ Wasser vnd Fluß in ober
Burgundien.
Saona
Dubis
Serpentin
Daans
Angelio
Furiola

Luqua
Cepina
Cella
Rifa

¶ Es hat auch etliche
See/ als:
Vorago
Pontzen
Bonvallen
Granwallen
Rottentrutten
Bonlock
Maregnen
Ripanen
Morten

¶ D3 Herzogthumb Bur=
gundt aber/ so die Kron
von Franckreich in hat/ ist
gelegen zwischen d'Graf=
schafft Burgund/ vnnd
zwischen der Schampa=
nien/ vnd hat diese namb=
hafftige Stätt/ Dison
da es ein Parlament vnd
hohe Schul hat.
Beaulne
Chaalon
Mascon
Autun
Aussome
Bar an der Seyn
Chastillon an der Seyn
Mussy
Gurgy
Marmond
Fonds
Longavay
Dusenwall
Alericours

¶ Auch hat es andere Flä=
cken ohn zahl/ als:
Bormanden
Vacherey
S. Peter
Chappis
Foucherzes
Bovignion
Willneff
Bosseul
Nieffstil
Gye
Courteron
Cheretwerch
Poytiers
Vacen
Boncey
Chimesson
Aysey
S. Marz
Ampilletz
Bond zu Leuffs
Perzeren
Chanes
Champigni

S Severin
Drey Tafern
Cesnerand
Talan
Borigni
Fantlon
Nuytz
Argilli
S. Avergni
Germallen
Ocron
Seure
La Ferte Abtey
Torut
Motbeler
Chantarben
Saulle
S. Johanns
Belwyl
O. Jörg
Wylfranck
Astille
Pontarly
Pesme
Marneff
Recolan
Ponoly
Fanerwey
Joulay
Longo
S. Pan Dosse
Rachsfort
Orchamps
Grancher
S. Veit
S. Fergy
Ronchat
Malmaison
Ronland
Suthin
Balne
Clervon
Crage
Lalay
Bertmont
Valedray
Almont
Tournon
Willfarloy
Langres
Sens in Buzo
Veton
Willnoff du roy
Giney
Wilweyler
Willrhien
S. Albin
Jugni
Espinell
Spinal
Auxerre
Baysson
Troys
S. Peter
Cotteraw
Lugsini
Magnesper.

Bisantz

Bisantz. Cap. xlix.

Vom Vrsprung Bisantz/der Hauptstatt in Hoch Burgund/findet man nichts/ wie dann von vielen andern Stätten mehr. Jedoch ist jr älte dabey abzunehmen/ daß Julius Cæsar im ersten Buch dieser gedenckt/vermeldende/daß Ariovistus ein Teutscher König/nach Bisantz/einer grossen Statt in Sequanis/dieselbige eynzunehmen gezogen sey/ꝛc. Beschreibt demnach jhr Gelegenheit/nemlich daß sie der Fluß Alduabis (heist jetzt die Dub) gar nahe allenthalben ringsweiß vmbgebe/außgenommen an einem Ort/so jrgendt 600. Schuch lang/da ein Berg daran stosse/auff welchem ein Schloß/durch die Stattmawr eingefängt/lige. Es gedenckt jhrer auch Ammianus Marcellinus nach Christi Geburt 360. in seinem 15. Buch/vnd sagt: daß vnder andern Stätten so er gesehen insonderheit fürtrefflich seyen/Bisantz vnd der Rauracer Statt/(so gleich ob Basel gelegen/vnd jetzund gantz verstöret.) Es ist auch jhr älte auß etlichen alten Gebäwen vnd Plätzen gut zuvermuten. Es wird allda noch ein schöner Triumphbogen gesehen mit allerhand Bildwerck außgeschnitten/so die Bisantzer Keyser Aureliano zu Ehren sollen auffgericht haben. Es sollen auch noch genugsame Anzeigungen da seyn eines alten Römischen Amphitheatri/wie solches Johann Jacob Chifflet Stattarkt zu Bisantz/in seinem Buch so er von dieser Statt geschrieben/außführet.

Zu vnsern zeiten ist sie weit grösser/dann sie bey Keysers Julij Leben gewesen ist/jrer gelegenheit halben lustig/wol erbawen mit schönen Kirchen/(vnder welchen S. Johannes die Thumbkirch ist) Häusern/Gassen/Plätzen vnd Lustgärten gezieret. Anno 1540. ist auß Bestättigung Bapsts Julij deß Dritten/vnd Keyser Carln deß Fünfften/ein Hohe Schul da auffgerichtet/vnd seynde viel gelährter Leuth dahin berufen worden. Diese Statt hat ein Ertzbischofflichen Sitz/welchem auß Bäpstlicher Anordnung/der zu Basel/Losannen vnd Bellen zugethan seyn. Man find daß zu der Zeit/da das Hauß Burgund noch seine eygne König gehabt/etliche diß Bistumb verwesen haben/so auß derselbigen Geschlecht gewesen seyn sollen/Anthidius/Nicetius/Claudius/Desideratus.

Desiderato ist nachgetretten Donatus/ein eyferiger vnd ernsthaffter Mann/auch ein strenger Widerfechter der Arrianischen Ketzerey/soll gemartert worden seyn vmb das Jahr Christi 350.

Annianus/vmb das Jahr 373. vnder Keyser Valentiniano vnd Valente.

Chelidonius/vngefehr vmb das Jahr 418.

Prothadius 502.

Felix 630.

Hugo von Chalon 1050.

Diesem trat nach seines Bruders Sohn Johannes von Chalon.

Ansericus 1120.

Humbertus 1136.

N. Hertzog zu Schwaben/Keyser Friderichs Barbarossæ Sohn/starb zu Acon/Anno 1190.

Odo von Rotberg 1280.

Theobaldus war Bischoff vmb das Jahr 1395.

Qintinus 1442.

Johannes Cardinal von Roan/Ertzbischoff von Bisantz.

Carolus von Newenburg 1477.

Hieronymus Buslidius 1500.

Antonius von Vergey 1515.

Petrus von Bauma Cardinal.

Claudius von Bauma.

Die Statt Bisantz

In Burgund gelegen / abcontra=
fehtet vnnd beschrieben nach aller Gelegenheit/an herzlichen
Gebäwen/Plätzen/Pallästen/vnd andern fürtrefflichen Oertern/
so sie vor alten vnd auch zu vnsern Zeiten ge=
habt hat/ꝛc.

Erklärung etlicher Lateinischen Wörter dieser Taffel.

Dubis fl.	Das Wasser Dub.
S. Spiritus	Zum H. Geist.
Minores	Barfüsser oder Minder Brüder.
Prætorium	Das Rahthauß.
Locus Iustitiæ	Der Platz da man die Vbelthäter hinrichtet.
Porta Nigra	Das schwartz Thor.
Porta Antiqua	Das alt Thor.
Porta Minor	Das klein Thörlin.
Campus Martius	Ein Rennplatz.

Om   Warhaff=

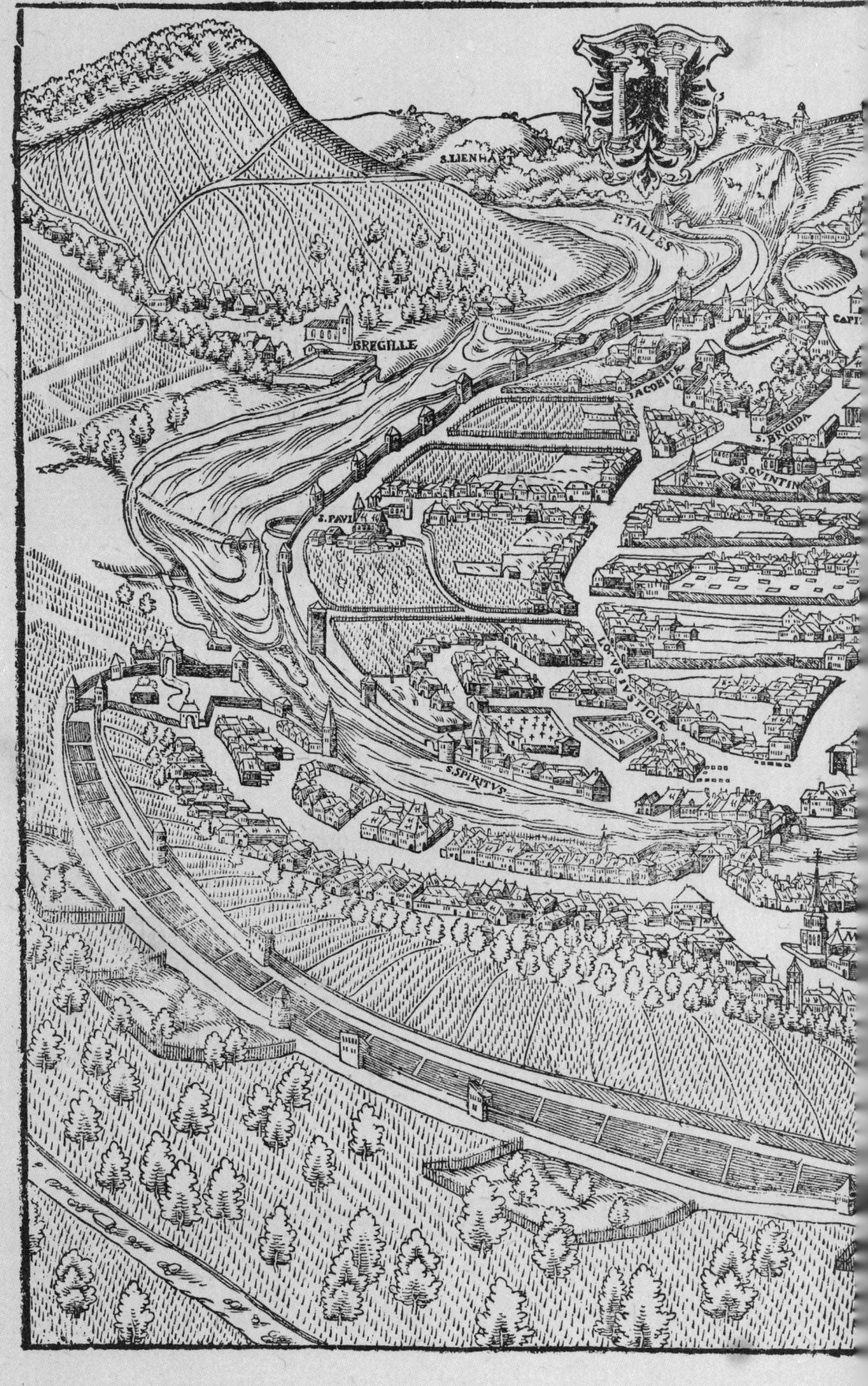

n vnd berühmpten Statt Bisantz. 303

Mm ij Salin

Salin. Cap. I.

SAlin / ist ein grosse vnd nambhaffte Statt im Land Burgund / in einem langen vnd engen Thal / zwischen hohen Bergen gelegen / jedoch mit Mauren / Thürnen vnd Pasteyen wol versehen. Auff der Höhe hat es zwey Schlösser / deren das ein / so auff dem Felsen gegen Mitnacht ligt / Belim / das ander Brachium heist. Dasselbig Gebierg trägt guten Burgundischen Wein / ob schon sonst das Landt daselbst rauch ist. Es laufft neben der Statt hin das Wässerlein Iorica / welches allen Vnraht mit sich auß der Statt führet. Sie hat vier Pfarzkirchen / nemblich S. Anatolien / S. Moritz / S. Johannis Baptist / vnd vnser Frawen / auch sonst etliche Stifft vnd Klöster mehr. So ligt vngefehr ein Büchsenschutz weit ob der Statt / vnden am Felsen ein Kloster / der gregulierten Chorherren / Goyle genannt.

Diese Statt ist deß Saltz halben / welches da bereitet wirdt / darvon sie auch den Namen hat / sonders berühmpt. Dann es hat beyneben andern süssen Brunnen / auch Sawrbrunnen oder Saltzbrunnen / auß welchem Wasser in den grossen Pfannen / ein trefflich Anzahl Saltz gesotten / vnd nachmalen nicht nur in Burgund / sondern auch in andere Land verkaufft wird / hierauß jährlichen ein merckliche Summa Gelts erlöst.

Nozareth.

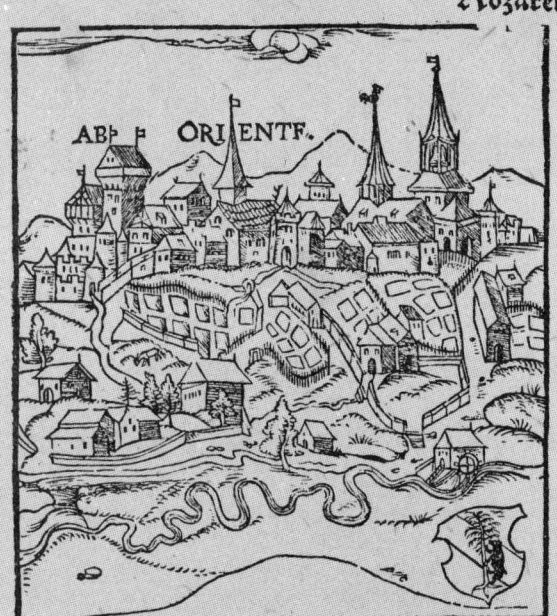

Nozareth ein Statt fast mitten im Hoch Burgund / auff einem Bühel vnd sehr lustigen ort gelegen / ist nicht sonders groß / aber schön vnd wol erbawen. Vor zeiten ehe sie mit Mawren vmbfangen worden / hat sie Nucellum vnd Nuceria geheissen / darumb daß viel Haselnüß da gewachsen. Alß aber Ludovicus der Printz von Chalons der Erst dieses Namens / auß dem heiligen Heerzug gen Jerusalem / wider anheimisch kommen / hat er sie in Mawren gefast / vnd von der Statt Nazareth in Galilea also genennet / ist nachmals vom gemeinen Mann etwas enderung dareyn kommen / daß sie diese Nozareth für Nazareth nennen. Die Statt ligt in einem Dryangul / mit schönen Häusern gemeinlich wol erbawen / vnder welchen doch Leonis Alexandri das köstlichest ist. Zu eusserst gegen Mittag innerhalb der Ringmawren / ligt ein herzlich vnd weit Schloß der Fürsten von Orenge / mit 8. starcken Thürnen / deren der Gröste mit Bley eyngedeckt ist / daher man jhn den Bleyinen Thurn nennt. In der Statt seynd zwey Stiffter / das eine der Chorherren zu S. Anthonien / das ander der Barfussern. Es hat auch ein Spittal darbey / in welchem Johannes von Chalons / der Printz von Orange vnd Maria de Baul sein Gemahel / vmb das jahr 1400. die abgehend S. Anthonien Kirchen von newem mit 7. Chorherren gestifftet / vnd mit gutem Eynkommen dotiert haben / welche nachmals eines theils durch jhren Sohn Ludovicum / anders theils Herren Guido von Esternol vmb das jahr 1424. mit vbergebung etlicher Rechnungen vnd Kirchensätzen wol begabt worden ist. Auff S. Anthonien der Kirchenweyhung Tag / gibt es ein groß geläuff dahin deß Pöfels / welche denselbigen Tag mit Spielen / Tantzen / Zechen / bißweilen auch mit Hader vnd Vnfried zubringen. Sonst hat es vier Jahrmärckt / in der Wochen nach Pfingsten / auff aller Heiligen Tag / Liechtmeß / vnd in der ersten Fastwochen. Gegen Orient vnd Mittag hat es ein Lustgarten / Portella genannt mit schönen zerlegten Bäumen / da die Bürger bißweilen in der Hitz sich mit kurtzweilen ergetzen / ist ein lieblicher vnd ergetzlicher Platz / mit schönem Außsehen / ohne das Thörlein / da man daselbst hinauß geht / hat sie noch zwey Thor / nemlich gegen Mitnacht / das Zeitglockenthor / vnd eines gegen Nidergang / zu Teutsch / das Knopffthor genannt / bey welchem inwendig die Elend Herberg / item die Schul ligt / welche allzeit da geblüet. Die Gassen sind allenthalben besetzt / hat einen weiten Marckt vnd Metzge / vier Cisternen / vnd drey Brunnen. Gilbertus Cognatus / ein fürnehmer gelährter Mann / welcher auch diß von seinem Vatterlandt geschrieben / ist da erboren.

Die Statt
Salin

Nach aller Gelegenheit / so sie heutiges Tags hat / in Mauren / Thürnen / auffs fleissigest abcontrafehtet.

Salin die nambhaffte Statt in Burgu

S. Michael.

Von den Hertzogen vnd Graffen der Länder Braband vnd Lothringen. Cap. lj.

ABer wie die zwo Hertschafften Lothringen vnd Braband in einander verwicklet seynd gewesen/ haben sich zu vnsern zeiten etlich vnderstanden zu erklären mit solcher weiß. Da Keyser Carlen vnd seine Nachkommen vorhanden seynd gewesen/ haben sie geherrschet vber Franckreich/ Teutschland/ Italiam. Das Keyserthumb ist bald auß jhrem Geschlecht kommen; aber das Königreich von Franckreich haben sie noch ein weil behalten/ biß sich Hugo Capetus eyntrang/ da ist etwas vorhanden gewesen von deß grossen Keyser Carlens Saamen/ vnd dieselbigen seynd vorgestanden dem Landt Lothringen vnd Braband/ aber nicht lang. Der letzt mit namen Carlen/ der verließ ein Tochter die nam Lambertus ein Graffe von Bergen/ vnnd ward Marggraffe deß Römischen Reichs vnnd Graffe in Braband.

ihrer Figur vnd Gelegenheit abgemalet.

band. Nach jhm ward Graff in Braband sein Sohn Heinrich der älter. Auff Heinrichen kam sein Sohn Lambertus/nach Lamberto sein Sohn Heinrich der Ander. Nach jm sein Sohn Heinrich der dritt. Nach jhm Gottfridus mit dem Bart sein Sohn/der auch Hertzog ward in Lothringen. Nach Gottfrid kam Gottfridus der ander sein Sohn/der war Hertzog in Lothringen vnd Braband. Nach jhm sein Sohn Gottfridus der dritt. Vnd nach diesem Heinricus der erst sein Sohn/ Hertzog beyder Landschafften. Nach jhm Heinricus der ander sein Sohn. Nach jm Heinricus der dritt sein Sohn/der starb Anno Christi 1260. Dieser schreib sich Hertzog von Braband: aber seine Vorfahren biß auff jhn/hetten sich geschrieben Graven vnd Hertzogen zu Löven. Nach jhm sein Sohn Johannes der erst/Hertzog beyder Länder. Nach jm seen Sohn Johannes der ander/ Hertzog in Lothringen vnd Braband/vnd ist gestorben Anno Christi 1355. Er verließ kein Sohn/ aber Töchter/deren eine mit namen Johannam/nam der Graff von Holand/vnd nach seinem Todt nam sie Wenceslaus deß Königs von Böhem Bruder/vnd da derselbig auch starb/regiere sie ein weil in Ländern/dann sie hat kein Sohn. Vnd als sie abzieng/hett Philippus Audax: das ist der Reck/d̉ eß Königs Sohn von Franckreich die ander Schwester/die hieß Margreta/vnnd ward Hertzog zu Burgund/Hertzog zu Braband/vnd Graff zu Flandern. Er verließ zwen Söhn.
Philip.

Das dritte Buch

Philippus Audax der Kühn
- Anthonius Hertzog zu Braband
  - Philippus Hertzog zu Braband nach seines Bruders Todt. Ist gestorben ohne Erben.
  - Johannes Hertzog in Braband. Er hat auffgericht die Hohe Schul zu Löven Anno 1427.
- Johannes Hertzog zu Burgund vnd Graffe in Flandern
  - Philippus der Gütig/Hertzog zu Burgund vnd Braband/Graffe in Holand/Seeland/rc.
  - Carol Hertzog vnd Graffe. Er hett ein einige Tochter/die nam Maximilianus.

Genealogy der Hertzogen von Lothringen.

Elsaß von Lothringen geschieden.

Wie offt die Liny der Hertzogen von Lothringen abgangen sey/magst du mercken auß der nachfolgenden Genealogy. Der erst gesetzt Hertzog zu Lothringen hat geheissen Carlen. Der ander Ott/zu welches zeiten Lothringen ist gescheiden worden von dem Elsaß/vnd das Elsas gemacht zu einer Landgraffschafft. Dieser Ott ist gestorben vmb das jahr Christi 1002. Nach jhme ward Hertzog sein nechster Blutsfreund Graf Godfrid von Ardena. Nach jm sein Sohn Gottfrid der starb Anno Christi 1070. Auff jhn kam sein Sohn Gottfrid mit dem Hoger/der ward erschlagen Anno Christi 1076. Da gab Keyser Heinrich der Vierdt das Hertzogthumb seinem Sohn Conrado: aber es kam widerumb an deß Gottfriden Geschlecht/nemblich an seiner Schwester Sohn/der hieß auch Gottfrid/vnd ward König zu Jerusalem. Nach jm ward König vnd Hertzog sein Bruder Balduinus. Auff Balduinum ward Hertzog der dritt Bruder Eustachius. Etliche sprechen daß nach Balduino sey in das Hertzogthumb gestossen worden Heinrich von Limburg/Anno 1106. vnd er sey der siebend Hertzog gewesen. Darnach gab Keyser Heinrich der Fünfft/das Hertzogthumb einem Graffen von Löven der hieß Wilhelm. Nach jhm kam sein Sohn Theodoricus/nach diesem sein Sohn Theobaldus/nach jhm kam Friderich/vnder welchem Braband ward abgescheiden von Lothringen. Auff Hertzog Fridrichen kam einer der hieß Mattheus/der verließ nach jhm ein Sohn der hieß Simon/vnd ein andern Sohn/Simons Bruder/der hieß Friderich/der starb Anno 1239. Auff jhn kam sein Sohn Mattheus/vnd auff jhn sein Sohn Friderich/nach Friderichen sein Sohn Theobaldus/der starb vmb das jahr Christi 1311. vnd regiert nach jhm sein Sohn Friderich/nach diesem sein Sohn Rudolph/er starb Anno 1346. Nach jhm regiert sein Sohn Johannes/vnd nam zu der Ehe Graff Eberhards Tochter von Wirtemberg/vnd starb Anno 1382. ward zu Nansen begraben. Nach jhm trat in das Regiment sein Sohn Carlen/der verließ ein einige Tochter die nam Renatus König von Sicilien/Hertzog Ludwigs von Aniou Sohn/vnd ward durch sie Hertzog in Lothringen. Er ward vertrieben auß dem Königreich Sicilien/aber behielt den Titel darvon. Dieser verließ ein Sohn mit namen Johannem/vnd ein Tochter die hieß Jolanda/die nam Graff Friderich von Widemont. Nach Renato regiert sein Sohn Johannes/vnd nach jhm sein Sohn Nicolaus/der starb ohn Kind/Anno 1460. da ward Graff Friderich von Widemont Hertzog/vnd nach jhm sein Sohn Renatus/dem Hertzog Carlen von Burgund so viel zu leyd thät/vnd von dem Hertzogthumb vertrieb. Aber da er mit Hülff der Eydtgenossen diesen Hertzogen erschlug/Anno 1477. vberkam er widerumb das Landt/vnd starb Anno 1508. Auff jhn ist kommen sein Sohn Anthonius/der 1525. die auffrührischen Bawren im Elsaß erschlug. Damit du aber klärlich sihest/wie die nechsten Hertzogen von Burgund: Item von Lothringen vnd Oesterreich/den Vättern vnd Müttern nach entsprossen sind/von den Königen auß Franckreich/wil ich dir für augen setzen ein Figur/in deren du gering mercken wirst/wie die genannten Geschlechter alle auß König Hansen dem Andern deß Namens erboren sindt.

Johanns

Von Gallia.

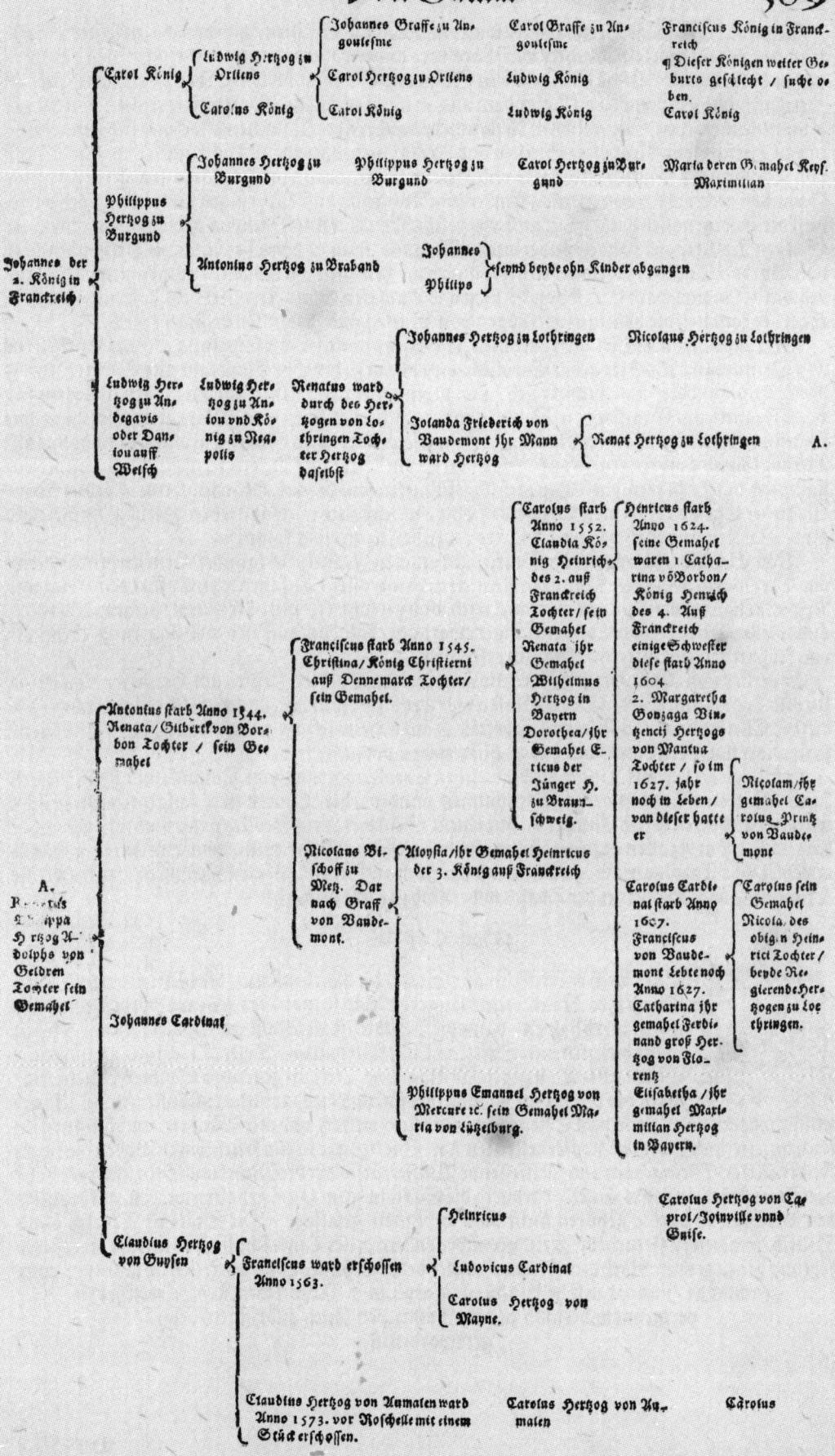

Johannes der 1. König in Franckreich
├─ Carol König
│ ├─ Ludwig Hertzog zu Orliens
│ │ ├─ Johannes Graffe zu Angoulesme
│ │ │ ├─ Carol Graffe zu Angoulesme
│ │ │ │ ├─ Franciscus König in Franckreich
│ │ │ │ │ ¶ Dieser Königen weiter Geburts geschlecht / suche oben.
│ │ │ │ ├─ Ludwig König
│ │ │ │ └─ Ludwig König
│ │ │ └─ Carol König
│ │ │   └─ Carol König
│ │ └─ Carol Hertzog zu Orliens
│ └─ Carolus König
├─ Philippus Hertzog zu Burgund
│ ├─ Johannes Hertzog zu Burgund
│ │ ├─ Philippus Hertzog zu Burgund
│ │ │ ├─ Carol Hertzog zu Burgund
│ │ │ │ └─ Maria deren G. mahel Keyser Maximilian
│ │ └─ Antonius Hertzog zu Braband
│ │   ├─ Johannes
│ │   └─ Philips   seynd beyde ohn Kinder abgangen
├─ Ludwig Hertzog zu Andegavis oder Danjou auff Welsch
│ └─ Ludwig Hertzog zu Anjou und König zu Neapolis
│   └─ Renatus ward durch des Hertzogen von Lothringen Tochter Hertzog daselbst
│   ├─ Johannes Hertzog zu Lothringen
│   │ └─ Nicolaus Hertzog zu Lothringen
│   └─ Jolanda Friederich von Vaudemont ihr Mann
│   └─ Renat Hertzog zu Lothringen   A.

A.
Renatus Philippa Hertzog Adolphs von Geldren Tochter sein Gemahel
├─ Antonius starb Anno 1544. Renata / Gilberts von Borbon Tochter / sein Gemahel
│ ├─ Franciscus starb Anno 1545. Christina / König Christierni auß Dennemarck Tochter / sein Gemahel.
│ │ ├─ Carolus starb Anno 1552. Claudia König Heinrichs des 2. auß Franckreich Tochter / sein Gemahel Renata ihr Gemahel Wilhelmus Hertzog in Bayern Dorothea / ihr Gemahel Ericus der Jünger H. zu Braunschweig.
│ │ │ └─ Henricus starb Anno 1624. seine Gemahel waren 1. Catharina von Borbon / König Henrich des 4. Auß Franckreich einige Schwester diese starb Anno 1604. 2. Margaretha Gonzaga Vincentij Hertzogs von Mantua Tochter / so im 1627. jahr noch in Leben / van dieser hatte er
│ │ │   ├─ Nicolam / ihr gemahel Carolus / Prinz von Vaudemont
│ │ │   ├─ Carolus Cardinal starb Anno 1627. Franciscus von Vaudemont lebte noch Anno 1627. Catharina ihr gemahel Ferdinand groß Hertzog von Florentz Elisabetha / ihr gemahel Maximilian Hertzog in Bayern.
│ │ │   └─ Carolus sein Gemahel Nicola des obig. n Henrici Tochter / beyde Regierende Hertzogen zu Lothringen.
│ │ ├─ Nicolaus Bischoff zu Metz. Darnach Graff von Vaudemont.
│ │ ├─ Aloysia / ihr Gemahel Heinricus der 3. König auß Franckreich
│ │ └─ Philippus Emanuel Hertzog von Mercure etc. sein Gemahel Maria von Lützelburg.
│ └─ Johannes Cardinal
└─ Claudius Hertzog von Guysen
   ├─ Franciscus ward erschossen Anno 1563.
   │ ├─ Heinricus
   │ ├─ Ludovicus Cardinal
   │ └─ Carolus Hertzog von Mayne.
   │   └─ Carolus Hertzog von Caprol / Joinville und Guise.
   └─ Claudius Hertzog von Aumalen ward Anno 1573. vor Roschelle mit einem Stück erschossen.
      └─ Carolus Hertzog von Aumalen
         └─ Carolus

Renatus

Renatus der erst war Hertzog zu Aniou/ vnd König zu Sicilien/ vnd von wegen seiner Haußfrawen Elisabeth/ die ein Tochter war Caroli des andern Hertzogen zu Lothringen/ ward er Hertzog zu Lothringen. Vnnd nach dem sein Sohn vnd Sohnssohn ohn Erben abgiengen/ fiel das Hertzogthumb Lothringen an Jolandam vnd an jhren Gemahel Graffe Fridericen von Vaudemont/ Anno 1473. Sie verliessen Renatum den andern des Nammens/ welcher sich nennet König zu Hierusalem/ Neapolis/ Sicilien vnd Arragonien/ Hertzog zu Lothringen vnd Bar/ Graff von Vaudemont/ Guisen/ Aumalen vnd Hercur/ Marggraff von Pontamosson/ Freyherr von Jouuillen/ ꝛc. Er ward von Hertzog Carlen von Burgund auß Lothringen vertrieben/ doch durch hülff der Eydtgenossen baldt widerumb eyngesetzt. Er gebar mit Philippa Hertzog Adelphen von Geldern Tochter viel Kinder/ vnder welche Antonius nam zu der Ehe Renatam Hertzog Gilbert von Borbon Tochter/ von welchen herkommen die heutigen Hertzogen in Lothringen vnd Vaudemont. Claudius ward Graff von Guisen vnd Aumalen/ vnnd Freyherr von Jouuille/ von welchem her kommen die heutigen Hertzogen von Guisen vnd Jouuillen in Franckreich.

Von Antonio in Lothringen ist kommen Franciscus/ welcher mit Christina/ König Christiern von Dennemarck Tochter gebar Carolum/ dieser nam zu der Ehe Claudiam eine Tochter König Heinrich des anderen auß Franckreich/ von deren er bekam Heinricum Hertzogen in Lotringen vnd Franciscum Graffen von Vaudemont/ Henricus hatte von Margarita Gonzaga von Mantua eine einige Tochter Nicolam/ Franciscus aber einen Sohn Carolum: vnnd damit diß Hertzogthumb Lothringen/ so auff diese einige Erbin Nicolam fallen solte/ nicht etwan von diesem stammen/ durch ein frembden Heurath abgeschnitten wurde/ gab Heinricus seine Tochter Nicolam zu der Ehe Carolo seines Bruders Sohn/ welche auch nach absterben Hertzog Heinrichen jhres Vattern vnd Schwähern/ Anno 1624. zu der Regierung kommen.

Von Claudio Hertzogen von Guisen ist kommen Franciscus so vnder Henrico dem andern/ vnd Carolo dem neundten Könige in Franckreich in grossem Ansähen war. Er fürt den Krieg wider die Religions verwandten in Franckreich/ vnd verfolget sie mit aller macht/ bekam Año 1562. Ludovicum Printzen von Conde gefangen/ ward aber baldt darauff in der Belägerung Orlians/ von Johan Polteot mit einer Pistolen erschossen.

Er verließ von Anna Hertzog Herculis von Ferrara Tochter Heinricum Hertzogen von Guisen vnd Ludovicum Cardinal von Guisen vnd Ertzbischoff zu Rheims ꝛc. welche beyde Año 1588. den 14. Christmonat/ zu Bloyse auß befelch König Heinrich des 3. wegen allerhande Praticken/ so sie wider jhn sollen vorgehabt haben/ hingericht worden.

Heinricus verließ viel Kinder/ vnder welchen Carolus Hertzog von Jouuille vnd Guisen nach seines Vattern Todt in verhafft genommen vnnd nacher Thurin in gefangenschafft geführt worden/ auß deren er sich Anno 1591. mit einem Seyl durch ein Fenster widerumb frey gemacht/ kam nacher Pariß zu den Ligisten/ vnd wardt wider König Heinricum 4. von Borbon zum König erwehlet/ vnd Carolus der 10. genannt/ wie das noch auff Frantzösischen Müntzen zusehen/ welche Erwehlung doch Heinricus der 4. baldt widerumb zu nicht gemacht.

Metz. Cap. lij.

ES ist auch ein trefflich alte Statt/ die man sonst nent die Mittelmutter Statt. Dann jhre Völcker seind lange zeit Mediomatrices genennt worden/ vnnd das jhres lägers halben: dann diese Statt ist gleich alß ein Mittel Mutter gelegen vnder diesen dreyen Stetten/ Tull/ Virdun vnd Trier. Trier ligt von jhr gegen Mittnacht/ Tull gegen Mittag/ vnd Virdun gegen der Sonnen vndergang/ ward vor diesem ein Königlicher sitz/ vnd die Hauptstatt in Austrasia. ist also genennet worden von Metio dem Edlen Römer der sie erweitert vnd mit Mawren vmbfangen hat/ nach dem sie Julius der erst Keyser erstritten hat. Sie ligt gar in eim fruchtbaren Boden/ hat gute Felder/ Acker/ Weingärten vnd fürfliessende Wässer/ besonder die Mosel vnd Seln. Auff der höhe der Statt stehet ein vestes Castel/ dardurch die Statt mag im zaum gehalten werden/ wirdt ausser den Personen so darinn gehören nicht bald wer hinein gelassen. Die Statt ist Teutsch vnnd Welsch/ vnd dieweil sie nicht die geringste vnder andern dieser Landtschafft/ hab ich jhre Abconterfeytung hie zu gethan: Nach dem sie von Henrico dem 2. König auß Franckreich im jahr 1552. eyngenommen/ vnd darauff hefftig durch Carolum 5. Römischen Keyser (welcher sie vermeynt widerumb zu dem Römischen Reich zubringen) belägert worden ist.

Der Statt

Von Gallia.

Der Statt Metz Circkel / Mawren vnnd Porten vnd fürnembste Gebäw / sampt der Belägerung / hienach verzeichnet durch Buchstaben.

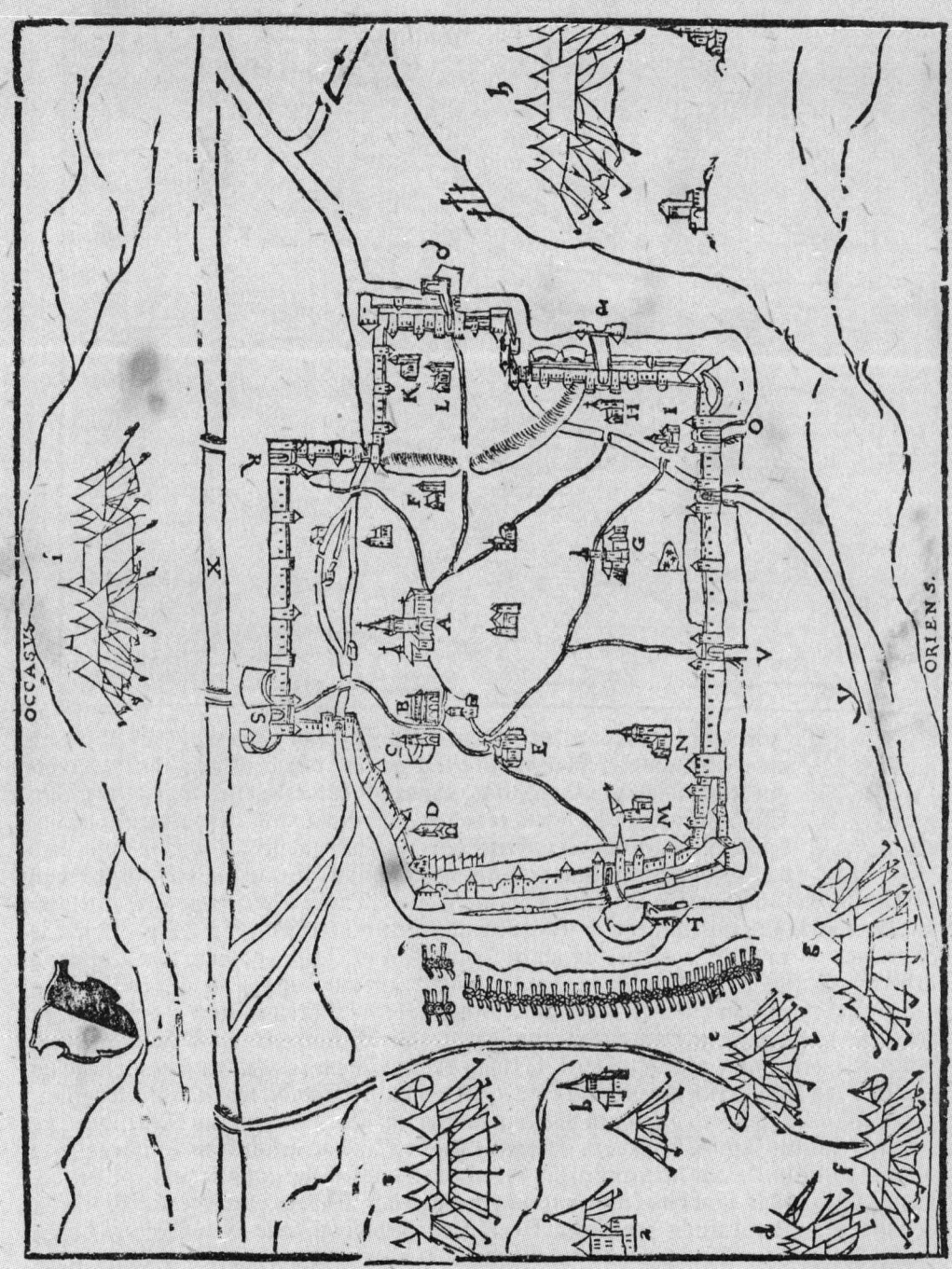

A	Der Thumb.	H	S. Eucharius.	P	Teutsch Port.	X	Mosel Fluß.	e Hispanisch Läger.
B	Rhathauß.	I	S. Maximin.	Q	S. Barbara Port.	Y	Soll Fluß.	f Böhmisch Läger.
C	S. Simphorian.	K	S. Medars.	R	Alte Port.	a	Key. May. Losament.	g Italiänisch Läger.
D	S. Maria.	L	S. Liniarius.	S	Todten Port.	b	Duca de Alba.	h Niderländisch Läger
E	S. Johans.	M	S. Goldestrois.	T	Schampasst Port.	c	Teutsch Läger.	i Marg. Albrecht.
F	Carmeliten.	N	S. Marin.	V	S. Diebolts Port.	d	Teutsch Reuter.	
G	S. Simplicius.	O	Moselport.					

Das dritte Buch
Von dem Landt Flandern.
Cap. I.ij.

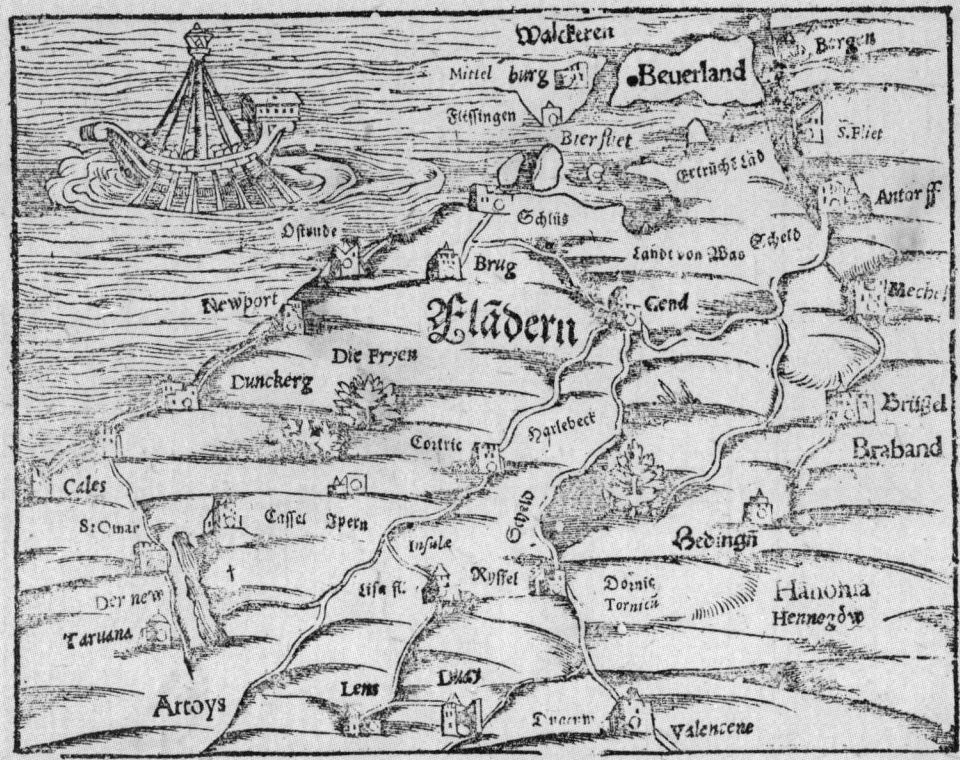

JEwol diß Landt vor zeiten her zum Teutschen Landt gehöret hat/ hab ichs doch vnder Galliam oder Franckreich gesetzt/ darumb daß sein Gelegenheit in der Gegne des Landts Franckreichs ligt/ vnnd zum guten theil sich der Französischen Sprachen gebraucht/ besonder an den Anstössen/ vnd weil es auch erstlichen vnder den Königen von Franckreich gewesen. Seine aussere Theil seind auch vmb die zeit Christi bewohnet gewesen/ nemblich von Morinis vnd Neruiis/ die man jetzt nennet die vndern Flandern/ strecken sich biß gen Calles. Dieser Völcker vnd jhrer Stett gedenckt Antoninus Pius in seinem Itinerario/ vnd sonderlich zeucht er an die Statt Taruanna/ das ist/ Terwanen: Item die Statt Viroviacum/ so jetzund Werwick heißt/ vnd vnder dem Bißthumb Tornach ist. Er gedenckt auch der Statt Tornach vnnd der Statt Castell/ die auff einem Berg ligt/ vnd noch jhren Nammen hat. Aber der rechten Flandern Landt vnnd seiner Statt/ wie es zu vnsern zeiten erbawet ist/ gedenckt weder er noch andere alte Scribenten. Ja sie haben von dem nammen Flandern nichts gewust zusagen/ biß lang hernach Anno 445. zu den zeiten Clodionis des Königs von Franckreich/ der hett ein Enckel mit nammen Flandebertus/ von dem soll Flandern (wie etliche meynen) den Nammen vberkommen haben. Es ist ein gemeine Red in den Historien/ daß vmb das Jahr Christi 620. Clotarius hab in Flandern geschickt ein Landtvogt/ mit nammen Ludericum/ die andern nennten jhn Lydericum/ vnnd hab jhn gemacht zum Forster oder Waldvogt: dann das Landt war noch vnerbawet/ vnnd mit Wälden vberzogen. Die andern schreiben etwas anders darvon/ nemblich auff ein sollich meynung: Anno 621. vnder dem König Heraclio/ saß ein reicher Mann/ mit nammen Ludericus in dem rauhen vnnd wilden Landt Flandern/ vnnd alß König Lotharius oder Clotharius von Franckreich in dieselbige Wildnuß kam zu jagen/ ward jhm von den Nortmännern entführt sein Tochter/ die er bey jhm hatt. Aber Ludericus merckt das/ vnd lieff sie den Feinden ab/ vnnd nam sie zu der Ehe/ wußt aber gar nicht daß sie des Königs Tochter war/ vnd vberkam mit jhr dreyzehen Söhn. Das lassen wir nun hie in seinem werth stehn.

Dagobertus bringt die Flandern zum Christlichen Glaubē.

Es schreiben etliche/ daß Dagobertus Clotarij Sohn/ alß er König in Franckreich ward/ hab vnderstanden die Flandern zu der Erkanntnuß Christi zu bringen/ vnd sey auch auß seinem geheiß an dem orht da jetzt Bruck die Statt steht/ auffgerichtet worden ein Tempel in der Ehr Christi/ vnd seine

Von Gallia.

seine Lehr dem vngläubigen Volck geprediget von dem H. Bischoff Eligio/ der dahin auß Franckreich kam/ vnd starb Anno 665. Darnach prediget jhnen der H. Amandus Bischoff zu Turgern

acht jahr/ vnd ward vast das gantz Landt/ besonder die Leuth so am Meer wohnen/ zum Christen Glauben bekehrt. Es hat Flandern zu diesen zeiten noch wenig vñ gar kleine Stätt: wie dann auch Julius der erst Keyser von jnen schreibt auff diese meynung: Morini die eussersten Völcker des Landts Galliæ seind zum allerletsten kommen in der Römer gewalt. Sie haben gar lang sich gewidriget/ eh sie sich ergeben/ haben jhr hoffnung gesetzt in die Wäld vnd in die sümpffigen Lachen/ biß zu letst Julius die Wäld abgehawen/ die Aecker verwüstet/ vnd die gebawten Flecken verbrennt/ vnnd sie dahin gebracht/ daß sie seiner Gnaden begeren musten. Er zeucht sonderlich zwo Stett an/ J-

Morini alte Völcker

tium vnd Gesoriacum/ die man jetzund schetzt für Cales vnd Bolonge. Sonst wirdt keiner Statt mehr gedacht/ sonder allein Dörffer. Aber die so nach Christi geburt geschrieben haben/ gedencken auch etlicher andern Stätt/ nemblich Taruanne vnd Tornach. Es seind die Morini zeitlich zum Glauben Christi bekehrt worden/ vnd alß sie widerumb abfielen/ hat sie der H. Odomarus widerumb mit grosser arbeit Christo gewunnen/ vnd wird auch biß auff den heutigen Tag ein namhaffrige Statt von jhm genandt S. Omar/ die vor jhm Sithin geheissen hat/ darinn zu vnsern zeiten die Welsche Sprach vberhand genommen: aber vor etlichen jahren vast Teutsch geredt hat.

Itium vnd Gesoriacum Stett in Flandern.

Von den Grätten des Landts Flandern. Cap. liv.

V vnsern zeiten werden viel namhafftige vnd grosse Stett in Flandern/ aber wenig recht alt darunder gefunden/ sonder sie seynd vast alle innerhalb 500. jaren erbawen/ vnd nach vnd nach zu der Herzligkeit kommen/ in deren sie jetzund sindt. Es werden vnder Flandern gezehlt 28. grosser Stätt/ 30. offene Flecken vnnd 1154. Dörffer/ beneben vielen Herzschafften vnd Stifften. Tornacum die sie Tornay vnd Dornick nennen/ ist ein alte Statt/ deren auch Antoninus gedenckt/ vnnd sie hat sich vor vielen jhren abgesündert von Flandern/ vnd jren schutz bey den Königen von Franckreich gesucht/ deshalben sie auch auff ein zeit vom Graffen von Flandern/ mit nammen Ferdinando/ vberfallen ward vnd eyngenommen. Desgleichen hat zu vnsern zeiten gethan Keyser Maximilian mit sampt König Heinrichen von Engellandt/ vnd alß sie dieser König Heinrich bey handen hat/ verkauffs er sie dem Frantzosen. Hernach ist kommen Carolus der 5. Römisch Keyser/ vnd hat sie dem Frantzosen wider genommen/ vnd der Landtschafft Flandern eyngeleibt. Es ist ein Bischoffliche Statt/ vnd ligt auff der Scheld gegen Vndergang der Sonen/ ist aber mit der zeit vber die Scheld gewachsen gegen Auffgang/ da die Engelländer auch ein mechtig Schloß gebawen haben/ durch welches die Statt leichtlich gemeistert werden mag. Es haben die Kauffleuth viel vnd mancherley Gewerb in dieser Statt/ sie ligt auff einem guten Boden/ der viel Weitzen tregt.

Dornick ein Statt.

Von der Statt Gendt.

Gandauum/ so man Gendt nennt/ ist ein vast grosse vnd wolbewahrte Statt/ sigt an dem ort/ da das Wasser Lysa/ zu Teutsch Leye/ in die Scheld fallt. Es geht auch ein Wasser võ Gend auff Daiß/ vnd von dannen gen Bruck/ das Livia oder Lieve heist/ ist aber mehr ein langer Graben dañ ein fliessend Wasser/ gemacht beyden Stätten zu einer grossen nutzbarkeit. Deßgleichen hat diese Statt Gendt/ ein grossen nutz von dem Wasser Meere genandt/ welches entstehet auß dem Möß des Landts von Was/ vnd auß dem wütenden Meere des Seelandts. Dann was sümpffig vnd mösich ist / das heissen die Flandern Meere. Es hat diese Statt reiche Burger/ die zum guten theil leben vom Zinß vnd Gült. Sie hat auch vast viel Handtwercks Leuth vñ besonder Weber/ die allerley handt köstliche Thücher machen. Sie ligt in dem Obern Flandern/ wie auch Bruck/ Schleuß/ Aldenburg/ Ardenburg/ die vier Aempter/ rc. Sie hat viel andre Stett vnd Flecken vnder jhr/ die so viel alß Mitburger mit jr seind/ nemblich Cortrye/ Harleber/ Lamber/ die vier Aempter/ rc. Daß sie erlegen mit einander erfordert Gelt/ sie reysen vnd rahtschlagen miteinander. Diese Statt begreifft heutiges Tags mit jhren Vorstetten drey Teutscher Meil Wegs vmb sich/ darinn seynd zwentzig Inseln/ welche die Flüß Leye vñ Schelde sampt andern Wasserleitungen machen. Vber diese seind 98. Brucken an allen orten/ deren manche zwey oder drey Schwybogen hat. Es stehen auch vber die 100. Windmülen/ so man zum Getreid vnd andern nutzbarkeiten braucht/ in jhrem Circk herumb. Sie hat trefflich viel Kirchen vnd Clöster. Die Geburt des Großmechtigen Keyser

Das dritte Buch

Carols des 5. hat sie letstlich noch berühmbter gemacht / auß welches befehl / im 1540. jahr (nachdem die Gendter vngehorsame halben / von jm gestrafft wurden) ein vest Schloß an statt Bavonis Conuent gebawen worden.

Gendt nimpt den Christlichen Glauben an.

Man findt daß vmb das jahr Christi 661. der H. Amandus Bischoff zu Tungern geprediget hab den Völckern vmb Gendt / den Christlichen Glauben / vnd das torecht vnd viehisch Volck abgezogen von jhrem groben Jrzthumb. Ist aber noch kein Statt am selbigen ort gestanden. Alß Anno Christi 1191. Philippus Landtgraffe auß Elsaß / Graffe zu Flandern ohn Leibserben im H. Land in belägerung der Statt Ptolemais gestorbē / hett er ein Schwester mit namen Margaritam / die hett zu der Ehe den Graffen von Heñegöw / die vnderstund / alß der nechst Erb / eynzunemmen das Land Flandern. Vnd dieweil der König von Franckreich auch eine hett von diesem Geschlecht / vermeynt er Erb da zu seyn / kam endtlich zu einer thädigung / vnd wurden Fraw Margrethen versprochen Gendt / Brugk / Hypre / Coran / Aldenard / Aelst / das Landt von Was / Gerardsberg / vnd was vnder das Keyserthum gehört / sampt den Inseln des Meers. Aber dem König solt heimfallen Arras / Arien / S. Omar / Peron / vnd das gantz Artois / rc. Da dieser Vertrag gemacht war / wolten die von Gendt Fraw Margaritam vnd jhren Gemahel Graffen Balduinum nit annemmen / sie bestetigten jhnen dann vorhin jhre Bräuch vnd Privilegien / so jhnen geben hat Graff Philip / vnd theten was sie begerten / nemblich daß sie nicht verbunden weren / dem Graffen zu dienen dann im Krieg / vnd das nicht weiter dann biß gen Antorff. Item / daß sie die Statt vnd Häuser möchten verwahren nach jhrem gefallen. Item daß sie nicht schuldig weren weiter zukommen auß geheiß des Graffen / dann biß zum vndern Hof des Schloß zu Gendt. Item / daß der Bischoff zu drey jaren nicht mehr dann einmal / vnd das durch sich selbs / den Synodum hielt. Item daß kein Burger zu Gendt ausserhalb der Statt vmb Geistlicher Sachen willen gefangen / noch weiter Citiert wurd / dann biß zu S. Johanns Kirchen zu Gendt. Item daß sie gewalt hetten zu setzen vnd zu entsetzen die Priester in jhren Aemptern. Diese vnnd dergleichen mehr Articul must der Graff von Gendt denen zulassen / wolt er anders verhüten / daß kein weitere Empörung im Landt erstünd. Doch geschahe diß alles ohn Siegel vnd Gezeugen / vnd war auch kein zeit darzu bestimpt.

Im jahr 1576. alß der Hertzog von Arscot Gubernator in Flandern / mit einem starcken Zeug gen Gendt kommen / vnd den Bürgern die angeforderte bestetigung jhrer Privilegien nicht eyngehen wolte / ist er sampt anderen gefengcklich eyngezogen worden: vnnd darauff das Schloß gestürmbt / eyngenommen vnd der Zusatz außgetrieben worden / er aber ward nach etlichen Wochen durch der H. Staten Intercession widerumb ledig gegeben.

Von der Statt Bruck / sampt jhrer Contrafehtung. Cap. lv.

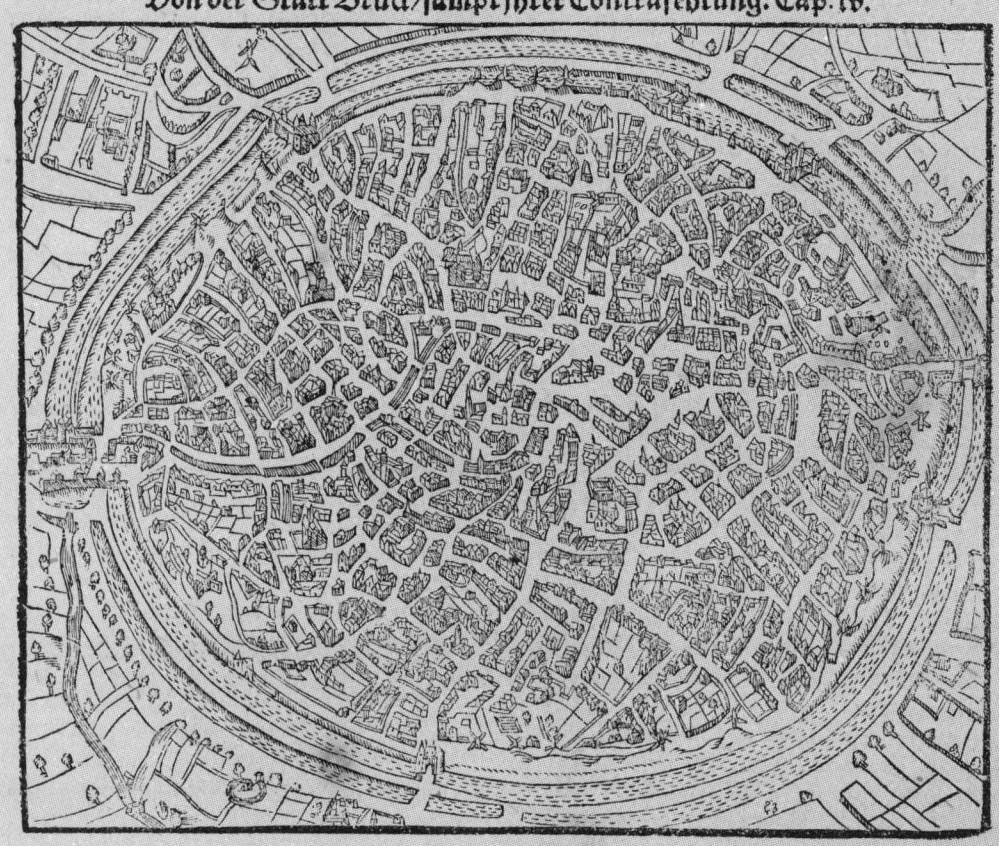

Bruck

Von Gallia.

Ruck die andere Hauptstatt in Flandern ist ein sehr schöne / Volckreiche / vnnd mechtige Statt / aber nicht wol von Natur bewahrt / sie hat kein mercklichs für fliessend Wasser / dann daß ein Graben zweyer Meylen lang gemacht ist von Schleuß biß gen Bruck / dardurch vor zeiten alß der Antwerpisch Handel zu Bruck war / die Güter zu Schleuß außgeladen vnd mit kleinern Schifflein gen Bruck geführt worden. Welches / alß es den Kauffleuthen nicht wol gelegen / vnd die Statt Bruck gegen jhrem Herren König Maximilian etwas bewegt ward / ist der Handel nit ohn wercklichen Schaden gen Antorff gelegt worden / dahin jetzund die Kauffleuth auß Teutschlandt / von Schleßwick / Hispania / Schottlandt / Franckreich / Engelland / Italia vnnd andern Ländern kommen. Doch ist Bruck nicht gar beraubt jhres Handels: dann so viel die Wollen antrifft / ist jhr nichts genommen gegen jetzgemeldten Landtschafften.

Der Gewerb wird denen von Bruck genommen.

Alß Anno 1301. Philippus der schön König in Franckreich mit seiner Gemahlin Johanna gen Bruck kommen / haben sie sich beyde vber der Statt Herrligkeit hoch verwundert. Sonderlich aber vber den Pracht so die Weiber daselbst führten / also daß die Königin nicht ohne verdruß sagte. Ich hab vermeynt ich seye allein Königin / aber ich finde noch wol hundert in dieser Statt.

Es ward Anno Christi 1488. wie gemelt / die Statt Bruck bewegt / vnnd fiengen auch König Maximilian / daß er sich des Landts verzeihen solt / vnd das vbergeben seinem Sohn Philippo / dem sie Räth setzen wolten. Diesen vnwillen machten die Amptleuth im Landt / die das Volck hart hielten mit Schatzungen / davon doch König Maximilian nichts ward / sondern sie wurden reich darvon. Alß Keyser Fridrich das vernam / macht er sich auff mit sampt dem Reich vnd macht seinen Sohn ledig.

Im jahr 1429. den 10. Jenner hat Philippus der Gut / Hertzog zu Burgund / in dieser Statt Bruck sein erst Beylager / mit Isabella des Königs von Portugall Tochter / gehabt: vnd damalen den verrümbten Burgundischen Ritters Orden / des Guldinen Fluß angestellet / vnnd mit vielen herrlichen Privilegien vnnd Freyheiten begabet / vnd solte dieses ordens jederweilen ein Hertzog von Burgundt Obrister vnd Großmeister sein.

Es hat diese Statt Bruck auch viel andere Stätt vnd Fläcken die jhr vnderworffen seind / oder die Mitburger vnd Stattgenossen seind: nemblich die von Dammen / die Honcaner / die Schleusser / die Newportner / die Duinkircher / die Gräuelinger / die Mardychter / die Fürnen vñ die Freyen Francken. Bey diesen Francken verstand ein Gegne bey der Statt Bruck / die von jhrer erlangten Freyheit ist genennet worden Franca terra, ein Frey Landt / vnnd begreifft vnder jhm 35. besondere Wohnungen.

Francesso der Frey Leuth.

Von der Statt Hypre. Cap. lvi.

Flandern das gantz Landt gegen Orient vñ Occident / wirt getheilet in vier haupt Glieder / das erst vnd Fürnembst ist Gendt / das ander Bruck / das dritt Hypre / vnd das viert das Francken Erdtrich. Hypre ist ein Statt die von Natur vnnd Menschen Handt wol verwahret ist / vnd wird auch groß Gewerb darinn von den Kauffleuthen getrieben / vnd besonder was die Wollen vnnd guten Thücher antrifft / wie dañ in gantz Flandern ein grosse Handtierung ist von Wollen / die von Spaniern / Engelländern vnd Schottländern / dahin gebracht wirdt / vnnd darnach die Thücher darauß gemacht / durch die Außländischen in alle Welt der Christenheit verführt werden. Ward Anno 960. von Graff Balduin / Arnoldi Sohn gebawet. Hat neun Porten / vnd 33. Dörffer vnder jhrer Jurißdiction. Anno 1240. ward der dritte Theil dieser Statt / sampt dem Closter Sanct Martin verbrunnen / hat einer wunderschönen Hertz Platz / dergleichen in keiner andern Statt dieses Landts zufinden.

Wöllen aber von den Flandrischen Stätten in beschreibung der Niderlanden weiters reden.

Genealogia oder Geburtsliny der Herren vnd Graffen des Lands Flandern. Cap. vvij.

Vdericus od' Lydricus von Harlebeck der erst Graff
2. Engerlanus Luderichs Sohn / von den Teutschen Ingran genannt.
3. Odoacer / oder Audacher / Engerlani Sohn.

Obgedachten Ludricum von Harlebeck hat Carolus Magnus Anno 791. in Flandern gesetzt / daß er das wilde Landt seuberte / von allerley Mörderey / so im Landt fürgieng. sein Herrschafft soll sich gestreckt haben von der gegne da jetzund Bruck ligt / biß für Callais gehn Boulogne. Andre schreiben dieser Ludericus / sey nach absterben seines Vatters in die Regierung kommen vnd vom grossen Keyser Carlen zum Landtvogt gemacht vber das Gestad des Flanderischen Meers / vnd zum Hüter des Vlanderischen Walds.

Oo iiij 2. Enger-

2. **Engerlanus** Luderichs Sohn/ward Anno Christi 808. alß sein Vatter gestarb Forster in Flandern. Er starb Anno Christi 814. nach dem er das Landt in rhu vnd frieden geregiert hat/ vnd alle Tyranney außgereutet.

3. **Odoacer** von Harlebeck ward Herr vber den Forst nach abgang seines Vatters/ vnd starb Anno Christi 837.

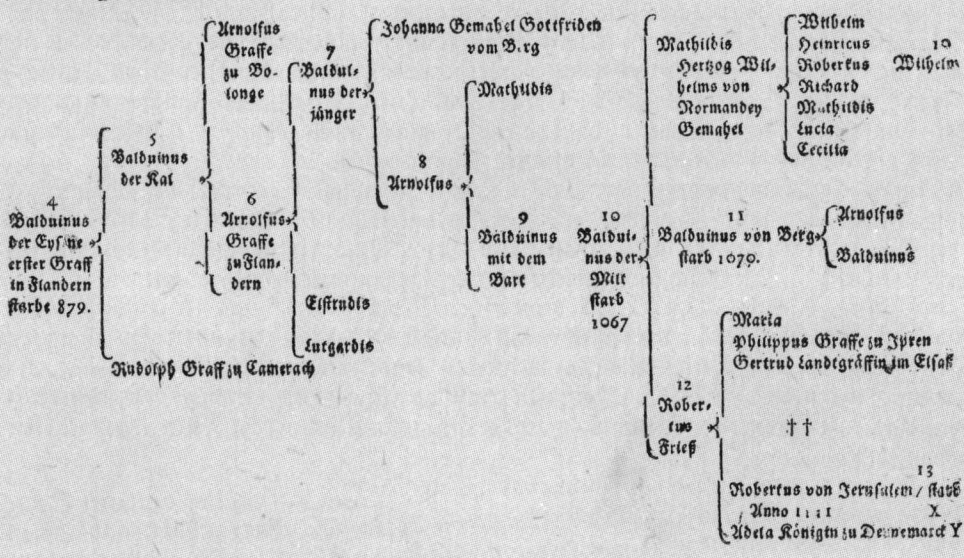

4. **Balduinus** der Eysene von seinem starcken vnd mannlichen Gemüt vnd grossen Thaten also genannt. Er entführt Keyser Carlen dem Kalen sein Tochter Judith/ die vorhin hat gehabt den König von Engelland/ des halb er ein zeitlang des Keysers Gnad nicht mocht erlangen. Doch ward zu letst der Zorn in Gnad verwandlet/ vñ macht der Keyser seine Tochtermañ zum Graffen in Flandern/ vnd gab jhm das gantz Landt Flandern zu einer Ehestewr. Dieser Balduinus bawet ein Burg zu Bruck wider die Normänner/ vnd starb Anno 879. Er macht auch Flandern vnderwürffig der Kron Franckreich/ wiewol Franckreich vnd Teutschlandt dazumal vnder einem Regiment waren. Vnd alß Flandern in nachgehenden zeiten mit hüpschen Stätten erbawen ward/ vnd trefflich zunam in Reichthummen/ Franckreich aber von dem Römischen Reich abgesündert ward/ vnd Flandern bey dem Teutschen Landt bleib/ suchten die König von Franckreich all weg vnd steg/ wie sie es wider zu jhren handen brechten/ haben deßhalben auch viel Krieg angefangen/ aber doch nicht viel damit gewunnen. Was zwischen der Scheld vnd dem Wasser Somona ligt/ hat jetzt lange zeit gehört vnder Franckreich: was aber vnder der Schelt ligt/ alß die Graffschafft Alst/ das Landt von Was/ die vier Aempter/ vnnd die Seeländischen Inseln/ gehört zum Römischen Reich/ von dem sie der Graff zu Lehen hat/ vnd deshalben des Reichs Amptman ist.

5. **Balduinus** der Kal der ander Graff in Flandern hat zu der Ehe gehabt des Königs Tochter von Engellandt/ starb Anno 918. ist zu Gendt begraben. Zu seinen zeiten seind hierauß gefallen die *Nordmänner* auß den Mitnächtigen Ländern/ haben grossen schaden gethan in Flandern/ besonder bey der Schelde: aber es wurde jhr da erschlagen von den Landtleuten bey acht tausent in dem Kolenwald/ mocht doch wenig helffen: dann sie wurden darvon mehr ergrimmet/ verhergten vnd verbrennten viel Stätt vnd Dörffer/ sonderlich Tornach/ Altenburg/ Rodenburg/ Bolonge/ Caßle/ Hypre/ Douay/ Therovenne/ Antwerp/ ꝛc. Sie trieben solche Tyranney/ daß jhnen niemandts mocht widerstehen. Damit man aber Frieden von jhnen hett/ gab Keyser Carlen jhrem König zu der Ehe Gillam/ Königs Lotharij Tochter/ vnd Frießlandt zu einer Morgengab. Darnach gab jhnen Keyser Carlen der Groß Anno 880. das Landt Neustriam/ welches darnach vor jhnen ward genandt Normandy/ vnd ist Roan die Haupstatt darinn.

Nordmäñer Tyranney.

Neustria jetzundt Normandia.

6. **Graff Arnold** ist gar ein kluger Mann gewesen. Er hat die Stätt Hypre/ Fürnen/ Bergen/ Broburg/ Dixmuyden/ vnd andere mehr/ sehr gebessert/ hat auch angericht zu Bruck/ Cortrick vnd Cassel/ grosse Jarmarckt/ vnd Kauffmans gewerb.

†† Dietrich.

Von Gallia.

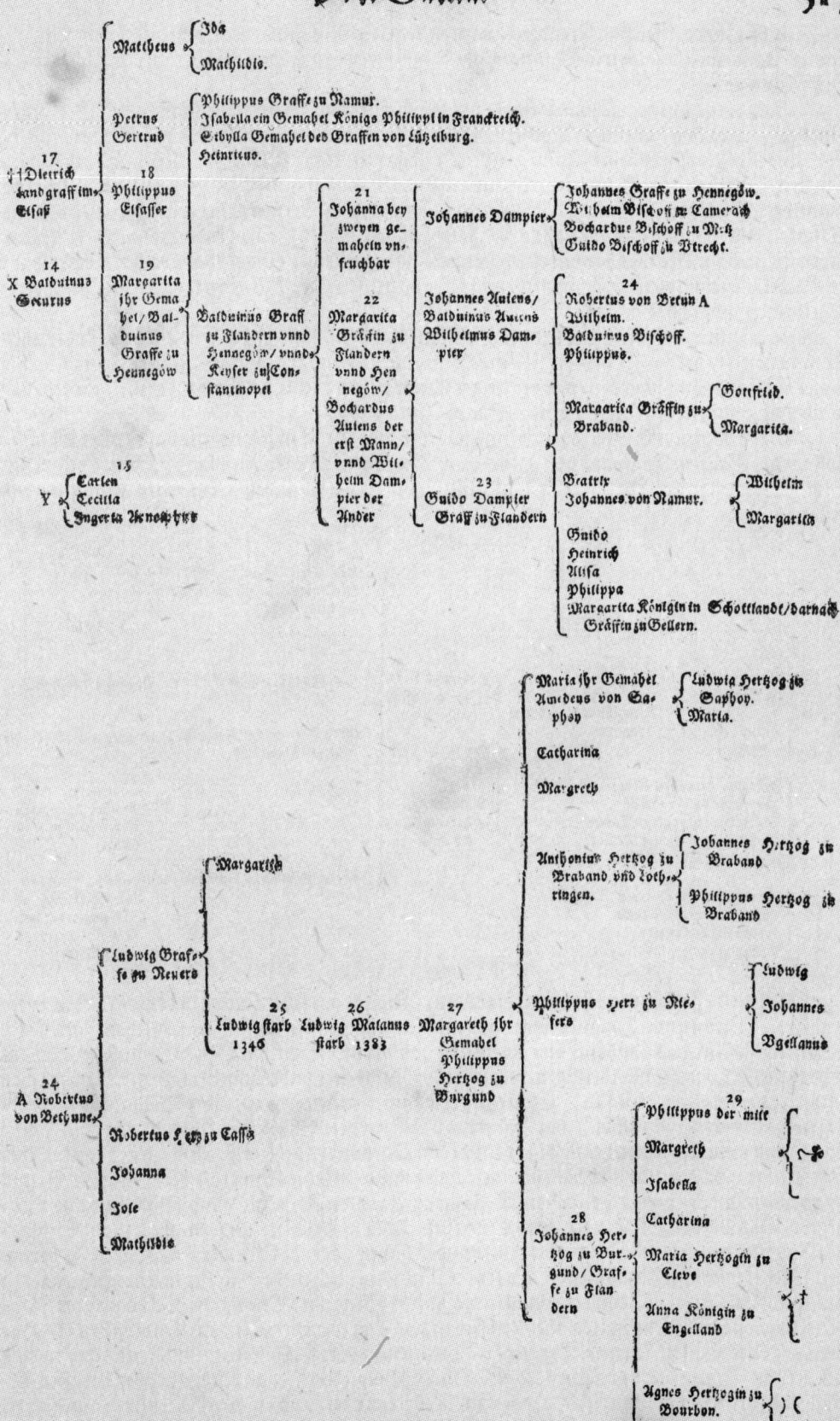

7. Balduinus der 4. Graff in Flandern hat zu der Ehe gehabt Mathilden des Hertzogen von Sachsen Tochter. Vnd als er gestarb/nam̃ Fraw Mathild Graffe Gottfriden/vnd gebar mit jm Gottfridum vnd Gotelonem Hertzogen zu Lothringen.

8. Arnol=

318   Das dritte Buch

8. Arnolfus der 5. Graff zu Flandern/ nam zu der Ehe Rosulam ein Tochter Berengarij Königs in Italia/ welche nach jres Manns Todt vermählet ward Roberto Capeto König in Franckreich/ Anno 988.

Ryssel erbawen.

9. Balduinus mit dem schönen Bart/ der sechßt Graff in Flandern/ nam zu der Ehe Oginam des Fürsten von Lützelburg Tochter. Es soll dieser Balduinus gebawen haben Anno 1007. die Statt Ryssel/ ist gestorben Anno 1035. Er ist gar ein küner Mann gewesen/ vnnd deßhalben Keyser Heinrichen dem Heyligen vast anmütig vnd lieb/ daß er jhm auß Gnaden gab Walcheren vnd andere Seeländische Inseln/ darauß ein grosser vnd langwieriger zanck erwachsen ist zwischen Flandern vnd Holandt/ der gar nahe 400. Jahr gewäret. Dann die Holänder wolten diese Inseln weren jhren/ die jnen geben hat vor etlich hundert Jahren Keyser Ludwig des grossen Keyser Carles Enckel. Es seynd dieser Seeländischen fünff/ vnd heissen Scalden/ Sutbeürn/ Walachren/ Nortbewerlandt vnd Borßlen.

Seeländische Inseln.

10. Balduinus der Milt/ der siebend Graff in Flandern/ nam zu der Ehe Adelam Robertides Königs von Franckreich Tochter. Er macht auß die angefangene Statt Ryssel/ Anno Christi 1054. Er ließ sie vmbmawren/ vnd bevestiget sie mit einem Schloß. Er war darinn geboren/ darumb war sie jhm lieb für andere Stätt. Starb Anno 1067.

11. Balduinus von Bergen oder Hennegöw der acht Graff in Flandern/ nam zu der Ehe Richildim des Graffen Raginarij von Hennegöw Tochter. Er starb Anno 1070. Sein Schwester Mathildis nam zu der Ehe Hertzog Wilhelmen von der Normandey/ der ward König in Engellandt.

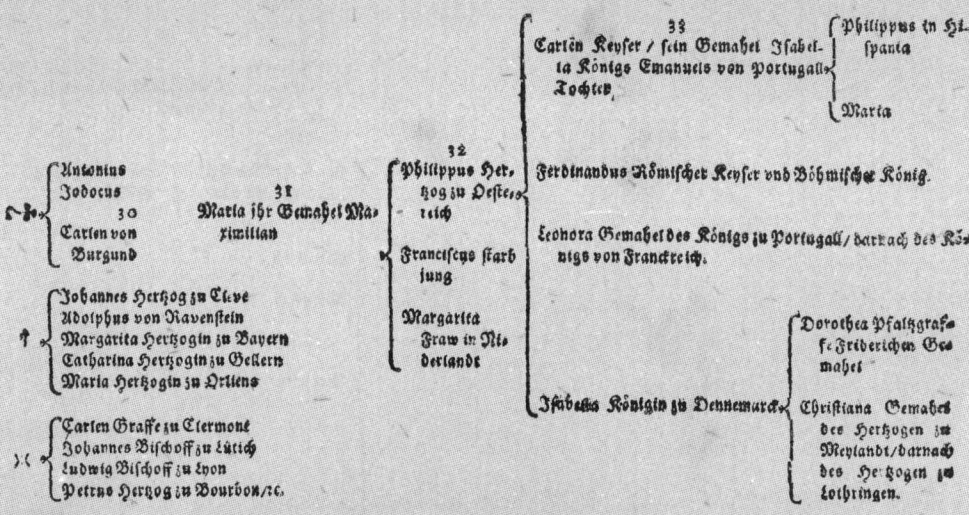

12. Robertus Frieß der 9. Graff in Flandern. Diesem hat sein Vatter zu der Ehe geben Gertruden die Witwen von Holandt/ vnnd gab jhm für sein Erb die fünff Seeländischen Inseln/ die Graffschafft Alst/ das Landt der vier Aemptern/ sampt einer Summa Gelts. Er muß jm auch ein Eyd thun/ sich damit lassen benügen/ vnd seine Brüder weiter vnbekümmert lassen. Dann er war ein kecker vnnd frefeler Mann/ Ehrgeitzig vnd zum Kriegen erboren: aber Balduinus war dargegen sanfftmütig vnd still. Alß nun Robertus Hochzeit hett gehalten in Holandt/ zog er in Frießlandt/ vnd nam etwas von demselbigen Landt eyn/ darvon er auch der Frieß ward genannt. Aber sein Bruder Balduinus starb bald hernach/ vnd befahle jm seine Kinder alß dem nechsten Freund vnnd Fürmünder/ vermacht auch im Testament Flandern Arnolfo/ vnnd Balduino das Hennegöw. Das wolt Richildis nach jhres Gemahels Todt nicht lassen gut seyn/ wolt jhren Schwager Robertum nicht zum Vogt oder Fürmünder haben vber jhre Kinder/ dardurch Robertus vervrsachet ward jhr abzusagen. Es feyret Richildis auch nicht/ sie fiel jhrem Schwager in das Landt Alst/ in die 4. Aempter/ vnnd in die Inseln Seelandts/ schedigt sie vbel/ darab die Flandern ein groß mißfallens hatten/ theylten sich in zwo Partheyen. Die von Gendt/ Brugk/ Hypern/ Cortric/ Cassel/ Fürnen/ Bergen/ ꝛc. hiengen an Graff Roberten/ vnd die andern/ nemblich die von Vtrecht/ Duan/ Tornach/ S. Omar/ Bolonge/ ꝛc. seynd blieben bey der Gräffin Richild vnd jhrem Sohn Arnolfo. Doch nam Robertus vberhand/ vertrieb Richilden vnnd jhren Sohn/ die henckten an sich den König von Franckreich/ nemblich Philippum: aber Robertus fiel in sie vngewarneter sachen/ schlug sie in die Flucht/ vnd fieng Richildim sein Geschwieger. Aber er ward von seinen Feinden auch gefangen/ vnnd wolt er ledig werden/ muß er Richildim/ die zu Cassel gefangen lag/ an sein statt geben/ daß er gern thet. Nach diesem geschahe von beyden Partheyen noch ein Angriff/ vnnd kam vmb Graff Arnolff/ vnnd Richildis sampt jhrem Sohn

Richildis kriegt wider jhren Schwager.

wurden

Von Gallia.

wurden getrieben in das Hennegöw. Man schreibt daß in diesem Krieg bey 22000. Menschen vmbkommen seyen/ vnd behielt Robertus Flandern mit gewalt. Vnd nach dem sein erste Fraw gestarb/ nam er Hertzog Bernhards von Sachsen Tochter zu der Ehe. Aber das thorecht Weib Richildis/ damit sie jhrem einigen Sohn/ so noch vorhanden war/ vberkäm sein vätterlich Landt/ verfügt sich zum Bischoff von Lüttich/ vnd mit verwilligung Keyser Heinrichs vbergab sie jhm in Ewigkeit zu Lehen das Hennegöw/ daß er darüber Lehenherr were/ vnd erobert von jm ein grosse Summa Gelts/ damit sie ein newen Krieg anfieng: aber alles jhr Fürnehmen gieng hinder sich. Es führt auch Robertus ein langwierigen Krieg mit Balduino/ der ein Erb war deß Königs von Flandern/ vñ für vngut hielt dz er seines vätterlichen Fürstenthumbs solt beraubt seyn. Doch ward zu letzt die Sach zum Frieden gestellt/ vnnd fuhr Robertus zum heiligen Landt/ vnd als er wider kam/ starb er Anno 1039. Sein Tochter Adela ward vermählet Canuto dem König von Dennemarck/ vnd da er seine Vnderthanen die Dennemärcker vermahnet zu geben Zehenden von jhren Gütern den Priestern/ ward er von jhnen erschlagen/ vnd flohe Adela heimlich mit jhrem Sohn Carlen auß dem Landt in Flandern zu jhrem Vatter/ vnnd ließ hinder jhr in Dennemarck zwo Töchter. Sie ward darnach vermählet Hertzogen Roberto in Apulia. Aber die eine Tochter Gertrud ward erstlichen zur Ehe geben dem Graffen von Loven/ vnd darnach Landgraffen Dieterichen von Elsaß.

Hennegöw wird dem Bischoff Lüttich eingethan.

13. Robertus ein Sohn deß vordrigen Roberti/ ward Herr in Flandern. Er nam zu der Ehe Clementiam ein Tochter deß Fürsten von Burgund/ vnd zog mit andern Fürsten/ Graffen vnd Rittern in das H. Land/ zu kriegen wider die Vngläubigen/ daher er auch der Jerosolymitaner genannt ward. Vnd als er Anno 1100. wider kam/ ward er mit grossen Frewden von den Seinen empfangen. Darnach Anno 1111. kam er vmb in eim Englischen Krieg.

14. Balduinus mit dem Zunamen genannt Art/ von wegen seiner grossen strenge/ oder daß er nach altem brauch pflegt ein Axt zu tragen in seinen Händen: Er rottet auß mit grössem ernst alle Rauberey vnd Mörderey so im Landt waren auffgestanden/ dieweil sein Vatter in das H. Landt gezogen war/ damit die frembden Kauffleut ein sichern Zugang hetten. Vnd als er in sach gesehenden zeiten dem König in Franckreich zuzog wider den König von Engelland/ ward er tödtlich verwundt im Haupt/ vnnd starb Anno 1119. macht zu Erben seinen Vettern Carolum deß Königs Sohn in Dennemarck.

15. Carolus ein weidlicher Fürst/ ab dem sich die Bösen entsetzten/ vnd den die Frommen lieb hatten. Als Anno Christi ein tausent ein hundert vnd sechs vnd zwantzig ein grosser Hunger in Flandern entstund/ war sein erbärmbd so groß gegen den Armen/ daß er auff einen tag zu Hypern 7800. Brodt ohn Gelt vnd Kleyder den Armen außtheilet. Er verbot daß man in der Thewrung kein Bier machen solt: gebot auch daß man alle Hund in Flandern zu todt schlagen solt. Im selbigen jahr entstund zu Bruck ein Aufflauff etlicher böser Leut/ die erschlugen jhn im Tempel/ da er in seinem Gebet auff dem Erdrich lag/ aber die Mörder wurden fast alle ergriffen/ vnd mit graw samer Marter ertödt. Nach seinem Todt entstund ein newer Zanck vmb die Graffschafft Flandern: aber König Ludwig von Franckreich behauptet die Sach/ vnd warff auf zum Graffen Wilhelm von der Normandey.

Graffe von Flandern im Tempel zu todt geschlagen.

16. Wilhelm von der Normandey geboren/ seiner Großmutter halb von der Graffen zu Flandern Linj/ ward durch fürderung deß Königs von Franckreich Graff in Flandern/ wiewol etliche vorhanden waren/ die näher waren/ vnd mehr Rechts darzu hatten als Arnolfus/ Graff Carles von Dennemarck Schwester Sohn/ vnd Dietrich Landgraff in Elsaß. Als nun dieser Wilhelm von seines Vatters Bruder König Heinrichen von Engelland vertrieben ward auß der Normandey vnd mit vnwillen angenommen ward von den Flämmingen/ besorget er sich seiner Herrschafft/ darumb vertrieb er auß dem Landt Arnolfum den Dennemärcker. Darnach als er jhm nachsinnet wie er die Normandey wider erobern möchte/ legt er ein vnerhörte Schatzung auff das Land Flandern/ er nam Gelt/ vnd satzt Oberkeiten dareyn/ vnd waren jhm alle Ding feil vmb das Gelt. Da aber die Flandern sahen sein vnersättlichen Geitz/ berahtschlagten sie/ wie jhm zu thun were/ wurden der Sachen eins vnd schickten in das Elsaß nach Landgraff Dieterichen/ nahmen den an zum Herrn/ vnd liessen Wilhelm fahren. Das verdroß Wilhelm gar vbel/ darumb versamblet er sein Heere vnd verfolget Dieterichen/ belägert jhn auch in der Statt Ryssel/ aber da er nichts schaffen mocht/ kehret er auff Alst/ vnd fiengan jre eynwohner zu beschädigen/ damit er Landgraff Dieterichen auff das Feldt brächte. Landgraff Dietrich blieb nit lang auß/ kam zu den Bürgern gen Alst/ sie zu beschützen/ vnd da Graff Wilhelm auff jhn eylet biß zu der Port/ ward er geschossen mit eim Armbrust/ daß er starb Anno 1128.

17. Dietrich deß Landgraffen auß dem Elsaß Sohn/ vnd ein Enckel Graff Roberts deß Friesen/ ward Graff in Flandern/ vnnd nam zu der Ehe die verlassene Witwen Graff Carles seines Vorfahren. Darnach vermählet er jhm Sibyllam ein Tochter Fulconis von Angiers der König zu Jerusalem war. Zu seinen zeiten/ nemblich Anno 1135. vberfiel das Meer/ vnd ertränckte ein

ein grossen Theil des Erdrichs in Flandern/ Holandt vnnd Frießlandt/ vnd verdarben damit viel tausent Menschen vnd Viehe. Anno 1138. befahle Graff Dieterich seiner Haußfraw Sibyllæ das Landt Flandern/ vnd zog er mit einem grossen Zeug in Orient/ seinem Schweher Hilff zu thun wider die Egyptischen Saracenen. Año Christi 1148. zog er zum andern mal in das Heylig Landt mit Keyser Conraden/ vnnd kam wider Anno 1150. vnnd gab sein Tochter Margaritam Graffe Balduin von Hennegöw zu der Ehe/ vnnd ward damit hinweg gethan der Vnfried so zwischen Flandern vnd Hennegöw war.

Anno 1157. ist Graffe Dieterich sampt Sibylla seiner Haußfrawen zum drittenmal zogen gen Jerusalem/ König Balduin Hilff zu thun wider die Vngläubigen. Da hat sich Fraw Sibylla der Welt entschlagen/ vnd ist in ein Closter gangen. Aber Graffe Dieterich ist wider herauß gezogen/ vnd Anno 1168. zu Grävelingen gestorben. Er hat vier züg in das Heylig Landt gethan/ hat das helffen gewinnen/ mehren vnd erhalten.

18. Philippus Elsässer/ ist nach seinem Vatter Graffe in Flandern worden. Sein Schwester Margarita ist vermählet worden Balduino des Graffen von Hennegöw Sohn. Aber sein Bruder Mattheus nam zu der Ehe auß anreitzung König Heinrichs von Engelland/ Mariam Aeptissin vnd Gräffin zu Bolonge/ vnd ward durch sie Graffe zu Bolonge/ vnd gebar auch mit jhr zwo Töchter Jdam vnd Mathildem: aber ward gezwungen mit dem Bann sie wider in das Closter zu thun. Jda nam nach einander drey Männer/ Graffe Gerarden von Gellern/ Hertzog Bertolfen von Zäringen/ vnnd Graffe Reginaldum von Castris. Mathildis nam Graffe Heinrichen von Löven. Vnd alß jhr Vatter Mattheus erschossen ward vor einer Statt/ vnd ohn Erben abgieng/ vnd desgleichen Graffen Philipsen Gemahl vnfruchtbar war/ war noch ein Bruder vorhanden/ nemblich Petrus/ der war erwehlter Bischoff zu Camerach/ den nam er auß der Kirchen/ vnd gab jhm zu der Ehe ein Gräffin von Neuers/ mit welcher er ein Tochter Sibyllam genannt/ gebar vnd bald darnach ward jhm vergeben. Da macht Graffe Philip/ Anno 1177. sein Schwester Margaritam/ die dem Graffen von Hennegöw vermählet war/ Erbe des Landts/ vnnd zog er zu seinem Vettern zu dem König gen Jerusalem/ vnd blieb ein weil bey jhm. Vnd alß er wider heim

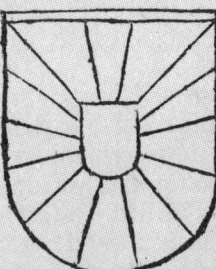

kam/ bracht er ein new Wapen in seinem Schilt/ nemblich ein schwartzen Löwen. Dann alß die Niderländischen Fürsten/ die Graffen von Flandern/ Löven/ Holandt/ Lemburg/ Lützelburg/ vñ etliche mehr/ zu den zeiten Graffe Philipsen des Elsässers sich risteten zu fahren in das Heylig Landt/ zu streiten wider die Vngläubigen/ haben sie alle jre Wapen verzeichnet mit Löwen. Es hat Graffe Philip von Flandern in einem Schilt ein schwartzen Löwen in eim guldnen Veld/ das auch nach seinem Absterben im Landt bleib: aber fürthin hat Flandern ein solch Wapen mit dreyen Farben/ das mittel Schittlein rott/ die ander außtheilung gelb vnd Blaw/ eins vmb das ander mit zehen Veldungen. Anno Christi 1182. starb Fraw Elisabeth/ Graff Philipsen Gemahel/ ein Gräffin von Vermondois. Da nam Graff Philips ein ander Gemahel/ nemblich Mathildem König Alfonsi von Portugall Tochter. Etliche Jahr hernach/ nemblich Anno 1191. zog er widerumb in das Heylig Landt/ vnnd starb auch darinn/ nach dem er 24. Jahr geregiert hatt.

19. Margarita Graffe Philipsen Schwester/ vnd ein Gemahel Graff Balduins von Hennegöw/ wurd nach jhrem Bruder Fürstin in Flandern/ ward aber jhr viel vom Landt genommen/ nemlich Artois/ Aria/ S. Omar ein Graffschafft/ vnd das gantz Occidentisch Flandern biß zum Newen Graben/ welche König Ludwig an sich zöge/ von wegen seiner Gemahlin Jsabelle/ Graff Philips Schwester Tochter/ das in nachgehenden zeiten viel Vnruh vnnd Krieg gebracht hatt. Weiter ward auch Mathildi/ Graff Philipsen verlaßne Gemahl/ jhr lebenlang zu jhrer nutzung vbergeben/ Dovay/ Ryssel/ Schlüß/ Cassel/ Fürnen/ vnd etliche mehr Flecken. Da ward Balduinus von wegen seiner Gemahlin angenommen in die zertheilt Graffschafft Flandern. Es waren auch die von Gendt vbel zu frieden/ dz ein solchs groß Theil des Landts solt an König von Franckreich kommen/ darumb richteten sie sich auff/ vnd wolten Margaritam vnd Balduinum nicht für jhre Herren annemmen/ sie bestetigten dann vorhin jhre empfangene Privilegien. Año 1194. starb Fraw Margareth/ vnd wird jhr Sohn Balduinus zum Graffen angenommen in Flandern/ vnd nach seines Vatters Todt im Hennegöw.

20. Balduinus/ Balduini Sohn/ hat zu der Ehe genommen Mariam Graffe Heinrichs von Schampanien Tochter/ die König Philipsen von Franckreich Schwester Tochter war. Dieser Balduinus ist Anno 1204. Keyser worden zu Constantinopel/ vnnd da er in nachfolgenden Jahren die Statt Adrianopel belägert/ ist er im Scharmützel gefangen/ vnnd nimmermehr gesehen worden. Sein Haußfraw starb vor jhm im Heyligen Landt/ da sie seiner zukunfft mit einem

Von Gallia.

einem grossen Zeug wartet. Aber sein Bruder Heinrich nam Gräffe Petri von Namur Tochter/ Vnd Isabella nam König Ludwig von Franckreich/vnd ward ein Mutter des H. Königs Ludovici. Dise Ehe hat Artoys abgetrennt von Flandern/wie jetzt gemeldet ist. Item Jolen die ander Schwester hat zu der Ehe genommen Petrus Aloysius Dorensis/vnd ist von jhnen geboren worden Robertus der Griechen Keyser/vnd Philippus Graff zu Namur. Sibylla hat genommen Gerard von Lützelburg.

21. Johanna ein Tochter Balduini/ist Anno Christi 1211. durch vnderhandlung Mathildis der alten Gräffin von Flandern vermählet worden Ferdinando König Sanctij von Portugal Sohn. Es hat auch zu diser zeit Bochardus von Auiens auß Britannia zur Ehe genommen Margaretham die ander Schwester/deren er gesetzter Vogt vñ Vormundt war. Es hat auch Philips der Elsässer disen Bochardum von kindt auff erzogen vnd zu der Schul gethan/in welcher er so vast zunam/daß er zu Orliens Professor ward in Weltlichen Rechten vnd Archidiacon zu Laon/ Thumbherr zu Tornay ja empfieng auch deßhalb etliche Weyhungen/das doch seine Freund vnd Verwandten gar nicht wusten. Nach disem allem kam er in einem Weltlichen Kleid/in gestalt eines Ritters in Flandern/vnd ließ sich nicht mercken seines Geistlichen Stands halben. Er vbergab alle seine Geistliche Pfründen/vnd begab sich auff die Reuterey vnd Reysige vbungen. Vnd da Balduinus der Keyser jhm fürnam ein Reiß zum H. Land zu thun/befahl er disem Bochardo seine Kinder vnd das Regiment der Ländern Flandern vnd Hennegöw. Er hielt sich auch im befohlenen Ampt gantz dapfferlich/vberkam Gut vnd Ehr darbey/nam vber das (wie gemeldt ist) nach Balduins Tod/die einte Tochter zu der Ehe/vnd zeuget Kinder mit jhr. Vnd als es hernach außbrach daß er Subdiacon vnd ein Geistlicher Mann gewesen/verfolgte jhn die Gräffin Johanna/daß er an keinem Ort sicher/sondern gezwungen ward/sich zum Bapst zu thun/ob er möchte der Geistlichkeit ledig werden/vnd bey seiner Gemahelin bleiben. Aber der Bapst gebott jhme daß er sie verlassen solte/jhr vnd auch jhrer Schwester genug thet für jhre Schmach/vnd vber das H. Land wider die Vngläubigen zöge/vnd so er widerumb heim käme/sich der Frawen nichts mehr annemme/sondern seinem Geistlichen Stand nachkäme. Da er disen bescheid vom Bapst empfieng/zog er zum Heyligen Land/vnd richtet auß seine Reiß/kam darnach wider frisch vnd gesund heim/vnd als er seine Kinder vnd Haußfraw ersahe/ließ er sich mercken/er wolt sich lieber lebendig lassen schinden/dann des Bapsts Gebott halten. Da thet jhn der Bapst in Bann/ vnd starb endtlich 1221. Etliche schreiben daß er zu Bruck in der Gefencknuß sey gelegen/vnd zu letzt zu Rupelmont enthauptet. In allen disen dingen hat Graff Ferdinandus groß vnd viel Krieg mit dem König von Franckreich gefuhrt/ward auch Anno 1214. vom König gefangen/vñ zwölff jahr lang in der Gefencknuß behalten.

Anno 1225. stund auff ein Bub/der macht groß vnruh in Flandern vnd Hennegöw/dann er gab auß/er were Balduinus der Gräffin Johannę Vatter/der vor Adrianopel verlohren war/ bewegt auch mit seinen Worten das leichtfertig Volck/besonder dieweil er in seiner Person vnd Gliedmassen Keyser Balduino gleichförmig war. Er kam mit einer grossen Gesellschafft in die Statt Compeigne/angethan mit einem roten Kleid/vnd trug ein weisse Ruthen in seiner Hand/ da stellet jhn der Bischoff von Beauvoir für/vnd fragte jhn/wo er König Philipsen geschworen hette/von wem/vnd wo er mit dem Rittergürtel angelegt were/an welchem Ort vnd auff welchen Tag jhme vermählet were/Maria die Gräffin von Schampania. Aber er erstummet auff dise Fragen/wußte nicht was er antworten solte/begert ein auffschlag drey Tag lang/so wolt er antwort geben. Da ward er als ein Lugenhaffter Böswicht erkennet/vnd offentlich geschmähet. Vnd als er in Burgund flohe/ward er da gefangen vnd der Gräffin Johannę vmb 400. marck Sylber verkaufft/die zwang jhn daß er sein betrug vnd boßheit bekennen mußte/ließ jhn führen durch alle Städt vnd Länder/Flandern vnd Hennegöw/vnd jhn zu letzt für Gericht stellen zu Ryssel/da ward er zum Galgę verurtheilt. Aber das thorecht Volck sprach/Johanna die Gräffin hett jhren Vatter lassen hencken. Anno 1226. ward Graffe Ferdinandus durch fürbitt der Königin Blanche von seiner Gefencknuß gelediget/ nach dem er zwölff Jahr vnd fünff Monat gefangen gelegt. Doch wurden jhm gar schwere Artickel fürgeschriben die er mußte eyngehen/er starb Anno 1233. Aber Johanna sein verlaßne Gemahel nam Anno 1237. Thoman des Graffen von Saphoy Bruder/ vnd starb hernach Anno 1244.

Historj eines Betrügners in Flandern.

22. Margaretha/Johannę Schwester/nam nach Bochardo/ von dem jetzt gesagt/ein andern Mann/nemlich Wilhelm Dampierre/vom Burgundischen Geblüt/vnd gebar demselben vier Kinder/Wilhelmen/Guidonem/Johannem vnd Margaretham.

Pp   Diser

Diser Dampierre starb Anno 1241. Da nam die verlassene Wittwen das Regiment an die hand/regiert wol sampt jrem ältesten Sohn. Doch hat sie im anfang jhres Regiments Keyser Friderichen vnd den Bischoff von Lüttich erzörnt/daß sie nicht zu rechter zeit võ jhnen die Lehen hette empfangen/nemlich Flandern von dem Keyser/vnd das Hennegöw von dem Bischoff. Anno 1245. erhub sich ein new gezänck im Land/welcher vnder den Söhnen der Gräffin Margaretha solt nach jhrem abgang regieren. Es waren zweyerley Kinder da/nemlich von Bochard vnd von Dampier: Des von Dampierre drey Söhn schmächten jhre zwen Brüder/deren Vatter Bochardus gewesen/gleich alß weren sie nicht ehelich geboren. Aber Johannes Bochards Sohn/verlieſs sich auff den Graffen von Holand/des Schwester er zur Ehe hat/sagt seiner Mutter ab/daß sie nach jhr vber Flandern verordnet hett den ältern Sohn/nemlich Wilhelm/den sie von Dampierren hett. Aber es legten sich grosse Herren in die sach/vñ machten ein solche vergleichung daß nach abgang Fraw Margarethæ Wilhelm Dampierre solt Flandern besitzẽ: Aber Johañes Auiens Bochards Sohn/solt haben das Hennegöw/ vnd solt ein jeder von seinem Land/seinem Bruder nach des Lands brauch fürsehung thun. Es wolt aber dem Johanni Auiens sein Mutter zu lang leben/die beyder Ländern Regiment innhat/darumb strauſst er sich wider sie/nam eyn das Hennegöw/huldet auch dem Bischoff võ Lüttich/darnach greifft er an etliche Flecken in Flandern/sonderlich das Land von Was/die vier Aempter/vnd die Graffschafft Alst/wendet für/daß die Flanderische Herrschafft/vnd was des Keyserthumbs Lehen seind/den König von Franckreich nichts angangen. Als Fraw Margreth erkent jhres Feinds siercke/macht sie ein rachtung mit jhm/kaufft mit 60000. gulden Frieden võ jhm. Aber Wilhelm Dampierre/welchem Flandern zugesprochẽ war/zog zum H. Land/ward mit vielen andern Christlichen Fürsten gefangen/vnd mit grossem Gelt wider ledig gemacht/vnd da er heim kam/ward ein Fürstlich Stechen im Hennegöw angerichtet/darzu er auch kam/ward aber jämerlich ertödt/vnd von den Pferden zertretten/welches durch die zwen Brüder/Johannem vnd Balduinum von Auiens zugericht seyn soll/die jhm auffsetzig waren/wie etliche darvon schreiben. Bald darnach erstund zwischen der Mutter vnd jhren Söhnen ein newer Krieg/indem die Mutter vnderlag/vnd wurden jhre zwen andere Söhn Guido vñ Johannes gefangen/vnd in Holand behalten. Es ward dem Graffen von Holand angebotten ein grosse summa Gelts vmb der zweyer Brüder erledigung/aber man mocht nichts geschaffen. Bald darnach zog Graff Wilhelm von Holand in Frießland/das zu bekriegen/aber er ward da erschlagen/vnd da er nach anderm Land strebt/verlohr er das sein. Da Johannes Auiens vernam Graffe Wilhelms Tod/bekümmert er sich also hart darumb/daß er bald hernach seinen Geist auffgab. Da wurden Guido vnd Johannes Dampierre ledig von jhrer Gefencknuß/wiewol nicht ohn groß Gelt. Es wurd auch ein Ehe gemacht zwischen Florentin Graffe Wilhelms Sohn/der auch erwöhlter Römischer König war gewesen/vnd Beatricem Graffe Guidons Tochter/welcher zur Ehestewr ward vermacht Seeland/vñ ward Florentinus der erst Seeländisch Graffe genennet/die er auch besessen hat mit allen zugehörenden Insuln.

23. Guido Graffe zu Flandern/hat nach einander zwo Haußfrawen gehabt/die erste hieß Mathildis/vnd vberkam mit jhr 9. Kinder. Die ander hieß Isabella/vnd war ein Tochter des Graffen võ Lützelburg/die gebar jhm 6. Kinder. Er ward Anno 1278. Fürst in Flandern/da sein Mutter Margaretha starb. Er ward gefangen von dem König von Franckreich/vnd starb Anno Christi 1340. in der Gefencknuß.

24. Robertus von Bethune ward nach seinem Vatter Graffe in Flandern/vnd nam zu der Ehe des Hertzogen von Burgund Tochter. Er starb Anno 1322. Beatrix sein Schwester/die nam der Graff von Holand/wie gesagt ist. Aber Johannam die andere Schwester nam der Graffe von Gülch/ vnd Johannes sein Bruder hat ein einige Tochter/mit namen Margaretha/die nam auch ein Graffen von Gülch. Mathildis Graffen Roberti Tochter/ward vermählet dem Hertzogen von Lothringen.

25. Ludwig Graffe Roberti Enckel/ist Graffe worden in Flandern nach seinem Großvatter. Dann es starb jhme sein Vatter vor seinem Großvatter. Er nam zu der Ehe Königs Philippen von Franckreich des Langen Tochter.

Niderland kommen an Burgundische Stammen.

26. Ludovicus Malanus Graffe zu Flandern/Niuers vnd Rastell/vnd nach seiner Mutter Tod/Herr vber Burgund/Artoys vnd Salin. Er nam zu der Ehe Margaretham H. Hansen von Braband Tochter/vnd ward durch sie Hertzog zu Braband/Lemburg/Lothringen/ꝛc. Er ist Malanus genennet worden von einem sondern ort.

27. Margaretha ein einige Tochter Malani/vnd ein Erb der Ländern vnd Stätt Flandern/Artoys/ Salin/ Niuers/ Rastell/ Burgund/ Mechel/ Antorff/ꝛc. Sie ist vermählet worden Philippo des Königs Sohn von Franckreich/der auch durch sie Hertzog ward zu Burgund/vnd Graffe zu Flandern. Es gab auch König Carole seines Bruders Philippen Schwester 400000. Kronen. Vnd alß diß Weib gestarb/ließ sie hinder jhr viel Kinder/vnder welchen Catharina ward vermählet Hertzog Lupolden von Oesterreich/vnd Maria Hertzog Amadeo von Saphoy/welche auch gebar Ludwigen Hertzog zu Saphoy/vnd Mariam die der Vitzgraffe von Meyland

Von Gallia.

land nam. Aber Fraw Margreth nam den Graffen von Holand vnd Hennegöw Antonius ward Hertz zu Braband/Lothringen vnd Lemburg. Vnd Philippus sein Bruder ward Hertz zu Niuers vnd Rastell. Hertzogen Vgellani Tochter nam zu der Ehe Johannes Graffe zu Cleue.

28. Johannes Hertzog zu Burgund vñ Graffe zu Flandern/nam zu der Ehe des Graffen von Holand vnd Hennegöw Tochter/vnd starb Anno 1419. Er verließ ein Sohn vnd viel Töchter. Maria nam zwen Männer/aber bey benden vnfruchtbar. Es giengen Isabella vnd Catharina auch ab ohne Kinder.

29. Philippus der Milt/Hertzog zu Burgund vnd Graffe zu Flandern/nam zu der Ehe Isabellam des Königs Johannis von Portugal Tochter. Vñ nach dem seines Bruders Sohn starb/ ist er Anno 1430. auch Hertzog zu Braband worden. Er gebar drey Söhn/aber Jodocus vnd Antonius giengen ab ohn Leibs Erben. Sein Schwester Maria des Hertzogen von Cleue Gemahel/gebar viel Kinder/vnder welchen Margaretha ward vermählet Hertzog Wilhelmen von Bayern/vnd Catharina Hertzog Arnolden von Gellern: Item/Maria Hertzog Ludwigen von Orliens/vnd gebar König Ludwigen den zwölfften. Deßgleichen die andere Schwester Agnes/ so der Hertzog von Bourbon hette/gebar viel Kinder/vnder welchem ward Jacob Graffe zu Belloioco/Agnes Hertzogin zu Calabrien/rc.

30. Carlen der mächtig Hertzog võ Burgund/Braband/Flandern/Holand/Seeland/rc. hat drey Weiber nach einander gehabt. Die erste war König Carlen von Franckreich des siebenden Tochter/vnd die bracht jhm kein Kind. Die ander war Hertzog Carlen von Bourbon Tochter/ mit namen Elisa/vnd die bracht jhme ein Tochter. Die dritte ward des Königs von Engelland Schwester. Es kam diser Carlen vmb Anno 1476. wie hie vnden weiter beschrieben wirdt.

31. Maria ein einige Tochter H. Carlens võ Burgund/vnd ein Erb aller seiner Länder. Dise nam Maximilianus Ertzhertzog zu Oestereich Anno 1478. aber sie starb bald hernach Anno 1481.

32. Philippus Ertzhertzog zu Oestereich/Hertzog zu Burgund vñ Braband/Graffe zu Flandern/Holand/rc. nam zu der Ehe Johannam ein Tochter Königs Ferdinandi von Arragon/der Mutter war Fraw Elisabeth Königin zu Castell vñ Legion. Es ist diser Philippus gestorbē Anno 1506. Sein Schwester Margareth ist zum ersten vermählet wordē König Carlen võ Franckreich dem achten/darnach nam sie Johannes des Königs von Arragonien Sohn. Zum dritten ist sie vrmählet worden Philiberto dem Hertzogen von Saphoy/vnd alß jhr derselbig auch starb/hat sie viel jahr im Witwenstand gelebt/vnd geregiert die Länder Braband/Flandern/rc.

33. Carolus König in Hispanien/vnd Keyser in Teutschland/Graffe zu Flandern/rc. hat zu der Ehe genommen Isabellam König Emanuels von Portugal Tochter/vnd sein Schwester Leonoram hat derselb König Emanuel genommen/die ist hernach vermählet worden König Francisco von Franckreich. Isabellam hat genommen König Cristiernus von Dennmarck. Vnd alß er auß seinem Reich vertrieben ward/ist die Königin kommen gen Gendt/vnd da gestorben. Aber Cathatarinam nam König Johannes von Portugal/ein Sohn König Emanuels.

34. Philippus König in Hispanien/disem vbergab sein Vatter Keyser Carle der fünfft/dise Länder alle zubesitzen/Anno 1549. welcher im jahr 1554. Mariam Königin in Engelland zu einem Ehegemahel genommen.

Lützelburg. Cap. lviij.

Dises Land ist anfänglichen ein herzliche Graffschafft gewesen/vnd darnach zu einem Hertzogthumb erhöhet. Keyser Heinrich der siebend dises Namens ist Graffe von Lützelburg gewesen/vnd lang hernach zu den zeiten des Römischē Königs Wenzeslai/der auch König von Böheim war/ ward auß der Graffschafft ein Hertzogthumb gemacht. Doch schreibt Conradus Vecherius/daß Keyser Heinrich dise Graffschafft erhebt habe zu einem Hertzogthumb. Es hat König Johann von Böheim der Blind/Hoff gehalten zu Lützelburg/vnd der Landtschafft viel guts gethan. Dann die Graffschafft Lützelburg/vnd das Königreich Böheim seind etlich vnd hundert Jahr vnder einem Geschlecht gewesen. Darnach seind sie von einander kommen/vnd ist Lützelburg gefallen an ein Fraw von Bayern/die hat jhr Gerechtigkeit verkaufft Hertzog Philippen von Burgund. Deßgleichen hat Hertzog Wilhelm von Sachsen nachmahls auch sein Gerechtigkeit dieses Lands zugestellet dem Herzen von Burgund. Vnd alß Keyser Maximilian Erb ward Hertzog Carlens von Burgund/ist jhme auch zugefallen das Land Lützelburg. Vnd Keyser Carlen der fünfft hat diß Land gleich auff sein

Tauff von seinem Vatter Philippo empfangen/vñ ist diß sein erster Titul gewesen: Der Printz von Lützelburg. Dieweil es under den Hertzogen võ Burgund ist gewesen/haben die Hertzogen zu Regenten/die man Gubernatores nennet/in das Land gesetzt den Herren von Croy/vñ Marggraffe Rudolphen von Hochberg. Aber da es erobert Keyser Maximilian durch das Fräwlein von Burgund/seinem Gemahel/gab er das Gubernament Marggraffe Christoffel von Baden umb etliche tausend Gulden. Es haben auch die Fürsten von Hochberg und Baden im Land Lützelburg gantz trewlich Hauß gehalten/es beschützt und beschirmbt vor den Frantzosen und etlichen Graffen/des Lands Feind/haben etliche Raubhäuser abgeworffen und bezwungen/als Bulligon/Eßdan/Rodenmach und Reichensperg. Fraw Margreth von Oesterreich/Witwe von Saphoy/König Maximiliani Tochter/hat die Pfandtschafft des Gubernaments Marggraffen Bernharden von Baden abgelößt/und den Marggraffen von Berges/auß Braband dareyn gesetzt. Und als er bald starb/ist dahin gesetzt worden võ Keys. May. der Erbtrucksesß auß dem Hennegöw. Den hat der Frantzoß ungewarnet überfallen in seinem Gubernament/vñ das Land vast biß auff Dietenhofen eyngenommen/verhergt und verderbt Anno 1542. und 1543. Es ist ein löblicher und namhaffter Adel im Land/sie haben auch schöne Freyheiten. Etliche Graffen müssen ihre Lehen da empfahen/als Manderscheid/Arenburg/Salm/Ritterscheid/Rineck/Krichingen und Isenburg/sampt andere Herren und vom Adel ein grosse menge. Es ist zu Lützelburg in der Statt ein Hoher Rhat/ein President in Räthen. Ein Ritterschafft kompt gemeinlich alle Jahr vier mal in die Statt zusammen. Das Land hat viel Wäld und kleine Bächlein/gesunden Lufft/vñ gut getrew Volck. Sein beste Nahrung ist Vieh/und das ist vast gut. Disen bericht von dem Land Lützelburg hat mir zugestellt der Ehrenvest/Juncker Hans Christoffel Höcklin von Steineck/zu Bertringen bey Lützelburg. Dise Landtschafft hat etwas erlitten durch Kriegsübung Heinrici II. König auß Franckreich im Jahr 1552. und 1553. Dann als er wider Keyser Carlen den fünfften ein Krieg führet/zog er mit einem grausamen Heertzug in das Teutschland/und erobert allda mit gewalt Ibisch/und die herrliche Vestung Dietenhofen/welche hart an der Mosel ligt/drey meil wegs von Metz: welcher Belägerung wir allhie haben für Augen gestellt.

Dietenhofen.

Dietenhofen der herrlichen Vestung sampt der Belägerung contrafehtung.

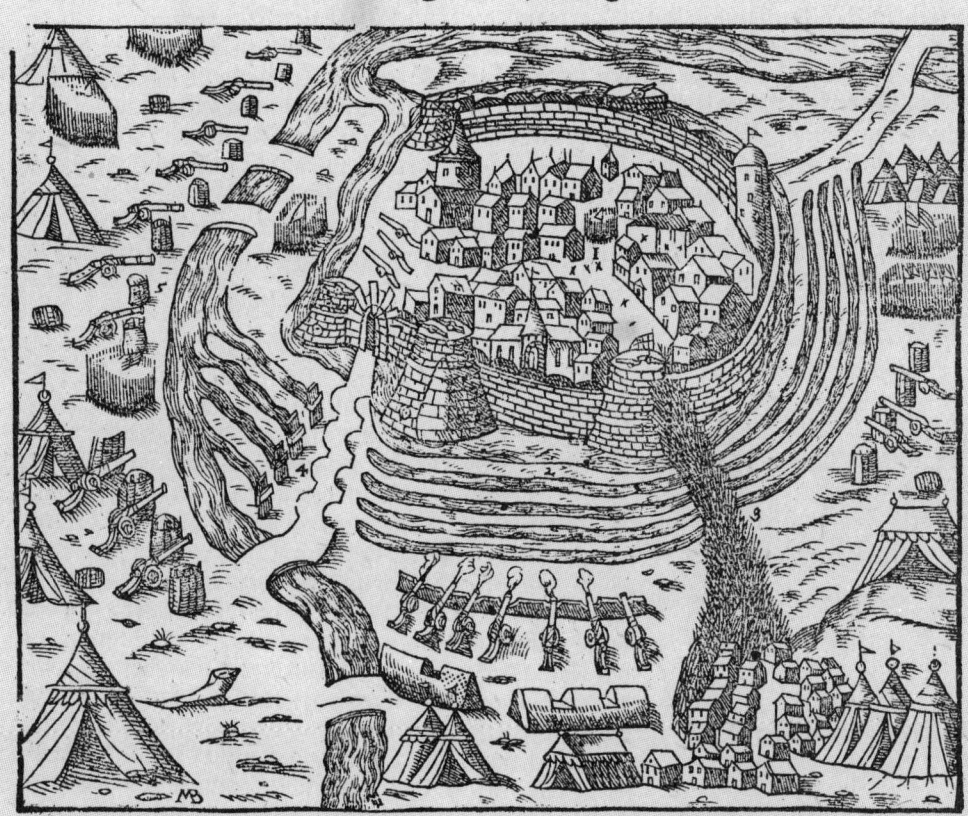

Außlegung der Ziffer/der Vestung Dietenhofen.

1 S. Eustasius Kirchen und der Marckt darbey.
2 An disem Ort ist die Statt gestürmbt worden.
3 Von dannen ist sie eyngenommen worden.
4 Die Schutzbretter/das Wasser hinein zu lassen/oder abzuwenden.
5 Der Fluß Mosel.

Von Gallia.
Limburg. Cap. lix.

Nicht weit von Aach ist das Hertzogthumb Limburg gelegē/ ist etwan ein Graffschafft gewesen/ besonder viß das Jahr 1172. da die Graffen von Hennegōw vnd die Graffen von Namur/ Löven vnd Holand/ auch noch ihre besitzung gehabt haben. Die Keyser Heinrich haben es gemacht zu einem Hertzogthumb/ aber es ist bald wider abgestorben vnd zergangē/ vnd kam zum grössern theil an die Graffen võ Gellern. Darnach Anno Christi 1293. da der Graffe võ Gellern gefangen ward von dem Hertzogen auß Braband/ mußt er den Brabandern viel geben von dem Hertzogthumb Limburg/ wolt er anderst ledig werden. Diß Hertzogthumb hat den Namen von der Statt Limburg/ die nicht fern von Aach vnd Lüttich gelegen ist/ wie du sehen magst in der Tafeln Brabands.

Holandt. Cap. lx.

Es hat die Graffschafft Holandt ein anfang genommen/ alß man meynt/ vnder Carolo dem Kalen/ vnd ward der erst Graff dareyn gesetzt Anno 863. Herr Dietrich võ dem Stammen der Königen von Franckreich/ vnd ist das Land blieben bey seinen Nachkommen biß zu dem Jahr 1345. da gab der letst Graff des Geschlechts mit Namen Wilhelm/ sein Tochter dem Keyser Ludwigen võ Bayern. Darnach vbergab Keyser Ludwig diß Land seinem Sohn Wilhelmen/ vnd der hett nicht mehr dann ein Tochter/ die name der Graff oder Hertzog von Gellern. Vnd alß dieselbig starb/ strebten viel nach disem Land/ mit Namen die von Gellern/ die von Bayern/ vnd der Hertzog von Burgund. Zu letst nach absterben Jacobi erobert der von Burgund das Land/ wie vorhin gemeldet ist. Dann Wilhelm der letste Graff hat zu der Ehe Hertzog Philipsen von Burgund Tochter. Die Genealogy diser Graffen/ will ich hie vnden im Teutschen Land weitläuffiger beschreiben.

Es hat jetzund zu vnsern zeiten diß Land viel herrlicher Stätt/ vnder welchen Amsterdam die andern alle vbertrifft/ der Kauffmanshändeln halb/ so da getrieben werden. Sie ligt im Wasser/ vnd wird allenthalben mit Wasser vmbgebē/ gar nahe wie Venedig/ ist anfänglichen mit schlechten einfältigen Häusern auffgericht worden/ vnd von tag zu tag zugenommen/ biß sie zu der Herrlichkeit kommen ist/ in deren sie jetzund ist. *Amsterdam.*

Sie ligt 27. Grad 34. Minuten in die länge/ vnd 52. Grad 40. Minuten in die breite/ an dem Arm Tie/ von welchem Arm mehrerley grosse Canalen/ vnd gemachte Gräben/ Wasser in die Statt geleitet vnd geführt werden: der grössest vnd schönest ist der mittelste/ genandt Ambrack. In disen Canalen gegen Auffgang fahren auß vnd eyn die Naven/ grosse vnd kleine Schiff/ welche von dem grossen See/ vnd Arm der Suidersee von dem Oceanischen Meere täglich in grosser anzahl schier von gantz Europa kommen vnd außfahren: Vnd erstlichen kommen Schiffe von disen Niderlanden/ vnd darnach von Franckreich/ Engelland/ Hispanien/ Portugal/ vnd volgends von Teutschland/ Poln/ Lifflland/ Norwegen/ Oostland/ Schweden/ vnd andern Mittnächtigen Ländern/ dannenher gemeinlichen zwey mal im Jahr Fluten/ das seind Reisen viel Schiffen mit einander/ ja zu zwey oder drey hundert Schiffen auff ein Reise zu kommen/ gesehen wirdt/ vnd sonderlich von Dantzig/ Rie/ Reuel vnd von der Nerve mit vnzalbar viel Kauffmanschafft beladen: inmassen daß sie in diser Statt ein Stappfel/ Niderlag vñ wunderlichen Hafen machen/ vnd dergestalt/ daß zu zeiten ob die 500. grosser Naven oder Schiffe von allen Provintzen allda gesehen werden: Jedoch aber seind der mehrtheil Holändische Hulchen/ fürnemlichen den Eynwohnern diser Statt zugehörig/ welches zwar einen herrlichen schein gibt/ vnd lustig zu sehen ist. Wirdt also ein großmächtiger Gewerb da getrieben/ vnd nach Antorff in disen Landen für die fürnehmste Gewerbsstatt gehalten: Ist zwar ein groß wunder vnd vngläublich ding/ daß/ wann von den obgedachten Fluten eine zu zwey oder drey hundert grosser Schifffluten daselbst ankompt/ so seind die Burger vnd Eynwohner so gewaltig reich/ daß sie also bald alle gebrachte Kauffmanschafft auffkauffen/ inmassen daß dieselben Schiffe nach ankunfft innorhalb fünff oder sechs tagen allerdings verricht/ wider zu Hauß fahren mögen. *Vil Flotten vnd Schiffscharen.*

Es werden in diser Statt Amsterdam sehr viel grosse vnd kleine Schiff gemacht: Deßgleichen vber die 12000. stuck Wolline Tücher des Jahrs.

Dise Statt Ambsterdam ist aller auff grosse lange höltzine Pfeiler gebawen/ mit gewalt in den grund derselben Wasser geschlagen/ derwegen vnser guter Freund einer wol weißlich gesagt hat: Wann einer denselbigen grund sehen könte/ möchte kein schönerer Wald gesehen werden. Man sagt daß das Fundament vnd Grund der Häusern/ dieweil sie so viel Holtzwerck vnd mühe darauff gehet/ *Form der Statt gebäw.*

Pp iij

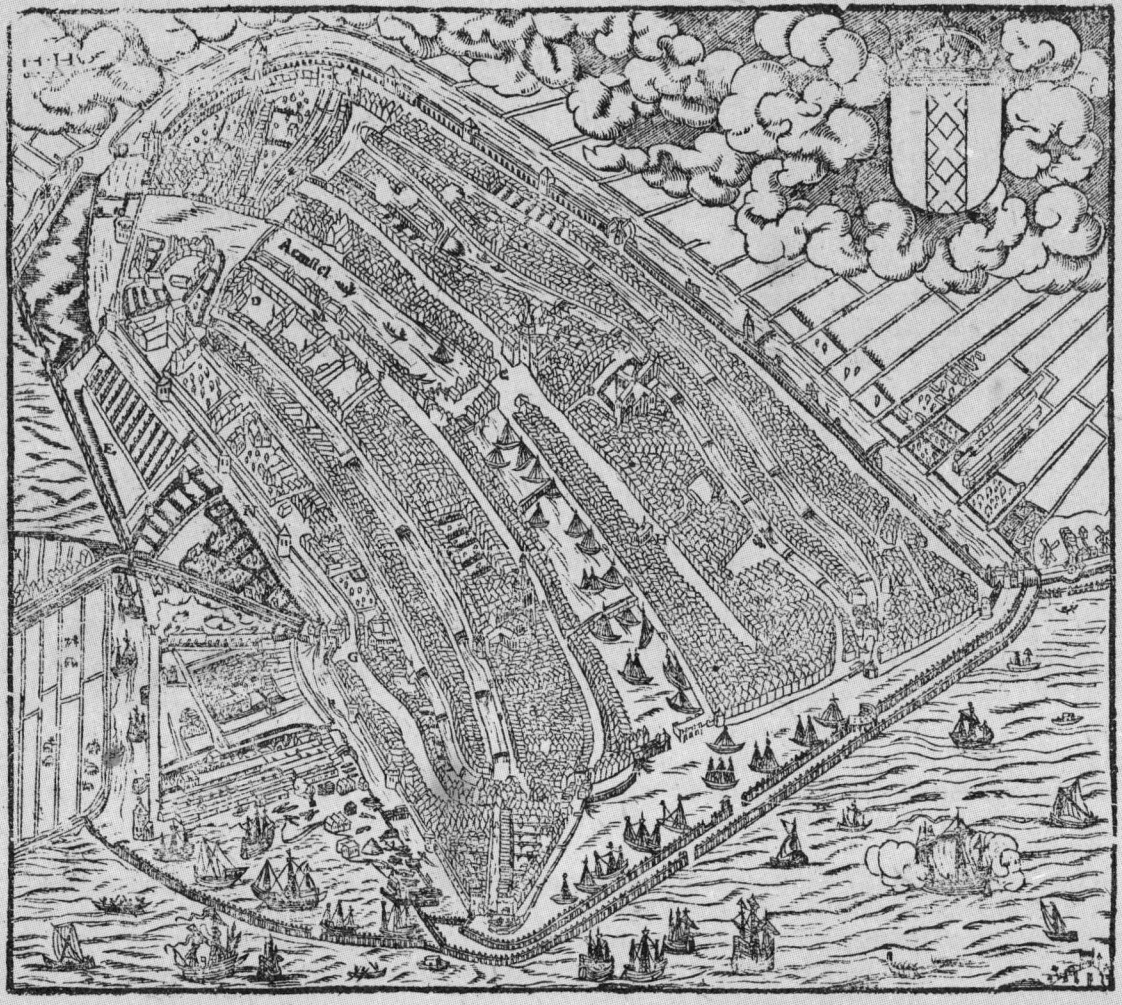

gehet/vil mehr kostet/dann d'ober theil. Dise Statt hat fürwar herrliche Gebäw/grosse Macht an Volck vnd an Reichthumb: Ist vest vnd vnüberwindtlicher gelegenheit/daß man kan sie wunderbarlicher weise gantz bequemlich auff ein weites spacium vmb vnd vmb in das Wasser setzen. Also daß es wegen des Luffts/der Wassern/mit der gelegenheit/viele vñ form der Canalen schier in allen Gassen/vnd sonsten auch anderer vrsachen halben gantz vnd gar der Statt Venedig gleich sihet.

Amsterdam Wassers halben Venedig gleich.

Warhaffte contrafehtung der Statt Haerlem/mit jhrer jüngsten Belägerung. Cap. lvj.

Nicht fern võ Amsterdam ligt die Hauptstatt Haerlem auff einem ebnen/fruchtbaren vnd Viehreichen boden. Dise durchfleußt das Schiffreich Wasser Tsparen/welches bey Sparendam durch ein Damm (daher dann diser Flecken seinen Namen hat) in die Tie fallet. Zu welcher zeit sie auffkommen sey/weißt man nicht eygentlich/dann allein daß man sagen will/sie habe vor zeiten ein Herr/Lem genandt/erbawen/daher man sie mit zusammengeschlagenem wort Haerlems Statt geheissen hab. Dem seye aber wie jhm wölle/so ist sie fürlauffender zeit/mit Gebäwen/viele der Stifften vnd Clöstern/auch mancherley Handthierung dermassen auffgangen/daß sie heutiges tags nicht die geringste in Holandt ist. Als Hertzog Carol von Burgund (welchem vor zeiten die Niderland zuständig waren) im 1476. Jahr ernstliche vnd schwere Krieg führet/eins theils wider die Eydgnossen/anders theils wider Hertzog Rheinhart von Lothringen/vnd jhm das glück an zweyen orten/nemlich zu Gransen vnd Murten widerstanden/also daß er an Leuth vnd Gut grossen schaden empfangen/deßhalben aneinander seinen Landen newe Tribut/Stewr vnd Hilff auffgelegt: waren die Stånd in Niderlandt mehrtheils allenthalben vnwillig worden/daß sie vmb frembder Kriegen willen (dann er je vmb seine Land vnangefochten ware) das Haar her halten mußten. Vnder andern Städten war auch Haerlem/die solches dem Fürsten versagt/mit der bescheidenheit/daß er von solchen Kriegen ablassen solte: wo fertzaber sein Hochheit vnd Land angriffen oder beschädiget wurden/wolten sie alles bey jhme lassen.

Erleu-

Von Gallia.

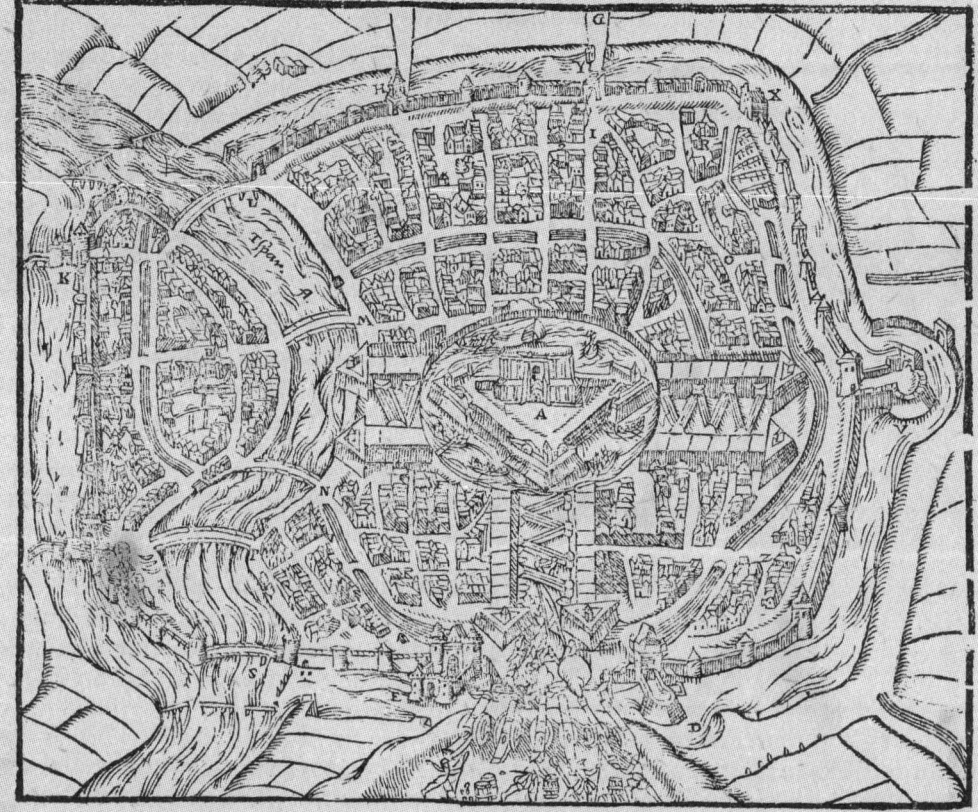

Erleuterung etlicher Ort diser Statt.

A Ist die Pfarrkirchen/ welche mit sampt dem Marcktplatz/ Stathauß vnd etlichen hergelegenen Gebäwen also eyngeschantzt worden ist.
B Zun Augustinern.
C S. Antoni.
D Die Creutzport.
E S. Johanns port.
F Das Syl Closter.
G Der Weg nach Leiden.
H Die klein Hauptport.
I Die groß Hauptstraß.
K Schalweicker port.
L Die lange Bruck.
M Die Fischbruck.
N Quackebruck.
O S. Gangulff.
P S. Nielausen Bruck.
Q S. Clara.
R S. Anna.
S S. Catharinen Bruck.
T Mindere Brüder.
V Die Sylporten.
X Schutters Thurn.
Y Die longe Hauptport.
Z S. Maria Magdalenen Closter.
a Weissen Herren Clöster.
b Spärnower Thor.
c de Camp.
d Die Ramen.

Anno 1531. im Hornung/ hat das Wasser auff das Holländisch Gestad hinauß/ nicht ferr von Haerlem/ ein Fisch außgeworffen 68. Schuh lang/ vast 30. breit: der Schlund aber so man den Kiferl auffgesperrt/ 13. Schuh weit.

Im Winter des 1572. Jahrs hat dise Statt trefflichen schaden erlitten. Dann alß Wilhelm der Printz von Orange/ so wider Ferdinand Duca de Alba/ Kön. M. in Hispanien General Leutenant in Niderlande/ ernstlich krieget/ dise im Sommer hievor besetzt/ ward sie im December durch den ermeldten Hertzog von Alba ernstlich vnd hart belägert/ mit gantzer Macht etliche tag durch das grob Geschütz beschossen/ vnd die Mawr hernider gefellt. Als aber die Feind am 20. Dec. den ersten Sturm zwischen S. Johans vnd der Creutzporten gegen Mittnacht angeloffen/ wurden sie Mañlich abgetrieben/ darzu vom Printzen so viel verhindert/ daß der Statt Proviand zukoñen mocht. Folgends alß sie den Mawrbruch noch grösser gemacht/ vñ die Gräben vermeynt gefüllt zu habē/ seind die Spanier den 1. Febr. abermals angeloffen/ vñ auß begierd des Raubs die vordersten seyn wolle: haben die in der Statt/ alß die Feind das Spiel schon gewunnen vermeynt/ das Pulfer/ welches sie vnder der abgeschoßnen Mawren vergraben/ vrplötzlich angesteckt/ welchs ein grosse antzal Spanier in die Lüfft geworffen/ verbrent vñ geschädiget hat/ daß die allsampt widerumb zu ruck weichē müssen. Alß aber die Albanischen dannoch nit abziehen wöllen/ haben die Eynwohner vñ Besatzungsknecht/ in eyl/ den Marckt/ die Pfarkirchē/ so sie mit Erde auß gefüllt/ vn die nechste ort mit newen Kondelen vnd Blockhäusern so starck eyngeschantzt/ daß ob wol die Spanier den dritten Graben schon erobert/ abermals von wegen ernstlicher gegenwehr: auß diser Schantz/ vmb die sie noch nichts gewußt/ mit schaden abweichen müssen. Auffs letst ward sie durch mangel aller Nahrung/ durch langwierige Beldgerung außgedempfft/ vnd zur auffgebung gedrungen/ ein grosse anzahl darinn erhenckt/ enthauptet/ vnd in andere weg getödet.

Pp iiii   Ros

Das dritte Buch
Roterdam. Cap. lvij.

Ein andere Statt in Holand/ mit Namen Roterdam/ist zu vnsern zeiten durch den Hochgelehrten Erasmum von Roterdam zu grossem Namen erwachsen/ ob schon die Statt an jhr selbs gegen andern Holändischen Stätten kleiner achtung ist. In jhr ist geboren vnd erzogen der jetztgemeldt herzliche vnd treffliche Mann/ ein sonderlich Gezierd vnd Kleinodt Teutscher Nation/am meist aber des Holändischen Volcks/der mit Schreiben trefflich sehr gefürdert hat die Lateinische Sprach zu vnserer zeit/vnd weit vbertroffen alle gelehrte Männer so nach dem H. Hieronymo kommen seind/des geben mir kundtschafft alle recht gelehrte Männer/ so zu vnsern zeiten leben. Nicht mindern Nutz hat er geschafft in außlegung der Heiligen Geschrifft/ vnd verdolmetschung des Newen Testaments/ auß Griechischer in Lateinische Sprachen/vnd also manchen Vngelehrten zu der Lehr gebracht/ja auch viel gelehrter Männer noch gelehrter gemacht: vnd in summa alle Nation der Christenheit bewegt zu Reformierung der Hohen vnd Nidern Schülen. Nun diser hochgeachtet Mann Erasmus schreibt von Batavia oder Holandt seinem Vatterland also: Es seind die Holänder vorzeiten Bataven genennet worden/seind gewesen Völcker auß Teutschland/ haben gewohnet vnder den Chatten/seind von jhnen in einer Auffruhr vertrieben worden/ vnd zogen an ein ort des Lands Galliæ/haben eyngenommen ein Insul so der Rhein sampt dem Meere machet/ vnd sich dahin mit Hauß gesetzt/vnd sich gestärckt mit Waffen vnd Reichthumb. Diß Land ist mir zum Vatterland worden/ vnd wolte Gott daß ich jhm so wol zur frewd were/ alß es mir ist. Die Eynwohner seind also gesittet/ daß sie gantz freundtlich gegen jederman seind/vnd kein grimmigkeit bey jhnen ist/sie seind eines eynfältigen vnarglistigen gemühts/mit keinen schweren Lastern beladen/dann daß sie etwas zu viel dem Wollust des Leibs ergeben seind. Dann sie haben ein vberfluß aller notdürfftigen dingen/die gemeinlich ein vrsach ist des Leibs lust. Solch vberflüssigkeit kompt daher/daß diß Land am Meer ligt/ hat zwen außgäng des Rheins vnd der Maß/ vnd an jhm selbst auch vast fruchtbar ist: dann es wird mit Schiffreichen vnd Fischreichen Wassern befeuchtiget/ vnd deßhalben mit feißter Weyd besetzt. Die Sümpff vnd Wäld so darinn seind/ bringen ohnzehlig viel Vögel vnd Schnabelweyd. Man meynt auch/ daß man nicht bald disem Land ein gleiches findt/ da man in einem solchen kleinen begriff so viel Stätt vnd Flecken findt. Es wöllen die Kauffleut die viel Länder durchwandern/ man finde hübscher Haußgezierd nicht dann in Holandt.

Von disem ort drey meil wegs ligt ein Dorff/des Graffen Hage genandt/welches für das allerherzlichste vñ schönste in gantz Europa geachtet werden mag: es hat bey 2000. Häusern/ einen gewaltigen Pallast/vnd sonst viel Herzligkeiten: aber in disen schädlichen Niderländischen Kriegen hat es das vnglück auch nicht vbersehen/weil es zum offtermalen geplündert vnd eyngenommen worden. Nun vor disem Dorff auß ligt ein Closter S. Bernhards Orden/in welchem ein Epitaphium/außweisende: Wie Margaretha Florentini eines Herzogen in Holand vnd Seeland/vnd Mathildæ einer Herzogin von Brabant/Tochter/im 42. jahr jhres Alters/am Charfreytag/vm die neunte stund vor Mittag/im 1276. jahr/auß fürbitt einer armen Frawen (welcher sie mit vielen bösen zureden nicht glauben wolt/daß sie von einem Mann zwey Kind haben köndt) 364. Kinder/Manns vnd Weibsgeschlecht all lebendig in die Welt gebracht habe/welche alß sie von dem Bischoff Guidone Suffraganeo in einem Gefäß getaufft/vñ die Knäblein Johannes/die Meidlein aber Elisabeth genennet worden/seind sie/mit sampt der Mutter/ verscheiden/vnd in genandtem Closter vergraben worden.

Von den Herzogthumben Braband/Gülch/Cleve/Bergen vnd Gellern/will
ich hernach sagen/wann ich in das Teutschland
komme.

Von

Von Gallia.

Von etlichen Geschichten die sich in Gallia verlauffen haben.
Cap. lviij.

Gallia nach dem es die Francken eyngenommen haben/hat viel vnd groß vnglück offtermal erlitten von den Britaüiern/Normanden/Gothen/Hunnen vñ Wandalen/wie dann auch Teutschland manch mal durch die drey letzten Völcker hoch beschädiget worden ist. Wo sie aber herkommen seind/will ich in beschreibung Teutscher Nation anzeigen. Wer die Britannier vnd Nortmänner seind gewesen/hab ich hievornen zum theil gemeldet.

Anno Christi 453. kam Attila der Hunnen König mit einem solchen grossen Heer/deßgleichen nie in Europam kommen ist/das er nun von mancherley grimmigen Völckern zusammen hat gelesen/man schreibt von fünff mal hundert tausend gewaffneter Männen/die er bey einander gehabt. Er zog auß Pannonia/das jetzund Vngerland heißt/vnd kam in Galliam. Er zerbrach vñ verwüstet was er ankame/besonder/Metz/Trier/Tungern vnd andere Stätt/Flecken/Castell/ Schlösser vnd Dörffer/biß er hineyn kam auff das Feld bey Tolosa gelegen/man nennet es das Catalaunisch Feld. Die andern sprechen/es sey in Vasconia geschehen. Da kamen die Römer/ die Galliam zum grössern theil noch jnnhetten/dem Landtvolck zu hilff/vnd versamleten auch ein Volck. Jhr Hauptman war Aetius/der in Kriegshändeln gar wol geübt war. Es kamen jhm auch zu hülff Theodoricus der Visigothen König/die Burgunder/die Francken mit jhrem König Meroveo/die kurtzlich vber Rhein in Franckreich kommen waren/die Sachsen/die Pariser/ vnd jederman/wer hilff thun mocht wider die grausamen teufelischen Menschen/ob sie auch noch Feind waren/kamen da zusammen/vnd vereinbarten sich wider die Hunnen. Dann es waren die Hunnen mächtige starcke Leuth/vnd hetten viel Länder bestritten. Es mocht jhnen niemand widerstand thun/darumb war von nöthen/daß man sich wol

fürsahe wider sie. Da man nun zu beyde seiten sich wol gerüst hett zum Streit/seind die zwey Heer gegen einander getretten/vnd ist ein solcher grausamer Streit vnd Schlacht zwischen jhnen erwachsen/deßgleichen nie erhört ist worden. Man schreibt darvon/das mitten auff dem Feld Blutbäch geflossen seind. Doch ist der Hunnen König zu letst in die flucht getrieben. Da Attila sahe daß er vnden lag/flohe er in sein Wagenburg/vnd stellt gerings vmb für die Wägen die Schilttrager vnd Schützen/die den Feinden widerstand theten/biß er sich widerumb in die Ordnung rüstet. Er ließ auch Stroh/Sättel/vnd ander Plunderwerck zusammen vber einen hauffen tragen/daß man bald anzünden möcht/ darinn er sich selbs verbrennen möcht/wann die Feind je

vberhand nemmen wolten/damit er nicht lebendig jhnen in jhre Händ käme/oder so er vmbkäme/daß er nicht beraubt wurde der Begräbnuß. In diser Schlacht kamen vmb auff beyden seiten 165000. Menschen. Es kam vmb König Dietrich von Bern/ vnd andere mehr treffliche Männer. Am andern tag wolt Thorismund König Dietrichs Sohn/seinen Vatter rechen an dem Attila der Hunen König/ aber Aetius förchtet alß wol die Gothen alß die Hunnen/darumb rhiet er Thorismundo/er solt heim ziehen/vnd sein Vätterlich Reych eynnemmen. Da das geschahe/zog Attila auff Reims vnd stürmbt die Statt/vnd gewan sie auch/vñ erschlug was darinnen war. Darnach kam er gen Troy/ da lieff jhm der H. Bischoff Lupus entgegen/vnd fragt also: Wer bist du? Antwortet er jhm: Jch bin die Geysel Gottes. Da fiel jhm der Bischoff in Zaum/vnd führt jhn durch die Statt hinauß ohn allen schaden.

Nach dem zog Attila in Teutschland/vnd verderbt Land vnd Stätt/biß daß er vernam/wie Aetius vnd die Gothen ein new Heer wider jhn samleten/da zog er heim in Vngern/vnd nam mehr Kriegsvolck zu jhm/vñ zog eylends auff Welschland durch Steyrmarck vnd Kerntē/da ward er gewahr durch Kundtschaffter/wie an dem Gebürg ein trefflich groß Heer seiner wartet. Da kehret er vmb vnd zog durch Winden/vnd zerbrach die Stätt am Venedischen Meer/vnd belägert die Statt Aquileiam oder Aglar drey Jahr/von dem ich hie vnden in Italia weiter schreiben will. Dise Historien findest du auch mit etlichen andern Worten/wie ich vnden im Vngerland geschrieben.

Anno Christi 700. fielen die Wandalen oder Wenden in Franckreich/vnd zerbrachen die Kirchen/zerschleifften die Clöster/bekriegten die Stätt/verwüsteten die Häuser/verhergten die Schlösser/schlugen ohnzehlich viel Menschen zu todt/vnd in summa sie verderbten alle ding mit Fewr vnd mit dem Schwert. Sie hetten auff ein zeit ein König der hieß Corchus/der zerbrach Mentz am
Rhein/

Das dritte Buch

Rhein/vnd rhiet jhm sein Mutter/wolt er ein grossen Namen vberkommen/vnd groß geachtet werden auff der Erden/solt er die grossen Stätt zerbrechen. Darnach zerbrach er Metz. Er vnderstund auch Trier zu erstreiten/aber er vermocht es nicht.

Der Saracenen Krieg.

Anno Christi 731. kam Abidiramus der Saracenen König/den man Mucam nennet/der Hispaniam 10. jahr jnghabt hett/vber das Gebürg in Aquitaniam vnd Vasconiam/vnd erobert die Statt Bourdeaux/vnd auß grossem haß Christliches Namens/schlug er zu tod Weib vñ Mann/Jung vnd Alt/darnach zog er fürbaß in Poictu/vnd erschlug viel Menschen/vnd verwüstet das Land mit Fewr.

Da kam jhm entgegen bey der Statt Tours/Carolus Martellus/des grossen Keyser Carles Großvatter/vñ vberwand die Saracenen mit jhrem König/vnd geschahe da ein grewliche grosse Schlacht. Ich find das an disem ort vmbkommen seind 375000. Menschen. Dann die Vngläubigen kamen mit jren Weibern. Aber von den Gläubigen kamen vmb nicht mehr dann 1500. Nicht lang darnach kamen die Saracenen wider auß Hispania zu Schiff/vnd fuhren den Rhodan hinauff/vnd namen eyn die Statt Auinion. Aber Carolus Martellus saumbt sich nicht/erobert widerumb die Statt/vñ schlug die Saracenen zu tod. Wañ diser fromm vnd edel Carolus sich nicht so gewaltiglich hette gelegt wid die Saracenen/so hetten sie vorlängst das gantz Europam erobert/vnd mit dem Mahometischen Glauben besteckt. Diser Martellus war an des Königs Hoff oberster Hertzog/den man dazumal nennet den Grössern des Hauses/vñ richtet alle grosse sachen auß/so dem Reich angelegen waren. Vō dem hab ich vornen gesagt/wie seine nachkomen An. Christi 750. haben das Königreich erobert.

Juden vertrieben.
Tempelherren verfolgt.

Anno Christi 1180. war ein grosse menge der Juden in Franckreich/von denen gieng auß ein geschrey/daß sie alle jar ein Christen kind heimlich zu wegen brächten/vnd führten es vnder das Erdtrich an ein verborgen ort/vnd marterten da/vnd schlugen es am Charfreytag an ein Creutz. Da König Philippus das vernam/ließ er die Juden fahen vnd peinigen. Darnach Anno Christi 1182. vertrieb er alle Juden auß seinem Reich/außgenommen die/die sich zum Christen Glauben bekehrten. Aber darnach da er Kriegs halben Gelt notdürfftig war/ließ er sie widerumb gen Pariß kommen/vnd Ludovicus nach jhm/eröffnet jhnen das gantz Land.

Anno Christi 1307. hat man in Franckreich gar tyrannisch gehandlet mit den Tempelherren/vnd mit jhrem gantz Orden. Vnd viel meynen/daß König Philippus (der dem Obersten des Ordens feind war/darumb daß sie reich waren) hab mehr auß liebe des Guts dann des Christen Glaubens halben also härtiglich wider sie gehandlet. Dann mit verwilligung Bapsts Clementis (welcher jhnen auch sehr feind war) hat er alle Tempelherren auff ein zeit lassen fahen/deren nun vast viel waren in Gallia/vnd ließ sie manigfältiglich peinigen/vnd zu letst mit Fewr verbrennen. Man hielt jhnen erstlichen für/welcher der Straff wolt entrinnen/der solt sein Orden verdammen als ein vnnütze Sect: aber es ward keiner gefunden in der grossen anzal/der etwas wider seinen Orden reden wolt/biß jhm die Seel außgieng. Dieweil die Welt gestanden ist hat Gallia kein elendern anblick gesehen/vnd kein standhaffteigers Exempel. Jacobus ein Burgunder diser Ritterschafft Oberster/ward mit andern dreyen ein zeitlang behalten/vñ gen Lugdun zu Bapst Clemente geschickt. Vnd als jhn Clemens zu verjähen ermahnet/hat er etwas von dem Orden bekandt. Aber da er widerumb gen Paris ward gefürt/vnd in die mitte gestellt/begert er daß man jhn höret. Als das geschahe/hat er thewr geschworen/daß sein Orden solches nicht verschuldet habe/daß er also gepeiniget solte werden. Vnd ob er schon verjähen hab/were das auß des Bapsts nötigung geschehen. Er wüßte wol das Leben seiner Mitbrüder were allwegen ohn besteckung gewesen. Das verjähe er mit lauter stim̃/vnd mit vnerschrockne Hertzen gab sich in Tod. Vnd als er mit sam̃t den andern dreyen Obersten seines Ordens mit bittern Peen ward gemartert/haben sie doch ein solches standhafftiges angesicht erzeigt/gleich als empfunden sie nicht der Pein. Dise sach ward hernach des Königs halb noch argwöniger/daß jhn der geitz mehr darzu weder Christliche Liebe hat getrieben. Dann bald nach vertilgung der Tempelherren/wurden alle Juden durch das gantz Gallia beraubt jhrer Güter/vnd allein mit einem Kleid auß dem Königreich vertrieben. Jedoch wendet König Philippus jhre böse Thaten für/damit er seinen Geitz beschönet.

Außsetzigen vergiffte die Brunnen.

Anno Christi 1322. wurden viel Leprosen oder Außsetzige in Franckreich gepeiniget. Dañ durch der Juden anweysung/schwuren sie zusam̃en/daß sie wolten vergifften alle Brunnen durch das

gantz

Von Gallia.

gantz Franckreich/damit die Leuth sturben oder auch Außsetzig wurden/die darauß truncken. Also griffen sie die sach an/vnd machten Confect von Blut vnd Menschen Harn/darzu brauchten sie etliche gifftige Kräuter/vnd theten es in ein Thüchlein/vñ versenckten es mit einem Stein in die Brunnen/damit es bald zu boden fiel. Das ward König Philippus jnnen in der Provintz zu Narbon/vnd ließ alle Leprosen/die an diser sach schuldig waren/daselbst verbrennen. Deßgleichen thet er durch das gantz Königreich den Juden vnd Leprosen/die in diser sach vberzeugt wurden. Es wurden auch diser sach halben zu Victry 40. Juden gefangen/vñ alß sie wol gedencken mochten/daß sie dem Tod nicht entrinnen möchten/erwöhlten sie zwen auß jhnen/die die andern tödeten/damit sie von der Christen Händen nicht gepeiniget wurden. Vnd da der ältest vnd der jüngst dise sach vollstreckt hetten/

Juden geödet.

vnd biß auff sie zwen alle todt waren/bat der ältest den jüngern/daß er jhn tödet/das thet er. Darnach nam er alles Gold das er bey jhnen fand/vnd macht jhm mit zerzerrten Leylachen ein Seyl/vnd ließ sich damit hinab. Aber er war dem Seyl zu schwer: dann es zerbrach ehe er hinab kam/vnd auß dem hohen fall/den er in den Graben thet/zerbrach jhm ein Schenckel/da ward er gefangen/vnd mit dem Tod gestrafft.

Anno Christi 1290. hat der König von Franckreich grosse Krieg geführt wider die von Flandern/also daß zu manchẽ mal viel tausend Menschen erschlagen wurden. Er verthet auch so viel Gelts/daß er von Armut wegen ein vnerträgliche Schatzung leget auff die Vnderthanen/Geistlichen vnd Weltlichen. Er fordert 30. vnd 58. Pfenning aller Güter die sie besassen. Er schwächt auch die Müntz an jhrem Gewicht. Doch bat er seinen Sohn in seinem Todtbeth/daß er sich hüte vor solchen beschwerungen des gemeinen Volcks: dann er sich sonst vnwerth machte/wie dann jhm geschehen war.

Franckreich hefftig geschätzt.

Anno 1420. ward König Carlen gar nahe auß Franckreich vertrieben/durch König Heinrichen von Engelland/vnd den Hertzogen von Burgund/welche Historien du verzeichnet findest hie vornen in beschreibung der Königen zu Engelland.

Anno Christi 1460. ist erstanden der mächtig vñ groß Krieger Hertzog Carlen von Burgund. Der legt sich wider König Ludwigen den II. vnd hett jhn schier auß dem Land vertrieben. Dann zu Montherry nicht ferr von Paris behielt er den Sieg wider jhn. Aber der König war schuldig an der sachen/daß auch alle Fürsten des Reichs/vnd sein eygner Bruder Carlen sich wider den König setzten. Dann er nötiget das Volck mit vnerhörten Schatzungen vnd Frondiensten/er verachtet allen Adel/vnd wolt den Fürsten kein gewalt gönnen/darzu wolt er sie nicht lassen sagen.

Hertzog Carol von Burgund hefftiget Franckreich.

Anno Christi 1486. alß der Bischoff von Lütich in zwytracht stund mit der Statt/kam Hertzog Carlen von Burgund wider die Statt/vnd vmblägert sie. Es kam König Ludwig hilff zu thun d' Statt/wie er dann ein Bündtnuß mit der Statt gemacht hat/aber er kehrt sich vmb vnd schlug sich zum Hertzogen/vnd halff jhm die Statt bekriegen. Da rufft die Statt den Bischoff an/den sie vorhin veracht hat/daß er den Hertzogen versühnet/aber es war vmbsonst. Da die in der Statt das merckten/brachen sie hinauß/vnd vberfielen den Hertzogen vnd wütetẽ wider jhre Feind/aber sie wurden bald gezwungen daß sie der Statt zulieffen. Vnd alß sie nicht genugsam widerstande mochten thun/entrunnen die fürnehmsten auß der Statt/vnd liessen hinder jhnen jhre Weiber vnd Kinder/vnd das ander grob einfaltig Volck. Da waren etliche die verriethen die Statt/aber jhnen ward jhr arbeit wol belohnet: dann der Hertzog ließ sie all enthaupten. Vnd nach dem die Feind die Statt hetten eyngenommen/haben sie jederman darinn erwürgt/Fraw vnd Mañ/Jung vnd Alt/ja sie erstachen die Pfaffen vnd Mönch in den Kirchen vnder den H. ämptern/sie bunden die Weiber an Rucken zusamen/vnd wurffen sie in die Maß/die vor der Statt hinfleußt. Zuletzt verbrenneten sie die Statt/vnd zerbrachen die Mawren. Aber es ward dem Hertzogen vber etliche Jahr hernach auch sein Lohn. Man schätzt es auff 40000. Mann/die in der Statt vmbkamen/vnd 12000. Weiber die ertrenckt wurden.

Lütich belägert.

Die Statt Lütich verherget.

Das dritte Buch
Von dem Burgunder Krieg. Cap. lxvj.

Contrafehtung Hertzog Carlens.

Anno Christi 1474. erhub sich ein grosser Krieg zwischen Hertzog Carlen vñ den Schweitzern. Es hett diser Hertzog im Elsaß ein Hauptman oder Amptman/ der hieß Peter Hagenbach/ d' versahe jhm das Breißgöw vnd Sunggöw/ welches Hertzog Sigmund võ Oestereich versetzt oder verpfendt hat Hertzog Carlen: vnd alß diser Peter viel muthwillens trieb mit den Weibern seiner Vnderthan̄/ auch zu Tau etliche auß dem Raht vnverschuldt ließ köpffen/ ward er gefangen/ Berechtiget vnd zum Tod v̄ rurtheilt/ vñ darzu wurden die Eydgnossen auch berüfft/ denen er viel schmach hat bewiesen. Dise Historien findest du etwas weitläuffiger hie vnden im Elsaß beschrieben. Da nun Hertzog Sigmund sein Land wider lösen wolt/ vnd der Hertzog von Burgund das auß den Händen nicht geben wolt/ nam es Hertzog Sigmund selbs mit hülff der Schweitzern/ vnd besetzt es mit Landvögten. Da wolt sich Hertzog Carlen rechen an den Schweitzern vnd Sunggöwern/ aber die Schweitzer wurden es bey zeiten jnnen/ saumbten sich nicht lang/ sonder fielen der Hertzogin von Saphoy/ die es mit Hertzog Carlen hett/ in jhr Land/ namē jhr eyn dise Stätt/ Gransen/ Orben/ Jurgny/ Juerdon/ Morse/ vnd alles Land am Losanner See biß gen Genff. Vnd alß die Hertzogin zu schwach war/ den Eydgnossen widerstand zu thun/ vbergab sie dem Hertzog von Burgund das Land so die Eydgnossen eyngenommen vnd gewunnen hetten. Es besorgten sich die Eydgnossen/ der Hertzog wurd sich lägern in dise Stätt vnd Schlösser/ vnd wurden haben ein thyrannischen Nachbawren vor d' thür/ der sie täglich schädigen wurd/ darumb fürkamen sie jhm. Alß aber der Hertzog herauß zog/ ward jhm die Straß zu Nansen verschlagen. Da legt er sich für Nansen/ vñ gewan das Stättlein bald/ sterckt sich noch mehr/ vnd kam durch das hoch Burgund vnd Saphoy an die Schweitzer/ vnd nam eyn bey Gransen zwen Schlösser/ vnd alle Teutsche die er darinnen fand/ deren bey 500. waren/ ließ er hencken an die Bäum/ etwan 6. oder 8. an einen Ast. Die Eydgnossen mit sampt den Sunggöwern/ Breißgöwern vnd Schwartzwäldern/ machten sich ohn allen verzug auff/ vnd kamen mit Macht wider Hertzog Carlen/ vnd erobern widerumb jhre Schlösser. Da erhub sich ein grosser Streit/ doch wurden nicht viel erschlagen: dann die Burgunder flohen bald wider jhres Hertzogen willen. Da verlohr der Hertzog alles sein Geschütz/ vnd ein groß Gut von Seiden/ Damasten vnd Satieten Gewändern/ mit sampt andern köstlichen Geschmeid vnd Schätz von Sylber vnd Gold/ auch Edlengesteinen/ daß er nacher hat geführt.

Die erste Burgunder Schlacht.

Man fand in dem Läger 3000. Säck mit Habern/ 2000. Heerwägen/ zwen Wägen mit Stricken vnd Seylern/ damit er die Gefangenen hencken wolt/ 2000. Tonnen Häring/ viel Tonnen mit geräuchten vnd gedörrten Fischen/ viel Tonnen mit gesalzenem Fleisch/ Hünern vnd Gänsen/ trefflich viel Stockfisch/ drey Wägen voll Armbrusten/ ein Wagen voll Setten für die Armbrust/ viel Wägen voll Englischer Pfeyl/ 8000. Kolben die voll Eysen Stäheln waren/ viel guldin vnd sylberin Becher. Item das gantz Credentz mit sylberin Gießfaßbecken/ sein groß vñ klein Sigel seines Bruders Antonij/ der ein lediger war/ das die Baßler haben. Item/ Feygen/ Mandelkern/ Meerträubel/ vnd Specerey ohn zahl/ 24. Paner vnd Fenlein/ viel Gezelt/ vnd ein grossen hauffen essender Speiß. Des Gelts ward auch so viel im Läger gefunden/ daß man es mit Hüten außtheilen mußt. Es war das verlohre Gut geschätzt auff die dreyssig mal hundert tausend Kronen. Nach disem erlangten Sieg/ zogen die Eydgnossen für Granse/ das die Burgunder jnn hetten mit sampt dem Schloß/ vnd funden da ein elenden anblick/ jhre Brüder noch also frisch an den Bäumen hangen/ die namen sie herab/ vnd machten ein grosse Gruben zu den Barfüssern am See/ vnd legten sie alle dareyn/ Anno 1477. am andern Tag des Mertzens.

Die ander Burgunder Schlacht.

Bald darnach wolt sich der Hertzog widerumb rechen an den Schweitzern/ vnd lägert sich für das Stättlein Morten. Die Schweitzer blieben nicht lang auß/ es kam auch Hertzog Renatus võ Lothringen/ den Schweitzern beystand zu thun/ weil jm Hertzog Carlen hett Nanse abgetrungen/ aber Renatus hatt es schon wider erobert/ vnd also erhub sich da noch ein Schlacht/ vnd lag der Hertzog von Burgund abermal vnden. Es hetten sich die Schweitzer mit sampt den Baßlern/ Straßburgern/ Sunggöwern/ vnd dem Hertzogen von Lothringen gesterckt auff 40000. wolgerüster Mann zu Fuß vnd zu Roß/ vnd mit vnerschrocknem Hertzen fielen sie dem Hertzog in sein Läger/ vnd schlugen jhn darauß in die flucht. Es brachten die Eydgnossen zum andern mal auß seinem Läger nicht geringe Beut. Ich find daß in diser Schlacht vmbkommen seind auff der Burgunder seiten 17000. Mann/ aber die Schweitzer verlohren nicht vber 50. Mann. Die andern schei-

Von Gallia.

schreiben/daß dem Hertzogen von Burgund in der Schlacht seind vmbkommen nicht mehr dann 3000. aber der Reyßig Zeug des Hertzogen von Oestereich vnd auch des Hertzogen von Lothringen hab nachgeeylet dem Hertzogen von Burgund biß gen Petterlingen/ vnd die flüchtigen ohn vnderlaß geschädiget. Es ist bey Morten am See ein groß Gebäw/ das ligt voll Todtenbein/ in welchem man noch auff den heutigen tag sihet/ wie die Köpff gespalten/ gestochen vnd sonst verwundt seind wo den in disem Krieg. Als nun der Hertzog hie abermal vnden lag/ thet es jhm gar wehe/ daß er von einem kleinen Fürsten solt vberwunden werden/ so er vorhin den König von Franckreich gar nahe vertrieben hette/ vnd sich nicht minder geschätzt in Gewalt vñ in der Reichthumb dann diser König/ vnd darumb auch begert von Keyser Friderichen/ daß er jhn zum König machte. Dise andere Niderlag geschahe im Brachmonat.

Also kehrt er sich zu letst wider den Hertzogen von Lothringen/ vnd wolt sich an jhm rechen/ vnd zu Winterszeiten belägert er die Statt Nansen/ vnd thet jhr so viel vbertrangs an/ daß er meynte sie müßt sich Hungers halben jhm ergeben/ vnd wo jhm der Bischoff von Metz nicht Nahrung geben/ hette er selbs Hungers halb müssen abziehen: aber es kamen die Schweitzer mit sampt dem Hertzogen von Lothringen am abend der H. drey König/ im Jahr Christi 1477. vnd vberfiel vngewarneter sachen den Hertzogen von Burgund vnd sein Heer/ vnd erhub sich da zum dritten mal aber ein grosser vnd mächtiger Streit zwischen jhnen/ doch mocht Hertzog Carle nicht lang bestehen: dann er war vngerüst zu der Schlacht/ deßhalben flohen die seinen/ vnd wurden etlich tausend (etliche sagen von 7000.) Burgunder erschlagen. Dann man eylet den flüchtigen nach/ vñ wurden viel erstochen/ viel wurden in der flucht in die Mosel getrieben vnd ertränckt/ vnd die sich in die Wäld verschlugen/ wurden von den Eynwohnern des Lands ertödet. Der Hertzog von Lothringen ließ auch noch nicht nach zu verfolgen seine Feind biß in die tieffe Nacht/ die jhn zu letst darvon abwendt. Da wurden gefangen Balduinus vnd Antonius Hertzog Carles natürliche Brüder: das ist Bastarde. Aber der vnselig Carle/ als er fliehen wolt/ fiel sein Pferdt/ oder wie die andern sagen/ er ward mit einem Spieß darab gestochen/ vnd mit dreyen wunden zu tod geschlagen. Eine hett er am Haupt/ die andere an den Hüfften/ vnd die dritte an dem Hindern. Man wußt lang nicht daß er vmbkommen war/ darzu wußt man auch nicht von wem er ertödet war. Aber da man jhn vnder den Todten fand/ trug man jhn gen Nansen/ vnd war sein Angesicht von der kälte also auffgelauffen/ daß man jhn kaum erkennen mocht. Man zweyfelt lange zeit darnach/ ob er vmbkommen were oder nicht. Dann etliche sagten/ er were lebendig hinweg geführt/ vnd dem König von Franckreich vberantwortet worden: die anderen sagten/ er were in der flucht entrunnen/ vnd hett ein willige Wallfahrt an sich genommen/ vnd wurde nach einer bestimbten zeit wider kommen. Die Kauffleut trieben viel wesens mit jhm/ sie kaufften vnd verkaufften vil ding/ die man bezalen solt in seiner widerkunfft. Es trug sich zu nach wenig Jahren/ daß bey Speier zu Brüssel ein Mann gefunden ward/ der dem Hertzog Carlen gleich sahe. Da fielen die Leuth auff jhn/ vnd sprachen: Er were Hertzog Carlen/ vñ lagen so hart auff diser red/ daß er kaum genugsamlich verläugnen mocht. Dise Historien hab ich etwas weitläuffig wöllen beschreiben: dann viel sagen darvon/ vnd seind doch wenig/ die den rechten grund wissen.

Die dritte Burgunder Schlacht.

Hertzog Carle erschlagen.

So bald diser Hertzog Carlen vmbkam/ erhub sich ein newe Auffruhr zwischen dem König von Franckreich vnd König Maximilian/ der Hertzog Carles einige vnd eheliche Tochter zu der Ehe nam. Dann König Ludwig nam in sein Gewalt die Picardey/ vnd vnderstund auch jhm zuzueygnen Artoys mit sampt dem gantzen Burgund/ vnd nam sonst viel Stätt eyn/ deren Maximilianus ein theil hernach wider erobert/ nach dem er Hochzeit gehalten mit Hertzog Carles Tochter/ die jhm zu Gendt war behalten. Es fiel Burgund mehrtheils an die Kron Franckreich/ aber die andere Niderländische gegne/ wiewol die vom König Ludwigen auch angefochten wurd/ fielen sie doch an Mariam Maximiliani Gemahel/ vnd fürter an das Hauß Oestereich. Es behielt auch Maximilianus mit gewalt ein theil des hoch Burgunds/ wiewol König Ludwig vnderstund das gar eynzunemen/ vnd schon im ausseren Burgund auch Hennegöw viel Stätt/ vnd Bevestungen eyngenommen hatt/ vmb das Jahr 1477. Bald hernach nam der Frantzoß die Statt Doll eyn/ dadurch Maximilianus bewegt/ mit starcker Macht in Burgund zog/ vnd gesieget wider König Ludwigen/ vnd wurden zu beyden seiten etliche tausend erschlagen.

Anno 1483. ward Margareta Maximiliani Tochter/ noch also jung in der Wiegen ligend dem jungen Carlen von Franckreich vermählet. Ab disem Frieden vnd Heurath hat König Ludwig in seinem Todtbeth ein solch gefallen gehabt/ daß er den Botten so auß Flandern geschickt waren/ schenckte 30000. Goldkronen/ vnd etliche Sylbergeschirr. Als aber König Ludwig starb/ vñ sein Sohn Carlen noch mit Vögten das Reich verwaltet/ sahe Maximilianus zu seiner Schantz/ nam etliche Plätz in Burgund vnd die Graffschafft Artoys eyn. Vnd wiewol zwischen König Carlen vñ Maximiliani Tochter ein Heurath war gemacht/ so war doch noch ein verborgene vrsach darhinder/ nemlich hette jeder theil gern das Hertzogthumb Britannien gehabt. Dann als derselbige Hertzog alt war/ vnd nur ein Töchterlein vbrig hette/ verhofft jeder theil durch derselbigen vermählung hinder das Fürstenthumb zu kommen. Da nun Carolus König in Franckreich

Qq   dise

dise Practick merckt/fieng er auch an vnwillen zu haben an seinem vnzeitigen Gemahel/die noch ein Kind war/vnd trachtet jmmer nach dem Hertzogthumb Britannien. Vnd alß mitler zeit Maria Maximiliani Gemahel auff dem Gejägd zu tod fiel/vnd Keyser Maximilian ledig ward/hett er ein weg vnd zugang zu werben nach dem Fräwlein von Britannien. Da Carolus das besorgt/zog er Anno Christi 1489. wider den alten Britannischen Fürsten mit starcker Macht/behielt den Sieg/darvon der Hertzog bald vor kummer starb. Es fieng auch König Carolus an eynzunemmen Britaniam. König Maximilian ließ Anno Christi 1491. ein Tag zu Nürnberg beschreiben/auff welchen Anna Hertzog Francisci von Britannien Tochter als ein Erb desselbigen Lands durch genugsame Botschafft Maximiliano vermählet ward. Aber da solches König Carlen vermerckt/richt er sein hut vnd spähet auff die Hertzogin/fieng sie auff vnderwegen/eygnet sie jhm zu/vñ verschupfft Margaretham Maximiliani Tochter. Damit behielt Carolus Britanniam vnd das Fräwlein damit/aber er vberkam kein Erben von jh. Maximilianus hett gern gerochen/aber er hett kein hülff/darumb muste er zu frieden seyn.

Darnach Anno 1504. nam König Carlen jm für zu kriegen wider den Türcken/vñ Griechenland zu erobern/vnd dieweil jhm füglich war Sicilia/zog er gen Rom mit grosser Macht/vñ nam eyn das Reich Neapels vnd besetzt es. Vnd alß er wider heim ziehen wolt/ward er von den Venedigern nider gelegt vnd beraubet. Die in der Besatzung Neapels waren/vertrieben König Alfonsum biß in Siciliam. Bald hernach kam Alfonsus vber Meer/vnd ließ etliche Fendlein machen auff Eydgnossisch vnd Teutsche Manier/so der König hinder jhm in der Besatzung hat gelassen/vnd zeigt dieselbige Fendlein den Eynwohnern in der Statt/mit vnderrichtung/wie er den Frantzösischen Zeug in Sicilia vberwunden vnd jhnen dise Fendlein abgewonnen hette/vnd hiemit ward jhme die Statt vnd Schloß Neapels widerumb vbergeben. Es wurden darnach viel Scharmützel gehalten/aber die auff des Frantzosen seiten waren/lagen allwegen vnder/vnd begerten widerumb heim zu ziehen. Vnd alß ein Fried ward gemacht/vnd die Eydgnossen auff die Schiff warteten gen Genuam zu fahren/ward jhnen ein Brunnen/darauß sie gemeinlich trincken musten/vergifftet/davon sie vast kranck wurden vnd sturben/vnd seind von 1500. nicht mehr dañ 148. darvon kommen.

Anno Christi 1513. vnderstund Maximilianus wider zu erobern was jm der König võ Franckreich in Burgund hatt genommen/vnd bestellt darzu die Schweitzer vmb Gelt/vnd thet jhnen ein zusatz von Graffen vnd Edlen/die dann mit mächtiger Hand zogen in Burgund/vnd vmbläger-ten die fürnehmste vnd reichste Statt zum ersten/nemlich Diuison/die wir heissen Dision. Vnd nach dem sie die Mawren hetten zerschossen/vermeynten die so in der Statt waren/sie wolten mit Gelt Frieden kauffen von den Keyserischen/aber die Keyserischen wolten das nicht thun/sondern verhofften bald nach eroberung der Statt das gantz Burgund dem Keyser wider zu gewinnen. Aber was geschahe? Da etliche besondere Personen vernamen/daß die so in der Statt belägert waren/des Friedens begerten/namen sie Gelt vnd machten Frieden mit jhnen ohn raht vnd verwilligung der Obersten Hauptleuth/die im Heer waren. Da wurden die Keyserischen gezwungen abzuziehen/vnd wider in Teutschland zu kehren.

Anno 1544. zog Keyser Carle mit höchster Macht/vnd mit hilff des Reichs wider den König von Franckreich vber die Schampanien hineyn/den nechsten auff Paris zu. Der Frantzoß hette bey jhm auff 20000. Eydgnossen. Der König von Engelland bekriegt den Frantzosen auch ernstlich/deßwegen er genötiget ward/sich mit dem Keyser zubefrieden. Nach richtung dises Friedens/führet der Frantzoß die Eydgnossen wider den König von Engelland hinab in die Picardey: aber der Engelländer war hindersich gewichen/vnd hat das Land weit vnd breit verhergt. Alß nun der König der Eydgnossen nicht mehr bedörffen/vñ die außgehüngerten Soldaten durch das verwüstete arme Land herauß ziehen lassen/seind von gedachter Eydgnossen vnderwegen vnd daheim etlich tausend gestorben.

Was sich aber sonsten für Krieg in Franckreich zugetragen/ist mehrertheils bey der Königen Leben vermeldet worden. Wöllen jetzund die Beschreibung Galliæ beschliessen/vnd Italiam für vns nemmen.

Ende des dritten Buchs der Cosmographey.

Von Italia. 335

Das vierdte Buch.
Italiæ Beschreibung nach aller seiner Gelegenheit/in Völckern/Stätten/Bergen/
Waſſern/verenderungen: Item von etlichen Geſchichten/die ſich darinn verlauffen haben.
Cap. 1.

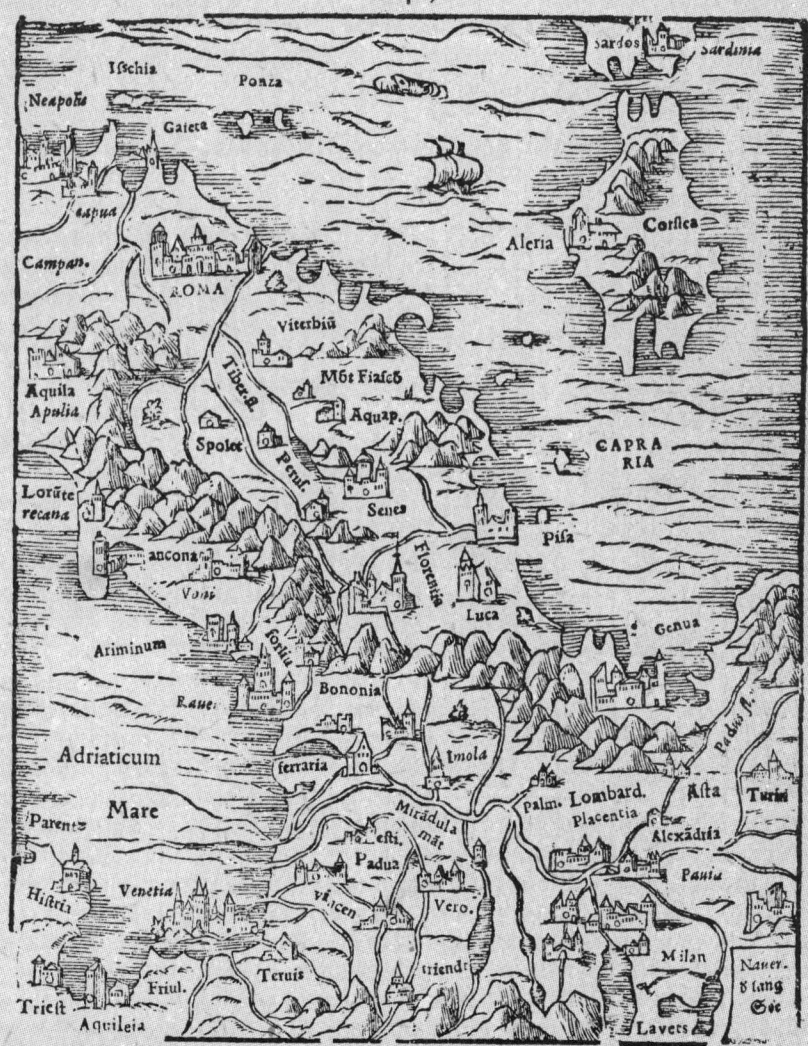

Amit man alle ding ordenlich vnd wol verſtehe/was von Italia geſchrieben wird/ſo beſehe man die Landtafeln Italiæ/die vnder andern Tafeln begriffen wird/vnd gantz Italiam in ihr verfaſſet: mit betrachtung wie Italia gelegen/abgeſöndert von Ländern/vnd fåhlet nicht mehr dañ an einem ort/ſo were es ein Jnſul. Dann Italia hat das Venediſche Meer auff der rechten/vnd das groß Mittelländige Meer auff der lincken. Das auff der lincken ſeiten ligt/hat man von alten zeiten her genennet das Tyrreniſch Meere/verſtand das/ſo vmb die gegenheit Rom iſt: aber vmb Genua nennet

net man es das Ligustisch Meere/von dem Land Liguria. Das auff der rechten seiten/nennet man das Adriatisch Meere/jetzund von der Statt Venedig/das Venedisch Meere. Hie sihest du/daß kein wunder ist/daß Italia also ein fruchtbar vnd edel gut Land ist/deßgleichen vnder der Sonnen kaum mag gefunden werden: dann so du es vberzwerch messen wilt/so wirst du finden daß von einem Meere biß zu dem andern an dem breitesten ort nicht vber 25. Teutscher Meilen seind/Ich geschweig daß es allenthalben mit viel fliessenden Wassern vbergossen wirdt/vnd vnder einem warmen Himmel gelegen ist. Sein anfang ist bey den hohen Schneebergen/die hinder der Lombarden gegen Franckreich vnd gegen Teutschland gelegen seind/von denen auch viel fliessende Wasser vnd grosse See erwachsen/die du in der gemeldten Tafeln vor Augen sehen magst/vnd streckt sich also fur vnd für biß an die Insul Siciliam/die vor zeiten gehangen ist an Italia/als die Alten darvon geschrieben haben/vnd auch wie das hie vnden in beschreibung Siciliæ weiter angezeigt wirdt. Es hat Italia angefangen zu herrschen vber andere Länder vor zwey tausend jahren/vnd ist zu letst so hoch kommen/daß es Meister ist worden vber die gantze Welt/wie ich es dir hie vnden weiter erklären will/so ich anzeigen wirdt was Regiments darinnen gewesen ist. Du magst auch auß anschawung der vorgehenden Tafel Italiæ erkennen/daß es nicht vergebens zu solcher grosser Herrlichkeit kommen ist/angesehen/daß sein Läger ist von Natur also wol bewahrt/daß man an keinem ort dareyn kommen mag ohn grosse müh vnd arbeit. Die Meere gehen darumb/gleich alß grosse mächtige Gräben vmb ein grosse Statt/vnd auff dem Rucken hat es für ein vnzerbrechliche Mawr/das groß vnd hoch Schneegebürg. Was grosser Arbeit Hannibal von Carthago erlitten hat/biß er vber dise Mawren kommen ist mit sampt seinem Heer/findest du in den Historien/die der Carthaginenser Krieg beschreiben.

Wie Italia zum ersten ist besessen worden/vnd wo jhm der Nam her kompt. Cap. ij.

Janus/welcher auch Noe genennet wirdt.

ES hielten die alten Heyden einhellig/daß Janus/den man auch Ogygum nennet/kommen seye zu der zeit in Italiam/da die Welt noch guldin/vnd die Menschen noch from waren. Er lehret (sagen sie) die Menschen/wie man Wein vnd Frucht pflantzen solte/vnd darvon opfferen vnd messiglichen essen.

Fabius Pictor schreibt/diser Janus seye ein Priester vnd geistlicher Mann gewesen. Er seye gelehrt gewesen/vnd ein Philosophus vnd Theologus: das ist/in Natürlicher vnd Götlicher Weißheit erfahren. Ja er seye gewesen ein Vatter der Götter vnd der Menschen/ein anfängliches Haupt vnd Regierer des gantzen ersten menschlichen Geschlechts/an dem auch gestanden seye zu seiner zeit/der grossen vnd weiten Welt hut. Er seye nach dem Sündfluß kommen auß Aramea/das darnach Armenia ist genennet worden/in Italiam/vnd habe darinnen gebawen ein Statt/die er nach jhm Janum nennet/die jetzund Genua genennet wirdt/vnd ward auch nach jhm das gantz Land Janicula geheissen. Sein Haußfraw hieß Vesta. Vnd daß eygentlich wissest/wer diser Janus seye gewesen/solt du wissen/daß Janus kompt von einem Hebreischen Wort 1'/das heißt Wein/vnd ward diser also Janus geheissen/alß solte er zum ersten den Wein erfunden haben/vnd das menschliche Geschlecht im Sündfluß auffenthalten: Diser aber war eygentlich der Patriarch Noe/von dem die Heyden vernommen haben auß der Red jhrer Vorfahren/daß er ein Philosophus vnd Theologus sey gewesen/wie jetzund gemeldet ist. Sie haben jhn beschrieben mit zweyen Angesichten: dann er hat gesehen hindersich in die Welt vor dem Sündfluß/vnd in die Welt die nach dem Sündfluß gewesen ist. Von jhm ist das Land Italia zum ersten Janicula genennet worden. Darnach alß Hesperus in Janiculam kommen ist/den sein Bruder Atlas vertrieb/war es nach jhm (wie auch Hispania) Hesperia genennet. Wiewol Macrobius meynet/es seye also genennet worden von dem Stern Hesperus/dem es vnderworffen ist. Es ist auch etwan Camesena von Camese/vnd Saturnia von Saturno genennet worden. Item/vom Egyptischen Osiride/des Zunammen auch Jupiter war/vnd sonst Dionysius hieß/ward es von etlichen Taurina genennet. Dann er behielt darinn den Sieg

Œnotria. wider die starcken Rysen: Darzu findes man bey den Alten/daß sie es auch offt Oenotria nennen/

Von Italia.

nen/vnd das ist ein Griechisch Wort: dann es kompt von Oino/das heißt Wein. Sie haben es aber Oenotriam genennet/wie etliche sprechen/daß es so köstlichen Wein da bringet. Aber mich will bedunden/es heiß Oenotria von Janiculo/wie jetzund gemeldet ist. Endtlichen ist es Italia genennet worden von einem König/der hieß Italus/der lehret seine Vnderthanen Acker bawen/vnd schriebe jhnen Satzungen für/nach denen sie solten leben: oder wie etliche meynen/von den grossen Ochsen/welche die Griechen Italos nennen. Die zwey Meer aber so Italiam eynfassen/haben jhren Namen daher vberkommen/das Adriatisch von der Statt Adria/die vorzeiten Atria ist genennet worden/vnd ligt nicht fern von dem ort/da der Padus in das Meer rinnet. Aber Tyrrhenum/kompt von einem Mann/der hieß Tyrrhenus/der mocht mit seinem Bruder Lydo in Lydia nicht wol im Regiment zustimmen/besonder dieweil dasselbig Erdtrich nicht fruchtbar genug war für sie beyd/darumb wurffen sie das Loß/welcher dem andern weichen solte/vnd fiel das Loß auff Tyrrhenum/der zog in Italiam vnd satzte sich darein/vnd ward nach jhm das Volck/das Land vnd Meer/Tyrrhenum genennet/vnd diß ist bald nach der Trojanischen zerstörung geschehen.

Adriatisch Meere.
Tyrrhenum Meere.

Von weiterer beschaffenheit des Lands Italię.
Cap. iij.

Italia ist vor langen zeiten her grosser fruchtbarkeit halben gar wol erbawen worden/vnd mit vielen Völckern besetzt/die nach jhnen besondere Namen jhrer Wohnung haben verlassen/wiewol etliche mit der zeit durch verenderung der Völcker/oder zukunfft anderer Völcker/auch verzuckt seind worden/wie du hören wirst. Dann alß es die Lombarden haben eyngenommen/haben sie vier Hertzogthumb darinn gemacht/nemlich Forum Julium/Hetruriam/Beneventum vnd Spolet: ist auch nicht darbey blieben/sondern sein abtheilung ist für vnd für verendert worden/nach dem andere vnd andere Regiment darinn erwachsen seind. Es schreibt einer mit Namen Elianus also von den Völckern Italię: Es haben Italiam viel Menschen eyngewohnet/vnd ist kaum ein Erdtrich das besser mit Leuthen besetzt ist gewesen dann Italia/vnd das von wegen seiner grossen fruchtbarkeit halben/gelegenheit der Meere vnd geschicklichkeiten halb der Porten des Meeres. Es hat auch die sanfftmütigkeit der eynwohnenden Menschen vbertroffen aller anderen Nationen Eynwohner/vnd seind vor zeiten darinnen gezehlet worden eylff hundert sechs vnd sechszig Stätt. Aber zu vnsern zeiten ligen viel Stätt öd/vnd ein groß theil der Erden vnerbawen. Es ist Italia worden ein Raub der eusseren Völckern/die sie Barbaros/das ist/Toll vnd Vnburgerlich nennen. Die viel Hertzogen so innerhalb hundert Jahren darinnen erstanden seind/haben jhr kein nutz gebracht/sie ist durch sie nicht behütet worden/ja viel mehr durch embsige zweytrechtigkeit vnd jnnerliche Krieg zerissen vnd jhm selb zertrennet. Zu vnsern zeiten wird es regieret in vielerley weiß.

Zu Neaples vnd Meyland vnd etlichen Fürstenthumben wirdt gefunden ein Monarchey: das ist/jhr Policey stehet an einer Person: aber zu Venedig ist ein Aristocratey/dann die Edlesten regieren da mit sampt dem Fürsten: vnd Florentz/Senis vnd Luca ist ein Democratey/da zum Regiment ohn vnderscheid auß dem gemeinen Volck die verständigen werden genommen/vnangesehen hohes Geschlechts vnd Adel. Jetzund aber haben die Freyen Stätt Florentz vnd Siena jhr Frey Regiment auch verlohren/vnd werden von einem Fürsten regiert/wie an seinem ort weiter soll gesagt werden.

Von dem Eynkommen Italię.

Das gemein Eynkommen Italię ist vor 100. vnd mehr jahren von Jacobo Signo/auff 4. Million/2. Thonnen Golds/vnd 35000. Ducaten angeschlagen worden.

Der Bapst hat von S. Peters Erbland oder Patrimonio/jährlich Ducaten	240000.	Hertzogthumb Ferrar	120000.
Die Bäpstliche Kammer	120000.	Marggraffschafft Mantua	60000.
Das Königreich Sicilien	700000.	Marggraffschafft Montferrat	40000.
Die Venediger in Italien	400000.	Graffschafft Asta	5000.
Hertzogthumb Meyland	600000.	Marggraffschafft Salutz	10000.
Florentz	300000.	Piemont	70000.
Siena	80000.	Die Landtherren in Neapels/Coloneser/Cotera/Senogallia/Pesaro/Forlin/Imola/Fanentz/Capi/Corngien/Mirandolen	500000.
Bononia	60000.		
Genueser	100000.		
Lucenser	30000.		

Seit selbiger zeit aber haben sich die Herrschafften in Italien mächtig geendert/dardurch dann auch die Eynkommen verendert worden/vnd viel höher gestiegen/wie an einem jeglichen ort soll angezeigt werden.

Es wird aber gantz Italia auff viel vnd mancherley weiß vnderscheiden/Cato macht 3. theil/ Plinius 11. Landtschafften/Strabo 8. Antoninus macht 16. Provintz/Ptolemeus 45. Völcker/ vnd Leander 19. Regiones oder Landtschafften. Wir wöllen Italiam nach den heutigen Herrschafften beschreiben/welche vnder den Bapst/ Spanier/ Venetianer/ Florentiner/ Saphoyer/ vnd andere Fürsten zertheilet seind. Von den Italiänischen Stätten vnd jhrer eygenschafft hat Thomas Eduard folgendes Vrtheil geben:

Der Martyrer Blut heilig macht/
Naples treibt mit viel Herzen pracht.
Venedig ligt im Meer/ ist reich/
Meyland/schön/edel/groß zugleich.
Bononia zeugt der Gelehrten gnug/
Florentz die schön/viel Burger klug.
Ferrar des Gelts eim hilfft bald loß/
Recht vnd Artzney macht Padua groß.
Des Livi Statt hat lust zum Krieg/
An Reichthumb hat Genua genug.
Vron theilt alle Notturfft mit/
Senis hat schöne Sprach vnd Sitt.
Für Arm helt männiglich Cremon/
Mantua rhümbt vast jhr Wasserstrom.
Vtin mit Wein viel Stätt versorgt/
Brixen kein Armen schencke noch borgt.
Paphey halt welsche Vxh für gut/
Luca zwen Fürsten förchten thut.
Zu Pisa ist verlohrn all Ehr/
Von Parma gut Käß kommen her.
Placentz gibt gut Losier vmbs Gelt/
Tauria Frombkeit vnd Trew behelt.
Perusa haltet viel Kriegsleuth/
Vercell haßt all vnrechte Beuth.
Die Frösch für gsund Mutina acht/
Ancon fragt nichts nachs Türcken Macht.
All Zanck bringt Macerat zu rhu/

Emporium jhr Thor helt zu.
Bergom die grobe Sprach macht vnwerth/
Aretium hat scharpffe Schwert.
Viterb thut Armen hülff vnd raht/
Asta viel trewe Burger hat.
Viel Gänß vnd Obs Ariminum/
Das schönste Weibsvolck Statt Fanum.
List vnd betrug Novarra haßt/
Der alterthum Ravenn verlaßt.
Graffen hat Anglia nicht viel/
Vincentz ist deren reich ohn ziel.
Pesaro guter Feigen voll/
Pistoria hat Weitz/Kösten/Oel.
Fleissige Bawren hat Derton/
Rhezzo der Schwein ist nimmer ohn.
Cesen hat Weinwachs vmbher/
Tetvis frewt sich der Brünlein sehr.
Jmole theilung wird verflucht/
Vrbin kein Fürsten wünscht noch sucht.
Faventz macht jrdin Geschirr zum Kauff/
Spolet nimbt frembde Leuth gern auff.
Feißt Schaff vnd Ochsen Loda hat/
Narni gibt Eyer vnd Trauben satt.
Das Grab Francisci ist Assis/
Cum hat an Fleisch vnd Fisch groß g'nieß.
Darvon nur zeitlich Reichthumb liebt/
Frey Künst bleiben darinn vngeübt.

Von Sitten seind die Italiäner vast höfflich/leuthselig/freygebig/gutes gesprächs/subtil/fürsichtig/ehrgeitzig/den wollüsten ergeben zur zärtligkeit/vñ vnzucht sehr geneigt/raachgierig/aber gläubisch. Wie streitbar sie aber vorzeiten gewesen/beweisen jhre dapffere Ritterthaten. In essen vnd trincken seind sie nüchter vnd mässig/vnd treiben vber Tisch kein grossen Pracht/in der Kleidung sauber vnd ehrbarlich: Die Weiber giengen vor wenig Jahren an Armen/Schultern/vnd gantzen Brust bloß/seind aber jetzund gemeinlich bedeckt/kommen nicht viel auff die Gassen/lassen sich in verdeckten Sesseln tragen/bleyben zu Genua jhre Haar an der Sonnen/vnd mit bedecktem Angesicht.

Von den Bergen/Wasseren/vnd Seen in Italia.
Cap. iiij.

S. Michael wo er erschienen.

Apenninus der Berg.

Der Pad.

Die Tyber.

JN Italia wirdt ein Berg gefunden / der fahet an in Liguria bey den hohen Schneebergen/vnd gehet durch das gantz Italiam. Dann zum ersten streckt er sich biß gen Ancon/vnd darnach weiter biß in Apuliam/vnd theilt Italiam in zwey theil/das ein ligt gegen dem Tyrrhenischen Meere/vnd das ander ligt gegen dem Adriatischen Meere. In Apulia streckt er sich etwan ferr in das Meere hineyn/vnd heißt am selbigen ort Garganus/auff dem S. Michael soll erschienen seyn. Aber der groß Berg heißt mit seinem gemeinen Namen Appenninus/ vnd entspringen von jhme zu beyden seiten trefflich viel Brunnen vnd fliessende Wasser/vnder welchen dise werden für die grösten vnd fürnehmsten geschätzt: Padus/Truentum/Arnus/ Tyberis/Liris vnd Vulturnus. Disen mag Athesis oder die Etsch auch zugeschriben werden.

Padus kompt von seinem vrsprung auß dem Schneegebürg/vñ laufft in das Adriatisch Meer/ doch schöpfft er vorhin ein groß Wasser von den zufliessenden Bächen.

Die Tyber laufft durch Rom / vnd darnach kompt sie in das Meer / doch fallen viel andere Wasser dareyn/die sie groß machen. Sie scheidet auch Tusciam von Vmbria. Vnd wirdt

also

Von Italia.

also genennet von Tiberio/der ein König ist gewesen der Albanier (wie etliche sprechen) vnd ertranck in disem Wasser. Die andern sagen anderst. Arnus laufft durch Tusciam vnd durch Florentiner Marck. In disem Wasser litte der streitbare Hannibal grosse noht/biß er mit seinē Heer darüber kam/da er die Römer bekriegen wolt. Truentus laufft nicht weit von Ancon in das Meer. Vulturnus in Campania/kompt zu der Statt Capua/die vor alten zeiten gar mächtig ist gewesen/darnach fleust er in das Meer. Item/Liris/das vorzeiten Ceruleus/vnd heut Garilianus heißt/laufft bey Cajeta in das Meer. Es hat auch Italia viel See/vnd besonder in der Lombarden/die auß den Schneebergen erstehen/gleich wie auch hie jenet des Gebürgs im Schweitzerland/doch der fürnehmst vnder jhnen ist Lacus Gardæ/den man vorzeiten Benacum hat genennet/aber jetzund heißt er der Gardsee/vñ ligt nicht weit von Bern oder Veron. Der Cumer See so hinder Meyland ligt/ist auch nicht geringer oder kleiner/wiewol es nicht also fruchtbar daselbst ist als vmb den Gardsee.

Padus/auff Welsch Po/so von den Griechen *Eridanus*/vnd von den Liguriern Bondingus: das ist/ohn Boden oder Grundloß wirdt genennet (wie er dann an etlichen örtern kaum mag ergründet werden) ist gar ein berhümbt Wasser in aller Welt: dann er zeucht an sich alle Wasser/ so die Alpes oder das Hochgebürg/vnd der Appenninus in Liguria außgiessen/führet mit jhme also dreyssig namhaffter Wasser in das Adriatisch oder Venedisch Meere. Die darinnen auß dem Berg Apennino heissen/Tanarus/Trebia/Tarum/Nitia/ꝛc. Die auß dem Alpgebürg kommen/heissen Stura/Morgus/Doria/Tesin/Lamber/Olbium/Mincius/Etsch/ꝛc. vnd die machen 11. gewaltiger Seen/vnder welchen die fürnehmbsten seind Lacus Benacus: das ist/ Gardsee/der ist bey 14. Teutscher Meilen lang/vnd eine breit/vnd den macht das Wasser Mincius. Aber das Wasser Ticinus: das ist/der Tesin/macht Lacum Verbanum/zu Teutsch/den Lang See/der ist bey 12. Meilen lang/vnd ein wenig schmäler dann der vordrig See: Lacum Larium/zu Teutsch den Cumer See/macht das Wasser Addua/das die Italiäner nennen Ada/ der ist bey 9. Meilen lang/vnd schier eine breit. Lacum Sevinum/den sie Jseo heissen/macht das Wasser Ollius/der ist vngefähzlich zweyer Meilen lang vnd eine breit. An disen Wassern ligen viel herzlicher vnd namhaffter Stätt/als Thurin/Paphey/Cum/Crema/Cremona/Alexandria/Veron oder Bern/Medoetia oder Montschen/Bergomum/ꝛc.

Von der Keyserlichen Hauptstatt Rom/vnd allen den selben denckwürdigen Sachen. Cap. v.

ES haben die alten Historischreiber in der gantzen weiten Welt nur sieben Stuck gefunden/ab deren mächtigen vnd vast vnmenschlichen Kunst sie sich höchlich verwundert haben.

I. Das erste ist gewesen der prächtige/vnd durch der weysen Heyden Schrifften in aller Welt bekandte Tempel zu Epheso in Jonia/welchen der sinnreichste Bawmeister Ctesiphon/als Plinius meldet/angegeben/vnd gantz Griechenland/so eben damalen recht geblühet/in zwey hundert vnd zwantzig Jahren erbawen: In der Nacht aber/da Alexander der Groß geboren/von dem ehrgeitzigen Herostrato mit Fewr angesteckt vnd verderbt worden.

II. Das ander ist/die wunderbare Begräbnuß/so Artemisia/Mausolo dem König in Caria/jhrem Gemahel/den sie jnniglichen geliebet hat/auffrichtē lassen/daran die fünff fürnemsten Meister selbiger zeit/jhr Kunst geübet. Scopas machte die seiten gegen Morgen. Briaxis die seiten gegen Mitternacht. Timotheus die gegen Mittag. Leochares die gegen Nidergang/ alles mit kunstlicher/außgehawener vnd gegrabener Arbeit. Pithis aber der fünffte Meister satzte oben auff den Gipffel dises herzlichen Gebäws/so 26. Säulen hatte/dergleichen niemahlen gesehen worden/vier künstliche Pferd neben einander. Dises Gebäw wirdt auff beygesetzter Artemisiæ Müntz gesehen.

Das vierdte Buch

III. Das dritt war das grosse öhrine Bild Apollinis/so Chares Lyndius/Lysippi gewesener Lehrjung/in der Insul Rhodo/70. Ellen hoch/gantz künstlich gegossen/welches doch nicht mehr dann 56. Jahr gestanden/vnd von einem grossen Erdbidem zu boden geworffen worden/da man dann die Daumen an den Händen so groß befunden/daß sie kein Mann mit beyden Armen hat vmbfahen vnd fassen mögen.

IV. Für das vierdte Mirackel vnd Wunderwerck der Welt/ward gehalten die schöne Statua oder Bildnuß/welche Phidias von Athen/dem Abgott Jupiter Olympio zu ehren/auß Helffenbein hat geschnitzet.

V. Das fünfft ist gewesen der zierliche Pallast des mächtigen Königs Cyri in Medien/welchen Memnon gebawen. Diser Pallast ward von den schönsten Marmorstucken/mit feinem Gold zusammen gefügt.

VI. Das sechst war die Stattmawren zu Babylon/so die Königin Semiramis erbawen/welche so dick war/daß sechs Wägen darauff neben einander haben fahren können.

VII. Das siebende vnd letste Wunderwerck/waren die Pyramides in Egypten/dicke vnd oben auß gespitzte hohe Thürn/so zu den Begräbnussen gedienet haben: von welchen Plinius/neben andern alten Scribenten meldet/daß an dem grössesten/so allda gewesen/360000. Mann 20. gantzer Jahr lang gearbeitet haben. Drey andere aber seind in 78. Jahren vnd 4. Monaten außgebawen worden.

Je mehr wir aber mit fleiß vnd verstand wöllen betrachten/wie die Statt Rom/von Keysers Augusti Regierung/biß auff Constantinum den Grossen/mit mächtigen Gebäwen vnd künstlichen Bildern/Pyramiden vnd Säulen vielfältiglich ist gezieret worden/also daß jhres gleichen vnder der Sonnen nie gewesen/auch nimmermehr seyn wirdt: werden wir befinden/daß eben die Statt Rom das denckwürdigste vnd in der gantzen Welt gröste Wunderwerck/vnd gleichsam eine Schatzkammer aller vollkommenen Künsten zu achten seye: ab welcher sich nicht nur Keyser Constantinus verwundert/sondern auch viel sinnreiche Morgenländische Potentaten dermassen seind erstaunet/daß sie Rom für ein Göttin gehalten/vnd derselben Tempel vnd Altär haben auffgerichtet: daher dann auch nicht ohne vrsach der H. Mann Augustinus/offt pflegt hat zu wünschen/daß er neben andern sachen die Statt Rom in jhrem blüst vnd vollkommenem Wesen hette mögen sehen.

Rom das gröst Wunderwerck.

Wer die Statt Rom erstlich habe erbawen/werden bey Dionysio Halicarnasseo/Julio Solino/vnd andern alten Scribenten viel vnd mancherley meynungen gefunden: in dem etliche setzen/es seye gedachte Statt lang vor dem Trojanischen Krieg/welcher zu Samsons zeiten gewesen/gestanden: etlich bald darnach/als Aeneas in Italiam kommen: andere aber es seye selbige 430. Jahr hernach/erst von Romulo vnd Remo erbawen worden.

Rom seht alt.

Dann erstlich hat Roma/König Kitims Tochter/wie Berosus/Fabius Pictor/Sempronius vnd Annius verzeichnen/den Berg Palatinum/da zuvor Weiden gewesen/erbawet. Vnd dises ist geschehen zur zeit der Egyptischen Dienstbarkeit/zwischen Josephs Tod/vnd der Geburt Mosis des Propheten.

Dieweil aber der Königliche Sitz nicht lang zu Rom geblieben/sondern von König Pico gen Laurentum gelegt worden: haben auch die vbrigen Eynwohner/die angefangene Statt/zum theil wegen des rauhen Gebürgs/zum theil auch wegen der Hethruriern vnfreundtlichen Nachbawrschafft/nach vnd nach verlassen.

Nach dem aber die Königliche Statt Troja von den Griechen erobert vnd zerstört worden/vñ Aeneas des Lateinischen Königs Tochter gefreyet/seind etliche seiner Gesellen die Tyber hinauff gefahren/vnd haben sich zu Rom nider gelassen/vnd allda etliche Wohnungen gemacht. Da aber Aeneas Lavinium/vnd sein Sohn Ascanius Albam gebawen/darinn die Lateinischen König Hoff gehalten/seind auch gedachte Trojaner von Rom verzuckt/da dann nichts dann Meyerhoff biß auff Romulum gewesen. Darauß daß erscheinet/daß Rom disen Namen 880. Jahr habe gehabt/ehe daß Romulus den Königlichen Scepter in die Hand genommen. Vnd ist auch wol zu erachten/es habe der Mayer Faustulus/Romulum also geheissen/dieweil er denselben sampt seinem Brudern Remo an der Tyber bey dem Berg Palatino/darauff Rom gestanden/gefunden.

Rom ist lang vor Romulo gestanden.

Romulus ein Pastart.

Diser Romulus ist ein Pastart gewesen/von Ilia Königs Numitors Tochter einer Nonnen/vñ einem vnbekandten verkleideten Kriegsman/durch nothzwang/geborn/so auß befehl Königs Amulij/gedachtes Numitors Bruds/in die Tyber geworffen/vnd durch wunderbare anschickung/von einem Hirten gefunden vnd auffgezogen wordē. Dieweil aber dises Hirtē Faustuli Haußfraw einen bösen Namen gehabt/vnd die vnzüchtigen Weiber wurden Lupæ, das ist/Wölffin genandt (wie noch heut zu tag gemeine vnzüchtige Häuser Lupanaria heissen) ist

Die Statt Rom

Figuriert nach form vnd gestalt/ wie sie zu vnsern zeiten in gantzen vnd in verfallenen Gebäwen in Ringmawren stehet.

Der Statt Rom in aller Welt bekandt

Etlicher Oerter vnd Gebä

A Adriani begräbnuß/jetzund Engels burg.
B Des Bapsts Pallast.
C S. Peters Kirch.

D Antonini Säul/vnd darbey Maria rotunda.
E Adriani Säul.
F Septimij Triumphbogen.

G Tempel des Friedens. Es solt darbey stehn der groß Colossus/aber die enge hat es verhindert.
H Diocletiani Bäder.

fehung nach jetziger gelegenheit.

ond erklärung.

N Waſſerleitungen.
O Titi vnd Veſpaſiani Bogen.
P S. Suſanna
Q S. Maria del popolo.

R S. Lorentz.
S S. Sebaſtian.
T S. Vitalis.
V Haſpitopff.

mit der zeit das geschrey entstanden/es seye Romulus vnd Remus von einer Wölffin gesäuget worden: wiewol auch dasselbe hat seyn können.

Wie nun die Kinder also geboren/erzogen/vnd nach jhren kindtlichen jahren/zu vermögendem Alter etlicher massen kommen waren/erzeigten sie sich weder in den Ställen noch in andere wege/ bey dem Viehe träg oder verdrossen/vnd strichen mit jhrem Weydwerck allenthalben durch die Wäld.

Was zur Nesten will werdē/brennet bey zeitt.

Alß sie an Leibs vñ Gemüts stärcke hatten zugenommen/liessen sie jhre vbung nicht allein an den wilden Thieren bleiben/sonder vberfielen auch zu zeitē böse Leuth/so der Räuberey waren ergebē/ theilten den eroberten Raub vnder die Hirten auß: vnd demnach das junge Gesind/võ tag zu tag/ je lenger je mehr bey jhnen zusammen lieffe/hielten sie etwan Feyertag vnd andere frölichkeit mit jhnen/dessen dañ die Räuber nit vergessen/sonder sich auch bey solchen Festtagen finden liessen/vor habens sich an den jungen Hirten mit gelegenheit zu rechen. Fiengen hiemit etwas zancks an/vnd alß sich Romulus jhrer mit gewalt erwehrt/name sie seinen Bruder Remum gefangen/vnd führten jhn zu dem König Amulio/võ welchem er dem Numitor zu straffen vbergeben worde. Es hatte aber Faustulus gleich anfänglich die hoffnung bey sich gehabt/er möchte etwan Königlich Geblüt in seiner Hütten erziehen/dann er wuste wol/daß die Kinder auß befehl des Königs/zu jhrem verderben hinweg gelegt worden/vnd eben die zeit/da er sie auffgenommen/damit vberein treffe. Jedoch hat er solche sach ausserhalb füglicher gelegenheit oder tringender not/nicht wöllen eröffnen.

Gute art verleurt sich nicht.

Gleiches fahls hatte zwar dem Numitor/all dieweil er Remum in gefänglicher verwahrung hielte/vnd etwan gehört hatte/wie Romulus vnd Remus zwen Brüder vnd Zwilling weren/auff nachrechnung jhres Alters/vnd daß gar kein bäwrische art an jhnen zu spüren/die gedächtnuß seiner Enckel halben/das Hertz gerührt/vnd kame durch nachforschung auch dahin/daß er Remum bey nahe möcht erkennen.

In solcher gestalt wurde dem König Amulio allenthalben nachgestellt. Dann gedachter Amulius hatte auch zu vor seines Bruders Numitors Sohn im Wald erschlagen/vnd die Iliam zu einer Nonnen gemacht/damit sie nicht jrgend Kinder bekomme/von denen er möchte von dem Reich gestossen werden/welches alles der gute Numitor in sich geschluckt/vnd mit gedult gelitten.

Romulus ist der König Amulium.

Hierauff vberfiel Romulus Amulium/vñ erschluge denselben/mit seines Bruders Remi hilff/ vnd Numitors Gesinde.

Da nun der tyrannische König Amulius das Leben verlohren/nam Numitor die Statt vñ Pallast zu Alba eyn/vñ beruffe also bald den Rhat vnd gantze Gemeind zusammen/vñ zeigt jhnē an/was für vnredlich stück jhme von seinem Bruder begegnet/wie es mit seiner Enckel herkommen beschaffen/wie sie geboren/erzogen vnd erkandt/wie der Tyrann erschlagen/vnd er solches Todschlags anstiffter were. Die jungen Gesellen tretten mitten vnder die Versammlung hineyn/vñ alß sie jrem Anherren königliche Ehr erbotten/wurde dem Numitor von jederma̅niglich das Königreich Alba zuerkent vnd bestätiget.

Numitor wird König zu Alba.

Wie nun Romulus vñ Remus dem Numitor jhrem Anherren das Königlich Regiment zu Alba hatten frey heim gestelt/kam jhnen ein lust/an ort vnd enden/da sie vorhin zum verderben hingelegt/vnd allernechst darbey waren erzogen worden/eine Statt zu bawen.

Derowegen dann Romulus im 18.jahr seines Alters/mit hilff seiner Gesellschafft/den Berg Palatinum mit einer Mawren vmbgeben/vnd die König:vnd Keyserliche Hauptstatt Rom angefangen zu bawen.

Dises ist aber geschehen im jahr nach erschaffung der Welt 3213.vor Christi vnsers HErren vnd Heylands Geburt 751.den 21.tag Aprilis/an welchem eben König Numa geboren/alß Achas König in Juda gewesen/vnd die Babylonische Monarchey angefangen hefftig abzunemmen.

Da nun solches nicht minder glücklichen fortgang/alß anfang gewonnen/wurde Remus dermassen auß heimlichem Verbunst vnd Neid (wie dann dergleichen arbeitselige Seuchten nirgend außbleiben) bewegt vnd getrieben/daß er nicht ohne offentlichen trutz vnd spott vber seines Bruders angefangene Mawren gesprungen/darüber er dann von einem Trabanten oder Leibdiener/ also bald mit einem Karst oder Bickel zu todt geschlagen worde: darauff auch Romulus befohlen/ daß in das künfftig einem jeden/der seiner Statt gewahrsame wurde vberspringen oder steigen/ gleichmässige Straff widerfahren solte.

Remus aber wurde auff dem Berg Aventino/da er seine Wohnung gehabt/begraben.

Wie groß die Statt Rom zur zeit Königs Romuli gewesen.

Dise newe Statt nun/so Romulus auff dem Berg Palatino/vnd im Thal darumb/gebawet/ ist erstlich vierecket gewesen/vnd hat drey/oder/wie der mehrertheil der alten Scribenten verzeichnet/vier Porten gehabt.

Dise erste Porten ist auff der rechten Hand/vnder dem Berg Capitolino gestanden/da heut diß tags die Kirch S. Catharina/gegen dem Circo Flaminio gelegen: ward von Carmenta/so mit jhrem Gemahel Evandro 60.jahr vor dem Trojanischen Krieg/auß Arcadia/einer Griechischen Provintz/dahin kommen/Carmentalis genandt.

Die an

Von Italia.

Die andere ist gestanden/da jetzund der Garten di Santa Maria Nuova ist/gegen dem Coliseo/ oder Keysers Titi Vespasiani Amphitheatro vber/ward von den brüllenden Rindern/so man pflegt dadurch zu treiben/Mugonia genannt. Bey dieser Porten hat König Tarquinius Priscus sein Wohnung gehabt.

Dieweil aber die dritte Porten jederzeit offen gewesen (dann durch dieselbe allerhand nohtwendige ding wurden in die Statt gebracht) ward sie Pandana genannt/ist bey dem Velabro/da man das Oel vnder grossen auffgespannten Zelten pflegte zuverkauffen/vnden am Berg Aventino gestanden.

Die vierdte ist vnden am Berg Viminali gewesen/von deß Abgotts Jani Bildnuß/so daselbst gestanden/Janualis genannt.

Wie die Statt Rom vnder den alten Königen vnd Keysern zugenommen.

Nach dem nun die Statt Rom in solche Ordnung gebracht worden/hat sich Titus Tacitus auß der Sabiner Land zum König Romulo gen Rom begeben/vnd den Berg Capitolinum mit einer Mawren eyngefangen/vnd die Statt erweitert. Folgends hat Tullius Hostilius den Berg Celium/Ancus Martius den Aventinum/vnd Servius Tullius den Esquilinum/Quirinalem vnd Viminalem/auch eyngefaßt: also daß 7. sonderbare Berg in der Statt Rom wurden eyngeschlossen.

Die Ringmawren waren von Quaderstücken schön vnd vest gehawen/die Häuser aber schlecht vnd mehrertheils von Holtz auffgericht/vnd in die 470. jahr/wie bey Vitruvio/Plinio/vnd andern glaubwürdigen Authoren zu sehen/mit Stroh vnd Schindeln bedeckt. Hernach ist auch der Berg Janiculus/vnd Vaticanus jenseit der Tyber erbawet/vnd die Statt je länger je mehr erweitert/vnd mit vielfaltigen schönen Gebäwen gezieret worden. Keyser Augustus hat selbige in 16. Kreyß/sampt jhren sonderbaren Porten abgetheilt. Zur zeit Keysers Vespasiani hat sie im Bezirck 20. Meyl Wegs begriffen/hatte 34. Porten/734. hohe Thürn/ohne andere Wehren.

Vnder Keyser Aureliano ist die Statt Rom so groß gewesen/daß sie sich biß gen Ostiam an das Tuscanische Meer vnd biß an die gewaltige Bruck/so bey Ocriculo vber die Tyber gewesen/hatte erstreckt/vnd im Becirck vber die 50. Meil Wegs begriffen. Also daß Rom mehr ein Welt/vnd Eynfang vieler Stätten/dann aber ein einige Statt gewesen: daher sie dann auch in vierzehen Regiones oder Hauptkreyß/gleichsam als Landtschaften abgetheilet worden/wie neben den Historien/auß Keysers Vespasiani Tafeln/so noch heutiges Tags allda/im Capitolio oder Rahthauß zu sehen.

Von den vierzehen Regionen/oder Creysen/in welche die Statt Rom war abgetheilt.

Der erste Creyß/von der Porten/darbey derselbe angefangen/Regio Capena genannt/hatte neun grosse Burg/gleichsam als namhaffte Flecken/oder Hauptgassen: zehen Tempel/viertausent zweyhundert vnnd fünfftzig Insuln oder fürnehme Häuser/so gleichsam als Insuln/in vier Mawren gestanden: hundert vnd fünfftzig Palläst/dreyzehen Kornschütten/zwey vnd achtzig privat Bäder/drey vnd siebenzig grosse Wasserkästen/zwantzig Mühlinen. Begriffe im Bezirck/12222. Schuh: hatte an den zweyten/zwölfften vnd dreyzehenden Creyß gestossen.

Der ander Creyß begreifft den andern Theil deß Bergs Celi/daher derselbe auch Regio Celimontana genannt/hat sieben Burg: oder Hauptgassen/acht tempel/dreytausent Inseln/hundert drey vnd zwantzig Palläst/dreyvndzwantzig Kornschütten/zwantzig privat Bäder/zwölff Mälinen: Begriffe im Bezirck 12200. Schuh: hatte an den ersten/fünfften/dritten/zehenden vnd eilfften Creyß gestossen.

Der dritte Creyß/Regio Isidis vnd Serapidis genannt/hat an dem Berg Celio gegen Mitternacht angefangen/vnd ein grossen Theil vom Esquilino begriffen: hatte acht Hauptgassen/acht Tempel/zweytausent sieben hundert sieben vnd fünfftzig Inseln/hundert vnd sechzig Palläst/ fünff vnd sechtzig Wasserkästen/zwölff Mülinen: Begriffe im Bezirck 12450. Schuh: hatte an fünfften/vierzehenden vnd zweyten Creyß gestossen.

Der vierdte Creyß/vom prächtigen vnd schönen Tempel deß Friedens/darbey derselbe angefangen/Regio Pacis genannt/ist zwischen dem Berg Palatino vnd Esquilino gelegen: hatte acht grosse Hauptgassen/acht Tempel/zweytausent/sibenhundert/sieben vnd fünfftzig Inseln/hundert vnd acht vnd dreyssig Palläst/darunder Pompeij vnd Ciceronis Behausung gewesen: acht Kornschütten/fünff vnd siebentzig privat Bäder/acht vnd siebentzig Wasserkasten/zwölff Mälinen: Begriffe im Bezirck 3000. Schuh: hatte an dritten/fünfften/achten vnd zehenden Creyß gestossen.

Das vierdte Buch

Abbildung der Statt Rom / wie sie von Romulo anfänglich erbawen.

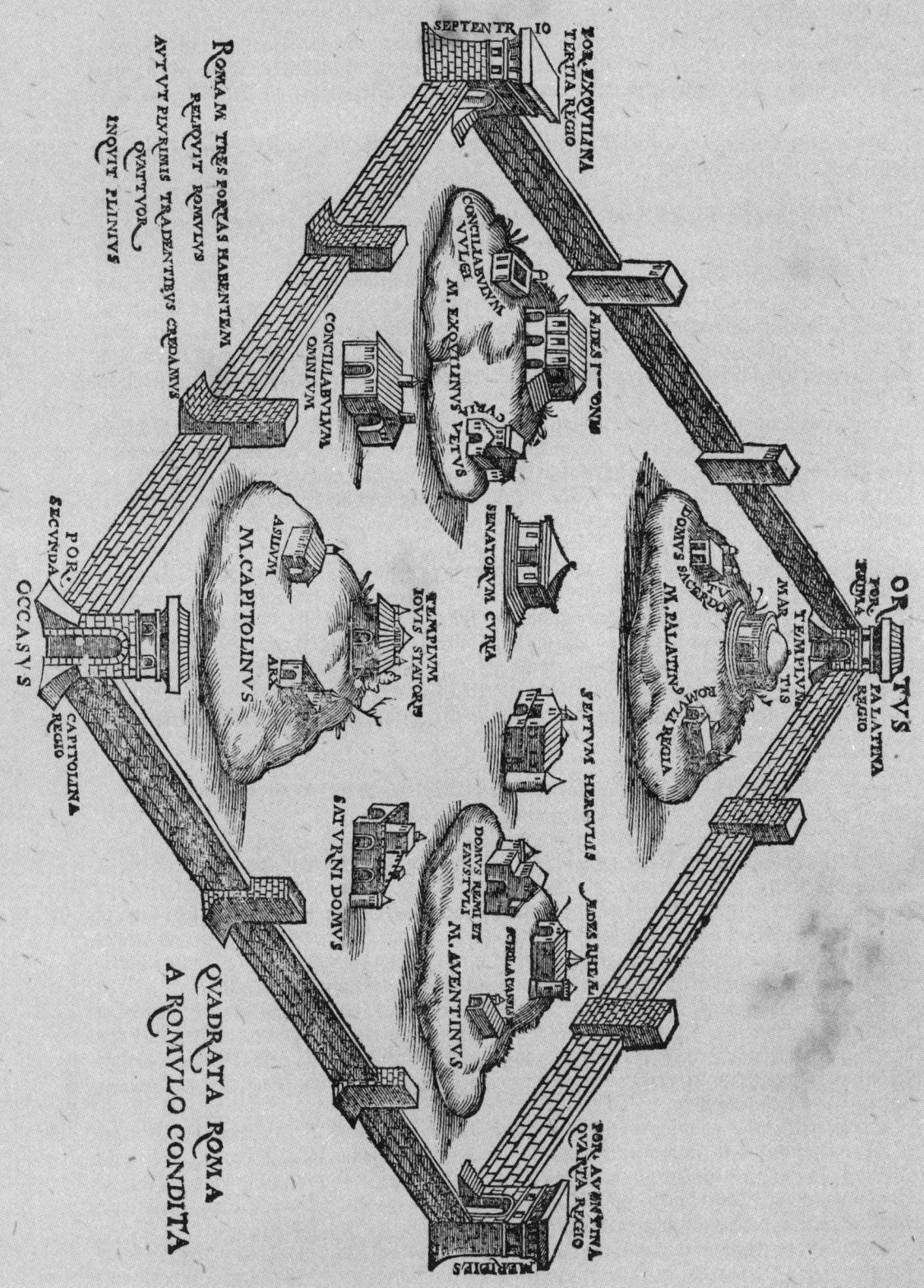

Von Italia. 347

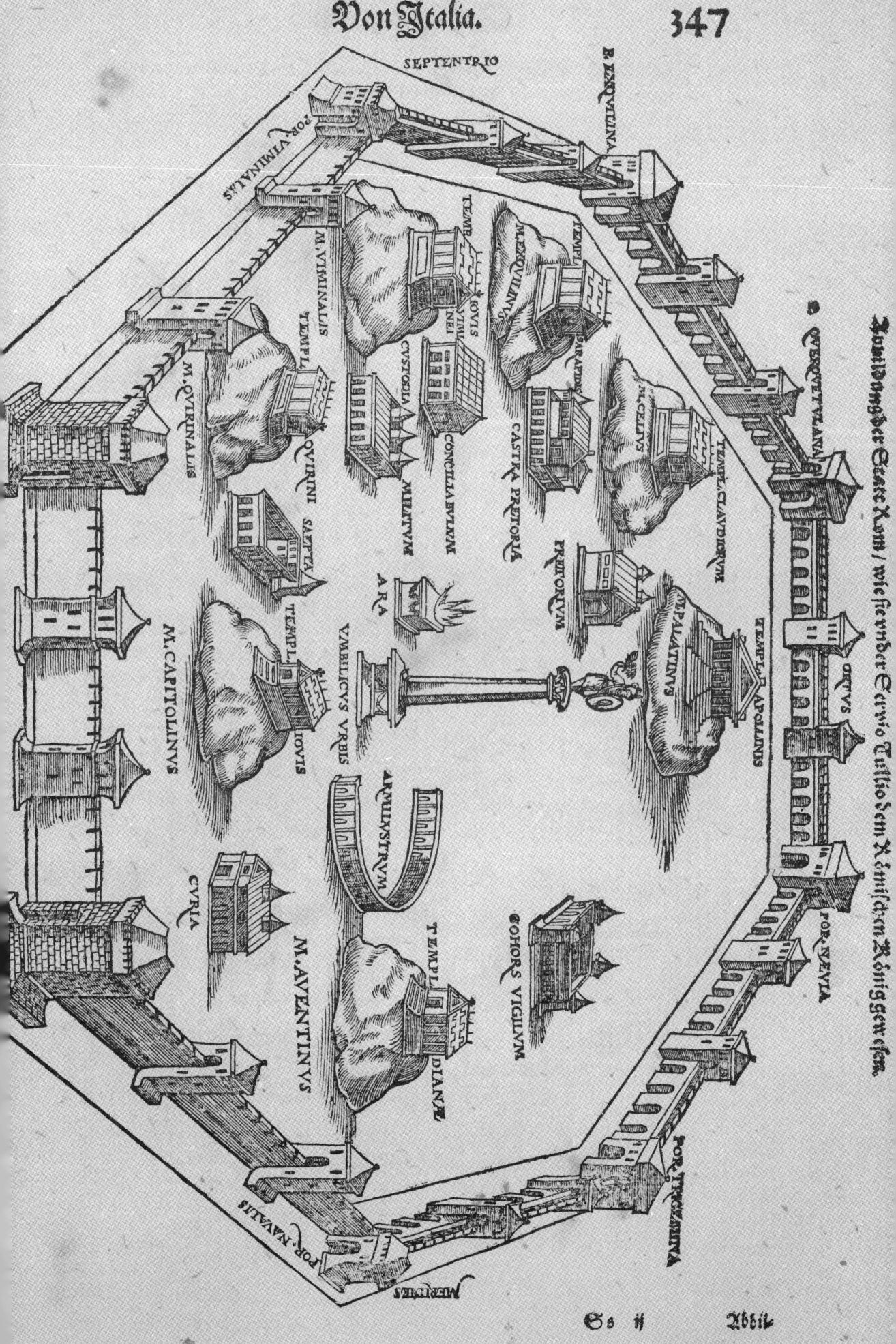

448 Das vierdte Buch

Abbildung der Statt Rom/ wie sie vnder Keyser Vespasiano vnd zu Plinij zeiten gewesen.

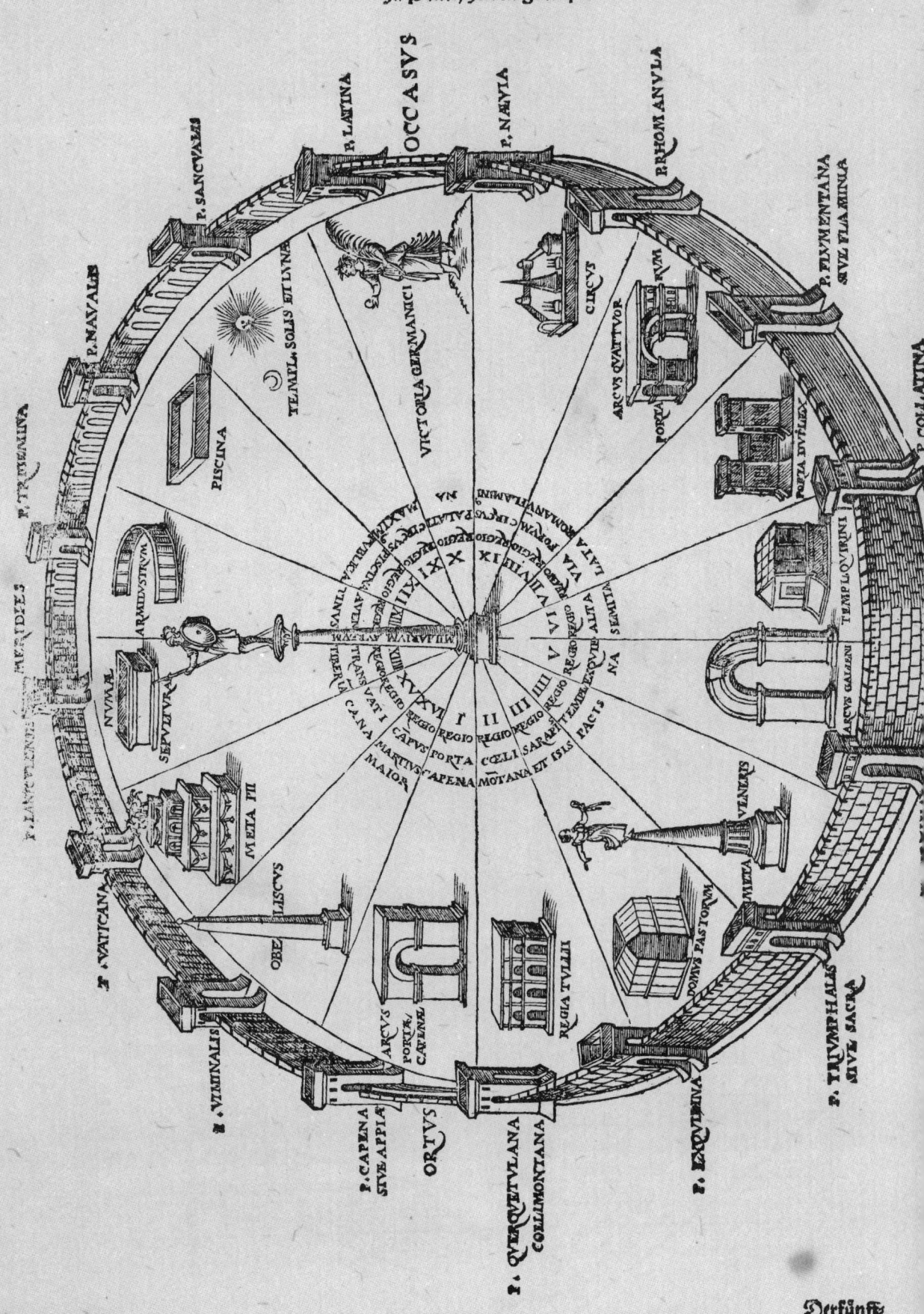

Der fünfft

Von Italia.

Der fünffte Crayß / von dem andern Theil deß Bergs Esquilini / Regio Esquilina genannt / erstreckt sich biß auff den nechsten Berg Viminalem: hatte fünffzehen grosse Hauptgassen / fünffzehen Tempel / dreytausent acht hundert vnd fünfftzig Inseln / hundert vnd acht Palläst / neun vñ siebentzig Wasserkästen / drey vnd zwantzig Kornschütten / fünf vnd siebentzig privat Bäder / zwölf Mülinen: begriff im Bezirck 15900. Schuh: hatte an zweyten / dritten / vierdten / vnd sechsten Crayß gestossen.

Der sechste Crayß / von der Höhe alta Semita genannt / begriffe den Berg Quirinalem / sampt dem Thal so auff der lincken seiten gegen dem Gartenberg gelegen. Hatte zwölff grosse Hauptgassen / sechszehen Tempel / drey tausent fünffhundert vnd fünff Inseln / hundert fünff vnd sechtzig Palläst / achtzehen Kornschütten / fünff vnd siebentzig privat Bäder / sechs vnd siebentzig Wasserkästen / zwölff Mülinen: begriffe im Bezirck 15600. Schuh: hatte an vierdten / fünfften / siebenden vnd achten Crayß gestossen.

Der siebende Crayß / theils an den Gärten / theils aber auff einer seiten deß Bergs Quirinalis gelegen / erstreckt sich auff der lincken Hand / biß an Marckt Trasani / vnd auff der rechten biß an schönen Rennplatz / welchen Flaminius gebawen / ward von der schönen breyten Gassen Via lata genannt: hatte zehen grosse Hauptgassen / dreytausent / dreyhundert / fünf vnd achtzig Inseln / hundert vnd zwantzig Palläst / fünff vnd zwantzig Kornschütten / fünff vnd siebentzig privat Bäder / sechs vnd siebentzig Wasserkästen: begriff im Bezirck 12700. Schuh: hatte an sechsten vnd eilfften Crayß gestossen.

Der achte Crayß hatte die Ebne zwischen dem Berg Palatino vnd Capitolino / biß an die Tyber begriffen / war der Römisch Marckt oder Platz / Forum Romanum genannt: hatte zwölff Hauptgassen / zwölf Tempel / dreytausent / achthundert vnd achtzig Inseln / hundert vnd fünfftzig Palläst / sechtzig sechs privat Bäder / achtzehen Kornschütten / hundert vnd zwantzig Wasserkästen / zwantzig Mülinen: begriffe im Bezirck 12887. Schuh: hatte an vierdten / sechsten / siebenden / neunten / zehenden vnd eilfften Crayß gestossen.

Der neunte Crayß begriffe was zwischen der Tyber vnd den Bergen gelegen / von Flaminij Rennplatz Circus Flaminius genannt: hatte dreyssig grosse Hauptgassen / dreyssig Tempel / dreytausent siebenhundert acht vnd achtzig Inseln / hundert vnd viertzig Palläst / drey vnd sechtzig sonderbare Bäder / zwo vnd zwantzig Kornschütten / zwantzig Mülinen: begriffe im Bezirck 30500. Schuh.

In diesem Crayß seynd drey Theatra / als nemblichen / Balbi / Pompeij vnd Marcelli / sampt dem Pantheo / vnd der Sigsaul Antonini / gestanden: hat an den siebenden vnd achten Crayß gestossen.

Der zehende Crayß / von dem Berg Palatino / welchen derselbe begriffen / Palatium genannt / hatte sechs Hauptgassen / sechs Tempel / zwey tausent sechshundert viertzig vnd vier Inseln / acht vnd achtzig Palläst / achtzig Wasserkästen / acht vnd viertzig Kornschütten / zwantzig Mülinen sechs vnd dreyssig sonderbare Bäder: begriffe im Bezirck 12600. Schuh.

In diesem Crayß ist Augusti / Tiberij / Dionysij / Quinti Catuli / vnd Ciceronis Hauß / so er selbst bawen lassen / sampt dem Septizonio Severi gestanden. Hat an zweyten / vierdten / achten vnd eilfften Crayß gestossen.

Der eilffte Crayß begriffe die Ebne zwischen dem Berg Aventino vnd der Tyber / von dem grösten Rennplatz Circus Maximus genannt / hatte acht grosse Hauptgassen / acht Tempel / ein tausent sechs hundert Inseln / neun vnd achtzig Palläst / fünfftzehen sonderbare Bäder / sechszehen Kornschütten / sechtzig Wasserkästen / zwölff Mülinen. Begriffe im Bezirck 11500. Schuh. Hatte an achten / zehenden / zwölfften vnd dreyzehenden Crayß gestossen.

Der zwölffte Crayß begriffe was zu vnderst am Berg Aventino / hinder dem grösten Rennplatz bey S. Sixto / da Antonij Bäder gestanden / gelegen. Hatte zwölff Hauptgassen / zwölff Tempel / zwey tausent vier hundert achtzig sechs Inseln / hundert viertzehen Palläst / viertzig vier sonderbare Bäder / zwantzig sechs Kornschütten / zwantzig Mülinen: begriffe im Bezirck 12000. Schuh. Hat an ersten / zweyten / eilfften vnd dreyzehenden Crayß gestossen.

Der dreyzehende Crayß / hat den gantzen Berg Aventinum begriffen / davon derselbe auch den Namen genommen: hat siebenzehen grosse Hauptgassen / siebenzehen Tempel / zweytausent vier hundert achtzig acht Inseln / hundert vnd drey Palläst / sechtzig vier sonderbare Bäder / siebentzig acht Wasserkästen / zwantzig sechs Kornscheuren / zwantzig Mülinen: begriffe im Bezirck 16200. Schuh. Hat an ersten / achten / eilfften vnd zwölfften Crayß gestossen.

Der vierzehende vnd letzte Crayß begriffe die Insel / so in der Tyber gelegen / sampt dem Janicul Berg vnd Vaticano / da heutiges tags der Bapst Hof haltet. Hatte zwantzig zwo grosse Hauptgassen / vnd so viel Tempel / viertausent / vierhundert vnd fünff Inseln / hundert fünfftzig Palläst / achtzig sechs privat Bäder / hundert vnd achtzig Wasserkästen / zwantzig zwo Kornschütten / zwantzig zwo Mülinen: begriffe im Bezirck 33478. Schuh.

Also daß die Statt Rom zur zeit Keysers Honorij vnd Arcadij / nach Publij Victoris außrechnung

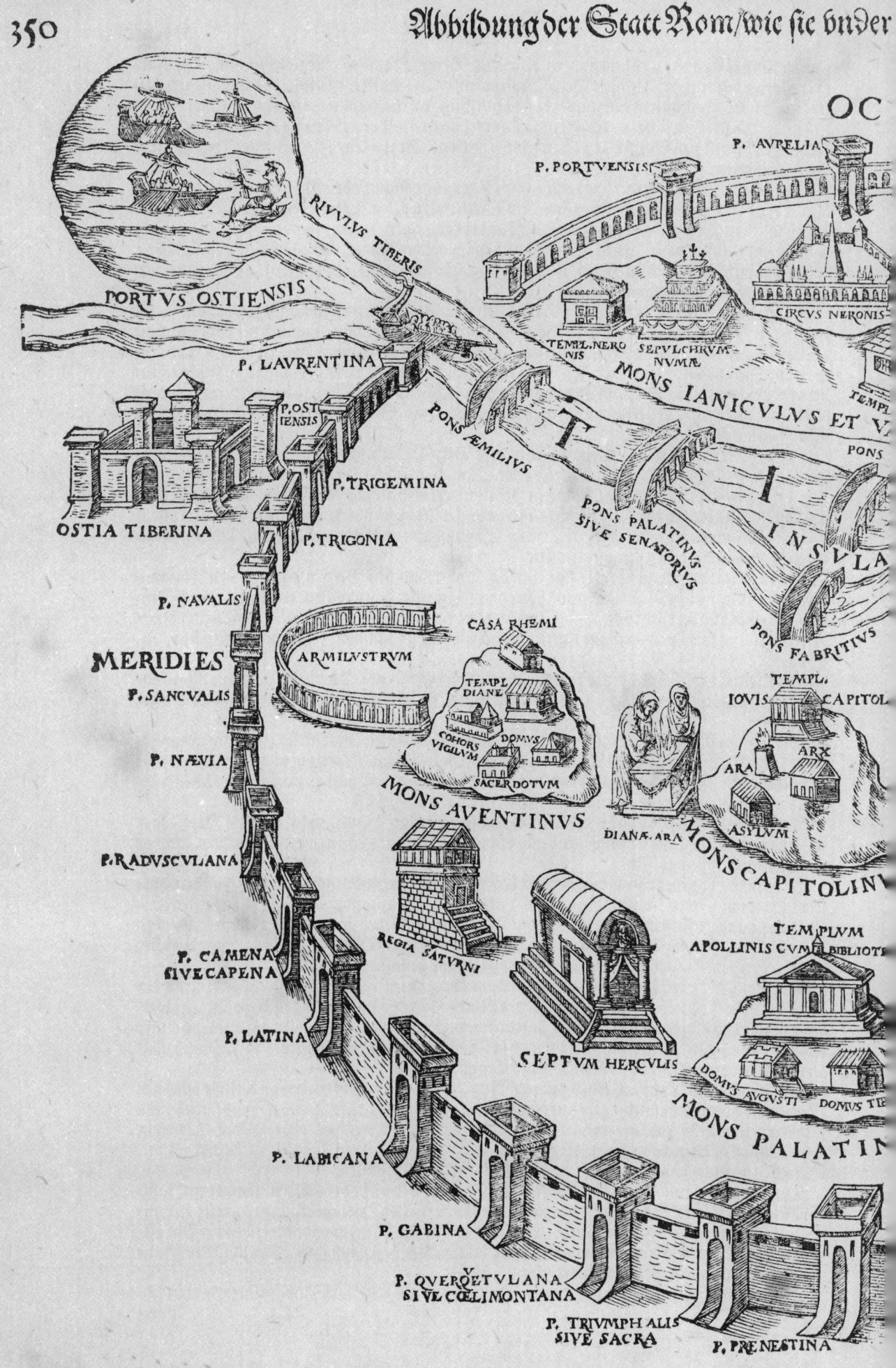

Vespasiano vnd zu Plinii zeiten gewesen.

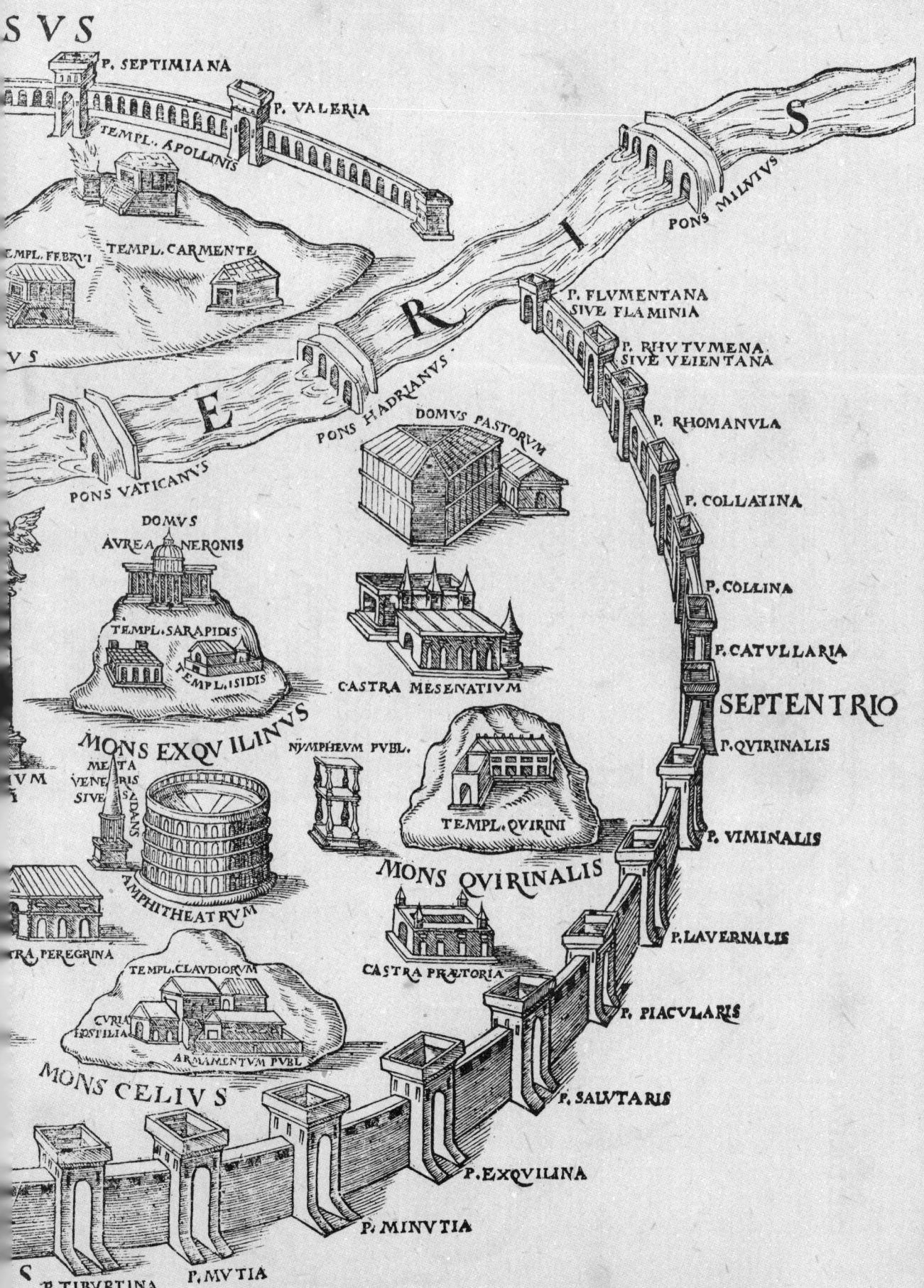

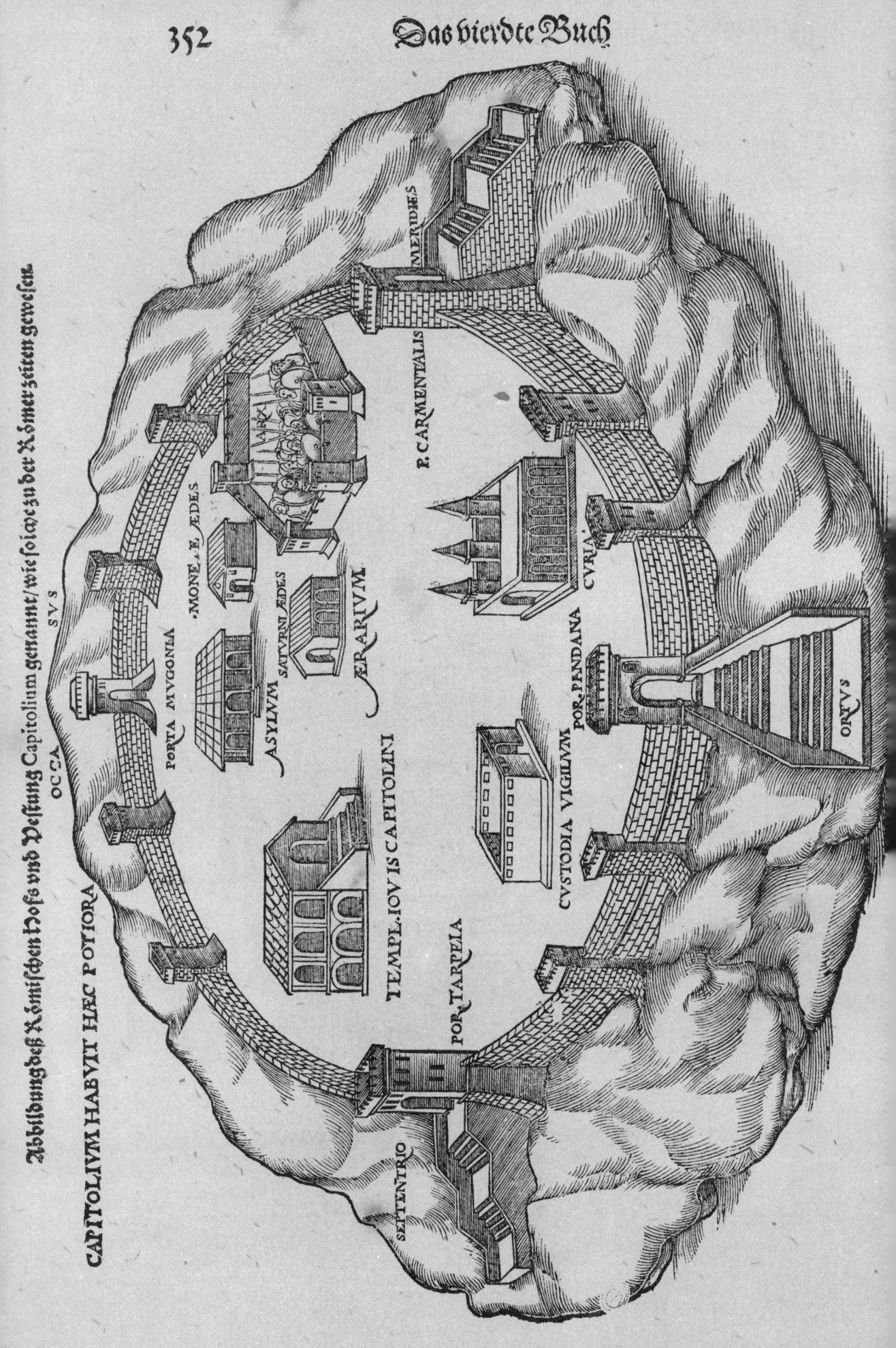

Von Italia.

nung 176. Burg/oder grosse Hauptgassen/gleichsam als sonderbare Stätt in jhren Ringmawren begriffen/in welchen 44795. Jnseln/1810. Palläst/856. privat Bäder/1055. grosse Wasserkästen/300. Kornschütten/230. Mühlinen/ohn andere grosse Gebäw/als Tempel/Rennplatz/Schawspielhäuser/Triumphbögen/vnd dergleichen/wie an seinem Ort sol vermeldet werden/gestanden. *Wievil henser in Rom gestanden.*

Nach dem Keyser Constantinus der Groß/die Keyserliche Hofhaltung gen Constantinopel gelegt/hat er dieselbe Statt auch/wie Rom/in vierzehen Crayß abgetheilet. Sonsten ist keine Statt vnder der Sonnen niemaln gewesen/in deren dergleichen Ordnung vnd Abtheilung seye gehalten worden. *Constantinopel hat vierzehen Crayß wie Rom.*

Von den grossen Landtstrassen so in Rom gangen.

Neun vnd zwantzig Landtstrassen sind vor zeiten in die Statt Rom gangen/deren mehrertheils nicht nur schön gepflastert/sondern auch auff beyden seyten/mit steinen Bäncken/vnd prächtigen Gebäwen/gezieret gewesen. Die Bänck waren fürnemlich darumb geordnet/daß man desto kumlicher auff die Pferdt köndte sitzen/dann die Alten von den Bügel vnd Stägreiffen nichts gewust haben. So ist auch im Brauch gewesen/daß wann man fürtrefflichen Männern begegnet/von den Pferden gestiegen/vnd zu Fuß still gestanden/biß daß dieselben waren fürgeritten. *Die Alten hatten keine Bügel.*

Keyser Vespasianus hat gedachte Strassen auff seinen eygnen Kosten ernewret/vnd in ehr gelegt/wie dasselbe ein schöne Inscription auff dem Capitolio in der Conservatorn Pallast/mit folgenden Worten bezeugt:

IMP. CÆSARI. VESPASIANO. AVGVST. PONT. MAX. TRIB. POT. III. IMP. IIX. PP. COS. III. DES. IIII. S. C. QVOD. VIAS. VRBIS. NEGLIGENTIA. TEMPORVM. SVPERIOR. CORRVPTAS. IMPENSA. SVA. RESTITVIT.

Diese Strassen aber seynd mehrertheils abgangen/vnd verwachsen: die Appianische Straß ist fast die schönste gewesen/ist durch die alte Statt Alba/Aritia/Terracina/Fondi vnd Sinuessa biß gen Brundiß gangen.

Die Aurelianische ist durch Thuscana gen Pisa gangen. Die Cassianische ist gen Viterbo vnd Bolsena: die Flamische/gen Narni/Spolet/Fano/Pesaro/vnd Rimini: die Lateinische biß in Capenatischen Wald gangen.

Was für ein Menge Volcks vor zeiten zu Rom gesessen.

Die Zahl der Eynwohner betreffend/seynd derselben/nach aller Anzeigung/vber die Zeit Keysers Augusti/vnder welchem vnser HErr vnd Heyland Christus Menschliche Natur an sich genommen/vber zwey tausent mal tausent gewesen. Neben einer alten Inscription/wird bey Suetonio/einem sehr fleissigen Römischen Historischreiber gefunden/daß 320000. Personen nur allein von dem gemeinen Pöfel seyen damals zu Rom gezehlt worden. Darauß dann leichtlich vnd wol abzunehmen/was für ein Menge der Burgerschafft vnd Adels allda gewesen.

Was wolt man von den Leibeygenen vnnd andern Dienern sagen/deren sich die Römer nicht nur zur Notdurfft/sondern auch zum Pracht vnd Vberfluß pflegten zu brauchen? Hat nicht Pedanius Costa (wie Cornelius Tacitus verzeichnet) 400. Knecht bey sich vnder seinem Tach gehalten? Bezeugt nicht Athenæus/ein glaubwürdiger Griechischer Scribent/so Anno Christi 170. vnder Keyser Antonino gelebt/in seinem 6. Buch/daß etliche Burger zu Rom gesessen/die zehen/ja auch zwantzig tausent Knecht haben gehalten? Wo seynd die Kriegsleuth/deren zu deß Keysers Hofhaltung/vnd Verwahrung der Statt/bey 100000. gewesen? Wil von den Frembden vnd Durchreisenden nichts vermelden/dann daß man gantze Nationes/als nemlich auß Cappadocia/Scythia/vnd Ponto habe zu Rom gefunden. *Römer habt viel Knecht gehalten.*

Wie weit sich das Römische Reich erstreckt/als die Statt Rom in jhrem Blust gewesen.

Das Römische Reich nun hat sich vnder Keyser Augusto/gegen Auffgang biß an den Fluß Euphratem/so durch die grosse Statt Babylon geflossen: gegen Mittag an den Lauffen deß Fluß Nili in Egypten: Item an die Wüste vñ Eynöde in Africa/vnd den Berg Atlaß: gegen Nidergang aber an den Oceanum/oder groß teutsche Meer/vnd gegen Mitternacht an die Tonaw vnd Rhein erstreckt. Keyser Trajanus hat hernach Arabiam/Armeniam/Mesopotamiam vnd die grosse Wallachey bezwungen/vnd deß Römischen Reichs Grentzen gegen Auffgang biß an den Fluß Tigrim/gegen Mittag biß an das rohte Meer/vnd gegen Mitternacht weit vber die Tonaw gelegt/

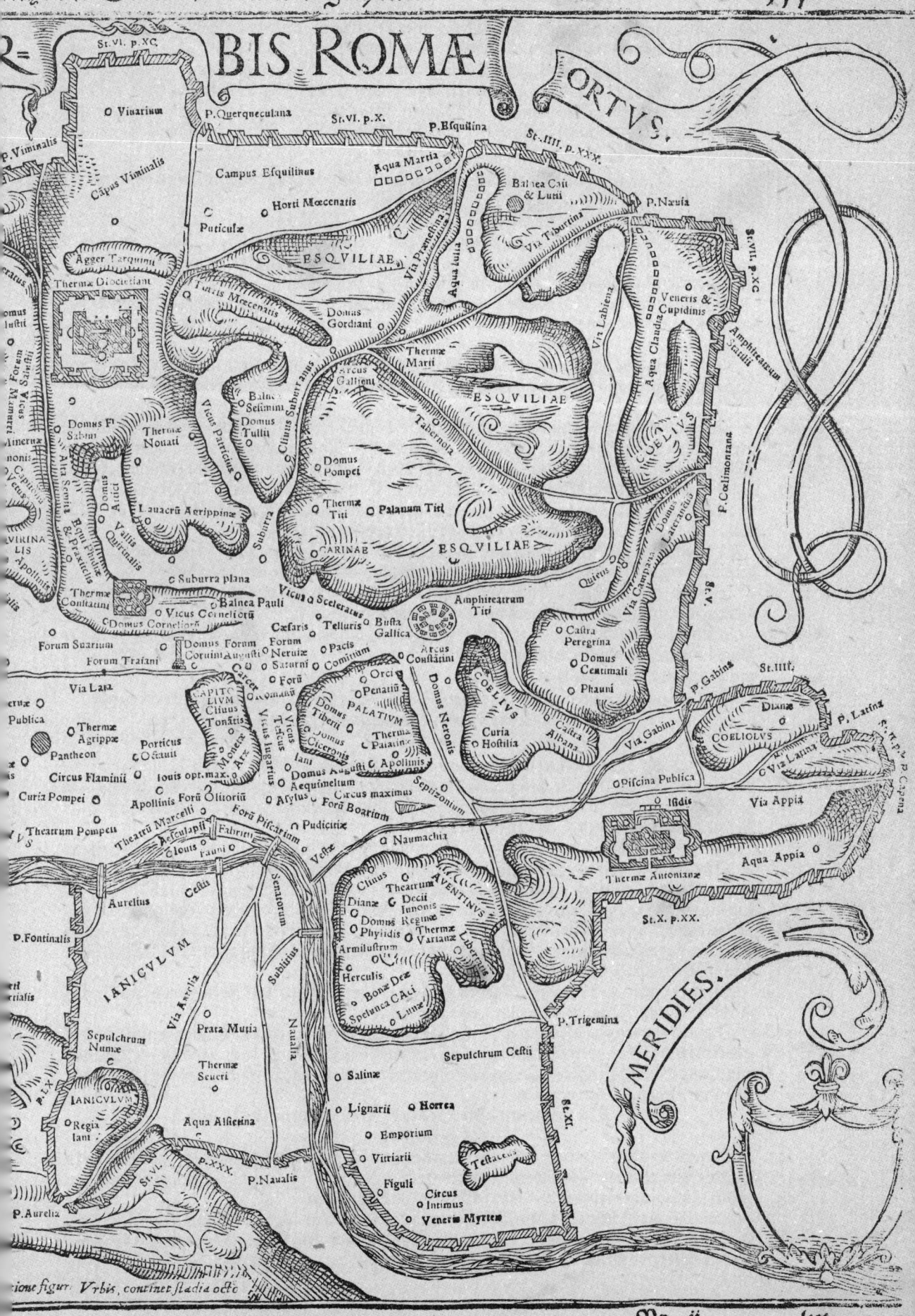

legt. Also daß die Statt Rom in Asia/Cholchidem/Iberiam/Albaniam/Pontum/Armeniam/Syriam/Arabiam/Palestinam/klein Asiam/vnd andere Länder: In Africa/Egypten/Cyrenen/Marmaricam/Getuliam/Ciliciam/Pamphiliam/Lydiam/Numidiam/Mauritaniam/ꝛc. vnd in Europa/Italiam/Hispaniam/Franckreich mit allen vmbligenden Provintzen/Grisoner oder Grawpüntner Landt/Ober vnnd Nider Bäyern/Windisch/Histerih/Macedoniam/Epirum/Griechenlandt/Thraciam/Bulgarey/Walachey/Sibenbürgen: Item Engellandt/Candiam/Rhodis/vnd andere Inseln/in dem Meer/beherrschet.

Wo vnd was gestalt das Römische Reich vorzeiten seine Grentzen versehen.

Nach dem Keyser Augustus durch die gantze Welt zu Wasser vnd zu Landt Frieden gemacht/ hat er zu Erhaltung desselben 25. Legionen von den allerbesten vnnd erfahrnesten Kriegsleuthen geordnet/ vnd damit deß Römischen Reichs vornehmbste Grentzen besetzt. Ein Legion aber war ein außerlesen Kriegsheer/ von 6100. zu Fuß/ vnd 730. zu Pferdt.

Römische Legionen.

In Hispanien lagen drey Legiones/in Gallien am Rhein acht/in Africa zwo/in Egypten zwo/in Syrien am Fluß Euphrates vier/in der Bulgarey an der Thonaw zwo/in Vngarn an der Thonaw zwo/vnd in Dalmatien zwo.

Keyser Claudius hat hernach in Engelland drey Legionen gelegt/ folgends Vespasianus zwo in Cappadociam/ vnd Trajanus zwo in die Walachey. Also daß 32. Legionen die Grentzen zu Land verwahreten.

Römische Besatzungen an den Meerhäfen.

Zu diesem aber wurden auch die vornemsten Port am Meer mit Schiffen vnd guter Besatzung versehen. Zu Ravenna lag ein starcke Armada/ im Fall der Noth die Provintzen am Hadriatischen Meer/ als Epirum/Macedonia/Achajam/Candiam/Cypern/vnd andere Morgenländische Königreich zu beschirmen. Also war auch zu Miseno in Campania/ vnd Freiuls in Provantzen/ ein andere Armada/ Franckreich/Hispanien/Mauritaniam/Africam Egypten/Sardiniam/Siciliam/vnd andere Ort am Mediterranischen Meer zu bewahren.

Es seynd auch auff dem Rhein/ auff der Thonaw/ vnd im Euphrate viel Schiff vnd Brucken gewesen/ deren sich die Römischen Besatzungen wider den Feind pflegten zu brauchen.

Wie hoch sich aber die Zahl deß Römischen Kriegsheers/ so hin vnnd wider auff den Grentzen gelegen/ erstreckt habe/ hab ich noch nirgend eigentlich verzeichnet funden.

Besatzungen seynd etwan sehr groß gewesen.

Allein vermeldet Agathias/ daß zur zeit Justiniani/ die Römische Grentzen nur 150000. Personen in den Besatzungen haben gehalten/ so doch zuvor mehr dann 645000. wolgerüster Mannen in denselben seyen gewesen.

Von den Colonien vnd Stätten/ so die Römer vorzeiten/ mit wolverdienten Kriegsleuten/ vnd Römischen Burgern besetzt haben.

Es hat aber auch sehr viel zu Erweiterung vnd Erhaltung deß Römischen Reichs geholffen/ daß die Römer hin vnd wider/ so viel jenseit dem Meer/ als in Italia/ vnd andern nahen gelegenen Provintzen/ viel Stätt/ so in Abgang gerahten/ vnd vbel bewohnt gewesen/ mit wolverdienten Kriegsleuten vnd trewen Bürgern besetzt haben.

Dann erstlich hat sich jedermänniglich/ fürnemlich aber die geringes Stands vnd Vermögens gewesen/ der Dapfferkeit vnnd Kriegserfahrung höchlich beflissen: damit er auch zu seiner zeit jrgent ein ehrlich Ampt/ oder sonsten seinen gewissen Sitz/ vnd gute Nahrung in einer solchen Colonien möchte bekommen: wie dann Sylla 120000. Julius Cæsar 80000. vnd Augustus 120000. wolverdiente Soldaten/ zu end jhrer Kriegen/ in dergleichen wolverdiente Stätt befürdert/ auch dieselben/ wie bräuchig gewesen/ mit allerhand notdurfft/ als nemlich mit Häusern/Aeckern/Rindern/Schiff vnd Geschirr/ versehen.

Römer besolden jhr Volck wol.

Hiemit wurden auch die weitgelegenen Landschafften/ mit der Statt Rom/ gleichsam als mit jhrer Mutter vielfaltiglich verbunden/ vnd je länger je mehr erbawen.

Zahl der Römischen Colonien.

Dieser Colonien seynd in Italia 150. in Africa 60. in Hispania 30. vnd in Gallia nicht minder gewesen: haben für andern Stätten grosse Freyheiten gehabt/ seyndt nach Römischem Brauch/ mit Tempeln/Rahthäusern/Capitoliis/Theatris/Triumphbögen vnd dergleichen stattlichen Gebäwen/ schön geziehrt gewesen.

Wie vnd wann die Statt Rom widerumb habe abgenommen.

Dieweil der gantze Erdboden/ sampt allem dem jenigen so darauß erschaffen vnd gemacht worden/ der Eytelkeit vnd Verenderung muß vnderworffen seyn/ ist auch die grosse Herrlichkeit der Statt Rom/ nicht viel vber 400. jahr in jhrem Blust gestanden.

Dann als die Gothen von dem Römischen Reich abgefallen/ vnd Alaricum zum König auffgeworffen/ haben sie nicht nur Traciam vnd Mysiam vnder sich bezwungen/ vnd dem hochfliegenden Adler zwo starcke Schwingfedern auß den Flügeln gerissen/ sondern auch demselben das

Haupt

Von Italia.

Haupt gar abzuschlagen vnderstanden: Inmassen ermelte Gothen/ zur Zeit Augustini/ Ambrosij vnd Chrysostomi/ vnder Keysern Honorio vnd Theodosio/ die Statt Rom zwey jahr lang härtiglich belägert/ vnd dieselbe/ wie Hieronymus der heilige alte Kirchenlehrer vermeldet/ nach zugefügtem grossem Hunger/ vnnd vielfaltigem Elend/ Anno 414. den 1. Aprilis eyngenommen/ vnd an etlichen Orten verwüstet vnd darnider gerissen: vorhabens die schöne vnd mächtige Statt/ so biß daher das Haupt der gantzen Welt gewesen/ fürnemblich nach Alarici Todt/ auß Königs Ataulphi Anstifften/ gantz vnd gar biß auff den Boden zu schleissen/ vnd ein andere zu bawen/ so nach jhrem Namen/ zu Vertilgung der Römer Gedächtnuß/ solte Gothia genennet werden: welches auch ohne zweyffel were ins Werck gesetzt worden/ wo es nicht Placida Keysers Honorij Schwester/ bey gedachtem Ataulpho jhrem Gemahln/ mit ernstlichen Flehen vnd Bitten hette abgewendet.

Im Jahr Christi vnsers HErrn 459. haben die Wandalen die Statt Rom auch eyngenommen/ vnd Eudociam Keysers Theodosij deß jüngern Gemahl/ mit sampt zweyen Töchtern/ vnd allen Keyserlichen Kleinothen vnd Zierden in Africam geführt.

Achtzehen jahr nach diesem ist König Odoacer mit den Saxen in Italiam gezogen/ vnd hat die Statt Rom mit gewalt erobert/ dieselbe auch 14. Jahr lang im Zwang behalten/ biß daß er von Theodorico außgetrieben worden.

Dieser Odoacer wolt auch auß Haß gegen dem Römischen Reich der Statt Rom Namen auffheben/ vnd dieselbe Odoacriam nennen.

Endtlichen aber hat König Totilas die wilden Gothen wider auffgemahnt/ vnd für die Statt Rom geführt/ dieselbe auch nach zweyjähriger Belägerung im jahr Christi vnsers HErrn 546. vberfallen/ vnd den dritten theil der Ringmawren darnider geworffen. Totilas hat in der gantzen Statt nicht vber 500. Burger gefunden/ die vbrigen waren theils in andere Länder zerstrewet/ theils an der Pest gestorben. In diesen kläglichen Zustand nun/ war die mächtige vnd hertzliche Statt Rom durch diese Barbarische Völcker damals gesetzt.

Woher/ vnd auß was Vrsachen obermeltes Vnglück sey vber die Statt Rom kommen/ vnd von der Christen zwölff harten Verfolgungen.

Es haben sich gottselige Gemühter viel mehr zuverwundern/ daß die Statt Rom in solche Hochheit gestiegen/ vnd derselben so lang genossen/ dann daß sie in so kurtzer zeit von den Gothen/ Sachsen/ vnd andern Mitnächtigen Völckern zerstört vnd beraubt worden. Dann was ist doch jemalen für ein Grewel auff Erden gewesen/ das nicht in der Statt Rom vnder jedermänniglich im schwang gangen? Wer köndte alle die Götter erzehlen/ so die alten Römer/ zum theil selbst auß deß Teuffels angeben erdacht vnd erfunden: zum theil aber auß andern Ländern/ welche sie eyngenommen/ vnd beherrschet/ nacher Rom gebracht/ vnd mit denselben alle Gassen vnnd Winckel durchspickt vnd gefüllt haben? Zu diesem haben sie auch/ den einigen wahren Gott in seinem geliebten Sohn/ vnserm HErrn Jesu Christo/ vnd dessen Gliedern/ auff das allergrawsambste verfolgt/ vnd so viel jhnen durch Gottes Verhängnuß möglich gewesen/ an allen enden vnd Orten getödtet vnd außgetilget. Ist nicht Christus Jesus Gottes deß Allmächtigen einiger Sohn/ vnser Erlöser vnd Seligmacher/ von dem Römischen Landtvogt Pontio Pilato zu Hierusalem auff dem Rahthauß schandlich verspottet/ vnd allenthalben an dem gantzen Leib/ mit Stecken vnd Geißlen dermassen geschlagen vnd geschmissen worden/ daß er keinem Menschen mehr gleich gesehen? Ja/ ist er nicht auch nach erlittener gantz vnmenschlicher Schmach vnd Marter von demselben/ den neidischen Juden zu gefallen/ als ein Mörder vnd Auffrührer/ ohn einige vrsach wider alles Recht/ zum Creutz verurtheilt worden?

Als Keyser Tiberius von Christi deß HErrn Göttlichen Wunderthaten/ auß Syria Palestina berichtet worden/ hat er im Raht zu Rom angehalten/ daß Christus Jesus für ein Gott erkennt vnd angenommen wurde/ hat aber das minste nicht außgericht/ sondern ein gantz abschlägige antwort bekommen: wie solches der alte Kirchenlehrer Tertullianus/ in seinem Buch wider die Heyden am 5. Cap. verzeichnet.

Vnd dieses ist Christo dem HErrn/ vnserm Erlöser/ vnd Mitler bey Gott dem Allmächtigen/ nicht nur von gemeinem Römischen Pöfel/ sondern von desselben hohen Obrigkeit/ in selbst eigner allerheiligsten Person widerfahren vnd begegnet. Wöllen jetzt auch kurtzlich vermelden/ was für Elend vnd Jammer/ die auffgehende arme Kirch/ vor zeiten von den gottlosen Heydnischen Keysern zu Rom/ viel jahr lang disseit vnd jenseit dem Meer/ vmb Christi willen habe erlitten vnd außgestanden.

Nach dem Domitius Nero Claudius der sechste Römische Keyser/ mit allerley Schand vnd Laster/ dem Teuffel lang gedienet/ hat er nicht nur seine nechste Freund vnd Verwandte/ mit Gifft vnd andern Mörderischen Mitteln/ hingerichtet/ sondern auch seine selbst eigne Mutter Agrippinam lassen erwürgen/ vnd derselben tödten Leichnam/ wider alle Natur/ ohn einiges Bedawren

Erste verfolgung.

besichtiget/etliche Glieder daran gepriesen/etliche aber gescholten/vnd als jhn darzwischen gedürstet/einen frölichen Trunck gethan.

Im jahr Christi vnsers HErrn 66. den 19. Junij hat gedachter Nero die Statt Rom bey dem Berg Palatino vnd Celio/da viel enge Häuser vnd Kauffmanns Läden gestanden/mit Fewr angesteckt/vnd der grawsamen Brunst/so sechs Tag vnd sieben Nächt/oder wie ein alte Inscription bey S. Peters Kirch zu Rom meldet/neun Tag gewütet/auß einem hohen Thurn/welchen Mecenas/Virgilij vnd Horatij Patron/vnder Keyser Augusto/in einem schönen Garten/gebawen/ als einer Comœdien/vnd kurtzweiligen Frewdenfewr zugesehen/vnnd entzwischen die History von der Zerstörung der Statt Troja gesungen. Gab darauff also bald auß/es hetten die Christen (deren ein gute Anzahl zu Rom gesessen) das Fewer eyngelegt/vnd mit demselben/der Statt vnd gemeiner Burgerschafft diesen vnwiderbringlichen Schaden zugefügt. Darüber dann die arme Christen/an allen Enden vnd Orten/wo die möchten angetroffen werden/auff das aller grawsambste gepeiniget/vnd als geschworne Feind der Römischen Monarchey/ohn alle Erbärmbd/ jämmerlich getödt wurden.

Fürnemlich aber musten die vnschuldigen Christen/in Keysers Neronis Garten/jhr Leib vnd Leben den gottlosen Heyden/zum Schaw vnd Frewdenspiel dargeben. Etliche wurden in frisch außgeschundene Häut gewickelt vnd eyngenäht/vnd gleichsam als wilde Thier/von den Hunden in kleine stück zerrissen/vnd gefressen. Andere wurden an die Creutz geschlagen/vnd allgemach mit Fewer verbrennet. Welche am Tag aber waren vberblieben/musten zu Nacht/an statt der Wachtfewer/mit grossem Spott verbrennet werden.

Diesem Jammer vnd Elend/hat Nero/nicht nur selbst persönlich vnder dem gemeinen Volck zugesehen/sondern in wehrender Pein vnd Marter/auff einem Wagen/auß Frewden mit den Pferden Kurtzweil getrieben/wie solches Cornel. Tacitus im 5. Buch seiner Cronick außführlich beschrieben/vnd der alte Kirchenlehrer Tertullianus/in seiner entschuldigung/an den Raht vnd Burgerschafft zu Rom/verzeichnet. Vnd dieses ist die erste Verfolgung gewesen/welche die Christen drey Jahr lang/biß auff den Todt Neronis/erlitten. Damals ist Petrus vnder vber sich gecreutziget/vnd Paulus/zu Rom/auff der Straß nach Ostien/an den Ort/da jetzt S. Anastasij Kirchen steht/enthauptet worden.

2. Nach diesem aber/als nemlich im jahr Christi vnsers HErrn 96. hat der schändliche vnd gottlose Keyser Domitianus (der sich auß teufflischem Vbermuth für ein Gott auffgeworffen/vnd seine Brieff vnd Decret mit diesen Worten vnderschrieben: Dominus & Deus noster sic fieri jubet: Das ist: Vnser HErr vnd Gott will/daß es also geschehe.) die arme Christen jämmerlich verfolget/auch vnder denselben/wie Tertullianus vnd Hieronymus bezeugen/Johannem den Euangelisten in Oel gesotten/vnd als jme dasselbe nicht kondte schaden/in die Insul Pathmum verwiesen/da er seine Offenbarung geschrieben. Dieses sol geschehen seyn bey der Lateinischen Porten/an dem Ort/da jetzt die ronde Capell/S. Johann steht. Damaln ist auch Cletus/Antipas sampt andern hingerichtet worden.

Von Italia.

3. Die dritte Verfolgung/hat Keyser Trajanus angestellt/vn̄ in derselben Clementem den Bischoff zu Rom in Pontum verwiesen/da er auch hernach gemartert worden. Hat Simonem/den Sohn Cleophæ/zu Jerusalem ans Creutz geschlagen/Ignatium den Bischoff zu Antiochia für die Löwen geworffen/Onesimum Pauli Lehrjünger zu Epheso versteiniget/vnd andere Gläubige/mit dem Schwerdt vnd Fewr jämmerlich hingerichtet/wie bey Eusebio zu sehen. Nicephorus meldet in seinem 3. Buch/daß gedachter Trajanus/nach dem er auß dem Persier Krieg gen Antiochiam kommen/fünff Jungfrawen/vmb Christi vnsers HErrn willen/hab verbrennen lassen/vnd derselben Aschen/mit Metall vermischt (zum Gedächtnuß daß solche zarte junge Menschen in jhrem Glauben so beständig gewesen) vnnd darauß etliche schöne Geschirr zu seinen Bädern gegossen/deren er aber nit lang hat gebrauchen können. Dann es hatten dieselbe auß sondern Vrtheil Gottes in dem Bad/so bald sie mit warmem Wasser benetzt wurden/den jenigen so im Bad gewesen/den Schwindel gemacht/daß sie seynd darnider gefallen:darauff dann Trajanus ermelte Geschirr geschmeltzt/vnd auß denselben der fünff Jungfrawen Bildnuß gegossen/vnd diselben für das Bad gestellet. *Trajanus vermischt der Martyrer Aschen mit Metall.*

Nach dem aber Tiberianus der Landtpfleger in Palestina gen Hof geschrieben/daß er nicht mächtig genug seye/die Christen/so daselbst willig in Tod gangen/hinzurichten vnd zuvertilgen/hat Trajanus allen seinen Landvögten durch das Römische Reich befohlen/daß man hinfüro die Christen vnangefochten verbleiben lasse.

4. Die vierdte Verfolgung war vnder Keyser Hadriano so grawsam/daß man die armen Christen an allen Enden vnd Orten/wo sie jmmer betretten wurden/ohn einige gerichtliche Form/auf das allerjämmerlichst pflegte zu töden:darüber sich denn einer auß deß Keysers Landvögten/Serenius Granianus (wie Eusebius verzeichnet) in einem Schreiben an Hadrianum/mit diesen Worten ernstlich beklagt:Es seye gantz vnbillich vnd wider alle Recht/daß man dem Geschrey deß gemeinen Pöfels/der allervnschuldigsten Menschen Blut/nur allein vmb deß Namens willen vbergebe. Dadurch auch Hadrianus bewegt worden/daß man dem Landpfleger in Asia geschrieben/daß man keine Christen mehr sol tödten/sie weren dann jrgend eines Lasters vberwiesen worden. In dieser Verfolgung ist Eustachius/sonst Placidus genannt/ein fürtrefflicher Kriegsmann sampt seinem Gemahel Teopista/für die Löwen geworffen/vnd als die Löwen seiner verschont/ist er in ein ehrinen Ochsen gesteckt/vnd jämmerlich verbrennt worden. Damals haben auch Euaristus vnd Alexander zween Bischoff zu Rom/mit etlichen jhrer Priester/als nemlich Faustino/Eventio/vnd Theodulo/die Bekandnuß Christi vnsers HErrn/mit jhrem Blut bezeuget. *Grawsame Tyranney.*

5. Tertullianus vermeldet im 5. Cap. seiner Entschuldigung/daß die fünffte Verfolgung/so die Christen Anno 164. hin vnd wider im Römischen Reich haben erlitten/seye auß Trieb vnd Angeben der Landvögten/vnder Marco Aurelio Antonio/vnd Lucio Aurelio Vero Commodo/angefangen worden:daher auch Justinus Martyr an den Raht zu Rom/vnd gedachte zween Keyser für die Christen zum andern mal geschrieben/dadurch aber nichts anders denn seinen eygnen Todt erlangt vnd gefürdert/wie bey Eusebio im 4. Buch am 15. Cap. nicht ohne Erbärmbd zu lesen:Damaln ist der fromme alte Kirchenlehrer Polycarpus zu Smyrna/Attalus/Photinus vnd andere/zu Lyon vnd Wien am Rhodan/getödt worden. *Justinus Martyr schreibt für die Christen.*

6. Keyser Septimius Severus hat die Christen hin vnd wider ohn einige Barmhertzigkeit/an de Creutz geschlagen/an die Pfäl gespisset/mit eysern Hacken auffgerissen/in das Fewr/Wasser/vnd für die wilden Thier geworffen/mit Bley vnd Hartz begossen/in die Inseln vnd Bergwerck verschickt vnd zu leibeigenen Knechten gemacht.

Dieser Verfolgung aber ist kein andere Vrsach gewesen/dann daß die Christen den Tag/an wlchem ermelter Keyser Septimius auß Gallia kommen vnd zu Rom mit grossem Triumph eyngzogen/nicht wie die Heyden/mit dantzen/springen/jauchtzen/prassen/vnd andern Vppigkeiten/so den Christen keines wegs geziehmen/gefeyret haben. Daher dann Tertullianus im 35. Cap. seinr Entschuldigung/vnder andern diese Wort geschrieben:Müssen dann die Christen dessentwegen offentliche vnd gemeine Feindt seyn/daß sie dem Keyser weder yppige noch falsche vnd leichtfertige Ehren beweisen? daß die rechtgläubigen gemeine Frewdenfest/innerlich im Hertzen/vnd nit in Vnzucht vn̄ Mutwillen feyren? Es ist sonsten eine grosse Ehrerbietung/wa m̄an die Herdstutt vnd Tischtafel in die Gassen setzt/vnd an allen Ecken offentliche Panckten haltet? c. Item:Sol man dann ein offentliche Frewd mit offentlicher Schand bezeugen? Sol dann das jenige den Fürstlichen Festtagen wol anstehen/das sich an andern tagen nicht wil gebüren? Sollen die jenigen so vmb deß Keysers willen auff die Zucht vnd Erbarkeit halten/auch die Zucht vnd Erbarkeit vmb deß Keysers willen verlassen? vnd sol die Freyheit aller bösen Sitten vnnd Gebräuchen ein Fromkeit seyn? Sol der Anlaß zur Vnzucht vnd Geilheit ein Andacht seyn? *Die Christen müssen ihres frolein wandels vbel entgelten.*

In dieser Verfolgung ist Victor Bischof zu Rom/Leonides Origenis Vatter/vnd viel desselben Lehrjünger/Irenæus Bischoff zu Lyon/vnd andere H. Martyrer jämmerlich getödt worden.

7. Julius Maximinus der 26. Römische Keyser/hat im Jahr vnsers HErrn Christi 238. baldt im Anfang seiner Regierung/auß Haß Keysers Alexandri Severi/in dessen Hoffhaltung/wie

Eusebius

Eusebius im 6. Buch am 21. Cap. verzeichnet/ viel Christen gewesen/ die siebende Verfolgung mit grossem toben vnd wüten angefangen/ vnd in derselben/ neben vielen frommen Christen Pontianum vnd Anterum/ zween vortreffliche vorsteher der Kirchen zu Rom/ hingericht.

8. Ebenmässiger gestallt hat auch Keyser Decius/ auß Haß seines vorfahren Philippi/ so der erste Christliche Keyser gewesen/ im jahr vnsers HErrn Christi 252. die achte Verfolgung für die Hand genommen/ vnd die angefochtene Kirchen Gottes dermassen geängstiget/ daß auch vil von den stärcksten vnder den Glaubigen/ von der wahren Bekandnuß/ auß Forcht/ waren abgefallen: deren kläglichen Zustand der H. Cyprianus in einer sonderbaren Epistel/ mit grossem Bedawren inniglich beweinet.

In dieser Verfolgung ist Fabianus zu Rom/ Alexander zu Jerusalem/ vnd Babylas zu Antiochia gemartert worden/ wie bey Eusebio vnd Nicephoro zu sehen.

9. Ob gleichwol Licinius Valerianus/ der 33. Röm. Keyser/ zu Anfang seiner Regierung/ den Christen mehr Gnad vnd Freundschafft/ dann alle seine Vorfahren/ hatte erzeigt vnd bewiesen: ist er doch hernach von einem Zauberer in Egypten dermassen eyngenommen vnd verführt worden/ daß er die armen Christen/ so dem zauberischen Grewel nach dem Befehl Gottes zu wider gewesen/ vierdthalb jahr lang jämerlich verfolgte/ vnd die jungen Kinder dem Teuffel auffopfferte.

Damaln hat Sixtus Bischoff zu Rom/ vnd dessen Diacon Laurentius/ wie auch der H. Cyprianus Bischof von Carthago/ sampt 300. Martyrer/ so man mit einander zumal in einem Kalchofen hat verbrennt/ vmb die Bekandnuß deß H. Evangelij den Todt gelitten.

Tyrannen werden von Gott gestrafft.

Nach dem aber Valerianus im achten jahr seiner Regierung/ von Sapore dem König in Persien/ im Mesopotamischen Krieg gefangen/ vnd zum aller verachtesten Knecht vnd Sclaven/ auff dessen Halß der König getretten/ wann er wolt auff das Pferd sitzen/ gemacht worden/ hat Galienus seines Vatters Valeriani/ welchem er auch sonsten tapffer hatte geholffen/ Gebott von der Christen Verfolgung auffgehebt/ vnd den Landvögten im Reich befohlen/ daß man den Christen jhre Kirchen vnd Begräbnussen widerum solle eynraumen/ vnd dieselben in guter Ruhe verbleiben lassen/ wie er dann solches etlichen Bischoffen selbst durch ein eygen Schreiben/ so Eusebius im 7. Buch am 14. Cap. abcopiert hat/ zu wissen gethan. Vnd so viel von der neunten Verfolgung/ nun folgt die Zehende.

Aurelianus erlahmet/ als er ein Mandat wider die Christen vnderschrieb.

10. Ob schon Gott der Allmächtige den blutdürstigen Tyrannen/ Aurelianum/ als derselbe ein Mandat wider die Christen wolte vnderschreiben/ mit der Läme an dem Arm gestrafft/ auch folgends zwischen jhn vnd seine Gesellschafft der Strahl vom Himmel gefallen/ hat er doch die arme Christen nicht in Ruhe vnd Frieden gelassen/ sondern dieselben/ nach anerborner Tyranney vnd Grawsamkeit hin vnd wider grawsamlich verfolgt/ vnd getödtet/ biß daß er auch im 6. jahr seiner Regierung Anno 278. von seinem Hofgesind auff der Straß zwischen Constantinopel vnd Heroclea/ erwürgt worden.

Dieweil dann gedachter Keyser Aurelianus nicht nur ein mächtigen Tempel der Sonnen zu ehren/ zu Rom auffgericht/ sondern auch die Statt/ so damaln/ wie obgemeldt/ zum grössesten gewesen/ mit stärckern Mawren in so kurtzer zeit vmbgeben/ ist wol zu achten/ er hab die arme Christen/ so bey dem Leben geblieben/ nicht besser dann vor zeiten Pharao die Kinder Israel in Egypten/ gehalten. Damaln ist Felix Bischoff zu Rom/ Athenodorus/ Agapitus/ vnd andere fürtreffliche heilige Personen gemartert worden.

11. Wer köndte aber genugsamb erzehlen/ was für grawsame Marter/ vnd Verfolgung die armen Christen vor zeiten/ vnder dem schandtlichen vnd gottlosen Keyser Diocletiano zehen gantze jahr ohn einiges Auffhören haben gelitten vnd außgestanden.

Sulpitius Severus/ so vmb das jahr Christi vnsers HErren 420. zu Burges in Franckreich Bischoff gewesen/ sagt im 2. Buch seiner Historien/ daß die Welt niemaln durch jrgend ein Krieg mehr seye erösst worden/ dann durch diese Verfolgung seye geschehen: in welcher doch die Christen nicht haben können vberwunden werden.

Grawsame verfolgung.

Eusebius bezeugt in seinem 8. Buch/ daß alle Gefängnussen so voll Christen seyen gesteckt/ daß man für die Vbelthäter nirgend kein Raum habe gefunden: Man habe so viel enthauptet/ daß die Schwerter stumpff/ vnd die Scharpffrichter seyen müd worden. In Phrygia habe man ein gantze Statt mit Weib vnd Kindt verbrennt. Viel hat man an die äst gehenckt/ bißweilen auch wo zwen Bäum beysammen gestanden/ hat man mit gewissen Rüstungen die höchsten Dolder vnd Stammen herunder gezogen/ vnd an dieselben Christen gebunden/ vnd also widerum in die Höhe schnellen lassen/ daß an einem der recht/ am andern der linck Schenckel gehangen. Vielen hat man in den Mundt/ auch vber den gantzen Leib/ heiß Oel/ Bäch vnd Bley gegossen. Man hat gantze Schiff voll ins Meer versenckt/ etlichen auch die Bäuch auffgeschnitten vnd den Schweinen darauß zu fressen geben.

In diesen erbärmlichen Verfolgungen/ vnd Trübsaln ist Cosmas/ Damian/ Sebastian/ Casus vñ Marcellinus zwen Bischoffe zu Rom/ Januarius Bischof zu Benvent/ Vincentius Diacon zu Valentz in Hispanien/ Agnes/ Sabina sampt jhrer Schwester Christeti zu Ebora in Portugall/

Von Italia.

tugall/ Verissimus vnd dessen Schwestern Maxima vnd Julia zu Lißbona/ Gereon ein Hauptmann mit 318. Gesellen zu Cöln/ Mauritius auch ein Hauptmann mit seiner gantzen Legion/ Thebana genannt/ in Franckreich/ Peteus Bischoff zu Alexandria mit 300. Gesellen/ Vitus/ Pancratius vnd viel andre/ so nicht zuerzehlen/ jämerlich gemartert vnd getödt worden.

Im Jahr Christi vnsers HErrn 365. hat Julianus der Abtrinnige/ nicht nur Christen Bischoffe vnd Priester mit Freundlichkeit vnd Gaben/ den falschen Heidnischen Götzen zu opffern angereitzt vnd bewegt/ auch den Christen die Schulen/ damit sie nicht in der Wolredenheit/ vnd andern schönen Künsten vnderrichtet wurden/ verbotten/ sondern auch diselben ohn vnderscheid hingericht/ vnd den blutdurstigen Heiden preiß geben: darauß dann an allen enden vnd orten ein kläglich Mörden vnd Würgen entstanden/ biß daß der verfluchte Tyrann im andern/ oder/ wie Socrates setzt/ im dritten Jahr seiner Regierung/ vnd 31. seines Alters in Persien/ mit einem Pfeil durch den Arm in die Seiten geschossen/ seinen verfluchten Geist mit erschröcklichen Lesterworten in vnsern HErrn Christum/ auffgeben.

Dieweil dann der H. Evangelist vnd Apostel Johannes/ in seiner Offenbarung am 6. Cap. gesehen vnd gehört/ daß die Seelen deren/ die vmb das Wort Gottes/ vnd desselben zeugnuß willen/ das sie hatten/ erwürgt waren/ vnder dem Altar mit grosser Stim geschrieen/ vnd gesprochen/ HErr du Heiliger vnd Warhafftiger/ wie lang richtestu vnd rechest nicht vnser Blut an denen die auf Erden wohnen? Ist kein wunder/ daß die Statt so von der Martyrer Blut besudelt/ vnd gleichsam alß truncken gewesen/ zerstöret vnd beraubet worden.

Wann vnd was gestalten die Statt Rom widerumb auffkommen/ vnd in diese jetzige Hochheit erhebt worden.
Cap. vj.

BElisarius/ Keysers Justiniani Veldobrister/ hat zur Zeit deß Gotischen Königs Totilae/ innerhalb 15. tagen/ mit Hülff seines Kriegsheers/ die Stattmawren zu Rom/ welche die Gothen/ Wandalen vnd Sachsen hatten zu boden gerissen/ widerumb erbawt/ vnd dieselbe mit tieffen Gräben verwahret.

Nach dem aber Belisarius auß Italia verreyst/ haben die Gothen durch Verrähterey/ die Statt Rom widerumb erobert/ dieselbe aber nicht wie zuvor verwüstet/ sondern nach vnd nach/ biß zu end jhres Königreichs/ verbessert vnd in Ehr gelegt.

Obgedachten König Totilam aber hat Narses Keysers Justiniani Kämmerling vnd Kriegsobrister/ im jahr Christi vnsers HErrn 553. in einer Feldtschlacht vmbgebracht/ die Gothen auß Italia vertrieben/ vnd Italiam zu einer Provintz/ deß Orientalischen Keyserthumbs gemacht.

Im jahr Christi vnsers HErrn 714. hat Gregorius der Ander deß Namens/ wie auch hernach Gregorius der dritt/ Anno 731. vnd Zacharias An. 742. die eyngeworffenen Kirchen vnd Mawren widerumb in Ehr gelegt vnd auffgericht.

Im jahr Christi aber 846. hat Leo der vierdt/ nicht nur die Stattmawren vnd Porten erbawen/ sondern auch noch 15. newe Bollwerck oder Wehren auffgericht/ vnd den Vatican mit einem gewaltigen Thurn vnd schönen Ringmawren vmbgeben/ vnd denselben von seinem Namen Vrbem Leoninam/ das ist/ Bapsts Leonis Statt genannt. Folgends haben die Bäpst vnd Cardinäl/ vielgedachte Statt auß den Kirchengütern/ mit schönen Pallästen/ Kirchen vnd andern gewaltigen Gebäwen/ wie an seinem Ort wird angezeigt/ mehr dann Königlich gezieret.

Die Bäpstliche Hochheit aber vnd Macht betreffend/ ist dieselbe vmb das jahr Christi vnsers HErrn 607. Bonifacio dem dritten diß Namens/ von dem Gottlosen Keyser Phoca/ so seinen Herrn Keyser Mauritium/ vor dessen Augen er erstlich seine eygen Weib vnd Kind/ gantz jämmerlich hingericht/ getödt/ mitgetheilt vnd vbergeben worden.

Dieser Phocas ist im 8. jahr seiner Regierung zu Constantinopel in einer Auffruhr vberfallen/ vnd mit abgehawenen Händen vnd Füssen in das Meer geworffen worden.

Im jahr Christi 686. hat Leo der ander/ die Kirchen zu Ravenna/ so biß dahero in gleicher Hochheit/ mit der Römischen gewesen/ mit Hülff Keysers Justiniani deß andern vnder das Joch gebracht/ vnd dem Ertzbischoff von Ravenna mit einem fewrigen Eysen die Augen außgestochen/ vnd den armen blinden Mann/ vber Meer in das Elend verschickt.

Stephanus der Ander hat von König Pipino die Statt Rimini/ Pesaro/ Fano/ Vrbin/ vnd andere schöne Ort/ in derselben Landschafft bekommen.

Also hat sich auch Hadrianus fein wissen zu schicken/ daß jhm vom Keyser Carolo dem Grossen/ die Insel Corsica/ das Hertzogthumb Spoleti/ vnd andere gewaltige Herrschafften seynd geschenckt worden.

Was heutiges tags fürnemblich zu Rom zu sehen/ vnd erstlich von den sieben Bergen.

Der fürnembste/ vnd herrlichste vnder den Bergen zu Rom ist gewesen Capitolinus: ward erstlichen von König Saturno erbawet/ vnnd Saturninus/ Folgendts von der Nonnen

Tarpeja/so die Statt vnder Romulo den Sabinern verrahten/vnd daselbst getödt vnd begraben worden/Tarpejus genannt. Gedachte Nonn ward der Verrähterey halb mit den Sabinern vber eins kommen/daß jhren dieselben solten zur Besoldung geben/was sie an den lincken Armen hatten/als nemlich die güldenen Armbandt: Als aber die Sabiner in die Vestung kommen/haben sie die Schild so sie an den lincken Armen getragen/auff die Nonn geworffen/vnd dieselbe also erstickt vnd getödtet.

Nach dem aber König Tarquinius Priscus/auff diesem Berg das Fundament zu dem Tempel deß grossen Jupiters gegraben/vnd in demselben eines Manns/so (wie Arnobius verzeichnet) Tolus geheissen/Haupt/gleichsam alß frisch vnd blutig gefunden (anzudeuten wie der Hetrurische Wahrsager zu den Gesandten von Rom gesagt/daß solches Ort das Haupt der gantzen Welt solte werden/welches dann auch der Fortgang gnugsam erwiesen) hat man den Berg Tarpejum Capitolium/Caput Toli, deß Toli Haupt genannt.

Dieser Berg ist vor zeiten hoch vnd gäch gewesen/heut aber wegen der viele der verfallenen Gebäwen/so vnden herumb gestanden/geringer Höhe: Stöst an die Tyber/an Palatinum/Quirinalem/vnd ebne der Statt/vergleicht sich einem Wahl.

Der ander Berg ist von Palanta/Königs Latini Tochter/oder von dem König Palante/wie Varro im 4. Virgilius im 8. vnnd andere vermeynen/Palatinus genannt. Von diesem Berg vnd eben diesem Ort/da Keysers Augusti Tempel gestanden/hat Keyser Cajus Caligula biß auff den Capitolinum/ein schöne gewelbte Brucken gebawen/welche aber heutiges tags nit mehr vorhanden.

Gedachter Berg ist jetzund wegen der grossen zerfallenen Gebäwen gantz vnbewohnt: hat etliche Lustgärten/darunder deß Cardinals Farnesij der schönste ist/vnd wol zu sehen. An etlichen orten/hat es grüne Wiesen/darauff die Schaff vnd Geissen lauffen: also daß der Berg Palatinus widerumb in sein alt Wesen kommen/wie dann etliche vnder den Alten denselben von dem Geblöck vnd Schaffgeschrey den Namen haben geben.

Man sind bey Lampridio daß Heliogabalus die Gassen auff dem Palatino hab mit Porphyr vnd andern köstlichem Marmor gepflastert/dessen man auch noch vor wenig jahren viel anzeigungen hat gefunden. Ermelter Berg ist mit Capitolino/Aventino/Cælio vnd Esquilino vmbgeben.

Der dritte Berg hat seinen Namen von Aventino einem König zu Alba/so allda begraben worden/ist mehr lang dann breit/begreifft zwo Meylen vnd ein viertheil/ist mit schönen Häussern vnd Gärten wol erbawet/ligt an der Tyber/vnd erstreckt sich von S. Pauls/biß an Sebastians Porten/vnd wird von dem Palatino/durch ein fein Thal gescheiden.

Der vierte Berg ward vor zeiten von einem Eychwald/so daselbst gewesen/Querculanus/hernaher von Cælio Vibenno/einem Hetrurischen Obristen/so dem König Romulo wider die Sabiner zu Hülff kommen/vnd sich sampt seinem Volck darauff gesezt/Cælius genennt worden/ist ziemlich groß/hat auff einer seiten den Aventinum/auff der andern den Esquilinum.

Der 5. Berg ist nach Marci Catonis Meynung/von den Excubijs der Wachten vnd Santinellen/so Romulus allda gehabt Esquilinus genannt/ist auch ziemlich groß/hat auff einer seiten den Berg Cælium/auff der andern den Viminalem/vnd zu vorderst den Palatinum: vergleichet sich fast einer Pyramiden.

Der 6. Berg ligt zwischen dem Esquilino vnd Quirinali/hat seinen Namen von einem grossen Altar so dem Abgott Jupiter Viminio/das ist/dem Weyden Gott/daselbst auffgericht gewesen. Auff diesem Berg sind/wie Plinius zu anfang seines 17. Buchs/vnd andere alte Scribenten verzeichnen/die berühmbten Gärten vnd vber alle massen grosse vnd prächtige Pallast Salustij/Caij Aquilij/Lucij vnd Marci Crassi/vnd Quinti Catuli/gestanden.

Der 7. Berg ist von dem Tempel deß Abgotts Quirini Quirinalis/heut aber von den zwey grossen Marmorsteinen Pferden/so daselbst an der Hauptgassen/bey Keysers Constantini Bädern stehen/Monte Cavallo/das ist/Roßberg genannt/ist groß vnd krumb/erstreckt sich von dem Esquilino/biß an Capitolinum: hat auff einer seiten Campum Martium/war ein grosser Platz/dem Abgott Marti geweyhet:vnd auff der andern Montem Hortulorum/oder Gartenberg/welcher von Keyser Claudio mit Mawren eingeschlossen/vnnd von Pnicio einem Vornehmen deß Rahts/so darauff wonhafft gesessen/Pnicius genennt worden.

Von den alten Römischen Tempeln/vnd erstlich von dem Pantheo/Santa Maria Rotonda genannt.

Vnder allen alten Gebäwen/so heutiges tags zu Rom werden gesehen/ist nach der besten Bawmeistern bedunken das Pantheum/das allerkünstlichst/vollkommenist vnd schönst/von Marco Agrippa/Keysers Augusti Tochtermann/dem Abgott der Raach/oder der Veneri vnd Marti/oder wie Dion verzeichnet/der Mutter aller Götter so die Römer verehrt haben (daher dann auch der Griechische Nam Pantheon kommen) zu ehren erbawt.

Die Formb dieses Tempels ist gantz Cirkel rond/gleicher höhe vnd weite/gleich wie ein Weltkugel im Diameter/oder strack vberzwerch/inwendig biß in die 20. schritt weit/vnd das ohn einige

Mittelpfeiler/vber alle massen schön gewelbt/dessen sich nicht gnugsamb zuverwundern: hat oben in der Mitte ein rond loch/von 18. schuch/von welchem das gantz Gebäw sein Liecht bekompt.

Es hat dieser Tempel nur einen Eingang/wie alle alte Heydnische Tempel/bey demselbigen ist ein gewaltiger Schopff/von schönen Corintischen Säulen/deren ein jede drey Männer kaum vmbklafftern mögen: Auff diesen Säulen ligen grosse ehrine vergülte Trám/darauff ein ziehrlich Tach. Ist gantz von silbernin Platten bedeckt gewesen/welche hernach Keyser Constantinus der Dritt/sampt vielen andern Zierden hinweg genommen/ohn längst haben die Bápst auch die ehrine Trám/vnd Tach wegnemmen lassen vnd zu andern Sachen verwandt.

Gedachten Tempel hat Bapst Bonifacius der Vierdt/auß bewilligung Keysers Phocæ/zu einer Kirchen gemacht/vnd dieselbe der Jungfrawen Mariæ nach genannt/Maria Rotunda.

Volgents hat Eugenius der Vierdt/die Häußlein vnd Lädlein davon abgebrochen/vnd baldt darnach Nicolaus der Fünfft/das Tach darauff mit Bley vberzogen/die Porten seynd von Metall gegossen/vnd mit schöner arbeit gezieret.

Plinius sagt in seinem 36. Buch/daß Diogenes ein sehr berühmbter Bildthawer von Athen/ mehrermelten Tempel/mit vberauß schönen vnd künstlichen Bildern gezieret habe.

Keyser Augustus hat das groß vnd vberauß schön Perlin/welches die Königin Cleopatra an jhrem lincken Ohr getragen/vnd dasselbe in dem Gastmahl bey Antonio(gleich wie sie mit dem ersten/so sie von dem rechten Ohr genommen/gethan)in einer schalen voll Essig hat zerlassen/vnd drincken wöllen/wo es nicht Munatius/welcher Augst vnd Lyon gebawen/hette verhindert/in zwey stück geschnitten/vnd dieselben der Bildnuß Veneris/so in diesem Tempel gewesen/angehenckt: diß Perlin war 250000. Philips Taler werth geschätzt/darbey dann abzunehmen/was für einen thewren Trunck die Königin Cleopatra gethan habe.

Bey dem Eyngang ist vor zeiten vnder dem Schopff/auff der rechten Hand Keysers Augusti/ vnd auff der lincken Marci Agrippæ Statua vnd Bildnuß gestanden.

Diese Zierden aber/sind ohn allen zweyfel/vnder Keyser Trajano/113. jahr nach Christi vnsers HErrn Geburt/alle zu grund gangen/als gedachter Tempel von dem Plitz vnd Strahl geschlagen/vnd mehrertheils verbrennt worden: wie jhn dann hernach Lucius Septimius Severus/vnd Marcus Aurelius Antonius Römische Keyser/mit allen seinen Zierden vnd Ornamenten widerumb haben ergäntzt vnd erbawen/wie dann solches auß der Schrifft in dem Architrab deß gesprengs heiter erscheinet. Ob man gleichwol aber heutiges tags im Eyngang etliche Stafflen hinab gehet/ so findet man doch/dz er zu Anfang/da mehrermelter Tempel gebawen worden/7. Stafflen hoch von der Erden erhebt gewesen. Die Säulen sind 94. Palmen/29. Minuten hoch/ohne die Base vnd Capitäl/die Base sind 3. Palmen/vnd 19. Minuten hoch. Die Capitäl 7. Palmen/37. Minut. die höhe deß Architraben 5. Palmen: deß Friesen 5. Palmen/13. Minuten/deß Karnieß 4. Palmen 9. Minut. von obrist deß Karnieß biß zu dem Punct deß gesprengs sind 34. Palmen/vnd 39. Min.

Xx iiij   Das

Das Gespreng hält man/seye mit Silbernen Figuren gantz geziert gewesen/wiewol man in Geschrifften nichts darvon findet/daß aber Figuren von Ertz vnd anderm Metall daselbst gewesen/findet man genugsame Anzeigungen.

Von dem Tempel deß Friedens Templum Pacis genannt.

Diesen gewaltigen Tempel hat Keyser Claudius/wie Suetonius verzeichnet/angefangen/vnd wenig zeit hernach Vespasianus außgebawen/vnnd denselben der Abgöttin deß Friedens zu ehren mit den schönsten Bildern / welche Keyser Nero/so wol auß Metall als auß Marmor hin vnd wider in die Stätt versetzt/auff das allerzierlichst geschmuckt.

Es meldet auch der H. Hieronymus/daß Keyser Titus/nach Eroberung vnd Zerstörung der Statt Jerusalem/die Gefäß vnd Kleinoter/so im Tempel Salomonis gewesen/vnd welche er im Triumph gen Rom tragen lassen/in diesen Tempel gelegt/darinn sie auch verblieben/biß daß sie von dem Gotischen König Alarico/so Rom eyngenomen vnd beraubt/sind hinweg geführt worden. Diesen Tempel hat nicht nur Plinius/wegen seiner vielfaltigen Zierden vnd Kunststücken/sehr gepriesen: sondern auch Herodianus für das schönste vnd grösseste Werck gehalten/so damals in der Statt Rom gewesen.

Es hat auch Keyser Vespasianus sein vnd seiner Kinder Bildnuß/von einem newgefundenen Ethiopischen Marmorstein/welcher Basalio genannt worden/in diesen Tempel gestellt. In der PrincipalCapell ist auch ein sehr groß Marmorbild gestanden/auß viel stucke gemacht/von dessen Reliquien man noch genug im Capitolio findet/vnd vndern andern stucken ist da ein Fuß/dessen Nagel am grossen Zehen/so groß/daß ein Mann kumlich darauff sitzen kan/darvon man dann die grösse deß gantzen Bilds leichtlich mag abnehmen.

Die Länge deß Tempels ist vngefährlich 107. Elen/die Breyte 125. Elen. Der Hauptplatz in der Mitte haltet 53. Elen/die Seite der Pilaster/da die ronden Corintischen Säulen gegen vber stehen/haltet neun Elen/vnd ein halbe: die Dicke der Säulen/4. Elen/vier vnd ein halbe Vntzen/mit 24. Hoikälen/deren jede 5. Vntzen weit ist/ihr Leisten halten anderthalbe Vntzen.

Diese Säulen sind die grösten in gantz Rom gewesen/haben auch jhres gleichen niergends gehabt/dann zu Epheso in der Dianen Tempel/welche man vnder die sieben Weltwunder hat gezehlet/darinn 127. sechtzig Schuch hoch/gestanden: von obgedachten Säulen/ist nur eine gantz vorhanden/48. Schuch hoch/deren Anfang vnd Base doch/wegen deß grossen verfallenen Gebäws/nicht gesehen werden: die Dicke der Mawren rings vmb den Tempel ist gemeiniglich 12. Elen/an etlichen Orten von wegen der Vnderbögen etwas dünner.

Den Ort betreffend/da dieser gewaltige vnd wunderbare Tempel gebawet/ist derselbe bey dem alten Römischen Marckt. Ist erstlich Königs Romuli/hernach Hostilij Rahthauß/folgents Basilij Porta/vnd endlich Julij Cæsaris behausung gewesen.

Dieweil jetzt vermeldet worden/daß gedachter Tempel wie auch das Pantheum/von Corintischen Säulen vnd Zierden seyen gewesen/ist dasselbe von den alten Bawmeistern/wie bey dem Vitruvio zu sehen/nicht ohne sonder bedencken geschehen. Dann dieweil diese Corintische Säulen vnd Zierden gar lieblich sind anzusehen/haben sie dieselben in den Tempeln der miltesten vnd lieblichsten Göttern/als Vestæ/Proserpinæ/Veneris/vnd dergleichen gebraucht.

Die Dorische hat gar ein starck mannlich ansehen/derowegen sie dieselbige für die harten vnnd rauchen Götter/als Herculem/Martem/Minervam/vnd dergleichen behalten.

Die Jonische aber/ist von obgedachten temperiert/welche sie dann in Tempeln/Junonis/Dianæ/Bachi/vnd andern gebraucht haben.

Die Tuscanische ist starck/grob vnd bäwrisch gemacht/daher sie auch an starcke Gebäw gehört/als grosse Thor/Porten der Stätt/an Castel/Schlösser/Vestungen/Zeughäuser/Gefängnuß Thürne/Meerhafen/vnd alle Gebäw/so zu Kriegsmunition gehören.

Von S. Cosmo vnd Damian vorzeiten Templum Romuli.

Allernechst bey jetztgeschriebenem mächtigen Gebäw/ist ein schöner alter Tempel/in die rönde wie das Pantheum/vor alten zeiten dem König Romulo zu ehren gebawet/so mit viel hertzlichen Kunststücken geziert gewesen/wie dessen noch ziemliche Anzeigungen gesehen werden/davon noch die ehrine Porten vberblieben. Ist von Bapst Felix dem Vierdten deß Namens/widerumb in Eß gelegt/vnd Cosmo vnd Damian/welche der gottloß Tyrann Diocletianus hat martern lassen/geweyhet vnd nachgenannt worden/wie sie dann daselbst begraben ligen. Diese Kirchen hat ein sonderbaren Cardinal/vnd verkaufft 1000. jahr Ablaß.

Von etlichen andern alten vornehmen Tempeln.

Von dem gewaltigen Tempel/welchen Keys. Augustus/nach dem jme in Hispanien ein Diener an der seiten vom Strohl ward erschlagen / auff dem Römischen Marckt Jovi Tonanti dem donnerenden Jupiter zu ehren erbawet/wird heutiges Tags nicht mehr dann das lincke Eck von dem Vorhof

Vorhof/von drey grossen Corintischen Säulen/sampt derselben Capitälen/vnd andern zugehörigen zierden gesehen. In dem Architrab/werden noch diese Buchstaben gelesen/Estituer, sol heissen/restituerunt: darauß dann abzunehmen/daß dieser Tempel einmal eingefallen oder verbrunnen vnd widerumb in ehr gelegt vnd erbawen worden. Gedachter Architräb/ist mit vielerley schönen geschirren/deren die Heyden zu jhren Opffern pflegten zu brauchen/künstlich gezieret. Allernächst

TEMPLVM IOVIS ROMÆ.

bey jetztermelten Säulen ist der gewaltige vnd berühmte Tempel gestanden/ welchen Camillus/ nach stillung deß Burgerlichen Auffruhrs/ der Abgöttin der Eynigkeit zu bawen angefangen/vnd andere hernach vollstreckt/vnd auff das stattlichst haben gezieret. Von dessen Tempel aber/ist nach der Schopff oder Vorhof/ von acht vberauß schönen Säulen/ sampt derselbigen zugehörigen zierden Jonischer Arbeit/vorhanden. Ist von dem Raht vnd Burgerschaft/nach erlittener brunst/
wider=

widerumb erbawet gewesen/ wie an dem Architrab heiter zu sehen/ darinn mit grossen Schrifften gehawen. Senatus Populusq; Romanus incendio consumptum restituit.

Fast im Mittel deß alten Römischen Marcks/ stehen drey vberauß schöne Corintische Säulen/ sampt derselben Capitälen/ vnd vbrigen ordenlichen Zierungen/ seynd in deß Jupiters Statoris Tempel gewesen. Auff der rechten Hand dieser Säulen/ sihet man noch viel Gemäwr/ vnd Marci Tullij Ciceronis Behausung/ so nicht nur nach der alten Scribenten/ sondern auch deß gegenwertigen Augenscheins anzeigung/ ein sehr groß vnd gewaltig Gebäw gewesen. Ausserhalb der Statt/ werden auch viel schöne Säulen vnd Gewelber gefunden/ da vor zeiten gewaltige Tempel gestanden.

Von dem Tempel Jani.

Diß ist auch ein gewaltig Gebäw/ in gestalt eines vierfachen Schwiebogen/ von grossen Marmorsteinen/ auff dem alten Rindermarckt/ dem Abgott Jano zu ehren auffgericht/ dessen Bildnuß darinnen mit vier Angesichten gestanden/ so die vier Jahrzeiten/ den Früling/ Sommer/ Herbst vnd Winter/ haben gedeutet. Dieser Tempel ward nach Königs Numæ ordnung in Kriegsläufen offen behalten: in beständiger Friedenszeit aber/ anzudeuten/ daß man kein Kriegsraht bey dem fürsichtigen Abgott Jano zu suchen von nöhten habe/ beschlossen/ wie vnder Keyser Augusto/ als vnser HErr Christus/ der rechte Friedenfürst/ geboren worden/ geschehen ist/ wie es dann Suetonius fleissig verzeichnet. Sonsten waren auch mehrermeltem Abgott 12. grosse Altär/ die 12. Monat deß Jahrs zu bedeuten/ zu Rom auffgericht. Es haben jhn auch die Römer so hoch gehalten/ daß sie seiner in allen jhren Gebeten zum ersten gedachten/ wie bey dem alten Lehrer Arnobio/ so vor Constantino dem grossen gelebt/ vnd Lactantij Præceptor gewesen/ im 3. Buch wider die Heyden zu sehen.

Die gemeine Bildnuß Jani/ welche die Heyden ausserhalb Rom verehrt haben/ war von zwey Angesichtern gemacht/ anzudeuten/ daß derselb Gott sol so wol das künfftig/ als das vergangene vnd gegenwertige wissen.

Auff dem Römischen Marckt waren auch nach Horatij vnd Acronis Anzeigung/ drey Statuæ auffgericht/ bey welchen sich die Wucherer vnd Schuldgläubiger pflegten zuversamblen/ jr Gelt an Zinß zu legen/ vnd die Schulden einzufordern.

Von dem Tempel der Frombkeit vorzeiten Templum Pietatis/ jetzt Nicolao in Carcere genannt.

An diesem Ort nemlich bey dem Theatro Marci Marcelli/ ist vor alten Zeiten ein gemein Gefängnuß gewesen/ in welcher vnder Cajo Quintio vnd Marco Attilio/ Burgermeistern/ ein arme Kindbetterin/ jhr alte Mutter/ welche wegen begangener Missethat/ nach deß Richters Vrtheil darinnen solte hunger vnd durst sterben/ mit jhren eygenen Brüsten (dann sie/ von den Wächtern speiß vnd tranck halben/ jederzeit fleissig ersucht worden) heimlich gesäuget/ vñ etlich tag erhalten.

Da sich nun endtlichen der Wächter verwundert/ wie es doch zugehe/ daß die arme gefangene Fraw/ so lang ohn einige Speiß vnd Tranck könne leben/ hat er/ als die Tochter nach jhrer Gewonheit wider kommer/ vnd in die Gefängnuß hineyn gangen/ durch ein verborgen Loch/ die Mutter an jhrer Tochter Brüsten gesehen: welches die Obrigkeit dermassen zu Gemüht geführt/ daß sie das gefangene Weib nicht nur also bald hatte loß gelassen/ sondern auch derselben/ sampt jhrer Tochter/ als ein recht Exempel Kindlicher Trew vnd Lieb/ jr Lebenlang/ mit guter Nahrung vnd Vnderhaltung/ auß dem gemeinen Gut versehen/ auch die Gefängnuß darinn ein solch denckwürdig ding geschehen/ verendert/ vñ auß demselben ein fürnehmen Tempel/ dem Gott der Frombkeit zu ehren/ zierlich gebawen/ wie solches Plinius im 7. Buch seiner Historien am 36. Cap. vnnd Val. Max. im 5. Buch seiner Exempel am 4. Cap. nicht ohne sonderliche Verwunderung fleissig beschrieben/ vnd allen nachkommenden für vnd für in ewige zeit zu ermanung vnd fortpflantzung der Tugent hinderlassen.

Derwegen denn auch gedachter Tempel/ von den Bischoffen zu Rom zu einer schönen vnd gewaltigen Kirchen gemacht/ vnd zur Gedächtnuß ermelter History/ S. Nicolaus genannt/ vnd mit einem sonderbaren Cardinal begabt worden.

Von Santo Stephano Rotondo.

Dieses ist ein sehr schöner vnd künstlicher Tempel/ auff dem Berg Celio gelegen/ erstlich von den Heyden dem Abgott Fauno zu ehren erbawet/ vnd hernach von Simplicio dem ersten deß Namens/ dem H. Martyrer Stephano geweyhet/ vnd von dem Circulronden Gebäw S. Stephans Rotondo genannt worden. Ist ein zeirlang der Vngarischen Nation/ zuständig gewesen/ hernaches aber der Griechischen Nation zugeeygnet worden.

In diesem Tempel sind von Christi vnsers HErrn Leyden vnd Sterben an/ biß auff vnsere zeiten/ aller Märterer historien/ bey neben jhren Namen/ vnd Vnderschrifften/ auff das allerschönst vnd künstlichst an den Wänden herumb gemahlet vnd außgestrichen.

Dergleichen Kirchen seyn noch vnzehlich viel in vnd ausser Rom/ so theils Heydnische Tempel gewe-

Von Italia.

gewesen/theils von newen vnd alten Keysern vnd Bäpsten erbawen worden/von deren jeglicher insonderheit zu reden viel zu lang wurde/der günstige Leser wird selbiger Beschreibung an andern Orten zu finden wissen.

Von den alten Römischen Begräbnussen. Cap. vij.

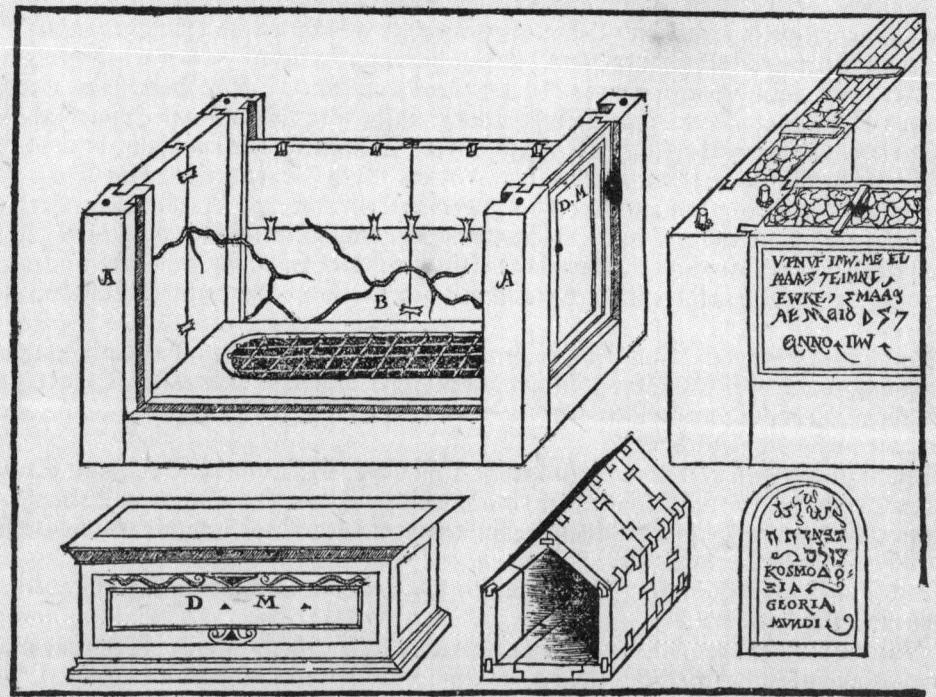

Intemal die Natur vnserer Vernunfft zuerkennen geben/daß alle Geschöpff in dieser Zergänglichkeit widerumb müssen in das jenige verfliessen/darauß sie herkommen vnd erschaffen seynd/hat Thales einer auß den sieben Weltweisen/für gut/vnd der Natur bequem befunden/daß sintemal der Mensch auß jrdischer Feuchtigkeit erschaffen wörden/so sol auch derselb nach seinem Absterben/in die Erden gelegt vnd verscharret werden. Welches dann die Kinder Israel/also bald nach Adams/vnsers allgemeinen ersten Vatters tödtlichem Abgang/in acht genommen/als die da wusten/daß Gott gesprochen: Der Mensch seye Erden vnnd müsse wider zur Erden werden. Solches haben auch die weysesten Völcker/vnder den Heyden/als nemlich die Egyptier/Syrer/Phönicier/Athenienser/Megarenser vnd Römer nachgethan.

Das gemein vnd arm Volck wurd schlechtlich in den Grund verscharret/die vbrige in steinine/bleywene vnd eysene Särck vnd Kästen gelegt.

Die gewaltigen wurden in oder auff die Berg begraben/wie Servius vber das 11. Buch Virgilij verzeichnet. Vil hatten jhre Begräbnussen/in jren/oder guter Freunden Gärten. Viel in eygnen Häusern/viel auff den Gassen vnd gemeinen Landtstrassen. Endlich aber wurden die Begräbnussen nach Solonis Gesatz in den Häusern vß vorten/vnd wurde niemand in der Statt begraben (die Vestalische Nonnen außgenommen) er hatte dann was sonderlichs vmb dieselbe verdient. Innerhalb den Stattmawren wurden die fürnembsten Männer vnd Geschlechter/auff dem weiten Platz/Campus Martius genannt/ausserhalb aber an der Appianischen vnd Lateinischen Straß/verbrennt/vnd in auffgerichten Marmorsteinen Kästen begraben.

Es haben aber die Römer vor zeiten so viel auff jhre Begräbnussen gehalten/daß wann sie auch
in fer-

in ferzen Landen gestorben/ihren Erben im Testament hart eyngebunden vnd befohlen/ihre Gebein auff gewisse zeit nach Rom zu führen/vnd dieselbe allda/nach alter Gewonheit/ehrlich zu bestatten: wie dann im Königreich Portugal dergleichen Testament/in ein grosse steinine Tafel gehawen/funden worden.

Zu diesem aber waren die Begräbnussen bey den Römern so gemein/daß sie nit bald ein Knecht oder Magt/wil guter Freund vnd Bekanten geschweigen/gehabt/welchem sie nicht zu guter Gedächtnuß ein steinen Grab sampt einem Epitaphio hetten auffgericht. Ja es war dahin kommen daß Keyser Augustus/gleich wie zuvor Alexander der Groß/seinem Pferdt Bucephalo/Hadrianus vnd Commodus Verus/ihren Leibpferdten/stattliche Begräbnussen vnd Epitaphia haben auffgericht/vnd in dieselben etliche Verß geschrieben. Sonsten ist jedermänniglich bekandt/daß zu Florentz ein Pferdt bey dem Fluß Arno begraben/vnd in deß Hertzogen Pallast ein Maulthier/ so die Stein zum Gebäw getragen/mit einem statlichen Epitaphio/von Marmor ist verehrt worden. Neben dem daß die alten Römer jhre Verstorbene mit köstlichem Balsam pflegten zu salben/ vnd vielen schönen Kleinotern zu zieren/haben sie auch in die Gräber silberne Lampen gesetzt/so ohn einiges zuthun/in ewige Zeit haben gebrunnen/wie an seinem Ort außführlicher sol vermeldet werden.

Nach dem aber der vberfluß an den Gräbern von tag zu tag zugenommen/hat man Gesatz vnd Ordnung gemacht/daß kein Grab grösser vnd statlicher werden solte/dann es in 5. Tagen köndte gemacht werden/vnd solten deß Epitaphij Platten nicht grösser seyn/dann daß man vier heroische Verß darinn köndte verzeichnen.

Vnd diß ist das Gesatz/welches der sinnreiche Philosophus Plato im 12. Buch seiner Statuten den Griechen hat fürgeschrieben. Es ist ein schandlich ding/wann das Grab oder Epitaphium statlicher ist/dann die Person/deren dasselbe auffgericht worden. Das Grab sol durch die Person vnd nicht die Person durch das Grab bekannt vnd geehrt werden.

Vnd so viel von den Römischen Begräbnussen/folget wie vnd warumb/die Alten jhre verstorbene haben pflegt zuverbrennen.

Dieweil Heraclitus das Fewr für die Hauptmateri aller Geschöpff/so vnder Sonn vnd Mon schweben/außgeben/haben etliche Völcker/als nemlich die Indianer/Carthaginenser vnd Phrygier ihre Verstorbene auff freyem Platz verbrennt/vnd die Aschen in besonderen Geschirren/zu hauß/oder in andere Ort/als ein köstlichen Schatz auffbehalten/welcher Brauch vnder Cornelio Sylla/auch bey den Römern eingerissen. Dann als derselbe/wie Plinius im 7. Buch am 54. Cap. bezeugt/Cajum Marium seinen gewesenen Feind/außgraben/vnd in den Fluß Anienem geworffen/hat er besorgt es möchte jhm vber nacht mit gleicher maß eingeschenckt werden: Derowegen er dann befohlen/daß man jhn nach seinem Todt/nach obermelter Völcker Brauch/solte zu Aschen verbrennen/welcher Brauch dann auch zu Rom so lang verblieben/biß daß er von Keyser Antonino/zur zeit einer grossen Pest/auffgehebt vnd abgeschafft worden.

Dieses verbrennen aber/ist vor zeiten zu Rom nicht mit geringem Vnkosten zugangen/dann man pflegte den Scheiterhauffen nicht nur von dem schönsten gehobleten Holtz/vnd Cypressen Bäumen/sondern auch von grossen Zimmetrinden vnd dergleichen köstlichen Gewächsen/in gestallt eines schönen Thurns/mit vnderschiedenen Gemachen/gantz künstlich auffzurichten. Die Särck musten auffs köstlichist gezieret/vnd der Todte darinn nicht minder stattlich angethan sein. In das brennend Fewr wurden deß verstorbenen Kleyder/die er etwan im Triumph oder andern grossen Festtagen getragen/Gewehr/Schild vnd Helm: Item Pferd/Hünd/Vögel/als kurtzweilige Papagey vnd Nachtigall/ja alles was jhm bey lebzeiten sehr lieb gewesen/vnd dessen er sich im Krieg vnd sonst in ehrlichen Thaten hat gebraucht/neben Weyrauch/Balsam vnd andern wolriechenden Specereyen/hinein geworffen.

Ja daß sie nach jhrem Aberglauben die Hellische Geister möchten versühnen/vnd also in jener Welt besser willkomb seyn/hat man vmb das Fewr herumb die Gefangenen/so man im Krieg bekommen/oder sonst andere Personen erwürgt/vnd mit tyrannischem Blutvergiessen jämmerlich hingericht: wie solches alles bey dem Plutarcho/in dem Leben Syllæ/bey Plinio im 2. Capit. deß 4. Buchs/Virgilio im 6. vnd 11. Homero im letzten deß Trojanischen Kriegs/Statio im 12. deß Trojanischen Kriegs/Horatio/Propertio/Martiali vnd andern Römischen Authoren zu sehen.

Herodianus vermeldet zu Anfang seines 4. Buchs/man habe die Keyserlichen Scheiterbiegen zu Rom also bestellt vnd angeordnet/daß so bald das Fewr vnden angangen/seye ein grosser Adler auß dem obersten Gemach/derselben Scheiterbeigen (dann sie war gleichsam wie ein Thurn gemacht) in die höh geflogen/anzudeuten/es trage derselbe Adler deß verstorbenen vnd jetzt brennenden Keysers Seele/zu den Göttern in Himmel hinauff. Es ist gut zu erachten/es seye der Adler mit einer langen Schnur angebunden gewesen.

Von Keysers Augusti Grab.

Das alt rond Gebäw so man bey der Kirchen S. Rocho/in der Herren Sonderini Behausung

Von Italia.

sung sihet/ist vorzeiten Keysers Augusti Begräbnuß gewesen/von seiner zierlichen grösse Mausoleum genandt. Mausoleum aber ist ein Königlich groß Grab/welches Arthemisia jrem Gemaheln König Mausoleo/mit grossem Unkosten hat gebawet vnd nach genandt.

Diß vnser Römisch Mausoleum vnd Keyserlich Grab/hatte vorzeiten an Gebäw vnd Plätzen/ein sehr grossen begriff: Das Grab für sich selbs war zweyhundert vnd fünfftzig Ellen hoch/mit schönen Bäumen so immerdar das Laub behalten/auff den Gängen herumb gezieret: Zu oberst darauff stund Keysers Augusti Bildnuß/auß feinem Metall/von gewaltiger grösse gegossen. Die Pläz darumb waren mit schönen hohen Papelbäumen gezieret/von welchen auch die Stattporten/vorzeiten/Flamminio nach genandt/den nammen Dell Popolo. Bey dem eyngang des Gewölbs/darinn Keyser Augustus/sampt seim gantzen Geschlächt/vorzeiten gelegen/sieht noch jetziger zeit/zwischen zwo künstlichen statuen/ein vberauß schöner Sarck/von einem Alabaster/mit viel lustigen Bildern/gezieret. In dem Gewölb/so jetzund ein Garten/ligen etliche schlechtere/doch auch marmorsteinine Särck:an der Stiegen/sihet man viel schöne kleine Kästlein/in welcher junger Kinder Gebein vnd Aeschen gelegen.

Von Keysers Neronis Gebeinen.

Dieweil der schandtliche Tyrann Nero/auch von dem Geschlecht vnd Geblüt Keysers Augusti gewesen/so hat derselbige/gleich wie Keyser Claudius Caligula vnnd Tiberius in gedachtem Mausoleo sein Begräbnuß gehabt. Derowegen dann wol seyn kan/daß/wie die Römische Cronick vermeldet/Bapst Pascalis/ermeltes Keysers Neronis Gebein/an dem ort/da jezunder der groß Altar in der Kirchen Maria Dell Popolo/in einem schönen Sarck/vnder einem Nußbaum habe gefunden/welche er also bald (dann es sol ein groß Gespänst darbey gewesen sein/so den fürgehenden bißweilen viel leids gethan) in die Tiber geworffen.

Von Keysers Hadriani Grab.

Die Vestung so jenseits der Tyber ligt/an der Bruck/wann man gehn Hoff gehet/ist Keysers Hadriani vnd seines Geschlächts/der Antoniner/Begräbnuß gewesen. Ist ein vberauß gewaltig vnd vest gebäw/vnden geviert/oben aber Circulrund/gantz von schönem Marmor gebawt. Ward rings herumm mit stattlichen Brustbilderen/oben auff dem Rondel mit für sich springenden Pferden/in vier vñ vier neben einander/sampt einem Triumphwagen nach den vier winden/auch grossen Manßbilderen mehr dann Königlich gezieret. Dieses gebäw war von Belisario wider die Gothen zu einer schantz eyngenommen/vnd von den rawen Kriegsleuthen aller zierden schandtlich beraubt/vnd mehrtheils zerbrochen. Ist von Alexandro dem Sechsten zu einer gewaltigen Vestung gemacht worden/deren sich die Bäpst im fahl der Noth/noch auff heutigen tag/zu jhrer beschirmung brauchen:wie dann auch bekandt daß ein Gang auß dem Vatican/da der Bapst Hoff haltet/in gedachte Vestung geht. War von einem Engel/so darauff zur zeit Gregorij des Grossen sol erschienen seyn/die Engelburg genandt.

Von Keysers Honorij vnd seiner Gesponsen Stiliconis Töchtern Gräberen.

Keyser Honorius/ist in Sanct Peters Kirchen begraben gewesen/vnnd hat man daselbst bey zeiten Bapst Pauli des dritten/als man ein Fundament zu einer Capellen wolte graben ein schön Grab antroffen/in welchem Maria vnnd Termantia/Stiliconis Töchtern/Keysers Honorij Gesponsen gelegen. Diese beyde Jungfrawen/so vor dem beyläger gestorben/waren gantz zierlich gekrönt/vnd mit Gold/Perlen vnd edlem Gestein also geschmuckt/daß man achtet/sie seyen mit sampt jhren Kleinohtern vnd Hochzeitlichen begabungen begraben/vnd jnen auch jhre Ehestewr zugelegt worden/wie dann dasselbe auß den hernach verzeichneten Kleinothen wol zu erachten vnd abzunemmen. Erstlich war daß Grab ein schöner Sarck von Marmorstein/mit einem grossen Marmor bedeckt/bey zehen Schuh lang vnd sechß weit/außwendig viereckt/darinn wurden gefunden beyde obgenandte Jungfrawen/deren Gebein vnd Cörper in guldene Mänteln verwickelt/jhre Hauptschidel aber mit guldenen Thüchern vnd Hauptbindinen vmbgeben waren. Der Faden an den Mänteln ward von grossem alter verfaulet/aber die eusserliche Säume/sampt den Hauptbindinen von geschlagenem oder gezogenem Gold gemacht/wurden behalten. Das Gebein wurde noch gantz scheinbarlich gesehen/welches doch bald am Lufft zu Aeschen fiel. Das Gold so auß dem staub vnnd Kleidern gesamblet vnnd gereiniget war/hielt am gewicht bey achtzig pfunden.

An des einin Cörpers Brust/hanget ein Scheiben von Gold versetzt mit Smaragden vnd viel anderen edlen Gesteinen. Es waren jnen auch zugesetzt/etliche durchgrabene Gefeß oder Geschirr/wie ein Krug mit viel Löcheren geförmbt/darinn wolriechende köstliche ding gewesen/so aber gantz verrochen. Drey vnd fünfftzig grosse Perlen/wurden auch darinn gefunden/aber also ersticket vnd verfaulet/daß man sie mit den Fingern zerrieb. Man fande auch vber die hundert guldene Ring/mit mancherley Edelgesteinen versetzt/als Jaspides/Carbunckel/Diemanten vnnd dergleichen.

Dy Item

Item etliche guldene Schnecken/ vñ Instrument/ damit man das Haar zieret. Etliche silberine vñ cristalline Geschirr/ sehr künstlicher arbeit/ wie auch ein Schalen auß Auggstein. Es ward auch daselbst gefunden ein Kleinot/ gleichsamb alß ein brot/ rond/ von zwen edlen Gesteinen zusammen gesetzt: Das eine war ein Cornelius/ das ander ein Topatius/ diese zwen grosse Stein waren auff ein ander gefasset/ durch ein guldinen Reiff oder Circul/ mit mancherley edel Gesteine geschmuckt/ auff dieser zwen Steinen ebne oder fläche/ zu beyden seyten stunden volgende Nammen eingeschnitten/ creutzweiß vber einander geschrenckt: VIVATIS THERMANTIA STILIC. SERENA HONORII MARIA. VIVATIS STILIC. THER. HONORII MARIA.

Das Grab aber Honorij so auch an diesem ort gewesen/ wirdt dieser zeit nicht mehr gesehen. Obgedachter Stilico/ Keysers Honorij Schweher/ ist ein Teutscher gewesen/ vnnd von wegen seiner Mannheit vom Keyser zu einem Veldobristen vnd Grafen vber Italiam gemacht.

Von Königs Numæ Grab.

Numa/ der ander König zu Rom/ hat sein Begräbnuß auff dem Berg Ianiculo gehabt/ wie dieselbe/ nach Titi Livij zeugnus/ von Lucio Petilio daselbst gefunden worden. Dann als gedachter Petilius an seinem Garten etwas wolte graben lassen/ hat man zwo grosse steinene Kisten mit Bley bedeckt angetroffen/ in der einen lag Königs Numæ Corper/ in der andern aber waren zwo buschlen Kertzen vnd vierzehen Bücher/ so frisch vnd rein/ als wann sie erst denselben tag geschriben weren/ Sieben waren in Lateinischer Sprach/ von der Römern aberglauben/ die andern sieben/ waren in Griechischer Sprach/ von weltlicher weißheit/ darunder doch viel närrische ding war eingeschrieben. Eusebius meldet/ daß auch Cæcilius Statius ein berühmbter Comœdischreiber auff jetz ermeltem Berg Ianiculo seye begraben gewesen. Ianiculus aber ist ein zimlicher Berg in Rom jenseit der Tyber/ dem alten Iano/ so darauff bey lebzeiten gewohnt/ vnd hernach begraben worden/ nach genandt. Vnden an diesem Berg haben vorzeiten die Soldaten/ so zum Port zu Ravenna bestelt vnd verordnet waren/ jhre Wohnung gehabt/ vnd war derselbe orth/ Castrum Ravennatum derer von Ravenna Läger genandt.

Von Vespasiani/ Titi vnd etlich anderen Begräbnussen.

Auff dem Berg Aventino/ ist in der Kirchen Santo Savo Abbate/ bey dem Chor ein schön Marmorsteinen Grab/ darinn Keysers Vespasiani vnd Titi Gebein gefunden worden.

In dem Hoff des jetzigen Capitolij/ wie auch auff dem Theatro Marcelli/ stehen zwo vberauß schöne Marmorsteinine Särck/ ringßherumb mit vielen künstlichen Bilderen vnd Historien gezieret/ auff deren deckel der jenigen Bildnus/ so darinn waren begraben/ mehr dann lebens grösse/ ligender weiß/ seind schön außgehawen. Ein ander sehr schön Grab/ auch mit Bildern gezieret/ stehet in Cyriaci Matthæi Lustgarten.

Metelle Grab. Ausserhalb der Statt siehet man auff der Appianischen Straaß/ da vorzeiten sehr viel schöne Begräbnussen gewesen/ ein dicken ronden Thurn/ von den Ochsenköpffen/ so an dem Krantz herumb seynd/ gantz künstlich außgehawen/ Capo di Bove genañt/ welches nach anzeigung habender Vberschrifft des gewaltigen Römischen Helden Crassi Haußfrawen Grab gewesen.

Ciceronis Tochter Grab. Auff jetzgemeldter Appianischen Straaß/ ein gemeine Welsche Meyl wegs von der Statt/ ist Ciceronis des berühmbten Burgermeisters vnnd Oratoris Grab gestanden/ dabey auch vnder Bapst Paulo dem dritten seiner Tochter Tulliæ Sarck gefunden worden. Darinn neben jhrem Corper/ welchen gedachter Bapst in die Tyber geworffen/ ein brennende Ampel gewesen/ so alsobald sie an den Lufft kommen ist/ erloschet. Gedachte Lampen aber hat vngefehr 1550. jahr an einander gebrannt/ vnd das welches mit höchster verwunderung zu hören/ ohne zuthun einiger Materi. Dergleichen brennende Ampel ist auch in einem Grab bey Padua gefunden worden/ wie an seinem Ort soll verzeichnet werden. Wavon aber das Oel eines solchen ewigwehrenden Liechts seye gezogen vnd bereytet/ ist zu vnsern zeiten vnbekannt/ vñ die Kunst mit den Meistern abgestorben. Hieronymus Ruscelli hat in seinem Buch/ le imprese Illustri genannt/ das ist: von den fürtreffentlichen erfindungen/ diß wundersam ewigbrennende Oel außführlich beschrieben.

Constantiæ Grab. Zwo Meyl von der Statt auff der Nomentanischen Straaß/ sihet man das wunderschön vnd köstlich Grab/ von den Trauben vnd Kindern so daran außgehawen/ Sepolcro di Bacco/ das ist/ Bacchi Grab genannt/ welches Keyser Constantinus der Groß/ zur Begräbnuß seiner Tochter Constantiæ auß einem sehr grossen vnd köstlichen Porphyr hat machen lassen.

Der Gallier Begräbnussen. Zwischen der Kirchen Maria Nova/ dem Amphitheatro vnnd dem Berg Esquilino/ ist der Ort/ Busti Gallici genannt/ auff welchem die Gallier/ so zur zeit Camilli die Statt Rom eyngenommen/ vnnd die alten Rahtsherren in jhrem Pontifical erwürgt/ darauff aber beyde durch die Pestilentz vnnd das Schwerdt vmbkommen/ verbrennt/ vnnd derselben Eschen begraben worden.

Von der Begräbnuß Cestij vnd etwas von den Pyramiden in gemein.

Bey der Porten Sanct Paul/ stehet im mittel der Stattmawren ein grosser oben außgespitzter Thurn/

Von Italia

Thurn von Marmorsteinen quaderstucken gebawet/ in welchem Caius Cestius ein vornemmer Römischer Priester sein Begräbnus gehabt. Gedachts Gebäw ist in dreyhundert vnd dreyssig tagen/ von dem Fundament erbawen vnd volstreckt worden/ wie dasselbe auß den eingehawenen Schrifften abzunemmen.

Dieser Priester muste nach Römischem brauch/ dem hungerigen Abgott Juppiter/ vnd dessen durstigen gesellen/ die Panckt/ vnd Bäpstlichen Mahlzeiten/ so vber die massen stattlich gewesen/ angeben/ vnd zurichten. War so viel als der Götzen vnd des Heydnischen Priesterthumbs Kuchemeister. Tacitus schreibt im 3. Buch seiner Jahrzeiten/ daß mehr ermelter Cestius zu Rom vor Raht erhalten/ daß der Götzen vnd Bildern macht vnd ehr etwas geschwecht wurden.

Aller nechst bey dieser Pyramide/ ist ein zimlicher Berg von lauter zerbrochenen Scherben/ auß der Statt zusammen getragen. Dann es ward vor zeiten niemand zugelassen/ die zerstossenen vnd zerbrochenen Häfen vnd Schüßlen anderstwohin/ dann auff diesen orth zuwerffen.

Ein schönerer vnd grosserer Pyramis/ ist nicht weit von des Keysers Hadriani Begräbnuß/ jetz die Engelburg genandt/ gestanden/ welchen Alexander der sechst abgebrochen/ damit er von der Engelburg/ biß in Vatican ein gerade straß könne machen.

Diese grossen außgespitzte Thürn/ von den Griechen Pyramides genand/ seind erstlich von den alten Königen in Egypten/ zu ihren Begräbnussen/ oder wie Nazianzenus vermeynt/ zu Kornkästen/ deren auch Joseph/ in seiner verwaltung sol gebraucht haben/ erbawen worden/ seind vnden viereckt/ von grossen Marmorsteinen quaderstucken/ nach vnnd nach/ in die höhe gefürt/ vnnd gleichsamb als vbersich schwebende grosse Fawrflammen außgespitzt.

Der gröst Pyramis so in Egypten gewesen/ hat mit dem Fundament acht juchart Velds bedeckt/ hat gegen auffgang der Sonnen ein grosse Porten/ dardurch man in zwey vnderscheidene Gemach hinunder gestiegen/ in welchem die Särck/ zu den Begräbnussen seind gestanden.

Wie groß aber derselbig seye gewesen/ ist darauß gnugsam abzunemmen/ daß drey hundert sechzig tausent Personen zwanzig ganzer Jahr lang/ ohn einiges auffhören/ daran haben gebawen/ auch in wehrendem Baw für die Werckleuth/ nur in Rötich/ Knobloch vnd Zwybel/ tausent vnnd achthundert Talent seind außgeben worden/ welche summ nach vnserer Müntz gerechnet/ vber die zehen hundertmaltausent Gold Cronen laufft. Diese mächtige Gebäw aber pflegten die Egyptischen König zu bawen/ damit sie jhnen erstlich einen ewigen Nammen hinderlassen/ ihre Schätz vnd Reichthumb selbs verzehren/ vnd nit jrgend anderen/ zu deß Landts auffruhr/ sparten/ fürnemblichen aber darmit der Müssigang (welchen die Egyptischen König für alle andere Monarchen mit sonderem fleiß pflegten abzuschaffen) vermitten vnd jedermenniglich zur Arbeit gehalten wurde. Dieser Pyramiden werden noch etliche heutiges Tags in Egypten/ nicht ohn grosse verwunderung gesehen.

Das vierdte Buch

Von den Statuis/vnd Bildern mit denen die State Rom vorzeiten auff das herzlichst geziert gewesen. Cap. viij.

Vorzeiten seind neben vnzahlbaren Statuis von Metall/Marmor/vnd andern Materien/sechs Colossi oder grosse Mannsbilder in die dreissig vnd mehr Ellen hoch/vier vnd zwantzig ehrine verguldte/vnd vier vnd zwantzig Helffenbeinene Pferdt gestanden. An der Hauptgassen des Bergs Quirinalis/stehen auff einem schöne Postament/zwey vberauß grosse Marmorsteinene Pferdt/sampt Alexandri des Grossen wahrhafften Statuis vnd Bildnussen/so Tiridates der Armenier König/Neroni wegen entpfangener Freundtschafft nacher Rom geschickt. Das eine ist Phidiæ/das ander Praxitelis Meisterstuck. Im mittel des Bergs Capitolini zwischen dem Capitolio/vnd der Kirchen Ara cœli/an dem orth da vor zeiten der Römer Freyheit Hauß gewesen/stehet auff einem Postament ein vberauß kunstreich Pferd von Metall gegossen/vnd im Fewr verguld/darauff Marcus Aurelius Antoninus/nach dem Leben gantz eygentlich abgebildet.

Vor dem Capitolio stehet bey der langen stiegen Castor vnd Pollux/neben jhren Pferden. In dem Capitolio stehet Caij Marij/Julij Cæsaris/Ciceronis/Augusti warhaffte Bildnuß auß weissem Marmor gehawen. In der Maximiner Pallast stehet König Pyrrhus mit einem schönen Helm/Kriegs Kleid vnd Schilt bewapnet/auch nach dem Leben in Marmor abgebildet. In dem Vaticano ist die Königin Cleopatra/mit einem Natern vmb den lincken Arm vmbwicklet.

Es wirdt auch in dem Capitolio/vnder vnzalbar vielen Kunststucken gewisen ein nackender Jüng-

Von Italia. 373

Jüngling mit einem langen Har/ so mit einem Griffel einen Dorn auß dem Fuß grabet/ so er ober den andern Schenckel geschlagen/ in Metall gegossen/ ist der vornembsten Kunststücken eins in gantz Rom. Daselbsten wirdt auch die Wölffin gesehen/ so Romulum vnd Remum säuget/ auch in Metall gegossen ein sonder schönes vnd vertümbtes stück.

In dem Bäpstlichen Lustgarten Belvedere genandt/ wird auch neben vielen andern schönen Statuis/ der Troianische Laocoon gewiesen sampt seinen Söhnē mit zwo Schlangen vmbgewicklet/ wie hie zu sehen/ alles auß einem Steine/ wie dann auch in des H. Farnesij Pallast die Historia von der Dirce vnnd Amphione/ gantz künstlich abgebildet.

Es ist aber zu mercken daß die Griechen vnd Römer jhre vornembste Götzen vmb den dritten/ die gemeinen Heroes genandt/ vmb einen/ die König vñ Keyser aber vmb ein halben theil pflegten abzubilden. Die Bilder aber welche man wol verdienten Personen hat auffgerichtet waren alle Lebens grosse. Dieser Bildnussen seynd alle vornemme Palläst vnd Lustgärten in vnd ausser Rom mit grosser verwunderung voll zu sehen. Sonderlich aber ist in des Bapsts Bildhawers Behausung einer wunderschönen Statue auß dem köstlichsten Porphyr gehawen/ zu achten/ welche von den Heyden der Seelen vnsterbligkeit zu ehren gemacht worden.

Von den Triumphbögen/ vnd etlichen andern Antiquiteten. Cap. IV.

Jeweil ein jede Tugent/ insonderheit aber die Dapfferkeit/ durch Lob vñ Preiß/ je länger je mehr zunimpt/ vnd dadurch jhren nachzuhengen/ jedermäniglich anreitzt/ vnd auffmuntert/ haben die Römer vorzeiten/ zu fortpflantzung jrer Herzligkeit/ den jenigen so die Statt Rom von jhren Feinden erlöset/ oder auch derselben gewaltige Völcker vnderworffen/ nicht nur grosse Festagen vnd Triumph gehalten/ sondern auch auff den Gassen/ da sie hinein nach dem Capitolio gezogen/

gen/schöne Schwiebögen/von grossen Marmor: oder sonst Quaderstucken vnd künstlichen Säulen/auffgericht vnd in dieselbe des Triumphierers Thaten vnd Nammen gehawen.

Dieser Triumphbogen seynd sechs vnnd dreyssig in Rom gestanden/von denen noch heutiges Tage nur sechs gesehen werden.

Der denckwürdigst Triumphbogen/stehet bey der Kirchen Maria Nova/von dem Rath vnnd Burgerschafft zu Rom Keyser Tito/Vespasiani Sohn/alß er die Juden bezwungen/vnnd nach Christi vnsers HErrn Weissagung/die Königlich Statt Jerusalem hatte verstört/zu ehren vnd ewiger Gedechtnus/auffgericht.

Auff einer seiten des Gewölbs stehet Keyser Titus/mit einem Lorberkrantz gekrönt/vnd Scepter/darauff ein Adler in der rechten Hand/sampt der Göttin des Siegs/in einem schönen Wagen gleichsam alß ein Thurn gemacht/darvor vier Pferd neben einander gespannet. Auff der andern seiten/wird der guldine Leuchter mit sieben ästen/vnnd die Laden des Bundts/sampt andern Zierden des Tempels Salomonis getragen. Dardurch daß grundtlich wird erwiesen/daß die Juden/ein andere Laden/nach der vorderen/habe gemacht/vñ dieselbe im Tempel zum Denckzeichen des Bundts auffbehalten:dann wann die Juden kein Laden mehr hetten gehabt/wurde ja freylich der Rath vñ Burgerschafft zu Rom/dieselbe in diesem Triumphbogen/nit abgebildet haben.

Nicht fern von dannen/stehet Keysers Constantini des Grossen Triumphbogen/welcher der schönst vnd grösste in Rom ist/von drey Gewölben vnnd Durchgängen/mit viel schönen Siegzeichen vnd grossen Bildern gezieret. Die fürnembsten Antiquarij zu Rom vermeynen/daß der obertheil ermeldtes Triumphbogens/seye von Keysers Trajani Bogen genommen/so auff desselben Platz gestanden. Vnd zwar/wañ man alles mit fleiß vnd verstand besichtiget/muß man bekennen/daß die gattung der Bilder nit von einem Meister/auch nit zu einer zeit/seynd gemacht worden.

Auff dem Römischen Marckt/stehet zu vnderst am Capitolio/Keysers Septimij Triumphbogen/auch von drey Gewölben vnnd Durchgängen/mit schönen Siegzeichen/etlichen Stetten/vnd Meerschlachten auff das künstlichst gezieret.

Ist gedachtem Keyser/alß er die Parthier oberwunden/zu Ehren auffgericht worden.

Auff dem alten Rindermarckt/bey dem Tempel Jani/ist noch ein schöner Schwiebogen von sehr guter Kunst/welchen die Goldschmidt vnd Kauffleuth/so mit Rinder gehandlet/jetzgedachtem Septimio haben auffgericht.

Bey S.

Von Italia.

Bey S. Lorenzo in Lucina / stehet Keysers Hadriani / oder wie etliche meynen / Domitiani Triumphbogen. Sonsten ist auß den Historien bekandt / daß / so bald Domitianus sein schandlich Leben hat verlassen müssen / alle Schwiebögen / die mit seinem Nammen gezeichnet waren / seynd von dem Volck abgebrochen worden.

Auff dem Berg Esquilino steht bey der Kirchen Santo Vito in Macello / Keysers Gallieni Triumphbogen.

Alß Bapst Celestinus der dritt die Statt Tusculo / so sich etlich mal wider die Römer feindlich auffgeworffen / im jahr Christi vnsers Herrn / 1190. eyngenommen / vnd in grund zerschleifft / hat er derselben Schlüssel / wie Platina vermeldet / an diesen Triumphbogen gehenckt / so etlich hundert jahr daselbst gehangen / endtlich aber hinweg genommen worden / oder sonst durch lange zeit vom Rost gefressen / ab der Ketten / so noch heutiges Tags vorhanden / herab gefallen.

Keysers Theodosij / Valentiniani vnd Gratiani Triumphbögen / seynd nit weit von der Engelburg / vnd der Kirchen S. Celso gestanden. Bey Maußgedencken ist auch auff dem Platz Sciata / an der grossen Gassen / da man nach Keysers Antonini Portico gehet / Keysers Claudij Triumphbogen / so von schönen Marmor gewesen / abgebrochen worden.

Innocentius der acht / hat auch ein schönen / mit Barbarischen Tropheis oder Siegzeichen / bey Sancta Maria in Via lata / lassen niderreissen / vnnd den Marmor zu gedachter Kirchen gebraucht. Ist ohne zweiffel eines von den letsten Keyseren gewesen.

Ein Steinwurff von dannen / stehet noch ein schlechter / ohn einige zierung / Arco di Camiliano genandt.

Vor etlich vnnd achtzig jaren seynd noch etliche sehr alte Triumphbögen am Port des Aventini zwischen dem Berg vnd der Tyber gestanden.

Auff dem Römischen Platz ist an der Straaß / Via Sacra / Fabij Censoris / mit dem zu nammen Allobrogi / Triumphbogen gestanden. Nicht weit von dannen ist auch Calpurnij Triumphbogen gewesen / bey welchem Caius Grachus der fürtreffentliche junge Held / in einem Tumult jämerlichen erstochen worden.

Von den Theatris vnd Amphitheatris.

Theatra seynd sehr grosse Gebäw / in gestalt eines halben Circkels oder Monds / von schönen Gewölben / vnd breyten Stäffeln / darauff etwann achtzig tausent Personen gesessen / auffgerichtet / in welchen allerley Schawspiel vnd Comödien vorzeiten seynd gehalten worden.

Dieser Theatren seynd drey vberauß schöne in Rom gestanden : Das erste hat Pompeius der *Drey Theatra.* Groß auff der Abgöttin Floro Platz / da jetzund der Edlen Herrn Vrsinorum Pallast stehet / gebawen / welches Keyser Nero Tiridati dem König auß Armenien zu gefallen mit gutem Gold hat vberziehen lassen.

Das ander hat Julius Cæsar angefangen vnnd nachmahls Keyser Augustus vollstreckt / vnnd dasselbe dem gewaltigen Helden Marco Marcello seiner Schwester Sohn nachgenandt. In diß Theatrum haben die Herrn Savelli einen schönen Pallast gebawet.

Das dritte Theatrum hat Cornelius Balbus bey Flamini Rennplatz angeben / vnd nachmals Keyser Claudius eyngewehet.

Die Amphitheatra betreffend / seynd dieselben in Quals rönde gebawen / gleichsam als von *Zwey Amphitheatra.* zweyen Theatris zusammen gefügt / deren heutiges tags noch zwey in Rom / gleichwol sehr zerstört / gesehen werden.

Das groß vnd schönste hat Keyser Vespasianus gebawen / vnd dessen Sohn Titus nach eroberung der Statt Hierusalem mit einem stattlichen Schawspil / von fünff tausent wilden Thieren / vnd vielgefangenen Juden vnd Christen (dann gemeynlich die Christen vor zeiten von den Römischen Scribenten auch Juden genandt worden) so einander damahlen jämmerlich mußten erwürgen / eyngewehet.

Ist so weit vnd groß gewesen / daß jetz angeregtem Schawspil 85000. Personen ohn einige hinderung vñ getreng haben beywohnen vnd zusehen können. Wird von dem gemeinen Volck wegen des Keysers Neronis Colosso / so nit weit von dannen gestanden / Coliseum genatt. Zwischen diesem Amphitheatro vñ Keysers Constantini Triumphbogen / ist ein sehr grosser vnd künstlicher Brunnen gewesen / dem gemeinen Volck zur zeit d´ Schawspielen / zu erfrischung auffgericht. Auff dessen oberstem theil ein schön ehrin Bild dem Abgott Juppiter zu ehren gestanden. Auß einer alten Müntz wird abgenossen / daß auch auff der andern seiten des Amphitheatri ein solcher Brunnen gewesen.

Der ort / da die Römer vor zeiten dergleichen Schawspielhäuser haben auffgericht mußte an *Amphitheatra müssen guten Lufft haben.* einem frischen vnd gesundten Lufft ligen / damit nicht die Zuscher in werendem Schawspil von jrgendt einer Kranckheit vberfallen wurden / sintemahl des Menschen Complexion also beschaffen / daß in demselben die Adern durch den Wollust / so man von dergleichen Schawspielen mag entfahen / geöffnet werden / darin sich dann vngesunder vnd corrumpierter Lufft bald wurde verstecken / vnnd also dem Menschlichen Leib etwas schwachheit eyngiessen. Fürnemblich wann ein solch Amphitheatrum strack gegen Mittag were gebawen / inmassen der Lufft durch das hoch rond

376 Das vierdte Buch

Gebäw zusammen gefaßt vnd eyngeschlossen/ keinen außgang möchte gewinnen/ sondern müßte durch der Sonnen Hitz gleichsam alß von einem gewaltigen Fewr angezündet werden/ welcher alßdann die natürlichen Feuchtigkeiten im Menschen wurde außtröcknen.

Daher dann auch oben auff der Zinen eines jeden Amphitheatri grosse Mastbäum gestanden/ an welchen schöne gefärbte Sägel/ wider der Sonnen Glantz/ waren außgespannen.

Das ander Amphitheatrum/ hat Statilius Taurus/ an dem orth da jetzundt das Closter zum heiligen Creutz in Hierusalem stehet/ gebawen.

Von den Rennplätzen/ Circi genannt.

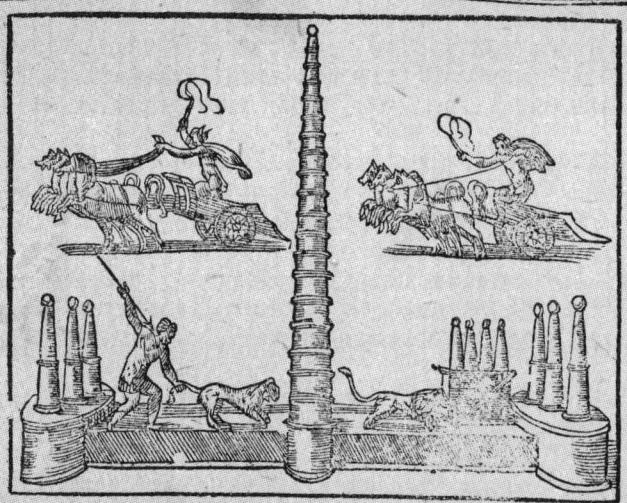

Beneben erstermeldten Gebäwen/ seynd auch gewisse Rennplätz/ inner vnnd ausserhalb Rom gewesen/ von hohen Gewölben/ gleichsam alß Theatra/ doch etwas länger/ in welchen sich die Römer mit Pferden vnnd Wägen/ vmb gewisse Säul im lauffen pflegten zu vben: waren im mittel mit hohen Obeliscis/ von denen an seinem ort soll gesagt werden/ vnd anderen gewaltigen stucken dem Abgott der Sonnen/ des Monds/ vnd Erdtreichs zu ehren/ gezieret.

Der grosse Rennplatz/ Circus Maximus genannt/ ist zwischen dem Berg Palatino vnd Auentino gewesen/ bey welchem allerley gestolene Ding wurden verkaufft/ ist drey Stadien lang vnnd eine weit gewesen/ war mit zwo vergülten Säulen gezieret/ von Tarquinio Prisco aber erstlich erbawet/ vnnd nachmahlen von Julio Cæsare/ Augusto/ Traiano vnnd Heliogabalo erweitert/ darinn hundert vnd sechtzig tausent Personen haben sitzen können.

Flaminii Rennplatz/ ist bey der Kirchen des H. Grabs: Keysers Neronis/ zwischen dem Janicul Berg vnd Vaticano: Keysers Antonini Caracallæ bey S. Sebastian/ darinn auch derselbe heilige Martyrer mit Pfeylen zu todt geschossen worden/ gewesen.

Von den Naumachijs/ vnd Streitweyhern.

Naumachiæ waren grosse/ weite/ außgegrabene/ gleichsam alß gemachte Weyher/ mit schönen Mawren/ Gewölben/ vnnd Sitzen vmbgeben: in welchen man zu Schiff vielerley Schawspiel/ vnd zur Kriegsübung dienstliche Kurtzweil gehalten.

Das Wasser wurde in gedachte Gebäw/ auß der Tyber/ vñ auß dem Meer/ durch grosse tieffe Canäl gelassen.

Vnd seind dieser Streitweyhern drey sehr grosse in Rom gewesen.

Der erst war jenseit der Tyber von Julio Cæsare auffgericht.

Der ander war auff dem Campo Martio/ zu vnderst bey der Kirchen der H. Dreyfaltigkeit/ von Keyser Augusto erbawet.

Der dritt

Von Italia.

Der dritt war bey der Kirchen S. Petro in Montorio/von Keyser Nerone gemacht/vnd wurde desselben Wasser auß dem Meer geleitet.

Von den Thermis/vnd Keyserlichen Lustbädern. Cap. v.

Die Thermas vnd Keyserliche Bäder nun betreffent/seind dieselben nit nur zum baden/sondern auch zu den Schawspielen vnnd allerley beyde des Leibs vnd Gemüts Wollüsten/gleichsam alß mehr dañ Keyserliche oder Königliche Pallåst/ja zimmliche Stått/erbawen gewesen/deren dann noch heutiges Tags hin vnd wider viel anzeigungen zu Rom gesehen werden.

Etliche waren in die fürung/etliche halb circkel rynd/in gestalt der Theatren

Thermæ sehr groß gewesen.

oder

oder Rennplätzen/etliche auff andere schöne Formen/mit überauß hohen Gewölben/Sälen/Plä-
tzen/vnd Vorhöffen gezieret. Wurden alle nicht zur Notturfft/sonder zur Zierd der Statt/vnnd
auß grosser begierd ewig werenden Nammens/von Römischen Keysern/vnnd andern vermögli-
chen hohen Personen/nach der besten Bawmeistern angeben/von gebachenen Steinen erbawt/
vnd mit schönen Marmortafeln vberzogen. Das Plaster war gemeinlich von kleinen geserbten

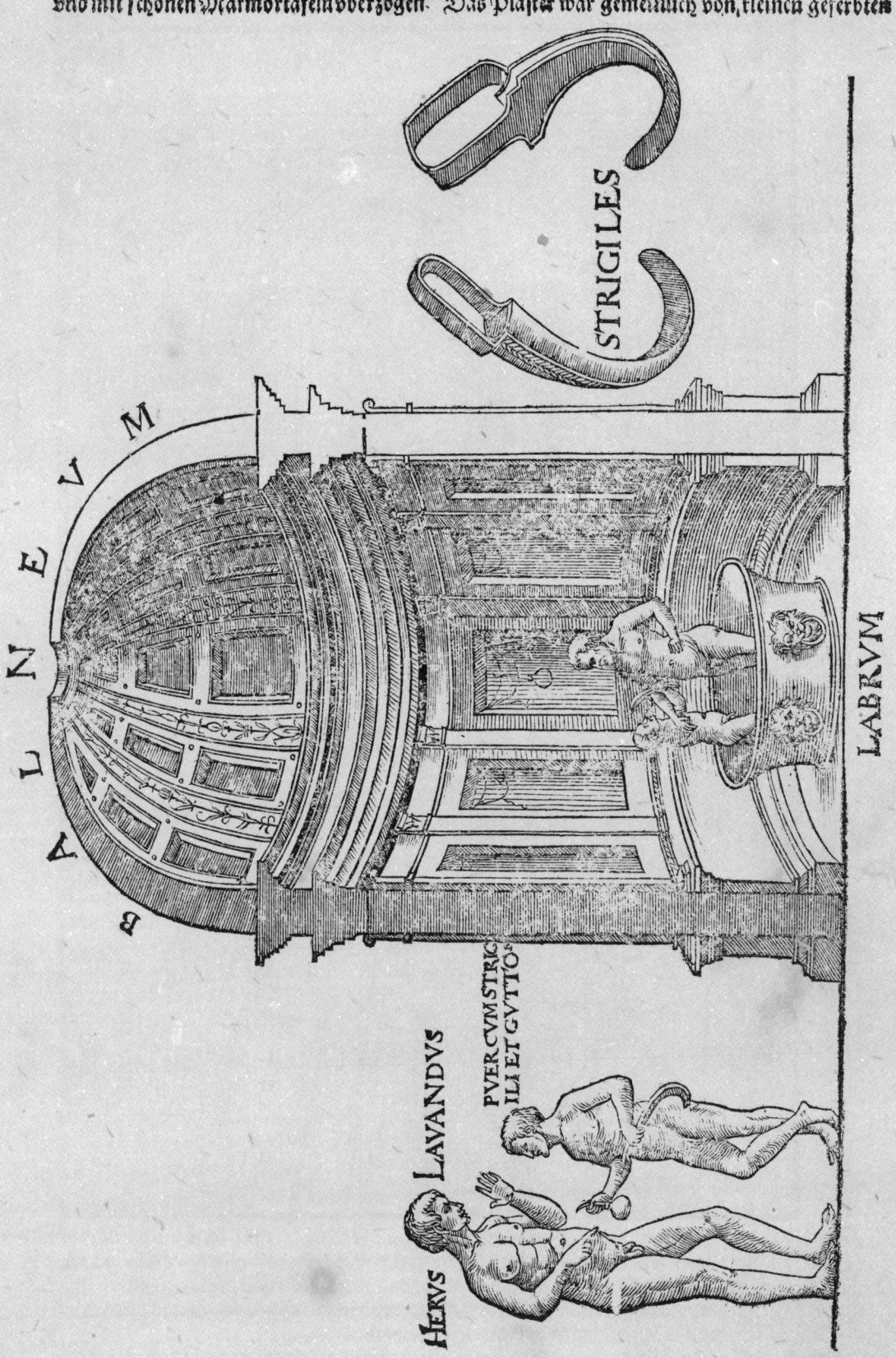

Von Italia.

Marmorsteinlinen gleichsam wie Blumwerck vnd Geometrische Figuren/ deren noch viel gefunden werden.

In den Sälen/ da man pflegt zu Baden/ war ein schön Wasserwerck mit vnderscheidenen Kesseln/ gleichsam wie ein grosse hohe Saul auff einander gericht/ zu vnterst war ein Brenofen/ durch dessen Hitz der nechste Kessel darob heiß oder warm/ der ander law/ vnd der dritt kalt Wasser in sich gehalten. An einem jeden Kessel war ein Hanen/ darauß das Wasser/ nach des Baders gefallen/ herauß geflossen. Das Wasser aber wurde durch die hohe Schwiebögen vnnd lange Gäng in diese Thermas geleitet.

Die Kessel/ darinn die Wasserbad gewesen/ waren von köstlichem Marmor/ zwentzig/ bißweilen auch dreyssig Schuh lang/ vnd zehen breit/ deren noch etliche zu Rom/ fürnemlich aber in des Großhertzogs Florentz Pallast/ gesehen werden. *Grosse Marmorsteinene Badtkessel.*

Es haben die Römer vorzeiten ein solchen Lust im baden gehabt / daß kein Tag fürüber geflossen/ an welchem sie nicht etliche mahl hetten gebadet/ daher dann so viel Bäder/ wie dann in abtheilung der Statt Rom anzeigt worden/ in Rom gewesen.

Keyser Commodus pflegte gemeinlich sieben oder acht mahl: Gordianus aber im Sommer fünff/ vnd im Winter zwey mahl eines jeden Tags zu baden.

Ohnangesehen daß Keyser Hadrianus befohlen/ daß die Bäder mit Auff- vnd Nidergang der Sonnen solten geöffnet vnnd beschlossen werden/ so wurden doch bald darauff sehr viel vnder dem Römischen Volck gefunden/ die auch zu Nacht nach eyngenommener Mahlzeit in den Bädern jhren Lust hatten/ daher dann Keyser Alexander Severus dem Volck zu den Nachtliechtern vnd Lampen das Oel geschenckt. *Wann man angefangen zu baden.*

Vor Keysers Augusti zeiten seind die warmen Wasserbäder zu Rom gantz nit bräuchig gewesen/ vnd hat dieselben Möcenas/ ein reicher Burger/ des berühmten Poeten Horatij/ vnd aller gelehrter Leuthen Patron vnd Fürderer/ (daher man auch noch Tugend- vnd Kunstliebende Personen Möcenates nennt/) zum ersten angefangen.

Es hatten die Alten erstlich im warmen gebadet/ zu letst aber den Leib mit kaltem Wasser abgewaschen/ damit die Glieder widerumb hart vnd frisch wurden. Weib vnd Mann saß ein lange zeit in diesen Bädern ohne vnderscheid durch einander vermischt: vnnd ist Keyser Antoninus/ von seiner Weißheit Philosophus genannt/ der erst / vnnd Alexander Severus der ander gewesen/ so die Weiber von den Männern in Bädern abgesöndert/ vnd einem jeden theil sein sonderbaren ort zugeeignet.

Gedachter Keyser Antoninus hat dem Römischen Volck zu gefallen auff eygnem Kosten freye Bäder gehalten/ da man zuvor etwas Gelts muste bezahlen.

Die vornembsten Thermas vnd Bäder in Rom haben Marcus Agrippa/ Nero/ Alexander/ Titus/ Diocletianus/ Constantinus/ Gordianus/ Decius/ Novatius/ Septimius/ Aurelianus/ Hadrianus/ Antoninus/ vnd Philippus gebawen.

Die Bäder/ so Marcus Agrippa gebawen/ seind bey dem Pantheo gestanden/ waren nicht nur mit schönen hochen Gewölben / sonder auch mit allerley gefarbten Marmor/ vber die massen künstlich gezieret/ davon doch heutiges tags nur etlich alte Gemäwr werden gesehen. *Agrippa Bäder.*

Keysers Neronis vnd Alexandri Severi Bäder seynd bey Sanct Eustathio: Keysers Hadriani aber/ nicht feer von der Frantzosen Spital/ vnd der Hertzen de Medices Pallast gewesen. *Neronis.*

Keysers Antonini Bäder seynd bey Sanct Sixto vnd Sancta Balbina auff dem Berg Aventino gewesen. Darinn vnder Bapst Paulo dem dritten das wunderschöne Kunststuck/ so in Cardinals Farnesij Pallast steht/ die History von Zeto/ Amphione/ vnd Dirce an ein wütenden Ochsen gebunden betreffend/ gefunden worden/ dessen Plinius als eines sonder schönen Wercks/ welches Apollonius vnd Tauriscus in der Insel Rhodis gemacht haben/ gedencket/ wie sich dann auch höchlich zu verwundern/ daß so viel grosse Bilder auß einem einigen Marmor so künstlich haben können gehawen werden. *Antonini.*

Keysers Titi Bäder seindt bey Sanct Petro in Vincola gewesen/ werden heutiges tags von sieben Sälen/ Sette Sale genandt. *Titi.*

In gedachtes Titi Pallast ist die Historia von Laocoonte/ einem Mann vnd zween Knaben mit zwo Schlangen in einander gewicklet/ dessen Plinius gedenckt/ gefunden worden. Die Bildhawer desselbigen Kunststuck seind Poliodorus/ Agesander/ vnd Athenidorus von Rhodis gewesen: wirdt heutiges tags nicht ohne höchste verwunderung im Belveder gesehen.

Nicht ferr von dannen seynd bey Sancto Martino Keysers Traiani Bäder gewesen/ in welchen zwo schöne Statuæ Antinoy welchen Keyser Hadrianus sehr geliebt/ gefunden/ vnnd von Bapst Leone dem Zehenden ins Belveder gesetzt worden. *Traiani.*

Ein wenig von dannen gegen der Sonnen auffgang bey Sanct Mattheo in Merulana/ seynd Keysers Philippi vnd nicht ferr von Caij Marij Siegzeichen bey Sanct Eusebio/ Keysers Gordiani Bäder gewesen. *Philippi.*

Gedachtes Gordiani Bäder/ wie auch desselben Pallast auff zwey hundert schöne Säulen gesetzt/ *Gordiani.*

Das vierdte Buch

setzt/sollen/nach Capitolini anzeigung/ihres gleichen grösse vnd schöne betreffend/in der gantzen Welt nicht gehabt haben.

Diocletiani. Zwischen dem Esquinischen vnnd Quirinalischen Berg werden bey Sancta Susanna des Gottlosen Tyrannen Diocletiani Bäder gesehen/an welchen viertzig tausent Christen/zehen gantzer jahr lang gearbeitet.

Waren neben grossen Säulen vñ schönem Marmortaffelwerck mit grosser anzahl künstlicher Bildern auff das aller prächtigist gezieret/welche nachmalen von den Keysern theils gantz hinweg genommen/theils mit auffsetzung jrer Brustbildern vnd Angesichten verändert/vnd entlichen gar zerstört worden.

Bapst Pius der Vierdt hat in das mitler Gebäw dieser Bädern ein schöne Carthuß/vnd Gregorius der dreyzehende ein guten theil zu Kornschüten gemacht.

Die Bilder vnd Kunststuck/so man damalen gefunden/wurden theils in dem Capitolio auffbehalten/theils aber gehn Florentz in des Großhertzogs Pallast geführt.

Olympiadis vnd Agrippine. Vnden am Berg Viminali seindt bey Sancta Pudentiana Novatij: bey Sanct Lorentzo in Palisperna/Olympiadis vnd Agrippinæ Keysers Neronis Mutter/Bäder gestanden.

Constantini. Auff dem Berg Quirinali werden bey Alexandri des Grossen vnnd dessen Pferdts Bucephali Statuis/Keysers Constantini Thermæ gesehen.

Keysers Domitiani Bäder seynd bey S. Sylvestro/nit weit vom Triumphbogen Portogallo genañt/gestanden. An diesem ort hat man vor etwas zeiten etliche grosse gebrente Ziegel gefunden mit grossen Schrifften/DOMITIANA MAIOR PARS,vñ mit kleineren DOMITIANA MINOR, bezeichnet.

Decij. Auff dem Berg Aventino hat der Rath vnnd Burgerschafft zu Rom Keysern Decio zu ehren sehr schöne Thermas vnd Bäder gebawen.

Daselbst seind auch die Varianischen vnd Syrischen Thermæ gewesen.

Commodi. Severi. Aureliani. Septimij. Bey der Porten Capena jetzund S. Sebastian genandt/seind Keysers Commodi vnd Severi: vnd beym Janiculberg Aureliani Bäder gewesen.

Septimij werden bey Sancta Cecilia vnd Chrisogono gesehen.

Von den Aquæducten vnd Wasserleitungen.

Die Aquæducten vnnd Wasserleitungen betreffendt/seindt derselben zwantzig in Rom gewesen/sehr ansehenlicher höhe vnnd lenge von schönen Pfeilern vnnd Gewölben/in gestalt gewaltiger Brucken/mit grossen Canälen/dadurch das Wasser gleichsam alß starcke Ström geflossen/erbawen.

Den berümbtesten Aquæduct hat Quintus Martius/alß er Schulteiß gewesen/gebawen/wird noch heutiges tags ausserhalb der Straß nach Sanct Lorentzo gesehen:das Wasser so darinn gewesen kam auß Fucino/sieben vnd dreyssig Meil von Rom.

Mechtiger Aquæduct. Den anderen hat Julius Cæsar angefangen/vnd Keyser Claudius außgebawen: vñ nachmals Vespasianus/Titus/Aurelius/vñ Antoninus der Fromm verbessert:soll ein Million dreyhundert fünff vnd neuntzig tausent Sonnen Cronen kostet haben. Hatte sein Wasser von zwen schönen Brunnen sechs vnd dreyssig Meil von Rom zusammen gezogen/vnd dasselbe von dem Berg Cælio auff den Aventinum: vnnd entlichen auß angeben Keysers Caracallæ auff das Capitolium gelcitet/ist vber das alt Tuscanisch Portal/porta maggior genannt/gangen/vnd wirdt noch zimlicher massen bey S. Lateran vnd anderstwo gesehen. Seine Schwiebogen waren gemeinlich hundert Schuh hoch.

Der dritt Aquæduct wirdt bey dem Scherbenberg/ Monte Testacio/vnnd Keysers Titi Triumphbogen gesehen: war von Appio Claudio/einem berühmbten Rathsherren erbawen. Das wasser darinn kam von Tusculano acht Meil von Rom.

Den vierdten hat Agrippa gebawen: bekam sein Wasser acht Meil von Rom/auff der gegne bey Preneste/wirdt heutiges tags Fontana di Trevo genandt.

Den fünfften sihet man bey Sanct Georgio/da die Weyber pflegen zu baden/ward Juturna genannt.

Der sechßt hat vor zeiten Sabbatina geheissen/wirdt jetzundt Anguillana genannt: von dessen Wasser ist der Brunn auff Sanct Peters platz.

Die vbrigen seind von Trajano/Septimio/Aurelio/Alexandro/Severo Antonino/vnd anderen Keysern oder sonst fürnemmen Personen erbawen worden.

Von den Brucken so vber die Tyber gewesen.

Acht Brucken seind vorzeiten vber die Tyber gangen/deren etlich gantz eyngefallen vnd abgangen/andere aber widerumb erbawen/vnd den Nammen betreffent verändert worden.

Die erste Bruck hat König Ancus Martius zu vnderst am Berg Aventino von Holtz gebawt/welche d’ gewaltige Held Horatius Cocles hinder jhme zu beschirmung der Statt Rom abwerffen lassen/

laſſen/vnd entzwiſchen wider die Tuſcaner jenſeit der Tyber mannlich geſtritten. War nachmaln von Emylio Lepido von Stein gebawen vnd Emylij Bruck genannt. Nach dem aber dieſelbe durch vngeſtümmes Anlauffen der Tyber eyngefallen/iſt ſie von Keyſ. Tyberio ernewert worden. Endlich hat ſie Keyſer Antoninus der Fromm von ſchönem Marmor in gewaltiger Höhe erbawen/vnd wurden darauff die Vbelthäter in das Waſſer geſtürtzt. Iſt heutiges tags in Abgang kommen/ vnd wird nichts dann nur etliche Anzeigung in der Tyber davon geſehen.

Vbelthäter werden vber die Bruck in die Tyber geſtürtzt.

Die ander Bruck war im Vatican bey dem Spittal zum H. Geiſt/darüber die Triumph gangen/derowegen ſie auch die Triumphbruck genannt worden. Iſt auch zu grund gangen/vnd werden nur die Fundament im Mittel der Tyber geſehen.

Vnſer Frawen Bruck war die Palatiniſche oder Rahtsherrenbruck genannt.

Die vierdte Bruck Quarto Capi/von Lucio Fabricio erbawt/war die Tarpeiſch bruck genant.

S. Bartholomæi Bruck hat vor zeiten Ceſtij vnnd Eſquilini Bruck geheiſſen/iſt von Keyſer Valente vnd Valentiniano ernewert.

Sixti Bruck/hat erſtlich Antoninus der Fromb von ſchönem Marmor gebawen/war Aurelio vnd dem Janiculberg nachgenannt: vnd nach dem dieſelbe/durch länge der zeit eyngefallen/hat ſie Bapſt Sixtus der Vierdt/im jahr Chriſti vnſers HErrn 1475. widerumb auffgerichtet vnd auff jetzige Form erbawen.

Die Engelbruck/von Elio Hadriano gebawet/war Elij Bruck genannt/vnd vom Bapſt Nicolao dem Fünfften/wie ſie heutiges tags ſteht erbawen. Zwo meyl auſſerhalb der Porten Popoli/ iſt die Bruck Milvij/erſtlich von Elio Scauro erbawet/bey welcher Keyſer Conſtantino dem Groſſen ein Creutz in der Lufft erſchienen/als er daſelbſt den Thrannen Maxentium vberwunden.

Von der Tyber/vnd der Inſel S. Bartholome.

Der berühmbte Fluß Tyber genannt/entſpringt in dem Apenniniſchen Gebürg: iſt anfangs ſehr klein/wirdt aber durch zween vnnd viertzig Flüß gemehrt/vnnd Schiffreich gemacht: falt bey der Statt vnnd Port Oſtien/ins Tuſcaniſch oder Vndermeer/von dannen auch die Schiff/biß gehn Rom/nit ohne ſondere komligkeit der Statt/hinauff fahren. Hat erſtlich Albula geheiſſen: nachmals aber von König Tyberrio/ſo darinn ertruncken/Tyber genannt worden/ iſt gemeinlich trüb vnd leimfarb/laufft vnverſehens ſehr an/vnd thut mehrmahlen groſſen ſchaden: iſt etwan vber die Engelbruck geloffen/vnnd hat die nechſt gelegenen Gaſſen/mit eynwerffen vieler gebäwen/vnd groſſem verderben vieler leuten/vberſchwemmet/wie noch heutiges tags daſelbſt/an dem Caſtell/vnd an anderen gemerckzeichen/mit verwunderung zuſehen. Iſt ſehr geſund zu trincken/vnnd behalt ſich lange zeit/ohn einige corruption/vnd böſen geſchmack/welches dann nicht wegen des Schwäfels vnd Alauns/wie etlich zu Rom vermynenen/ſondern wegen des ſandts geſchicht/ſo darinn iſt vermiſcht.

Woher die Tyber jhren nammen.

Tyberwaſſer iſt geſund.

Bapſt Paulus der dritt/hat diß Waſſer ſo hoch gehalten/daß er darvon nicht nur zu Rom in ſeiner ordentlichen Hoffhaltung getruncken/ſondern auch daſſelbe/an andre orth/da er hingereißt jeder weilen mit führen laſſen/dabey er ſich auch jederzeit ſehr wol vnd geſundt befunden.

Die Inſel betreffend/ſo in der Stat Rom mit gedachtem Fluß vmbgeben/vnd Sanct Bartholomeo genannt wirdt/iſt dieſelb erſtlich zur zeit eines heiſſen Sommers/auß dem Straw vnd Miſt/ als man Königs Tarquinij des ſtoltzen Acker verwüſtet/vnd deſſen abgeſchnitten Getreid/alß ein verflucht ding in die Tyber geworffen/erwachſen: endlich aber durch der Eynwohner fleiß/dermaſſen gemehrt vnd beveſtiget worden/daß ſie endlich die Form vnd Figur eines groſſen Schiffs bekommen/darinn neben viel ſchöner gebäwen vnd Hallen/drey gewaltige Tempel/dem Abgott Jupiter/Aeſculapio(deſſen Bildnuß/ſampt gewöhnlicher Schlangen/von Epidauro/heut Raguſa genannt/zur zeit einer groſſen Peſtilentz dahin gebracht worden) vnnd Fauno zu ehren auffgericht geweſen.

Des Fauni Tempel/iſt ſampt dem vorderen theil gedachtes Schiffs oder Inſel/durch gewalt des Stroms vndergangen vnd verſuncken. Das mittel vnd hinderthheil aber iſt zwar noch biß dahär auff hartem vnd trockenem boden verblieben/aber durch lenge der zeit/vnd vielfeltiger Kriegen verwüſtungen/ſeiner ſchöne vnd zierden häßlich beraubt worden/vnd wirdt allein noch etwas Gemäwrs von des Aeſculapij Tempel im Garten bey Sanct Bartholomei Kirchen geſehen.

Mehr ermelter Tempel/iſt vorzeiten in wehrendem Heydenthum/ein ſehr berühmbte Walfahrt geweſen/dahin man die krancken/gleichſam alß zu eines bewärten Artzes behauſung getragen/der hoffnung/daß ſie ſolten durch des abgotts Aeſculapij hilff zu guter geſundtheit widerumm gebracht werden.

Die Inſel haltet in der lenge ein viertel meil/vnd in der breit fünfftzig ſchritt.

König Tarquinij Acker aber/von deſſen Getreid vnd in dem leimechten boden verſtecktem ſtraw jetz beſchriebene Inſel auffkomen vnd erhebt worden/wurd dem abgott Marti geweyht vnd zuerkent/dermaſſen/daß derſelbige Acker/ein gemeiner platz vnd almend worden/darauff ſich die junge Burgerſchafft mit allerley vbungen vnd kurtzweilen pflegten zu erluſtigen. Vnnd iſt dieſes der

Bi Campus

Das vierdte Buch

Campus Martius.

Campus Martius/darauff fürnemmer Personen begräbnussen/vnnd viel schöne Palläst gestanden.

Von den Obeliscis.

Obelisci/Aguglie genannt/seindt sehr hohe/vnnd algemach außgespitzte/gleichsam alß grosse gezimmerte Thröm/auffgerichte Stein von einem stuck gemacht/deren etlich achtzig oder neuntzig ellen hoch seynd gefunden worden: vnd seynd die König in Egypten dieser wunderstucken vrheber gewesen/daher man auch noch heutiges tags die Egyptischen Schrifften vnd Figuren darauff siehet.

König Ramises/hat zu Tebis in Egypten/vngefehr vmb die zeit als die Statt Troja zerstört worden/ein solchen Obeliscum/oder steininen Throm/von einem stuck/eilffhundert schuh hoch/vñ vier ellen breit/auffgericht/darzu zwantzig tausent personen geholffen: vnd damit die Werckmeister zu gedachtes Obelisci auffrichtung desto grösseren fleiß anwenden/vnd denselben in kein weiß vnd weg widerumb hernider fallen liessen/hat er zu oberst/an den spitz des Obelisci/seinen Sohn gebunden/in betrachtung/daß die Werck vnd Bawleut/mit keinen grösseren schrecken/zu getrewem fleiß/dann durch solches mittel/möchten beweget werden: wie bey Plinio im 36. buch/zu anfang des neundten Capitels/neben anderen denckwürdigen dingen/zulesen.

Grosser Obeliscus.

Nach dem aber die Römischen Keyser das Königreich Egypten eyngenommen vnnd zu einer Provintz gemacht/haben sie auß begierd beyde jhre Hauptstatt zu zieren/vnd jnen selbs ein ewigen nammen zu machen/viel gewaltige Obeliscos von danuenen auff grossen vnd darzu gemachten Schiffen gehn Rom gefürt.

Seind also mit der zeit/sechs grosse/vnd zwen vnd viertzig kleine Obelisci/darunder doch der kürtzest nit vnder dreyssig schuh gehalten/in Rom gewesen.

Zwen Obelisci von den grösten stunden im Circo Marimo/oder grösten Rennplatz/darunder der ein 132. Schuh hoch gewesen.

Auff dem Campo Martio stund einer/72. Schuh hoch.

Zwen vor Keysers Augusti Begräbnuß/42. Schuh hoch.

Heutiges tags steht der schönst vor Sanct Peters Kirchen. Ist 100. Ellen hoch/stund zuvor eben an gedachtem orth/in Keysers Caij vnd Neronis Rennplatz/Keysern Augusto vnd Tyberio auffgerichtet.

Andere stehen bey d Porten Popoli/bey S. Lateran/bey Maria Maggior/bey Santa Croce in Hierusalem: vnnd etliche kleine hin vnd wider in grosser Herren Lustgärten: etliche/so in stuck zerbrochen/ligen auff offentlichen Gassen.

Es haben die Egyptier vor zeiten/die fürnembsten Puncten vnd Lehren jhrer Weißheit gemeinlich an jetz erzelte hohe Stein (so alle von köstlichem Marmor/theils auch gegossene Stein waren) mit Figuren vnnd seltzam gekrümbten strichen verzeichnet.

Von Caij Marij Trophæis vnd Siegzeichen.
Cap. vj.

DIVO CAESA

Vff der Esquilinischen Straß werden bey S. Eusebio/zwey vberauß schöne Trophæa vnd Siegzeichen/mit allen Kriegswaffen vnd Bildern gezieret/nit ohne sondere verwunderung gesehen: welche nach etlicher meynung der Rath vnnd Burgerschafft zu Rom/vor alten zeiten dem gewaltigen Helden Cajo Mario/alß derselbe den König Ingurtham/vnnd die Teutschen/sampt den Schweden vnd Zürichen/vberwunden/auch von denselben zu Rom mit grosser Solenniter triumphiert/zu ewiger gedächtnuß hat lassen auffrichten.

Also daß jetz gedachte Siegzeichen eben die jenige waren/welche der blutdurstige Sylla/nach Marij tödtlichem Abgang/auß schandlichem neid vnd verbunst/zu boden geworffen/vnd etlicher massen geschändet: Julius Cæsar aber/alß ein wahrer liebhaber der Tugent/vnnd guter gedächtnuß wolverdienter Personen/widerumb hat auffgerichtet/vnd in ehr gelegt.

Das Gebäw darinn diese Siegzeichen gestanden/ist ein gewaltiger Tempel gewesen/in welchem etwan der Rath zusammen kommen.

Von Italia.

Von Keysers Trajani Triumphsaul.

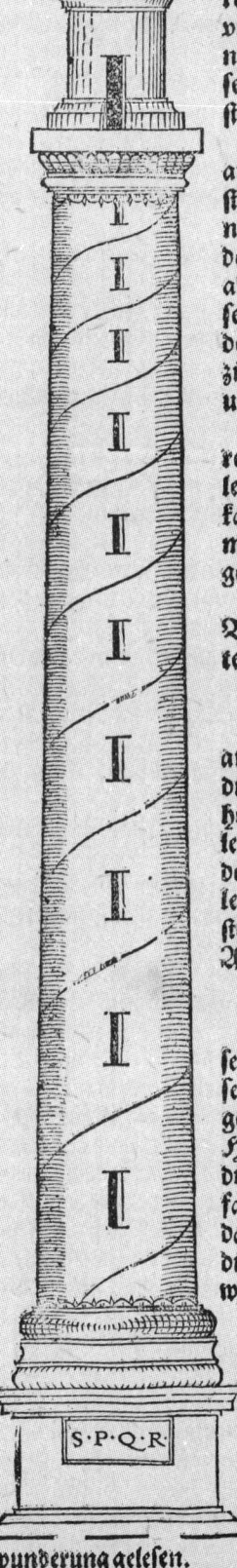

Auff dem Platz Trajani stehet bey der Kirchen Sancta Maria von Loreto/ ein sehr grosse Marmorsteinine gewundene Saul/ Dorischer arbeit vnd zierung/ von dem Rath vnd Burgerschafft zu Rom/ Keysern Trajano zu Ehren vnd ewiger Gedächtnuß/ auffgericht/ welche er doch nicht gesehen/ dann alß er in Syria Krieg geführt/ ist er in der Statt Seleucia gestorben.

Diese Saul ist 128. Schuh hoch/ hat inwendig vom boden biß zu oberst auff das Capital ein schönen Schnecken/ von 185. Stapfflen vñ 45. Fensterlein/ welche doch den außgehawenen Bildern aussen herumb nichts nemmen/ ja nit mögen gespürt werden. Es kan nit wol außgesprochen werden/ mit was grosser Kunst/ Keysers Trajani Kriegsthaten/ fürnemlich aber der Walachische Krieg aussen herumb/ von vnden an biß oben auß/ seyen gehawen. Das Postament stehet wol zweyer Manns tieff in der Erden/ auch mit schönen Siegzeichen/ Adlern vnnd andern Kunststucken gezieret: dann solches wegen des Graben so mit stapfflen vmb die Säul herumb ist/ wol kan gesehen werden.

Das Corpus gedachter Saul ist von 24. gantzen Steinen gemacht/ deren ein jeder acht Stafflen begrifft: Auff dem Capital ist ein Eysen Gelender/ daran man herumb gehen/ vnnd ein grossen theil der Statt Rom kan vbersehen. Im mittel dieses Gelenders ist vor zeiten auff einem Postament Keysers Trajani Bildnuß gestanden/ beneben einer Guldinen Kugel/ darinn desselben äschen vnd Gebein lagen.

Bapst Sixtus der Fünfft hat an dessen stell/ deß H. Apostels Petri Bildnuß/ von Metal gegossen/ vnd mit gutem Gold vbergüldet/ auffrichten lassen.

Von Keysers Antonini Pij Triumphsaul.

Keyser Antoninus der Fromb hat jhme selbs ein gleichförmige Saul auff dem Campo Martio an der Flaminischen Straß auffrichten/ vnd in dieselbe aussen herumb seine Kriegsthaten hawen lassen. Ist 161. Schuh hoch/ hat innwendig ein Schnecken/ von 207. Stafflen/ vnnd 56. Fensterlein. Die Bilder aussen herumb seynd etwas grösser vnnd besser erhebt/ ab denen sich niemand genugsam kan verwundern. Hat auch ein Eysen Gelender/ vnd an dem ort/ da vor zeiten Keysers Antonini Bildnuß gewesen/ stehe jetzund der H. Apostel Paulus/ von Metall gegossen vnnd vergült/ Anno 1589. von Sixto dem Fünfften auffgericht.

Von Caij Duilij Triumphsaul.

Alß Eneus Cornelius Burgermeister zu Rom im ersten Carthaginenser Krieg/ mit 17. Schiffen von Messana gehn Liparas Gesegelt/ vnd daselbst von Hannibale verräterischer weise war vmbrungen vnnd gefangen: hat Cajus Duilius das Fußvolck/ welchem er war fürgesetzt/ den Hauptleuthen vbergeben/ vnd die Carthaginenser zu Wasser angrieffen/ dieselben auch Ritterlich vberwunden/ also daß Hannibal mit grosser Gefahr/ mit schlechter Gesellschafft/ gehn Carthago war entrunnen: da daß das Römische Kriegsheer die Statt Agestam von der Belägerung entlediget/ vnd Macellam in Sicilien mit Gewalt hatte eyngenommen. Derowegen dann Cajus Duilius zu Rom mit grossem Triumph eyngezogen.

Vnnd dieweil dann derselbe Triumph der erste gewesen/ so man in Meerschlachten hatte erlangt/ hat der Rath vnnd Burgerschafft zu Rom gedachtem Cajo Duilio ein schöne Triumphsaul Dorischer arbeit/ mit Anckeren vnd Schiffschnäbeln gezieret/ auff dem Römischen Marckt zu ewiger Gedächtnuß auffgerichtet/ so noch heutiges tags im Capitolio wird gesehen.

An dem Postament dieser Saul/ so bey nahe die Eltiste in Rom ist/ wird ein schön Inscription von Caij Dulij Thaten/ mit grosser verwunderung gelesen.

Plinius/ Florus/ Eutropius/ vnnd Orosius melden/ daß mehr gedachter Dulius diesen Triumph so hoch habe gehalten/ daß man jhme vast die gantze zeit seines Lebens/ nach eyngenommem Nachtimbiß mit Facklen vnd Seitenspiel/ gleichsam als in einem Triumph muste vorgehen. Diese Saul ist auffgericht worden im Jahr nach Erbawung der Statt Rom 493.

Von etlichen andern Säulen/so zu Rom gewesen.

Die gewaltige Saul / welche Keyser Antoninus Heliogabalus jhme selbs zu ehren auß dem schönen Porphyr/mit einem eyngehawenen Schnecken/ zu Rom hatt lassen auffrichten/ ist von Keyser Constantino dem Grossen gehn Constantinopel geführt/vnd daselbst auff dem Marck/zur Zierd der newen Keyserlichen Statt/auffgericht worden.

Es stund auch zu Rom ein schöne Saul von Serpentinischem Marmor/welche der Raht vnd Burgerschafft zu Rom Julio Cæsari / alß dem Vatter des Vatterlands/hatte auffgericht / wie dann in dieselbe gehawen war/Patri Patriæ,dem Vatter des Vatterlandts.

Auff dem Römischen Platz stund in mittel der Statt Rom bey dem Tempel Saturni/ein gewaltige Saul mit Gold gezieret/Milliarium aureum genannt/von deren die Meilen wurden angefangen vnd gezellet.

Es stund auch bey einer jeden Porten ein schöne Saul/an welcher die Strassen waren verzeichnet/so bey derselben Porten hatten angefangen.

In des Cardinals Farnesij Pallast/ vnd des Bapsts Bildshawers behausung/ nicht weit von Keysers Augusti Grab/werden vast gantze seiten von schönen Triumphbögen gesehen/darin viel künstliche alte Bilder vnd Kriegswaffen seynd gehawen.

Vier gefangene König. In jetz gedachtes Farnesij Pallast stehen zween gefangene König/ in jhrer gewohnlichen kleidung/deren einer ein Parthier/der ander ein Armenier gewesen.

In Herrn Cesij Pallast/stehen zween andere grosse Parthier König / alle auß dem schönsten gefarbten Marmor gehawen : Seind vorzeiten vielleicht in Keysers Septimij Severi Septizonio/oder sonst eines andern/so die Parthier vnd Armenier vberwunden/ Pallast gestanden.

Von den alten Keyserlichen Pallästen.

Vnder den gewaltigen vnd von köstlicher Materi vn höchster Kunst fürtreffenlichen Gebäwen/ seynd die alten Keyserlichen Pallast gewesen/ so aber heutiges tags gantz vnnd gar in äschen ligen/ vnd ihres vnmenschlichen Prachts nicht die geringste Anzeigung mehr haben.

Augusti Pallast. Keysers Augusti Pallast ist an einem Eckendes Römischen Marckts / auff schönen marmorsteininen Säulen gestanden.

Claudij. Keysers Claudij war zwischen dem Coliseo vnd Sanct Petro in Vincola/von sonderer schöne vnd grösse.

Vespasiani. Titi. Nicht ferr von dannen/namblich von S. Petro in Vincola/hat Vespasianus vnnd Titus gewohnet.

Nervæ. Trajani. Bey dem Thurn de Conti genandt/hat Nerva vnnd Traianus / bey seinem Platz vnnd Triumphsaul hoff gehalten.

Antonini. Caracallæ. Decij. Constantini. Antoninus hatte seinen Pallast bey seiner Triumphsaul/wie auch Caracalla bey seine Bädern. Decius saß auff dem berg Viminali/an dē ort da jetz die Kirch S. Lorentzo in Palisperna steht. Constantinus der Groß hat seinen Pallast bey S. Johan Lateran gebawen.

Vnder allen Römischen Pallästen aber ist Keysers Neronis/ nit nur an grösse vnd weite/ sondern auch an Kunst vnd köstlicher Materi der aller Prächtigest gewesen. Hat sich vom Berg Palatino zwischen dem Celio biß an Esquilinum/da jetzund S. Johan vnd S. Pauli Kirchen steht/ gleichsam alß ein sonderbare vnnd grosse Statt/erstreckt. Hat bey dem Eyngang ein grossen Colossum oder Mannsbild von Metall gegossen/ 120.Schuh hoch. Der Vorhoff war dreyfach/ein gantze Meil lang/mit schönen Säulen vndersetzt: war mit einem grossen Weyer/schönen Rebwerck/Weyden/ Wälden vnd Thiergärten vmbgeben. War inwendig gantz mit Gold vnd edlem Gestein vberzogen/daher auch derselbe Pallast Domus aurea,der guldine Hoff genandt worden. *Wunderbar Gebäw.* Das Tafelwerck an den Bünen war mit Helffenbeininen Trähmen in einander gefügt. Des Hauptsaal/darinn Nero tafel gehalten/war rond wie ein Weltkugel/vnd hatte seinen lauff wie der Himmel.Wan er zu Tisch saß/sprungen auß Canalen vnd Röhren allerley schöne Blumen/ vnd köstliche wolriechende Wasser. Vnd ob gleich wol der Gottlose Tyrann den Himmel mit diesem Pallast wollen abbilden/ so hat er sich doch in desselben Eynwenhung nicht geschemet zu sagen: Er wolle erst jetzund in einem Hauß wohnen/ so einem Menschen gezimmet.

Von den Libereyen.

Wie hoch vnd werth gute Künst vnnd derselben Liebhabern bey den Römern vor zeiten seyen gehalten worden/ist beneben anderen Gemerckzeichen/auch auß dem abzunemmen/daß acht vnnd zwantzig fürtreffenliche Libereyen in der Statt Rom gewesen:darunder die fürnembsten Keyser Augustus/ Traianus/vnd Gordianus haben auffgericht.

Augusti ist auff dem Palatio gewesen/ mit einer grossen anzahl Griechischer vnnd Lateinischer Bücher/so gedachter Keyser vom Dalmatischen Raub genommen.

Traiani ward Vlpia genandt/stunde bey Keysers Diocletiani Bädern/darinn alle Römische Geschichten vnnd Rathserkantnussen auff ein schönem Leinwath vnnd Helffenbein ware geschrieben.

Gordianus hatte zwey vnd siebentzig tausent grosser Bücher in seiner Liberey hinderlassen.

Octavia/

Von Italia.

Octavia/Keysers Augusti Schwester/vnnd Marcelli Mutter/hat ein gewaltige Liberey bey dem Theatro Marcelli auffrichten lassen.

Im Capitolio waren gemeinlich der Sybillen vnd Priestern Bücher.

Bapst Nicolaus d Fünfft hat zur zeit Keysers Friderichs des Dritten/durch die gantze Welt die besten Bücher lassen zusamen suchen/vñ dieselben auff dem Vatican in einen grossen Saal gestelt.

Poggius Florentinus/ein sehr gelehrter Mann/bekam damahlen Quintiliani/vnnd Asconij mit eygner hand geschriebne Bücher.

Es wurden auch Silij Italici Bücher vom Carthaginensischen Krieg/mit Hannibalis wahrer Bildnuß/auß Africa gebracht.

Diese Vaticanische Liberey ist nicht nur vmb der Büchern/so in sehr grosser anzahl vber alle massen stattlich seynd/sondern auch vmb der Gemählden willen/damit dieselbe gezieret/wol zu sehen. Sonsten seynd die fürnembsten Bücher/auß forcht irgend einer Brunst vnnd Eynfahls/vor wenig jahren in die Engelburg geführt vnd transferiert worden.

Es ist auch jederme~lichen mehr dann genugsam bekandt/daß die alten Bücher alle/mit der Hand/theils auff Pergament/theils auff Leinwat/theils auch auff Rinden vnnd Laub/vnnd in wachsene Tafeln mit einem Griffel geschrieben gewesen.

Von der Statt Rom Regiment/ vnd sonderlich von den Römischen Keysern. Cap. yy.

Betreffent dann das Regiment der Statt Rom/so haben daselbsten erstlich die König/folgendts die Burgermeister/sampt dem Rath auß gemeiner Burgerschafft/hernacher die Keyser/vnd endtlich biß auff vnser zeit die Bäpst mit jren Cardinälen regieret. Darneben aber ward in der zeit der Statt vnnd Burgerschafft besondere Freyheit vnd Gerechtigkeit gelassen.

Die Königliche Monarchey hat im jahr nach erschaffung der Welt 3220. vnd im ersten nach erbawung der Statt Rom angefangen.

Romulus.

1. Der erste König ist Romulus gewesen/hat 37.jahr Regiert. Ward zu abent gegen der Sonnen nidergang/nach dem er grosse Tyranney geübt/nach gehaltener versammlung/da er zu dem Volck eine Red gethan/von etlichen Rathsherren vnd fürnemmen Bürgern/mit Messern/so sie vnder den Kleydern verborgen/erstochen:vnd damit niemand erfahre/wo er hinkommen/in stuck zerhawen/ vñ vnder den Röcken hinweg getragen. Darauff dann ein gemein Geschrey außgangen/ es seye Romulus mit einem grossen Tonder vnd Wetter von den Göttern in Himmel verzuckt worden.

Numa.

2. Der ander König ist Numa Pompilius gewesen. Regiert 43.jahr. War dem Aberglauben sehr ergeben. Liebet die Gerechtigkeit. Ordnete allerley Priesterliche vnd Burgerliche Gesatz vnd Ordnungen:Starb im achtzigsten Jahr seines alters/an einer geringen vnd sannften Krackheit/ vast ohne schmertzen.

Tullus Hostilius.

3. Tullus Hostilius der dritte König/ward Fürsichtigkeit/Dapfferkeit vnd Kriegserfahrung halben sehr gepriesen:Regiert 32.jahr/verbrañ in seinem Hauß mit sampt Weib vnnd Kind/als er den Göttern wolte Opfferen.Etliche sagen/der Straal habe in das Hauß geschlagen:andere aber halten für gewiß/das Fewr seye auß anstifftung Anci Martij/Königs Numæ Enckeln/eyngelegt worden. Inmassen dann denselben sehr verdrossen/daß gedachter Hostilius/nicht nur ein solche lange zeit die Königliche Cron auff seinem Haupt getragen/sondern auch noch darzu seine Söhn zu Erben vnnd Nachvolgern im Reich hat verordnet. Dann es wurden die König von der Burgerschafft erwöhlt vnd bestehtiget.

Ancus Martius.

4. Ancus Martius wardt der vierdt in der ordnung:Regiert mit grossen Lob vnd Nutz 24.jahr/ vnd Starb im frieden eines natürlichen Todts.

Lucius Tarquinius.

5. Lucius Tarquinius / Demorati/eines reichen Kauffmañs/so auß Asia von Corintho in Hetruriam kommen/Sohn/Weyland Lucumo genandt/Regiert 38.jahr/hat sich vmb die Statt Rom vielfeltiglich verdienet. Ward in seinem Pallast/auß anstifften Königs Anci Martij Söhnen/von etlichen in Baurenkleidern verstelten jungen Männern/ mit scharffen Sicheln vnnd Holtzmessern/die sie vnder den kleidern hatten verborgen/erschlagen.

Servius

Das vierdte Buch
Servius Tullius.

6. Servius Tullius der sechste König/regiert 24.jahr: vnd war(nach dem er viel Ritter: vnnd Fürstliche Thaten/dem Vatterland zu gutem/begangen)auß anordnung vñ befehl seiner eygnen Tochter Tulliæ/vnnd Tarquinij derselben Eheman/auff freyer Gassen/nicht fern von seinem Vallast/erschlagen. Dañ alß der gemeine Mann/so Tullio hefftig angehangen/zur zeit der Ernd hin vnd wider auff dem veld die Frücht eynsamblete/hat sich Tarquinius sampt seinen Gesellen auffgemacht/vnd im Königlichen Ornat ins Rahthauß begeben/dahin er auch den Rath/durch die Stattknecht/gleichsam alß ein bestehtigter König beruffen.

Da solches König Tullius zu hauß vernommen/hat er sich vber solchen Hochmuth/nit ohne Zorn/sehr verwundert/vnnd ist mehr auß Frefel dann Fürsichtigkeit mit wenig Gefehrten vnd Dienern auch den Marckt getretten/vnd als er in Königlichen Saal hineyn kommen/vñ daselbst Tarquinium auff dem Königlichen Stul gesehen/hat er zu demselben mit starcker stimb gespro- chen: Wer hat dir/du schandtlicher Bößwicht/zugelassen vnd vergönnet/daß du alhier in diesem Ornat vnd Pracht sitzest? darauff jhme dan Tarquinius also bald gantz trotziglich geantwortet: Dein vnverschampte Vermessenheit/Tulli/die du in dem hast erzeigt/daß du nicht alß ein Ge- freyter/sondern alß ein Knecht/der auß meines Anherrn Dienstmagt geboren/hast dörffen zum König auffwerffen:vnd fasset hiemit den alten König Tullium/tregt denselben vnder dem Volck zu dem Saal hinauß/stürtzt jhn die Stiegen hinunder.

Da nun Tullius vergebenlich vmb hilff geschrawen/vñ seinen Dienern geruffen/ auch schwer- lich von dem harten Fall auffgestanden/haben jhn also blutend/etliche nach Hauß geführt. Hier- auff kam gedachtes Tullij Tochter die Tullia/vnd sagt vnder andern zu Tarquinio jhrem Ehe- man: Das erst Vorhaben ist/wie es hat sollen/wol abgangen/aber du wirst bey Tulli Leben das Reich in schlechter Rhu vnd Sicherheit besitzen: dann er wirdt das Volck/so jhm sehr gewogen/ wider dich/wie vormals geschehen/erwecken: derowegen schicke also bald deine Diener/ehe zu hauß kompt/vnd lasse jhn vnderwegen erwürgen. Satz hiemit auff jhren Wagen/vnnd fahrt von dem Rathhaß/vorhabens/selbs zu sehen/ob die abgesandten Diener den empfangenen Befehl fleissig wurden außrichten. Die Diener aber erwütschen den alten vnd schwachen König nit weit von seinem Vallast/vnd erstachen denselben mit jren Wehren auff freyer Gassen. Da nun Tullia mit jhrem Wagen dahin kommen/fiengen die Maulthier also bald ab dem Leichnam zu scheuhen/ vnd auß Forcht in einander zu wütschen: derohalben dañ der Gutscher still gehalten/vnd mit gros- sem grausen hinder sich zu dem Weyb in den Wagen gesehen: darauff jhn Tullia befragt/was es were daß er nicht fort fahrete: Sihest du nicht/sprach der Gautscher/deines Vatters Leichnam im Blut auff der straassen ligen/vnd das ich wegen der Enge nicht kan fort kommen/ich fahre dañ strack darüber? Ab dieser Red ward das schnöde Weib dermassen erzörnt vnd bewegt/daß sie jhren Fußschemel dem Gutscher an das Haupt geworffen/vnnd mit lauter stimm geschrawen: Du Schelm/wilt du nicht vber den todten Cörper fahren? Der Gutscher erseufftzet mehr vber den

Tullia fahret vber jhres Vatter leich- nam.

todten Leichnam/dann vber seine empfangene Wunden vnd Beulen. Vnd ob gleich wol der Leich- nam sich noch bewegte/must er doch die Maulthier mit gewalt darüber treiben.

O der grausamen That/ so ein Tochter an jhrem alten Vatter begangen/darab sich das aller vnvernünfftigste Thier/mehr dann ein Mensch/hat entsetzet. Ja grobe vnd tolle Maulesel haben grösser mitleiden vnd erbärmbd vber einen vnbekannten Todten/dann ein Weib vber jren from- men alten eroß todten Vatter.

Lucius Tarquinius.

7. Lucius Tarquinius/wegen grosser Tyranney vnd Verachtung aller Billigkeit/der Stoltz oder vbermütig genannt/ward der siebende vnd letste König/regiert 25. Jahr/ward mit sampt dem gantzen Stammen vnd Nammen auß Rom vertrieben/alß dessen Sohn Sextus/ein böser Bub/die Tugendtreiche Matron Lucretiam/Collatini Haußfraw/mit gewalt geschendet: daru- ber sie dann in solchen tieffen Kumber vnd Hertzleid gefallen/daß sie sich vor jhrem Vatter vnnd gantzer Verwandtschafft/nach dem sie mit viel weinen vnd seufftzen die an jhr begangene Miß- handlungen erzehlet/mit einem Messer durch das Hertz erstochen.

Im Jahr nach erschaffung der Welt 3457.nach erbawung der Statt Rom 245. alß die Köni- gliche Monarchen auß anlaß manigfaltiger geübter Tyranney auffgehebt vnd abgeschafft wor- den/hat die Burgerschafft zu Rom vmb besserer Regierung willen/ein gemein Regiment ange- fangen/vnd denselbigen jährlich zwen Burgermeister/auß den Fürnembsten Geschlechtern/alß oberiste Häupter fürgesetzt.

Fünff jahr nach diesem/seind zwen Zunfftmeister dem gemeinen mann zum besten:vnd 36.jahr hernach zehen Zunfftmeister: im jar aber nach erbawung der Statt Rom dreyhundert vnd zwey/ seind die dreyzehener Herren erwölt worden.

Im 387. jahr / ist auß anbringen vnnd begeren des gemeinen volcks das Burgermeister- thumb/

Von Italia.

thumb/von den vornembsten Geschlechtern auch auff andere Zünfft gelegt worden: vnd ist der erst Burgermeister von den gemeinen Burgern Lucius Sextius Lateranensis gewesen/in vnd bey dessen behausung Keyser Constantinus der Groß/seinen Pallast vnd die Kirch Sanct Johan Lateran gebawen.

Diß gemein Regiment hat gewert biß auff das Jahr/nach erbawung der Statt Rom 706. *Wie lang d̄ Regiment gestanden.*
Vnd so viel von der Königlichen Monarchey vnd gemeinen Regiment/dann die zahl der Burgermeister hierinnn zuvermelden viel zu lang were.

Von den Römischen Keysern Julius Cæsar.

Nach dem Caius Julius Cæsar/Lucij Cæsaris vnd Aureliæ Sohn/sich in seiner jugendt aller Tugenden bestissen/vnd innerhalb zehen jahren Galliam bezwungen/auch Engellandt bekriegt/vnd die Teutsche in jhre Wäld getrieben/Italiam eyngenommen/Hispaniam gestilt/Pompeium den grossen an allen enden vnd orten vberwunden vnd gantz außgetilgt/endtlich auch von allen seinen Feinden triumphiert: hat das Römisch Keyserthumb vnversehens angefangen/vnd dasselbe vier Jahr vnd dritthalb Monat regiert. *Vor Christi vnsers Herren Geburt. 45.*

Gedachter Julius Cæsar hat alle gaaben vnd vollkommenheit gehabt/so einem fürtrefflichen Helden/zur Zierd vn̄ notturfft mögen zu wünschen seyn. Er ward sehr Rathschlegig/beredt/hertz: vnd standhafft/in allen guten künsten erfahren/freundlich/vn̄ in allen sachen fertig/freygeb/milt/vnd jederman angenem/dadurch er von geringem stand zu dem höchsten gestiegen. Ist im 56. jahr seines alters von seinen besten bekandten vnd freunden/im Rath bey Pompeij Bildnuß mit drey vnd zwantzig Wunden erstochen worden.

Augustus.

2. Augustus/zuvor Octavianus genannt/regiert 56. jahr/war von Julio Cæsare/dessen Schwester Sohn er gewesen/an Kindtsstatt angenommen/vnd zum Erben gesetzt. Hat Hispaniam/Gasconiam/Grawpünten/Dalmatiam zu Römischen Provintzen gemacht. Hat die Schwaben vnd Hessen vberwunden. Die Sicambrer/so zu beyden seiten des Rheins gesessen/in Franckreich gebracht. Hat von Persern/Scyten vn̄ allen Morgenländischen völckern Geschenck vnd Gaaben bekommen/vnd durch die gantze Welt beyde zu Wasser vnnd Land frieden gemacht: daher dann auch der rechte Friedenfürst vnser Herr Christus im viertzigsten jahr gedachtes Augusti Regierung/in diese Welt kommen. Zieret die Statt Rom mit köstlichen gebäwen. Starb zu Nola/in der Kammer darinn auch sein Vatter Octavius zuvor gestorben/mitten im Augusten/daher auch derselbe Monat Augustus genannt worden/im 76. jahr seines alters/nit ohne argwon eines gegebnen Giffts. *40.*

Tiberius.

3. Claudius Tiberius regiert 22. jahr/vnd siebenthalb Monat: war einer wolberedten Zungen/ sinnreiches Geistes/vn̄ in allen Künsten grosses verstandts: hat Cappadociam zu einer Römischen Provintz gemacht: war geitzig/vnbarmhertzig/vnd boßhafft. Starb im 78. jahr seines alters/an einer serbenden Kranckheit/dessen jedermenniglich sehr fro gewesen/vnnd hat wenig gefählt/daß sein Leichnam nicht in die Tyber geworffen/oder mit einem eisenen Hacken in der Statt herumb geschlifft worden. *Nach Christi vnsers Herren Geburt. 15.*

Caligula.

4. Caius Cæsar Caligula regiert 3. jahr/war im 29. jahr vnnd zehenden Monat seines alters/ mit dreissig Wunden erstochen/vnnd heimlicher weiß in ein Garten getragen/daselbst halb verbrent/oder viel mehr gleichsam als ein Schwein besenckt/vnd schlechtlich vnder etliche Wasen begraben/darbey nachmahlen viel böse Geister grosse vnruh gemacht. Wurde endtlich aber von seinen Schwesteren/so ein zeitlang im ellend gewesen/auß gegraben/gantz verbrent/vnnd ordenlich bestattet. *Im jahr Christi. 36.*

Claudius.

5. Claudius regiert 14. jahr/starb im 64. jahr seines alters/sein todt war ein zeitlang verhalten/ vnd wurd für jhne als wann er kranck were/offentlich in den Tempeln gebetten. War grausam vnbarmhertzig/ließ viel vmbbringen/damit er jhnen möcht in das Angesicht sehen/wann sie den Geist auffgaben. Hatte grossen lust zu den Schawspielen darin man einander vmbbracht/vnnd mit Wilden Thieren musste streiten: war sonsten forchtsam/vnd trawete niemandt. *47.*

Nero.

6. Domitius Nero regiert 13. Jahr/starb im 32. Jahr seines alters/dessen man so fro gewesen/ daß jedermenniglich mit freudenkleidern/gleichsam als an einem sonderbaren Freudenfest/vnnd Triumphtag/in der Statt herumb geloffen: war in der jugent guten Künsten vnd Tugenden sehr ergeben/hielte sich die ersten fünff jahr seiner Regierung wol vnd gantz vnadelbar/verkehret sich aber hernacher dermassen vnd gestalten/daß er mit Schand vnnd Laster alle Menschen/gleich wie ein lebendiger Teuffel/vbertroffen. *55.*

Galba.

7. Sergius Galba regiert 7. Monat/hatte sich in der jugendt wol gehalten/wurd in der Statt *69.*

auff dem Römischen Marck/bey dem Sumpff/dareyn Marcus Curtius gesprungen/erstochen/im 74. jahr seines alters.

Otto.

70. 8. Silvius Otto Regiert vier Monat/war allerley Schand vnd Lastern ergeben/erstach sich selbs mit seinem eignen Schwert/im 37. jahr seines alters. Ist den Kriegsleuthen so lieb vnnd angenehm gewesen/daß sich auch etliche derselben selbs vmbbrachten/alß sie seinen todten Leichnam sahen.

Vitellius.

70. 9. Aulus Vitellius Regiert acht Monat/war im 57. jahr seines alters/seiner boßheit halben von Vespasiani Kriegsvolck gefangen/vnnd mit den Händen auff den Rucken gebunden/dem Volck zu einem Schawspiel in der Statt herumb geführt: vnnd damit er nicht etwan auß scham möchte das Angesicht vnder sich schlagen/wurde jhm ein groß spitz Messer vnder das Kine gebunden/vnd also mit allerley vnrath vnd wust geworffen/endtlich vber die Gemonischen stiegen hinab gestürtzt/da er zuvor Sabinum Vespasiani Bruder hat lassen erwürgen/mit viel Wunden/vnd mit einem Hacken/wie ein todter Hund in die Tyber geschleifft.

Vespasianus.

70. 10. Flavius Vespasianus Regiert zehen jar: war fürsichtig/wachtbar/sieghafft/gnedig/kurtzweilig im reden/vnd ohn einigen Neid vnnd Haß: vergab den Lästermäuleren leichtlich/zieret die Statt Rom mit viel gewaltigen Gebäwen/machet mit den Parthiern Frieden/vnd bezwang die Juden. Starb an der rohten Ruhr seinen Dienern vnder den Händen/im 69. jahr seines alters: war so arbeitsam vnd vnverdrossen/daß er auch in seiner schweren Kranckheit/nicht viel zu Bett gelegen/vnd sagte: Es soll ein Römischer Keyser stehendt/vnd nit ligendt auß dieser Welt abscheiden. Alß jhn etliche seiner Freunden von dem strengen vnnd stehten bawen wolten abhalten/hat er zu jhnen gesagt: Ach lasset mich das arme Volck mit Brot speisen.

Titus.

79. 11. Titus Regiert zwey jahr vnd zwen Monat/was mit gleichen Tugenden wie sein Vatter Vespasianus gezieret/daher er auch ein frew vnd wollust des Menschlichen Geschlechts genannt worden. Hat sich der Freundschafft dermassen beflissen/daß er auff ein zeit zu Abend/alß jme zu sin kommen/daß er denselben Tag vber niemand kein gutthat habe bewiesen/zu seinem Hoffgesind gesprochen: Meine Freund wir haben diesen Tag vergebenlich lassen fürüber gehn/vnd mit vnnutz verlohren. Starb am Feber/alß er einem mit so lauter Stimm zugeschrawen/daß er darüber geschwitzt/im 41. jahr seines alters/in der Sabiner Landtschafft/jetzund Hertzogthumb Spolet/in einem Lusthauß da auch sein Vatter gestorben. Etliche schreiben/es habe gedachtem Tito sein Bruder Domitianus mit Gifft vergeben. Es seye aber demselben wie jhm wölle/so hat jhn das gantze Römisch Reich mit höchstem hertzleid/gleichsam alß seinen Vatter beweinet.

Domitianus.

82. 12. Domitianus/Titi Bruder/Regiert fünffzehen jahr/hat die Teutschen vnnd Hessen vberwunden/war im 45. jahr seines alters/wegen grawsamkeit mit vielen wunden erstochen/vnd auß befehl des Raths/wie ein Fechter/der sich in Schawspielen hat brauchen lassen/ohn einige Ehr begraben. Es wurde auch sein namm von allen gebäwen/deren er viel in Rom hat auffgerichtet/hinweg geschlagen.

Nerva.

97. 13. Cocceius Nerva/auß der Statt Narni bürtig/Regiert dreyzehen Monat/vnd zehen Tag/war milt vnd fürsichtig/hat die Christen sehr geliebt/sie widerumb auß dem Ellend gefordert/vnd Johannem zu Epheso eyngesetzt. Starb am Feber im 63. jahr seines alters/war wegen seiner wolverdienten regierung/auß befehl des Rahts in Keysers Augusti Grab gelegt.

Trajanus.

98. 14. Vlpius Trajanus ein Hispanier/wurd zu Cölln am Rhein/alß er pfleger in Teutschlande war/zum Römischen Keyser gekrönt. War from/gelehrt/vnd gantz Tugenthafft/in welchem sich kein Neid/gall/vnd boßheit erzeigte. Wolte mehr geliebt dann aber gefördtet seyn. Hat alle Ohrenbläser/vnd falsche Zungen von sich gestossen/vnd dieselben hartiglich gestrafft. Ließ sich zum Zorn gar nit bewegen/erzeigt in seinen Kriegen einen freundlichen ernst/daß sie sich viel mehr auß liebe dann durch Waffen genotiget/an jhn ergaben. Zoge im Läger seine Kleider auß/daß die Kriegsknecht jhre Wunden damit verbunden. Erweitert die Grentzen des Römischen Reichs in die lenge vnd breite: Regiert 19. jahr/6. Monat/vnd 15. Tag/mit solchem benügen des Römischen Reichs/daß man auff die zeit Justiniani/den new erwölten Keysern im Glückwünschen zugeschrawen/daß sie glückselig wie Augustus/vnd wol wie Trajanus Regieren solten. Alß er auff ein zeit zu Babylon in das Hauß kommen/darinn Alexander der Groß mit Tode abgangen/hat er sich beyde des verstorbenen Alexandri tugenden/vnd seiner selbs eigener sterbligkeit dermassen erinnert/daß er gedachtem Alexandro daselbst ein Opffer angesehen/vnd verrichtet. Starb in Cicilia in der Statt Selinunta/nicht ohne argwohn eines gegebenen Giffts/im 64. jar seines alters.

Seine

Von Italia.

Seine gebein wurden nicht anderst alß wann er selbs lebte im Triumph gehn Rom geführt/ vnnd auff offentlichem Platz in einer gewaltigen Rittersaul begraben.

Im Jahr Christi.

Hadrianus.

15. Aelius Hadrianus/ auß der Statt Hadria in der Anconischen Marck bürtig/ regiert 21. jahr/ war in allen Künsten/ Sprachen vñ Tugenden sehr geübt/ redet so wol Griechisch/ daß man jhn auch einen Griechen geheissen. War ein fürtrefflicher Musicant/ Instrumentist/ Geometra/ Artzet/ Bildschnitzler/ vnd Giesser: sehr arbeitsam vnd vnverdrossen/ hat die Römischen Provintzen alle zu Fuß durchwandert. Hat die Statt Hierusalem wider erbawen/ vnd den orth da vnser Herr Christus für vns am Creutz gestorben/ mit schönen Mawren vmbgeben/ vnnd die Statt Aeliam Capitolinam genennt/ mit befehl daß in gedachter Statt keine Juden solten eynziehen/ derowegen er dann auch ob dem Portal/ ein groß Schwein setzen lassen. Hat in Egypten des Grossen Pompeij Grab ernewert/ vnd in dasselbe diesen Verß hawen lassen. 117.

Hadrianus bawet Hierusalem.

OSSA VIRI MAGNI TENVI QVAM CLAVSA SEPVLCRO.

Eines so grossen Helden gebein/ Wie liegen sie in einem Grab so klein?

Starb zu Baiiß an einer so grawsamen vnd schmertzlichen Kranckheit/ daß er sich offt selbs wolt erwürgen/ im 72. Jahr seines alters: lag ein zeitlang zu Puzzolo in Ciceronis Meyerhoff/ wurd aber endtlich gehn Rohm geführt/ vnd in seinem eygnen Mausoleo/ jetzund die Engelburg genañt/ mit grossen Ehren besatztet: dann damahlen das Mausoleum Augusti mit Begräbnussen gantz erfüllet gewesen.

Antoninus Pius.

16. Titus Antoninus Pius von Nimes in Languedoc bürtig/ regirt 23. jahr/ vnd drey Monat/ war sehr freundtlich vnd gantz ohne Gallen: pflegte offtermahlen zu sagen/ Er wolte lieber einen einigen Burger bey Leben vnd im wolstand erhalten/ dann sonsten tausent seiner Feinden erschlagen: derowegen auch viel Könige vñ Völcker/ auß seinem geheiß vnd befehl die Wehre vnd Kriegswaffen hingelegt/ vnd den Feind haben angenommen. 138.

Alß jhn auff ein zeit das gemein Volck wegen grossen mangels an Brodt auff der Gassen mit Steinen geworffen/ hat er sich viel lieber wöllen entschuldigen vnd anzeigen/ daß er an der Thewrung keine Schuld trage/ dann aber den geringsten von den Auffrührern straffen. Starb ausserhalb der Statt in seinem Lusthauß/ im 72. jahr seines Alters/ darauff jhm dann der Rath vnnd Burgerschafft/ gleichsam alß einem Gott etliche Tempel zu ehren auffgericht/ vnnd dieselben mit gewissen Priestern versehen.

Wunderbare vnd zu vnsern zeiten vnerhörte Leutseligkeit.

Antoninus vnd Verus.

17. 18. Marcus Antoninus/ ein fürtrefflicher Held/ dessen das Römisch Reich zu solcher auffrührischen vnd gefehrlichen zeiten sehr wol bedörffen/ regiert 19. jahr/ vnd hatte Lucium Aurelium Commodum Verum/ das ist/ den Nutzlichen vnd Warhafften zum Gehülffen vnnd Mitregenten acht jahr. War wegen seines Weltweisen vnd hohen Verstandts Philosophus genañt. Starb im 59. jahr seines Alters mit grossem bedauren der Statt Rom/ also daß auch der gantze Rath ein zeitlang Trawrkleider getragen. Pflegte bey lebzeiten gar offt zu sagen: Es stehen die Stätt alß dann in gutem Wolstand/ deren Obrigkeit weise Männer/ oder doch solche seyen/ bey denen weise Männer werden in ehren gehalten. 161.

Alß er aber sterben wolt/ hat er nicht nur den Todt in seinem Hertzen verachtet/ sondern auch alle weltliche Ding mit lachendem Mund verspottet/ vnnd zu seinen Freunden/ so weinend vmb das Beth gestanden/ gantz mannhafft gesprochen: Was beweinet jhr mich/ vnd bedencket nicht vielmehr die gemeinen Kranckheiten/ vñ vnder denselben den Todt/ so keinen wird vberschreitten. Alß aber dieselben hinweg gangen/ hat er mit seufftzen gesagt: So jhr mich dann nun verlasset/ will ich euch gesegnet haben/ vnd allen gemeinlich gut nacht sagen/ in dem ich euch ein wenig vorgehe. Alß sie jhn befragten/ welchem er wolte seinen Sohn befählen: Euch/ gab er zur antwort/ wann er werth ist/ vnd den vnsterblichen Göttern.

Commodus.

19. Lucius Aurelius Antoninus Commodus regiert 13. jahr: war geitzig/ mißtrew/ vnbarmhertzig/ allen Wollüsten ergeben/ vnd allen den jenigen feind vnd gehaß/ denen er zu Ehren gehelffen/ hatte sondern Lust zu den Schawspielen/ in denen er auch bißweilen/ wie ein anderer gemeiner Fechter gestritten/ wie dann auch noch heutiges tags sein Bildnuß in gestalt eines Fechters in vnderscheidenen Pallästen zu Rom wird gesehen. 180.

Diesem Gottlosen Keyser hat sein Schwester Lucilla/ vnd andere fürtreffliche Leuth hefftig nach dem leben gestelt/ endtlich aber nach dem eines vnzüchtigen Weibs gegeben Gifft nichts geholffen/ hat jhme Narcissus/ ein starcker Fechter/ zu nacht in der Kammer/ die Gurgel abgetruckt/ vnnd die Schandtliche Seel auß dem vnreinen Leib getrieben. Welches geschehen alß er 32. jahr in Schandt vnd Laster gelebt.

Pertinax.

Pertinax.

192. 20. Helvius Pertinax regiert dritthalb Monat wider seinen willen/daher er dañ Pertinax/das ist/der Widerspänstig genañt worden/dann er die Keyserlich Kron lang nicht wöllen annemmen. War eines Zieglers Sohn in Liguria/an verstand aber sehr hoch/vñ neben vielfaltiger tugend einer fürtrefflicher erfahrung: war im 27. Jahr seines alters/wegen seines mässigen Leben/vñ sparsamkeit/damit er dem gemeinen Mann nit oberlessig were/auß anstifftung des Hoffgesindes/von Juliano im Palatio mit viel Wunden erstochen. Das Haupt wurde von etlichen der Ritterschafft ab dem Leib geschnitten/vnd an einer Stangen durch die Statt in das Läger getragen.

Julianus.

192. 21. Didius Julianus/von Meyland Bürtig/regiert sieben Monat/war des Rechten wol erfahren/geh vnd geschwind zum Zorn/vnd begierig zu Regieren. War vom Severo im Palatio in die vndere B.ides geführt/vnd daselbst enthauptet/darauff auch sein gantz Geschlecht außgetilgt/vnd Haab vnd Gut vergantet worden.

Septimius Severus.

193. 22. Septimius Severus/ein Geborner Africaner/regiert 18. Jahr: war ein sehr streitbarer Held/in guten Künsten vnd Sprachen wol erfahren/gegen seinen Freunden frey geb/vnd gegen den Feinden gestreng vnd vnverzagt. Wolt im minsten nit zulassen/daß mit außtheilung der Ehren vnd ämptern Krämerey vnd Kauffmanschafft getrieben wurde. Starb im 65. jahr seines alters/nach dem er von dem Podagran/vnd bösem Magen lange zeit war geplagt.

Caracalla.

211. 23. Antoninus Bassianus Caracalla/Severi Sohn/von Lyon Bürtig/Regiert 7. jahr/war ein schandtlicher Mensch allen Wollüsten vnd Lastern ergeben: erwürgt seinen Bruder Getam so ein jahr mit jhm Regiert: vnd bald darauff den berühmbten Rechtsgelehrten Papinianum/alß er den Brudermort nicht wollen gut heissen vnd entschuldigen/sonder frey vnd herauß gesagt/Es seye viel leichter ein solchen Mordt zu thun/dañ zu entschuldigen. Wolte daß man jn Alexandrum den Grossen nennet/vnd alß er auff ein zeit desselben Leichnam gesehen/vnd in acht genommen daß Alexander ein saure Stirnen gehabt/vnd den Halß etwas auff ein seiten getragen/hat er sich wie dann die Affen pflegen/aller dingen auch also gestellet. War im 30. jahr seines alters/nach dem jhn die böse Geister vielfeltiglich geängstiget/alß er sein Notthurfft wolt thun/von einem seiner Trabanten vnd Leibdienern erstochen.

Macrinus.

215. 24. Opilius Macrinus Regiert mit sampt seinem Sohn Diadumenio 14. Monat/waren
216. beyde/wegen grossen Mutwillen vnd Geitz vom Kriegsvolck erstochen.

Heliogabalus.

217. 25. Avrelius Antoninus Varius Heliogabalus Regiert 2. jahr vnd 8. Monat/war nach vielfeltigem geübtem Muttwillen im 16. jahr seines alters in einer Auffruhr von den Kriegsknechten erwürgt/vñ wie ein Hund auff der Gassen herumb geschleifft/vñ entlich in die Tyber geworffen.

Severus Alexander.

221. 26. Severus Alexander Regiert 13. jahr/war ein frommer fürtrefflicher Fürst/hat Christum vnsern HErrn für ein Gott gehalten/vnd desselben Bildnuß in seinem Gemach angebettet vnnd verehret. Pflegte gemeinlich zu sagen: Was du nicht gern hast das man dir thue/dasselbe thu auch keinem andern. Ward im 26. jahr seines Alters von etlichen Kriegsleuthen erstochen. Alß dieser Keyser gesehen/daß jhn seine Trabanten verlassen/vnnd also sein Leben mußte auffgeben/hat er sein Angesicht mit seinem Mantel verhüllet/vnnd den Mördern seinen Halß Hertzhafft dargebotten.

Maximinus.

234. 27. Julius Maximinus Regiert 3. jahr/war erstlich ein Hirtenbub/hernach ein Straßräuber/vnd endtlich von der Ritterschafft/alß er den Krieg in Teutschland glücklich geführet/zum Keyser auffgeworffen: War groß vnd sehr vngestalt von Person/ein grawsamer Fraß vnnd schrecklicher Sauffer. Ward zu Aquilegia mit sampt seinem Sohn erschlagen/vnd wurd sein Haupt mit grosser Frewd gehn Rom geschickt. Damahlen sagt das Kriegsvolck: Von böser art soll man auch kein Hündlein lassen fürkommen.

Gordianus.

237. 28. Gordianus Regiert 6. jahr/mit grosser fürsichtigkeit vnd benügung des Reichs: War im 19. jahr seines Alters/auß anstifftung Philippi/von den Kriegsleuten in Persia erwürgt/vnd an den Grenzen daselbst Begraben/welcher ort Gordiani Begräbnuß genannt worden. Sonsten haben auch zwen andere Gordiani 1. Monat lang/vnnd darauff Pupienus/sampt Balbino 11. Monat Regiert.

Philippus.

243. 29. Marcus Julius Philippus von geringen Eltern auß Arabia Bürtig/ Regiert 5. jahr/ glaubet an vnsern HErrn Christum: war sehr trawrig vnnd ernsthaffter Natur/konnt auff kein

weyß

Von Italia.

weiß vnnd weg zum lachen bewegt werden/ war zu Verona in der Lombardey vom Kriegsvolck vmbgebracht/ vnd wurd sein Haupt oberhalb den Zeenen abgehawen.

Decius.

30. Decius ein Vngar er regieret 30. Monat/ war ein grawsamer Verfolger der Christen/ sonsten ein fürtrefflicher Fürst/ ertranck in einem Sumpff/ im 55. jahr seines Alters/ vnd wurd sein Cörper nicht mehr gefunden.

Hostilius vnd Volusianus.

31. Gallus Hostilius vnd Volusianus/ Decij Söhne/ regieren zwey Jahr/ haben nichts loblichs außgericht/ wurden beyde getödt.

Damahlen hat sich auch Aemilius zum Keyser auffgeworffen/ war aber im dritten Monat/ bey der Statt Spolet/ von seinem Volck erschlagen/ vnd gentzlich außgetilgt.

Valerianus.

32. Valerianus regiert mit sampt Galieno seinem Sohn/ 15. Jahr. Dieser war im 50. Jahr seines Alters/ bey Meyland jämerlich erschlagen: Jener starb in Parthien/ in sehr verächtlicher dienstbarkeit: Dann er ward von dem Persischen König Sapore gefangen/ vnnd von demselben/ wann er wolt zu Pferd sitzen/ zu einem Fußschemel gebraucht.

Dreyssig Tyrannen.

Zu dieser zeit haben die Barbari das Römisch Reich vast an allen orten angegriffen/ vnnd viel schöner Provintzen verwüstet. Es hatten sich auch damahlen dreyssig Tyrannen in vnderscheidenlichen Landtschafften für Römische Keyser auffgeworffen.

Der 1. Cyriades genannt/ entflohe seinem Vatter mit einem grossen stuck Gold/ vnnd macht sich zu dem Perser König Sapore/ mit welchem er Cesariam eyngenommen/ vnd das Römische Heer vbel geschlagen. Derowegen er dann von den seinen Augustus genannt worden.

2. Cassius Latienus Postumus/ war von den Frantzosen in Gallia zum Keyser erwöhlt.

3. Posthumus/ Latieni Postumi Sohn/ war von seinem Vatter vnd den Frantzosen gekrönt/ wurd mit seinem Vatter vmbgebracht.

4. Lollianus war von den Frantzosen erwöhlt: hat die Teutschen auffgehalten/ daß sie Rom nit vberfallen.

5. Victorinus ward von Teutschen zum Keyser auffgeworffen/ vnd zu Cöln von einem Teutschen Kriegsknecht vmbgebracht.

6. Victorinus der Jung hat gleiches end mit seinem Vatter genommen.

7. Marius ein Schmid ward von den Kriegsknechten zum Keyser erwöhlt/ vnd an dem dritten tag seines Reichs mit seinem Schwerdt/ das er selbs geschmidet/ von einem Kriegsknecht erstochẽ.

8. Tetricus war von Victoria der Keyserin zu Reich gebracht da jre Söhn waren vmbkommen.

9. Tetricus der jung/ Victoriæ Sohn/ Landtpfleger in Franckreich/ war von seiner Mutter zum Keyser auffgeworffen.

10. Ingenuus Landtpfleger in Vngern war von dem Kriegsvolck zum Keyser erwöhlt/ vnnd von Gallieno erschlagen.

11. Regilianus/ Veldoberster in Jllirico/ war auch vom Kriegsheer zum Keyser erwöhlt/ vnd von den Moscovitern erschlagen.

12. Aureolus ein Hauptmann in Jllirico/ war zum Keyserthumb gezwungen/ vnnd in einem Krieg wider Gallienum erschlagen.

13. Macrianus ein fürtrefflicher Mann/ beschirmbt das Reich/ weil Valerianus in Persien gefangen lag.

14. Macrianus der jung/ ist mit seinem Vatter/ in einem Krieg wider Gallienum in Thracia erschlagen worden.

15. Valerius Valens/ ward in Macedonia wider Macrianum auffgeworffen/ vnnd baldt von seinen Soldaten erschlagen.

16. Quietus war mit seinem Vatter vnd Bruder zum Keyser gemacht/ vnnd bald darauff erschlagen.

17. Odenatus war in Orient Keyser genannt/ vnd mit sampt seinem Sohn von Mæonio/ seinem Vettern/ erschlagen.

18. Herodes setzt sich mit seinẽ Vatter in das Keyserthum vñ war mit demselben vmgebracht.

19. Mæonius trang sich in das Reich/ vnd war bald darumb erschlagen.

20. Balista ein fürtrefflicher Mann/ Valeriani Pfleger ward zum Keyser erwöhlt.

21. Piso Frugi war in Thessalia zum Keyser erwöhlt/ vnd bald darauff von Valente getödt.

22. Aemilianus war in Egypten mit zwang wider seinen willen zum Keyser gemacht/ vnd von Theodoro/ Galieno vberschickt/ vnd im Gefencknuß erwürgt. (gebracht.

23. Saturninus war von dem Kriesvolck zum Keyserthumb genötigt/ vnd bald darauff vmb-

24. Trebellianus wurd in Jsauria dem Reich auffgetrungen/ vnd bald erschlagen.

25. 26. 27. Herennianus Timolaus vnd Vaballathus 3. Brüder/ Odenati Söhn/ wurden Römische Keyser genannt/ vnd von Aureliano erschlagen.

28. Zenobia/

Im jahr Christi.

28. Zenobia/dieser 3. Brüdern Mutter/Odenati Weib/riß das Reich mit gewalt zu sich/regieret ein gute zeit/war von Aureliano vberwunden vnd gehn Rom im Triumph geführt.

29. Celsus war in Africa zum Keyser gemacht/vnd am siebenden tag seines Reichs von seinem eigenen Volck erwürgt/vnd darauff von den Hunden zerrissen.

30. Censorinus war mit gewalt auff den Keyserlichen Stul gesetzt/vnnd an dem siebenden tag seines Regiments ab demselben jämmerlich getödt/vnd in das Grab getragen.

Claudius.

267. 33. Flavius Claudius regiert zwey jahr / hat die Gothen in Griechenlandt mit einer gewaltigen Schlacht vberwunden. War wegen seiner dapfferkeit von dem Rath im Capitolio mit einer Saul vnd guldinem Schilt begabet: starb in einer Kranckheit in seinem besten alter. Von diesem Keyser hat Constantinus der Groß seinen vrsprung.

Quintillus.

269. 34. Quintillus Claudij Bruder regiert siebenzehen tag/war von seinem Volck erwürgt/oder wie etliche meynen/hat er sich selbs vmbgebracht/alß er vernommen/daß Aurelianus zum Römischen Keyser erwöhlt worden.

Aurelianus.

269. 35. Aurelianus regiert fünff jahr/sechs Monat/war an Thaten dem Grossen Alexander vnnd Julio Cæsari nicht vngleich: hat in drey jahren/das gantz Römisch Reich in ruh gesetzt/vnnd alle desselben Feind bezwungen. Hat in drey grossen Veldschlachten/alß namlich bey Placentz/Fano/vnd Pavey obgesieget. Ist der erst Keyser gewest/der auff seinem Haupt ein gulbine Kron/vnd an seinem Leib ein gantz gulden stuck getragen. Hat seiner Schwester Sohn vmbgebracht vnnd viel Tyrannische stuck begangen. War endlich von etlichen der Ritterschafft / seinen guten Bekanten/auff der Straß zwischen Constantinopel vnd Heraclea erstochen.

Tacitus.

275. 36. Marcus Claudius Tacitus regiert sechs Monat / zwantzig tag / ward eines nüchtern lebens/vielfaltiger Kunst vnd grosses Verstandts. Starb zu Tharsa in Cilicia am Feber: etliche vermelden/es habe jhn die Ritterschafft erschlagen.

Florianus.

276. 37. Florianus/Taciti Bruder/regieret zwen Monat/handlet im Reich nach seinem wolgefallen: war erschlagen/oder wie etliche verzeichnen/sonsten dermassen geängstiget/daß er die Adern an seinem Leib hab lassen auffthun/ vnd also die Seel mit dem Blut außgeblasen.

Probus.

276. 38. Probus/eines Gartners oder Bawren Sohn auß Dalmatia/war in vielen tugenden geübt vnd berhümbt/auch derowegen Probus/das ist/der Fromm vnd Auffrichtig genannt. Hat die belägerten Galliern von den Barbarischen Völckern mit solchem glück erlediget/oder 40000. Mañ erschlagen 7. fürtreffliche Stätt eyngenommen/vnd 9. König zu seinen füssen gelegt. Zuletzt kam er gehn Sirmium in sein Vatterland/in willens dieselbe Statt zu erweitern/darüber aber die Ritterschafft erzürnet/den fürtrefflichen Keyser/in einem eysenen Thurn dahin er geflohen/getödtet.

Carus.

282. 39. Marcus Aurelius Carus/von Narbona in Langedock bürtig/regiert zwey jahr: war im Heerläger alß er wider die Persier zu Veld gezogen/bey der Statt Ctesiphon/an dem Fluß Tigris vom Strahl erschlagen.

Diocletianus.

284. 40. Diocletianus ein Dalmatiner/dessen Vatter ein offner Notarius vnd gemeiner Schreiber gewesen (welches Ampt beyde die Griechen vñ Römer in hohem werth gehalten) auß der Statt Dioclea bürtig/davon er sich auch Diocletianum genennt: regiert 25. jahr/starb im 68. jahr seines alters an einem Gifft/so er auß forcht gwalthätiges todts genommen.

Constantius Chlorus.

306. 41. Constantius Chlorus auß Illirien bürtig/regieret 2. jahr/war ein fürtrefflicher Fürst/der sich Land vnd Leuth reich zumachen hefftig geflissen/vnd eygner reichthumb nicht viel geachtet/pflegte zu sagen/Es were besser/die gemeine Reichthumb vnnd Güter/durch viel sonderbare Personen zu gebrauchen/ dann dieselben auff ein hauffen zuschütten/ vnnd in ein Gemach zu schliessen.

Zu dieser zeit hat Galerius Maximinus sieben jar/Marcus Aurelius Severus ein jahr/Marcus Aurelius Maxentius sechs jahr/vnd Licinius Licinianus vierzehen jahr regieret.

Alß er auff ein zeit gezweiffelt/ob sein Hoffgesind dem Evangelio Christi vnsers Herrn mit ernst vnd eiffer were zugethan/oder nit/hat er allen sampt vnd sonders befohlen/daß sie den Heydnischen Götzen solten opffern/oder aber von Hoff in vngnaden abziehen. Da nun der mehrer theil sich freywillig anerbotten/ die Opffer nach seinem gefallen zu leisten/hat er sie also bald abgeschafft/vnd zu jhnen gesprochen: Wie könnet jhr an dem Keyser rechtschaffen trew seyn/sintemal jhr so leichtlich von Gott dem Herrn abfallen: die anderen aber / so viel eher die Hoffhaltung mit verlierung aller gnaden wolten auffgeben/dañ aber wider jr Gewissen den stummen Götzen opffern/
hat er

Constantinus Magnus.

42. Constantinus der Groß/regiert 31.jahr/war sinnreich/tugend: vnd sieghafft. Hat die alte Statt Bizantium in Thracia/mit viel herzlichen Gebäwen gezieret/vnd nach seinem Namen Constantinopel genennet/dahin er auch die Keyserliche Hoffhaltung gelegt/der Parthier eynfall dadurch auffzuhalten/vnd das Reich in Orient desto besser zubeschirmen. Ward auß trieb seiner Mutter Helenæ einer Engelländerin zum Christlichen Glauben vnd Tauff gebracht. Starb am Pfingsttag im 65.jahr seines alters/war mit vnaußsprechlichen trawren durch die gantze Welt beweint/vnd zu Constantinopel begraben. *307.*

Constantinus/Constans vnd Constantius.

43. Constantinus/Constantius vnd Constans/gedachtes Constantini Söhne/regieren mit sampt jhres Vatters Bruder Delmatio 25.jahr. Damalen haben sich viel Irrthumb im Christlichen Glauben erhebt/darunder die Arrianer sehr eyngerissen. *338.*

Julianus.

44. Julianus regiert 1.jahr 7.Monat/war erstlich ein Christ/vnd in der Kirchen ein Diacon/grosses verstands/in beyden Sprachen/namlich Griechischer vnd Lateinischer sehr wol beredt/mitt/auffrichtig/listig/ist endtlich vom Christlichen Glauben/auß grosser begierd zu regieren/abgefallen: hat die Christen hefftig verfolgt/vnd denselben alle Schülen verbotten/darinn die weysen Heyden von der wolredenheit/vñ anderen schönen Künsten mit grossem verstand gelesen. Hat bey Straßburg ein mächtige anzahl Teutsches Volcks erschlagen/vnd in Persien schwere Krieg geführt/da er auch mit einem Pfeil durch den Arm in die seiten geschossen/mit grossem vnwillen vnd gottslästerlichen Worten seinen abtrinnigen Geist auffgeben. *361.*

Er hat 3.Bücher wider die Euangelia/vñ 7.andere in dem Parthier Krieg/wider vnsern Herren Christum geschrieben/wie bey Hieronymo zu sehen. Die 3.ersten Bücher hat der alte Kirchenlehrer Cyrillus widerlegt. Alß diser gottlose Tyrann einem Bischoff zu Chalcedone sein blindheit (daß derselbe an Augen blind gewesen) spöttisch auffgerupfft/vnd gesagt: Kan dir dein Gallileer das Gesicht nicht wider geben? Hat der fromme Mann geantwortet: Ich sag meinem Herren Christo danck/daß ich dich/du schandtlicher abtrinniger/nicht kan sehen. Libanius/Juliani Præceptor/sagte zu einem Christlichen Schulmeister: Was macht wol jetz deß Zimmermans Sohn? Was solt er machen/sprach derselbe: Er bereitet dem Juliano ein Todtenbaar/ist auch bald darauff das geschrey kommen/Julianus seye todt.

Jovianus.

45. Jovianus regiert acht Monat/wolt erstlich das Reich nicht antretten/es were dann das gantz Kriegsheer an Jesum Christum/vnsern HErren/gläubig. *363.*

Valentinianus.

46. Valentinianus regieret 12.jahr/war sehr wol beredt/fürsichtig/vnd wañ er sich hette weisen lassen/were seines gleichen niemalen gewesen. War von Juliano verwiesen/daß er einem Heydnischen Priester/so jhne mit Weyhwasser besprengt/ein Maulschellen geben: starb auß zorn an einer sehr wunderbaren Kranckheit/so jhm die Red benommen/vnd mit grossem Gewalt viel Blut zur Nasen hinauß getrieben/im 55.jahr seines alters. *364.*

Mit gedachtem Valentiniano hat auch Valens sein Bruder regiert/so im Krieg wider die Gothen mit einem Pfeil verletzt/vnd in einer Bawrenhütten mit Fewr verbrennt worden. War erstlich der wahren Religion/hernach der Arrianischen Ketzerey hefftig ergeben. War rahtschlägig/auffrichtig/vnd gantz ohne zorn/neyd vnd haß.

Gratianus.

47. Gratianus regiert mit seinem Vatter Valentiniano acht jahr/mit seinem/vnd seines Vatters Bruder drey jahr/vnd mit Theodosio vier jahr/mit Arcadio sechs jahr. War sehr sinnreich/vnd ein fürtrefflicher Poet/hat Ausonium seinen Præceptorem zum Burgermeisterthum gefürdert: liebet alle Tugend/vnd vnder denselben fürnemlich die Mässigkeit/Zucht vnd Keuschheit. Starb im 38.jahr seines alters. *375.*

Theodosius.

48. Theodosius der Groß ein Hispanier/auß Keyser Trajani Geschlecht/regiert 17.jahr: war barmhertzig/freundlich/ehrerbietig/freygeb/vñ mit allen Tugenden gezieret/hat sich mit Keyser Trajano/gleich wie auch Gordianus der erst/mit Keysern Augusto an Leibs gestalt/ausserlichen geberden/Wandel vñ Thaten/sehr verglichen/wie daß damalen nicht nur auß den Historien/sondern auch auß wahren vnd guten Contrafacturen probiert vnd erwiesen worden. Starb zu Meyland an der Wassersucht im 15.jahr seines alters/vnd wurd zu Constantinopel begraben. *392.*

Zu diser zeit hat Nazianzenus/Basilius/Ambrosius/Hilarius/Theodoretus/Hieronymus/vnd andere fürtreffenliche Kirchenlehrer gelebt.

Alß Theodosius zu abschaffung der eyngerissenen Secten vnd Irrthumben alle Bischoffe vnd Kir=

Im Jahr Christi Sisinii meynung von disputationen in Religions sachen.

Kirchenlehrer gen Constantinopel beruffen/sagt Sisinius/ein sehr gelehrter vñ weiser Mann/Es habe mit den Disputationen in Religions sachen solche beschaffenheit/daß sie die Zänck vnd Spaltungen viel mehr verursachen/dann aber auffheben vñ abschaffen: were/derowegen rahtsamer/man befrage einen jeden/was meynung er were: welcher nun recht vñ wol im Glauben gegründet seye/denselben solle man zur beständigkeit ermahnen: den andern soll man jhre Jrrthumb brüderlich anzeigen/vñ die fähler mit gutem bericht zu erkennen geben: die halßstarrigen aber solle man fahren lassen.

Disem Theodosio wurd von seinem Gemahel Placilla/einer fürtreffenlichen Fürstin/so den Armen sehr viel guts gethan/vast täglich mit disen worten zugesprochen:Mein Herr/du solt jederzeit gedencken/wer du etwan gewesen/vnd wer du jetz seyest.

Blutbad zu Thessalonica.

War 8.Monat lang von Ambrosio zu Meyland von der Christen Gemeind außgeschlossen/daß er auß gähem zorn zu Thessalonica 7000.Menschen/ohn vnderscheid/wegen eines tumults/darinn etliche erschlagen worden/hat lassen vmbbringen.

In angeregtem Massacre vnd Blutbad wolt ein reicher Kauffman sein Leben sampt grossem Gut für seine zwen Söhne geben: vnd alß jhme angezeigt worden/daß alle beyde zu mal bey dem Leben zu erhalten nicht müglich: innmassen zwo Personen in dem Hauß sterben müssen: solle aber einen erwöhlen/so mit jhme wurde hingerichtet/hat sich der elende Vatter in der vnglückseligen vnd trawrigen Wahl so viel besunnen/vnd beyde Söhne/einen nach dem andern/ohn einiges reden/mit weinenden Augen so lang angesehen/biß daß sie alle beyde in seiner gegenwart erwürgt wurden.

Arcadius vnd Honorius.

395. 49. Arcadius vnd Honorius/Theodosij Söhne/zwen fürtreffenliche Fürsten. Honorius regiert in Occident 29.jahr: Arcadius in Orient 13.jahr: seind beyd natürlich gestorben. Zu diser zeit soll der Juden Talmuth von zwen Rabinen geschrieben worden seyn.

Eudoxia/Arcadij Gemahel/verschafft daß Chrysostomus/von welchem sie in jhrem gottlosen Leben war gestrafft/ins Elend wurde verwiesen. Starb aber im dritten Monat an der Geburt.

Theodosius II.

423. 50. Theodosius der ander/Arcadij Sohn/regiert 42.jahr: war ein frommer vnd tugendhaffter Fürst/hat in gantz Orient Frieden gemacht: hat die Bibel fleissig gelesen/vñ von den besten Büchern ein stattliche Liberey auffgerichtet/ward im 50.jahr seines alters zu Rom erstochen/oder/wie etliche setzen/zu Constantinopel an der Pest gestorben. Diser Theodosius hat das Keyserliche Recht zu beschreiben befohlen.

Auff ein zeit wurd Theodosio ein wunder schöner Apffel verehrt/vñ gab denselben also bald seiner Gemahel Eudoxia/so von Athen eines berhümbten Philosophi Tochter gewesen/die aber gab den Apffel Paulino/einem fürtreffenlichen gelehrten Mann/welchem sie/doch in Ehren/wegen der geschicklichkeit günstig war/vnd so eben kranck gewesen. Nach disem verehrt Paulinus den Apffel dem Keyser widerumb/wußte aber nicht daß er jhn der Keyserin geben. Hierauff fasset der Keyser einen bösen Argwohn/laßt Paulinum erwürgen/vnd verweißt sein Gemahelin/welche er sonsten wegen außbündiger schönheit vnd vielfaltiger Tugend sehr geliebt/gen Hierusalem ins Elend/da sie auch jhre vbrigen Tag in Gottsforcht zugebracht/vnd auß disem Jamerthal verscheiden.

Valentinianus.

425. 51. Placidius Valentinianus der dritt/regiert 30.jahr/war ein sehr gütiger vnd fürtreffenlicher Fürst/hat sein Hoffhaltung mehrtheils zu Ravenna gehabt: war võ Maximo/einem mächtigen Burger/vmb seines Gemahels willen/welche er betrogen/erstochen.

Zu diser zeit hat Attila der Hunnen König das Römisch Reich heßlich zerrissen/wider welchen Aetius Valentiniani Veldoberster außzogen/vnd desselben Kriegsheer geschlagen. In diser Schlacht seind zu beyden theilen 180000.Mann erlegt worden.

Vnder disem Keyser ist der H.Augustinus im 76.jahr seines alters/zu Hippona in Affrica gestorben.

Martianus.

450. 52. Martianus regiert 6.jahr vnd 6.monat/war sehr friedfertig/vnd pflegte offtermahlen zu sagen: Weil wir im Frieden können seyn/so wöllen wir die Wehr nicht anlegen.

Vnder disem Keyser ist Teutschland/Polen/Hispania/Franckreich/Africa vnd andere Länder vom Römischen Reich abgefallen. Starb vor vnmuht vnd trawrigkeit/alß er vernommen das Valentinianus erstochen.

Leo.

457. 53. Leo der erst/mit dem zunammen der Groß/regiert 17.jahr/war friedfertig/vnd gegen jedermänniglich barmhertzig/pflegte zu sagen: Gleich wie die Sonn allem dem jenigen so sie bescheinet/etwas wär me mittheilet: also soll auch ein Fürst vnd Obrigkeit/diejenigen so sie ansihet jhrer Barmhertzigkeit würdig achten.

Gedachter Keyser Leo hatte Aspari/durch dessen hülffer zum Reich kommen/verheissen/er wolte

dessel-

Von Italia.

desselben Sohn zum Mitregenten annemmen. Da er es aber nicht gehalten/nam Aspar des Keysers Mantel bey der Hand/vnd sprach: Keyser/es stehet einem so ein solchen Purpur tregt die Vnwahrheit nicht wol an: Es stehet auch dem Keyser nicht wol an/gab er zu antwort/daß er sich andern vnderwerffe/fürnemlich wann es den gemeinen Nutz antrifft.

Leo der Ander.

54. Leo der Ander regiert wenig Monat/vnd vbergab das Reich seinem Stieffvatter Zenoni. 473.

Zeno.

55. Zeno regiert 17. Jahr/wurd von Basilisco/auß anstifftung seiner Gemahel/mit sampt seinem Sohn hungers getödt/oder/wie etliche setzen/lebendig vergraben. 473.

Damalen/als namlich im Jahr Christi vnsers HErren 475. regiert in Occident Augustulus/9. Monat vnd 24. Tag/verließ die Kron/vnd wurd ins Elend geschickt.

Gleich wie der erste Augustus das Römische Reich erweitert/vñ derowegen ein Mehrer desselben genandt worden/also hat diser Augustulus/oder kleine Augustus/das Reich geschmälert/vnd gantz in äschen gelegt. Daß von gedachtem Augustulo ist kein Keyser mehr in Occident/324. Jar vnd vier Monat lang/biß auff Carolum Magnum gesessen.

Vnder obgemeldtem Keyser Zenone/haben die Muse/vnd alle gute Künst einen sehr grossen Schiffbruch in Orient gelitten: daß alß damalen ein grosser theil der Statt Constantinopel verbrunnen/seind 120000. Bücher zu grund gangen/darunder des Sinnreichen vnd in aller Welt berühmbten Poeten Homeri Bücher vom Trojanischen Krieg/auff eines Trachen Eyngeweid/120. Schuh lang/mit guldinen Buchstaben waren geschrieben.

Anastasius.

56. Flavius Valerius Anastasius/von sehr geringen Eltern erboren/regiert 27. Jahr: were ein fürtrefflicher Fürst gewesen/wann er sich nicht/auß angeben seines Weibs/so hefftig zu der Eutychianischen Ketzerey hette gehalten/darumb er dann schwerlich verhaßt worden: war im 88. Jahr seines alters vom Straal erschlagen. 491.

Pflegte eher dann er Keyser worden/alle morgen vor der Sonnen auffgang/in die Kirchen zu gehen/vnd bliebe darinnen biß zu end der Predigt: fastete offtermahlen/vnd gab groß Almüsen. Auff ein zeit nam Veniandus ein Bischoff gedachten Keyser bey dem Mantel/vnd sagte: Keyser/diß Kleid wird dir im Tod nicht nachfolgen. Es wird dir allein die Gottseligkeit vnd Tugend das Geleidt geben.

Justinus.

57. Justinus/ein Thracier/regiert neun Jahr/zwen Monat: Hat in seiner Jugend erstlich den Schweinen/hernacher den Ochsen gehütet/darauff bey einem Zimmerman gedienet: Nach dem er sich aber in Kriegen wohl gehalten/wurde er zu einem Hauptman/volgends Gerichts-Vogt/vnd darauff Burgermeister erwöhlt/endtlichen trang er sich mit grossem List in das Keyserthumb. Dann alß jhm einer ein grosse summam Gelts zugestellet/daß er damit Theocratiano die Stimmen zum Keyserthumb solte kauffen: hat er jhme selbs mit demselben Gelt das Keyserthumb erkaufft. War mit viel sonderbaren Tugenden begabet: hat die Arrianer vertrieben/vnd Dyrrachium vnd Corinthum/so durch grosse Erdbidem zerfallen waren/mit mächtigem Kosten widerumb erbawen. 518.

Justinianus.

58. Justinianus/Justini Schwester Sohn/von seinen fürtrefflichen Thaten/der Groß genandt/regiert 39. Jahr/hat die Macht vnd Herrlichkeit des Römischen Reichs mit grossem Lob erweiteret: were ein vberauß fürtrefflicher Fürst gewesen/wo er sich nicht mit dem schandtlichen Geitz vnd Eutychianischen Irrthumb hette beflecket. Hat den prächtigen vnd köstlichen Tempel/S. Sophia/zu Constantinopel erbawet/vnd durch Trebonianum/Dorotheum/Theophilum/vnd andere Rechtsgelehrten/alle Gesatz vnd Erkandtnussen/so beyde vor vnd nach Christi vnsers HErren Geburt geben worden/lassen zusammen tragen. 527.

Justinus II.

59. Justinus der Ander/Justiniani Tochter Sohn/regiert 11. Jahr/hat sein anerborne milt-vnd freygebigkeit in verfluchten Geitz verkehrt: hat den Exarchat/oder Ertzhertzogthumb/des Keyserthumbs Anwaldt/zu Ravenna angefangen. Vnder disem Keyser haben die Armenier den Christenlichen Glauben angenommen/vnd 150. Bischoffe zu Constantinopel ein Concilium gehalten/in welchem den Griechischen Priestern Eheweiber zugelassen worden. 565.

Tiberius.

60. Tiberius der Ander/regiert 7. Jahr/ein sehr gütiger vnd frommer Fürst: hat die Persier vberwunden/vnd derselben gefangene ehrlich bekleidet/vnd widerumb zu Hauß geschickt: hat im Todbeth die Keyserliche Kron Mauritio/seinem Tochterman/in beywesen des Patriarchen vnd Rahts vbergeben. 576.

Mauritius.

583. 61. Mauritius ein Cappadocier/regiert 20.jahr/war erstlich ein Notarius vñ offener Schreiber/hernach Wachtmeister/darauff Keysers Tiberij Tochterman/vnd alßdann Keyser selbs. Hat wider die Armenier/Scythen/Longobarden/Hunnen vnd Vngarer schwere Krieg geführt: War sehr geitzig/vnd hat den Kriegsleuten auff den Polnischen Grentzen die Besoldung hinderhalten/derowegen jhn dann Phocas/der Scythischen Grentzen Veldoberster/mit sampt Weib vnd Kind hat enthaupten lassen.

Alß diser Keyser gesehen/wie sein Weib vnd Kind von dem Scharpffrichter getödet wurden/ vnd er auch den Halß mußte darbieten/hat er mit einer gantz trawrigen/doch etwas Maußhaffter stimm gesprochen: HErr du bist gerecht/vnd deine Gericht seind recht.

Damalen wolt die Säugam jr eygen Kind/für des Keysers Söhnlein dem Hencker zuerwürgen dargeben/aber es wolts Mauritius nicht leiden.

Die abgeschlagenen Häupter wurden auff das Veld hinauß geworffen/welche Phocas/so offt er für die Statt hinauß gieng/pflegte zu besichtigen.

Mit gedachtem Mauritio hat auch sein Sohn Theodosius 11. Jahr vnd 7. Monat geregiert.

Zu disen kläglichen zeiten hat die Sonn jhren schein verlohrn. Es hat auch ein Weib in Thracia ein Kind geboren/so gantz ohne Augen/Händ vnd Füß/vnd vnden auß ein Fisch gewesen. Es wurd auch ein sehr grosser Hund gefunden mit sechs Füssen/vnd einem Löwenkopff.

Phocas.

602. 62. Phocas regiert 13. Jahr: war dem Geitz vnd allerley Schand vnd Laster ergeben: war fauler vnd träger Natur/zu dessen zeiten das Römisch Reich grossen schaden gelitten. War von Phocio/dessen Gemahel er geschändet/vnd andern Kriegsleuthen/so zusammen geschworen/jämerlich vmbgebracht/demnach mit abgehawenem Haupt vnd Füssen/sammt seinen Brüdern vnd nechst Gefreundten/ins Meer geworffen.

Heraclius.

611. 63. Nach dem Phocas der Tyrann erschlagen worden/ist Heraclius ein Aphricaner von den Kriegsknechten zum Keyser erwöhlt/vnd mit einhelliger bewilligung des gantzen Volcks Augustus genennet worden/vnd hat auff einen tag von dem Patriarchen Sergio die Keyserliche Kron empfangen/vnd die Fabiam Eudochiam zum Weibe genommen/daß man also zugleich das Fest der Krönung/vnd des ehelichen Beylägers solenniter vnd mit höchsten Ehren begangen. Er hat Hierusalem/Syrien vnd Egypten widerumb zum Reich gebracht. Mit den Persiern hette er gern Fried oder einen Anstand gemacht/aber sie haben alle mittel zum Frieden trotziglich verachtet/vnd jhm spöttlich sagen lassen: Sie wolten durchauß mit den Römern kein Bündtnuß eyngehen/es hette dann zuvor der Keyser Christum verläugnet. Hierauff Heraclius zum zorn bewogen/mit gewalt sich wider die Persier gerüst/mit denselben sechs jahr lang gekrieget/sie endtlich vberwunden/das Heilige Creutz widerumb erobert/vnd erstlich gen Constantinopel/hernacher gen Rom getragen.

Alß aber Heraclius die sorg des Regiments andern vertrawt/des Müssiggangs gepfleget/auff das Gestirn/Vogelgeschrey vnd andere Heydnische Mißbräuch achtung gegeben/in der Monothelitarum Ketzerey gefallen/vnd Martiam seines Bruders Tochter zur Ehe genommen/hat jhn Gott höchlich gestrafft/vnd die Araber vnd Saracenen jhm vber den Halß geschickt/die sein Reich grewlich verherget vnd verwüstet: Dann da er gleich mit einer gewaltigen menge Volcks wider die Saracenen gezogen/hat doch die Nacht zuvor/alß er volgenden Tag den Feind angreiffen wöllen/der Engel Gottes 52000. von seiner Heerskrafft im Läger erschlagen/dardurch er von trawrigkeit in die Wassersucht gefallen/vnd zu Constantinopel gestorben/alß er geregiert 31. Jahr. Etliche schreiben/Er habe auch disen gebrechen gehabt/daß er jhm allezeit selber vnder das Angesicht geharnet/wo man es jhm nicht mit einer Tafel bedeckt/vnd also vnder sich gebracht hat/welches jhm wegen der vnzimlichen vermischung mit seines Bruders Tochter solle widerfahren seyn.

Constantinus IV.

641. 64. Constantinus IV. des Heraclij Sohn/ein rechter liebhaber der Gottseligkeit/hat kaum ein jahr regiert: dann jhm durch list seiner Stieffmutter Martinæ/damit jhr Sohn Heracleonas das Keyserthumb vberkäme/zu Constantinopel mit Gifft vergeben worden. Darauff habe Mutter vnd Sohn sich des Regiments vnderfangen/vnd vast zwey jahr regiert. Wie aber der Raht vnd das Volck zu Constantinopel das begangene Bubenstück an dem Constantino erfahren/haben sie dem Sohn die Nasen/der Mutter aber die Zungen abgeschnitten/vnd sie beyde/sammt dem Patriarchen/der darzu geholffen/ins Elend in Cappadocien verjagt.

Constans II.

634. 65. Hierauff ist Constans II. Gregoriæ vnd Constantini des nechsten Sohn/vom Raht zum Keyser erwöhlet/ohne bewilligung des Kriegsvolcks/welches zuvor selten geschehe. Zu der zeit hat sich des Persischen Königs Ehegemahel/mit Namen Cesaria/von den Persiern auffgemacht/ vnd

Von Italia. 397

vnd ist mit wenig getrewen Gefärten/in schlechter Burgerlicher Kleidung/vmb des Christlichen Glaubens willens gen Constantinopel gezogen/allda ist sie vondem Keyser ehrlich angenommen/ vnd vber etliche tag nach jhrem begeren getaufft worden/dabey die Keyserin selbs Gevatter gestanden. Nach dem aber jhr Ehemander König in Persien solches erfahren/hat er ein Legation zum Keyser abgefertiget mit erwahnung/er wolte jhm sein Gemahel nicht vorhalten/sonder dieselbe widerumb zu Land vnd zu Hauß schicken. Die abgesandten kommen zum Keyser/zeigen jhm den Handel an: der Keyser gibt zur antwort: Er wisse von keiner Königin/ohne das sonsten ein Fraw in schlechter kleidung zu jhme kommen sey: Sie bitten ferner/da es dem Keyser nicht entgegen/er wolte verschaffen/daß dieselbige frembde Fraw möchte für sie dargestellt werden. So bald sie nun dieselbe ersehen/fallen sie jhren zu fuße mit vnderthäniger vermeldung/jhr Herr vnd König liesse sie widerumb zu sich in sein Land fordern: Darauff die Königin geantwortet: Gehet hin sagt ewerem König vnd Herren wider/daß wo er nicht auch also an Christum glauben wirdt/wie ich jetzund gethan hab/er mich ferner zu einem Ehegenossen nicht haben wirdt. Was geschicht? Die Legaten machen sich eylends auff/thun dem König des gantzen Handels Relation/der König saumbt sich nicht/ziehet stracks mit 60000.Männern friedlich gen Constantinopel/nimbt den Christlichen Glauben an/vnd laß sich tauffen/dabey dann der Keyser selbs Gevatter gestanden/der jhn hernach mit stattlichen Keyserlichen Geschencken verehret/vnd sampt der Königin vnd allem Volck/mit fried vnd frewden in sein Land ziehen lassen. Sonsten hat diser Keyser Constans seinem Großvatter Heraclio mit vntugend zimlich nach geschlagen/vnd der Monothelitarum Ketzerey beyfahl gegeben. Mit den Saracenen hat er zu Wasser gekrieget/ist aber vberwunden vnd in die flucht geschlagen worden: Hernach alß er mit denselben auff zwey jahr/einen anstand gemacht/ist er in Italien gezogen/in willens das Land von der Longobarder Joch zu entledigen. Wie er aber gen Rom kommen/haben jhn die Longobarder geschlagen/da hat er die Statt vñ Tempel jämerlich beraubet/vnd in wenig tagen mehr herrliche alte Sachen entwendet/alß zuvor die Barbarischen Völcker in vielen jahrn. Hernach ist er in Siciliam geschifft/hat daselbst mit Geitz vnd vnmässigem Tribut ein zeitlang grewlich thrannisiert: Dannenher ist er von den seinigen in Syracusa im Bad erstochen worden/alß er regiert hat 27.jahr.

Constantinus V.

66. Constantinus der fünfft/Constantis ältester Sohn/hat in abwesen seines Vatters zu 670. Constantinopel das Rgiment verwaltet: wie er aber desselbē tod in Sicilien erfahren/hat er sich eylends dahin begeben/vnd den Tyrannen Mezentium/der ein Anstiffter solches Tods gewesen/ vberwunden. Die Saracenen hat er sieben jahr lang zu Wasser vnd Land bekrieget/derselbigen in einer Schlacht 30000.erschlagen/vnd sie dermassen geschwächt/daß sie haben Fried suchen/ vnd dem Keyser zinßbar werden müssen. Seinen kleinen Brüdern/damit sie nicht zum Regiment kämen/hat er die Nasen abschneiden lassen. Den sechsten allgemeinen Synodum hat er zu Constantinopel gehalten/zur zeit des Bapsts Agathonis vmb das Jahr Christi 680.darinnen die Ketzerey der Monothelitarum verdampt worden/welche fürgeben/es were nur einerley will vnd würckung der Gottheit/vnd dann auch der Menschheit vnsers HErren Christi. Darwider ein Gottseliger Bischoff ein nutzliche Epistel geschrieben/welche in gedachtem Synodo nicht wenig anschens vnd beyfahl gehabt:dieselbige lautet vnder andern also: Dises ist aber der rechte vnd warhaffte Glaub/daß/gleich wie in vnserem HErren Jesu Christo zwo Naturen/namlich die Göttliche vnd Menschliche/also auch zwen Willen oder Würckungen geglaubt werden. Wilt du von dem hören/was der Gottheit ist? Ich/spricht er/vnd der Vatter seind eins. Wilt du hören was der Menschheit ist? Der Vatter ist grösser dann Ich. Warlich nach der Menschheit (sagt der Euangelist:) Jesus aber schlieff im Schiff auff einem Küsse. Sihe aber die Gottheit: Da stund er auff/vnd bedrawte den Wind/vnd das Meer/da ward es stille.

Alß diser Constantinus 17.jahr fast wol regiert/ist er natürlich gestorben: Etliche schreiben/Er sey vom Schloß Constantinopel gestürtzt/vnd daselbst begraben worden. Man hat jhn Pogonatum genennet/darumb daß er vnbärtig in Siciliam gezogen/vnd bärtig hernach wider zu Hauß kommen/dann Pogon heist so viel alß ein Bart.

Justinianus II.

67. Constantino IV. hat im Reich succediert/Justinianus sein Sohn diß Namens II. vnd der 687. letste vom Stammen Heraclij/ein wunderlicher Kopff. Ward im zehenden jahr der Regierung von Leontio vnd Tiberio seinen Hauptleuten des Reichs verjagt/vnd seiner Nasen beraubt/da man jhn Rhinotmietum nennete. Mitler zeit flohe er zum Trebellio der Bulgarorum König/welcher jhn mit gewaffneter Hand widerumb zu Constantinopel eynsetzet. Bald ließ Justinianus Leontium vnd Tiberium/welche vnder des regierten/für sich bringen/vnd für allem Volck hinrichten. Beyneben ließ er viel seiner Feinden in Kercker werffen/vnd so offt er seine abgeschnittene Nasen fegete/einen auß den Gefangenen töden. Wie er aber nach seinem Elend sechs jahr regiert/ist er von Philippico/alß der jhn widerumb zum Keyser erwöhlet/vmbgebracht worden: Seines alters 32.jahr.

Das vierdte Buch

Leontius oder Leo II.

697. 68. Leontius oder Leo II. nachdem er Justinianum/wie oben gemeldt/in Pontum relegiert/ hat drey jahr vbel regiert/alßdann wider vertrieben/von Tiberio Absimaro gefangen/der Nasen beraubt/vnd ins Gefencknuß gelegt/von Justiniano getödet worden.

Tiberius III. Absimarus.

700. 69. Tiberius der dritte/mit dem zunammen Absimarus/ist von dem Kriegsvolck zum Keyser erwöhlt worden/hat Philippicum/durch welches hülff vnd vorschub er zu der Regierung kommen/ in Pontum relegiert/darumb daß er gefahr getragen/er möchte im Regiment vertrungen werden/ dieweil ein Adler im schlaff des Philippi Haupt vberschattet hatte/alß er aber 7. jahr geregiert/ist er von Justiniano getödet worden.

Philippicus.

713. 70. Nach dem Philippicus Justinianum auß dem weg geraumbt/ist er an sein statt zum Keyser angenommen worden: Er hat aber sehr vnehrbar/faul vnd nachlässig seinem Ampt vorgestanden/ darumb er von Anastasio deß Gesichts beraubt/vnd ins Elend verschickt worden/alß er kaum anderhalb jahr geregiert.

Anastasius II. Artemius.

715. 71. Anastasius der ander/mit dem zunammen Artemius/hat auch nicht lang regiert/dann alß er kaum vierdthalb jahr darinnen zugebracht/vnd nichts sonderlichs geschafft/ist er von Theodosio des Reichs entsetzt/vnd in ein Closter verstossen worden.

Theodosius III.

717. 72. Theodosius der dritt/ob er wol geringer ankunfft/ist er doch ein gotts förchtiger Herr gewesen/vnd hette freylich lange zeit nutzlich in gutem fried regieren können/wo jhm nicht Leo Jsaurus im weg gestanden. Dann alß derselbige vom Kriegsvolck zum Keyser wider jhn erwöhlet/hat er nicht lust gehabt einen langen Bürgerlichen Krieg zu führen/sonder ist freywillig abgetretten/ vnd hat sich in ein Closter begeben/alß er zuvor regiert zwey jahr.

Leo III. Jsaurus.

718. 73. Gleich wie Leo der dritt/Jsaurus/eines gantz vnedlen vnd schlechten herkommens/also ist er auch voller Büberey vnd Gottes verachtung gewesen. Sein Regierung hat sich auff 24. jahr erstreckt. Zu seiner zeit seind in der Statt 300000. an der Pestilentz gestorben/vnd alß er von der Roten Ruhr hindurch gericht/hat sich in Bythinia vnd Thracia ein solch gewaltig Erdbeben erhaben/daß die Mawren zu Constantinopel mehrertheils eyngefallen.

Constantinus VI. Cypronimos.

742. 74. Constantinus der sechst/Leonis Jsauri Sohn/hat bald in der kindheit ein anzeigung seiner vnverschambten gottlosigkeit von sich geben: Dann als er auff Christi ordnung vnd befelch getaufft werden sollen/hat er bey der handlung solches H. Wercks in das Tauffwasser vnversehens gehoffiert/von deßwegen er den zunammen Cypronimos hernach bekommen. Alß er 34. jahr grewlich tyrannisiert/ist er zu Adrianopel am wilden Fewr vnd Außsatz gestorben/vnd daselbst begraben worden/seines alters im 56. jahr.

Leo IV.

777. 75. Leo der vierdt/hat seinem Vatter Constantino in allerley boßheit vnd vntugend nachgefolget/darumb er dann sein gebürliche Straff empfangen/dann alß jhm vnversehens ein Carfunckel geschwär auffgesprungen/darvon das Haupt geschwollen/vnd ein sehr hitziges Feber darzu geschlagen/hat er plötzlich seinen gottlosen Geist auffgeben müssen/seines Alters im 25. der Regierung im 5. jahr.

Constantinus VII. vnd Jrenes.

782. 76. Constantinus der siebende/Leonis des vierdten Son/hat neben seiner Mutter Jrene geregiert zehen jahr/zu welcher zeit das ander Concilium Nicenum ist gehalten worden. Sein Mutter hat er des Reichs verjagt/sie ist aber kurtz hernach von den Burgern widerumb eyngesetzt worden/vnd da sie drey jahr geregiert/hat sie jhrem vntrewen Sohn die Augen außgestochen/vnd in die Gefencknuß geworffen/darinnen er nicht lang hernach vmbkommen vnd gestorben. Hernach ist die Mutter von Nicephoro in die Jnsul Leßbum verjagt worden/darinnen sie vollendt jhr Leben zugebracht. Also ist das Keyserthumb in Orient mit Constantino dem sechsten/vnd Jrene seiner Mutter/den gottlosen Tyrannen in die Händ kommen/welche hernach vber die 600. jahr zu Constantinopel vbel Hauß gehalten/biß auff Constantinum Palæologum/da nicht allein die Statt/sondern auch das gantze Keyserthumb den Türckischen Bluthünden zu theil worden. Daß Anno Christi 1453. 29. Maij vnder d' Regierung Friderici des dritte hat Mahomet der ander diß Namens/Amuratis des andern Sohn/mit grosser mühe/die Keyserliche Statt Constantinopel erobert/vnd vnmenschlich darinnen tyrannisiert/also das Blutbach durch die Statt geflossen: Da hat man keines Alters/keines Stands geschonet. Der Keyser Constantinus selbs ist vnder dem Thor/zwischen den Mawren/jämerlich vertretten/sein Haupt an ein Spieß gesteckt/vnd von den Feinden zum Spectackel in allen Gezellten her vmb getragen/sein Sohn/Tochter vnd

Gema-

Von Italia. 399

Gemahel/gebunden/geschändet/vnd endtlich vor des Bluthunds Augen in stuck zerhawen worden.

Vnd weil die folgenden Keyser in Teutschland gewohnet/wöllen wir auch derselben Beschreibung dahin sparen/der anderen aber so nach Irene in Orient zu Constantinopel biß auff selbigen Reichs vndergang/geregiert/wöllen wir bey der Beschreibung der Statt Constantinopel gedencken/vnd jetzund zu dem Römischen Kirchen-Regiment schreiten.

Von dem Römischen Kirchen-Regiment/vnd sonderlich von den Bäpsten. Cap. vj.

Etrus der Apostel/wird von den Bäpstischen für den ersten Lehrer zu Rom dargeben.

2. Linus ist eylff Jahr/sechs Monat/vnd zwölff Tag der Kirchen vorgestanden. Ward von Saturnino dem Burgermeister zu Rom võ dessen Sohn er ein bösen Geist außgetrieben/getödet. Diser Bischoff hat geordnet/daß die Weiber solten Schleyer vmblegen/wann sie zu Kirchen gehen. 54.

3. Clemens versahe die Kirchen 9. Jahr/ 4. Monat/ 26. Tag: hat geordnet/daß sich die Priester weltlicher Geschäfften nicht solten annemen. War an ein eysern Ancker gebunden/vnd ins Meer geworffen. 69.

4. Cletus lehret sechs jahr/vnd fünff Monat. 78.

5. Anacletus ein Griech/lehret zwölff jahr/anderhalb Monat. 84.

6. Euaristus lehret acht jahr: hat geordnet/daß die Ehe mit vorwissen vnd willen der Eltern geschehe/vnd von einem Priester eyngesegnet werde. 100.

7. Alexander lehret zehen jahr: hat das Weyhwasser vnd gesegnete Saltz geordnet. 109.

8. Sixtus/oder Xistus lehret zehen jahr. 120.

Zu diser zeit hat Novatus ein Priester zu Rom/die Novatianische Ketzerey angefangen/vnd gelehrt/man solle die Christen zwey mal tauffen/vnd den jenigen so gesündiget haben/ob sie schon von Hertzen Buß theten/nicht verzeihen. Dise Ketzer wurden auch Cathri/das ist/die Reinen genandt.

9. Telesphorus lehret eilff jahr: hat die Fasten geordnet. 129.

10. Hyginus lehret eilff jahr: hat geordnet/daß ein jedes Kind/so man tauffet/ein Göttin vnd Getter habe/vnd daß die Newen Kirchen mit einem Frewdenfest geweyhet wurden. 139.

11. Pius lehret fünffzehen jahr: hat geordnet/daß man das Osterfest am Sontag halte vnd nicht mehr am Donstag/wie vor altem nach Jüdischem brauch. 143.

12. Anicetus lehret eilff jahr: hat den Priestern die Bärth abzuschären befohlen/vnd auff dem Haupt die Platten erfunden. 157.

13. Soter lehret neun jahr: hat befohlen/daß die Ehe durch den offentlichen Kirchgang vnd Eynsegnung bestätiget wurd. 169.

14. Eleutherius lehret fünffzehen jahr. 178.

15. Victor lehret zehen jahr: hat die Bischoff in Asia excommuniciert/daß sie das Osterfest nicht haben am Sontag gehalten/dessenthalben er dann von Ireneo dem Bischoff zu Leon gestrafft worden. 192.

16. Severinus oder Zepherinus lehret achtzehen jahr: wolt daß alle Christen von zwölff jahren am Ostertag das H. Nachtmahl empfiengen. 202.

17. Calistus lehret fünff jahr. 219.

18. Vrbanus lehret acht jahr. Zu dises zeiten haben die Bischoff zu Rom/erstlich eygne Güter bekommen/dann sie hatten zuvor gleich wie die Apostel gelebt. Hatten nichts eygens/vnd was jhnen gesteuret/dasselbig gaben sie den Armen. 224.

19. Pontianus lehret sechs jahr. 232.

20. Antherus lehret ein Monat. Hat die Notarios geordnet/so die Historien von den heiligen Martyrern mußten verzeichnen. 237.

21. Fabianus lehret vierzehen jahr: disem soll ein Tauben auff das Haupt geflogen seyn/alß man einen Bischoff erwöhlet. 247.

22. Cornelius lehret zwey jahr: diser wolt nicht daß man die Kinder widerumb tauffe/so zuvor von einem ketzerischen Priester getaufft waren. 251.

23. Lucius lehret acht Monat. 253.

24. Stephanus lehret zwey jahr. 254.

25. Sixtus der ander lehret eilff jahr: ward mit Laurentio gemartert. 256.

Zu diser zeit hat Paulus Samosatenus gelehrt/Christus seye ein purer Mensch/vnd vor seiner Geburt gar nichts gewesen.

268.	26. Dionysius lehret neun jahr.
276.	27. Felix lehret fünff jahr/hat befohlen daß man jährlich in der Kirchen der H. Martyrern soll gedencken.
281.	28. Eutychianus lehret acht Monat.
281.	29. Cajus lehret fünffzehen jahr.
296.	30. Marcellinus lehret neun jahr: hat auß forcht des Tods den Heydnischen Götzen geopfferet/darüber aber hertzliche Buß gethan/vñ vmb Christi willen gantz standhafftig den todt gelittẽ.
304.	31. Marcellus der erst/lehret anderthalb jahr.
305.	32. Eusebius lehret sieben Monat.
	33. Milthiadis oder Melchiades lehret sechs jahr.
311.	34. Sylvester lehret 21. jahr. Ward von Keyser Constantino dem Grossen/lieb gehalten. Hat die Heydnischen Namen der Tagen in der Wochen geändert: den Sonnentag des HErren tag: den Montag/den ersten Feyrtag/Feriam primam: den Dinstag/den andern Feyrtag Feriam secundam/vnd also fortan. Den Sambstag oder Saturni tag/Sabbathtag geheissen.
331.	35. Marcus der erst/lehret acht Monat.
	36. Julius lehret fünffzehen jahr.
351.	37. Liberius lehret fünffzehen jahr.
	38. Felix der ander/lehret zehen jahr.
366.	39. Vrsicinus lehret ein jahr vnd anderhalb Monat.
	40. Damasus lehret sechszehen jahr/zwen Monat/zehen tag.
382.	41. Siricius lehret fünffzehen jahr/ein Monat/fünff tag. Diser ist der erst gewesen/so den Priestern in Occident den Ehestand verbotten.
398.	42. Anastasius lehret vier jahr: hat geordnet/daß man in der Kirchen nicht sitzen/sondern stehen soll/weil man das Euangelium verlißt.
402.	43. Innocentius lehret 15. jahr: hat befohlen/daß man die Ketzer zum Glauben zwingen soll.
417.	44. Zosimus ein Griech/lehret drey jahr/hat erkennt/daß die Römische Bischoff nichts können noch mögen setzen.
420.	45. Bonifacius lehret zwey jahr/drey Monat: hat geordnet/daß keiner auff die Cantzel steige zu predigen/er were dann dreyssig jahr alt.
423.	46. Eulalius drey Monat. 47. Celestinus neun jahr.
	Zu diser zeit hat der Ketzer Nestorius/Bischoff zu Constantinopel gelehrt/es seyen in vnserm HErren Christo zwo Personen.
432.	48. Sixtus der dritt/lehret acht jahr.
440.	49. Leo der erst lehret 21. jahr: hat den Priestern den Ehestand erlaubt/die Ceremonien der Meß gemehrt/vnd die Litaney eyngesetzt.
461.	50. Hilarius lehret sechs jahr.
467.	51. Simplicius lehret fünffzehen jahr/hat die Römische Kirchen allen anderen vorgezogen.
482.	52. Felix der dritt/lehret zwölff jahr: hat das Fest des Ertzengel Michaels geordnet.
494.	53. Gelasius lehret drey jahr: hat die Bibel abgetheilet/vnd die Authentischen oder Canonischen Bücher von den Apocryphis vnderscheiden.
498.	54. Anastasius der ander/lehret zwey jahr.
	55. Laurentius ein Monat/eilff Tag.
500.	56. Symmachus/lehret fünffzehen jahr: hat die Meß in ein gewisse form gebracht.
515.	57. Hormista lehret 9. jahr: war vom Keyser ein Ertzbischoff vnd Patriarch zu Rom genañt.
523.	58. Johannes der erst/lehret zwey jahr/neun Monat: wolt haben daß der Keyser dem Bapst vnderthan were.
526.	59. Felix der vierdt/lehret vier jahr: hat befohlen daß man die Todten soll salben.
530.	60. Bonifacius der ander/lehret ein jahr: hat in der Meß die Geistlichen von den Weltlichen abgesöndert.
	61. Dioscorus lehret 27. tag: war wider Bonifacium erwöhlet.
532.	62. Johannes der ander/lehret zwey jahr: ward/wegen seiner wolredenheit / Mercurius genandt.
534.	63. Agapetus lehret ein jahr/zehen Monat.
536.	64. Sylverius lehret ein jahr.
537.	65. Vigilius lehret siebenzehen jahr.
554.	66. Pelagius lehret eilff jahr: hat geordnet/daß man jährlich der verstorbenen solle gedencken/vnd zu gewissen stunden in der Kirchen singen.
566.	67. Johannes der dritt/lehret zehen jahr: hat mit höchstem ernst verbotten/daß sich kein Bischoff zu Rom/obersten Priester oder allgemeinen Bischoff nenne.

68. Bene=

Von Italia. 401

	Im Jahr Christi
68. Benedictus der erst/hat gelehrt drey jahr.	
69. Pelagius der ander/lehret neun jahr/starb zur zeit der wunderbaren Kranckheit/da die Menschen durch das Niessen gählingen dahin sturben/daher dann auch kommen/daß man einen gesegnet/wann er niessete.	577. 580.
70. Gregorius der Groß/lehret dreyzehen jahr.	590.
71. Sabinianus der erst/lehret ein jahr: hat geordnet/daß man in den Kirchen Leuchter vnd brennende Lampen auffhencken solt/vnd hat die Glocken eyngefüḧrt.	604.
72. Bonifacius der dritt/lehret/oder viel mehr regiert ein jahr: hat geordnet daß man die Römische Kirch für das Haupt der gantzē Christenheit solte halten.	607.
73. Bonifacius der vierdt/regiert sechs jahr/hat das Fest Allerheiligen geordnet.	608.
74. Theodatus lehret drey jahr/hat die Geistliche verwandtschafft vnder den Gevattern eyngesetzt/vnd denselben mit einander die Ehe verbotten.	615.
75. Bonifacius der fünfft/regiert vier jahr.	618.
76. Honorius der erst/lehret zwölff jahr.	622.
77. Severinus der erst/lehret zwey jahr.	636.
78. Johannes der vierdt/lehret zwey jahr.	639.
79. Theodorus regiert sechs jahr.	640.
80. Martinus der erst/regiert sechs jahr.	647.
81. Eugenius regieret zwey jahr/neun monat.	654.
82. Vitalianus regiert vierzehen jahr/hat die Orgel zum ersten in die Kirchen gesetzt.	656.
83. Adeodatus regiert vier jahr.	672.
84. Domnus regiert zwey jahr.	676.
85. Agatho regiert zwey jahr/sechs Monat.	679.
86. Leo der ander/regiert ein jahr.	682.
87. Benedictus der ander/regiert ein jahr.	684.
88. Johannes der fünfft/regiert ein jahr/neun Monat.	685.
89. Cuno regiert eylff Monat.	686.
90. Sergius regiert dreyzehen jahr/acht Monat.	687.
91. Johannes der sechst/regiert drey jahr.	701.
92. Johannes der siebend/regiert zwey jahr/sieben Monat.	705.
93. Sisinius regiert zwantzig tag.	707.
94. Constantinus der erst/regiert sieben jahr. Keyser Justinianus soll disem die Füß geküsset haben.	
95. Gregorius der ander/regiert fünffzehen jahr/zehen Monat.	715.
96. Gregorius der dritt/regiert zehen jahr/acht Monat.	731.
97. Zacharias der erst/regiert zehen jahr/drey Monat.	741.
98. Stephanus der ander/regiert fünff jahr/ist der erst gewesen/welchen man auff den Achseln hat herumb getragen.	752.
99. Paulus der erst/regiert zehen jahr.	757.
100. Constantinus der ander/regiert ein jahr.	767.
101. Theophilactus/so wider Constantinum erwöhlt/regiert ein jahr/24.tag.	
102. Philippus regiert ein jahr.	767.
103. Stephanus der vierde/regiert drey jahr/fünffthalb Monat.	768.
104. Hadrianus regiert drey vnd zwantzig jahr/zehen Monat. Diser wolt daß Keyser Carle der Groß/vnd alle desselben Nachkomme/Macht vnd Gewalt hetten/den Römischen Stül/vnd alle andere Bischoff zu bestellen/vnd denselbigen die Investitur zu vbergeben.	772.
105. Leo der dritt/regiert zwantzig jahr/fünff Monat. Hat Keyser Carolo den Grossen die Schlüssel S. Petri vnd das Statt panier vberschickt. Auch hochstgedachten Keyser gantz vnderthänig gebetten/er wölle etliche von seinen fürnehmbsten Hoffleuthen nach Rom senden/so die Burgerschafft daselbst widerumb zum gehorsam brächten. Ist endtlichen/als man jhm hefftig nachgesetzt/zum Keyser in Teutschlandt geflohen.	795.
106. Stephanus der fünfft/regiert sechs Monat/vier vndzwantzig tag.	816.
107. Paschalis regiert sieben jahr.	816.
108. Eugenius der ander/regiert fünffthalb jahr.	824.
109. Valentinus regiert ein Monat.	
110. Gregorius der vierdt/regiert siebenzehen jahr.	
111. Sergius der ander sonsten Os Porci, das Säwmaul genandt/regiert drey jahr. Ward vom Keyser Lothario bestätiget.	844.

Ff2 Leo

Im Jahr Christi		
847.	112.	Leo der vierdt/regiert acht Jahr.
	113.	Johannes der acht/mit dem Zunammen Anglus/regiert zwey Jahr/drey Monat.
856.	114.	Benedictus der dritt/regiert dritthalb Jahr.
858.	115.	Nicolaus der Groß/regiert zehendthalb Jahr. War von Keyser Ludwigen dem andern bestätiget. Hat alle Bischoff entsetzt/so vmb Gelts willen/Lotharij des Königs in Lothringen Ehe zertrennet hatten.
867.	116.	Adrianus der ander/regiert fünff Jahr. War ein gelehrter vnd gütiger Mann.
872.	117.	Johannes der neundt/regiert zehen Jahr.
	118.	Marianus oder Martinus/regiert ein Jahr.
	119.	Hadrianus der dritt/regiert ein Jahr.
885.	120.	Stephanus der sechst/regiert sechs Jahr.
891.	121.	Formosus/regiert sechsthalb Jahr.
896.	122.	Bonifacius der sechst/regiert fünffzehen tag.
897.	123.	Stephanus der siebend/regiert ein Jahr/drey Monat. Hat Bapsts Formosi Leichnam wider außgraben/von demselben zwen Finger geschnitten/vnd das vberig in die Tyber geworffen: auch alle seine erkandtnussen auffgehebt/vnd vernichtiget.
	124.	Romanus der erst/regiert vier Monat.
898.	125.	Theodorus der ander/regiert zwanzig tag.
	126.	Johannes der zehendt/regiert wenig Monat. Hat Bapst Stephani erkandtnussen wider Formosum auffgehebt.
900.	127.	Benedictus der vierdt/regiert fünffthalb Jahr.
	128.	Leo der fünfft/regiert ein Monat. War abgesetzt/vnd starb in der Gefencknuß.
	129.	Christophorus der erst/regiert sieben Monat. Wurd auch abgesetzt/vnd starb in der Gefencknuß.
906.	130.	Sergius der dritt/regiert sieben Jahr.
913.	131.	Anastasius der dritt/regiert zwey Jahr.
	132.	Lando der erst/regiert vier Monat.
916.	133.	Johannes der eylfft/regiert vierzehen Jahr.
930.	134.	Johannes der zwölfft/regiert vier Jahr/zehen Monat/hat schwere Krieg geführt/ward in der Gefencknuß mit einem Bolster ersteckt.
	135.	Leo der sechst/regiert sechs Monat.
935.	136.	Stephanus der acht/regiert zwey Jahr.
937.	137.	Leo der siebend/regiert dritthalb Jahr.
	138.	Stephanus der neundt/regiert zwey Jahr/zwen Monat.
942.	139.	Marinus oder Martinus der ander/regiert vierdthalb Jahr.
946.	140.	Agapetus der ander/regiert neun Jahr/sieben Monat.
956.	141.	Johannes der dreyzehend/regiert acht Jahr/vier Monat. Wurd wegen vielfaltiger bossheit von Keyser Othone dem Grossen entsetzt.
	142.	Leo der acht/regiert ein Jahr/drey Monat.
	143.	Benedictus der fünfft/regiert ein Monat/eilfft tag/ward von Keyser Othone entsetzt.
965.	144.	Johannes der vierzehend/regiert sechs Jahr/eilff Monat.
972.	145.	Benedictus der sechst/regiert anderthalb Jahr. War von einem Cardinal/so an sein statt kommen/stranguliert.
974.	146.	Bonifacius der siebend/regiert ein Jahr.
975.	147.	Benedictus der siebend/regiert neun Jahr.
984.	148.	Johannes der fünffzehend/regiert acht Monat.
984.	149.	Bonifacius der acht/regiert vier Monat. Sein Leichnam wurd zerstochen vnd schandtlich geschleifft.
	150.	Johannes der sechszehend/regiert neun Jahr/sieben Monat.
995.	151.	Johannes der siebenzehend/regiert drey Monat.
995.	152.	Gregorius der fünfft/zuvor Bruno genandt/ein Sachs/Keyser Othonis Vetter/regiert dritthalb Jahr.
997.	153.	Johannes der achtzehend/ein Griech/regiert zehen Monat. Ward von Crescentio vnd dem Volck zu Rom / wider Gregorium den fünfften erwöhlet/von Keyser Othone aber entsetzt/vnd mit abgeschnittener Nasen vnd außgestochenen Augen von dem Capitolio hinunder gestürtzt.
998.	154.	Sylvester der ander/ein Frantzoß/zuvor Gilbertus genandt/Keyser Othonis Præceptor/regiert fünffthalb Jahr. Hat den Teutschen das Reich bestätiget.
1003.	155.	Johannes der achtzehend/regiert ein halb Jahr.
	156.	Johannes der neunzehend/regiert sechsthalb Jahr.
1009.	157.	Sergius der vierdt/regiert zwey Jahr/neun Monat.

158. Bene-

Von Italia.

158. Benedictus der acht/regiert eilff jahr. Petrus Damianus Cardinal zu Ostia schreibt/es sey gedachter Bapst einem Bischoff in einer einöde/nach seinem Tod auff einem schwartzen Roß erschienen/vnd habe denselbigen gebetten/er wölle das Gelt/so er bey Lebzeiten verborgen/seinet halben den Armen geben. Dann es seyen seine zuvor außgegebenen Almüsen lauter geraubt Gut gewesen. 1012.

159. Johannes der zwantzigst regiert neunthalb jahr. 1024.
160. Benedictus der neundt/regiert zwölff jahr/vier monat. 1032.
161. Sylvester der dritt/regiert 49. tag. 1045.
162. Gregorius der sechst/regiert anderthalb jahr. Zu diser zeit ist Keyser Heinrich III. gen Rom gezogen/hat Gregorium degradiert vnd Suidegerum ein Bischoff von Bamberg an sein statt gesetzt: Hernach von den Priestern vnd Burgern zu Rom ein Eyd genommen/daß sie hinfüro kein Bapst mehr wöllen annemmen/er hette jhn dann jhnen geben. 1045.
163. Clemens der ander/ein Sachs/zuvor Bischoff zu Bamberg vnd Keyser Henrichs des dritten Cantzler/regieret neun Monat. Disem ward mit Gifft vergeben: Ligt zu Bamberg begraben. 1046.
164. Damasus der ander auß Bayern/regiert drey vnd zwantzig tag/ wurd auch mit Gifft hingerichtet. 1048.
165. Benedictus der neundt/ward von Damaso vertrieben.
166. Leo der neundt ein Franck/regiert fünff jahr/zwen monat.
167. Victor der ander/regiert zwey jahr/vierthalb monat/ ward von Keyser Henrich dem dritten/wie seine Vorfahren erwöhlt. 1049. 1055.
168. Stephanus der neundt/ein Lothringer/regiert acht monat. 1058.
169. Benedictus der zehend/regiert neun monat/zwantzig tag.
170. Nicolaus der ander/ein Saphoyer/regieret dritthalb jahr. Ward vom Keyser erwöhlt. 1059.
171. Alexander der ander ein Meyländer/regiert zwölffthalb jahr. 1061.
172. Cadolus ward von Alexandro entsetzt.
173. Gregorius der siebend/zuvor Hildebrand genandt/regiert eilff jahr. Ward von Keyser Henrich dem vierdten darumb entsetzt/daß er ohn sein Geheiß zum Bapst erwöhlt worden. Wolte erstlich nicht weichen/vnd achtet Keyserliche Bottschafft wenig/biß daß sich jhr Majestät selbs auffgemacht/vnd mit einem starcken Kriegsheer nach Rom gezogen. 1073.
174. Clemens der dritt/ward wider Gregorium von Keyser Heinrich dem vierdten erwöhlt.
175. Victor der dritt/regieret ein jahr/drey monat/vnd drey vnd zwantzig tag. Wolt sich nit bereden lassen/daß er das Bapsthumb annemme/biß daß jhn die Cardinäl/Priester vnd Burgerschafft ein gantz jahr lang gebetten. 1086.
176. Vrbanus der ander ein Frantzoß/regieret vier jahr/achtzehen tag: war wider Clementen den dritten erwöhlt. 1088.
177. Paschalis der dritt/regieret achtzehen jahr/fünff monat: Ward wider Clementem den dritten erwöhlt. Hat Keyser Henrich den vierdten in Bann gethan/vnd seinen Sohn Henricum wider jhn verhetzt. 1099.
178. Gelasius der ander/regieret eilff monat/sechs vnd zwantzig tag. Hat Keyser Henrich den fünfften/von welchem er entsetzt worden/excommuniciert/vnd mit Leib vnd Seel allen Teuffeln vbergeben. 1118.
179. Gregorius der acht ein Spanier/war von Keyser Henrich dem fünfften/wider Gelasium den andern erwöhlt/aber bald darauff in ein Closter gestossen/darinn er auch sein Leben mit dem Tod abgewechselt.
180. Callistus der ander/ein Burgunder/regieret fünff jahr/zehen monat. 1119.
181. Honorius der ander/regiert fünff jahr/zwen monat: Hat der Tempel-Herren Orden bestätiget. 1124.
182. Innocentius der ander/regiert dreyzehen jahr/sieben monat/acht tag.
183. Anacletus der ander/hat mit Innocentio dem dritten/vmb das Bapsthumb gestritten/ vnd nach dem er denselben vberwunden/regieret sieben jahr/eilff monat. 1130.
184. Victor der vierdt/war an Bapst Anacleti statt erwöhlt/als er aber kein hülff mehr gehabt/hat er das Bapsthumb lassen fallen/vnd Innocentium für ein Bapst erkennet. 1138.
185. Celestinus der ander/regiert fünff monat/dreyzehen tag.
186. Lucius der ander/regiert eilff monat/vier tag.
187. Eugenius der dritt/des H. Bernhardi Lehrjünger/regieret acht jahr/vier monat/zehen tag. Hat wider die Römer einen schweren Krieg geführt/vnd viel sachen angefangen/die sich einem Bischoff nicht gezümen/derowegen er dann von ermeldtem Kirchenlehrer zum offtermalen gestrafft worden. 1139. 1146.

188. Ana-

1153.	188. Anastasius der vierdt/regiert ein jahr/vier monat/drey vnd zwantzig tag.
1154.	189. Hadrianus oer vierdt/regiert vier jahr/acht monat: hat gen Würtzburg an Keyser Friderich den ersten geschrieben/vnd demselben zu verstehen geben/es seye das Römisch Reich ein Lehen vom Bapst/welches dann höchstgedachter Keyser mit sampt den Churfürsten zum höchsten verdruß/wie billich/auffgenommen.
1159.	190. Alexander der dritt/regiert ein vnd zwantzig jahr/eilff monat/drey vnd zwantzig tag. Diser hat Keyser Friderich hefftig geplagt/vnd demselben zu Venedig vor S. Marx Kirchen auff den Halß getretten/sprechende: Auff Ottern vnd Basilisken wirst du gehen: darauff ihr Majestat geantwortet: Diser Gewalt ist nicht dir/sondern Petro vbergeben. Aber Alexander sagt mit harten Worten: Es ist auch mir mit Petro vbergeben.
	191. Callistus der dritte/regieret sieben jahr/fünff monat: hat das Bapsthumb selbs auffgeben.
	192. Paschalis der dritt/regieret fünff jahr.
1181.	193. Lucius der dritt/regieret vier jahr/vnd drey monat.
1185.	194. Vrbanus der dritt/regiert ein jahr/eilffthalb monat.
1188.	195. Gregorius der acht/von andern auch der neundt/regieret ein monat/sieben vnd zwantzig tag.
	196. Clemens der dritt/von etlichen der vierdt/regiert drey jahr/sechszehen tag.
1191.	197. Celestinus der dritt/regiert sechs jahr/neun monat/eilff tag. Diser hat ein Cardinal in Polen vnd Böhmen geschickt/daß er in denselbigen Königreichen die Priester von jhren Weibern solte scheiden/war aber in Böhmen so wilkomb/daß er mit ausserster gefahr seines Lebens entrunnen.
1198.	198. Innocentius der dritt/regiert achtzehen jahr/sechs monat/zehen tag. Diser dorfft ein Satzung lassen außgehen/daß die Bäpst Macht hetten/die erwöhlten vnd allbereit regierenden Keyser zu examinieren/ob dieselben auch tugenlich vnd düchtig zum Reich weren/vnd wider der Churfürsten willen/einen anderen zu erwöhlen.
1216.	199. Honorius der dritt/regiert zehen jahr/acht monat/hat den Banditen auß Thuscana vnd Lombarden/wider den Keyser auffenthalt geben.
1227.	200. Gregorius der neundt/regiert vierzehen jahr/vier monat/hat Keyser Friderich den andern vnverhörter sach in Bann gethan/darüber sich höchstgedachter Keyser in einem Schreiben an die Teutschen Fürsten hefftig beklagt.
1241.	201. Celestinus der vierdt/von dem Geschlecht Castilion/besitzet den Bäpstlichen Stül nur siebenzehen tag.
	202. Innocentius der vierdt/regieret eilff jahr/fünff monat vnd zwantzig tag. Diser hat auß forcht Keyser Friderichs des anderen den Bäpstlichen Sitz erstlichen gen Leon in Franckreich/da er wider gedachten Keyser ein Concilium gehalten/bald darauff gen Genua/vnd endtlichen gen Meyland gelegt. Hat den Cardinälen die rothen Hüt geben/vnd dardurch wöllen anzeigen/daß sie für der Kirchen Freyheit auch jhr Leben zu lassen solten bereitet seyn.
1255.	203. Alexander der vierdt/regiert sechs jahr/fünff monat: hat in die Schlesy wider Boleslaum/Hertzog von Lignitz/etliche Prediger geschickt.
1261.	204. Vrbanus der vierdt/regiert drey jahr/ein monat/zwen tag. Diser hat Fronleichnams Fest angericht.
1265.	205. Clemens der vierdt/regieret drey jahr/neun monat/fünff vnd zwantzig tag.
1271.	206. Gregorius der zehend/regiert vier jahr/vier monat/zehen tag.
1276.	207. Innocentius der fünfft/regiert fünff monat/zwen tag.
	208. Hadrianus der fünfft/regiert ein monat/neun tag.
	209. Johannes der zwey vnd zwantzigst/regiert acht monat/fünff tag.
1277.	210. Nicolaus der dritt/regieret zwey jahr/acht monat/zwen vnd zwantzig tag. Hat Romandiolam/Ravennam vnd gantzen Exarchat/von dem Keyser mit dem geding bekommen/daß er den Kosten zu dem Krieg wider die Saracenen solte dargeben. Hat auch die Statt Rom gantz vnd gar in seinen Gewalt gebracht: dann es hatte zuvor der Raht noch etwas Gerechtigkeit.
1282.	211. Martinus der vierdt/regieret vier jahr/ein monat/sieben tag: hat Petrum König in Arragonien vnd Sicilien excommuniciert/vnd das Königreich Valesio dem König in Franckreich/vnd gedachtes Petri Schwester Sohn vbergeben/wie bey Palmerio zu finden.
1285.	212. Honorius der vierdt/regieret zwey jahr vnd zwen monat: hat seine Gesandten auff den Reichstag gen Würtzburg geschickt/vnd von dem Reich begert/es solte Teutschland den vierdten theil seines Eynkommens vier jahr lang zum Krieg wider die Vngläubigen außlegen.
1288.	213. Nicolaus der vierdt/regiert vier jahr/ein monat/vierzehen tag.

214. Cele-

Von Italia. 405

214. Celestinus der Fünfft/regiert 5. Monat/7. Tag. Ein frommer vnd einfältiger Mann. Hat das Pontifical selbst abgelegt. **1294.**

215. Bonifacius der Acht/regiert 8. Jahr/9. Monat. **1298.**
Cuspinianus sagt/es hab gedachter Bapst das Schwerd an die Seiten gegürtet/vnnd ein Keyserliche Krön auff das Haupt gesetzt/auch vor jedermänniglich gesagt: Er seye beyde Keyser vnd Bapst.

216. Benedictus der Eilfft/regiert 9. Monat/10. Tag. **1303.**

217. Clemens der Fünfft/regiert 8. Jahr/eilffthalb Monat.
Hat die Bäpstliche Hofhaltung gen Avinion in Provantzen gelegt/ daher Petrarcha geschrieben: der Rhodan habe Eupratem vnd die Tyber/das ist/Babylon vnnd Rom vbertroffen. Damahlen würd die Statt Rom durch die Cardinäl gleichsam als durch Burgermeister regiert.

218. Johannes der Drey vnd zwantzigst/regiert 18. Jahr/4. Monat: Hat König Ludwig den Fünfften in Franckreich tödtlich gehaßt. Da er gestorben/wurden 250. Thonnen Goldes in seinem Schatz gefunden. **1316.**

219. Nicolaus der Fünfft/regiert 3. Jahr/3. Monat. War vom Keyser Ludwig erwehlt **1327.**

220. Benedictus der Zwölfft/regiert 7. Jahr/4. Monat/6. Tag. **1334.**
Zu dieser Zeit hat Keyser Ludwig auff dem Reichstag zu Franckfurt am Mayn außführlich erwiesen/der Römische Keyser solle das Reich nicht von dem Bapst/sondern allein von Gott/durch ordentliche Wahl empfahen/vnd lige im minsten nichts daran/der Keyser werde vom Bapst gekrönt oder nicht.

221. Clemens der Sechst regiert 10. Jahr/7. Monat. Hat geordnet/daß alle 50. Jahr ein Jubeljahr gehalten wurde. **1342.**
Als Keyser Ludwig Adlaß begert/hat er jhm diese Conditionen fürgeschlagen. Erstlichen: Er sol bekennen daß er ein Ketzer sey/vnd alle Laster begangen hab/deren er sey anklagt worden. Zum andern: Er solle das Reich von sich legen/vnd zu demselbigen im minsten nicht mehr greiffen: es wurde jhm dann von dem Bapst auß gnaden geschenckt vnd vbergeben. Zum dritten: daß er sein Haab vnd Gut dem Bapst in seine Hand vbergebe. Da nun solches der Keyser nicht thun wöllen/ hat er jhn in Bann gethan/vnd allen Teuffeln vbergeben/vnd hierauff bey den Churfürsten ohne vnderlaß angehalten/daß sie ein andern Keyser wolten erwehlen. Nach mehrgedachtes Keysers Todt haben die Churfürsten Carolo dem Vierdten das Reich vbergeben. *Keyser Ludwig wird in Bann gethan.*

222. Inocentius der Sechst/regiert 9. Jahr/8. Monat. **1352.**

223. Vrbanus der Fünfft/regiert 8. Jahr/3. Monat. **1362.**

224. Gregorius der Eilfft/regiert 7. Jahr/3. Monat: hat den Bäpstlichen Stul widerumb gen Rom gebracht. **1370.**

225. Clemens der Siebend/regiert 15. Jahr/11. Monat/27. Tag. **1378.**

226. Vrbanus der Sechst/regiert 11. Jahr/6. Tag. Damalen waren zween Bäpst: Clemens saß in Franckreich/war von den Frantzosen/Spaniern vnd Schotten hoch gehalten: Vrbanus aber regiert in Italia/vnd hat der Italiäner/Teutschen/Vngarer vnd Engelländer Gunst. Dieser Zwispalt hat in 40. Jahr/biß auff das Concilium zu Costnitz/nicht ohne groß Vbel geweret.

227. Bonifacius der Neund/kam an Vrbani stat/regiert zu Rom 14. Jahr/11. Monat. Diser hat die Annaten gestifftet: das ist: hat geordnet/daß ein jeder Priester/weß Stands er immer seyn mag/wann er ein Pfründ bekompt/so sol er den halben theil deß ersten jahrs Eynkommens dem Bapst vberliefern/welches denn auch von allen Nationen bewilliget worden/außgenommen die Engelländer/so gewolt/daß solche Annaten nur allein auff die Bisthumbe/vnd nicht auff andere Aempter geschlagen wurden. **1381.**

228. Benedictus der Dreyzehende/hat fast 30. Jahr regiert/saß zu Avignion.

229. Innocentius der Siebend/regiert 22. Tag/hat zu Rom Hof gehalten. **1404.**

230. Gregorius der Zwölfft/regiert zu Rom 8. Jahr/7. Monat/6. Tag/war von dem Concilio zu Pisa entsetzt. **1406.**

231. Alexander der Fünfft/regiert 11. Monat. **1408.**

232. Johannes der Vier vnd zwantzigst/regiert 5. Jahr/10. Monat: damaln waren drey Bäpst mit einander. Johannes saß zu Rom/Gregorius zu Rimini bey den Malatestis/vnd Benedictus in Hispania. Wurden alle 3. gen Costnitz auff dz Concilium beruffen/darunder aber nur allein Johannes erschienen: welcher doch auch selbst zu nacht heimlich verkleydet außgerissen/wurd aber widerumb gefangen/vnd 4. jahr lang auffgehalten: wolte er ledig werden/muste er 30000. Ducaten bezahlen. **1409.**

Gregorius hat das Bapsthumb durch ein Legaten auffgeben.

Benedictus ward für ein Ketzer erkandt/deß Bapsthumbs durch offene Patent entsetzt/vnd in Bann gethan.

BB 233. Mar-

406 Das vierdte Buch

233. Martinus der Fünfft/regiert 13.Jahr/3.Monat.10.Tag/war im Concilio zu Costnitz erwehlt.

1431. 234. Eugenius der Vierdt/regiert 15.jahr/11.Monat/21.Tag: war von Philippo/Hertzog zu Meyland/von Rom vertrieben/war zwey oder drey mal auff das Concilium gen Basel beruffen/aber nie erschienen.

1439. 235. Felix der Fünfft/zuvor Amadeus genannt/Graff in Saphoy/regiert 9.jahr: hat auß angeben Keyser Friderichs deß 3.vmb mehrer Ruh willen das Bapsthumb frey willig auffgeben: hat sich lang zu Basel/vnd hernach zu Losanna gehalten.

Dieser Bapst war auff ein zeit von etlicher Fürsten Gesandten gefragt: ob er nicht auch ein Lust zum Jagen hette/vnd schöne Jaghund hielt? gab er Antwort: kommet vbermorgen widerumb zu mir/so werdet jr dieselbigen sehen. Entzwischen versamlet der Bapst ein grosse Anzahl armer Leute/vnd weiset dieselbe den ermeldten Gesandten/sprechende: Diese sind meine Hund/so ich täglich speise/vnd mit welchen ich hoff die Himlische Herrligkeit zu erjagen.

1447. 236. Nicolaus der Fünfft/regiert 8.Jahr/19.Tag. War ein sehr gelehrter vnd sinnreicher Herr/so die Studia vnd allerley Künst hefftig geliebt vnd gefürdert: derentwegen er auch die besten alten Bücher/durch gelehrte vnd darzu tugentliche Personen in der gantzen Welt hat zusammen gelesen/vnnd dieselben jedermänniglichen zu freyem Brauch im Vatican in einem schönen grossen Saal/auffbehalten/wie sie dann noch heutiges tags nicht ohne Verwunderung gesehen werden.

Als gedachter Nicolaus im jahr Christi/1450.ein Jubeljahr gehalten/sind auff der Engelbruck 200.Personen vom volck/so auß der grossen Statt/in die kleine nach S.Peters Kirchen gedrungen/theils mit Füssen zertretten/theils aber in die Tyber hinab gestossen worden/ohnangesehen/daß gedachte Bruck ziemlich breit ist.

1455. 237. Calistus der Vierdt/regiert 3.Jahr/4.Monat/hat das Fest von der Erklärung vnsers HErrn Christi eyngesetzt.

1458. 238. Pius der Ander/zuvor Aeneas Sylvius genannt/dessen in beschreibung der Statt Siene außführlich gedacht worden/regiert 5.Jahr/11.Monat/6.Tag.

1464. 239. Paulus der Ander/regiert 6.Jahr/11.Monat.

1471. 240. Sixtus der Vierdt/regiert 13.Jahr/5.Tag.
Hat wider die Florentiner/Venetianer vnd Ferdinandum König in Sicilien Krieg geführt/vnd alle 21.jahr ein Jubeljahr zu halten befohlen.

1484. 241. Innocentius der Acht/regiert 7.jahr/1.Monat.

1492. 242. Alexander der Sechst/regiert 11.jahr/8.Tag.

1503. 243. Pius der Dritt/regiert 26.Tag.

244. Julius der Ander/regiert 9.Jahr/3.Monat/20.Tag: hat wider die Venetianer vnnd Frantzosen schwere Krieg geführt/bißweilen auch selbst persönlich dem Heerläger beygewohnt. War wegen der Begierd zu kriegen bey den Cardinälen sehr verhaßt/vnd von denselben nacher Pisa auf ein Concilium beruffen/Julius aber wolt sich nicht eynstellen/sondern degradiert alle Cardinäl mit einander.

1513. 245. Leo der Zehend/vom Geschlecht Medices/regiert 8.jahr/8.Monat/21.Tag/hat mit seiner Freygebigkeit viel vertriebene gelehrte Griechen nach Rom gebracht/vnd die guten Künst in Italia hefftig gepflantzt. Hat an hertzog Friderichen in Sachsen geschrieben/er wölle Lutherum auß seinem Land vertreiben/oder hinrichten/vnd desselben Bücher verbrennen/oder jhn gen Rom schicken/wofern er in 60.Tagen seinen Glauben nicht werde verläugnen.

1522. 246. Hadrianus der Sechst/ein Niderländer/Keyser Caroli deß Fünfften Præceptor vnd Raht/ein sehr gelehrter Mann/regiert 1.jahr/8.Monat/6.Tag/war mit Gifft hingericht.

1523. 247. Clemens der Siebend/zuvor Julius Medices genannt/regiert 10.Jahr/10.Monat/8.Tag.
Vnder diesem Clemente hat Carolus Quintus Rom eyngenommen/vnd den Bapst in der Engelburg belägert/denselben auch/vom sechsten Maij biß auff den December in guter Verwahrung gehalten. Welches darumb beschehen/daß sich mehrermelter Clemens/wider sein Trew vnd Eydt/mit den Frantzosen vnd Venetianern verbunden.

1534. 248. Paulus der Dritt/zuvor Alexander Farnesius genannt/regiert 15.Jahr/29.Tag. Hat der Jesuiter Orden bestättiget/vnd das Concilium zu Trient angefangen.

1550. 249. Julius der Dritt/regiert 5.jahr/1.Monat/6.Tag. Hat durch Cardinal Polum in Engelland grosse Verfolgung angericht.

250. Marcellus der Ander/regiert 21.Tag.

251. Pau=

Von Italia. 407

251. Paulus der Vierdt / zuvor Johann Peter Carapha genannt / ein Neapolitaner / regiert vier jahr / 2. Monat / 27. Tag / wolt Keyser Ferdinandum nicht bestättigen / darumb daß er den Religions Frieden nicht auffgehoben. *Im Jahr Christi. 1555. Pauli 4. Bildnuß.*

252. Pius der Vierdt / regieret drey jahr / zwölffthalb Monat. Als man in dessen Krönung newe pfenning außgeworffen / sind vnder dem Getreng 14. Personen zu todt gedruckt / vnd 40. sonst jämmerlich zertretten worden. 1560.

253. Pius der Fünfft / regiert sechs jahr / ward vom Stein sehr geplagt / vnnd pflegt in seiner Kranckheit zu Gott zu schreyen: HErr / in dem du den Schmertzen vermehrest / so vermehre mir auch die Gedult. Hat den Zorn nicht lang getragen / vnnd seinen Feinden leichtlich verziehen. 1566.

254. Gregorius der Dreyzehendt / zuvor Hugo Boncompagni genannt / regiert 13. jahr / hat die Teutschen sonderlich geliebt / vnd denselben zu Rom ein schön Collegium gebawen / so jährlichs 10000. Cronen Eynkommens hat / in welchem etwan 100. Teutsche Studiosi erhalten worden: hat den Calender geändert / damit der Tag vnd Zeit im Jahr widerumb in die Ordnung gebracht würde / wie sie zur zeit deß Nicenischen Concilij gewesen. 1572.

255. Sixtus der Fünfft / zuvor Felix Perennetus genannt / auß einem schlechten Dorff bey Ancona bürtig / regiert 5. jahr / hat zu Rom viel gewaltige Gebäw aufgericht vnd die Statt merckliche gezieret. 1585.

256. Vrbanus der Siebend / regiert gar wenig tag.

257. Gregorius der Vierzehend / regiert ein par Monat.

258. Innocentius der Neundt / regiert vom Octob. biß in December.

259. Clemens der Acht / von Fano bürtig / regiert 13. jahr.

260. Leo der Eilfft / von dem Geschlecht Medices / regiert 28. tag. 1591.

261. Paulus der Fünfft / von Rom / von dem Geschlecht Borgese / regiert 15. jahr / 8. Monat / vnd 12. Tag. 1605.

262. Gregorius der Fünffzehende / von Bolognien / auß dem Geschlecht Ludovisi / regiert 2. jahr / 4. Monat / 29. Tag. 1621.

263. Vrbanus der Achte / von Florentz / auß dem Geschlecht Barbarino / Regiert noch heutiges tags. 1623.

Von etlichen fürnehmen Statuten vnd Regeln / welche auff den Comitiis vnd Erwehlung eines newen Bapsts observiert vnnd gehalten werden / auß dem Onuphrio vnd Römischen Pontifical.
Cap. viij.

NAch Absterben eines Bapstes sol man warten zehen Tage / ehe dann ein anderer gewehlet wirdt / vnder deß hält man Begängnuß deß Verstorben / vnd werden die Wehler zusammen beruffen. Da sihet man rennen vnd lauffen / vnd manigfaltige Practicken / so da treiben diejenigen / welche zu solcher Dignitet aspiriren vnd darnach trachten / Also daß man allenthalben muß auffsehen der Verräherey / Finantzerey / vnd andern dergleichen bösen Tücken vorzukommen. Der Römischen Kirchen Kämmerer / sampt denen so zur Kammer gehören / richten das Conclave zu / lassen alle Thüren vnd Fenster deß grössern Königlichen Saals vermawren / biß auff die Thüren da man zur Capellen vnnd in den andern Saal gehet. Die eussersten Porten deß Saals versperret man mit vier eysern Riegeln vnd Schlössern / vnd wird nur in der mitten ein kleines Thürlein oder Fenster gelassen / dadurch man Speiß vnd Tranck kan hineyn reichen. Inwendig brennen allenthalben Lampen. Man machet vnderschiedene Kämmerlein von Teppichen oder Tuch / darinnen die Wehler wohnen / nach dem das Loß einem jeden fället. In Summa / das Conclave wirdt allenthalben dermassen versperret vnd vermawret daß nur ein einiger Eyngang bleibt / vnd niemandt kan mit denen / so darinnen seyndt / reden / noch dieselbigen sehen oder etwas heimlich hineyn schicken. Weil man also das Conclave zubereitet / versamblen sich die Cardinäl zum offtermal / vnd kommen zusammen / entweder in der Sacristey oder Kirchen / in welcher man deß verstorbenen Bapsts Begängnuß hält / oder ins Kämmerers Hause / verordnen vnd bestellen allda vnder andern auch etliche Guardi / das Conclave zu bewahren. Das eusserste Thor am Pallast fiehlt man etwan einem mächtigen Prælaten/daſſelbige/als bald der Bapſt verſchieden iſt mit gewapneter Handt tag vnd nacht zuverwahren/vnnd die Vätter zu beſchützen mit zwey oder drey hundert Knechten.

Die andere Guardi iſt an der erſten Thür/da man zum Conclavi hinauff gehet/wird den Conſervatorn vnnd Hauptleuten der Statt Rom/ſampt etlichen Edlen Burgern zuverwahren befohlen.

Die dritte Hut iſt an der andern Thür baß hinauff/die pflegt man zu befehlen den Weltlichen Bottſchafften der König oder Fürſten/oder ſonſt groſſen vnd gewaltigen Herren/ſo viel man deren von nöhten hat.

Die vierdte Cuſtodi oder Wacht iſt an der Thür deß Conclavis/welche man pflegt zu befehlen den gröſten ſechs oder acht Prælaten deß Römiſchen Hofs/auß allerley Nationen/ſie ſeyen gleich Legaten oder nicht.

Solches alles zuverordnen ſtehet bey dem Raht der Cardinäl/nach Gelegenheit der Stätt vnd Zeit. Die drey letzten Guarden/tretten an die Thür/wenn die Vätter ins Conclave gehen. Zwen Schlüſſel zur Thür deß Conclavis/vnd einen zum Speiſe Fenſter/behalten die Hüter derſelbigen Thür herauſſen. So haben die Clerici Ceremoniarum auch zween darinnen. Daß man alſo weder die Thür noch das Speiſe Fenſter kan öffnen/ohne Bewilligung beyder Parthey/die drinnen vnd drauſſen ſeyndt.

Im Anfang der Römiſchen Kirchen/ſeynd nicht allein die Clerici/als nemlich die Prieſter vnd Diaken der Statt Rom/ſondern auch das gantze Volck in der Bapſtwahl zugelaſſen worden/ dieſelbige durch jhre Gegenwertigkeit zubeſtättigen. Dieweil aber viel Hader/Zanck/Auffruhr/ vnd Krieg in der Bapſtwahl erwuchſe/dadurch das eine Theil deß Volcks hieher/das ander dort hin hienge/etlich mal auch durch die Keyſer einer mit gewalt abgeſetzt/der ander eyngeſetzt ward/ hat Bapſt Nicolaus der Ander/ein Statutum gemacht im Contilio Lateranenſi im Jahr 1059. daß allein die Cardinäl ſollen einen Bapſt wehlen. Solch Statut haben nachmals confirmiert Alexander 3. im Concilio zu Senis/Gregorius 10. im Concilio zu Lugdun/vnd Clemens 5. im Concilio zu Wien/vnd hat ſolch Statut den Bäpſtlichen Stul auß groſſer Noht entlediget.

Auff daß aber alle Spaltung auffgehaben wurden/ſetzt Alexander 3. im gemeinen Concilio/daß der ſolte für recht erwehlt geachtet werden/auff welchen zwey theil der Wehler ſtimmeten.

Bapſt Symmachus hat verbotten/daß weil ein Bapſt beym Leben ſey/keiner ſich vnderſtehen ſolle/durch Wort/Schrifft oder Verheiſſung/Eyde/oder durch andere wege zu handeln auf einen Succeſſorem/wer darwider thät/ſol aller ſeiner würden entſetzt/vnd darzu im Bann ſeyn: Wer auch einen ſolchen Vbertretter angibt/ſol ohne ſtraaf ſeyn/vnd reichlich begabt vnd belohnt werden. Es ſolte auch keiner auſſerhalb deß Conclavi Fug oder Macht haben/jemand einig Suffragium oder Stimme zu geben/es geſchehe auff waſerley weg es wolte.

Gregorius 10. hat ſtatuirt vnd verordnet daß nach Abſterben deß Bapſtes/die Cardinäl ſo vorhanden ſind/nicht länger dann 10. Tag ſollen auff die Zukunfft der Abweſenden warten/vnd dann alsbaldt zur Wahl greiffen. Sie ſolten auch in einem Conclavi/da der vorige Bapſt reſidiert vnd Audientz gehalten/verſchloſſen werden/vnd ein jeder nit mehr als einen Diener oder zur nohtzwen mit ſich in das Conclave nehmen. Wenn ſie auch in dreyen tagen die Wahl nicht vollziehen/ſo ſolte man jhnen fünff tag hernach Abends vnd Morgents nicht mehr als ein Gericht zu eſſen geben. Wann ſie nach denſelbigen 5. tagen ſich noch nicht verglichen/ſol man jhnen nichts dann Brodt/ Wein vnd Waſſer geben/biß ſo lang ſie einen Bapſt erwehlten. Solch Decret beſtättigte vnd verbeſſerte Bapſt Clemens.

Es ſolten auch nicht allein die anweſende Cardinäl/ſondern auch die Abweſenden/ja auch ſonſt ein jeder was Würdens oder Standes der ſey/zum Römiſchen Bapſte können erwehlt vnd creirt werden.

Wie vnd waſerley geſtalt ein newer Bapſt im Conclavi erwehlt wird.

Wann nun der verſtorbene Bapſt 9. tage lang begangen iſt/alsdann verſamblen ſich die Wehler am zehenden Tage in S. Peters Kirchen/oder ſonſt an einem bequemen Ort/da ſie dann eine Meß halten laſſen. Es pflegt ſich auch ein gelehrter Mann durch eine Predigt oder Lateiniſche Oration zuermahnen/daß ſie hindan geſetzt allen eygnen Nutz/Gott allein für augen haben/vnd die allgemein Römiſche Kirchen trewlich mit einem tüchtigen Hirten verſorgen. Nach der Meß/ oder ſonſt zu gelegener ſtund/wenn ſie wollen ins Conclave gehen/tregt der Clericus Ceremoniarum das Bäpſtliche Creutz/zu forderſt gehen drey vorgehender Cardinäl Diener/welche Leyen ſind/nach demſelbigen die Cantores/die ſingen den Hymnum/Veni ſancte Spiritus,&c. Nach dem Creutz gehen die Cardinäl mit ſchwartzen Trawermänteln/vnd denen nach gehen die Prælaten vnd andere Clerici deß Röm. Hofs. Ehe denn ſie alſo in das Conclave gehen/pflegt ein jeder ſein Hofgeſinde für ſich zufordern vnd ſie zuermahnen/Gott trewlich zu bitten/daß er den Vättern ſeinen H. Geiſt geben wolle/in ſolcher Bapſtwahl zuthun/was ſeinem Göttlichen Willen wolgefällig fellig vnd der H. Römischen Kirchen / sampt gantzer gemeiner Christenheit Nutz sey / Item daß sie vnder deß tag vnd nacht das Hauß wol verwahren / dem Hoffmeister gehorsam seyn / friedlich vnd geruhlich mit einander leben / vnd nit viel auff der Gassen spatzieren / sonderlich bey der Nacht daheim bleiben sollen. Es pflegen sich auch die Vätter / ehe denn sie ins Conclave gehen / allzuvor mit Beichten vnd Communicieren zuversöhnen / auff daß sie der Gnade deß H. Geistes / solche grosse sachen zu handlen desto fähiger seynd.

Wann sie nun alle im Conclave seyndt / da nimpt der oberste Cardinal / vor dem Altar / in beyseyn eines Notarij / einen leiblichen Eydt auff das H. Evangelion / von allen Hütern deß Conclavi. Die von der andern vnd dritten Guardi müssen schweren / daß sie getrew vnd fleissig wollen seyn den Pallast vnd Conclave zu bewahren. Die Hüter von der vierdten Guardi so die innerste Thür bewahren / müssen schweren / dz sie niemand zur Porten deß Conclavis wöllen gehen lassen / dz sie auch nichts hinein werffen noch schreiben wöllen lassen / ohn verwilligung deß gantzen Collegij / oder schrifften so an das gantze Collegium lauten. Item daß sie alle Speiß vnd Gefäß / die man hineyn gibt / mit höchstem fleiß trewlich besichtigen vnd ersuchen / auff daß nicht etwan Brief darinnen verborgen seyn.

Wann nun jederman hinauß ist / da vermahnet der oberst Bischoff Cardinal die anderen Cardinäle / daß sie behertzigen sollen / wie groß die Sach seye / die sie fürhaben / daß auch kein grössere seyn köndte / derhalben sie zu Gedächtnuß führen sollen / was die heiligen Vätter für Weiß vnnd Form in dieser Wahl zu gebrauchen befohlen haben. Wann solches geschehen / vnd das Conclave versperret ist / pflegen sie alle Winckel vnnd heimliche Oerter mit brennenden Fackeln fleissig zu durchsuchen / auff daß ja niemandts darinnen bleibe / der nicht hineyn gehöret.

Wann der Cardinäl Diener zu Mittag oder Abendts Essen bringen / müssen die Knechte / so die Cornuten oder Körbe tragen / bey der andern Guardi bleiben / Allein deß Cardinals Haußvogt sampt zweyen so die Cornuten tragen / dörffen mit zur letzten Guardi gehen / allda sollen die Prælaten / so die Hut halten / die Cornüt öffnen / alle Speiß vnd was darinnen ist durchsuchen / daß kein Brieff darinnen seye. Darnach läst er deß Cardinals Diener / so darinnen seyndt / zum Fenster herfür fordern / vnd die Cornüt mit der Speiß / sampt dem Wein in Gläsern / jnen überantworten. Also daß kein Diener so heraussen sind zum Fenster kommen / noch hineyn sehen möge / darumb sie auch zur selbigen zeit ein Tuch für dem Fenster haben hangen / daß man niemandts darinnen sehen kan.

Wann die Vätter essen oder sonst etwas in jhren Cellen thun / sollen die Fürhänge fornen vnnd zur Seiten allweg offen stehen / allein nicht wann sie deß Tages oder Nachts am Bette ruhen.

Wann sie versamblet in Händeln sind / tragen sie Croceas an / das sind lange schwartze Mäntel / oben zu halse gefalten / fornen gantz offen / gleich wie die Prælaten Kappen / ohn daß kein Gugel dran ist. Sonst in jhren Cellen / oder wenn sie auff dem Saal spatzieren / mögen sie in Rocheten (das sind Chorhembder) gehen / oder kurtze Mäntel drüber anlegen jhres gefallens.

Es ist auch der Brauch jetzo zu vnsern zeiten / daß die Cardinäl auß gemeiner Willkür vnnd Bewilligung eiwan statuta machen / ehe dann sie zur Wahl greiffen / durch den künfftigen Bapst zu confirmieren / wenn sie dieselbigen gemacht haben / vnderschreibt sich ein jeder / vnd verpflichten sich mit einem Eyd dieselbigen zuvollziehen / wenn sie zum Bapst gekoren würden. Darnach greiffen sie zu der Wahl.

Die Vätter sollen in der Wahl mit fleiß halten / der H. Vätter Gesetz / nemlich Nicolai 2. Alexandri 3. Gregorij 10. Clementis 5. vnd 6. vnd andere mehr / auff daß die Wahl nicht möge angefochten werden / dann hierinn hat der geringste so viel macht als der oberste Cardinal / vnd gilt keiner mehr als der ander / dann welcher zwey theil der Stimmen hat in der Wehlung / derselbige ist ohne zweifel Bapst. Dann ein jeder Cardinal hat sein suffragium oder Stimme in der Wahl / als bald er creirt vnd publiciert ist. Es were dann daß jhm der Bapst den Mund verschlossen / vnd nicht widerumb geöffnet hette / vor seinem Absterben.

Wiewol nun ein Römischer Bischoff / der Canonice eyngesetzt ist / von keinem Menschlichen Gericht mag gerichtet werden / er falle dann in Ketzerey / vnd werde ein Ketzer. Doch wo er sich deß Bapstumbs vnderwindt wider die Form der obbemelten Constitution / so ist er sampt allem seinem Anhang im Bann. Deßgleichen wann er durch Auffruhr / Eyndringen / oder sonst einigerley Practicken oder Betrug erwehlet wirdt.

Wann nun die Cardinäl wöllen zur Wahl greiffen / bleiben sie allein in der Capellen / da sie die Meß haben gehört / vnd sitzen auff Bäncken herumb. Auff dem Altar stehet der lährte Kelch / sampt der Paten darauff. Für dem Altar stehet ein Tischlein / mit einem rohten Tuch bedeckt / darauff ist Dinten vnd Papier / darneben setzt man drey Schämel / auff dem Mitlern / sitzt der oberst Bischoff Cardinal / auff dem zur Rechten / der oberst Priester Cardinal / zur Lincken der oberst

Das vierdte Buch

Diaken Cardinal. Alsdann gehen der Sacrist vnd der Cardinäl Diener in die grösseren Capellen auff dem Schlaffhauß/ allein die Ceremoni Clericken warten draussen für der kleinern Capellen/ darinn man wehlet/ ob die Herren etwas bedörffen. Alsdann ermahnet der oberst Cardinal die Wehler/ dz sie die Römische Kirch versorgen wollen/ mit einem geschickten vnd tüchtigen Mann/ der solche Last nutzlich tragen könne.

I. Die erste Wahl so canonice geschicht wird genannt/ Via Spiritus Sancti.

Nachmals fragt er/ welchen Weg sie zur Wahl fürnehmen wollen. Nemlich ob sie durch Compromiß oder durch Scrutinium wollen wehlen: Ob nun jrgend der Cardinal einer herfür trette/ vnd rede auff diese Meynung. Lieben Herrn/ dieweil ich erkandt hab die sonderliche Tugent vñ Geschicklichkeit/ ec. Deß allerehrwürdigsten Herrn N. N. Achte ichs fürs beste man erwehlet jhn zum Papst ohne fernern Proceß/ vnd ich wehle jhn zum Bapst der H. Röm. Kirchen/ ec. Wann alsdann die andern Cardinäl/ oder auffs weniste zwey Theil derselbigen in diese Rede willigen/ vnnd denselbigen genannten zu gleicher weise/ auch mit lebendiger Stimme wehlen/ so ist derselbige canonice erwehlt/ vnd warhafftiger rechter Bapst/ vnd solche Wahl/ die ohne Zettel oder Compromiß geschicht/ wird genannt/ Via Spiritus Sancti, deß H. Geistes Weg/ welchen die Vorfahren offt haben gebraucht.

II. Die ander weiß zu wehlen durch Compromiß.

Die andere Weiß zu wehlen ist durch Compromiß/ dieselbige gehet also zu.

Erstlich müssen die Wehler alle willigen zu compromittiren/ sonst hette es keine Krafft. Es were dann daß zwey theil der Wehler/ so lang auff der Meynung beharzen/ biß die Compromissarij den Erwehlten eröffneten oder nenneten vnd die Compromittenten dasselbige annehmen/ alsdenn were derselbige canonice erwehlt/ als der von zweyen theilen erwehlet ist. Die Form deß Compromiß ist die. In nomine Domini Amen. Wir Bischoffe Priester vnd Diaken der H. Römischen Kirchen/ Cardinäl alle vnd jede/ so wir im Consistorio seynd/ N. N. N. ec. Nach dem wir gehandelt haben von der Wahl deß Römischen Bischoffs/ lassen vns gefallen durch Compromißweiß zu wehlen/ vnd darauff haben wir einhellig vnd einmütiglich ohne jemands Widersprechen zu Compromissarien erwehlt/ die Ehrwürdigsten Herrn N. N. ec. Cardinäl/ denselben geben wir volle Macht vnd Gewalt/ die H. Römische Kirch mit einem Hirten zuversorgen/ der gestalt daß zwey auß jhnen mögen den Dritten/ oder sie alle drey einen vom Collegio der andern wehlen/ oder aber sonst einen außwendigen erwehlen. Wollen auch dz solche Gewalt weren sol/ so lang biß das Kertzlein/ so mit aller Bewilligung angezündet ist/ verbrandt sey. Verheissen auch den für einen Römischen Bischoff anzunehmen/ welchen gemeldte Compromissarij in vorgemelter Form erwehlen werden/ ec.

III. Die dritte Form zu wehlen durch scrutinium.

Darnach sitzen die drey Compromissarij besonders an einen Ort/ vnd protestieren/ Erstlich daß sie mündlich nichts bewilliget wollen haben: Sondern nur schrifftlich/ vnd das darumb/ daß keiner dem andern in worten gefähren könne/ sondern ein jeder gegen den andern ohne Nachtheil freundliche vnd ehrerbietige Wort möge reden.

Die dritte gemeine Weiß zu wehlen ist/ durch heimlich erforschen/ wenn dieser Weg angenommen wirdt/ muß man zum ersten bedencken/ ob auch desselbigen Tags anzunehmen sey der vierdte Weg/ welcher geschicht per accessum durchs zufallen. Darnach gehet einer nach dem andern zum Altar/ kniet darfür vnd betet/ darnach küsset er sein zettelein/ vnd legt es in den Kelch also versiglet/ darein mag ein jeder/ einen/ zween oder drey seines gefallens schreiben vnd wehlen/ wenn nun also aller Cardinäle Zettelein in dem Kelch ligen/ sitzt ein jeder an seinem Ort/ hat Dinten vnd Papier vor jm/ darauff aller Wehler Namen verzeichnet sind/ jedes besonder an einer Zeil. Alsdann nimpt der oberst Cardinal den Kelch sampt dem Diaken Cardinal/ schüttet die Zettel allesampt auff die Paten/ nimmet darnach einen Zettel nach dem andern/ zeigt einen jeglichen dem obersten Priester Cardinal/ vnd gibt jhm darmit dem Diaken Cardinal in die Hand/ derselbige öffnets/ vnd verkündigt öffentlich/ welchen ein jeder in seinem Zettel benennet hat/ das verzeichnet ein jeder auff sein Papier/ die obersten Drey rechnen/ vnd der Diaken richts auß/ wie viel Stimmen ein jeder hat. Wann keiner funden wirdt/ der gnugsame Stimmen oder Vota hat/ so läst man denselben Tag beruhen/ dann man höret einen Tag nicht zweymal die Vota.

IV. Der vierdte weg zu wehlen geschicht per accessum.

Deß folgenden Tags wehlen sie abermal/ vnd also fort/ biß einer zwey theil der Stimmen vberkommet. Wo nicht/ so greifft man zum vierdten Weg/ vnd wehlet per accessum durchs zufallen/ das gehet also zu. Es stehet einer auff vnd spricht: Ich falle dem N. in seiner Wahl zu/ vnd wehle mit jhm den N. deßgleichen thut auch der Ander/ der Dritt/ ec. biß so lang daß einer funden wird/ der zweyer Theil Stimmen hat/ der Letzte so zufället/ vnd die Wahl beschleust/ spricht also: Vnd ich falle zu meinem Herren N. vnnd mache jhn zum Bapste. Wenn aber in solchem Zufallen jhrer zween zugleich zweyer theil Stimmen vberkommen/ so ist die Wahl auff diesen fall aber vergeblich.

Im zufallen sollen auch die jüngern Cardinäl nicht von stund an zuplatzen/ sondern den Eltern die Ehr vnd Vorzug lassen/ vnd warten biß derselbigen einer das zufallen anfahe. Wann aber die Eltern verziehen/ so mögen die jüngern wol anfahen.

Wir

Von Italia.

Wir lesen/daß etwa vor zeiten/wann jrer zween gleiche Stimmen gehabt haben/so hat der oberst Cardinal den Bapstmantel vber derselbigen einen geworffen/vnd gesagt: Ich investier dich zum Bapsthumb/daß du vorseyest der Statt vnd der Welt. Aber nun zur zeit hält mans nicht. Sondern wenn zwey Theil einen wehlen/der ist ohn zweyffel rechter Bapst. Jedoch pflegen die andern vbrigen denselbigen auch zuzufallen. Als denn stehet der oberste Cardinal auff/vnd wehlet denselbigen zum Bapst/im Namen deß gantzen Collegij.

Wie der gewehlte Bapst erfordert/bekleydet/angenommen vnd geehret wird.

Nach der Wahl erkündigt man sich bey dem Erwehlten/ob er darinn wolle bewilligen vnd das Pontificat annehmen. Wann er dann bewilliget/so stehen die Cardinäl alle auff/vnd wünschen jhm zum ersten glück/darnach ziehen sie jhm die schwartzen Crocea vnd das kleine Käplein ab/vnd setzen jhn mit dem Rochet oder Chorhembd auff einen Stul vor den Altar/stecken jhm den Bäpstlichen Pitzschafft Ring/so man annulum Piscatoris nennet/an/vnd fragen was für einen Namen er haben wolle/vnnd alsdañ pflegt er zu subscribieren oder zu vnderschreiben die Statuta/ welche sie vor der Wahl beschlossen vnnd bestättiget haben/vnnd etliche Supplication zu signieren.

Vnder deß öffnet der oberst Diaken das Fenster in der Capellen/gegen dem Platz/da das volck wartet vnnd recket das Creutz hinauß gegen dem Volck/vnd schreyet mit heller Stimme. Ich verkündige euch ein grosse Frewde/Wir haben einen Bapst/der N.ist zum Bapst erwehlet/vnd hat jhm erkohren den Namen N.ic. Darnach führet man den Erwehlten in die Sacristen/vnnd ziehen jhm die Diaken Cardinäl die vorigen gemeine Kleyder abe/welche nach alter Gewohnheit den Clericis ceremonialibus gebüren/vnd wird mit Bäpstlichen Kleydern bekleydet. Als nemlich man legt jhm an einen weissen wüllinen Rock/rohte Hosen/rohte Schuh/darauff ein gülden Creutz/ein rohten Gürtel mit güldenen Spangen/ein rohr Baret/vnd zu letzt ein schön weiß Rochet oder Chorhembde. Darnach legen sie jhm die Priesterkleyder auch an/ein lange Alben ein Gürtel/ein Stolam mit Perlen gestickt/ist er Priester/so legt mans jhm vmb den Halß/ist er Diaken/so legt mans jhm auff die lincke Achsel/ist er Subdiacon/oder darunder/so legt man jhm kein Stol an.

Wann er also angethan ist/führen sie jhn herauß/vnd setzen jhn wider auff bemeldten Stul/da signiert er viel Supplicationes / Alsdann legen die Cardinäle die schwartzen langen Mäntel oder Croceas/vnd die kleinen Käplein abe/vnnd ziehen jhre Kappen widerumb an/geben dem newen Bapst einen köstlichen rohten Chormantel vmb/vnd setzen jm die güldene Cron voller Edelgestein auff/vnd setzen jhn auff den Altar/da gehen alle Cardinäl nach einander hinzu/thun jm Reverentz vnd küssen jhm die Füß/Händ vnd den Mundt.

Vnder dessen öffnet man alle Thüren an dem Conclavi/reist alle Riegel hinweg/vnd stösset die Mawren in Thüren vnd Fenstern auß/man leutet alle Glocken/vnd erzeigt allerley Frewden zeichen.

Darnach gehet das Creutz vnnd die Cardinäle vor/vnd führen den newen Bapst hinab in S. Peters Kirchen/da legt er sich nider vor dem Altar/ohne Cron/vnd betet ein weile/dancket Gott vnd den heiligen Aposteln. Darnach wann er auffsteht/setzen sie jhn mit der Cron auff den Altar/vnnd der oberst Cardinal kniet nider/vnd fahet an das Te Deum laudamus, das singet die Canterey vollens auß/vnder deß gehen die Cardinäl nach der Ordnung hinzu/küssen jhme die Händt vnd den Mundt/deßgleichen die andern Prælaten vnd Adeliche Personen so vorhanden sindt.

Wann das Te Deum laudamus auß ist/so tritt der oberst Cardinal zum Altar/vnd spricht ein Pater noster, Versicul vnd Collect/vber den newen Bapst.

Darnach steigt er von dem Altar/vnnd gibt den Setzen vber das Volck. Gehet also widerumb mit dem Creutz vnd Procession in die Bäpstliche Wohnung/vnnd ein jeder Cardinal zu Hause.

Ehe daß der Bapst gekrönt wird/pflegt er nicht Consistoria zu halten/auch nicht Lehen zuverleyhen/oder Kirchen zu providieren. Es were dann daß die Krönung verzogen würde/vnd die Notdurfft solches erforderte.

Der Römische Bischoff thut gar keinem Menschen Reverentz/also daß er offentlich gegen jhm auffstünde/das Haupt neygte/oder entblöste. Aber wann er den Römischen Keyser hat für sich gelassen/daß er jhm sitzend die Füß vnnd Händt küsset/stehet er darnach ein wenig auff/vnd vmbfahet jhn zum Kuß deß Mundes freundlich/als zum Zeichen der Liebe gegen einander. Deßgleichen thut er vnder weilen auch den grossen vnnd mächtigen Königen / alle andere Fürsten vnd Prælaten/weß Standts oder Würdens die seyn/wann er sie zum Munde küssen läst/bleibt er sitzen.

Jedoch wann Cardinäl oder grosse Fürsten zu jhm kommen/ da er nicht in Pontificalibus sitzt/ vnd thun Reverentz/ pflegt er das Haupt ein wenig zu neygen/ gleich als zur GegenReverentz.

Von der Weyhung vnd Wehlung deß erwehlten newen Bapsts.

Do der erwehlte Bapst nicht geweyhet ist/ mag er sich einen Tag lassen weyhen/ zum Epistler/ Evangelier vnd Priester/ seines gefallens/ darbey dann viel Ceremonien vnd Gepräng gehalten werden.

Wann man nun die Segnung vnd Krönung will anfahen/ legt sich der Bapst sampt andern im Pallast an/ darnach gehen sie mit dem Creutz vnd Proceß herunder in Sanct Peters Kirchen. Zween Diacken Cardinäl tragen auff beyden seiten die Leysten an deß Bapsts Chormantel. Den Schwantz deß Chormantels sol tragen der Edleste Ley so am Hofe ist/ wenn es gleich der Keyser selbst/ oder ein König wäre. Acht Edelleuth oder Oratores sollen den Himmel tragen an acht Stangen.

Wann er für das Palatium bey S. Peters Kirchen kompt/ setzt er sich vnd nimpt die Thumbherrn/ sampt dem gantzen Capitel S. Peters an zu Fußküssen. Darnach geht er in die Kirchen/ setzt sich in S. Gregorij Capellen/ nimpt die Cardinäl sampt andern Prælaten an zum Kuß vnd Reverentz. Darnach gibt er den Segen vber das Volck.

Von Alters her/ hat nach der Vätter Satzungen/ der Bischoff von Ostia den Bapst vnd Keyser geweyhet vnd gekrönt/ aber jetzund thut es der älteste Cardinal/ sampt andern zweyen ältern/ von Friedens wegen.

Wann nun alle ding zubereitet seynd/ hebt sich die Procession an zum hohen Altar/ da die Meß vnd Weyhung soll gehalten werden. Gehet also das Hofgesind vnd Prælaten/ ein jeder in seiner Ordnung vorher. Zuletzt gehet ein Minister Ceremoniarum für den Bapst/ derselbige trägt zwey Rohr/ auff dem einen ein brennende Kertzen/ auff dem andern ein Flachs oder Werck/ vnnd als bald der Bapst auß S. Gregorien Capellen/ da der Bäpste Begräbnuß ist/ tritt/ kehrt sich der Ceremoniarius gegen jm/ zündet das Werck an/ kniet nider/ vnd spricht mit heller Stimme: Sancte pater sic transit gloria mundi: vnd solches thut er zu dreyen malen/ ehe dann sie zur Capellen Thür kommen.

Wann also der Bapst mit der Procession herumb kommet/ vnd zur andern Thür wider hinein gehet/ ehe denn er zum Gitter kompt/ gehen drey junge Priester Cardinäl entgegen/ vnd küssen jn auff den Mund vnd Brust.

Wann das Kyrieleyson in der Meß gesungen ist/ hält man still/ vnnd tretten die ältesten drey Cardinäl für den Bapst/ spricht ein jeder ein Collect oder Gebet vber jhn.

Darnach tritt der Bapst zum Altar/ vnd legen jhm die zween Diacon den Mantel/ so sie von S. Peters Leib vnd Altar genommen haben/ an: Mit diesen Worten: Empfahe den Mantel/ die heilige Fülle deß Bischofflichen Ampts/ zu Ehren deß Allmächtigen Gottes/ der allerehrwürdigsten Mutter GOttes Mariæ/ deß H. Apostels Petri vnd Pauli/ vnnd der heiligen Römischen Kirchen/ hefftet jhm also den Mantel zu. Also räuchert denn der Bapst den Altar/ vnd setzt sich alsdann auff einen hohen Stul/ nimpt die Cardinäl sampt andern so zu gegen/ zu Reverentz deß Küssens.

Nach dem Gloria in Excelsis, wenn die Collecten gelesen seynd/ so setzt sich der Bapst nider/ vnd der Diacon gehet mit einem Stäblein/ sampt dem Subdiacon/ Auditorn/ Secretarien vnd Advocaten hinab in S. Peters Confession/ daselbst stehen sie auff zweyen Chören gegen einander/ mit blossem Haupte/ vnd sprechen dem Bapst Laudes: Nach den Laudibus list man die Epistel Lateinisch/ vnd darnach auch Griechisch. Hält die Meß fort biß zum Ende. Nach der Meß nimpt man die Krönung für. Der Bapst legt an die Handtschuch/ Ring vnnd alle Parament/ gehet sampt den Cardinälen vnnd Officialen hinauß zu Sanct Peters Staffeln/ da ist ein hohe Bühne bereitet/ darauff sitzt er auff einem hohen Stule. Wann nun alle Prælaten sich haben versamblet/ vnd das Volck für die Kirchen auff den Platz hinauß ist getretten/ so nimpt der Diacon zur Lincken dem Bapst die Bischoff Jnful von dem Haupt/ der ander Diacon zur Rechten/ setzt jhm die Dreyfache Kron (welche man das Regnum nennet) auff das Haupt/ vnnd alles Volck schreyet Kyrieleyson/ Alsdann verkündigen die zween Diacon vollen Ablaß oder plenarias indulgentias, der zur Rechten Lateinisch/ der zur Lincken Teutsch. Nach dem allem rüstet man die Procession zu/ gen Lateran.

Pomp oder Gepräng der Bäpstlichen Procession deß erwehlten Bapsts gen Lateran.

Weil sichs aber gemeiniglich fast weit/ auff den Tag verzeugt/ vnd ein ferrner Weg ist gen Lateran/ daselbst auch viel außzurichten/ pflegten sie zuvor etwas zu essen/ damit sie nicht krafftloß werden: In deß Ertzpriesters Hauß bereitet man essen für den Bapst vnd die Cardinäle/ aber die an-

Von Italia. 413

die andern Prælaten essen sonst in der Thumbherrn Häuser hin vnd wider. Wann man gessen hat/ rüstet sich der Bapst vnnd alle andere zu reiten/ vnnd ziehen nach einander gen Lateran/ in solcher Ordnung.

Von ersten ziehen die Cardinäl Valisari in ihrer Ordnung/ darnach ihr Hofgesind vnnd alle Leyen durch einander/ wie ein jeder zu massen kompt. Auff die folgen deß Bapsts Balbierer vnd Schneider/ führen rohte Wadsäcke/ darinnen sind die Kleyder/ so ihrem Herzen zustehen. Deß Bapsts Hofdiener vnd Trucksessen/ die minderen Edelleut an dem Hofe/ vnd der Cardinäl Vettern vnd Gefreundte. Item/ deß Bapsts Leyter mit einem rohten Tuch verdeckt/ trägt ein weisses Pferdt/ das führt einer auß deß Bapsts Parafrenarien oder Trabanten/ mit Purpur bekleydet. Wann der Bapst auff das Pferdt ist gesessen/ so geht derselbige Parafrener mit bemeldter Leyter in seiner Ordnung/ führt das Pferdt beym Zaum mit der rechten Handt/ vnd trägt einen rohten Stab in seiner lincken Handt.

Nach dem reiten zwölff Cursores deß Bapsts/ auch in rohtt bekleydet/ je zween neben einander/ vnd führen 12. rohte Fahnen.

Nach diesen reiten 13. Fenderich/ der Zunfftmeister oder Viertheilsmeister der Statt Rom/ mit ihren Cherubin Fahnen/ welche etwas grösser sind dann die andern Fahnen/ seynd allesampt mit rohtt bekleydet. Nach dem reitet der Fenderich der Statt Rom mit seiner Fahnen/ vnd deß Römischen Volcks Wapen. Darnach führet der Procurator deß Teutschen Ordens vnser lieben Frawen ein weisse Fahne oder Panier/ mit einem schwartzen Creutz. Darauff folget deß Bapsts Panier/ welches führt etwan ein grosser Edelmann. Item der Kirchen Panier. Vnd darnach zu letzt führt der Procurator deß Ordens der Jerosolymitaner Ritter/ eine rohte Fahne mit einem weissen Creutze.

Diese fünff Fenderich reiten gantz Kürische Pferde/ mit Seidenen Decken bedeckt biß zu den Schenckeln/ daran ihre Wapen. Sie führen auch vollen Harnisch ausser dem Helm/ als wolten sie in Streit ziehen/ mit Seydenen Flügeln/ daran ihre Wapen stehen. Ein jeglicher Fenderich hat vier Trabanten neben sich/ mit Bocasinen Flügeln/ daran der Herzen Wapen seynd.

Auff die Fahnen oder Panier folgen 12. weisse Roß ledig in güldenem Zeuge/ mit Carmasin bedeckt/ welche führen 12. Parafrener in rohtt bekleydet/ deren jeder führet einen rohten Stab in seiner lincken Handt.

Darnach folgen vier Edle/ deren jeder führet einen Carmasinen Hut auff einem Stecken/ die nennet man Scutiferos honorarios.

Darnach reiten die Kämmerer oder Cubicularij in ihrer Kleydung/ die Oratores laici, vnnd die nicht Prælaten seynd/ sampt den Freyherrn vnd hohem Adel.

Darnach der Subdiaconus Apostolicus/ mit dem Bäpstlichen Creutz sampt seinen Mitgesellen/ bekleydet wie sie zur Meß pflegen zugebrauchen. Neben dem Creutz reiten zwen Thürknechte/ oder Magistri Ostiarij mit ihren Stecken.

Nach denselbigen 12. Diener Familiar deß Bapsts in rohtt bekleydet/ vnd tragen 12. brennende Windtliechter/ für dem Sacrament/ zu Fusse.

Darnach reyten zween Diener der Sacristen in rohtt bekleydet/ vnd führen zwo silberne Laternen mit brennenden Liechtern für dem Sacrament.

Nach denen führt ein Diener der Sacristen auch in rohtt bekleydet/ sampt dem Stecken in der lincken Handt/ ein gar weiß Pferdt geputzt wie die obgemeldten zwölffe/ welches das Sacrament trägt/ hat ein hellklingend Glöcklein am Halß hencken/ vber dem Sacrament tragen die Römischen Bürger ein Himmel daran deß Bapsts Wapen seynd/ vnd wechseln 13. mal abe/ auff daß ein jeder Region oder Zunfft ihren Theil habe.

Alsbaldt nach dem Sacrament reytet der Sacrista/ welcher gleich als die andern Prælaten ein Pferdt hat/ mit Bacasini gantz bedeckt/ vnd er sampt den andern allen seynd angethan/ mit Paramenten vnd Infeln/ wie zur Meß/ der Sacrista führet einen weissen Stab in der Handt.

Darnach folgen die Schiffpatronen oder Præfecti/ oder wenn die nicht vorhanden zwen Edle/ bekleydet wie die Advocaten vnd Secretarien/ außgenommen die Almutia.

Darnach reiten die Cantoren in Chorhembdern.

Darnach die Acoliti/ Clerici Cameræ vnnd Auditores mit Chorröcken vber die Rochet. Der Griechische Subdiaconus vnd der Lateinische vnd Griechische Diacon wie in der Meß.

Darnach reyten die Prælaten auff bedeckten Pferden/ mit Infeln oder Bischoffshüten/ vnd Chormänteln: die frembden Aepte/ Bischoffe/ Ertzbischoffe/ die Aepte in der Statt/ die Bischoffe so vmb den Bapst seynd/ Patriarchen/ Cardinäle/ Diacon in Dalmatien/ die Priester in Caseln/ Bischoffe in Chormänteln: zween Diacon so auf den Bapst warten/ zwischen denen reyt der Prior Diaconorum/ der sol einen Stab in der Hand führen/ vnd die gantze Procession ordnen/ vnd darnach an seinen Ort reyten.

Nach

Nach diesen allen reitet der Bapst auff einem weisen Pferdt/ mit Zeug gebutzt/ vnd hinden mit Carmesin Tuch bedeckt/ vnder einem Himmel/ welchen zwölf von hohem Adel/ oder zwölff Oratores Herren Bottschafften tragen.

Wenn der Bapst an den Leytern/ davon droben gesagt/ auff das Pferd steigt/ soll der grösseste Fürst/ so zu gegen ist/ wenn es auch gleich ein König oder der Keyser selbst were/ den Steigreif halten/ vnd das Pferd ein weglein beym Zaum fort leyten. Wenn der Keyser oder König allein da ist/ sol er das Pferd alleine mit der rechten Hand führen. Wann aber zween König da sind/ sol der fürnembste oder grösseste zur Rechten/ vnd der ander zur Lincken an den Zaum greiffen. Wenn aber kein König da ist/ sollens die fürnembsten Fürsten oder Herren bemelter weise thun.

Vnd wenn der Keyser oder König das Pferde etliche Schritt geführet hat/ sollen andere grosse Herren antretten/ vnd also nach einander abwechßlen. Wann aber der Bapst nicht reitet/ Sonder sich in seiner Sennfften läst tragen/ sollen die vier grösten Herrn/ ob auch gleich der Keyser drunder were/ den Sessel oder Sennfte sampt dem Bapst auff jren Schultern etliche Schritt weit tragen. Doch sollen vorhanden seyn vier starcke Trabanten deß Bapsts/ die die Last tragen/ vnd die Fürsten jhre Händ anlegen/ mehr zur Anzeigung der Reverentz gegen der Religion/ als die Last zu tragen. Sollen auch abwechßlen nach gelegenheit der Personen/ vnd deß Wegs/ gleich wie auch die Edelleut/ so den Himmel vber den Bapst tragen/ sollen andere an jhre Statt lassen tretten/ nemblich die Edlen Römer/ vnd darnach auff die Pferdt sitzen vnd in jhrer Ordnung reiten. Für dem Bapst sollen zu Fuß gehen die Conservatores, capita regionum, oder Zunfftmeister vnd andere Regenten vnd erbare der Statt/ darzu bey 200. Kriegsknecht/ mit jhren Schwerdtern/ vnd sollen Stecken in Händen tragen deß Bapsts Leib zuverwahren.

Vmb den Bapst her/ vor vnnd nach/ soll der HofMarschalck reiten/ mit zweyen Säcken Geldt am Sattelbogen/ dasselbige Geldt sol er vnder das Volck strewen/ dem Gedräng damit zuvor kommen.

Den ersten wurff Geldt sol er thun/ wann der Bapst anfächt zu reiten/ den andern bey der Brucken Adriani/ darnach auf dem Platz beym Berg Jordan/ darnach auff dem Platz Parionis/ darnach einen bey S. Marxen/ darnach bey S. Adrian/ vnd in summa wo er sicht daß groß Gedräng vmb den Bapst ist/ derhalben sol er auch das Geldt etwas weit von der Gassen strewen/ damit desto besser Raum werde.

Nach dem Bapst reiten zween Kämmerer/ die jnnersten/ vnd zwischen jnen in der mitte der Auditor rotæ Dechant/ der auff die Jnfel wartet.

Darnach zween Medici/ vnd zwischen jhnen in der mitte der oberste Secretarius/ wann er kein Prælat ist.

Darnach reitet ein Zeugmeister im gantzen Harnisch/ ohne den Helm/ vnd führt ein rohrt Vmbell. Zu letzt reitet der Vicekämmerer/ vnd alle Prælaten ohne Ornat/ Prothonotarij/ Auditor contradictorum, Corrector literarum, ohne Meßkleyder/ vnd alle Togati.

Der Vicekämmerer führet einen Stecken/ vnd gebürt jhm die Procession in solcher Ordnung zu behalten/ wie es der Prior Diacon geordnet hat. In solcher Ordnung ziehen sie zu S. Johann in Laterano.

Wann der Bapst zum Jordan Berg kompt/ gehen jhm die Juden entgegen/ knien nider/ vberantworten das Gesetz/ preisen dasselbige auff Hebreischer Spraach. Ermahnen den Bapst/ daß er es in ehren halte. Wann der Bapst sie gehört hat/ antwortet er auff diese Meynung. Ihr Hebräischen Männer/ das heilige Gesetz/ loben vnd ehren wir/ als welches Gott der Allmächtige durch die Handt Moysi ewern Vättern gegeben hat. Aber ewer Observantz/ vnd vnrechte Außlegung verdammen vnd verwerffen wir: Diewil der Apostolische Glaub lehret/ daß der Heyland auff welchen jhr vergeblich noch harret/ kommen sey/ vnd verkündige Jesum Christum vnsern HErren/ welcher mit dem Vatter vnd heiligen Geist lebt vnd regiert/ wahrer Gott in alle Ewigkeit.

Wann der Bapst zu der Kirchen im Laterano kompt/ tritt er ab in der Vorhalle/ da empfangen jhn die Chorherren derselbigen Kirchen mit dem Crucifix. Der Prior beut das Crucifix dar zum Kuß/ welches der Diacon Cardinal nimpt/ vnnd hält es dem Bapst für zu küssen.

Darnach setzt man dem Bapst die Jnfel auff/ vnd führt jhn der Prior/ vnd die Chorherren für die grössere Kirchthür zur lincken Handt/ setzen jhn da auff einen Marmorsteinen Stul/ welchen man den Kothstuel nennet/ darauff ligt er gleich. Alsbaldt gehen die Cardinäl hinzu/ vnnd heben jhn ehrlich auff mit diesen Worten: Erigit de stercore inopem. Er hebt auff den Dürfftigen auß dem Staube/ vnnd erhöhet den Elenden auß dem Koth/ daß er jhn setze vnder die Fürsten/ vnnd den Stul der Ehren erben lasse. Wann der Bapst auffstehet/ so nimpt er eine Handt voll Geldts auß deß Kämmerers Gehren/ darunder doch weder Goldt noch Silber ist/ strewet es vnder das Volck/ vnd spricht/ Silber vnd Goldt hab ich nicht/ was ich aber habe das gebe ich dir.

Als denn

Von Italia. 415

Als dann ist vor der grössern Kirchthür biß zum hohen Altar ein Höltzern Gang oder Brucken gemacht mit Geländern zu beyden seyten/ bey 5. Schuh hoch von der Erden/ vnd bey 6. oder 7. Schuh breit/ darauff führen sie Bapst vnd Cardinäl zum hohen Altar/ auff daß jhn das Volck nicht dringe/ derhalben ist es auch allenthalben in der Kirchen mit Brettern verschlagen/ singet als dann das Te Deum laudamus.

Darnach gibt der Bapst den Segen vbers Volck/ vnd setzt sich auff einen hohen Stul/ läst jhm die Lateranensische Chorherren die Füß küssen. Darnach gehet der Bapst auff der Brucken auß der Kirchen hinein ins Palatium Lateranum, vnd wenn er in den grossern Saal kommet/ welcher genennet wird Palatium consilii, setzet er sich oben in Saal neben der steinern Staffel/ die man nennt mensura Christi, auf einem Stul/ vnd stehen neben jm die Cardinäle. Da spricht man dem Bapst Laudes, in massen wie droben bey S. Peters Kirchen bemeld ist/ allein daß allhier der älteste Priester Cardinal anhebt.

Wenn die Laudes vollendet sind/ gehet der Bapst ferner zu S. Sylvesters Capellen/ da stehen für der Capellen zween Stüle von Porphirischem Stein durchlöchert/ auff den ersten setzt sich der Bapst/ da gehet hinzu der Prior der Kirchen im Laterano/ kniet nider/ vnnd gibt dem Bapst ein Stäblein in die Hand/ zum Zeichen der Straff vnd deß Regiments/ dazu die Schlüssel zu der Kirchen/ vnd zum Pallast in Laterano/ zum Zeichen der Gewalt zu schliessen/ vnd auffzuthun/ zu binden vnd zu lösen.

Darnach stehet der Bapst vom Stul auff/ mit dem Stäblein vnd Schlüsseln/ vnd setzt sich auf den andern Stul/ da gibt er dem Prior das Stäblein vnd Schlüssel wider/ der Prior gürtet dem sitzenden Bapst vber die Casel ein roht seyden Band vmb/ daran hanget ein roht seydener Beutel/ in welchem sind 12. Edel Gestein vnd Bisem.

Wann der Bapst also gegürtet sitzt/ nimpt er auß deß Kämmerers Geren allerley silberne Müntze/ eine gantze Handvoll/ strewets vnder das Volck vnd spricht: Er strewet auß/ vnd gibt den Armen/ seine Gerechtigkeit bleibet ewiglich. Vnd das thut er zu dreyen malen.

Darnach führt man den Bapst auff eine Brucke/ wie oben bemeldt zubereitet/ ad Sancta Sanctorum, daselbst betet er/ vnd gehet darnach wider in S. Sylvesters Capellen/ setzt sich auff einen Stul/ vnd legt von sich abe/ die Infel/ Handschuch/ Bapstmantel vnd Casel/ nimpt einen schlechten Regen Mantel vmb/ vnd ein schlechte Infel/ vnd gibt Præsentz auß oder Preßbyterium/ als den Cardinälen zween Goldgülden/ vnd zwen silberne Groschen. Die Cardinäl gehen hinzu neygen das Haupt tieff vor dem Bapst/ recken die offene Infel oder Mitram hin/ dareyn wirfft jhnen der Bapst das Goldt/ wann sie es empfangen haben/ küssen sie dem Bapst die Hände/ das Geldt nimpt der Bispt auß deß Kämmerers Gehren/ die ander Prælaten knien für dem Bapst nider/ vnd empfangen in jhre Infuln ein Goldtgülden vnd einen Groschen/ vnnd küssen dem Bapst das rechte Knie. Die andern Prælaten vnd Amptleut empfahens in die Handt vnd küssen dem Bapst die Füsse.

Wann der Bapst also Præsentz oder Preßbyterium gegeben hat/ gehet er mit den Cardinälen in das Palatium Lateranum/ vnd wann er als dann nicht hält das Convivium solenne/ legt er die Parament abe/ gehet in eine Kammer/ ruhet/ vnd hält darnach Mahlzeit. Die Cardinäle weiset man auch in sonderliche verordnete Losamenter oder Gemache/ da ruhen sie/ ergetzen sich/ vnd warten ob der Bapst deß Tages wider gen S. Peter reyten wil/ wo nicht/ so ziehen sie heim zu Hause.

Von der Cardinälen Anzahl vnd derselben Aempter.
Cap. viiij.

Anno Christi 1613. haben 68. Cardinäl zusammen gelebt/ darunder zween/ die Gregorius XIII. 9. die Sixtus V. 4. die Gregorius XIV. 28. die Clemens VIII. vnd 25. die Paulus V. creirt hat. Vnder diesen Cardinälen/ seyn x drey Ordnung/ etliche seynd Bischoff/ etliche Priester/ vnnd etliche Diaconi. Die Ersten pflegen dem Bapst auff den hohen Festtagen bey S. Johann Lateran/ in deß Salvators Capellen zu Altar dienen.

Der fürnehmbste vnd würdigste ist der Cardinal Bischoff zu Ostia: vnd weyhet den newerwehlten Bapst. Der ander ist der Cardinal zu Porto/ der Dritte zu Albano: der Vierdt zu S. Sabino: der Funfft zu Preneste: der Sechst zu Ruffino: der Siebend zu Tusculo.

Die Cardinäl/ deß Bapsts Priester vnd Beystand genannt/ stehen bey dem Bapst zur Meß vnd Betzeit/ vnd regieren die vier Hauptkirchen zu Rom/ zu jeder seyn auch sieben sonderbare geordnet.

Bey S. Peter/dienen diese sieben: 1. ein Cardinal Priester zu S. Maria trans Tyberina: 2. zu S. Chrysogono: 3. zu S. Cecilia: 4. zu S. Anastasia: 5. zu S. Laurentio in Damaso: 6. zu S. Mauritio: 7. zu S. Martino in Monte.

Zu S. Paul dienen dise: 1. Cardinal Priester zu S. Sabina: 2. zu S. Prisca: 3. zu S. Balbina: 4. zu S. Achille: 5. zu S. Sixto: 6. zu S. Marcello: 7. zu S. Susanna.

Der Kirchen Mariæ Maggior dienen: 1. der Cardinal Priester zu den zwölff Aposteln: 2. zu S. Cyrack in Thermis: 3. zu S. Eusebio: 4. zu S. Potentiana: 5. zu S. Vitali: 6. zu S. Marcellino vnd Petro: 7. zu S. Clemente.

Zu S. Laurentio gehören diese Cardinäl Priester: 1. Cardinal zu S. Praxede: 2. zu S. Peter in Vincolis/oder Banden: 3. zu S. Laurentio in Lucina: 4. zum H. Creutz in Hierusalem: 5. zu S. Stephan auff dem Berg Celio: 6. zu S. Johann vnd Paul: 7. zu den 4. Gekrönten.

Die Cardinäl Diaconos betreffend/müssen dieselben allein auf den Bapst warten/vnd jhm die Kleyder anlegen. Der erst vnd Ertzdiacon ist der Cardinal zu S. Maria in Dominica: 2. zu S. Lucia bey dem Septizonio: 3. zu S. Maria Nova: 4. zu S. Cosmä vnd Damian: 5. zu S. Hadrian: 6. zu S. Gregorio: 7. zu S. Maria in Schola Græca: 8. zu S. Maria in Portico: 9. zu S. Nicolao in Carcere Tulliano: 10. zu S. Angeli: 11. zu S. Eustachio: 12. zu S. Maria in Aquirio: 13. zu S. Maria in Via lata: 14. zu S. Agatha: 15. zu S. Lucia in Suburzä: 6. zu S. Quirili.

Diese fahren ordenlich alle Morgen in jhren schönen mit Sammet vberzogenen Gutschen gen Hof/die vbrigen kommen auff das wenigste alle Wochen ein mal/fürnemblich aber lassen sie sich alle finden/wann der Bapst Convent oder Versamblung hält/so alle 14. Tag beschicht. In gedachtem Convent werden auch frembde vnd durchreysende Personen eyngelassen/da sie bey der Thür hinder einem Schrancken alles wol sehen vnd hören mögen.

Der Bapst sitzt allein auff einem rohtsammeten Sessel/nit sonderlich hoch/ist mit einem rohten Talar/vnnd darunder mit einem weissen Hembdt angethan/hat auff dem Haupt ein roht Sammet Häublein. Die Cardinäl sitzen auff langen nidern Bäncken/gehen in der Ordnung nach einander zu dem Bapst: bucken sich vor demselben mit dem Haupt/ohn einiges Bewegen vnd Rauschen der Füß/küssen den Saum an deß Bapsts Rock/darauff legt jhnen der Bapst die Hand auff die Achsel/alsdann bringen sie für/was jhnen vonnöhten.

Von etlichen sonderbaren Sachen so sich zu Rom zugetragen/vnd erstlichen wie Rom von den Keyserischen eyngenommen. Cap. xv.

Weil gleichsam vnmüglich wäre alle Krieg/Stürm vnd Zufäll hie zu beschreiben/so von Rom in Historiis verzeichnet seynd/wollen wir allein folgender Geschicht gedencken: Anno Christi 1527. trieb grosse Noht deß Keysers Volck in Italia/daß sie gen Rom eyleten/jhren Hunger zu büssen/vnnd da sie mitten vnder die Feindt kamen/dann sie hatten vor jhnen den gantzen Römischen Gewalt/vnd hinder jhnen zog auff sie der Hertzog von Vrbin mit deß Bapsts Volck/die biß auff 39000. geschetzt wurden/Franckösische/Venedische/Italianische/mit allen vmbligenden Landtschafften/die alle Feindt waren/außgenommen Senis/da schicket der Hertzog von Borbon deß Keysers Volck oberster Hauptmann sein Trommeter zwey mal in Rom von wegen Keyserlicher Majestät: Erstlich begerende dem Volck Paß zu geben vnd Proviand vmb ein ziemliche bezahlung/aber es ward jhnen mit verächtlichen worten abgeschlagen. Zum andern begert gemelter Hertzog die Statt Rom zu öffnen in Keyserlicher Majestät Namen. Da ward geantwortet dem Trommeter/er solt sich baldt hinweg machen oder man wolt jhn hencken. Da die Keyserischen das vernahmen/wurden sie baldt zu raht/vnd fielen zu Rom in ein Vorstatt/vnd in deß Bapsts Pallast so darinn ist/vnd erschlugen darinn bey 5000. Welschen/aber auff deß Keysers seyten kamen vmb bey 300. fast Hispanier/vnder welchen der Hertzog von Borbon auch erschossen. Also ward die Vorstatt geplündert/vnnd flohe der Bapst mit den Cardinalen vnnd Bischoffen in das Castell Sanct Angeli. Da erschracken die Römer also vbel/daß sie nicht wusten wohin sie in der Eyl fliehen solten/vnd eylten jhnen nach zwey Fähnlein Hispanier/vnd schlugen jhrer manchen zu todt. Da baten die Römer durch Marggraff Albrechten der ein geborner Teutscher war/deß Keysers Kriegsvolck vmb ein Frieden oder Anstand/so wolten sie thun was sie begerten vnd jhnen möglich were/aber er mocht nichts schaffen/sondern mocht kaum mit dem Leben darvon kommen/ward doch gefangen/vnd jhm das Seine alles genommen. In solchem hitzigen Gemüht fielen die Knecht in ein ander Quartier der Statt/vnd stürmeten für vnd für/vnd alles was sie funden/ward verderbt/geplündert/gefangen vnd erstochen. Es wurden etliche Cardinäl/Bischoffe vnd Prælaten/Münch vnd Nonnen gefangen/geschätzt/viel Bücher/Bäpstliche Bullen/Brieff/Register/vnd was dergleichen gefunden ward/alles verbrennt vnd zerrissen/daran den Kaufleuten vnd Banckieren viel vnd groß gelegen war. Die Brieff vnd Bullen wurden nicht nur auff die Gassen geworffen/sondern auch in den Ställen den Pferden vnd Eseln vndergestrewt. Es wurden

Cardinäl vñ Bischof vers gefangen

Von Italia. 417

den auch die Kirchen S.Peters/Paul/Lorentzen/ꝛc.geplündert vnnd beraubt an allen Gezierden vnd Kleinotern. Darzu wurden ob zweyhundert Personen erschlagen in S. Peters Münster vor dem Altar/vnd also die gantze Statt Rom durchauß/viertzehen tag lang von den Teutschen/von

Hispaniern geplündert/vnd vbel geschediget. Es hat das Kriegsvolck auch viel mutwillen begangen mit den Nünnen vnd den jungen Töchtern/auch mit den Edlen Jungfrawen vnnd Matronen/die die Römer also geschendet nachmals mit grossem Gelt haben müssen lösen: es seynd auch die todten vnnd erschlagenen Cörper/deren bey acht tausent gewesen seind (etliche sagen bey zehen tausent) fünff oder sechs tag vnbegraben gelegen. Etliche von dem Kriegsvolck ritten auff Rossen vnd Eseln täglich in der Statt vmb für das Castell S.Angeli/vñ einer vnder jnen zu gespött dem Bapst/kleidet sich mit dreyen Kronen/Chormantel vnd dergleichen Pomp wie der Bapst pflege zu reiten/mit vielen Landtsknechten die sich Cardinälisch hatten angethan/etliche in Bischoffs hüten/durchzogen in jhrer ordnung mit Trabanten/in aller weiß wie der Bapst gewohnt war zu reiten in seinem Pomp mit Trommen vnd Pfeiffen. Zu letst da der Bapst lag im Castell S.Angeli/ hat er sich ergeben auff die meynung/daß er vberantworten wolt dem Keyser etliche Stett/vnnd wolt allen Knechten außrichten jren alten außstendigen Sold/von wegen des Keysers/der sich lieff auff vierhundert tausent Ducaten: Item/sein eigen Person in Keyserlicher Majestat Hand gefangen stellen/vnd auff die erbietung legt man ein Fehnlein Teutscher vnd ein Fehnlein Hispanier in die Engelburg/da mußten alle Gefangene geloben/wider Keys. Majestat nimmer zu thun.

Bapst. ergibt sich.

Beschreibung des Kriegs/zwischen dem Bapst vnd König Philippo. Anno 1556. vnd 57. verloffen. Cap. xvj.

Der Krieg zwischen dem Bapst vnd König Philippen auß Hispanien Anno 56. vnd 57. verloffen/ist fast der vrsach entstanden/daß der Bapst den Cardinal S. Flor/Camillum Colonna/vnd Julium Cesariensem nit ledig lassen wöllen/ darumb eyngezogen/daß Alexander Sforza von S.Flor gehn Neapels sich heimlich verfügt mit zwehen Galeen/so des Frantzosen gewesen. Daß er auch ein Ape von Bretzegne auff der Post auffgefangen/vñ Marcantonium den Columneser versagt vnd jhne nirgend wolt bleiben lassen. Darauff dann der Bapst vnderstund Paliano zu bevestigen/welches gleich ein böse Nachbaurschafft geben/vñ für den Eyngang des Königreichs ein Ketten gewesen were. Darzu zog der Cardinal Caraffa durch Teutschland/als ob er zum Keyser wolt/da er gehn Mastrich kam/ritter zu Post in Franckreich/gab dem König für/er solt das Königreich Neapels angreiffen/das wolt jhm der Bapst verholffen sein. Der König ließ sich bereden/ schickt 1000. Gasconier auff Corsica/die solten in die Besatzung Palian gelegt werden. König

EE Philip

Philip schickt den Duca von Alba/daß er solche Beuestigung verhindert wie er möcht/namen zu stund Knecht an im gantzen Reich/besatzt Trontii vñ Chieti. Es klagt der Bapst vñ Caraffa/Keyser Carlen hett nie verwilligen wöllen/daß er der Bapst/weil er noch Cardinal/Ertzbischoff zu Neapels wurde. So hett er nie wöllen gestatten daß Carol Caraffa Prior zu Neapels seyn solt. Er wolt auch auff bitt der Keyserischen den Caraffa nicht zum Cardinal machen/aber so bald er angesprochen von Frantzösischen/da thet ers/ ließ auch im Consistorio zu Rom außruffen/daß das Reich Neapels dem Bapst heim gefallen were/schickt Peter Strozza mit dem Caraffa die Beuestigung Paliani anzuschicken. Der König hielt vmb Frieden an/aber der Bapst wolt nit thun das billich war. Also bracht der Duca von Alba auff/12000. Knecht zu Fuß/500. Pferd/zog auff S. German/jagt die Bäpstischen auß Frosolon/vnd kamen so nahend zu Paliano/daß die Bäpstischen auch daselbst abstan mußten/vnd Veruli/Banco/Piperno/Terzacina/Acuto/Fiunone/Ferentino/Alatro vnnd Anani mußten sich ergeben/auff sollichs langten die Königischen wider vmb Friden an/da es nit geraten wolt/beuestigten sie Frasolon/vnnd Valmanton ward belägert/der Caraffa zog es mit verwähnung des Gesprächs auff/biß er 2000. Gasconier/auch Proviand vnd andere notturfft in Velitren bracht. Der Duca feyret nicht/nam Tivalten eyn/Vicomarro/vnnd anders mehr. Der Bapst beuestiget Palian/besatzt es mit 1000. Knechten/ohn was sonst versagt/vnd darnach hinein kam/deßgleichen hat er Veltren beuestiget. Er warff vnnd rieß es als eyn zu Rom/beuestiget die Statt/vnderstund auch die Proviand den Königischen an allen orten nider zulegen. Man thet gut Scharmützel bey Puglio vnd Serzone/aber die Bäpstlichen trugen die Kappen darvon. Es hat auch der Bapst wenig Gelt/mocht nicht Knecht auffbringen/wiewol sein Enckel Anthoni Caraffa zu Bologna fast vmbschlahen ließ. Der gantz Hauff des Bapsts an allen orten waren 10000. Italiänischer Fußknecht/2000. Gasconier/600. ringer Pferd/hetten sie den Feind bey Valmonten angegriffen/warlich sie hetten jhm zuschaffen geben/aber sie versaumpten die sach/vbersahen das spil. Zu Rom gieng es an ein schetzen/Gelt/Frücht/vnnd was vorhanden/mußt alles hergeben. Man handelt im Friden/schafft aber nichts. Dieweil zog Anthoni Caraffa mit eim Heufflein auff Aprutz zu/meint er wolt viel außrichten/weil es vnbewart/erobert Centoguera vnd Carropoli/aber mit hilff des Duca warden sie wider entsetzt/vnd der Caraffa hindersich getrieben. Malagno ward von Königischen gewonnen/plündert/vnd vbel hausiert. Die Venediger wolten auch zum Fridehelffen/schickten Probum Capellam jren Secretari/der mocht nichts erhalten. Die Bäpstischen wurden auff die Proviand wartend erlauffert/abgeschmiert/vnnd Balthasar Rangon jhr Oberster gefangen. Der Caraffa hat sich auch von Rom herauß gelassen/also wo der Duca gewölt/hett er frey Rom ablauffen mögen/vnd die Bäpstischen außschliessen/aber er forcht es geb ein newr Plünderung vnd sach zu Rom/lag zu Alba still. Morgens zog er auff Ardea vnd Porcigliano/nam sie eyn/ das kam Proviand halb dem Hauffen gar wol/auff dem Scharmützel hatten die Bäpstischen so auß Rom randten kein gewinn/ der Duca hat auch Schiffbrucken zugerüst daß er die Tyber möcht eynnemmen/vnnd von Gaieta auff Neptuno war jhm noth zu fahren/dann sich dasselbig an jhn ergeben/vnnd als es die Bäpstischen wider haben wolten/wurden jhnen wol hundert Sättel gelährt/vnnd mußten es dannoch den Feinden lassen/die Schiffbrucken hetten sie auch gern erobert/aber es war vergebens/die Königischen plünderten Palumbara.

Gleich hernach zog er auff Ostia/ Petrus Strozza legt sich mit seinen Bäpstischen für Rom herauß zu Feld. Duca der schantzt für Ostia/ also lagen diese zwen Hauffen nicht weit von einander/ Scharmützelten stäts/ entzwischen ward Ostia mit dreyen schweren Stürmen/mit viel Blut vnd verlust dapfferer Hauptleuten erobert vnd auffgeben/also ward ein Anstand gemacht auff zehen tag/darnach auff vierzehen tag/vnnd ward denen im Läger vnd zu Ostia auff des Königs seiten nicht fast wol/dann schier in vierzig Tagen mocht jnen vor Sturmwind auß Gaieta/da viel Schiff mit Provision lagen/nichts zukotten/so kamen die Pferd ab/dann sie allein Graß/vnd desselbigen nicht gnug/zu essen hatten: So hatten etliche Schiffleut Sand vnder das Mäl gethan/also daß die Knecht anfiengen zu sterben/der wurden etlich erhenckt. Also beuestigten die Königischen Ostien/liessen da Jann Vaßques vnd Francisco Hortado mit acht stuck Büchsen auff Redern vnd nothwendiger Munition/versach sie mit Proviand auß Gaieta vnnd Neptuno auff sechs Monat lang/vnd zog der Duca ab/gab beuelch man solt Neptuno auch beuestigen/gab den Italiänern vrlaub/auch zum theil den Spaniern/zog auff Neapels.

In dem macht der Bapst Herrn Johann Caraffa auff den ersten tag Jenner/ Anno 1557. zum Hertzogen zu Valiano mit grossem Fest/ vnnd zum Obersten Feldherren der Kirchen. Der Cardinal Caraffa suchet sein Hoheit mit Krieg/wolt von keim Friden hören/bracht den Bapst dahin/daß er den Hertzogen von Fertzer mit bitt vnd tröuworten dahin nötiget/er solte als ein Lehenmañ der Kirchen zuziehen/deren das jhr abgezogen were/ꝛc. sagt/Philippus der König wolte den Hertzogen von Florentz groß machen/möchte jhm denselbigen/vnnd auch Octavium Farnesen Hertzogen zu Parma vber den Halß richten/ꝛc. also zog der Caraffa selbs zum Hertzogen/

bracht

Von Italia.

bracht jhn etwas auff sein ban/wolt die Venediger nit weiter ansuchen/weil sie zuvor jhm schlechten bescheid geben/vnd auff den Frieden gewisen. Caraffa zog durch Schweitz in Franckreich/ließ dem Bischoff von Terratin des Bapsts Bottschafft daselbst bescheid/das er 3000. Eydgenossen besoldete/auffs bäldest/ward vom König in Franckreich hoch empfangen/vnnd im handel wolt der König nit fast willig sein den Anstand zubrechen. Aber Caraffa thet es also dar/wie der Christlichest König billich dem verlaßnen vnd geplagten Hirten der Kirchen zu hilff kommen solte/wie seine Vorfahren im brauch gehabt haben/ꝛc. vnnd mit zu machet er jhm ein hoffnung auff das Königreich Neapels/er solte die gelegenheit vnnd des Hertzogen von Ferrar Beystandt nicht verachten oder versaumen/ꝛc. er wolt die Venediger auch auffbringen. Aller Adel im Reich hieng jhm an/vnd war des nicht wenig/das gantz Aprutz hienge seinem Bruder an. Er erbote sich jhm einzugeben/Volagnen/Ancona/Poliuno/Cinta/Mechia/Castelangelo zu Rom. Viel Botten auß Neapels waren damals am Hofe/alß der Printz von Salerno/vnd andere/die hat der Caraffa abgericht/gaben es dem König süß ein. Den Weisesten vnd besten/zu Hoff gefiel man solte Frieden halten. Aber der König ließ sich des Caraffe zusag auffwickeln. Sagt er brech den Frieden nit zum ersten:dann Philippus hett die Kirchen angegriffen/die auch in seinem Frieden begriffen were. Er hett jhm Metz abstälen wollen/die Brunnen zu Mariaburg vergifft/ꝛc. vnd anders viel mehr. Letst war die Bündtnuß gemacht.

Der Bapst solt in Italien 20000. Fußknecht/1000. Pferd/Proviand gnug/vnd andere Munition geben. Der König aber 20000. Knecht/2000. Pferd/vnnd zahlen zwen drittel des Kriegskosten. Der Hertzog von Ferrar solt geben 6000. Knecht/600. Pferd/20. stuck Büchsen/vnnd solt des Bunds Obrister Veldherr sein.

Sie theilten auch vnder sie drey/Meyland/Tuscana/Königreich Neapels/theilten die Haut ehe sie den Bären stachen. Der König verhieß er wolte auch sehen daß er ein grosse Armada auff Calabrien brächte/Damit der Duca zu Meere vnnd zu land angriffen/den Krieg nicht erhalten möchte/vnd solte die Bündtnuß 5. jahr wären.

Caraffa nam groß Gelt vom König/zog auff Rom zu/zu Ferrar vmbgürtet er den Hertzogen mit dem Schwert/Hut/vnd gabe jhm den Nammen der Kirchen Hauptmann/vnnd eines Beschützers der Kirchen.

Der Bapst/alß er gehört wie der Bund gemacht/sagt er:Meine Freund begeren mehr weder die Feind:dann der Feind hett sich mit Italia vernügen lassen. Der Duca hielt ein Reichstag/erhub ein gute stewr/jederman bote Leib/Gut vnd sein Vermögen dar/besoldet 30000. Italiäner die er zum theil an das Meere in die Besatzung legen wolt/zum theil in andere Vestungen/vnd zum theil mit jhm zu Veld führen.

In Teutschlandt ließ er annemmen 6000. Landtsknecht/beschieds auff Triest auff Poscara vber zufahren. So hat Herr Caspar Freyherr zu Felß 2000. guter alter erfahrner Knecht gen Gaeta bracht/vn̄ zogen mit Graff Albrecht von Ladron 4000. durch Lombardey auff Genua zu. Er war auch 3000. Spanier wartend/die eyngesessen zu Barcellona mit grossem Gelt vnd andere/1000. kamen auß Hispanien. Seine Pferd brächt er zusammen biß auff die 1500. ließ Küriser bestellen/Geschütz giessen/Proviand versehen/ließ Ternaco in Ayrutz bevestigen/darzu Venosa/S. Agatha/Ariano/Capua/Nola/besetzt vnd versahe er wol. Vnd alß er sich der Türcken besorgt zu Wasser/versahe er alle nambhafftige Fläcken am Meer/der Marggraff von Trinico bevestiget wider den Caraffa so zu Ascalo war/Cronto/Ciuitella/Atri/Pescara/Chieten/vnd zuvor Ciuitella lag jhm hart an/nam eyn Ciuitella Ducale/vnnd versorget den Paß/denn er meynt daß die Feind daselbst eynbrechen wurden. Jn dem gieng der Anstandt auß/da fielen gleich etliche Fläcken alß Piperno/Somma/Setzen von den Königischen/vnd rüsteten sich die Bäpstischen Roccapapa zu belägert/also ward denen zu Roccapapa hilff geschickt/auch den zu Florentino der Herr von Felß/wurden die Bäpstischen erlegt/geplündert/man trieb das Vieh hinweg zu Veletri/vnnd ward den Königischen gute Beuth/auch ward von einem Finochio genannt ein Verräterey angerichtet/der wolt Roccapapa vbergeben:aber die Bäpstischen litten vbel darob.

Der Hertzog Paliano/vnnd Peter Strozza zogen für Ostien/das ward auffgeben/vnnd die Spanier zogen ledig ab auff Neptuno mit gewehrter Hand/vnnd zwey stuck Geschütz/man will sagen daß zwen Spanische Hauptleuth haben Gelt genommen darfür/dessen ward hernach Francisco Hortado zu Brüssel des Kopffs kürtzer/vnnd Jann Vasques entflohe gen Malta/des Ordens er ist.

Nachdem ergaben sich viel an die Bäpstischen/auch Tivoli mußt man verlassen/vnd bevestiget der Graff von Pepolen Vicomarco/dahin kam auch der von Felß/besatzt es mit Spaniern/zog auff Arzoli. Die Bäpstischen belägerten Vicomarco/darinnen wurden bey 200. Spanier auffgeriben von den Gasconiern vnd Italiänern/des waren die Bäpstischen froh/meynten sie hetten gewunnen/plünderten hernach Anticola/vnnd zogen in die Statt Rom/hetten wol bessers thun/Tagliacozza vnd andere jre Stett wider eynnemmen/vnd gnug Proviandt erbeuten mögen. Ludwig Sapello fiel zu den Bäpstischen / Marc Antonio Columna kam in Campagna mit viertausent Italiänischen Fußknechten / vnd hat bescheiden allen Reysigen Zeug auff S. German. Der Fußzeug solt aber auff Venafran zu ziehen. Dann die Frantzosen waren in aller kelte vber das Gebürg kommen in Piemont für Thurin herauß / jhr Oberster war der von Guisa / vnnd war schon zu Castell. Ein theil seines Volcks fuhr zu Wasser biß gehn Stura. Zu Valentz begerten sie den Paß / man antwortet jhnen mit Kuglen / des ward sie gestürmbt vnd erobert. Zu Placentz gab man jhnen Paß vnnd Proviandt / desgleichen auch zu Parma. Hernach lägert er sich an das Wasser Lenza / da lag auch des von Ferzar Volck 6000. Knecht / 800. Pferd wol gerüst. Darnach musteret Guisa in Augen des Hertzogen sein Volck / zogen auff Rezzo / vñ rhatschlagten was jnen zu thun. Etliche wolten an Placentz vnd an Parma / das schlug Guisa ab / so eylet der Caraffa / der auch kommen war / dem Reich zu / etliche wolten auff Sena / dieselb zu entledigen / etliche wolten Cremona eynnemmen / vnd das gantz Hertzogthumb Meylandt / vnd alle Spanier auß Italien jagen. In summa Caraffa trang fort vnd ermanet den Hertzog von Ferzar / seiner Zusag vñ Verbündtnuß / des war Guisa nicht vngewegen. Der Hertzog sagt / er wolt sein Landt nicht lassen / auff Neapels zu wolt er jnen Geschütz / Proviandt / Munition vnd Gelt geben / mit seinem Volck aber wolt er sein Landt bewahren / diese zogen auff Bologna / der Hertzog von Ferzar entschuldigt sich vnd zeigt an / was jhn zu dieser Bündtnuß gebracht hette / erst sein Lehen / vnd anders. Weil sie aber still sässen / wer er nicht besinnet jemands zu vberziehen / sonder das sein zuverwahren. Nam also etliche Stett eyn / die jhm die Spanier abgetrungen.

Guisa war vbel zufrieden mit dem Caraffa der jhm zugesagt / er solt 12000. Knecht zu Ancona finden / da war nit daß er möcht auff Apruzo rucken. Rahtschlagten auff vier weg in das Reich zu fallen / für S. German in Campanien / für Tagliacozzo durch Subliack / für Cita Ducale durch Ricti / für Civitella durch Ascoli. Diese Weg S. German waren verlegt / Tagliacozzo vnd Cita Ducale zu rauch / für Civitella daucht sie das best / dieweil sie vermeynten / es were kein Veste daselbst. Ihr macht war alle 12000. Fußknecht / 2000. Pferd / deren waren 5000. Schweitzer vnnd Grawenpündtner / 7000. Gasconier / Frantzosen vnnd Provenzaler / 450. Kürisser / 700. leichte Pferd / 12. stuck Büchsen / 500. Schauffelbawren. Viel Adels dem von Guisa auff sein kosten zuzog / auch der Hertzog von Atri.

Hiezwischen versammlet der Duca sein Volck gegen Apruzer Straß / vñ auff den Palmtag im Jar 1557. zog er zu Neapels auß / kam gen Sulmon / Chieti / Atri vñ in alle Plätz da er sein Kriegsvolck hin bescheiden hatt. Der Marggraff von Trivico ließ sein Sohn Lofredo in Civitella / der bey 20. Jaren alt / gab jm 1000. Italiänischen Knecht zu / vnd zwey Fehnlein freyer Knecht / außerlesen Volck. Auch ward jhm zugeben der Graff von S. Flor. Die Frantzosen waren schon zu

Bildnus Andreæ Doriæ des fürnemmen Kriegsmanns.

Fermo / sie eroberten Campli / plünderten den Flecken / ruckten auff Therano / namens eyn / belägerten Civitella / da mußten sie wol acht tag auff das Geschütz warten / darnach schossen sie ein Thurn darnider / der warff einen grossen theil der Mawren mit jhm eyn: aber es ward alles versucht / was zu verletzung vnnd ergetzung gehört von beyden theilen / die Weyber selbs in der Statt brauchten Waaffen wie die Mann / Spieß / Büchsen /etc. So gar nichts mocht Guisa außrichten vor der Wehr / vnd auch vor dem Gewitter / daß er erzürnt / vnd in diese erschröckliche wort außbrach: Ich glaub Gott sey auch ein Spanier worden. Er klagt hart / der Bapst hielt nichts / er mußte nachlassen mit seinem grossen vnwillen.

In dem kam Andreas Doria gen Chieti / rhatschlagt mit Duca / der nun 3000. Spanier / 1000. vnnd 800. Teutscher vnder dem von Feltz / vnd 4000. Landtsknecht vnder dem von Ladron / versamblet auch 1000. Italiäner auß Calabrien vnd Sicilien / 3000. Neapolitaner. Auch hat er 1500. Pferd 700. Kürisser / der meynung / daß er sich an dem Wasser Pescara lägern wolt / daran er alle Brucken abwerffen lassen / vnnd dem Feind widerstehen: da er aber sahe / daß der Feind nichts außrichten mocht / ließ er auff den 10. Meyens Geschütz gen Piscara führen / vnnd alle notturfft / zog Civitella zuentschütten / Guisa wolt jhm vorkommen / vnnd fieng an zustürmen / aber es fehlt wenig / daß er solt erschossen worden seyn.

Neben dem fielen jhm die vmbligenden bey Nacht in das Läger / machten viel Lermens / erstachen jhm viel / namen Giulia Nova eyn zu nechst an seinem Läger / vnnd vbersahen da die Königischen ein Schantz die jhnen wol kommen: ja aller Hord der Frantzösischen were in jhre Händ kommen /

Von Italia. 421

kommen/wo sie ein wenig geeylet hetten. Die Frantzösischen zohen ab dem Scharmützel für Civitella/gaben für/ihr Hauff were geschlagen/der Duca entflohen/aber man glaubt es jhnen nit/der Hertzog von Paliano/vnnd Strozza kamen mit einem frischen Hauffen auff den 15. Maij/

machten so viel daß Guisa abzoge. Die fielen auß der Statt/scharmützelten/brachten ein gute Beuth darvon. Grosser Schütz seynd gezehlt worden so in die Statt gethan/2800. Hiezwischen kam auch Hans Walther von Hirnheim/mit 6000. Landtsknechten von Genua gen Neapels/waren 15. Fehnlein. 8. Fehnlein nam der Duca zu jhm. 7. gab er Marcantonio Colonna auff Rom zu/die Statt daselbst wider zubesetzen/darauß der von Feltz vnnd Ladron zogen/jhnen wurden auch 4000. Italiäner zugeben/vnnd 6. stuck Büchsen. Also schuff er viel daselbst vmbher/biß daß sich Roccapapa hüngers halben auffgab. Also thät sich Julio Ursind auß Rom/mit 3000. Italiänern zu Fuß/mit 2. Fehnlein Teutscher die zu Montalin gelegen/mit dem Reysigen Zeug/7. stück Büchsen/belägert Montfortin/das ward auffgeben auff Gnad vnd Vngnad/doch zogen die Knecht ab mit auffgerichtem Fähnlein vnd Gewehr/wolten Piglis auch erobern/aber 200. Knecht kamen jhnen zu hilff/also daß der Vrsiner wider ab/vnd gehn Rom ziehen mußt/also ward hernach viel geschärmützelt/vnd gestreifft zu beyden theylen/Valmonte erobert von den Königischen vnd verbrennt/Palestrino geplündert. Es war auch verkundtschafft daß der Bapst Paliano speysen/versehen mit Munition/vnd 3000. Engel (also nennet er die Schweitzer so Haupt- mann Veris von Vnderwalden führt) hineyn schicken wolte mit so viel Italiänern vnnd 200. Pferden. Des schickt er vmb hilff zu Duca/der fertiget jhm zu 1200 Spanier/vnnd 7. Fehnlein Landtsknecht/vnnd vnder dem von Feltz 2. Geschwader Kürisser/die möchten nicht bey zeit kommen: aber die Spanier vnnd Landtsknecht eylten vber ein rauch höch Gebirg/die ereylten Marcantonien der mit seinem Hauffen hielt/vnnd den Schweitzern auff den Dienst wärtet. Die Bäpstischen wurden es jnnen/dachten wol sie weren zu Schwach die Statt zu entsetzen/schickten die Wägen vnnd Geschütz von jhnen/daß sie desto ringer vnd vnverhindert weren/zeigten sich den zu Paliano an/ruckten der Statt zu/der von Feltz griff die Feind an einem Graben an/die ein Berglein vnnd Holtz zuruck hätten/vnnd mit guter Ordnung zu beyden Seiten stritten sie: aber das Geschütz der Königischen trennet die Ordnung/vnnd schlugen die Teutschen die Italiäner in die Flucht/also daß die Schweitzer auch in vnordnung kamen/vnnd vervortheilt vbel litten. Columna feyret nit/nam Rocca Massina eyn/die ward geplündert/darnach ward Segna belägert.

Der Duca der zu Giulia Nova lag/kondt nicht mehr vor dem Vnziffer der Mucken bleiben/lägert sich zu Turtureto/Guisa/der abgezogen/kam gen Ascoli nit weit von dem Duca/also daß

Schweitzer vom Bapst Engel genennt.

CC iij es leicht

es leicht fählt/ sie hetten einander schlahen müssen/ doch wolt keiner zu viel wagē/ oder in die schantz schlagen. Derhalben beurlaubet der Duca sein Volck zum theil/ hielt sich gegen jederman wol zahlt ab/ der Statt Civitellæ gab er grosse Freyheit/ vnnd erließ sie allerley Schatzung vnnd Beschwerden. Es kam jhm auch erst ein frischer Hauffen auß Hispanien/ 3000. Knecht/ 1000. auß Sicilien. Da hielt er sich zu Turturet/ biß er hört daß Guisa auff Franckreich zu wolt. Der Hertzog von Paliano hielt an/ er solte die Krieg außführen/ er wolt jhm noch new Kriegsvolck auffbringen/ vnd was zu Schiff dienstlich/ alles mit hauffen ersetzen/ des wolt er zwen seiner Söhnen zu Pfand vnd Gysel in Franckreich schicken/ wie er auch thet. In dem kam jm Post von Franckreich/ er solt thun was der Bapst wolt/ darauff erobert er Angorana/ Maltignano/ Roccamaro/ Filiagmano. Vor Ascoli war dapffer gescharmützelt/ daß bey 200. Sättel geläret wurden. Auch ward ein Auffruhr zu Ascoli.

In solchen Sachen berufft der Bapst den Guisa gen Rom/ Columna verharre/ in seiner Belägerung/ Duca d'Alba zeucht wider auff der Römer Boden. Segna wird erobert/ alles erstochen/ zerrissen vnd geplündert/ außgebrennt/ 14. stuck Büchsen erhalten/ vnd ein wenig Proviant. Also zog Columna gen Pontesacco/ vnd wolt Poliano belägern.

In dem kam das Geschrey wie S. Quintin in Picardey erobert/ der Frantzoß geschlagen/ der Connestabel gefangen. Da ward dem Bapst gelegen vom Frieden etwas zu handlen/ sagt er wolt versorgen/ daß die Frantzosen in 10. Tagen ab der Kirchen Boden ziehen müßten/ dargegen solt dieweil der Duca ins Reich ziehen/ jhm Anagni vnd Frosolon wider geben. Aber der Duca wußt wol daß Guisa auff Franckreich zu mußt/ vnd der Bapst schwach/ ließ die Port zu Rom brennen/ zog dem Columna zu/ legten weisse Hembder an/ vnnd gaben die Losung Liberta/ des willens die Statt zu vberfallen. Zu Rom alß das Geschrey ward/ wußt niemandts noch wohin es gerahten solt/ ob sie doch die Bäpstischen zu Tivoli außnemmen/ oder in die Statt fallen wolten. Deshalb schicket der Caraffa nach dem Volck es solt sich gehn Rom thun: dann er wolt nit daß die Burgerschafft zur Wehr griff/ auß Vrsach/ er forcht es solt wol vber jhn außgehn/ vnnd die Columneser den besten theil gewinnen: also zog er allein mit seinem Volck inwendig der Mawren vmb mit Windliechtern/ ohn alles getümmel/ vorab bey S. Johannes vnd vnser Frawen Major Thor. Das ware auch der best anschlag: dann etwa drey stund vor Tag kam der Vortrab des Duca für das Thor/ vnd sahen da den glantz von Liechtern/ also daß sie bedaucht/ jhr Sach wer schon offenbar. Auch waren vier ringe Pferd außgelassen/ die auff die Beuth wolten/ das bedaucht die Späher ein boses zeichen/ meynten sie weren Kundschaffter. So kam Kundschafft daß Peter Strozza mit 400. Pferden/ 10. Fehnlein Gasconier auff ware/ von Tivoli gen Rom/ vnnd das Volck so die Straß zu verwahren von Duca geschickt/ waren nit recht geführt/ hatten des Wegs gefählt. Also wie es Tag vnnd kein Mensch an der Porten der jhrer begert/ meynt der Duca die Losung were falsch/ die jhm der Columneser geben/ daß sie wolten/ so bald er eynfiel/ die Porten auffthun/ vnnd ein aufflauff machen. Etliche sagen der Duca habs gethan/ den Bapst zu besserm Vertrag zu bringen/ seye nicht willens gewesen die Statt eynzunemmen/ darmit nit schaden geschehe wie vormals. Andere wöllen es sey geschehen durch des Bapsts Anschlag/ daß er den Frieden desto frölicher machen dörfft/ weil solchs in des von Guisa Augen fürgangen.

Der König von Franckreich fordert also den von Guisa heimlich/ vnnd thet im selben Schreiben meldung/ der Bapst solte sein Sach am besten anrichten/ nach dem es die Mülin gebe/ vnd alß er vernommen daß man vmb Frieden handlet/ schickt er die Gysel wider heim dem Hertzogen zu Paliano. Vnd alß der Guisa vrlaub name/ sagt der Bapst/ es were auch nicht des Königs Meynung daß er abzüge. Der Guisa sagt ja: nach langem Zanck sprach er/ were es des Königs nicht/ so were es doch sein selbs Meynung/ vnd müßt seyn. Der Bapst erzürnet vnd sagt: Nun hawe hin/ fahrt nun hin/ jhr habt mit dem Kriegsvolck so jhr vber das Gebürg bracht/ dem König schlechten Dienst bewiesen/ der Kirchen schlechten Nutz bracht/ euch selbs wenig Ehr erjagt. In dem plaget Columna Paliano. Der Duca lag zu Genazzano ein halbe Meil darvon/ da ritten der Caraffa vnnd er auff vnd ab zusammen gen Cani im Frieden zu handlen/ der ward also beschlossen.

Daß der Duca solt im Nammen des Königs in Hispanien gen Rom ziehen/ dem Bapst den Fußfall thun/ vnd jm die Füß küssen/ gehorsame leisten/ wie er sich dann von anfang erbotten hett. Zum andern solt er auch sein Kriegsvolck ab der Kirchen Boden schaffen. Zum dritten wolt er Anagni vn Frasolon wider geben. Zum virdten solte er dem Guisa Geleyt geben mit seinem Volck/ welchen Weg jn gelustete in Piemont zuziehen/ durch des Königs Landt. Zum fünfften der Bapst gebe alle Bündnussen auff/ verbund sich vnd wolt Königs Philippen Freund bleiben. Zum sechsten allen vnd jeden so einem oder dem andern Herzen gedient/ wider den oder diesen/ solte verzigen seyn ausserhalb Marcantonio Cologna/ Ascanio Cargna/ vnd den Graffen zu Bagno. Zum siebenden Paliano solte man zustellen Herr Bernardin Carbone Ritter vnd Burger zu Neapels/ des Bapsts Enckel/ der dem König gedienet hett/ daß er zu guten handen dasselb eynnemme/ verwahre/ vnnd in beyder Kosten mit 800. Knechten/ die da von beyden Partheyen besoldet wurden/ so lang

behielte/

Von Italia. 423

behielte/biß daß man der Sachen eins wurde darinnen zu handlen. Zum 8. was man dem Hertzogē von Palion/ so Marcantonio wider eyngesetzt/ was man dem Caraffe/ was man der Kirchen für erlittne Schäden geben solle/ mit allem wie fürthin den Frieden zu halten/ veranlast man auff den Caraffa/ dasselbig zu handlen innerhalb 14. Tagen am Hofe bey dem König in Hispanien/ dahin er sich verfügen wolte. Also zog der Duca gleich mit dem Bischoff von Aquila gen Rom/ ward wie ein Sohn vom Bapst empfangen vnd genannt/ er erlöst alle die in seines Königs Geschefften gefangen/ wolt nichts für sich begeren/ wie hochs ihm der König anbotte. Hans Walter von Hirnheim starb zu Neapels/ seine Knecht stieß man vnder den von Ladron/ 3. Fehnlein ließ man im Reich/ die andern führt man von Caieta auff Lombardey vnd Piemontzu. Dem Caraffa der bey dem König gewesen/ ward guter Bescheid/ vnnd gab der König dem Hertzogen von Paliano die Herrschafft vnnd Statt Rossano in Calabrien mit dem Titel eines Printzen die jährlich 16000. Ducaten tregt. Dem Caraffa gab man auß dem Ertzbisthumb Toledo 12000. Ducaten Pension 8000. schanckt man ihm sonst. Also hat sich der Krieg erhaben vnd ein end genommen.

Der Statt Ostia vnd vmbligender Landtschafft/ sampt ihrer Belägerung Anno 1556. contrafactur. Cap. xxvij.

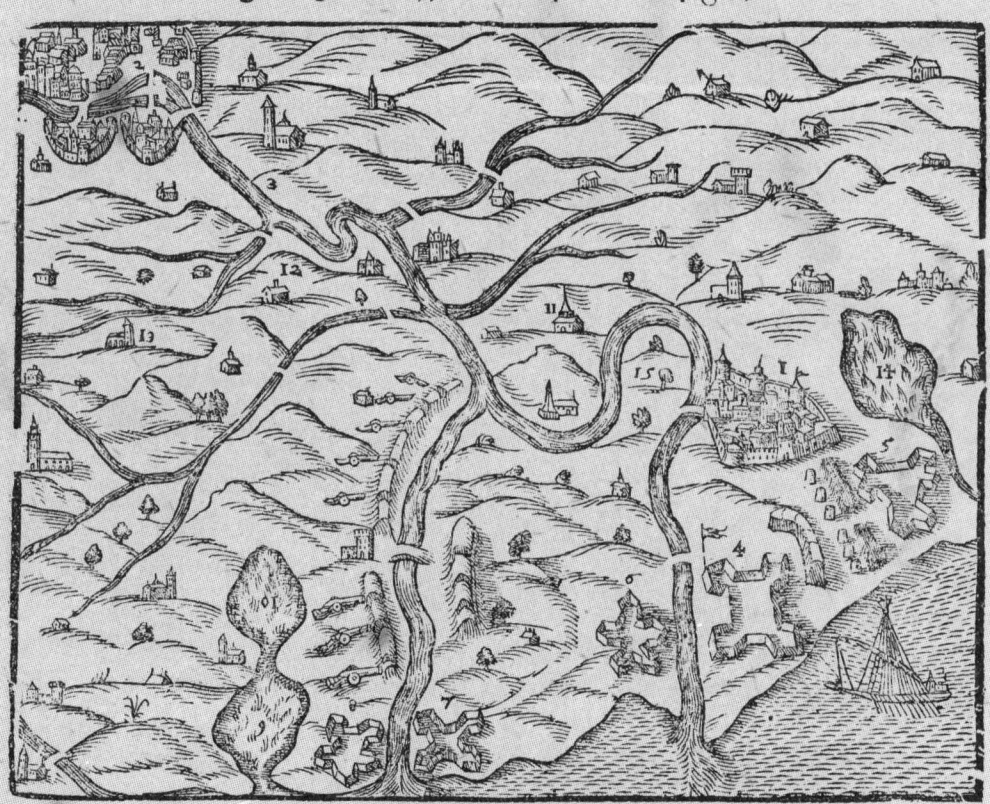

Außlegung der Ziffer so bey den fürnembsten örtern verzeichnet seynd.

1. Die Statt Ostia/ vnd auff derselbigen Seiten ligt die Landtschafft Latium genant.
2. Die Statt Rom/ vnd auff dieser Seiten herab lige die Landtschafft Tuscana.
3. Der Fluß Tyber.
4. Der Kayserischen Veste.
5. Des Bapsts Veste/ vnd bey dieser Veste legt das Tuscanisch Meer/ do das Schiff steht.
6. Des Bapsts Vestung.
7. Des Keysers Vestung.
8. Des Bapsts Veste.
9. Keysers Claudij Port.
10. Keysers Adriani Port oder Hafen.
11. Ein Würtzhauß.
12. vnd 13. sind Örter vnd flüß Magtlana genannt.
14. Sümpff/ Moß oder Pfützen.
15. Von dannen hat man Ostia beschossen/ vnd was zwischen diesen Wassern ligt/ heyst man die Insel/ deren hie in dieser beschreibung gedacht wirdt.

Wo vnnd zwantzig Meil von Rom ligt die Statt Ostia/ an dem ort da die Tyber in das Tyrrhenisch Meer falt: ist von Anco Martio dem vierdten Römischen König mit Mawren vmbgeben/ vnd von Keyser Claudio mit einem gewaltigen Port oder Meerhafen versehen worden/ wie solches auff Keyser Neronis Kupfferen Müntz gantz artig abgebildet/ gesehen wird.

CC iiij Nach

424 Das vierdte Buch

Nach dem aber die Saracenen dise Statten Aeschen gelegt/hat sie Leo der vierdt widerumb erbawen/vnd mit Eynwohnern auß der Insel Corsica besetzt: endtlich aber hat sie Julius der ander mit einem gewaltigen Thurn verwahret/vnd bevestiget.

Es ist sich aber höchlich zu verwundern/daß von einer so grossen anzahl mechtigen Palläften/Tempeln/vñ andern fürtreffenlichen Gebäwen/so die Römer vorzeiten daselbst mit vnseglichem Pracht vnd Kosten haben auffgericht/so gar nichts vberblieben.

Hat jederzeit ein bösen Lufft gehabt/daher auch die Eynwohner von dem Rath zu Rom erlangt/
Gute Melonen. daß sie aller schatzungen vnd beschwerden befreyet worden. Hat Sommerzeit sehr gute Melonen/ deren Keyser Clodius Albinus in einem Imbiß zehen gessen.

Es werden die Güter von dem Meer erstlich dahin geführt/vnnd demnach in kleinern Schifflein die Tyber hinauff gen Rom. Martinus der 5. Bapst hat dahin ein mechtige Vestung gebawē/ die Port desto sicherer zu halten/diese ist lang hernach von Iulio dem andern vmb viel verbessert worden/dem günstigen Leser zugefallen hab ich sein gelegenheit/vnd wie sie Anno 1556. von dem Spanischen Obristen Duca d'Alba belägert vnd eyngenommen worden/hieher gesetzt.

Der Statt Neptun warhaffte Abcontrafehtung mit ihrer gelegenheit.

Außlegung etlicher fürnemmen Oerter der Statt Neptunum den Buchstaben verzeichnet.

- A Port von Anso
- B Thurn von Anso
- C Brunstuben
- D S. Blasius
- E Schloß
- F Rathhauß vnd Marckt
- G Wacht
- H Kornmarckt
- I Die Straß gen Rom
- K Wald
- L Der Keyserischen Bollwerck
- M Vorstatt
- N Wasser zur Mül
- O Wald
- P Ein Moß
- Q Diß Wasser vnnd Schloß heißt Astura
- R Ein See Fogliano genannt
- S Weg gen Terracina
- X Berg Circello

Eptun ist ein Flecken am Gestad des Meers/welcher vorzeiten ein end Italiæ gewesen ist/hat von Anso der herzlichen vnd alten Statt Vndergang sein auffnemmen bekommen. Ligt auff einem sehr fruchtbaren Boden/welchen doch zu pflantzen die Eynwohner sich nit sehr bemühen/dann weil es ein grosse Wildnuß vnd ein sand oder steinechtig Meer (welches gute Fisch bringt) hat/seynd sie viel mehr dem jagen vnd fischen ergeben. Hat auff der einen seiten gegen Rom zu/die gelegenheit der zerbrochenen Statt Anso: Auff der andern aber Asturam/welcher ort wegen Ciceronis (so von dem vndanckbaren Popilio) vñ Conradini Fridericides 2. Enckel (welcher von Carolo dem

Von Italia. 425

dem 1. König in Sicilien alda vmbgebracht ist worden) todt/berümbt ist. Besser hindan in dem Meer liget der vielbekannt Berg Circello/auff welchem zu den zeiten Strabonis ein Becher gezeigt ward/auß welchem Vlysses(als er an diesem ort ankommen)mit seinen Gesellen getruncken soll haben. Alda hat Circe ein berümpte Zauberin(von welcher auch der ort den nammen)jhr Wohnung gehabt.

Civitella der Statt Abcontrafactur/mit jhrer Belägerung vnd Gelegenheit/ꝛc.

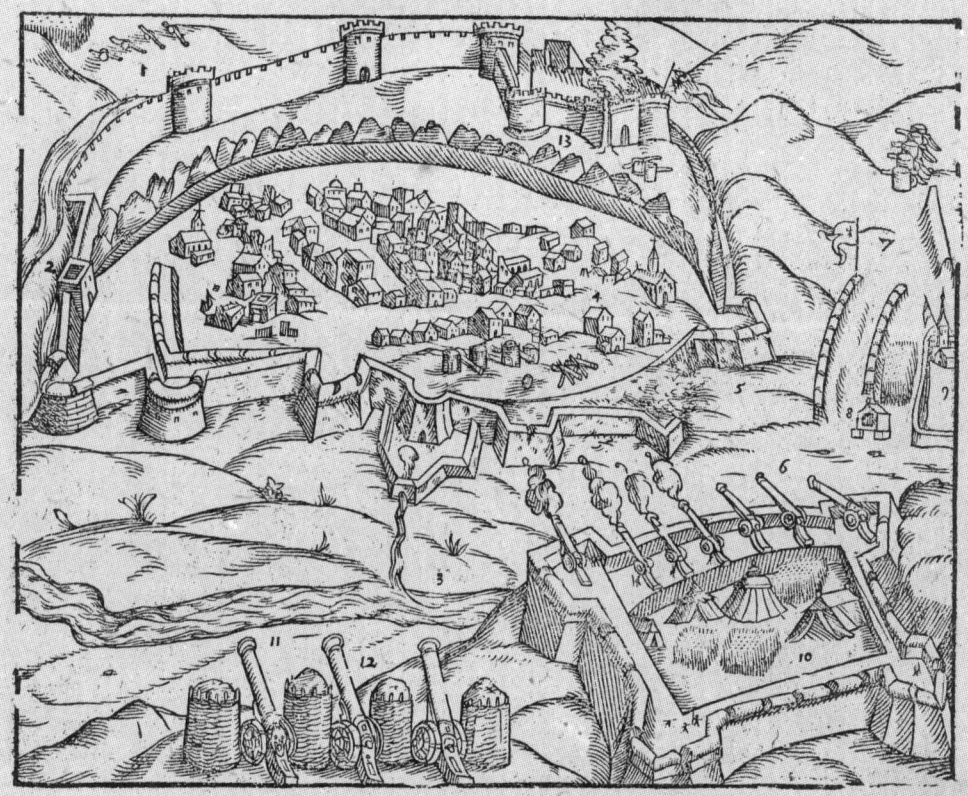

Außlegung der Ziffer Zahl/betreffend die Statt Civitella/ꝛc.

1. Bedeutet ein Thal vnd den Bühel/darauff etliche Geschütz gestanden.
2. vnd 3. auch ein Thal.
4. Der Statt Marckt.
5. Ein Thor.
6. Ein Veste die Statt zu beschiessen/vnd zu belägern.
7. Der Gasconier Schantzgraben.
8. Des Hertzogen von Guisa Losament.
9. S. Maria Closter.
10. Der Italiäner Zelt.
11. Ein Fluß.
12. Der Schweitzer Archeley.
13. Das alt Schloß.

Civitella ist auff einem hohen Bühel erbawen/vnnd ligt gar gegen Auffgang der Sonnen vnd Mittag/die Mawren vnd Häuser fahen in der mitte an/derhalben der Bühel höher scheint/haltende von einem Thor zum andern/nemblichen von dem Thor das gegen dem Adriatischen Meer sihet/biß zu dem andern gegen dem Gebürg/vñ dieser Theil vergleicht sich einem schönen Theatro oder Spielhauß: dann die Häuser steigen hinauff mit einer hübschen Ordnung/gegen des Bühels höhe. Diß ist ein rauher Felß/vorzeiten ein Schloß darauff gestanden/gnugsam wehrhafft nach gestalt der zeit/wie man ab der Gelegenheit mutmassen kan. Ist vor sechtzig jahren/von den Bürgern/als Carolus dieses Nammens der achte König von Franckreich/in das Königreich Neapels gezogen/zerstört/daß sie keines Vogts vbermut leiden mußten. Der Rucken des Bühels ist vnbewohnet/vnd da vorzeiten das Schloß gestanden/ist ein schlechte schwäche alte Mawren mit einem Thurn/von den fünffen vberblieben/die das Schloß gehabt/stehet gegen Nidergang vñ Septentrion/vnd der Außgang an dem Ort viel böser vnd schwerlicher/dann an den andern. Der gantz Bühel ist allenthalben mit einem Thal vmbgeben/gegen Nidergang zu vnderst laufft durch ein tieffes Thal ein Fluß Viperata genannt/der am Apennino entspringt/hat also den Namen von seinem krummen vnd geschwinden lauff vberkommen: aber man nennet diesen Fluß heutigs Tags gemeinlich Librata/vorzeiten/wie etliche sagen/Albula von der schöne des Wassers geheissen: laufft ein halbe Meil vber die höhe/vnd kompt in das breite Velt/nit weit von dem Fluß des Bühels/

Viperata ein Fluß.

426 Das vierdte Buch

hels/da Turtureto ligt/vnd hat sein Außgang in das Adriatisch Meer/wie droben angezogen von dem Thor/gegen dem Meer/ist ein kleine Ebne/vnd gegen vber ein Münchenkloster gebawen/etwan 300.Schritt darvon/in welchem der Hertzog von Guisa sein Läger geschlagen hat/rc.

Beschreibung der Statt Tybur nach jhrer gelegenheit/wie sie jetz vnd vor jahren ist gewesen. Cap. xviii.

Statt Tybur von wem sie erbawet sey.

Ybur oder Tivoli/ein Statt auff einem Bühel/16. Welsch Meil von Rom gelegen/welche jhren nammen hat von Tyburto des Cœtili Sohn. Dieser alß er nach seines Vatters Amphiarai schrecklichen Todt zu Thebe von seines Vatters Bruder ward gewarnet zu fliehen/ist er in Italiam geflohen/vnnd hat allda diese Statt erbawen. Man hat sie auch Herculeum (wie Strabo der berühmbt Geographus bezeuget) genennt/vmb dieser Vrsach halben/daß die von Tybur allzeit den Herculem hoch verehrt haben/vnd ist järlich dahin (wie Perottus darvon schreibt) ein grosse menge Volcks kommen/dem Gott Herculi geopffert/vnd ein hohes Fest gehalten. Etliche

Anio der Fluß woher er genennt wirdt.

haben sie Catarractam genennt/dieweil viel Klüfft vnd Felsen allda seind/dardurch der Anio/den man noch Tereuone nennet/herab fellt/vnd ist dieser Fluß also genennt worden von dem König Anione/der Tuscanern/welcher in diesem ertruncken ist/vn wird an diesem ort zum ersten Schiffreich. Dieser Fluß laufft durch viel Wäld biß er gen Tybur kompt/daselbst fellt er durch sehr hohe Felsen vnd Klüfften vndersich in die ebne/vnd laufft hernach mit andern dreyen zugethanen Wassern durch die Statt Tybur. Diese Statt ist vast herrlich gewesen zu der Römer zeit/vnd so lang alß der Römer gewalt gewärt hat/ist sie für ein treffliche Statt gehalten worden/nachmals aber von den Teutschen zerstört vnd verwüstet worden. Es ligt in dieser Statt ein schönes vnd vestes Schloß/welches von Bapst Pio dem andern dieses nammens ist auffgericht worden.

Es hat diese Statt ein gesunden Lufft/vñ haben vorzeiten die fürnembsten auß der Statt Rom Sommerszeit allda gewohnet. Ist etwan sehr mächtig gewesen/deren Eynwohner der Khat zu Rom für sehr stoltze Leuth gehalten: daher auch Virgilius der sinnreiche Poet vnder Keyser Augusto/Tybur die stoltze Statt geheissen.

Sibylla Tyburtina.

Ist wegen der Sybilla/mit dem zunammen Albunia oder Tyburtina in aller Welt sehr berhümpt/deren höle vnd gewölbter Saal/wie auch schöne Statua mit einem Buch in der Handt/noch heutiges Tags nicht ohne sondere verwunderung/daselbst zu sehen.

Hat vber die massen schöne Lustgärten/mit den allerköstlichsten Früchten/Wasserkünsten vnd Bilderen/auff das stattlichest gezieret/wie dann auch viel außbündige Antiquiteten von gewalti-

gen Tem-

Von Italia. 427

gen Tempeln vnd andern nach der besten Kunst vorzeiten auffgerichten Gebäwen/ darunder Keysers Hadriani Lusthäuser gewesen.

Insonderheit ist da mit verwunderung zusehen der herrliche vnd prächtige Pallast vnnd Garten/ welchen Hyppolitus Estensis Cardinal von Ferrara zurichten lassen/ mit allerhand künstlichen vnd verborgenen Wasserwercken/ vnder welchen auch die Statt Rom mit jren Antiquiteten abgebildet. Ligt an einem Berg/ damit das Wasser desto besser seinen lauff vnd trieb haben möge/ die schönen Kunststuck zutreiben.

Es solle gemeldter Cardinal vber die 3. Thonen Gold an dieses Lusthauß gewendet haben/ wirdt doch jetzund nicht mehr in ehr gehalten/ wie vor diesem geschehen.

Von der Statt Vicovaro/ nicht ferz von Tybur gelegen.

Diese herrliche Statt am Wasser Aniena gelegen/ ist nach dem die Statt Tybur in jahr Christi 1556. vom Hertzogen von Alba belägert vnd eyngenommen/ auß befehl des Hertzogen gleich nach eroberung der Statt/ Vespasiano Gonzagae befohlen worden/ Vicouarn zu belägern/ welches Gonzaga/ dieweil jhm sein Vatter mit nammen Rodomont kürtzlich darvor schändlich vmbkommen ware/ gern gethan. Alß sie nun darfür kommen/ ist diese Statt baldt in des Hertzogen Gewalt mit seinem grossen Nutz kommen/ dann dardurch die Straß der Proviand/ so jhme von Taggliacozzo vnnd Abbruzzo zugeschickt/ geöffnet wurde. Nach dem nun die Statt erobert/ war das Schloß noch in der Statt von einem Hauptmann mit etlichen Fußknechten besetzt/ welcher sich dasselbig zu beschirmen vnd erhalten vnderstünde: begert Ascanius von Corgna an jn/ ein wenig für die Veste herauß zu kommen/ welches der Hauptmann/ alß der in den Kriegssachen vnbedacht vnd vnerfahren/ gethan: dieser alßbaldt er von Ascanio ergriffen/ hat er jhn so lang behalten/ biß jhme das Schloß zu seinen Händen gestellt worden: welches der Hertzog nach erobrrung nur mit 50. Spaniern besetzt: Dann jhme die Statt zu bewahren vnvonnöthen duncket/ dieweil man durch ermeldtes Schloß in die Statt allzeit Volck/ die zu bezwingen/ bringen möchte: nam also der Hertzog seinen Weg wider auff Tybur zu.

Von der Statt Otricolt.

Diese Statt wirdt von Keyser Antonino in seinem Reißbuch/ Strabone vnnd Ptolomeo/ Otricolum/ von Cornelio Tacito Otricolum/ vnd derselben Eynwohner von Plinio Otriculaner genannt.

Ist ein lustige Statt/ ein Meyl wegs von der Tyber auff einem Büheel gelegen.

War von

War von den Römern mit guten verheissungen in Freundschafft auffgenommen/wie bey Livio in 9. Buch zusehen.

Nicht fern von dannen werden im Thal bey der Tyber etliche alte Gebäw von der Statt Ocrea gesehen/so etwan bey den Sabinern in gutem ansehen gewesen.

Antiquiteten zu Oericoli. Etliche wöllen/es seye die Statt Ocricoli auß Ocrea erwachsen/welches aber nit wol seyn kan/in ansehen/daß eben so alte anzeigungen von Ocrioli/als von Ocrea zu finden/vnd beyder Stätten vorzeiten gedacht worden. Hat noch etliche alte Thürn/vnnd ein theil von einem schönen Amphitheatro/wie auch anzeigungen von einem Theatro/vnd grossen Bädern.

In dieser gegne werden in der Tyber etliche sehr grosse Pfeyler gesehen/darauff eine von den vier schönsten Brucken gestanden/welche Keyser Augustus vber die Tyber gebawen.

Heutiges Tags fahrt man daselbst mit Schifflinen vber die Tyber.

Von der Statt Narni.

Narnia hat jhren Nammen von dem Fluß Nar/heut Negra genandt:hat vorzeiten/wie bey Plinio/Antonino/vnnd Livio im 10. Buch zusehen/Nequinum geheissen:wo her aber derselbe Nammen entstanden/seind die Scribenten nicht einerley Meynung.

Etliche wöllen/es habe Narnia von dem bösen vnd schroffechtigen Ort/den nammen Nequinum bekommen:Andere aber sagen/man habe jhnen diesen Nammen/von einer gantz grausamen vnd vnbillichen That gegeben.

Narni verwüstet. Dann ist auff ein zeit (wie solches Leander so Italien beschrieben in einem alten geschribenen Buch daselbst gefunden) gedachte Statt Narnia hart belägert gewesen/vnd sich nimmermehr/beyde wegen des Hungers/vnd der Feinden Gewalt/können auffhalten/haben sie zum ersten jhre Kinder/darauff jhre Weiber/volgends jhre Eltern vnd Geschwisterte/vnd endlich sich selbs/alle vmbgebracht/damit sie nicht dem Feind in die Händ kämen.

Vnd diese ist auch der Römischen Colonien eine gewesen/so sich geweigert den Römern wider Hannibalem/mit Gelt oder Volck hilff zu thun.

Hat von der Pestilentz/vnd eynheimischen Tumulten/wie dann auch zur zeit Caroli Quinti/von den Venetianischen Kriegsleuthen viel gelitten/wie dann gedachter Leander im jahr Christi 1530.daselbst im durchreissen/die gantze Statt vast gantz verwüstet vnnd verlassen gefunden/also daß er bekennt/daß auch das Rathhauß Palagio de Priori lehr gestanden/vnnd nicht mehr dann zwen oder drey Läden auff dem Platz offen gewesen.

Gegen Mittag/ligt bey dieser Statt ein sehr gäher Felsen/vnd zu vnderst daran laufft der Fluß Negra/mit einem vberauß grossen prausen.

Gegen Mitternach/hat sie schöne Bühel/mit Reben/Oel/Feigen/vnnd andern fruchtbaren Bäumen gezieret.

Fürtreffenliche Männer betreffend/so von dannen bürtig gewesen/nennet Petrarcha den fürnembsten vnder denselben/ Bapst Johannem den dreyzehenden dieses nammens/welchen doch Platina ein Römer geheissen.

Francesco Cardulo von Narnia bürtig/war neben fürtreffenlicher geschickligkeit/vnd scharffem Verstand/von Gott mit einer solchen Gedächtnuß gezieret/daß er zwey grosse Bletter/wann er sie nur einmal hat hören lesen/außwendig behalten/vnd für vnd hindersich hat können erzellen.

Gattamelata. Was Gattamelata für ein gewaltiger Held gewesen/ist auß dem genugsam abzunemmen/daß er in Nammen der Herrschafft Venedig/die mechtige vnnd veste Statt Paduam eyngenommen vnd erobert/derowegen jhm dann ein Rittersaul/mit sampt seiner Bildnuß zu Pferd/von Metall gegossen/bey der Kirchen S.Antonio zu ewiger gedächtnuß auffgericht worden.

Von der Statt Terni.

Weil diese alte vnd berühmbte Statt zwischen zween ärmen/dessen Fluß Nar oder Negra/gelegen/war sie vorzeiten Interamna/das ist so viel alß inter amnes/zwischen den Flüssen/geheissen.

Ist auch der achtzehen Colonien eine gewesen/so den Römern jr Hilff vnd beystand wider Hannibal abgeschlagen.

Hat auch viel Vnglück außgestanden/vnd an jhrer alten Herligkeit hefftig abgenommen/inmassen sie dann nicht mehr so groß wie vorzeiten/dessen die alten Gemäwr gnugsame anzeigungen geben. Hat ein fruchtbar vnnd lustig Landt/fürnemlich aber schöne Wießmatten/so des Jahrs vier mahl gemeyet werden.

Grosse Ruben. Bringt sehr grosse Ruben/deren etliche dreyssig vnd mehr pfund wegen.

Plinius sagt im 18. buch seiner Historien/ er hab ein Ruben daselbst von 40.pfunden gesehen.

Es seind auch die Trauben sehr groß/vnnd gut in dieser gegne/wie dann an andern nutzlichen dingen kein mangel.

Von der

Von Italia.

Von den Stätten Aquapendente vnd Bolsena/ vnd etlich anderen selbiger Gegne. Cap. xviiij.

Ptolemæus hat dise Statt Aquulam geheissen/ vnd derselben Eynwohner Aquenser/ ist auff der höhe gelegen/ vnd wol gebawet vnd bewohnet/ ist des Bapsts Grentzhauß gegen Tuscanen/ könte (wo von nöten) zu einer mercklichen Vestung gemacht werden.

Bolsena hat vor zeiten Volsinium geheissen/ etwan ein sehr reiche/ vnd der zwölff fürnehmsten Stätten in Hetrurien/ so wider die Römer ein groß Kriegsheer zu Veld geführt/ vñ die vmbligende Landschafft verherget. Alß die Burger zu Bolsena auff ein zeit jhre leibeigene Knecht befreyet vnd loß gelassen/ haben sich dieselbē auß begierd der grossen Reichthumen/ so sie in währender Dienstbarkeit bey jhren Herren gesehen/ zusammen gerottet/ vnd die Statt eyngenommen/ dieselbe auch so lang behalten biß daß die Römer mit starcker Macht/ der vndergetruckten Burgerschafft zu hilff kommen.

Dise Statt ward sampt den Eynwohnern vom Wetter verbrunnen. Ist heutiges tags zimlich erbawet/ auff dem Veld herumb werden noch viel alte Gemäwr gefundē/ darauß der ersten Statt grösse wol abzunemen/ ligt an einem schönen Fischreichen See/ so im bezirck 24. Meilen begreifft/ darinn zwo kleine lustige vnd bewohnte Insul.

Das Land ist an Wein/ Korn/ Oel vnd anderen Gewächsen sehr fruchtbar/ ja/ wie Plinius schreibt/ das aller fruchtbarest in gantz Italia/ da die Oelbäum im ersten jahr frucht tragen. *Grosse fruchtbarkeit.*

An der rechten hand gedachtes Sees/ ist das alt Castell Thuscanel/ welches Ascanius Aeneæ Sohn/ bald nach zerstörung der Statt Troja gebawen/ wie Annius von Viterbo/ auß einer alten Inscription/ so allda an einer Porten zu sehen/ vermuhtet.

Von der Statt Montefiascon.

Blondus vnd Volaterranus vermeynen/ Montefiascon seye die alte Statt Colonia Falisca/ so die Griechen von Argos erstlich gebawen: also daß die Italiäner Montem Faliscon, Montefiascon nennen.

Dise Statt ist schon zu anfang des Römischen Reichs sehr vest vnd mächtig gewesen/ daß sich auch die Römer selbs besorgten/ sie wurden ein zeitlang mit derselben zu zancken haben: welches dann ohne zweyffel were geschehen/ wo sie sich nicht durch ein sonderbar mittel hatte ergeben.

Dann alß Camillus gedachte Statt auß befelch des Rahts zu Rom etwas von ferrem belägeret/ hat der Schulmeister in der belägerten Statt seine Schülerknaben nach vnd nach/ durch vielfaltige kurtzweil vnd geschwätz für die Porten gelockt/ dann die Burgerschafft pflegte offt außzufallen/ vnd mit dem Feind zu scharmützlen/ vnd dieselben endlich in das Römische Läger für Camillum den Veldobersten gebracht/ mit vermeldung/ wie er der fürnehmsten Burgerkinder mit sich brächte/ vnd jhme die in seinen Gewalt geben wolt/ wo er die gefangen neme/ so köndte er mit nirgend was anders die Statt besser bezwingen: dann ehe jhre Vätter sie verliessen/ eher wurden sie jhme die Statt vbergeben. Aber Camillus hette kein gefallen an der Verräterey/ vnd ließ dem Schulmeister die Händ auff den Rucken binden/ vnd gab den in Gewalt der jungen Knaben/ vnd einem jeglichen ein Ruthen/ jhn damit zu schlagen/ mit disem befehl/ daß sie jhn widerumb *Camillus.*

mit jhnen führeten/jhre Vätter des Handels berichten/vnd jhnen damit sagen solten/Camilli meynung vnd gemüth stünde nicht/die Statt mit einigem Laster oder Verrätherey/sondern Ritterlichen zu erobern. Da das die Burger von der Statt sahen vnd höreten/verwunderten sie sich größlich ab Camilli frombkeit/vnd seines Ritterlichen Mannlichen Gemüts/mit zufallendem schrecken/daß sie einem solchen thewren Mann nicht köndten in die länge widerstehen. Deßhalb sie sich bedachten vnd verglichen/daß sie seiner rahtung begerten/vñ sich williglich in sein Gewalt ergeben wolten/in hoffnung/sein tugendreich Gemüt wurd jhnen Gnad von den Römern erlangen. Also zwang Camillus die Statt mehr mit Tugend dann mit der Wehr/wie solches bey dem Livio im 5. Buch außführlich zu lesen/da vnder anderen Camillus dise Wort zum Schülmeister gesprochen: Du Böswicht bist weder zu deines gleichen Volck/noch Veldobersten/mit deinem schändlichen Present kommen. Wir haben zwar mit den Falisecrn kein Freundtschafft/so durch jrgend ein packt were auffgerichtet. Aber die vereinigung/welche die Natur eynpflantzt/ist/vnd soll in das künfftig vnder vns zu beyden theilen bleiben. Es hat der Krieg so wol als der Frieden seine Recht/vnd pflegen ob denselben/nicht weniger auffrichtig/als dapffer vnd mannlich handzuhaben. Wir führen die Waffen nicht wider das Alter/welchem auch in den eyngenommenen Stätten wirdt verschonet: sondern wider die bewaffneten/vnd fürnemlich die jenigen/so weder von vns verletzt noch angereitzt/der Römern Läger vor der Statt Veii haben angefochten/welche du/so viel an dir gewesen/mit einem newen Laster vbertroffen.

Camilli auffrichtigkeit.

Es ist dise Statt sonderlich verrhümbt wegen des herrliche Muscateller Weins/so allda wächst/vnd bald alle andere Wein in Italia vbertrifft.

Von der Statt Viterbo.

Diß ist die vralte Statt Veiuza Volturna, erstlich võ König Jano erbawet/vnd hernach von Tyrreno erweitert vnd zum Königlichen Sitz gemacht: in welcher sich die fürnehmsten Häupter der zwölff Thuscanischen Stätten/alle Newmond versamblet/vñ dem Abgott Jano ein groß Fest gehalten haben.

In diser Statt haben die Egyptier vnd Lydier/nach Annij meynung/das erste Brodt in Italia gebacken/vñ die verehrung der Bildern angefangen.

Ist zur zeit des Longobardischen Königreichs von Desiderio/mit eynschliessung der Statt Longhola vnd Vetulonia erweitert/vnd Viterbum/von gedachten drey Stätten genandt worden: darvon dann noch zu diser zeit König Desiderij Mandat in ein Tafel von Alabaster gehawen/allda wird gelesen.

Gedachte Statt hat ein sonderbar Bißthumb/von Bapst Celestino dem dritten auffgericht/ist mit schönen Häusern vnd einem gewaltigen vbersich in die höhe springenden Brunnen gezieret: Ein Meil von dannen seind viel heylsamer Bäder.

Von dannen kompt man in den Wald Bocano von Livio Sylva Mesia genandt/welchen Ancus Martius den Feienten entzogen/vnd an die Statt Rom gebracht. Ist vmb der Straßräuberen willen von Julio II. Leone X. Clemente VII. Paulo III. vnd andern Bäpsten mehrtheils nider gehawen vnd auß gereutet.

Von Italia. 431

In diser gegne/ sonderlich bey dem Fluß vnd Castell Cremera haben die Veienter 477. jahr vor Christi geburt 306. edlen Fabios erschlagen/ also daß nur einer desselben mächtigen Geschlechts/ mit namen Marcus vberblieben/ welcher dem Römischen Volck/ zum offternmal in Fried vnd Kriegszeiten zur sonderer hilff solte gedeyen.

Von der Statt Perusa. Cap. yy.

Dise Statt ist an dem Apennin von den Griechen auß Achaia erstlich erbawet/ vnd nach grausamen Hunger von Keyser Augusto dem Römischen Reich vnderworffen/ vnder welchem sie auch geblieben/ biß daß sie König Totila lange zeit belägert/ vnd zerstört/ damalen dann S. Herculanus ein Teutscher von Nation Bischoff daselbst jämerlich getödet worden. Von den Gothen kam gedachte Statt durch Narsetem Keysers Justiniani Veldobristen/ widerumb an das Römisch Reich/ vnd von demselben an die Longobarden. Nach dem aber Keyser Carolus der Groß König Desiderium vberwunden/ hat er Perusam widerumb dem Reich einverleibt. Hernach theilet Ludovicus der Fromm Caroli Sohn die Landtschafft Tuscana/ vnd vbergibt die Statt Perusam dem Bapst/ sampt andern orten mehr. Ist durch Tumult vnd Auffruhr vielmalen hefftig angefochten vnd geplagt worden/ derowegen dann/ zu erhaltung des Friedens/ Bapst Paulus der dritt/ mit grosser behendigkeit/ ein gewaltig Schloß gebawen/ vnd die Häuser vnd Kirchen abgebrochen/ damit dasselbe auff beyde Pläß mögen sehen.

In der Thumbkirchen wird des H. Lucę Euangelium auff einer Rinden mit guldinen Buchstaben geschrieben/ wie dann auch ermeldtes Herculani Marmorsteinen Grab/ vnd andere schöne Sachen gewiesen. *Euangelium Lucę.*

Hat ein berhämbte Vniuersitet/ vnd zwey schöne Collegia/ die Newe vnd Alte Sapientz genandt.

DD ij

nandt. Sonsten ist auch ein anders mit Namen Bartholinum/darinnen acht Perusiner/zwen Genueser/vnd zwen Lukeser werden erhalten. In dem Closter S. Julia seind gemeinlich zwey hundert Nonnen.

Das Regiment diser Statt wird durch ein Bäpstlichen Gubernatorn vnd zwölff Rhatsherzn geführt vnd verwaltet. Es hat etwan in diser Statt ein gewaltigen Adel gehabt/ist aber durch obangeregte Tumult mehrtheils abgangen.

Baldus.

Die Eynwohner seind Mannhafft/vnd guten Künsten vnd Sitten zimlicher massen ergeben. Vnder andern fürtrefflichen Männern so allhie geboren/ist Baldus der fürtreffliche Jurist/Bartholi Discipul/vnd Bapsts Gregorij des eilfften Preceptor/gewesen.

Die Landtschafft darumb ist sehr lieblich/vnd an Wein/Oel/Feygen vnd Obs fruchtbar.

Von der Statt Spoleto.

Die edle vñ weitberühmbte Statt Spoleto/theils auff einem Bühel/theils aber auff einer schönen ebne gelegen/ist eine von den besten Römischen Colonien gewesen/welche den Römern im Carthaginensischen Krieg trewlich beygestanden/vnd den mächtigen Helden Hannibal von jhrer Belägerung abgetrieben.

Ist die Hauptstatt in Vmbria/da die Hertzogen von Spolet jhr Residentz gehabt/vnder denen Jarola der erste gewesen/welchen die Longobarder zum Hertzogen gemacht haben.

Ehe daß aber die Longobarder dise Statt eyngenossen/hat sie Theodoricus der Gothen König beherzschet/vnd daselbst einen gewaltigen Pallast gebawet/so hernach mit sampt der Statt von den Gothen zerstört/vnd in die äschen gelegt worden: wurd also von Narsete/Keysers Justiniani Veld-Obersten (wie Blondus vnd Sabellicus verzeichnet) widerumb erbawen/vnd in Ehr gelegt.

Grosser Erdbidem.

Als Keyser Carolus der Groß im Jahr Christi vnsers HErren 802. zu Spoleto gewesen/hat sich den letzten Tag Aprellen ein so grausamer Erdbidem erhebt/daß er nicht nur Italiam/sondern auch Franckreich/hefftig bewegt vnd erzittert. Hat von Keyser Friderich dem ersten grossen schaden gelitten/alß sie höchstgedachtem Keyser zuwider/Bapst Alexandro dem dritten angehangen.

Im Jahr Christi 1324. war sie von den Perusinern mit Fewer angesteckt/wie Bernardinus Corinus im dritten Theil seiner Historien verzeichnet. Von derselben zeit aber hat gedachte Statt von tag zu tag widerumb zugenommen/vnd sich dermassen gebessert/daß sie heutigs tags vnder die schönen Stätt in Italien mag gesetzt werden.

Hat ein schön Schloß/so auff ein alt Römisch Amphitheatrum gebawen. Von disem Schloß hat es biß in die Statt ein gewaltige schöne Bruck von 24. grossen steininen Pfeylern vnd schönen Gewölben.

Vnder Keyser Diocletiano seind in diser Statt Sabinus Bischoff/vnd Marcellinus Diacon daselbst/mit sampt viel andern fürtrefflichen Männern/Weibern vnd Kindern/jämerlich vmb Christi willen gemartert worden. Man ließt bey Cicerone vnd Tranquillo/daß der fü treffliche Orator Publius Cornutus/vnd Cajus Melissus von Spoleto bürtig gewesen.

Ein Weib wirdt in ein Mann verwandlet.

Fürnemlich aber ist denckwürdig/daß in diser Statt zur zeit des Carthaginensischen Kriegs ein Weib allerdings in ein Mann verwandlet worden/wie dessen Zeugnuß bey Livio im 24. Buch zu finden.

Das Land herumb ist an Korn/Wein/Oel vnd Obs sehr fruchtbar/vnd mit schönen Kraut vnd Wurtzgärten gezieret.

Von den Stätten Tollentino/Macerata vnd Recanati.

Tollentino ist ein feine Statt/deren auch Plinius gedenckt. Hat vnder andern fürtrefflichen Männern den hochgelehrten vnd sinnreichen Poeten vnd Oratorem Franciscum Philelphum gezeugt/so zu Bononia/Rom/Meyland/Florentz/Padua vnd Mantua profitiert/vnd gewaltige Stipendia gehabt: vngeachtet/daß jhn Poggius von Florentz/auß neidischem verbunst/wie es etwan pflegt zu gehen/heßlich außgemacht.

Macerata ein kleine halbe Tagreiß von Tollentino gelegen/ist auß der alten Statt Helvia

Von Italia. 433

Recina/ oder Recannati erbawet. Hat ein Hohe Schül/ vnd Bäpstliche Cantzley/ ligt in der höhe/ wie auch Tollentino/ hat ein schön Rhathauß/ darunder ein grosse Gefencknuß.

Sonsten ist auch Recannati nicht fern darvon/ auch auff einem Berg/ gegen Loreto gelegen/ heutiges tags zimlich erbawen/ vnd haben beyde ein schön Land an Korn/ Oel vnd Wein gantz fruchtbar.

Vnder den Antiquiteten zu Recannati/ hat man ein Marmorsteinine Tafel gefunden/ vnd dieselbe zu Macerata auffgericht/ darinn verzeichnet/ daß sie vom Keyser Septimio Severo lieb gehalten/ vnd mit vielen Gebäwen verbessert worden.

Auff dem Veld bey Recannati herumb/ werden viel alte Gemäwr/ vñ darunder ein groß Amphitheatrum von gebackenen Steinen gewiesen.

Den Jahrmarckt zu Recannati besuchen nicht nur die Italianischen/ sondern auch Asiatischen Kauffleuth.

Von der Statt Loreto. Cap. xxj.

LAVRETA.

Etrus Marsus hat in seiner Außlegung vber Silium Italicum im 8. Buch vermeynen wöllen/ es seye der berhümbte alte Tempel Junonis/ an disem ort gestanden/ da man heutiges tags/ mit so vielfaltigen Wahlfahrten die Kirchen Sanct Mariæ von Loreto besucht: welches/ so es war/ so hat ein Wahlfahrt die andere geerbt/ inmassen dann die Heyden vorzeiten nicht geringe zuversicht auff ihr Junonem gesetzt.

Es ist die gemeine sag/ es seye das Häußlein von gebackenen Steinen gebawen/ in der Kirchen zu Loreto/ der H. Jungfrawen Mariæ Kammern gewesen/ vnd auß dem H. Land von den Engeln dahin getragen.

Es ist nicht zu beschreiben/ was für ein mercklicher Schatz/ von allerley Kleinodten/ silbernen vnd guldenen Geschirren dahin verehret worden.

Ob gleichwol die Kirchen groß vnd weit/ so seind die Wänd vnd Säul an allen orten mit Tafeln vberhengt vnd verdeckt/ an welchen die Gnaden vnd Beyständ abgemahlet/ so den jenigen sollen widerfahren seyn/ so die H. Jungfraw Mariam in jhren nöhten vnd gefahren haben angeruffen. Es seind auch so viel Häuser zu diser Kirchen gebawen worden/ daß Loreto nicht vnder die geringsten Stätt mag gezehlt werden. Die Eynwohner seind dreyerley Stands/ namlich Priester/ Gastgeb oder Würth vnd Paternostermacher. Ist auch nicht wol zu glauben was für ein mächtige anzahl Paternoster/ von Holtz/ Bein/ Horn/ Corallen/ Edelgestein/ vnd anderen Materien daselbst gemacht vnd verkaufft werden: vnd müssen gedachte Paternoster/ bald die ersten Gericht seyn/ so den Frembden in den Gastherbergen daselbst hauffenweiß werden fürgetragen.

DD iij Die

Die Mawren vmb dise Statt seind sehr vest/vnd mit einer Besatzung verwahret/dann nicht ohne vrsach zubesorge/es möcht sich etwan der Türck vnversehens ans Land lassen/vnd den grossen Schatz daselbst abholen.

Von der Statt Ancona.

Es haben dise Statt die Griechen/mit dem zunamen Dorenser genandt/erstlich gebawen/vnd von der krümme eines Ellenbogens/dessen sie sich vergleicht/Anconam geheissen. Nach dem der Tyrann Dionysius den Syracusanern gar zu hart gewesen/haben sich etliche derselben gen Anconam begeben/vnd mit gedachten Dorensern Freund: vnd Wohnschafft gemacht. Hat ein vberauß gewaltig Port/welches Keyser Trajanus gantz Italien zu gut/verbessert/vnd mit einer gewaltigen Mawren von Marmorstein versichert: derowegen ihm dann der Raht vnd Bürgerschafft zu Rom/daselbst auff der Mawren/zwischen dem Port vnd dem Meer/ein schönen Triumphbogen/mit allen gewohnlichen zierden/alß namlich auffgesteckten Kriegswaffen/vnd vier Pferden neben einander zu ewiger gedächtnuß auffgerichtet/wie solches auß der Inscription abzunemmen.

Schöner Port.

Sebastianus Serlius sagt/es seye auff gedachtem Triumphbogen/neben anderen zierden/Keysers Trajani Bildtnuß von Metall gestanden/auff einem Pferd sitzend/vnd tröwend den Völckern/so er vberwunden hatte/daß sie nicht mehr rebellisch werden solten. Ist wie auch anders mehr/von den Gothen oder Wandalen hinweg genommen worden. Die Schrifften seind von Metall eyngegossen/vnd vbergüldt.

Stattlicher Triumphbogen.

An disem Port herumb/seind schöne Hallen gestanden/vnd zuausserst im eynfahren/ein gewaltiger Neptunus mit einem Schiffrüder in der Hand/auff einem Delphin sitzend.

Darbey dann neben den Historien abzunemmen/daß die Statt Ancona vor zeiten mächtig erbawet/gezieret vnd bewohnet gewesen.

Ist an dem Römischen Reich lange zeit trew verharret/vnd hat Narseti/Keyser Justiniani Kriegsobersten/die Gothische Armada von 47. Schiffen nicht fern von dannen/helffen zerschlagen/vnd theils versencken/theils in die flucht jagen.

Marggraffschafft.

Nach dem die Longobarden in Italia vberhand genommen/haben sie zu Ancona einen Marggraffen gesetzt/daher dann dise gantze Landtschafft den Namen der Marck behalten.

Von den Longobarden kam gedachte Statt/vnder Keyser Carolo dem Grossen/an das Römisch Reich/vnder Keyser Lothario aber/vnd Bapst Sergio/wie Blondus im II. Buch verzeichnet/ward sie von den Saracenen vberfallen/vnd mit Fewr angesteckt.

Von derselbigen zeit hat sich Ancona widerumb erholet/die zerstörten Gebäw auffgericht/vnd biß in das jahr Christi vnsers HErren 1532. mit grosser fürsichtigkeit vnd einigkeit/ein frey Regiment geführt.

Vnd ist sich höchlich zu verwundern/daß die Burgerschafft daselbst ein so lange zeit aneinander trew vnd beständig verblieben/in betrachtung/die Römischen Bäpst/so gleichsam alß Schutzherren darüber gewesen/den gantzen Gewalt an sich zu ziehen/jederzeit vnderstanden.

Der Raht wurd alle jahr von newem bestellt/vnd mocht niemand in der Statt wissen/außgenommen etliche der allergeheimsten Rähten/welchen der fürnehmste Gewalt vertrawt were.

Es ist aber denckwürdig/was gestalten dise Statt ihrer Freyheiten beraubet/vnd vnder das Bäpstliche Joch gezwungen worden.

Weil sich der Türck mehrmalen auff dem Meer bey Ancona herumb sehen lassen/bißweilen auch (wie in Beschreibung des Königreichs Neaples verzeichnet) in das Land gefallen/vnd mercklichen Schaden gethan/hat Bapst Clemens der siebend/durch Bernhardinum Barbam Bischoff von Casale/vnd Ludwig Gonzaga seinen Kriegsobersten/vnder dem schein/gedachte Statt/wider den Türcken vnd andere Meerräuber zubeschirmen/ein gewaltige Vestung bawen lassen.

Bapst bekom̄t mit list Anconam.

Da nun dise Vestung auß gebawet/vn̄ mit Geschütz vnd Soldaten versehen worden/sich auch die Obrigkeit auß dem Pallast in ihre sonderbare Wohnhäuser begeben/hat obgedachter Bischoff/mit sampt dem Kriegsobersten Gonzaga/dem Bapst gen Rom geschrieben/daß er auffs ehist mit gewohnlichem Heerzeug wolte nacher Ancona kommen. Ermahnt derowegen vber etwas zeit die junge Burgerschafft/sie solten dem Bapst/so nun alle stund werde ankommen/entgegen ziehen/vnd denselben vor der Statt nach gebür empfahen.

Die gute Burgerschafft volgt solchem anbringen/vnd zeucht biß gen Loreto (wußt aber nicht was für ein Bad were verhenckt) verhoffend alle augenblick den Bapst anzutreffen.

Hierzwischen aber macht sich der Bischoff Bernhardinus mit bewehrten Soldaten auff den Pallast/vnd versperrt Gonzaga die Stattporten/laßt auch niemand auß noch eyn/biß daß den andern tag der Bapst mit seinem Volck ankommen/welchem sie dann die Statt vbergeben/vnder dessen beherrschung sie auch biß auff den heutigen tag verblieben.

Von Italia. 435

Die Thumkirch zu Ancona ist von dem schönsten Marmor/ in gewaltiger grösse/ auß der rechten Kunst erbawet: hat viel Heiligthumb/ vnd ein mercklichen Schatz.

Auff dem Vorgebürg ist vor zeiten ein berhümbter Tempel Veneris gestanden/ so aber zu diser zeit/ gleich wie andere schöne Antiquiteten/ gantz zerfallen.

Cicero/ Valerius Maximus/ Dio/ Niceus/ thund in jhren Schrifften/ der grossen Reichthumb zu Ancona meldung.

Auß dem 8. Buch Silij Italici wird neben den Historien erwiesen/ daß vor zeiten zu Ancona nicht geringerer Kauffmanshandel/ dann zu Tyro vnd Sido gewesen/ vnd daß man daselbst den schönsten Purpur gefärbt habe.

Ist auch noch heutigs tags ein zierliche Handelestatt/ vnd hat viel Türckische Juden/ die in Asiam vnd Africam handlen.

Das Land darumb ist an Korn/ Wein/ Obs/ vnd dergleichen/ sehr fruchtbar.

Es ist aber zu wissen/ daß dise gelegenheit bey Ancona herumb der ausserste theil am Waden des Fuß oder Schenckels seye/ welchem wir mehrmalen Italiam verglichen.

Von der Statt Senegallia/ vnd Casa Bruciata.

Weil die Gallier dise Statt den Hetruriern/ oder Thuscanern abgetrungen/ vnd ein lange zeit/ biß daß sie Publius Dolobella zu einer Römischen Colonien gemacht/ besessen/ wurd sie nicht mehr Sena/ sondern Senegallia genandt: ist an dem Meer gelegen.

Ist heutigs tags nicht sonderlich groß/ aber wol erbawen/ vñ mit tieffen Gräben/ guten Mawren/ vnd einem Schloß versehen/ stehet dem Hertzogen von Vrbin zu/ welches Johannes von Rouvere von Bapst Sixto II. seines Vatters Brüderen bekommen/ vnd dannen es auff seinen Sohn Franciscum Mariam Hertzogen von Vrbin kommen/ wie hernach soll gesagt werden.

Casa Bruciata ist ein groß Würtshauß/ auff der Landstraß/ nicht fern vom Meer gelegen/ mit keinen Mawren vmbgeben: ist etlich mal von den Türcken/ so daselbst zu Land gefahren/ geplündert/ vnd mit Fewr angesteckt worden/ daher sie dann disen Namen bekommen.

Von der Statt Vrbin. Cap. xxij.

Rbin ligt auff der höhe/ an einem lustigen vnd fruchtbaren Ort: hat ein schön Schloß/ an statt des alten/ so vor der Statt gestanden/ von Friderich Hertzog daselbst/ mit solcher kunst erbawet/ daß man biß zu oberst zum Tach hinauff kan reiten: hat 363. grosse Gemach/ vñ in deren einem ein gewaltige Bibliothec/ mit den allerbesten vnd köstlichsten geschriebnen vñ getruckten Büchern/ so mit Seiden vnd Sammet vberzogen/ etwan auch mit Gold vnd Sylber geziert gewesen.

Das Gold vnd Sylber aber hat Cesar Borgias Anno 1501. alß er Vrbin eyngenommen/ von gedachten Büchern genommen/ vnd viel derselben hin vnd her distrahiert.

Nach den Büchern/ ist in ermeltem Schloß ein mächtiger Schatz von guldinen vnd sylberinen Geschirren/ wie dann auch sehr vberauß köstliche vñ schöne Tapeceeryen. Belangend was sich sonderbars vor zeiten in diser Statt zugetragen/ verzeichnet Procopius/ im ersten Buch von Gothischem Krieg/ daß sie Belisarius/ Keysers Justiniani Veldoberster nach dem er ein gute zeit darumb gelegen/ habe eyngenommen. Von derselben zeit blieb sie biß auff Keyser Friderich den erſten/vnder dem Römiſchen Reich/damalen ſie dann die Graffen von Montefeltro zum Oberherzen bekommen.

1. Fridericus Vbaldus Graffe von Montefeltro ward von Bapſt Sixto IV. Anno 1471. auß einem Graffen zu einem Hertzogen von Vrbin gemacht/hat ein gantz loblich Regiment geführet/viel hertzlicher Thaten begangen/vnd die obgemeldte hertzliche Bibliothec zuſammen gebracht/hat auch von Galeatio Malateſta die Statt Foſſombruno für 13000. Cronen erkaufft. Starb Anno 1482.

2. Guid' Vbaldus ſein Sohn der ander Hertzog von Vrbin/kondt wegen des Podagrams von Hoff nicht abkommen/deſſentwegen er ſeinen luſt allen auff den Hoff legte/vnd bracht die fürnehmſten Künſtler in allerhand ſachen vnd übungen zuſammen/dardurch er groß Lob erlanget. Starb

3. im jahr 1508. ohne Kinder/deſſentwegen er daß Franciſcum Mariam da Rouuere ſeiner Schweſter Sohn/vñ Bapſt Julij des andern Bruders Sohn/an Kindsſtatt angenommen/ward der dritte Hertzog von Vrbin/vnd iſt jhme auch Peſaro von Bapſt Julio zugeeygnet worden. Nach diſes Julij Tode ward Franciſcus Maria von Bapſt Leone X. verſtoſſen/vnd ward Vrbin Laurentio von Medices vbergeben/welcher es aber nach ableiben Bapſt Leonis/bald widerumb abtretten müſſen. Sein

4. Gemahel war Leonora Gonzaga von Mantua/von deren er zeugte Guid' Vbaldo 2. ward der vierdte Hertzog/vnd Julium den Cardinal. Guid' Vbaldus zeugete von Vittoria Farneſia/

5. Franciſcum Mariam 2. den fünfften Hertzogen von Vrbin/hatte zu einer Gemahel Lucretiam von Eſte/Hertzog Herculis von Ferrara Tochter Anno 1574. Verließ einen einigen Sohn/

6. welcher nach jhme der ſechſte Hertzog von Vrbin war/vermählet ſich Anno 1621. mit Eliſabetha von Medices/Coſmi 2. Groß Hertzogen von Florentz Schweſteren. Er ſtarb aber bald hernach/vnd ward die Fürſtliche Wittib Anno 1626. verheurathet an Jhr Durchleucht Ertzhertzog Leopoldum von Oeſtereich.

Alſo iſt Vrbin erſtlich auff die Graffen von Montefeltro kommen vnder Keyſer Friderich den erſten vmb das jahr Chriſti 1180. bey welchen es verblieben biß auff das jahr 1508. da es von Guid' Vbaldo den anderen Hertzog von Vrbin/dem letſten ſeines Stammens/auß anſtellung Bapſt Julij des andern auff Franciſcum Mariam von Rouuere kommen.

Diſes war ein adelich Geſchlecht von Savona bürtig/vnd wird in diſer Liny erſtlich gemeldet Leonhardus Roboreus oder von Rouuere/welcher viel Kinder hatte/vnd vnder diſen Raphael von Rouuere/vnd Franciſcum/welcher Anno 1471. Bapſt ward Sixtus IV. genandt/ſo diſes Hauß erſtlich in anſehen bracht.

Von Raphael ſeind kommen Johannes/welcher von Bapſt Sixto ſeinem Vettern bekam Senegalliam/vnd hernach nach abſterben ſeines Bruders Leonhardi das Hertzogthumb Sora. Sein Weib war Johanna/Friderici von Montefeltro/des Hertzogen von Vrbin Tochter/durch welche das Hertzogthumb an diſes Hauß kommen. Julianus/hernach Bapſt Anno 1503. vnd Julius 2. genandt. Johannes zeugete Franciſcum Mariam Hertzogen von Vrbin/Graff von Montefeltro/Herr zu Peſaro vnd Senegallia. Diſe beyde Linien haben wir in volgende Tafeln verfaßt.

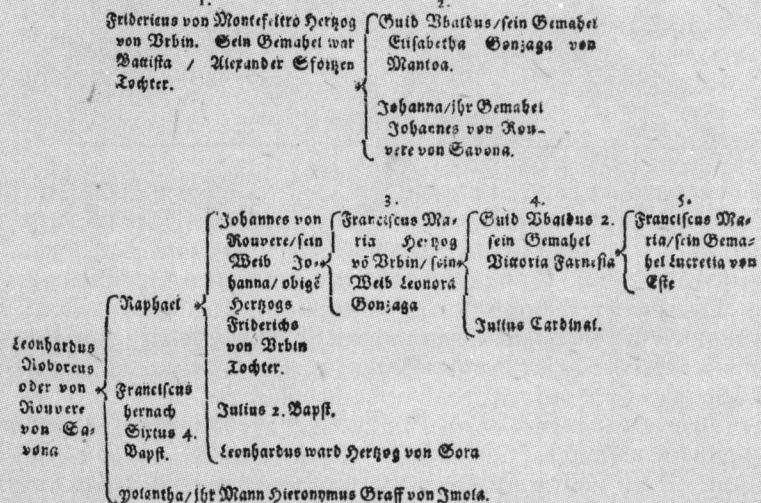

Diſes Hertzogthumb Vrbin iſt ein Lehen von der Römiſchen Kirchen/vnd zahlt jährlichen 800. Cronen. Hat ſieben Stätt vnder ſich: Vrbin/Cagſi/Eugubbio/Peſaro/Montefeltro/ jetzund

Von Italia. 437

jetzund S. Leo/Senegallia vnd Fossombron/mit vielen andern Flecken vñ Schlössern: von welchen die Hertzogen jährlichen in 200000.Cronen Eynkommen ziehen. Haben sonderbare verwandtschafft mit dem König auß Hispania/von welchem sie den Ritter-Orden des Guldenen Flüß haben/sampt 12000.Cronen jährlicher Pension: Hingegen sollen sie dem König auff allen fahl auff jhrem Gebiet 3000.Mann Fußvolck zum Krieg auffbringen.

Von der Statt Fano.

In diser Statt ist vor zeiten ein sehr berühmbter Tempel des Glücks gestanden/vō welchem sie dañ auch den Nammen Fanum bekommen. War von Keyser Augusto zu einer Colonien gemacht/vñ Colonia Fanestris genandt. Vitruvius schreibt/daß in gedachter Statt ein vberauß schöne Basilica (ist ein Gebäw/darinnen man Gericht gehalten) 120.schuh lang/60.breit gestanden/deren Säul 50.schuh hoch gewesen. Ist heutigs tags wie auch der gewaltige Triumphbogen/dessen anzeigung bey S.Michaels Kirchen zu sehen/zerbrochen. Beyde Gebäw waren Keyser Augusto zu ehren auffgerichtet. Keyser Constantinus hat hernach gedachte Statt mit newen Mawren vmbgeben/wie dann dessen in dem Triumphbogen die Zeugnuß zu finden.

Ward von König Totila zerstört/vnd von Belisario wider erbawen. Ist ein lange zeit/nach dem sie vom Römischen Reych kommen/den Malatestis/vnd hernach den Sforzijs/vnderthan gewesen. Gehört heutigs tags/mit sampt andern darumb ligenden Stätten/dem Bapst. Hat ein lustig Volck/vnd an Korn/Oel/Wein vnd Obs/ein gut vnd fruchtbar Landt.

Von der alten Statt Forum Sempronium/heut Fossombruno.

Dise Statt ist nicht sehr weit/in dem Land von Fano gelegen/hat viel schöne Antiquiteten/vnder denen fürnemlich nicht geringe anzeigungen der gepflasterten Flaminischen Straß/wie dann auch feine Epitaphia vnd Inscriptiones gesehen werden.

Hieronymus Boldrinus hat im Jahr Christi 1530.Alberto Leandro daselbst Caij Titi Sempronij Pitschierring gewiesen/in welchem an dem rand herumb die Buchstaben C.T.S. das ist/ Cajus Tittus Sempronius/waren geschnitten. *Semprōnij Pitschier.*

Dise Statt hat Galeazzo Malatesta/im Jahr Christi 1440.Graffe Friderich von Vrbin vñ 13000.Goldgulden zu kauffen geben. Nicht fern von dannen hat Keyser Titus Vespasianus ein harten Felsen vber die 100.schuh lang/12.hoch vñ breit/durchhawen lassen. Wird von dem Landvolck Furto/vnd Sassoferrato/der durchgraben Felsen genandt.

Von der Statt Pesaro.

Pesaro von Keyser Antonino/Pomponio Mela/Plinio/Procopio/vnd anderen Pisaurum genandt/ist ein lustige/aber vngesunde Statt/fürnemlich Sommers zeit/welches nach etlicher vermeynen/von der völle der lieblichen Früchten soll her kommen.

Es werden nicht viel Burger daselbst gesehen/so vber die 50.jahr kommen/vnd ist jämerlich zu hören/was für ein menge junger kinder gemeinlich daselbst im Augstmonat sterben.

Fürnemlichen aber wachsen vber die massen viel Feygen vmb dise Statt herumb/so zu Venedig vnd Bononia für hoch werden gehalten.

Hat jährlichen ein grosse Kauffmans Meß/so nicht nur von den Italiänern/sondern auch von den Dalmatineren besucht wirdt.

Ist von König Totila/nach der Römer beherrschung zerstöret/vnd von Belisario widerumb erbawet.

Ist ein lange zeit vnder den Herren Malatestis gewesen/vnd hernach von Galeazzo Malatesta/ Constantię Alexandri Sforzię Gespons/für 20000.Goldgulden zum Heurathsgut gegeben worden/dessen Enckel Galeatius Sforza hat selbige hernach/weil er zuviel Widersächer hatte/ Bapst Julio dem andern für ein grosse summen Gelts verkaufft/welcher sie Francisco Maria Hertzogen von Vrbin seines Brudern Sohn vbergeben/vnd ist also Pesaro biß auff disen tag bey dem Hertzogthumb Vrbin verblieben.

Von dem Flecken Catholica.

An disem ort ist die Statt Concha gestanden/so in das Meer versuncken: hat heutigs tags vast nichts dann Würtshäuser/da dann ein gemeiner Außspann ist.

Nicht fern von dannen ist ein schöner Pallast Gradara/das ist/lieblicher Lufft/vor zeiten von Sigismundo/Pantolphi Malatestę/Herren zu Pesaro Sohn/erbawen.

Von der Statt Rimini/auff Latein Ariminum.

Marcus Cato sagt in seinem Buch/von der Völcker vrsprung vnd herkommen/es seye dise Statt von Hercule vnd seinen Gesellen/alß sie mit jhm auß Libia dahin kommen/erbawet: welches dann Annius von Viterbo/auß dem Nammen Ariminum/zu erweisen vnderstanden/in betrachtung das Ar/in Egyptischer Sprach/einen Löwen/oder Herculem mit einer Löwenhaut

bekleis

bekleidet/bedeutet: Iminim aber heißt so viel (wie Samuel der Talmutisch außlegt) alß er zele die da eylen/namlich zum Streit wider die Tyrannen in Italia.

War 282.jahr vor Christi geburt/vnder Burgermeister Publio Sempronio/vnd Appio Claudio/von den Römern zu einer Colonien gemacht/vnd mit wolverdienten Kriegsleuten alß das fürnembst Grentzhauß/wider die Gallier besetzt: Dann mehr dann gnugsam bekandt/daß d' Fluß Rucon/heut Pissatello genandt/Italiam von Gallia vnderscheiden/auch niemand erlaubt gewesen/mit Kriegswaffen vber denselben zu ziehen: wo jemand aber solches vbertretten/hat denselben der Raht vnd Burgerschafft zu Rom für ein offenen Feind jhres Regiments gehalten: derowegen dann bey der Bruck daselbst ein Tafel auffgerichtet worden.

Weil es dann mit disem Fluß ein solche beschaffenheit gehabt/hat Julius Cæsar sein vorhaben wider Pompeium/vnd das gantz Römisch Regiment entdeckt/alß er vber gedachten Rubiconen gezogen/derowegen er dann gesprochen: Iacta est alea/das Spiel seye angangen: wölle namlich mit ausserstem gewalt/Pompeium/vnd dessen Anhang angreiffen vnd verfolgen.

Man sihet auch noch heutiges tags/auff dem grossen Platz zu Rimini/den Ort/da Julius Cæsar an das Volck ein lange Red gehalten/vnd dasselbe jhm anzuhangen vermahnt.

Nach dem aber Julius Cæsar gestorben/vnd Augustus das Römische Reich angetretten/hat er die Statt Rimini/alß in deren der anfang zu dem Römischen Keyserthumb gemacht worden/mit schönen newen Mawren vmbgeben/vnd vber den Fluß ein gewaltige Bruck von Marmorstein/ 200.schuh lang/vnd 15.breit/bawen lassen/wie an den Wänden daselbst/in schönen Marmorsteininen Tafeln/von Dorischer arbeit/zu sehen.

Alte Bruck.

Wann man von Pesaro hineyn kompt/stehet auff der Gassen ein gewaltiger Triumphbogen/ Keyser Augusto zu ehren auffgericht/wie auß der Inscription abzunemmen. Gegen dem Meer hinauß sihet man ein zerbrochen Theatrum von gebachenen steinen gebawen.

Der Meerhafen war vor zeiten vō schönem Marmor gebawet/ist heutigs tags mehr theils mit Sand außgefüllet/vnd wird nur von kleinen Schiffen besucht. Sigismundus Malatesta hat ermelten Marmor hinweg geführt/vnd davon die gewaltige schöne Kirchen S.Francisco gebawen. Vitiges der Gothen König/hat gedachte Statt härtiglich belägert/aber wegen Johannis Vitalianis/Keysers Justiniani Obersten widerstand/nichts außgerichtet/wie die Histori bey Blondo vnd Procopio zu lesen.

Ist vnder dem Reich lange zeit geblieben/vnd ist von demselben an den Exarchat zu Ravenna/ von dem Exarchat an die Longobardischen König/volgends widerumb an das Römisch Reich/vn̄ hernach vnder Keyser Othone dem dritten/an die Herren Malatestas/des Reichs Statthaltern/ endtlichen vnder Alexandro dem sechsten an Bapst zu Rom kommen/welchem sie noch heutiges tags vnderworffen.

Ehe daß aber der Bapst ein festen fuß in gedachter Statt gesetzt/haben sich etliche gedenckwürdige zwytrachtungen vnd spaltungen erhebt. Dann alß Pandolphus Malatesta gesehen daß jhm vnmöglich/dem Bapst widerstand zu thun/hat er die Statt Rimini den Venetianern verkaufft: Dise aber/weil sie mit König Ludwig dem zwölfften/auß Franckreich zu thun hatten/vbergaben gedachte Statt Bapst Julio dem andern.

Weil sich aber hernach Bapst Hadrianus der sechst/etwas zeit in Hispania auffgehalten/hat sich Sigismundus/obgedachtes Pandolphi Sohn in Bawrskleidern verstellt/vnd sich mit einer burde Graß in die Statt Rimini begeben/da er daß seine Freund beruffen/vn̄ die Statt bezwungen. Kurtz hernach aber kam Hadrianus in Italiam/vnd vertrieb Sigismundum. Zur zeit des H.Hieronymi/ist zu Rimini ein Concilium gehalten worden/welchem gedachter Hieronymus auch selbs beygewohnet.

Die gelegenheit diser Statt betreffend/ist dieselbige sehr gut vnd lustig. Die Statt ligt auff einer schönen ebne/hat gegen Mittag etliche fruchtbare Bühel/darauff ein guter Wein/viel Oel/ Feygen vnd andere Frücht wachsen. Gegen Morgen vnd Nidergang hat sie schöne Kornfelder/ vnd gegen Mitternacht hat sie das Hadriatisch Meer. Ist im bezirck gewaltiger grösse/wol bewohnt/vnd mit etlichen schönen Palläsen treffenlich geziert.

S.Marino freye Statt.

Nicht weit von Rimini ligt auff einem hohen Berg ein Stättlein S.Marino genan̄t/welches ein frey Regiment führet/vnd von alten zeiten hero niemand vnderthan gewesen/noch in so viel Kriegen von jemanden vbergwältiget worden/dannenhero es eine Schwester der Statt Venedig genennet wirdt/wie sie selbige auch in jhren Schreiben tituliren sollen.

Von der Statt Cesena.

Diß ist ein lustige vnd wol erbawte Statt/vnden an dem Berg Apennino/an der Römischen Straß Aemilia gelegen/so ein lange zeit an dem Römischen Reich trew verblieben/vnd sich den Longobardischen Königen Ritterlich widersetzt/volgends aber von den Britanniern jämerlich vberfallen vnd verwüstet worden/damalen dann dieselben niemanden verschonet/sondern jung vnd alt/Weib vnd Kind nidergehawen/vnd wie das Vieh gemetzget.

Von Italia. 439

Ist ein zeitlang den Bononiensern underthan gewesen/von welchen sie im jahr Christi 1293. an Maghinardum da Susenana/und darauff an die Herzen Ordelassos/volgends an die Malatestas/und endtlich an die Römisch Kirch kommen.

Hat ein adeliche und verständige Burgerschafft: ein lustig und fruchtbar Land/und wird der Wein daselbst von Plinio höchlich gepriesen.

Das schönst in diser Statt zu sehen/ist die gewaltige Libereŋ/welche ein Malatesta bey Sanct Francisco/von den aller fürtrefflichsten geschriebenen Büchern/hat auffgericht/da under andern Büchern Plutarchus in drey Theil abgetheilt/auß dem Griechischen in das Latein übersetzt/mit aller der jenigen lebendigen Bildnussen/deren Leben und Thaten darinn beschrieben. *Schöne Liberey.*

Ob vorermeldter Statt stehet gegen Mittag auff einem Bühel ein gewaltig Schloß/welches Keyser Friderich der Ander gebawen.

Nicht sonders fern von Cesana/ligt die alte Statt Sarsina/Plauti des berühmten Comödischreibers Vatterland. *Sarsina.*

Auff der grossen Landstraß/von Rimini gen Ravenna/ligt nicht fern vom Meer Porto Cesenatico/da viel kleine Schiff ankommen/und ein zimlicher Niderlag von Kauffmansgütern. *Porto Cesenatico.*

Bey disem Port/und fürnemblich bey der Statt Cervia/so allernechst darbey gelegen/wird Sommerszeit/vermittelst der starcken Sonnenhitz/vom Meerwasser so viel Saltz gemacht/daß man damit Romaniam/die Anconische Marck/und ein grossen theil der Lombardey kan versehen. Mag dem Bapst jährlich über die 60000. Goldgulden eyntragen. *Cervia.*

Dises Saltz wird zu grossen häuffen zusammen geschüttet/und sihet wie weisser Marmor. Es werden bißweilen Berg von Saltz gemacht/die im bezirck 200. schuh begreiffen/und 25. schuh hoch seind.

Von der Statt Ravenna. Cap. xxiij.

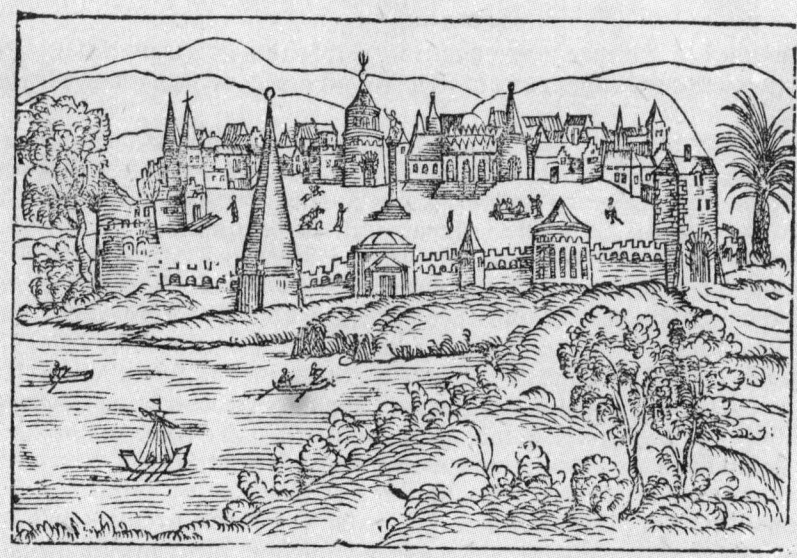

Jacomo da Voragine vermeynt/es seye dise Statt von Nimrots Söhnen erbawet/und von den Schiffen/mit denen man darinn/wie heutiges tags zu Venedig/herumb gefahren/Ravenna genandt.

Riccobaldo aber sagt/es seye gedachte Statt 480. jahr nach dem Sündfluß: 1745. vor erbawung der Statt Rom: und vor Christi unsers Herren Geburt 2497. erbawet.

Andere halten/es seyen 225. jahr nach dem Sündfluß/sieben Hauptleuth auß Armenia an disen Ort kommen/und haben daselbst sieben Stätt gebawen/darunder Ravenna eine gewesen. Nach Strabonis meynung aber/haben die Griechen auß Thessalia dise Statt erstlich erbawen/ und hernach die Sabiner bewohnet. Nach dem aber gedachte Statt den Römern underthan worden/hat Keyser Augustus den Meerhafen daselbst erweitert/und zu beschirmung des Hadriatischen Meers/mit einer gewaltigen Armada versehen. Volgends hat Keyser Tiberius newe Ringmawren gebawen/dessen Zeugnuß in der Porten Aurea, oder Speciosa, die Güldine oder Schöne genañt/zusehen: 480. jahr nach Christi geburt haben die Gothen/under König Odoars Ravennam eyngenommen/und dieselb 72. jahr beherzschet. Nach dem aber Narses die Gothen vertrieben/hat Keyser Justinianus/im jahr Christi 569. den Exarchat daselbst auffgerichtet/und dahin ein Statthalter des Römischen Reichs verordnet.

Exarchat.

Es war diser Exarchat/ein groß Hertzogthumb/hat seinen anfang bey Rimini/vnd erstreckt sich durch Placentz vnd Pavey/biß an Verona vnd Vicentz: begriffe Cesaream/Rimini/Cesena/Cervia/Forli/Forlimpopolo/Faenza/Jmola/Bologna/die Landtschafft Modena/Rhegio di Lepido/Parma/Placentz/Brinte/Comachio vñ Classe.

Gedachte Exarchen sassen jederzeit zu Ravenna/representierten die Keyser/vnd wurden von denselben volgende dahin verordnet.

Der erst Exarch war Longinus			569.
2.	Smaragdus		591.
3.	Romanus Patricius		595.
4.	Gallicanus		596.
5.	Smaragdus zum andern mal		609.
6.	Lamigius		612.
7.	Eleutherius wurd getödt/da er sich wolt zum König auffwerffen/		616.
8.	Isacius Patricius	im jahr Christi	623.
9.	Theodorus Calliopa		645.
10.	Olympius		657.
11.	Theodorus Calliopa zum andn mahl		658.
12.	Johannes		687.
13.	Theophylactus		702.
14.	Paulus wurd von der Burgerschafft erschlagen		727.
15.	Eutychius		729.

Die Ertzbischoff zu Ravenna waren wegen der hochheit des Exarchats/ein lange zeit für sich selbs frey/vnd wurden endtlichen von den Bäpsten mit gewalt bezwungen/wie an seinem Ort verzeichnet.

Von den Exarchen kam gedachte Statt an die Longobardische Könige/vnd von denselben vnder Pipino König in Franckreich/an die Römische Kirchen. Nach dem aber die Bäpst vñ Römischen Keyser mit einander vneins worden/hat sich Ravenna/wie auch andere Stätt in Italia/selbs gefreyet vnd ein eygen Regiment angefangen/welches doch nicht lang bestanden/sonder von Keyser Friderich dem Andern bezwungen worden. Nach dem aber Keyser Friderich bey Parma vbel gelitten/hat die Römisch Kirch/Ravennam widerumb bekommen. Nicht lang darnach wurden die Venetianer Herren vber Ravenna/vnd beherzscheten dieselbe biß in das jahr Christi 1509. alß sie von Ludovico dem zwölfften/König in Franckreich geschlagen worden. Nach dem aber Keyser Carolus der fünfft/im jahr 1527. Bapst Clementen den siebenden zu Rom in der Engelburg belägert/haben die Venetianer Ravennam widerumb eyngenommen/vnd dieselbe biß auff das jahr Christi 1530. behalten/da sie dann gedachte Statt dem Bapst widerumb eyngeraumbt/alß derselbige mit höchstgedachtem Keyser zu Bononia den Frieden beschlossen: vnd ist mehrzmeldte Statt von derselben zeit biß auff heutigen tag dem Bapst vnderworffen. Es ist aber auß Vitruvio vnd Strabone zu vermercken/daß Ravenna vor zeiten allerdingen auff Pfälen im Wasser/wie heut Venedig/gestanden/vnd daß man mit Schifflinen darinnen herumb gefahren/dessen sich jetziger zeit nicht schlechtlich zu verwundern/in ansehung/daß alles außgetrocknet/vnd mit schönen Gärten/Reben vnd Bäumen gezieret. Der alte Meerhafen ist auch vast gantz mit Sand außgefüllet/vnd erwachsen.

Ravenna war wie Venedig gebauwet.

Die Statt ist sehr groß/aber nicht sonderlich erbawet: hat viel alte schlechte Häuser.

Die Kirchen seind von köstlichem Marmor/vnd mehrtheils mit Mosaischer Arbeit gezieret.

In der Thumbkirch seind eilff Ertzbischoffe/namlich S. Adericus/Eleucadius/Callocenus/Martianus/Proculus/Probus/Datus/Lyberius/Agapitus/Marcellinus vnd Severus/von Mosaischer Arbeit gantz köstlich vnd künstlich abgemahlet.

Bey S. Gervasio vnd Protasio/so Galla Placidia/Keysers Honorij vnd Arcadij Schwester/wie auch die Kirch S. Johañ da etliche Keyser abgemahlet/gebawet/seind fünff schöne alte Gräber/in weissem Marmor gehawē/in welchen gedachte Placidia/sampt zweyen Kindern/vnd derselben Säugammen/gelegen. In S. Apollinari seind viel köstliche Marmorsteinine Säul/so dahin von Constantinopel/Rom vnd andern Orten/zu sonderbarer zierd/geführet worden.

In S. Andreas seind die neun Marmorsteinine Säul/darauff das Chor stehet/vnd vnder denselben fürnemlich zwo gegen einander vber/von natur halb weiß/halb roth/nicht ohne verwunderung zu sehen.

Wunderbare Marmor.

Die Kirchen S. Vital/ist eine von den schönsten vnd künstlichsten in der gantzen Welt/darin neben der wunderbare Architectur/in einem Marmor ein Franciscaner Mönch/von natürlichen farben

Von Italia. 441

farben so eigentlich abgebildet/ alß wann er mit der Hand gemahlet were/ darbey dann abzunem=
men/ daß sich die Natur so wol vnder dem Erdtreich/ alß auff demselben/ mit vielerley seltzamen
Bildern/ Figuren/ vnd Farben belustiget.

Ausserhalb Ravenna/ ist ein alte ronde Kirch/ eines sehr wunderbaren schönen Gebäws/ S.
Maria rotonda genandt: deßgleichen weder in: noch ausser Italien gewesen: der Diameter haltet
inwendig 25. schuh/ ist oben mit einem eintzigen Stein/ so 37. schuh im Diameter haltet/ bedeckt/ *Theodorici*
ob dessen Tagloch Königs Theodorici Begräbnuß von Porphyr acht schuh lang/ vnd vier breit/ *Begräbnuß.*
auff schönen säulen gestanden.

Dieß Grab hat gedachtem König Theodorico Amalasinutha sein Tochter auffrichten lassen/
ward in den letzten Kriegen/ weil es ein vergülten deckel von Metall gehabt/ von den Frantzosen mit
einem grossen Stuck herund geschossen/ steht jetziger zeit zu oberst auff dē Marckt an einer mawrē.

Ist eins von den vier grossen Gräberen auß einem Porphyr gehawen.

Das erst stehet ausserhalb der Statt Rom/ war Keysers Constantini Tochter/ wirt heut Bacchi Grab genennt: Das ander/ vnd dritt/ seynd zu Monreal in Sicilia/ bey Palermo/ in welchen
Keyser Friderich der Ander vnd Henricus sein Sohn/ ligen begraben.

Bapst Johannes der 17. vnd Cassiodorius seynd von Ravenna bürtig gewesen.

Vnder Keyser Vespasiano/ ist Apollinaris Bischoff daselbst sampt vielen andern gemartert
worden.

Weil Ravenna vnder der Herrschafft Venedig gewesen/ hat
Bernhardus Bembus/ damahlen Potestat oder Landtvogt/
dem sinnreichen vnnd weitberühmten Poeten Danti Aldige-
rio/ von Florentz/ auff Freyer gassen ein Epitaphium/ mit sampt
dem Brustbild auffgericht.

Vielgedachte Statt Ravenna/ ligt gleichsam vnder dem
Knie/ am Schenckel/ welchem wir mehrmahlen Italiam ver-
glichen/ vngefehrlich ein halbe Teutsche Meil vom Meer in einem sümpffigen Boden/ der doch groß Gut von Korn jährlich
tregt. Die Ziblen wachsen da auch viel grösser dann anderswo/
vnd in grosser menge: Item es ist auch gute Weyd da/ darumb
das Vieh/ Käß/ Milch/ Fleisch/ Butter/ vnd dergleichen dingen
da vberflüssig gefunden werden.

Von der Statt Imola.

Weil diese Statt vor zeiten Forum Collegij geheissen/ haben etliche meynen wollen/ sie seye irgend von einem Römer mit namen Cornelio/ so daselbst Gericht gehalten/ erbawet worden.

Wird von Cicerone in einem Schreiben an Cassium/ vnd von Antonino in seinem Reyßbuch/
angezogen. War vnder Keyser Justiniano/ von Antiocho/ Nasetis Leutenant/ im Krieg wider die
Gothen zerstört/ vnd nach Albini Todt von Clesi der Longobarder König/ widerumb erbawet/
vnd von der Vestung/ so daselbst gegen dem Fluß/ auff einem Bühel gewesen/ Imola genannt.
Kam von den Longobarden/ an die Statt Bononiam. Ergab sich bald darauff an Keyser Friderich den Andern/ blieb aber an demselben nicht lang trew/ sondern wurd im jahr 1292. von Alidosio
mit hülff Mainardi Pagani bezwungen/ vnd folgents der Röm. Kirchen vnderworffen. Vnder
andern fürtrefflichen Leuten/ so die Statt Imola gezeugt/ seyn gewesen Johannes ab Imola der
fürtreffliche Jurist/ vnd Johannes Antonius Flamminius ein herrlicher Orator vnd Poet/ so im
jahr Christi 1536. zu Bononia gestorben/ vnd daselbst bey den Dominicanern begraben.

Von der Statt Bononia. Cap. xxiiij.

Jeronymus Albertuzzo/ vnd Johannes Garzo vermeynen/ es sey diese Statt nit
sonders lang nach dem Sündfluß/ von Fero einem Scythier erbawt/ vnd dessen
Tochter Felsinæ nach genannt worden.

Manetho aber vnd Sempronius bezeugen/ sie seye von Felsina einem König
in Tuscana erbawet/ vnd demselben nach genannt.

Nach dem aber die Gallier/ Boij genannt/ die Statt Felsinam besessen/ ward
sie Bojonia/ vnd hernach vmb bessern klangs willen Bononia genannt.

Folgents wurd sie im jahr nach Erbawung der Statt Rom 564. vor Christi Geburt 188. von *Colonia.*
den Römern zu einer Colonien gemacht vnd mit 3000. Mann besetzt/ darunder einem jeden Reuter 70. vnd einem andern Römischen Eynwohner 50. Juhard Felds zu besitzen geben worden.

Als sie vnder Keyser Claudio fast gantz verbrunnen/ hat gedachter Keyser 200000. Cronen/ *Brunst.*
dieselbe widerumb zu bawen angewendet.

Ward erstlich klein/ wie dann zur selben zeit bey den Alten bräuchig gewesen/ vnd hatte nur zwo
Porten: eine gegen Auffgang nacher Ravenna/ die ander gegen Nidergang/ nacher Modena.

Vnder Keyser Gratiano wurden noch zwo andere Porten gemacht/ eine da jetzund das Creutz
Stracastilione: die andre da das Creutz Dei Santi.

EE   Vnder

Vnder Keyser Theodosio wolt sich Bononia vom Römischen Reich entziehen/ward aber baldt bezwungen/vnd mit grosser Niderlag der Burgerschafft/zerstöret/were auch ohne zweyfel in Aeschen ligen geblieben/wann der heilige Mann Petronius bey Keyser Theodosio dem Jungen nit so hefftig vnd trungenlich hette angehalten/daß sie widerumb erbawen würde/damalen sie dann nicht nur ernewert/sondern dermassen erweitert worden/daß sie neun Porten bekommen.

Bald darauff wurden noch drey Porten gemacht: erwuchs also gedachte Statt Bononia/daß sie 12. Porten hatte/vnd in der länge zwo Meylen minder ein viertheil in der breyte/im gantzen vmbkreyß aber 5. Meylen begriffe.

Vergleicht sich jetziger zeit einem außgrüsten grossen Lastschiff/ist mehr lang dann breit/hat im Mittel an stat der Mastbäumen etliche sehr grosse vnd hohe Thürn/ist mit gewaltigen Gebäwen von Kirchen vnd Pallästen gezieret.

Was ist doch S. Petronio auff dem Platz für ein mächtige Kirchen? Was ist doch das Rahthauß für ein grosser vnd mächtiger Pallast? Wil anderer Gebäw geschweigen.

Betreffent die Zeit/zu welcher sie von dem Röm. Reich kommen/ist bekandt/daß sie vnder Keyser Leone dem 3. von den Longobarden eyngenommen/vnd biß auff Pipinum König in Franckreich beherrscht worden. Da aber das Keyserthumb abgenommen/hat sich Bononia vom Reich entzogen/vnd ein selbst eygen Regiment angestellt/in welchem sie dann an Gewalt dermassen zugenommen/daß sie sich weder für Königen noch Keysern hat förchten wöllen.

Hat mit den Venetianern 3. jahr lang Krieg geführt/bißweilen auch obgesieget/vnd mehrertheils 40000. Mann im Feld gehalten.

Auß diesem Gewalt entstunden eynheimische Auffruhr vnd Krieg: fürnemlich vnder den Lampertazzis/vnd Geremeis/vnd wurden im jahr 1274. von den Lampertazzis 15000. erschlagen.

Von derselben zeit nam der Gewalt von tag zu tag widerumb ab/vnd wurde dem Bapst ein erwünschter Eyngang gemacht.

Im jahr 1324. schickt der Bapst Cardinal Beldrandum zu einem Legaten gen Bononiam/derselbe ändert der Obrigkeit Namen/ordnet 12. Antianos/oder Elteste/vnd macht an stat deß Potestats ein Rectorn/bawet bey der Porten Galliera ein Vestung/vnd da er also in die 2. jahr Bononiam bezwungen/vnd alles nach seinem Willen vnd Wolgefallen/gleich als wann er der oberste Herr allein were/geordnet/hat auch die Händ an die Burger gelegt/etliche ins Elend verwiesen/etliche aber hingericht vnd getödt: darab dann jedermänniglich hefftig erschrocken/vnd nit gewußt was man thun solle/biß daß im jahr 1334. die Burgerschafft zusammen geloffen/vnd gedachten Legaten zu der Statt hinauß geschlagen/da er dann mit höchster Gefahr seines Lebens schwerlich entrunnen. Zur selben zeit besetzt die Burgerschafft ein newe Obrigkeit/von 16. Weisen vnd Edlen Männern/vnd schleifft die Vestung/so gedachter Legat gebawen/biß auffs Fundament.

Im folgenden jahr wurd Thadeus Pepoli ein fürtrefflicher Ritter vnd Doctor zum obristen Haupt vber Bononiam erwehlt/so dann auch 12. jahr lang mit grossem Lob geregiert.

Als aber seine Söhn Johannes vnd Jacob an seine stat kamen/vnd sich besorgten dz Regiment im Wolstand zu erhalten/haben sie im jahr 1350. die Statt Johanni Visconti dem Ertzbischof zu Meyland vmb ein gewisse Summa Gelds verkaufft: derselbe schickt Johannem Olegium ein bösen Tyrannen dahin zum Gubernator/vnnd bawet bey der Porten Pradello ein gewaltige Vestung. Dieser Olegio wolt sich nach deß ertzbischofs Todt selbst zum Herrn vber Bononia machen/ließ viel fürnemer Burger tödten/vnd ins Elend verweisen. Vnd als er gesehen/daß er die Tyranney nicht kondt erhalten/vbergab er im jahr 1365. gedachte Statt dem Cardinal Egidio Carille/Legaten vber gantz Italien.

Darauff ward gedachte Statt hefftig angefochten/theils inwendig durch den Olegium/theils außwendig durch Barnabum Visconte/so die Herrschafft vber Bononiam an sich wolte ziehen: da aber gedachtes Barnabi Kriegsvolck das Land jämerlich verwüstet/wurde dasselb geschlagen/vnd die Vrheber gefangen. Im jahr Christi 1376. wurd der Cardinal von S. Angelo an Egidij stat geschickt: weil aber derselbe die Herrschafft der Statt zertheilt/vnd die Vestungen sonderbaren Personen vbergeben/haben jhn die Burger auß der Statt geschlagen/vnd widerumb ein frey Regiment bestellt/vnd dem einen Panerherrn/16. Eltiste/vnd 16. Zunfftmeister fürgesetzt.

Bald darauff wolten sie nur 18. Eltiste haben/so 2. Monat regieren solten. Damalen haben sie newe Stattmawren angefangen. Im jahr 1378. vberkam die Burgerschafft mit dem Bapst/vnd verband sich mit denen von Florentz/Perusa/vnd andern benachbarten Stätten. Im folgenden jahr bekamen sie widerumb mit bewilligung Bapst Vrbani deß 6. jre vorige Freyheiten/vnd versahen sich mit etlichen Vestungen im Landt. Im jahr 1382. verehrten sie Bapst Bonifacio dem 9. ein statlich Pferd/mit einem köstlichen Sattel vnd Zaum/von 500. Goldtgülden. Im jahr 1400. macht sich Johannes Bentivoli selbst zum Herrn vber die Statt/regiert aber nit mehr dann 2. jahr vnd ward erschlagen. Nach diesem kam Johan. Galeazzo Visconte/der erst Hertzog von Meyland vnd zwingt die Statt vnder seinen gewalt/bawet auch die Vestung bey der Porten Pratello. Nach diesem kam sein Sohn Joh. Maria. Im jahr 1405. vertrieben die Burger gedachten Mariam/vnd

nahmen

nahmen den Bapst zu jrem Schutzherrn: derselbe schickt Balthasarum Cossam Cardinal von S. Eustathio/ so mit 12. Eltisten zu Raht gesessen/ vnd das Regiment versehen: damaln ward die Vestung bey der Porten Pratello gantz vnd gar abgebrochen/ vnd hergegen die bey der Porten Galliera erbawet.

Im jahr 1411. haben die Handtwercksleuth/ vnd andere geringe Personen den Legaten auß der Statt geschlagen/ vnd sich selbst zu Herren vber die Statt auffgeworffen/ bestellten ein sonderbar Regiment/ von einem Panerherren/ Zunfftmeister vnd 8. Eltisten. Diß Regiment ward genannt la Signoria de Zuntpi/ vnd de gli Arlotti/ weil dasselbe von den geringsten vnd schlimsten Leuten bestellet gewesen. Diese zerbrachen die Vestung Galliera/ vertrieben den Adel/ vnd stellten viel böses an: regierten von 12. Maij biß auff den 26. Augusti deß folgenden jahrs: damalen dann der Adel/ gedachte Handwercksleut auß dem Pallast vertrieben/ vnd das Regiment theils vom Adel/ theils von der Burgerschafft/ mit verständigen/ weisen vnnd ansehnlichen Männern besetzt/ vnnd deß Bapsts Legaten widerumb beruffen.

Im jahr 1415. griff Antonius Galeazzo/ Johannis Bentivoli Sohn zur Wehr/ vnd vertrieb den Bäpstlichen Statthalter/ berufft die benachbarte Ritterschafft/ bestellt das Regiment mit 16. fürsichtigen Burgern/ vnd zerstört die Vestung bey der Porten Galliera.

Im jahr 1420. ergaben sich die Burger Bapst Martino dem Fünfften/ doch mit dem Geding/ daß er sie bey jhren Freyheiten solte verbleiben lassen. Damaln wurd Cardinal Alphonsus von S. Eustathio zum Legaten verordnet.

Im jahr 1428. griffen die vornehmsten vom Adel/ als nemlich die Pepoli/ Canedoli/ Lamperrazzi/ Godiadimi/ vnd andere zur Wehr/ berufften sich auff jhre Freyheit/ führten den Legaten Cardinal von S. Cecilia in der Canedoliner Pallast/ vnd bestelten ein Regiment von einem Panerherren/ vnd 16. Eltisten.

Im folgenden jahr verglichẽ sie sich mit dẽ Bapst/ vñ bekamen Cardinal Lucium dej Conti zum Legatẽ: derselb bestellt ein new Regimẽt von 16. fürnemẽ Männern/ Reformatori della Citta genant.

Nach dem aber der Legat gesehen/ daß er sehr wenig golten/ vnd alles/ das gantze jahr vber/ nach Baptistẽ Canedoli willen geschehen müssen/ hat er sich von Bononia hinweg gemacht: darauf sich dann gedachte Statt von deß Bapsts Gehorsam entzogen/ vnd sich gedachtem Canedoli ergeben.

Im jahr 1431. kam die Beherrschung widerumb an Bapst Eugenium/ derselbe verordnet seinen Vettern Bischoffen von Tarantasia zum Legaten.

Drey jahr hernach wolten die Burger den Bapst nit mehr für jren Herrn erkennen/ sondern namen den Legaten gefangen/ vnd bestellten das Regiment mit 10. fürsichtigen vnd erfahrnen Männern. Dieses aber geschah darumb weil gedachter Legat heimliche Practicken gemacht/ den Gatamelatam mit deß Bapsts Heerzug in die Statt zu lassen. Als sie sich aber im folgenden Jahr dem Bapst widerumb ergeben/ hat Eugenius Danielem Bischoffen von Concordia zum Gubernator/ Balthasarum de Offida zum Podesta/ einen vngerechten vnd bösen Menschen/ vnd Casparum da Thodi/ zum Officialen dahin geschickt: da dann der Gubernator auff der vbrigen zween anstifften/ gegen den Burgern grosse Tyranney geübt/ vnd Antonio Galeazzo Bentivoli bey der Stiegen im Pallast das Haupt abgeschlagen. Im jahr 1437. bekam Franciscus Sforza gedachten Balthasarum di Offida/ vnd läst jhn/ wie er wolverdient/ jämmerlich tödten.

Im jahr 1440. vertrieben die Burger den Bäpstlichen Official/ namen die Vestung Galliera eyn/ vnd beruffen Nicolaum Picciniuum/ so widerumb ein new Regiment/ von 16. Adelspersonen/ Reformatori genannt/ geordnet. Nach diesem kam Franciscus/ Piccinini Sohn/ übt grosse Tyranney/ vnd warf viel fürnehme Burger ohne vrsach ins gefängnuß. Als aber Hannibal Bentivoli von Galeazzo Mascotto/ vnd andere gewaltige Burger/ auß der Gefängnuß erledigt worden/ wurd gedachter Franciscus in gefängnuß geworffen/ vnd die Vestung Galliera abgebrochen. Im folgenden jahr wurd von der Ritterschafft Santus/ Herculis Bentivoli Sohn/ von Florentz/ da er sich mit Wullenwerck ernehret/ gen Bononiam begleytet/ vnd daselbst Johannis/ Hannibalis Bentivoli Sohns Vormund verordnet/ welches er auch zwey jahr versehen. Dieser Santus regiert in die 16. jahr mit solcher Fürsichtigkeit/ daß jhn die gantze Statt für jhren Herren gehalten.

Folgends ward das Regiment obgedachtem Johanni Bentivoli vertrawt/ welcher sich auch also verhalten/ daß jhn jedermänniglich für seinen gebornen Herrn erkennt vnd geehret. Damalen ward ein Raht mit willen Bapst Pauli deß Andern/ von 21. Burgern besetzt/ so mit sampt dem Vice Legaten/ vnd Gubernator die Statt solten regieren. Gedachtem Johanni Bentivoli ward der erste Sitz gegeben/ vnd zugelassen/ daß jederzeit dem Regiment solte beywohnen/ da hergegen die vbrigen deß Rahts alle halbe jahr musten abgewechßlet werden. Nach dem aber dieser Johannes Bentivoli biß in das jahr Christi 1506. mit grosser Fürsichtigkeit geregiert/ vnd neben andern Palläsen/ den jenigen/ welchen Santus angefangen/ mit sampt einem vesten Thurn außgebawet/ ist er von Bapst Julio dem Andern/ mit hilff Ludovici deß Zwölfften in Franckreich/ sampt seinem gantzen Geschlecht von Bononia vertrieben worden/ ward also zurselben Zeit das Regiment widerumb geändert/ vnnd ein Raht von vierzig Burgern/ Consiglieri genannt/

bestellet/so mit sampt dem Legaten die Statt solten regieren. Als aber im Jahr 1510. Bapst Julius noch ein mal gen Bononiam kommen/vnd folgendes Jahrs im Majo widerumb gen Rom gezogen/haben etliche fürnehme Burger die Bentivolos widerumb in die Statt gebracht/den Legaten vertrieben/die Vestung Galliera nider gerissen/vnd den Raht von 31. Personen besetzt. Da die Frantzosen auß Italia gezogen/haben sich die Herren Bentivoli widerumb von Bononia hinweg gemacht: darauff sich gedachte Statt dem Bapst widerumb ergeben. Im Jahr 1529. kam Bapst Clemens der Siebende/mit 15. Cardinälen nach Bononiam/vnd baldt darauff Keyser Carolus der Fünfft mit einem grossen Heertzug/die Keyserliche Kron zu empfahen/welches dann im folgenden Jahr an S. Matthiæ Tag in der Kirchen S. Petronio/mit vnseglicher Solennitet geschehen.

Caroli 5. Krönung.

Nach der Krönung ritte höchstgedachter Keyser Carolus mit Bapst Clemente vnder einem güldinen Himmel/mit jhren Kronen auff den Häuptern/auff weissen Pferdten durch die Statt/vnd schieden bey S. Dominico von einander: da dann J. Keys. Majest. 200. Ritter zur güldinen Sporen gemacht/vnd mit der Herrschaft Venedig vnd Francisco Sforzæ Hertzogen zu Meyland den Frieden beschlossen.

Vniuersitet.

Die Vniversitet betreffendt/ist dieselbe eine von den berümbtesten in gantz Europa/im Jahr Christi vnsers HErrn/424. den 9. Maij/von Keyser Theodosio gestifftet: wurd im Jahr 1242. von Keyser Friderich dem Andern/als er die Statt mit Gewalt eyngenommen/gen Padua gelegt: folgends aber widerumb restituiret. Ist heutiges tags in trefflichem Ansehen/vnd wirde von allerley Nationen dermassen besucht/daß bißweilen vber die 4000. Studenten daselbst gefunden werden.

Collegium.

Hat nicht weit von der Hauptkirchen ein gewaltig Collegium/in gestallt eines Königlichen Pallasts/mit einem schönen Hof/vnd zu vier seiten Gänge herumb/darinnen vber die 20. Auditoria/oder Säl/in welchen die Professores/deren ein grosse Anzahl/lesen vnd disputieren.

Weil sich dann die Eynwohner dieser Statt so offt von jhren Oberherrn abgezogen/vnd grosse Auffruhr angefangen/haltet sich der Bäpstliche Statthalter/so ein Cardinal/in einem gewaltigen Pallast/darinn/neben viel schönen Zimmern/ein wol außgerüstet Zeughauß. Hat zu seines Leibs Quardi hundert Schweitzer/vnd einen Fahnen Spörzeuter. Wann er wil zur Tafel sitzen/läst sich auf einem Gang ein Instrumentalische Music hören/von Trommeten/Posaunen/Zincken vnd einer Heerbaucken. S. Stephan/ist eine von den eltisten Tempeln in Italia/war erstlich der Abgöttin Isidi zu Ehren auffgericht.

Diese Statt ligt auff der Ebne/wiewol sie sich an einem Ort in die Höhe zeucht/ist durchauß wol erbawen/außgenommen das Ort da man gen Ferrar hinauß geht/da ist ein grosser Platz/aber ausserhalb wird sie mit Bergen vmbgeben. Man find alle Ding vberflüssig da/was zu Menschlicher Nahrung gehört. Sie ist vberauß volckreich/hat starcke vnerschrockene Leuth/die doch ehrsam vnd freundlich sindt gegen den Außländischen. Begreifft in jhrem Bezirck 5. Italianischer Meylen.

Insonderheit ist in dieser Statt mit Verwunderung zu sehen der mächtige hohe Thurn de gli Asinelli genant/hat 460. Tritt: vnd allernechst darbey/ein anderer etwan nidriger la Garisenda genannt/auß dem Fundament in die Gevierdt außgeführt/welcher gantz auff eine seiten hängt/ dergestallt/daß sich die Frembden vorüber gehenden darvor entsetzen/stehet als wann ein Holtz krumb in die Erden gesteckt würde/dergleichen auch zu Pisa zu sehen.

Von der Statt Ferrara. Cap. xxx.

Ich wundert/woher Gabriel von Venedig im 37. Capitel seiner Jahrzeit vermeynt/es seye Ferrara mit Cremona/Modena/Placentz/Vincentz/Verona/ Mantua/Aquileja/vnd andern Stätten von den Trojanern erbawet/weil doch auß guten glaubwürdigen Historien mehr dann bekandt/vnd erwiesen/daß gedachte Statt Ferrara vnder Honorio vnd Arcadio/als dieselben wider Alaricum der Gothen König/ein Kriegsheer von Constantinopel gen Ravenna vnd diese Ort herumb geschickt/nur ein offener Flecken gewesen/vnd erst vnder Keyser Mauritio von Smaragdo dem Exarchen von Ravenna mit Mawren vmbgeben/vnd vnder Constantino Heraclij Sohn/von Bapst Vitalino mit dem Bisthumb von Veghenza begabt vnd dem Ertzbisthumb zu Ravenna eynverleibt worden. Ist endlich vnder dem Marggrafen von Este in dieser Grösse erwachsen. Angeregte Marggraffen betreffend/kommen dieselben von Azzo her/welchem Keyser Otto der Erste wider Berengarium zu Canossa zu hilff kommen.

Dieser Azzo hat zween Söhn/Theobaldum vnd Azzonem: dieser blieb in Teutschland bey Keyser Ottone/vnd bekam deß Keysers natürliche Tochter/von deren er Vgonem vnd Folco nem bekommen. Folco blieb bey der Mutter in Teutschland/Vgo aber zog mit dem Vatter in Italiam vnd bekam die Marggraffschafft Este. Theobaldus aber/Azzonis erstgeborner Sohn/bekam von

Bapst

Von Italia. 445

Bapst Johann dem Zwölfften die Statt Ferrar/ starb im Jahr Christi 1007. vnd kam Bonifacius sein erstgeborner Sohn an seine statt. Theobaldus der ander Sohn Azzonis/ wurd Bischoff zu Reggio. Conradus der dritt Sohn hielt sich zu Canossa/ von dem dann auch die Herrn von Canossa herkommen. Gedachter Bonifacius Herr zu Ferrara bekam von Beatrix einem Fräwlein von Sachsen Henrici Schwester/ zween Söhn/ vnd ein Tochter/ Mathildæ Keysers Ottonis Mutter nachgenannt. Bonifacius starb mit sampt gedachten Söhnen im jahr/ wie Sibertus verzeichnet/ 1052. als Matilda nur 5. jahr alt war. Beatrix lebt 20. jahr nach jhres Herren Todt/ vnd vermählet die Tochter mit Gottfrid Hertzogen von Spolet. Nach dem aber Hertzog Gottfrid gestorben/ wolt sich gedachte Matilda/ mit Azzone von Este/ Aldobrandini Sohn/ verehelichen/ wurd aber von Bapst Gregorio dem Siebenden/ wegen deß vierdten Grads der nahen Blutsverwandschafft/ nicht zugelassen. Die Matilda starb im jahr Christi 1115. im 69. jahr jhres Alters/ vnder Bapst Pascali dem Andern/ vnd Keyser Heinrich dem Vierdten. Nach diesem blieb die Statt Ferrara vnder der Römischen Kirchen/ biß daß sie Albertazzo/ Azzonis Sohn/ vertrawt vnd vbergeben worden. Auff Albertazzum kam Azzo der Ander/ Vgonis Sohn/ vnd folgends Azzo der Dritt. Im Jahr aber 1213. wurd Salinguerra de Goramonti auß Antreibung Keyser Friderichs deß Andern zum Herren auffgeworffen: Nach dem aber Gregorius Montelongo Bapst Innocentij deß Dritten Legat/ mit Hülff deren von Venedig/ Bononia vnnd Mantua/ die Statt Ferrara bezwungen/ wurd Azzo der Dritt/ Herr vber Ferrar bestättigt/ an dessen stat hernach Obizzus Rinaldi Sohn kommen/ so auch Anconam/ Modenam/ vnnd Reggium beherrschet: starb im Jahr 1293. Diesem folget Azzo der Vierdt sein Sohn/ wurd von Frisco seinem natürlichen oder vnehlichen Sohn/ weil er ein ander Weib nach der ersten Todt genommen in Gefängnuß geworffen/ darinn er auch gestorben. Hierauff bezwang im jahr 1208. Cardinal Pelagura der Bäpstliche Legat die Statt Ferrara/ vnd ward Frisco als er fliehen wolt/ vom Volck erschlagen.

Im jahr 1317. bekam Opizzus vnd Rhinaldus die Regierung.

Im jahr 1332. schickt Opizzus seinen Sohn zum Legaten gen Bononiam/ vnd bekompt Ferraram/ Modenam/ vnd Argentam von Bapsts Benedicti deß Zwölfften Legaten/ mit verbindung/ daß er jährlich für das Lehen 10000. Goldgülden bezahlen wölle.

Im jahr 1361. kompt Nicolaus/ genannt Zoppus/ an die Regierung/ kaufft von Johanne Aguto/ der Engelländer Obristen/ Faenzam vnd Bagnacavallo/ vmb 20000. Goldgülden. Starb im jahr 1388. ohne Leibs Erben/ nach dem er die Statt Ferrara mit gewaltigen Gebäwen gezieret.

Weil aber Albertus/ gedachtes Zoppi Bruder/ auch keine Leibs Erben verlassen/ ist Nicolaus sein vnehlicher Bruder/ im jahr 1394. an die Regierung kommen/ vnd hat von Azzone von Este/ weil derselbe ehelich geboren/ viel leyden müssen: wurd aber von den Venetianern/ Florentinern/ vnd Bononiensern beschirmbt/ starb zu Meyland im jahr 1440. nach dem er mit grossem Ruhm 47. jahr geregiert/ derowegen dann auch sein Bildtnuß zu Pferdt auff dem Platz auffgerichtet worden.

Vnder diesem Nicolao hat Bapst Eugenius der Vierdt das Concilium angefangen/ welchem auch Johannes Paleologus/ Keyser zu Constantinopel beygewohnt/ wurd wegen der Pestilentz gen Florentz gelegt/ vnd daselbst zu End gebracht.

An Nicolai stat kam Lionellus/ derselbe schickt Herculem vnd Sigismundum gen Neaples zum König Alphonso dem Ersten/ vnder dem Schein/ als wann sie zu Hofe in besserer Disciplin solten erzogen werden: hat hernach die Statt Ferrara gegen dem Po/ mit newen Mawren vmbgeben/ die Gassen erweitert/ vnd mit gebachenen Steinen geplastert/ auch neben andern schönen Gebäwen das Kloster de gli Angeli auffgerichtet/ darinn er auch nach seinem Absterben hat ligen wöllen.

Disem folgt sein Sohn Borsus/ derselbe ward von Keyser Friderich dem Dritten/ Hertzog zu Modena/ vnd Regio di Lepido/ vnd hernach von Bapst Paulo dem Andern/ als er die Kirchen zu Rom besucht/ zum Hertzogen zu Ferrara gemacht. Hat gelehrte Leut sehr lieb gehalten/ vnd ich fürnemblich mit Tito Strozza von Florentz/ vnd Johanne Aurispa/ zween sinnreichen vnd weltweisen Poeten/ belustiget: war so starck von Leib/ daß jhn niemand auß seinem Tritt bewegen mögen: starb mit grossem vnd allgemeinen trawren der gantzen Statt/ im jahr Christi vnsers HErrn 1471.

An seine stat kam Hercules sein Sohn: derselbe war ein zeitlang von Nicolao Lionelli Sohn/ wie auch hernach von den Venetianern/ vnd Bapst Sixto 4. ziemlicher massen angefochten. Wider diese aber hat er die vbrigen Fürsten in Italia zu Beyständen. Nicolaus ward gefangen/ vnd ohn sein Vorwissen vnd willen enthauptet/ derowegen er dann denselben gantz ehrlich bestatten lassen/ vnd die Thäter in Vngnaden verwiesen. War ein sehr fürsichtiger vnd erfahrner HErr/ hat Ferrara erweitert/ vnd mit festen Mawren vnd Thürnen vmbgeben: das Kloster Sanct Catharina

EE iij

von Siena auffgericht/vñ die prächtige Kirch S. Maria de gli Angeli angefangen/darinn er im Jahr 1505.als er diesem Jammerthal vrlaub geben/begraben worden. Hat Leonoram Ferdinandi Königs zu Neapels Tochter/zum Gemahl/verließ vier Söhn/Alphonsum/Ferdinandum/Hippolytum vnd Sigismundum: vnnd zwo Töchter/die eine Beatrix ward Ludovico Sforzæ Hertzogen zu Meylandt: die ander Isabella Francisco Gonzagæ Marggraffen zu Mantua vermählet.

Alphonsus kam an seines Vatters statt/hatte bald von Anfang seiner Regierung viel zu thun/in Ansehung etlicher der Seinen wider jn zusammen geschworen/die Venetianer jhm schaden zugefügt/vnd Bapst Julius der Ander jhm Modenam/Reggium vnd andere Stätt genommen/vnd jhn (wie auch Bapst Leo der Zehende) gantz vnd gar zuvertreiben vnderstanden. Verglich sich hernach mit Bapst Hadriano dem Sechsten/vnd erobert widerumb Reggium/Rubieram/mit allem dem jenigen/außgenommen Modena/was jhm Bapst Julius entzogen. Vnd nach dem Keyser Carolus der Fünfft/Clementem den Siebenden in der Engelburg belägerte/bekam er auch Modenam. Folgends begab sich Alphonsus gen Bononiam/zum Keyser vnd Bapst/vnd begert obgedachter Herrschafft Bestättigung/darauff dann im Aprillen folgendes Jahrs höchstgedachter Keyser Carolus zu Gent in Flandern geordnet/daß Alphonsus dem Bapst 114000.Ducaten/57000.auff den nechsten S. Peters Tag/vnd den vbrigen Theil auff gedachten Tag deß andern Jahrs/für vnd für aber vnd in ewige Zeit 7000. Ducaten für die Lehen dem Bapst solle bezahlen/vnd solle hiemit gedachtem Alphonso/alles was sich verloffen/verziehen seyn. Bapst Clemens aber wolte an deß Keysers Außspruch nicht kommen/ohnangesehen daß Alphonsus das Gelde schon allbereit gen Rom lieffern lassen. Da aber Bapst Clemens vnd Alphonsus gestorben/hat Paulus der Dritt das Geldt von Hercule Alphonsi Sohn genommen. Dieser Hercules hat die Statt Ferrara auff das schönst gezieret vnd befestiget/auch auff der kleinen Insul Po den schönen Pallast im Belvedere gebawet/starb Anno 1559. Sein Gemahl war Renata König Ludwig deß 12. auß Franckreich Tochter/von welcher er hinderlassen Alphonsum den Andern/so jhme auch in der Regierung gefolget.

Nach dem aber dieser Alphonsus Anno 1597. ohne Leibs Erben gestorben/hat sich ein mächtiger Streit erhebt vmb das Hertzogthumb Ferrara zwischen dem Bapst vnd Don Cæsare d'Este, Alphonsi deß Ersten Enckel/so er hat von Laura von Ferrara. Der Bapst wendet vor Ferrara sey ein Lehen von der Kirchen gewesen vnd desseniwegen auff Absterben Alphonsi deß Andern deß letzten ehelichen Stammes dieses Hauses/der Kirchen heimgefallen. Don Cæsare von Este aber vermeynt weil sein Vatter wär legitimirt vnd ehelich gemacht worden/möchte er von der Succession nicht außgeschlossen werden. Aber der Bapst erhielt die Sach/vnd ward Don Cæsare d'Este Hertzog von Modena vnd Reggio. Ist also jetzundt Ferrara der Römischen Kirchen vnd dem Bapst vnderworffen/welcher dahin einen Cardinal zum Statthalter verordnet.

Anno 1570. hat sich ein solch Erdbidem zu Ferrara erhebt/daß viel Häuser eyngefallen/vnd der Hertzog mit sampt dem Adel vor Forcht auff das Feldt hinauß geflohen. Die Vniversitet daselbst hat Keyser Friderich der Ander/deren zu Bononien zu trutz auffgericht. Fast mitten in der Statt stehet ein Fürstlich Schloß/mit vier gevierten hohen Thürnen/vnd mit einem tieffen Wassergraben vmbgeben/hat ein lustigen gevierdten Hof/wie auch sehr viel Fürstliche Zimmer.

Von den vbrigen Römischen Stätten gegen dem Neapolitanischen Gebiet gelegen.

Zwen merckliche Todtschläg.

Nach dem man vor Ostiam vnd Neptun/von welchen droben gesagt worden/vor über kompt/sicht man 5.meyl von Neptun den grossen Flecken oder Castel Astura/so etwan eine feine Statt gewesen/in welcher dem fürtrefflichen Mann/Marco Tullio Ciceroni/als er vor Marco Antonio geflohen/von dem vndanckbaren Popilio/den er zuvor vom Todt errettet/das Haupt abgeschlagen worden/wie Plutarchus meldet.

In diesem Ort hat auch Carolus von Aniou/der erste König in Sicilia/Conradinum Hertzog in Schwaben Henrici Sohn/vnd Keyser Friderici deß Andern Enckel/so sich mit Hertzog Friderich von Oesterreich auß der Schlacht dahin begeben/gefänglich gehalten/vnd hernach jämmerlich tödten lassen.

Von der Statt Circeio.

Nicht fern von dannen ist der Berg Circeius mit Meerwasser vmbgeben/da die berühmte Zauberin Circe in einer Höle sol gewohnt haben: ist etwan mit einem stattlichen Tempel vnd kleinen Stättlein erbawet gewesen/in welches König Tarquinius der Stoltz Eynwohner geschickt. An *Circes Becher.* diesem Ort sol man auch zur zeit Strabonis ein Becher gewiesen haben/auß welchem obgedachte Circe deß Vlyssis gesellen das zauberische Tranck gegeben. Sonsten werden auf gedachtem Berg viel köstliche Kräuter gefunden/so viel vnd wunderbare Tugenden haben.

Indie-

Von Italia. 467

In diesen Ort seynd etwan die alten Bäpst auß Forcht der Tyrannen geflohen / wie bey Blondo im 2. Buch seiner Historien von Gelasio dem andern zu lesen.

Nicht fern von dannen ist das Castel S. Felicita / durch Bapst Celestinum den andern nicht wenig berümpt. *S. Felicita.*

Von der Statt Terracina.

Zu oberst an disen Sümpffen ist auf einem Bühel die Statt Terracina gelegen / mit dem Meerwasser in gestalt einer Insel vmbgeben / war erstlich von den Volcern / deren Hauptstat sie gewesen / Auxur genannt. Die Griechen hatten sie vor zeiten von wegen deß felsechten Gebürgs Trachinam / das ist Rauch geheissen / darauß entlichen die Gothen Terracinam gemacht.

Ist von den Römern zu einer Colonien auffgenommen vnd mit 300. verdienten Mannen besetzt worden. Hat ein trefflichen Tempel gehabt / vnd ist vberall herrlich geziert gewesen / wie sie dann Martialis vnd Silius Italicus nicht ohne Ruhm beschreiben.

Als Keyser Tiberius auff ein Zeit bey Terracina / in seinem Lusthauß oder Meyerhof Spelunca / die Höl genannt / ein Mahlzeit gehalten / seynd etliche Felsen oben von dem Berg gefallen / vnd haben viel seiner Freund vnd Bekanten erschlagen / wie Cornel. Tacitus in seinem 4. Buch seiner Historien verzeichnet. Bey dieser Statt sihet man noch viel schöne Gemerckzeichen der prächtigen Straß Appia / welche Keys. Trajanus durch die Pontinische Sümpff auff gewaltigen Gewelben vnd Brucken geführt. Diese Straß war von S. Sebastians Porten zu Rom / biß gen Brindiß / ans Jonische Meer / mit schönen Quaderstücken 12. Schuh breit gepflastert / vnd an beyden seiten mit nidern Mawren / in gestalt schöner Bänck / vnd allzeit 12. Schuh von einander mit kurtzen säulen / desto kumblicher auff Pferd vnd Wägen zu sitzen / geziert. *Felsen fallen vnversehenlich von eim vm Berg.*

Etwas gegen dem Meer ist die alte Statt Longola gelegen / deren Livius vnd Halicarnasseus in jhren Historien gedencken. *Longola.*

Bey dem Kloster S. Angelo steht auff einem Bühel ein gewaltig Theatrum / von lauter grossen Quaderstücken / deßgleichen weder inner noch ausserhalb Italia zu sehen. Auff der gemeinen Landstraß von Rom nacher Terracinam sind vor zeiten der vornembsten Römer Lusthäuser / vnd Meyerhöf gewesen. Drey Italiänische Meylen von hier gegen Neapoli zu / hebt das Neapolitanisch Gebiet an / ist jetzundt allda ein grosser steinerner Bogen auffgericht / den Paß dieser Orten zu sperren / vnd Auffsicht auff die durchreysende vnd jhre Sachen zu haben. *Theatrum.*

Von der alten Statt Amyclæ.

Zwischen Terracina vnd Cajeta ist die Statt Amyclę / von den Lacedæmoniern erstlich erbawet / gestanden / deren Eynwohner auff ein zeit von den Schlangen / so in obgedachten Pontinischen Sümpffen gewachsen / vnversehens vberfallen / vnd getödt worden. Dann als die Burger zu Amyclis / nach Pythagorischer Sect vnd Aberglauben / auch das allerminste vnd geringste Thierlein / nit haben dörffen tödten vnd vmbbringen / haben die Schlangen in den faulen warmen Sümpffen dermassen vberhand genommen / daß sie den närrischen Burgern leichtlich zu starck vnd mächtig worden. *Schlangen vberfallen Amyclas.*

Etliche setzen / es seyen die Burger zu Amyclis nicht von den Schlangen / sondern von den Feinden vngewarnter sach vbertumpelt / vnd samptlich erschlagen worden. Dann als auff ein zeit / auß Anlaß eines blinden Lermens / ein Gebott außgangen / daß hinfüro niemand dergleichen Geschrey als wann man sich nemlich vor jrgend einem feindlichen Eynfall zubesorgen hette / solte außbringen vnd Lärmen schreyen / ist die Statt vnversehenlich von dem Feindt eyngenommen / vnd dero Burger durch die Klingen gejagt worden. Daher dann Lucilius zu Rom in seiner Tragœdi gesprochen: Jch muß wol reden / dann ich weiß daß die Statt Amyclæ durch jhr stillschweigen ist vndergangen: welches hernach die Römer in ein Sprichwort gezogen / vnd desselben gebraucht / wann sie wolten anzeigen / daß man wegen obschwebender Gefahr / nicht länger könne schweigen.

Vnd so viel von dem ersten Theil Italia / als nemblich von Rom vnd Zugehörenden Stätten / folget der ander Theil / nemblich das Königreich / Neapels vnd das Hertzogthumb Meylandt / als da die höchste Macht nach dem Bapst in Italien ist.

EE iiij Von

448 Das vierdte Buch
Von dem Königreich Neapolis/
wie es erstanden/ vnd zugenommen.
Cap. xxvj.

Nach dem die Römischen Keyser auß Italia gezogen/ vnd jhre Hofhaltung gen Constantinopel gelegt/ haben die Griechen/ Saracenen/ vnd Longobarden diese Orientalische Provintzen/ wie obgemeldt/ in Italia so jämmerlich verwüstet vnd zerrissen/ daß der beste Theil derselben zur zeit Keysers Othonis deß Andern/ nur ein Graffschafft gewesen/ so von einem streitbaren Helden auß Normandey angefangen worden.

Dann es war ein Mann in der Normandey mit Namen Tancretus/ der gebar zwölff Söhne/ vnd kam von Armut wegen in Italiam/ wolt fahren in das heilige Landt/ vnd wider

Von Italia. 449

wider die Ungläubigen streiten/ aber es begiengen seine Söhn in Italia solche grosse Thaten/ daß sie auch zu Herren wurden gesetzt vber etliche Länder/ vnd besonder eroberten sie am ersten Apuliam. Vnd wiewol sie grosse Anstöß hatten von den Griechen/ jedoch eroberten sie mit der Zeit Calabriam vnd Siciliam. Zu derselbigen Zeit war Apulia ein Graffschafft/ wie auch Sicilia. Sind aber mit der Zeit erwachsen zu zweyen Königreichen/ doch erstlich vmb das jahr Christi 1050. sind sie ein Königreich gewesen/ vnd wiewol der erste König Rogerius sich gern hette genennet König in Italia/ wolt jhm doch der Bapst das nicht gestatten/ sondern solt content seyn mit dem Titel/ König in Sicilien. Aber etliche jahr hernach (wie hieunden angezeigt wird) ward diß Königreich gespalten/ vnd wurden zwey darauß/ eins ward den Arragoniern in Hispania zu theil/ vnd das ander den Frantzosen. Die Arragonier eroberten die Insel Siciliam/ vnd die Frantzosen das Land so hie aussen in Italia ligt. Vnd dieweil desselbigen Lands oberste/ älteste vnd Hauptstatt Neapels ist/ ward nach jhr auch das new auffgerichte Königreich Neapels genennt. Es seynd mit der Zeit viel Hertzogthumben vnd Graffschafften darinn auffgericht worden/ dann seine Herrschafft begreifft gar nahe das halbe Italiam. Dann was hinder Rom hinauß ligt/ gehört zum Königreich Neapels. Die Venediger vnd Meylländer haben das Vorder Theil in Italia/ was gegen dem Hochgebürg ligt/ es ligen auch etliche Fürstliche vnd etliche Reichsstätt darunder/ die aber von den Keysern dem Reich entwendet seyndt. Der Bapst hat sich auch selbst nicht vertheilt/ er hat jhm behalten das Mittel vnd besser theil in Italia/ vnd stöst seine Herrschaft allenthalben an das Königreich Neapels/ welches dann in jhm begreifft Campaniam/ Apuliam vnd Calabriam/ darinn viel Fürstenthumb/ Graffschafften/ vnd grosse Stätt seyndt/ besonder das Fürstenthumb Tarent/ Hertzogthumb in Calabria/ Hertzogthumb zu Durazo/ Hertzogthumb zu Suessa/ Graffeschafft zu Lauret/ zu Nola vnd Gravin/ zu Pulcin/ zu Casert/ ꝛc. Nambhafftige Stätt sindt/ Neapel/ Cajeta/ Aquila (in welcher Gegne im jahr 1556. etwas Kriegs sich verloffen zwischen dem Bapst vnd Neapels) Capua/ Luceria/ ꝛc.

Rogerius 1. König in Sicilia.

Neaples.

Wie es weiter mit Neapolis hergangen/ vnd wie es zu einem Königreich worden. Cap. xxvij.

WJe nun diß Landt zum Königreich erwachsen sey/ solt du mercken/ daß nach dem jahr Christi tausent vnd etlich darüber/ Robertus geboren von den vordrigen Nordmännern/ ward zum Hertzogen gemacht von Bapst Nicolao dem Andern vber Calabriam vnd Apuliam/ doch mit dem Zusatz/ daß er vnd seine Nachkommen solten der Kirchen Lehenmänner seyn. Darnach Anno Christi 1130. macht der Bapst Anacletus den Hertzogen von Apulia/ mit namen Rogerium/ König zu Sicilien vnd Neapolis/ vnd das von deßwegen/ daß er jhm war beygestanden wider ein andern Bapst/ der mit jm in einer Zweytracht erwehlet ward. Doch ward dieser Bapst nicht ordentlich eyngesetzt/ darumb wurden auch seine Händel vernichtet/ vnd ward Rogerius für kein rechten König gehalten. Vnd als nach jhm Innocentius der Ander Bapst ward/ richtet er an ein Zeug mit sampt den Cardinälen wider Rogerium deß vordern Roberti Nachkommen. Aber Wilhelmus dieses Rogerij Sohn fieng den Bapst mit seinen Cardinälen/ vnd wolten sie ledig werden/ must der Bapst Rogerium zum König machen in beyden Sicilien: das ist/ zu Neapels vnd Sicilia. Neapolis wird genannt Sicilia hie jenseit dem Fahr/ vnd die Insel Sicilia vber dem Fahr. Dieser König war so mächtig vnd streitbar/ daß er jhm Zinßbar macht in Africa das Königreich Thunes gegen Sicilia vber gelegen.

Hertzog in Apulia.

Darumb liesse er auff sein Schwerdt diesen nachfolgenden Verß schreiben: Apulia/ Calabria/ Sicilia vnd Africa seynd mir vnderthänig. Nach jhm ist der ander König worden Wilhelmus sein Sohn: Auff diesen kame sein Sohn Wilhelmus/ vnd er starb ohn Erben. Da erwehlten die Obersten in den Inseln Tancredum ein vnehlichen Sohn Rogerij/ aber Bapst Celestinus der Dritte wolt es gar nicht gestatten/ sondern nam Königs Rogerij eheliche Tochter auß dem Kloster/ in dem sie mit Gelübden verhafftet war/ vnd vermählet sie dem Römischen König Heinrichen

Apulus & Calaber Siculus mihi seruit & Apher.

richen dem Sechsten der ein Sohn war Keyser Friderichen deß Ersten/ vnd schlug jhm diese Condition oder diß Geding für/ daß er das Reich Siciliam vnd Neapolis erfordern solt als ein Zugab seines Gemahls/ vñ vnversehrt ließ den jährlichen Zinß den der Bapst darvon hett deß Lehens halb. König Heinrich nam diese Condition an/ vnd nam zum ersten Siciliam eyn/ darnach Neapolis/ vnd da fand er Tancredum/ den auch sein Heer tödet. König Heinrich der auch Keyser ward/ gebar auß seinem vorbestimpten Gemahl Constantia/ Fridericum den 2. dieses Namens/ der dise Königreich erbt/ vñ auch Keyser ward. Vnd da er 33. jahr hatte regiert/ fiel er in ein Kranckheit/ vnd ward von seinem Sohn Manfredo erwürgt am Bett/ den er geboren hett auß einer Dienstmagt/ vnd jn gemacht hatte zu einem Hertzogen zu Tarent. Nach jm kam in das Reich Conradus sein ehelicher Sohn/ vnd als er auß Teutschland hineyn zog (dann Keyser Friderich der 1. vnd seine Nachkommen waren Hertzogen von Schwaben) nam er zum ersten Siciliam eyn/ darnach da er Neapels belägert/ verschuf Manfredus daß jhm vergeben ward in einem Clystier. Nun war noch einer vorhanden auß den Hertzogen von Schwaben/ mit namen Conradinus/ Heinrich seines Bruders Sohn/ den macht Conradus in seinem Testament zu einem Erben dieser Königreich/ vnd ermahnet seine Vnderthanen daß sie jhm trew weren/ dann er were Ehelich geboren.

Conradinus der letzt Hertzog in Schwaben.

Weil aber Conradinus damaln noch ein Kind von 2. jahren/ vnd bey seiner Mutter Elisabetha einer Fürstin auß Beyern zu Landshut erzogen war/ begab sich vnder dessen dz Manfredus Printz zu Tarento/ seines Vattern Bastart Bruder/ ein gottloser böser Mensch (welcher an seines leiblichen Vattern Keysers Fridrichen deß Andern/ vnd Brudern Keysers Conraden deß Vierdten/ Todt Schuld truge) sich der Königreichen/ Neaples vnnd Sicilia/ vnder dem Namen der Vormundschafft anmaßt/ vnd sie eynnam.

Conradino wird mit gifft nachgestellt.

Damit aber derselbig beyde Königreich gar an sich möchte bringen/ vnderstund er sich dem Conradino seinem jungen Vettern mit Gifft zuvergeben: (als er dann zuvor seinem Vattern auch gethan) schickt derwegen etlicher seiner Leut hinauß in Teutschland/ die solten von seinet wegen den jungen Hertzogen Conradinum freundlich heimsuchen/ vnd jhm köstliche (doch in geheim vergiffte) Confect presentieren. Aber die Keyserin Fraw Elisabetha auß Bayern/ wolte nach jhrem hochweisen Verstand/ Manfredo vnd dessen Gesandten nit trawen: Stellet jhnen an stat jhres Sohns ein andern Knaben für/ seines Alters/ in sehr köstlicher Kleydung. Da nun die Gesandten gegen demselben jre Werbung verrichteten/ vnd der Knab (wie der Kinder Brauch) von jrem Geschenck vnd Confect versucht hat/ muste er davon sterben. Derowegen dann die Zeitung bald gen Neaples kommen/ daß desselben Königreichs natürlicher Erbherr gestorben. Darauff dann Manfredus beyde Königreich Neaples vnd Sicilien für sich mit gewalt eyngenommen/ vnd dieselbe in die 10. jahr regiert vnd beherrschet.

Weil aber die Röm. Bäpst gedachtem Manfredo feindt vnd gehaß waren/ vnd jhme die Saraceener vber den Halß schickten/ berufft Bapst Vrbanus der Vierdt/ ein geborner Frantzoß/ Hertzogen Carolum von Aniou/ Königs Ludwigs in Franckreich Brudern/ wider jhn zu Hülff/ vnd schenckt demselben beyde Königreich Neaples vnd Sicilien/ doch mit diesem beding/ daß er sie solt selber mit dem Schwerdt eynnehmen vnd gewinnen. Krönt jhn auch im folgenden jahr 1265. zu einem König/ mit diesem bescheid/ daß er dem Bäpstlichen Stul jährlich 48000. Cronen tribut erlege. Also zog Carolus mit seinem Kriegsheer in Campaniam/ vnd nam es eyn. Bekam also beyde Königreich vnder seinen gewalt/ vnangesehen daß Conradinus der rechte Erb darzu noch beym Leben war.

Wie Conradinus der letzte Hertzog vmbkommen.
Cap. xxviij.

Vielgedachter Conradinus war nunmehr ein Jüngling von 14. jahren/ dem that die vnbilligkeit so wehe/ daß sein vätterlich Erb also von jm solt entwand werden. Hierauff ermahneten jhn noch viel Fürsten deß Reichs/ sonderlich aber seine Gefreunten/ er solte darzu thun ehe Carolus mehr erstarcket/ vnd solt die Königreich mit Heerskrafft eynnehmen. Derowegen dann Conradinus ein grosse Macht zusammen bracht/ also daß er ausser deß Fußvolcks/ in die 10000. Pferdt bey sich hat/ vnd zog sampt seinem jungen Vetter/ Hertzog Friderich von Oesterreich vnd Steyr (welcher auch seines Alters war) nach Italiam/ allda er in den fürnehmsten Stätten wol entpfangen ward. Als er nun für Rom hinauß kommen/ an den Celaner See/ zog jhm Carolus der Frantzoß mit seinem Kriegsheer/ welches er in drey Hauffen getheilet/ entgegen. Den ersten Hauffen führet Philip von Montfort/ so mit Königlicher Zierd angethan/ als wann er Carolus selbst were/ die andern zween Hauffen waren im Hinderhalt. Darauff gieng die Schlacht beyderseyts an/ vnd hielten sich die Teutschen vnd jhre Helffer also wol/ daß sie den ersten Hauffen der Frantzosen auff das Haupt schlugen/ vnd den vermeynten König Carolum/ den von Montfort todt erlegten.

Conradinus zeucht in Italiam.

Wird geschlagen.

Derohalben die Teutschen vermeynte sie hetten den Sieg gäntzlich erhalten/ eylten also den Feinden ohn einige Ordnung nach/ vnd siengen an zu rauben. In diesem aber kam Carolus mit dem andern frischen hauffen seines besten Kriegsvolcks vber sie/ vnd schlug sie also gar/ dz dem Conradino

Von Italia. 451

dino so viel Luffts ward/daß er sich mit Hertzog Friderichen in die Wäldt salviert. Allda giengen die unglückseligen jungen Herren wol drey Tag hin vnnd wider in der Wildtnuß jrr/biß sie endtlich bey der Statt Astura/nicht weit von Rom zu dem Meer kommen. Daselbst sie einen Fischer mit einem Schifflein oder Nachlein angetroffen/ dem verhiessen sie grosse Geschenck/ vnd baten jhn er solte sie nach Siena oder Pisa an das Landt führen. Der Fischer war es wol zu frieden/ weil sie aber vor Hunger schier verschmachtet/ vnd er kein Brodt/ auch jhrer keiner kein Geldt hatte: Gab jhme Conradinus zu jhrem grossen Vnglück ein Ring/daß er denselben verkauffen/ vnd jhnen Brodt darumb solte bekommen. Der Fischer gieng mit dem Ring in das Stättlein Astura/verkaufft jhn/ vnd nam etliche Brodt/ kam wider zu den zween jungen Fürsten/ vnd als sie sich ins Schifflein gesetzt/ fuhr er mit jhnen darvon. Vnder dessen war es im Stättlein erschollen/ daß ein armer Fischer einen solchen Ring hat verkaufft/ vnd als es für den Obristen daselbst Johan Frangepan kommen/ argwohnet er/ es möchte Conradinus vmb dieselbe Revier vnd Gegne seyn/ dann König Carolus hatte jhn an allen Orten suchen lassen: schicket derowegen jhnen also bald ein grösser Schiff nach/von welchem auch die armen jungen Fürsten erwüscht/ vnd zu ruck gen Asturam gebracht worden. Carolus bekam sie in seinen gewalt/ ließ sie gefangen nach Neapels führen/ vnd hielt sie daselbst ein gantz Jahr lang in einer erbärmlichen Gefängnuß sehr elendlich. Hierzwischen fraget Carolus den Bapst vmb Raht/ was er mit Conradino solte machen: darauff er jhm mit diesen Worten antwortet: Vita Conradini, mors Caroli: Mors Conradini, vita Caroli: das ist/ deß Conradini Leben/ ist deß Caroli Todt: vnd hergegen deß Conradini Todt/ ist deß Caroli Leben. Durch diese Antwort deß Bapsts ward Carolus bewegt/ daß er dem frommen jungen Fürsten das Leben gantz Tyrannischer Weiß abgesprochen/ wiewol jhm solches von Graff Ruprecht auß Flandern/ seinem Eydam trewlich widerrahten ward/daß derselbig jm gerahten/ er solt Conradinum ledig lassen vnd jm sein Tochter vermählen/ vnd zum Freund machen. Aber er mochte nichts erhalten. Also ward den 26. Octobris/ im Jahr Christi vnsers HErrn 1268. auff obgemeltem Marckt ein Platz mit rohten Teppich bedeckt/ vnd ein Stul darbey auffgericht. Da führet man die Gefangene hin/ nemblich das jung vnd vnschuldige Keyserliche Blut Conradinum/ vnd dessen Vettera Hertzog Friderich von Oestereich/ vnd mit etlichen jhrer fürnembsten Hauptleut/ so in der Schlacht gefangen worden. Der Tyrann Carolus sahe von dem nechsten Thurn herab/ vnd erlustigt sich mit einem so grawsamen vnd vnchristlichen Spectackel. Robertus Barius Protonotarius/ stieg auff den Stul vnnd verlaß das Endurtheil/dessen Innhalt war: Weil Conradinus den Frieden der Kirchen betrübt hatte/ sich auch fälschlich für ein König außgeben/ vnd dem rechten König nach dem Leben gestanden/ seye er zum Todt verurtheilt: Als Conradinus diß hört/sagt er in Lateinischer Spraach/ zum Protonotario: Du Schalcksknecht warumb hastu deß Königs Sohn verdampt? weistu nicht/ daß keiner macht vber den andern hat der seines gleichen ist? Darnach hat er gemeldt/ Man thue jhm gewalt/ er hab der Kirchen im wenigsten kein Vnbill begehrt zuzufügen/ sondern nur wöllen sein Erbkönigreich/ so jhm mit Recht zugehört/ widerumb eynnehmen. Er hoffe aber die Teutschen vnd seiner Mutter Geschlecht werden seinen Todt nicht vngerochen lassen. Als er diß geredt/ hat er den einen Handschuch außgezogen/ denselben gegen dem Volck geworffen/ vnd gesagt: er wolte hiemit Petrum von Arragonia zu einem Erben seiner Königreichen eyngesetzt haben. Gleich darauf ward Hertzog Friderich von Oesterreich vnd Steyr/der letzt auß dem Geschlecht Leopoldi/am ersten enthauptet/dessen Haupt erwüscht Conradinus/ vmbfieng vnd küsset dasselb mit gantz nassen Augen/ vnd beklagt sich daß er gleichsam schuldig daran were/daß dieser fromme junge Hertzog/ in diß groß Vnglück kommen. Er klagt auch vber die Vntrew vnd Meynendigkeit seiner Feinde/ die jhn also vnschuldiglich spoliert/ vnd vmb sein Erbtheil gebracht hetten. Befahl es dem höchsten vnd gerechten Richter/ vnd appelliert zu dem Richterstul Jesu Christi vnsers HErrn. Kniet also nider/ hat Gott vmb Verzeyhung seiner Sünden vnd befahl jhm seine Seele. Vnd ward jhm also mit aller Zuseher/ deren viel tausent gewesen/hertzlichem Mitleyden das Haupt abgeschlagen: Hiemit vergieng das vralt Durchleuchtig Hauß der Hertzogen auß Schwaben/ vnd der Graffen von Hohen Stauffen. Es war Conradinus kaum enthauptet/ so war einer vom Carolo bestellet/ der schlug dem Nachrichter auch den Kopff ab/damit sich keiner möchte rühmen/daß er einen so hohen Potentaten hette gerichtet. Es ergrimmet auch Graff Ruprecht auß Flandern/ deß Caroli Tochtermann/ auff den so das Endurtheil hat verlesen/daß er sein Wehr durch jhn stieß. Die andern Teutschen Hauptleut vnd Befehlshaber wurden auch mit dem Schwerd gerichtet: vier Neapolitanische Herren aber/ so auff Caroli seiten gewesen/ gehenckt. Die zwen Fürsten hat man nicht eher dörffen begraben/ biß es Carolus erlaubt hat/ vnd ward Conradino diß spöttisch Epitaphium auffgericht:

Asturis

452   Das vierdte Buch

Asturis ungue Leo pullum rapiens Aquilinum
Hic deplumavit, acephalumq; dedit.

Das ist:

Einem jungen Adler an dieser Statt
Der Löw den Kopff abgerissen hat
Mit Falckes klawen/ merck die That.

   Es war auch kurtz darvor Conradini Mutter Elisabetha/ Hertzogin in Bayern/ zu Neapels ankommen/ und hat diesem trawrigen Spectackel/ mit unseglichem Schmertzen/ und Vergiessung vieler mütterlichen Zehren beygewohnt. Hette jhn gern mit einer grossen summa Gelts ledig gemacht/ aber es war bey Carolo kein Barmhertzigkeit zu finden.

Die Arragonier erobern das Reich Sicilien.
Cap. xxix.

NAch Christ. Geburt 1281. da König Ludwig von Franckreich kriegete wider das Reich Thunis in Africa/ kame jm König Carl von Sicilia sein Bruder zu hilff/ und in seinem Abwesen fiengen die von Sicilia ein Auffruhr an wider die Frantzosen/ die in das Landt gesetzt waren/ dann sie mochten jhre Sitten und Weiß nicht erleyden/ darumb lieffen sie an einem bestimpten Tag zusammen umb die Vesperzeit/ und schlugen die Frantzosen alle todt/ und schickten zu König Peter von Arragonia/ und namen jhn zu einem König an/ dann er hatte König Manfredi Tochter zu der Ehe. Demnach kam König Peter bald/ und fieng König Carlens Sohn/ der auch Carl hieß/ und hette jhn vier jahr in der Gefängnuß. Das geschahe Anno Christi 1297. In mitler zeit starb König Carl der älter/ und bliebe der König von Arragonien König in Sicilia/ und zu letzt ward ein Vertrag gemacht/ daß Carl König Carls Sohn/ solt bleiben König zu Neapolis/ aber das Königreich Sicilia solt der Arzagonier seyn. Nach jhm regiert in Neapolis sein Sohn Robertus/ und nach jhm seine Nachkommen/ biß zu letzt kam sein Geschlecht auff ein Weib/ die hieß Johanna/ und regiert ein und zwantzig Jahr/ aber sie hett dieweil viel Anfechtungen/ dann viel König kamen und wolten sich eyndringen. Diß alles macht sie durch jhre Unständhafftigkeit. Dann zum ersten erwehlet sie Alphonsum/ den König zu Arragonien zu einem Sohn/ darnach fiel sie von jm/ und erwehlt Hertzog Ludwigen von Aniou zu einem Sohn und Erben/ und auff das starb sie. Da erhub sich umb Neapels ein newer Krieg. Etliche schickten nach dem Frantzosen/ die andern begerten Alphonsum von Sicilia zu einem König. Also kamen sie beyde gen Neapolis/ Renatus

Von Italia.

natus vnd Alphonsus. Renatus war des gemeldten Hertzogen Ludwigs Bruder/ der kürtzlich gestorben war/ doch erobert zuletzt Alphonsus nach grosser müh vnd arbeit das Königreich Neapolis zu dem Königreich Sicilien.

Viel streben nach dem Königreichs Neapels.
Cap. xxviij.

Anno Christi 1458. starb König Alphonsus zu Neapolis/ vnnd verordnet seinen vnehelichen Sohn Ferdinandum König in beyden Sicilien/ welchen er auch vorhin gemacht hat zu einem Hertzogen in Calabria. Aber viel auß den obersten des Volcks schickten nach Hertzog Hansen von Lothringen/ der ein Sohn war des vorgemeldten Renati/ daß er käme vnd die Reich eynnemme. Er saumpt sich nicht/ sonder kam mit grosser Macht in Apuliam/ vnnd schwuren jhm auch viel Stätt: aber alß Ferdinandus sich wider jhn legt/ lag er vnder/ vnnd ward Ferdinandus bestetiget im Reich. Der Bapst feyret in diesen Sachen auch nicht: dann er hett gern jhm selbs die zwey Sicilien zugezogen alß ein Erbloß Lehen/ aber der sterckest behielt Landt vnnd Leut. Da nun dieser Ferdinandus vnnd sein Sohn Alphonsus diese Königreich besassen/ vnnd harte Schatzung auff das Volck legten/ vnnd darzu viel grosser Männer vmb liederliche Sachen enthaupten liessen/ ward König Carl von Franckreich berufft vnnd ermahnt/ daß er daß Königreich Neapolis jhm fordert/ angesehen daß er kommen were von den Hertzogen von Aniou/ vnnd darumb gut Recht darzu hett.

Demnach Anno Christi 1494. zog König Carl mit grosser Macht in Italiam zu Wasser vnd Landt/ vnnd trieb viel mutwillen vnnd Tyranney darinn: dann er schonet weder Weib noch Mann/ jung oder alt/ er erwürget alles was er ankam. Da Alphonsus höret König Carls mechtige zukunfft/ verließ er das Reich/ vnd vbergab es seinem Sohn Ferdinando/ vnd flohe er in Siciliam/ da er auch bald darnach starb. Aber sein Sohn Ferdinandus mußt auch weichen auß dem Königreich Neapolis/ dann König Carlen nam es mit gewalt eyn. Doch alßbald dieser Carl wider darauß zog/ vnd in Franckreich kam/ wandten sich die von Neapels widerumb zu König Ferdinando/ vnnd hett der König von Franckreich nichts mehr in Neapolis/ darumb er doch sein Landt vnd Leut/ Geistlich vnd Weltlich/ auff das allerhöchste geschetzt hatt. Dann er hatt mehr dann 40000. zu Fuß/ vnnd etwan 14000. zu Rosß/ darauff jhm ein vngläublicher kosten gieng. Vnd alß hernach König Ferdinandus starb/ namen die von Neapolis seines Vatters Bruder/ mit nammen Friderich zu einem König. Aber er behielt das Reich nicht vber fünff jahr: dann er ward vertrieben durch König Ludwigen von Franckreich/ der bracht diß Reich mit gewalt vnder sich. Doch gieng dieser Friderich williglich in Franckreich zu dem König/ vnd ward auch freundtlich von jhm empfangen/ vnd mit einem Fürstenthumb begabt.

Nach dem alle diese ding sich verloffen haben/ ist noch kein Fried gewesen in dem arbeitseligen Neapolis. Darin eh König Friderich vertrieben ward/ machten der König von Franckreich vnd Ferdinandus König von Hispania ein Bündtnuß zusammen/ daß sie mit einander wolten vertreiben König Friderichen/ vnd darnach das Landt also theilen: daß Campania vnnd Calabria solten gefallen Ferdinando/ aber Neapolis vnnd andere Stätt solten seyn des Frantzosen. Vnnd alß das geschehen war/ wurden die fürgesetzten Landtsherrn oder Verweser zweytrechtig/ vnnd kam Anno 1503. zu einer grossen Schlacht/ also daß etwann 3000. Frantzosen vmbkamen/ vnnd fielen die Hauptstätt Neapolis/ Capua vnnd andere mehr/ von den Frantzosen zu den Hispaniern. Vnnd hat dieser Zanck lang hernach gewäret zwischen dem König von Franckreich vnd dem König von Hispania.

Also in summa finde ich/ daß die Nordmänner haben das Reich Neapolis inngehabt 335. jahr. Darnach haben es besessen die Hertzogen von Schwaben 76. jahr. Vnd nach den Schwaben haben es inngehabt die Frantzosen 178. jahr. Zuletzt die von Arragonia 61. jahr. Darnach haben sich die Frantzosen vnd Hispanier stäts darumb gerauft.

Das vierdte Buch

Genealogy oder Geburtlini der Königen von Neapels / gezogen auß Michaele Ritio von Neapolis.

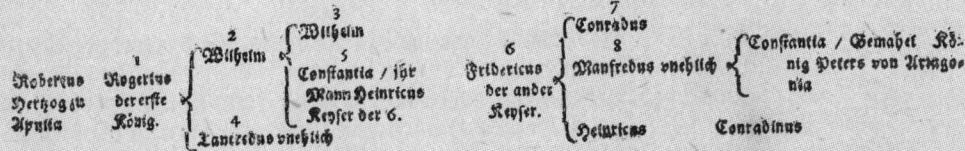

Nachdem die Hertzogen von Schwaben auß dem Königreich Neapels sind vertrieben / haben es die Francosen inngehabt nach der Ordnung wie hie verzeichnet wirdt.

Königin Johanna.

Hie solt du also mercken. Carlen der erst war König in Neapels vnd Sicilia / aber sein Sohn Carlen der ander / hat Siciliam nicht inngehabt. Er ward gefangen von dem König Siciliæ / vnd gefenglich gehalten zu Arzagon / vnd da er schon ledig ward gelassen / mußt er zu Gysel geben seine Söhn Carolum Martellum / vnnd Loystum oder Ludovicum / der ein Barfusser Münch ward / vnd Bischoff zu Toloß. Als dieser Carlen starb Anno Christi 1308. ward König sein Sohn Robertus / der starb Anno Christi 1343. Als aber sein Sohn Carlen vor jhm gestorben war / fiel das Königreich auff Johannam die elter Tochter Caroli / die hett zu der Ehe Andream der Königs Bruder von Vngern / vnd dieweil sie nicht viel Liebe zu jhm hatt / ließ sie jhn erstechen / oder mit einem Seydenstrick erwürgen / vnd nam ein andern Mann / nemblich jres Vatters Bruders Sohn Ludovicum. Nun hatt jr erster Mann Andreas ein Sohn / oder ein Verwandten / der Hertzog war zu Dyrrach / vnd hieß Carlen / der wolt seinen Vatter rechen / vnnd darumb belägert er Anno Christi 1381. die Statt Neapels / vnd erobert sie / fienge die Königin / vnnd ließ sie auch erstechen. Bald darnach ward er in Vngern berüfft / von etlichen gekrönt zu einem König / aber es ward jhm darüber der Kopff zerspalten / wie du diese History findest hie vnden im Vngerlande / im Capitel der Geburtlini bey dem zwey vnd zwantzigsten König / nemblich Ludovico beschrieben. Dieser Carolus ließ hinder jhm ein Sohn vnd ein Tochter. Der Sohn hieß Ladislaus / vnd der ward zum König gekrönt dieweil er noch ein Kind war / vnd alß er in der iugent starb / verließ er das Reich seiner Schwester die hieße Johanna. Diese hatt ein Mann der starb zeitlich / da nam sie ein andern der hieß Jacob / vnd war ein Graff von der Marck. Nun wolte sie nicht daß er sich ein König liesse schelten / sondern er solt sich lassen vernügen daß er ein Fürst were zu Tarent / sie wolte Meister vnd Königin seyn. Aber es blieb nicht dabey / die fürnemesten des Reichs hielten vnnd grüßten jhn alß ein König / das kondte vnd mochte das höffertige Weib nicht leyden / verschuff mit jhren Anhängern / daß der gute Mann ward in Gefencknuß gelegt. Vnd alß der Bapst bey der Königin erwarb / daß er wider erlediget ward / flohe er in Franckreich vnd ward ein Münch / vnnd starb auch in der Geistligkeit. Es gefiel dem Bapst auch nicht dieses Weibs handlung / darumb entsetzt er sie / vnd berüfft auß Franckreich Ludovicum von Aniou / des Vorfahren auch König in Neapels waren gewesen / wolte jhn zum König machen / da das die Königin sahe / schicket sie zu Alphonso der König in Sicilien war / vnd nam jhn an Sohns statt an. Bald darnach fiel sie wider von jhm / vnd adoptiert zu einem Sohn vnd Erben jetzgemeldten Ludovicum von Aniou. Da kamen sie beyde das Königreich eynzunemmen / vnd erwuchsen viel Krieg. In diesem allem starb die Königin / es starb auch Ludovicus. Da wolt der Bapst das Königreich eyngenommen haben / aber die Fürsten des Reichs schickten in Franckreich nach Renato / gemelts Ludwigen Bruder. Es waren auch viel im Reich die schickten in Siciliam nach Alphonso. Es saumpt sich Alphonsus nicht lang / er kam mit grossem Zeug / vnd belägert die berühmbte Statt Caietam / ward aber darbey auff dem Meer mit

Von Italia.

mit zweyen Brüdern gefangen/ vnd gen Meyland zu Hertzog Philippen geführt/ doch bald wider ledig gelassen. Renatus lag zu Dision gefangen/ schickt aber sein Haußfraw vnnd Kinder in Italiam/ die nam das Regiment eynn vielen Stetten. Es kam auch König Alphonsus widerumb/ vnnd legt sich für Caietam/ vnd da er sie gewan/ belägert er Neapels/ vnd gewan sie durch Verrätherey Anno Christi 1442. Darnach nam er das gantz Königreich eyn/ vnd mußt Renatus vngeschafft widerumb heim ziehen. Also fahen wir ein andere Genealogy an/ von Alphonso vnd seinen Nachkommen.

1	2	3	4		7	8
Alphonsus König zu Sicilien vnnd Neapolis starb im jahr 1458.	Ferdinandus Hertzog in Calabrien/ vnehelich	Alphonsus	Ferdinandus		Johanna/ ist Gemahel Philippus Ertzhertzog in Oesterreich	Carolus der 5.
		5	6			
		Fridericus.	Auff ihn ist zum Königreich kommen Ferdinandus König in Hispania.			

Es hett Alphonsus der erst kein Ehelichen Sohn/ darum bestimpt er zum Erben seinen Vettern den König zu Navarr. Darnach ward er wendig/ vnd machet zum Erben sein vnehelichen Sohn Ferdinandum/ der war Hertzog zu Calabrien/ welchen der Bapst auch ehelich macht. Es hat dieser Alphonsus ein Schwester/ die hatt der König von Portugall zu der Ehe/ vnnd gebar mit ihr ein Tochter mit nammen Elionora/ die nam Keyser Friderich Maximiliani Vatter zu der Ehe/ vnd hielte auch Hochzeit zu Neapolis bey jetzgemeldtem Alphonso. Alß nun dieser Alphonsus zu Neapolis zu sechtzehen jahr regiert hett/ starb er im jahr 1458. vnnd nam sein Sohn Ferdinandus das Reich/ er ward aber viel angefochten von Johañe Hertzog zu Lothringen/ gemeldts Renati Sohn/ die von den Franckreichischen Königen kommen waren. Dann nach abgang Königs Alphonsi schickten die Neapleser zum theil zu Hertzog Renati Sohn in Lothringen/ vnd berüfften jhn zum Reich/ auff das kam er mit einem grossen Zeug/ vnnd nam viel Stett eyn/ ward auch gekrönt von einem Cardinal: aber Ferdinandus zog jhm entgegen/ vnnd thet zwo grosser Schlachten mit jhm/ vertrieb jn/ vnd blieb er König im Landt. Nach seinem Absterben ward König sein Sohn Alphonsus/ der hat viel glückhafftiger Krieg geführt bey zeiten seines Vatters/ darumb er auch vmb das jahr 1488. da sein Vatter starb/ zum König ward erwehlt. Das verdroß Ludovicum Sfortiam/ der setzt König Carlen von Franckreich den achten des Nammens wider eyn/ der kam mit Macht in Italiam. Da dz König Alphonsus höret/ wußt er sich etlicher Thaten schuldig/ darumb vbergab er dz Reich seinem Sohn Ferdinando/ vnd flohe er in Siciliam/ starb auch bald darauff/ nach dem er kaum ein jahr geregiert hatt. Es vertrieb König Carlen Ferdinandum/ vnd regiert ein weil zu Neapels/ vnd dieweil er Geschäfften halb in Franckreich zog/ kam König Ferdinandus vñ ward zu Neapels eyngelassen vnd angenommen. Er nam zu der Ehe des Königs von Castell Schwester/ die jhn auch etwas verwandt war/ starb aber bald ohne Kinder/ da ward Fridericus seines Vatters Bruder Ferdinandi/ des ersten Sohn/ König zu Neapels/ damahlen/ alß nämblich Anno 1501. macht König Ferdinandus auß Castilia/ der dritt diß Nammens/ vñ König Ludwig auß Franckreich der Zwölfft/ ein Bündtnuß wider gedachten König Friderich/ theilten das Reich/ vnnd trieben König Friderich in Franckreich/ da er auch gestorben.

Nach dem aber König Ludwig von dem Bapst investiert worden/ wurden beyder Königen Leutenant vnder einander vneins/ vnd schlug Consalvus Ferdinandus/ mit dem zunamen der Groß Capitan/ Königs Ferdinandi Kriegsoberster/ die Frantzosen mit gewalt auß dem Königreich.

Ferdinandus König in Castilien wirdt von Bapst Julio dem Andern investiert. Vnd demnach biß daher die Neapolitanischen König järlich jhren Lehenherrn den Römischen Bäpsten acht vnd viertzig tausent Ducaten sampt einem weissen Zelter/ zum Tribut liferten/ erließ Bapst Julius der ander diesen König solches tributs/ allein behielt er jhm bevor den weissen Zelter/ den solt man järlich zum zeichen des feudi oder Lehens zu lifern schuldig seyn. Dieser König regiert zwölff jahr/ verheuratet seine Tochter Johanna Philippo Ertzhertzogen in Oesterreich.

Johanna die dritte diß Nammens/ volget jhrem Vatter König Ferdinando/ von Castilia vnd Arragonia/ gebar Philippo Ertzhertzogen von Oesterreich Anno 1500. Carolum Quintum. Regiert so wol allein/ alß auch mit jrem Sohn Carolo 39. jar. Starb Anno 1555. den 23. Aprilis. Jhr Gemahel Philippus verschied Anno 1506.

Carolus Quintus verwaltet das Königreich Neaples allein/ nach seiner fraw Mutter absterben. Weil es aber ein alt herkommen/ daß die Neapolitanischen König/ wañ sie das Lehen von den Bäpsten empfiengen/ mußten angeloben/ daß sie das Keyserthumb/ wann es jhnen schon angetragen wurde/ nicht wolten annemmen/ auch nichts besitzen im Tuscana/ vnd der Lombardey: dispensiert Bapst Leo der Zehendt/ der gestalten mit Carolo dem Fünfften/ daß er zumahl König zu Neapels/ vnd Römischer Keyser seyn möcht/ auch das Hertzogthumb Meyland vnnd alle herrschafften in Thuscana behalten/ doch mußt der Keyser für diese dispensation zusagen/ dem Bäpstlichen Stul järlich sieben tausent Cronen/ sampt dem weissen Zelter gehn Rom tag der Stul feyer Petri lifern zu lassen. Welches auch biß auff diese vnsere zeit fleissig gehalten worden.

Keyser Friderich hat Hochzeit zu Neaples.

Hertzog võ Lothringen wird König.

Königreich Neaples kompt an Oesterreich.

Nach

Nach Carolo dem 5. seyn seine Nachfahren die König in Hispanien als Philippus der 2. Philippus der 3. vnd Philippus der 4. jetzt Regierende/jhme in dem Königreich Neapels nachgefolgt.

Zu den zeitē des erstē Alphonsi/ ist ein grawsamer Erdbidem geschehen im Königreich Neapels/ desgleichen nie im selbigen Landt ist erhört oder gesehen wordē/ von welchem viel Flecken gar verfielen/vnd einer mit nammen Arzianus verfiel also/daß jhn auch das Erdtreich gar in sich verschluckt. Es waren wenig Stett in diesem Königreich die nicht mercklichen Schaden empfiengen von diesem Erdbidem. Es schreibt Eneas Sylvius zu den zeiten da es sich verloffen hat/ daß bey dreyssig tausent Menschen vmbkommen sind in diesem Erdbidem in dem Königreich Neapels. Es nam die Statt Neapels auch gar grossen Schaden/besonder an Kirchen vnd Häusern.

Wie es heutiges tags eine beschaffenheit mit dem Königreich Neapels. Cap. xxx.

Erzehlung der ViceRe oder Statthaltern dieses Königreichs.

Nach dem Ferdinandus der dritt diß nammens König in Castilia vnnd Arragonia das Königreich Neaples bekommen/dasselbig aber wegen jetzgedachter Königreichen/auß welchen er bürtig gewesen / nicht wol können selbs persönlich regieren / hat er vmb das jahr Christi vnsers Herrn 1505. einen Statthalter naher Neaples geschickt / vnnd denselben mit vbergebung alles Gewalts Vicekönig genannt. Ist auch von derselben zeit das Königreich Neaples durch volgende Vicekönig/welche gemeinlich Spanier seynd/biß auff den heutigen tag administriert vnnd beherzschet worden.

Consalvus Fernandus de Ahgilar von Corduba bürtig / Hertzog zu Terra nova / welchen man wegen viel herzlicher Siegen den grossen Capitan genannt/kam nacher Neaples Anno 1505. nach dem er die Frantzosen vertrieben.

Don Johan von Arragon/Hertzog zu Ripacursa Anno 1507.
Don Raimund von Cardona/Graff von Alberto/Anno 1510.
Hernach war Leutenant Don Bernardino Villa Marino.
Anno 1517. war Leutenant Don Francesco Remolinis/Cardinal von Sorzento.
Don Carlo della Noia. Anno 1523.
Nach diesem war Locotenent Andreas Carapha/Graff von S. Severina/Anno 1526.
Don Vgo di Moncada Anno 1527.
Philipert von Chalon/Printz von Vranien Anno 1528.
Pompeo Colonna Cardinal Anno 1530.
Don Petrus von Toleto/Marggraff zu Villafranca. Anno 1532.
Don Luigi von Toleto/ war zwar nur Leutenant geheissen. Anno 1553.
Don Petrus Pacececus/Cardinal zu Sagunt/Anno 1554.
Don Bernhardin von Mendozza/war Locotenent.
Don Ferdinand Allvarez von Toleto der Duca d'Alba/Anno 1555.
Don Friderich von Toleto/des Duca d'Alba Sohn/war Leutenant.
Don Johan Manriques war nach jhm Leutenant/Anno 1558.
Bartholomæus Cardinal della Cueva/Anno 1559.
Don Perafan Hertzog zu Alcala/Anno 1559.
Antonio Perenoto Cardinal von Granvela. Anno 1571.
Don Indico von Mendozza Marggraff von Mondegiar/Anno 1575.
Don Johann Zunica Printz von Petrapercia/Anno 1579.
Don Petrus Giron Hertzog von Ossuna/Anno 1582.
Don Johan de Zunica/Graff von Miranda/Marggraff von Labagnesa/Vicekönig/Locotenent vnd general Capitan im Königreich Neaples/Anno 1586.
Don Henrico de Gusman Graff von Olivares Anno 1595.
Don Ferrante Ruitz di Castro Graff von Lemos/Anno 1599.

Von Italia.

Don Francesco di Castro sein Sohn war Satthalter/Anno 1600. vnd widerumb nach seines Vattern todt/Anno 1610.

Don Gio Alphonso Pimentel Graff von Benevento/Anno 1603.

Don Pietro Fernando di Castro/Anno 1610.

Don Francesco di Castro Statthalter seines Bruders/Anno 1616.

Don Pietro Girone Hertzog von Ossuna/Anno 1616.

Don Caspar Borgia Cardinal/Anno 1620.

Von der Grösse des Königreichs Neaples vnnd seinem Adel.

Die grösse des Königreichs Neaples betreffendt/ist dieselbe sehr ansehenlich/begreifft im bezirck 1500. Italianische Meilen. Grentzet in die 150. Meilt an des Bapsts Land/ist an den vbrigen theilen mit dem Tyrrenischen/Jonischen/vnd Hadriatischen Meer vmbgeben. Haltet in der lenge 450. in der breite 150. Meilen.

Ist sehr wolbewohnt vnnd vberauß Volckreich/wie man dann gewisse nachrichtung hat/daß darinnen in 2700. gemawrter Städt seynd/darunder 21. Ertzbisthumb/137. Bisthumb gezelt werden. Ist auch die gemeine sag/daß in gedachtem Königreich vber die zwo Milion Seelen ordenlich wohnen.

König Alphonsus der Erst/hat das Königreich Neaples in zwen/vñ bald hernach in drey theil/abgetheilt/nämblich in die Landtschafft Otranto/Bari vnd Capitanata.

König Ferdinandus vnd Ludwig der zwölfft in Franckreich/hattens in gleiche stuck abgetheilt. Ferdinandus besaß Calabriam vnd Appuliam. Ludovicus aber hatte Campaniam vnd Abruzzo. Ist heutiges tags in zwölff Landschafften abgetheilt/alß nemblich Terra di Lavoro/oder reich Campania/beyde Abbruzzo/beyde Principat/Basilicata/Capitanata/ober vnd vnder Calabria/Bari/Otranto vnd Molise.

Was gestalten aber diese Provintzen bewohnt seyen/ist auß dem gnugsam zuerkennen/daß Herr Hieronymus Megiser in seinen Neapolitanischen Delicien verzeichnet/daß nemblich in Campania/56451. In Abruzzo citra/vorzeiten der Samniter Landtschafft 25585. In Abruzzo vltra/ 47614. In Principato citra/etwan der Picentiner Landtschafft/46821. In Principato Vltra/ vorzeiten der Hirpiner Landtschafft/30185. In Basilicata vorzeiten Lucania 37140. In Capinato oder flach Apulia 20141. In ober Calabria 50570. In vnder Calabria 65179. In Barri oder Apulia Peucetia 39597. In Otranto vorzeiten Japygia in groß Griechenland 49576. Vnd in Molise/da auch etwan die Samniter gesessen/15172. Fewerstätt gezelet werden.

Es hat das Königreich Neapels einen solchen Adel vnnd menge von grossen Standtspersonen/dergleichen schwerlich in einem Königreich zufinden. Es werden darin gezelt bey 50. Fürstenthumb 70. Hertzogthumb/110. Margräffschafften/70. Graffschafften/ohne die Freyherschafften vnnd Rittersitz/deren vnzählich viel/welche etwan in andern büchern von dem Königreich Neapoli außgangen/mit nammen gemeldt werden.

Die vestung dieses Königreichs betreffendt/seynd derselben 19. sehr fürnemme/alß nemblich/ an dem Meer herumb/da auch seine Schiffport vnd Kauffmanshändel/Neaples/Mancia/Crotona/Taranto/Gallipoli/Otranto/Brindisi/Castell S. Andreas/Monopoli/Bari/Trani/ Barletta/Manfredonia/Monte di Sant Angelo/vnd Caieta.

Vestungen.

Immittel des Lands seynd Aquila/Cosenza/vnd Catanzaro. Auff dem Meer werden gewöhnlich jederzeit dreyssig bewerte Galleren/wider die Meerzäuber vnd den Türcken erhalten.

Die Kauffmans wahren/so auß diesem Königreich hauffenweiß in andere Länder geführt werden/seynd Aenis/Saffran/Seiden/Oel/Wein/vnd köstliche Frücht: item fürtreffliche Pferdt/ vnd schöne Schaff.

Von dem Eynkommen des Königreichs Neaples.

Das Eynkommen des Königreichs Neaples ist zweyerley : Das eine wirdt richtig vnnd ordenlich allezeit ohne vnderscheid eyngefördert: das ander ist vngewiß/vnnd hat kein bestimbte zahl.

Was nun das Ordinari vnd gemeine Eynkommen belangt/besteht dasselbig auff der allgemeinen stewr/so wol des Landvolcks/als der Herren vnd Lehenleuten.

Vnd zwar was das Landvolck betrifft/ist solche jr stewr auff die Fewrstett geschlagen/vnd muß man von jeder Fewrstatt jährlich fünffzehen Carlin vnnd zwen Gran erlegen/ist so viel als 2. gulden teutscher Müntz.

So man nun alle Fewerstätt der Provintzen / wie sie in abtheilung des Königreichs erzehlet worden/zusammen summirt/befindet man/daß derselben/vber die viermal hundert/drey vnnd achtzig tausent seynd/vnd also bey nahe auff ein halbe Million gelangen.

Nun

Nun muß man aber von diesen jetz erzelten Fewrstätten / drey vnnd fünfftzig Gemeinden / die gleichsfals wie die Statt Neaples / von aller Stewr befreyet seynd / vnnd etliche privilegierte Personen / abziehen: wann solches beschehen / so befindt sich daß an der Stewr des Landvolcks von allen Fewrstätten des Königreichs jährlich sechs hundert vier vnd fünfftzig tausent / acht hundert drey vnd siebentzig Ducaten / in die Kammer erlegt werden.

Der Herrn vnd Lehenßleuten Stewr / laufft sich gemeinlich alle jahr / einhundert / zwantzig tausent / fünff hundert acht vnd sechtzig Ducaten. Diese zwo Stewren zusammen summiert / machen siebenhundert fünff vnd siebentzig tausent / vierhundert / vnd ein vnd viertzig Ducaten. Vnd diß ist das ordinari Eynkommen.

Das extraordinari Eynkommen / so auch gewiß muß erlegt werden / besteht in 5. vnderschiedenen Anlagen.

Erstlich hat Don Petro di Toleto / Vicekönig im jahr 1542. auffbracht / daß man von einer jeden Fewrstatt soll monatlich geben / zu abzahlung der Spanischen Soldaten / vier Gran / vnd diß soll das jahr drey mahl / das ist / alle vier Monat erlegt werden. Dieses macht nun järlich in Summa zweyhundert vnd sechtzehen tausent / zwey hundert sechs vnd dreyssig Ducaten.

Fürs ander / muß man ein gewisses bezahlen von jeder Fewrstat / wegen der Vnkosten die auffgehen auff die Veldprovosen / so bestellet seynd / die Strassen von den Banditen vnnd Räubern / zusichern. Dieses bringt jährlich / acht tausent fünffhundert vnd sechs Ducaten.

Für das dritte / dieweil allenthalben am Meergestad / Warten vnd Thürn gebawet seynd / das Königreich dadurch von den Meerräubern zuversichern / muß man zu bestellung der Wachten vñ Guardien darauff / auch ein genandts für ein jede Fewrstatt bezahlen / namblich sieben Gran / vnd ein Cavollotz / das möcht vngefehr / zwen Groschen seyn. Doch diejenigen so zwölff Meyl von dem Meer wohnen / die erlegen nur den halben theil.

Zum vierdten erlegt man auch von jeder Fewrstatt / drey Gran / wegen besserung der Weg vnd Steg im Königreich: das ist im jahr 1559. von dem Hertzogen von Alcala Vicere auffgebracht worden / bringt ein jahr 41640. Ducaten.

Zum fünfften / bezahlt man auch von jeder Fewrstatt / 17. Gran / wegen des Kriegsvolcks / so hin vnd wider in der Besatzung ligt / das bringt jährlich 74900. Ducaten.

Zu diesem wirdt ein mercklich summa Gelts von den Zollen hin vnd wider im Königreich järlich auffgehaben.

Alß erstlich bringt der Schaff vnd Vieh Zoll / in Flach Appulia vnd Capitanato / järlich vber zwo thonen Gold / inmassen dann die Königliche Kammer zu Neaples Anno 1582. von diesem Zoll / zweyhundert vnd viertzig tausent / zweyhundert vier vnd sechtzig Ducaten eyngenommen.

Zum andern / wird jährlich für den Seiden vnd Saffran Zoll / anderthalb thonen Gold / oder hundert vnd fünfftzig tausent Ducaten empfangen.

Seidenzoll. Es ist sich aber höchlich zuverwunderen / wie der Seidenzoll im Königreich Neaples so hoch gestiegen / dann vor zeiten zollte man nit mehr von eim Pfund Seiden / so man auß dem Königreich verführt / alß 5. Gran / das ist vnsers Gelts ein batzen. Im jahr Christi aber 1483. hat König Ferdinandus der Erst den gantzen Seiden zoll dem Printzen von Bisignano / vmb achzehen tausent Ducaten verkaufft. Hernach alß namblich im jahr 1541. hat der Vicekönig Don Pietro di Toleto noch 5. Gran auff das Pfund geschlagen. Sechzehen jahr hernach schlug der Cardinal Pacecco Vicekönig / noch ein Carlin auff das Pfund. Vnd im jahr 1605. seynd noch anderthalb Carlin / das ist / drey batzen vnserer Müntz / auff das Pfund geschlagen worden.

Zum dritten wird vom Eisen Zoll jährlich ein vnd sechzig tausent / achthundert / sechs vnd dreissig Ducaten auffgehebt.

Zum vierdten / wirdt vom Königlichen Zollhauß zu Neapels / wie auch zu Salerno / Gaeta / Policastro in Abbruzzo / Hydrunt / Barry / Basilicata vnd Capitanata / zweyhundert / zwölff tausent / vnd fünff vnd zwantzig Ducaten empfangen.

Zum fünfften vom Königlichen Weinzoll jährlich / neunhundert / siebentzig tausent / vnd dreyzehen Ducaten.

Zum sechsten vom Oel vnd Seiffenzoll jährlich einhundert vnd vier tausent Ducaten.

Zum siebenden / von dem Wein Zoll / so auß dem Land geführt wird / jährlich zwölff tausent ein hundert Ducaten.

Zum achten / vom Kartenspiel zoll / welcher Anno 1578. auffkommen / von einem jeden newen Cartenspiel ein Carlin. Diesen Zoll verkaufft man jährlich vmb zwantzig tausent Ducaten.

Zum neundten / von dem Marckt Zoll / Fleisch / Eyer vnnd Vögel betreffent / jährlich eilff tausent sechshundert Ducaten.

Zum zehenden / von dem Zoll der Pferdten / die von den Außlendern zu Neaples gekaufft werden / jährlich fünffhundert Ducaten.

Zum eilfften / vom Zoll vnder den vier Thoren der Statt Neaples / vnnd auff dem gemeinen Marckt Piazza dell Mercato / vom geschlachten Viehe / acht vnnd zwantzig tausent vierhundert vnd acht Ducaten.

Von Italia. 457

Zum zwölfften/ der Heiden Zoll/ wann sich die Türcken oder Mohren ranzionieren/ ein grosse summa Gelts/ ist aber vngewiß. Dann wann sich ein Türck oder Mohr mit Gelt/ vmb oder vnder zweyhundert Cronen löst/ so bezalt er für den Zoll 8. Ducaten: wann er sich aber vmb mehr dann zweyhundert/ biß auff fünffhundert Cronen/ abkaufft/ gibt er zehen Ducaten für den Zoll. Von fünffhundert Cronen biß auff tausent Cronen/ zolt er fünfftzehen Ducaten.

Zum dreyzehenden/ von erlaubnuß/ Korn/ Gersten vñ zugemüß/ auß dem Land zuführen/ wird jährlich auff die 4. tausent Ducaten/ Zolls weiß bezahlt.

Zum vierzehenden/ von den Gestüdten/ welche die Kammer in Calabria vñ Appulia hele/ wird jährlich fünfftausent sechshundert vnd sibentzig Ducaten erlegt.

Vber diß alles seynd die Præsidij di Toscana/ so jährlich dreyzehen tausent Ducaten bringen.

So trifft auch das Eynkommen der Statt Vigesi/ Sant Severina/ Tacina vnnd anderen/ jährlich auff die vier vnd zwantzig tausent/ fünffhundert sieben vnd sibentzig Ducaten.

Die Straffen/ Peynfähl vnd Vergleichungen so in der Königlichen Kammer/ in der Vicari, in den Regierungen der Provintzen fürfallen/ treffen gemeinlich das jahr auff vier vnnd dreyssig tausent Ducaten.

Die verfallenen Straffen vnd Eyntziehung der Güter/ wegen abtrag des Zolls/ vnnd vielerley anderen vrsachen/ werden gemeinlich alle jahr auff anderthalb Thonen Golds geschetzt.

Demnach Bapst Clemens der sibendt/ Keysern Carolo dem Fünfften disnammens hochlöb, lichster Gedächtnuß/ 5. Ertzbisthumb vnd 19. Bißthumb/ zu eygen vbergeben vnnd geschenckt/ hat mehr höchstgedachter Ihr Majestät jährlich vber die fünfftzig tausent Ducaten von jhnen auffgehebt.

Es werden auch jährlich von den Königlichen Aptenen zehen tausent Ducaten bezahlt.

Wann man dann nun dieses alles zusammen rechnet/ so befindt sich/ daß gemeinlich ordentli, cher weiß/ dem König auß vielgedachtem Reich jährlichen drey Milion Gold/ weniger dreyhundert vnd drey vnd sechtzig Ducaten/ erlegt werden.

Ob gleichwol aber der Neapolitanische König kein Macht hat/ jemahls einiges Geschenck oder Hülff von der Statt vnd dero Königreich zu begeren vnd abfordern/ seynd doch die Vnderthanen bißweilen so getrew vnd geneigt gewesen/ daß sie vngebetten grosse summa Gelts zusammen geschossen/ vnnd dieselbe jhrem König in Nöhten vberschickt haben. Daher dann die freywilligen Contributiones vnd Præsent entstanden.

Im jahr Christi 1507. den letsten Januarij/ haben die Ständ vnd Stätt dieses Königreichs/ sampt allen Printzen/ Hertzogen/ Marggraffen/ Freyherrn vñ Adelspersonen ein Versamblung oder Landstag zu Neapels/ im Kloster Monte Oliveto/ gehalten/ vnd daselbst samentlich beschlossen/ daß sie jhrem König Ferdinando zur Zubuß/ wegen vieler außgestandener Kriegen/ dreymal hundert tausent Ducaten verehren wolten: welches auch also bald ins werck gesetzt worden.

Im jahr Christi 1520. den 26. Novembris/ wurden Keyser Carolo dem 5. zu Aach/ dreymal hundert tausent Ducaten verehrt.

Drey jahr hernach/ hat man dem Keyser zur zahlung seines Kriegsvolcks/ zwo thönen Golds geschickt. Vñ ein jahr hernach wurden mehr höchstgedachtem Keyser zu bezahlung seines Kriegs, volcks in der Lombardei 50000. Ducaten verehrt. Im jar 1531. war das Donatiff oder Geschenck so man Ihr Majestät zu einer Hülff wider den Türcken præsentiert/ sechs thonen Gold. Vnd ein jahr darauff/ anderthalb thonen Gold. Vnnd bald widerumb eben desselbigen jahrs/ tausentmal tausent vnd fünffhundert tausent Ducaten/ oder anderhalb Milion. Im jahr 1538. den 27. Mertzens/ verehrten sie dreyhundert tausent vnd sechtzig tausent Ducaten. Im jahr 1539. den 15. Mertzens/ zweyhundert tausent vnd sechtzig tausent Ducaten. Im jar 1540. den 27. Novembris/ dreyssig tausent Ducaten. Im jahr 1541. den 29. Julij/ acht thonen Gold. Im jahr 1543. zwo thonen Gold. Im jahr 1545. sechs thonen Gold. Im jahr 1546. zweyhundert tausent vnd viertzig tausent Ducaten. Im jahr 1548. zu der Heimstewr jhr Majestät Tochter Mariæ/ anderthalb thonen Gold. Im jahr 1551. sechs thonen Gold. Im jahr 1552. acht thonen Gold Keyserlicher Majestät: vnd dem Vicekönig/ weil er bey jhr Majestät dem Königreich war beygestanden/ zwey vnd zwantzig tausent Ducaten. Im jahr 1553. drey thonen Gold.

Im jahr 1554. dreyssig tausent Ducaten. Im jahr 1555. hundert sechs vnd fünfftzig tausent Ducaten/ zu bezahlung des Kriegsvolcks. Im jahr 1556. zur bezahlung der Spanier vnnd Teutschen/ ein hundert vnd viertzig tausent Ducaten. Eben in demselben jahr widerumb jhr Majestät verehrt ein Milion Gold: dem Vicekönig aber fünff vnd zwantzig tausent Ducaten: vñ dem Herrn Marx Antonio Colona 9200. Ducaten. Im jahr 1560. jhr Majestät zwölff thonen Gold/ vñ dem Vicekönig sieben vnd zwantzig tausent fünffhundert Ducaten. Im jahr 1562. jhr Majestät ein Milion Gold. Im jahr 1564. jhr Majestät ein Milion Gold/ vnnd dero Sohn/ dem Printzen in Spanien sechtzig tausent Ducaten. Im jahr 1566. war das Donatiff/ so die Landständ jhr Majestät verehreten/ ein Milion/ vnd zwo thonen Gold. Im jahr 1568. ein Milion/ vnd zwo thonen Gold. Im jahr 1572. widerumb zwölff thonen Gold. Im jahr 1574. ein Milion vnd 2. thonen

Gold.

Gold. Im jahr 1577. war das Donatiff/ein tausent mahl tausent/zweyhundert tausent Ducaten. Im jahr 1579. widerumb zwölff thonen Gold. Im jahr 1581. ein Milion vnnd zwo thonen Gold. Im jahr 1583. den andern Januarij/ein tausent mahl tausent/zwölffhundert vnd fünfftzig tausent Ducaten.

Alß Anno 1605. die Landstånd vernommen/daß dem König in Hispania/den 9. Aprilis desselben jahrs/ein junger Sohn geboren/haben sie nach gehaltener versamblung dem jungen Prinzen/als ihrem angebornen künfftigen Erbherzen/hundert vnnd fünfftzig tausent Ducaten/oder anderthalb thonen Gold in die Wiegen oder Windlen geschenckt. Seind also ermelte Donativa oder Geschenck/durch der Landständen Freygebigkeit vnd Neigung gegen ihrem König/gleichsam ein Ordinari eynkommen worden/weil sie gemeinklich allezwey jahr zwölff thonen Gold jhrer Maiestat verehren.

Von der Königlichen Hauptstatt Neapels. Cap. xxxi.

Iese Statt ist/von der Burgerschafft zu Cumis erbawet/vnd nach einer sehr berümbten Cortisana/so daselbst begraben ligt/Parthenope/Jungfrawen Statt genannt. Diese Parthenope ist eine von den vnzüchtigen Frawen gewesen/welche man von wegen ihres holtzeligen vnd lieblichen Gesprächs/damit sie viel dapffere junge Männer zu vnordenlicher Liebe gereitzt/vnd ins Garn gebracht haben/Sirenes geheissen.

Sirenes.

Die alten Poeten fabulieren/es seyen diese Syrenes/Parthenope namblich/Lygia vnd Leucosia/seltzame Meerwunder gewesen/in gestalt einer halben Jungfrawen/vnnd halben Fisches/so sich bey Neaples vnd Baiis herumb an gewissen orten im Meer auffgehalten/vñ so lieblich gesungen/daß kein Schiff fürüber gefahren/daß sich nit zu ihnen hatte gewendet. Wann aber die Schiff allbereit zu solcher lieblichen Musica kommen/so seynd sie an harte Felsen gefahren/vnd jämerlich vndergangen. Derowegen dann der wolerfahrne vnd weltweise Vlysses/alß er daselbst müssen fürüber seglen/hat er den Schiffleuten die Ohren mit Wachs verstopffet/damit sie solch lieblich/aber verführisch vnd schädlich Gesang nit möchten hören/vnd sich selbs an den Mastbaum gebunden/vnd der Lockvögeln vngeacht fürüber gefahren: darüber sich dann Parthenope so hefftig erzörnt vnd bekümmert/daß sie auß Vnmuth vnder die wilden Wellen gesprungen/vnd ertruncken.

Etliche der Alten verzeichnen in jhren Historien/es haben die Cumaner ermelte Statt Neaples/oder Parthenope nit nur zum ersten erbawen/vnd dem vberfluß ihres Volcks zu einer Colonien eyngeben/sonder auch widerumb zerstört vnd zu boden gerissen/alß sie sich besorgten/es wurde die Colonia/ihr Hauptstatt Cumam/von deren sie erbawen/an Macht vnnd Herrligkeit vbertreffen/vnd mit der zeit zwingen vnd beherrschen.

Nachdem aber gedachte Statt widerumb erbawen/vnd wie sie wegen lust: vnnd fruchtbarkeit wol werth/in ehr gelegt/vnd Neapolis/das ist/new Statt genannt worden/hat sie in kurzer zeit durch ihr fürsichtige Regierung an Gewalt vnd Herrligkeit dermassen zugenommen/daß sie sich vor dem wilden vnd mechtigen Kriegsheer/welches Hannibal auß Africa vnd andern orten in Italiam gebracht/im wenigsten nicht besorgt/viel minder wie andere Stått in Campania ergeben/sonder hat sich demselben ritterlich widersetzt/vnd der Statt Rom mit etwas Hilff freywillig vnd vngebetten zugezogen.

Stattlich Præsent.

Dann alß der Rath zu Neaples gesehen/daß Hannibal der Statt Rom nun allbereit etwas zeit mühe gemacht/vnd mehrmahlen schaden zugefügt/hat sie ein ansehnliche Bottschafft mit einem gewaltigen Præsent/von viertzig guldinen Trinckgeschirren gehn Rom abgefertiget/vnnd dem Rath daselbst/mit vberlüfferung gedachter verehrung alle Hilff vnnd Beystand wider Hannibal angetragen vnd versprochen. Darüber sich dann die Römer nit minder höchlich verwundert/alß freundlich bedanckt/auch die zugesagte Hilff so hoch vnd wehrt gehalten/daß sie nur das allerkleinist gulden Geschirr/von der vberschickten Gaab/angenommen vnd behalten.

Bald hernach hat der Rath zu Rom mehrermelte Statt Neaples zu einer Trewen Freundin in ewigen Bundt auffgenommen/vnd von tag zu tag mit vielen Gnaden vnd Freyheiten begaabet.

Dieweil aber benebe angeregter wolmeynung gegē d'Statt Rom/vñ auffgerichter Bündtnuß/die Neapolitaner ein sehr fürtreffliche Politiam gehalten/vnd nach der weisen Griechen Brauch allerley schöne Künst offentlich gelehrt/auch eines vberauß reinen vnd gesunden Lufts genossen/haben sich viel von dem Römischen Rath vnd Adel zu Neaples auffgehalten/vnd daselbst alß in einem lieblichen Lustgarten/ihre durch schwere geschäfft ermüdete Gemühter erquickt vñ erlustiget.

Von gelehrten Personen haben sich Virgilius/Horatius/Livius/Statius/Philostratus/Claudianus/Petrarcha/Laurentius Valla/Blondus/Panormitanus/vnd andere/mehrmahlen zu Neaples finden lassen.

Heutiges tags ist Neaples ein rechte Königliche Statt/nicht allein in Campanien/sonder auch im gantzen Reich die Hauptstatt/daher d.inn auch dasselbe/das Königreich Neaples genannt worden. Ligt zwischen dem Meer vnd Gebürg/an einem sehr lieblichen vnd erwünschten orth.

Die Statt

Die Statt Neapels.

Nach form vnd gestalt gantz schön abcontrafehtet/ an Gebäwen/ dem Meerhafen vnnd seinen Schlössern/ deren es vier hatt: das ein Castell nouo, das New Schloß/ ist ein sehr gewaltige Vestung/ in der Statt am Meer gelegen: das ander wird genannt das Capuanisch Schloß: das dritt de l'Ouo, ligt auff einem grossen Felsen/ welcher weit in das Meer hinauß geht/ ist auch mit dem Wasser vmbfangen: das vierd S. Erm, ligt ob der Statt auff der höhe/ ist von Keyser Carolo dem 5. vest gebawen worden.

Der Königlichen Stat

CASTEL DE LOVE CASTEL NOVE
TOVR DE S. VINCEN

pels Abcontrafechung.   463

GG ij   Jft lang/

Das vierdte Buch

Grösse der Statt. Ist lang aber schmal/ vnd begreifft in jhrem bezirck sieben Meyl wegs.

Ist vor wenig zeiten mercklich auffgangen/ hette auch noch mehr zugenommen/ wo nit der König auß Hispanien den eynwohnern in jhren gebäwen/ nicht weiters fortzuschreitten/ gebotten hette/ welches er daß zu thun/ wichtige vnd billiche vrsachen gehabt. Dann die Land- vnd Freyherren hatten sich gegen jm beklagt/ daß jre vnderthanen/ damit sie der Freyheiten/ so den Neapolitanern gegeben/ geniessen möchten/ auß jren Gebieten vnd herrschafften hinweg zugen/ vnd sich daselbst nieder liessen. Zu diesem mußte sich auch der König der Empörungen vnd Auffruhr halben/ welche in solchen grossen vnd mechtigen Stätten schwerlich zu stillen/ besorgen. Hat neunzehen Stattporten/ vnder welchen zwölff gegen dem Meer/ vnd sieben gegen dem Landt zu stehen.

Drey Castell. Beneben dem aber/ daß mehr gedachte Statt mit starcken Ringkmawren/ vnd breyten Gräben achtzig Werckschuh tieff sehr wol verwahrt/ ist sie dennoch mit dreyen gewaltigen Castellen/ vnd gantz Königlichen Vestungen/ so wol zur beschirmung wider feindlichen eynfall/ vnd eynheimische Auffruhr/ alß zur zierd eines so mechtigen Königreichs versehen.

Castell Nuovo. Das erste vnd vornembste Castell/ Nuovo/ das New genannt/ hat Carolus Hertzog zu Aniou/ vnd König zu Neaples/ Ludovici König in Franckreich Bruder/ vor drey hundert vnnd etlich jahren/ der Statt vnd Schifflände zu besonderer beschirmung erbawen/ vnd hernach Alphonsus König in Arragonia/ als er die Frantzosen vertrieben/ dermassen verbessert/ daß es billich nach Meyland für das beste vnd vornembste Schloß in gantz Italia mag gehalten werden.

Hat fünff starcker Thürn vnd Pasteien/ getöpelet/ vnd sehr tieffe vnd breite Wassergräben. Ist mit grossem vnd kleinem Geschütz/ Mawrenbrechern/ Kugeln/ Spieß/ Harnisch/ Schilt/ vergülten Helmen/ vnd vnseglich viel Kriegswaffen vnd Munition/ auff das beste versehen.

Vnder anderen seind etliche Stuck da/ welche Churfürsten Johann- Friderich zu Sachsen gewesen/ vnd jhm alß er vor Wittenberg gefangen ward/ genommen worden/ dessen Bildnuß daß auff dem grösten Stuck. In mittel dieser vestung ist ein gewaltiger Pallast/ mit schönen Sälen (in deren grösten jährlich des Königreichs Landtag wird gehalten) vielfaltigen Sylbergeschirr/ köstlichen Tapezereien/ Gemählden/ Bildern/ vnd dergleichen schönen sachen in allen enden vnd orten dermassen gezieret/ daß auch der mechtigste König oder Keyser/ gantz kömblich vnnd seiner hoheit gemäß darinn könte hoffhalten. An diesem ort ist zuvor der Franciscaner Convent oder Closter gestandt.

S. Vincentz. Daneben ist ein alter Thurn im Meer/ Sant Vincentz genant/ in welchem sich die Frantzosen alß sie das Schloß verlohren sechs gantzer Monat wider die Spänier haben auffgehalten. Musten sich endlich auß Hungersnoth ergeben/ weil sie sich aber so ritterlich darinn erzeigt hatten/ ist jnen das Leben auß gnaden geschenckt worden. Nit weit darvon ist ein schön Castell mit 60. Spanier besetzt/ von Wilhelm dem dritten/ Hertzogen auß Normandei/ im wasser gleichsam alß in einer Insul/ auff einem harten Felsen/ so sich einem Ey vergleichet/ gebawt/ vnnd derowegen Castell dell Ovo genannt.

Castell Ovo. **Castell Capuano.** Die ander vestung wird von wegen der Capuaner Porten/ dabey sie gebawen/ Castello Capuano genannt/ welches auch gedachter Hertzog Wilhelm gebawen/ vnd Hertzog Carolus von Aniou bevestiget. Ist mit 200. Spanier besetzt/ hat ein gewaltig Zeughauß oder Rüstkammer/ in welcher König Francisci des Ersten in Franckreich Küriß auffgehalten/ den er angetragen alß er vor Pavei gefangen worden. Die dritte Vestung ist auff einem zimblichen hohen Berg/ gestrackts vber der Statt/ in einem harten Felsen gehawen/ wird von dem überauß schönen vnd reichen Carthauser Closter/ so gleich darunder stehet/ Castell di Sanct Elmo/ oder di Sanct Martin genannt.

Castell S. Elmo. Ist mit 250. Spanier besetzt/ vnd mit aller notturfft/ Proviant/ vnnd Munition zum besten versehen/ auch solcher gestalten gebawen daß man durch verborgene Gäng das Kriegsvolck so wol zu Pferdt alß zu Fuß hinein vnd herauß bringen kan.

Pferde ohne Zaum. Man sagt wie Keyser Carolus der fünfft/ auß Africa gehn Neaples kommen/ vnnd hin vnd wider in der Statt viel weisse Roß ohne Zaum gemahlet gesehen/ habe gefraget/ was diese Roß bedeuten/ vnd alß er verstanden/ daß der Neapolitaner Freyheiten dardurch angezeigt wurden/ hat er vnder dem schein eines Lusthauß dieses Castell zu bawen befolen/ vnnd zu seinen geheimen Rähte gesagt/ er wölle diesen vngezäumten Pferden ein Zaum anlegen: inmassen dann gedachte Vestung die gantze Statt Neaples beherrschet/ vnd dieselbe bezwingt/ gleich wie man ein Pferd mit dem Zaum haltet/ daß es sich seinem Herren nit widersetzt. Derowegen dann auch noch heutiges tags diß Castell S. Elmo la Briglia/ das ist/ ein Zaum genannt wird.

In dem Zeughauß daselbst ist ein mechtige anzahl von grossen Stucken/ vnd vnder andern auch etliche Sächsische noch

Von Italia.

noch seither des Schmalkaldischen Kriegs: sonderlich aber ist eins gegen der Statt zuaericht/auff welchem D. Martini Luthers Bildnuß sampt disen Rheimen gegossen:

    Für ein Sängerin bin ich gegossen/   Vnd gebrauch mein stim vnverdrossen.
    Zu Sachsen war ich wol beschossen.   Gegen des Teuffels vnd Bapsts genossen.

Bey dem Castell Novo ist ein schöner vnd gewaltiger Port/von König Carolo vnd Alphonso dem ersten gebawet/an welchem auß allen enden der Welt vnsäglich viel Schiff zu vnd abfahren. Werden auch jederzeit 37. Galleen wider den Feind erhalten. *Port.*

Zuvorderst auff dem Molo oder Taiii/so wider die Sturmwind 500. schritt in das Meer hineyn gebawet/ist ein schöner Brunn/süsses Wassers/der springt in einen Marmorsteinenen Röhrkasten/welches den Schiffleuten zu dem Wasser eynladen nicht geringer behelff ist.

Die Pallast betreffend/ist mit denselben die Statt Neaples mehr dann Königlich gezieret/darunder etliche so köstlich vnd schön erbawen/daß sich auch kein König wurde schämen können darinnen zu wohnen.

Bey der Vestung Castell Novo/ist d' Pallast darinn der Vicekönig Hoff haltet/ein sehr prächtiges Gebäw/mit schönen Zimmern/auch einem Pallenhauß vnd Garten/dardurch der Vicekönig/so offt er will/verborgen in die Vestung kan kommen. Vor disem Pallast wacht stätigs tag vnd nacht/ein Fenlein Spanischer Soldaten/so allda abends mit sttigende Fenlein auff vnd abziehen. *Des Vicekönigs Pallast.*

Neben diser Wacht haltet mehrgedachter Vicekönig auch 100. Trabanten Teutscher Nation/ all auff ein manier gekleidet. Nicht fern von disem Pallast ist das Arsenal oder Zeughauß/darinnen bey 200. Galeren vnd Galeatzen wol platz haben/auch darinn mögen gebawt werden.

Gegen dem Castell Ovo vber ist des Printzen von Sulmona Pallast/ein recht königlich Gebäw/gleich wie auch des Hertzogen von Gravina. Des Printzen von Salerno Pallast wird der Diamant genandt/weil die Quaderstuck daran alle mit spitzen/wie Diamant formiert seind/wie dann dergleichen auch zu Ferzara vnd Padua gesehen werden. Disen Pallast haben die Herren Jesuiter vor wenig jahren vmb 45000. Ducaten erkaufft (so weit ist das Almüsen kommen) vnd ein schöne Kirch vnd Collegium jhrer Gesellschafft darauß gemacht. *Jesuiter kauffen ein schönen Pallast.*

Auff dem Portal gedachtes Pallasts war des Printzen von Salerno Waapen/vnd auff desselben Helm ein par Hörner/darbey dise zwen Verß gestanden:

    Porto le corna, ch'ogn vno le vede;   Ma talle porta, che non solo crede.

Die Gotsshäuser betreffend/seind in vielgedachter Statt Neaples 64. Mönch vnd Nonnenklöster/vnd ausserhalb denselben 180. Statikirchen/in 40. Pfarkirchen eyngetheilt. Seind also in allem in Neapels 244. Kirchen. *Kirchen.*

Die fürnehmste vnd obriste ist das Thumb oder Ertzbisthumb/Sanct Januario genandt/dessen Haupt/wie auch Sanct Aspremi/des ersten Bischoffs zu Neaples/Sanct Agrippini/Sanct Athanasij/Sanct Severi/Sanct Auelli vnd Sanct Euphemij darinn in grossen Ehren werden auffbehalten.

In diser Kirchen ist Königs Caroli auß Franckreich Begräbnuß/welcher Hertzog Conradinum den rechten Erben dises Königreichs hat vmbbringen lassen. Darinn ist ein Capell welche Keyser Constantinus der Groß auffrichten lassen/vnd ein andere/so die erste sehn söll/welche die Christen zu Neaples gebawen.

Zu Sanct Dominico seind 23. Königliche Begräbnussen/mit güldinen vnd sammeten Deckinen gezieret/sampt beygelegten Cronen/Sceptern vnd Schwertern.

Es ligt auch darinn begraben/Philippus Keyser zu Constantinopel/starb Anno 1332. den 26. Decembris: Ferdinand Warggraff zu Pescara/Isabella Hertzogin zu Meyland/starb Anno 524. Frantz Schenck von Schenckenstein/vnd Friderich von Buchow/beyde Obersten/vnder Keyser Maximiliano dem ersten/hochlöblichster gedächtnuß: Lazarus Aspan von Leichtenbach vnd Wintersbach/vnd Johann von Starthenberg/beyde Gesandte der Landtschafft in Oesterreich vnder der Enß an Keyser Carolum den fünfften/Anno 1519. Zu S. Peter/so nach ihrem außgeben der H. Apostel Petrus soll gebawen/vnd mit einer Meß gewenhet haben/ligt vor dem Chor Marggraff Gumbrecht vö Brandenburg begraben/so Anno 1528. den 23. Julij gestorben. Bey S. Maria der Grösseren/ligt Johann Jovianus Pontanus begraben/so Anno 1503. auß disem Jamerthal abgescheiden. Auff dem Altar daselbst wird Titi Livij/des fürnehmen Römischen Historici Arm gewiesen/welchen Antonius Panormitanus von der Statt Padua bekommen. Bey S. Maria de Consolatione, ligt Franciscus de Colle, mit disem Epitaphio:

    FVI VT ES: ERIS VT SVM. Das ist/

Ich bin gewesen gleich wie du jetzund bist: Vnd du wirst werden wie ich jetzund bin.

Bey Sanct Maria del Carmini/ist bey dem hohen Altar die Begräbnuß Conradi/des letsten Hertzogen auß Schwaben/welchen König Carolus auß Franckreich tyrannischer weiß köpffen lassen: darvon droben ist gesagt worden.

Bey S. Maria Donna Regina/ligt Königin Maria von Hierusalem/Sicilien vnd Vngarn begraben/so im jahr Christi 1320. den 25. Martij diß zergenglich mit dem ewigen Leben abgewechslet. Bey S. Maria Annunciata/ so ein vberauß schöne Kirchen/ ist ein Predigstůl/ von köstlichem Marmor/ mit viel Säulen vnderstützt/ auff 3000. Cronen wärth.

Bey S. Johann de Carbonaria/ ligt König Ladislaus/ vnd Johannes Parrhasius begraben.

Bey S. Jago/ oder Jacob in Gallicien/ den Spaniern zugehörig/ darinn sie auch alle Freytag ein stattliche Musica/ beyde von lebendigen stimmen/ vnd Instrumenten halten/ ligt Petrus de Toleto/ des Duca de Alba Sohn/ so 22. jahr Vicekönig daselbst gewesen/ begraben: Starb seines alters im 73. vnd nach Christi vnsers HErren geburt 1553. jahr. In gedachter Kirchen ligt auch Johann Walther von Hurnheim/ Ritter/ Keysers Caroli des fünfften Kriegsoberster.

Zum H. Creutz ligt Sancia/ Königin zu Hierusalem vnd Sicilia/ König Roberti Gemahel/ so zwey jahr vor jhrem Tod ein Closterfraw gewesen/ vnd Schwester Clara geheissen/ begraben/ starb Anno 1345. den 28. Julij.

Bey S. Lorentz ligt Catharina/ Keyser Alberti des ersten/ von Habspurg Tochter/ Hertzogs Caroli von Calabria Gemahel/ begraben.

Bey S. Clara/ so ein wunder schön Gebäw/ ligt König Robertus/ vnd dessen Sohn Carolus Hertzog in Calabria begraben: darbey ist in ein Marmorstein ein Wolff vnd ein Schaaff außgehawen/ so auß einer Schüssel essen/ anzudeuten/ daß damalen so gute Iustitia gehalten worden/ daß niemand kein Gewalt gelitten. Daselbst seind auch Agnes/ Clementia vnd Maria/ auß dem Königlichen Geschlecht in Franckreich begraben. Im Closter di Monte Oliveto/ zum Oelberg/ werden Alphonsi vnd Ferdinandi Bildnussen/ so dem Leben gantz ähnlich/ gewiesen. Daselbst ligt auch der hochgelehrt vnd weitberhümbte Iurisconsultus Alexander ab Alexandro begraben. In vielen vnder jetzt verzeichneten Kirchen seind offentliche Libereyen: sonderlich aber ist bey S. Dominico ein stattliche Bibliothec/ auff 65. Pulten gestellt/ welche Joviani Pontani gewesen/ vnd von seiner Tochter Eugenia/ zu ewiger gedächtnuß dahin gestifftet worden. Die Vniversitet zu Neaples belangend/ ist dieselbe von Keyser Friderich dem ersten diß Nahmens/ Christseliger gedächtnuß/ gestifftet/ vnd von volgenden Königen/ sonderlich aber Alphonso von Arragonia vnd Ferdinando sehr vermehrt/ vnd mit vielen Freyheiten/ vnd grossem Eynkommen begaabt worden. Bey der schönen vnd reichen Kirchen S. Maria Annunciata/ das ist/ der verkündigung ist ein mächtiger Spittal/ Monte della Pieta/ der Gottsdienstberg genandt/ dessen gleichen nicht bald in der gantzen Christenheit wird gefunden: in welchem jederzeit in die 2000. armer vnd präst-haffter Leuthen/ von allerley Nationen/ fein ordenlich nach eines jeden Stand vnd Alter werden erhalten: Hat jährlichen Eynkommens in die 80000. Cronen: aber man vberschlägt/ daß die Außgaabe jährlich in 150000. Cronen anlauffen. In betrachtung täglich so viel allenthalben her hinein wird verschaffet. In dem Fündelhauß werden gemeinlich vber 1000. Säugammen für die vneheliche Kinder vnd Fündling gehalten/ welche man so lang da auffzeucht/ biß daß die Knaben tugenlich seind Handwercker zu lehrnen/ vnd Mägdlein anderen zu dienen. Es werden auch jährlichen Jungfrawen/ deren gemeinlich vber die 200. darinnen seind/ außgestewrt/ vnd ehelichen verheirathet. Nach disem Fündelhauß ist ein anderer Spittal/ von den vnheylsamen Kranckheiten de gli incurabili genandt: in welchem man allerley böse vnd gleichsam vnheylsame Schäden vmb Gottes willen pflegt zu heylen. In dem Closter darbey nimbt man die armen Sünderin auff/ so vom vnzüchtigen Leben abstehen/ vnd jhr Leben begeren zu bessern. In gedachten Spittal kommen alle jahr im Meyen viel frembde Leuth/ so mit bösen Kranckheiten vervnreiniget/ vnd trincken daselbst einen gantzen Monat lang das gekocht Wasser von Guajaco/ oder Frantzosenholtz vergebens/ vnd beschicht bißweilen daß vber 3000. Personen daselbst vmbsonst curiert vnd geheylet werden. Die abschewliche Kranckheit betreffend/ so man die bösen Blatern oder gemeinlich die Frantzosen nennet/ seind dieselben den Alten vor zeiten gantz vnbekandt gewesen. Hat sich erstlichen im Jahr Christi vnsers HErren 1493. in Mauritania/ Cesarea vnd Hispania erzeigt/ vnd ist im volgenden jahr auch in Italien/ fürnemblich gen Neaples/ daher sie auch die Neapolitanische Kranckheit genandt/ vnd in Franckreich gebracht worden. Im andern jahr hernach/ alß namlich Anno 1495. wie Mechovius im 4. Buch am 77. Capitul verzeichnet/ hat ein Weib gedachte Kranckheit ab einer Wahlfart von Rom gen Crackaw in Polen mit sich gebracht.

Die Gassen vnd Strassen zu Neaples seind gemeinlich sehr schön vnd zierlich/ darunder diejenige/ welche der Vicekönig Petrus de Toleto zugericht/ vnd derowegen Strada Toleto genañt/ die fürnehmste. Dieweil aber wegen viele der Gebäwen ein grosser theil der Gassen etwas eng: also seind hergegen die Häuser desto höher auffgeführt/ vnd dergestalt vbersich gebawet/ daß man oben auff den Häusern gehen/ vnd mit sonderm lust die Statt/ vnd das vmbligende Land von dannen kan vbersehen. Von schönen springenden Röhrbrunnen hat es in der gantzen Statt/ beyde auff offentlichen Gassen vnd sonderbaren Pallästen vnd Gärten/ mehr vberfluß dann mangel. Wie Volckreich aber vnd wol bewohnet die Statt Neaples seye/ hat es sich genugsam erschienen/ daß man Anno 1585. den vberschlag gemacht/ vnd in derselben Ringmawren 500000. Seelen gefunden. Hat sehr viel Fürsten/ Ritter vnd Herren/ gewaltigen Kauffmannshandel/ vnd allerley

Hand-

Von Italia. 467

Handwerck. Vnd ist sich höchlich zu verwundern/daß bey solcher menge Volcks/an Speiß vnd Tranck/auch anderer Notturfft im wenigsten kein mangel/ja die Plätz seind stätigs mit allerhand sachen also erfüllet/daß ein frembder vermeynet/alß wann täglich Jahrmärckt da weren. Neben disem hat es auch zu Neaples ein gewaltige anzahl sehr reicher vnd vermöglicher Leuthen. Dann gewiß vnd lautbar/daß in viel gedachter Statt vber 700. Burger seind/die Dörffer/Marckt/ Schlösser vnd Herrschafften/ja auch Stätt vnder jhrem Gewalt haben. Es werden gemeinlich 100. Personen in Neaples gezehlt/welche nicht allein hohes Geschlechts/sondern auch beneben Land vnd Leuthen/Prinzen/Hertzogen/Marggraffen vnd Graffen Titul haben. Wie dañ auch ein grosse anzal der jenigen ist/deren Eynkom̃en sich jährlich vber 10000. Cronen erstreckt. Werden auch etlich gefunden so in die 50000. Cronen/etlich auch darüber jährlich zu verzehren haben.

Viel grosse Herren zu Neaples.

Jetzgedachte Herren halten sich sehr stattlich/vñ treiben ein grossen Pracht/fürnemlich aber lassen sie sich bey den Ritterspielen dapffer sehen/wie sie dann auch der Reuterey wol erfahren/vnd jhnen alles trefflich wol anstehet. Zu disem seind auch die Neapolitanische Pferd vor andern sehr guter art/vnd wolgestalt/auch zum Krieg vnd Streit vast tauglich: daher sie dann für hohe Potentaten mit grossem Gelt erkaufft/vnd in ferre Land verführt werden.

In dem Königlichen Marckstall seind jhren stäts in die hundert außerleseneste/auß dem besten Gestüt/daran dem König jährlich zwölff zugeschickt vnd verehrt werden.

Vnder andern denckwürdigẽ sachen aber/so in diser Königlichen Statt Neaples zu sehen/ist auff dem Platz Piazza del Mercato genandt/darauff die Wochenmarckt gehalten werden/nicht fern võ der Kirchen S. Maria del Carmini/ einer kleinen Capellen wol zu achten: dañ eben an demselben ort/Conradinus der letzte võ Stam̃men der alten Hertzogen auß Schwaben/so der rechte Erbe zu der Cron Neaples gewesen/von Carolo von Aniou/gantz vnbilligcher vnd erbärmblicher weise ist enthauptet worden: in gedachter Capellen ist die klägliche Histori/wie sichs mit jhme verloffen/rings herumb außführlich abgemahlet/wie wir selbige droben im 27. Capitul beschrieben haben.

Die Richtstat da Conradinus enthauptet.

Die beherrschung der Statt Neaples betreffend/hat sich dieselbe mehrmalen verändert. Dann erstlich war sie der Statt Cuma/alß jhrer Mutter von deren sie herkom̃en vnd erwachsen/vnderworffen: darauff fiel sie an die Statt Rom/bey deren sie auch geblieben/biß sie die Gothẽ bezwungen/von welchen sie widerumb Belisarius Keysers Justiniani Veldobrister erlediget. Nit lang hernach haben sie die Longobarden vberfallẽ/vnd biß auff Keysers Heraclij zeiten beherrschet/vnder welchem sie dann widerumb dem Römischen Reich eynverleibt worden. Alß aber im jahr Christi vnsers HErren 829. die Saracenen auß Africa in Italiam gefallen/hat mehrermelte Statt Neaples 30. jahr lang grosse Tyranney von denselben leyden müssen.

Hierauff wurden die Saracenen von Bapst Johanne dem zehenden diß Nam̃ens/mit hilff vñ beystand Alberici Marggraffen in Thuscana vertrieben/vnd bey dem Fluß Garigliano vbel geschlagen/vnd Neaples dem Römischen Stül vnderworffen: welchem sie dañ alle gehorsame geleistet/biß daß sie von Innocentio dem andern zu einer königlichen Hauptstätt erhebt/vñ Rogier einem Graffen auß Normanden vbergeben worden. Ist heutigs tags (wie droben gesagt) dem König in Hispanien zugethan/vnd wird von demselben durch einen Vicekönig vnd Statthalter beherrschet. Weil aber vielgedachte Statt Neaples mit viel sonderbaren grossen Gnaden vnd Freyheiten begaabet/ist das Regiment daselbst volgender gestalten angeordnet.

Die gantze Statt Neaples wird in sechs Versamblungen/gleichsam alß Zünfft abgetheilt/deren fünff des Adels vnd der Ritterschafft/werden Seggi oder Sessiones genandt/die sechste ist die Versamblung der gantzen Gemeind vnd Burgerschafft/so jederzeit im Augustiner Closter wird gehalten.

Sechs Versamblungen zu Neaples.

Auß disen sechs Versamblungen erwöhlt der Vicekönig oder Spanische Statthalter/alle halb jahr jhrer sechs Mann von außschuß/so man die Electos/Erwöhlte nennet.

Dise Electi oder Erwöhlte versorgen das Statt-Regiment/vnd halten jhren Raht bey S. Lorentzen/erwöhlen auch einen Syndicum/welcher die gantze Statt representiert/vnd derselbigen das Wort thut.

Zu den fünff Sessionen des Adels/seind in vnderscheidenlichen orten der Statt fünff sonderbare Häuser vnd Palläst/gleichsam wie Theatra/in denen der Adel/zu welcher Session ein jeder gehörig/zusammen kommen/mit einander von dem gemeinen Nutz zu berahtschlagen.

Die erste Session wird die Capuana genandt/weil sie gegen der Capuaner Porten gelegen/hat ein weiß oder sylberfarb Pferd in rothem Veld mit einem guldinen Zaum.

Gedacht Wapen hat sein vrsprung von König Conrad her: dañ alß jhn die Burger zu Neaples

HH ij

im jahr Christi 1253. nicht wolten eynlassen/er aber jhren darnach/alß er acht Monat darvor gelegen/mächtig worden/hat er die Mawren/Thürn vnd Vestungen der Statt/auch viel Pallätz eynreissen lassen/vnd viel der fürnehmsten ins Elend verjagt.

Alß er aber hernach zum Thumb kommen/vnd daselbst vor der Kirchthür ein schön öhrin Pferd/ohn einen Zaum gefunden/welches vor alters zur zierd hingesetzt ward/hat König Conrad demselbigen ein Zaum heissen anlegen/vnd dise zwen Verß darzu graben:

Hactenus effrenis, Domini nunc paret habenis,
Rex domat hunc æquus Parthenopensis equum.

Die andere Session heißt Nido/hat den Namen von dem Marmorsteininen Bild des Fluß Nili/welches auch heutiges tags in derselbigen Strassen zu sehen/vnd ist der Namen mit der zeit also corrumpiert worden. Ihr Waapen ist ein schwartz vngezäumet Pferd in einem guldinen Veld.

Die dritte Session heißt Montagna/hat zum Waapen fünff guldin Berg.

Die vierdte Session/di Porto genandt/hat ein wilden Mann im sylberen Veld.

Die fünffte Session heißt Porta Nuova/führt ein guldin Thor in Lasurfarbem Veld.

Dise fünff Sessionen oder Zünfft/seind vnder den gantzen Adel der Statt außgetheilt: vnd hat ein jegliche Session seine sonderbare Geschlechter/vnd sonderbaren Platz/da sie jhre Zusammenkunfften halten. Vnder disen seind beyneben dem Syndico/fürnehme/hohe Officierer des Königreichs/alß namlichen:

1. Der groß Contestabil/oder Veldmarschalck: diser ist im Krieg des Königs General Leutenant. Vnd wann der König einen zum Contestabil verordnet/gibt er jhm ein guldin Regiment in die Faust/vnd sagt: Nimb diß heilig Regiment in die Hand/vnd vertreib darmit die Widersächer meines Volcks. Dises Ampt hat nun ein zeit lang vaciert. Marc Antonio Colonna ist der letzte gewesen.

2. Der groß Justitiarius/sein Leutenant/ist Regent vber die Vicari.

3. Der groß Admiral oder Almicant/so vber das Meer vnd Schiff zu gebieten.

4. Der groß Kammerer oder Hoffkammer President/hat des Königs Eynkommen zu verwalten.

5. Der groß Protonotarius.

6. Der groß Cantzler: diser hat des Königs Sigill in seiner verwahrung.

7. Der groß Hoffmeister.

Dem König sitzt der Contestabil/Admiral/vnd Protonotarius zur rechten/der Justitiarius/Kammerer/vnd Cantzler zur lincken/der Hoffmeister sitzt vor jhm zu den Füssen.

Von etlich anderen Srätten Neapolitanischen Gebiets/vnd erstlich von der Statt Fondi. Cap. xxxij.

Fondi ist auch ein sehr alte Statt/an einem überauß fruchtbaren vnd lustigen ort gelegen/deren die Römischen Historien nicht ohne sondern Rhum offt gedencken/hat zur zeit des Carthaginensischen Kriegs/alß Hannibal in Italiam gefallen/die Straß Appiam mit höchstem fleiß rein vnd sicher behalten/derowegen sie dann auch nach gestilletem Krieg/zu der danckbarkeit das Burgrecht der Statt Rom bekommen. Die Wein dises Orts seind sehr gut/halten sich aber nicht lang.

Ferdinandus/König in Arragonia vnd Neaples/hat gedachte Statt Fondi/Prospero Colonnę/seinem Veldobersten/einem fürnehmen Römischen Ritter/von wegen seiner trewen Diensten/eygen geschenckt/vnd mit andern vmbligenden Plätzen eyngeraumbt.

Fondi wirdt vom Türcken vberfallen.

Im jahr Christi vnsers HErren 1534. ist Barbarossa Solimanni Ammiral mit einer Armada auß Barbarey geschickt worden/vnd hat die Statt zu Nacht vnversehens vberfallen/in derselben vier stund lang jämerlich hausiert. Die Kirchen wurten auffgeschlossen/alle Schätz vñ Kleinodt hinauß getragen/obgedachtes Prosperi Colonnę Begräbnuß/so etwas erhebt gewesen/nider gerissen/alle Zierden von Gold vnd Sylber darvon geschlagen/die Bilder in stuck gespalten/vnd die Eynwohner theils jämerlich getödet/theils aber in die Schiff getrieben/vñ in Türckey gefangen geführt worden. Julia Gonzaga Vespasiani Colonnę/mehrermeltes Prosperi Sohns Gemahel/ist mit grossem schrecken im Hembd auff einem Pferd entrunnen: sonsten were sie/wegen jhrer außbündigen schönheit/dem Türckischen Keyser zugeführt worden. Auff dem weg von Fondi nacher Formias/ligt auff der lincken hand das Castell Villa/auß welchem Keyser Galba bürtig gewesen/auff der rechten aber sihet man den See Fondanum/darinn sehr gute Fisch/vnd sonderlich grosse Ael gefangen werden. Fünff Meyl von dannen ist die Statt Mamurra gestanden/auß welcher die edlen Mamurri zu Rom her kommen/wider deren einen der sinnreich vnd berhümbt Poet Catullus von Verona/ein schmähliedlein geschrieben.

Von der Statt Mola.

Mola ist vor der zeit die berhümbte Statt Formię gewesen/welche die Lacedęmonier erbawen/

Von Italia.

vnd von wegen der schönen gelegenheit des Ports Hormias geheissen: dan die Griechen haben die Ort/da die Schiff sicher im Meer gestanden/Hormos genandt. Die Eynwohner diser Statt waren vnder allen Völckern in Italia die grausamsten vnd ärgsten Meer: vnd Straßräuber/daher sie dann den Namen Lestrigoni/das ist/Räuber bekommen. Plinius sagt: Sie haben Menschenfleisch gefressen/vnd viel böses angestifftet: haben einen König gehabt/so in gedachter Statt Hoff gehalten.

Wie groß vn mächtig aber dise Statt vor zeiten gewesen/kan man noch etlicher massen auß den alten zerfallenen Gebäwen abnemmen/darunder viel schöne Inscriptiones gefunden werden.

Hat ein schönen temperierten Lufft/vnd viel frische Wasser: das Erdtrich ist vber allemassen fruchtbar/vnd gleich alß ein recht Ebenbild eines Paradyß/mit Pomerantzen/Citronen/Limonen/vnd allerley köstlichen Früchten gezieret: daher dann auch Cicero daselbst ein Lusthauß vnd Meyerhoff gehabt/in welchem er sich bißweilen in schweren vnd grossen geschäfften erquickt vnd erholet.

Die jetzige Statt ist nicht sonderlich alt/inmassen Formię Anno 856. von den Saracenen vberfallen vnd zerstört worden/auß deren äschen sie dann erwachsen/vnd von dem Mühlewerck/den Namen Mola bekommen.

Nicht fern von dannen wird der Berg Cecubus gesehet/an welchem der fürtreffliche Wein gewachsen/dessen Horatius vnd Martialis so offt gedencken.

Cecubus.

Von der Statt Gaeta.

Gaeta hat den Namen von Aeneę Säugam/so daselbst gestorben vnd begraben. Ist nit weniger von Natur/mit dem Meer vnd hohen Felsen/alß von Kunst vnd Menschenhand bevestiget.

Gaeta ein Vestung.

Hat ein gewaltig Port vnd fürtreffenlich Schloß/welches Ferdinandus König in Arragonia/als Consalvus Ferrandus Aggiadarius die Frantzosen auß dem Königreich Neaples geschlagen/gebawen/vnd Keyser Carolus V. mit einem grossen eyngefäßten Felsen/vnd andern fürtreffenlichen Wehren wol versehen. Wird heutiges tags von einer starcken Spanischen Besatzung mit sonderm fleiß bewahret/vnd keinem Frembden/ja auch keinem Eynwohner zugelassen dasselbig zu besichtigen: hat bißweilen noht/daß man nur in die Statt möge eyngelassen werden. In diser Statt/auff mitte des schönen runden Bergs/stehet Lucii Munatij Planci/welcher Augst oberhalb Basel in der Eydgnoßschafft/vnd Leon in Franckreich/zu Römischen Colonien gemacht/Mausoleum oder Fürstlich Grab/in gestalt eines grossen runden Thurns/Orlandi Thürn genandt: dessen Gebäw sehr wunderbar vnd der Begräbnuß Cecilię Metellę/sonsten Capo di Bove bey Rom nicht vngleich: Hat ein zweyfache harte dicke Mawren/die eussere ist von sehr grossen quaderstücken/begreifft vberzwerch 84. schuh: die höhe vbertrifft 27. Quader/deren ein jeder anderhalb schuh hoch: hat zu oberst ein schönen Krantz/mit Zinnen vnd alten Siegzeichen gezieret: ist innwendig wie ein runder Tempel/mit vier eyngehawenen Löchern/in welchen grosse Statue/ohne zweyffel gedachtes Munatij/vnd dessen Voreltern/vnd Gemahel/oder Kinder Bildnussen gestanden: Die Wänd seind mit schönem weissem Marmorstein/gleichsam alß mit hellem Glaß vertäfelt gewesen: hat kein fenster/vnd ist der Tag nur allein zur Thüren/so zimlich groß/hineyn gefallen.

Munatii Planci Begräbnuß.

Ob der Thüren aber seind mehrgedachtes Munatij Planci Thaten/mit schönen grossen Römischen Schrifften auff dise weyß eyngehawen:

L. MVNATIVS. L. F. L. N. L. PRON. PLANCVS. COS. CENS. IMP. ITER. VII. VIR. EPVLON. TRIVMP. EX. RAETIS. AEDEM. SATVRNI. FECIT. DE. MANIBIS. AGROS. DIVISIT. IN. ITALIA. BENEVENTI. IN. GALLIA. COLONIAS. DEDVXIT. LVGVDVNVM. ET. RAVRICAM.

Das ist/

Lucius Munatius Plancus/Lucij Sohn/Lucij Enckel/Lucij Vrenckel/Burgermeister/Straffmeister/zum andern mal Veldoberster/Siebner Herr vnder der Priesterschafft/hat vber die Rhetier triumphiert/auß dem gewunnen Kriegsraub dem Saturno einen Tempel gebawet/zu Benevent in Italia die Velder vnder seine Kriegsleuth getheilt/in Gallia Leon/vnd Augst ob Basel widerumb erbawet/vnd mit Römischen Burgern besetzt.

In der Kirchen stehet/an statt des Tauffsteins/ein vberauß schöner Becher gewaltiger grösse/auß einem reinen Porphyr gehawen/vnd mit der Histori vonder Geburt Bacchi so künstlich gezieret/daß sich der Meister nicht geschämet seinen Namen mit disen Griechischen Worten dareyn zu hawen: Salpion von Athen hat disen Becher gemacht.

Ist vorzeiten zu Formijs in einem fürnehmen Tempel Baccho dem Abgott des Weins/so daß in disen orten sehr edel vnd gut/zu ehren gestanden. Allda wird auch in dem Castell in einem höltzenen Sarck gewiesen der Leichnam Caroli von Bourbon/so Anno 1527. vor Rom geblieben.

Das vierdte Buch
Von der Statt Capua. Cap. xxxiij.

CApua ist vorzeiten der gantzen Landschafft Hauptstatt gewesen/von Capi einem Trojaner/ Königs Aeneæ Reißgesellen/erbawen/vnd desselben Namen nach genandt. Hat an fruchtbarkeit vnd wollüsten niemalen jhres gleichen gehabt/daher sie auch vber alle andere Stätt mit grossem trotz vnd hochmut erhebt/vnd so viel hat dörffen verlauten lassen/daß der eine Burgermeister zu Rom solte von Capua genommen werden/alß wann sie eben so wol/oder auch besser mit fürtreffenlichen Personen alß Rom versehen/ja auch zum vberfluß begabt were.

Capua ist dem Hannibal schädlich.

Die wollust vnd lieblichkeit des Lands betreffend/ist die Statt Capua/auß Fabij Maximi des Langsamen/weißlich angeben/den Römern vor grossem schaden gewesen/in ansehung dieselbige mit jhrem vberfluß den mächtigen vnd sonsten vnüberwindlichen Carthaginensischen Helden Hannibal / mit sampt seinem Kriegsheer / vor welchem sich die Statt Rom angefangen nicht wenig zu entsetzen/von Männlicher Dapfferkeit vnd Ritterschafft/in Weibliche faulkeit vnd eusserst verderben gestürtzt. Mit jhrem hochmut aber hat sie jhren selbs den grösten schaden zugefügt.

Carthago/ Corinthus/ Capua.

Cicero schreibt/es seyen drey Stätt gewesen/vor deren Macht sich die Statt Rom besorgt/alß welche gelegenheit hatten ein Keyserthumb vnd allgemeine Monarchiam anzustellen: Carthago namlich in Africa/Corinthus in Achaia/vnd Capua in Campania. Haben derowegen nicht nachgelassen/biß daß sie dieselben geschwächert vnd auß dem Stül jhrer Hochheit gelüpfft haben. Die zwo ersten/dieweil sie vber Meer weit gelegen/wurden auß befelch des Rahts zu Rom/von den fürtrefflichen Helden/Scipione vnd Mummio/daher dann der eine Africanus/der ander Achaicus genandt worden/eyngenommen/mit Fewr angesteckt/vnd gantz vnd gar zu boden gerissen.

Capua wird jhres Regiments beraubt.

Vber Capua aber haben sich die Vätter lang vnd viel bedacht/letzlichen aber/damit sie nicht für vnbarmhertzige grimmige Leuth gehalten wurden/wann sie eine der besten vnd edelsten Stätten in gantz Italia verwüsten/vnd vnder sich werffen solten/haben sie die sach dahin gerichtet/daß sie der Statt Capuæ gantz Land vnd Hertschafft confisciert/vnd zu gemeinen Händen gezogen/das Regiment abgestellt/vnd alle Burgerliche Zierden hinweg genommen. Die Häuser aber vnd Gebäw haben sie auffrecht gelassen/damit sich diejenigen/so das Veld bawten/daselbst erhalten vnd wohnen köndten. Gedachten also/es wurde die Statt Capua ohne Obrigkeit vnd eygnen Raht kein auffruhr anrichten können.

Nach dem aber die Statt Rom an Macht vnd Herrlichkeit zu Wasser vnd zu Land dermassen zugenommen/daß sie/sich vor keiner Statt in der gantzen weiten Welt/sie were gleich wie sie immer wölle/das wenigste zu besorgen hatte/wurd vielermeldte Statt widerumb in Ehr gelegt/zu einer Colonia gemacht/vnd mit etlichen fürtrefflichen Römischen Burgern besetzt/mit dem loblichen Titul vnd Zunamen Colonia Julia Felix. Ist von derselben zeit biß auff der Wandalen eynfall vnder dem Römischen Adler geblieben. Dann im jahr Christi vnsers HErren 456. ist Genserich der Wandalen König mit 300000. Mann auß Africa in Italiam gezogen/vnd neben anderen schönen Stätten/dises Königliche Lusthauß Capua eyngenommen/vnd an vielen orten vber alle massen heßlich eyngerissen vnd zerschleifft. Etwas zeit hernach/hat sie Keyser Justinianus widerumb dem Reich eynverleibt/vnd durch Narsetem seinen Veldobersten erbawet. Volgends seind die Longobarden in Italiam gefallen/vnd haben dise schöne Statt vast gantz

vnd

vnd gar zu boden gerissen/vnd in äschen gelegt. Derowegen sie dann nachmalen zwo Meyl wegs darvon an dem Fluß Vulturno erbawen/vnd new Capua genandt worden. Conradus Hertzog in Schwaben/Keyser Friderichs des Andern Enckel/hat dise newe Statt mehrtheils zerstört/alß sich dieselbe mit sampt den Neapolitanern jhm widersetzet.

Nach dem aber gedachte Statt widerumb erbawen vnd in vorderen Stand gebracht worden/ hat sie nicht lang rhu gehabt/sonder vnder Bapst Alexandro dem sechsten/von den Frantzosen/ welche König Ludwig der zwölfft/wider König Friderich auß Arragonia im Königreich Neaples geführt/mercklichen schaden/mit allerley geübtem mutwillen vnd gewalt erlitten. Die fürnehmsten Burger wurden jämerlich erwürgt/die Weiber vnd Jungfrawen violiert vnd geschändt/ vnd alles hin vnd wider verwüstet. *Grosser jamer.*

Damalen haben sich etlich edle Jungfrawen zusammen geschlagen/vnd alß sie kein ander mittel dann den leidigen Tod gefunden/jhre höchste Ehr die Jungfrawschafft/ohne welche alle Weibliche Zierden lauter kath vnd gestanck/zu erretten/seind sie mit vnverzagten Hertzen vor den gottlosen Soldaten vnd schandbuben/mit einander in den fürfliessenden Strom Vulturnum gesprungen/vnd darinn fürsetzlich ertruncken. *Ertzbisthumb.*

Bapst Johannes der dreyzehend/hat in der krönung Keyser Othonis des andern/das Bisthumb zu Capua/in ein Ertzbisthumb verwendet/welchem zehen fürtreffliche Bisthumb vnderthan vnd zugehörig/alß namlichen/Thieti/Calmen/Colinen/Caserta/Suessa/ Venafren/Aquinen/Caraten/Eserno vnd Molen. Dise Statt hat viel fürtreffliche Männer gezeuget/deren gute Künst vnd Tugenden ewig Lob hinderlassen.

Von der Statt Linterno.

Zwischen dem Fluß Vulturno vnd Cuma ist die alte Statt Linternum gestanden/in welcher der mächtig vnd fürtrefflenliche Held Scipio viel lieber/dann in der vndanckbaren Statt Rom/deren er mit grosser müh vnd arbeit Hispaniam vnd Africam erworben/die vbrigen Tag seines Lebens wöllen zubringen: wie er dann auch daselbst wegen seiner in aller Welt berhümbten Thaten/von allerley Stands fürnehmen Leuthen mit grosser Ehrerbietung besucht/vnd nach seinem Tod begraben worden.

Auff gedachtes Scipionis Grab seind drey schöne Statuæ Publij/namlich/Lucij vnd Ennij des berhümbten Poeten/so seine Thaten beschrieben/Bildnussen/Lebens grösse/gestanden. Scipio pflegte bey Lebzeiten offtmalen von der Statt Rom zu sagen: Du vndanckbar Vatterland/du solt auch meine Gebein nicht haben. Gleich wie ein jeder gegen seinem Vatterland mit höchsten trewen ist zugethan vnd verbunden/also soll auch ein jede Statt vnd Landschafft schuldiger Liebe gegen den seinen nicht vergessen. Dises hat etwan auch der weitberhümbte Jurist Cujacius von Tholosa vermeldet. Sonsten haben auch Scipioni seine guten Freund bey Rom nicht fern von der Porten Capena ein herrliche Begräbnuß/mit schönen Statuis/in gestalt dessen zu Linterno/ auffgerichtet/vnd dasselbe zu ewiger gedächtnuß mit seinem Namen gezieret.

Von dem Meyerhoff Vatiæ.

Nicht fern von gedachtem ort/fünff meil wegs/namlich vom Meer/ist der schön vnd berhümbt Meyerhoff gestanden/in welchem zur zeit Keysers Tiberij Servilius Vatia ein sehr vermöglicher vnd bekandter Römer in rhu sein Leben zugebracht: von welchem die Römer pflegten zu sagen/ wann sie mit grossen geschäfften beladen/oder durch mächtiger Personen haß vnd verfolgung angefochten vnd beleidiget wurden: Vatia solus scis vivere: Vatia du bist allein der da weißt recht vnd wol zu leben. So offt aber Seneca fürüber gangen/hat er gesprochen: Vatia hic situs est: Hie ligt Vatia begraben: anzudeuten/daß der Mensch nicht lebe/sondern todt seye vnd im Grab lige/ wann er in müssiggang sein Leben mit wollüsten zubringt. Dises Lusthauß hat zwo grosse hölinen mit gemawrten Wänden/vnd ein grossen weiten Vorhoff gehabt. In einer der gedachten Hölinen ist jederzeit küler schatten/vnd in der andern schöner Sonnenschein gewesen. War mit schönen Wiesen/vnd fruchtbaren Bäumen/auch frischen Wassern vnd grossen Weyhern/darinnen allerley gute Fisch gelauffen/auff das zierlichst vmbgeben.

Von der Statt Cumæ. Cap. xxviii.

Vmas haben die Griechen auß der Insul Eubœa/heut Nigrepont/im Aegeischen Meer/lang vor der Römischen Herrlichkeit gegen dem Meer hinauß auff einem lustigen Bühel gebawen/vnd neben viel schönen Tempeln/wider der Feinden eynfall/mit gewaltigen Thürnen vnd Mawren gezieret vnd bevestiget. Hat in kurtzer zeit an Macht vnd Herrlichkeit dermassen zugenommen/daß sie Puzzolo/Neaples vnd andere schöne Stätt gebawen/vnd mit jhren Leuthen gleichsam alß Colonias besetzt.

Das Regiment war in gestalt einer Monarchey bestellet/in welchem ein Fürst võ dem Raht erwöhlt/das oberst Haupt gewesen. Daher sie dann Aristodemum mit dem zunammen Malacus/das ist/der Weich vnd Zärtling/wie bey Livio vnd Halicarnasseo zu sehen/zu Fürstlicher Würde vnd hochheit erhebt/alß er die Ausönier/Vmbrier/jetz Spoletiner vnd Hetrurier vberwunden/vnd deren König Aruntem Porsennæ Sohn/mit selbst eygner Faust erlegt vnd vmbgebracht. Zu disem Fürsten Aristodemo ist König Tarquinius der Stolz alß er von Rom war vertrieben/gen Cumas geflohen/vnd daselbst gestorben. Nach dem aber die Römer Hannibalem auß Italia vertrieben/vnd Campaniam beherrschet/haben sie auch diser Statt jhre Freyheit genommen/vnd dieselbe der Statt Rom vnderworffen/vnd zu einer Vogtey gemacht.

Ist auch noch vnder Keyser Justiniano so vest vñ erbawen gewesen/daß zwen Gothische König Teia vnd Totila jhre Schätz vnd liebsten Kleinodt daselbst haben auffbehalten/vnd gleichsam alß in einer vnüberwindlichen Vestung verwahret: wie sie dann auch Narses/gedachtes Justiniani Veldoberster nach langer Belägerung mit grosser müh vnd arbeit eyngenommen/vnd dem Römischen Reich widerumb eynverleibt. Ist heutiges tags sehr zerstört/vnd vast gantz vnd gar zu einem stein: vnd äschenhauffen gemacht/in welchem noch etliche grosse alte Gemäwr/der alten Herrlichkeit trawrige anzeigungen herfür gehe. Zu oberst auff dem Berg ist der berhümbte Tempel Apollinis gestanden.

Die sehr hohen Schwybögen aber von gebackenen Steinen gebawen/seind von der gewaltigen Bruck vberblieben/so von einem Berg auff den anderen gangen. Man sihet auch noch gnug wie hoch die Thürn vnd tieff die Gräben/durch harte Felsen gehawen/vor zeiten vmb dise Statt Cumas gewesen. Nicht fern von gedachter alten Statt werden viel anzeigungen von der schönen Straß/welche Domitianus gemacht/an vnderscheidenen orten gefunde/so von Papinio Statio beschrieben: da cann auch ermeldtem Keyser ein gewaltiger Triumphbogen von weissem Marmor zu ehren gestanden.

Die Sibyllam vnd berhümbte Weissagerin betreffend/so diser Statt bey den Alten einen grossen Nammen gemacht/hat dieselbige gegen dem See Auerno/da nach der Heyden meynung der

Höllen

Von Italia. 473

Höllen eyngang gewesen/in einer höle vnd klufft gewohnet/vnd daselbst nicht nur von viel hohen dingen/sondern auch von dem einigen GOtt/so Himel vnd Erden erschaffen/geweissaget. Dieweil aber die gegne gegen dem Meer vor zeiten vast gantz gewesen/vnd heutigs tags noch viel verborgene Gäng vnd Kaisern daselbst in die Felsen gehawen/werden gefunden/ist nicht wol möglich/daß man eygentlich wissen möge wo gedachte Sibylla gewohnt habe.

Vnder dem zerfallenen Gemäwr kompt man in ein wunderbaren Gang/vnder dem Erdtrich gantz auß einem Felsen gehawen/10 schuh breit/10. hoch/vnd 500. lang/in welchem man vor zeiten von Cumis biß gen Bajas gangen.

Wann man vier hundert vnd fünfftzig schuh lang gangen/kompt man durch einen anderen Gang/fünff schuh hoch/drey breit/vnd achtzig lang/auff der rechten hand ein sehr schöne Kammer/acht schuh breit/vierzehen lang/vnd zwölff hoch/bey deren eyngang ein Loch in einen Felsen in gestalt eines k einen Beths gehawen.

Dise Kammer ist/wie man dann noch wol sihet/auff das aller schönest zubereitet gewesen: in massen das Gewölb oder Bühne/in gestalt des Himmels/mit dem besten Lasur/blaw angestrichen/vnd dem reinesten Gold gezieret: Die Wänd mit Perlemutter/Corallen/vnd andern köstlichen Steinen eyngelegt vnd vertäfelt/vnd der boden mit den aller schönsten kleinen steinlinen/auch Perlemutter vnd Corallen/blumenweiß gepflastert.

Gäng vnd Säl vnder dem Erdrich.

Auff der lincken hand ist ein anderer Gang/vier schuh hoch vnd breit/vnd viertzig lang/zu dessen end ein Saal fünff vnd zwantzig schuh lang/vnd sechs breit. Von dannen kompt man durch ein engen Gang/vier schuh hoch/in ein Gemach zehen schuh breit/acht hoch/vnd vier vnd zwantzig lang: darbey ist auch ein Saal/sechs schuh breit/zehen hoch/vnd zwen vnd vierzig lang.

Gegen dem eyngang dises Saales ist ein runde Capellen zehen schuh breit/sechs lang vnd hoch. Auff der rechten hand aber ermeldtes eyngangs/ist ein andere Capellen neun schuh breit/vnd sechs lang vnd hoch/wie die vordern/in deren mittel ein kleiner Weyher voll Wasser.

Das gantz Gemach ist so warm/daß einer also bald am gantzen Leib schwitzet/wie es dann auch zu einem Schweißbad vor zeiten erbawen worden. Vnd haben sich die alten Römer dergleichen Schweißbädern sehr gebraucht/vnd darauff wol befunden. Dise hitz vnd wärme aber kompt von dem Schweffel/dessen an mehr gedachten orten sehr grosser vberfluß.

Obgedachte Sibylla hat sich auff ein zeit gen Rom begeben/vnd daselbst König Tarquinio Prisco 9. Bücher vmb 300. Philipper feyl gebotten/vnd dargelegt. Alß aber der König die Bücher/wegen der grossen summa Gelts/verachtet/vnd des Weibs vnsinnigkeit darüber außgelacht/hat sie jhme also bald drey Bücher vor den Augen verbrennet/vnd darauff für die sechs vbrigen die vorige gantze summam begert. Ob gleichwol aber Tarquinius das Weib noch mehr verspottet/hat sie drey andere Bücher auch in das Fewr geworffen/vnd dannoch die erste summam für die drey letzten begeret: darob endtlichen der König erschrocken/vnd vmb mehrermeldtes Gelt dieselben drey Bücher genommen/wie neben Halicarnasseo vnd anderen/bey Lactantio Firmiano im ersten Buch am sechsten Capitul von der falschen Religion zu sehen.

Diser Sibyllen vnd Weissagerin seind zehen gewesen:

Zehen Sibyllen.

Die erste war auß Persien/hat von Alexandro dem Grossen viel wunderbare ding weiß gesagt/alß namlichen daß derselbe auß vnzucht solte geboren werden/Morgenland eynnemen/vnd Griechenland in groß ansehen bringen.

Die andere war auß Lybia/deren Euripides gedenckt. Die dritt von Delphos/von deren Chrysippus in seinem Buch von den Weissagungen geschrieben. Die vierdt von Cumis/hat von dem Römischen Reich viel ding weiß gesagt. Die fünfft von Babylon/hat den Griechen vor gesagt/daß Troja werd vndergehen. Die sechst war von Samo. Die siebende/war widerumb von Cumis/so die Bücher verbreñt/vnd vor Tarquinio verschwunden: wird sonsten Demophila vnd Herophila genandt. Die acht war von Marpesso/einem Flecken bey Troja bürtig/hat zur zeit des weysen Salomonis/vnd Königs Chyri gelebt. Die neundte war auß Phrygia/hat zu Ancyra weiß gesagt. Die zehende war zu Tivoli/mit dem zunahmen Albunea/deren Bildtnuß mit einem Buch in der Hand im Fluß Aniene gefunden worden.

Aller diser Sybillen Schrifften/die vierdte außgenommen/so man Cumeam geheissen/seind endtlich in Griechischer Sprach gefunden/vnd an tag gegeben worden/darinnen viel fürtreffliche Weissagungen von dem einigen wahren GOtt/vnd vnsers HErren Jesu Christi Menschwerdung verzeichnet: vnd ist sich höchlich zuverwundern/wie solche Heydnische Weiber/auß Göttlicher erleuchtung/so viel geheimnussen von Christo vnserm HErren zu vnderschiedenen zeiten haben geoffenbaret.

Von Theophilo dem sechsten/Bischoff zu Antiochia/werden etliche sehr fürtreffliche Sprüch angezogen/mit welchen eine von gedachten Sibyllen die Heyden gantz ernstlich habe angeredt/vnd gesprochen:

Jhr sterbliche Menschen/die jhr nichts dann geringe vnd nichtswärthe klumpen Fleisch seind/

was

was erheben jhr euch/vnd sehen nicht auff ewer end? Wie kompt es daß jhr nicht erzittern/vn̄ euch vor dem höchsten GOtt/von dessen Gnaden jhr leben vnd schweben/nicht förchten? GOtt der HErr sihet alles/hat auch alles erschaffen/vnd biß daher erhalten: hat auch den Geschöpff einen lieblichen Athem eyngeblasen/vnd regieret alle sterbliche Creaturen.

Von dem ewigen GOtt. GOtt regiert allein/er ist allmächtig vnd der höchst. Ist niemalen geboren/vnd sihet alles: aber von keiner sterblichen Creatur gesehen werden/dann wer wolt mit fleischlichen Augen den wahren vnd ewigen GOtt/so im Himmel wohnet/sehen/sintemal die glantzenden Stralen der Sonnen/von den Menschen nicht mögen gesehen werden.

Verehren vnd betten dise einigkeit an/so in diser gantzen Welt regiert/vnd von ewigkeit ge wesen/auch in ewigkeit bleiben wird/welche niemalen erschaffen von jhr selbs bestehet/alle ding erhält/lebt in allen Geschöpffen/vn̄ gibt allen sinnen vnd empfindlichkeiten jhr krafft. Ist des lebens vrheber.

Abgötterey. Ihr werden die Straffen eines verkehrten Gemühts empfahen vnd außstehen/dieweil jhr den ewigen vnd wahren GOtt verlassen/welchem alle Ehr vnd Opffer mit heiligem andacht gehören: vnd erzeigen auß grossem hoch=vnd vbermuht den höllischen Geistern gewissen Gottes dienst.

Jhr Narren verehren die Schlangen/Katzen vnd Hünde/die Vögel vnd Thier so auff der Er den kriechen: auch die Bilder von Menschen Händen gemacht: wie dann auch hin vnd wider grosse Steinhäuffen. Dise nichtswärtige/vnd andere dergleichen verehren jhr/welche da auch schandtlich seind zuvermelden.

Vnd bald hernach: Jhr befleissen euch keines gesunden Gemüts/wöllen auch GOtt den Kö nig/so alles erhaltet vnd beschützet/nicht erkennen: derowegen wird euch die hitz des brennenden **Höll.** Fewrs vberfallen/vnd werden in ewigkeit mit grossen schanden in der flammen brennen: jnmassen jhr ewer gantz Leben mit den nichtswertigen Bildern haben zugebracht.

Paradeiß. Welche aber den ewigen vnd vnsterblichen GOtt verehren/die werden eines Lebens geniessen/ so in alle ewigkeit wird währen/vnd werden wohnen in den schönen vnd mit allerley Blumen ge zierten Gärten/vnd werden das süsse Brodt essen des schönen vnd mit den Sternen gezierten Himmels.

Von der alten Statt Bays. Cap. xxxv.

DIses ist die berhümbte Statt gewesen/so auff dem gantzen Erdboden/von Auff gang biß zum Nidergang/an lust vnd lieblichkeit/jhres gleichen niemahlen gefunden. Ist von Bajo Vlyssis Gesellen erstlich erbawen/vnd von demselben Baje genandt/endtlichen aber von den Römischen Keysern/vnd andern ver möglichen Personen/mit vberauß prächtigen Gebäwen/Lusthäusern vnd Bä dern gezieret worden. Ist mit der zeit/so wol durch grosse Erdbidem/alß durch schwere Krieg zu boden geworffen/wie dann die anzeigungen beydes im Meer/ vnd auff dem Land mit grossem bedawren gesehen werden. Es ist mit Worten nicht genugsam **Schöne Säl vnder dem Erdtrich.** oder eygentlich außzusprechen/was für seltzame Gewölber vnd Säl vnder dem Erdtrich die Rö mer vor zeiten an disen orten beyde zu jhrer gesundheit vnd wollust gebawen haben. Vnd seind sol che Gewölber vnd Säl also beschaffen/daß in derselben erbawung vnd zierung/menschliche kunst mit der Natur/gleichsam alß auß einem Rhum vnd ehrgeitzigen Eyfer gestritten/vnd dieselbe an wunderbarer Macht/einen ewigen Namen zuerlangen/vbertreffen wöllen. Vnder andern Sälen kompt man durch ein tieffen Gang in ein Gewölb/sechs schuh hoch/vnd fünff breit/auff das al lerkunstlichst in einen Felsen gehawen/gibt einen anmühtigen vnd lieblichen Geruch von sich/vn̄ ist einer solchen hitz/daß man also bald darinnen anfahet zu schwitzen. Wann man aber etwas bes sers hinab trittet/wird man gar hübsch erfrischet. Nicht fern darvon etwas auff der rechten hand lauft ein schön vn̄ klar Wasser/welches so warm/daß man die händ schwerlich darin̄ mag halten. **Wunderbare Bäder.** Etlich Gewölber seind so heiß/daß das Wax an den Facklen zerschmeltzt/dann man pflegt grosse Windliechter mit sich zu nemmen. Etliche haben keinen Lufft/bey andern erheben sich starcke Wind vnd Dämpff. Ist nicht gar rahtsam alle die Hölenen vnd Gäng zu besichtigen/dann sol che sorgfältigkeit vnd begierd aller Sachen/einem leichtlich mehr schaden dann nutzen können/in ansehung obgemeldte warme dünst vnd dämpff also bald den Schwindel verursachen/vnd starcke Hauptwehe zur letz lassen. Vnd ist zu mercken/daß mehr ermeldte Säl vnd Gewölber vber die massen schön gemahlt gewesen/an welchen die Farben/in einer so langen zeit/im wenigsten nicht verdorben/sondern jhren schönen glantz mit verwunderung behalten. Das Gemäwr ist so hart wie Stahel/vnd so lauter vnd glatt alß Glaß oder Cristall/wirdt wol dergleichen in der gantzen Welt nichts mehr auffgericht. Vnder disen Bädern hat auch Cicero eins in seinem Lusthauß ge habt/in welchem Keyser Hadrianus ein zeitlang begraben gelegen.

Gedachte Statt Baje hat auch einen schönen vnd tieffen Port vnd Meerhafen gehabt/in die ründe herumb mit gewaltigen Gebäwen gezieret. Nicht fern von dannen ist der See Lucrinus vnd

Eygent=

Von Italia. 475

Eygentliche abbildung der gantzen gegne vnd gelegenheit der warmen Schweißbädern / bey der alten verfallenen Statt Bays.

Auernus/deren beyde bey den Griechischen vnd Lateinischen Scribenten viel gedacht wirt. Vnd ist sich höchlich zu verwundern/wie der sinnreiche Poet Homerus dise ort so eygentlich in seinem Gedicht von Vlysse hat beschreiben können/so er doch in dieselbe niemahlen kommen.

Todte Fisch. Angeregte See haben ein böß vnd sehr stinckend faul Wasser/darinn bißweilen grosse anzalen todter Fischen werden gefunden. Vnd schreibt Boccatius im Buch so er von den Seen geschrieben/es seye zur zeit Roberti Königs zu Hierusalem/Sicilia vnd Neaples/in dem See Auerno ein solcher hauffen Fisch gestorben/daß man von wegen des grausamen vnd vnleidenlichen gestancks darumbher nicht hat wandeln können: vnd alß man etliche derselben Fischen herauß gezogen/vnd auffgeschnitten (damit man irgend möchte erfahren/wardurch ein solch allgemein Fischsterben verursacht worden) seind sie innwendig gantz schwartz/gleichsam alß verbrenne gewesen: darbey man dann leichtlich hat abgenommen/daß solche Fisch nirgend anderst von/dan von dem Schwefel/dessen dise ort allenthalben voll seind/gestorben: Das groß vnd wunderbare Gebäw/vierzig stafflen tieff vnder der Erden/von den Italiänern Piscina mirabile genandt/ist nach Blondi vnd *Luculli Lusthauß.* Razani meynung/des reichen Lucii Luculli/so die Königreich in Ponto bezwungen/vnd an das Römische Reich gebracht/Pallast vnd Lusthauß gewesen/in welchem er bißweilen Cneo Pompejo/Ciceroni/vnd andern des Rahts zu Rom/Sommerszeit mehr dann Königliche Pancket gehalten.

Alß damalen einer von den Gästen zu Lucullo gesagt/es habe der Pallast zu sehr viel Fenster/vn offne Hallen/so zwar im Sommer lustig vnd kommlich/im Winter aber nicht dienstlich werr: gab er zu antwort: Es seye der jenige/so den Pallast gebawen/nicht vnweyser/alß die Kranich gewesen/so von der Natur vnderwiesen werden/nach der zeit des jahrs jhre Wohnung zu verändern/vn könne der jenige so das Sommerhauß auffgericht/eben so wol auch ein Winterläger bawen. In disen ort hat sich Keyser Tiberius in seiner grösten Kranckheit lassen tragen.

Marij Meyerhoff. Dasselbe Winterläger aber ist bey dem Port Miseno gestanden/da zuvor Caij Marij vnd Lucii Sylle Meyerhoff gewesen/welchen er von der Cornelia erkaufft/vnd mit schönen Gärten/Weyhern vnd Hallen erweitert.

Von dem Port Miseno.

Der Berg daselbst so sich ins Meer erstreckt/ist gantz vndergraben/darinn vil schöne Säl vnd dergleichen Gemach gewesen. Ist von Miseno einem fürtrefflichen Trojaner/Aeneæ Reißgesellen/so darauff mit sampt seinen Kriegswaffen begraben/Misenus genandt. War von Marco *Römische Armada zu Miseno.* Agrippa wider Sextum Pompejum im Sicilianischen Krieg zu einem gewaltigen Port vnd Meerhafen gemacht/vn bald darauff vom Keyser Augusto/mit viel zum Krieg außgerüsten Naven vnd Galeren/zu beschirmung des Mittelländischen Meers/versehen.

Hat auch einen besondern Ammiral vnd Kriegsobersten gehabt/so sich daselbst allzeit seßhafft gehalten: wie dann ein solcher Anicetus/Keyser Neronis gefreyter Diener gewesen/durch dessen hinderlist er sein Mutter Agrippinam nicht fern von dannen in jhrem Lusthauß töden vnd auffschneiden lassen. Vnd disen Berg herumb werden auch noch viel zerfallene Gebäw gesehen/in welchen die fürnehmsten von gedachter Armada jhre Wohnung gehabt. Darbey findet man auch etliche feine Epitaphia/so derselbigen mit sampt den Schiffen/darauff sie gedient haben/gedencken.

Dann jedermänniglichen mehr dann bekandt/daß die Schiff/wie auch heutigs tags/mit sonderbaren zunammen genandt worden: wie dann auch der H. Apostel Paulus/auff einem Alexandrinischen Schiff auß der Insul Malta nach Syracusa in Siciliam gesäglet/so den Heydnischen Göttern Castori vnd Polluci nach geheissen: darvon in der Apostel Geschicht am 28. Capitul zu lesen. Vnder den Schiffen in Miseno war eins Isis/das ander Fides/vnd das dritt Gallus genandt/wie auß einer Grabschrifft daselbst zu sehen.

Von den Insuln Procida vnd Ischia.

Dise zwo Insuln ligen bey dem Berg Miseno/mit welchem sie auch vor zeiten ein vnzertheilt Land gewesen/aber durch die Erdbidem darvon gerissen worden. Seind beyde am Getreid sehr fruchtbar/vnd haben viel schöne gelegenheiten. Gehören zu der Landschafft Campania/oder Terra di Lavoro. Procida hat viel Rebhüner vn schöne warme Bäder/so gut für den Stein seind/die Statt darinn heißt auch Procida oder Prochyta. Ist im jahr Christi vnsers Herren 1540. den 23. Junij/vom Meerräuber Barbarossa vberfallen vnd geplündert worden. Ischia von Homero Arime/Virgilio Inarime/Plinio Aenaria/vnd Strabone Pithecusa genandt/hat stattlich Bergwerck von Gold vnd Alaun/so ein Genueser erstlich Anno Christi 1465. gefunden: hat im vmbkreiß 18. Meilen/hat auch wegen des Schweffels vnd Alauns/dessen die Insul vnder der Erden voll ist/viel heylsame warme Bäder/vnd solchen trefflichen Weinwachs/daß jährlichen 16000. Vaß darauß geführt werden.

Im jahr 1301. hat sich vnder Carolo dem andern/König in Sicilia/der Schweffel vnnd Alaun entkündt/vnd einen grossen theil der Insul verbrandt/dardurch viel Vieh vnd Menschen seind verdorben. Die Brunst hat zween Monat gewähret/also daß die Eynwohner nohthalben

Von Italia.

von dannen nach Procida / Baja / Puzzolo vnd Neapels sindt geflohen. Die Warzeichen dieses Jammers sind noch heutiges Tags an einem Ort Cremata genannt / da auff zwo Meil wegs weder Laub noch Graß wächst / zu sehen.

Gegen Auffgang ligt die Statt Ischia / vor zeiten Geronda genannt / fast gar im Meer / mit einer gewaltigen Vestung versehen / in welcher sich König Ferdinandus auß Arragonia ein zeitlang auffgehalten / als Carolus der Achte auß Franckreich das Königreich Neapels eyngenommen. Ist heutiges tags dem Marggraffen von Pescara zugehörig / dessen Vatter Alphonsus Davalus / gedachte Statt mit viel schönen Gebäwen gezieret.

Von der Statt Puzzolo.

Puzzolo ist von den Griechen / so von wegen der 3. tyrannischen Brüder Polycratis / Syli vnd Pantagnosti / auß der Insul Samos gezogen (damalen dann auch Pythagoras gen Crotonam kommen) zur zeit Königs Tarquinij deß Stoltzen an dem Meer nicht fern von Bajis erbawet / von deß Regiments daselbst berühmbter Gerechtigkeit Dicæarchiam / Hertzogthumb der Gerechtigkeit / hernach aber von den Römern wegen der Sodbrunnen / deren daselbst ein grosse Anzahl Puteoli / das ist kleine Sodbrunnen genannt / darauß endlichen die Gothen vnd andere Barbarische Völcker / so sich in diesen schönen Landen nider gelassen / Puzzolo gemacht haben. <small>Puzzolo.</small>

Ist aber kein wunder daß die Sprachen so schändlich sind vermischt vnd corrumpiert worden / sintemal auch die schönsten grossen Gebäw / vnd gleichsam das Landt selbst vber einander gangen. Dieweil gedachte Statt gute Politiam gehalten / hat sie in wenig jahren bald nach jrem Anfang / so doch sehr gering gewesen / hefftig zugenommen / vnd sich nicht nur selbst gegen ihre Feind ritterlich erzeigt / sondern hat sich auch jhrer Bekandten vnd Zugethanen trewlich angenommen / vnd denselben in Nöhten dapffer beygestanden. Nach dem sie aber dem Hannibal / so auch vber Meer her in Italiam kommen / wider die Römer nicht geringe Hülff geleistet / sind sie vber ein kurtze zeit / da nemlich ermelter Hannibal mit seinem Africanischen Heerzug widerumb gen Carthaginem gesägelt / von der Statt Rom bezwungen / vnd aller Gerechtigkeit beraubt / vnd durch einen Landvogt beherrschet worden. <small>Puzzolo wird ein Landvogtey.</small>

Sibenzehen jahr nach diesem / als nemlich nach Erbawung der Statt Rom 559. als Publius Scipio Africanus / vnd Titus Sempronius / wie Livius verzeichnet / Burgermeister gewesen / vnd die Kinder Israel von den Samaritanern vielfältiglich angefochten vnd geplagt wurden / war zu Rom vor Raht erkennt vnd beschlossen / daß man Römische Burger gen Puzzolo solte schicken / vnd jhnen dieselbe Statt als ein Coloniam vnd Römisch Seßhauß zu bewohnen eyngeben / welches denn auch also bald beschehen / vnd Puzzolo mit viel Gerechtigkeiten begabt worden. Vber ein gute zeit hernach / als nemlich vngefehr hundert vnd etlich neuntzig jahr / hat Keyser Augustus gedachte Statt Puzzolo als sie widerumb in Abgang kommen / ernewert / vnd mit wolverdienten Kriegsleuten besetzt / vnd der Statt den Namen Coloniæ militaris Augustæ geben. Bald darauff hat Keyser Nero gedachter Statt Puzzolo Gerechtigkeit vermehrt / vnd diselbe Augustam Neronianam geheissen: Welches dann auch endtlichen Keyser Vespasianus gethan / vnd mehr ermelte Statt von seinem Geschlecht Coloniam Flaviam genannt / wie solches auß einer schönen Inscription daselbst abzunehmen. Die Herrlichkeit dieser Statt belanget / ist dieselbe beydes ein gute zeit vor vnd nach der vornehmbsten Keysern Regierung sehr erhebt / vnd mit viel gewaltigen / so wol sonderbaren / als gemeinen Gebäwen vber alle massen prächtig gezieret gewesen / wie dann solches nit nur auß den Historien / sondern auch alten Gemäwren / deren sich etliche im Meer / etliche auff dem Landt hin vnd wider erzeigen / augenscheinlich mag erkennt vnd abgenommen werden. Ist heutiges tags ziemlicher massen erbawt / vnd mit eynwohnern besetzt. Im mittel der alten Statt ist ein vberauß schön vnd groß Amphitheatrum gestanden / dessen Kampffplatz in die Länge 172. Schuh / vnd die Breyte 92. begriffen. Ist auß der Burgerschafft zu Puzzolo gemeinem Seckel / vnder den Burgermeistern / von lauter grossen Quaderstücken gantz prächtig erbawet. Nicht fern davon hat Keyser Antoninus Pius / seinem Vatter Keyser Hadriano / als derselbe zu Bajis in Ciceronis Meyerhof gestorben / ein gewaltigen Tempel auffgericht / in dessen zerfallenen Gemäwr / beneben sehr schönen Säulen von Marmorstein in Tafeln / Nervæ / Trajani / vnd Hadriani Statuæ vnd Bildnussen / vor etlich viertzig jahren funden worden. <small>Wird ein Colonia.</small>

Von dem alten Port vnd Meerhafen / werden noch dreyzehen grosse Pfeiler / in gestallt gewaltiger Thürnen / gesehen / so mit dicken Schwibögen gleich wie ein Bruck waren zusammen gefügt. Daß man aber das Port mit solchen Schwybögen / vnd nicht mit einer gantzen Bruck / gleich wie zu Ancona / vnd anderstwo hat eyngeschlossen / vnd vor deß Meers Vngestümme verwahrt / ist darumb geschehen / damit sich der Leym vnd Grund / so ab der Höhe von starckem Regenwasser dahin getrieben / nit auffhalte / vnd die Tieffe verschlage / sondern von deß Meers zu vnd ablauffen zerstöst / vnd hinauß getrieben wurde. Bey diesem Port hat auch ein zeit Keys. Caligula ein Schiffbruck 600. Schritt lang / zu einem einigen Fest / so doch nur zwen Tag gewäret / auffgericht. Vnd ist grawsam zu hören was gedachter Caligula damalen auff derselben Bruck begangen. Als sich Keyser Caligula den ersten tag deß Fests gantz prächtig zu Pferd / vnd den andern zu Wagen / auff <small>Schiffbruck.</small>

J J dieser

Das vierdte Buch

dieser Bruck erzeigt/hat er die Zuseher/darunder viel grosse vnd vornehme Herren gewesen/zu sich auff die Bruck hinauß beruffen/als sie aber kommen/der Hoffnung was gnädiges von dem Keyser anzuhören/hat er sie samptlich hinunder gestürtzt/etliche waren an den Schiffrudern behangen/etliche ertruncken/etliche hinauß geschwummen.

Bey dem Eyngang deß Ports/hat die Burgerschafft zu Puzzulo/Keyser Antonino Pio zur Danckbarkeit eines solchen gewaltigen wercks/einen schönen Triumphbogen von weissem Marmor auffgericht/von dessen Inscription noch ein Stuck vorhanden. Nicht fern von dannen/ist etwas im Meer hinauß/ein starcke Brunnenquell/von süssem vnd lieblichen Wasser/dessentwillen ohne zweyfel jetzt angeregter Tempel den Nymphis zu ehren erbawt worden. Gleich wie nun in dieser Gegne die Wasser mehrertheils solche Naturen haben/daß sie sich an dem Rand wie Stein vnd eysenmässige Rinden ansetzen: also wird auch der Sand bey Puzzolen herumb zu harten Steinen/wann man dasselbige wol durch einander im Wasser werckt. Daher dann Keyser Constantinus der Groß/viel grosse Schiff mit solchem Sand beladen/vnd davon das Port zu Constantinopel gebawet. Der Ort so man Labyrinth nennet/ist nichts anders dann ein Wasserkasten oder Brunnstuben gewesen/wie dann dergleichen viel gefunden werden.

Sand zu Puzzolo.

Vmb das jahr Christi vnsers HErrn/tausent dreyhundert etlich vnd viertzig/ist zu Puzzolo ein Weib gewesen Maria genannt/so sich nicht nur in aller Zucht vnd Bescheydenheit/ohn einige Besteckung bey den Männern/in Gesellschafft gehalten/sondern auch wider den Feind zu Feldt gezogen/vnd denselben mehrmalen/mit vnerhörtem Heldenmuth/vnnd fürtrefflicher Kriegserfahrung vberwunden vnd geschlagen. War begierig zum Streit/langsam zum Abzug/griff den Feind vnverzagt an/wust allerley Kriegslist vnd scharpffsinnige Practicken: kondte Hunger/Durst vnd Kält wol erleyden/war sehr wachtbar/arbeitsam vnd vnverdrossen/lag mehrertheil vnder freyem Himmel/auff einem Wasen/oder auff jrem Schildt. War von Leibskräfften so starck/daß sie grosse Stein vber sich geworffen/vnd ein grosse eyssene Stangen erschüttet/wie solches Franciscus Petrarcha selbst gesehen/vnd an Johann Columnam geschrieben/derowegen auch König Robertus/vmb jhrentwillen/mit seiner Armada zu Puzzulo/angefahren/vnnd diese andere Camillam/oder Amazonische Ritterin vnd Feldobersten/sehen vnd anreden wöllen. Also daß diese Gegne für ein recht Theatrum vnd Schawhauß der wunderbaren Werck Gottes zu halten. Wann man aber alles recht vnd wol thut erwegen/so ist sich nicht so höchlich vber die alten zerfallenen Gemäwr/als vber solches Weibs gedächtnuß zuverwundern. In massen obgedachte verborgene Gäng/Säl/vnd andere dergleichen künstliche Gebäw/an andern Orten mehr gesehen werden/ein solch Weib aber ihres gleichen auff der gantzen Welt nirgent wird gefunden.

Maria ein männisch Weib.

Von dem Berg Pausilippo.

Dieser Berg ist nit nur mit schönen Pomerantzen/Limonen/vnd allerley lieblichen Früchten geziert/sondern auch mit vielen Meyerhöfen vnd Lusthäusern erbawet. Erstreckt sich biß in das Meer hinauß/dabey Julius Cæsar ein gewaltigen Weyer gehabt/in welchem vnder andern schönen Fischen/einer 60. gantzer jahr lang/zween andere aber länger gelebt haben.

Julij Cæsaris Weyer.

Vnder diesem Berg ist ein gewaltiger Gang 12. schuh breyt/an etlichen Orten 25. schuh hoch/vnd mehr dann einer Meil wegs lang. Ist durch ein harten Felsen gehawen/vnd wirdt vor eine gemeine Landtstraß gebraucht/hat mitten durch den Berg ein eynfallendes Liecht/so den durchrayseden/deren jederweilen ein grosse Anzahl/zu Roß/Wagen vnd Fuß/leuchtet. Ob dem Eyngang ist ein Höle/in gestallt eines Grabs/darinn deß weitberühmbten Poeten Virgilij Gebeyn/wie etliche vermeynen/gelegen. Daselbsten ist auch ein lustig Kloster Merguliso genannt/in welchem deß sinnreichen vnd edlen Poeten Sanazarij Begräbnuß zwischen zwo schönen auß weissem Marmor gehawenen Statuis/deren eine deß Königlichen Propheten Davids/die ander der berühmbten Judith von Betulia/so Holoferno das Haupt abgeschnitten/Bildtnuß/wol zu sehen. Von Puzzolo biß gen Neapels/ist vor zeiten alles zu beden seiten/gleichsam als ein einige Statt/gantz schön vnd wol erbawt vnd bewohnt gewesen.

Virgilij vnd Sanazarij Grab.

Von Italia. 479
Von dem Berg Vesuvio. Cap. xxxvj.

Nicht fern von Neapels/ligt der Berg Vesuvius/von anderm Gebirg gantz abgesöndert/welchen man heutiges tags von der Statt Summa/so zu underst an dem Berg erbawt/Monte di Summa nennet. Es ist sich aber höchlich zuverwundern/daß gedachter Berg etwan grosse Fewerflammen vnd viel brennent Erdtrich außgeworffen/nichts desto minder aber ein solchen geschlachten vnd fruchtbaren Grund hat/dz die schönsten Oelbäum/Reben vnd andere Edle Gewächs/ in lustiger grosser Anzahl daselbst wachsen/vnd vielfaltige Frücht bringen. Vnd ist eben dieses der Ort/von dannen man den köstlichen Wein Vino Græco bringt.   *Vino græco.*

Zu oberst auff dem Berg ist ein groß rond Loch/durch welches man tieff hinunder gleichsam als in ein groß Amphitheatrum sihet. Vnder den grossen Brunsten aber/so vor zeiten in diesem Berg außgangen/wird diejenige von Dione sonderlich verzeichnet/welche 80. jahr nach Christi vnsers HErrn Geburt/vnder Keyser Tito Vespasiano/sehr mercklichen Schaden gethan: damaln dann nach grossem Tondern vnd Brausen/in dem Abgrundt dieses Bergs/viel grosse Stein/vnd ein

solcher hauffen Fewr/Dunst vnd Rauch/daß die Sonn verfinstert/herauß gesprungen/vnd der Wind nit nur die Aeschen gen Rom/vnd hin vnnd wider in Italiam/sondern auch vber Meer in Africam/Syriam vnd Egypten getragen: Es wurden auch zwo Stätt nahend darbey/mit sampt jhren Eynwohnern gantz vnd gar vmbgekehrt: welches dann auch die Vrsach gewesen/daß Plinius der fleissige Naturkündiger/die Gelegenheit dieses Bergs an allen Enden vnd Orten erforschen vnd besichtigen wöllen/welches jhn aber zu viel gekostet: dann als er zu weit hineyn kommen/ist er von dem grawsamen Dampff erstickt: daher dann der sinnreiche Petrarcha in seinem schönen *Plinius* Gesang vom Triumph deß Ruhms zierlich gesungen: Es habe *erstickt.* Plinius grössern Lust gehabt von der Natur Wunderwercken zu schreiben/dann aber zu leben.

Im Jahr 1306. Ist auß gedachtem Berg ein sehr erschröckliche Fewersbrunst entsprungen/so mächtig grossen Schaden gethan/dessen noch heutiges tags nicht geringe Anzeigungen gesehen werden.

Vnden an diesem Berg ist die Schlacht zwischen den Römern vnd Latinern geschehen/in welcher sich der Burgermeister Publius Decius für deß Vatterlands Heyl vnd Wolstand freywillig in Todt gegeben/vnd in der Feindt Wehr vnd Waffen gerennet. An dem Ort aber/da jetzt die Statt Somma ligt/ist vor zeiten der berümbte lange Flecken Pompei gestanden/welchen Hercules gebawt/vnnd von der Pomy/mit deren er dahin auß Hispania kommen/als er deß Gerionis Ochsen mit sich geführt/Pompei genannt. Hat aber heutiges tags seinen Namen von der höchsten Güte deß Lands/wie die Italiäner sagen: Dalla somma bontà del suo paese.

Nicht fern von dannen ist die Statt Heraclea gewesen/ein sehr gesunder vnd lustiger Ort/auch von dem Hercule erbawet/vnd demselben nach genannt/da etwan die Römer ein gewaltig Port vnd viel schöner Pallast vnd Lusthäuser gehabt haben. Daselbst ist auch ein alter Thurn/Torre di Ottavo genannt/bey welcher nach etlicher Meynung Plinius sol vmbkommen seyn: in massen dann daselbst besserer Gelegenheit gewesen/dann anderstwo brennenden Fewers Vrsprung zuerkündigen.

Von der Statt Nola.

An dem Fluß Sarno ligt die alte vnd weitberühmte Statt Nola/ist ein lange Zeit vor der Römischen Monarchey/von den Tyriern erbawen/vnd vnder Keyser Vespasiano zu einer Römischen Colonien gemacht/endlichen aber von den Römern so gewaltig erweitert vnd bevestigt worden/daß sie in jrem Bezirck 2017. Schritt begriffen. Wardt zirckelrond/vnd mit 12. schönen Porten gezieret. Vnder andern schönen Gebäwen sind in dieser Statt zwey grosse Amphitheatra/mit sampt Keysers Augusti/Mercurij vnnd Jupiters Tempel gestanden: Das eine Amphitheatrum war von lauter schönem Marmor/das ander von gebachenen Steinen gantz künstlich vnd prächtig erbawet. Es werden auch noch heutiges tags viel wunderbare Gemäwr/zerbrochene Säul/Tafeln/vnd dergleichen Antiquiteten daselbst gefunden.

Sonsten ist die Statt dieser Zeit geringer grösse/begreifft in jhrem Vmbkrayß nicht vber *Paulinus.* 924. Schritt/hat ein reich Bißthumb/dessen Vorsteher Paulinus zum ersten mit der Glo- *Glocken Ge-* cken zu der Kirchen zu leuten/erfunden vnd angestellet/da man zuvor in der gantzen Christen- *leuth ist zu* heit keine Kirchthürn gehabt. Bey dieser Statt gedachte Marcus Martellus gute Gelegenheit *Nola er-* zu haben/das Kriegsheer Hannibalis zu vberwinden. Keyser Augustus ist in gedachter Statt/ *funden.* eben in der Kammer/da zuvor sein Vatter Octavius den Geist auffgeben/mit grossem Bedauren deß gantzen Römischen Reichs gestorben.

Von der Statt Surrento.

Diese Statt hat Tacitus vnd Mela Surrentum geheissen/ ligt auff einem lustigen Berg/ von den Griechen erstlich erbawet/ ist vor zeiten groß vnd mächtig gewesen/ wie dann nicht nur in den Historien zu sehen/ sonder auch noch heutiges tags auß dem alten Gemäwr abzunehmen/ so gleichsam als verfaulte Rippen vnd Beyn von einem grossen Cörper hin vnd wider ligen. Hat ein sehr fruchtbar Erdreich/ dessen Wein Keyser Augustus für den besten vnd gesundesten in gantz Italien gehalten. In gedachter Statt Surrento seyndt vor zeiten schöne irdine Geschirr gemacht worden.

Surrentinischer Wein.

Ein Meil von Surrento ligt Massa/ auch ein feine Statt/ aber vbel gebawet/ da auch ein sehr edler Wein wächst/ gehört dem Geschlecht Cibo zu von Genoa/ hat die obere Herrlichkeit vnd ist ein Fürst deß Römischen Reichs.

Massa.

Führt ein solchen Titul: Albericus Cibo Malaspina/ deß H. Röm. Reichs Fürst zu Massa/ Marggraff zu Carara.

Von der Statt Amalfi.

Amalfi ist ein gewaltige Hauptstatt gewesen/ deren Eynwohner der Schiffarten für allen andern Italiäner wol erfahren/ grosse Kauffmannshändel mit den Sicilianern getrieben/ vnnd zu Palermo die Kirchen S. Andres gebawet. Ist sonsten kein alte Statt/ als deren in den Historien erst vnder Keyser Lothario/ im jahr Christi 1125. gedacht worden. Ist heutiges tags noch in ziemlichem Wesen vnd Zustand. In der Thumbkirchen daselbst werden/ wie sie fürgeben/ S. Andres deß Apostels Gebein in einem köstlichen erhöbenen Grab auffbehalten/ vnd von einem besondern Priester ohn Vnderlaß bewährt. Wann jrgend Bilger dahin kommen/ gibt man einem jeden ein Gläßlein mit Oel/ so nach jhrem Fürgeben auß S. Andres Gebeyn geflossen/ welches doch auch viel vnder den Italiänern für gemein Baumöl halten. In gedachter Statt Amalfi/ hat vmb das jahr Christi 1300. der sinnreiche Mann Flavius di Gioia den Schif Compaß/ vnd wie man durch Mittel deß Magnets bey tag vnd nacht auff dem hohen vnd wilden Meer kan schiffen/ nicht ohne sondern Nutz der gantzen Welt erfunden.

Von den Stätten Salerno/ Pesto vnd andern.

Salerno ist ein alte Statt/ hat jhren Namen von dem Fluß Silara/ so daselbst ins Tyrrhenische Meer fällt/ ligt etwas erhöcht auff einem lustigen Bühel. Ward von den Römern zu einer Colonien gemacht/ vnnd von denselbigen wider Hannibal mächtig bevestiget. Nach dem sie aber die Gothen vnd Saracenen verwüstet/ ist sie vnder Robert Guiscard Hertzog in Calabria vnd Apulia widerumb auffkommen/ vnd in kurtzer zeit zu einer schönen Statt erwachsen.

In der Kirchen S. Mattheo/ so ein sehr gewaltig vnd köstlich Gebäw/ sol der H. Evangelist Mattheus begraben ligen. Hat ein Königlich Audientz oder Hofgericht/ vnd berümte hohe Schul/ da etwan sehr fürtreffenliche Männer in der Artzney gelesen. Auß dieser Statt sind neben andern fürtrefflichen Personen/ der weitberümbt Julius Pomponius Lætus/ von dem Fürstlichen Geschlecht Sanseverin/ vnd Bartholomæus Silvatius/ der die Pandectas Medicinæ geschrieben/ bürtig gewesen. Das Land darumb ist vber die massen lieblich vnd fruchtbar/ vnd bringt insonderheit allerley Gattung schöne Pomerantzen/ Limonen/ Granaten/ vnd Pfersich wie zwo Fäust/ vnd andere dergleichen vberauß schöne vnd edle Frücht.

Schöne Frücht.

Pesto.

Es haben die Griechen auch diese Statt gebawen/ vnd dieselbe Possidoniam geheissen/ wirdt wegen jhrer sonderbaren Lustbarkeit von Virgilio vnd Ovidio sehr gepriesen. Ist den Römern mit etlichen Schiffen/ wider König Pyrrhum/ zu hülff gezogen. In dieser Statt vnd Landschafft darumb wachsen die Rosen vnd andere Blumen zwey mal im Jahr/ vnd riechen alle vber die massen wol vnd lieblich.

Zweymal rosen im jahr.

Velia.

Zwantzig Meil von Pesto ist die berühmte Statt Velia gewesen/ so die Phocenser zur zeit deß Propheten Daniels/ als sie vor der Persier Gewalt vnd Tyranney geflohen/ gebawen/ deren Gesellen weiters fortgesegelt/ vnd das gewaltige Regiment zu Massilia angefangen. Ist vor zeiten sehr wol bestellt vnd mächtig gewesen/ hat mit den Lucanern etliche Krieg geführt/ vnd den Römern in Kriegsnöhten/ fürnemblich als Pyrrhus in Italiam gefallen/ Hülff vnd Beystand gethan: weil aber das Land darumb vnfruchtbar vnd rauch/ haben die Eynwohner auff dem Meer gehandelt/ endlichen aber andere Stelle gesucht/ vnd die alte Statt verlassen. Von Velia sind die zween fürtreffliche Philosophi Zeno vnd Parmenides bürtig gewesen.

Von der Statt vnd Meerbusen S. Euphemia.

Zu anfang der edlen Landschafft Calabria vltra ligt S. Euphemia/ ein lustige vnd wolbestelte Statt/ deren Meerbusen vor zeiten Sinus Hipponiatis/ von der vornehmen alten Statt Hipponio/ jetzund Monte Leon/ geheissen. Daselbst ist Italia an der breyte am allerengsten vnd schmälsten/ in massen von gedachtem Meerbusen/ biß zum Golfo Squillaci im Jonischen Meer gelegen/ zu Land nicht mehr als vier Teutsche Meil wegs sind: so man aber zu Wasser nach dem Meergestat dahin willfahren/ seynd es zweyhundert vnd achtzig Welsche Meilen: darumb dann Dionysius

Von Italia. 481

sius der älter Tyrann oder Printz zu Syracusa/ wie Plinius bezeugt/ vorhabens gewesen/ diese zween Meerbusen zusammen zubrechen/ vnd also auß dieser Provintz Calabria vltra/ ein Insel zu machen. In gedachtem Meerbusen werden vberall herumb sehr schöne vnd feine Corallen/ vnd

vber alle massen viel Tonnin Fisch gefangen. Diese Tonnin seynd ziemlich grosse Meerfisch/ gemeinlich dreyer Elen lang/ in der Mitte aber so dick/ als ein Mann mit beyden Armen vmbfangen mag. Diese pflegen jährlich im Früling zu Eyngang deß Meyens ihren Strich hauffen weiß hieher in gemelten Meerbusen zunehmen. Wann nun die Zeit vorhanden/ stehen die Fischer in Bereitschafft/ vnnd seynd mit ihrem darzu gehörigen Zeug vnd Netzen zu dem Fang gerüstet. Dergleichen ist auch ein Mann so sich wol darauff verstehet/ auff einem Thurn/ neben dem Meer/ der gibt achtung/ wann die gantze Mennig der Fisch ankompt.

Tonninfisch.

So baldt er nun ihr Ankunfft auß dem grossen Gerausch deß Wassers vermercket/ gibt er den Fischern ein Zeichen mit einem Tuch. Alsbald fahren sie mit ihren Schiffen herzu/ vnd vmbgeben den gantzen Hauffen der Tonninen mit ihren Netzen/ an welchen sie lange Seyler haben/ vnd führens also fein gemächlich zu dem Gestad. Nun were es nicht möglich/ daß sie ein solchen Hauffen grosser Fisch ans Land köndten bringen/ wann sie gleich eyserne Garn hetten/ wo nicht das were/ daß die Tonnin so weiche vnd zarte Mäuler hetten. Dann so bald sie das Netz mit dem Maul fühlen/ empfinden sie wegen der Zartigkeit grossen Schmertzen darvon/ wütschen also zu rück vnd lassen sich an das Gestat führen/ allda sie gefangen/ zerhackt/ vnnd eyngesaltzen/ in die Fässer eyngeschlagen/ vnd weit verführt werden. Auff solche weiß fangen die Fischer offtermals 500. ja zu zeiten 1000. solcher Fisch auff einen Tag. Dieser Fischfang geschicht mehrertheils bey der Statt Lopizzo/ vnnd weret nur von dem ersten Maij biß auff den halben Junium/ ebenmässig wie auch zu Cales Males in Hispania/ zwischen den Säulen Herculis/ gleich auff solche Zeit vnd Weiß die Tonninen gefischet werden/ da man ihrer offt in die zwey tausent auff einen Tag thut fangen.

In gedachtem Meer ist ein andere sort von Fischen/ von den Italiänern Pescespada/ Schwerdfisch/ von Plinio vnd Strabone Xiphias/ auch Galeotes/ vnd Canis genannt/ ist obgemeldtem

Schwerdtfisch.

Tonnin nicht vnähnlich/ allein hat er ein spitzigen Schnabel/ daran ist das oberst Kinn auff zwo Elen lang/ beynin vnd sehr hart/ sihet einem Schwerdt nicht vngleich. Mit dem Schnabel ist er so starck/ daß er ein Schiff damit kan durchboren. Er jagt auch die andern Fisch/ sonderlich die Tonninen/ von denen er so feist wirdt/ daß er ein Speck im Rücken gewinnet/ wie ein Schwein/ wird nah bey Bagnara/ 6. Teutsche Meil wegs zu Land von Lopizzo/ auff folgende Weiß gefangen/ dessen dann auch vnder den Alten Polybius vnd Strabo gedencken.

Es ist neben dem Meer ein Thurn oder Wahrt/ darauff bestellen die Fischer sampltich einen Wächter/ der muß fleissig achtung geben/ wann die gedachte Schwerdfisch auff dem Meer daher komen/ dann dieses Fisches Art ist/ daß er sich mit dem dritten Theil seines Leibs ober dem Wasser sehen läst. Wann dann nun dieses geschicht/ theilen sich die Fischer in vielen Schifflein vmb die gantze Revier herumb auß/ der gestalt daß in einem jeden Schifflein zwo Personen sind/ der ein leitet das Schifflein mit zwey Rudern/ der ander aber steht auff dem Vordertheil deß Schiffs/ vnd hat einen spieß in der Hand. So nu der Wächter ein Zeichen gibt auf das ort da sich ein Schwerdfisch herfür thut/ so rudert der im nechsten Schifflein herbey gar zum Fisch/ vnnd der ander sticht mit grosser Behändigkeit auff in/ vnd zeuhet von stund an den Spieß zu rück/ so bleibt das Eysen/ welches ein krummen Spitz hat/ wie ein Angelhacken/ im Fisch vnd in der Wunden stecken. Dann sie richtens mit fleiß also zu/ daß der Spitz im stechen leichtlich herab gehet. An dem Eysen aber ist lang Seil angeknüpfft/daran lassen sie den Fisch weit herauß/daß er sich hin vnd wider wirfft/vnd vermeynt zuentrinnen/biß er müd wird. Alsdenn ziehen sie jhn an das Gestad/oder nehmen jhn in das Schifflein/wann er nicht etwan gar zu groß ist. Dann zu zeiten gefunden werden/die auff 10. Elenlang sind.

Nicastro.

Es aber ist dieser Schwerdtfisch so wilde vnnd vngestümb/daß er offt/den Ruderer durch das Schiff mit seinem langen Schwerdt verwundet. Darumb dann sein Fang eben so gefährlich/als ein Schweinhatz. Mit Netzen mag er nicht leichtlich gefangen werden/dann er dieselbe mit dem Schnabel zerreist. So bald man nun diese Fisch gefangen/zerstuckt man sie/vnd saltzt sie eyn wie ein Tonnis. Sol ein ziemblich lieblich Fleisch darumb seyn/aber etwas hart zuverdawen.

Nicht fern von obgedachtem Meerbusen Sant Euphemia/ligt Nicastro/ein sehr lustige vnnd wolerbawte Statt/da Keyser Friderich der Erst diß Namens/mit hetzen/jagen vnnd beisen pflegte sein Kurtzweil zu haben. Dann er zu seiner zeit der erste gewesen/so die Falckenbaiß in Italia hat auffgebracht.

Von dem Zuckerwachs.

Das Land in dieser Gegne/ist vber die massen lieblich vnd fruchtbar/vnd hat viel sonderbare schöne Gelegenheiten/vnd weil die Cannemele oder Zuckerröhre hauffen weiß an etlichen Orten darumb gepflantzet werden/wollen wir etwas dem günstigen Leser zu gefallen/vom Zuckerwachs/vnd desselben zubereitung/kurtzlich vermelden. Alphonsus auß Arragonia/Hertzog in Calabria/vnd hernach König zu Neaples/hat in dieser Landschafft etliche grosse Gebäw auffgericht/darinn der Zucker bereitet worden. Seynd aber mit der Zeit durch Vnachtsamkeit fast gantz eyngefallen. Heutiges tags stehen bey den Aeckern/darauff die Zuckerröhren wachsen/grosse weite Meyerhöf/von dem Landvolck Trapetti genandt/in denselben sind gewisse Leut bestellet/die das gantze Jahr mit dem Zuckerpflantzen vnd bereiten vmbgehen/diese werden von denjenigen vnderhalten vnnd verlegt/welchen die Aecker vnd die Meyerhöf oder Trapetti zustehen.

Die Rohr/auß deren Saffe der Zucker gemacht wird/sind ziemlich lang/vnd haben viel glaich/von diesen nimpt man die obristen/so mit dem Kraut herab geschnitten werden/vnd setzt solche im Mertzen auff die darzu gemachte Fürchen/biß die Aecker vollgesetzt sind. Darnach muß mans den Sommer durch/in der grossen Hitz/offt begiessen/vnd das Vnkraut fleissig außjäten. Die Aecker tragen drey jahr Frucht/darnach ruhen sie wiederumb drey andere jahr. Die Röhre so sie das erste jahr tragen/nennen sie Horti/die in dem andern jahr Cannemelazze/welche das dritt jahr wachsen nennt man Strapponi. So nun diese Röhre zeitig werden/schneidet man sie im November vnd December/vnd führts auff Rossen vnd Eseln in die Meyerhöf oder Trapetti. Allda beschneiden die darzu bestellte Leut das Kraut sampt dem obristen Glaich von den Röhren/vnd diese erste Arbeit nennet man Paratura. Die ander Arbeit heist Tagliatura/da hackens die Röhr zu kleinen stücken. Die dritte ist Macinatura/da man die Stücker in die darzu gerichte Mühlin trägt/vnnd mit dem Mühlstein zerstöst/vnd klein zermahlet. Die vierdte ist Insachatura/da man die gemahlten Röhr durch ein Sack außpreßt: so gehet dan ein Safft herauß/dem Weinmost nicht vngleich/welchen sie Siropatura nennen. Daher dann auch die fünffte Arbeit Sirupatura nennet wird/da schüttet man den Safft in grosse küpfferne Kessel/darunder ein grosses Fewer gemacht wirdt/wie in Glaß oder Saltzhütten.

Da nun dieser Safft wol gekocht vnd durchsechtet/schütten sie denselben in Forno Grande/also vnder jhnen genannt. Diesen Safft heissen sie Lento/vnd das ist die sechste Arbeit. Die siebende wird genannt Bregentino del Maestro/da man den Zucker gar vollendet/vnd in die jrdinen Formen schüttet/in welchen er gestehet. Die achte/wann der Zucker in die Form gegossen/machen sie mit einem Eysen/daß der Dampf vnden außgehen mag. Nach diesem tragen jhn die bestellten Leut hinweg/vnd setzen jhn auff andere jrdine Geschirr/darein thut das Honig fliessen.

Von der Statt Tropia/vnd den newen kleinen Jnseln/vorzeiten Acoliæ oder Vulcaniæ genannt.

Tropia ist ein schöne vnd volckreiche Statt an dem Meer gelegen/hat ein Bischoff/gleich wie Nicotera oder Nicodro: ist von wegen der schönen wüllinen Tücher/so daselbst gemacht werden/sehr berühmbt. Hat ein vberauß lustig vnd fruchtbar Erdtrich/da allerley schöne Frücht/als Pomerantzen/Citronen/Limonen vnd dergleichen/nit nur zum vberflüssigen Brauch/sondern auch zum Wollust/reichlich wachsen. Von dannen sind biß an Vorberg Pelorum in Sicilia nit mehr dann 40. gemeine Meilen. Nicht fern von gemeiner Statt/ist nach Strabonis Meynung/der

Von Italia.

Meerhafen Herculis/ vnd die berühmbte Statt Medama/ so die Locrenser erbawen/ gewesen: wie dann noch viel alte Gemäwr vorhanden. Etliche vermeynen/ es habe die Statt Tropia jhren Namen von den Trophæis/ oder Siegzeichen/ so vor zeiten daselbst gestanden. *Hercull Port*

Angeregte Inseln betreffend/ seynd derselben neun/ vnd haben bey den alten Scribenten einen berühmbten Namen/ haben gemeinlich viel Schwefel vnd Alaun/ derowegen sie dann auch bißweilen bey tag rauchen/ vnd bey nacht Fewer außwerffen/ vnd dem Abgott deß Fewers/ Vulcano oder deß Winds Aeolo/ nachgenannt worden. Die erste Insel heist Lypari/ hat ein vmbkreyß zehen Welsche Meylen/ vnd war vor zeiten vber die vbrigen Inseln Oberherr. Warff auch stets viel Fewer auß/ welches aber heutiges tags nachgelassen/ vnd ist jetzund ziemlich fruchtbar. Im Jahr Christi vnsers HErrn 1544. ist der grawsam vnd mächtig Meeräuber Barbarossa in dieser Insel außgestiegen/ hat alles mit Fewer vnd Schwerdt verderbt/ vnd die Eynwohner gefangen hinweg geführt. Aber Keyser Carolus der Fünfft hat sie bald widerumb erbawet/ vnd mit Spaniern besetzt. Die Weiber aber dieser Insel trincken keinen Wein/ weil sie von alters her in dem Wohn stecken/ daß deßwegen das Fewer außspeyen auffgehöret/ weil sich die Weiber verlobt haben/ keinen Wein mehr zu trincken. Die ander heist Vulcano oder Hiera/ ist gar steinig vnd öd/ voll Fewer/ welches sie an dreyen Orten außwirfft. 3. heist Felicure/ oder Phenicusa. 4. Ericusa oder Alicuri. 5. Stroegyle/ oder Strombeli. 6. Hicasia oder le Saline. 7. Evonymo. 8. Didyme oder Dina. 9. Vstica.

Von Charybdi vnd Scylla.

Besser herumb am Vfer kompt man zum Meergebürg Scylleo/ da das Meer zwischen Calabria vnd Sicilia so eng ist/ daß man an etlichen Orten nicht vber 1500. Schritt hat.

Weil dann sehr viel vnd grosse Hölinen vnder Sicilia sind/ vnd das Meer mit grossem Gewalt da hinab vnd zu rück laufft/ verursacht es in denselbigen Enginen gantz widerwertige Würbel vnd Meerwellen/ daß das Wasser an eim gefährlichen Meerschlund tieff hinunder fällt/ vnd alles was es erwüscht/ oder darein kompt/ zu grund zeucht vnd verschluckt/ am andern Ort hoch wider übersich fährt/ vnd mit grossem wüten/ vnd ohne vnderlaß an die Felsen stöst/ derwegen allda offtmals die Schiff zu stücken gehen.

Das erst Ort ist an der seiten Siciliæ/ war von den Alten Charybdis genannt. Das ander aber Scylla/ an dem Vfer Calabriæ. Ist derowegen sehr gefährlich da hindurch zu schiffen/ daß wann man sie für dem Meerschlund Charybdi wil hüten vnd denselben vermeyden/ kan leichtlich geschehen/ daß man an den gefährlichen Felsen Scyllam anstöst.

Daselbsten stossen die zwey Vorgebürg Sciglio disseits/ vnd Peloro jenseits fast nahend zusammen/ also daß nicht vnglaublich ist/ daß die alten Scribenten in jhrer Weltbeschreibung verzeichnet/ Sicilia seye hiervor der Landschafft Calabriæ anhängig gewesen.

Von der Statt Rheggio.

Diese Statt ist an dem Canal gelegen dadurch man auß Italia in Siciliam schiffet/ vnd ist daselbst das Meer vber 10. Italiänische Meylen nicht breit/ sol von den Griechen also genennet seyn von dem grossen Riß/ dadurch vor zeiten in einem grossen Erdbidem Sicilia von Italia gespalten vnd abgesondert worden.

Ist erstlich von Ascena Gomers Sohn/ Japhets Enckel/ vnd Noe Vrenckel erbawet/ vnd Ascera genannt: volgents aber von den Griechen auß der Statt Chalcide in Eubóa ernewert/ vnnd Morgentium genannt. Ist also eine vnder den alleraltesten Stätten in gantz Italia. Etliche vermeynen/ Sicilia sey nicht durch ein Erdbidem von Italia getheilt vnd abbrochen worden/ sondern weil das Erdrich daselbst/ gleich wie auch bey Puzzolo an vielen Orten außbrennt vnd durchhölet/ so haben die Meerwellen mit gewalt durchbrochen/ vnd zu beyden Seiten den Grundt hinweg genommen. Hat etwan ein sehr berühmbt Regiment gehabt/ so durch sonderbare Fürsichtigkeit dermassen zugenommen/ daß mehrgesagte Statt Rheggio nit nur wol besetzt vnd gantz herrlich befestiget gewesen/ sondern auch viel andere Ort bewohnt/ vnd zu Coloien gemacht hat.

Ist zur zeit deß andern Carthaginensischen Kriegs/ wie Livius im 33. Buch verzeichnet/ vnder allen Stätten in Calabria an den Römern trew verblieben/ ohn angesehen daß der erschröckliche Kriegsfürst Hanno mit grosser Kriegsmacht darwider zogen/ vnd dieselbe mehrmaln hart hatte angeloffen. Nach dem sie aber ein gute zeit in grosser Herrlichkeit geblühet/ hat sie Dionysius der Tyrann oder Fürst in Sicilia eyngenommen/ vnd jämmerlich zerstört: darauf sie aber sein Sohn widerumb zu bawen angefangen/ vnd Phöbiam geheissen. Folgents hat mehrgedachte Statt nach einander vnglück außgestanden: dann als die Römer Decium Jubellium mit einer Legion Kriegsvolck dahin wider König Pyrrhum/ vnd die Samniter geschickt/ hat derselbe mit Hülff seiner vertrawten Besatzung die vornehmbsten Häupter der Statt jämmerlich vmbbracht/ vnd die Statt zehen gantzer jahr lang beherrschet. *Decius Jubellius.*

Als sie aber die Römer widerumb eyngenommen/ hat man gedachte Legion gen Rom geführt/

484 Das vierdte Buch

vnd daselbst auff dem Marckt 4000. Mann davon enthauptet. Nach dem sie aber hernach durch grossen Erdbidem fast allenthalben eyngefallen/ vnd ein zeitlang vnbewohnt/ vnd wüst gelegen/ hat sie Julius Cæsar/ als er Pompejum vberwunden/ widerumb gebawet/ vnd mit etlichen seinen wolverdienten Kriegsleuten besetzt/ daher sie dann auch Julij namen bekommen.

Sarracenen vnd Türcken. Was endlichen von der Sarracenen Eynfall zu verhergung vberblieben/ hat Solimanni Armada im jahr Christi vnsers einigen HErrn vnd Seligmachers 1544. als dieselbe König Francisco dem Ersten auß Franckreich/ zu Hülff kommen/ jämmerlich verwüstet/ vnd nidergerissen. Das Land darumb ist sehr fruchtbar/ bringt vber die massen grosse Oliven/ guten Wein/ vnd allerley schöne Frücht. **Datteln.** Hat vor zeiten auch gute Datteln getragen/ aber die Türcken haben die Bäum abgehawen. Von Kauffmannswahren wird sehr schöne Seyden da gemacht. Der Lufft ist auch gar lieblich vnd gesund.

Fürtreffliche Leuth. Hat etwan viel gelehrte vnd fürtreffliche Männer gezeuget/ vnder denen dann Andredamus/ so denen zu Chaleide in Thracia/ wie bey Aristotele im andern Buch seiner Politica zu sehen/ jhre Gesetz geben: Pythagoras ein fürtrefflicher Bildschnitzer/ dessen Plinius im 38. Buch/ am 8. Capitel/ gedencket: Hipparchus ein hochberühmbter Sternseher: vnd der weiß vnd sinnreiche Poet vnd Historicus Ibycus gewesen. Jetzt angeregter Ibycus ist bey Rheggio auff dem Vorgebürg Leucopetra  von den Mördern erschlagen worden/ vnd als sie jhn jetzt vmbbringen wolten/ sahe er daß etliche Kranich vber jhn her flogen/ denen schreye er zu/ sie solten seinen Todt rechen.

Ibycus wird bey Reg. hio ermordt.

Vber ein zeitlang hernach sassen die Mörder zu Rheggio bey einander auff dem Marckt/ vnd als vngefähr etliche Kranich fürüber flogen/ lachten sie vnd sagten scherzweiß zu einander: Schaw hie seynd vnsers Ibyci Kranich: welches als einer so nahend bey jhnen saß/ gehöret/ vnd man ohne das den Ibycum lang verlohren hatte/ zeigt ers der Obrigkeit an/ die liessen die Mörder gefänglich eynziehen/ beneben auch gütlich vnd streng fragen/ da bekanten sie den Mord/ vnd wurden jhrem Verdienst nach gestrafft. **Vornehmb Ertzbisthumb.** In den alten Concilijs hat der Ertzbischoff von Rheggio allzeit die nechste Session nach dem Römischen Bischoff gehabt. In diese Statt ist auch S. Paulus/ als er von Hierusalem gen Rom für Keyser Nerone geführt worden/ ankommen/ vnd einen Tag daselbst geblieben/ vnd das Evangelium von vnserm HErrn Christo geprediget/ wie in der Apostel Geschicht am 28. verzeichnet.

Von der alten Statt Locri.

Leander Albertus vermeynt/ die berühmbte alte Statt Locri/ seye nicht fern von Bursano/ so vor zeiten Bruttium/ der Bruttier Hauptstatt gewesen/ gestanden: Andere aber geben für/ deren Meynung auch der wolerfahren Hieronymus Megiser/ es habe die Statt Gierazzo/ zwischen zweyen Wassern auff der Höhe gelegen/ vor diesem Locri geheissen. Ist von Evante vnd seinen Gesellen/ oder wie Solinus wil/ von den Griechen/ so mit Ajace Oiles wider Trojam gezogen/ erbawet/ vnd derselben Vatterland bey dem Berg Parnasso nach genannt. Vnd schreibt Plato in Timore/ daß vor zeiten in gedachter Statt Locri die grösten Schätz/ auch die an Tugend vnd Geschicklichkeit fürtrefflichste Leut gewesen. Als die Locrenser auff ein zeit den Syrern wider die von Crotona hülff zugeschickt/ haben sich gedachte zu Crotona hefftig beklagt/ vnd darauff den Locrensern alle Freundschafft vnd Bündnuß auffgesagt/ vnd einen Krieg verkündiget. Weil sich aber die Locrenser auff jhr eygen Macht nicht dörfften allein verlassen/ haben sie die Spartaner vmb Hülff angeruffen: Als aber eben dieselben durch andere Krieg sehr geschwecht waren/ gaben sie jhnen zur Antwort/ sie wolten bey den Schirmgöttern Castore vnd Polluce/ Hülff suchen/ schickten also jhr Bottschafft in derselben Tempel/ so in der Nähe gelegen/ vnnd thaten wie jhnen die Spartaner gerahten.

Da solches aber die Crotoniater verstanden/ haben sie ebenmässiger gestalt jhr Bottschafft gen Delphos zum Apolline abgefertiget/ vnnd denselben vmb Hülff wider die Locrenser angeruffen. Hierauff zogen die Crotaniater 120000. starck/ wider die Locrenser/ welche nit vber 15000. gewehrter Mann beysammen gehabt.

Locrenser vberwinden die Crotoniater. Da nun die Locrenser gesehen/ daß sie zu viel schwach/ der Feind aber sehr starck zu Feldt gezogen/ haben sie die Hoffnung deß Siegs gantz fallen lassen. Eher daß sie aber Gefangenschafft vnd Dienstbarkeit leyden wolten/ haben sie viel lieber alle mit einander zu grund gehen/ vnd ritterlich sterben wöllen. Fallen also auff den Feind mit grawsamer vngestüm/ der Hoffnung demselben etwas schaden zu thun/ vnd alsdann samptlich erschlagen zu werden. Das Glück ist jhnen wider jhr verhoffen mit solchen günsten beygestanden/ daß sie das mächtige Heer Feindes geschlagen/ vnd in die Flucht getrieben. Die Historien melden daß ein Adler ob den Locrensern herumb geflogen/

Von Italia. 485

gen/als wann er jnen ein Hertz zum Streit gebe: Es haben sich auch in derselben Kriegsheer zwen junge Männer auff weissen Pferden mit Purpur bekleydet/erzeigt/so wider die Crotoniater gantz ritterlich gestritten/nach der Schlacht aber in die Lufft verschwunden/welche Castor vnd Pollux sollen gewesen seyn/wie dann der Teufel vor zeiten die armen blinden Heyden im Aberglauben zu erhalten dergleichen Spiel mehr getrieben. Zu diesem hat sich damalen noch was wunderbarers zugetragen/in massen Trogus mit trewen verzeichnet/daß noch denselben Tag/da diese mächtige Schlacht geschehen/das Geschrey von der Locrenser Sieg/zu Lacedemone/Athen vnd Corintho/ erschollen. Es hat sich aber diß sieghaffte Glück mit der Zeit heßlich vmbgewendet/vnd seinen lieblichen Gunst in Vnwillen verkehrt. Dann als Hanno die Statt Rheggio nicht kondte bezwingen/ hat er die Statt Locri vberfallen vnd als sie etwas zeits hernach dem Lucio Attilio mit seine Kriegsvolck gen Rheggio geholffen/jämmerlich erwürgt. Folgents hat sich Hannibal mit den Locrensern verbunden/vnd dieselbe nach jren alten Gesetzen vnd Bräuchen/mit eynraumung deß Meerports frey gelassen/allein hat er dahin ein Besatzung gelegt.

Endlich aber hat sich Scipio/als er von Syracusa kommen/für die Statt Locri gelegt/dieselbe eyngenommen/vnd die Carthaginenser darauß vertrieben. In mehrgedachter Statt hat Proserpina die Höllgöttin ein wunderschönen vnd köstlichen Tempel gehabt/welchen Publius Pleminius beraubt/darüber er dann von den Locrensern vor dem Raht zu Rom verklagt/vnd dahin in Eysen geschmiedet geführt vnd in ewige gefängnuß geworffen worden. Vor Christi Geburt 450. *Zaleucus.* Jahr/hat zu Locris Zaleucus/Pythagoræ Lehrjünger/gelebt/vnd den Eynwohnern daselbst jhre Recht geordnet. So vnder andern ein Gesetz geben/daß man einem Ehebrecher beyde Augen solte außstechen. Als aber hernach sein Sohn im Ehebruch ergriffen worden/vnd die gantze Burgerschafft/vmb deß Vatters willen/deß Sohns zuverschonen vermeynten/hat Zaleucus dem Gesetz nichts abbrechen wöllen/doch diß Mittel getroffen/daß er dem Sohn ein Aug/vnd jm selber auch eins hat außstechen lassen.

In gedachter Statt hat man denjenigen/so im Diebstal ergriffen/die Augen außgestochen. Die Verstorbenen hat man nit beweint/sondern nach der Begräbnuß Panckét gehalten/wie bey Heraclide zu sehen. Der Tempel Castoris vnd Pollucis ist an dem Fluß Sagra gestanden. Von diesem Fluß vnd obgedachter Schlacht ward ein Sprichwort gemacht/dessen sich die Alten pflegten zu gebrauchen/wann sie es warhafftig wolten bestettigen: Es ist so gewiß/als die Schlacht bey dem Fluß Sagra geschehen. Bey dem Fluß Alessa ist die Statt Mandaloia/vorzeiten Peripolis *Praxiteles* genannt/daher der berühmbte Bildhawer Praxiteles bürtig gewesen.

Vonder Statt Crotona. Cap. XXXVII.

In kleinen spacierweg/von dem Meergebürg Capo delle Colonne/ligt die Statt Crotona/baldt nach dem Trojanischen Krieg/von den Griechen auß Achaja/ fürnemblich aber von Miscello gebawt/vnd vom Tantzen Crotona genannt/in massen dann an demselben Ort sonderbare Frewdentäntz (welche die Griechen Crotos heissen) gehalten worden. Hat ein sehr guten vnd gesunden Lufft/so niemaln inficiert vnd mit der Pestilentz vergiffet worden. Das Land ist vber die massen fruchtbar/vnd bringt allerley Gattung recht kräfftige Nahrung. Hat nie kein Erdbidem erlitten: In summa in der massen temperiert/daß wann man von einem außbündigen gesunden Ort sagen wöllen/hat man gesprochen: Er ist so gesund als Crotona. Daher dann *Sprichwort von Crotona.* auch kein Statt vnder der Sonnen gefunden worden/auß dero ein solche Anzahl der besten Kämpffer vnd Helden/sampt andern fürtrefflichen Personen/sind herkommen. Wie dann auch ein ander Sprichwort gewesen: Der schwächist von Crotona/ist der stärckist vnder allen Griechen. Ist nicht Isomachus/Tisicrates/vnd Astoles von Crotona bürtig gewesen/darunder der erst im neun *Viel Kämpffer auß Crotona.* vnd sechzigsten/der ander im ein vnd siebentzigsten/vnd der dritt im drey vnd siebentzigsten Olympischen Kampff/alle andere Kämpffer mit grossem Ruhm vberwunden?

Wer hat an Leibskräfften jemalen Milonem von Crotona vbertroffen? Hat nicht derselbe ungefehr vier hundert vnd etlich vnd neuntzig Jahr vor Christi vnsers HErren Geburt/nach dem er von dem weisen Pythagora in vielen schönen Künsten vnderrichtet worden/ein gantzes Hauß von seinem Eynfall auffgehalten? Dann als auff ein Zeit der Pallast/darinnen die Weltweisen Philosophi versamblet waren/vber einen hauffen fallen wöllen/hat sich Milo/so lang an die Säule/darauff das Hauß gestanden/gelehnet/vnd das gantze Gebäw so lang auffgehalten biß daß sie alle ohne schaden herausser kommen.

Wann sich gedachter Milo in einen Fußstaffeln gestellet/hat jhn niemand bewegen/vnnd so er einen Apffel in der Handt gehalten/hatte jhme

JJ y   niemand

niemand kein Finger auffthun vnd strecken mögen. Hat in einem offentlichen Schawspiel einen gewaltigen Ochsen in einem Streich mit der blossen Faust zu todt geschlagen/denselben auff die Achsel genommen vnnd darvon getragen: hat jhn auch denselben Tag gantz vnd gar auffgessen vnd verzehrt.

Ist aber endlich eines sehr jämmerlichen Todts gestorben/dann als er ein mal durch einen dicken Wald gegangen/vnnd gesehen/daß ein grosser Eychbaum in der Mitte gespalten/auff der Erden gelegen/hat er mit beyden Händen in den Spalt gegriffen/vnd vollends von einander reissen wöllen.

Da aber der Speidel oder Bissen herauß gefallen/vnd der Baum widerumb mit grossem Gewalt zusammen gesprungen/ist er mit beyden Händen vom Holtz gefangen von den wilden Thieren gefressen worden: wie bey Diodoro Siculo/Aulo Gellio/Strabone/Philostrato vnd andern glaubwürdigen Scribenten/mit Verwunderung außfürlich zu lesen.

Democedes. Es ist auch der erfahrne vnd berühmbte Artzt Democedes/welchen Policrates König zu Samo/vnd Darius König in Persien/den er/als er in der Jagt sein Fuß außeinander gefallen/geheilet/vnd Herodotus im 3. Buch seiner Historien sonderlich gepriesen: wie dann auch ein anderer/*Alcmeon.* Alcmeon genannt/von Crotona bürtig gewesen. Vnder allen Artzet haben die Crotoniater/den ersten/vnd die Cyrenenser den andern Preyß gehabt. Die sinnreichisten vnd weisisten Poeten vnd Philosophos belangend/hat vielgedachte Statt Crotona/den berühmbten *Orpheus.* Orpheum/so von der vralten Schiffahrt/zum güldenen Fluß/Argonautica genannt/ein vberauß schön Gedicht/vnd andere fürtreffliche Sachen geschrieben/darüber auch Pisistrato lieb gewesen/gezeuget. So war auch der mechtige Heldt vnd Kriegsobrister *Phormion.* Phormion/so die Lacedæmonier in *Pythagoras.* einer Meerschlacht vberwunden/zu Crotona geboren. Der scharffsinnige vnd hochgelehrte Pythagoras hat auch sein Wohnung zu Crotona gehabt/vnd daselbst offentlich gelehrt/was er in Morgenland/fürnemlich in Egypten vnnd Chaldeen/bey den allerweissesten Meistern erkündiget. Eher daß König Pyrrhus auß Epiro/da jetzund Ragusa die Hauptstatt/in Italiam gezogen/vnd darinn wider die Römer schwere Krieg geführt/ist die Statt Crotona so groß vnd mächtig gewesen/daß sie in jrem Bezirck zwölff Meilen begriffen/vnd hundert vnd etlich dreyssig tau-*Regiment zu* sent Mann wider den Feindt ins Feldt führen können. Stund nur drey Meil wegs von obgedach-*Crotona.* tem Tempel Junonis Laciniæ/vnnd ist der Fluß Aesarus in mitten durch die Statt geflossen. Hat erstlich ein frey Regiment/von 1000. Rahtsherren bestellet: ward aber hernach arglistiger weiß von Dionysio dem Tyrannen in Sicilia eyngenommen/vnd folgents im Carthaginensischen Krieg von Hannone ein gute zeit hart belägert/vnd mit der Locrenser Raht auffgeben. Nach dem aber Hanno/wider sein Versprechen/gedachter Statt Freyheiten geschwechet/vnd den Brutiern darinn zu viel zugelassen/haben viel vnd die Besten der Eynwohner jhr Vatterland verlas-*Römische* sen/vnd seynd zu den Locrensern gezogen. Wurd endlich zu einer Römischen Colonien gemacht/*Colonia.* vnd von Cajo Octavio/vnd Lucio Aemylio Paulo/gleich wie Tempsa/mit vertrawten Männern besetzt.

Nicht fern von dieser Statt hat der Röm. Burgermeister Sempronius den Erbfeind Hannibal dapffer angriffen/vnd dessen Kriegsheer mit grossem Sieg vbel geschlagen.

Es ist denckwürdig was gestalt die von Crotona/die mächtige Statt Sybarim bezwungen vnd verwüstet. Nach dem die Statt Sybaris/25. Meil von Crotona vnd nicht fern von Bisignano/an dem Fluß auch also genannt/gelegen/an Reichthumben dermassen zugenommen/daß sie 25. Stätt vnder jhr gehabt/vnnd vber vier sonderbare Völcker gebotten/auch zum Wollust/welchem sie gar zu sehr ergeben/am Fluß Crathi 6. Meil wegs lang lauter stattliche Palläst gebawen: hat sie mit der Statt Crotona ein Krieg angefangen/vnd wider dieselbe 300000. Mann zu Fuß/vnd ein gewaltigen reysigen Zeug ins Feld geführt. Weil sie aber durch jren grossen Pracht vnd Epicurischen Wollust dahin gerahten/daß sie jhre Pferdt gewehnet vnd abgericht/daß sie/wann man auff der Music gespielet/hupfften/sich vmbwendten/hin vnd wider sprangen als wenn sie tantzten: haben die von Crotona/als man solte Lermen schlagen/vnd darauff zur Wehr greiffen/auff der Music Spielen/mit Geigen vnd Pfeiffen auffmachen lassen/darauff dann der Si-*Sybariter* bariter Pferd/nach jhrer Gewonheit/angefangen zu däntzeln/vnnd hin vnd wider zu springen/*werden von* dadurch sie dann jhr Ordnung/daran am meinsten gelegen/zertrennet/vnd sich selbst ins Ver-*den Crotoniatern ge-* derben gestürtzt haben. Dann nach dem die von Crotona die Sybariter geschlagen/haben sie den *schlagen.* Fluß auffgeschwellt/vnd die Statt Sybarin ertränckt: wie bey Diodoro Siculo im 12. vnd Herodoto im 5. vnd 6. Buch außführlich zu lesen. Vielgedachte Statt Crotona ist zu dieser Zeit nit so groß vnd schön/wie sie vor alten zeiten gewesen/hat den Titul einer Marggraffschafft. Am Meer daselbst hat Keyser Carolus der Fünfft im jahr Christi 1543. als Franciscus der Erst/König in Franckreich den Türckischen Keyser Solymannum vmb Hülff angeruffen/ein gewaltige Vestung gebawen/dadurch das vmbligende Land wider feindlichen Eynfall möchten beschützt werden.

Von

Von Italia. 487
Von der Statt Cosenza.

Cosenza von Strabone/ Appiano/ Plinio/ Pomponio/ Livio vnd andern alten Scribenten Cosentia genannt/ ist etwan der Bruttiern Hauptstatt gewesen/ ligt an dem Apenninischen Gebürg auff sieben kleinen Hügeln/ welche sie auch im Wapen zum Statpanier führt/ ist mit zwen schönen Flüssen/ Gratti vnd Busento vmbgeben.

Vnder Keyser Ottone vnd Bapst Johanne dem Dreyzehenden/ haben die Saracenen gedachte Statt eyngenommen/ dero Eynwohner jämmerlich erwürgt/ die besten Gebäw nider gerissen/ vnd alles mit Fewer verbrennt. **Saracenen.**

Hat ein vornehm Ertzbistumb/ welchem die Bischoffe von Martirano/ S. Marco/ Cassano/ vnd Melito vnderworffen.

Obgedachter Fluß Gratti entspringt 6. Meil von Cosenza gegen Auffgang/ mit einer geringen Brunnquell/ vnd fällt gegen Mitternacht in Fluß Busento: Hat seinen Namen von einem berühmbten Hirten/ so Crathis geheissen/ vnd darbey begraben worden.

Vnd ist nicht ohne Verwunderung zu hören/ was beyde die alten Scribenten/ vnd noch heutiges tags die Eynwohner von diesen beyden Flüssen/ wie auch Sybaris Natur vnd Eygenschafft außgeben: daß nemlich die Haar so man mit dem Wasser deß Fluß Gratti vnd Sybaris wäschet/ schön gelb vnd goldfarb/ von dem Busento aber schwartz werden. Wie dann auch solches an der Seyden probiert worden: daher Ovidius in seinen Verwandlungen geschrieben: **Dreyer Flüssen wunderbare Natur.**

Crathis & hinc Sybaris nostris conterminus oris
Electro similes faciunt auroque capillos.

Als Alaricus der Wisegothen König zu Cosenza gestorben/ haben jhn seine Hofräht vnd gute Freund/ auß Forcht dz sich jrgend jemand/ wegen vielfaltiger geübter Tyranney/ an seinem Leichnam möchten rechen/ vnder den Fluß Busento begraben/ welches dann solcher gestalt geschehen. **Alarici Beschreibung.**

Den Strom hat man durch einen tieffen Graben auff die seiten geleitet/ vñ im Mittel deß Fluß Busenti/ König Alaricum in ein steinin Sarck/ mit sampt den besten Königlichen Zierden vnd Kleinoten/ gelegt/ nach diesem hat man dem Wasser widerumb seinen vordern Lauff gelassen/ vnd den new auffgeworffenen Graben widerumb zugefüllt.

Im jahr Christi vnsers HErrn 970. ist gedachte Statt Cosenza von den Saracenern zerstört vnd verbrandt/ doch nicht lang hernach widerumb erbawt vnd in ehr gelegt worden.

In dieser Statt wird jährlich ein grosse Kauffmanns Meß gehalten: vnd werden daselbst sonderlich schöne vnd gute Messer gemacht/ sampt anderm Eysenwerck/ wie auch allerley schöne jrdin Gefäß vnd Haffner Arbeit.

Von Cosenza sind Janus/ vnd Petrus Paulus Parrhasius/ zween sehr fürtreffliche vnd hochgelehrte Männer bürtig gewesen: der erst in Griechischer vnd Lateinischer Spraach/ ein sitt reicher vnd wolberedter Poet vnd Orator/ erstlich zu Meyland/ darnach vnder Bapst Leone dem Zehenden zu Rom mit grossem Nutz profitiert/ wie dann auch Graff Trivultius ein alter 60. jähriger vnd sehr fürnehmer Herr/ in desselben Lectiones gangen. Der ander hat viel jahr zu Padua vnd Bononia im Rechten gelesen/ dessen Consilia oder Rahtschläg noch vorhanden. Ward endtlich von Bapst Paulo dem Dritten zu einem Cardinal gemacht. Das Landt darumb ist an Wein vnd Korn/ vnd allerley guten Früchten vnd Nahrungen sehr fruchtbar. Fürnemlich aber hat vielgedachte Statt einen gewaltigen Waldt/ der Siler Waldt genannt/ welcher im vmbkrey 200. Meilen begreifft/ darumb jhn dann Virgilius Ingentem Silam, den grossen Silam nennet. **Janus vnnd Petrus Paulus Parrhasius. Siler Wald.**

Dieser Wald bringt der Statt Cosenza ein sehr grossen Nutz/ dann neben dem daß durch denselben etliche fischreiche Wasserflüß lauffen/ allerley Weyden/ vnd lustige Jägten gehalten werden/ wird das beste Hartz vnd Terpentin darauß gebracht.

Von der alten Statt Metaponto.

An dem Tarentinischen Meerbusen/ nicht fern von Torre di Mare/ ist die schöne vnd in den alten Historien berühmte Statt Metapontum gewesen/ welche die Griechen Pilti genannt/ so mit Nestore von Troja daselbst durchzogen/ oder wie Solinus vermeynt/ die Locrenser haben gebawt: davon aber heutiges tags nichts dann etliche zerschlagene Stein in schwartzem Erdrich zu sehen.

Wie reich vnd mächtig aber diese Statt gewesen/ ist auß diesem wol abzunehmen/ daß sie dem Abgott Apollini ein gantz güldine Statuam mehr dann Lebens grösse/ gen Delphos geschickt: vnd mit hilf deren zu Crotona vnd Sybari alle Griechen auß Italia vertrieben/ vnd darin allein herrschen wöllen/ wo sie nicht durch ein gemeines Landtsterben weren erschreckt vnd abgehalten worden. Dann als gedachte drey Stätt jren Anschlag für die hand genommen/ vnd die Statt Syrim schon allbereit eyngenommen/ auch fünfftzig Jüngling erschlagen/ ohn angesehen/ daß sich dieselben zu der Abgöttin Minervæ Altar begeben: entstund ein grosse Pestilentz/ vnd nam ein grosse anzahl Volcks hinweg. **Metapontum etwan sehr mächtig.**

Derowegen dann die zu Crotona eine Bottschafft zum Abgott Apolline gen Delphos abgefertiget/ vnd denselben gantz demütig vmb hülf angeruffen. Der Abgott aber offenbaret die vrsach deß **Landsterben.**

grossen

Das vierdte Buch

grossen Landtsterbens/ vnd sagt man solle die Göttin Minervam widerumb versühnen/ welche sie höchlich erzörnt/ An dem sie die Jüngling zu Syro von dem geweyhten Altar gerissen/ vñ erwürgt haeben.

Teuffelische Opffer. Da nun die zu Crotona der Minervę ein köstlichen schönen Götzen verehrt/ vnd zum Versühn-opffer auch 50. Jüngling auß jhrer Statt geschlachtet/ vnd solches die Metapontiner vernommen/ haben sie den Crotoniatern mit gleichförmiger Verehrung vnd Opffer/ ohn verzug/ mit höchster Andacht nachgefolgt. Dieses aber hat der leydige Teufel/ so von anfang ein Mörder/ nur darumb angestellet/ daß er mit dem grawsamen Würgen vnd Tödten seinen Wollust hette/ vnd die armen blinden Leut/ zu seinem Gewinn vnd Vortheil/ in jhrem elenden Aberglauben erhielte.

Pythagoras stirbt zu Metaponto. Nach dem obgedachter Pythagoras 20. Jahr zu Crotona gesessen/ hat er ein gute zeit zu Metaponto gewohnt/ vnd daselbst endlichen den Geist auffgeben/ von welchem es gehalten/ daß derselbe in ein andern Leib werde fahren/ daher es daß die Zeit seines Lebens/ wie auch seine Lehrjünger vnd Nachfolger/ nie klein Fleisch gessen. Das Hauß darin Pythagoras gewohnt/ ward zu einem Tempel gemacht/ er aber für ein Gott gehalten/ vnd mit grosser Verehrung angebettet.

In gedachter Statt war ein Tempel der Abgöttin Junoni zu Ehren auffgericht/ in welchem etliche Säulen/ von lauter Rebholtz gewesen.

Säulen von Rebholtz. Im Carthaginensischen Krieg haben sich die Eynwohner zu Metaponto Hannibali ergeben/ vnd hernach demselben Hilff gethan.

Architæ Schul. Vier Meil wegs von diesem Ort/ da vor zeiten die Statt Metapontum gestanden/ sihet man ein Meil vom Meer auf einem Hügel 20. hohe vnd grosse Marmorsteinine Säulen in zwo Ordnungen gesetzt/ so nach deß gemeinen Volcks Fürgeben/ deß berühmbten Philosophi Architę von Tarento Schul oder Lusthauß gewesen/ darinn er mit schönen Dingen/ vnd hohen Gedancken/ vmbgangen.

Von der Statt Tarento.

Es sind die alten Authores/ so die Welt/ fürnemlich aber Italiam beschrieben/ nicht einer Meynung/ wann vnd von wem die berühmbte Statt Tarentum erstlich erbawet worden: Inmassen dann etliche vermeynen es habe dieselbe jhren Anfang von dem mächtigen Helden Hercule: andere von den Cretensern so mit König Minoe in Siciliam gezogen. Servius aber verzeichnet in seiner Außlegung vber das 4. Buch Vergilij vom Feldbaw/ es habe Tara Neptuni Sohn diese Statt zum ersten gebawen/ vnd jhr nach genannt: Hernach sey sie von Phalante/ den Partheniern/ vnd andern erweitert/ vnd mit grossen Reichthumen begabt worden.

Weil aber bey Tarento herumb nicht nur Aepffel vnd Byren/ sondern auch die Nüß so weich wachsen/ daß jhre Schalen auch allein im angreiffen zerbrechen/ vnd die Sabiner alles was weich vnd lind ist Tarentum heissen/ haben etliche vermeynen wollen/ es habe gedachte Statt von denselbigen weichen Nüssen jhren Namen bekommen/ in Betrachtung sie auch von Horatio molle Tarentum/ die weiche Statt Tarent genannt worden.

Die alte Statt Tarentum ist auf dem nidern Boden gelegen/ die Vestung aber stunde auf dem Hügel zwischen dem Marckt vnd Port/ gegen dem Meer. Ward an allen Orten mit dicken vnd hohen Mawren vmbgeben/ vnd auffs beste gezieret.

Stadium. Vnder andern gwaltigen Gebäwen dieser alten Statt/ ist ein Stadium oder grosser Rennplatz gewesen/ in welchem man sich nach Griechischem Gebrauch mit rennen/ kämpffen/ vnd andern männlichen Spielen pflegte zu üben.

Theatrum. Bey dem Port ist ein gewaltig Theatrum vnd Spielhauß gewesen.

Colossus. Auff einem schönen breyten Platz ist ein vberauß groß ehrin Bildt gestanden/ dem Abgott Jupiter zu ehren auffgericht/ deßgleichen außgenommen dz zu Rhodis/ nirgends in der gantzen weiten Welt gesehen worden.

Democratia. Das alt Regiment zu Tarento betreffendt/ war dasselb erstlich durch gemeine Burgerschafft bestellet/ zur zeit Darij aber in ein Monarchey vnd Königreich verändert/ vnd regiert ein gute zeit vber Calabriam/ Apuliam/ vnd Lucaniam.

War für allen andern Stätten zur selben zeit auff dem Meer sehr mächtig/ vnd mit einer grossen Anzahl bewehrter Schiffen trefflich versehen.

Kondte jeder zeit beneben 1000. Rittermässigen Hauptleuthen/ 30000. zu Fuß/ vnd 3000. zu Pferde wider den Feinde außrüsten/ vnd demnach die Statt wol besetzen vnd verwahren. Ist aber wegen jhrer Vermessenheit hernach in grossen Schaden gerahten.

Dann als gedachte Tarentiner an Reichthumb vnd Herzligkeit sehr zugenommen/ vnd nach jres Hertzen Wunsch in allen Frewden vnd Wollüsten gelebt/ haben sie auff ein zeit als sie bey dem Port im Theatro ein Schawspiel gehalten/ etliche Römische Schiff/ so gegen dem Landt gefah-

Von Italia. 489

ren/feindlich angriffen/vnd die Leut darauff mit viel Hon vnd Spott beleydigt: Fürnemblich aber ein kurtze zeit darnach die Legaten/ so von Rom kommen/ vnd sich ab dem erzeigten Vnbill erklagen solten/ im Theatro/ darinn nach Griechischem Brauch dergleichen Fürträg geschehen/ mit viel lästerlichen Worten angetastet/ vnd mit Harn begossen.

Da nun die Römer erwiesene grosse Schmach/ wie billich/ nicht leyden vnd dulden wöllen/ sondern mit gewehrter Hand vnd ziemlicher Kriegsmacht zur Raach außgezogen/ haben die Tarentiner nicht nur jhr gantz Volck/ so sie beyde in der Hauptstatt Tarento/ vnd allen Landschafften gehabt/ mit grossem Trotz auffgemahnt/ sondern auch König Pyrrhum auß Epiro/ mit sampt den Macedoniern vnd Thessaliern vber Meer zum Beystand beruffen/ vnd mit einem vberauß mächtigen/ vnd biß auff dieselbe zeit in Europa vngewöhnlichem Kriegsheer/ darunter viel grawsame Elephanten gewesen/ dem Römischen Regiment das eusserste Verderben gedröwet. *Deß Tarentinischen Kriegs anlaß.*

Die erste Schlacht war bey Heraclea vnd dem Fluß Lyri in Campania geliesseret/ vnd in derselben dem Röm. Kriegsheer/ welches Burgermeister Levinus geführt/ grossen Schaden zugefügt. Dann nicht nur die Menschen/ sondern auch die muhtigen Pferdt ab den grossen vngehewren Elephanten/ so dicke Thürn/ vnd darinn viel Schützen/ auff ihrem Rücken getragen/ hefftig erschrocken/ vnd auß der Ordnung durch einander geloffen.

Folgends haben sich die Römer in Picento bey der Statt Asculo vnder Curio vnd Fabricio Burgermeistern/ besser gehalten/ vnd der Elephanten nicht sonders mehr geachtet/ wie dann Cajus Mutius einem Elephanten den Schnabel abgehawen/ daben das eynfaltige Kriegsvolck gesehen/ daß auch solche mächtige Thier dem Todt vnderworffen.

Hierauff ward auff allen seiten gegen den Elephanten/ mit Pfeiler vnd Fewerwerck geschossen/ daß auch die Thürn darauff angefangen zu brennen/ vnd auff die Tarentiner gefallen.

Diese Schlacht hat biß in die finstere Nacht gewäret/ vnd ist zu letzt/ da fast jederman gefflohen/ König Pyrrhus vbel verwund/ von den Trabanten in seinem Harnisch/ auff den Achseln/ davon getragen worden.

Das dritte Treffen geschahe bey Benevent/ in welchem König Pyrrhi/ vnnd der Tarentiner Heerzug gäntzlich vberwunden/ vnnd auß selbst eygner Schuld jämmerlich geschlagen worden. Dann als damaln ein alter Elephant gesehen/ daß einer von seinen Jungen mit einem Pfeil in die Stirnen geschossen/ vnd vor grossem Schmertzen hefftig gewütet/ hat er wie ein rasender Löw grimmiglich vmb sich geschlagen/ vnd ein grosse Anzahl vnder seinen eygnen Kriegsheer zu hauffen gestossen/ nicht anderst/ als wann er mit bedachtem Muht seinen verwundten Jungen rechen wolte.

König Pyrrhus hette gern nach der ersten Schlacht mit den Römern Frieden gemacht/ ob er gleichwol in derselben obgesieget/ dann er damaln der Römer Heldenmuth vnnd fürtreffliche Kriegserfahrung genugsam gespüret/ auch wol erkennen mögen/ daß jhne die Elephanten für das erste mal was sonderlichs gehollffen haben. Gehet derowegen hin vnd läst die erschlagenen Römer ehrlich begraben/ vnd die Gefangene ohne Außlösung vnd Rantzion heim ziehen.

Wie mannlich sich aber die Römer zur selben zeit gehalten/ ist auß dem gnugsam abzunehmen/ daß alle so auff der Wahlstat todt geblieben/ vorderwerts/ fürnemlich aber im Angesicht vnd Brust grosse Wunden/ vnd Stich gehabt/ die Wehren in den Händen gehalten/ vnd noch so trotzig vnd erschröcklich außgesehen/ als wann sie den Feind erst wolten angreiffen/ derowegen dann auch König Pyrrhus frey rund gesagt:

Es möchte kein Heer besser die Welt bezwingen/ dann wann entweders er die Römer zu Kriegsleuten/ oder die Römer jhn zum König hetten.

Ob gleichwol aber König Pyrrhus ein ansehnliche Bottschafft/ mit grossen Geschencken/ gen Rom geschickt/ vnd mit dem Raht daselbst ein Frieden zu beschliessen begerte/ hat er doch das minste nicht außgericht/ fürnemlichen da Appius Claudius der Blinde sich auff einem Sessel in den Rath tragen lassen/ da dann erkennet vnd beschlossen war/ daß gedachtes Pyrrhi Gesandten mit jhren Præsenten/ vnd gantz abschlägiger Antwort widerumb zu jhrem König ziehen sollen.

Weil Appius der fürnehmbste gewesen/ so den Frieden mit Pyrrho widerrahten/ vnd den Krieg für gut gehalten/ wie er dann der Statt Rom sehr nutzlich gewesen/ ist das Sprichwort entstanden: Der blinde Appius habe dem Vatterland mehr guts mit seinem Gemüth/ dann andere mit jhren Augen fürgesehen.

Da nun König Pyrrho durch seine Gesandten verkündigt worden/ wie daß die Römer von keinem Frieden hören/ sondern/ wie angefangen/ die Kriegswaffen wolten führen/ hat er Cyneam den verständigsten vnder den Gesandten gefragt/ was jhn von der Statt Rom/ vnd dem Raht daselbst bedüncke: so jhm geantwortet: Es seye die Statt Rom nichts anderst dann ein gewaltiger Tempel/ vnd der Raht darinn/ wie ein Versamblung vieler Könige.

Vnd zwar es ist Rom eben damaln fast zum besten bestellt gewesen/ dessentwegen sie dann auch mit vielfaltigen grossen Victorien trefflich zugenommen/ vnd der Feinden Hochmut auff der Erden mit Füssen getretten.

A⟨a⟩

Curius vnd Fabricius.

Als Timochares / Königs Pyrrhi Leibartzt / dem fürtrefflichen Röm. Helden Curio angeboten / er wolle jhm gedachtes Königs Pyrrhi Haupt in die Hand vberliefferen / hat er derselbe dem König Pyrrho gefangen zugeschickt / vnd sich im wenigsten der Verrähterey nicht wöllen gebrauchen. Wie er dann auch zu der Samniter Botschafft / so jm ein grosse Summa Gelds angetragen / gesprochen: Er wolte viel lieber denen / so Goldt vnd Geldt haben / gebieten / dann aber Goldt vnd Geldt besitzen / vnd den Samnitern dienen. Damaln hat auch Fabricius Königs Pyrrhi vberschickte Geschenck nicht angenommen / vnd vor den Gesandten mit der Hand seinen Mund / Halß vnd Bauch angerührt / vnd darauf gesagt: So lang ich diesen Gliedern / die ich berührt / kan widerstehen / so lang wird mir auch nichts mangeln.

Weil dann das Römisch Kriegsheer mit solchen Männern vnd Helden versehen gewesen / ist sich nicht zuverwundern / daß dasselbe der Tarentiner Macht zu boden gestürtzt / Pyrrhum auß Italia vertrieben / vnd die Hauptstatt Tarentum eyngenommen / vnd von dannen mit einem vberauß mächtigen Triumph gen Rom gezogen.

Vmb diese Zeit haben die Römer erst angefangen silberne Müntz zu brauchen.

Dieser Krieg hat im jahr nach erbawung der Statt Rom 471. angefangen vnd vier jahr gewäret. Vnd ist zu dieser zeit die Statt Rom noch mit Schindeln bedeckt gewesen.

Nach Königs Pyrrhi Todt haben die Tarentiner bey den Carthaginensern Hülff gesucht.

Im Jahr nach Erbawung der Statt Rom 542. hat Hannibal die Statt Tarentum / wie von Livio im 35. außführlich beschrieben / mit arglistiger Verrähterey eyngenommen / vnd die Römer darinnen mehrertheils jämmerlich als in einem Schweinhatz erwürgt / erstochen.

Drey jahr hernach hat Fab. Maximus Verrucosus / als Hannibal Cauloniam belägert / Tarentum nicht mit minderm List widerumb eyngenommen / vnd darin Hannibals Zusatz nidergehawen. Als Marcus Livius Salinator auff ein zeit schertzweiß zu Fabio Maximo gesagt / er habe jhm zu dancken / daß er die Statt Tarentum eyngenommen / vnd widerumb dem Röm. Reich vnderworffen / antwortet Fabius: Ja wann du Tarentum nicht hettest verlohren / hette ich sie freylich nicht eyngenommen. Dann Hannibal hatte diesen Salinatorem auß der Statt Tarento ins Schloß getrieben.

Da Hannibal verstanden daß Fabius Maximus Tarentum eyngenommen / sagt er: Nun haben die Römer einen Hannibal: Mit der Kunst damit wir die Statt Tarentum bekommen / mit derselben haben wirs auch widerum verlohren.

Schöner Hercules.

Damaln ist neben einem mercklichen Schatz von Gold vnd Silber / vnd 30000. Gefangenen der schöne vergülte Hercules / welchen Lysippus gegossen / gen Rom gebracht / vnd zu einer sonderlichen Zierd vnd Gedächtnuß ins Capitolium oder Schloßkirchen gestellt worden.

Als die Römer zur selben zeit die beste Sachen vnd allerley schöne Tafeln / vnd Gemähld / von Tarento hinweg gen Rom führten / fragt der Schreiber / was man mit den Götzen / so gleichsam als zum Streit angethane grosse Riesen / in den Tempeln gestanden / solte machen / sprach Fabius: lasse den Tarentinern jhre erzörnte Götter.

Tarentinische / Locrensische / Regierasische Müntz.

Die alte Tarentinische Müntzen / waren wie Pollux / vnnd Nicolaus Leonicus bezeugen / mit Tara Neptuni Sohn / auff einem Delphin sitzend bezeichnet. Die zu Locris haben den Abendsternen / vnd die zu Rheggio ein Hasen vnd Wagen auff jhrer Müntz geführt.

Weil aber die Statt Rom von tag zu tag zugenommen / hat sich Tarentum nicht mehr erholen vnd in jhre alte Herrlichkeit setzen können / vnd ist also ein Römische Colonia biß auff diesen Tag in mittelmässigem Stand vnd Ansehen verblieben. Es melden Blondus im Buch seiner Historien vnnd Sabellicus im 4. seines 8. Theils / König Totila habe vielgedachte Statt Tarentum zerstöret / vnd in Aschen gelegt / biß daß sie die Calabreser widerumb erbawet.

Nach dem die Röm. Key. Majest. in Italia abgenommen / haben die Keyser zu Constantinopel die Statt Tarentum biß auff der Sarracenen Eynfall beherrschet.

Folgents haben sie die Bäpst zu einem Fürstenthumb gemacht / vnd endlichen dem Königreich Neapels eynverleibt. Wie dann von dem jahr Christi vnsers Herrn 1061. biß auff diese gegenwertige zeit 32. Fürsten zu Tarento gewesen. Der Ertzbischoffen aber werden 57. gezehlet. In massen bey der verzeichnuß von Johanne Juvene in seinem Buch von der alten Statt Tarento außführlich zu finden.

Die Antiquiteten belangent / werden noch merckliche Anzeigungen vom Theatro / grossen Gebäwen / vnd dem Port gesehen. Auff den Felsen so daselbst im Meer ligen / sind grosse Schwybögen gestanden / dadurch das Meer ab vnd zu geloffen.

Dieser Port hat in dem Vmbkraiß 30. Meilen / vnd werden da allerley Sorten Fisch / so mit dem zulauff deß Meers hinein kommen / in solcher menig gefangen / daß man auch den benachbarten Landen davon genug kan mittheilen. Vnder andern fängt man da wolgeschmackte Forellen / in die acht zehen Pfundt schwer. Das gemeine Volck nennet diesen Port nur das kleine Meer: wann man auß demselben kompt / so hebt sich der Tarentinisch Golfo an / den nennen sie das grosse Meer.

Zu auß-

Von Italia. 491

Zu eusserst an dieser Statt ist ein Vestung mit Meerwasser vmbgeben/ welche König Ferdinand von Arragonia ernewert vnd auffgebawet. Vnder den fürtrefflichen Personen/ so zu Tarento geboren/ ist Archytas/ Pythagoræ Lehrjünger gewesen/ so mit grosser Weißheit das Regiment daselbst siebenmal verwaltet. Dieser Archytas ist derjenige/ so/ nach dem er ein gute zeit zu Metaponto bey Pythagora gewesen/ vnd nach seiner Widerkunfft gen Tarentum/ gesehen/ daß seine Güter wüst gelegen/ zum Meyer/ der daran Schuld getragen/ gesagt. Wann ich nicht durch den Zorn so hefftig were entzündet/ soltestu von mir härtiglich gestrafft werden. Wolt also viel lieber den heilosen vnd vntrewen Meyer vngestrafft lassen hinziehen/ dann aber das minste wider die Vernunfft begehen/ dessen jhn hernach möchte rewen. In massen dann offtermals viel Ding im Zorn begangen werden/ ab denen man hernach/ wann derselbe vergangen/ kein gefallen hat. *Archytas.*

Gedachter Archytas was so künstlich/ daß er ein hölzine Tauben zurichtet/ die selber hat fliegen können: daher dann Plato der allerweissest vnder den Heyden/ auß Asia zu jhm gen Tarentum gereyset. *Ein höltzene Taub kan fliegen.*

Von der Statt Thuria.

In dieser Gegne bey Tarento ist vor zeiten Thuria ein sehr berühmbte Statt gewesen/ in welcher Charunda der Oberherz oder Ammeister daselbst/ wegen etlicher Auffruhren/ ein Gesatz vnd Ordnung gemacht/ daß niemandt bey Leibsstraff mit der Wehr solte in Raht vnd Burgerliche Versamblungen gehen. Als aber auff ein zeit gedachter Charunda vber Feld herkommen/ vnd eben allbereit in Raht gehen solte/ hat er deß Wehrs an der Seiten vergessen/ gehet also in Raht/ vnd da er hinein kompt/ fragt jhn einer/ warumb er das Wehr trüge/ da er doch solches bey Leibsstraf verbotten. Charunda erschrickt daß er das Gebott/ so er geordnet/ zum ersten/ selbst vbertretten/ zeucht hiemit das Wehr auß vnd sticht sich zu todt. So viel haben die Alten auff jhre erkandnuß gehalten/ daß sie das Leben viel lieber verlassen/ dann aber wider dieselben das minste thun wöllen. *Charunda.*

Von der Landtschafft vnd Statt Otranto oder Hydrunt.

Bey Tarento endet Puglia vnd fängt die Landschafft Otrant an/ so vor zeiten von Japige Dedali Sohn/ Japigia/ vnd vom Griechischen Hauptmann Messapo/ Messapia geheissen/ da die Salentiner/ ein sehr streitbar Volck/ gesessen/ welche die Römer vnder Marco Attilio bezwungen. Ist ein halbe Insul/ vnd ziemblicher Arm zwischen dem Hadriatischen vnd Jonischen Meer gelegen. Begreifft im Bezirck von Tarento biß gen Brindisi 200. Meilen. Hat vor zeiten 13. schöne vnd reiche Stätt gehabt/ so heutiges tags heßlich abgangen. Vnd ist das gantze Land nit den dritten theil wie vor zeiten erbawet. Ist sonst an Korn/ Oel/ Wein/ vnd allerley guten Früchten sehr fruchtbar/ vnd mit viel Kombligkeiten wol versehen. Fünff Meil wegs von Tarento ligt ein steinwurff vom Meer ein schön Kloster S. Basilij Ordens/ S. Vito/ dessen Haupt darinn wird gewiesen/ nachgenannt. Etwas hinauff ligt Maruggio ein feine Statt/ vnd gegen dem Meer die vralte Kirchen S. Peter/ so zu der Apostel zeit sol erbawet worden seyn. *S. Vito. S. Peter.*

Von dannen kompt man gen Gallipoli/ von Plinio Anxa genannt/ ein sehr feste Statt/ von den alten Galliern auff einen Felsen im Meer gebawet/ vnd hernach von den Griechen bewohnt/ deren noch heutiges tags ein gute Anzahl vor handen/ die neben der Welschen auch der Griechischen Spraach/ vnd Kirchen Ceremonien gebrauchen: daher sie dann jren Bischof eins vmbs ander von Griechen vnd Lateinern erwehlen. Hat ein gewaltigen Kauffmanshandel/ vnd wird fürnemlich von den Genuesern besucht. Wann das Meer hoch anlaufft/ wird die Bruck/ so von dem Land auff harten Felsen dahin gebawt/ gantz mit Wasser bedeckt/ daß sich gedachte Statt allerdings einer Insel vergleiche/ hat anderhalb Meil im Vmbkrayß. Das Land darumb bringt sehr viel Wein/ Oel vnd Saffran. In dem Wasser werden allerley gute Fisch hauffenweiß gefangen. *Gallipolis.*

Dreyssig Meil von Gallipoli ist das Vorgebürg Santa Maria/ vor zeiten Promontorium Japigium vnd Salentinum genannt/ da der berühmbte Tempel Minervæ gestanden. Ist heutiges tags fast gar zerfallen/ vnd werden nur noch etliche alte Gemäwr davon gesehen: An statt aber desselben Tempels ist ein gewaltige Kirch gebawet worden. *S. Maria. Minervæ Tempel.*

Etlich der alten vermeynen/ es haben die Heyden in gedachtem Tempel Minervæ oder Pallabis Bildnuß/ so Vlysses vnd Diomedes von Troia dahin geführt/ verehrt.

Zwantzig meil von dannen ligt Castro/ ein vornehme handelsstatt/ fürnemlich Baumöl betreffend/ so man auß dem Land darumb dahin zuverkauffen führt. *Castro.*

Im jahr Christi 1537. ist ein grosse Türckische Armada von Valona auß Epiro/ strack jenseit dem Meer hinüber bey gedachter Statt zu Land gefahren/ ab welcher die Burgerschafft dermassen erschrocken/ daß sie die Türcken vmb fristung jhres Lebens vnd Güter gebetten/ dieselben auch auff jhr Zusag in die Statt gelassen.

Aber die schändliche Bluthündt/ gethaner Verheissung vngeachtet/ plünderten die Statt/ erwürgeten alle alte Leut vnd junge Kinder/ vnd nahmen die vbrigen gefangen. *Türckische Armada.*

Da solches Solimannus vernommen/ hat er sich nicht nur hefftig erzürnt/ sondern auch den

Obri-

Obristen derselben Armada/auß dessen Befehl solches geschehen/getödt/vnd die Gefangnen widerumb gen Castro in jhr Vatterlandt geschickt.

Capo di Leuca. Widerumb 20. Meil von Castro ligt Capo di Leuca ein lustig vorgebürg/darbey zur zeit Strabonis eine feine Statt Leuca genannt/gestanden.

Das engste Meer. An diesem Ort ist das Meer in gantz Italia zum allerengsten/in massen daselbst von Italia nit vber 50. Meilen biß in Epirum/oder Albaniam/welches man gemeinlich in einer halben Nacht kan fahren. Daher dann König Pyrrhus/vnd hernach Marcus Varro im Pyratischen Krieg jhnen fürgenommen/ein Schiffbrucken daselbst von einem Land zum andern zu schlagen/welches aber wegen anderer vielfaltigen Geschäfften/so jhnen fürgefallen/verhindert worden.

Hydrunt. Aller nechst hiebey ligt die berühmbte Statt Otranto oder Hydrunt/sampt jrer Vestung/auff einem hohen Felsen am Meer gebawet.

Hat jhren Namen vom Wasser/welches die Griechen Hydor heissen.

Ist zur zeit Strabonis/als nemblich 140. jahr nach Christi vnsers HErrn Geburt/ein kleine Statt gewesen:vnd ist von derselben Zeit biß auff diesen Tag in ziemlichem Baw vnd Zustand erhalten worden.

Bey dieser Statt fängt das Hadriatische oder Venedische Meer an/vnd scheydet sich von dem Jonischen. Im jahr 1480. schickt der Groß Türck Bajazeth seinen Obristen Bassa Achmet/mit einem grossen Heertzug vber Meer in Italia/derselbe stiege vnversehens auß bey gedachter Statt *Hydrunt von Türcken vberfallen.* Hydrunt/stürmet vnd erobert sie mit Gewalt. Als nun die Türcken in die Statt fielen/gieng jnen der Ertzbischoff entgegen in seinem Habit/vnd hatte sein Jnful auff dem Haupt/vnd ein Crucifix in der Hand/vnd mit jhm waren alle Eynwohner der Statt/die vermahnet er zur Beständigkeit/sprechend:(wie ein Adelsperson/so damaln vnder andern jungen Knaben gefangen worden/Leandro Alberto erzehlet) Förchtet die nicht die den Leib tödten/in Ansehung die Seel mit dem leiblichen Todt vmb vnsers Erlösers Jesu Christi willen ein viel grössern Gewinn vnd Nutz bekompt: vnd sintemal doch ein jeder vnder vns ein mal muß sterben/so können wir das Leben nimmer besser auffgeben/dann jetzt vmb vnsers HErrn Christi willen.

Aber die Türcken erschlugen den Ertzbischoff von stund an/vnd viel mit jhm. Auß den andern nahmen sie 800. gefangen/führten sie bloß vnd nackend auß der Statt/in ein kleines Thal (welches man noch heutigs tags darumb das Marterthal heisset) daselbst wurden die Christen vermahnet daß sie den Christlichen Glauben solten verläugnen: vnd da sie nicht wolten/wurden sie alle mit einander jämmerlich vnd erbärmlich gemartert/vnnd hingerichtet. Darauff zerstörten die Türcken alle Kirchen vnd Klöster/vnd führten die Weiber vnd Kinder sampt dem Raub mit jhnen davon.

Im nechstfolgenden Jahr aber schlug König Alphonsus die Türcken auß Apulien/vnd nam Hydrunt wider eyn/befestigt die Statt vnd das Castel auff ein newes/vnd machts mit Volck wol bewohnt/als sie biß daher noch ist.

Dem Ertzbischoff daselbst sind die Bischoffe von Castro/Gallipoli/Vgento/Lezze/Capo di Leuca/vnd Mardo vnderworffen.

Die Eynwohner dieser Statt sind höfflich/vnd treiben grossen Kauffmanshandel. Das Land darumb ist sehr fruchtbar vnd mit lustigen Gärten/darinn viel Citronen/Pomerantzen/vnd dergleichen edle Frücht gezieret.

Von der Statt Brindisi. Cap. xxxviij.

Brindisi war etwan der Salentiner Hauptstatt/vnnd wegen deß fürtrefflichen Ports/deßgleichen nicht viel in Europa gewesen/sehr bewohnt/vnd bey allerley frembden Nationen berühmbt. Daher dann auch zwo schöne gepflasterte Strassen von Rom auß biß dahin gangen/deren noch viel anzeigungen hin vnd wider/fürnemlich bey Brindisi gesehen werden. Die eine gieng von Brindisi durch Pugliam Peucetiam/Dauniam/vnd der Samniter Landschaft/biß gen Benevent. Von dannen kam man auf Egnatia/Celia/Netio/Canoso/vñ Cerdonia. Die andere gieng durch der Tarentiner Landschafft/etwas auff die lincke Hand/da man auff die Appianische Straß kommet/kamen beyde Strassen bey Beneventz usammen. Sonsten geschicht auch der dritten Straß Meldung/so durch die Bruttier/Lucaner vnd Samniter Landschfft gangen. Es wurden aber gemeinlich von Brindisi biß gen Rom auff die 360. Meilen gezehlet.

Wann die Römer in Griechenland wolten seglen/sind sie jeder zeit zu Brindisi auffgesessen.

Vnd dieses ist eben die Statt in welcher Julius Cæsar den grossen Pompejum belägert/vnd von dannen in Italiam getrieben/wie es dann gedachter Julius alles selbst verzeichnet. Plinius sagt/daß bey dem Port zu Brindisi ein Brunnen gewesen/dessen Wasser jederzeit frisch geblieben/vnd daß man zu Brindisi sehr schöne Spiegel von Zinn gemacht habe.

Die Vestung Brindisi hat Keyser Friderich der Ander diß Namens/auff dem rechten Horn/wider der Türcken vnd ander Feinden Eynfall/von gantzen Quaderstucken gebawet.

Zwi-

Von Italia.

Zwischen beyden Hörnern ligt die Statt wie ein halbe Insel.

Mit dem Ertzbischoff von Brindisi ist der Ertzbischoff von Oria eynverleibt/ vnnd ist der Bischoff von Ostuni sein Suffraganeus.

Der Lufft ist in gedachter Statt nicht zum aller gesundisten vnnd besten/ in massen dann solche vngemach allen grossen einöden Stätten widerfahren.

Von den Stätten Benevent/ Amiterno vnd Aquila.

In Principato vltra/ etwan der Samniter Landschafft/ ligt die berühmbte Statt Benevent/ vorzeiten/ nach Procopij anzeigung/ von dem bösen Wind/ so daselbst bißweilen grossen schaden gethan/ Malevennt genannt.

Ist den Römern im Krieg wider Hannibal mit Volck vnd Gewalt verhilfflich gewesen.

Hernach von den Gothen verstört/ vnd von den Longobarden erbawet/ vnd zu einem vornemmen Hertzogthumb gemacht.

Dann alß die Longobarden Italiam eyngenommen/ haben sie darinn zwo Martzgraffschafften/ die Anconische namblich/ vnd Tarvisanische: vnd vier Hertzogthumben/ eins zu Spolet/ das ander zu Thurin/ das dritt zu Friäul/ vnd das vierdt zu Benevent auffgericht.

Es haben auch die Hertzogen zu Benevent zweyhundert Jahr/ biß auff Keyser Carolum den Grossen/ gewohnet.

In Abruzzo vltra ist die berühmbte Statt Amiternum Salustij Vatterland gelegen/ welche der Römische Burgermeister Spurius eyngenommen/ vnd darinn 2800. Burger erschlagen/ vnd 4280. gefangen hinweg geführt. Hat hernach den Römern/ wie sie in Africa kriegten/ hilff zugeschickt. *Amiternum*

Ist heutiges tags dermassen zu grund gangen/ daß nichts mehr davon dann alte Gemäwr/ vnd Fundament von grossen Gebäwen/ Tempeln/ vnnd Thürnen/ auch ein eyngefallen Theatrum wird gesehen.

Fünff Meil von Amiterno/ ligt auff einem lustigen Bühel am Fluß Pescara/ die gewaltige Hauptstatt Aquila/ von Keyser Friderich dem Andern erweitert/ vnnd dem Römischen Reich zu ehren also genannt. Hat neben viel schönen gebäwen/ hundert vnd zehen Kirchen/ alle mit reichen Pfründen vnd Eynkommen versehen. *Aquila*

Weil diese Statt auff den Gräntzen des Königreichs gelegen/ hat sie sich mehrmahlen den Bäpsten/ vnd auch den Frantzosen/ so das Königreich vberfielen/ vnder ihr Schutz vnnd Schirm ergeben wöllen.

Anno 1528. hat Philibert Printz von Vranien/ damahls Vicekönig zu Neaples/ die Aquilaner vmb viel tausent Ducaten gestrafft/ weil sie sich Keyser Caroli Quinti Kriegsvolck widersetzt hatten: da sie dann die Straff zu erlegen/ S. Bernhardi Schatz anzugreiffen/ gezwungen worden.

Nicht fern von gedachter Statt ist der See Futinus/ vom Castell Celano/ der Celaner See genannt/ welchen Keyser Claudius/ ohn angesehen daß er dreyssig Meyl im Vmbkraiß begreifft/ außdröcknen wöllen/ in massen er dann darzu dreyssig tausent Personen eylff gantzer Jahr gehalten. Sonsten haben die Römer vorzeiten auß gedachtem See viel Wasser gehn Rom geleitet/ wie dann die alten zerbrochnen Wassergäng hin vnd wider vnder wegen zusehen.

Von der mechtigen/ vnd in aller Welt hochberühmbten Herrschafft vnd Statt Venedig. Cap. xxxix.

Nach dem der Hunnen König Attila die schöne vnnd mächtige Statt Paduam mit Fewr angesteckt/ vnd mit grossem Blutvergiessen nider gerissen/ haben sich die jenigen so dem grawsamen Feind entrunnen/ in die nechstgelegene Insuln im Hadriatischen Meer begeben/ vnd auff der höchsten derselben/ wegen des tieffen Canals/ Rivo alto genannt/ da sich zuvor etliche Fischer auffgehalten/ den 26. Mertzens / an welchem tag desselben Monats / nach vieler gelehrter Männer fleissig außrechnen/ Gott der allmechtige die Welt erschaffen/ Adam vnser erster Vatter gesündiget/ Christus vnser Heiland menschliche Natur angenommen/ vnd auch für vns am Creutz gestorben/ im jahr vnserer erlösung 421. vnder Keyser Honorio zu Rom/ vnd Arcadio zu Constantinopel/ nach mittag die Statt Venedig angefangen zu bawen. Neun vnd zwantzig Jahr hernach kamen auch die von Aquilegia/ vnd schlugen sich zu gedachten Paduanern/ damit sie auch auff derselben Insuln darumb/ deren 60. gewesen/ vor dem Feind möchten sicher seyn. Hiemit nam die newe Statt hefftig zu/ vnnd wurd von vielen auß den vmbligenden Stätten besucht: fürnemblich aber alß Meyland/ Paphey/ Brescia/ Verona vnd Vicentz/ von Clephi der Longobarden König jämmerlich geplagt vnd verfolgt worden. *Wann Venedig angefangen.*

Damit sich aber diese angefangene Statt desto besser regieren/ vnd den Feinden widerstehn könte/ wurden von der Burgerschafft etliche Burgermeister erwöhlt/ so dem Regiment solten vorstehen.

Nach dem sich aber die Eynwohner noch besser vermehret hatten / wurd für eine jede Insul ein Zunfft

Das vierdte Buch

Zunfftmeister geordnet/ so derselben fürstehen solte/ dann es waren die Insul noch nit zusammen gebawet/ vnd mit Brucken/ an einander gehenckt.

Endtlichen wurd/ bessere Politiam zuerhalten/ ein Hertzog erwöhlt/ so das Haupt im Regiment solte repræsentieren/ so dann auff volgende weise einander nachgevolgt.

Nammen vnd vornemme Geschichte der Hertzogen zu Venedig.

1. **Paulutius Anafestus** von Eraclia/ ein frommer vnd sehrgelehrter Mañ/ ist zum Hertzogen erwöhlt worden im 282. Jahr nach erbawung der Statt Venedig/ namblich Anno Christi 697. alß die Gemeinde vorhin lenger dann 230. jahr durch jhre Tribunos oder Zunfftmeister regiert ist worden. Er mußte schweren daß er alle ding regieren vnnd versehen wolt/ wie es die Hertzligkeit oder Würde der Gemeinde vnnd Herrschafft Venedig erforderte: damit er also allem Krieg vnd vngefäll fürkeme/ machet er einen Bund mit dem Lombarder König: stirbt nach dem er zwantzig Jahr vnnd sechs Monat/ regiert hatte.

2. **Marcellus Tegalianus** von Eraclia/ ist erwöhlet worden/ Anno Christi 717. Dieser/ wie man findet/ ist ein sehr Gottsförchtiger mann/ vnd eines hohen verstandts gewesen/ starb/ nach dem er neun jahr im frieden regiert.

3. **Orsus Jpatus** ist erwöhlt Anno 826. Er wird auch Orleo genannt/ vnd ist von dem Geschlecht Orso/ wie Sabellicus setzt.

Vnder diesem erhub sich ein Krieg zwischen den Lambarder/ Ravennater/ Venediger/ vnd dem Patriarchen von Aglar. Nach gelegten Kriegen erhub sich ein innerlicher Krieg/ zu welchem man meynet daß der Hertzogen vbermässiger stoltz grosse vrsach gegeben. Er ist endtlich von seinem eigenem Volck zu stucken zerhawen worden/ im eilfften Jahr seines Hertzogthumbs.

4. **Theodatus Jpatus**/ Vrsi Sohn/ ist im Rath zu Malamoco erwöhlet worden/ Anno 742. Diesen hat Galla mit verrätherey vberfallen/ jhm die Augen außgestochen/ vnd jämmerlich vom Hertzogthumb verjagt/ im 13. Jahr seiner Regierung.

5. **Galla** ward Hertzog im jahr 755. vnd weil er sich des Hertzogthumbs/ so er vngebürlicher weise vberkommen/ auch vbel gebraucht/ verlor ers auch jämmerlich/ dann man jhme die Augen außgestochen/ im anfang des zweyten jahrs seines Ampts/ vnd ist darauff verjagt worden.

6. **Dominicus Monegarius** erwöhlt Anno 756. Diesem in betrachtung seines grawsammen tyrannischen Gemüts/ seynd die Zunfftmeister zu gehülff gegeben worden. Alß aber gleichwol sein Stoltz vnd Tyranney sich mehret/ hat jhn die Gemeine vberfallen/ jhm die Augen außgestochen/ vnd jhn im fünfften Jahr seiner Regierung abgesetzt.

7. **Mauritius Galbaius** von Eraclia/ Anno 764. ein Mann eines thewren hohen Verstands/ hat sich in zeit des Kriegs/ welchen Pipinus wider die Venediger führet/ wider Johannem Ertzbischoff zu Grado gantz mörderisch gehalten: darumb er auch ins Ellend vertrieben worden.

8. **Johannes Galbaius** Mauritij Sohn/ war dem Vätter gantz vngleich.

9. **Obelericus Antenorius**/ oder Anafestus/ ist/ alß er gehn Tervis verjagt war/ abwesende Hertzog erwölt worden/ Anno 804. Dieser nach dem er gen Malamoco kam/ regiert er die Gemeinde ein zeitlang mit grossem gunst/ alß er aber eines schweren Kriegs/ den Pipinus wider die Venediger führet/ von newem grosse vrsach gegeben/ schreibt man daß jn die Venediger zu stucken gehawen/ in welcher Furi sein Weib mit vmbkommen.

10. **Angelus Partitipatius**/ erwölt Anno 809. der erst so sein Residentz zu Rialto gehabt: jhm wurden zu gehülffen gegeben zwen Zunfftmeister/ welcher Ampt zwey jahr wehret. Er hat die zerstörte Statt Eracliam wider erbawet/ vnnd sie daher Citta nova/ das ist/ newe Statt genennt. Vnder jm ist S. Zachariæ Cörper gen Venedig bracht/ item S. Severi vnd S. Laurentij Kirch erbawet. Vnder diesem ist Vlrich von Aquisegia mit den fürnembsten auß Friaul von den Venedigern zu Wasser vberwunden vnd geschlagen: stirb im 18. Jahr seines Regiments.

11. **Justinian Partitipatius**/ nimbt das Regiment an nach todt seines Vatters Angeli/ im jar 827. Dieser that den Constantinopolitanern hilff/ wider die Sarzacener. Vnder jhm ist auch S. Marxen Cörper von Alexandria gehn Venedig verführt worden/ vnd allda mit grosser Ehrerbietung in die Capel gelegt/ welche in seiner Kirchen steht/ alß ein köstlich Pfand des Venedischen Regiments: stirbt nach dem er zwey jahr allein regiert hatte.

Die Statt

Die Statt Venedig:

so zu vnsern zeiten sehr mechtig ist zu Landt vnd Wasser/ zu den zeiten der Hunnen angefangen zu bawen im Adriatischen Meer in Riuo alto.

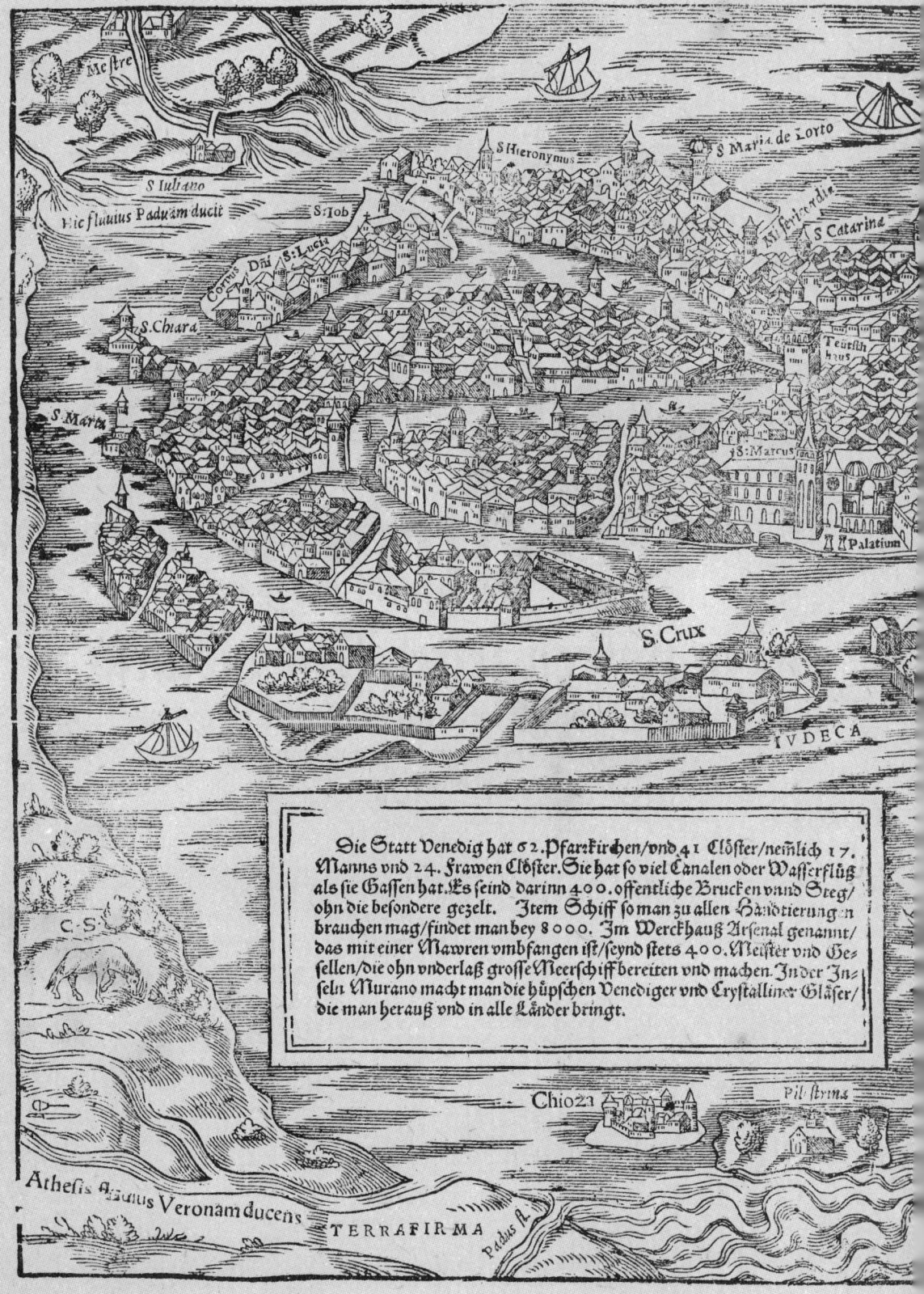

Die Statt Venedig hat 62. Pfarrkirchen/vnd 41 Clöster/nemlich 17. Manns vnd 24. Frawen Clöster. Sie hat so viel Canalen oder Wasserflüß als sie Gassen hat. Es seind darinn 400. offentliche Brucken vnd Steg/ ohn die besondere gezelt. Item Schiff so man zu allen Handtierungen brauchen mag/findet man bey 8000. Im Werckhauß Arsenal genannt/ das mit einer Mawren vmbfangen ist/seynd stets 400. Meister vnd Gesellen/die ohn vnderlaß grosse Meerschiff bereiten vnd machen. In der Inseln Murano macht man die hüpschen Venediger vnd Crystalliner Gläser/ die man herauß vnd in alle Länder bringt.

enedig/ sampt den vmbligenden Inseln. 497

Es begreifft vmb sich die Statt Venedig acht Welscher Meilen. Vnd wie=
wol sie gar im Meer ligt / ist sie doch beschirmet vor dem vngestümen Meere /
durch ein natürlich Gestad so sich vmb die Statt vmbher zeucht / gleich alß ein
vnbewegliche Mawr / das dem Meer den Sturm nimpt / daß es die Statt nit
vberfallen mag. An fünff Orten hat es breite Lücken / dardurch man fahren
mag / besonder bey den zweyen Castellen / zu Latein *Duo propugnacula* genannt /
vnd bey der Bischofflichen Statt Chioza / die 25. Meilen von Venedig gen Fer=
rar zu ligt. Es ligen 25. Inseln vmb diese Statt / vnnd werden vast alle von
Geistlichen Leuten bewohnet.

12. Johannes Partitipatius Justiniani Bruder/erwöhlet Anno 828. Alß Carosius mit hilff etlicher Edlen sich wider disen mit Gewalt vnnd Tyranney zum Hertzogen auffgeworffen/ist er Carosius von etlichen fürnemmen der Statt vberfallen/in die Augen außgestochen/vnd fort versagt worden/doch ist Johannes auch zu letst des Regiments beraubt/zu einem Mönch beschoren/vnd in ein Closter gestossen worden.

13. Petrus Gradenigo/oder Tradonicus/erwöhlt Anno 836. war bürtig von Pola/bey jm ist S. Paulus Kirch mit grossem kosten erbawet worden/war im Krieg wider die Sarzacener sehr vnglückhafft. Im 11. jahr seines Regiments ist er (alß er auß Zachariæ Kirch/da er die Meß gehört/wider heim gehen wolte) von etlichen verzäthterischer weiß angefallen/vnd gantz grawsamblich zu stucken zerhawen/die Thäter aber seynd hernach mit dem Ellend gestrafft worden.

14. Orsus Partitipatius/erwöhlt Anno 864. Bey diesem seynd alle sachen zimblich wol zugangen/wiewol die Gemeine von den Barbaris sehr geplagt worden/er stirbt nach billicher Regierung in grossem Glück/im 17. jahr seines Hertzogthumbs.

15. Johannes Partitipatius/Orsi Sohn/erwöhlt Anno 881. hat glücklich gekrieget wider die Comachier vnd die Ravignaner: alß er noch nit 6. jahr geregieret/stirbt er.

16. Peter Candian erwöhlet Anno 887. Nach dem er die Gemeine nit lenger alß 5. Monat regieret hatte/verlohr er ein Schlacht wider die Narentiner/in welcher er selbs mit vmbkam.

17. Peter Tribun erwöhlt Anno 888. Vnder diesem seynd die Venediger von den Hunnen auffs allergrewlichst angegriffen worden/sie haben aber mit langwirigem hartem streiten den Sieg wider die Barbaros erhalten: nach dem er glücklich in Kriegs vnd Fridens zeiten zu Land vnd Wasser geherrschet/stirbt er im 19. jahr seines Regiments.

18. Orsus Badoer/seiner frombkeit vnd güte willen Anno 909. erwöhlt. Im 11. jar vbergab er das Regiment/vnd bringt die vbrige zeit seines Lebens im Closter zu S. Felice zu.

19. Peter Candian ein Sohn obgedachtes Petr Candians/erwöhlt Anno 920. Er hat die Istrier jhres grossen Strassenschendens halben dapffer geschlagen/zu welcher gedächtnuß vnser Frawen Spiel noch gehalten werden. Vnder diesem ist auch glücklich wider die Statt Comachio gestritten worden. Vmb diese zeit soll Illyria vnder das Venediger Hertzogthumb mit kommen seyn: stirbt im 7. jahr seiner Regierung.

20. Peter Badoer/erwöhlt Anno 939. ein hochberühmbter Fürst/der die Gemeine 2. jahr mit aller gütigkeit geregiert.

21. Candian Petri Sohn/erwöhlet Anno 941. Vnder diesem wurden die Narentiner vberwunden/vnd der Fried mit dem Patriarchen von Aquilegia ernewert: nach dem er 11. jahr fromblich regiert/starb er von hertzenleide/seines vngerahtenen Sohns wegen/der von den Venedigern seiner vbelthat halben vertrieben/zum Feind sich begeben/vnnd auff dem Meer sein Vatterland bestreiffet.

22. Petri Candiani vertriebener Sohn/wird wider jhren Eyd von den Venedigern wider beruffen/blieben beyde nit vngestrafft: dann er die Statt mit grosser Tyranney plaget/wie sie aber solches nit länger erdulden konten/haben sie sein Pallast vmbgeben/den in Brand gesteckt/darüber auch Sanct Marx Kirch abgebreñt. Der Hertzog nimbt sein jüngst Söhnlein vnderm Arm/will entfliehen/aber wird mit dem Söhnlin vmbgebracht/vnd jhre Cörper in die Metzge geworffen/daß sie von den Hunden gefressen wurden.

23. Petrus Orseolus ein frommer vnd gerechter Mann/ward erwöhlt Anno 976. Bawet den Pallast mit eigenem Kosten wider auff/vnnd ließ S. Marxen Cörper wider an sein ort legen/hat ein herrliche Victori zu Wasser wider die Sarzacenen erhalten/er ist auß lautter andacht vnd Gottsforcht mit vnbekandten Kleidern auß Venedig in Gasconien gezogen/vnd allda sein leben in eim Geistlichen stand vollendet.

24. Vital Candian/Petri Sohn/wirdt erwöhlt Anno 978. Durch dieses hilff ist Vitalis der Patriarch zu Aquilegia (welcher deß vorgemelten erschlagenen Hertzogs Sohn war) wider auß dem Ellend heim beruffen worden. Derselbe hat er wider bey Keyser Othone erhalten daß ein Fried mit den Venedigern getroffen wurd/er vbergab das Regiment/ward ein Mönch in S. Hilarij Closter/da er auch gestorben vnd begraben ligt.

25. Tribunus Memus/erwöhlt Anno 980. Vnder diesem ist durch boßheit eines fürnemmen Geschlechts/die Caloprinen genañt/Keyser Otho zum Krieg wider die Venediger erregt worden/der sie auffs eusserst geängstiget. Der Caloprinen Güter vnd Häuser/mit dem Geschlecht/werden von gemeiner Statt angegriffen. Nach deß Othonis todt ward durch die Keyserin wider ein Fried gemacht/vnd der verlauffene Coloprinen wider angenommen. Im 14. jahr seiner Regierung hat er das Hertzogthumb verlassen/ward ein Mönch vnd bald darnach gestorben.

26. Peter Orseolus erwöhlt Anno 991. Bey dieses Regierung ist es vmb die Statt sehr wol gestanden vnd hat die Gemeine sehr zugenommen/vnd ward bey dem Griechischen Keyser erhalten/daß die Venediger durch sein gantzes Reich zoll frey weren: die Narentiner wurden vberwunen/die Stätt Pola/Zara/Spalato/Lesina/Regusa/kommen vnders Venedische Gericht: nach

Von Italia.

dem er daheim vnd draussen die Gemein achtzehen jahr glücklich geherrschet/ stirbt er vnnd wird zu Sanct Zachariæ begraben.

27. Otho Orseolus wird an seines Vatters statt erwöhlet/ Anno 1009. ein guter seltsamer junger Mann/ der gantz weißlich regiert hat/ daß jhm Geta König in Vngarn sein Tochter zur Ehe gab. Er hat mit gerechtem Krieg Mureimurum den Hertzn in Croatia verjagt: alß er auß Dalmatia wider heim kam/ ward er durch Verrähterey von Dominico Flabanico vberfallen/ in der Bart zu schand abgeschnitten/ vnd im 15.jar seiner Regierung in Griechenlandt verjagt/ kurtz darnach er starb.

28. Peter Centranicus oder Barbolano/ erwöhlet Anno 1024. Dißmals war die Gemein in der Statt vnd auff dem Land vnrichtig/ auch war Keyser Conrad auß Anstifftung Peponis von Aquilegia/ den Venedigern gar auffsetzig/ vnnd ward dieser Centranicus/ alß er vier jahr regiert hatte/ von der Gemein auß Rath Orsi Patriarchen zu Grado/ gefangen/ sein Bart abgeschnitten/ vnd in Mönchs kleider angethan/ ins Ellend verschickt.

29. Dominicus Flabanicus erwöhlet Anno 1034. hat zehen jahr regiert/ hat bey dem vndanckbaren Pöfel (den er jhm sehr anhängig gemacht) so viel erhalten/ daß das Geschlecht der Orseoler auß Venedig verjagt/ vnnd ein offentlich Gebott verordnet wurd/ daß keiner derselben mehr zum Hertzogthumb oder einiger Ehr solt auffgenommen werden/ item daß hernach dem Hertzog kein Coadjutor mehr gegeben wurd.

30. Dominicus Contarin erwöhlet Anno 1044. Die von Zara fielen ab/ vnd wurden wider vberwunden. Pepo von Aquilegia aber hatt die Statt mit verderblichem Sturm erobert/ durch des Bapsts Gebott gibt Pepo den Venedigern alles wider/ so er jnen genommen hat/ stirbt im 26. jahr seines Hertzogthumbs.

31. Dominicus Sylvius erwehlet Anno 1058. Vnder jm wurden die Normander zu Wasser geschlagen/ stirbt im 23. seiner Regierung.

32. Vitalis Falier/ erwehlet Anno 1072. Vnder diesem gibt Keyser Alexius den Venedigern Dalmatien vnd Croatien eyn. Keyser Heinrich kompt gen Venedig/ S. Marxen Kirch zu besehen/ dann man sagt/ daß kurtz zuvor S. Marx ein wunderzeichen gethan/ seinen Arm auß der Erden oder Meer herauß gestreckt vnnd den Burgern gezeigt hab: stirbt im 13. Jahr seiner Regierung.

33. Vitalis Michael erwehlet Anno 1096. Vnder diesem geschicht durch vermahnung Bapsts Vrbani der Zug ins gelobte Land/ in welchem Zug die Venediger mit den Pisanern vneins wurden/ vnd denen ein gewaltige Schlacht zu Wasser abgewonen. Nach gemachtem Frieden durchstreifften die Venediger das Meer in Pamphylia vnd Cilicia/ kommen in Syrien/ stercken die Belägerung vor Hierusalem/ gewinnen Ascalon/ vnd Caisa/ nachmals aber Brundusium/ bringen gewaltige Leuth in jhren Schiffen mit sich heim. Vitalis/ nach vielen wolgehandleten sachen/ stirbt im End des vierdten jahrs seiner Regierung.

34. Ordelafus Falier/ erwöhlt Anno 1101. Venediger werden von Balduino König zu Hierusalem von wegen newer zugeschickter hilff herzlich begabet vnd mit viel Freyheiten gezirt: solches thut auch Keyser Heinrich. Vielerley Krieg werden mit jren benachbarten Stätten geführt: wider die Vngarn verlohren sie ein grosse Schlacht/ darinn Ordelafus vmbkam/ gehn Venedig geführt vnd begraben im 19. jahr seiner Regierung.

35. Dominicus Michael erwöhlt Anno 1120. Alß dieser die Gemein 11. jahr regiert/ vnd viel treffliche Kriegsthaten begangen/ stirbt er gantz glücklich/ wird mit einem herzlichen Monument oder Kirchen zu S. Georgen begraben.

36. Peter Polani erwöhlt Anno 1131. Vnder jhm war ein Krieg wider die Pisaner/ vnd wider die Paduaner/ item wider König Roggier von Sicilien/ da sie dem Griechischen Keyser hilff thaten/ vnd grossen sieg darvon brachten: der Hertzog wird nach dem Zug kranck vnd stirbt im 27. jahr seines Regiments.

37. Dominicus Morosin erwöhlt Anno 1148. Die Burger von Pola von den Venedigern belägert/ bitten vmb fried/ erhalten jhn mit dem geding/ daß sie jährlich 2000. Pfund/ das ist/ 20. Centner Oel in S. Marx Kirch liferen solten: stirbt im 8. jahrs seines Hertzogthumbs.

38. Vitalis Michael/ erwöhlet Anno 1156. Durch dieses Hilff werden die Venediger vnd Pisaner vertragen/ wurden aber bald wider abtrinnig vnnd mit hilff deren zu Ferrara vnd Verona eroberten sie Capodargere/ doch seynd sie von den Venedigern heßlich wider bezahlet worden. Er ist im 17. Jahr seiner Regierung in einer Auffruhr in S. Zachariæ Kirch vmbkommen.

39. Sebastianus Zianus erwöhlt Anno 1173. Vnder jm wurden die zwo säulen so auß Griechenland kommen auff dem Marckt auffgericht. Vneinigkeit Bapsts Alexandri vnd Keyser Friderichs. Venediger schlagen den Keyser auff dem Meer. Der gebrauch daß jhm der Hertzog das Meer trawt/ kompt auff: nach dem er 8. jahr gantz triumphierend geregiert/ stirbt er/ vnnd wirdt zu S. Georg begraben.

40. Orius Malapier/ erwöhlet Anno 1178. Venediger gewinnen Saladino/ dem Obersten der Sar-

der Sarracener/Ptolemais ab.Regieret 34.oder wie etliche wöllen 9.jahr/wirdt ein Münch vnnd stirbt im Closter zum H.Creutz.

41. Heinricus Dandulus/von der Viertzigern/la Quarantia genannt/erwöhlt Anno 1192. stirbt im 13.jahr seines Hertzogthumbs:ist zu S.Sophia begraben.

42. Peter Ziani Hertzogs Sebastiani Sohn/erwöhlt Año 1205.Schlacht zwischen den Venedigern vnd Genuesern.Candia durch hilff der Geneuser vom Graffen von Milia den Venedigern entzogen/wirdt von jhnen durch Reinhart Dandulum wider erobert.Alß er 22.jahr regiert/ stirbt er im Closter zu S.Georgen.

43. Jacob Tiepolo/erwöhlt An.1228.Candia hat wider grosse anfechtung: Keyser Friderich Barbarossa den Venedigern hart zu wider:regiert 20.jar/ist zu S.Johan vnd Paul begraben.

44. Marin Moresin/der erste den die ein vnd viertziger erwöhlt haben/Ann.1248.Padua von Venedigern gewunnen:er regiert 4.jahr/stirbt vnd wirdt zu S.Marx begraben.

45. Reinhart Zeno erwöhlt Anno 1252. Ein schwerer Krieg mit den Genuesern/in welchem beyde theil einander grossen schaden theten/von wegen der Statt Ptolemais so sie vorzeiten mit den Pisanern gewonnen hatten/auch entstehet in Venedig ein grosse Auffruhr wegen des Raths so der Gemeinde newe Schatzung aufflegen wolt:stirbt im 17.jahr seiner Regierung.

46. Lorentz Tiepolo/erwöhlt im jar 1268.Anstand zwischen den Genuesern vnd Venedigern auff 5.jahr. Grosse theurung zu Venedig. Venediger richten ein newen Zoll auff. Krieg mit den Bononiern:nach dem er sechs jahr geregiert/stirbt er vnd wird zu S.Johan vnd Pauli begraben.

47. Jacob Contarin erwöhlt Anno 1274.die von Capo d' Istria fallen von Venedigern ab. Krieg mit denen von Aurona von wegen des newen Venedischen Zolls. Er vbergab das Regiment/vnd ward nach seim todt zun Barfussern begraben.

48. Johan Dandulus ist abwesend erwöhlt worden Anno 1280. Das Meer ward so groß daß es schier die gantze Statt ertrenckt.Tries von Venedigern belägert.Ptolemais vom Babylonischen Soldan gewonnen.Ducaten wurden angefangen zu müntzen:stirbt im 10.jahr seiner Regierung.

49. Peter Gradenigo/erwöhlt Año 1290. König Andreas auß Vngarn/dessen Mutter ein Geschlechterin von Venedig/kompt gen Venedig. Andreas Dandulus der Venediger Admiral wird von den Genuesern gefangen/vnd haben die Genueser grosse Victori wider die Venediger: stirbt im 12.jahr seiner Regierung:ligt zu S.Cyprian begraben.

50. Marin Giorgio erwöhlt 1303.Alß lang diser im Regiment/seynd die Venediger in Bapsts Bann gewesen. Er bawet die Kirch zu S.Dominico/vnd gibt viel guts von seinem darzu/hat zehen Monat Regiert/vnd wird zu S.Johann vnd Paul begraben.

51. Johann Soranzo/oder Superantius erwöhlet 1304.ein gütiger Mann/der jhm die Leut wol zu freund machen kondt. Venediger werden beim Bapst außgesöhnet/das Arsenal wirdt erweitert/Paduaner befreundt mit den Venedigern: hat regiert 16.jahr vnd 6.Monat/ligt zu S. Marx begraben.

52. Franciscus Dandulus/erwöhlt Anno 1321.Der Paduanisch Krieg gegen die dalla Scala/ oder von der Leitern/ist von den Venedigern glücklich zu ende geführt/stirbt im 11.jar seines Hertzogthumbs/vnd ligt zu den Barfussern begraben.

Alß Bapst Clemens wider die Herrschafft Venedig hefftig erzörnt gewesen/daß sie Ferraram eyngenommen/vnnd sich durch keine Gesandten wolt versünen lassen/hat sich dieser Dandulus gehn Auignion begeben/vnd sich daselbst wie ein Hund mit einem harechtigen kleid vnd eisern Halßband verstellet/vnnd alß der Bapst zur tafel gesessen/auff allen vieren ins Zimmer vnder die tafel gekrochen/vnd sich zu des Bapsts füssen gelegt/mit trawriger vnnd gantz demütiger stimm sprechend/er wöll weder gegenwertige kleidung noch gemüt ändern/vnd von sich legen/es seye daß sein geliebt Vatterlandt die Statt vnnd Herrschafft Venedig von dem Bapst zu gnaden auffgenommen : Ab solcher vnerhörter Demut wurd der Bapst dermassen bewegt/daß er gedachten Dandulum heißt auffstehen/vnd geschehenem begeren willfahret.Welches dann die Herrschaffte Venedig mit danck von Dandulo auffgenommen/vnd jhn nach Superantij todt zum Hertzogen gemacht haben.

53. Bartholome Gradenigo erwöhlt/Anno 1339.Empörung in Candia durch die Venediger glücklich nider gelegt:hat regiert 4.jahr/vnd ligt zu S.Marx begraben.

54. Andreas Dandulus/erwöhlt Año 1342.ein gelehrter Man/von dem man sagt/er habe die Venediger Historien gantz zierlich beschrieben.Ein harte vnd sorgliche Schlacht mit König Ludwig in Vngarn gehalten vnd gewonnen. Erdbidem zu Venedig. Regiert 12.jahr/ligt zu Sanct Marx begraben.

55. Marin Falier/erwöhlt Anno 1354.alß er bottschafft weiß zu Rom war. Genueser schlagen die Venediger zu wasser. Dieser hat ein heimlichen anschlag wie er sich zum Erbherrn vber Venedig machen konte/alß aber der anschlag verrahten/wurden alle seine Bundsgenossen vmbgebracht/der Falier auff der stiegen beym grossen Saal enthauptet/dem anbringer der heimlichen verräterey wurden seyn lebenlang jährlich 1000.Ducaten verordnet.

56.Johann

Von Italia.

56. Johann Gradenigo/erwöhlt 1355. Newer Lermen mit dem König auß Ungarn/Dalmatien halben/daß er mit grosser Macht wider die Venediger krieget/regiert ein Jahr und zwen Monat/ligt zun Barfussern begraben.

57. Johann Delphin erwöhlt Anno 1356. war zuvor der Herrschafft Statthalter zu Teruis. Mit Ungarn wird Fried gemacht: stirbt im fünfften jahr seiner Regierung.

58. Lorentz Celso/abwesend (dann er versahe damals das Venediger Meer) erwöhlt Anno 1362. war alt 46.jahr/vñ lebte sein Vatter noch. Auffruhr in Candia. Marcus Gradenigo wird enthauptet. Regiert ungefahrlich vier jahr/ligt in der Kirchen zun Celestinern begraben.

59. Marcus Cornar/ein weiser beredter Mann/erwöhlt Anno 1365. Ein newer Lermen in Candia/Calergo anfänger desselben/gefangen/enthauptet/und ward wider Fried gemacht. Regiert zwey jahr/ligt zu S. Johann und Paul begraben.

60. Andreas Contarin/erwöhlt Anno 1368. Kam mit unwillen zum Regiment. Triestiner fallen ab/vñ ergeben sich under Oesterreich. Krieg mit Herr Frantzen von Carrar. König Ludwig wird der Venediger Feind. Fried mit Hertzog Leopolden von Oesterreich. Hat man angefangen die Büchsen in Italia zu brauchen. Regiert 14.jahr: ligt zu S. Stephan begraben.

61. Michael Morosini/erwöhlt Anno 1383. Under jhm ward ein Gesatz gemacht/daß man die Todtschläger/so man vor der zeit zu hencken pflegt/nachmals köpffen solte. Regiert vier Monat/ligt zu S. Johann und Paul begraben.

62. Antoni Venier/erwöhlet 1383. war zuvor Hertzog in Candia/und von dannen zu disem Ampt gefordert/ein Mañ eines herrlichen wesens/also gesinnet/daß jhn jederman lieb hatte. Wider seinen eygnen Sohn hat er unzucht halben ein scharpffes Urtheil gefellt/starb im 18.jahr seiner Regierung.

63. Michael Steno/erwöhlt 1400. Ein Treffen der Genueser und Venediger bey Modone und Guineo gantz gefährlich auff beyden seiten/zu grossem glück erhaltens die Venediger. Vincentz ergibt sich den Venedigern. Glockenthurn zu S. Marx verbrunnen/wirdt herrlicher dann zuvor erbawet/und mit dem besten Gold vbergüldet. Regiert 13.jahr/ligt zun Barfussern begrabē.

64. Thomas Morenigo/war abwesend erwöhlt 1413. alß er Bottschafft weise zu Cremona war. Und jm ist S. Marx Kirch verbruñen. Regiert 10.jar/ligt zu S. Johañ und Paul begrabē.

65. Franciscus Foscarij/erwöhlt 1423. Krieg mit Hertzog Philippen vō Meyland. Krieg mit dem vō Luca. Schlacht bey Cremona. Schlacht der Genueser vñ Venediger bey Livorno vñ Rapallo. Carolus Gonzaga gefangen/Verona erobert/Ravenna gewunnen. Antinari die Statt in Albania gewunnen. Crema kompt in Venediger gewalt. Leonhard Venier zu Meyland erschlagen. Keyser Friderich der dritt mit seinem Gemahel Leonora kommen gen Venedig. Constantinopel wirdt vom Türcken erobert. Foscari hat 36.jahr regiert/stirbt im 84.jahr seines alters.

66. Pasqualis Malipiero erwöhlt 1457. Er erhielt das Venedisch Reich in gutem wesen und frieden alß lang er regiert/ein Schützer der frommen/und strenger Richter der bösen. Stirbt alß er vier Jahr und sechs Monat regiert/ligt zu S. Johann und Paul begraben.

67. Christoff Moro/erwöhlt Anno 1462. Krieg wider den Türcken. Krieg wider den Hertzogen von Meyland. Türck thut den Venedigern viel schaden: regiert 9. Jahr und 6. Monat/ligt zu Hiob begraben.

68. Nicolaus Throno/erwöhlt 1471. Krieg wider den Türcken fürgenommen/Usaucassen König auß Persia verbindt sich mit den Venedigern/newe Müntz zu Venedig geschlagen/Troni genandt. König Jacob auß Cypern nimbt ein Venedische Geschlechterin zur Ehe. Regiert ein Jahr/acht Monat.

69. Nicolaus Marcello/erwöhlt 1473. Grosse unruh in Cypern/5000.Türcken vor Scutari erlegt/regiert ein Jahr/drey Monat/ligt zu S. Marina begraben.

70. Peter Mocenigo/erwöhlt 1474. Türck durch die Venediger von Lepanto abgetrieben/regiert ein Jahr/zwen Monat/ist zu S. Johann und Paul begraben.

71. Andreas Vendramin/erwöhlt 1475. Venediger vom Türcken geschlagen und grossen schaden erlitten/regiert ein Jahr/acht Monat/ligt zu S. Servi begraben.

72. Johann Mocenigo gewesenen Hertzogs Petri Bruder/erwöhlt 1477. Türck durchstreiffet gantz Friaul. Stalimine oder Lemnus dem Türcken übergeben. Bapst Sirtus wider die Venediger. Cortia die Insul von Venedigern erobert. Krieg mit Hertzog Hercule von Ferrar. Castell Novo von Venedigern erobert. Bapst Sirtus zu Rom belägert/wird von Venedigern erlediget. Bapst Sirtus thut die Venediger in Bann. Venediger bey Trezzo geschlagen/verlieren viel. Venediger erobern Galliopolin. Ein fried gemacht/Pallast zu Venedig new gebawet/regiert sieben Jahr/ligt bey S. Johann und Paul begraben.

73. Marx Barbarigo/erwöhlt Anno 1485. Dise zeit stund der Venediger Herrschafft in gutem frieden/regiert neun Monat.

74. Augustin Barbarigo/erwöhlt Anno 1486. war seines Vorfassen Mauri Bruder. Krieg der Teutschē wider die Venediger/welcher bald gestillt wordē. Starcker Zug der Venediger auff

dem Meer wider den Türcken. Lepanto ergibt sich dem Türcken/derselb thut auch den Venedigern grossen schaden in Friaul. Barbarigo wolt das Hertzogthumb auffsagen. Regiert 14.jahr/ ligt zu S.Carita begraben.

75. Leonhard Loredano/ nach dem er vast alle fürnehme Aempter gehabt/so bey der Hertzschafft Venedig ansehenlich gewesen/ist er im October Anno 1501.erwöhlt/ eben zu der zeit als die Herrschafft in grossen nöthen vnd beschwerung stunde/vnd eines guten Regenten wol bedorffte/wie er dann war. Ein harter Krieg mit Keyser Maximiliano. Hat 19.jahr/8.monat/vn̄ 20.tag regiert: ist zu S.Johann vnd Paul begraben.

76. Antonius Grimanus/erwöhlt den 6. Julij Anno 1521. Rhodis vom Türcken erobert. Genua wird von den Keyserischen eyngenommen vnd geplündert. Hat geregiert 1.jahr/10.monat/ 2.tag. Stirbt im 88.jahr seines alters: ligt in S.Antoni Kirch begraben.

77. Andreas Grittus/welcher bey allen Kriegē/so die Herrschafft ein zeit lang geführt/gewesen/vn̄ daselbst befelch gehabt/ist erwöhlt 1523. 20.Maij/ein herrlicher fürtrefflicher Mann. In zeit seiner Regierung war die Herrschafft nicht ohne sorg vnd geschäfft/wegen vieler Krieg/der Statt Meyland halben mußten sie sich in Bündtnuß wider den Frantzosen geben. Franciscus Hertzog zu Vrbin wird der Venediger General Oberster. König Ludwig auß Vngarn wird geschlagen/vnd verleurt sein Land. Venediger thund fleiß/daß jhnen der Keyser in Italia nicht zu mächtig werde. Lodi erobert vnd geplündert. Meyland wird wider belägert/vnd Franciscus Sfortzia vbergibt dem Keyser das Schloß darinnen. Rom wird von Keyser Carolo gewunnen/geplündert/der Bapst gefangen/vnd mußt 400000.Cronen für sein Rantzion gebē. Nach der zeit schiffet der Keyser in Africam. Bapst Paulus/der Keyser/vnd Venediger verbinden sich zusammen/ wider den Türcken/vnd ward auß versamlung diser dreyen/ein Armada von 250.Schiff. Grittus regiert 15.jahr/7.monat/8.tag.

78. Petrus Landus/erwöhlt An.1539.im 77.jahr seines alters. Venediger leiden schaden von Dragut Rais einem berhümbten Meerräuber/welcher dem Türckischen Keyser verwandt war. Frantz Gritti wird gefangen. Laurentz Gritti wird gen Constantinopel geschickt/vmb ein Frieden zu handlen/vnd stirbt daselbsten. Marggraff del Vasto wird vom Keyser gen Venedig geschickt. Thomas Contarin kompt wider vom Türcken/ vnd hat nichts können erhalten. Ludwig Badoer wird zum Türcken vmb Frieden geschickt/hat jhn erhalten/die Conditiones desselbigen namen die Venediger an/ damit nicht allein der armen Gemeind in Venedig/sondern auch den andern Stätten jhres Gebiets/in der Thewrung möchte geholffen werden. Venediger haben sich gegen den armen dürfftigen gütlich erzeigt: vnd begundten jhre sachen wider in ein wolstand zu bringen. Teupulo der Venedische Admiral säubert das Meer von den Räubern/so in den Bergen vnd Hölen Dalmatiē am Meer sich hielten. Landus regiert 6.jahr/8.monat: vnd ist zu S.Antoni begraben.

79. Frantz Donato ein herrlicher vnd fürtrefflicher Mann/erwöhlt Anno 1545. Er führt ein ruhig friedsam Regiment/also daß man von keinem Krieg zu sagen wußte/derhalben nam Venedig an herrlichen gemeinen vnd privatgebäwen seh: zu sonderlich ward des Hertzogen Pallast zu end gebracht/wie er nun stehet: auch ward damals die Bibliothec oder Liberey auff gemeiner Statt kosten am Platz gegen dem Hauß vber/da man die Rechts sachen verhandlet/ Forum civile genandt/von grund auff erbawet. Zu dem ward auch die Müntz La Zecca genandt/ein herrlicher köstlicher Baw/daran kein Holtzwerck/sondern eytel Eysen vnd Steinwerck ist/zu ende geführt. Der Tonder schlegt zu Venedig an etlichen orten eyn. Er hat regiert 7.Jahr/6.Monat.

80. Marcus Antonius Trivisan/erwöhlt 1553.ein frommer gottsförchtiger Herr/dem die Justitia in allen sachen mit grossem ernst angelegē war. Richtet ein gantz feine Disciplin auff. Er hatt einen solchen lust vnd eyfer zum Frieden/daß er nie kondte bewegt werden/der Herrschafft zu rahten/sich an den Keyser oder König in Franckreich zu hencken/dann weil zwischen denselben beyden der Krieg lang währet/bemühete sich ein jeder wie er jm die Venediger möcht anhängig machen. Diser from Hertzog hat ein Jahr weniger drey Tag regiert.

81. Frantz Venier erwöhlt den 11.Julij Anno 1554.mit vielen Tugenden wol geziert. Cardinal von Lothringen kompt gen Venedig/in meynung sie zu bewegen/daß sie sich mit dem König in ein Bündtnuß eynliessen. Königin von Polen kompt gen Venedig/wird auffs herrlichst empfangen/vnd wurden etliche Weiber verordnet jhren entgegen zu fahren/ denen erlaubt war/ daß sie sich mit Edelgesteinen vnd anderen Zierden auffs herrlichst schmucken möchten/ welches jhnen sonst nicht zugelassen war/ vnd war die eynfahrung so herrlich daß nicht kan erzehlt werden. Hat regiert zwey jahr/stirbt den 2.Junij mit grosser bekümmernuß der gantzen Statt.

82. Laurentz Prioli/erwöhlt Anno 1556.ein verständiger/sittsamer vnd gelehrter Herr. Groß Sterben vn̄ Thewrung erhebt sich zu Venedig/dann weil sich jederman von dem Sterbē förchtet/ ward kein Proviant dahin geführt. Zu dises zeiten ward widerumb in brauch gebracht (welches in hundert jahren nicht gesehen ward) daß eines Hertzogen Gemahel mit sonderlichen Ceremonien zu einer Hertzogin offenlichen gemacht wurd. Venediger kommen in Vngnad
beym

Von Italia.

beym Türcken/leyden auch schäden an einem gewaltigen Schiff so sie hatten bawen lassen/welches vmb 300000. Ducaten vber alle bereitschafft kostet/so man ein Gallion nennet/die Meerräuber mit zu steuren: wird mit Geschütz vnd allem so darauff/zwo Meil von Venedig als es am Ancker lage/durch vnversehenen Sturmwind gesencket/vnd hat mit keinem vnkosten können erholt werden: regiert drey jahr vnd darüber.

83. **Hieronymus Priolus**/kompt an seines Bruders Laurentij statt Anno 1559. ein schöner/gerader/freygebiger Herr. Die Vorsteher S. Marxen/so vber die Venedische Schatzkammer gesetzt/haben einen newen Hertzoghut machen lassen/mit vielen Edelgesteinen vnd Perlen geschmuckt/so vber 100000. Cronen gekostet. Deßgleichen zwo Königliche Cronen von lauterem vnd bestem Gold/deren eine Candien/die andere Cypern bedeuten soll.

84. **Petrus Loredan** erwöhlt Anno 1567. auch ein frommer Herr. Groß schrecken vnd schaden zu Venedig: haben ein gewaltig köstlich Zeughauß: hat mit etlich vmbligenden Häusern ein grossen Brandschaden empfangen/durch einen Pulferthurn/so vom Fewr zersprengt worden. Grosse Thewrung zu Venedig. Stirbt Anno 1570.

85. **Aloysius oder Ludwig Mocenigo**/erwöhlet Anno 1570. Der Türck/als er den grossen schaden der Venediger vernommen/hat er ein vrsach gesucht den Frieden mit Venedig zu brechẽ. Solymannus der Türck rüstet sich gewaltig auff Cypern/die Venediger rüsten sich starck zur ge-

genwehr/ bringen 31. wolgerüste Galleen auffs Meer: Nicosia wird belägert/erobert/vnd jämerlich geplündert/darnach Famagusta/vnnd fort die gantze Insul Cypern kompt ins Türcken gewalt/Anno 1571. Die Belägerung vor Famagusta hat bey zwen Monat gewähret/vnd seind in der zeit 140000. eyserne Kugeln hineyn geschossen: auff disen schaden ist widerumb die herrliche Victori der Christen erfolget/dann im October hat die Christliche vñ Türckische Armada in dem Corinthischen Hafen zwischen Lepanto vnd Curzolari/ein gewaltiges Treffen mit einander gethan/in welche die Türcken vnden gelegen/vber 30000. *Victori wider den Türcken.*

Mann auff ihrer seiten gefangen vnd vmbkommen/bey 117. Galleen erobert/vnd sonst viel kleine Schifflein/auch allerley Proviant/Munition/Gold vnd anders: auff der Christen seiten seind nicht vber 7000. tod blieben/vnd haben die Christen dergleichen Victori gegen dem Türcken nie gehabt. Anno 1574. den 11. Maij/wolt der Hertzog seinen Jahrstag halten/richtet ein stattlich Panckzt zu/da erhub sich zwischen ein vnd zwey vhren nach Mittag ein grosses Fewr/nimbt hinweg den ort des Pallasts/da der Hertzog wohnet/biß an den grossen Rahtsaal/sampt dem Glockenthurn vnder S. Mary Kirchen/vnd hat sonst mehr schadens gethan. Heinricus der dritt/König in Franckreich/als er auß Polen nach Pariß zoge/kompt durch Venedig/wird allda von dem Raht den 11. Julij gantz prächtig empfangen/die höchste Ehr jhm erzeigt/vnd ein Altar zugericht gewesen/darauff er Meß lesen lassen. Item/vnder einem gantz köstlichen Himmel/welcher von 6. Procuratorn S. Marci getragen/in der Herrschafft Schiff/Il Bucentauro genandt/geführt/vnd mit vnzählich viel Gundelen auffs köstlichst zugericht/begleitet.

86. **Sebastianus Venierus**/erwöhlt Anno 1577. ist General gewesen der gemeldten Venetianischen Armee wider den Türcken/da er dann groß Lob erlanget. Starb Anno 1578. mit grossem bedauren der gantzen Herrschafft.

87. **Nicolaus da Ponte**/erwöhlt Anno 1578. ward Doctor/Ritter vnd Procurator zu S. Mary.

88. **Paschalis Ciconia**/ward erwöhlt Anno 1585. Vnder disem ist die newe Statt Palma/ *Palma.* von deren wir bald sonderlich reden werden/erbawet worden/im jahr 1593. Am eyngang des Venedischen Meers/da vor zeiten gemeinlich alle Barbarische Völcker jhren eynfahl in Italiam zu nemmen pflegten/vnd der Türck auch offtmals vnderstanden.

89. **Marinus Grimanus**/erwöhlt Anno 1595. ein fürtrefflicher Herr/starb zu anfang des Bäpstischen zwytrachts.

90. **Leonhardus Donatus**/Anno 1606. erwöhlt ein Hochweyser Herr/so grosse vnd schwere Händel verrichtet.

91. **Marcus Antonius Memmius**/ward erwöhlt Anno 1612.

92. **Nicolaus Donatus**/ward erwöhlt Anno 1618.

93. **Antonius Priuli**/erwöhlt Anno 1618.

94. **Franciscus Contarini**/jetzt regierend/erwöhlt Anno 1623.

Das vierdte Buch
Von der Hertzogen zu Venedig Erwöhlung / Macht vnd Kleidung. Cap. XI.

WAnn der Hertzog stirbt/so gehen die sechs Räht/sampt den dreyen Häuptern der Viertzigen/in den Pallast/vnd wird der älteste vnder den Räthen an statt des Hertzogen gehalten. Dise kommen nicht auß dem Pallast/biß daß ein newer Hertzog gemacht wirdt. Es werden auch die Thüren des Pallasts versperrt gehalten/vnd allein die kleinen Thürlein geöffnet/dadurch man außgehen mag. Man helt auch bey denselben ein Gwardi oder Wacht: welches doch mehr auß gewohnheit/dann anderer vrsachen halben beschicht.

Der Hertzogen Begräbnuß.

Nach disem wirdt des verstorbenen Hertzogen Cörper mit Hertzoglichen Kleidern angethan/in ein Gemach hinunder/der Piovechi Saal genañt/getragen/allda er drey Tag nach einander stehet/vnd seine 20. Edelleuth mit Scharlachen gezieret/welche jhn/wann er getragen wirdt/beleyten/sitzen neben jhm.

Alßdann hellt man jhm sein Begängnuß/vnd dieselbe mit solchem Pracht vnd Hertzlichkeit/ wie einer Hertzoglichen Person gezimet. Nach vollbrachter Begräbnuß kompt am nachvolgenden Tag der grosse Raht zusammen/vnd thut der Groß Cantzler vermelden/daß man zu anfang künfftiges Hertzogen wahl/fünff Correctores, vnd drey Inquisitores solle machen. Alßdann stehet der Vicehertzog auff/vnd redet zu dem Raht/vnd nach dem er das Leben/die Sitten vnd Regierung des verstorbenen Hertzogen hertzlich erhebt vnd gepriesen/thut er ein vermahnung/daß ein jeder bedacht seye/einen solchen Hertzogen zuerkiesen/dessen der gemeine Nutz ein Frommen vnd Ehr habe. Hernach liset man die Gesätz/nach dero Innhalt der Hertzog soll erwöhlt werden. Die gedachten Inquisitoren müssen das Leben vnd Handlungen des verstorbenen Hertzogen fleissig erforschen/vnderkundigen/ob er ob den Gesätzen gehalten. Vnd wann sie befinden/daß er jrgend in einem was verfählt/seind sie verpflicht denselbigen anzuklagen: muß also sein verdiente Straff die Erben treffen. Weil aber der billichkeit zuwider/daß die Erben alle Straffen solten außstehen/die der verstorben bey seinem Leben verdienet/so werden sie nur mit Gelt gestrafft. Hertzogs Loredani Erben mußten 1500. Ducaten straffweise entrichten/weil derselbe Hertzog seinen Stand mit solcher Hertzlichkeit/wie er solte/nicht geführt. Der Correctoren Ampt ist/daß sie acht haben vnd bedencken/ ob es von nöthen jrgend ein new Gesatz zu machen/das der new angehend Hertzog zu halten schuldig: vnd ob es ehehafft erfordere/einigen mangel/so in der verwaltung des gewesenen Hertzogen sich sehen lassen/zu verbessern: vnd damit solches ins werck gesetzt werden möge/so verfügen sie sich alßbald/nach vollendeter jhrer erwöhlung/in ein darzu bestelltes Zimmer/allda sie sich offt versamblen/biß sie gewiß vnd vestiglich entschlossen/was sie vermeynen zu verändern/oder von newem eynzuführen seye. Sie können aber solches so eylends nicht vollenden/daß sie nicht auffs wenigst drey oder vier Tag mit zubringen. Wann sie nun jhre bedenckliche Rahtschläg zu end gebracht/zeigen sie solches der Herrschafft an/welche den grossen Raht in gewöhnlicher weiß vnd statt laßt beruffen. Wann er nun zusammen kommen/so erscheinen die fünff ernennte Correctoren/vnd lassen allda die Gesatz vnd Verbesserungen/so sie fürzubringen von nöthen geacht haben/verlesen.

Dise nach dem sie nach einander ordenlich ballotiert worden/werden eintweders angenommen oder verworffen. Ballotieren aber heisset die Stimmen durch weisse kugelein/in einem hölzinen Geschirr/so ein knäblein herumb tregt/auffsamblen. Auff dise weiß pflegt man alles das jenig/so einer verbesserung bedarff/oder so sonst was newes vñ dem Regiment erspriesßlichs/entdeckt wird/abzuhandlen. Nach disem berufft man volgenden Tags den grossen Raht widerumb von newem zusammen/welchem keiner/so nicht vber dreyssig jahr kommen/kan beywohnen: zu bestimbter zeit werden die Thüren des Saals zugesperret. Vnd werden alle die so sich in Raht begeben/abgezellet/alßdann legt man in ein Eymer/der allein ein Loch vornen am vberlid hat/dreyssig vergüldte kugelein/so ein gegenzeichen haben/vnd so viel versylberte/daß also aller mit einander so viel seind/alß der Edelleuth/so sich daselbst befinden.

Volgends gehet der jungen Räht einer in S. Marx Kirchen/so an Pallast stoßt/vnd nach dem er dem Altar Reverentz bewiesen/nimbt er ein Knäblein/so man zu dem end dahin kommen lassen/vnd führt es mit jhm in Raht/daß es die kugelein für die zum Eymer kommende Edelleut herauß nemme. Dann es jhnen nicht zugelassen/daß sie die selbs herauß ziehe/damit sie kein betrug brauchen mögen. Diß Kind wird Ballotin geheissen/ist das jenige/so in der Procession dem Hertzogen vorgehet/welches verpflichtet/alßbald es sein gebürlich Alter erlanget/sich zubemühen/daß es in die zahl der Secretarien auffgenommen werde.

Wann nun gedachtes Knäblein für die Herrschafft geführt worden/sitzet einer der Räht/vnd ein Haupt der viertzigen/welchem das Loß darzu gebracht/für den Eymer: vnd darauff nimt man ordenlich nach dem Loß herauß/welcher Banck zum Eymer kommen solle.

Nach dem nun ein Banck herauß genommen/stehet der Edelman/so oben an demselben/da man

anfa-

Von Italia.

anfahen soll/auff/vnd verfügt sich zum Eymer/alßdann zeuhet das Knäblein an seine statt/ein kügelein herauß/ist dasselbe vbersylbert/so legt ers in ein andern Eymer/so zu füssen oder am boden desselbigen gesetzt ist: der jenige aber für welchen es herauß gezogen worden/gehet stracks zum Saal hinauß. Ist aber das kügelein mit Gold vberzogen/vnd mit dem gegenzeichen bezeichnet/so vberzeicht ers dem gemeldten Raht/vnd der Cantzler schreibt den Namen dessen auff/für welchen es herauß genommen/welcher von stund zwischen zweyen Secretarien in ein Zimmer/so ausserhalb des Saals ist/geführet wirdt.

Volgends so rüfft man allen die seines Geschlechts seind: Vattern/Söhn/Enckeln/Schwähern/Schwägern/vnd allen/so alß gefreundte suspect seyn mögen/welche/nach dem sie zu des Hertzogen Stül kommen/von dem Secretario gezellet werden/vnd so viel derselben seind/so viel versylberte kügelein nimbt man auß dem Eymer/ oder Hafen/vnd gehen sie auß dem Saal hinweg.

Darnach fahret man in angeregter ordnung fort/vnd berüfft nach dem Loß die jenigen/so auff dem banck sitzen/biß so lang alle 30. vergüldte kügelein auß dem Eymer genommen seind. Vnd nach dem alle die jenigen so das Loß troffen/in jhr bestelltes Zimmer sich begeben/vnd der Raht von einander gangen/so kommen die erwöhlten mit einander für die Herrschafft/vnd setzen sich in die mitte auff die zwen Bänck/die helffte auff einen/die andere helffte auff den andern theil.

Volgends werden in einem Eymer 21. versylbert/vnd 9. vergüldte kügelein geworffen/vnd nach dem obberührte dreyssig den Bäncken nach/wie sie sitzen/durch das Loß ordenlich beruffen/welcher namblich vnder jhnen der erste bey dem Eymer sich finden lassen/vnd welcher es anfangen soll/kompt einer nach dem andern zu gemeldtem Eymer/auß welchem obgedachtes Knäblein/für ein jeden ankommenden/ein kügelein herauß ziehet/biß so lang die neun vergüldte herauß genommen werden. Die jenigen nun/für welche die versyllerten herauß kommen/tretten zeitlich ab/vnd die jenigen/welchen das Loß die neun vergüldten kügelein beschert/verfügen sich in ein obgenandtes Zimmer. Wann die nun alle zusammen kommen/so werden sie von der Herrschafft in ein ander Zimmer oder Gemach geführet/allda alles zu disem wesen fürträglich ordenlich zugerigen ist: vnd nach dem sie beeydiget/daß sie die beste wahl an die hand nemmen wöllen/so werden sie bey einander so lang versperrt gehalten/biß sie durchs mittel der ordenlichen Stimmen jhrer viertzig alle von absönderlichen Geschlechtern/berührende erkieset haben/welches volgender massen beschicht.

Alßbald die neun/wie oben gemeldt/verschlossen worden/so lassen sie vnder einander das Loß walten/welcher vnder jhnen der erste/ander/dritt/vnd so fort an/benennet seyn solle. Vnd innhalt diser angestellten Ordnung gehen sie hernach mit der benennung für/vnd die benandten werden ballotiert/vnd welcher sieben kügelein bekompt/der wirdt darfür gehalten/daß er einer diser erwöhlung ist.

Wann nun solche wahl vollendet/wird der Herrschafft kundt gethan/daß die viertzig erwöhlt seind/vnd gedachte Herrschafft laßt alßdann desselben Tags/vnd im fahles dißmal zu spat were/auff nechst darauff volgenden Tag/den grossen Raht zusamen fordern/vnd wann er sich bey einander findet/so gehet der Groß Cantzler mit zwen Secretarien zu den bemeldten neun/vmb den Zedel/darauff sie namblich die viertzig jhre Erwöhlte verzeichnet haben/vnd wann er sich wider in Raht verfügt/so nimmt er auß befelh der Herrschafft die verlesung der erkiesenen für die hand/welche/nach dem sie der Ordnung nach/für dem Hertzoglichen Stül sich erzeiget/werden sie ausserhalb des Rahts in ein besonder Zimmer gewiesen/vnd gesetzt.

Wann aber jhrer etwan einer nicht zugegen were/so gehet ein Raht/vnd ein Haupt der viertzigen hin vnd forschen nach jhm/vnd nach dem sie jhn angetroffen/so führen sie jhn von stund an/ohn einige erlaubnuß jrgend einen anzureden/in des Rahts Saal/vnd volgends nemmen sie jhn mit sich in das Zimmer/darinnen die andern obgemeldte seine Mitconsorten sich zusammen verfügen.

Vnd wann sie angedeuter massen sich also erzeiget/wirdt dem Raht von einander zu gehen vergönnet/vnd nach vor angezeigter Ordnung kommen dise viertzig für die Herrschafft: vnd nach dem sie sich auff die zwen Bänck/so in der mitte stehen/gesetzt/werden sie Loßweiß ebner massen wie die dreyssig zum Eymer geforderet/allda sie 28. versylberte/vnd 12. vbergüldte kügelein finden. Vnd die für welche die vbersylberten auß dem Eymer genommen werden/gehen hinauß: die jenigen aber welchen vergüldte kügelein durchs Loß angefallen/werden von der Herrschafft in das Gemach/allda die neun zuvor versamblet waren/oder in einander Zimmer/so jhnen besser gelegen seyn will/geführet: vnd wann dieselben allda den Eyd auffrichtig in der wahl sich zu verhalten/geleistet/werden sie beschlossen/vnd erwöhlen durch die Stimmen/auff obgemeldte weise 25. von vnderschiedlichen Geschlechtern. Damit aber dise Wahl bestehen möge/muß man neun kügelein haben. Nach dem nun dieselbe jhr endtschafft erreicht/wirdt sie der Herrschafft angekündiget/vnd wo es die zeit erduldet/laßt dieselbe den Raht versamblen/wo nicht/wirdt es auff nachkommenden Tag verschoben.

Vol-

Das vierdte Buch

Volgends so verlißet der Groß Cantzler/ wie oben vermeldet/ die Nammen der 25.angedeuten/ welche sich also bald zu dem Hertzoglichen Stůl verfůgt/ vnd von dannen gehen sie auß dem Raht in ein absonderlichen ort/ wie obgemeldte 40.gethan. Wann aber einer abwesend were/ wurde er angeregter massen in den Raht gebracht/ vnd volgends zu den andern in das Zimmer beleitet. Alß bald sie sich alle bey einander finden/ wird dem Raht von einander zu gehen gestattet/ vnd die obgemelten erzeige sich vor der Hertschafft/ sitzen nider/ vnd kosten nach außweisung des Loß zum Eymer/ darinnen 16.versylberte vnd 9.vergůlte kůgelein seind. Für welche nun das Knäblein die sylberne herauß genommen/ die tretten ab: die andern aber so die vergůlten erlangen/ bleiben still stehen/ vnd werden zusammen gesperrt/ wie es mit den andern fůrgangen/ vnd erwöhlen auff oberůhrte weise mit 7.kůgelein 45.vnderschiedenliche Geschlechter.

Wann nun dieselben in dem von der Hertschafft zusammen geforderten Raht verlesen/ die gegenwertigen so wol alß die abwesenden/ wie oben angezeigt/ sich bey einander finden/ kriegt der Raht erlaubnuß abzutretten/ vnd sie erscheinen vor der Hertschafft/ setzen sich/ wie oben gesagt/ nider/ vnd werden innhalt des Loß zum Eymer/ in dem 34.versylberte/ vnd 11.vergůldte kůgelein ligen/ gefordert. Die jenigen so die sylberne bekommen/ gehen jhres gefallens hinweg: die aber/ so die vergůldten bekommen/ verharren bey einander. Disen wird/ wie auch den andern/ der Eydschwur fůrgehalten/ vnd halten sich ebner massen beschlossen in einem Zimer/ vnd erwöhlen durch jhre Stimm mit 9.kůgelein 41.gleichwol můssen sie vnderscheidens Geschlechts seyn.

Wer den Hertzogen erwöhlt.

Wie lang die Wahl wåhret.

Dises alles mag vor fůnff tagen nicht verrichtet werden/ dann man den Raht fůnff mal muß zusammen fordern. Vnd erheben sich auch bißweilen etliche Disputationes vnder den Erwöhlern. Wirdt aber nicht bald gehört/ daß sich dise Wahl ober 6.Tag verweilet habe.

Wann nun der Hertzog vermelter massen erwöhlet worden/ so pflegt man viel geprängs mit jhme zugebrauchen. Anfangs so thun die obermeldte 41.durch den Groß Cantzler der Hertschafft zu wissen wer der new erwöhlte Hertzog seye. Durch die Hertschafft werden des Hertzogen 6.zugeordnete Råht/ vnd die 3.Håupter der 40.verstanden. Gedachte Hertschafft kompt alßbald vor allen andern/ sich mit dem newen Hertzogen zu erfrewen/ vnd jhm glůck zu wünschen. Vnd ist es bey tag/ so laßt man eylends die Glocken leuten/ alßdann kommen die Verwandte vnd Freundt/ vnd suchen jhn heim.

Vnder dessen schlegt man Müntz mit seinem Nammen: nach solchem gehen die 41.Erwöhler mit jhme dem Hertzogen hinunder in S.Marx Kirchen/ vnd nach verrichtetem Gebätt gehen sie alle auff ein erhöchte Bůne/ oder Lettner. Der ålteste auß jhnen erzehlet dem Volck/ dessen dann die Kirch alßbald wird erfůllet/ daß sie anstatt des verstorbenen Hertzogen/ einen anderen erwöhlt haben/ vnd nach dem er solche Wahl gerůhmet/ zeigt er dem Volck den Hertzogen: dasselb erhebt nun ein groß Jubelgeschrey/ zu einem zeichen der freud vnd bestätigung.

Alßdann redet der Hertzog das Volck selber an/ daß es sich alles guts zu seiner Regierung wölle versehen: darnach gehen sie herab/ vnd fůhren jhn fůr den Altar/ daselbst wird jhm/ von dem Procuratorn der Kirchen/ der Eyd fůrgehalten/ daß er ůber den Gesätzen wölle handhaben: hierauff gibt jhme der obriste Vicari zu S.Marx einen Fahnen in die Hand. Vnd nachdem er nun auff dem Altar geopffert/ kompt er zu der Thůr des Chors/ daselbst wird er sampt einem so den Fahnen trägt/ vnd noch einem andern seinem lieben Freund oder Verwandten/ so ein sylberne Schal voll sylbernen vnd vergůldten newen Müntzen trägt/ darauff sein Namen geschlagen/ auff einen erhöchten Stůl/ so man kan tragen/ gestellet: Hierauff ziehen jhn die Schiffleuth des Zeughauses/ auß S.Marx Kirchen/ vnd tragen jhn rings vmb den Platz: vnder dessen wirfft der die Schalen trägt/ immer Gelt auß. So er nun gar herumb/ vnd durch das Haupt-thor in Pallast/ biß vnden an die Stiegen kompt/ alßdann begibt er sich auß dem Stůl/ vnd gehet die Stiegen hinauff/ aber auff halbem theil derselben begegnen jhm die Råht/ vnd die Håupter der vierzigen/ so daselbst auff jhn gewartet.

Wann er nun die Stiegen gar hinauff kompt/ setzt jhm der ålteste auß den Råhten den Hertzoglichen Hůt auff/ vnd von dannen wird er in den Saal der Pioveghi gefůhret. Vnd nachdem er allda ein gute weil in einem darzu bestellten Sessel geruhet/ wird er von jhnen in sein Zimer beleitet/ vnd wann sie jhm den Pallast eyngeraumet/ verfůgen sie sich alle zu Hauß.

Der Hertzogliche Hůt hat ein angehefften Spitz/ so sich am hinderen ort erhebt/ darunder ist ein weisse Hauben/ vnd darumb ein gůldin Börtlein/ in gestalt einer Cron.

Der Mantel ist von allerley schöner Seidenwahr/ alß Damast/ Atlaß/ Sammet vnd gůldin stücken gemacht: ist so lang daß er jhm an die Erden reichet/ am Halß hat er ein runden oberschlag/ biß auff den Gürtel/ ist mit köstlichen gefůlwercken vnderfůtert.

Wann gedachter Hertzog außgehet/ so leutet man S.Marx Glocken/ man tregt jhm etliche Fahnen in der höhe vornen her/ blaset etliche sehr grosse Trommeten/ darauff volgt das Küsse vnd vbergůlte Sessel.

Will von der stattlichen Musica nichts melden/ weil dieselbe bey den Fürsten vnd grossen Herren in Italia nicht seltzam ist.

Hierauff

Von Italia. 507

Hierauff erzeiget sich des Hertzogen Person vnder einem Himmel/zwischen zwo fürnehmsten Bottschafften: auff dise volgen die andern/alßdann gehen bey 30.Gliedern der Edelleuth/alle mit Fürstlichem auß Seiden oder Scharlacken gemachten Röcken bekleidet/vnd der so im ersten Glied zur rechten gehet/tregt ein auffgehaben Schwerdt in seiner Hand/welches alles sehr lustig vnd herzlich anzusehen.

Daß man aber den newerwöhlten Hertzogen nach der grossen Solennitet vnd Herrligkeit in den Saal der Piovechi führt/vnd darinn in ein Sessel setzet/ist darumb geordnet/daß er sich in disen hohen ehren vnd frewden menschlicher schwachheit/vnd des vngewissen schnellen Tods/ welchem die höchsten wie die geringsten ohn vnderscheid vnderworffen/erjnnere. Dann wie vor angedeutet/ist diser Saal der Piovechi/eben derselbe/in welchen die verstorbenen Hertzogen gesetzet werden. *Erinnerung des Todts.*

Damit nun aber hochgedachter Hertzog nach außweisung seiner Würde leben könne/wird ihm zu jährlicher Provision an Geldt 3500.Ducaten gegeben. *Des Hertzogs Besoldung.*

Hierauff ist er verbunden vnd verpflicht ein Hoffgesind seinem Stand gemäß vnd wol anstän\-dig zu halten:

Zu dem muß er vier Mahlzeiten des jahrs/zu vnderschiedlichen zeitten/die eine an S.Stephans/ die andere an S.Marx/die dritte am Auffarts/vnd die letzte an S.Veits tag/zu entrichten/vnd darzu Adelspersonen/so vnderschiedliches Alters seind/berüffen: *Hertzog halt 4.Panckhet.*

Zu der ersten werden ausserhalb der Räthen/die Häupter der vierzigen/die Avogadori/vnd die Häupter der Zehen/die mehrtheils eines hocherlebten Alters seind/gelädet.

Zu der andern erscheinen etwas jüngere: also werden auch zu der dritten vnd wierdten/vnd so fortan/allzeit jüngere beruffen: welches dann darumb fürgenommen/damit die Edelleuth/sie seyen was Alters sie jmmer wöllen/diser gemeinen Panckheten geniessen mögen.

Ausser dessen/so gemeldet/ist der Hertzog auch schuldig/einem jeden Edelman/so dem grossen Raht beywohnet/jährlichen ein Present zu schicken.

Es haben die Hertzogen etwan ein Brauch gehabt/einem jeden fünff Meer-Endten zu verehren: anjetzo präsentieren sie sonderbare/darzu mit fleiß geprägte Pfenning/auff der einen seiten stehet S.Marx/welcher dem Hertzogen einen Fahnen darzeichet/auff der andern ist des Hertzogen Nammen/vnd das jahr der damals Hertzoglichen Regierung/auff dise form: Leonhardi Donati Venet. Principis munus Anno III. Leonhardi Donati Hertzogen zu Venedig verehrung im dritten jahr. *Der Hertzog gibt gute Jahr.*

Alles was in dem Regiment fürgenommen wird/geschicht in des Hertzogen Nammen/vnd wird ohn sein gegenwart kein handlung verrichtet.

Die Brieff/Privilegia vnd offene Instrument/gehen in seinem Nammen auß/gleich alß wann ers allein verrichtete. *Der Hertzog repræsentirt ein Monarchen.*

Die Schreiben vnd Credentz/so hin vnd wider von frembden Königen vnd Potentaten/Abgesandten/vnd andern eyngebracht werden/lauten alle an den Hertzogen.

Wann die Weysen des Lands oder Meers/oder andere Oberherrn/jren Proveditorn/Hauptleuthen/oder andern jhren vndergebenen zuschreiben/so vnderschreibt man also: Leonhardus Donatus Hertzog zu Venedig. Waß der gantz Raht etwas erkennet/so ist die Vnderschrifft N.Hertzog zu Venedig neben vnserm Raht. Wann die Häupter der Zehen etwas schreiben vnd ordnen/ alßdann wird auff dise weiß vnderschrieben: N.Hertzog zu Venedig/sampt den Häupteren des Rahts der Zehen. Vnd die jenigen so ein Antwort vbersenden/formieren die Vberschrifft nach dem sie die Vnderschrifft sehen.

Es hat der Hertzog im brauch/all acht tag/gemeinlich am Mitwochen/weil die Magistrat zu Gericht sitzen/herunder in Pallast sich zu verfügen/vnd rings vmb die Gänge/da die Aempter seind/zugehen. Halt vor einem jeden still/vnd spricht dem daselbst sitzenden Magistrat zu/er wölle Gerechtigkeit mittheilen/vnd waß sich etwan einer herfür thut/so da vermeynet/es geschehe jhm zu kurtz/vnderwirfft sich dem Hertzogen/vnd erzehlet jhm die verloffenen sachen.Vnd so der Hertzog erkennet/jhm geschehe zu vngütlich/thut er flucks befehlen/daß jhm derselbe Magistrat Recht widerfahren lasse. Wann er aber das widerspiel befindet/strafft er den klagenden theil hefftig/vnd ziehet fort seine geschäfft zu verrichten. *Dem Hertzogen ist die Gerechtigkeit angelegen.*

Die gantze Herrschafft vnd Regierung in gemein betreffend/so vergleichet sich dieselbe einer Pyramidi/oder vnden breitem/oben aber außgespitztem Gebäw/dann wie dasselbige vnden breit vnd ein groß weit Fundament hat/vnd naher allgemach sich eynzeucht/biß es sich endtlich zu einem spitz endet. *Herrschafft Venedig vergleichet sich einer Pyramidi.*

Also ist auch die breite Grundfeste dises Pyramidis/das ist/der Herrschafft vnd Regierung Venedig: der groß Raht von sechszehen hundert Personen/darunder die jüngsten von fünff vnd zwantzig jahren seind. *Groß Raht.*

Nach disem wird angezeigter Pyramis etwas kleiner/in dem sich der Raht/der Pregati/od der Erbets *Raht der Pregadi oder pregationes.*

Erbettenen erzeigt/welches dann ein sehr herrlich vnd ansehenlich Glied/dareyn nicht ein jeder/ wie im grossen Raht wirdt auffgenommen/ist von 120. Personen.

Collegium. Auff dises ervolgt das Collegium/allda dañ die Pyramis noch enger wirdt: in disem seind drey sonderbare Magistrat-ämpter: die Hochweysen/i Sauij grandi: die Weysen des Lands/i Sauij di terra ferma: vnd die Weysen des Meers/i Sauij di Mare.

Halt in sich 16. Personen: den Hertzogen nämblich/sechs der Hohenweysen/sechs Räht/vnd drey Häupter der viertzigen.

Die Weysen des Meers/welche sonsten auch Sauij di gli Ordini heissen/verrichten die Geschäfft/so das Meer nicht allein in Friedens vnd Kriegszeiten/sondern auch andere Sachen betreffen.

Die Weysen vbers Land/bemühen sich in Lands Sachen/so zu Fried vnd Krieg gedeyen. Vnd ist jhr besondere verwaltung/daß sie wegen der jenigen/so vom gemeinen Nutzen besoldet seind/ rechnung halten.

Die Hochweysen verrichtē so wol eins alß das ander/jnner: vnd ausserhalb/vñ seind sonderlich mit diser sorg beladen/daß sie so wol in Kriegs alß Friedenszeiten den Fürsten zu schreiben/vnd sie beantworten/vnd also schließlich mit Rahtschlagung/den gantzen gemeinen Nutzen regieren. Es ist aber zu mercken/daß keiner zu der Würde der Hochweysen erhaben wirdt/er habe dañ sein zimlich Alter erreicht/vnd werde für ein treffenlichen dapfferen Mann gehalten.

Es seind zwar die Weysen zu Land allzeit ansehenliche Personen/aber nicht so staitlich alß die Hochweysen.

Die Weysen des Meers seind gleichfahls eines ringeren ansehens.

Jetziger zeit dienet diß Ampt der Weysen mehr dahin/damit sie den Jungen in allerhand übungen anleitung geben/alß zu andern sachen/dann in hochwichtigen Geschäfften seind allzeit die Weysen des Lands/vnd die Hochweysen bemühet.

Dises Collegium kompt alle Tag vngefahrlich zwo stund nach der Sonnen auffgang zusammen.

Schließlich endet sich obbeschriebene Pyramis/an dem Hertzogen/gleich alß an einem hocherhabenen vnd sehwürdigen Spitz.

Es ist aber zu mercken/daß der grosse Raht auß der gantzen menge der Edelleuthen gesamblet wirdt: also daß ein jeder so das 25. jahr erreicht/kan sich auß krafft desselben hineyn verfügen/vnd seine Stimm geben.

Es ist aber nothwendig/daß ein solcher Junger zuvor sein Alter beweise: daß er sich nämblich für den Advocatorn der Gemeind stelle/vnd durch einen Eyd seines Vatters oder seiner Mutter/ oder auch eines anderen seiner nechsten freundten/im fahl Vatter vnd Mutter nicht mehr bey Leben weren/beybringe/daß er das 25 jahr geendet/beneben durch approbierung zweyer Zeugen kundt vnd offenbar seye/daß er von dem Edelman/dessen Sohn er zu seyn fürgibt/geborn seye.

Nach vollendung dieser angeregter Ceremonien mag er in Raht tretten/vnd seine Stimm geben.

Die Jungen werden bald angeführt. Damit aber die Jungen vrsach bekommen/den süssen geschmack der Burgerlichen Regierung vnd Verwaltung zu fühlen/ist fürgesehen/daß alle die jenigen so das 20. jahr geendet/ weg vnd mittel haben jetzgemeldetes jhr begeren zuerlangen: welches dann auff volgende weise beschicht.

Vor dem vierdten Decembris/welcher Sanct Barbara ist/erscheinen alle die Jüngling/so da begeren erlaubnuß zuerlangen/in grossen Raht zu kommen/für die gedachte Advocatorn der Gemeind/mit vermeldung/daß sie das 20. jahr zu end gebracht/vnd deß jenigen eheliche kinder seyen/ welches sie sich annmassen: Welches dann obbemeldter massen beschicht/vnd vom gemeldten Magistrat auffgezeichnet wirdt: daß sie nämblich jhr Alter bey demselbigen dargethan/vnd jhr eheliche Geburt erwiesen. Inmassen dessen ein jeder Jüngling von dem Secretario der Advocatorn einen Zedel mit gedachter dreyen Sigel bekräfftiget nimbt/welcher nachmahls zum dem Secretario della Quarantia Criminale getragen wirdt/welcher die Namen deren/so jhme gedachte Zedel vbergeben/in ein verzeichnuß setzet. Volgends an Sanct Barbara verfüget er sich mit obberührten Zedeln zu dem Hertzogen vnd seinen Räthen/vnd in jhrer gegenwart legt man sie alle in ein Geschirr. Vnd ist allhie in acht zu nemmen/daß von allen denen/deren Namen verzeichnet/allweg der fünfft des Rahts bleibt. Seind jhren 31. so ist es mehr dann der fünfft/wo weniger/müssen auch 31. bleiben. Darbey dann abzunemmen/daß die minste zahl/so da bleiben kan/31. ist.

Ferner werffen sie in ein ander Geschirr so viel versylberte kügelein alß viel Namen im anderen Geschirr oder Eymer gelegt worden: vnd vnder disen versylberten legt man so viel vergüldte/alß der fünffte theil derselben Jüngling antrifft/wo fern jhren 31. seind/vnd mehr alß der fünffte theil: im fahl es weniger/so legen sie 31. dareyn.

Nachmals werden die Zedel von dem Hertzogen ohngefehr/vnd nach dem Glück/auß dem ersten Geschirr genommen/vnd alßbald ein Zedel herauß kompt/verliset man den Namen/so da rinn

Von Italia.

rinn verzeichnet ist. Vnd auß dem andern Geschirr zeucht man ein kügelein/welches/so es guldin/ so wirdt dardurch verstanden/daß derselbige habe erlanget den grossen Rath zubesuchen/vnd sein Stimm zu geben/oder/wie sie sagen/zu Ballotieren. Ist aber das kügelein vbersylbert/so hat er nichts außgericht/vnd muß auff das künfftig jahr warten/so fern anderst das 25. jahr nicht allbereit vollendet. Weil nun ein mal jhr Alter bewiesen/so ists ohne noth/daß derjenige/so in volgenden jahren das Loß versuchen will/zum andern mal dasselbe darthüe/ Er muß allein von dem Secretario der Advocatorn ein glaubwürdigen schein desselben abfordern/vñ sich obangeregter ordnung gemäß verhalten. Vor zeiten pflegten sie zwey jahr zuvor ehe sie anfiengen zu ballotieren/ oder die Stimmen zu geben/in Raht zu gehen/wird aber diser zeit nicht mehr gehalten.

Zu nothzeiten widerfahrt dise Ehr in grossen Raht zu tretten/ vnd sein Stimm zu geben/ auch den jenigen/welche sonsten Stands halben dahin nicht kommen möchten/wann sie nämblichen dem gemeinen Nutzen mit ihrem vermögen vnd reichthumb beygesprungen/ vnd verhülfflich erschienen: alß wann sie dem gemeinen Nutz ein gewisse summam Gelts geschenckt, oder aber ein namhaffts dargeliehen haben/so jhnen ohn einiges davon fallendes Interesse oder Pension erstattet worden. Können also auff dise zwo weise die Jüngling einen zugang zu dem Raht bekommen: dardurch sie dann zur weißheit/verstand vnd erfahrung sonderlich werden befürdert.

Vnd kommen dise Jüngling allerdingen wie die andern Rahtsherzen/mit einem langē schwartzen Rock biß auff die füß/mit einem Gürtel von sylberen Rincken eyngeschlossen/vnd schwartzen wullinen Häublein auff dem Haupt. *Rahtsherzen kommen alle gleich.*

Im fahl es sich aber begibt/daß etwan eines Vatter/oder Anherr/niemahls des Rahts gewesen/vnd jhrer Natten halben kein gemeine gedächtnuß vorhanden/es seye auß waserley vrsachen es jmmer wölle/alß durch abwesenheit/oder etwas anders/so kan derselbe nicht in Raht kommen/ oder seine Stim geben. Wanner aber je vermeynet solche würde zuerlangen/so erfordert in allweg die ordnung/daß er sich bey den Advocaten erzeige/vnd auffs beste so er kan/beybringe/daß seine Voreltern Edelleuth gewesen/vnd daß er derwegen in derselben Register soll verzeichnet werden. Welches dann die Advocatores sollen für die viertzig Herzen der Quarantia Criminale gelangen lassen/welche nachmalen erkennen/ob er ein Adelsperson seye/oder nicht/deren entscheid er volgends muß geleben. *Ein jeder des Rahts muß vom Adel seyn.*

Damit sich aber einer so vom Adelichen stammen nicht her kommen/seines betrugs nicht getröste/ vnd dergleichen vnderstünde/so ist fürgesehen/daß ein jeder so dergleichen Recht begert/500. Ducaten zu Gericht lege/welche/so jhm ein widerwertig vrtheil fellet/nicht wider geben werden.

Den Saal betreffend/darinn sich der grosse Raht versammlet/ist derselbe viereckicht/75. schritt lang/vnd 32. breit.

Rings vmb gemelten Saal/stehen der Mawrē nach saubere höltzine bänck mit zweyen staffeln/ deren eine der andern/so auff dem boden des Saals stehet/gleich/wie die andere etwas höher/also daß der/so auff diser sitzt/weil sie etwas erhebt/von jederman kan gesehen werden.

Nach der zweyen schmälern theilen länge/hat man im brauch des Hertzogen Stül zu setzen/biß weilen an einer/bißweilen an der andern seiten/wie es dann die jahrzeit mit sich bringt.

In mittel des Saals seind der länge nach 9. doppelte Bänck zugericht/darunder ein jeder ein ansehnen hat/also daß/wann dieselben nicht entzwischen werē/so wurde einer den andern mit dem Rucken anrühren. Weil dann dise Bänck der länge nach stehen/hat ein jeder so darauff sitzet/die eine grössere seiten des Saals für sich/die andere hinden/vnd die zwen schmalen theil/da des Hertzogen Stül stehet/einen zur rechten/den andern zur lincken. Dise 9. Bänck machen mit den vnderen staffeln der zwen Bäncken/an den grossen seiten/zehen Bänck/in ansehung/wie gemelt/ein jeder Banck zwo seiten hat.

Damit man aber wisse wañ man in grossen Raht gehen soll/leutet man ein besondere Glocken ein gantze stund lang/vnd wann der Adel im Saal zusammen kommen/vnd ein jeder seinen Sitz eyngenommen/kompt der Hertzog mit seinen Räthen vnd den dreyen Häuptern der viertzigen/ sampt den dreyen Häuptern der zehen/der dreyen Advocatoren/vnd der zwen Censören/alle/außgenommen die Häupter der viertzigen/mit Hertzoglichen Kleidern angethan.

Gedachte Kleider seind lange weite Röck/von seidenem Gewandt/oder Scharlach gemacht/ haben weite Ermel/vnd vornen offen an den Händen. Der Hertzog sitzt auff seinem Stül/vnd hat zur rechten drey Räht/vnd ein Haupt der viertzigen: vnd zu der lincken drey andere Räht/vnd zwey Häupter der viertzigen. Zu end des Hertzoglichen Stüls seind zwen Bänck/mit zweyen anlehnen/zur rechten vnd zur lincken des Hertzogen. Auff disen sitzt der Groß Cantzler/vnd die andern Diener.

Die oberzelten Magistrat setzen sich alle an jhre örter. Welches nicht ohne verwunderung vnd grosse bewegung des gemühts anzusehen. Die Büne gedachtes Saals ist wie der vbrige gantze Pallast mit schöne grossen gemählden gezieret. Des Hertzogen vnd der vbrigen Herren gegenwart ist so herrlich vnd ansichtbar/daß man der Kunststücken/vnd stummen Bildern nicht sonders achtet.

Wañ sie sich nun also gesetzt haben/wirt der Saal beschlossen/vñ werden die schlüssel zu des Hertzogen

zogen Füssen gelegt. Ist auch keinem erlaubt mehr hinein zu tretten/es seye dann sach daß einer ein Raht/oder des Hertzogen Consiglier/ein Advocator/ein Haupt der zehen/oder ein Censor were. Weil oben vermeldt worden/daß man die Stimmen durch junge Knäblein mit weissen kügelein in besonder Büchsen auffsammlet/so ist zu wissen/daß dieselben Büchsen von Holtz gemacht/halb grün vnd halb weiß angestrichen seind. Haben inwendig zwey Rhor/vnd auff der seiten ein groß Loch/dardurch stoßt der Rahtsherr das kügelein in ein der eyngeschlossenen Rohren. Der/so Ja will sagen/wirfft das kügelein in das weiß Rohr/vnd der Neyn will haben/laßt das kügelein in das grün Rohr fallen. Es mag aber niemand sehen in welches Rohr die kügelein fallen. Die Knäblein/so die Stimmen auff gedachte weiß bey den Bäncken auffsamlen/nennen den Namen des jenigen/für den man die Stimmen samblet/alß namblich für den Herren Cantarenum/oder für den Herren Ciconiam/vnd dergleichen.

Wie man die Stimmen samblet.

Nach dem nun die kügelein alle zusammen gebracht worden/tregt sie gedacht Knäblein also bald für des Hertzogen Stül / vnnd legen die jenigen so Ja sagen / in ein weiß / die anderen aber / so Neyn bedeuten / in ein grünes Geschirr. Hernach werden die Ja kügelein von den Rähten/so zur rechten seiten des Hertzogen/die Nein kügelein aber von den Rähten/so zur lincken desselbigen sitzen/abgezehlet: vnd wann der kügelein/so Ja sagen/weniger alß die helffte seind/so hat derselbige nichts erhalten/so ihren aber mehr seind/so verstehet es sich/daß er die Sach gewonnen habe.

Dise Knäblein seind mit violbraunen Röcklinen angethan/vñ haben ein Läderne Täschen vornen am Gürtel/darinn sie die kügelein tragen/welche sie den Rahtsherren geben/dieselbigen in die Büchsen zu schicken.

Weil dann ein solche mächtige anzahl/alß namlich 1600. Adelspersonen im grossen Raht versamblet seind/darff derselbe/laut eines alten Gesätz/nicht länger währen dann biß die Sonn nider gehet.

Wann man die Stimmen will eynsamblen/vermahnt der Groß Cantzler alle mit einander mit lauter stimme/vnd einer stattlichen Red/daß ein jeder/vermög Göttlicher vnd Menschlicher Gesätzen/verbunden seye/das jenig/daß er gemeinem Nutzen/für das beste vnd nutzlichste halte/zu bedencken.

Der Cantzler vermant die Räht.

Weil wir auch mehrmahlen der Viertzigen/oder Quarantiæ gedacht haben/so ist zu mercken/daß derselbigen dreyerley seind/alß namlich: 1. La Quarantia Civile nova, das ist/die viertzig in newen Burgerlichen Sachen: vernemmen die Burgerlichen von aussen her gebrachte Sachen / das ist/ alle Appellationen/von der Gubernatoren vnd Landvögten geschöpfften Sententzen.

2. La Quarantia Civile vecchia, das ist/ die alten viertzigen/in Burgerlichen Sachen: müssen die Burgerlichen/innerhalb der Statt/vermög verloffener Handlungen/anhören: inmassen dieselbigen alle Appellationen/so von den Obrigkeiten in der Statt gegebenen Vrtheilen fürgebracht/erledigen.

3. La Quarantia Criminale, das ist/ die viertzig in Peinlichen Sachen: welche nicht allein die jenigen Sachen/so auß: vnd innerhalb der Statt in krafft der Appellationen ihren fürkommen/erörteren/sondern sie entscheiden auch viel andere gantze Proceß/so von andern Instantzen nicht seind erörtert worden.

Ein Quarantia hat drey Obristen vnd Häupter: namlich drey fürgesetzte / vnd zwey alß Vice Häupter/vnd werden genandt Häupter der newen Viertzigen in Burgerlichen Sachen: Häupter der alten Viertzigen in Burgerlichen Sachen: vnd Häupter der Viertzigen in Criminal Sachen.

Vnd werden gedachte Quarantiæ im grossen Raht erwöhlet: ein jeder aber so ein Ampt vnder den Viertzigen will erlangen/muß vber seine 30. jahr seyn.

Nach disem findet sich noch ein Raht/ Collegio delle Biade, die Versamlung des Korns genandt/hat 22. vom Adel.

Collegium delle Biade.

Vor Raht darff niemand reden/er seye dann vom Adel: vor Gericht aber mag einer selbs/oder durch ein Fürsprechen reden. Vor Gericht werden die Sachen mit solchem ernst gefürderet/daß sie auff das längst in drey Gerichten zu end gebracht werden.

Alle vier jahr werden zwen Recognitores gemacht/welche man Syndicos des Meers nennet/dieselben durchfahren die Insul/Stätt vnd Castell/so der Herrschafft in Dalmatia/Windisch/vnd Griechenland vnderworffen/nemmen sich der Burgerlichen Sachen an/vnd tragen hernach dieselben zu Venedig der Quarantiæ/oder den Viertzigen für/nach demes die beschaffenheit einer jeden erfordert.

Syndicus des Meers.

Belangend das Ampt der Herren der Nacht/so ist dasselbe mit der Nachtwacht beladen. Hat vor zeiten allein die Mißhandlung gestrafft/so bey Nächtlicher weil begangen worden. Jetziger zeit strafft dasselbe auch viel Missethaten/so bey Tag geschehen/alß die Betrug/wann einer den andern auß Geitz/oder anderer böser zuneigung vbervortheilet. Diser Magistrat ist Anno 1250.

rren bey Nacht.

vnder

Von Italia.

vnder Hertzog Marino Moresino auffkommen/ vnd seind anfangs nur zwen gewesen/ vnder welchen einer sein Ampt disseits/ der ander aber jenseits des grossen Canals verwaltet. Volgends seind vnder Hertzog Riniero Zenone/ noch jhren vier hinzu gesetzt/ vnd jhnen sechs Häupter/ mit so viel Dienern/ alß die sachen erfordert/ zugeben worden.

Drey diser Häupter sampt den zugeordneten halten die Wacht vmb den Platz vnd S. Marx Kirchen/ vnd durchgehen die nechste Gassen: die andern drey halten sich bey der Bruck Rialto/ vñ darumb ligenden örtern. Geben in gemein achtung daß in der gantzen Statt einiger arglistiger vnfug nicht geübt werde/ vnd keinem nichts vnbillichs begegne: daß man kein Waaffen trage/ bey denen sie es finden/ denen nemmen sie es: vnd alle Vbelthäter/ so sie betretten/ werffen sie ins Gefängnuß/ vnd verfahren hernach gegen denselben/ wie jhr Ampt außweiset.

Alß die Vätter zu Venedig gesehen/ daß der Ehrgeitz wolt vberhand nemmen/ vnd daß derselbe dem gemeinen Nutz grossen schaden vnd jamer wurde zufügē/ haben sie zwen Censores vnd Auffseher erwöhlt/ so den Ehrgeitz im Regiment sollen straffen vnd abschaffen. *Zwen Censores.*

Dise Censores haben biß daher nicht nur eines jeden/ so in Raht kompt/ Leben erforschet/ sondern haben auch abgeschafft/ daß man keinem solte gratulieren/ vnd mit etwas prächts glück wünschen/ wann er jrgent zu einem Ampt kommen/ damit der Ehrgeitz desto minder platz habe.

Weiterer bericht von Venedig. Cap. xli.

Die berhümte Statt Venedig ligt im innersten Busen des Hadriatischē Meers/ zimlich weit vom Land abgescheiden/ mit einem Thamm/ vnd von natur auffgeworffenem Erdtrich/ beyde wider der Meerwellen vnd der Feinden vom Land eynfallen versichert vnd bewahrt.

Hat grosse gelegenheit/ allerley Sachen eyn: vnd außzuführen/ begreifft im vmbkreiß 8. Welsche/ oder 2. gemeine Teutsche Meilen.

Ist in 70. Pfarren vnd 6. Creiß abgetheilt.

Sant Marx Kirch ward zu bawen angefangen/ im Jahr 820. den 4. Tag Mertzens/ vnd wurden hernach viel schöner Säulen von Athen/ Corintho vnd anderen Orten des Griechenlands dahin gebracht/ vnd in dise Kirch gestellet.

Es seind inn vñ ausser dem Chor/ in die 500. grosser vnd kleiner Säulen: fünff metalliner Porten/ vnder denen bey der grösten stehen acht köstlicher Säulen von Porphyrstein.

Die Kirch ist mit Bley gedeckt/ vñ stehen darauff 4. alte öhrine vergüldte Pferd gantz künstlich zugericht/ welche vorzeiten die Römer dem Keyser Neroni/ alß er den Parthern obgesieget/ zu ehr lassen giessen. Vber lang hernach hat der Keyser Constantinus solche nacher Constantinopel geführt/ von dannen sie die Venetianer volgends vmb das jahr Christi 1205. bekommen/ sampt anderen köstlichen Sachen/ so in diser Kirchen gesehen werden/ welche alle zu erzehlen viel zu lang seyn wurde. Vnder anderem aber ist darinn ein besonders wol verwahrtes Gewölb/ in welchem der Venetianern Schatz auffgehalten wirdt. Das seind nun allerley herrliche Kleinodter von *Schatz.* Gold/ Sylber vnd Edelgestein/ welche wol schwürdig/ so die Herrschafft zum theil in obgemeltem jahr/ alß Constantinopel eyngenommen/ zum thril aber künfftiger zeit nach vnd nach bekommen hat. Dann es seind darinn 12. königliche Cronen vnd 12. Brustzierd/ võ feinem gedigem Gold/ gestickt mit den besten Edlengesteinen/ alß Smaragd/ Topas/ Rubin/ Saphyr. Chrisoliti/ vnd vberauß grossen Perlen: deßgleichen zwey gantze Eynhorn/ grosse Carbunckel/ güldine Geschirr/ Schüssel von Agath vnd Jaspis/ zimlicher grösse. Ein vberauß grosser Rubin/ ein edelgesteinern Eymer/ welchen der König in Persia Vsuncassen der Herrschafft verehret. Item ein Balasso/ wigt 7. Vntz/ vnd sonst ein grosse anzahl von sylberem/ güldinem vnd cristallinem Credentz. Wie auch des Hertzogen Hüt oder Horn/ welches geschätzt wirdt auff 150000. Ducaten/ darauff zu oberst ein Carbunckel ist so nicht zu schätzen. In summa es ist kaum außzusprechen/ was für köstlicher Sachen an disem Ort verwahret werden. Disen Schatz pflegt man jährlich an Hohenfesten/ öffentlich auff dem hohen Altar zu zeigen.

Anno 1549. hat sich mit disem Schatz ein wunderlicher Diebstal zugetragen: Es kam damalen Bursius des Hertzogē von Ferrar Bruder gen Venedig/ vnd ward jhme neben andern denckwürdigen Sachen/ auch diser Schatz gezeigt. Ein Candiot genandt Sammatius Scariot/ der gieng mit alß ein Diener des Fürsten/ sähe den grossen Schatz/ gedacht wie er möchte dahin kommen: Er ließ sich Nachts in der Kirchen versperren/ hinder dem Altar der vnschuldigen Kinder/ ledigt er ein Marmorsteinere Tafel: was er Nachts mocht graben das trug er in der Schoß vnder ein stägen in der Kirchen: Tags gieng er hinweg/ kam gegen Nacht wider/ so lang biß er ein Loch in die Treßkasten macht/ das trieb er sechs Nächt/ thet allwegen den tag die Tafel wider für so geschicklich/ daß niemand desselben gewahr werden mocht. Er trug auch nach vnd nach auß/ daß diß daß jenes von reichē Schatz/ vnd letsts wolt er auch des Hertzogen Hüt hinweg tragen/ hats schon die Nacht jhm fürgesetzt/ vnd schätzt man den Hüt vber die zwo Milion Golds. Nun war in der Statt ein Edelman auch ein Candiot/ genañt Zacharias Cerio/ dem sagt Samatius den Handel/

stäts

stäts sagende: Herz/halten reinen Mund/es kostet vnser Leben. Der war erschrocken/sagt: Was ists dann? Sagt: Halten reinen Mund/gehen mit mir darvon/wir wöllen vnser Lebenlang reich genug seyn/kommend jhr/führt jhn/vnd zeigt jhm viel Edelgesteins. Der Edelman erschrack/ Sammatius wolt jhn erstochen haben/wellich Teuffel/sagt er/brist dir/was erschrickst? Der Edelman sagt: Ich kan vor frewden nicht reden. Sammatius sagt: Eylends laßt vns hinweg mit dem Schatz. Er sagt: Wolan ich will mich rüsten/vnd vmb Schiff sehen/verklagt jhn vor dem Hertzogen/Er ward gefangen/erhenckt/an ein guldinen Strick/an ein Galgen der zwischen den zweyen Säulen auff dem Platz vergüldet auffgericht war.

Bey S. Marx Kirchen ist ein grosser/weiter vnd schöner Platz/deßgleichen kaum sonst in einiger Statt gefunden wirdt/der ist durchauß mit gebackenen Steinen/im jahr Christi 1382. gepflastert worden. Zu vorderst auff disem Platz/gegen dem grossen Canal/stehen zwo grosser vnd hoher Säulen/so die grösten seind in gantz Venedig. Seind sampt einer andern/von Constantinopel vor zeiten zu einer verehrung von dem Griechischen Keyser dahin gebracht worde: aber wie man solche ans Land wöllen ziehen/ist die dritte ins Wasser gefallen/so man biß daher nicht hat können wider herauß bringen/die andern zwo waren an das Land gebracht/lagen da/vnd kondt sie niemands auffrichten/deß liessen die Venetianer ein verkündigung vnd ruff außgehen/welcher Meister sie auffrichtete/den wolten sie hertzlich belohnen/was er auch jmmer begeren wurde. Also kam ein Meister/ein Lombarder/der setzte sein Haupt zu Pfand/wo er sie nicht auffrichtete/so man jhm notturfftigen Zeug gebe. Er richtet sie auff/wie sie noch da stehen/vnd oben auff jhren Hauptschwellen hat die eine S. Marxen Löwen/der andern ist S. Theodori Bildnuß auffgesetzt mit seinem Schildt vnd Spieß/daran er lähnet. Er begert darfür seinen Lohn/man solt jhm die Gnad thun/daß ein jeder zwischen disen beyden Säulen mit Würfflen/vnd ob er schon falsch spielte/hinfürter Freyheit hette da zu spielen/sonst an keinem ort in der Statt/vnd daß man jhm sein Lebenlang Behausung vnd ehrliche Nahrung geben wolte/das geschahe: da macht er auch die Brucken zum Rialt/vnd andere viel Werckzeugs zum Baw gehörig.

Zwischen disen Säulen pflegt man die Vbelthäter zu richten. Von disen Säulen biß an den Thurn/da die Vhr stehet/seind mehr alß 500. schuh. Daher man die grösse dises Platzes mag erkennen. Es stehen gegen der Kirchen vber drey hoher auffgerichter Fahnen/die sollen die drey Königreich bedeuten/so diser Statt vnderworffen: namblich das Venedische/Cypern vnd Candia.

Das Arsenal oder Zeughauß ist mit starcken Mawren vmbgeben/vnd begreifft im vmbkreiß in die drey Welsche Meil/hat nur ein Thor/vnd ein Eynfahrt des Canals/dardurch die Schiff auß vnd eyngeführt werden: vergleichet sich vast einer newen Statt/oder mächtigem Castell. Wann man zum Thor hineyn kompt/sihet man zur lincken hand in einem Saal/so vber die hundert schuh lang/in vier vnderschiedlichen langen Gängen/sehr viel vnd mancherley Harnisch/ Halleparten/Handrohr/Seitenwehr/Sturmhüt/Tartschen/vnd dergleichen. Ob disem Saal ist ein anderer/von gleicher grösse vnd vier Gängen/auch voll Geschoß/Handrohr/vnd andern obgedachten Kriegsrüstungen.

Nach disem ligen in einem Hoff sehr viel grosse vnnd mächtige schwere Ancker/zu grossen Schiffen/deren man noch täglich viel daselbsten zurichtet. Alßdann kompt man in lang vnd grosse Häuser/darinnen man an vnderscheidenlichen orten Galleren vnd andere grosse Kriegs-schiff täglich bawet/deren etliche zum theil nur angefangen/etliche halb/etliche aber schier gantz außgemacht.

Wann es von nöthen/mögen 200. Galleren/viel andere grosse Schiff außgenommen/zum Krieg in das Meer gestossen werden. Sonsten hat die Hertzschafft 22. Galleren auff jhrem Meer/ vnd 22. in Candia. Wann man dise Galleren/darunder zwo vberauß köstliche mit gutem Gold vberzogen/eine aber noch gantz new/Bucentoro genandt/deren sich der Hertzog an der Auffart gebraucht/gesehen/kompt man in zwey andere grosse Häuser/darinnen man die Rüder zu den Galleren zimmert/darunder etliche sehr gewaltiger länge vnd grösse. Daran ist ein ander Gebäw/in welchem die gemachten Rüder ligen. Von dannen gehet man in ein groß Hauß/da man das grob Geschütz geußt vnd boret. Volgends gehet man in ein ander groß vnd sehr lang Hauß/ darinnen die grossen Schiffseyler gemacht werden. Hierauff kompt man in etliche vnderscheidene Häuser/in welchem vber die masse viel grob Geschütz auff Rädern stehet. An einem andern ort ligt ein grosser hauffen grob Geschütz auff ein ander. In einem besondern Hauß wird neben andern Stucken auch eins gewiesen/welches im jahr Christi 1462. gegossen/vnd in die 60. jahr in Candia vnder der Erden verborgen gelegen. Widerumb in einem andern Hauß ligt sehr viel vngefaßt grob Geschütz/so man mehrtheils Anno 1571. in der grossen Meerschlacht wider den Türcken erobert hat.

Es wird hin vnd wider ein grosse menge gegossener eyserner Kuglen zu dem groben Geschütz/ deßgleichen viel Kessel zu dem Salpeter gesehen. In zweyen vnderschiedlichen Werckstätten arbeiten täglich viel Schmidt/vnd in etlich andern die Wagner. Widerumb in andern werden die

gewach-

Von Italia.

gemachten Räder auffgehalten. An besondern Orten werden Laden vnd Holtzwerck zu grobem Geschütz / sampt darzu geschmidtem Eysenwerck auffbehalten. Weiters gehet man ein Stiegen hinauff / vnd findet viel grosse Säl von Harnisch / Spieß / vnd andern Wehren / damit 70000. Mann mögen außgerüstet werden. Von dannen gehet man vber einen Gang / in ein andere Rüstkammer / so gleicher massen mit Spieß / Harnisch / Hocken / vnd Sturmbhauben außgefüllet. In einem andern Hauß sihet man ein vnseglich menge allerley Seyl zu g ossen Schiffen / so doch nur ein theil vnd nicht der gantz Vorraht von Seylern seyn soll / ohn angesehen / daß mit denselben 50. Galeeren / vnd 10. Galeazzen / mögen außgerüstet vnd versehen werden. In dreyen langen Sälen / sitzen viel Weibspersonen / so täglich an den alten Segeltüchern flicken. Vnd ist die gemeine sag / daß in gedachtem Zeughauß / alle Tag auff die 1500. Personen arbeiten.

Von dem Auffnehmen der Statt Venedig / vnd wie sie so mächtig worden. Cap. xlij.

DEr Venetianer Auffgang hat fast ein Vrsach von der Geistlichen Zwytracht / so zwischen den Bischoffen zu Aquileia vnd Grado eyngerissen / dann derselbigen ein jeglicher gern der höchst seyn wolt / vnd den Patriarchen Titel tragen. Die Venetianer hiengen sich an die Griechischen Keyser / vnd ward jhn etwas Herrschafft von denselbigen vbergeben / im Dalmatischen Meer / dasselbig vor den Gothen / Lombarden vnd Hunnen zu beschützen / also daß sie den Giessen vnd Golffen von Aglar fast biß gen Ravenna verhüteten vnd versahen. Als nu Carolus Magnus mit dem Griechischen Keyser Nicephoro in zwytracht gerahten / hiengen sie sich an die Griechen / bald da fiengen sie Krieg mit dem Patriarchen an / welchem der Graff Marinus zu Comaclo beyständig / deßhalben sie dem Graffen Statt vnd Land abtrungen / vmb das jahr 887. Deßgleichen hielten es die Sclaven zum theil auch mit dem Patriarchen / wie auch die Naretaner vñ andere in Histrien / also vberrumpelten die Venetianer Varenzo / Pola vnd andere viel Stätt / brachten sie in jren gewalt vmb das jahr 960. Deßgleichen Spalatren / die Insel Corsula / Lesina / die Insel vnd Hauptstatt der Naretiner / vnd wurden jhre Hertzogen nicht allein Hertzogen zu Venedig / sondern auch Hertzogen in Dalmatien genannt. Dergestallt eroberten sie Ragusen / Tragurien / Sebenico vnd Belgraden. Gleich suchten sie ein Vrsach an die Hadrier / gesellten sich zur Statt Claureto / die mit Hadrien im Zanck lag / also daß sie die Hadrier allgemach außmachten. Darnach nahmen sie sich der Jadrenser an / wider den Graffen auß Croatien / Herrn Murzivar / vnd drangen jm schier das gantz Land ab / was er am Meer hat / alles vmb das 1000. jahr. Als sich hernach aber die Jadrenser oder Zarer / wie man sie jetzt nennt / der Gesellschafft vnd Freundschafft der Venediger besorgten / gaben sie sich an König von Vngern / das halff sie nicht / was den Venedigern eben / eroberten die Statt vnd Herrschafft / eygneten jnen selbst zu / im jahr 1050. vngefährlich. Vmb das jahr 1090. hernach / vnder dem Schein als wolten sie das gelobte Land / so Hertzog Gottfrid eyngenossen / beschirmen helffen / eroberten sie am fürfahren Smyrnam in Jonien gelegen / fuhren fort / kamen in Syrien / machten ein Pact mit dem Patriarchen von Hierusalem vnd den Reichs Fürsten (dann der König Balduinus 2. ward An.1119. von den Heyden gefangen) dz in jedem Flecken deß Reichs sie ein Kirchen / Gassen / Platz / Badstube / Bachofen / erblich jnhaben solten / deßgleichen ein Wag / Kauffhauß / jr eygen Maß / Gewicht wo sie vnder einander kaufften: wo aber frembde Leut zu kauffen kämen / solten sie deß Reichs Gewicht vnd Maß brauchen / es solte alles Zollfrey seyn was sie handleten / kein Stewr geben / auß dem Kauffhauß zu Tyro solt jhnen jährlich gefallen 300. Byzantier Gülden. Wo ein Venediger wider den andern / oder einer deß Reichs wider ein Venediger zu handlen / solte ers vor dem Venediger Hofgericht thun / sie aber wider einander / solten bey dem Königl. Hofgericht Recht nehmen. Alle Güter der Abgestorbenen solten die Venediger vnder jnen eynziehen / Schifbruch sol jnen ohn nachtheil seyn. Schutz / Schirm / Freyheit vnd Burgrecht solten sie gleich mit denen im Reich haben / den dritten theil an Tyro / an Ascalon. Zu Ferrar erlangten sie alle Freyheiten / Burgrecht / waren auch Zollfrey / von wegen dz sie der Gräffin Mathilda dieselbig Statt halffen gewiñen. Stunden auch König Colman von Vngern bey / wider die Nortmänner / da besteckt jhnen Brindise. Hernacher als Zara vnd Sicca wider von jhnen abgefallen / suchten sie vrsach an König Colman / als ob er solches zugericht hette / nahmen das Croatisch Gebürg fast alles eyn. Als aber damals die Paduaner / Terviser vnd Ravenner sachen / daß die Venediger jhre Grentzen an allen Orten vbernahmen / kam es zwischen jhnen zum Krieg / vnd ward der Paduaner Obrister Herr Rudolph Groß: Es gab harte Streit / Keyser Heinrich vertrug sie. Chio die Insel eroberten sie / als sie auß Hierusalem herauß zogen. Samum / Lesbum / Adrum / vnd die Statt Modon vmb das jahr 1125. da namen sie auch Fahnen eyn vmb kleiner Vrsach willen. Also kamen sie dem Keyser Emanuel zu hülff wider König Robert in Sicilien / da eroberten sie Anno 1182. Corfun / Corinthen / Thebe / vnd das gantz Phocierland / so zuvor der König in Sicilien eyngenommen hat. Die Paduaner wolten sich rechen / schlugen das Wasser ab / so in den Venetianischen Golfum bey S. Hilarien laufft. Anno 1146. da gab es aber Kappen / vnd baweten die Venetianer jhren hohen Thurn auff S. Marxen Platz / darauff man die Schiff auff 6. Meil wegs sehen mag. Sie brachten Genonam vnder sich / die Anconer wurden jhre Bundsgenossen.

Venediger Auffgang.

Corsula Insel.

Anno 1148. Auch brachten sie zu letzt bey Guilhelmen in Sicilien grosse Freyheiten zu wegen/ schlugen sich zu jhm. Griffen den Patriarchen zu Aquileja an/fiengen jhn/vnd machten jhn zinßbar. Der Griechische Keyser ward zornig daß sie mit den Sicilier eins waren/aber sie brachten jn zum Frieden/deß gab er jhnen die drey gossene Säulen/ deren noch zwo auff S. Marxen Platz stehen/welcher zuvor gedacht worden.

Bald nahmen sie sich deß Bapsts an/wider Keyser Friderichen/der gab jhnen Gewalt/daß der Hertzog mit Bley siegeln dorfft/wie noch der Brauch. Als aber der Frieden bey jhnen gemacht/ ward dem Hertzog der Himmel/darunter er gehen solt/bestättigt: das ist/das Tuch darunder man in der Proceß zu gehen pflegt/acht silberne Trommeten mit güldenen Schnecklen/vnd daß er allweg ein weisse Wachskertzen tragen solt. Da ward S. Marxen Kirch mit Bley bedeckt. Etliche schreiben Keyser Friderich hab geschworen auß derselbigen Kirchen ein Roßstall zu machen/vnd auff S. Marxen Platz Korn zu säen/vnd als jhn die Fürsten schwerlichen darvon abhalten möchten/ haben doch die Venediger zulassen müssen/daß der Keyser vier seiner Leibhengst über nacht in der Kirchen gehabt/den Platz vmbgeäret/besäet/vnd zu Gedächtnuß die Venediger genöhtiget/ daß sie die Ständ der Leibroß mit rohten vnd weissen Steinen vnderschiedlich pflastern solten/vnd die vier vergüldten Roß auff den Vorschopff setzen/deßgleichen den Platz/daß man die Furchen sehe/auch gepflastert halten.

S. Marx Münster.

Hernach gaben sie für/sie wolten die Teutschen Fürsten wider die Vngläubigen fürdern/verbunden sich zu jhnen. Am Anzug da musten jhn die Fürsten helffen Humago gewinnen/darnach wolten die Fürsten Constantinopel mit jhrer Hülff haben/ rausten sie jhnen den halben Theil alles Gewins zusagen/vnd aller Herrschafft. Also erlangten sie das Patriarchat/das jhnen zu Loß/vnd den Fürsten das Keyserthumb fiel. Da ward jhnen Creta oder Candia die Insel geben/vnd Marggraff Bonifacius desselben beraubt: auch ward jhnen Methon/Coron/Callipolis/Naxus/Parus/Molun/Herina/Andros/Negropont/Teus/Mycon/Schyrus/Phylocodo/Stalume oder Lewo/alles schöne vnnd fruchtbare Insel nzugeeygnet. Sie besatzten die Insel Candia 1211. Burgern. Sie erhielten auch Cephaleniam. Sie schlugen sich auch zu den Carzaris vnd Rubeis/ vnd vertrieben die Scaligeros. Tervis ward jhnen zur Beuth. Mit dem König von Vngern theilten sie das nie jr gewesen/also daß der König solt behalten was von Durazo am Giessen Quarnaro gelegen biß in Istria/vnd solt jhnen bleiben was von Hiera biß gen Tervis der König eyngenommen. Im jahr 1368. fiengen sie ein Krieg an mit den Carzarier. Den Genuesern nahmen sie Tenedum eyn/aber es kam sie ziemlich thewr an. Sie hengten sich an Hertzog zu Meyland wider die Herren zu Veron vnd Padua. Anno 1388. namen sie Durazzo eyn. Im jahr 1409.vberkamen sie nach dem todt Herrn Jörgen Starhzonich/Dulcegno/rc. Anno 1405. ward jnen Verona vnd Padua/vnnd als die zu Vdedene mit jhrem Patriarchen von Aglar zu Span kommen/theten sie jhnen Hülff/so lang/biß sie die Statt vnd den Patriarchen gar vnder sich brachten. Hernach kam der Florentiner Bottschafft/begert Hülff wider den Meyländer/da wurden sie Gesellen biß jnen Pressen vnd Cremona zu theil ward. Hernach halffen sie dem Sfortzen Hertzogen zu Meyland/ biß jhnen Ravenna ward. Bald kehrt sich das Blad vmb/also daß sie den Türcken zum Feind gewunnen/der drang jhnen ab/was sie in Griechenland hetten/dargegen brachten sie Cypern in jhr Hand/dem Hertzogen von Ferzar drangen sie die besten Saltzgruben ab/vñ ein gut theil deß Lands dem Hertzogen von Mantua. Da nun Hispanien/Franckreich vnd der Bapst an Neapels wolten/ blieb jhnen Nicopolis/Pulugnia vnd Mola in Apulien/deßgleichen Traw vnd Olcolo/Cremona hatten sie im Meyländischen Krieg. In summa/sie haben sich allwegen schicken können in jhrer oder anderer Leut Krieg/deß haben sie auch genossen/vnd ist jhnen allweg das best worden/wann sie Frieden gemacht: Seynd auch noch zu Land groß/die baßverwahrtesten in Italien. Zu Wasser haben sie Candien/Corfun/viel in Isterreich/Friaul/das alles vest ist. Cypern ist jhnen vom Türcken widerumb eyngenommen worden Anno 1571. wie an seinem Ort weiter sol gesagt werden.

Von der heutigen Beschaffenheit der Herrschafft Venedig.
Cap. xliij.

Die Herrschafft Venedig hat in jhrem gantzen Landt alle vollkommene Gerechtigkeit/sampt der obern Herrlichkeit/vnd erkennet weder das Römische Reich noch andere Herrschafften: vnd das noch mehrist/haben sie von vndencklichen zeiten her das Adriatische Meer/Golfo di Venetia genannt/sampt dessen Herrschafft/in jhren Gewalt gebracht/dergestallt daß sie allen außländischen Schiffen die Fahrt in gemeltes Meer abschneiden/vnd selbiger mit allerhand Zöllen vnd Aufflagen beschweren kan/darzu jhnen dann die gewaltige vnd gleichsamb vnvberwindliche Vestung Corfu/an der Eynfahrt dieses Meers gelegen/sehr dienstlich ist. Vnd zu Anzeigung dieser Herrschung vber das Meer/pflegt der Hertzog mit dem vornehmen besten Adel jährlichen auf die Auffahrt/auff dem herrlichen Schiff Bucentoro genannt/sich auf das Meer zu begeben/da er mit sonderlichen Ceremonien einen güldenen Ring in das Meer wirfft/dadurch

anzu-

Von Italia.

anzuzeigen/ daß er jhme vnd der Hertzschafft Venedig/ selbiges Meer/ gleichsam als ein Eheliche Verlobung zueygne.

Es besitzet diese Hertzschafft heutiges tags viel hertzlicher Stätt/ Insel vnd Landschafften.

In der Lombardey hat sie sieben der vornehmbsten vnd reichsten Stätt: als da sind/ Padua/ Vicentza/ Verona/ Bressa/ Bergamo/ Crema/ vnd Treviso/ ohne das vbrige hertzliche Landt so gegen dem Meer gelegen.

In dem Friaul hat sie fünff Stätt/ Vdine/ Cividale die Friuli/ Cividale di Belluno/ Feltre vnd Concordia/ ohn andere Stätt/ so hin vnd wider durch die Sümpff vnd Meerlachen selbiger Gegne zerstrewet sind/ neben 63. hertzlicher Flecken so alle mit Mawren vmbgeben/ vnd mit Volck vnd anderer Notdurfft gnugsam versehen/ dann selbige Gegne so fruchtbar/ daß sie nicht allein für sich zur Notdurfft gnug hat/ sondern noch der gantzen Herschafft Venedig vnd andern Orten mittheilet.

Weiters hat die Herschafft das Polesine/ von seiner Fruchtbarkeit vnd Hertzlickkeit klein Puglia genannt/ in welchem das Bisthumb d'Adri.

Das Eynkommen der Hertzschafft belangend/ wird dasselbig jährlich geschätzt auff 4. Million Golds/ ordenliches Gefälls. Die Statt Venedig allein/ als ein Magasin deß gantzen Italiæ/ gibt jährlichen ein Million Golds vnd mehr.

Hingegen seyndt die Außgaben dieser Hertzschafft auch nicht gering/ dann sie erhalten gemeiniglich 23. grosse Galleen in Candia/ Corfu vnnd andern Orten/ so gegen dem Türcken ligen.

Neben diesem gehet jhnen auch ein mächtiges vber die Vestungen/ selbige mit Kriegsvolck vnd allerhand Notdurfft zuversehen.

Die Vestungen seyndt Bergamo/ Bressa/ Crema/ Orzi novi/ Peschiera/ Asola/ Legnago/ so alle jre Guardi haben.

In dem Friaül haben sie die schöne newerbawte Vestung Palma nova genannt/ von deren hie vnden weiters sol geredt werden/ wie auch Cadore/ Monfalcone Marano. Zu deren Erhaltung auch ein ziembliches auffgehet. Sonsten haltet die Hertzschafft gemeinlich 15. Compagnien zu Pferdt in ordentlicher Bestallung/ ohne die leichten Pferdt der Albaneseren/ Capeletti genannt/ deren sie auch jederweilen etliche Compagnien hin vnd wider auff den Strassen halten/ selbige vor den Banditen vnd andern bösen Gesindlein reinzu behalten. Sie vnderhaltet auch viel qualificierte Personen/ so wol Italiäner als anderer Nationen/ mit statlichen Pensionen/ sich deren in Kriegsläufften vnd anderen Notdurfften zugebrauchen. Insonderheit wendet sie viel an jhre Gesandten vnd Oratoren/ welche sie hin vnd wider/ an der vornehmbsten Potentaten Höfen beständiglichen vnderhaltet. Sonderlich aber wird ein mächtiges spendirt auff jhren Oratorem/ so zu Constantinopel an deß Türckischen Keysers hoff residiert/ nicht allein zu seiner ansehnlichen vnderhaltung/ sondern auch wegen der grossen Verehrungen/ welche er auff alle Fäll/ so wol dem Türckischen Keyser selbsten/ als seiner vornehmbsten Officierern im Namen der Hertzschafft pflegt zu præsentiren/ dardurch den Frieden zuerhalten/ vnd etwan andere Vngelegenheiten abzuwenden.

Wil jetzunder nicht sagen von der mächtigen Außgab/ welche täglich vber das Zeughauß/ so oben vmbständlich beschrieben worden/ gehet.

Doch diese Beschwerden vnd Außgaben aller vngeachtet/ solle die Hertzschafft Venedig/ wegen jhrer guten Administration/ jährlichen vber alle Außgaaben/ so nicht etwan sonderliche Kriegsbeschwerden vorfallen/ auff acht Thonnen Goldes vorschlagen.

Es hat in der Statt Venedig ein vnglaubige zahl Volcks/ welches sich erschienen im jahr 1555. da die Hertzschafft alles durch die Herrn Procuratoren schetzen liesse. Damalen hat sich nachfolgende Zahl erfunden/ Mannspersonen 48333. Weibsbilder 5412. junge Leuth von 6. biß auff 20. Jahr/ 49923. München 2688. Geistliche Frawen 2580. Juden 623. Im jahr 1569. den 13. Tag Herbstmonats seyndt im Arsenal oder Zeughauß zween Pulverthürn vom Wetter angezündet worden/ welche ein mercklichen schaden gethan haben/ nicht allein im Zeughauß/ welches es an etlichen Orten gefält/ vnd bey 15. Galeen vnnütz gemacht hat/ sondern auch allen vernachbarten Wohnungen/ welche zum theil eyngeworffen/ zum theil durch die Erschüttung sonst geschädigt worden.

Der Statt Venedig Kirchen Regierung betreffend/ ist im jahr Christi 774. Obelaltus Maritius/ Eneagri deß Zunfftmeisters zu Malamocco Sohn/ vom Bapst zum Bischoff vber Venedig gemacht worden.

Im jahr aber 1450. hat Bapst Eugenius der Sechst Laurentium Justinianum den 56. Bischof Patriarch zu zum Patriarchen vber Venedig/ vnd Primatem vber Dalmatiam gemacht. Venedig.

Von der Venetianischen Insul Muran.

Diß ist ein sonderbare Insul/ ein gemeine Italiänische Meil von Venedig gelegen/ begreifft im Bezirck drey meilen/ vnd wird durch ein grossen Canal in zwen theil vnderscheyden/ hat 24. Glaßhütten/

hütten/ vnd 14. schöner Kirchen/ darunder S. Peter die Vornehmbste vnd zum prächtigsten gebawet/ vnd mit einer wolbestelten Bibliotheck gezieret.

Was für schöner vnd köstlicher Gläser von allerley Gattung vnd Preiß in diser Insel gemacht werden/ ist nun allbereit in aller Welt besser bekandt/ dann aber zu beschreiben von nöhten. Vnder andern wundersamen Kunststücken/ deren sie doch noch alle tag newe erfinden/ werden gantz außgerüste Galeren ziemlicher grösse/ vnd Orgeln von drey Elen hoch Pfeiffen gefunden/ welche man gleich wie andere von Zinn oder Silber gemacht/ kan zur Music brauchen. Die Eynwohner handeln alle mit Gläser/ vnd vertreiben jährlich ein vnzahlbare menge. Weil dann so viel Brennöfen in dieser Insel/ so wird der Lufft durch derselben Hitz vnd Rauch trefflich gereiniget/ also daß beneben den schönen Gärten/ daselbst viel lieblicher zu wohnen/ dann zu Venedig selbst. Zu Malamocco auff Latein Metamacum, hat vor zeiten der Hertzsein Sitz gehabt/ ist heutiges tags der Statt Venedig Meerhafen/ da alle grosse Schiff an vnd abfahren/ deren dann auß allen Landen ein gewaltige Anzahl täglich daselbst zu sehen.

Malamocco.

Von der alten Statt Aquileia. Cap. ꝓlitij.

WOher diese alte vnd berühmbte Statt den Namen bekommen/ seyndt vnder den Scribenten dreyerley Meynung. Etliche wollen sie seye von Aquilo einem Trojaner/ Antenoris Gesellen/ so sie gebawet/ Aquileia genannt. Andere aber sagen/ es seye jhr dieser Namen von den Adlern/ der Römer Kriegszeichen/ geben worden. Weil aber vor zeiten fast durch die gantze Statt Wasser geloffen/ vnd man darinn mit Schiffen/ wie zu Ravenna/ vnd heut zu Venedig/ herumb gefahren/ ist sie vielleicht von den Römern/ so sie zeitlich beherrschet/ Aquileia genannt worden. Wa im jahr da Hannibal gestorben zu einer Römischen Colonien gemacht. Vnd weil sie wegen der Grentzen gegen Teutschland/ vnd Vngarn/ sehr wol gelegen/ haben sie die Römer dermassen erbawet/ vnd gezieret/ daß sie Roma Secunda, Ander Rom genannt worden. Als sich Keyser Augustus in dieser Statt mit sampt seiner Gemahlin die 8. Monat auffgehalten/ vnd dieselbe mit einer Mawren/ zwo Meil lang gebessert/ kam Herodes der König in Judæa/ mit sampt seinen Söhnen Alexandro vnd Aristobulo/ vnd verklagt dieselbe auß Anstifften seines dritten Sohns Antipatri/ vor gedachtem Keyser/ als wann sie jhm auß Begierd zu regieren/ mit Gifft hetten nach dem Leben gestellt.

Vespasianus ist von der Ritterschafft zu Aquileia zum Keyser erwöhlt worden. Das Kriegsvolck hat daselbst auch Keyser Maximinum erschlagen/ von dannen die Zeitung in 4. Tagen gen Rom kommen/ wie Julius Capitolinus nicht ohne sondere Verwunderung verzeichnet.

Als Maximinus von dem Kriegsvolck wider der Römer willen/ zum Keyser ward auffgeworffen/ hat er die Statt Aquileiam/ mit einem gewaltigen Kriegsheer so hart belägert/ daß den Eynwohnern an Seilern/ zu den Sennen an die Bogen/ gemangelt. Derowegen dann die Weiber jhre Haar abgeschnitten/ vnd jhren Männern Sennen darauß gemacht. Welches der Rath zu Rom mit solcher Danckbarkeit auffgenommen/ vnd erkennt/ daß er denselben Weibern zu Ehren/ vnd ewiger Gedächtnuß/ ein gewaltigen Tempel Iunoni Calvinæ, der Kaalen Abgöttin Junoni/ auffgericht. Quintilius/ Claudij deß Andern Bruder/ ist auch allhie zum Keyser auffgeworffen/ vnd Keyser Constantius von seinem Bruder erschlagen worden.

Der Weiber dzwürdige That.

Gleich wie aber Aquileia an Reichthumb/ vnd grossen Kauffmannshändel zugenommen/ als die zwo berühmbten Stätt/ Spina vnd Hadria/ in Abgang kommen/ also hat sie auch widerumb abgenommen/ als die Statt Venedig erbawet worden.

Attila hat sie drey jahr lang belägert/ vnd als er wegen Mangel der Proviant gedachte abzuziehen/ sahe er ein Storcken mit sampt den Jungen ab dem Schloß fliegen: vnd weil man solches gemeinlich für ein Zeichen haltet/ daß die Statt solt eyngenommen werden/ lieff er die Statt mit gantzer Heersmacht an/ erobert auch dieselbe in dreyen Stunden/ vnd erschlägt 37000. Mann: was nicht erwürgt ward/ flohe in die nechstgelegene Insul Grado. Damalen stieg ein sehr reiche vnd schöne Fraw auff ein Thurn beym Fluß Natisa/ vnd stürtzte sich mit verhültem Haupt hinab in das Wasser/ damit sie von dem Barbarischen Kriegsvolck nicht geschendet wurde. Deßgleichen flohe auch ein ander edel Weib/ mit Namen Honoria/ vor der Hunnen Mutwill/ vnd verschloß sich zu jhrem verstorbenen Gemahel ins Grab/ ward aber gefunden/ mit gewalt herauß gezogen/ vnd jämmerlich vmbgebracht. Da nun Aquileia von den Hunnen zerstört/ ein zeitlang wüst gelegen/ hat sie Keyser Justinianus durch seinen Feldobristen Narseten/ widerumb bawen lassen: darauff sie dann die Longobarden eyngenommen/ vnd biß auff Carolum Magnum durch einen Hertzogen beherrschet. Dieser Longobardischen Hertzogen werden 14. vnd zween Gallische in den Historien gefunden.

Jammer zu Aquileia.

Vnder Keyser Ludwigen dem Dritten/ hat sie Berengarius bezwungen/ vnd vom Reich abgezogen/ wiewol sich gedachter Berengarius selbst für ein Keyser auffgeworffen. Keyser Otto brachte sie widerumb ans Reich/ vnd vbergab Rodoaldo dem neun vnd viertzigsten Patriarchen daselbst/ Vdine/ Faganea/ Gruario/ Bugam/ Brajatano/ mit sampt der gantzen Landschafft zwischen Lievenza vnd Piavr.

Keyser

Von Italia.

Keyser Conrad gab hernach dem Patriarchen zu Aquileia das gantz Hertzogthumb Friaul / vnd die Marggraffschafft Istria / sampt andern Herzlichkeiten vnd Gütern / davon allein gedachter Patriarch jährlich vber die 100000. Goldgülden bekommen. Im jahr Christi 1420. haben die Venetianer vnder Hertzog Tomaso Mocenigo / mehrermelte Statt Aquileiam vnder jhren Gewalt bracht / vnd biß auff das Jahr 1509. behalten / da sie dann Keyser Maximilianus widerumb dem Reich vnderworffen / auß dessen Beherrschung sie doch die Venetianer bald wider zu sich gerissen / vnd biß auff diesen Tag behalten.

Der Erste so der Kirchen zu Aquilea vorgestanden / sol S. Marx der Evangelist gewesen seyn: auff welchen hernach kommen 2. Hermagoras. 3. Elearus. 4. Chrysogonus. 5. Theodorus. 6. Chrysocomas. 7. Agapitus. 8. Fortunatus. 9. Valerianus. 10. Benedictus. 11. Quirinus / Keysers Philippi Sohn / so zu Ofen in Vngarn begraben. 12. Fortunatus auß Africa / so vber die Evangelia geschrieben / vnd andere so vmb Christi willen sind gemartert worden.

Voldaricus der 62. Patriarch entzog der Herrschafft Venedig die Insel Grado / vnd setzt sich daselbst mit 12. Thumbherrn / sampt etlich andern vom Adel / wurd aber vom Hertzog Vital Michael vberfallen / vnd gefangen gen Venedig geführt / endlichen aber mit diesem Geding ledig gelassen / daß er alle jahr ein fetten Ochsen vnd 12. Schwein solte gen Venedig lieffern / so das Volck auff dem grossen Platz solte tödten. Johannes Vitellius der 81. Patriarch / war nur Herr vber das Geistliche / vnd nahmen die Venetianer die Herrschafft vber das Weltliche.

Mit Ludovico Padovano dem 82. Patriarchen / vberkam die Herrschafft Venedig / mit Bewilligung Bapsts Pascalis / daß er / gedachter Patriarch / wie auch alle Nachkommen / die Hertzschaffe vber Aquileia / S. Veit / vnd S. Daniel solte haben / das vbrige aber solte der Herrschafft Venedig seyn / doch solt man jhm vnd seinen Nachfolgern jährlich 3000. Ducaten geben. Vnder andern fürtrefflichen Männern / so die Statt Aquileja gezeugt / ist Ruffinus / Paulus Diaconus / vnd Bapst Pius der I. diß Namens gewesen. Von Antiquiteten werden noch die alten Ringmawren / etliche gewaltige Tempel / vnd neben andern prächtigen beyde gemeiner vnd sonderbarer Anzeigungen / künstliche Gemäwr von einem Amphitheatro gesehen / darbey sich dann nicht zuverwundern / daß Ausonius Aquileiam als ein insonders gezierte Statt preysen wöllen. Ist heutiges Tags sehr abgangen.

Von der Statt vnd Landschafft Friaul.

Diese Statt hat erstlich Forum Julium geheissen / hernach Rosimundæ König Luitprands Gemahl zu ehren Civitas Austriæ / weil sie eine von Oesterreich gewesen / war erstlich von Theodorico dem I. Gothischen König / darnach von Cancano dem Pannonischen König zerstört / derselbe belägert die Statt Friaul mit aller Macht / wiewol er kleine Hoffnung het sie zu gewinnen / daß sie war trefflich wol verwahrt. Dann nach dem Aquileia zu grund gangen / nam dise Statt zu / vnd ward als ein Schloß vnd Schutzhauß deß gantzen Lands· sie lag auch am Wasser Natison. Als sie aber Cancanus belägert / regiert darinn Thomilda ein Haußfraw Gisulphi / den Cancanus in einer Schlacht vmbbracht hatte / vnd vermeynt darnach die Statt auch zu gewinnen. Aber sie war jm zu starck. Doch das er mit seine gewalt nit mocht zu wegen bringen / erobert er durch deß Weibs Tomilde leichtfertigkeit vnd Büberey. Dann als Tomilda hette den König Cancanum gesehen vmb die Statt rennen / gefiel er jr wol / daß sie mit Lieb gegen jhm entzündet ward / vnd schickt heimlich zu jhm / wenn er sie zu der Ehe nehmen wolt / wolt sie jhm die Statt vbergeben. Cancanus der gern sieghafft were gewesen / nam deß Weibs Anmutung an / verhieß jr zu thun nach jrem willen / vnd kam also in die Statt / vnd daß er seiner verheissung gnug thet / lag er die Nacht bey Tomilda / als bey seiner Haußfrawen / darnach vbergab er sie 12. starcken Kerlen / die durch jhren Mutwillen dem Weib die Geilheit nahmen. Als das geschehen / vnd das Weib sehr geschwecht war / ließ Cancanus durch sie ein Spieß schlagen / darbey alle Weiber möchten sehen / dz sie die Geilheit nit fürsetzen solten der Vernunfft / vnd deß Leibs Lust der Erbarkeit / ja wüsten dz vntrew vnd verrähterey auch bey denen verworffen wird / denen man damit dienen vnd wolgefallen wil. Nach diesem ist die Statt geplündert worden / vnd alles hinweg geführt / so die Herulen / Gothen vnd Longobarden durch jhr streiffen 150. jahr auß den Meyländischen zusammen getragen hatten / Cancanus trieb das Volck auß der Statt / zünd sie an / vnd verbrannt sie biß auff den Boden / damit er sich rechen mocht an den Longobarden. Das ist geschehen vngefehrlich 200. jahr nach dem die Hunnen Aquileiam zerstört. Es zog wol Gisulphus Hertzog zu Friaul mit einem grossen Heer gemeltem Cancano / als er in das Land fallen wolt / entgegen / aber Cancanus / sieget wider jhn vnd alle Longobarden / die auff seiner seiten waren / vnd name das gantz Land eyn.

Von dieser Statt hat das Land Friaul den Namen / ist lustig vnd fruchtbar / mit Stätten vnd Flecken wol besetzt / mehrtheils Graffen vnd andern besondern Herrn vnderworffen / erkennet aber Venedig für die hohe Obrigkeit. Erstreckt sich in der länge 50. Meil. Die Hauptstatt heisset Vticum / da der Venetianische Statthalter wohnet / für welchen alle schwere vnd hohe Sachen kommen. Wiewol in den mindern Stätten ein jeder Herr / die auch das Burgrecht zu Venedig haben / vollkomnen Gewalt hat vber seine Vnderthanen.

Das vierdte Buch
Von der Statt Treviso / oder Tervis.

Diese Statt war durch die Ostrogothen dem Reich entzogen / vnd von denselben beherzschet / biß daß sie Alboinus der Longobarden König bezwungen. Von den Longobarden kam sie widerumb an das Römische Reich. Hierauff beherzschet sie Azziolinus / vnd folgends Riccardus / welchen Keyser Heinrich der Sechste zum Procurator vnd Statthalter darüber gesetzt. Derselbe zog allen Gewalt an sich / vnd widersetzt sich mit gewehrter Hand dem Patriarchen zu Aquileia. Nach diesem Tyrannen kam sie an die Herzen von Carrara / folgends an die dalla Scala / oder von der Leyter / vnd endlich im Jahr Christi vnsers HErrn 1388. an die von Venedig / vnd deren Beherzschung sie auch biß auff den heutigen Tag verblieben / ohn angesehen / sie zur zeit als Ludovicus der Zwölfft König in Franckreich die Venetianer geschlagen / einen Raht gefasset / sich Keyser Maximiliano zuergeben / welches doch nicht beschehen. Ligt in einem ebenen vnd sehr fruchtbaren Landt / 19. Meil von Venedig / an dem Schiffreichen Fluß Silo / welcher auch durch die Statt laufft / die Gräben füllet / vnd viel Mühlwerck treibt.

Ist mit gewaltigen Rundelen vnd Wählen vmbgeben / auch mit etlichen schönen Gebäwen gezieret.

Hat einen gesunden Lufft / vnd ist wegen deß Wassers sehr lustig.

In dieser Statt ward Totilas der Gothen König / vnd Bapst Benedictus der Eilffte geboren.

Palma nova newe v. stung In dieser Gegne / gegen Gradisca hin / ligt die schöne vnd weitberühmbte newe Vestung Palma Nová genannt / deren eygentliche Abbildung wir hieben gesetzt. Ward angefangen zu bawen

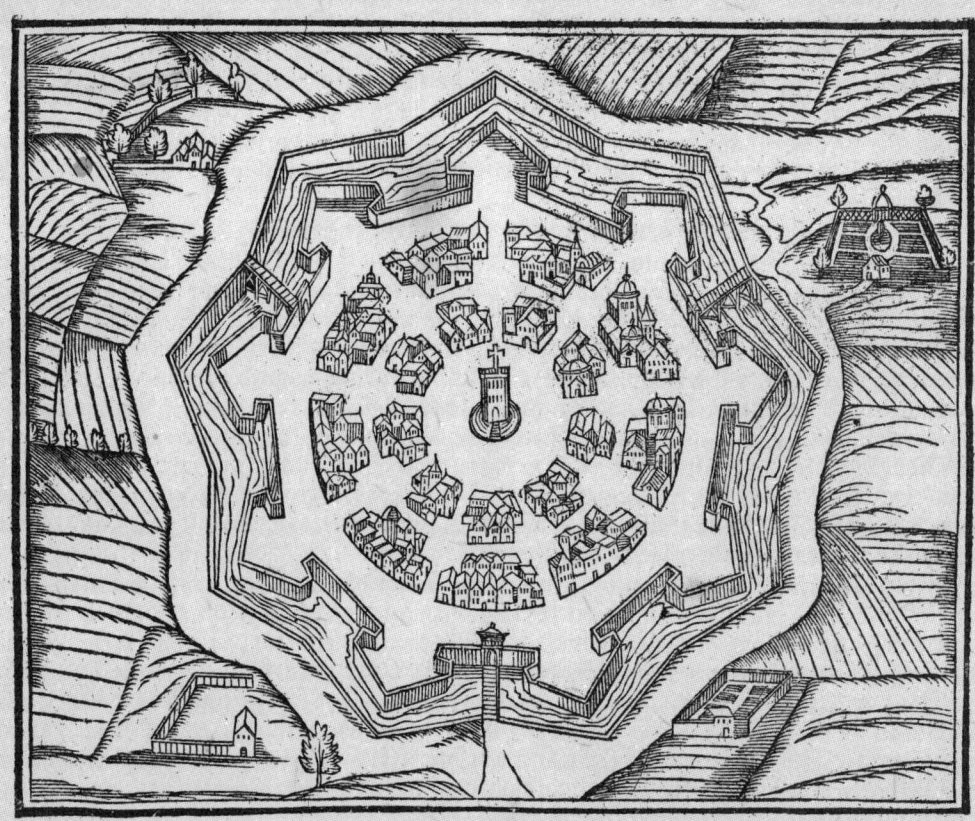

Anno Christi 1593. vnd in dem folgenden Jahr zu end gebracht. Ward dahin gesetzt wider die Türcken vnd andere Barbarische Völcker / so sich viel in dieser Gegne sehen liessen.

Sie hat 9. Bastionen / deren jeglicher ohngefehr 100. Schritt von dem andern. Der Graben ist 30. Schritt breit / vnd 12. Schritt tieff / jederzeit voller Wasser.

Hat einen schönen runden Platz in mitten der Vestung / vnd mitten darauff einen festen hohen Thurn vor seine Hut. Es haltet diese Vestung in dem Diametro / oder geraden Liny durch die Mitte gezogen 600. Schritt. Ist der schönsten vnd stärckesten Vestungen eine in gantz Europa.

Von Italia.
Von der Statt Padua. Cap. xlv.

NAch dem Antenor gesehen/ was für ein gewaltige Heersmacht die Fürsten auß Griechenland/ wider Trojam gebracht/ hat er die Legaten so die Helenam abzuholen/ dahin kommen waren/ zu sich genommen/ vnd Vlyssem heimlich vnderhalten/ auch endlich Trojam verrahten/ vnd darauff mit seiner Gesellschafft in diese Gegne geschiffet/ vnd daselbst mit Hülff der Paphlagoniern vnd Henetern/ an dem Fluß Brenta diese Statt gebawen/ vnd von den Paludibus oder Sümpffen Patavium genannt. Dieses Antenoris Grab stehet noch heutiges tags bey S. Lorenzo.

Es hat diese Statt Padua/ zu der Römer zeiten mächtig zugenommen/ vnd 120000. Mann ins Feld können außrüsten/ darunder 500. Ritter gewesen.

Als sich auff ein zeit die Burgerschafft darinn gegen einander zur Wehr gestellt/ hat der Rath zu Rom/ wie bey Livio im 41. Buch zu sehen/ den Burgermeister Marcum Aemylium dahin geschickt/ vn sie mit einander versöhnen lassen. Blieb hierauff an dem Röm. Reich trew/ biß dz sie von Attila der Hunnen König mit Fewr angesteckt vn zerstört worde.

Wurd hernach von Narsete/ Keysers Justiniani Feldobristen/ widerumb erbawet.

Folgents aber von den Longobarden abermaln mit Fewr angesteckt/ vnd zu Grund gericht.

Damaln waren die Häuser alle von Holtz/ vnd die Ringmawren von Grund vnd Bäumen gemacht.

Von Keys. Caroli deß Grossen zeiten/ hat sie biß auff Ottonem widerumb zugenommen/ vnd darauff ein frey Regiment bestellt.

Im jahr 1237. ward sie von Keyser Friderich/ mit einer Teutschen Guardi besetzt.

Inclitus Antenor patriam vox nisa quietem
Transtulit huc Henetum, dardanidumq; fugas,
Expulit Euganeos, Patavinam cõdidit urbem,
Quem tenet hic humili marmore cæsa domus.

Im Jahr 1256. hat sie sich widerumb von dem Reich entledigt/ vnd dem Ertzbischoff von Ravenna ergeben.

Nicht lang hernach/ hat sie Marsilius von Carrara/ vnder dem Schein der Hauptmannschafft bezwungen/ vnd jhme vnderworffen.

Als aber Azziolinus/ vnd der Ertzbischoff von Ravenna/ die Herrn von Carrara auß Padua vertrieben/ hat sie sich widerumb der Römischen Kirchen vndergeben.

Nach diesem kam sie an die Herren dalla Scala/ vnd darauff widerumb an die von Carara/ vnd folgents an Johannem Galeazzum.

Hernach widerumb an die von Carrara/ vnd endlich an die Hertschafft Venedig/ von deren sie sich doch im jahr 1509. auß obgemelten vrsachen an Keyser Maximilianum dem 1. ergeben. Ward aber vber 2. Monat von den Venetianern eyngenommen/ vnd auff das beste wider hochstgedachten Keyser bevestigt/ der sie dann mit 80000. Mann belägert.

Blieb aber vnder der Hertzschafft Venedig/ welche sie auch biß auff diesen Tag erkennt.

Es ist diese Statt sehr groß/ vnd mit gewaltigen Basteyen vnd Wassergräben trefflich bevestiget/ auch mit etlichen grossen Gebäwen geziert.

S. Justina/ ist ein vberauß groß Kloster/ Benedictiner Ordens/ darinn in einem weissen Marmorsteinen Sarck/ deß H. Evangelisten Lucæ Gebein sollen auffbehalten werden: begreifft im Bezirck ein Italiänische Meil wegs/ hat jährlich in die 80000. Ducaten Eynkommens. Deßgleichen dann nicht mehr dann 3. in Italien gefunden werden/ als nemlich S. Benedict zu Mantua/ S. Georg zu Venedig/ vnd S. Benedict zu Neapels.

Bey dieser Kirchen hat man vor zeiten Titi Livij deß berühmbten Historienschreibers Grab gefunden/ daran diese Wort gestanden.

VIVENS. FECIT. T. LIVIVS. LVCIÆ. L. F. QVARTÆ. LEGIONIS. ALIS. CONCORDIALIS. PATAVII. SIBI ET SVIS OMNIBVS.

Blondus sagt/ es seye an diesem Ort der berühmbte Tempel Junonis gestanden/ in welchem die Paduaner vor zeiten die Kriegswaffen haben auffgehenckt/ die sie in der Meerschlacht den Spartanern haben abgetrungen/ davon etwas außführlichs bey Livio im zehenden Buch zu sehen.

Nach dieser Kirchen vnd derselben Kloster/ ist S. Antonius von Lysibonna/ ein recht stattlich Gebäw/ mit zween Türnen vnd 5. Rundelen/ mit Pley gedeckt/ im jahr Christi 1307. außgebawet/ darinn neben etlichen schönen Begräbnussen/ Antonius von Lysibonna begraben: hat ein gewaltig Chor/ mit vielen schönen Kunstücken gezieret.

Auff dem Rahthauß/ ist ein Saal 272. schuh lang/ vnd 72. breit/ ohn einige Mittelsäul/ allein von vier Mawren gebawet/ mit einem pleyenen Tach/ auff grossen eysenen Stangen bedeckt.

An diesem Sadl herumb sind Titi Livij/ Alberti Theologi/ Pauli Patavini Jurisconsulti vnd Petri Aponensis Medici wahre Bildnussen.

Bey der Thür/ da man zu deß Potestats Gemach gehet/ stehet ein ronder Stein/ auff welchen die jenigen/ so sich Schulden halben jhrer Güter müssen verzeyhen/ mit außgezogenen Kleydern offentlich sitzen müssen/ derowegen dann in gedachten Stein gehawen: LAPIS REPVDII, CESSIONISQVE BONORVM.

Im jahr 1500. hat man bey Padua/ Maximi Olibi Grab gefunden/ darinn vnder dem Erdtrich ein Lampen gebrennet/ dergleichen ewigbrennenden Liechtern vnd Lampen/ wie auch oben gemeldt/ mehrmalen gefunden worden.

Die Vniversitet daselbst ist im Jahr 1222. von Keyser Friderich dem Andern auffgericht/ vnd hernach von Bapst Vrbano dem 4. vnd der Herrschafft Venedig/ vermehrt vnd bessert worden.

Auff die Professores gehet jährlich in die 12000. Ducaten.

Hat heutiges tags viel fürtreffliche Männer/ vnd ein starcken zulauff von allerley Nationen.

Von berühmbten Heyden ist Livius vnder Augusto/ Asconius vnd Lucius Aruntius Stella vnder Nerone/ von Padua bürtig gewesen.

Vnder Keyser Heinrich dem 4. diß Namens seynde die Athestini/ Honarij/ oder de Romano/ Carrarienser vnd Campisamperij/ die fürnehmbsten Geschlechter in Padua gewesen.

Es hat auch vielgedachte Statt Padua seyt Christi Geburt her/ biß auff diese vnsere Zeit/ in allerley Ständen/ viel gewaltige vnd treffliche Leut gezeuget.

Frigida Francisci, lapis hic, tegit ossa Petrarcæ
Suscipe Virgo parens animam, sate virgine parce.
Fessá̧ jam terris, cœli requiescat in arce.

Zu Arqua/ nicht sonders fern von Padua/ auff dem Eugenischen Gebürg/ stehet bey der Kirchen Francisci Petrarchæ Begräbnuß von rohtem Marmor/ vnd desselben Bildnuß/ wie auch Wohnhauß.

Das Land vmb Padua/ ist sehr fruchtbar vnd lustig/ vnd mit allerhand Gelegenheit versehen.

Auff dem Fluß Brenta kan man so wol Nachts als Tags/ in sieben oder acht stunden gen Venedig fahren: vnd weil das Wasser nicht hoch oder tieff/ so ist zu vnderst von Holtz ein Thamb gemacht/ darüber die Schiff/ mit einer Winden/ werden vber das Meer gezogen. In dem Fluß aber sindt etliche Schleussen/ mit grossen Thoren gemacht/ die das Wasser auffhalten/ damit die Schiff immerdar auff vnnd ab gehen mögen.

Wann ein Schiff von Padua kompt/ so thut man die Vnderthüren der Schleussen zu/ vnd läst die gantze Schleussen voll Wasser lauffen/ damit dasselbe Wasser dem Fluß Brenta an der Höhe gleich sey/ alsdann fahren die Schiff eben hinein: nach diesem thut man die Oberthür zu/ vnd läst das Wasser in die Schleussen wider ablauffen/ so setzen sich die Schiff allgemach in der Schleussen nider/ dem Canal gleich/ vnd fahren also fort.

Wann aber die Schiff von Venedig nacher Paduam gehen/ so läst man (weil das Wasser in der Schleussen nider/ daß dem Canal gleich ist) die Schiff hineyn fahren/ macht die Thür zu/ vnd läst die Schleussen voll Wasser lauffen/ so hebt das Wasser die Schiff in die Höhe/ daß man eben auff die Brenta fahren kan.

Sonsten ist zu wissen/ daß die Herrschafft Venedig von der Statt Padua/ vnd jhrem Gebiet/ jährlich 1300000. Ducaten Eynkommen hat.

In dieser Statt vnder andern schönen Antiquiteten/ so kürtze halben nicht alle mögen gemeldet werden/ wirdt ein Römischer Tisch gesehen/ welchen sie Triclinium geheissen/ dessen Figur wir hie presentiren wöllen.

Von Italia.

Von der Statt Vincentz.

Es ist auch diese Statt von den Tuscanern erbawet/ hernach von den Galliern erweitert/ vnd endtlichen von den Römern bewohnt worden/ vnder denen sie auch geblieben/ biß daß sie Attila der Hunnen König eyngenommen/ vnd zerstört. Nach diesem kam sie an die Ostrogothen/ vnd von denselben an die Longobarden/ welche Carolus der Groß vberwunden vnd vertrieben. Was für gewaltige Männer zur zeit deß Longobardischen Königreichs/ zu Vincentza gesessen/ ist auß dem wolabzunehmen/ daß Vettarinus Burger daselbst/ von gedachten Longobarden zum Hertzogen vber Friaul gemacht worden: sich auch Alabis Hertzog zu Vicentz/ wider der Longobarden König auffgeworffen. So schreibt auch Paulus Diaconus/ daß Perdeus von Vincentz ein Hertzog gewesen. Nach dem das Römische Reich angefangen abzunehmen/ hat Vincentz vnder deß Reichs Schutz ein frey Regiment angestellt/ vnd demselbigen jährlich ein Potestat/ vnd etliche Antianos fürgesetzt. Wurd im jahr 1236. von Keyser Friderich dem Andern/ weil sie sich demselben widersetzt/ mit Fewer angesteckt vnd heßlich geplündert. Im jahr 1258. bezwang sie Azzolinus/ vnd da sie nach desselben Absterben/ von der Tyranney erlediget vnd befreyet/ hat sie sich baldt darauff der Statt Padua vnderwerffen müssen.

Anno 1275. bekam sie Mastinus dalla Scala. Nach dem aber Antonius dalla Scala/ auß forcht Johannis Galeazi geflohen/ hat sie gedachter Galeazus eyngenommen. Nach Galeazi Todt hat sie sich den Venetianern ergeben. Da aber dieselben im jahr 1509. von König Ludwig dem Zwölfften auß Franckreich geschlagen worden/ hat sie sich zu besserm Schirm Keyser Maximiliano dem Ersten vnderworffen. Darauff sie dann bald von den Venetianern/ bald von den Spaniern vberfallen/ vnd jetzt vnder der Hertzschafft Venedig/ jetzt aber vnder dem Röm. Reich/ in gestalt einer Ballen/ mit deren man spielt/ geblieben. Da sich aber Brescia vnd Verona den Venetianern ergeben/ hat sie sich auch zu denselben geschlagen/ bey deren sie dann biß auff diese zeit geblieben. Diese Statt Vicentz ist wol erbawet/ vnd mit viel schönen Palläsen/ vnd andern Gebäwen geziert. Hat ein grossen Adel/ vnd darunder viel Graffen. Die Burgerschafft treibt starcken Kauffmanshandel mit Seyden/ so daselbst/ wegen der menge der weissen Maulbeerbäum/ gemacht wirdt. Das Land darumb ist sehr fruchtbar/ vnd hat wegen deß Gebürgs/ vnd der fürflüssenden Wassern/ ein schönen temperierten Lufft. Nicht sonders weit von Vincentza/ wenig ausser der Landtstraß nach Padua/ ist in einem Berglein ein gewaltige Höle gemacht/ la Grotta die Vicenza/ oder il Cubalo genannt/ darinnen sich das Volck auß den vmbligenden Flecken/ zu Kriegszeiten hat versteckt vnd auffgehalten. Nahend darbey stehet in eines Vicentinischen Edelmanns Lusthauß/ ein sonderbar Kunstwerck 1560. gemacht/ damit der Wind Sommerszeit regiert/ vnd eintweders hefftiger/ oder schwächer/ wie man es begert/ gemacht wird: wird von dem Heydnischen Abgott Aeolo/ welcher vber die Wind gewesen/ Aeolia genannt. Die Wind werden auß gedachter Höle dahin gebracht/ vnd zu einem sondern Wollust/ ja mehr dann Königlichen Pracht/ durch alle Säl vnd Zimmer getrieben.

Die Statt Vicentza sampt jhrer Landschafft sol der Hertzschafft Venedig vber die 100000. Cronen eyntragen.

önen Amphitheatri/oder
wie es vor altem ge=

Von der Statt Verona. Cap. xlvj.

VErona/ ein vberauß lustige vnd veste Statt/ so sich etlicher massen Basel in der Eydgenoßschafft vergleicht: ist an der Etsch von den alten Tuscanern erbawet/ vnd von den Galliern erweitert/ endtlich von den Römern zu einer Colonien gemacht/ vnd von Keyser Gallieno/ mit newen Mawren vmbgeben worden/ wie auß einer Inscription zu sehen.

Attila zerstört Veronam.

Ist von Attila erstlich zerstört/ vnd hernach von Olymbrio Glicerio/ Augustulo/ vnd Odoacro der Thüringer König beherrschet worden/ vnd folgends an Theodoricum der Ostrogothen König gefallen/ vnd vnder demselben/ biß auff den Todt Königs Totilæ geblieben: ist also diesen sechs folgenden Gothischen Königen vnderthan gewesen:

1. Der erst war gedachter Theodoricus/ so auff Keysers Zenonis begeren/ in Italien kommen/ vnd Odoacrum bey Verona gefangen/ vnd hernach im Gefängnus getödet: — 495.
2. Amalasuenta/ mit sampt seinem Bruder Attalarico: — Regiert im jahr Christi — 527.
3. Theodatus: — 534.
4. Vitiges/ war von Belisario vberwunden/ vnd gen Constantinopel im Triumph gefürt: — 536.
5. Ildobaldus/ oder Theidobaldus: — 540.
6. Totila: — 542.

Nach diesem ward sie von den Longobarden eyngenommen/ vnd biß auf Carolum den Grossen bezwungen.

Von derselben zeit blieb sie vnder dem Römischen Reich/ biß auff die Zeit Keyser Friderichs deß Ersten/ da sie sich dann zu den Meyländern geschlagen/ vnd auf der Straß von Cum gen Meyland dem Teutschen Kriegsheer grossen Schaden zugefügt. Hierauff bestellt sie ein eygen Regiment vñ wurd im jahr 1295. nach Azziolini todt/ Mastinus dalla Scala eines vralten Geschlechts/ von Verona zum Potestat erwöhlt. Folgends wurden Albonius vnd Canis Franciscus der Groß dalla Scala/ von Keyser Heinrich dem Siebenden/ zu Herren vber Verona gemacht. Von disem Geschlecht dalla Scala/ ist der hochgelehrt vnd weitberühmbt Herr Josephus Scaliger so kurtzlich/ nach vielen trefflichen von jhm außgangnen Büchern/ zu Leyden in Niderland gestorben.

Dalla Scala ein vralt Geschlecht. Scaliger.

Im jahr 1509. hat sich Verona/ von den Venetianern/ so sie kurtz zuvor eyngenommen/ widerumb zu Keyser Maximiliano geschlagen/ wurd aber im jahr 1517. von denselben widerumb eyngenommen/ vnd biß auff diese zeit beherrschet. Trägt selbiger Herrschafft in allem jährlichen vber die 200000. Cronen. Es hat diese Statt ein gewaltig Amphitheatrum/ welches Burgermeister Flaminius auff seinen eygnen Kosten/ 503. jahr nach erbawung der Statt Rom gebawet.

Es ist auch vor zeiten in gedachter Statt ein schön Theatrum gestanden/ so aber jetzundt fast gantz zerfallen. Sonsten werden noch zween Triumphbögen/ vnd etliche alte Inscriptiones/ daselbst gesehen. Auff dem Platz stehen etlicher fürtrefflicher Männer Statuæ von weissem Marmorstein/ vnd nicht fern von dannen bey einer Kirchen/ vnd dem Wirtshauß zum weissen Roß/ der Herrn dalla Scala Begräbnussen/ so wol sehens werth.

Vnder andern fürtrefflichen Männern ist Catullus/ vnnd Vitruvius von Verona bürtig gewesen. Das Land darumb ist sehr fruchtbar/ außgenommen etliche Felder/ vnd ein edlen Weinwachs/ so von Plinio vnd Virgilio hoch gepriesen. König Theodoricus hat den Wein von dannen gen Ravenna vnd Rom führen lassen.

Von Bressa/ Bergamo/ Crema/ ꝛc.

Bressa ist die ander Statt in Lombardey/ nicht wegen jhrer grösse vnd menge der Eynwohner/ als deren nicht vber 50000. Seelen sindt/ sondern wegen der grösse jhrer Jurisdiction/ als welche vber viel schöne Plätz vnd Thäler herrschet.

Hat ein außdermassen schön Castel vnnd Vestung gegen der Höhe auff einem harten Felsen/ dergleichen nicht viel in Italien zu sehen/ hat drey Wehren in einander wie das Castel zu Meyland/ mit sonderbaren Gräben vnd anderer Notdurfft/ vnd kan man in dem Fall der Noht/ von der äussern Wehr sich in die Mitler/ vnd von dar in die innere retirieren vnd zu ruck weichen.

Von dieser Statt vnd Landtschafft hat die Statt Venedig jährlich bey 30000. Cronen Eynkommens.

Bergamo vnd Crema seynd nicht geringer dann Vincentz oder Treviso/ vnd seynd wol so gut als Modena/ die jhren eygnen Hertzog hat/ seyn auch schöne vnd vortreffliche Vestungen. Bergamo trägt der Herrschafft jährlichen in 140000. Cronen/ Crema aber so viel geringer allein 40000. Cronen Eynkommens.

Von Italia.

Istria fanget bey dem fluß Risan oder Formion an / erstreckt sich biß gehn Sant Vit / oder wie andre wöllen biß gehn Arsia / welches 200.Meilen ist. Die besten Stätt darinn ligen am Meer/ als Justinopolis vnnd Ravigno / die vbrigen seindt Piran / Vmagne / Citanova / Parenza / vnd Pola / so die grentzen Italiæ gewesen zur zeit Strabonis. Die Herren von Venedig geben den jenigen so daselbst wollen wohnen vnd handlen vnderschleiff: vnd gewisse Velder zu bawen / vnd von vielen beschwerden besondere freyheit.

Von der Landtschafft Thuscana. Cap. xlvij.

Ist schön vnd herzlich Land / ist von seinem ersten König Thusco / so Herculis Sohn gewesen / Thuscia / vnd von Tyrrheno / eines Königs Sohn auß Mœonia / so in thewrer zeit dahin kommen / Tyrrenia genannt worden / wie Berosus / Festus Pompeius / Herodotus / Strabo / Plinius / vnd andere alte Scribenten / in jhren Historien anzeigen.

Erstreckt sich von dem Fluß Magra gegen nidergang / biß an die Tyber gegen Auffgang / stoßt gegen Mitternacht an das Appenninisch Gebürg / vnd gegen Mittag an das Mediterranisch Meer / gegen Sardiniam. Ist mit viel schönen Stetten ein gutte zeit ehe das Romulus vnd Remus Rom angefangen / erbawen gewesen / auß welchen auch die Römer hernach vnder König Tarquinio Prisco / jhre vornembsten Ceremonien vnd Zierden / so wol in Weltlichen alß in Geistlichen sachen / genommen. *Größe der Landtschafft Thuscanæ.*

Da aber die Statt Rom an gewalt zugenommen / vnnd jhr gekröntes Haupt mit frewden auß dem Triumphwagen empor zuheben angefangen / hat dieselbe das Königreich Hetrurien oder Thuscanen vnder sich bezwungen / vnd in die 700.jahr biß auff Keyser Arcadium vnd Honorium beherschet: da dann die Gothen vnd Longobarder in Italiam gefallen / vnd diß Land eyngenommen / auch dasselbe biß auff Carolum Magnum behalten: welcher hernach Thuscanen in zwey theil getheilt / vnnd einen / alß nämblich Arezzo / Florenza / Volterra / Chiuso / Luca / Pistidia / Pisa / vnd Luna / seinem Sohn Ludwig vbergeben: den andern theil aber der Römischen Kirchen geschenckt. Hernach seind die Vngaren / im Jahr Christi vnsers Herrn 940. vnder Bapst Johanne dem zehenden in diß Land gezogen / vnd haben dasselb heßlich zerstöret / die Eynwohner theils erschlagen / theils aber mit sich in Vngaren gefangen hinweg geführt / darauff dann gantz Thuscana ein zeit lang zimlich wüst gelegen. *Thuscana wird getheilet.*

Die Eynwohner dieses Lands seynd gemeinlich geschwindes Verstandts / reden ein zierliche sprach / halten gute Künst in hohem wehrt / vben sich auff dem Meer / vnd thun dem Türcken grossen schaden.

Von der Statt Florentz. Cap. xlviij.

Florentz ist auß der alten Statt Fesula erwachsen / war erstlich vom fürfliessenden Fluß Fluentia / hernach Florentia genandt / weil derselben Bürger in allen Künsten vnd Tugenden geblühet. Daher sie auch ein weise Lilien in rother Veldung / vnd nach abschaffung der Gibellinern ein rothe Lilien in weiser Veldung / zum Stattzeichen vnd Panier genommen.

Mitler zeit haben die Fesulaner vnd Gothen / diese schöne Statt Florentz dermassen angefochten vnd zerstöret / daß sie biß auff Keyser Carolum den Grossen / gleichsam alß vnbewohnt / vnd wüst gelegen.

Dann alß Keyser Carolus / von Rom ab der Crönung kommen / vnnd sich in dem heimreisen etlich Tag zu Florentz auffgehalten / hat jhme des Orts Gelegenheit so wol gefallen / daß er die Mawren nicht nur widerumb hat auffgericht / sondern auch die Statt mächtig erweitert: also daß sie im bezirck mit 150.Thürnen / dern jeglicher 100. Ellen hoch verwahrt vnd gezieret worden. Damahlen wurden jährlichen zwen Burgermeister erwöhlt / so mit 100. weisen vnnd fürsichtigen Männern das Regiment versähen. Anno 1254. wurden an statt der Burgermeistern / 10. Elteste geordnet. *Carolus Magnus bawt Florentz.*

Nach dem aber vielgedachte Statt von Keyser Rudolph von Habspurg / vmb 6000. Goldgulden von des Römischen Reichs Dienstbarkeit gefreyet worden / hat sie also bald das Regiment widerumb geändert / vnd von den zehen Eltesten nur acht / Priori dell'Arti genant / behalten / denselben aber alle zwen Monat ein Panier Herrn / Confaloniere di giustitia, zugeben. *Keyser Rudolph befreyet Florentz.*

Bapst Eugenius der Vierdt hat in mehrermelter Statt / ein allgemein Concilium gehalten / vnd in demselben die Armenier / Etiopier / vnd andere so auß Lybia vnd Asia dahin seynd geschickt worden: fürnemblich aber die Griechen mit der Römischen Kirchen / den Artickel von dem Heiligen Geist / vnd das Fegfewr betreffent / in beyseyn des Keysers von Constantinopel / auch desselben Patriarchen / vnd andern Prælaten / vereynbaret.

Im Jahr 1535. hat Keyser Carolus der Fünfft / Alexandrum de Medices / welchem er auch seyn *Erste Herzogen zu Florentz.*

sein vneheliche Tochter Margaritham vermählet/auff Bapst Clementis des siebenden bitlich anhalten/zum Hertzogen vber Florentz gesetzt.

Es hatt diese Statt Florentz viel sinnreicher vnd gelehrter leut gezeuget/alß da sein Dantes/Petrarcha/Ficinus/Landinus/Palmeres/Rinuccinus/Crinitus vnnd andere: vnnd welches wol in acht zunemmen sollen auff eine zeit 13. Gesandten von vnderschiedlichen Fürsten vnd Herschafften ohn gefehr an dem Bäpstlichen Hoff erschienen seyn/ so alle von Florentz bürtig waren/wie dan selbige zu ewiger löblichen gedächtnuß zu Florentz in dem Fürstlichen Palast auff einer Tafel verzeichnet.

Die Statt für sich selbsten betreffent ist dieselbige auß der massen schön vnnd herzlich/daß sie auch vor allen Stätten in Italia den Titul bekommen Fiorenza bella: Florentz die schöne. Ligt mitten in Italien/wird durch den Fluß Arnum in zwo Stätt getheilet/vnnd mit 4. schönen gewölbten Brucken wider zusammen verbunden: begreifft im bezirck 6. Italiänischer Meilen/vnnd ist mehr lang als rond.

Hat ein gewaltige Vestung mit 5. Bollwercken/wie auch viel herrliche vnd Fürstliche Paläst: darunder des Großhertzogen/des Strozzæ/vnd Pithi/so jetzund auch dem Fürsten zustendig/die vornembste. Weiter hat sie 44. Pfarrkirchen/76. Mann vnd Frawen Klöster/vnd 37. Spittäl/alle mit schönen Gebäwen vnd grossem Eynkommen auff das beste versehen.

In des Hertzogen Palast werden viel herrlicher vnd köstlicher Sachen gesehen/von allerhande Antiquiteten/Statuen/Contrafethungen aller vornemmen vnd verrümbten Kriegshelden vnnd gelerten Leuten. Item allerhand artige vnd köstliche Kunststuck/wie auch allerley Mineralien vnd dergleichen sachen. Insonderheit werden vnder allen diesen sachen gepriesen/Scipio in lebensgrösse von Metall gegossen/welcher den gewaltigen Helden Hannibal vberwunden/vnd die Statt Carthago zerstöret: das Haupt Keysers Tiberij in ein Türckiß geschnitten so groß alß ein Apfel: Ein Bezoardstein so groß alß ein Ganß Ey: ein Rosnagel so Lenhard Thurneisen von Basel in beysein vieler Fürsten vnd Cardinälen durch mittel eines Pulvers/auff den halben theil in pur Gold verendert/wie er dann gesehen wird halb eysen vnd halb gülden. Insonderheit wird da in der Silberkammer/da eine grosse menge/von allerhand silbern vnnd guldinen Geschirren beyeinander/als ein herrlicher Schatz verwaret/ein auff Pergament geschriebenes Buch in roten Sammet gebunden/mit künstlichen silbern Schlossen/in einer rothsammeten küsten/darinnen die Keyserlichen Recht/wie sie von Keyser Iustiniano zusammen getragen worden/beschrieben/eben dieser Exemplarien eins/wie sie vnder gemelten Keysers handen gewesen/wie auß etlich sonderbaren glossen selbigen Buchs abzunemmen/ist in 2. theil abgetheilt vnd gebunden.

Die vbrigen köstlichen Sachen dieses Palasts/so ein rechter Königlicher Schatz/allzuerzehlen wurde ein sonderbar Buch erforderen.

In der Rüstkammer werden neben grosser anzahl schöner Waaffen/viel Türckische vnd Heidnische Sättel vnd Weer/sampt Keysers Caroli des Fünfften/Francisci des Ersten/Caroli des achten/vn anderer schönen Rüstungen gewiesen. Item das Schwerdt Caroli Magni/darauff gesetzet/Domine da mihi virtutem contra hostes meos. Ite ein grosser Magnet an d' Büne hangen̄ so eine Eysene ketten von 50. Pfunden/beständig an sich haltet/vnnd darvon schwärlich mag gerissen werden. Vor diesem Pallast/hat Hertzog Ferdinand seines Herren Vattern Cosmi Bildnuß zu Pferd/sehr künstlich von Mössing gegossen/auff ein groß Marmorsteinin Postament/daran desselben Crönung/vnd Eynnemmung der Statt Siena/in möschinen Tafeln verzeichnet/auff offentlichem Platz/zu ewiger Gedächtnuß/auffrichten lassen.

Thumbkirch. Die Thumbkirch dieser Statt S. Maria del Fiore genant/ist ein vberauß schön vnnd köstlich Gebäw/nicht nur mit dem besten Marmor/sondern mit einer wunderschönen Cupula/oder ronden Thurn gezieret. Gedachte Cupula ist sehr hoch/vnd einer solchen grösse/das 18. Personen gantz kommlich darinn stehen mögen. Ist Anno 1470. von Philippo di Brunelesco von Florentz bürtig/einem sehr berühmbten Bawmeister erbawet.

Neben gemelter Thumkirchen stehet ein hocher Glockenthurn/gantz von Marmorsteininen/von allerley Farben auff das künstlichst eyngelegt.

Strack gegen diesem edlen Gebäw hinüber/ist ein alter ronder Tempel/von den Abergläubigen Heyden vorzeiten dem Abgott Marti zu ehren gebawet. Wirdt heutiges Tags S. Giovan Battista/so der Statt Florentz Patron/genannt: in welchem neben einem sehr köstlichen Tauffstein/Balthasar Cossa/etwan Bapst Johann der zwey vnd zwantzigst/so im Concilio zu Costnitz entsetzt worden/mit schöner gegoßner Bildnuß/begraben. An diesem Tempel seynd drey grosse von Metall gegossene Porten/mit schönen Historien auß dem Alten vnd Newen Testament/auff das künstlichist gezieret/deßgleichen/fürnemblich die Mitlere gegen dem Thumb hinüber betreffend/in gantz Europa nicht werden gefunden: an welchen/wie verzeichnet/Lorenzo Cione/ein sehr berühmbter Künstler von Florentz/50. Jahr gearbeitet. Bey dieser wunderschönen Porten/seynd die zwo Porphyr Säul von Hierusalem/so die Pisaner den Florentinern geben/an eysenen Banden angeschmidet.

Die Statt Florentz

Wie sie zu vnsern zeiten contrafeh=
tet/mir zuhanden kommen/vnd in ein kleine Figur oder form
verwandlet. Diese hat etlich vberauß schöne Kirchen/alß da seynd/S. Maria Flori=
da/auß zierlichem Marmorstein/mit sampt dem Glockenthurn/gebawen/desgleichen nicht fer=
darvon S. Johannes Baptistæ ronde Kirchen/welche vorzeiten dem Abgott Marti geweyhet ge=
wesen. Vberal aber hat sie 44. Pfarrkirchen/12. Priorat/76. Mann vnd Weibs
Clöster / daher ihr grösse wol abzu=
rechnen.

OO ij   Figur

528　Figur vnd gelegenheit der Edl

d Hochberühmbten Statt Florentz.

In S. Laurentij Kirchen seynd die Fürstlichen Begräbnussen/ darunder Johanna auß Oesterreich/ Keysers Maximiliani Tochter/ vnd Hertzog Cosmi Gemahel/ so auß Gottseligem mitleiden den Haußarmen/ jährlich 12000. Cronen/ die sie zum guten Jahr von jhrem Gemahel bekommen/ mitgetheilet/ begraben.

Ob dieser Kirchen ist ein sehr stattliche Liberey/ so Bapst Clemens der Siebendt mit den besten geschriebenen vnd getruckten Büchern gezieret. Vnder anderen stücken werden da gesehen/ Opera Virgilij/ Euclidis vnd andere von der Authorn eygenen hand geschrieben. Item ein alt Arabisch Buch/ auff Baumrinden geschrieben. Item ein anders darinn 66. Sprachen geschrieben/ vnnd andere dergleichen mehr.

In gemelter Kirchen hat man vor wenig Jahren ein gewaltige Capellen/ für die Fürstlichen Begräbnussen angefangen/ mit eyngelegtem Marmor/ dergleichen niemahlen gesehen worden.

Fündelhauß. Vnder den Spittälen ist ein Findelhauß/ gleichsam alß ein groß weit Closter gebawet/ darinnen die Findelkinder in guter Zucht vnd Disciplin erzogen werden/ biß die Knaben zu handwerckern/ vnd die Mägdlin zu dienen/ taugentlich werden. In diesem Hauß seynd bißweilen in die dreyhundert Säugammen/ allein auff die gefundenen Kinder bestellt. Das Eynkommen mag jährlich 70000. Cronen tragen/ welches auch noch täglich von gutherzigen Leuten/ vnnd etwan der Kindern vnbekandten Vättern/ wird gemehrt.

In dem Spital S. Maria Nuova werden diejenigen/ so mit den bösen Blatern behafftet seynd/ vnderhalten/ vnd so viel möglich geheilet. Ist mit besondern Artzet/ Apoteckern/ Balbierern vnnd dergleichen dienstlichen Leuthen/ vnd sauberer Pflag vnd Wahrt/ wol versehen.

Es hat in der gantzen Statt schöne weite Gassen/ welche alle rein vnd sauber gehalten werden: vnd seynd gemeynlich alle Häuser groß vñ hoch von schönem sauberem Steinwerck auffgeführt/ also daß wenig schlechte vnd geringe Häuser in der Statt gefunden werden.

Es seynd auch die Plätz mit schönen Brunnen/ vnd künstlichen Bildern vnd Antiquiteten auff das lustigest gezieret.

Nicht fern von dem Fürstlichen Marckstal/ ist ein wolgebawet Löwenhauß/ darinnen jederweilen allerhand junge vnnd alte Löwen/ Leoparden/ Tygerthier/ Bären vnd andere frömbde Thier/ erhalten werden.

Von dem berühmbten Lustgarten Prateliono

Pallast zu Prateliono. Ob gleichwol jetzgedachte Statt Florentz/ mit vielen schönen Lustgärten vñ künstlichen Wasserwercken auff das beste ist gezieret: werden doch etliche sonderbare Sachen/ fünff Meil von Florentz zu Prateliono gesehen/ dann alda ein Königlicher Pallast/ welcher nit allein mit grossem Kosten künstlich erbawen/ sonder auch die Gemach darinnen/ mit köstlichen Tapezzereien von silbern vnd guldinen Stucken/ auch schönen künstreichen Gemählden vnd Bildwercken/ Alabaster vnd Marmorstein/ deßgleichen köstlichen Beckhen/ vnd schönen Tischen/ vnd mancherley schönen Steinen vnd dergleichen lustigem Geräthe gantz herrlich gezieret.

Künstlich Wasserwerck Ausser diesem Pallast ist ein Altona/ davon man an zweyen orten/ gegen den Weyhern/ in den Garten hinunter/ auff vmbgeländerten steinern Staffeln/ so sich in die rönde gleich einem Schnecken ziehen/ gehn kan. Neben diesem Gestäpffel hat es zu beiden seiten an dem Geländer kleine Röhrlein/ welche/ wan man will/ Wasser in die höhe creutzweiß vbereinander geben/ der gestalt daß es bey scheinender Sonnen in die Lufft/ von Farben/ einem natürlichen Regenbogen gleich sihet. Diesen gefarbten Regenbogen in der Lufft kan man sehen/ so lang vnd offt man will/ wan die Sonn scheinet/ sonsten aber nicht: welches dann seltzam vnd wunderbarlich zusehen. Doch mag auff dem einen Gestäpffel/ der Regenbogen allein vor vnd auff dem andern nach Mittag gesehen werden: dann dieses alles mit sonderm fleiß/ der Sonnen nach/ angerichtet vñ geordnet ist. Dergleichen auch zu Rom in vnderschiedlichen Grotten zusehen.

Zwischē gedachten beiden steininen Gestäpffeln gehet man in ein Gewölb/ vnder dem Pallast/ darinnen mancherley schöne vnd lustige Wasserwerck gantz künstlich angerichtet/ dergleichen in Italia kaum gesehen werden. Diß Gewölb hat sechs vnderschiedliche Gemach/ welche mit mancherley Meermuscheln/ seltzamen Schnecken/ Corallenzincken vnnd andern schönen Gesteinen versetzt/ gibt darzu vberall Wasser/ daß es alles sehr wunderbar zusehen.

Der boden ist mit gefarbten kleinen Küselsteinen von seltzamen Zugwerck gepflastert/ hat viel kleine verborgene Röhrle/ die Wasser spritzen biß an das Gewölb/ welches wie ein grosser Regen wider herunder felt/ daß niemand darinn weder vnden noch oben trocken bleiben mag.

An den Wänden herumb hat es viel vnd mancherley Bilder stehen/ so zum theil von Mössing/ zum theil von schönem Marmorstein/ vñ zum theil von eitel Muschein zusamnen gesetzt seynd/ so vast alle Wasser von sich geben. Viel seynd darunder die sich bewegen/ vñ etwas arbeiten: alß einer schleifft auff einem Stein: einanderer treibt Ochsen: zwo Endten trincken auß einem Bächlein/

vnd

Von Italia.

vnd richten darnach die Köpff widerumb vber sich. Viel Edexen/Fröschen/Schlangen/vnd dergleichen Thierlein sitzen hin vnd wider auff den schroffechtigen Steinen/geben zum theil Spritzwasser: Item ein Weltkugel wird durchs Wasser vmbgetrieben.

Auß dem vordern Gewölb/gehet man durch ein Thor von geflossenen Steinen/alß gieng man in ein Wildnuß: jnnwendig aber ist der Boden von schönen gefarbten vnd polierten Marmorsteinen/wie auch die Bäncke/vnd an den Wänden herumb.

In diesem Gewölb ist ein grosser Kasten/vnd hinder demselben ein besonder Häußlein/dessen Thürlein zu seiner zeit von jhm selber auffgehet/da dann alßbald ein Delphin in dem Wasser herauß schwimmet/darauff sitzt ein nackend Weiblin/gibt ein Spritzwässerlein: neben zu auff den seiten kommen noch mehr nackende Weiblein herfür/alß wolten sie mit einander baden/gehen dann von sich selber allergemachest widerumb hinweg.

Auß mehrgedachtem Gewölb/kompt man in ein ander Gewölb/so in die 18. Schuh weit/darinnen der Boden mit verglasirten gemalten blätlinen belegt/in der Wand mancherley schöne Marmor/vnd andere gute Stein versetzt/das Gewölb alles schön gemahlet.

In der mitte des Gemachs steht ein Tisch von Marmor vnd allerhand guten Steinen eyngelegt/der arbeit wie zu S. Lorenzo in der Kirchen zu Florentz zu den Fürstlichen Epitaphien gearbeitet wirdt. Item ein schöner grosser Kessel/darinn man baden kan/zu rings herumb mit Muscheln schön gezieret.

Auff der andern seiten des vorgedachten grossen Gewölbs/ist noch ein Gewölb/auch achtzehen Schuh weit vnd lang/in dessen mitte ein weisser Meerschroffen/alles voll Perlen mutter Muschlen/Corallen Zincken/vnd seltzamen Gewächsen/steht/so auch mit Wasserwercken angerichtet.

Neben diesem seynd noch zwey Gewölb/auch mit schönen Wasserkünsten: In einem steht ein Marmorsteininer Tisch/welcher in der mitte/wie auch auff den acht Ecken/tieffe Löcher hatt/daß ein halbmässige Fleschen dareyn mag/die man/durch vmbtreibung eines hanen/kan voll kalt Wasser lassen/den Wein damit zu erfrischen vnd zu erkälten.

Gleich neben diesem Tisch/ist die Wand mit einem vberauß schönen Bergwerck gezieret/da geht ein Jungfraw von Kupffer gemacht/in der grösse vngefahr zwen Schuh hoch/hin vnd wider spazieren/tregt in der Hand ein Kesselin. Dabey in einem eck/sitzt ein Sackpfeiffer/der pfeifft: Man hört auch ein Vogel gesang/alß ob vielerley Vögel vnder einander singen: vnnd sitzen die Vögel mit jhren rechten Farben/alß ob sie lebten/in diesem Gebürg hin vnd wider.

An einem andern eck hat es ein klein Hutlin/darinnen schmiden etliche kleine Männlein/alß weren es Bergschmid/man sihet auch durch ein blaw Glaß/ein schnelles Lauffen von Hirtzen/Rech/wilden Schweinen vnd Hunden/vnd wirdt alles mit vnaußsprechlicher Kunst vom Wasser getrieben. Weiter steht in diesem Gemach ein Marmorsteininer Mann/lebens grösse/der gibt das Handtwasser.

Vnder einer gewölbten stiegen/an vorgedachtem Pallast ist ein schöner Neptunus/von Stein gehawen. Zu hinderst vnder dieser Stiegen ist ein Engel mit einer Posaunen/darbey sitzt ein Bawr/gibt mit einer schüssel einem Drachen zu trincken: auff der andern seiten dieser gewölbten Stiegen/sitzt ein Pan/in zimblicher grösse/mit vielen Pfeiffen: wann man hinzu jhm geht/stehe er auff/vnd fangt an zu pfeiffen/ist seltzam zu sehen/darab dann viel frömbde offt nicht weniger erschrocken.

Vber jetz erzehlte Wasserwerck/wirdt in dem Garten auch eingemachter Berg gesehen/vngefehr auch zwantzig Schuh hoch/von vielen seltzamen wilden schroffen/vnnd rauchen steinen auff einander gelegt/darzwischen Graß vnd hecken herauß wachsen: zu oberst desselbigen/ist ein weiß springend Pferd mit zweyen flügeln: gleich darunder bey einem kleinen thürlein/sitzen neun Musæ/mit dem Apolline/von stein gehawen: es sitzen vnnd stehen noch viel andere Bilder vmb diesen Berg herumb. *Künstlicher Berg.*

Jnwendig des Bergs ist ein Orgel/die wirdt vom wasser getrieben/hat 2. Register/gar künstlich angericht: wann die Orgel angelassen wirdt/vnnd einer im Garten spazieren geht/hat es das ansehen/alß ob man ein Music höret/von den Musis so auff dem Berg sitzen. Allenthalben im Garten werden viel schöner Bilder/Wasserwerck vnd kleine Weyher gesehen. Insonderheit ist noch ein schön Gewölb/Grotta Cupidinis genannt/vnder einem Berg gebawen.

Im eyngang vnder der Thür hat es ein staffel/so einer darauff tritt/spritzt jm das Wasser von etlichen orten her in das Angesicht/daß einen verlangen möchte athem zu fassen. Kompt man dann in das Gewölb hinein (welches auch mit Bildern so wasser geben gezieret ist) da hat es Bänck/wer darauff nider sitzt/wirdt an allen orten mit wasser begossen. Zu hinderst in dieser Grotta/stehet auff einem Postament ein schöner Cupido von Mössing gegossen/so vmbgeht/vnnd wasser gibt. In einem kleinen Thal/darinn ein klein Wässerlein fleust/ist ein Vogelhauß/mit Eisenwerck vnnd gestrickten Gättern/bey viertzig schritt lang vberbawt/darinn seynd mancherley Vögel. *Vogelhauß.*

Auff der andern seiten des Pallasts/gegen dem Berg hinauff/hat es ein grossen Platz/auff die
hundert

hundert schritt lang/vnnd siebentzig breit/gleich einer Rennbahn/welcher zu beyden seiten mit schönen Bäumen/Gewächsen vnd Bildern ist gezieret vnd eyngefaßt. Oben daran ist ein Weyher mit einem schönen Geländer vmbgeben.

An dem ort dieses Weyhers/auff einem sehr hohen Postament/kniet ein vberauß groß steinen Bild/vnder welchem das Wasser in den Weyher mit grossem rauschen herunder felt. Hinder diesem grossen Bild ist in einem Hauß ein schöner Brun/mit viel spritzenden Wässerlein/allermeist aber mit seltzamen Muscheln vnd Schnecken gezieret.

Dieses Gemach hat vnder ihm noch ein Gewölb/darinnen auch wasser vnd spritzwerck sampt einem Vogelgesang/vom Wasser getrieben.

Hinder gedachtem Hauß hat es ein Labyrinth oder Irrgarten von schönem Lorbeer. Mitten in demselben stehet ein Schroffen/vngefehr drey Mann hoch/gibt auch Wasser: soll auß dem Meer mit grossem vnkosten dahin geführt worden seyn.

Von der Macht des Großhertzogen von Florentz vnd seinem Stammen. Cap. xlviij.

ES besitzet der Großhertzog von Florentz/die 3. mächtigen Stätt sampt zugehöriger Landtschafft/Florentz/Pisa/vnd Siena/so vor diesem 3. ansehenliche vnd gewaltige freye Regimenter waren/vnd Respublicæ/ligen mitten in Italien/an einer auß der massen schönen herrlichen vnd fruchtbaren gegne/seyn auff dreyen seyten mit hohem Gebirg vmbgeben/vnd auff der vierten gegen dem Römischen Gebiet/vnd dem Meer zu/mit vielherrlichen vnd gewaltigen vestungen versehen. Diese Stätt begreiffen sampt ihren Hauptstätten 15. Stätt/Florentz vnd Pisa hat vnder sich: Pistoia/Volterra/Arezzo/Borgi di S. Sepolcro/Cortona/vnd Montepulciano. Siena hat vnder sich: Montalcino/Grossekto/Sovana/Pientza/Massa. Neben diesen Stätten/so alle gnugsamer massen bevestiget/sonderlich die Hauptstätt so mit gewaltigen Citadellen versehen/seyn noch andere Vestungen/als Empoli/Prato/Livorno/Castrocaro in Romagna/Sasso etc.

Item in der Insul Elba/die Statt sampt dem herrlichen Port Cosmopoli/wie an seinem Ort soll gesagt werden.

Florentz haben die Großhertzogen bekommen von Keyser Carolo dem 5. welcher Alexandrum von Medicis erstlich zu einem Hertzogen darüber gemacht. Pisen sampt zugehöriger Landtschafft hat Cosmus der 1. mit Gewalt vnder sich gebracht. Sienen hat gemelter Cosmus von König Philippo dem 2. auß Hispanien Lehensweiß bekommen. Die Insul Elbam aber durch vnderhandlung Keyser Carolides 5. von den Plombinis/so selbige besessen/erhalten.

Das gantze Land des Großhertzogen haltet in der lenge bey 200. Italiänischer Meilen/in der breite aber 50. Grentzet mit dem König in Hispanien/wegen der Schlössern/Falamone/Port Hercole vnd Orbetello so er in dem Senesischen gebiet inbehalten. Mit dem Bapst gegen der Romaney Bolonien/vnnd Ferrara. Mit dem Hertzogen von Vrbin/wie auch mit der Hertzschafft Genua.

Der Großhertzog hat den obristen gewalt in allen Stätten/daneben aber laßt er einer jeden besondere Magistratus/gleichsam ein schatten der alten freyen Regimenten. Zoll/zinß/stewr/vnnd aufflag seynd mercklich groß vnd tragen jährlich viel gutt/das gemein eynkommen ist jährlich anderthalb Million Gold/inmassen Florentz allein alle jahr sechs hundert tausent Ducaten bringt. Siena aber fünffhundert tausent Ducaten/die Duana zu Ligorne hundert vnd dreyssig tausent Ducaten. Es bringen aber auch die Schiffarten ein sehr groß gutt. Der letzt verstorben Groß Hertzog soll in seines vorfahren Schatz bey zehen Milion Gold/vnnd zwo Milion Edelgestein funden haben/vnd ist wol zu erachten daß solches seithero gemehrt worden.

Das Volck ist allenthalben zum Krieg wol abgerichtet/vnnd laßt daselbst auch noch täglich vben/in sechs oder acht tagen mag der Groß Hertzog in 38000. man zu Fuß gehn Florentz bringen/es werden ordentlich 100. Küriffer gehalten/vnd 400. leichte Pferdt/haltet viel Galeren/vnnd kleine Schiff/vnd laßt zu Ligorne alle tag viertzig tausent stuck Bisquit bachen/für die Schiff Armada/hat auch einen mercklichen vorrath an Seilern/Anckern/vnd dergleichen. Zu Florentz seynd 150. gegoßner Veldstück. Sein Leibquardi ist 100. man/vnd in seinem Marstall stehen 150. Pferd. Die Ritter zu S. Steffan haben 200. Kronen eynkommen/auff Kirchengüter geschlagen. Der Groß Hertzog haltet den Bapst immerdar in hulden/dann er sonsten von niemand leichtlich mag beleidiget vnd angegriffen werden/dann von des Bapsts seiten/inmassen die vbrigen grentzen beide zimblich vnfruchtbar/vnd bürgig.

Genealogy der Hertzogen von Florentz vnd des löblichen hauses von Medicis.

Wo das löbliche Hauß von Medicis seinen eygendlichen Vrsprung her hab/kan man nicht wissen/

Von Italia.

wissen/daß dieses Geschlechts in Græcia vñ Italia gefunden werden/nit nur zu Florentz/sondern auch zu Meylandt/auß welchem Bapst Pius der 4. wardt/zu Ferrara/zu Verona/zu Pressen vnd anderen orten/deren etliche nur einen Ballen oder Pillul in jhrem Wapen führen/als die zu Meylandt/etliche 6.als die zu Florentz/etliche 7. oder 8. vñ mehr/woher aber dise von Medicis Florentinische Liny/diese 6.Ballen oder Pillulen in jhren Wapen bekommen/sein vnderschiedliche meynungen/etliche wöllen gering darvon reden: andere halten es seyen runde Kugelen/dardurch die vnbestendigkeit des Glücks anzudeuten so dieses löbliche Hauß vielmalen erfahren: Andere aber sagen es seye vor alten zeiten in dem Florentinischen Gebiet gewesen ein mechtiger Tyrann Geant Mugel genannt so den Florentinern grossen vbertrang gethan/mit diesem habe sich Eberhard von Medicis sein Vatterland von diesem Tyrannen zuerlösen in einen kampff gelassen. Da habe jhm dieser Mugel so einen Briegel geführt mit eiseren ketten vnnd daran schwere eyserne Kugel/als er jhm die streich mit seinem Schilt außgeschlagen 6. Buck von diesen kugelen in den Schilt geschlagen/dannenhero er sampt seinen Nachkommen selbige in seinem Wapen geführt/welches wir doch in seinem wert vnd vnwert verbleiben lassen.

Der anfang dieser Geburtliny wirdt gemacht von Johanne von Medicis einem reichen gewaltigen Florentinischen Burger:welcher starb Anno 1428 vnd verließ 2.Söhn Cosmum vnd Laurentium.

Cosmus ist dem freyen Regiment zu Florentz mit grossem Lob vorgestanden/wardt von jhm ein falscher argwon gefast/als ob er sich zum Herrn vber Florentz machen wolte/ward darumb vertrieben/doch bald widerumb von Venedig da er sich hinbegeben/beruffen worden. Hat den Titul eines Vatters des Vatterlandts erlangt/wie auff seinem Grabstein zu S.Lorentzo zusehen. Starb Anno 1464.im 80. Jahr seines alters/sein Weib war Constantia auß den Graffen von Barden.

Petrus/Cosmi Sohn hielt sich mehr Bürgerlich dann Fürstlich starb Anno 1472.sein Weib war Lucretia von Turnabuona/von deren er 2.Söhn hatte Laurentium vnd Julianum.

Laurentius ist dem Regiment mit solchem Lob vorgestan/dendaß er auch Laurentius der Groß genannt worden. Starb Anno 1492. gantz getrost vnd Freidig in beysein Hieronymi Savanarolæ/vnd setzet seinen gantzen Trost auff den Verdienst Jesu Christi/wie selbiges zu lesen bey Politiano in seinen Episteln. Sein Gemahel war Charir Orsina/von deren Er zeugete 3.Söhn/ Petrum 2. Johannem vnd Julianum/vnd etliche Töchter.

Petrus der 2.ist Anno 1494.mit seinen Brüderen/als er sich zu weit in das Regiment eyntringen wolte/vertrieben worden/sein Weib war Alphonsa Vrsina.

Johannes ward Bapst Anno 1513.vnd Leo der 10.genändt.

Julianus Laurentÿ Sohn/sein Gemahel Philiberta eine Tochter Philippi Hertzogen in Savoyen/zu welchem Beylager/wie Jovius beschreibt/Bapst Leo sein Bruder 150000.Cronen angewendt.

Es hatte dieser Julianus auch bey sich eine Adeliche Witwen/von welcher er bekam Hyppolitum/so alßbald solte erwürgt werden/ward aber zu Bapst Leone gebracht vnd erhalten/vnd ward Cardinal.

Laur.Petri 2.Sohn/war von Bapst Leone zu einem Hertzog von Vrbin gemacht/vñ Franciscus Maria von Rouvere vertrieben/ es weret aber nur so lang als Bapst Leo lebte/dann nach seinem Todt kam Franciscus Maria wider zu seinem Hertzogthumb. Er hatte von seinem Ehelichen Weib Magdalena eine Gräffin von Arverne vnd Bononien eine Tochter Catharinam von Medicis/welche hernach Henrico den 2.König in Franckreich vermählet ward.Er hatte auch von einem andern vnehlichen Weib/einen Sohn Alexandrum.

1. Alexander ward durch beförderung Keyser Caroli des 5.vñ Bapst Clementis des 7.zu einem Hertzogen von Florentz gemacht/vnd gab jm Keyser Caroli seine vneheliche Tochter Margaritam zu einem Weib. Dieser ward von seinem Vetter Laurentio auff seinem bett/jämerlich ermördet Anno 1536. vnnd ward an seine statt erwöhlt Cosmus von Medicis.

Julianus/Petri des ersten Sohn/ist Anno 1478.in der Auffrur so die Parzi vnd Salviati in der Statt Florentz wider seinen Bruder Laurentium erweckt/vmbgebracht worden.

Julius dieses Juliani Sohn ward Anno 1525. Bapst vnd Clemens der 7.genandt.

Laurentius/Johannis von welchem wir diese Liny angefangẽ Sohn/ vnd Cosmi des ersten Bruder hatte zur Ehe Geneoram Cavalcanti.

P P   Petrus

Petrus Franciscus sein Sohn / sein Weib war Laodimia Arziagola / hatte 2. Söhn Laurentium vnd Johannem.

Laurentius ward Anno 1492. von seinem Vettern Petro dem 2. von Medicis vertrieben / sampt seinen Brüdern.

Petrus Franciscus / Laurentij Sohn.

Laurentius / Petri Francisci Sohn / hat Alexandrum von Medicis den ersten Hertzogen von Florentz auff seinem Bedt ermordt Anno 1536.

Johannes / Petri Francisci des ersten Sohn / ward mit seinem Bruder Laurentio vertrieben. Anno 1504. sein Gemahel war Catharina / eine Tochter Galeazij Sfortzæ von Meylandt / so zuvor Hieronymum Riarium vrhebern der Partzianischen auffruhr gehabt.

Johannes sein Sohn ward Anno 1526. vor Mantua erschossen in dem 27. Jahr seines alters / hatte von seinem Weib Maria / Jacobi Salviati Tochter / hinderlassen Cosmum.

2. Cosmus ward Anno 1536. in dem 18. Jar seines alters von den vornembsten der Statt / an des ermordten Alexandri Statt zu einem Hertzogen erwöhlt. Hat seinen gewalt vnnd hochheit mit solcher Vorsichtigkeit bestätiget / daß sich auch die Florentiner jhrer eygnen Dienstbarkeit vnder einen solchen Helden freweten / vnd sich deren berümbten. Ward von Bapst Pio dem 5. zu einem Großhertzogen gemacht. Hat Pisam vnder sich gebracht vñ Sienen von König Philippo auß Hispanien bekommen. Starb Anno 1574. in dem 55. Jahr seines alters. Sein Gemahel war Eleonora von Toledo des Vice Königs von Neaples Tochter. Von deren er hatte 5. Söhn / Franciscum / Ferdinandum / Johannem / Petrum / vnd Garziam. Vnd 3. Töchter / Isabellam welche verheurat ward an Paulum Jordanum Vrsinum / Lucretiam Hertzog Alphonsi von Ferraren Gemahel / vnd Eleonoram.

3. Franciscus ward Hertzog nach seinem Vatter Cosmo. Starb Anno 1578. in dem 46. Jahr seines alters / nicht ohne argwon beygebrachtes Giffts / hatte erstlich Johannam Ferdinandi Römischen Königs Tochter / von derer er zeugete Eleonoram / Vincentij / Hertzogen von Mantua Gemahel / vnd Mariam König Henrich des 4. auß Franckreich Gemahel / vnd jetz regierenden König Ludwig des 13. Mutter. Hernach Anno 1579. nam er zu der Ehe Blancam Capellam von Venedig / welche die Herrschafft Venedig an Kindtsstatt auffnam / starb 5. stund nach ihrem Hertzogen / vnd verließ Don Antonium so vor der Vermählung geboren ward. Starb erst Anno 1621. mit grossem bedawren.

4. Ferdinandus / Cosmi Sohn ward erstlich Cardinal Anno 1561. Hernach als sein Bruder Hertzog Franciscus starb ohn ehelichen Mannsstammen / leget er den Cardinal Hut beyseyt / vnd dritt das Hertzogthumb an / in dem 24. Jahr seines alters: nam zu der Ehe Catharinam Hertzog Caroli auß Lothringen Tochter. Von deren er zeuget Cosmum den 2. Elisabetham (welche erstlich an den Hertzogen von Vrbin vermählet war: hernach aber Anno 1626. an jhr Fürstl. Durchl. Ertzhertzog Leopoldum) vnd Don Lorentzo.

Petrus der 3. Sohn Cosmi war ein Kriegsman in den Niderlanden.

Garzias vnd Johannes kamen erbärmlich vmb / als sie einem Hasen nachjagten. Dann als ein jeglicher die Ehr haben wolt / den Hasen zubekommen / ward Johannes so albereit den Cardinal Hut hatte / von Garzia seinem Bruder erstochen / dessen todt sein Diener also bald gerochen / vnd Garziam auch vmbgebracht.

5. Cosmus der 2. Ferdinandi Sohn / ward Hertzog nach seinem Vatter: Starb Anno 1621. sein Gemahel war Maria Magdalena / Ferdinandides 2. jetz regirender Kay. May. Schwester / von deren er zeugete Ferdinandum den 2.

6. Ferdinandus der 2. ward Hertzog an seines Vatter statt Anno 1621. so jetzund regieret.

Von Italia.

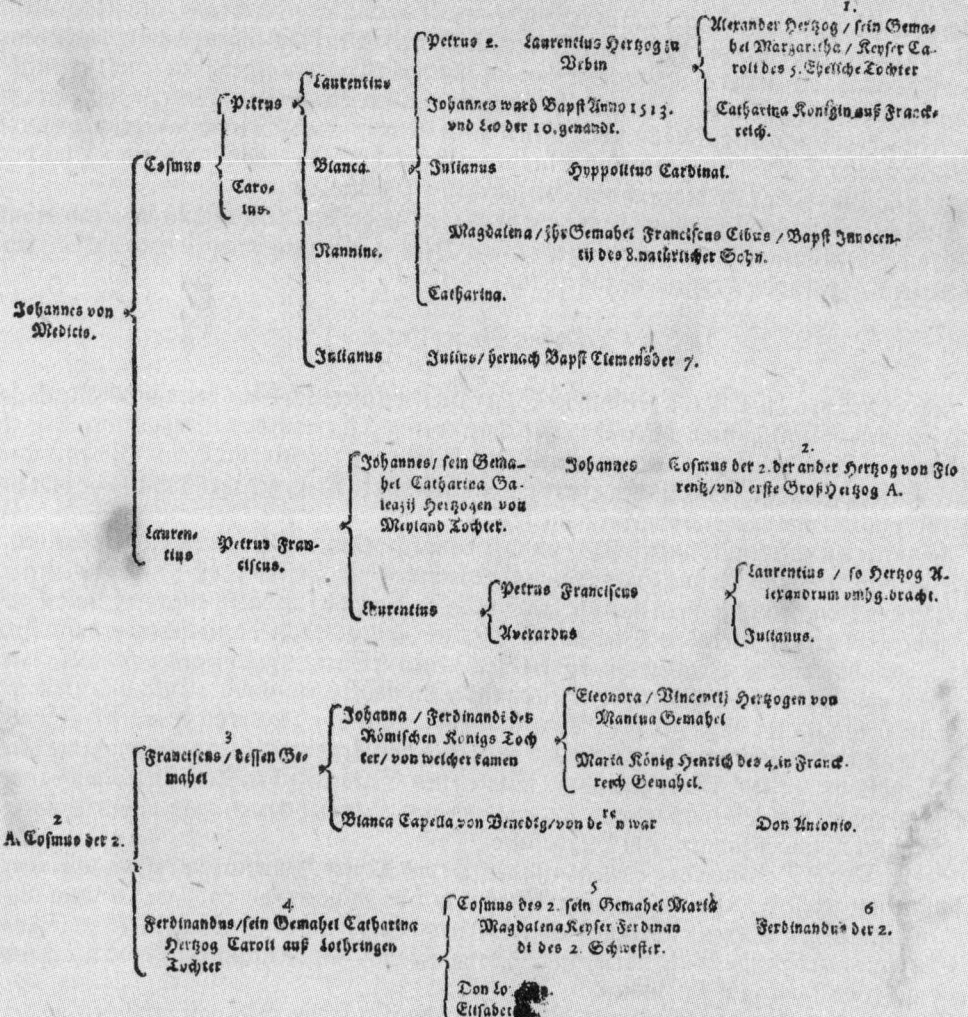

Von den Stätten Siena/Pisa rc. Cap. I.

Jese Statt haben erstlich die Senonischen Gallier / alß sie durch Camillum / auß der eyngenommenen Statt Rom von dem Capitolio getrieben / gebawen / vnd von ihrem zunamnten Senas genannt. Nach dem sich aber die Römer widerumb erholet / haben sie dieselbe zu einer Colonien gemacht / vnd mit vertrawten Burgern besetzt.

Ligt in der höhe an einem gesundten vnd lustigen ort / da an Wein / Korn / vnd Wildbret kein mangel: Hat ein berühmbte Vniversitet / darbey sich viel fürtreffliche vnnd gelehrte Männer auffhalten. Ist teutscher Nation sonderlich gewogen: die Einwohner seynd vast vnder den vbrigen Italiänern die höfflichsten / vnnd bester sitten: reden ein zierliche sprach / vnd seynd gegen den frombden sehr freundlich.

Auff dem Marckt ist ein schöner platz / in gestalt einer natürlichen Meermuschel / von roten Zigelsteinen / mit weissen Marmorstrichen durchzogen / gepflastert. Oben daran / ist ein schöner Rohrkasten von klarem vnd gesundem Wasser / la fontana di Branda genännt / welchen Dantes vnd Faccio hoch gepriesen.

In der Thumbkirchen / so ein gewaltig vnd künstlich Gebäw / seynd der Apostel / vnd Evangelisten / sampt der Bäpsten / grosse Bildnussen / vnd auff dem boden / der alten Sybillen Weissagungen / in köstlithem Marmor gehawen:

In gedachter Kirchen wird vnder andern Reliquien / das Schwert S. Petri / damit er Malcho das Ohr abgehawen / wie sie fürgeben / auffbehalten.

In der Bibliotect alda ist Bapst Pij des Andern Leben / mit schönen farben gantz für stlich abgemahlet.

Gegen dem Thumb hinüber ist ein berühmter vnd schöner Spittal / anfenglich von einem Schuster gestifftet / in welchem die armen Bilger / drey Tag vnd drey Nacht werden auffgehalten. Ist alles sauber vnd rein / vnnd mit einer stattlichen Apoteck / gleichsam alß ein Closter / versehen. Bapst Nicolaus der Ander / hat in dieser Statt ein allgemein Concilium gehalten / vnd in demselben geordnet / daß hinfüro die Römische Bäpst allein von den Cardinälen sollen erwöhlt werden. Fürtreffliche vnd gewaltige Männer betreffendt / so in dieser schönen Statt Siena geboren / werden neben vielen Cardinälen drey Bäpst gefunden: alß namblich Alexander der Dritt / Pius der Ander / vnd Pius der Dritt / bede auß dem Geschlecht der Piccolomini.

Gedachte Statt hat sich biß auff das Jahr Christi 1555. vnder des Reichs schutz gehalten / vnnd wider die Florentiner mehrmahlen gesieget / deren Hertzog sie heutiges tags / nach vielfaltigen schweren Kriegen vnderworffen vnd zugethan.

Von der Statt Pisa.

Zehen Meil von Luca / ligt die berühmbte Statt Pisa / welche etlich Griechen auß des alten Königs Nestoris Gesellschafft / wie Strabo verzeichnet / wenig Jahr nach dem Trojanischen Krieg / an dem Fluß Arno dritthalb Meil von dem Meer gebawen / vnd dieselbe der Statt Pisa in Arcadia haben nachgenannt. Hat mit den Liguriern etliche schwere Krieg geführt / vnnd sich beyde zu Wasser vnd zu Land weit vnd breit bekand gemacht.

Ist mitler zeit von den Römern besetzt / vnnd zu einer fürnemmen befreyten Colonien worden. Hat mit hülff der Statt Genua Sardiniam eyngenommen / vnd dieselbe für sich eygen behalten / dan sie den Genuesern für jhren theil den Raub gelassen. Nach diesem hat sie auch die Statt Carthago bezwungen / vnd derselben König dem Bapst nach Rom gebracht / von welchem er dann An. 1030. getaufft worden. Volgendts hat sie die Saracenen in Sicilien geschlagen / vnnd die Statt Palermo eyngenommen / auß deren Raub sie dann die Thumbkirchen / vnd des Bischoffs Pallast / zur Dancksagung gegen Gott gebawt. Es hat auch Pisa / etlich Krieg wider die Genueser geführt / vnd in denselben nit geringen Sieg erlangt. Sie ist auch dem Frantzosen in eynnemmung des heiligen Landts mit grosser hilff beygestanden. Sie hat den Saracenischen König in Majorca geschlagen / vnd die Königin / sampt einem jungen Kind / welchem sie hernach das Königreich widerumb eyngeraumbt / gefangen gehn Pisa geführt.

Sie hat Bapst Gelasium den Dritten / alß derselbe vor Keyser Heinrich dem dritten auß Rom geflohen / mit grossen ehren auffgenommen. Sie hat auch nit mindere ehr Bapst Calixto dem Andern in seiner widerkunfft auß Burgund erzeigt / von welchem sie auch zur Danckbarkeit / die Insel Sardinien betreffent / investiert worden. Also hat sie auch Innocentium den Andern / in seiner Flucht von Rom / auffgenommen.

Sie ist mit dem Keyser in Sicilien gesäglet; Sie hat die Pandectas / so jetzund zu Florentz in des Großhertzogen Schatz werden auffbehalten / von Constantinopel gebracht.

Sie hat Salerno belägert / vnd andere grosse denckwürdige Thaten begangen: welche dann die Bäpst dermassen erkant / daß sie auß dem Bisthumb zu Pisa ein Ertzbisthumb gemacht / vnd dasselbe mit viel grossen Privilegien vnd Freyheiten begabt haben.

Dieweil aber die Natur dem gantzen Erdboden ein allgemeine vnfehlbare Regel gesetzt / dz alles das jenige so zugenommen vnd auffgewachsen / widerumb müsse abnemmen / vñ sich in die vordere Stell nider lassen: So hat auch vielgedachte Statt Pisa dieselbe nicht vberschritten / sonder alß sie auff den höchsten Grad weltlicher Herrligkeit gestiegen / albereit jhrem Triumphwagen die frölichen Augen nider geschlagen / vnd das gekrönte Haupt sincken lassen. Dann nach dem sie Keyser Friderich dem Andern diß Nammens / mit dapfferem Hertzen beygestanden / vnnd demselben zu Gunst vnd Gefallen etliche vornemme Prælaten / so auß Franckreich gehn Rom auff das Lateramsche Concilium / von Bapst Gregorio dem Neunten wider höchstgedachten Keyser angestelt / verreißten / zu Malora auffgefangen / wie bey Platina zu sehen / hat wenig zeit hernach bey gedachter Insel in einem Streit mit den Genuesern / 49. Galeren / mit 12000. Mann / sampt dem Port Ligorno / verlohren.

Darauff dann Bapst Gregorius die Insel Sardinien genommen. Damahlen haben auch die Pisaner / die zwo grossen Säul von Porphyr / welche sie von Hierusalem / sampt etlichen Galeren mit Erden / von dem ort da vnser HErr Christus gelitten / gebracht / vnd jetzund zu Florentz gegen dem Thumb hinüber vor dem alten ronden Tempel stehn / den Florentinern geben / damit sie von jhnen Hilff wider die Luckeser erlangen möchten. Im Jahr Christi vnsers HErrn 1282. hat sich Vgolino ein Burger zu Pisa / zum Obernherrn auffgeworffen / vnd sich ein Graffen von Pisa geschrieben: so aber vber etlich Jahr vertrieben / vnd endtlich / nach dem er durch Hilff der Florentinern widerumb in die Statt genommen worden / sampt seinen Söhnen / in der Gefencknuß gestorben. Nach diesem hat Keyser Rudolph von Habspurg viel gedachte Statt zimblich hart gehalten.

Año 1309. ist die Vniversitet zu Pisa / vnder Keyser Heinrich dem Siebenden / hochlöblichster gedächtnuß /

Von Italia. 537

gedächtnuß / welchem allda ein Mönch mit einer vergifften Ostien vergäben / außgericht worden.

Anno 1364. hat sich Johan dall Agnello / nach Vggozone della Fagiola / Donarciatico / Faccio / vnd Gambacorta selbs zum Hertzogen gemacht / welchem Giacomo Appiano nachgevolgt / dessen Sohn Gerardo die Statt Pisa Johanni Galeazzo dem Ersten Hertzogen zu Meyland verkaufft. Bald nach diesem wurde vielermelte Statt den Florentinern verkaufft. Aber die Pisaner ergaben sich obgedachtem Johann Gambacorta / vnd vertrieben die Florentiner. Da nun die Pisaner ein zeit lang erlangter Freyheit genossen / hat Gambacorta die Statt widerumb den Florentinern verkaufft / vnder welchen sie biß auff das Jahr Christi 1494. geblieben. Auff dieses zog Carolus der Acht König in Franckreich durch Thuscanam / vnd setzt die Statt Pisa in jr vordere Freyheit. Endtlich aber / als Anno 1509. König Ludwig der Zwölfft / mit den Venetianern Krieg geführt / haben die Florentiner Pisam belägert / vnd als dieselbe kein Hilff konte bekommen / eyngenommen. Die besten Eynwohner aber zogen gehn Palermo in Sicilien / vnd wolten viel lieber in ferren vnd frömbden Landen in Freyheit / dann in jrem Vatterland in Dienstbarkeit leben. Julius Cæsar hat zu Pisa die Schatzung auffgehoben / dessen auch noch heutiges Tags ein warzeichen / vor dem Thumb auff einer Saul / vorhanden: Das Concilium zu Pisa Anno 1400. gehalten / hat neben vergleichung etlicher Gespänen / Alexandrum den Fünfften / mit vbergäbung der dreyfache Cron / auff den Bäpstlichen Stul gesetzt. Als sich aber hernach Anno 1511. etliche Cardinäl wider Bapst Julium den Andern alda versambleten / haben die Pisaner zur Wehr gegriffen / vnd die angefangene Synagog zerstrewet. Vnder viel andern fürtrefflichen Männern / ist Bapst Eugenius der Dritte / auß vielgedachter Statt Pisa bürtig gewesen.

Pisa wirdt von den Florentinern eyngenomen.

Concilium.

Die Statt für sich selbs betreffent / ist dieselbe sehr groß / vnd mit schönen Vestungen / Kirchen / vnd Pallästen gezieret. Wird von dem Fluß Arno in 2. theil abgesöndert / darüber 2. schöne steinere Brucken. Hat ein gesunden Lufft / vnd ein sehr fruchtbar Land. Ist mit aller Notthurfft wol versehen. Die Thumbkirch / ist von dem köstlichsten Marmor auff das künstlichist gebawen: die Porten seynd auß feinem Metall gegossen / vnd mit schönen Historien auß der Bibel gezieret. Der Creutzzang darbey / ist mit Marmor geyflastert / darin viel Antiquiteten von Gräbern / vñ dergleichen / zeit ohne belustigung gesehen werden. Auff einer seiten des Thumbs / ist ein gantz ronde Kirch / auch von Marmor gantz künstlich gebawet / vnd mit Pley bedeckt / S. Johann genannt: auff der andern aber steht ein ronder Thurn / 153. Staffeln hoch / außwarts mit sieben vmbgängen ob einander / alles von Marmorstein künstlich gebawet: welcher sich vmb 14. Schuh vberhenckt / daß er anzusehen als wolt er fallen. Die Pisaner geben für / er seye mit sonderm fleiß / vñ auß grosser Kunst / also hangend gebawt worden. Andere aber können etlichen anzeigungen nach / anderst nicht erachten / dann daß derselbe sich bald / nach dem er außgebawt worden / im Fundament gesetzt / vnnd also auff ein seiten geneigt hab. Ist Anno 1174. von Johan von Jnsoruck angeben vnnd gebawt worden. Desgleichen wirdt auch zu Bolonien gesehen wie wir an seinem ort angezeigt.

Wunderbarter Thurn.

Als die Pisaner mit Keyser Friderich dem Ersten / hochlöblichster Gedächtnuß / mit 50. Galeren vber Meer in das heilig Land gefahren / haben sie (nach dem höchstgedachter Keyser im 37. Jahr nach seiner Regierung / Anno 1190. in Armenia / in einem Fluß / da er wolt baden / durch ein Würbel vndergezogen / vnd ertruncken /) dieselben mit Erden vom heiligen Land gefüllt / vnd darauß ein Gottesacker oder gemeinen Kirchhoff / nach der lenge vñ breite der Arch Noe / gemacht / welchen sie dessentwegen das heilige Veld / Campo Santo, nennen. Dieser Kirchhoff ist mit feinen Halen von Pley bedeckt vmbgeben / darunder die Begräbnuß D. Decij Jurisconsulti / so von seiner Profession jährlich 1500. Cronen zur besoldung gehabt / neben viel alten künstlichen Gemählden zusehen. Es ist auch in dieser Statt ein gewaltiger Pallast / in gestalt eines Theatri / auff einem schönen Platz / vor einem künstlichen Brunnen / erbawet / in welchem die Ritter / S. Steffans Orden / so wider den Türcken auff dem Meer kriegen / von dem Großherzogen vnderhalten werden. So ist auch die Sapientz ein fein Gebäw / Anno 1309. mit der Vniversitet / auch gerichtet. Es werden in mehrermelter Statt / sehr gute Rapier vnd Dolchen Klingen vmb ein zimblich Gelt gemacht.

Heilig Erdreich.

Von der Statt Ligorno / oder Livorno / vnd Pistoia.

Diß ist zwar ein sehr alte Statt 16. Italiänischer Meilen von Pisa gelegen / vorzeiten von den Liguriern / welchen sie auch nachgenant / zu einem Grentzhauß erbawet: heutiges tags aber von de

Großhertzogen von Florentz/mit schönen newen häusern/erweitert vnnd bevestiget. Hat ein gewaltig Port/darinn des Großhertzogen Galeren ligen: wie auch ein vestes vnd grosses steinern gebäw/wie ein Palast/darinn die Sclaven gehalten werden/von allerhand Nationen/doch mehrertheil Türcken/seyn gemeynlich in 3000.beysammen/diß gebäw wirdt La Bagna genannt.

Pistoia/von den alten Pistorium genandt/auff einer schönen Ebne gelegen/20.Italiänischer Meilen von Florentz/ist nicht sonderlich groß/aber doch schön/vnnd bey den alten mechtig verrümbt. Ist von Desiderio der Longobarder König widerumb in Ehr gelegt/vnnd mit Mawren vmbgeben worden. Nach diesem haben sie die Florentiner/mit Hilff deren von Luca eyngenommen An.1150.vnd zimblich zerstört. Doch nach vnd nach widerumb auffgebracht:ist der Florentinern erste Statt gewest/mit welcher sie jhr Landt gemehrt. Es hat in dieser Statt 2.factionen gehabt die Bianchi vnd Neri genandt/welche einander mechtig verfolgt/vnnd viel vnheil angerichet haben. Nach jhnen seyn erstanden die Cancellieri vnd Panradici/welche nicht weniger gethan alß die vorigen:vnd wären noch auff heutigen Tag. Da dann ein faction der anderen nachstelt/biß sie einander gar außmachen. Von Pistoia ist bürtig gewesen der verrümbt Historischreiber Sozzomenes/wie auch Cinus der bekandte Jurist.

Prato.

Zwischen Florentz vnd Pistoia ligt die verrümbte alte Vestung Prato/welche Keyser Friderich der ander gebawen/ist vnder die vier Vestungen in Italien gerechnet worden:dann man pflegte zu sagen/Barletta in Puglia/Fabriano in der Marckt/Crema in der Lombardey/vnnd Prato in Toscana.

Vnd so viel von dem Florentinischen Gebiet.

Von der Statt Luca. Cap. lj.

Jese Statt ist erstlich Luccomonia genandt worden/von Lucchio Lucumone dem Toscanischen König/darauß hernach Luca worden. Ist ein alt bekandt Statt/ward von den Römern mit Bürgern besetzt. Hernach aber vielfaltig verendert worden biß sie widerumb an das Römisch Reich kommen. Haben sich aber von Keyser Rudolph dem ersten/mit 12000.Gulden außkaufft/vñ in freyen Stand gesetzt: Bald darauff aber hat sich deren bemechtiget Vguccione della Faggiuola/so mit seinen Söhnen vertrieben worden/vnd auff jhn Castruccino Castracani/so den Florentinern mächtig vberlegen war/auch Pisen vnd Pistoien vnder sich brächt.

Dieser hat 2. Söhn verlassen/welche aber von Keyser Ludwig auß Bayern/so sich von Reichs wegen der Statt angenommen auch vertrieben worden. Hernach hat die Keyserische besatzung die Statt verkaufft Gerardo Spinolæ von Genua/nach jm ist sie Petro Rosso zukommen/so sie Mastino d'alla Scala Herrn von Verona vbergeben. Dieser aber hat sie den Florentinern verkaufft/so sie 9.Monat behalten. Zur selbigen zeit sprachen Lucam auch die Pisaner an/vñ belägerten sie/daß sich die Florentiner mit jhnen vergleichen mußten. Als aber Keyser Carol der 4. in Italien kam/hat er die Statt in seinen Gewalt genommen vnnd ein Französischen Cardinal zu einem Statthalter da gelassen/welcher von der Statt 24000.Gulden genommen/vnd sie in jr vorige Freyheit gesetzt/in welchem Stand sie verblieben/biß auff das Jar 1400.da sich Paolo Guinisi jhrer Burger einer derselbigen bemechtiget/welcher bey 30.jahren darinnen glücklich regiert/vnd an Reichthumb mächtig worden. Ist aber endlich mit Listen von dem Volck sampt 5.seinen Söhnen gefangen/vnnd nach Meyland Philippo Visconten vberschickt worden/welcher sie samptlich in eine finstere Gefangenschafft geworffen/darinn sie Anno 1430.jhr Leben geendet. Vnd haben also die Luckeser jhre Freyheit biß auff diese Stund ruwig erhalten: wird von dem Adel der Statt geregiert: haben ein Confaloniero oder Panerherrn vnd 9.Eltesten/so sie Antiani heissen.

Die ansprachen so ein Burger gegen dem andern/werden von 5.frembden Rechtsgelehrten entscheiden/vnd wirdt das gericht/wie zu Genua vnd andern orten in Italien La Ruota geheissen.

Das Eynkommen der Statt wird geschetzt järlich auff 12000.Cronen/so zu gutem theil widerumb an die Bevestigung der Statt vnd andern außgaben gewendt werden. Der vmbkreiß der Landtschafft Luca haltet 60.Italiänischer Meilen/vnd ist 22.Meilen lang/vnd 18.breit/können in 12000.Soldaten ins Feld rüsten.

Das vornembste dieser Statt ist der Seidenhandel/so darmit alle andere Stätt in Italien vbertrifft.

Diese Statt ist jetzund vnder des Spaniers Schutz/welchem sie järlich bezalt 6000.Cronen. Sonsten verstehet sie sich wol mit jhren Nachbawren/denen von Genua/vnd dem Fürsten von Massa. Mit dem von Modena haben sie stätige streit wegen des Landts Graffignana/welches vhnlengst von Keyser Matthia denen von Luca abgesprochen worden. Dem Hertzogen von Florentz gehen sie vor mit aller Reverentz so viel jhnen möglich/dann sie auch von jhm gantz vmbgeben. Mögen auß jhrem Landt nur vor 6.Monat Narung haben/den rest müssen sie von aussen holen.

Von Italia.

Von der schönen vnd mechtigen Hauptstatt Genua.
Cap. lij.

Jese Statt ligt auff einem vnebnen harten felsigen Boden/ gegen Africam v̈ber/ von Genuino so mit Phaethonte auß Egypten kommen/ erbawet/ vnd Genua genant: begreifft im bezirck in die 6. Italiänischer Meilen. Hat vor diesem an Macht vnd herzligkeit der Statt Venedig nichts bevor geben. Ehe daß sie aber in solche Macht vnd Hochheit erhebt worden/ hat sie beide zu Wasser vnd zu Land/ sehr viel gelitten vnd außgestanden.

Alß Mago/ Amilcaris Sohn/ zur zeit des andern Carthaginensischen Kriegs mit 30. grossen Schiffen/ 12000. zu Fuß/ vnnd 2000. zu Pferdt/ in Italiam gezogen/ hat derselbe/ wie es Livius fleissig verzeichnet/ die Statt vnversehens vberfallen vnd geplündert.

Anno 660. haben sie die Longobarder eyngenommen/ vnnd dieselbe/ biß auff Keyser Carolum den Grossen/ beherzschet/ von welchem sie dann an das Römisch Reich kommen. Damaln hat Genua von tag zu tag viel Gnaden vnd Freyheiten bekommen/ also daß sie eygne Hauptleut erwöhlt/ vnd mit einer starcken Armada die Saracenen auß der Insul Corsica getrieben/ vnnd dieselbe mit 13. Schiffen/ vnd grossem Raub/ erobert. *Genua königano Reich.*

Anno 935. haben sich die Saracener mit den Carthaginensern verbunden/ vnd die Statt Genuam auch vberfallen/ vnd dero Eynwohner jämerlich erwürgt/ vnd alle junge Kinder/ hinüber in Africam geführt.

Anno 1060. haben die Genueser Tripolim vnd Cæsaream eyngenommen. Damaln sollen gedachten Genueser von Balduino König zu Hierusalem/ welchem sie Tripolim vnd Cæsaream v̈bergaben/ die Aeschen von Johannis des Täuffers Cörper/ vnnd die Platten darinn das Osterlamb gelegen/ bekommen haben. Zur zeit Eugenij III. seynd sie in Armeniam gesegelt/ vnd alda wider die Vngläubigen grossen Sieg erlangt. Sie haben auch die Statt Pisam ein gantz Jahr belägert/ vnnd Ligorno nicht wenig geänstiget. Also haben sie auch die Inseln Cypern/ Lesbum/ Chium/ die Statt Caffa/ Chersoneso/ vnd Peram in Thracia/ sampt andern fern gelegnen Orten bezwungen/ haben mehrmalen der Venetianern vnnd andern Potentaten Armada vberwunden.

Das Regiment dieser Statt betreffent/ hat sich dasselbe offt verändert. Dann erstlich hat sie jährlich 4. vnd volgendts Anno 1101. 6. vnd bald hernach widerumb 4. Burgermeister gehabt/ durch deren Regierung dieselbe verwaltet worden. Anno 1129. hat die Burgerschafft 3. Burgermeister/ vnd 14. Rathsherrn geordnet. Anno 1145. seynd jährlich 10. Burgermeister gewesen. Anno 1190. ist den 10. Burgermeistern auß Befelch Keyser Friderichs des I. auch ein Schuldtheiß/ nach anderer Stätten in Italia Gewonheit/ zugeben worden. *Regiment zu Genua.*

Anno 1257. haben sie dem Schuldtheissen auch ein Hauptmann zugesetzt. Anno 1263. haben sie den Hauptmann widerumb abgesetzt/ vnd sich allein des Schuldheissen beholffen. Anno 1291. aber haben sie widerumb ein Hauptmann zu dem Schuldtheissen erwöhlt. Anno 1318. haben sie sich Bapst Johanni dem 22. vnd König Roberto von Neaples ergeben. Anno 1335. haben sie widerumb ein Schuldtheiß vnd zwen Hauptmänner geordnet. Anno 1339. haben sie ein Hertzogthumb angefangen/ vnd Herrn Simon Bocca Negra zum ersten Hertzogen auffgeworffen. Alß sie aber Anno 1464. von König Carolo dem VII. auß Franckreich sehr angefochten/ haben sie 24. vorneme Burger nach Meyland an Franciscum Sforzam geschickt/ vnd sich demselben mit vberlieferung des Scepters/ Paniers/ Schlüssel vnd Siegel der Statt/ ergeben. Auff Franciscum ist Galeazzo Maria/ vnd auff denselben Johan Galeazzo gevolget. Zehen Jahr nach diesem aber/ hat Paulus Fregosus/ so auß einem Ertzbischoff vnd Cardinal/ Hertzog worden/ die Statt Genuam mit bewilligung der Burgerschafft/ Johanni Galeazzo widerumb vbergeben/ vnd demselben durch 16. vorneme Burger/ den Scepter/ Panier/ Schlüssel vnnd Siegel der Statt/ gehn Meyland geschickt: darauff dann Galeazzo die Genueser/ jhme trew vnd hold zu seyn/ an eyds statt verbunden/ vnd Johannem Augustinum Adornum/ zum Hertzogen vber Genuam geordnet. Alß aber 9. jahr nach diesem/ namblich Anno 1499. König Ludwig der XII. in Franckreich/ Ludovicum Sforziam auß dem Hertzogthumb Meyland getrieben/ haben sich die Genueser also bald gedachtem König in Franckreich ergeben: demselben aber nicht lenger dann nur 8. Jahr trewen gehorsam geleistet. Dann Aõ 1507. hat die Burgerschafft die Wehr genommen/ vnd den Adel auß der Statt getrieben/ vnd ein alten frommen Mann/ gendnnt Paulus/ seines Handwercks ein Thuchferber/ gleichsam alß mit Zwang wider seinen Willen/ zum Hertzogen gemacht. Darauff dann König Ludwig von dem vertriebnen Adel angeruffen/ mit einem grossen Heer wider Genuam vereist/ vnd mit eynsetzung des Adels/ das auffrührisch Volck bezwungen/ vnnd dem armen Hertzogen Paulo das Haupt abgeschlagen. Damit sich aber der König dergleichen entpörung nicht mehr zu besorgen hette/ hat er ob dem Port ein gewaltige vestung gebawen/ vnd diese la Briglia den Zaum genannt/ mit vermeldung er wolle solch mächtig Pferd im Zaum halten. *Hertzogthumb zu Genua.* *Ein Thuchferber wird Hertzog.*

Fünff

Fünff Jahr nach diesem hat Bapst Julius der II. mit hilff der Statt Venedig/Genuam vom Frantzösischen Joch erlediget/vnd dieselbe in jhr vorige Freyheit gesetzt.

Anno 1522. wolten die Genueser das hart eyngelegte Biß nit lenger im mund leiden/vnd rissen also die gewaltige vestung zu boden.

Als aber Bapst Clemens der 7. Anno 1527. sich mit König Francisco dem ersten/den Venetianern/Florentinern vñ andern Fürsten in Italia/wider Keyser Carolum den fünfften/so mit einem grossen Kriegsheer in Italia gelegen/verbunden/hat höchstgedachter König Franciscus durch Eldoetum di Autreco vñ Andrea Doria/die Statt Genuam mit einer grossen Armada zu Wasser vnd zu Land belägert/vnd auß mangel der Proviant eyngenommen/vnnd derselben Theodorum Trivultium zum Gubernatorn geben. Volgendes Jahr/hat die Burgerschafft zu Genua/durch ein ansehnliche Legation/bey Königlicher Maiestat in Franckreich erlangt vnd außgebracht/daß jhnen die alten Freyheiten widerumb geschenckt/vnnd denselben das Regiment zu bestellen/gnedig verwilliget wurde.

Heutiges Regiments. Haben hiemit also bald verordnet/daß auß jren acht vnd zwantzig Adelichen Geschlechtern/ein Rath von vierhundert personen bestelt/vnd demselben ein Hertzog/acht Gubernatores/acht Procuratores/vnd fünff Syndici solten fürgesetzt werden.

Es wurde auch damahlen erkandt/vnnd hinfüro in ewige zeit bestehtiget/daß ein jeder Hertzog nit mehr dann zwey jahr solte regieren/vnd alßdann sein lebzeit einer von den Procuratoren bleiben. Sein Kleidung ist von Carmesin oder Violfarben Sammet/vnd der Hut roth.

Die vbrigen Herren/seynd theils in schwartz Sammet/theils in schwartz seiden Thalarn gekleidet/seynd sehr ansehnliche/verstendige/vnnd freundliche Leuth/mechtiges vermögens/vnd wohnen in oberauß stattlichen Pallästen.

Der Statt Panier ist von roth vnd weisser farb/mit Sanct Georgio bewapnet. Die Eynwohner dieser Statt/seynd gemeinlich auff dem Meer wol erfahren/vñ treiben durch die vornembsten orth der Welt grossen Kauffmanshandel. **Grosser Seidenhandel.** Der gemein Mann ernehr sich mit Seiden arbeiten: dann schwerlich zu erzellen/was für ein grosse anzahl Seiden vnd Sammet allda järlich gemacht wird. Vnd dieses etlicher massen zu erkennen/ist die gemeine sag/daß sich in Genua 8000. Sammetweber auffhalten/so allesampt vnd sonders so viel zu thun haben/daß keinem müglich were/nur ein stuck Sammet für sich selbs zu weben. Es werden auch alle jar/sechs grosse Galleren mit roher Seiden geladen/dahin auß Sicilien gebracht.

Die Lands art vmb die Statt her ist nit fruchtbar/hat aber von allem dem/daß der Mensch nit nur zur notturfft/sonder auch zun wollüsten gebrauchen kan/auß andern orten/fürnemblich auß Languedock vnd Provantzen vber Meer her/ein sehr grossen zugang. Was Adelich vnnd reiche Personen seynd/gehen dieselben nit viel vber die Gassen/sonder lassen sich von Mauleseln in schönen Senfften führen/oder von zwen Männern in Sesseln tragen. Diese Sessel seynd inwendig mit grünen/oder violbraunem Atlas oder Sammet/außwendig aber mit grawem oder schwartzen saubern thuch/wie ein Senffte vberzogen. Seind mit thürlein entweders gantz beschlossen/oder an etlichen orten offen gelassen: haben auch alle vier seiten schöne durchsichtige Gläser/dadurch sie alles hin vnd wider auff den Gassen sehen können. Seind gemeinlich alle lang von person/vnd in schwartz gekleidet/führen ein nüchter vnd messig Leben. Die frömbden/wie auch eynheimische/dörffen ohne sondere befreyung keine Wehr durch die Statt tragen.

Port. Das Port ist zimblich wol gelegen/hat auff der seiten nach Savona ein sehr hohen Thurn/darauff zu nacht ein Latern den anfahrenden Schiffen fürleuchtet. Bey dem Port ist ein schön Zeughauß mit viel schönen Schiffen vñ Galleen wol außgerüstet. Von dem Zeughauß geht man **Doriæ Pallast.** nach des Printzen Doriæ Pallast/sampt einem stattlichen Lustgarten/in der höhe gegen dem Meer gelegen. In diesem Pallast werden in der Silberkammer vier gantz silberne Tisch/von schöner ge- **Grosser Schatz.** triebener arbeit/sampt einem Tischblat von edlem Gestein künstlich zusammen gesetzt auff einem silberinen Fuß/vnd viel grosse Trinckgeschirr vnd Platten von Gold/Silber/Porcellanen/vnnd Cristall/gewiesen.

Im Garten ist ein sehr lustig Vogelhauß/mit schönen grünen Bäumen/frischen Wassern/vñ viel seltzamen vnbekandten Vöglen gezieret: Neben etlichen alten statuis/ist ein grosser Brunn mit dem grossen Neptuno vñ seinen Pferden/gantz künstlich auß köstlichem weissen Marmor gehawen/ **Gewaltige Palläst.** mit grosser verwunderung wol zu sehen. Sonsten ist die gantze Statt mit gewaltigen schönen Pallästen/für alle andere Stätt in Italia sehr prächtig von Marmor/oder sonsten grossen Steinen nach der kunst erbawen/daher sie dañ auch die hoffertige Statt Genua genannt wird. Die Gassen seynd zimlich eng (außgenommen die newe/so zu viel Keyser- vnd Königlichen Hoffhaltungen nit zu gering were) aber sehr sauber vnd rein/theils mit gehawenen steininen platten/theils mit roten gebachenen Steinen vñ Küß gepflastert. Vnder den Häusern/vñ Gassen seynd gewölbte Thol/durch welche dz regen-bach- vnd Brunwasser/allen vnrath der Statt in das Meer führt. Die Läst/alß lange Höltzer/Güterballen/volle Vaß vnd dergleichen Kauffmanswahren/werden von acht oder mehr Personen an stangen auff den achßlen hin vnnd her tragen/wie dann solches auch zu

Die Statt Genua

Die gröste vnnd fürnembste in Liguria am Meer gelegen/ welches Lande von dieser seiner Hauptstatt/ Riuiere di Genoa von Welschen genennt wirdt. Sie hat ein trefflichen Meerhafen/ vnd ist von Kauffmanshendlen allenthalben berühmbt/ auch durch dieselbigen dermassen auffgangen/ daß sie vnder die Edlesten Stätt in Italia gezehlt wirdt.

Erklärung etlicher f

```
*  S.Petrus auff dem Sand.         D  S.Thomas port.              H  Ein Schiffkunst.
A  Laternen Thurn                  E  Pastey zum Sporn genant.    I  Die Bruck Claveri genannt.
B  Pastey oder gewaltig Brustwehr. F  Gallete Berg.                K  Die Dornbruck.
C  Herrn Andreæ Doriæ Pallast.     G  S.Nicolaus.                  L  Kauffbruck.
```

Montpelier vnd anderstwo bräuchig. Vnd so viel von dem Weltlichen Regiment. Das Geistlich betreffent/ hatt viel gedachte Statt Genua ein sehr reich vnd hoch geacht Ertzbistumb/ vnd dreissig schöne Pfarrkirchen/ all in der Statt Mauren eyngeschlossen. An etlichen Kirchen vnnd Portalen hangen noch etliche stuck von einer grossen Ketten / von den Genuesern zu einem ewigen Siegzeichen wider den Türcken / angeschlagen. Wie dann nun vnder dem weltlichen Stand viel gewaltige Personen herfür gewachsen: also ist auch in dem Geistlichen / an fürtrefflichen Leuthen/ so zu den höchsten ehren dieser Welt gestiegen/ biß daher kein mangel gewesen: dann erstlich ist Innocentius der V. vnd Adrianus der V. sampt 30. Cardinälen/ etlichen Ertzbischoffen/ vnnd anderen Prælaten/ auß dem Geschlecht de Flisco: Innocentius der VIII. auß dem Geschlecht de Cibo: vnd Bonifacius der IX. auß dem Geschlecht de Tomacelli / zu Genua erboren. Wil Pauli de Fregosi/ Nicolai de Flischi/ Bandinelli de i Sauli/ Hieronymi Grimaldi d'Oria/ Augustini Justiniani/ so in Griechiser/ Hebraischer/ Arabischer vnd anderen Sprachen sondere erfahrung gehabt/ Marci Catanei/ vnd anderer Cardinälen nicht gedencken/ durch welche die Statt Genua hin vnd wider in groß ansehen kommen.

Dieweil dann mehr ermelte Statt/ so viel gewaltige vnd in allen Ständen fürtreffliche Personen gantz reichlich gezeuget: ist wol zu erachten/ sie wurde nicht nur jhr macht vnd herrlichkeit erhalten/ sonder dieselbe auch vielfältig gemehret/ vnd verbessert haben/ wo sie nit durch eynheimische Auffruhr vnd Zwitracht mehrmalen were angefochten worden.

att Genua Abcontrafactur.

örter dieser Statt.

Hochbruck.
Kestenbruck.
Ein Damm oder Wahl.
S. Mary.

Q Brustwehr auff dem Meer.
R S. Lorentz.
S Die Göttin der Danckfagung.
T Stattknecht gassen.

V Ort am Meer der Stattrecht Wohnung.
X S. Carignanus.
Y K. sig oder Gefengknuß.
Z Ein Castell oder Schiff.

Das gantz Genuesische Gebiett haltet in seiner lenge 165. Italiänischer Meilen/ erstrecket sich von Sartana biß nach Villafranca vnd Monaco. Hat vnder sich Genoa/ Savona/ Sartana/ Noli/ Albenga/ Ventimiglia/ Gromma/ Ararzi 2c. wie auch die Inseln Corsica vnnd Caprara.

Es hat diese Herrschafft jarlich auff ein halbe Million Gold eynkommens/ welches widerumb angewandt wirdt zu erhaltung der Vestungen/ vnnd Meerporten. Item zur vnderhaltung des Hertzogen/ vnd allerhandt Gesandten so an dem Bäpstlichen/ Keyserlichen vnd Spanischen Hoff residieren. Item zur erhaltung d 6. außgerüsten Galeren so auch ordinari von Genua vnderhalten werden. Es hatt diese Statt vielerley Strittigkeiten mit den angrentzenden Fürsten. Muß sich förchten vor dem Hertzogen von Florentz nicht allein wegen Sartana/ da eine bestendige besatzung von Schweitzern oder Hochteutschen/ sonder auch wegen der Insul Corsica/ so den Pisanern zugestanden. Mit Savona stehet sie in streit wegen Savona vnd anderer orten. Welches sie newlich Anno 1626. erfahren da sie mit einer mechtigen Armee heimgesucht worden. Dörffen auch dem Spanier nicht trawen/ seyt er sich der Marggraffschafft Final bemechtiget. Sie befohren sich auch vor dem Gewalt der Hertzogen D'oria daß sie sich nicht etwan mit hilff des Königs in Hispanien/ vnder dessen Schutz sie seyn/ der Statt bemächtigen/ dessentwegen sie von diesem Hauß/ wie auch von den Fürsten von Massa wegen jhres gewalt/ keinen zum Hertzogen nemmen. Sonsten sollen sie in 40000. Mann außrüsten können/ sonderlich so es zu Meer gelten solte.

NN ij   Von Sa-

Das vierdte Buch

Von Savona vnd etlichen andern Stätten in Liguria.

Diese herzliche vnd schöne Statt am Mittelländischen Meer gelegen/ haben die Savoyschen Gallier gebawet/ war schon zur zeit als Mago Amilcaris Sohn in Italiam gezogen/ ein vest Port vnd Castell gewesen. Da dann auch Mago sein Raubschiff mit zehen Schiffen verwahret. Ist mit viel herlichen Palläßten geziert/ begreifft im bezirck anderthalb Meilen. Ist etwann dem Hauß Meilandt/ wie auch folgents der Cron Franckreich vnderthan/ etwan für sich selbs frey gewesen/ jetzund aber der Herrschafft Genua zugehörig. Die eynwohner seynd fleissige Kauffleut/ dem Bäpstlichen Stul sehr vnderthänig/ zornmütig vnd besorgen sich des bösen Luffts mehr dann des Todts selbs.

Das Castel Tabia ist des Edlen Muscatellers halben sehr berühmbt/ Oneglia hat viel schöner Flecken/ vnd treffentliche fruchtbare Oelbäum. Albenga ein halbe Meil vom Meer gelegen/ am Fluß Certa auff einer schönen ebne/ hat ein besonder Bißthumb/ hat etwan wider die Römer mit Magone Amilcaris Sohn schwere Krieg geführt. Anno 1175. haben die Pisaner Albengam eyngenommen/ mit Fewr angesteckt/ vnnd viel Burger von dannen gehn Pisa gefangen geführt. Ward hernach mit hülff der Statt Genua von Bapst Alexandro dem III. widerumb erbawt vnnd in ehr gelegt.

Noli hat einen guten Port/ war vorzeiten besser mit Kauffleuthen besetzt. Hatte wenig glück nach dem sie dem Türcken Stahel/ Eisen/ Wehr vnd Waffen zugeführt/ hat auch von Alphonso dem I. viel erlitten. Vintimillia vnd S. Remo seynd auch schöne Stätt/ mit schönen Gärten/ vnd andern treffentlichen gelegenheiten wol versehen.

Von dem Port Monaco.

Monaco ist eine Vestung an dem Meer auff einem Felsen gebawen/ mit einem statlichen Port/ ist auß gut heissen Keyser Friderich des ersten/ von den Genuesern erbawen worden/ wirdt jetzund von einem Genueser von dem hauß Grimaldi beherrschet/ dessen vorfahren es den Genuesern abgenommen. Erkennen keinen Oberherrn/ ohn allein daß sie des Königs in Spanien Schutz angenommen/ so die Guardi von 260. Spaniern vnderhaltet.

Diese Grimaldi haben sich niemahln an Genua ergeben wollen/ sondern lieber in stäter forcht stehen/ halten sich stäts in dieser jhrer Vestung eyngeschlossen: mögen eygenes gefallens Müntzen/ vnd andere Regalien exercieren: Insonderheit haben sie sich bißharo vnderstanden die vorüber farenden Schiff auffzuhalten vnd Zoll abzufordern. Ihr Eynkommen erstreckt sich jährlich nicht vber 15000. Cronen: Sie besitzen in dem Königreich Neaples auch die Margraffschafft Campagna so jhnen von Keyser Carolo dem fünfften verehrt worden.

Von den Stätten Parma vnd Placentz. Cap. xxxix.

Parma von den Hetruriern oder Tuscanern erbawet/ vnnd mit Mutina von den Römern zu einer Colonien gemacht/ ligt an der straß Emylia/ auff einer schönen ebne/ 5. Meil von dem Berg Apennino/ ist mit einem schönen Fluß/ gewaltigen Gebäwen/ vnd fürtrefflicher Burgerschafft/ auch sehr fruchtbaren Landtschafften/ vnd gesundem Lufft/ sonderlich geziert/ vnd begaabet.

Alß Keyser Vespasianuß ein Schatzung durch das Römisch Reich außgeschrieben/ hat man zwen Burger zu Parma gefunden/ deren jeder 123. Jahr alt gewesen. Es ist aber diese Statt sonderlich verrümbt wegen der guten herrlichen Weyden so darumb seyn/ von welchen das Vieh eine solche menge Milch gibt/ daß es gleichsam vngläublich: von welchen die köstlichen Käß/ Parmesan genannt/ gemacht werden/ welche den Preyß nicht nur in Italien sondern auch in der gantzen Welt haben.

Diese statlichen Weyden verursachen auch die gute Wollen so allda jährlich in grosser menge gesamlet wirdt/ wie dann diese Statt auch dessentwegen von dem Poeten Martiale gerühmpt worden.

Hat sich nach zertrewung des Römischen Reichs selbs befreyet/ vnd von jhrer eygnen Burgerschafft ein Regiment bestellt/ so sich an den Bapst/ vnd die von Bononia gehalten: wie dann solches Keyser Friderich der Ander mit seinem schaden erfahren/ alß er wider gedachten Bapst zu Velde gezogen/ darauff dann Keyser Friderich/ vmb das Jahr/ 1248. mit einem grossen Heer für Parma gezogen/ vnd dieselbe in zwey jahr lang beldgert/ vorhabens davon nicht abzuziehen/ biß daß er sich an jhnen gerochen/ vnnd alles vbereinander geworffen/ inmassen er dann nicht fern davon ein Statt gebawen/ vnd darein das Wasser von Parma gerichtet/ dem Feind desto beschwerlicher zu seyn. Diese newe Statt war zimlicher lenge vnd breitte/ hatte acht Porten/ ein Kirchen/ mit nammen Sant Vittoria/ Kauffmansläden/ vnd andere Häuser vnd Wohnungen. Es wurden auch darinnen newe Müntzen geschlagen/ so nach Vittoria der Statt nammen/ Vittorini geheissen. In diesem fielen die zu Parma/ mit hilff deren von Meiland/ Placentz/ Modena/ Regio/ Bononia/ Ferrara/ vnd des Bapsts Kriegsvolcks/ hierauß/ vnnd treiben den Keyser in die Flucht/ so mit

wenig

Die Statt Parma

Abcontrafehtet/mit sampt der
Belägerung/die sie von Bapst Julio
dem dritten Anno 1551. erlitten hat.

accur nach jhrer gelegenheit. 547

XX ij wenig

wenig Pferden entrunnen/vnd die Cron/sampt anderen Keyserlichen Kleinodten/ im Läger gelassen/welche aber hernach Keysern Heinrich dem siebenden/von Gilberto Corregio/in Namen der Statt Parma/widerumb zugestellet worden/wie neben Merula vnd Sabellico/bey Blondo im achten Buch seiner Historien/vnd Platina/im Leben Innocentij des vierdten zu sehen.

Nach disem Sieg bekam gedachter Gilbertus Corregius die beherzschung der Statt Parma/ kondt aber dieselbige nicht lang behalten/inmassen er dann von Mattheo Visconte zu Meyland vertrieben worden. Volgends wurd sie von Cane dem Grossen dalla Scala Herren zu Verona bezwungen: nach dem aber Mastinus dalla Scala an des verstorbenen Canis statt kommen/hat derselbe vielgedachte Statt Parmam der Römischen Kirchen vbergeben/vnder deren beherzschung sie dann auff fünff Jahr lang geblieben. Dann im Jahr 1334. haben Guido/Simon/ Azzo vnd Johannes/mit hülff Corregij vnd Philippini Gonzage/wie dann auch deren von Regio/den Gubernatorn auß der Statt geschlagen/vnd dieselbe in jhren Gewalt gebracht. Hierauff verkaufft Azzo im Jahr 1344. (weil sein Bruder war vertrieben) die Statt Parma/Oppizzoni von Ferrara vmb 70000. Goldgulden. Weil sich aber Oppizo besorgt/er möchte die erkauffte Statt/wider der Feinden Gewalt nicht beschirmen/hat er dieselbige im Jahr 1346. Luchino Visconti zu Meyland vmb 60000. Goldgulden verkaufft. Vnd ist also die Statt Parma vnder der Visconten Gewalt biß in das Jahr Christi vnsers Herren 1405. geblieben. Da dann nun Johannes Galeazzo der erst Herzog zu Meyland gestorben/ist sie durch Tyranney Otthoboni des dritten erobert worden. Alß aber derselbe in obgedachtem Jahr die Rossi vertrieben/hat jhn Sforza Attendulus von Cotignuola vmbgebracht/darauff vielermeldte Statt an Nicolaum den andern/Marggraffen zu Ferrar gefallen. Dieweil aber auch diser sich an Gewalt zu gering gedauchte/ein solche Statt zubehalten/hat er dieselbim Jahr 1420. Philippo Marie Visconti zu Meyland vmb ein gewisse summa Gelts verkaufft. Im Jahr 1499. vertrieb König Ludwig der zwölfft auß Franckreich/die Herzogen von Meyland/vnd behelt die Statt Parmam biß in das Jahr 1512. Damalen dann Maximilianus Sforza von Bapst Julio dem andern/widerumb eyngesetzt/vnd die Franzosen/mit hülff der Venetianern auß dem Land vertrieben worden. Im Jahr 1515. fiel Franciscus der erst/König in Franckreich/mit einem grossen Heer in Italia/vnd bekam von Bapst Leone dem zehenden/die Statt Parmam vnd Placenz.

Nach dem aber Keyser Carle der fünfft/vnd Bapst Leo der zehend/ein Bündtnuß wider den König in Franckreich gemacht/vnd denselben auß Italien vertrieben/ist Parma vñ Placenz widerumb an die Römische Kirchen gefallen. Darauff wurd im Jahr 1545. Petrus Aloisius Farnesius/zum Herzogen vber Parma gemacht/welcher alß er zwey jahr geregiert/von etlichen fürnehmen Adelspersonen zu Placenz erschlagen worden. An dessen statt hernach sein Sohn Octavius kommen.

Dise Statt Parma ist nun von den schönsten/lustigsten vñ festesten Stätten der ganzen Lombardey/hat ein vestes Castell mit aller notturfft versehen/welches Alexander Farnesius bawen lassen. Die Wähl vnd Bollwerck seind von Erden/wie Palma nova in Friul. Der Fluß Parma laufft mitten durch die Statt/darüber drey schöne steinerne Brucken gehen.

Von der Statt Placenz.

Dise sehr alte Statt hat den Namen von dem lustigen ort da sie gelegen/ward mit sampt der Statt Cremona 536. jahr nach erbawung der Statt Rom/ zu einer Römischen Colonien gemacht. Hat vnder dem Römischen Reich mächtig zugenommen/vnd in desselben eynheimischen Kriegen offt grossen schaden gelitten. Ausserhalb der Statt ist ein gewaltig Amphitheatrum gestanden/so im Krieg/welchen Vitellius wider Othonem geführt/verbrunnen. Keyser Augustus hat in gedachter Statt ein schönen Brunnen lassen graben/vnd denselbigen seinem Namen nach genennet. War den Gothen so hart belägert/daß sie auch endtlichen Menschenfleisch geessen: mußt sich also von den Gothen/vnd darauff den Longobarden ergeben. Alß Carolus der Groß/ Desiderium der Longobarden König gefangen/ist die Statt Placenz widerumb an das Römisch Reich kommen/vnd von demselben an sonderbare Herren gefallen/inmassen dann Vbertinus Palavicinus/im Jahr Christi 1259. gedachter Statt Regierung mit gewalt an sich gezogen/darauff sich die Burgerschafft Philippo dem Erzbischoff zu Ravenna ergeben.

Im jahr 1297. erhebt sich Albertus Scotus/vnd regiert die Statt nach seinem willen. Volgends macht Keyser Heinrich der vierdt/Galeazum/Matthei Viscontis Sohn/zum Herren vber Placenz. Im jahr 1447. ergaben sich die Burger zu Placenz/nach absterben Herzogs Philippi Marie/den Venetianern/welche alßbald Thadeum von Este/vnd Gerardum Dandalum mit 2000. zu Pferd/vnd 2000. zu Fuß/zur Besatzung dahin gelegt. Darauff kam Franciscus Sforza mit Francisco Piccinino/Guidazzo Manfredi/Ludovico dal Fermo/Carolo Gonzaga/ vnd einem Kriegsheer von 15000. Mann/vnd belägert die Statt Placenz/gewan auch dieselbe/ vnd nam gedachten Tadeum vnd Dandalum gefangen/die Burger wurden mit Weib vñ Kind ganz jämerlich hingericht/vnd alles/beyde Kirchen vnd Häuser/geplündert vnd verwüstet.

Von Italia.

Von derselbigen zeit ist die Statt bey den Hertzogen von Meyland geblieben/ biß König Ludovicus König in Franckreich in Italia kommen vnd Meyland eyngenommen/ da er sich dann auch Parma vnd Placentz bemächtiget. Alß er aber widerumb auß Italia vertrieben ward/ fielen beyde Stätte der Römischen Kirchen zu/ bey deren sie verblieben biß in das Jahr 1545. da Paulus III. Röm. Bapst seinen Sohn Petrum Aloysium zu einem Hertzogen vber beyde Stätt gemacht.

Stammen der Hertzogen von Parma vnd Placentz/ auß dem Hauß Farnesi.

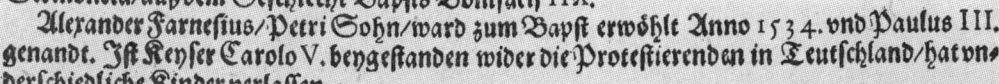

Dise Farnesij sollen jhren ersten vrsprung auß Teutschland habē/ dannenhero sie mit den teutschen Keysern sollen in Italiam komen seyn vor ohngefehrd 700. jahren.

Petrus Farnesius hat Anno 1080. von Keyser Conrado viel herrliche Privilegia bekommen/ mit anderen wolverdienten Geschlechtern/ war Burgermeister vnd Regent zu Orvieto in Toscana gelegen. Dessen Nachkommen gemeiniglichen allda Regenten verblieben/ vnd haben selbige Statt vor eynfall vieler frembden Feinden jederweilen mannlichen beschirmet.

Ranucius III. ein verrhůmbter Kriegsman/ war General der Römischen Armaden vnder Bapst Eugenio dem IV. von welchem er die güldine Rosen bekommen/ Anno 1430.

Petrus Luisius sein Sohn/ dessen Weib war Johannella Gaetana von Sermoneta/ auß dem Geschlecht Bapsts Bonifacij IIX.

Alexander Farnesius/ Petri Sohn/ ward zum Bapst erwöhlt Anno 1534. vnd Paulus III. genandt. Ist Keyser Carolo V. beygestanden wider die Protestierenden in Teutschland/ hat vnderschiedliche Kinder verlassen.

1. Petrus Luisius Farnesius/ Alexandri Sohn/ ist von seinem Vatter zu einem Hertzogen von Castro/ Parma vnd Placentz gemacht wordē. Ist Anno 1547. den 10. Sept. zu Placentz vō den fürnehmsten d' Statt mit grosser furi vmbgebracht/ seinen Cörper für die Stattmawren gehenckt/ in Graben geworffen/ vnd von dem wütenden Volck zerrissen worden. Diser fall soll jhme von seinem eygnen Vatter/ so ein Astrologus war/ vorgesagt worden seyn/ sampt dem Tag da es geschehen.

2. Octavius Farnesius/ Petri Luisij Sohn/ erstlich Hertzog zu Castro vň Camerino/ hernach auch zu Parma vñ Placētz/ so er doch mit grosser müh erhaltē/ ward bestätiget vō Bapst Julio dem III. vñ muste sich vnder des Königs in Franckreich schutz begebē/ starb Anno 1586. Sein Gemahel war Margaretha Keyser Caroli V. natürliche Tochter/ so zuvor Alexandro von Medicis Hertzogen zu Florentz vermähelt ward.

3. Alexander Farnesius/ Octavij Sohn/ war Gubernator vnd Obrister in den Niderlanden. Starb Anno 1592. in Flandern. Sein Gemahel war Maria/ Eduardi Printzen auß Portugal Tochter/ von welcher er erzeugte Alexandrum/ Ranutium/ Odoardum vnd Margaretham.

4. Alexander Farnesius/ Hertzog zu Parma vñ Placentz/ sein Gemahel war ein Gonzagin von Mantoa. Starben ohne Erben.

5. Ranutius IV. Hertzog zu Parma vnd Placentz/ nach seinem Bruder Alexandro. Starb 1622.

Odoardus ward Cardinal Anno 1591.

6. Odoardus/ Ranutij Sohn/ ward Hertzog nach seinem Vatter/ vnd hatte ein zeitlang seines Vatteren Bruder den Cardinal zu einem Administratore/ hat jetzund in dem Jahr namlich 1627. die vollkommene Regierung/ ist verlobt mit einem Fräwlein von Florentz.

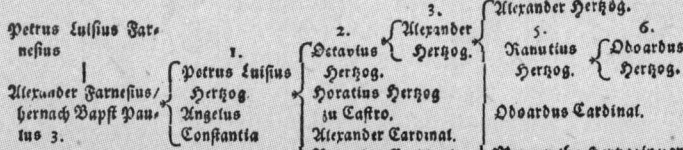

Petrus Luisius Farnesius		1. Petrus Luisius Hertzog. Angelus Constantia	2. Octavius Hertzog. Horatius Hertzog zu Castro. Alexander Cardinal. Ranutius Cardinal.	3. Alexander Hertzog. 4. Alexander Hertzog. 5. Ranutius Hertzog. 6. Odoardus Hertzog. Odoardus Cardinal. Margaretha Hertzogin von Mantoa.
Alexander Farnesius/ hernach Bapst Paulus 3.				

Dise Hertzogen von Parma vnd Placentz erkennen jhr Hertzogthumb zu einem Lehen/ von der Röm. Kirchen/ darvon sie derselbigen jährlichen 10000. Cronen bezahlen. Doch Placentz belangend/ sprechen dasselbige auch die Spanier an/ vnd so die jetzigen Hertzogen von Parma solten abgehen/ wurden sie dasselbige nicht fahren lassen. Des Hertzogen Eynkommen erstreckt sich jährlich auff 300000. Cronen/ dann auch die Eynkommen der gewaltigen Placentinischen Häusern/ Pallavicini/ Landi/ Scotti/ Anguzzoli/ dem Hertzogē heim gefallē. Die gewaltige Meß so nacher Placentz kommen/ so die grōste ist in gantz Italia/ wie auch die Vniversitet zu Parma/ machen diß Hertzogthumb ansehnlich/ vnd tragen jhme zimlich eyn. Die Hertzogen besitzen auch von der Kirchen das Hertzogthumb Castro vnd Ronciglione/ von welchem sie 60000. Cronen Eynkommen haben. Sie haben auch vnder Napoli 10. Stätte/ so sie von Spanien bekamen wegen/ der trewewen Diensten so jnen diß Hauß in den Niderlanden geleistet. Sie haben auch von Meyland Einkommen 16000. Cronen/ so König Philippus II. der Hertzogin Margarethe verehret. Item noch 12000. Cronen/ sampt dem Ritterorden des güldenen Fluß/ wie der zu Modeno vnd Vrbin. Die Außgab diser Hertzogen sol sich jährlichen nicht vber 150000. Cronen erstrecken/ also daß er ein ansehenlichs vorschlagen kan.

Von der Statt Mantua. Cap. liiii.

Ls Mantho Tiresie des berhümbten Priesters vnd Wahrsagers zu Thebis Tochter/ vor Creontis Tyranney/ in Italiam geflohen/ vñ von König Tiberino/ einen Sohn mit Namen Oenum bekommen/ hat sich derselbe in dise gegne begeben/ vñ die Statt Mantuam/ seiner Mueter zu ehren 1183. jahr vor Christi geburt gebawet/ welche hernach von den Thuscanern/ Galliern vnd Römern bewohnt vnd erweitert worden. Hat von den Gothen vnd Longobarden viel erlitten/ vnd sich vor Keyser Caroli zeiten des Grossen/ biß auff Othonem den andern/ mit trewen zum Römischen Reich gehalten/ damalen sie dann Tedaldo/ dem Graffen von Canossa/ wegen seines Vatters Azzonis trewen Diensten vbergeben worden.

An Tedaldi statt kam Bonifacius sein Sohn/ vnd nach demselben regiert sein Gemahel Beatrix. Auff dise kam die Gräffin Matilda/ welcher Keyser Heinrich der dritt die Regierung entzogen. Alß gedachter Keyser in Teutschland gezogen/ hat sich die Statt Mantua selbs befreyen wöllen/ wurd aber von der Gräffin Matilda häftiglich belägert/ vnd im jahr 1114. den letsten Octobr. eyngenommen. Im volgenden jahr ward sie nach Matildæ absterben der Herrschafft entlediget/ vnd regiert sich vnder des Reichs schutz/ in Freyheit/ biß in das jahr 1220. alß sie Sordellus de i Visconti ein weyser vnd verständiger Mann/ vnder seinen gewalt gebracht.

Nach disem wurden von der Ritterschafft/ zwen Zunfftmeister Pinamont/ vnd Ottonellus erwöhlt. Gedachter Pinamont ließ Ottonellum vmbbringen/ vnd regieret die Statt allein: hette auch viel namhaffte vnd schwere vorhaben in das Werck gesetzt/ wann er nicht im jahr 1289. durch den Todt were hingezuckt worden. Hierauff volgt Bardelonus Bonacolsi/ ein schandtlicher vnd nichtswährter Mensch/ war mit sampt seinem Bruder Tomo vertrieben/ vnd starb zu Padua im Elend. Auff disen kam Botigella/ vnd regiert die Statt mit grossem rhum/ richtet auch etliche schöne Gebäw auff/ vnd starb im jahr 1308.

An dessen statt kam Passarinus sein Bruder/ derselb bezwang etliche Castell/ vnd bekam im jahr 1319. von Francescino Pico von Mirandula die Statt Modenam/ ward nach dem er viel dapffere Thaten begangen/ von Ludwig Gonzaga, oder wie andere vermeynen/ auß Guidonis vnd Veltrini Ludwigs Söhnen anstifften/ von etlichen Soldaten auff dem platz vmbgebracht.

Gonzäge Teutsche. Im jahr 1328. vbergab die Burgerschafft das Regiment Ludovico Gonzagæ Guidonis Sohn/ dessen Voreltern zur zeit des Longobardischen Königreichs/ auß Teutschland gen Mantua kommen/ vnd hat der erst dises Geschlechts Ludwig Gonzaga geheissen.

Obgedachter Ludwig Guidonis Sohn/ starb im jahr 1360. den 15. Jenners/ alß er vber die 90. jahr alt gewesen. Nach disem kam Guido Gonzaga/ ein gottsförchtiger vnd frommer Herr/ starb im jahr 1369.

Hierauff volgt Ludovicus Guidonis Sohn/ vñ wurd des Reichs Statthalter zu ewigen zeiten vber Mantua bestätiget/ starb im 12. jahr seiner Regierung/ nach Christi geburt 1382.

Hierauff kam Franciscus sein Sohn/ ein sehr grosse starcke Person/ vnd Liebhaber aller guten Künsten vnd Tugenden/ so mit Durcialdo Francisco dem Vicekönig zu Genua/ Krieg geführt/ starb im 41. jahr seines Alters/ Anno 1407.

1. *Marggraffschaffe zu Mantua.* Johannes Franciscus kommt an seines Vatters statt/ vnd wird 1433. den 22. Sept. von Keyser Sigmund auff S. Peters platz daselbst/ mit grosser solennitet zum Marggraffen vber Mantua gemacht/ vnd mit einem schwartzen Adler in weisser Veldung/ sampt einem roten oder rubinfarben Creutz zum Waapen vñ Kleinot begabet. Starb An. 1444.

2. Ludovicus Gonzaga/ Francisci Sohn/ ward nach seinem Vatter Marggraff zu Mantua. Starb Anno 1478. vnd verließ Fridericum Johannem Franciscum vnd Rudolphum.

3. Fridericus ward Marggraff zu Mantua. Starb Anno 1484. vnd hatte vnder andern Franciscum vnd Johannem.

Johannes Franciscus/ bekam nach des Vatters anordnung Sabionettam vnd etliche andere Ort/ dessen Nachkomme/ deren dann viel waren/ sich Herre zu Sabionetta geheissen/ hernach fiel Alonsio Gonzaga durch sein Gemahel Isabellam Colonnam in das Hertzogthumb Traject/ so auff seinen Sohn Vespasianum kommen/ ward verrhümbt vnder Carolo V. Römischen Keyser/ ward Hertzog zu Sabionetta vnd Traject/ vnd Graff zu Fondi.

Rudol-

Von Italia.   551

Rudolphus der dritte Sohn Ludovici/muſte ſich mit geringem behelffen/ſeine Nachkomme/ſo einen ſondern Stammen gemacht/welcher noch vbrig/heiſſen ſich Hertzen zu Caſtiglione vnd Solferino/vnd ward Fenandus Marggraff zu Caſtiglion vnd ein Fürſt des Reichs.

Franciſcus II. Friderici Sohn/ward Marggraff zu Mantua. Starb Anno 1519. vnd verließ Fridericum/Ferdinandum vnd Herculem.   4.

Fridericus II. ward Anno 1530. von Keyſer Carolo V. alß derſelbe ab der Crönung von Bononia dahin kommen/mit groſſem Pracht zum Hertzogen vber Mantua gemacht. Er bekam auch von Margaretha/Wilhelmi Paleologi Tochter die Marggraffſchafft Montferrat. Starb Anno 1540. vnd verließ nach jhme Franciſcum/Guilhelmum vnd Ludovicum.   5.

Ferdinandus der ander Sohn Franciſci II. ward bey Keyſer Carolo V. welchem er gedient/in groſſem anſehen/von welchem er das Hertzogthumb Arian bekommen/vnd von ſeiner Gemahel Iſabella Ferdinandi des Printzen von Capoua Tochter/bekam er das Fürſtenthumb Malfetta vnd Marggraffſchafft Guaſtalla. Seine Nachkommene/deren viel waren/hieſſen ſich Hertzogen von Arrian/Fürſten zu Malfetta vnd Marggraffen zu Guaſtalla.

Hercules/diſes Ferdinandi Bruder/ward Cardinal.

Franciſcus III. Friderici Sohn/der ander Hertzog zu Mantua/war vnder der Tutel ſeines Vatters Bruders Herculis des Cardinals/dann er nur 7. jahr alt war wie ſein Vatter ſtarb/biß auff das 18. jahr ſeines Alters/da er in dem Mantuaniſchen See ertruncken Anno 1550. alß er ſich kurtz zuvor verheurath mit Catharina/Keyſer Ferdinandi Tochter/von welcher er keinen Erben hinderlaſſen.   6.

Ludovicus der dritte Sohn Friderici II. Hertzogen von Mantua/kam jung in Franckreich/da er dem König gedient wider die Evangeliſchen/bekam zu einem Gemahel Henricam Franciſci Hertzogen von Nevers Tochter/vnd erwarb mit jhren das Hertzogthumb/von welchem die heutigen Hertzogen zu Nevers in Franckreich.

Guilhelmus/Franciſci Bruder/ward der dritte Hertzog zu Mantua/war 12. jahr alt da ſein Bruder ſtarb/lebte derowegen auch vnder ſeines Vetteren Herculis verwaltung/biß zu ſeinen jahren. War wegen vngeſtalt ſeines Leibs etwas vnangenehm. Er bawet das ſchöne Luſthauß vor der Statt Goito genaüt/da er ſein Leben zugebracht. Montferrat ward vnder jhme von dem Keyſer zu einem Hertzogthumb gemacht. Starb Anno 1587. Sein Gemahel war Leonora Keyſer Ferdinandi Tochter.   7.

Vincentius/Guilhelmi Sohn/der vierdt Hertzog zu Mantua/vnd der ander zu Montferrat/ war ein Liebhaber der Mathematiſchen Künſten/hatte zwey Weiber. Erſtlich Margaretham/ Alexandri Farneſij Tochter/weil aber ſelbige vnfruchtbar war/ließ er ſie von ſich/vnd nam Leonoram/Franciſci von Medicis Hertzogs zu Florentz Tochter/von welcher erzeuget Franciſcum/ Ferdinandum/Guilhelmum, Vincentium vnd Margaretham.   8.

Franciſcus IV. der fünfft Hertzog zu Mantua/vnd dritt zu Montferrat. Starb ohn Erbẽ 1612.   9.

Ferdinandus/Franciſci Bruder/ward erſtlich Cardinal/hernach/weil ſein Bruder ohne Erben abgangen/Hertzog/der ſechſt zu Mantua/vnd vierdt zu Montferrat.   10.

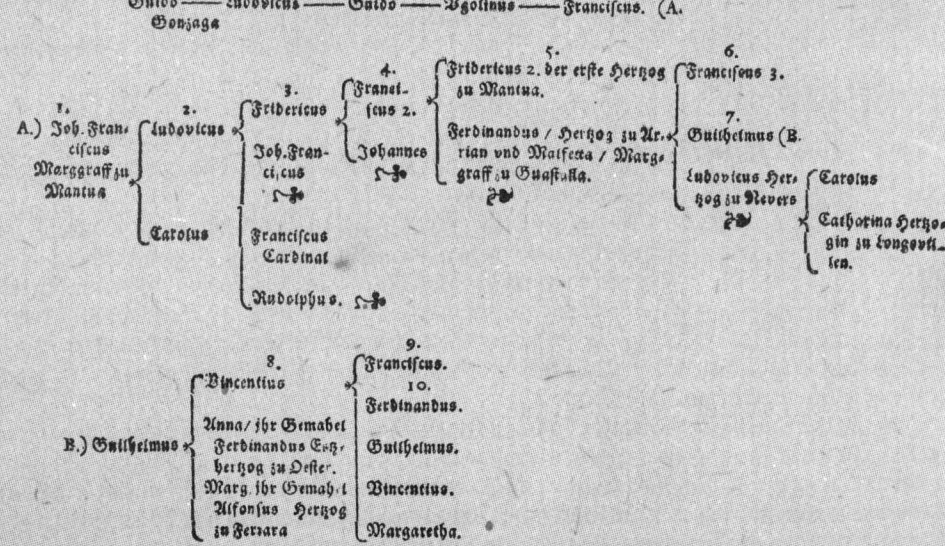

Diſes alte vnd hochberhümbte Hauß Gonzaga were viel gröſſer vnd mächtiger/wann das Land nicht ſo were vertheilt vnd verſtücklet worden. Welches geſchehen durch anſtellung Ludovici des andẽn Marggraffen võ Mantua/auß anſtifftung ſeiner Gemahel Barbara einer Marggäffin von Brandenburg/ſo die jüngeren Brüder lieb gehalten. Vnd iſt alſo diſes Hauß jetzund in acht

Das vierdte Buch

vnd mehr Linien abgetheilt / namblichen in Mantua/ Sabioneda/ Guastalla/ Novellara/ San Martino/ Bergoli/ Guazzado/ Castiglione/ ꝛc. vnd andere so nicht den Hertzogen von Mantua/ sondern das Röm. Reich erkennen wöllen. Das Mantuanische Gebiet ist 80. Meilen lang vnd 30. breit/ hat nur die einige rechte Statt Mantua/ aber 76. herrliche Fleck/ deren etliche nicht geringer alß Stätte/ 32. gehören dem Hertzogen/ die vbrigen gehören den andern Linien von dem Hauß Gonzaga. Der Hertzog besitzet auch das Hertzogthumb Montferrat/ so von den Paleologis auff disee Hauß kommen/ wie oben gemeldt. Das Eynkommen dises Hertzogen wirdt jährlich geschätzt auff 350000. Cronen/ 200000. Cronen von Montferrat/ vnd der Rest von Mantua/ doch wirdt das Eynkommen von Montferrat mehrtheils widerumb an die Vestungen gewendet/ so der Hertzog wegen Saphoyen/ so dises Hertzogthum anspricht/ in dem Montferrat bawen vnd erhalten muß.

In dem Mantuanischen Gebiet sollen in 40000. Seelen seyn/ vnd in Montferrat 28000. darauß der Hertzog in Kriegszeiten haben kan in 8000. zu Fuß/ vnd 1000. Pferd.

Von der Statt Mirandola. Cap. lv.

Ligt dise Statt in der Lombardey/ jenseit dem Po/ ist zu den zeiten Constantini des Grossen/ Sohn/ an einem moschtigen ort/ auff die 12000. schritt von der Po gebawen worden. Dann da Manfredus/ einer auß den Hoffdienern Constantini mit Eride/ Constantini Tochter (welche er verlohren hett) auß Griechenland dahin war geflohen/ vn̄ sie an demselbigen ort in einer Geburt 3. Zwilling/ alß nemblich Picum/ Pium vnd Papazonem geboren hatt/ ließ Keyser Constantinus dises Ort/ von wegen der wunderbarlichen geburt vnd zufall/ der sich allda verlauffen/ Mirandam nennen/ welches auff vnsere Teutsche Sprach der Wunderplatz heißt/ ist nachmalen durch veränderung vnd etlicher zugethanen Syllaben Mirandula geheissen worden. Nach solchem allem hat Manfredus/ mit bewilligung Keysers Constantii angefangen allda ein Flecken zu bawen/ welcher zum ersten gantz gering vnd ein kleinen vmbkreiß hat gehabt/ gleichförmig einem kleinen Dörfflein/ mit Mawren aber vnd Gräben zimlicher massen wol verwahret/ wie dann auch das Ort/ welches sie Citadella nennen/ genugsam anzeigt. Darnach biß zu dem Ort Castro Novo/ mit Mawren vmbfasset/ vnd der Statt zugethan worden. Man hat vor kurtzen jahren die Mawren allda abgeworffen/ vnd die Gräben eyngeebnet/ welche vnderscheiden das ort Castro Novo von dem ort Citadella/ also daß zu vnsern jetzigen zeiten an form vnd gestalt/ auch grösse vnd weitern begriff/ ein herrliche vnd grosse Statt darauß ist worden/ welche schier die fürnehmste mag gerechnet werden desselbigen Lands. Sie ligt an einem lustigen vnd schönen ort/ hat ein fruchtbaren Boden/ an Wein vnd Korn gantz trefflich/ vnd andern Früchten mehr/ die zu des Menschen Nahrung gehören/ sehr fruchtbar. Es wirdt allda gefunden ein löblichs/ freundtlichs/ schönes/ freygebigs/ wohlerfahrens vnd streitbares Volck in Kriegen. Sie wirdt gezieret mit einem wohlerbawten vnd vesten Schloß/ ist vmbgeben mit zweyen tieffen vnd weiten Gräben/ wirdt mit einer zweyfachen vnd starcken Mawren vmbgriffen/ welches von alter her vnd schier biß zu disen jetzigen zeiten/ ist von den Graffen die man Picos genennet hat/ bewohnet worden.

Vrsprung des Namens.

Franciscus Picus ward Statthalter zu Mirandula / von Keyser Heinrich dem siebenden/ Anno 1312.

Johannes Picus/ so in dem 5. grad von Francisco her kompt/ ward von Keyser Sigmunden Graff zu Concordia An. 1414. vnd von Keyser Friderich dem dritten bestätiget.

Johannes Franciscus/ so Johanni im 5. grad nachgevolget/ ward Graff zu Mirandula vnd Concordia. Diser verließ zwen Sohn/ Galeottum vnd Johannem.

Galeottus Picus/ Marggraff zu Mirandula vnd Concordia/ verliesse auch zwen Söhn vnder andern/ Joh. Franciscum vn̄ Ludovicum.

Johannes/ obigen Joh. Francisci Sohn/ ware also eines fürtrefflichen hohen verstands/ daß sich alle Gelehrten darab verwunderten/ daß er war neben seiner Sprachen auch in der Lateinischen/ Griechischen/ Hebraischen/ Arabischen vnd Caldaischen Sprachen/ gantz hochgelehrt vnd beredt. Er starb zu Florentz seines Alters im 33. jahr/ Anno 1494.

Johannes Franciscus/ Galeotti Sohn/ ist seinem Vatter in der Regierung nachgevolgt/ aber von seinem Bruder Ludovico verstossen worden. Nach dem Todt Ludovici Anno 1510. ward er widerumb eyngesetzt/ biß auff das jahr 1533. da er von Galeotto Ludovici Sohn in dem Schloß mit 40. gewaffneter bey der Nacht vberfallen vnd jämerlich ermördet ward. Sein Gemahel Johanna Caraffa ward mit jhrem Sohn Paulo in die Gefangenschafft geworffen. Seine Söhne waren Johan Thomas/ Albertus vnd Paulus.

Thomas forchte sich vor seinem Vetteren Galeotto/ Albertus ward mit dem Vatter ermordt. Paulus lag in Gefangenschafft.

Die Statt

Die Statt Mirandula

In Lombardey / jenseit dem Fluß Pado gelegen / abcontrafehtet / sampt der Belägerung / die sie erlitten hat von Bapst Julio dem dritten / ꝛc.

554　Beschreibung der herzlichen vnd

berhümbten Statt Mirandula.

GG iiij Ludovicus

Ludovicus/ so jetzgemeldt/ hatte durch hülff Hertzog Herculis von Ferrara Mirandulam bekommen. Starb Anno 1510. vnd verließ Galeottum Picum/ welcher wie gemeldt/ seines Vatteren Bruder zu Mirandula vberfallen. Besaß Mirandulam biß in das Jahr 1548. da er König Heinrich dem andern auß Franckreich dasselbig vbergeben/ welcher dahin verordnet zu einem Verweser den hochgelehrten Dominicum Arianum von Ferrara. Diser Galeottus verließ drey Söhn/ Ludovicum/ Aloysium vnd Hypolitum.

Ludovicus kam wider an die Regierung/ bestätiget seines Vatters verordnung/ daß namlichen die Marggraffschafft Mirandula vnd Concordia bey dem ältesten des Geschlechts verbleiben solte/ vnd solten die vbrigen 2500. gulden jährlichen Eynkommens haben. Verließ drey Söhn/ Galeottum/ Fridericum vnd Alexandrum.

Es heissen sich die heutigen Prinzen/ Hertzogen zu Mirandula vnd Graffen zu Concordia/ so sie von Keyser Matthia sollen bekommen haben/ besitzen auch etwas vnder Neaples/ Genua vnd Florentz/ haben doch jährlichen nicht vber 60000. Cronen Eynkommens. Seind vnder dem schutz des Königs von Hispanien/ von welchem sie jährlichen 3000. Cronen haben.

Von der Statt Modena.

Modena/ vor zeiten Mutina genandt/ ist erstlich von den Tuscanern erbawet/ vnd hernach im 570. jahr nach erbawung der Statt Rom/ mit sampt Parma/ zu einer Colonie gemacht. Ist in den Römischen Historien durch den Bürgerlichen krieg/ nach Julij Cæsaris tod/ sehr verhüstet/ jnmassen dann zwen Römische Burgermeister/ Hirtius vnd Pansa/ alß M. Antonius darinn Decium Brutum belägert/ erschlagen worden. Ist von den Gothen/ vnd hernach von den Longobarden zerstört/ vñ von Ambrosio in einem Sendbrieff an Faustinum/ vnder die verwüsteten vñ vnbewohnten Stätt an d Straß Emilia gezelt worden. Die alte Statt ist nit fer darvon auff eine bühel gestande/ wie am zerfallenen Gemäwr noch zu sehen. Dise jetzige hat Pipinus/ nachdem sein Vatter Carolus der Groß die Longobarden bezwungen/ gebawet/ vnd dieselbe durch ein frey Regiment/ vnder des Römischen Reichs schutz beherrschen lassen: daher dann kommen/ daß Keyser Friderich der ander/ gedachter Statt Modena seinen Sohn/ wider die Bononienser/ zu hülff geschickt.

Anno 1288. 16. Jenner/ vbergab Guido der Bischoff von Modena die Statt Opizzoni von Este/ Rinaldi Sohn/ Lanfranco Rangoni/ vnd anderen fürnehmen Burgern. Anno 1312. ordnet Keyser Heinrich der siebend/ Franciscum Picum von Mirandula/ zum Statthalter vber Modena. Anno 1319. machte sich Passarinus vnd Butrio Bonacolsi/ Herren von Mantua/ zu Oberherren vber Modena/ vnd trieben grosse Tyrannen: derowegen sie dann im jahr 1327. von den Burgern vertrieben worden: volzends ward sie Opizzoni/ võ Bapsts Benedicti des XII. Legaten/ widerumb vbergeben. Anno 1510. entzog Bapst Julius der ander/ gedachte Statt Modenam Alphonso von Este/ vnd gab sie Keyser Maximiliano dem ersten: derselbe aber gab sie Anno 1514. Bapst Leoni X. vmb 40000. Ducaten: entdlichen ward sie Alphonso von Este/ durch Carolum V. widerumb zuerkennt/ vnd Herculi II. von Paulo III. eyngeraumbt/ darauff sie dann von gedachtem Hercule dem andern/ trefflich bevestiget/ vnd von den Eynwohnern mit schönen Gebäwen gezieret worden.

Von der Statt Regio.

Dises ist auch ein lustige/ vnd mit allerley gelegenheiten wol versehene Statt/ von den alten Galliern erstlich erbawet/ vnd hernach im Jahr 567. nach erbawung der Statt Rom/ von dem Römischen Dreyerherrn Marco Lepido/ zu einer Römischen Colonien gemacht/ vnd Regium Lepidi genandt worden: war/ wie die andern benachbarten Stätt/ von den Gothen vnd Longobarden zerstört/ vnd biß auff heutigen tag durch vilerley Herren beherrschung/ vbel gehalten. Anno 1286. waren die Graffen von Canossa Oberherren/ dieselbigen vbergaben die Herrschafft Opizzoni von Este/ Marggraffen zu Ferrara. Anno 1326. kam die Regierung an die Römische Kirch/ deren zwen Gubernatoren nach einander erschlagen worden. Anno 1331. war gedachte Statt/ vnder Johanne dem König in Böhem: alß aber derselbe König verzieh/ haben sich grosse Tumult vnd Todschläg/ wegen der erschlagenen Gubernatoren erhebt/ damalen dann/ alß namlich im Jahr 1339. Ludovicus Gonzaga/ die Regierung an sich gezogen/ ohnangesehen/ daß sie Mastino dalla Scala verkaufft war/ vnd bey der Porten S. Nazario/ ein Vestung gebawen.

Alß sich aber Guido Gonzaga die Regierung zuerhalten besorgte/ hat er dieselbige im Jahr Christi 1370. Bernabo Visconti zu Meyland/ vmb 60000. Ducaten verkaufft. Anno 1409. jagt Nicolaus der ander von Este/ Marggraff zu Ferrara/ Ottobonem den dritten/ so sich mit gewalt zu Regio eyngetrungen/ vnd die Herren Rossi getödet/ vmbbringen/ vnd zeucht die Regierung an sich. Anno 1512. stoßt Bapst Julius II. Alphonsum von Este von der Herrschafft Regio/ vnd vbergibt sie der Römischen Kirchen/ bey deren sie auch biß auff Hadrianum VI. geblieben. Anno 1517. ward der Bäpstliche Gubernator in der Thumbkirchen/ weil der Priester die Hostiam auffgehaben/ vor allem Volck erstochen. Nach disem zeucht Alphonsus mit tausend zu Fuß/ vnd zwey hundert zu Pferd/ sampt sechszehen grossen Stücken/ vnd erschreckt die Burger daß sie sich ergeben.

Von Italia. 557

Vnd ist dise Statt Reggio sampt Modena bey den Hertzogen von Ferrara geblieben/Nach absterben Alphonsi II. da Ferrara dem Bäpstischen Stül zugefallen/ ist Don Cesare d'Esto/ so da rechter Erb zuseyn vermeynte (alß dessen Großvatter war Alphonsus I. Hertzog zu Ferrara/ wie bey Ferrara ist gesagt worden/) Anno 1598. Hertzog zu Modena vnd Regio worden/ vnd hat Ferraren gantz renuncieren müssen.

Von dem Hertzogthumb Modena vnd Reggio.

Der Hertzog von Modena vnd Regio/ ist des Röm. Reichs Lehenman/ wegen Modena/ Reggio/ Carpi/ Sassuolo/ Castelnuovo/ le Veriche vnd Graffignana in Toscana. Er besitzet auch Bercello an dem Fluß Po gelegen/ so er zu einem Lehen erkennt von Mantua/ vnd muß jährlichen ein par vergüldte Sporen liefferen. Es hat diser Hertzog jährlichen Eynkommens von allen seinen Landen vber die 100000. Cronen/ bynneben kan er auff die 50000. Cronen ziehen/ auß verleyhung grosser Titlen/ von der Müntz vnd den Juden/ deren er ein grosse menge vnder sich.

Es schreibt sich diser Hertzog/ Hertzog zu Modena vnd Regio/ Fürst zu Carpi/ vnd Herr zu Graffignana. Carpi hat dem Hauß Pij zugestanden. Nach dem sich aber Marcus de Pij wider Keyser Carolum V. gebraucht/ hat er selbiges Hertzog Alphonso von Ferrara vbergeben. Sonsten sprechen dise Hertzogen auch an das Hertzogthumb Chatres/ welches Renata/ König Ludwig des zwölfften/ auß Franckreich Tochter/ Hertzog Herculi zugebracht.

Von der Statt Meyland gestalt/ anfang/ vnd wie sie zugenommen hab. Cap lv.

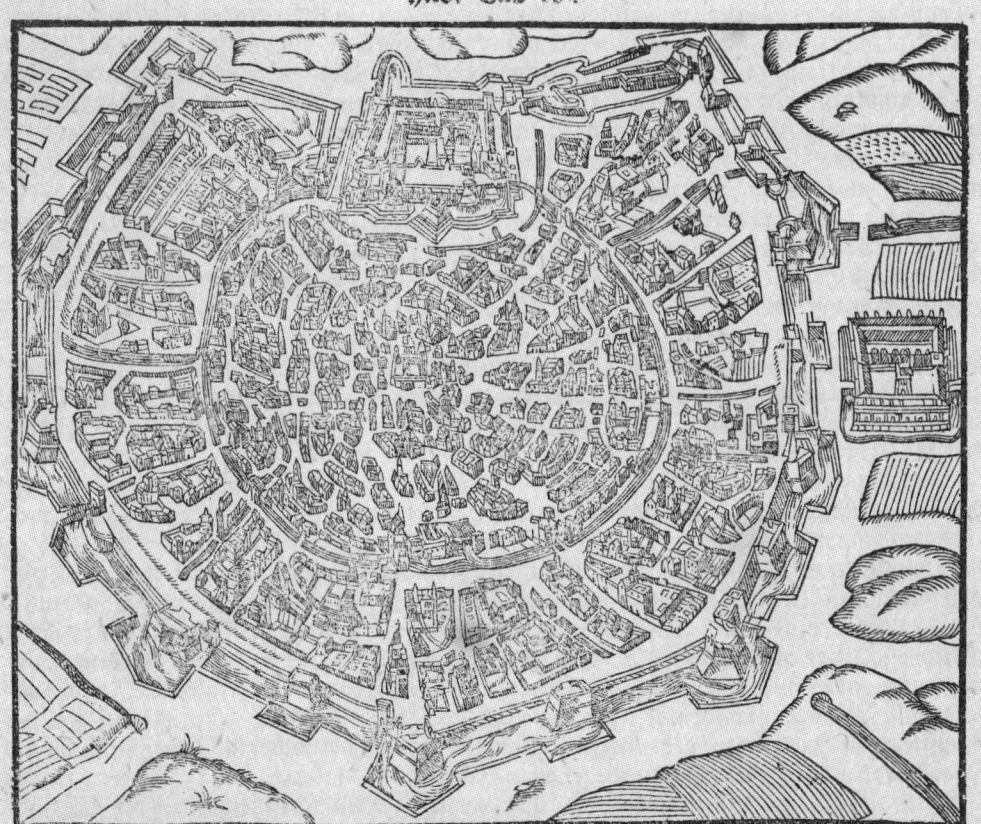

DEr Römisch Historienschreiber Livius will daß Meyland anfänglichen sey gebawen worden von den Galliern. Dann Bellonesus ein Schwester Sohn Ambigati der Celten König/ name zu jm bey zeiten Tarquinij des Römischen Königs ein grosse zal der Menschen/ zu suchen ein ander Land das er mit jhnen möcht bewohnen. Vñ also kam er auß Gallia in das Land Insubriam/ jetz Lombardey/ vnd bawet da ein Statt die er Mediolanum nennet. Etlich andere schreiben/ daß die Gallier mit dem Hertzogen Brello seyen in Italiam kommen/ vñ haben gebawt Meyland. Die dritten sprechen/ es sey Meyland lang vorhin eh die Gallier in das Land kamen/ gebawen gewesen/ vnd hab Olanum geheissen: ist aber von den ersten Galliern zerbrochen worden/ vnd darnach von
den

den Galliern so hernach kommen seind/wider auffgericht/vnd deßhalben schreibt Justinus/daß sie gebawen sey von den Galliern. Es schreibt Strabo/daß Meyland vor seinen zeiten sey gewesen ein vnbeschlossen Dorff/aber zu seinen zeiten ists gewesen ein herrliche Statt vnd ein Haupt der Völckern Insubres genandt. Wo aber der Nam̄ Mediolanum herkom̄e/weißt man eygentlich nicht/ spricht Merula. Es ist wol ein alte sag/man hab an dem ort auß dem Erdtrich graben ein Saw/ die war halb er mit Wollen bedeckt/vnd darvon sey kom̄en der Nam̄ Mediolanum: das ist/halber Wullen.

Es ist vmb die Statt gar ein edel Erdtrich/das vberflüssig alle ding bringt/deßhalben die Statt allwegen gar volckreich vnd mächtig ist gewesen/vnd ein Haupt des Lands/vnd als offt sie ist zerbrochen worden/so offt ist sie widerumb auffgericht vn̄ erbawen. Wie hett sie sonst von jhren grossen erlittenen vnfällen wider mögen auffstehen/wañ sie von dem edlen Boden nicht ein groß Eyn kom̄ens hette? Vor zeiten da sie noch ruhet vnder dem schutz vnd schirm des Römischen Volcks vnd Keysern/hat sie trefflich sehr zugenom̄en an Volck vnd Reichthumb/mehr von Fruchtbarkeit der Erden/dann von Nutzbarkeit des Meers/vnd haben sich auch dahin gethan die Römischen Keyser/des guten Luffts/der fruchtbaren Aeckern/vnd der Eynwohnern Sitten vnd Reichthumb halb/vnd besonder wann sie Krieg haben gehabt wider die Teutschen vnd Gallier. Es hat der Keyser Trajanus dahin auffgericht ein köstlichen Pallast/wie es noch am selbigen ort zum Pallast heißt. Desgleichen hat Keyser Maximianus Hercules in diser Statt ein mächtige Tempel zu Ehren dem Abgott Herculi gebawen/welcher in nachgehenden zeiten ist gewidmet worden dem H. Martyrer S. Lorentzen. Es hat dise Statt auch gelehrte Leuth erzogen/vnd sonderlich hat der hochberhümbte Poet Vergilius da gestudiert. Es ist noch ein Platz in diser Statt/der heißt Viridarium/vnd kompt der Namen von den grünen Wälden so darinn gepflantzt haben die Fürsten vnd die Gewaltigen der Statt/da sie sich erlustiget haben mit Jagen vnd Vogelfahen. Es seind noch vorhanden 16.gleich formierter Säulen Hydonisches Wercks/die Keyser Maximianus hat lassen machen zu vnderstützen Herculis Tempel. Zu den zeiten des Keysers Gratiani hat Meyland vast sehr zugenom̄en in Reichthumb vnd Frieden. Dann die Eynwohner hetten bey 500.jahren lang guten Frieden gehabt/vnd diß friedsam Leben erstrecket sich biß zu den zeiten des H. Ambrosij. Da ward gantz Italia mit Arrianischer Lehr befleckt/vnd erstunden zu Meyland widerwertige Partheyen vnd zwen Bischoffe die auch wider einander waren. Es ward der fromme Bischoff Ambrosius auß der Statt getrieben/vnd Auxentius sein Widersächer sieget wider jhn/vnd in disem zwytracht verdarb die Statt.

Arrianische Lehr zu Meyland.

Vnd als Auxentius vberlangest gestarb/ward der H. Ambrosius widerumb zu seinem Vatterland berüfft/vnd fieng das gantz Italia widerumb an witzig zu werden. Da hett die Statt ein zeitlang rhu/biß die Gothen in Italiam sielen/vnd alle Stätt verwüsteten/da ward Meyland auch geplündert vnd verbrennet.

Vitzgraffen wo her sie kommen.

Darnach vnder dem Keyser Justiniano wurden die Meyländer abermals vberwunden/erschlagen/vnd die Mawren zerbrochen/da sie sich von den Gothen wolten schlagen. Ohnlangst darnach kamen die Longobarden vnd eroberten der Meyländer Herrschafft/von denen endtlichen kommen seind die Meyländischen Vitzgraffen. Der erst hat geheissen Mattheus/welcher vmb das Jahr Christi 1274.hat alle Aempter vnd Händel der Statt versehen/vnd ward auch der groß Vitzgraffe genennet/darumb daß er in der Statt gut Recht vnd Gericht hielte/vnd alle Händel der Statt friedsamlichen vertragen wurden/vnd was er angriff/da war Glück bey. Er hett auch ein guten beystand vom König Rudolphen von Habspurg/der jhm seine Sachen vnd fürnemen nach seinem gefallen bestätiget. Vnd als schon König Rudolff gestarb/vnd ein anderer Keyser auff jhn kam/ist Vitzgraffe Mattheus dannoch in seiner Herrlichkeit blieben/vnd ward genennet des Keysers Procurator. Darnach aber ward er auff vnd nider geworffen durch viel zufällige Krieg/vnd als er endtlichen von Kriegen ledig ward vnd etwas ruhe widerumb vberkam/hat er widerumb vnderstanden die Statt zu besseren/hat auff dem Marckt auffgeführt das Richthauß/ da zwölff Männer zusammen solten kommen/vnd sorg tragen für der Statt Händel vnd der Kauffleuthen Handthierung/die täglich schätzen solten die essende vnd trinckende Speiß/wie die Maaß vnd das Gewicht recht wurden gehalten/vnd etlicher Handwercken Arglistigkeit vnd Betriegerey auff allweg wurd vermitten vnd gestrafft/vnd die solten genennet werden des gemeinen Nutzes Fürderer.

Woher die Meyländer Longobarden seind genennet worden. Cap. lvij.

Orhin hab ich angezeigt wie die gegenheit vm̄ Meyland vor langen zeiten Gallia Togata/vnd sonderlich Insubria geheissen hat/biß die Longobarden dareyn kom̄en seind/das mit solcher weiß geschehen ist. Nach Christi geburt im jahr 525. als die Longobarden hinder Sachsen sich vast gemehrt hetten/vnd mochten sich nicht genugsamlich in der Insul/die sie eyngenommen hatten/ernehren/seind sie mit gewaffneter Hand darauß gezogen/jhnen zu suchen ein besser vnd fruchtbarer

Von Italia.

rer Land/vnd seind zum ersten kommen in Pannoniam oder Vngerland. Die andern sagen/sie haben zum ersten eyngenommen Bayerland. Vnd da sie es 42.jahr hatten besessen/zogen sie widerumb darauß/vnd kamen mit Heerskrafft in Italiam/ob sie vielleicht etwas darinn möchten erobern/ doch vbergaben sie dieweil nicht gar das Vngerland/sondern befahlen es den Hunen/damit sie widerumb in dasselbig Land kommen möchten/wann es jhnen in Italia nicht glücken wolt. Also seind sie dahin gezogen mit jhrem König der Alboinus hieß. Es war dazumal ein trewer Ritter in Italia mit Namen Narsetes/den verklagten die Italiäner bey dem Keyser zu Constantinopel/ auff das schickt der Keyser ein andern Hauptman wider Narseten/der hieß Longinus/vñ die Keyserin entbotte dem Ritter Narseti/er solte sich auß Italia heim machen vnd die Kunckel spinnen. Solche schmach bewegt Narsetem/daß er sein Kriegsvolck versam̃let wider Longinum/vnd berufft Alboinum der Longobarden König. Vnd wiewol der Krieg versühnet ward/zog doch Alboinus für sich/vnd bracht mit jhm ein groß Volck mit Waib vnd Kindern. Vnd als er sahe die Landschafft vmb Venedig/sprach er zu den seinen: Sehet jhr starcken Männer/das ist das hübsch Land das wir suchen. Vnd demnach fiengen sie an darumb zu streiten/vnd vberkamẽ Forum Julium oder Friaul/Teruis/Vicents/Bern/Meyland/vnd andere viel mehr Stätt. Es kam jhm täglich mehr hülff auß Germanien/vnd kam ein solche grosse forcht in das Italiänisch Volck/daß viel Stätt jhm die Schlüssel entgegen brachten. Diser Krieg währet biß in das vierdte jahr/vnd brachten die Longobarden gar nahe das gantz Galliam Togatam vnder sich/vnd ward auch nach jhnen genennet Longobardia/das wir kurtz Lombardey nennen. Diser König Alboinus/der II.in der zahl hatte Comundum (andere nennen jhn Curimundum) der Gepidarum König in Vngern ermordt/vnd seine Tochter zu der Ehe genommen/vnd ließ die Hirnschalen Comundi in Gold eynfassen zu einem Trinckgeschirr. (Es waren dise Gepidę etliche vberbliebene Hunen die mit dem König Attila in Italia gezogen waren vnd die waren der Longobarden Nachbawren.) Vnd als Alboinus grossen Sieg in Italia erobert hett/viel Stätt eyngenommen vnd die besetzt/ ist er gen Dietrichs Bern zu seiner Haußfrawen Rosimundam gezogen. Vnd wie er da Panckten gehalten/vnd sich mit Wein vberladen/hieß er jhm die Hirnschal seines Schwähers herzu bringen/vnd tranck sie voll Wein auß/darnach schickt er sein Weinschencken mit diser scheutzlichen Schalen zu seiner Frawen Rosimunde/vnd mit lauter stim sprach er zu jhr: Sauff mit deinem Vatter. Diß schmachwort gieng jhr gar tieff in das Hertz/vnd besonder da sie jhres Vatters Todt erjnnert ward/darumb trachtet sie jhm nach wie sie sich an jhrem Mann rechen möchte. Nun war ein Jüngling am Hoff der hieß Helmechildes/den hat sie vnzimlich lieb/vnd bracht durch jhn zuwegen/daß der König im Schlaff ward ertödet. Sie vermeynt auch mit jhm das Königreich zubehalten. Aber da die Longobarden disen nicht haben wolten/sondern jhr nachstellten/flohe sie mit dem Jüngling gen Ravenn/vnd entfuhrt ein groß Gut vnd Gold.

Nun war zu Ravenn ein Exarchus: das ist/des Keysers Statthalter/mit nam̃en Longinus/so wider Narsetem herauß geschickt war/der empfieng sie gar ehrlich/vñ das jhrer hübsche halb/oder wie die andern meynen/jhres grossen Guts halb. darumb hett er sie auch gern zu der Ehe genommen. Da das Weib solches merckt/gedacht sie wie sie des Jünglings abkommen möcht/vnd den Exarchum vberkommen zu einem Mann. Vnd also fuhr sie zu/da der Jüngling auff ein zeit auß dem Bad kam/botte sie jhm ein gifftig getranck. Der Jüngling besorgt sich nichts böses/gedacht auch nichts arges auff sie/darumb tranck er/vnd von stundan empfand er des Giffts/vnd sein tödtliche würckung/ehe er es gar außgetruncken hatt/aber er nam sich des nichts an/vnd botte jhren auch darauß zu trincken/vnd sprach: Du bist auch ohnmächtig vnd krafftloß im Bad worden/ darumb trinck es vollen auß. Da sprach sie: Nein es dürstet mich jetzund nicht. Da setzt er noch härter an sie/vnd wolt sie auch zwingen zu trincken/wo sie das nicht thun wolt. Zuletst da sie sahe daß er auch das Messer in sie stossen wolt/nam sie das Trinckgeschirr/vnd tranck vnerschrocken das vbrig auß/vnd bald darnach sturben sie beyde zu einer zeit von dem tödtlichen Gifft. Nach disen dingen machten die Longobarden ein anderen König der hieß Clephes/vnd fiengen an zu mutwillen in Italia/mit rauben/brennen/töden/vnd Landschleiffen/vnd theten solchen grossen

schaden/

schaden/deßgleichen Italia kaum je empfunden hett/sie schoneten auch weder Weiber noch Kinder. Es ward der Exarchus oder Keysers Vogt gezwungen sie vmb den Frieden zu bitten/vnd daß sie sich liessen benügen mit den Stätten die sie erobert hetten/vnd die andern vnbekümmert liessen/aber es halff so viel als es mocht. Jhr Tyranney währet biß zu dem grossen Keyser Carlen/das ist 204. jahr lang/der griff sie an mit gewalt/vnd dempt sie: vñ das geschahe im jahr Christi 776. Er fieng jhren letsten König Desiderium/vnd verschickt jhn gen Lugdun/vnd setzt andere außländige Hertzogen vber sie/die sich also freundlich mit jhnen hielten/daß sie jhres Volcks Regiment nicht mehr begerten. Dise Longobarden haben zum ersten Winili geheissen/aber darnach da sie lange Bärt zogen/wurden sie von den Wahlen Longobarden genennet/die wir vnserer Sprach nach Langbärt nennen. Man findt auch daß sie jhren Weibern das Haar von dem Kopff herab an das Kihn gebunden haben/vnd jhnen Waffen in die Händ geben/damit sie jhren Feinden desto erschröcklicher weren anzusehen/vnd auch mit solchem Betrug die zahl der Krieger mehrten. Du findest auch etwas von den Longobarden hie vnden bey dem Königreich Dennemarck/darauß sie ein vrsprung genommen haben.

Die Longobarden zum erstẽ Winili.

Die Statt Meyland zum offtermaln zerstört.
Cap. lviij.

JM jahr Christi 540. kurtz vor dem als die Longobarden in Italiam kamen/seind die Gothen dareyn kostẽ/vnd haben Meyland gewußen/vnd die Statt vmbkehrt. Es wurden auch dazumal mehr dann 5000. Meyländer erschlagen. Als nach dem grossen Keyser Carlen viel Regierer in Italia entstunden/wie du hernach hören wirst/vnder welchen etliche die Berengarij hiessen/die zu letst auch das Lombardisch Reich vnder sich brachten/zog der groß Keyser Ott mit gewalt in Italiam/vnd erlediget die Lombardey von dem Berengario/vñ vberkam sie/vnd zueygnet sie dem Römischen Reich/aber Berengarium führet er mit jhm gefangen biß gen Bamberg/da er auch gestorben ist. Jch find auch daß zu den zeiten Keyser Heinrichs des vierdten/Hertzogen von Bayern seind Marggraffen gewesen in der Lombardey/vnd besonder hat Hertzog Wolff solche Hertzschafft darinn besessen. Darnach da Meyland in Reichthumb vnd Gewalt zunam/zoge sie sich ab von dem Römischen Reich/aber Fridericus der erst/den man Barbarossam nennet/der bracht sie widerumb mit gewalt zum Reich.

Meyland ein Statt des Römischen Reichs.

Vnd als sein Gemahel die Keyserin darnach begert zu sehen die Statt/vnd sich gar keiner schmach oder wüterey besorget: dann sie meynt dise Statt were dem Reich jetzund gantz vnderthänig/hetten die gemeinen Pöffel noch ein grollen wider den Keyser/vnd durch jhre Hoffart vnd stoltzes Gemüht vergassen sie der Waffen so der Keyser mehr dann ein mal mit Sieg wider sie gewendet hat/vnd namen die Keyserin/vnd setzten sie vmbgekehrt auff einen Maulesel/vnd gaben jhr den Schwantz für ein Zaum in die Hand/vnd führten sie also zu einem gespött zu einer andern Porten hinauß. Als aber das der Keyser jnnen ward/thet es jhm gar zorn/vnd das nicht vnbillich/darumb er auch bewegt ward vnd die Statt auff ein newes belägert vnd erobert. Nun die sich jhm ergaben/nam er an mit Gnad/so ferr/wolten sie bey Leben bleiben/mußten sie dem Maulesel auß dem Hindern mit den Zähnen ein Feygen beissen. Wo sie aber das nicht thun wolten/wurde es jhnen den Kopff kosten. Da wurden viel gefunden/die wolten ehe sterben dann dise schmach vber sich nemmen/aber die noch länger begerten zu leben/die theten wie man jhnen befohlen hatte.

Im jahr Christi 1162. ward die Statt Meyland von gemeldtem Keyser Friderichen dem ersten zerbrochen/aber darnach in dreyen jahren durch hülff dern von Parma vnd Placents widerumb gebawen vnd auffgericht.

Im jahr 1238. hat Fridericus der ander Keyser des Nammens/widerumb erstritten die widerspennige Statt Meyland/vnd viel darinnen ertödet. Er führet auch hinweg die Obersten der Statt mit des Hertzogen von Venedig Sohn/vnd sonst mit vielen andern auß der Lombardey/vnd bracht sie mit jhm in Apuliam/da ließ er des Hertzogen Sohn hencken an einen Thurn der am Gestade des Meers stund. Aber die andern ließ er mit mancherley Peenen ertöden/vnd also vberkam er widerumb die Hertzschafft in Lombardey.

Von Italia.

Zwo Partheyen zu Meyland erstanden. Cap. lviiij.

Im jahr Christi 1310. vnder Keyser Heinrichen dem Siebenden waren zu Meyland zwo Partheyen/ wie dann sie auch waren durch das gantz Italiam: Eine Parthey hieß man die Guelphen/ die ander Gibelliner/ vnd die waren anfänglich erstanden im jahr Christi 1240. vnder dem Keyser Friderichen. Die Guelphen hielten es mit dem Bapst/ vnd die Gibelliner mit dem Keyser. Sie waren so hefftig wider einander/ daß ein Parthey/ die ander vertrieb/ wo sie bey einander in einer Statt waren. Anfang vnd Vrsach jres Vrsprungs hat sich also erhebt. Nach dem gemelter Keyser Friderich in Italiam zog/ vnd dem Bapst nach seinem Gefallen nicht thät/ verbannet jhn der Bapst. Da zog der Keyser vmbher von einer Statt zu der andern/ vnd hatte acht welche jhm günstig oder vngünstig waren. Die jhm geneigt waren/ nennt er Gibelliner/ daß er jhnen dorfft vertrawen als einem guten Giebel/ der das Hauß hebt/ daß es nicht falle. Aber die jhm zu wider waren/ nennet er Wölff/ vnd namen also die zwo Sect in Italia vberhandt/ daß sie noch auf den heutigen Tag vorhanden seynd/ vnd nicht viel guts einander gönnen. Es entstunde dieser Partheyen halb viel Krieg zwischen den Burgern/ Freunden vnd Brüdern/ vnd viel Stätt fielen von dem Bapst. Nun diese zwo Secten waren auch zu Meyland. Der einen hiengen an die Vitzgraffen/ vnd der andern die Turrianer/ vnd das waren zwey grosse vnd namhafftige Geschlecht in der Statt/ vnd durch sie war die Statt in zwo Secten gespalten. Doch namen die Viconte oder Vitzgraffen Oberhandt/ vnd behielten das Regiment in der Statt lange zeit. Sie wurden auch nachmals Hertzogen zu Meyland gemacht/ vnd das nemlich durch König Wentzel/ der nam Gelde/ vnd macht den Hertzen zu Meyland/ der ein Amptmann vnd Pfleger war deß heiligen Reichs in Lombarden/ zum Hertzogen/ vnnd also ward deß Reichs besser Theil in Welschlande entwendet/ vnd dem Reich entzogen. Johannes Galeatius ward der erst Hertzog/ vnd starb im jahr 1402.

Gibelliner. Guelphi.

Genealogy der Hertzogen zu Meyland.

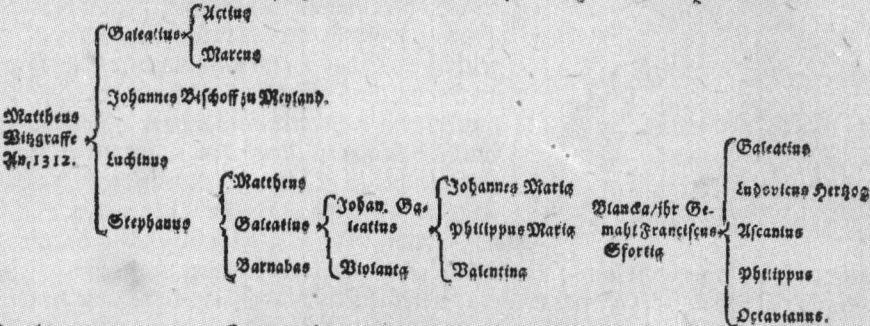

Der letzt namhafftige Vitzgraff hat Theobaldus geheissen/ der gebar Mattheum, Mattheus gebar Galeatium vnd Stephanum, Galeatius gebar Actium Galeatium/ da blieb die Lyni stehen. Man liest von diesem Actio/ da er auff ein zeit zu Feldt lag im Läger/ vnd hatte den Helm ab seinem Haupt gethan/ vnd wolt jn vber ein weil wider auffsetzen/ hat sich ein Schlang dareyn gelegt/ vnd

Herkommen der Hertzogt.

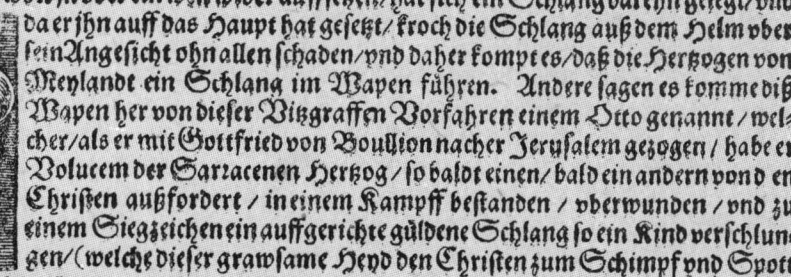

da er jhn auff das Haupt hat gesetzt/ kroch die Schlang auß dem Helm vber sein Angesicht ohn allen schaden/ vnd daher kompt es/ daß die Hertzogen von Meylandt ein Schlang im Wapen führen. Andere sagen es komme diß Wapen her von dieser Vitzgraffen Vorfahren einem Otto genannt/ welcher/ als er mit Gottfried von Bouillon nacher Jerusalem gezogen/ habe er Volucem der Sarracenen Hertzog/ so baldt einen/ bald ein andern vnd en Christen außfordert/ in einem Kampff bestanden/ vberwunden/ vnd zu einem Siegzeichen ein auffgerichte güldene Schlang so ein Kind verschlungen/ (welche dieser grawsame Heyd den Christen zum Schimpf vnd Spott auff seinem Helm führte) darvon gebracht. Welche hernach seine Nachkommen in jhren Schilten geführt. Stephan gebar Galeatium/ vnd Galeacius Johannem Galeatum. Dieser Johannes gebar Philippum Mariam/ Johannem Mariam/ vnd ein Tochter Valentinam/ die nam König Ludwig zu der Ehe/ derenhalb hernach so grosse Krieg entstanden sind in Meyland/ wie ich bald anzeigen wil. Philippus ließ hinder jhm ein vneheliche Tochter mit namen Blancam/ die nam zu der Ehe Franciscus Sfortia. Dieser Franciscus hat ein Vatter mit namen Attendulus/ der war geboren von einem vnachtbaren Geschlecht/ vnd war zum ersten im Kriegsläger ein Küchenknecht/ darnach ward er ein weidlicher Kriegsmann/ vmb seiner mannlichen Thaten halben ward er genant Sfortia, das ist/ starck. Weiter ward er auß einem Fußknecht ein gewaltiger Reu-

Sfortia woher.

ter/vnd zu letzt ein Oberster Feldthauptmann. Er stellet auch seinen Sohn an/daß er also geübt war/daß er in Kriegshändeln vbertraff den Vatter/vnd solche grosse Thaten verbracht/daß Philippus Maria sein einige Tochter (doch vnehlich geboren: dann sein Ehefraw/ deß Graffen von Saphoy Tochter/war vnfruchtbar) jhm zu der Ehe gab. Dieser Philippus Maria starb im jahr Christi 1447. Weiter gebar Franciscus Sfortia Ludovicum/ Galeatium/ Philippum/ rc. vnd starb im jahr 1464. Da wurd Galeatius zum Hertzog gemacht/aber er lebt also vppig/daß jhn seine Vnderthanen erschlugen/vnd nahmen an seinen Bruder Ludovicum Sfortiam/ den machte Maximilianus zum Hertzogen vber Meyland/ das doch sein Vatter Keyser Friderich nicht thun wolt: dann er sprach/es were Meyland ein Kamer deß Röm. Reichs. Es hat Galeatius ein Tochter mit Namen Blanca Maria/ die nam König Maximilianus zu der Ehe im jahr 1494. aber ehe sie Hochzeit hielten/kam jr Vatter vmb/wie gemeldet ist vnd ward Ludwig von Maximiliano in das Hertzogthumb gesetzt.

Nun merck weiter/ als im jahr 1447. Philippus Maria starb/strebten vier Herzen nach dem Hertzogthumb. Keys. Friderich sprach/es were jm zugefallen. Aber Alfonsus König in Apulia der ein Erb war gesetzt vom Philippo/wolt es als ein Erb haben. Dargegen stund Hertzog Carlen von Orliens/ der wand für/daß er seiner Mutter halb von der Vitzgraffen Geschlecht were. Aber

Bildtnuß Francisci Sfortie.

Franciscus Sfortia sprach/ er hett deß jetzt abgestorbenen Hertzogen Tochter zu der Ehe/darumb wolt er sein Recht auch nicht vbergeben. Vnd in diesen Dingen wolten die Meyländer gantz frey/ vnd vnd niemands Herrschaft seyn/deßhalben nahmen sie kein Herrn an. Aber da die Venediger vnd der Hertzog von Saphoy jhnen etliche Stätt nahmen/ legten sie sich wider die Venediger/vnd machten Franciscum Sfortiam zum obersten Hauptmann/ der stritt also mannlich daß er bald darnach wider d' Meyländer Oberster Meynung angenommen ward zu einem Hertzog/ vnd nach jhm sein Sohn Ludwig. Da aber dieser Ludwig ward zum Hertzog gemacht/meynt noch der König von Franckreich/ dieweil das Hertzogthumb were Erbloß worden an mannlichem Saamen/ vnd er were seiner Großmutter halb daher erboren/gehört jhme das Hertzogthumb billicher zu/ dann dem jetztgemelten außländischen Ludwig. Vnd mit diesen Worten bracht er die Bürger zu Meyland auff seine seiten/ daß auch Hertzog Ludwig in der Statt nit sicher war/ darumb flohe

Meyland von dē Frantzosen eyngenommen.

er von dannen/vnd bracht mit jhm Silber vnd Goldt/vnd flöcht das vber das Gebürg zu Keyser Maximiliano. Vnd bald darnach nam König Ludwig Meyland eyn/vnd das gantze Landt/ eher dann in 6. Wochen/ vnd besetzt es mit Frantzosen. Aber die Meyländer wurden der Frantzosen bald müd/vnd schickten widerumb nach jhrem Hertzog/ vnd nahmen den an/vnd trieben die Frantzosen mit Hülff der Eydgnossen vnd Landsknecht hinauß/doch mochten sie das Schloß zu Meylandt/ vnd das Schloß zu Novaren nicht gewinnen.

Da das König Ludwig sahe/kam er im jahr 1500. mit Macht gen Meyland/vnd stritt mit Hertzog Ludwigen/ der nun auff seiner seiten etlich tausend Schweitzer hatte. Es geschahen viel Scharmützel an etlichen Orten/aber kein grosse Schlacht/ vnd ward der König innen wie der H. zu Novaren in der Statt were mit grossem Volck/aber mangel hett er an der Speiß/darumb legert sich wider die Statt/vnd fiengen an sie zu stürmen. Da waren etliche in der Statt/ die liessen sich mit Geldt bestechen/ die wolten nicht mannlich widerstreben/ da wurden die Italiäner auch vnlustig/ vnd tratten hinder sich/ vnnd also muste die Statt zu letzt sich ergeben/ vnnd ließ der Frantzoß die Schweitzer vnd Landsknecht so darinn waren/ frey abziehen. Damit aber der Hertzog nicht in der Feind Händ käme/ legten sie jhm an ein Schweitzer Kleydt/ vnd gaben jhm ein Hellebarten in die Hand/ vnd vermischten jhn vnder sich/daß er also vnbekand darvon käme/aber es fählet jm. Dann

Der Hertzog gefangen.

die Frantzosen stellten sich zu der rechten vnd zu der lincken Seiten mit jhren Waffen/ vnd musten die Schweitzer vnd Landsknecht mitten durch sie gehn/ aber der Hertzog ward von den Frantzosen erkennt. Die andern sprechen er sey von den Seinen verrahten worden/ vnd den Feinden in die Händ geben/ da ward er gefangen/ vnd in das Schloß geführt/ das die Frantzosen innhatten/ vnd alsbald ergab sich auch die Statt. Bald darnach ward der Hertzog in Franckreich geschickt. Vnd also verlohr Meyland zum andern mal seinen Hertzogen. Doch mag das wol für ein Straff Gottes erkennt werden: Dann dieser H. Ludwig als er sich sehr förchtet vor dem Kön. von Franckreich/ schickt er zu dē Türckischē Keys. vnd ließ jm sagen/wie der Kön. von Franckreich vnd die Venediger hetten

Von Italia.

hetten ein Bündnuß gemacht/ daß sie wolten Italiam eynnehmen/ vnd darauß den Türcken bekriegen/ deßhalb solt er kommen in Italiam/ das er wol möcht thun durch Apuliam: dann König Friderich von Aragonia würd ihm daselbst nit Widerstand können thun/ sintemal ihn der Frantzoß auß Apulia treiben wölt mit Heeres Krafft. Auff dieses Schreiben fielen 8000. Türcken in Italiam/ vnd verhergten das Land/ raubten/ brennten/ vnd fiengen viel Christen Menschen zu der Dienstbarkeit/ die sie doch bald darnach alle erwürgten. Sihe zu/ solche Sachen dörffen die Christen Menschen zurichten. Doch ist ihm mit gleicher Maß gemessen worden.

Türcken fallen in Italia.

Der vordrigen Genealogy die Hertzogen von Meyland antreffende weitere Erklärung. Cap. ly.

Wie gesagt ist/ es waren zu Meyland nach Keyser Heinrichen dem Siebenden zwo Partheyen/ Gibelliner vnnd Guelffen genannt/ der einen hiengen an im Jahr Christi 1250. die vom Geschlecht der Vitzgraffen waren/ vnd nam also mit der Zeit Oberhand der Vitzgraffe Mattheus/ daß er vertrieb die Turriger/ einander mächtig Geschlecht. Nach ihm nam das Regiment zu Meyland Galeatius/ nach Galeatio sein Sohn Actius/ dem die Schlang auß dem Helm schloff. Vnd da er ohn Kinder abgieng/ nam sich seines Vatters Bruder mit Nämen Johannes Bischoff zu Meylande vnnd Luchinus deß Regiments an/ führet viel Krieg wider die vmbligenden Stätt/ Parmam/ Loden/ Cremonam/ Bergomum/ Genuam/ Savonam/ vnd brachten sie vnder sich. Da der Bischoff vnd Luchinus gestorben/ ist Barnabas an ihr statt getretten/ mit sampt seinen Brüdern der viel Krieg wider den Bapst geführt/ besonder wider die Statt Bononiam/ biß sie sich zu letzt mit Gelde musten von ihm ledig machen. Er vberkam mit seinem Gemahl 15. Kinder/ vier Söhn macht er zu Herren vber die Stätt/ Cremon/ Parmam/ Bergamum vnd Loden. Seine 10. Töchter nam der Hertzog von Oesterreich/ Hertzog von Beyern/ König von Cypern/ Johannes Galeatius seines Bruders Sohn/ König von Sicilia. Er gab auch einer jeden Tochter 100000. Gülden zu der Ehestewr. Johannes Galeatius zwang die Freystatt Paphy vnder sich/ bawet ein Schloß darein vnd beherrschet sie. Er war der erst Hertzog zu Meyland. Sein Schwester Violanta nam deß Königs Sohn von Engelland/ vnd bracht ihm 500000. Gülden/ aber er starb bald nach gehaltner Hochzeit. Der Hertzog Johannes Galeatius bracht vmb Barnabam/ der seine Schwester hett/ vnd auch seines Vatters Bruder war. Dann er war mächtig/ vnd hett das halbe Theil an Meyland/ vnd als er es gern gantz hett gehabt/ fieng er seinen Vettern/ vnd ließ ihn in der Gefängnuß sterben. Er tödt auch etliche von Barnabæ Söhner/ vnd die andern vertrieb er/ vnd darzu sol geholffen haben Catharina sein Haußfraw/ die ihrem Manß sagt/ wie ihr Vatter Barnabas ihm auffsetzig were. Als er nu das Regiment allein besaß/ herrschet er gar nahe das gantz Italiam. Er nam eyn Bononiam/ Veron/ Senam/ Peruß/ Lucam/ Verzell/ vnd andere viel Stätt biß auff 28. Er bekrieget auch 12. jahr lang die Florentiner. Starb im jahr 1402. vnd regiert nach ihm Johannes Maria/ der handelt Tyrannisch/ ließ täglich die Bürger mit allerley Pönen tödten. Vnd als ihn sein Mutter strafft/ legt er sie gefangen/ ließ sie auch in der Gefängnuß sterben. Aber wie er regiert/ also hett er Gunst von den Seinen/ darumb ward er erstochen in der Kirchen vnder der Meß. Es fielen auch von ihm viel Stätt seiner Tyranney halb/ vnd nahmen andere Regieret an.

Paphy ward vnderdruckt.

Nach bösem Leben ein böser Todt.

Nach ihm besaß das Regiment Philippus Maria sein Bruder/ der nam etliche Stätt wider eyn/ gab dem Bapst wider Bononiam/ Forum Livij/ vnd Forum Cornelij: Er bracht auch vnder sich Genuam/ die er doch wider verlohr. Er hett im Anfang seines Regiments groß Glück/ deß er sich auch vbernam/ vnd entsetzt sich ab ihm das gantz Italia. Da Key. Sigmund gen Rom zog/ vnd gen Meyland kam/ kam dieser Philippus Maria auß verachtung nicht zu ihm. Aber so viel Glücks er zum ersten hett/ so viel Vnfalls hat er zum letzten/ nicht allein der Krieg/ sondern auch leiblicher Kranckheit halb. Es schreibt Aeneas Sylvius viel von ihm. Sein Schwester Valentia nam zu der Ehe H. Ludwigen von Orliens/ vnd bracht ihm zu die Statt Ast/ vnd die zwey verliessen einen Sohn mit namen Carolum/ der auch nach seiner Mutter wolt Erb seyn deß Hertzogthumbs zu Meyland/ nach dem Philippus Maria starb/ dann es war sonst kein Ehelich Kindt mehr vor händen. Deßhalben auch die Meyländer zerrissen deß letzten Hertzogen Philippi Mariæ Testament/ vnd ordneten zwölff Männer/ die das Regiment führen solten. Es wolt Keyser Friderich auch von wegen deß Reichs ein Intresse zu Meyland haben. Vnd in diesen Dingen allen war Alphonsus König zu Sicilia von obgemeltem Philippo Maria ein Erb deß Hertzogthumbs gesetzt. Vnd die weil er ein vneheliche Tochter hinder ihm ließ/ mit namen Blancam/ die Franciscus Sfortia zu der Ehe hat/ wolt dieser Franciscus auch am Hertzogthum nicht der letzte seyn/ wie er es auch zu letzt für den andern allen behauptet. Es wehrten die Meyländer mit aller Macht/ daß kein Halßherr mehr vber sie käme/ liessen auch deßhalb viel Edle jung vnd alt/ vnschuldiglich tödten/ die auff jetztgemeldt Francisci seiten waren/ aber es wolt nichts helffen.

TT ij   Es

Das vierdte Buch

Es war Franciscus Sfortia der Meyländer Hauptmann gewesen wider die Venediger/ vnd hett auch vber die Feindt gesieget/ deß vberhub er sich/ vnd gedacht wie er Hertzog möchte werden vber die Meyländer/ für die er lang gestritten hatte. Als sie aber seyn nicht wolten/ sondern waren froh/ daß sie ein mal ledig vnd frey waren worden/ belägert gemeldter Franciscus die Meyländer/ vnd trang sie hart mit Hunger/ daß sie von tag zu tag der Venediger Hülff warteten/ vnd aber alles vergebens war/ haben sie zu letzt müssen annehmen diesen Franciscum Sfortiam. Folt sein Genealegia.

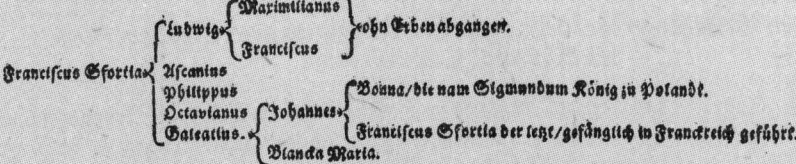

Nach Franciscum Sfortiam ward Galeatius Hertzog/ der war ein vnnützer vnd gantz feindtseliger Mensch/ ergeben aller Büberey/ darumb er auch von den Seinen erschlagen ward/ vnnd sein Sohn Johannes/ der noch ein Kindt war/ zum Hertzogen gemacht/ im jahr 1478. vnd regiert für jhn seines Vatters Bruder Ludwig/ vnnd erhielt die Reichthumb vnd Herrlichkeit der Meyländer. Er ward auch Vogt deß Kindts Francisci nach Abgang Johannis/ vnnd Blancam Mariam gab er König Maximiliano zu der Ehe. Was weiter gehandelt ist/ hab ich hievornen verzeichnet.

Woher der König von Franckreich bißher vermeynt hat ein Ansprach zu haben an das Hertzogthumb Meyland.

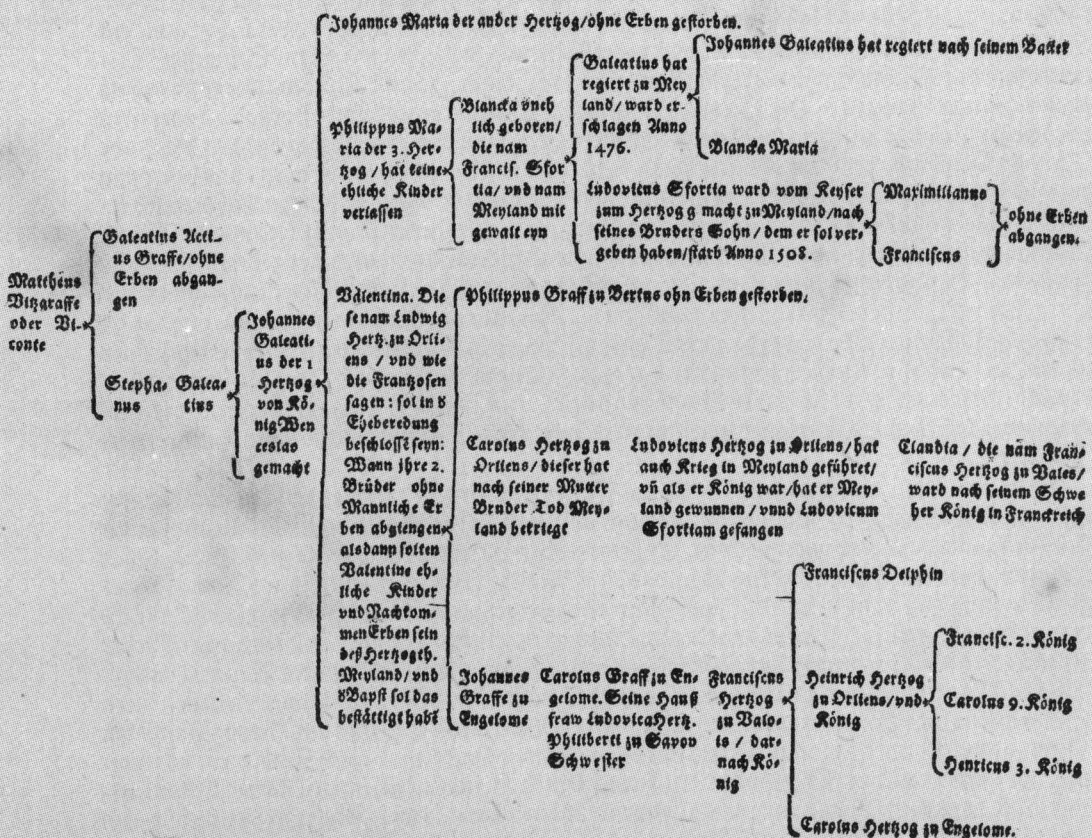

Von Italia.

Von Kriegen die sich Meylands halben nach Francisco Sfortia erhebt haben. Cap. lvj.

Im jahr Christi 1506. brach der König von Franckreich die Bündnuß/ so er kurtzlich darvor mit dem Röm. König hat gemacht/ vnd darauff Meylandt zu einem Lehen von Maximiliano empfangen. Darnach im jahr 1511.als er mit dem König Maximiliano die Venediger bekriegte/ schickt er heimlich Geldt vnd Hülff dem Hertzogen von Gellern wider den König. Da das König Maximilianus merckt/ nam er jhm widerumb Meylandt/ vnd gab es H. Ludwigs Sfortiæ Sohn/ der auch Maximilianus vnd der Mör hieß/ er ward auch ehrlich von den Meyländern empfangen/ von eyngesetzt von den Eydtgenossen/ dem Bischoff von Wallis/ von deß Bapsts vnnd Keysers Bottschafften/im jahr 1512. vmb Weynachten. Aber sein Vatter war schon gestorben/ bey dem Kön. von Franckreich in der Gefängnuß.

Im jahr 1513. practiciert der Frantzoß starck mit den Eydgenossen/ daß sie jhm Hülff thäten/ zu Eroberung der Statt Meyland/ aber sie mochten in kein weg ab dem Keyser vnd new eyngesetzten Hertzog weichen/ darumb es zu einer grossen Schlacht kam vmb S.Medardus tag vor der Statt Novaren/vnd behielten die Schweitzer den Sieg/aber nit ohn Schaden. Sie nahmen dem Frantzosen/ der Landsknecht auff seiner seiten hatte/ manche grosse Büchs/ vnd erschlugen bey 6000. Frantzosen vnd Landsknecht. *Schlacht zu Novaren.*

Im jahr 1514. vnd 1515. als der Bapst vnd der Hertzog von Meyland vnd der Keyser in viel weg begert hetten der Eydgenossen Hülff vnd Vereynigung wider den König von Franckreich/ vnd jhnen dargegen verheissen alle jahr zu geben ein genannte summa Geldts/ vnd alle ding beschlossen/ verbrieft vnd versiegelt waren/ vnd der Frantzoß gar kein platz mocht haben bey den Eydgenossen/ hat sich der König gestärckt/ vnd ist gezogen vber das Gebürg auf Meyland zu. Nach dem die Eydgenossen das gewahr worden/ haben sie zu dreyen malen ein groß Volck hineyn geschickt/ vnd im jahr 1515. an deß H. Creutz Abend im Herbstmonat als die Sonn vnder wolt gehen/ haben sie den Frantzosen angriffen vnd in die Flucht geschlagen/ vnd jhm sein groß Geschütz abgewonnen/ vnd viel Volcks erschlagen. Aber am Morgen rüstet sich der Frantzoß mit 5000. Hacken/ Büchsen vnd Schlangen/ vnd anderm Geschütz/ mit vier frischen hauffen zu Roß vnd Fuß/ vnd griff an die Eydgenossen die müd vnd hellig waren/ dann sie waren die gantze Nacht in der Schlachtordnung gestanden/ vnd wahren etliche Fähnlein in der Nacht von jhnen abgezogen/deßhalben litten sie im Anfang grosse Noht/ kamen vmb von jhnen 7000. vnd die vbrigen zogen hinder sich mit gewehrter Hand in die Statt Meyland. Also behielt der König ein blutigen Sieg: dann es kamen auff seiner seiten vmb 12000. Es thät den Eydgnossen gar wehe/ daß vor der Schlacht von jhnen abgezogen waren die Berner/ Freyburger/ Solothurner vnd Walliser/ bey 1200. die sprachen wie der König hette ein Frieden gemacht mit der Eydgnoßschaft/ den wolten sie halten. Es waren die Eydgnossen 50000. starck in Meyland vnd Behmond/ vnd wie ich darvon geschrieben find/ hetten sie den König wol hinder sich getrieben/ daß er nicht vber den Montenyß kommen were/ wann sie mit Ernst jm entgegen gezogen weren. Nach diser Schlacht schickt d' Keyser Bottschafft an die Eydgenossen/ vnd begert dz sie kein vereinigung solten machen mit dem König von Franckreich/ anderst es würde jnen nit wol anstehn/ sintemal sie mit dem Keyser in vereinigung kommen weren. Aber sie ermassen vnd klagten dargegen/ daß der Keyser jhnen nicht gehalten hett was er zugesagt: dann er hett jhnen nicht gegeben das versprochene Geldt/darzu weren sie 20. Wochen in Meyland gelegen/ vnd hett jhnen den verheißnen Reysigen Zeug nicht zugeschickt/darzu hett er dem König von Franckreich die Seinen lassen zulauffen mit grosser mänge/ die Eydgnossen zu schlagen/ vnd in summa/ er hett jhr wenig acht/ vnd ein klein geneigten Willen gegen jhnen/ deßhalben sie bewegt wurden ein Rachtung zu machen mit dem König von Franckreich. Welches dann geschah zu Genff baldt nach aller Heyligen Tag/ vnd verwilliget sich der König zu geben zehen hundert tausent Cronen/ aber die Eydgnossen solten stillstehen/ vnd Frieden halten. Es behielten auch die Eydgnossen jhn vor den Stul zu Rom/ den Keyser/ das H. Reich vnd den König von Hispanien. Aber der König behielt jhm vor den Hertzogen von Saphoy/ vnd den Hertzogen von Lothringen. *Grosse Schlacht bey Marignam.* *Der Frantzoß sieget.*

Im jar 1521. hat sich ein wunderbarlicher Fall zugetragen. Es war zu Meyland ob dem Schloßthor ein Thurn/ vest zur Wehr vnd lustig anzusehen: dann es waren vornen dran der Patronen Bildnuß auß Marmorstein auffs schönst gehawen mit den Wapen der Hertzogen Sfortien so den Thurn erbawet hatten. Im selbigen Thurn waren viel Thonnen Büchsenpulver/ dareyn schlug das Wetter/ zünd an das Pulver/ zersprengt die Mawren/ vnd kehrt den Thurn vom grund vmb/ darzu die Zinnen vnd andere Gebäw so daran reichten/ daß die Stein hin vnd wider sprungen/ erschlugen zween Vögt deß Schlosses/ vnd von 200. Personen kamen kaum 12. vnbeschädigt darvon. Es erstund in der Statt ein solcher grosser Erdbiedem/daß viel besorgten die Statt würd gar vndergehen. Als aber der Erdbiedem nachließ/ vnd man sahe daß das Wetter in das Schloß geschlagen hat/ lieff vnzehlich viel Volcks hinauß solches zu besichtigen/ vnnd funden den grossen *Thurn vom Stragl zerworffen.*

TT iij Platz

Platz vor dem Schloß gar voller Stein ligen/die das Wetter hin vnd her geführt vnd geworffen hat. Es hetten die Frantzosen dazumal Meyland inn/darum waren sie in grossen ängsten wie sie das offen Schloß verwahrten. Sie geboten den Rahtsherren vnd Amptleuten im Schloß die Nacht zu wachen/biß 100. Kürisser/vnd 100. leichter Pferdt von Naveren erfordert/in die Besatzung kämen. Als diß Bapst Leo vernahm/vnd deß Keysers Amptleut/machten sie sich auff mit Kriegsrüstung/vnd ohne grosse Noht erberten sie die Statt Meyland. Aber das Schloß mochten sie nicht gewinnen.

Eigentliche Contrafactur deß gewaltigen Schloß zu Meyland/mit etlicher desselbigen Wehren verzeichnung.

Welcher dieses Schloß Stärcke vnnd Herrlichkeit/mit welcher es alle andere Vestungen der Welt vbertrifft/bedencken wirdt/kan leichtlich abnehmen daß es die Freyheit der gantzen Statt Meyland gefangen halte/vnd daß der Fundator seinen Gewalt damit zu bestättigen willens seye gewesen. Welches in der Warheit nicht anderst/dann als Philippus Maria (wie droben gemeld) gestorben/vnd die Meyländer nach der Freyheit gedachten/haben sie das alte Schloß (ob es gleich nicht beym vesten ware) als ein Hindernuß vnnd Zaum der Freyheit auff den Boden geschleifft. Wie aber Franciscus Sfortia sich mit Gewalt eyngedrungen/hat er wol erachten können/seine Gewalt vnd Beherrschung würde nicht lang bestand haben/wo er nit höher vnd besser verwahrt/als andere/sesse. Damit er aber sein Anschlag desto klüger vnd ohn allen Verdacht in das Werck bringen möchte/hat er erstlich solches ein Vestung zu bawen dem gemeinen Volck fürgetragen/welches er auch (ob gleich viel darwider) endtlichen erhalten/vnd diß vberauß starck vnd mächtig Castel/wie es heut zu tag gesehen/gebawen.

Als Bapst Leo höret/daß die seinen den Frantzosen hetten Meyland abgeloffen/ward er so froh/
daß

Von Italia.

daß jn ein Fieber anstieß/vnd starb auch daran am 4.tag. Es hetten die Frantzosen noch inn die besten Schlösser vnd Stätt deß Hertzogthumbs Meyland. Vnd deß Bapsts Heer legt sich wider Alexandriam/vnd fielen die in der Statt herauß zum Scharmützel/vnd da sie die Feind wider zu rück trieben/kamen sie sampt jnen in die Statt. Da flohen die Frantzosen die im Zusatz waren zum andern Thor hinauß ehe sie jhre Feind begriffen. Bald darnach macht sich Franciscus Sfortia/vertriebener Hertzog auff/der sich zu Trient enthalten het/vnd kam gen Meyland bey Nacht/ward mit Frewden wider angenommen. Da stärckten sich die Frantzosen sehr/der Meynung die Statt Meyland wider zuerobern/aber das Gegentheil sampt dem H.von Meyland zogen jnen entgegen/ vnd griffen ein ander an/etwan 1.Meil wegs ferr von Meyland zu Bicocha/vnd wurden die Frantzosen in die Flucht geschlagen/vnd kamen vmb bey 3000.Schweitzer/sampt 17.Hauptleuten. *Schlacht zu Bicocha.*

Baldt darnach zog deß Keysers Heer auff Genuam so der Frantzoß auch inn hielt/vnd lägerten sich darfür. Jhr Hauptmann Ferdinandus Davalus schickt ein Trommeter mit Brieffen in die Statt/schlug dem Obristen ein solche Handlung für/daß sie innerhalb eines tags alle Frantzosen so in der Besatzung wären/solten lassen ziehen/vnd sich deß Keysers Hauptman vndergeben/dar zu all jhr Schiffung/so offt es deß Keysers Sachen erforderten/in Rüstung hetten. Wo sie solches wolten thun/wolt er sie hinfort bey jhrem Regiment vnd Gewonheit bleiben lassen: wo nicht/solten sie alles deß gewärtig sey/das man gegen den Feinden zu thun pflegt. Es waren viel darinn/die riethen man solt solche Fürschläg annehmen. Vnd man hette sie auch angenommen/wo nicht das Kriegsvolck so newlich in die Besatzung dahin komen/sich gewidriget hett/welcher halb die Statt vor Forcht nit frey war. Dieweil aber die Handlung sich verlängert/fielen vnder deß Kriegsknecht eyn/vnd ohn wissen jhres Hauptmanns fiengen sie an zu stürmen/wurffen auff jhr Fähnlein/lieffen mit Hauffen zu/vnd erstiegen die Mawr. Es ließ Ferdinandus der Hauptmann sein Rahtschläg ansehn/vnd lief auch zu/fielen also an allen orten in die Statt. Aber die so in der Besatzung waren/gaben allenhalben die Flucht. Da ward die gantze Statt geplündert/vnd so mächtig groß gut darinn gefunden/daß die Feind nit mehr hetten wünschen mögen. Darumb auch die Hauptleut gebotten/daß man kein Burger mehr fahen solt. Am andern tag führten sie alles Kriegsvolck zur statt hinauß/damit deß verwüstens ein end würde. Es war jnen leyd daß solche statt solt geplündert werden/darinn so vberauß groß gut gefunden war/dz man deß Keysers Heer vil Monat het mögen besolden. Bald darnach ergab sich Cremona auch/deßgleichen thät das Schloß zu Meyland. *Genua wird geplündert.*

Als nun der Frantzoß alles Land in Italia verlohren hette/rüstet er sich auff ein newes/sammlet ein grossen Zeug/bereitet jhm grossen Zeug von Geschütz/Pulver/Wägen vnd Pferdt. Er bekam auch ein grosse Summa Geldts/als vor nie keiner in Franckreich hatte zusammen gebracht. Dann er versetzt die Zöll den Kauffleuten zu Leon/legt Zehenden auff die Geistlichen/vnd Schatzung einer jeden Landschaft allenthalben im Reich. Er bracht auch ein Zeug zusamen von 30000. zu Fuß/2000.zu Roß/vnd 2000.Reysiger Büchsenschützen/kam mit grossem gewalt in die Lombarden/belägert zum ersten Cremon/vnd als er nichts vor jhr schaffen mocht/zog er ab vnd lägert sich für Meylandt/belägert sie an zweyen Orten/daß man kein Proviant in die Statt bringen mocht/verbrennt ausserhalb der Statt alle Mühlen/darumb innerhalb 4.tagen so grosser Hunger an Mähl in Meyland entstund/daß mehr dann 10000.Menschen ein gantze Wochen kein Brod zu essen hatten/biß man Handmühlen zurichtet. Es lagen die Frantzosen ein Meil von der Statt/ vnd da sie nichts schaffen mochten/vnd auch besorgen musten/es wurde jnen der Weg vnd Proviant von jhrem Feindt abgeloffen/zogen sie wider hinder sich für Aröna/ist ein sehr veste Statt zu end deß Verbaner See gelegen/beschossen das Schloß 30.Tag aneinander/also daß 6000.eyserne Kugeln ins Schloß verschossen wurden. Es war aber vergebens: dann die Gegenwehr war zu embsig vnd gewaltig. *Hunger zu Meyland.*

In mitler zeit stärckt sich deß Keysers Heer in Italia/vnd schlugen sich zusammen der Bapst/ der H. von Meyland/die Venediger/der Hertzog von Vrbin/Florentz/Luca/Senis/rc. machten den Frantzosen zu eng in Italia/daß er zuletzt mit grossem Verlust wider in Franckreich must. Es brann der König mit Begierden nach dem Hertzogthumb Meyland/bestellt auff ein newes 6000. Teutscher Knecht/vnd 10000.Frantzosen vnd Welschen/hat auch neben jm 2000.Kürisser/vnd 2000.Schützen zu Roß/eylet schnell in Italiam/wolt jhm nit lassen rahten/er wolt selbst Hauptmann seyn. Vnd da er also wegfertig war/schickt zu jhm sein Mutter/vnd begert vorhin mit jhm zu reden/aber er wolt jhr keins Gesprächs gestatten/wie er vormals jhr allweg war gehorsam gewesen: Erzog vber den Montenyß/verhoffende er würde das Hertzogthumb in Eyl erobern/ehe sich sein Gegentheil rüsten möchte. Es kam ein solcher grosser Schrecken in die Meyländer/daß sie auß der Statt flohen: Dann der H. Sfortia war zu Paphy mit sampt anderm Keyserischen Heer/vnd liessen ohn alle Gegenwehr die Statt eynnehmen. Da die Hauptleut zu Paphy das vernahmen/gedachten sie wol/daß der König sie zum nechsten ansuchen würde/darumb versahen sie sich auff das aller best so jhnen möglich war. Diß geschahe im jahr 1524.

Als der König das Schloß zu Meyland hat belägert/ruckt er den nechsten auff Paphy/vnd ließ die Seinen das Land gerings vmb eynnehmen/vnd verhielt sich dieweil der Hertzog zu Cremona.

Es kun-

Es stunden jhm vnd dem Keyser ab der Bapst/die Venediger/die Florentiner/welche alle vorhin wider den König waren gewesen. Als aber der König die Statt Paphy belägert hat drey Monat/stärckt dieweil Jörg von Fronsperg deß Keysers Heer mit Teutschen Knechten vnd Hispaniern/thaten manchen Scharmützel mit deß Königs Volck/vnd glücket jhnen wol/daß sie zu letzt auch verwilligten ein Schlacht zu lieffern dem Frantzosen/sie verordneten zwo Spitzen Reuter/vnd vier Spitzen Fußvolck. In der ein waren 2000. Teutschen/vnd 2000. Spanier: in der andern waren lauter Spanier: in der dritten vnd vierdten Teutsche. Der König hat all sein Volck zwischen deß Keysers Läger vnd der Statt Paphy. Er hat auch das Heerläger bevestiget vornen vnd hinden/vnd zur lincken Seiten mit einer Schütten vnd tieffen graben/zur Rechten hette er die Mawr am Thiergarten für Paphy/vermeynt er were deß Orts wol verwahrt/sonderlich dieweil er im Pallast deß Thiergartens/so man Mirabellum nennt (da vor zeiten die Hertzogen von Meyland pflegten zu wohnen/wann sie auf dem Gejägt waren) etliche hauffen Reysigen vnd Fußvolck verordnet hat. Es ließ deß Keysers Hauptmann 60. schritt lang die Mawren in solcher stille abbrechen/daß auch die Feind kein gerümpel hörten. Da der Hauptman in Thiergarten kam/griffen die Fußknecht im ersten Spitz das Mirabellum oder Lusthauß an/vnd das ander Heer eylet zu deß Königs Heerlager. Da schlug man alsbad Lermen im Frantzösischen läger. Der König wolt den seinen

Schlacht vor Paphy.

helffen im Thiergarten/vnd begab sich auß dem Läger/das nu ein eben Spiel für die Keyserischen war. Da griff der erst Hauff Spanier an/vnd drengten die Frantzosen mit halben Hacken so hart/daß sie hinder sich weichen musten/biß daß die Reysigen vnd Schweitzer zur seiten hereyn brachen vnd die Spanier abtrieben. Aber die Teutschen waren auff dem Fuß hinder jhn/machten ein eyngebogene Spitz/theten den Schweitzern grossen Schaden/vnd schlugen sie zu rück. Da gab sich der König selber in die Schlacht/vnd hett viel Kürisser gerings vmb sich/vnd als er vnderstundt die Seinen von der Flucht auffzuhalten/ward jhm das Pferd schwerlich beschädiget/daß er abfiel/vnd ward von 5. Keyserischen Knechten gefangen. Die andern schreiben daß deß Keysers Reysigen so hart seyen auff den König gedrungen/daß sie jhm sein Pferdt erstochen/vnd jhn gefangen haben. Eben zur selbigen zeit erlegt der Hauptmann Davalus mit dem fordersten Hauffen die Frantzösischen Reysigen/so im Schloß Mirabello lagen. Auch war Antonius de Leva auß der Statt Paphy kommen mit seinen Teutschen Knechten/vnd schlug die Frantzosen von hinden zu/biß daß sich allenthalben die Flucht erhub/vnd niemand von so grossem Heer dorfft widerstehen. Es kamen in der Schlacht bey 8000. Menschen auff deß Frantzosen theil vmb/die erschlagen/vnd zum theil in der Flucht in Wasser Tesin ertrancken/vnd bey 20. der Fürnembsten Frantzösischen Herrn. Auff deß Keysers seiten hat man kaum 700. gemangelt. Das gantz Keyserischen Heere/in sonderheit die Spanier/haben so grosse Außbeut vberkommen auß dem Plündern deß Heerlagers vnd von den gefangnen/daß nie kein mal in Italia Kriegsleuth reicher worden sind/vber das/daß

König Franciscus gefangen.

sie so

Von Italia. 569

sie so groß Ehr vnd Lob erlangt haben/vnd das Hertzogthumb wider erobert. Diese Schlacht ist geschehen im jahr 1525. im Hornung auff S. Matthias Tag.

Da der König gefangen war/verwart man jhn im Schloß Pißleon/vnd Lanoysus Oberster Hauptmann deß Keysers/wolt solchen Sieg dem Keyser in Hispania anzeigen/vnd damit solches desto schneller geschehe/vermahnt er den König/daß er seiner Mutter schrieb/vnd begert ein frey sicher Gleid für die Bottschafft so zum Keyser gesandt wurd/durch Franckreich hin vnd wider zu reysen. Dann wo sie das thäte/würd es jhm hoch nutzlich seyn/daß er desto ehe ledig wurd. Deß Königs Mutter thäts gern/schreib darzu mit derselbigen Post dem Keyser/bate vnd ermant jhn/daß er wolt eyngedenck seyn Menschliches Glücks vnd Stands. Es möcht sich mit der Zeit begeben/dz es seiner K.M.vergolten wurde/wo sie sich jetzund gnädig erzeigt. Nach diesem allen fordert Lanoysus auß Befehl deß Keysers von Sfortia 1200000. Gülden/daß er jhm das Hertzogthumb zustellet mit vollem Titel. Als diß anfordern dem Hertzogen vnträglich seyn wolte/gab er zur antwort. Er wolte sein Bottschafft auffs eheste zum Keyser schicken/zu erkündigen wie es mit Meyland solt gehalten werden. Es fügt sich Carolus Lanoysus gen Pißleon zum König/vnd gab jhm guten Trost/so er zu K. Majest. käme daß er bald ledig wurde. Es bate auch der König Lanoysum/daß man jhn in Hispanien vnd nicht gen Neapels führen solt. Das geschah auch. Dann man führ jhn mit 17. Galeren vber Meer in Hispanien. Bald hernach schickt deß Königs Mutter jhr Tochter Fraw Margaritam/die H. Carlen von Alencon hette gehabt/neben andern Legaten in Hispanien. Dann solches hat der König begert/dem Keyser zu gefallen. Dann der Keyser hatt im Sinn/daß er sein Schwester Eleonoram/die er vorhin H. Carlen von Borbon versprochen hat/dem König zuvermählen/vnd dargegen deß Königs Schwester dem von Borbon/damit er widerumb in sein Fürstenthumb/von dem er deß Keysers halb vertrieben war/eyngesetzt würde. Da man nun handeln wolt deß Königs halb/wie er ledig in sein Reich wider käme/begert der Keyser von jm/daß er sich verzeyhen solt aller Hertzschafft in Welschlandt/darzu abtretten vom Anspruch deß Niderlands/vnd von allem andern deß Fürstenthumbs Burgund. Da zeigten die Legaten an/sie hetten Befehl/dz sie dem Reich nichts solten durch Verträg entziehen lassen/was ausserhalb deß Welschlands gelegen ist. Also zogen sie vngeschafft von einander. Da ward der König so trawrig/daß er in ein schwere Kranckheit fiel/vnd vielleicht vor Kummer gestorben were/wo jhn Key. May. nicht getröst hette/vnd gut Zuversicht geben seiner Entledigung.

Es besorgten sich in diesen Dingen die Welschen Fürsten/es wurd der Keyser nach dem Sieg/nach gantz Italien streben: dann er wurd ein grosse Summa Gelts auß Franckreich vmb deß Königs erledigung vberkommen. Vnd dieweil er das Königreich Neapels inn hett/darzu ein sieghafftes Heer in Lombardey ligen/köndt er leichtlich die andern Stätt vnd Hertzschafften in Italia vnder seinen Gewalt zwingen. Diese Forcht bewegt Bapst Clementem vnd die Venediger/darumb rahtschlugen sie vnder einander/wie sie ein weg finden möchten/daß König vnd Keyser nicht eins wurden/gedachten wann Franckreich mit jhnen in der Bündnuß were/so müst sich K.M. förchten/so er sehe daß so viel Fürsten sich zusammen schlügen. Sie verhofften auch Sfortia der H. wurds mit jhnen haben/auff daß er sein Hertzschafft von Beschwerung deß Keysers Kriegsvolck erledigte. Dieser Ding ward der Keyser verständigt/vnd damit deß Königs Mutter nicht mit dem Bapst vnd Welschen Fürsten sich vereinigt/vnd auch der König auß Begierd frey zu werden dem Keyser zugesagt hett/er wolt von Burgund abtretten/vnd wann er wider ins Reich käme/die gantz Landschafft dahin vermögen/daß sie solches bewilligte. Diese Hoffnung oder Zusag bewegt K.M. auß raht etlicher seiner Räht/daß er mit dem König ein Vertrag machet/der gestallt/daß der Frantzoß gantz Welschland solt raumen/daß das Parlament zu Pariß von allen Ansprachen zu Flandern abtrette/daß er jm auch Burgund widerumb zustellete/vnd wann K.M. in Italiam zur Krönung ziehen würd/solt jhm der König 6000. zu Fuß/600. Kürisser/vnd 600. Schützen/auff sein eygenen Kosten ein halb jahr lang erhalten. Vnd daß solcher Vertrag steht vnd vnverzücklich erhalten würd/solt er seine zween ältere Söhn zu Bürgen setzen/biß daß er nach seiner Erledigung ferrner ein Eyd schwüre/zu halten was er zugesagt hette. Auff daß auch der Bund desto beständiger were/solt der König deß Keysers Schwester Eleonoram/die ein Witfraw war zur Ehe nehmen/vnd wann er Söhn mit jhr vberkäme/verhieß jhm K. M. denselbigen Burgund wider zu geben. Nach dem solcher Fried gemacht ward/dorfft sich K.M. desto weniger in Welschland besorgen. In disen Dingen ward H. Sfortia verargwöhnigt/darumb die Hauptleut jhm auch nastelleten/vnd nahmen jhm das gantz Land/aber er war gezwungen zu fliehen in das Schloß zu Meyland/da er auch lang vmblägert ward. Vnd da die Keyserischen in der Statt Meyland nach jhrem vielfältigen erlitten schaden ein grosse Schatzung Gelts forderten/kam es dahin daß ein Aufflauff in der Statt war/vnd zu einer Schlacht die Sach erwuchs. In summa die Keyserischen wurden Meister in der Statt/handelten darinn lange zeit nach all jhrem Willen.

Vertrag zwischen dem Keyser vnd Frantzosen.

Es samleten der Bapst/die Venediger vnd andere Welsche Herrn ein groß Volck/wolten dem gefangnen vnd vmblägerten Hertzog zu hilff kommen/deßgleichen der gefangnen Statt Meyland/aber sie vermochtens nicht. Also entstund ein newer Krieg in Italien zwischen den Keyserischen vnd

Italia-

Italiänischen Herren. Vnd als sich der Hertzog Hungers halb mit den Seinen nicht länger im Schloß kont erhalten/ergab er sich deß Keysers Hauptleuten/biß er für K.M. zu verantwortung auffgelegter Vntrew kommen möcht. Es hat das Kriegsvolck die Meyländische Landschafft vnd die Statt Meyland gar verderbt/darumb ward beschlossen/sie solten jhnen anderstwo Wohnung suchen/da sie ihr Fürnehmen außgüssen. Da nahmen sie deß Bapsts Stätt für sich/dem sie auffsetzig waren/dz er von der alten Freundschafft abtrünnig worden war. Sie zogen den nechsten auff Florentz/der Hofnung sie wurden groß Gut vberkommen in derselbigen Statt:aber der von Borbon zog eylends für/vnd eylet auff Rom zu. Hierzwischen schickt der Frantzoß ein newen Zeug in Italiam/den Fürsten in Italia Hülff zu thun/nam eyn Genuam/Alexandriam vnd Paphy/die auch vbel mit Brand geschädigt war.Fürbaß ruckt er in Italiam vnd belägert etliche Monat lang Neapels. Es fiel Sfortia Hertzog zu Meyland auff sein seiten/vnd kriegt wider die Keyserischen/ nam mit seinem Zeug etliche Flecken eyn im Hertzogthumb Meyland. Da ward der Hertzog von Braunschweig mit vielen Teutschen Knechten in Italiam geschickt/den Keyserischen Hülff zu thun/aber er kont wenig außrichten. Dann es kam ein grosses Sterben vnder die Keyserischen/das nam viel Knecht hinweg/vnd die andern wolten das nicht warten/zogen auß Italia. Gleicher Vnfall kam vnder die Königischen/deßhalben sie zu Neapels nichts außgericht/vnd verlohren auch widerumb in Liguria die Statt Genuam.

Dieser Krieg in Italia wäret so lang/daß man zu beyden seiten müd ward/vnd begeret abzustehen/vnd alle Spän gütlichen vertragen. Es schickt der König sein Mutter Ludovicam sampt etlichen Rähten ins Niderland/daß sie mit Fraw Margreten deß Keysers Vatters Schwester ein Vertrag mächten an beyder Land Anstössen. Das ward leichtlich/dieweil beyde Part zum Friedengeneigt waren/vnd auch dem König deß Keysers Schwester ein Witwe vertrawet war/vnnd dem Keyser 200000. Gülden für die entledigung seiner Söhnen bezahlt. In diesem kam der Keyser in Italiam die Keyserliche Kron zu empfahen/vnnd ein Frieden darinn zu machen/besonder da er sahe wie der Türck herauß in Vngern vnd Oestereich fiel. Es feyret der Hertzog von Meyland auch nicht/er thät seine Vnschuld vor dem Keyser dar/ward also widerumb in sein vätterlich vnd erblich Fürstenthumb eyngesetzt: doch must er dem Keyser zusagen 900000. Gülden zu geben/ vnd im ersten jahr/nemlich Anno Christi 1530. welches war das zehend jahr deß Kriegs/solt er erlegen 400000. Gülden/das vbrig auff etliche Tagzeit in 10. jahren bezahlen. Es behielt jhm der Keyser auch vor zwey Ort in der Lombardey zu Pfand für solches Geldt/nemlich Chum vnd das Schloß zu Meyland. Also blieb Franciscus Sfortia Hertzog zu Meyland in rüwiger Possession sein Lebenlang/außgenommen daß im Jahr 1531. der von Myß ein Krieg erweckt/ward aber mit Hülff der Eydgnossen zerlegt/vnd endlich zum Vertrag gebracht/vnd das starck Schloß Myß in Grund abgebrochen.

Im jahr 1544. am Ostermontag den 14. Aprilis haben gemeiner Eydgnossen Knecht von Orten auff 3400. versamblet in deß Königs von Franckreich Dienst/mit einer dapffern Hülff der Frantzosen zu Roß/vnd etlicher andern Frantzösischen Fußknechten/im Bemont vor Cariona/ den Keyserischen Hauptman den Marggraffen Quasta in einem Feldstreit vberwunden/vnd jm vngefährlich in die 1500. Mann erschlagen. Die vbrigen von den Landtsknechten wurden gefangen/durch die Eydtgnoßschafft herauß heim geschickt/die gefangene Welschen aber wurden den Frantzosen zur Rantzen gelassen. Im jahr 1546.ist dieser Marquis auff den letzten Tag Martij gestorben/vnd auff jhn verordnet gen Meylandt Ferdinandus Gonzaga/darnach im jahr 1554. ist Meyland vbergeben worden von Keys. Carlen dem Fünfften seinem Sohn Philippo/der an statt Gonzagen verordnet hat Ferdinandum Toletanum den Hertzogen von Alba auß Hispanien.

Piemonter Schlacht.

Von den Stätten Paphy/Alexandria/Cremona/ɾc.
Cap. lvij.

PAphy die Statt ligt am Wasser Ticino oder Tessin/darvon sie auch vor zeiten Ticinium geheissen. Es hat diese Gegne bey den Alte Transpadana vnd Subalpina geheissen/vnd nachmals von den Longobarden Lombardia/welche iren Königlichen Sitz haben gehabt zu Paphy/ehe sie von dem grossen Carlen wurden gedempt. Sie ward von Attila vnd Odoacro eyngenossen vnd zerstört. Es hat diese Statt auch viel erlitten der Zweyung vnd Vnenigkeit halben so zwischen den Gwelffen vnd Gibellinern gewesen/vnd noch ist. Johan. Galeatius erster Hertzog zu Meyland/dem diese Statt zu theil ward/vnd er sie vnder sich zwang/die vorhin ein Freystatt war/hat ein Schloß darzu gebawen/vnd den grossen Thiergarten/der hat ein solchen Platz/daß er 20. Welscher Meilen begreifft/vnd ist mit Mawren vmbfangen/gemacht zu einem Hoffgejägt. Jetzt nennt man jhn Barcum/vnd werden allerley wilde Thier darinn erhalten. Was alter Gebäw da seynd gewesen/seynd fast alle durch die Krieg zu Grund gangen/außgenommen die hohe Schul/welche Keyser Carolus 4. Anno 1361. auff Galerij 2. vnd Barnabæ der

Visco-

Von Italia. 571

Visconten anhalten/gestifftet/der zeigt noch an/wie es so ein hertzlich Wesen in dieser Statt vor zeiten ist gewesen. Sie hat sich viel jahr her gesperrt dem Keyser vnderthänig zu seyn/vnd das hat

sie zu jhrer Verderbnuß gebracht. Was dem Menschen nohtist zu Auffenthaltung seiner Natur/ wird vberflüssig da gefunden/vnd sonderlich hat es köstlichen starcken Wein. Sie gehört jetzundt vnder das Hertzogthumb Meyland.

Alexandria.

An dem Wasser Tauro/das auß Liguria kompt/vnd nicht fern hinder Paphy in Padum fällt/ ligen etliche namhaffte Stätt/besonder Alba/Ast/vnd new Alexandria. Diß Alexandria hat ein solchen Anfang genommen. Als Keyser Friderich der erst Meyland zerbrochen (die doch bald wider gebawet ward) waren etliche Ligures jenseit dem Berg Apennino/die verliessen jhre Aecker/vnd zogen zu einem Dorff Robereto genannt/fiengen da an zu bawen ein Statt/die nannten sie Cesaream. Vnd als Bapst Alexander der Dritt deß Keysers Feindt war/vnd sich mit Hülff der Venediger vnd Meyländer wider jhn setzt/ja auch das gemein Volck im Land dem Bapst trewen Beystand thät/wolt der Bapst daß man forthin zu ewiger Gedächtnuß dieser Sachen/die gemelte Statt nach jhm nannte/wie dann auch geschah.

Cremona.

Es vermeynen etliche es seye diese schöne vnnd reiche Statt Cremona vom Hercule erbawet/ als derselbige auff seiner Rayß in Hispaniam/in der Gegne darumb/einen grossen Risen erschlagen.

Solchem aber sey wie jhm wöll/so ist gewiß/daß gedachte Statt Cremona der Römischen Colonien eine gewesen/so sich Hannibal dem Carthaginensischen Kriegsfürsten/widersetzt.

Ward nach Julij Cæsaris Todt/den Kriegsleuthen zugetheilt/welche dann so weit vmb sich griffen/daß sich die zu Mantua zu beklagen hatten. Ward von Antonio/Vespasiani Obersten/ im Krieg wider Vitellium hart belägert/vnd mit einem solchen Fewr angesteckt/daß sie gantz vnd gar verbrunnen/außgenommen Mephitis Tempel/so vor der Statt gestanden.

Nach dem vber Antonius gesehen/daß er mit Verhergung einer solchen gewaltigen Statt bey federmänniglich ein grossen Vngunst auff sich geladen/hat er gebotten/daß man die gefangenen Cremonenser vmb sonst solte loß geben.

Es befahl auch Vespasianus/daß die verbrennte Statt Cremona widerumb solte gebawet werden/von derselben zeit sie dann an Gebäwen vnd Reichthumben/nicht ohne sondern glücklichen Fortgang/wegen deß Fluß/vnd deß Lands Gelegenheit trefflichen zugenommen/auch am Römischen Reich trew verblieben/biß daß sie von den Gothen vnd Longobarden widerumb vberfallen/vnd/wie im jahr Christi 600. geschehen/zerstört worden/davon dann Paulus Diaconus im 4.Buch/vnd Blondus im 9. viel geschrieben. Hat auch nicht geringen Schaden von Keyser Friderich dem Ersten erlitten/als derselbe die Mawren nider gerissen/vnd die Eynwohner vertrieben. Ward aber im jahr 1287.vnder Keyser Rudolph dem Ersten widerumb erbawet/vnd mit dem gewaltigen Thurn/deßgleichen nirgend zu finden/gezieret.

Anno 1311. hat Keyser Heinrich der Siebend die Ringmawren widerumb eyngeworffen/vnd die Burgerschafft erschlagen. Ist nach vielfaltigen Empörungen vnd Enderungen an das Hertzogthumb Meyland kommen/welchem sie noch biß anjetzund zugethan. Hat ein gewaltige Vestung/so für der besten eine in Italia wird gehalten. Ist mit schönen Pallästen/vnd Kirchen/darunder das Thumb/vnd S.Dominico die Fürnembsten/gezieret.

Von der Statt Thurin. Cap. lvii.

Diese vberauß hertliche vnd schöne Statt/Augusta Taurinorum genannt/ligt nahe bey dem Fluß Pado/oder Po/mit den besten Gärten vnd Weinbergen geziert. War grösser ehe sie von den Gothen zerstört worden/König Franciscus hat sie also befestiget/als er sie inngehabt. Ward dem Hertzogen von Saphoy in einem Vertrag/An.1558.wider zugestellet/hat ein Ertzbistumb vnd hohe Schul. Die Citadell daselbst wird mit 300. Soldaten bewahrt. Hat ein solchen wasserreichen Schöpffbrunnen/daß man daselbst mehr danh 500. Pferdt ohn einige Hindernuß kan drencken. Der Thiergarten daselbst hat 5.Meilen im Bezirck.

In dieser Statt halten die Hertzogen von Savoya Hof/von welcher Beschaffenheit vnnd Stammen wir droben bey Savoya vnder Franckreich/was weiter geredt haben.

Piemont/die Graffschafft Nizza außgenommen/grentzet gegen Morgen an den Po/gegen Mittag an das Genuesische Gebürg/gegen Nidergang an die Franköfische Alpen/vnnd gegen Mitternacht an Fluß Doria.

Die Graffschaft Nizza ist 22.Meilen lang/vnd 11.breit/hat mehr dann 30.vester Plätz.Ist reich an Wein/Korn/Frücht/allerley Fisch vnd dergleichen. Nizza ist ein vnvberwindliche Vestung/ vnd gar schöne Statt am Meer gelegen/in dem Schloß ist ein sehr tieffer Schöpffbrunnen/von einem Teutschen durch lauter Felsen gehawen.

Nicht fern von dannen ligt Villa Franca daselbst deß Hertzogen Galleren stehen.

Vnd so viel von Italia. Wöllen jetzund was von Sicilia vnd andern Inseln/so zu Italien gerechnet werden/handeln.

Beschreibung der Insuln vnnd deß gantzen Königreichs Sicilie.

Cap. lviiii.

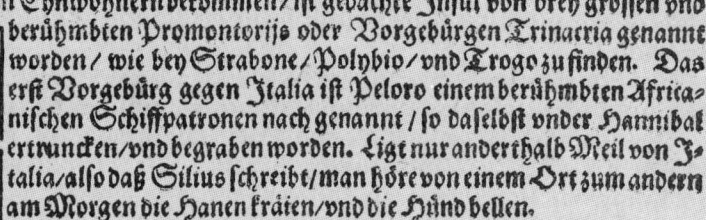

ES hat diese schöne vnd mächtige Insul/im Mittellandischen Meer zwischen Italia vnd Africa gelegen/nicht jederzeit Sicilia geheissen/sondern gleich wie dieselbe jhre Beherrschung verendert/also hat sie auch mehrmalen jhren Namen verlohren/vnd mit andern abgewechslet. Weil dann nun die Namen nicht ohne gefährd/sondern auß gewissen Vrsachen geben werden/fürnemlich aber die Länder vnd Königreich jhren Namen eintweders von selbst eygner Beschaffenheit/ oder von den Eynwohnern bekommen/ist gedachte Insul von drey grossen vnd berühmbten Promontorijs oder Vorgebürgen Trinacria genannt worden/wie bey Strabone/Polybio/vnd Trogo zu finden. Das erst Vorgebürg gegen Italia ist Peloro einem berühmbten Africanischen Schiffpatronen nach genannt/so daselbst vnder Hannibal ertruncken/vnd begraben worden. Ligt nur anderthalb Meil von Italia/also daß Silius schreibt/man höre von einem Ort zum andern am Morgen die Hanen kräien/vnd die Hünd bellen.

Das ander Vorgebürg stehet gegen Griechenland/Morea nemlich vnd Candia/war von zweyen Griechen wegen deß dicken Luffts Pachynum genañt/vnd werden von diesem Vorgebürg biß in Moream oder Peloponnesum 144.Meilen gezehlet.

Das dritt Vorgebürg heißt Lilybeum/einem Brunnen nach/ligt gegen Africa vnd Lybia/so 180. vnd von Carthagine 150.Meilen ge-

Scharpff Gesicht.

legen.Plinius/Solinus vnd Aelianus bezeugen/daß ein Sicilianer gewesen/der solche scharpffe Augen gehabt/daß er auff gedachtem Vorgebürg Lilybeo/alle Schiff so zu Carthago auß dem Meerhafen abgefahren/eygentlich sehen/vnd eins nach dem andern/ohne fehlen hab zehlen können.

Von Italia.

nen. Diser Sicilianer wird von Marco Varrone/Strabo/von Valerio Maximo aber Lynceus genannt. Daher auch das Sprichwort entstanden: Er hat des Lyncei Augen/wann man von einem wolt reden/der ein sehr gut und scharff Gesicht gehabt.

Nach dem man aber diser Insul Gelegenheit/Form und Gestalt besser erweget/hat man befunden/daß sie nit nur mit drey gewaltigen Vorgebürgen versehen/sonder auch ober das dreyecket/unnd sich einem Dreyangel gar schön vergleichet / unnd hat man den ersten nammen fallen

lassen/und sie darfür Triquetram/das ist die dreyeckete Insul geheissen. Hierauff kamen die Si- *Triquetra.* caner/so in Hispania am Fluß Sicoro/heut Serga/bey Lerida gesessen/und nennten die Insul Sicaniam/davon bey Dionysio Halicarnasseo/Thucydide im ersten/Polybio/Plinio un Tro- *Sicania.* go im vierdten/zulesen. Endtlich hat sich Siculus/Jani Sohn/mit einem hauffen Volck auß Liguria in diese Insul begeben/und dieselbe Siciliam geheissen/welchen nammen sie dann biß auff *Sicilia.* den heutigen tag behalten. Von was für Völckern aber vielermelte Insul bewohnt und erbawen worden/ist vnnötig jetzund zuvermelden / in betrachtung dasselbe in beschreibung einer jeden Häuptstatt und Provintz soll verzeichnet werden. Den begriff unnd umbkraiß dieser Insul betref- fent/wird derselb ungleichlich und nit auff einerley weiß außgerechnet. Nach Plinij außrechnen *Sicilia umb-* seynd vom Vorgebürg Peloro biß gehn Pachyno 166. Meilen/von Pachyno biß gehn Lilybeum *kraiß unnd* 200. und von dannen biß gehn Peloro/170. machen zumahl 536. Meilen. *gröffe.*

Nach Possibonij meynung/macht der gantze umbkraiß 550. Wann man aber die vornembsten ort einander nach/wie sie im bezirck ligen/fleissig sollte abmessen/wurden etlich Meilen mehr gefunden: Dann von Peloro gehn Mile seynd 25. und von dannen gehn Tyndari auch 25. von Tyndari gehn Agathyrsa 30. und von dannen gehn Alessa 30. widerumb 30. gehn Cephalvido/hernach gehn Panormo 35. von dannen gehn Segesta 32. und 38. gehn Lilybeo. Von Lilybeo gehn Heraclea 75. und 20. gehn Agrigento: von dannen widerumb 20. gehn Camerina/alßdann 50. gehn Pachyno. Von Pachyno gehn Syracusa 36. von dannen gehn Catania 60. und dann gehn Taurominio 33. und entlich gehn Messina 30. macht alles zusammen summiert/ 569. Meilen.

VV Ptolomeus

Ptolomeus rechnet von Peloro gehn Pachyno 120. von Pachyno gehn Lilybeo 212. vnnd von dannen gehn Peloro 250. were also der Vmbkraiß 582. Meilen. Albertus Leander hat Anno 1526. alß derselbe mit etlichen gelehrten vnd erfahrnen Männern den Vmbkraiß Siciliæ fleissig erforschet vnd abgemessen/ von Peloro gehn Pachyno 140. von Pachyno gehn Lilybeo 160. vnnd von dannen gehn Peloro 250. Meylen gefunden/ were also der gantze Vmbkraiß von 550. Meilen.

Sicilia sehr fruchtbar.

Andere haben die Grösse Siciliæ mit der Schiffart erkundigen vnd außrechnen wöllen: ist auch von alten Authoren verzeichnet/ daß man Siciliam/ nach Ephori meynung/ in 5. tagen vnd nachten/ vnnd nach Thucydidis fürgeben/ in 8. tagen könne vmbschiffen. Es mag aber diese Insel von wegen jrer sonderbaren fruchtbarkeit/ wol Reich Sicilia genannt werden/ daß alles wz der Mensch beyde zur Notturfft vnd Wollust mag wünschen vnd begeren/ darinn vberflüssig zu bekommen.

Das Getreid betreffend/ so kan Sicilia sich nit nur selbs wol speisen/ sonder auch ein guten theil Italiæ oder Africæ versehen/ daher sie dann der Römer Kornkasten genannt worden. Von Wein wachset allerley sorten auff das beste: so hat sie auch ein gewaltigen ölwachs/ allerley schöne Baumfrücht/ Pomerantzen/ Citronen/ Limonen vnd dergleichen/ will der Kraut: vnd Wurtzgärten geschweigen. Item Seiden/ Baumwullen/ Leinwaht/ Saffran/ Honig vnd Zucker/ wie dann auch lustige Weyden/ vnd darauff Ochsen/ Schaaff/ vnd dergleichen nutzliche Thiere. Vber das hat sie auch Begwerck von Gold/ Silber vnd Saltz/ auch viel heilsame warme Bäder/ vnd gute Brunnen. Der Lufft ist zwar zimblich hitzig/ aber rein vnd gesund/ daher sie dann viel subtile/ scharffsinnige/ vnd in allerley Tugenden vnd Künsten fürtreffenliche Leuth gezeuget. Die Meerporten/ vnd gelegenheiten in aller Welt zu handlen/ seynd schöner vnnd besser/ dann mir möglich auff diß Papier mit so geringer feder zu entwerffen.

Von der Insul Siciliæ beherschung.

Die ersten Eynwohner betreffend/ so werden dieselben Cyclopes vnd Lestrigones genannt: ein sehr grob Barbarisch Volck/ so sich mehrtheils mit rauben/ vnd schmiedwerck erhalten/ auch Menschenfleisch gebraten vnd gefressen/ vnd werden fürnemblich von jrem König Antiphata viel grausame ding bey den alten Authoren gefunden. Seind in der obern Landschafft/ gegen Morgen vnd Griechenland gesessen.

Nach diesen hat sich Aeolus/ seines herkommens von Troia/ auß Asia/ in Siciliam gesetzt/ vnd weil er sehr leuthselig vnd gastfrey gewesen/ den wilden Barbaren gute Gesatz vnd Ordnung fürgeschrieben/ vnd die Schiffarten auff dem Meer herumb mit fliegenden Segeln angefangen. Daher es dann kommen daß er nach seinem todt für ein Gott des Winds gehalten worden. Dann die einfeltigen Leut nit glauben vnd fassen könten/ daß gedachter Aeolus/ die Segel nach dem Wind richtete/ sonder vermeynten/ er gebiete den Winden/ nach seinem gefallen in die Segel zu blasen. Vnd ist auff solche weiß vast die gantze Abgötterey vnder den Heyden entstanden. Etwas zeite hernach seynd die Sicaner auß Hispanien in Siciliam kommen/ vnd haben darinn jhre wohnungen gemacht. Volgendts machet sich auch Siculus mit seiner Gesellschafft hinüber/ vnd halff die Insul vollendt bewohnen/ vnd bawen.

Carthaginenser.

Da nun dise mechtig zugenossen/ vnd weit vnd breit bekandt worden/ haben die Carthaginenser ein grosse Armada außgerüstet/ vnd Siciliam eynnemmen wöllen: wurden aber mit sampt Amilcare jrem Kriegs Obristen vielnahlen geschlagen/ vnd endlich gantz abgetriben. Weil aber die Tyrannen oder Fürsten in Sicilia grosse Schätz vnd Reichthumb gesamblet/ könten die Carthaginenser nit lang ruwen/ sonder sprachen die Athenienser vmb hilff an/ vnd griffen die Sicilianer mit denselben nach ein mahl an. Die Sicilianer bekamen von den Lacedemoniern hilff/ schlugen die Carthaginenser/ vnd namen Niciam den fürtrefflichen Helden von Athen gefangen.

Die Carthaginenser aber wolten es noch nicht bey disem verbleiben lassen/ sondern rüsteten ein andere Armada auß/ vnd vnderstunden mehrgedachte Insel mit grösserem gewalt zu bezwingen. Demselben nun vorzukommen berüffen die Sicilianer König Pyrrhum auß Epiro/ so zuvor den Tarentknern zu hilff in Italiam gezogen. Nicht lang nach Königs Pyrrhi Todt/ sucht die Statt Messina wider Hieronen den König zu Syracusa/ bey den Römern hilff: vnd zeucht Burgermeister Appius Claudius zum ersten vber Meer in Siciliam/ vberwindet Hieronen mit solcher geschwindigkeit/ daß gedachter Hiero selbst mußte bekennen/ er seye eher vberwunden/ dann ehe er deß Appii ansichtig worden. Vnd damahlen wurde mit Sicilia vnd der Statt Rom ein Freundschafft vnd Bündtnuß gemacht vnd auffgerichtet.

Messina sücht die Römer vmb hilff an.

Grösse Geschwindigkeit.

Zwey jahr nach disem alß sich die Carthaginenser je lenger je mehr wider die Sicilianer/ vnd dero Bundsgenossen die Römer sterckten/ seynd vnder Cornelio Scipione/ vñ Cajo Duilio Burgermeistern/ namblich nach erbawung der Statt Rom 493. jahr/ in 1 halb 2. Monaten/ 160 Kriegsschiff von newem holtz/ so noch frisch an der Wurtzel im Wald gestanden/ gehawen/ auffgerüstet/ vnd zum Strecit ins Meer gestossen worden. Also daß es sich liesse ansehen/ alß wann die Bäum im Wald in Schiff verwandelt/ vnd ins Meer getragen weren.

Dieser Krieg mit den Carthaginensern vnnd Römern hat 24. jahr gewehret/ in welchem zu beiden

Von Italia.

beyden theilen viel gewaltige vnd blutige treffen geschehen. Da aber die Carthaginenser vbel geschlagen/ vnnd auff jhr begeren ein Frieden gemacht worden/ haben jhn doch die Carthagtnenser nicht gehalten/ sonder im 24. jahr widerumb gebrochen/ vnd wider die Sicilianer vnd Römer zur Wehr griffen.

Sieben jahr nach diesem schlugen sich die Sicilianer zu den Carthaginesern/ vnd thaten den Römern nit geringen schaden. Derowegen dann Marcus Marcellus mit einem gewaltigen Heer in Siciliam gesegelt/ die Königliche Statt Syracusam eyngenommen/ vnd verstört/ vnd die gantze Insul dem Römischen Reich vnderworffen. Vnd diese ist geschehen im jahr nach erbawung der Statt Rom 542. alß Hannibal Tarentum in Calabria eyngenommen.

Ist also Sicilia von derselben zeit vnder dem Römischen Reich/ dessen Keyser sich endtlich zu Constantinopel gehalten/ biß auff das jahr Christi vnsers HErrn 914. verblieben/ damalen sie dañ von den Sarracenen vberfallen/ vnd bezwungen worden. Endtlich erweckt Gott etliche Normandische Helden/ dieselben vertrieben die Sarracenen/ bawten Siciliam/ vnnd machten dem jetzigen Königreich ein glücklichen anfang. Dann Anno 1060. berufft Bettumeus Herr zu Catana/ ein Sarracener/ Robert vnnd Rogier Guiscarden so auß Normandia in Calabriam kommen/ dieselben nemmen die Statt Messinam eyn/ vnd bezwingen etlich jahr darnach Palermo/ vnnd schrieb sich Rogier Graff von Calabria vnd Sicilia. Starb Anno 1101. seines alters 70. jahr.

Robert vñ Rogier Guisc.

Hernach besitzt Simon Rogiers Sohn die Herrschafft Calabriæ vñ Siciliæ/ regiert aber nit läg.

1. Rogier der ander volgt auff seinen Bruder Simon/ vnd wird im jahr Christi 1129. König vber Sicilia gekrönt. Die Königliche Hoffhaltung ward zu Palermo. Starb Anno 1154. seines alters 59. jahr.

König in Sicilia.

Wilhelm der Böß/ Rogiers Sohn/ starb Anno 1166.

Wilhelm der Ander/ der Fromb/ oder Gütig/ starb ohn Leibserben/ Anno 1189.

2. Tancredus König Rogiers Enckel/ starb Anno 1195.

3. Keyser Heinrich der Sechste diß namens/ hat Constantiam Königs Rogiers Tochter. Keyser Friderich der Ander.

4. Keyser Conrad der Vierdt/ ward von Manfredo seinem Bastart Bruder mit Gifft hingericht.

5. Manfredus/ Keyser Friderichs Bastart/ bekomt das Königreich Sicilien mit listen/ ward von Carolo von Aniou erschlagen.

6. Carolus Graff von Aniou vñ Provantze/ ward vom Bapst Vrbano wid Manfredũ beruffe. Alß die Frantzosen vnder diesem Tyrannischen König/ so den frommen Canradinum/ den letzten Hertzogen von Schwaben enthaupten lassen/ viel mutwillen in Sicilia getrieben/ sind sie im jahr Christi vnsers HErrn 1282. vmb vesperzeit/ all/ sehr wenig außgenommen/ erschlagen vnd erwürgt worden. Daher auch das sprichwort: Vesperi Siciliani, Sicilianische vesper entstanden/ waň man von einem grossen Blutbad wil redē. Die so den Frantzosen verschonet/ vñ den vbrigen Sicilianern nit beyfallen wollen/ seynd die zu Sperlinga gewesen/ derowegen daß daselbst ins Portal gehawen.

7. Hernach wurd König Peter von Arragonia von den Sicilianern zum König gekrönt/ führet lange Krieg mit Carolo dem Ersten vnnd Andern König von Neaples/ auch mit König Philippo auß Franckreich diß nammens dem Dritten/ der Geronda in Arragonia beldgert/ vnd da König Peter jhn davon wolt treiben/ ward er in einem scharmützel verletzt vnd starb im jahr vnsers Herrn 1289.

8. Jacob ward nach König Petro seinem Vatter/ zum König in Sicilia gekrönt/ ward auch König in Arragonia nach absterben seines Bruders Alphonsi: wolt Siciliam König Carolo von Neaples widerumb zustellen.

9. Fridericus König Jacobs Bruder/ ward von den Sicilianern zum König gekrönt/ da König Jacob Siciliam Carolo dem Andern wider geben wolte. Führt lange Krieg mit gedachtem Carolo seinem Bruder vnnd Jacob König in Arragonia/ wie dann auch mit König Robert dem Dritten diß nammens/ vertrug sich aber zu letst mit demselben/ daß das enge Meer sol die Grentzen zwischen beiden Königreichen Sicilien vnd Neaples seyn. Starb Anno 1336.

10. Peter volget seinem Vatter König Friderich/ hat viel zu thun gehabt mit seinen auffrührischen Vnderthanen/ starb im jahr Christi 1343.

11. Ludwig ward jung nach seinem Vatter König Petro zum König gekrönt/ hatte auch der gescheffte genug mit den Herren vom Hauß Claramonte/ die sich wider jhn gesetzt: starb im jahr Christi 1355. seines alters 17. jahr.

12. Friderich/ mit dem zunammen der Alber/ volget auff seinen Bruder König Ludwig/ hat auch zu thun mit seinen auffrührischen Vnderthanen/ wie dann mit König Ludwig vnd Johanna von Neaples: starb im jahr Christi 1358.

13. Maria König Friderichs Tochter/ nam zur Ehe Martin/ Hertzog Martins von Montblanc Sohn/ König Johannis von Arragonia Bruder.

VV ij 14. Mar-

14. Martin König von Arragonia erobert Siciliam/von seinem Sohn König Martin: starb im jahr Christi 1410.

Ferdinandus mit dem zunamen der Gerechte/Infant von Castilia/Leonoræ Königs Martini Schwester Sohn/bekam nach desselben absterben/Arragoniam vnd Siciliam/starb Anno 1416.

15. Alphonsus volget seinem Vatter Ferdinando/gewan das Königreich Neaples/ließ dasselbe seinem Bastard Sohn Ferdinando: Arragoniam aber vnd Siciliam seinem Bruder Johanni/König von Navarra. Dieser Alphonsus starb Anno 1458.

16. Johann König von Navarra erbet vor seinem Bruder König Alphonso/Arragoniam vnd Siciliam/starb Anno 1474. seines alters 84. jahr.

17. Ferdinandus ward schon bey lebzeiten seines Vatters/Königs Johannis/zum König von Sicilia gekrönt/ward auch König von Castilia/nach absterben König Heinrichs von Castilia/dessen Schwester Isabellam er zur Ehe gehabt/starb Anno 1516.

18. Johanna die Dritte diß namens volget jhrem Vatter Ferdinand König von Castilia vnd Arragonia/nam zum Ehegemahel Philippum Ertzhertzogen von Oesterreich/Hertzogen von Burgund/ꝛc. Keysers Maximiliani des Ersten diß Nammens Sohn/regiert ein zeitlang mit jhrem Sohn Carolo/so hernach Keyser/vnd der Fünfft genant worden.

19. Keyser Carolus der Fünfft diß Nammens/regiert allein nach absterben seiner Mutter Johanna. Starb im jahr 1558.

20. Philippus Keysers Caroli Sohn/besaß das Königreich/bey lebzeiten seines Vatters/so jhm solches vbergeben/starb im jahr 1597.

21. Philippus der Dritt/Königs Philippi des Andern Sohn/regiert durch seine Vicekönig/starb Anno 1621.

22. Philippus der Vierdt jetz regirend.

Die Königlichen Amptleuth/so Siciliam regieren/seyndt

Der Vicekönig.		Seiner Fürsprechen zween.
Præsident.		Vier Rentmeister.
Oberster Richter.		Oberster Schreiber.
Leutenant.		Geschworner.
Vier Landrichter/einer zu	Messina. Palermo. Catanin. Im Land.	Protonosari. Schatzmeister. Landfürsprach.
Fiscal.		Oberster Secretari.
Cantzler.		Oberster Notarius.
Rechenmeister.		Conservator.
Thorhüter.		Vier Secretari.

Im Parlament oder Reichs versamblungen sitzen die Stätt also:

Messina.	Xacca.	Nicosia.	Sotera.
Palermo.	Nosa.	Leocatta.	Calathaxibetta.
Catania.	Calathagyron.	Polizzi.	
Syracusa.	Trachina.	Salemi.	Romeda.
Agrigento.	Termini.	Coriglione.	Mistreta.
Pacte.	Marsala.	Taormina.	Capizzi.
Cesaludio.	Naro.	Castro.	Castro novo.
Mazzara.	Coma.	Mylazzo.	Camerata.
Trapano.	Plazza.	S. Lucey.	Jaro.
Leonte.	Randazzo.		

Die Prelaten sitzen volgender gestalt nach einander:

Ertzbischoff zu	Messina. Palermo. Monreal.	Prior zu	Bardunar. S. Andreas zum Platz. Heilig Creutz zu Messin.
Bischoff zu	Catania. Syragosa. Gergento. Paul. Cefalun. Mazzara. Malta.	Abbt zu	Feygen. S. Elias. S. Spirit. Catalanixeta. Dreyfaltigkeit.

Archima,

Von Italia.

Archimanarit zu Messina.
Der Abt zu { Perg. / S. Spirit. / Maniack.
Königs Capelan.
S. Angel von Brol.
Itala.
S. Johannes Eremiter.
Noara.
Mandanitz.
S. Pantaleon.
Prior zu Messina.
Myli.
Tyraina.
S. Jörg Gibiso.
Comenthür daselbst.
Placa.
S. Philipp groß.
Roccadia.
S. Philipp klein.
Abbt zu { Vnser Fraw im Stättle. / Dreyfaltigkeit zu Castiglion.
Ciantre zu Palermo.

S. Nicander.
Lingua groß.
S. Lucey von Noto.
Possessor zu S. Matthes Glori.
Abbt zu { Irmarti. / S. Maria im Holtz. / Nenelicht. / Cappizi.
Prior zu S. Jacob zu Naro.
Abbt zu { S. Martin. / S. Placido. / S. Niclaus im Sand.
Prior zu Monreal.
Abbt zu { S. Gangi dem alten. / Vnser Fraw zum Mylo.
S. Anna.
Larni.
S. Anastasi. Cundro.
S. Philippi in Luota.

Es hat auch diese Insul ein ansehenliche Herz vnd Ritterschafft/ darunder die fürnembsten:

Marggraff zu { Geratz/ Simon Vintimoniglia: hat diese Sätt vnder jhm: Geratz/ Pertinen/ Castelbon/ Castelluzo/ S. Mauro/ Sperlinga/ Gangi/ Tusa/ Polina. / Lycodi/ Herr Pontio Santapao: hat vnder jhm Lyrodia/ Luchiula/ Butera. / Petra precia/ Herr Mattheus Baressus: hat Petraprezza/ Wilnoff/ Obarfrancka. / Ternoven/ Herr Johann Tagliania: hat Ternoven/ Aiola.

Graff { von Modica/ Herr Ludwig Henriques Gabrera: hat Modica/ Ragusa/ Xicli/ꝛc. / zu Aterno/ Herr Antoni Moncata: hat Aterno/ Paterno/ Motta/ Calatanirera. / zu Colusano/ Herr Artalis Cardona: hat Colusano/ Cacania/ Petralia/ Naso. / zu Augusta/ Herr Johan Merla: hat Augusta/ Calata biano. / zu Calatabellota/ Herr Johan von Luna: hat Calat abellota/ Bluova/ Schlafano/ ꝛc. / zu S. Marx/ Herr Anton. Filinger: hat S. Marx mit dem Göw Capri/ Frazzano/ ꝛc. / zu Mazerin/ Herr Artalus Bringfort. / zu Casteluetran/ Herr Carl. Tagliavia.

Viscont zu { Gaglien/ Americk Centelles. / Franckuilla/ Herr Antoni Balsamo.

Freyherr { zu Chiusa/ sonst Graff zu Rigio/ Herr Alfons Cardona/ ist jetz Graffe/ hat Chiusa/ Borgo/ Juliana/ Casal/ Griech. / zu Castiglion/ Joh. Thomas von Jben/ hat Castiglion/ Noara/ ist jetz Marggraff. / von Ficary/ Herr Hieronymo Lanza/ hat Ficary/ Galata/ Pirain/ Brolo. / zu Schampery/ Herr Wilhelm von Oriolis. / zu Tortorice/ Herr Friderich Mononta/ hat Tortorice/ Saponara. / zu Asaro/ Herr Peter Valguarnera/ ist jetz Graff. / zu Partana/ Herr Balthasar Graff. / zu Xortino/ Herr Peter Gajetano/ hat Xortino/ Cassaro/ Tripi.

Von der Insul Sicilia abtheilung.

Vor zeiten war die Insul Sicilia nach den drey oberzehlten Promontoriis vnd Vorgebürgen abgetheilet/ vnd aber heutiges tags/ weil sie sehr bürgig/ in drey Hauptthäler vnderscheiden. *Siciliæ abtheilung.*

Das erst Thal wirdt Valle di Demona genannt: woher der Nammen entstanden/ werden viel seltzame vnnd närrische Fabel erzehlet/ derowegen ich sie dann nicht würdig gehalten hierin zu verzeichnen.

Fangt bey dem Fluß Lentino an/ vnd endet sich bey dem Fluß della Rocella. Ist ein lustige vnd fruchtbare Landschafft/ mit viel schönen Bäumen vnd Gärten gezieret. Hat auff einer seiten das Sicilianisch oder Jonische/ auff der andern dz Tyrrhenische oder Tuscanische Meer/ vñ begreifft das vorgebürg Peloro. Das ander Thal heisset Valle Mazzara/ einer vornemen Statt/ so darinn gelegen/ nachgenannt. Ist fruchtbar/ hat aber sehr wenig Bäum/ fanget jehnseit dem Fluß della

Rocella an/ vnd endet sich bey dem Fluß Salso. Stosset an das Tyrrhenische vnd Africanische oder Lybische Meer/ vnd begreifft das Vorgebürg Lilybeo. Das dritt Thal wird von dem berühmten Castel Noto/ Valledi Noto genandt/ ist sehr selsig/ aber gleichwol trefflich fruchtbar. Fangt bey dem Fluß Salso an/ vnd endet sich bey dem Fluß Lentino. Hat auff einer seiten das Africanische/ vnd auff der andern seiten das Adriatische Meer/ vnnd begreifft das Vorgebürg Pachyno. Ptolemæus hat die gantze Insel in fünff Völcker abgetheilet/ die Messenier namblich/ Orbiteser/ Segestaner/ Catanenser vnd Syracusaner.

Von der Statt Messina.

Diese Statt hat erstlich Zancle geheissen/ von der krümbe/ in welcher sie anfangs gebawen/ vnd sich einer Sichel verglichen. Inmassen die alten Sicilianer ein Sichel Zancle geheissen. Etliche wollen den nammen von Saturni Sichel hernemmen. War von denen zu Naxo bey Tauerominio *Mamertiner.* herumb zum ersten erbawen/ vnd hernach von den Mamertinern auß Calabria besser bewohnt vñ erweitert. Nach dem aber die Statt gnugsamb besetzt/ vnd gleichsam erfüllt gewesen/ auch etliche Griechen auß Peloponneso vnd der Insul Samo dahin komen/ wurde ein Meil wegs von Zancle ein andere Statt gebawen/ vnd von den Griechen der Statt Messene in Peloponneso jrem Vatterland nachgenannt. Es namen aber die Mamertiner dermassen zu Messina vberhand/ daß die Eynwohner vnd Landleut nit mehr Messanenser/ sonder Mamertiner genannt wurden.

Freundschafft mit Rom. Weil dann die Mamertiner auß Italia bürtig gewesen/ haben sie zeitlich mit den Römern Freundschafft gemacht/ vnd dieselben im ersten Carthaginensischen Krieg wider Hieronem den König zu Syracusa/ vnnd die Africaner in Siciliam beruffen: welche sie dann auch endlich gantz bezwungen/ vnd zu einer Römischen Provintz gemacht haben. Wird auch noch heutiges tags vnder andern Antiquiteten ein Marmorsteinine Tafel zu Messina gesehen/ darinn der Römer Sieg wider Hieronem vnd die Africaner/ nicht ohne ruhm verzeichnet.

Wie trewlich vielgedachte Statt Messina den Römern wider der Leibeignen vnnd Knechten auffruhr beygestanden/ ist auß dem gnugsamb abzunemmen/ daß sie von allem Tribut vnd Zoll/ so auff die Colonias in den Provintzen geschlagen/ ligende vnd fahrende Güter betreffent/ vom Rath zu Rom vnder Servio Fulvio/ vnnd Publio Calphurnio befreyet worden: wie dann solches neben den Historien ein Marmor daselbst bezeugt.

Caij Helij Pallast. Gegen des Ertzbischoffs Pallast hinüber/ seynd vorzeitt/ in Caij Helij behausung/ vier vberauß schöne vnd künstliche Statuæ vnd Bilder gewesen: das eine war Cupido von Praxitele auß Marmor gehawen/ das ander ein Hercules von Myrone auß Metall gegossen: Zwo Jungfrawen/ mit schönen Körben auff dem Haupt/ von den alten Canephoræ genannt/ vergleichen sich jungen Töchtern/ so etliche gewisse Opffer/ nach Heydnischem brauch/ auff dem Haupt tragen. Der ort da dise schönen Statuæ gestanden/ ist zu einer Capellen gemacht/ vnd S. Michael genañt worden.

Von dannen war Polycletus ein fürtrefflicher Artzt.

Cola ein wunderbarer Naturkündiger/ so sich in die tieffe des Meers gelassen/ daß er der Fischen eygenschafft möcht erforschen. Ist endtlich aber/ als er etlich mahl die Hölinen bey Charybdi herumb durstrichen/ nicht mehr herfür kommen.

Den heutigen zustand betreffent/ ist zu Messina ein sehr gewaltiger Kauffmanshandel/ vnnd wird von dannen jahrlich ein mechtig Gut von Seiden naher Genuam/ vnnd andere vmbher ligende örter geführet. Das Port kan/ wie auch das zu Syracusa/ vnd Trapani ein gantz Schiffrüstung fassen vñ bewahren. Die vbrigen Meerhäfen in Sicilia seynd volgender gestalten beschaffen: Meerhafen oder Schifflende zu Mylazzo für 60. Segel. Tyndaro 50. Capo Dorlando für kleine Schiff. Solanto 25. S. Lucen 20. Stupello 20. S. Veit 20. Bonagia 12. Marsala 4. Capofero 20. Mazzara 10. Lorato 30. Capo Passaro 50. Budicari Insul 30. Longina Insul 20. Magnisi 30. Augusto 30. Burckbon 20. Anglion 12. Schizo 21.

Die Thumbkirch zu Messina ist ein vberauß statlich Gebäw/ mit einem sehr köstlichen Tach vnd künstlicher grosser Bühne/ von Gold vnd besten farben gezieret/ in deren auff der lincken hand Alphonsus der Ander diß nammens/ König von Arragonia vnd Neaples begraben.

Von der Statt Tauerominio.

Diese Statt haben die Griechen von Chalcide auß Eubœa auff einem Bühel gebawen/ vnd von den schönen Ochsen/ so darumb auff der Weyd gangen/ Tauerominium geheissen. Etliche vermeynen/ sie haben den nammen von Königs Minois Ochsen bekommen/ welchen sie auch im Statt sigel vnd Panier führet. Ist etwan ein fürtreffliche Statt/ vnd Römische Colonia gewesen: Ist auch noch heutiges tags in gutem wesen/ vnnd von natur vber die massen vest/ als welche auff harte Schroffen gar schön gegen dem Meer gebawt. Hat noch ein theil von einem gewaltigen Theatro oder Spielhauß/ etliche Wassergäng/ mit sonderer Kunst/ gleich wie die bey Puzzolo herumb/ vnder dem Erdtreich gebawet. Der Lufft ist sehr lieblich vnd gesund/ vnd werden die Wein so da herumb wachsen/ von den alten Scribenten trefflich gepriesen. Bey dieser gegne herumb/

Von Italia.

wie dañ auch bey Corsica/würden/nach Juvenalis zeugnuß/die besten Barben/Mulli genannt/ gefangen/vnd den vornembsten Herren nach Rom gebracht.

Von der Statt Catina/heut Catania.

Zu vnderst am Aetna gegen dem Jonischen Meer hinauß/ligt die alte Statt Catina/so etwan auch auß befehl Königs Hieronis Aetna geheissen. Hat viel eyngefallene Gebäw/vnd anzeigungen gewesener Herrligkeit. Nicht fern vom Vfer ist bey der Stattporten ein Gymnasium/oder Kampffplatz gestanden/von Marco Marcello erbawet. Auff der seiten gegen Auffgang der Sonnen war ein gewaltig Theatrum von schwartzen Quaderstucken/vnnd ausserhalb der Statt bey Steesichori des berühmbten Poeten Begräbnuß ein mechtig Amphitheatrum.

Bey der Kirchen Sanct Agatha/seynd schöne Thermæ oder Badhäuser auff gantz Marmorsteinine Säulen gestanden. Es war auch in gedachter Statt ein sehr alter Tempel/in welchem die Abgöttin Ceres/mit der grössisten andacht vñ aberglauben/so jmmer vnder den Heyden hat seyn mögen/ist verehrt worden: in denselben Tempel dorfft kein Mannßbild nicht hinein gehen.

Als auff ein zeit diese Statt mit Fewr auß dem Berg Aetna verbrunen/haben zwen Jüngling/ Anapias namblich vnd Amphinomus/ihre beyde alte Eltern auff den Achßlen vnverletzt auß dem Fewr getragen. Welches doch etliche zu Syracusa geschehen zusein vermeynen/vñ die Jüngling Emanthium vnd Critonem heissen. Die that wurde dermassen gepriesen/daß man den ort/da sie begraben worden/Campum piorum, das Veld der Frommen geheissen. Es ist etwan in dieser Statt ein berühmbte hohe Schul gewesen/darinn viel fürtreffliche Männer gewest: ist heutiges tags aber in abgang kommen. Galeottus Bardiaris eines Adelichen Geschlechts von Catina/ist so starck gewesen/daß er ein geladen Maulthier mit Holtz/mit den Händen vom Boden auffgehebt: Auch ein Pferd im sterckisten lauff ohne Zaum still gehalten.

Campus piorum.

Sehr starcker Mann.

Von dem Berg Aetna/heut Monte Gimbello genannt.

Dieser ist einer von den berühmbtesten Bergen in der gantzen Welt/welchen nicht nur die fürnembsten Authores/so die Welt/vnd denckwürdige ding beschrieben/in jhren Büchern alß ein Wunderwerck der Natur angezogen/sondern auch selbs fleissig besichtiget/vnd die gelegenheiten darumb erkündiget/wie dann solches von Strabone ist verzeichnet.

Dieser Berg hat in seinem vmbkraiß vnden herumb 70. Meilen: ist so hoch/daß er in gantz Sicilien mag gesehen werden. Zu oberst ist ein gantz ebner Platz/vnd begreifft vmb sich mehr dann zwantzig stadien/oder dritthalb Italiänische Meilwegs: Ist gegen Morgen vnnd Mittag voller schöner Räben/vnd anderen köstlichen Früchten: gegen Mitternacht aber vnd Nidergang/voller Wälden vnd Weyden/darauff sich ein gewaltige anzahl Vieh erhaltet. In diesen Wälden gibt es viel Gewild/vnd vnder andern grosse Bären/vnd wilde Schwein.

Ist inwendig voller Schwäfel/Bäch/Alaun/vñ andern fewrigen Materien/so bißweilen mit einer solchen hitz angängen/daß sie grosse fewrgüß/Dämpff vñ Wind außgestossen/dz vmbligende Land verbrennt/vnd mit Stein vnd Aeschen bedeckt vnd verderbt hat. Wann also diese fewrige materien verzehrt waren/so hat der Berg auffgehört zu bressen: Wañ aber die materien widerumb

VV iiij gewachsen

Berg Aetna brennt.

gewachsen vnd zugenommen/ so ist auch das Fewr widerumb angangen/ vnnd hat oben auß dem Berg geschlagen. Vnder Marco Aemilio/ vnd Lucio Oreste/ ist von gedachtem Berg ein so schädliche Brunst außgangen/ daß die Römer der Statt Catine/ so nah dabey gelegen/ zehen Jahr lang die Schatzung vnd Tribut nachliessen. Ein andre Brunst entstund Anno 254. am andern tag nach dem Agatha zu Catina von den Heyden gemartert worden. Item Anno 1165. mit einem grossen Erdbidem/ daß die Kirchen S. Agatha eyngefallen/ vnd die Priester all zu todt geschlagen. Hernach Anno 1329. riß der Berg Aetna mit vier spalten auff/ vnnd schlug das Fewr mit aller macht herauß. Anno 1537. hat im Meyen das Fewr mit solcher vngestüm herauß geschlagen/ daß Land/ Leut/ vnd Vieh/ so darumb wohnen/ mercklichen grossen schaden darvon genommen. Weil vielgedachter Berg den Schwebel/ Alaun/ vnd andere fewrige Materien mehrtheils biß daher verzehret/ hat das brennende Fewr nachgelassen/ vnd dämpfft nur mehrtheils der Rauch herauß.

Von der Statt Syracusa. Cap. lxv.

Die grösste/ schönste/ vnd mechtigste Statt in Sicilia ist Syracusa gewesen/ zwischen zwen schönen Meerhäfen gegen Peloponneso gelegen/ mit vberauß schönen dreyfachen Mawren vmbgeben. War vorzeiten in vier sonderbare Stätt abgetheilet. Die erste Statt wird Insula genennt: ist mit zwen Meerhäfen vmbgeben. An dem ort/ da die Vestung Marker stehet/ ist vorzeiten der Tyrannen Schloß/ vñ Königs Hieronis Pallast gestanden/ in welchem hernach die Römischen Landpfleger jre Schätz gesammlet. Plutarchus sagt/ es sey in gedachtem Schloß ein solche anzahl Wehr vnd Waffen gelegen/ daß man damit 70000. Mann außrüsten können.

In dieser Statt ist auch der berühmte Brunn Arethusa/ so in Peloponeso entsprungen/ vnd vnder dem Meer dahin gangen. Daher dann die Poeten fabulirt/ es seye derselbe schöne Brunnen durch das Meerwasser hindurch getrungen/ vnd hab sich in dem minsten nicht vermischet. Wirdt heutiges tags nicht mehr in ehren gehalten/ vnd vergleicht sich mehr einem Teich/ darinn man die Tücher wäschet/ dann einem Brunnen: ist auch gesaltzen vnd vnanmütig.

Die andere Statt war Achradina genannt/ lag an dem Meer/ hat ein sehr schönen Platz/ darauff Caius Verres seines Sohns nackend Bildnuß/ auch jhm ein Statuam zu Pferd oder Rittersaul auffgericht.

Die dritte Statt hat von dem Tempel des Glücks/ so darinn gestanden/ Tycha geheissen: hatte ein gewaltig Schloß/ welches Livius Erapylum/ die Eynwohner aber jetzund Bellisi berg nennen.

Zu vnderst an dieser Statt ist Timolionis des Corinthiers Lusthauß gestanden/ welches jm die Burgerschafft zu Syracusa wegen seiner verdiensten verehret.

Die vierdte Statt hat Neapolis geheissen/ stund an dem ort/ so man heut li Murali nennen.

In dieser Statt ist ein gewaltig Theatrum/ so noch vast gantz: vnnd nicht fer'n davon ein Amphitheatrum gestanden.

Künstlich Bild.

Die künstlichen Capitäll/ so zu Syracusis auff den Säulen in den Tempeln gestanden/ seynd gehn Rom geführt/ vnd in das Pantheum von Marco Agrippa gesetzt worden. Plinius sagt: Es sey ein Bild zu Syracusa gewesen/ so sich einem hinckenden Knaben mit einem bösen Geschwär so eygendlich verglichen/ daß diejenigen/ so das Bild gesehen/ vermeinten/ es empfinde derselbe Knab von dem Geswär etwas schmertzens/ haben auch dasselbig ohne grausen vnd bedauren nicht sehen können.

Bey dieser vierdten vnd letsten Statt ist in die Felsen hinein ein sehr grosse Klufft/ darauß man vorzeiten die Stein zu den Gebäwen gehawen. Wurd endlich zu einer Gefengknuß gemacht/ in welche nit nur die Vbelthäter von Syracusa/ sonder auch auß andern Städten wurden geworffen. Vnd ist dieses ebender ort/ in welchen die Sicilianer die gefangnen Atheniēser geworffen/ wie bey Thucydide von der Gefangenschafft Nyciæ vnd Demosthenis zu sehen.

Wie mechtig vnd wol versehen diese Statt gewesen/ ist auß dem gnugsam abzunemmen/ daß der gewaltige Kriegsfürst Marcus Marcellus mit einem grossen Heer 3. gantzer Jar darvor gelegen/ vnd sie endlich nit anderst dann durch Verräherey hat eynnemmen können. Vnd ist denckwürdig/ daß gedachter Marcellus/ als er die eyngenommene Statt an etlichen orten mit Fewr angesteckt gesehen/ geweynet/ vnnd bey jhm selbs mit grossem bedauren erwegen/ daß ein solche schöne Statt/ die zuvor gantz Siciliam vnder sich gebracht/ die Athenienser etlich mahl geschlagen/ mit den Römern freundschafft gehabt/ vnd so viel gewaltige Männer gezeuget/ solte jetzunder auff ein mahl vnd gleichsamb in einem augenblick zu grund gehen/ vnd in Aeschen gelegt werden.

Marcellus weinet vber Syracusa.

In dieser erinnerung befahl Marcellus dem Kriegsvolck/ daß man der Statt solte verschonen/ vnd das geringste nit verhergen: Vernügte sich mit den grossen Reichthumen/ so er damaln in der Statt bekommen/ dann nicht zu vermelden/ was für ein mechtiger Schatz von Syracusa gehn Rom geführt worden.

Nach dem aber die Statt Syracusa an Reichthumm vnd Gewalt wider zugenommen/ vnd sich der Römern Gewalt widersetzt/ hat sie Pompeius zerstört vñ vast gantz vñ gar zu boden gerissen. Nachmahln

Von Italia.

mahlen hat sie Keyser Augustus an dem ort gegen der Insul so viel wider erbawen/ als er gedacht/ das den Eynwohnern zu underhaltung von nöthen sey. Nach diesem ist sie widerumb von den Saracenen eyngenommen vnd verwüstet/ endtlich aber in diese heutige Form erbawen worden.

Dionysius der Ander Fürst zu Syracusa/ hat von jugent auff zu schönen Künsten grossen Lust/ vn̄ als er wegen seiner Tyranney vertrieben worden/ hat er zu Corintho die Knaben gelehrt. Als er noch zu Syracusa gesessen/ wolt er niemands trawen/ lasset seine Töchtern das Balbiererhandwerck lehren/ damit sie jhm das Häupt vnd Bart beschören. Als aber dieselben erwachsen/ wolte er jnen auch nit mehr trawen/ vnd brennte sein Haar vnd Bart mit fewrigen Kolen ab. Als er auff ein zeit mit der Ballen gespilt/ vnnd sein Mantel vnd Wehr einem Knaben geben/ sagte einer zu jm: Vertrawestu dann diesem dein Leben? Dionysius aber ward erzörnt/ vn̄ ließ beyde den jenigen so dieses geredt/ vnnd den Knaben vmbbringen. Damocles wußte gedachtem Dionysio jederzeit **Hoffstatter.** hüpsch zu flattieren/ vnd pflegte jhn ohn vnderlaß einen seligen Fürsten zu nennen. Hierauff fragt jhn Dionysius einmal/ ob er dann auch begert zu seyn wie er were: vnd da Damocles nit widersprochen/ hat jhn Dionysius für ein wolzugerichte Tafel/ auff ein guldinen Sessel gesetzt/ auch jhm durch seine Kämerling lassen auffwarten. Vnd als Damocles in diesen grossen Ehren vnd Frewden gesessen/ nam Dionysius ein scharff Schwert/ vnnd henckt dasselbig oben an die Büne an ein schwach Roßhaar. Damocles erschrack/ sahe das vber jhm hangende blose Schwert mit grösserer Forcht/ dann aber mit frewden die köstlichen Speisen vnd Diener an/ batt den Thrannen/ er wölle jhm erlauben auffzustehn/ vnd jhn dieser glückseligkeit vberheben.

Als ein alte Matron stetig für Dionysium gebetten/ vn̄ demselben von Gott alles guts gewünschet/ hat sie Dionysius gefragt/ warumb sie dieses thue/ so doch niemand von seinen Vnderthanen für jhn bette? Sie antwortet/ sie thue solches darumb/ daß kein ärgerer nicht auff jhn komme.

Er sprach auch Aristidem vmb ein Tochter an/ derselbe antwortet/ er wolle lieber sein Tochter todt im Grab/ dann aber lebendig bey solchem Thrannen verheurahtet sehen.

Damo vn̄ Pythia haben solche bewehrte freundschafft zusammen getragen/ daß einer für den andern den todt leiden wöllen. Da solches Dionysius gesehen/ hat er sie beyde leben lassen/ vn̄ zu jnen **Gute freund.** gesprochen. Dieweil jr zwen so gute freund vndereinander seynd/ so will ich bey euch der dritt seyn.

Agathocles eines Haffners Sohn/ wurd wegen seines weisen Verstandts von den Syracusanern **Eines Haffners Sohn wird König.** zum König erwöhlt. Dieser pflegte jederzeit/ auch in den grössesten gastmählern/ jrdine Geschirr zu brauchen/ sprechende: Er wölle solche geschirr auff seiner Tafel haben/ damit er sich seines herkommens desto mehr erinnere/ vnd nicht stolz werde.

Von der Statt Agrigento.

Diese Statt ward von den Griechen vorzeiten Agragas/ vnnd den Römern/ Agrigentum genannt/ so nicht geringer/ weder an Gebäw noch reichthumb/ dann Syracusa gewesen.

Von den Bürgern zu Agrigento pfleget Plato zu sagen/ Sie bawen jhre Palläst/ als wan̄ sie ewig darinn wolten wohnen/ vnd halten dargegen so stattliche Panckett/ als wan̄ sie alle stund vermeynten zu sterben. In dieser Statt war ein Tempel dem Abgott Jupiter zu ehren auffgericht/ deßgleichen **Gewaltiger Tempel.** (allein zwen außgenommen) auff der gantzen weiten Welt nirgend gewesen: were auch viel grösser vn̄ prächtiger erbawen worden/ wo die Carthaginenser solches durch den Krieg nit hetten verhindert. Die lenge dieses Tempels war 340. Schuh/ die breite 60. vnd die höhe 120. Stunde auff schönen Säulen/ vn̄ scheinet aussen herumb rond/ inwendig aber viereckt. Im Vorhoff war auff einer seiten d' Giganten Krieg von sehr grossen Bildern/ auff der andern die zerstörung der Statt Troia gantz künstlich in stein gehawen. Bey diesem Tempel stund Phalaridis des Fürsten zu Agrigento Pallast. Gedachter Phalaris war den Tu- **Phalaris.** genden vnd Künsten sehr ergeben/ vnd werden von jhm zwey denckwürdige ding verzeichnet. Erstlich hat er Stesichorum vmb seiner fürtrefflichen geschicklichkeit zu gnaden auffgenommen/ vnd jme gentzlich verzigen/ daß er jm nach dem Leben gestanden. Ja als er gestorben/ hat er jm bey dem Berg Aetna zu ewiger Gedechtnuß ein schön Grab auffgericht.

Zum andern hat er Perillum/ den kunstreichen Meister von Athen/ in dem Ochsen lassen verbrennen/ welchen jhm derselbe/ die Leuth damit zu plagen/ verehret hat-

te. Dann als gedachter Perillus Phalaridis liebe zu den Künsten vnd freygebigkeit vernommen/ hat er ein ehrinen Ochsen gegossen/ vnd denselben Phalaridi verehret. Dieser Ochs war inwendig hol/ vnd hat ein heimliche Thür/ darinn solte man ein Menschen stossen/ vnd darunder ein Fewr machen/ so wurde er gleich wie ein Ochs brüllen. Da solches Phalaris verstanden/ hat er sich vber

solche

solche grawsamme that erzürne/vnd den Meister Perillum alsobald zum ersten darinn' verbrennen lassen. Nach dem die Carthaginenser diesen Ochsen/alß ein sonderbar kunststuck/mit sich in Africam hinüber geführt/vnd denselben in der Hauptstatt Carthago zum Siegzeichen vnnd spott der Agrigentiner auffgericht/hat jhn Scipio widerumb von dannen gehn Agrigento gebracht/ vnd der Burgerschafft daselbst verehret/sprechende: Sie sollen billich bedencken/ob es den Sicilianern nutzlicher seye jhren Tyrannen zu dienen/dann aber den Römern zugehorchen/weil sie hie ein denckzeichen haben geübter Tyranney im Vatterland/vnd der Römer freundligkeit.

Schöner Weyher zum schwimmen.

Wunderbar Saltz.

In dieser Statt ist auch ein Hercules gestanden/so an Kunst vnnd schöne alle andere Bilder vbertroffen: daß auch Cicero/der sich dann auff die Künst/nit wenig verstanden/bezeugete/er habe schöner stuck niemahlen gesehen.

Es war sich auch nicht wenig vber den Weyher zuverwundern/den die Agrigetiner in jrer Statt gebawen/damit sie sich in demselben mit schwimmen üben kondten. Dieser Weyher hatte im bezirck tausent schritt/war 60. Schuh tieff/lieff vol schöner Fischen/vnd Schwanen: ist heutiges tags gantz verwachsen/vnd zu einem Veld worden/darauff vielerley stauden wachsen.

Bey der Statt ist ein grosse Steingruben/la Cavetta genannt/darauß die gefangnen Carthaginenser grosse Marmorsteinine Säul haben hauwen müssen: wie dann auch dieselben obgedachten Weyher gegraben.

Plinius sagt/daß man etlichen Pferden zu Agrigent stattliche Gräbnussen vnd grosse Pyramides habe auffgericht.

Nicht fern von dieser Statt wirdt ein Saltz gefunden/so im Fewr zerschmiltzt/im Wasser aber gestehet vnd hart wird.

Es ist darumm ein Brunquell/davon man ein treffenlich purgier Oel zeucht.

Von den Stätten Lilybeo vnd Drepano.

Lilybeum vnd Drepanum seynd vorzeiten zwo sehr fürnemme vñ reiche Stätt gewesen/gegen Africam hinauß gelegen: deren diese noch heutiges tags in gutem wesen/von den Sicilianern Trapani genannt: jene aber jämerlich abgangen/vnd nichts dann alte Gemäwr hinderlassen/darunder ein wunderbar Gebäw/mit etlichen Stiegen/vnnd finstern Gewölben wie ein Labyrinth/

Von Italia.

byrinth/ vnd jetzige Gefängnuß/ oder Begräbnuß: wie dann auch ein alter Tempel/ sampt einem Schöpffbrunnen/ darbey der Sibyllen von Cuma Grab/ gewesen. Nit fern von Lilybeo werden die wundergrossen Steingruben gesehen/ darauß die Stattmawren zu Carthago in Africa gebawen worden. Weil aber diese Statt sehr wol gelegen/ hat man Marsala darbey gebawen/ so zimblicher massen bewohnet.

Trapani ist in die krümme wie ein Sichel gebawen/ daher sie dann auch von den Griechen den nammen Drepanum/ so ein Sichel heisset bekommen. Hat ein gewaltigen Port/ vnd stattlichen Kauffmanshandel. In dem Meer darumb werden sehr köstliche vnd schöne Corallen gefunden.

Von der Statt Segesta.

Diese Statt hat Aeneas alß derselbe von Carthago kommen/ vnd in Italiam gesegelt gebawet/ vnd nach Acesta/ einem fürtrefflichen Helden von Troia/ welchen er sampt andern seinen Gesellen darinn gelassen/ Acestam geheissen/ wurd hernach Segesta genannt. Nam von tag zu tag an Gewalt vnd Reichthumb hefftig zu/ vnd bekam einen sonderbaren Tyrannen oder Fürsten. War von den Carthaginensern eyngenommen/ vnd geplündert/ damahlen dann auch die schöne Statua Dianæ gehn Carthago geführt worden/ welche hernach Scipio widerumb gebracht/ vnd an jhr ort gestellet/ endlich aber Caii Verris Diener gestolen/ vnd mit gewalt davon geführt/ ohn angesehen das die Weyber mit grossem Geträng nachgeloffen/ vnd der Abgöttin neben vielfaltigem weinen vnd klagen Rauchwerck vnd Opffer vorgetragen/ daß sie nicht solte von dannen weichen. Als ein berühmbter Künstler mit nammen Paterculus Aemilio Censorino dem Tyrannen zu Segesta ein ehrin Pferd verehret/ in welchem man die Menschen solte verbrennen/ hat der Künstler vnd erfinder solcher grausamen Marter/ eben wie Perillus/ das Probstuck an seinem selbs eygnen Leib vnd Leben müssen sehen lassen.

Von der Königlichen Statt Palermo. Cap. lxvj.

Diese Statt ist trefflich alt/ vnnd lang vor dem ersten Carthaginensischen Krieg mechtig bewohnt vnd vest gewesen: wie sie dann damahlen von Aulo Equilio/ vñ Cajo Cornelio Burgermeistern zu Rom/ alß dieselbe mit 350. Galeren dahin von Messina gesegelt/ eyngenommen vnd die Carthaginenser darauß geschlagen worden. Darauff sie dann auch die Römer mit einer guten Besatzung versehen/ vnd als sie jhr Trew gnugsam gespürt/ zu einer Römischen Colonien gemacht haben. Ist heutiges tags eine von den schönsten/ prächtigsten/ reichsten vñ besten Stätt in Europa/ hat ein trefflichen guten Meerhafen/ feste Mawren/ Wäl vnd Pasteyen/ so alle Keyser Friderich der ander gebawen: Item sehr köstliche vñ künstliche Kirchen/ prächtige Pallast/ schöne grade vnd breyte Gassen/ fürnemblich Cassaro vnd Strada nova/ so in schöner länge vnd gräde ein Creutz durch die gantze Statt machen. Hat ein sehr gesunden Lufft/ fruchtbar Land/ lustige Gärten/ gute frische Wasser/ viel Gevögel/ vnd dergleichen nohtwendige vnd lustige Gelegenheiten/ wie dann auch dieselben schon vor alten zeiten gewesen. Daher dann die König dieser Jnsul daselbsten Hof gehalten/ vnd hat noch heutiges Tags der Vice König/ das Parlament/ vnd fast die gantze Herrschafft jhr Residentz vnd Wohnung daselbst. Vnd weil ein vnzahlbare mennig Volck/ in dieser Statt wohnet/ ist da die Schärffeste Inquisition/ so jrgend in einem Landt seyn mag/ von jhnen Santo Officio das H. Ampt genant/ dahin gelegt worden. Diese Inquisition aber ist also beschaffen/ daß nicht nur die Evangelischen vnd durchreysende daselbst in höchsten vnd eussersten Gefahren/ sondern auch die Spanier/ Italiäner/ vnd Eynwohner selbst vom Vnglück nit gefreyet sind. Vor etlich jahren haben sich jrer zween mit einander auff der Gassen gepalgt/ vnd der eine vber den andern das Rappier außgezogen/ darauff ein Burger zu jhnen gesagt/ sie solten zu frieden seyn/ es stehe nicht wol/ daß einer gegen seinem Nechsten das Wehr zuck. Dieser mit dem Rappier sagt/ sein Widerpart seye nit sein Nechster. Nun aber was geschicht? Diß Wort wurd durch ein heimlichen Außspäher der Inquisition angezeigt/ der solches gesagt/ daß nemlich derjenig/ mit welchem er gezanckt/ nit seyn nechster sey/ wurd ohne verzug ins Gefängnuß geworffen/ vnd vber wenig tag hernach gerichtet. Da man das Vrtheil verlesen/ wie solches offentlich auff einer hohen Brucken geschicht/ vnd wurd anderst nichts vermelt/ dann daß dieser das Leben verwürckt habe/ weil er gesagt: Es seye sein Widerpart nit sein Nechster. So einer flucht/ oder von Religions sachen der von der Priesterschafft/ vnd dergleichen schimpfflich redt/ wird er also bald eyngezogen/ vnd fürnemblich wann er keines grossen Vermögens vnd Ansehens/ jämmerlich tractiert. Die Thumbkirch zu Palermo ist vber die massen künstlich von dem schönsten Marmor gebawen/ vnd mit Mosaischer vnd Arabischer Arbeit auff das allerstattlichst gezieret/ darinn neben andern grossen Herrn Keys. Friderich der I. vnd dessen Sohn Keyser Heinrich in grossen Gräbern von Porphyr/ wie dann auch Königin Constantia vnd H. Wilhelm/ in schönen weisen marmorsteinen Särcken ligen begraben. Auff einer seiten dieser Kirchen ist ein sehr reicher Spittal für die Krancken vnd Findelkinder/

Scharpffe Inquisition.

deren

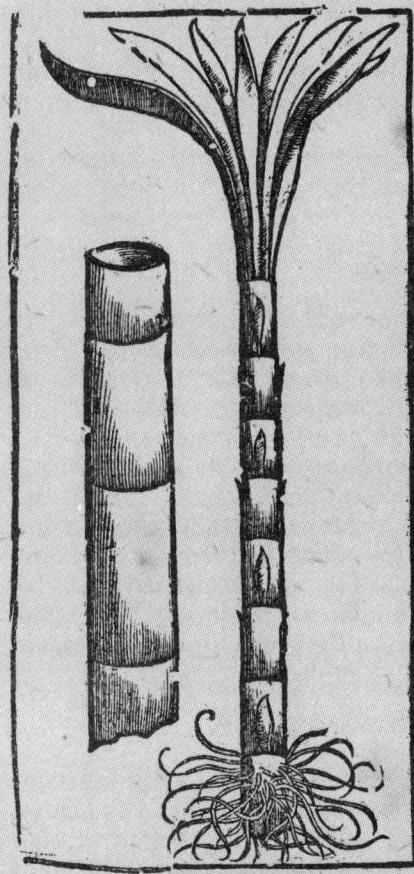

Zucker wie man jhn er-
zehe.

Eisala.

Ein grosser
Wassergus.

deren jederzeit ein grosse anzahl/gar ehrlich vnnd wol vn-
derhalten/vnd erzogen werden. Auff der andern seiten ist
der ort/da König Rogier/beyde Wilhelm/Tancredus/
Keyser Heinrich/vn Keyser Friderich sein Sohn/Man-
fredus vn Petrus von Arragonien König vber Siciliam
gekrönt worden. Das Kauffhauß la Doana/ist vorzeiten
ein Königlicher Pallast gewesen/von Andrea Claramon-
te erbawet. Es wachßt vmb diese Statt gar ein groß gut
von Zucker. Sein gewechß ist nicht ferz von dem Meere.
Man muß den Boden gar wol misten/vnnd im Mertzen
stoßt man in den grundt etliche knöffechtige Stuck von
dem Zuckerrohr/begeußt es viel durch den Sommer/vnd
bricht jhm stäts Bletter vnd andere vnnütze Gewechß ab/
wo es zu viel geil wolt werden. Darnach vmb S. Andres
tag bricht man die Rohr ab/vnd laßt die Wurzel stehn für
das künfftig jahr. Die Rohr schneidet man in kleine stuck-
lein/vnnd seudet den Safft darvon in einem Kessel/vnnd
seucht jn durch ein Lümpe. Weiter seudt man diesen Safft
zum andern mal/ja auch zum dritten mal/vnd rührt jhn
ohn vnderlaß/biß das vnsauber alles darvon kompt. Ich
habe hieher lassen figurieren die rechte form vn gestalt des
Zucker Rohres/groß vnd klein/vnd darbey sihest du/wie
dieses Rohr auff viel weg dem gemeinen Rohr gleichför-
mig/außgenommen daß es nicht von innen lär ist/sonder
ein süß Marckt hat/den truckt man darauß/vnd seudt jhn
wie gemelt ist. Nicht weit von Panormo ligt ein Boden
der heißt Eisala/da ist ein Quell heisses Wassers/das den
Krancken vast heilsam ist. Bey dieser Statt ist Anno
1557. auff den 25. Tag Septembris so groß vngewitter
entstanden/daß es am andern Tag hernach bey Mitter-
nacht/ein groß Gewässer gebracht/das vnseglich viel Gebäws hernider gerissen/vnd an Leut vnd
Gut grossen schaden gethan.

Beschreibung der Insel Malta. Cap. lxvij.

Baumwollen
gewechß.

Malta die Insel/wegen des guten
honigs von den Griechen Me-
lite genannt/ist bey 25. Meilen
von Sicilien gelegen gegen A-
frica zu/im Meere/das zwar
gefährlich ist zu fahren. Diese
Insel haben etwann die Africaner inngehabt/de-
ren gemischte sprach die Eynwohner noch heut
zu tag sich brauchen/vnd die Schrifften in Mar-
morsteine so man noch findet/weisen es auß. Das
dort bey dem Poeten Plauto eyngemischet/Pu-
nischer oder Barbarischer sprach/das wissen sie
etlicher massen wol außzulegen. In jhrem vmb-
fang ist sie vast 15. Meil wegs/eben vnnd gelegen
gleich wie ein einiger hoher Felß/der vberall vnd
gegen allen Winden sich ersterck vn auffbeumet.
Gegen Mitternacht hat sie kein wasser/gegen vndergang ist sie wol befeuchtet vnnd hat viel zamer
Bäum vnd Gewechß. Die gantze Insel ist frucht-
bar/tregt Korn gnug/Flächs/Kümmig/vnnd
Baumwoll/die vber alle andere köstlicher dan die
so in Hispani od Barbarey wechßt. Ein Zweig-
lein scheußt auff wie ein Bäumlein/ Schuhs
hoch/vnd gantz Hültzen/das tregt drey oder vier
Estlin/bringt laub schier wie die Weinräbe/doch
nit so groß/ein dunckel gälben Blust hat es/dar-
auß wird ein Nuß/etwas grösser dann ein Hasel-
nuß/

Von Italia.

nuß/die so sie zeitig/schnellt sie auff/hat ein harten Kern/der mit reiner Baumwoll vberzogen/ wechst nicht gern am feißten boden/vnd will gute Sonnen/auch dürr Wetter haben. Im Frühling wird es gesaet/vorgefeuchtet/vnd die Aecker ligen nimmer müssig/sagen es tünge sie/man jettets zu seiner zeit. So mans abrupfft/hat man nicht gern Regen. Man bawet sein auch mehr dañ des Korns/der gewinn ist grösser/vnd ob schon der vberfluß am Korn nicht da/so ist doch Sicilien nahe/die so wol speiset/vnd die Eynwohner leben auch schlechtlich/alß die wissen/daß jhr Vatterland den vberfluß nicht erschwingen möcht. Viel Kümmig zeugen sie/der will ein dünnen Böden haben/vnd dessen zweyerley/der ein ist gleich reeß wie Zimmat/der ander wie der Aeniß süß. Das gantz Jahr haben sie zu seen oder zu schneiden: dann so sie das Korn abgeschnitten/so ist da die Baumwoll: wo die Baumwoll ab/so kompt dann Gerst/Kümmig vnd anders. Den 16. theil erwuchert es vast/so fruchtbar ist jhr Boden. Es solt sich einer verwundern wie das Erdtrich so viel tragen möcht: dann da der Boden am dicksten ist/ist er etwan anderthalb Ellen: dann so hat er nichts dann Felsen vnd Letten/durchauß ist er steinig/die Stein seind zu bawen vnd zu Kalck gut/ sie lassen sich lieber sägen dann Holtz/so waich seind die Stein/fein weiß. Der meiste theil der Insuln ist öd/das Veld voll Stein/doch so wächst Graß genug/das Vieh dazu weyden/wolriechender Klee/Quendel/Tymet schiesset an allen orten herfür. Vnd in Felsen haben die Eynwohner hölinen/darinnen wohnen sie/das seind jhre Häuser. Kath/Disteln vnd Kühmist gedört/brennen sie/deßgleichen die Kern so von der Baumwoll kommen/wiewol sie auch das Vieh darmit mesten: dann es hat gleich ein geschmack wie Eychel. Sie haben auch trüb vnd gesaltzen Wasser/ das süß Wasser ist in Brunnen/das müssen sie nur vom Regen im Winter in Cisternen fassen/die zwar nicht tieff/sondern gern den Sommer abgehen. Ein grosse Hitz ists im Sommer/vnd machedie Leuth schwartz/vnd ob schon der Wind die Hitz miltert/so thut ers doch mit schaden: dann er darff offt Häuser vmbreissen/Leuth hinweg führen/vnd bringt ein Staub der dem Gesicht weh thut. Kein Schnee oder Eyß haben dise je gesehen/daß die Mitnächtigen Wind die bey vns kälte vnd eyß/bringen bey jhnen Regen/das bringt jhnen dann Graß vnd alle völle. Thaw fallt in Sommernächten wie der Regen/das bringt die Frücht für. Die wolgeschmacktesten Rosen vnd Violen in der Welt wachsen da/also das auß den an allen orten süssen vñ wolriechendē Kräutern/ darauß die Jmmen saugen/viel Honigs gemacht wird/ja das best in der Welt: hat gute Feygen/ vnd gepflantzte Palmenbäume. Viel Schaff/Geiß/Ochsen/Esel/Maulthier/Cunill/Rebhüner: Item/Frücht/wachsen auch nicht von jhnen selbst/man muß sie setz. Oelbäum/auch Weinräben/deren doch die Trauben besser weder der Wein. Hat Saltzgruben vnd allenthalben ein Sandboden/schöne kleine zottete Hündlein/die weit vnd thewr verkaufft werden. Kein vergifft Thier wachst darinn/vnd so es hineyn kommt/oder geführt wirt/so muß es sterben. Zwo meilen vnd ein halbe ist sie breit/lang etwan fünff meilen/von Jtalien gegen dem Vorgebürg Spartivento/ das jhm am nechsten/seind 50. meilen/in Africam ists weiter. Jhr mitte ligt vnder dem 38. grad vnd 45. minuten der länge nach/der breite 34.40. Es hat viel mehr Dörffer/auch viel mehr Leuth dañ ein solch Land tragen mag: dañ in 8. Pfarzen so auff dem Land seind/werden ob 20000. Menschē gerechnet/vnd darab sich wol zu verwundern/werden sie gemeinlich alt biß auff jhre 70. oder 80. jahr. Es ist ein friedsam/nicht häderisch Volck/Gotisförchtig/hübsche Weiber haben sie/aber gantz vnholdselig vnd wild/fliehen alle Mann/wann sie außgehen/so verhüllen sie sich dermassen/ daß es gleich für ein Ehebruch gerechnet/wo sich eine vnder dem Angesicht sehen laßt.

Der Jnsul Malta fruchtbarkeit.

Zur zeit Didonis hat Battus ein König da regiert/vnd sich an sie ergebē/alß die aber vmbkommen/hat Anna jhr Schwester bey jhnen vnderhalt gehabt. Da ist die Jnsul durch Hiarbam den Carthaginensern vnderthan worden. Zur zeit alß zu Rom Hostilius herrschet/da hatten die Meliter kundtschafft zu dem Tyrannen Phalaris/der sie hoch lobt/vnd mit Geldt jhnen zu hilff kam in nöthen. Ja sie bawten der Junoni einen Tempel an das Vorgebürg gegen Auffgang/darinn waren schöne Schätz/vnd zuvorderst die schönsten Elephanten Zeen/die Masinissa der König/ alß sie sein Hauptman hinweg genommen/wider in Tempel führen ließ. Desselbigen Tempels anzeige geben noch etliche alte verfallene Gebäw die gefunden werdē/wunderbarlicher köstlichkeit vnd grösse. Gegen Mittnacht hetten sie ein Tempel dem Herculi auffgericht/da jetz Port Euri ist/dessen noch viel wunderbarer Wahrzeichen daselbst vorhanden. Wie aber Sicilia vnder die Römer kommen/da ist auch Malta je vnd allweg durch einen Landvogt verwaltet worden/biß sie die Keyser in Griechen/vnd hernach die Saracenen eyngenommen.

Anno Christi 1090. nam sie Rogerius der König in Sicilien eyn/vnd vertrieb die Saracenen/ vnd ist also vnder derselbigen König in verwaltung stäts verblieben. Bey diser Jnsul hat der heilig Paulus einen Schiffbruch gelitten. Act. 27. 28. Es sagen auch die in der Jnsul/daß ein jedes Kind so auff S. Paulus bekehrung Tag geboren werde/förchte kein Schlangen/vnd mit jhrem speychel mögen sie ein jede Geschwulst vom Hecken heylen.

Malta vnder dem Königreich Sicilië.

Zun zeiten Theodosij des Keysers ward ein Concilium zu Malta gehaltē/dahin kam̄ 214. Bischoff/dasselb wird für das achtest gerechnet/vnd in den Decreten für das achtest angezogen. Darauff ist gewesen Sylvanus der Bischoff zu Malta/Aurelius von Carthago/vnd Augustinus

Concilium zu Malta.

von Hippona. Im Geistlichen Rechten heißt man es das Milevitanische Concilium/vnd den Bischoff daselbst Milevitanum.

Die Insul ist auch ein sondere Vormawr Sicilię vnd Africę/vnd welche sie je gehabt/die haben sich jhrer Feind desto besser erwehren mögen/vnd die Widerparten darauß am füglichsten bekriegen/die im Zaum zu halten. Die Römer vnd Carthaginenser haben vast all jhr Schiffstreit vmb die Insul herumb gethan/vnd ist sie allweg den Römern gewogner gewesen. Erst haben sie sich Sempronio ergeben/alß Hannibal bey Trebeia in Italien erlag.

Rhodis vom Türcken erobert.

Alß aber der Türck Anno 1523. auff den Heiligen Christtag / den Christen die Insul vñ Statt Rhodis abgetrungen/vnd die S. Johanser Herren mit jhrer Haab abziehen lassen/da fuhren sie in Candien/allda lag der Hochmeister Philipp Valerius Liladamus ein Monat still/fuhr hernach auff Corfun/kam im Meyen gegen Messina in Sicilien/da entstund ein Sterbend/also daß sie gen Neaples wichen/wurden wol empfangen/vnd von dannen zogen sie gen Rom. Da aber Bapst Adrian gestorben/vnd Clemens Bapst worden/gab jhnen derselbig Viterbium eyn/da Hoff zu halten/biß daß Anno 1529. Keyser Carlen der fünfft jhnen im Julio dise Insul eyngeben/mit dem geding/daß sie stäts vier Galeen halten wider die Türcken vnd Saracenen auff dem Meer die Christenheit zu bewahren/also haben sie daselbst hin jhren Sitz des Hochmeisters Hoff/Läger vnd allen Schatz gelegt. Vnd dieweil das Sicilianische Meer stäts mit seiner vngestüme an dise Insul schlegt/hat es sie an etlichen orten dermassen abgestossen/daß es vberall daselbst Porten oder Häfen gemacht/die vor zeiten/wie man wol sihet/bewahrt gewesen gegen Sicilien. Sonst zu allen orten ist es mit hohen Felsen vnd tieffem Meer verwahrt vnd vmbgeben. Das alt Schloß ist auch auff einem hohen Felsen gebawen gewesen/wiewol mit der Statt in grund gerichtet/da die Rhodiser Herren ankommen. Aber es ist vast die Statt vnd Schloß dermassen von den Herren bevestiget/daß sie ausserhalb Hungers niemands eroberen oder zwingen mag. Auff ein meil wegs von diser ligt noch ein Stättlein/das etwa/wie die eyngefallenen Gebäw anzeigen/viel grösser gewesen. Bey dem Tempel Junonis ligt ein Capell/heißt vnser Fraw zu Gorte. Jhren Lustgarten haben die Herren/der wirdt Marsa genandt.

Türck belägert Melitá

Die Insul vnd Veste hat Anno 1551. der Türck durch Senam seinen Hauptman mit 150. Segeln belägern vnd beschiessen lassen/acht gantzer tag nicht gefeyrt/viel verschossen/aber nichts außgericht/vnd vngeschafft darvon abgezogen/doch in der Insul an Gütern vnd Feldern grossen schaden gethan. Dise Insul hat allweg ein Bischoff gehabt/dann zu Gregorij zeit/ist da gewesen Bischoff Lucillus Anno 596. Die Bischöff aber seind hernach verschoben worden vnder die Ertzbischoff zu Palermo in Sicilien/wie Adrianus der Bapst meldung thut an den Bischoff zu Agrigenta/zu Maraza vnd zu Meliten/schreibende: Die Ritterherren werden seydt der Tripolitanischen Niderlag (vor kurtzen jahren vergangen) vom Türcken hart angefochten. Etwa ein meil von diser Insul gegen Nidergang/da ligt ein andere/Gaulus geheissen/die Eynwohner nennen sie Gaudici/wirdt sonst gemeinlich Gozo genennet/ist etwa sechs meil im vmbfang/hat ein edlen fruchtbaren boden zu Getreyd. Ein Statt jhres Namens ist darinnen auff einer höhe gelegen/die Eynwohner reden Saracenisch/wiewol sie Christen seind/kein vergifft Thier mag darinn wohnen noch bleiben/der Staub so man daselbst auff faßt vnd stäubt/verjagt alle Schlangen vnd vergiffte Thier. Sie ist dem Bischoff zu Malta vnderworffen/sonst den Rhodiser Herren mit Malta vbergeben. Vnd alß der Türckische Hauptman Senam Anno 1551. die Jnsul Malta nicht gewinnen mocht/beschoß vnd stürmbt er dise Statt drey tag an einander/plünderts/stieß sie mit Fewr an/vnd führt bey 4000. Christen darvon.

Bistumb zu Malta.

Beschreibung der jüngsten Belägerung der Insul Malta/Anno 1565.
Cap. lvviij.

ES haben die Rittersgenossen diser Insul vor der zeit an/da sie in die gesetzt worden/dem Türckischen Keyser Solymanno nicht allein viel vnd mancherley Rahtschläg/zu nichts vnd ohne ein fortgang gemacht/sondern jhm auch den freyen gebrauch des Meers verhindert. Derhalben name er jhm für dise Insul auch zu eroberen/vnd die Rittersgenossen zu vertilgen/welches in das werck zu setzen er ein gewaltige Armada von 131. Galeen vnd 29. Galliotten / vnder dem Piali vnd Mustapha Bascha im Jahr 1565. gesamblet: zu disen kamen auch des gewaltigen Meerräubers Dragattrais 13. Galeen vnd zwen Galliotten/demnach 7. Galeen/welche in der Vorhut Alexandrie vnder Zonchailly gestanden/ohne die vbrigen Schiff so vom freyen willen gezogen. In summa auff disen jetzgemeldten Schiffen war ein wol gebutzt vnd stattlich Volck in Kriegen wol erfahren biß in die 36000. mit Munition vnd aller notturfft beym vberflüssigsten auff drey Monat versehen/dise Rüstung ist zu Malta den 18. Meyens im gesagten jahr ankommen/vnd hat sich in dem Meerhafen Marza zu Siroco/gelägert/darauff sie gleich den nachvolgenden tag zu Land gestiegen seind/aber wie leichtlichen zu erachten/nicht ohne ein grosses Blutvergiessen/dann es blieben in disem ersten Scharmützel der Feind ein gute anzahl/dises gleichwol nicht geachtet

Von Italia. 587

achtet/kamen sie all zu Land/vnd nach gehaltenem Raht haben sie sich für S. Elmo geldgert/doch wider die meynung des Muſtaphe Baſche/welcher vermeynte man ſolte die alte Statt zum erſten belägern/auß welcher die vbrigen Veſtungen alle jhr hülff empfiengen/aber weil es dem Draguttrais (welchem zu volgen der Türckiſch Keyſer außtruckenlich befohlen hatte) nicht gefallen wolte/hat des Muſtaphe Raht kein platz haben mögen. Derhalben muſte S. Elmo zum erſten herhalten/welche man den letſten Tag Meyens mit 26. groſſer Stücken anhube zu beſchieſſen/diſe Gewalt hat gewähret biß auff den 6. Tag Brachmonats/da durch ein Sturm erſtlich zur Handwehr kommen iſt/doch nichts außgerichtet/dann daß der Feinden ein ſtattliche anzahl der Gräben hüten muſten/diſer Stürmen ſeind noch zwen gethan worden/ſo durch die Chriſten beſtändig vñ Männlich zu groſſem abbruch vnd nachtheil der Feinden außgehalten worden. Den 22. obgemeldtes Monats iſt Draguttrais von einem Büchſenſtein verletzt worden/vnd in zweyen tagen hernach geſtorben/welches den Feind dermaſſen entrüſtet/daß er den 23. nachvolgenden tag die Veſtung mit allem gewalt zu Waſſer vnd Land biß vmb den Mittag (mit abwechſlung des Kriegsvolcks) geſtürmbt hat/welches die Chriſten dermaſſen ermüdet vñ an kräfften geſchwächt/ daß ſie jhre Wehr nit mehr haben halten köſten. Iſt alſo diſe herzliche vnd gewaltige Veſtung obgemeldtes Tags von den Vngläubigen erobert worden: was ſie da gefunden haben ſie jämerlich

zetödt/die Ritter enthauptet/vñ das Hertz von jnen geriſſen/demnach mit Händ vnd Füſſen an ein lang Holtz gebunden/vnd für Burgo (den vbrigen zum ſchrecken) geführt. Es ſeind in S. Elmo 20000. ſchütz võ klein vnd groß kuglen gethan worden/vnd der Chriſten 1300. mit todt abgangen / nicht ohne groſſe bekümmernuß des Großmeiſters Joan. de Valetta/welcher ſich in diſen nöthen alſo vnerſchrockenlich vnd fürſichtig (wie einem Kriegsoberſten gebürt) gehalten hat/daß er billichen võ jedermenniglichen geprieſen werden ſoll: Nach gemeldter eroberung / welche dem Feind mehr erſchröcklich alß frewdig geweſen/ward den letſten Tag Brachmonats auch S. Michael an allen orten belägert/vnd mit etlich vnd 50. Stücken beſchoſſen: vnder deſſen iſt die hülff ſo den Rittern zu gutem vnder Don Garzia von Tolledo geſamblet zu Malta 8. oder 9000. ſtarck ankomen/welcher ankunfft/alß die Feind vernommen/haben ſie das Geſchütz vnd andere Kriegsrüſtung in die Schiff gefertiget/doch auch zuvor jhr Heyl an diſen newlich an-

Wahre bittnuß Joan. de Valetta

kommenen zu verſuchen/ſeind ſie nicht weniger alß 20000. ſtarck den Chriſten vnder Augen gezogen/aber alß ſie den Ritterlichen widerſtand geſehen/haben ſie ohn weiter zancken den Platz geraumet/vnd jhren Schiffen zu gelauffen/darauff den 12. Herbſtmonats von Land gefahren/alß ſie an S. Michael fünff/vnd an Bourgo ein General Sturm verlohren. In obgemeldte drey Veſtungen S. Elmo/S. Michael vnd Bourgo/ſeind bey 70000. Carthonenſchütz gethan worden/der Chriſten auff 9000. mit todt abgangen/nemlich 327. Ritter/3000. erfahrner Kriegsleut/ die vbrigen ſo vmbkommen/ſeind Eynwohner der Inſuln geweſen/Weib vnd Kind auch darzu gerechnet/welches gegen der erſchlagenen Türcken zahl gleichwol nicht zu rechnen/welcher biß auff 14000. vnd 8000. Schauffelbawren vmbkommen ſeind.

Das bierdte Buch

Beschreibung der Insuln Sardinien / durch Doctor Sigismundum Arquer / geboren von Sardinia / Sebastiano Munstero / sampt etlichen kurtzen Historien zugestellt.

Von

Von Italia.
Von gelegenheit vnd grösse der Insuln Sardinien.
Cap. lxviiij.

ES wird Sardinia in gemeiner Sprach genennet Sardegna/vñ wird gar fleissig beschriben von Ptolemeo vnd auch Plinio/wie lang vnd breit sie ist. Ihr Hauptstatt heißt zu vnsern zeiten Calaris/vnd man mag in zweyen tagen von jhr schiffen biß in Africam. Sie ist also lang/daß einer in sechs tagen zu fuß jhr länge mag vberschreiten/vnd in zweyen tagen jhr breite. Die Namen der Stätt haben sich zu vnsern zeiten gar verendert/gegen den alten Stätten/die Ptolemeus vnd Plinius brauchen. An dem ort da Sardinia sich gegen Corsicam zeucht/hat sie gar lustige vnd auch fruchtbare Berg. Aber gegen Africam hat sie ein eben Land/ vnd ein grossen Kornwachs/wiewol sie allenthalben fruchtbar ist/vnd vast viel Viehs zeucht/deßhalben auch das Fleisch vnd Käß wolfeil da ist/vnd die Kauffleuth grosse Handtierung da haben mit den Häuten/die sie sampt den köstlichen Käsen führen in Italiam vnd Hispaniam. Die Eynwohner haben viel zahmer vnd wilder Pferd/vnd ob sie schon nicht so groß seind wie der andern Ländern Pferd/mögen sie doch jhnen verglichen werden an der stärcke/schöne vnd behändigkeit. Es wachßt ein solcher vberfluß von Korn in diser Insuln/daß die Kauffleut jährlich ein grosse menge hinweg in Italien vnd Hispanien führen. Wann das gemein Volck in Sardinia etwas witziger were dann es ist/so möcht es ein solchen vberfluß aller dingen auß dem Erdtrich ziehen/ daß Sardinia an fruchtbarkeit vbertreffen wurd Siciliam. Der Wein wirdt auch gut in Sardinia/vnd wächst deß viel darinnen/weiß vnd roth. Kein Oel wächst darinn/aber daran seind die Eynwohner schuldig daß sie die Oelbäum nicht pflantzen. Es wachsen hin vnd her in den Wälden wild Oelbäum/ ist kein zweyffel/die zahmen wüchsen auch/wann man sie pflantzte/wie dann etliche angefangen haben zu pflantzen/ vnd deß kein schaden haben. Was die wilden Thier antrifft/solt du wissen/ daß das Land gar viel Hirtz/Schwein/ Damthieren/vnd sonst ein ander Thier haben/das sie Muffelthier nennen/darvon die Eynwohner vast geleben/besonder die so in den Bergen wohnen. Das Muffelthier ist vast einem Hirtzen gleich mit Haut vnd Haar/ aber die Hörner seind vmb die Ohren gekrümbt/gleich wie an einem Wider. Es ist so groß als ein mittelmässiger Hirtz/ißt Graß/haltet sich in den rauhen Bergen/hat ein schnellen lauff/vnd ist gut zu essen. Es ist kein Wolff in Sardinia/noch kein ander schädlich Thier/so aber das alles schädlichst vierfüssig Thier ist der Fuchs. Er ist so groß wie in Italia/vnd bringt vmb ein starcken Wider/ ein Geiß vnd ein jung Kalb. Es haben die Alten viel geschrieben/das kein gifftig Thier/kein Schlang/oder sonst Gifft in diser Insul sey/aber ein giftiger Lufft/vnd ein gifftig Kraut/vnd welcher darvon ißt/der sterbe mit lachendem Mund: aber ich weiß nichts darvon zu sagen. Das weiß ich wol/daß Schlangen vnd Scorpionen darinnen seind/aber sie seind nicht vast schädlich. Es seind viel Fischreicher Wasser in Sardinia/vnd besonder vmb Oristangen hat es viel Fischreicher Seen. Es hat auch viel guts süsses Wassers/besonder wo es bürgig ist/als vmb die Statt Calaris/die an einem Berg ligt. Item/man findt viel heiß Wasser darinn/vnd gute heylsame Bäder/die doch zu vnsern zeiten in ein abgang kommen seind/vnd nicht geachtet werden. Daß etliche sagen/es sey ein Brunn in Sardinia der veracht die Dieb/so sie jhre Händ darauß wäschen/ oder die Augen darmit netzen/vnd so sie schuldig seind/erblinden sie: seind sie aber nicht schuldig/ so vberkommen sie ein klar Gesicht/darvon weiß ich nichts zu sagen/ich hab auch nichts darvon gehört reden. Es seind reiche Sylbergruben in Sardinia/besonder bey der Kirchenstatt/zu Latein Ecclesiarum civitas, vnd ob man jetzund wenig Sylber darauß gräbt/ist doch das der Bergwercker schuld/die wol grösseren Nutz möchten erobern/wo sie fleissiger disem Metall nachstelleten. Plinius hat auch geschrieben/daß man Alaun in Sardinia finde/doch zu vnsern zeiten findet man keins mehr darinn. Aber Saltzgruben findet man gantz reichlich darinn/vnd das nicht allein an einem ort/sondern an vielen örteren/besonder bey der Statt Calaris/da man viel Gruben hat/dareyn man zu Winterszeiten das Meerwasser laßt lauffen/vnd daselbst versiegen/oder sich setzen/so kocht es die Sonn/daß man im Höwmonat vnd im Augstmonat so groß hauffen Saltz da findet/daß man es nicht gar erschöpffen mag. Vber das findet man auch gute vnd schöne Corallen da/welche schier alle andere vbertreffen solle/doch werden wenig weiß allher gebracht. Der Lufft ist gut vnd gesund/außgenommen an etlichen örtern/so auff der ebne ligen/vnd sonderlich

Muffelthier.

Sardiniæ fruchtbarkeit.

Fischreich vñ auch heiß Wasser.

lich bey der Statt Oristangen/da ist ein sümpffiger Boden/vnd wirdt der Lufft etwas von den auffsteigenden Dämpffen vergifft/daß die frembden jhn nicht wol mögen erleyden.

Von der Herrschafft die von alten zeiten her in Sardinia ist gewesen. Cap. lxx.

Sardinia ist vor gar alten zeiten her bewohnt gewesen/wie Plutarchus im Leben Romuli anzeigt/vnd werden sonderlich benamset die Tuscier/die Pönen/die Griechen/vnd nach jhnen seind dareyn kommen die Hispanier vnder dem Hauptman Noraca/welche auch gebawen haben die Statt Noram/welche doch zu vnsern zeiten nicht mehr vorhanden ist/man wöll dann für sie nemmen den schlechten Flecken Nurum jetz genandt. Man findt noch gar alt Gebäw in Bergen vnd in andern rauhen örtern/deren Gemäwr sich in der höhe zuspitzen/gleich wie die Thürn. Sie seind von grossen Steinen gemacht/vnd haben enge Thörlein/vñ in der dicke der Mawren gehen staffelen vbersich in die höhe/haben ein form gleich wie die Bollwercken oder Pastey/so man jetzt pflegt vmb die Stätt zu machen. Plinius will daß die Ilienser/das seind die Trojaner/haben vor langen zeiten genistet in diser Insul. Darnach da die Athenienser seind in jhrer Herrligkeit gewesen/haben die Griechen Sardiniam eyngenommen/vnd die Africaner so kurtzlich dareyn kommen waren/darauß getrieben/vnd haben gebawen die Statt Calarim. Etliche jahr hernach da die Römer vnd Carthaginenser vneyns wurden der Insul Sardiniæ halb/haben die Römer endtlichen Sardiniam vndersich gebracht/vnd deßhalben schreibt Plinius/daß Calaris seye ein Besatzung vnd Statt der Römischen Bürgern/gebawen zu Lisibons Thurn. Alß aber das Römisch Reich widerumb in ein abfall kam/haben die Africaner Sardiniam widerumb beherrschet/biß zu letzt die Pisaner vnd Genueser mit gewalt dareyn geschifft/die Africaner widerumb darauß getrieben/da haben sie die Insul vnder sich getheilt/vnd ein theil genennet Caput Calaris: das ist/die Hohe Herrligkeit der Statt Calaris/vnd das ander Caput Lugudori, welches die Ligures oder Genueser beherrschet haben.

Calaris von den Griechen gebawen.

Sardinia getheilt.

Es haben dazumal die Eynwohner Sardiniæ auch jhre Richter gehabt/die jhren Sitz hatten zu Arborea/welche Statt jetzt heißt Oristangen. Es war auch einer zu Genua der hieß Branga Doria/der hett ein grosse Herrligkeit in der Hohen Herrligkeit Lugudori/vnd schreib den seinen Gesatz für/welche zum theil noch in etlichen örtern gehalten werden/gleich wie in der Statt Ecclesiarum noch etliche Gesatz blieben seind in jhrem wesen/von den Pisanern zum ersten dem Volck fürgeschrieben. Item/die Richter so zu Arborea waren gesetzt/haben auch nach jhnen verlassen Gesatz/die auch noch gar nahe in der gantzen Insuln gehalten werden vnder dem Bawrsvolck/vnd werden genennet Carta de Logu. Alß aber in nachvolgenden zeiten die Pisaner den Bapst zu Rom erzürnet hetten/thet sie der Bapst in Bann/vnd gab die Insul Sardiniam dem König von Arragonia. Da macht sich der König auff mit einem grossen Zeug/vnd erobert die Statt Calarim/trieb die Pisaner auß der Insul/vnd zog zu jhm auch mit der zeit die Herrschafft/so die Genueser darinnen hatten/vnd an statt der Richter satzt er hin vnd her ins Land Freyherren vnd Edlen/vnd auß dem Gericht so zu Arborea war/macht er ein Marggraffschafft/vnd gab sie einem von seinen Vnderthanen zu Lehen. Also haben die König von Arragonia vnder sich gebracht die Insul/vnd haben sie auch biß zu vnser zeit friedsamlich geregiert. Im jahr 1549. ist ein Statthalter darinn gewesen Herr Antonius von Cardona/geboren von hohem vnd edlem Geschlecht/der auch etwas verwandt ist Carolo dem fünfften Römischen Keyser vnd König in Hispania/der regiert die Insul gantz löblich mit grosser fürsichtigkeit.

Sardinia kompt vnder die Arragonier.

Von den Stätten der Insul Sardinia. Cap. lxxi.

Sardinia ist zimlich Volckreich/vnd hat auch nicht wenig Stätt/vnder welchen Calaris/vnd auff jhr Sprach Cagler/die fürnehmste vnd mächtigste/gelegen an eim Berg/vnd zum theil darauff/auff der seiten gegen Africam. Sie hat ein hübsche Porten des Meers/darbey stäts allerley Schiff gefunden werden/die in Orient vnd Occident mit Kauffmansgütern fahren. Die Statt hat drey Vorstätt/wie jhr Contrafehtung hie vnden anzeigt/vnd wirdt vmbfangen mit starcken Mawren. Es halt sich vast da der Vicere oder Statthalter des Königs sampt den Graffen vnd Freyherren/auch andern reichen Herren/vnd hat die Statt jhr Regiment für sich selbs/vnd tregt auch der König jhnen nichts in jhre Sach/sondern sie erwöhlen alle jahr fünff Burgermeister/die der Statt Nutz fürdern. Sie haben Gewalt in etlichen Sachen Gesatz den Bürgern fürzuschreiben/die boßhafftigen zu straffen/auch am Leben. Es hat die Statt viel Privilegien vnd Freyheiten empfangen von den Arragonischen Königen jhrer Trew halb/so sie gemeldten Königen hat bewiesen. Man macht bey diser Statt viel Meersaltz/vnd wachst auch vast guter Wein da/weiß vnd roth.

Von Italia.
Calaris die Hauptstatt in Sardinia.

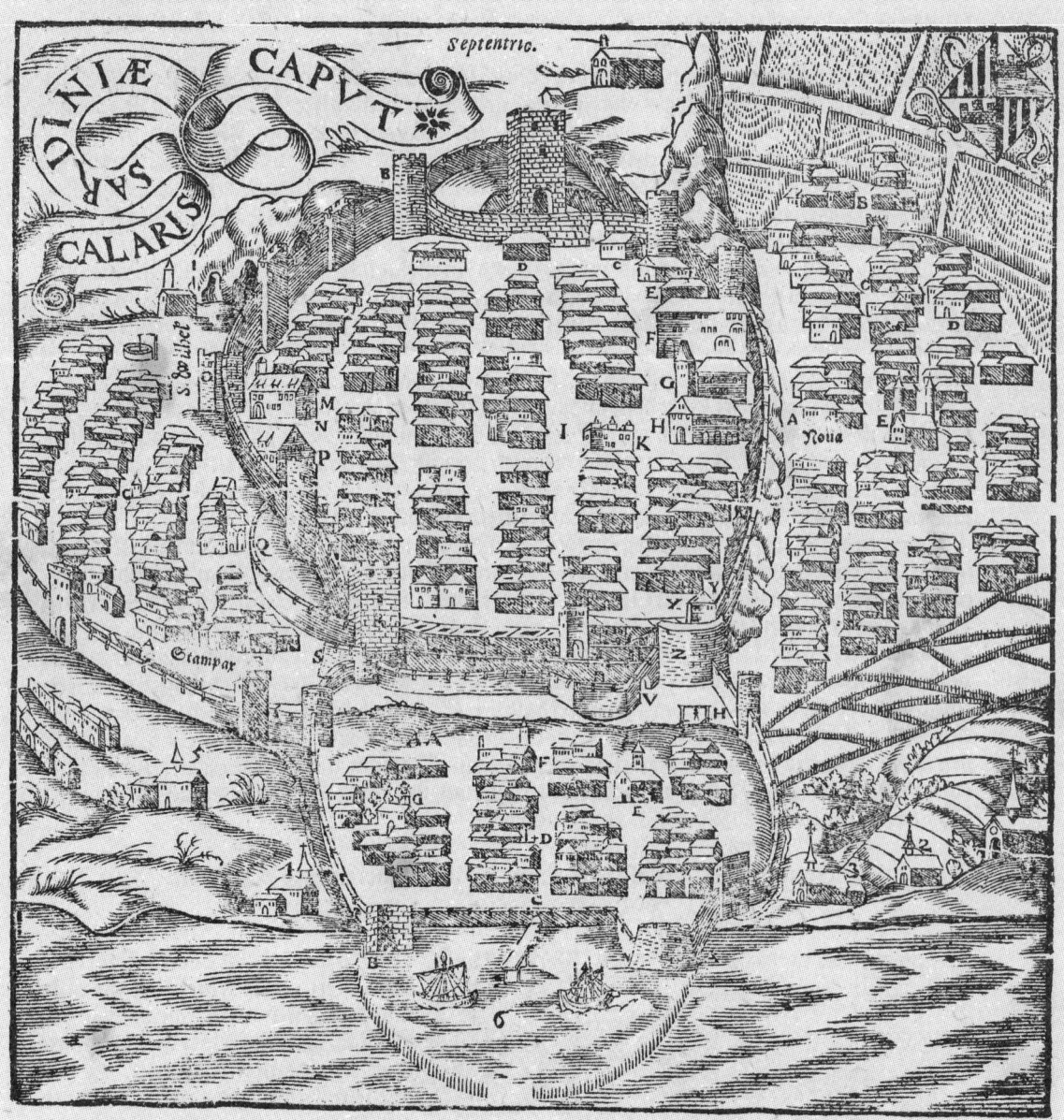

Erklärung erlicher örter zu Calaris.

A S. Brancatij Thurn / auß Marmorsteinen gemacht.
B Das Rüsthauß.
C S. Brancatij Porten.
D S. Brancatij Brunn.
E S. Lucia Nunnenkloster.
F Des Königs Pallast.
H Bischoffliche Kirch.
K Das Rhathauß.
L Der Marckt.
M Die Jüdengaß.
N Zum Heyligen Creutz / der Kinder Schul / da etwan der Juden Synagog gewesen.
O Q Zwen Bollwerck / wie auch zwey sehn bey dem S vnd Z. Jn Vilia nova ist S. Johannes Kirch / Pfarrkirch vnd ein Prediger Closter.
In Gliapola seind drey Kirchen vnd d r Galgen.
In Stampax ist ein Pfarrkirch vnd Sanct Claren Closter.
Ausserhalb den Vorstätten hat es viel Clöster / die seind mit Ziffern verzeichnet.
1 Ist ein Closter zum guten Luffl genandt.
2 S. Marien Port.
3 Jesus ein Barfusser Closter.
4 S. Augustin Closter.
5 Ein ander Barfusser Closter.
6 Palisa / da das Meer mit Pfälen vmbfangen.

Die Hauptstatt Calaris abcontrafehtet/so viel möglich ist gewesen/wirdt abgetheilt in vier Stätt/deren die mittel Statt eygentlich die Statt Calaris/vnd was darumb ligt/seind vast Vorstätt/nichts desto weniger mit Gräben vnd Wehrinen wol verwahret/vnd von alt Calaris vnderscheiden. Villa Nova ligt gegen Orient/Gliapola gegen Mittag/vnd Stampax gegen Occident. In der alten Statt hat es ein gevierdten Thurn/sehr groß vnd hoch/von lauter Marmorstein/welchen die Pisaner gebawet haben. Sie hat ein wunder gut vñ starck Port/an welches eynfahrt zwey Bollwerck zimblicher stärcke/gebawen seind: auß disem Port ist Carolus der fünfft im jahr 1542. auff Goleta zu geschifft.

Oristangen. Oristangen ein andere Statt/auff der ebne/nicht fer von dem Meer gelegen/hat ein Port des Meers gegen Occident/ist aber ein vngesunder Lufft da/der Sümpff vnd Lachen halb/so darumb ligen/deßhalben sie nicht Volckreich ist. Die See vnd Sümpff seind gantz Fischreich/vnd fleußt auch neben diser Statt hin das gröst Wasser so in Sardinia ist. Es hat die Gegenheit vmb dise Statt etwan Arborea geheissen/aber jetz ist es die Marck von Oristangen/vnd hat Marggraffen gehabt. Da aber einer widerspennig ward dem König/ist er seiner Herrschafft beraubt worden/vnd das Land ohne mittel dem König vnderworffen.

Turris. Turris/oder zum Thurn/ein andere Statt/vnd ein Besatzung der Römer (wie Plinius meldet) die Ptolemeus nennet Turrim Bissonis, war vor zeiten gelegen gegen Mitnacht/am Gestaden des Meers/wie dañ noch am selbigen ort ein verfallen Gebäw stehet/das man Portum Turris nennet. *Sassaris.* Da sie aber zerbrochen ist worden/ist die Statt Sissaris auffgangen/die zwölff Welsch meilen von jhr ligt/vnd hat ein lustigen vnd fruchtbaren Boden/der viel Frucht vnd Obs bringt. Doch ist sie nicht vast starck/darumm sie auch vor kurtzen jahren ward durch die Frantzosen vnd König Franciscum geplündert/wiewol die Sardinier den Frantzosen den Raub widerumb ablieffen.

Alger. Alger/ein andere Statt in Sardinia/die noch new ist/klein vnd Volckreich/starck/vnd mit schönen Häusern gezieret/vnd seind die Eynwohner vast alle Tarraconenser auß Hispania. Die andern Stätt so in Sardinia ligen/vberhupff ich jetz auff diß mal/von kürtze wegen.

Es haben die Sardinier vor zeiten ein sonderbare Sprach gehabt/aber nach dem so viel vnd allerley Völcker dareyn kamen/nemblich die Lateiner/Pisaner/Genueser/Hispanier vnd Africaner/ist jhr Sprach vast verendert worden/wiewol noch viel Wörter blieben seind von der ersten Sprache/die man sonst in andern Sprachen nicht findt. Vnd das ist auch die vrsach/das in Sardinia in dem kleinen Land die Eynwohner so vngleich reden/vnd etwan kaum einander mögen verstehen. Jetz zu diser zeit seind zwo fürnehme Sprachen darinnen/einer gebrauchet sich der Stettinischen/der andern das Landvolck so ausserhalb den Stätten wohnet. Die in den Stätten wohnen/gebrauchen sich der Hispanischen Sprache/besonder die man in Catalonia redt. Dann nach dem die Catalonier haben angefangen zu herrschen in Sardinia/haben sie jhr Sprach auch hineyn gebracht. Aber die Landtleuth gebrauchen sich noch jhrer alter Sprache/wiewol sie in vielen Wörtern zustimmet der Hispanischen Sprache.

Von Oberkeit/Gesatzen/Gebräuchen/Sitten vnd Religion der Sardinier. Cap. lxxij.

IN Sardinia ist die höchste Oberkeit/der Vicere oder Statthalter des Königs/vnd hat gar nahe allen gewalt des Königs/vnd wirt keiner darzu genommen/er sey dann ein Spanier. Es hat auch ein Beysitzer/ver ist ein Doctor in den Rechten/vnd wirt Regent genañt. Der König bestimmt vnd setzt ein solchen Regenten. Es hat der Vicere auch sonst viel andere Rhät/mit denen er ein Parlament besetzt/das man Tribunal/das ist/das Oberst Gericht/oder deß Königs Kamer nennet. Etwan hat diser gewalt nicht vber drey jahr gewährt/aber jetzund hangt es alles an deß Königs wolgefallen. Es hat auch die Landtschafft Lugudoris ein besondern Gubernatorem/wie auch die Landtschafft Calaris den jhren hat/vnd die nimbt man von dem Land/oder von den Spaniern/es gilt gleich. Vnd wann der Vicere in eins Gubernators Gebiet kompt/hat der Gubernator kein Gewalt/aber so der Statthalter anderswo ist/hat er allen Gewalt/doch mag man von jhm Appellieren. Es seind auch sonst viel andere Oberkeiten im Land/die ich hie laß fahren. So viel die Geistlichen Personen antrifft/solt du wissen/das in diser Insul seind drey Ertzbisthumb.

Von Italia.

Das 1. Ertzbisthumb zu Calaris hat vnder jhm	Das 2. Ertzbisthumb zu Turritana hat vnder jhm	Das 3. Ertzbisthumb zu Arborea hat vnder jhm	Ertzbisthum in Sardinia.
Bischoff zu { Solo. Dolen. Suellen.	Bischoff zu { Sorzen. Puagre. Amphittren. Nutra. Gestari. Ochei. Vasor.	Bischoff zu { S. Justa. Tertalbâ. Civitas. S. Gavin.	

Sie haben auch ein gemeinen Inquisitorn/der gar rauch handlet mit denen so etwan im Glauben verargwohnet seind. Der Sitten vnd Natur oder Complexion halb der Sardinier/schreibt gemeldter Doctor Sigmund/daß die Eynwohner starck von Natur seind/vnd die wol arbeit mögen leyden/wenig außgenommen/die sich auff wollust des Leibs geben/vnd dem Jagen nachhangen. Viel deküstern sich mit dem Vieh/vnd lassen sich vernügen mit Wasser vnd grober Speiß/bekleiden sich mit grobem Tuch. Sie haben kein Krieg/vnd gar wenig kriegische Waaffen/ja sie haben in der gantzen Insuln kein Messerschmid/der jhnen macht Dägen/Schwerter/Spieß vnd dergleichen andere Waaffen: aber man bringt auß Italia vnd Hispania solche ding hineyn. In jhrem Jagen brauchen sie vast Armbruster/dann Büchsen seind jhnen verbotten/außgenommen wann die Türcken oder Moren in die Insul fallen wöllen. Sie seind gute Reuter/werden von der Sonnen gebrennt/daß sie viel schwärtzer seind dann die Italianer/leben nach dem Gesatz der Natur/wann sie gelehrte Außleger vnd Prediger der Geschrifft hetten/wurden sie gar ein rechtschaffen Leben führen. Wann das eynfaltige Bawrsvolck etwan eins Heyligen Fest hertzlich will begehen/hören sie am Morgen in desselbigen Heyligen Kirchen ein Meß/vnd darnach springen sie den gantzen Tag vñ Nacht in demselbigen Tempel/singen leichtfertige Lieder/Fraw vnd Mann tantzen mit einander/metzgen Säw vnd Wider/essen Fleisch/vnd begehen den Heyligen Tag also mit frewden. Etliche ziehen auch vber jahr ein Thier zu ehren eines Heyligen/das sie darnach an seinem Tag mit frewden essen. Vnd wann eins Hausvatters Gesind zu wenig ist/daß sie das gemetzget Thier nicht gar an einem Tag essen mögen/laden sie ander Leuth darzu/die jhnen helffen auffreiben/damit nichts vberbleib. Das Bawersvolck/vnd besonder die Weiber/gehen gantz schlecht vnd eynfältig bekleidet/aber in Stätten brauchen sie allen vberfluß vnd hoffart.

Von der Insul Corsica. Cap. lxxtij.

ES nennen die Griechen dise Insul Cyrnum, vnd sie ligt ein Teutsche meil fern von Sardinia/also däß man in einer stund fahren mag von einer Insuln in die ander. In jhrer länge hat sie 33. Meil wegs / bey 18. in der breyte / jhr gantzer vmbkreiß ist 80. meil. Als aber ein Kühirt in Liguria Corsa genaut/auff ein zeit sahe/dz seiner Ochsen einer offtmals vber dz Meer schwam/vnd allemal feister herwider kam/da fuhr er jm eins mals in eim Schifflin nach/fand dise Insul voll guter Weyde/zeigts seinen Nachbawren an/da bewohneten sie dise Insul/gaben jhr den Nammen von Corsa. Dise Insul ligt auch so nahe bey Plumblein/daß man sie daselbst sehen mag. Ein wild Volck ist es je vnd je gewesen. Die Carthaginenser habens den Liguriern abgedrungen/die Tyrannen in Sicilien denselbigen etwan wider auß den Händen gerissen/dann ist sie wider der Carthaginensern worden/biß sie zuletzt Scipio Cornelius den Römern gehorsam machet/ doch haben dieselben stäts mit jhnen zu schaffen gehabt/ dann sie für vnd für widerumb abgefallen. Aber sie ist allwegen mit den Sardiniern erhalten vnd verwaltet worden / haben einen Landvogt gehabt.

Marius

Marius hat ein Statt dareyn gebawt/die noch heut zu tag Mariana genandt ist/Sylla besetzt Alerium. Hernach wie die Griechischen Keyser dise Jnsul inngehabt/ist sie den meisten theil von den Bäpsten verwaltet worden/die dann jhre Landvögt darinn gehabt/wie auß den Episteln Gregorij zu vernemmen. Dann als die Wandalen sie eyngenommen/darnach die Gothen/zu letst die Longobarden: endtlich als die Longobarden die Regierung Italiæ verlohren/auch in die Händ Caroli Magni kommen/vnd den Bäpsten gar vbergeben/wiewol es gewiß/daß Bapst Gregorius lang darvor den gewalt darüber gehabt. Da aber die Saracenen vmb das jahr 800. sie anfallen wolten/schlug sie Bonifacius der Graffe von dannen/darnach wurden sie von Burchardo Caroli Magni Marschalck auch geschlagen/als sie dareyn gefallen.

Pipinus er-obert Corsicam.

Aber im jahr 806. da führt Pipinus der Sohn Caroli ein Schiffrüstung wider die Saracener/die Corsica eyngenommen hatten/vnd schlug sie darauß/allda war Graff Hadamar zu Genua/der thet sich zu vast herfür/vnd bleib auff der Walstatt/doch erhielten die seinen die Jnsul/daher dann noch heut zu tag die Genueser jhr Ansprach zur Jnsul gehabt/vnd sie nimmer auß handen lassen wöllen/wiewol die Bäpst alle die/so die Jnsul innhalten/am Hohendonnerstag jährlich in Bann thun/vnd die Pisaner so manchen harten Streit darumb gehabt. Zu dem der vest Fleck Bonifacio/ob derselbig vnder Gregorio/oder vnder disem letsten Bonifacio zu Caroli Magni zeiten erbawen/kan ich nicht wissen: Er hat aber vor den Namen gehabt/der Syracusanisch Hafen. Vnd wiewol die Genueser solche Jnsul besassen/hetten sie doch dieselbig allein in des Keysers Namen innen.

Im jahr 1063. namen sie die Pisaner eyn/da kamen die Genueser mit ihnen zu kriegen/daß der Bapst hat die Pisaner angericht/vnd wolten die Pisaner man solte die Bischoff in Corsica zu Pisa weyhen vnd nicht zu Genua. Hergegen wolten die Genueser es solte bey jhnen geschehen. Vrbanus 2. Gelasius 2. Calixtus 2. die Bäpst waren da partheyisch/hetzte die zwo Stätt mehr aneinander/weder daß sie sie zu frieden gericht hetten/biß daß Jnnocentius der 2. den entscheid gab/der Ertzbischoff zu Genua solt seyn vber die drey in Corsica/nemlich/Nebien/Accien vnd Marianen: der Bischoff zu Pisa vber Alerien/Adiaten/Sagonen. Doch im jahr 1124. kam es wider zum Krieg/vnd namen die Genueser S. Angelo eyn in Corsica das dann letstlich durch so viel zancks gar zu grund gericht. Jm 1144. kaufften sie alle ansprach von Lucio 2. dem Bapst/also daß er jhnen die halb ansprach vbergab/die er an der Jnsul von Pipino/Carolo Magno vnd Ludovico hat/ließ jhnen auch nach den Zinß den sie jährlichen darvon gaben/ein pfund Golds.

Also hetten sie aber ein weil rhu/biß auff das 1274. jahr/da Carle der König Sicilie die Jnsul anlieff/bawet ein Flecken Lambardo genant/vermeynt sie also zu zwingen/doch mocht er sie nicht behalten/vnd kundten sie die Genueser schwerlich wider erobern/da ward der Richter zu Ginercka jhr Lehenman auffrührisch/bawte ein Vestin gegen Bonifacio/thet grossen schaden. Die Genueser schickten 200. Pferd/300. Fußknecht/vnd 200. Schützen/schlugen den Richter/der 1500. Knecht vñ 200. Pferd bey jhm hatte. Er floh gen Alerie/die Genueser namen eyn Tallia/Jstria/Darmaney/Valcocka/Coniendole. Der Richter schiffet gen Pisa/ward der Pisaner Lehenman/die Pisaner namen sich seiner an/satzten jhn wider eyn/die Genueser sterckten jhr Statt Bonifacien. Die Pisaner streifften in der Jnsul bey S. Manza theten sie schaden/die Genueser feyreten auch nicht/erbawtē Pisanosa/fuhren in Sardinien/namen Alger eyn daselbst/die Pisaner legten sich für Calui/aber vergebens/es kam zum schlagen/die Pisaner lagen vnder. Auß Tizano vnd Capo Corso kriegten die Genueser Sardinien. Jm Jahr 1289. da eroberten sie alles in der Jnsul/Eulameto/Rocca de Vallo/Contondo/Tala/Oriauo/Ginercka/Jstria/Aleria/Petra lata/Bagnara/Verde/Loreto/Mariana/Bonifacio/S. Florentz, Beguglia/Pastia/letstlich musten die Pisaner sich der Jnsul verzeihen/135000. pfund den Genuesern für den kosten geben im 1300. jahr. Jm jahr 1417. war aber ein aufflauff in der Jnsul/das stifftet Vincetello an/ein Corß/aber er ward bald gedempt. Biß sie Alphonsus der König von Arragonia angriff/im jahr 1420. vnd erobert Calum. Doch im jahr hernach ward sein Zusatz außgeschlagen/oder erhub sich Anno 1435. der Vincetello widerumb/vnd nam die gantze Jnsul eyn biß an Calui vnd Bonifacio/der Corß verlohr die Schlacht/ward gericht. Anno 1452. vbergab man die Jnsul dem Abbt S. Jörgen/da aber die Catalonier die Jnsul plagten/ward sie im jahr 1465. wider vbergeben dem Hertzogen von Meyland/der erhielt sie etliche jahr. Darnach hett sie Thomas Fregos biß auff das 81. jahr/da gab man sie S. Jörgen wider/zu Beguglien hielt man ein weil den Hoff/Bastiasche bevestiget er/Johann Paul von Lecca/der machet Anno 1488. ein Auffruhr/aber er ward bald gedempt: daß Paulus ward im jahr 1501. gefangen. Hernach im 1511. da wolt Riuntio von Rocca ein aufflauff machen/aber er ward zu stücken verhawen.

Es hat dise Jnsul innwendig viel hoher/raucher vnd felsechtiger Berg/deßhalben sie vnfruchtbar ist/vnd nicht durchauß wol bewohnet/vnd wie das Erdtrich ist/also seind auch die Leuth darinnen. Dann es seind die Eynwohner gar vnburgerlich/grob/wild/grimmig/dem Diebstal vnd Mörderey ergeben. Sie zeigen an mit jhren Augen jhres Hertzen vngeschlachte art. Es seind vast arme Leuth/sie achten keiner Lehr/haben kein Artzt noch Juristen. Die Genueser seind jhre

Ober-

Von Italia. 595

Oberherren/vnd geben jhnen alle jahr ein gemeinen Gubernatorn vñ Regierer. Sie gleben vom fleisch der zamen vnd auch der wilden Thieren. Es wåchst gar ein edler Wein darinn/sonderlich an dem ort das sich gegen Ligüriam kehret. Man samblet viel Honig vnd Hartz darinn/wiewol das Honig nicht gut ist/bringt auch viel guter Früchten vñ Obs/besonder an dem ort das auff Hetruriam sihet: dañ es ist da ein groß eben Veld. In den andern ortern mag man nicht wol darzuhyn kommen/also rauche Berg hat dise Insul. Plinius schreibt/daß vor zeiten 33. Stått seind darinn gewesen/aber jetz hat sie nicht mehr dann ein Statt/mit Namen Basteiam/die ligt am Meer/ist nicht groß/vñ wendet sich gegen der Jnsul Caprariam. Es hat der oberst Gubernator sein Wohnung darinn/vnd die Genueser haben jhre Besatzung státs da ligen. Man lest kein Eynwohner Waffen tragen. In der gegenheit vmb Basteiam ist das Landvolck reich/heist Campo Loro: das ist/Feld von Gold: dann es wåchst kôstlicher guter Wein da/Kesten vnd Weitzen. An dem ort da Corsica stoßt an Sardiniam/ligt ein starck Schloß/Bonifacio genandt/da ist ein gut Port/vnd haben die Genueser ein Zusatz da/wider die Meerråuber/die offt in das Land fallen/vnd hinweg führen was sie ergreiffen/vnd ist nichts sicher vor jhnen bey Nacht/man wohne dann in beschlossenen Stätten oder Schlôssern/deren doch wenig seind. Ein halbe Tagreiß vō dem Schloß Bonifacio haben die Genueser ein Státtlein gebawen/das man nennet Porto Vechio: das ist/alt Port/da ligen státs Reuter vnd Kriegsknecht/die das Land verhüten wider die Meerråuber.

Anno 1553. fuhr der Türck vnd Printz von Salerno auff Corsica zu/namen gleich S. Florentz eyn/vnd die Landtschafft darumb gelegen/im Namen des Frantzosen/wie man sagt/belågerten auch Bonifacio. Da aber die Genueser dessen verwahrnet/schickten sie ein Jagschiff zum Vogt/Er solt sich wol halten/sie wolten jhm bey zeiten zu hilff kommen. Aber der Bott ward mit den Briefsen erwüscht/vnd mit grossem Gelt bestochen/daß er auff Bonifacium ziehen solte mit etlichen falschen Brieffen/die da innhielten/der Vogt solt sich ergeben mit dem besten geding so er gehaben môcht: dann von wegen auffgeluffs in der Statt/were jhm nicht zu helffen/er solt sich in die Vestin Bastiam thun. Also ward die gantze Jnsul vom Frantzosen erobert/biß an zwo Vestinen/Calui vnd Bastia. Die Genueser namen sich dessen hart an/schickten den Printzen Doriã Giordan Vrsino/der die Insul von der Frantzosen wegen jhühielt/vnd als er S. Florentz erobert/ließ er die Feind abziehen mit Haab vnd gewehrter Hand. Also belågert er Ann.1555. Bonifacium mit zehen Galeen/vnd hatt ein hoffnung/sie solt jhm verrathen werden/aber er mußt vngeschafft abziehen. Vrsino bevestnet er mitten im Land Accaio/vnd hielt den Hoff daselbst.

Anno 1553. wolt auch Keyser Carl nicht zu fried seyn der Jnsul halb/verhieß den Genuesern/er wolt jhnen helffen daß jhnen das jhr wider wurde/vñ so er es nicht thete/so müsse es je sein Sohn Philippus thun/das ist nun im Jahr 1559. geschehen/im Vertrag zwischen Philippo vnd Heinrico den Kônigen auffgericht/der also des orts lautet: Es solle der Kônig von Franckreich den Genuesern die Insul Corsicam wider geben vnd sein Geschütz/Munition vnd Proviandt darauß führen/doch gar nichts an den bevestungen so ast schleiffen/vnd da gegen den jenigen so in verselbigen Franckreich gedient/verzehen/vnd sie auch versühnt werden. Die Statt Aleria/so vor zeiten in Corsica eines grossen Namens ist gewesen/ligt jetzund gar nider/vnd ist das Ertzbißthumb von dannen verruckt in die Statt Basteiam.

Von der Insul Capraria. Cap. lxxiiii.

Capraria ein andere Jnsul 30. Welscher meilen von Corsica gelegen/ist klein/vnd gantz bürgig/vnderthan den Genuesern. Es wohnen wenig Leuth darinn/die bawen Wein/der vast gut da wirdt/besonder der roth. Es müssen die Eynwohner sich enthalten auff einem hohen Schloß/das zwischen den Felsen ligt/von forcht/wegen der Meerråuber.

Anno 1540. belågert Dragut Rays der Türck Capariam die Statt in diser Insul gelegen/erobert vnd plündert sie/führet bey 700. Menschen darvon/fieng auch ein Genueser Lastschiff. Alß das Doria in Gianuti vernam/fuhr er auff Capocorso in Corsica/Dragut kam bey nahe auff ein meil wegs darzu/hat das gefangē Schiff auff Gerben zugeschickt/vnd lendet mit seinem Volck in Corsica auß/raubet/fuhr auff Castel zu/von der Jnsul fünff meil/beschoß das/also ward er ertappet von Doria/vnd in Ketten geschmidet/die Christen erlediget auff den zwôlfften Julij/aber Dragut ward hernach
ledig gelassen/mit grossem schaden der
Christenheit.

Das vierdte Buch
Warhaffte abcontrafactur der Insul Gerbe.

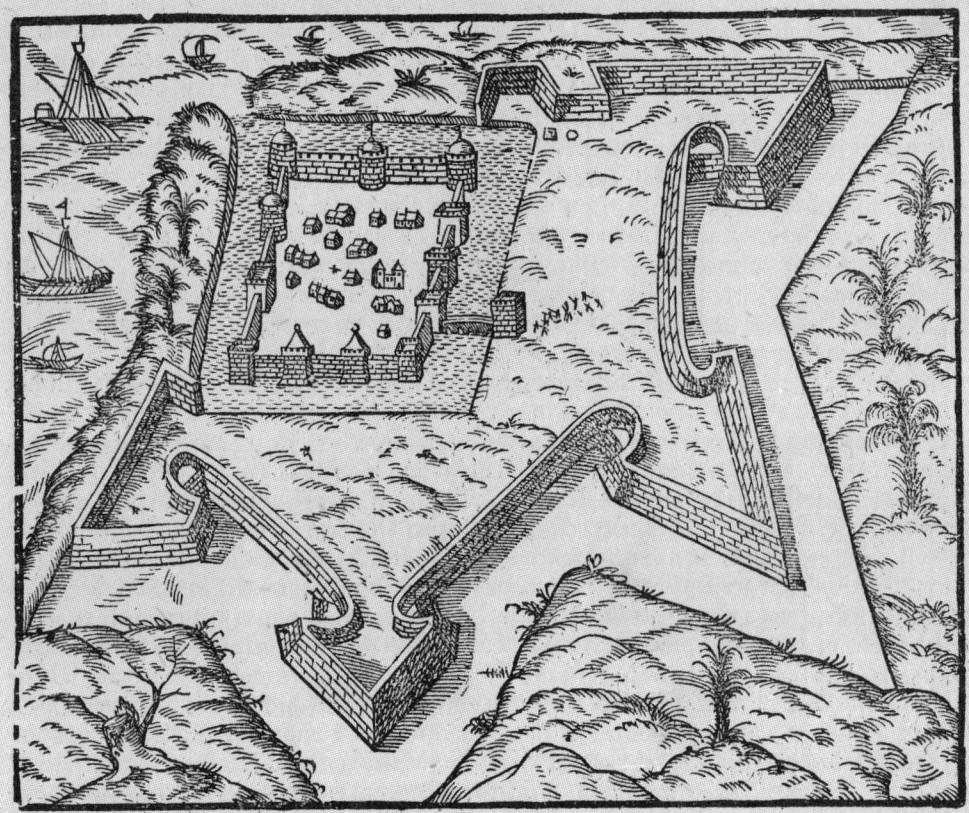

Ise Insul von Plinio Meninx genennet/ist mit tieffen vnd sümpffigen Mösen/ ohne die Flüß vnd lauffenden Wasser vmbgeben: außgenommen in der mitte hat sie ein wenig Berg: in diser Insul sollen bey 35000. Menschen wohnen/ die schlechte Wohnungen/vbel leben/auff der Erden schlaffen/zum mehren theil barfuß vnd schier halb nackend gehen. Es wachsen darinnen viel Datteln/Oliven/Gersten/Hirß/vnd wenig Holtz. Man findt auch bey jhnen Camel/Esel/ Hasen/Camaleonten: auch werden allda schöne Tisch-Tapeten/Baracani genandt/gemacht. Die Männer seind Geltgierig vnd vnkeusch/darumb sie auch viel Weiber nemmen. Letztlich haben sie angefangen grosse vnbarmhertzigkeit den Christen zuerzeigen/vnd jhre Seelen gen Himmel zu schicken/welche wegen des Nammens Christi freywillig alle Trübsal vnd den Tod selber gelitten: zu vorauß weil jhnen der Bapst drey Monat zuvor vollmächtige Indulgentz Brieff vnd Jubeljahr zugeschickt.

Wie nun dise Insul im Jahr 1560. von den Christen belägert/erobert vnd bevestiget/auch wie sie volgender zeit den Christen vom Türcken widerumb abgewunnen worden/wirst du in der Türckischen Hoffhaltung (zu Basel getruckt) außführlich vnd grundtlich der länge nach zu lesen finden.

Der Insul Ilua oder Elba beschreibung vnd gelegenheit/dem Hertzog von Florentz zugehörig/so Anno 1555. von dem Türcken ist beschädiget worden.
Cap. lxxv.

Jlua ein Insul/die man sonst Elbam heißt/ligt nicht ferr von Jtalia/ist gantz fruchtbar. Sie bringt Stahel vnd Eysen. Etliche sprechen/man findt auch Gold vnd Sylber darinn. Sie hat kleine Stättlein/vnd ist drey mal grösser dann Capraria/Keyser Carle der fünfft hat sie ein zeitlang vnder sich gehabt. Die Griechen haben sie geheissen Aetalam,rc. Anno 1552. alß der Barbarossa im abzug/kam er gen Plumbin/begert/Appianus solt jhm Sine des Juden vñ grossen Türckischen Meerräubers Sohn/so zu Tunis gefangen worden/herauß geben/so wolt er also abziehen ohne schaden. Er empfieng nicht gleich gute Antwort/schifftet auff Jlua zu/vnd bey Capolibero saß er auß in Hafen Longo/ in solcher eyle/ daß er das Volck also ertappet/ zog gleich auff Volteraio/belägerts/aber vergebens/da gab der Appianus den Knaben herauß/

damit

Von Italia.

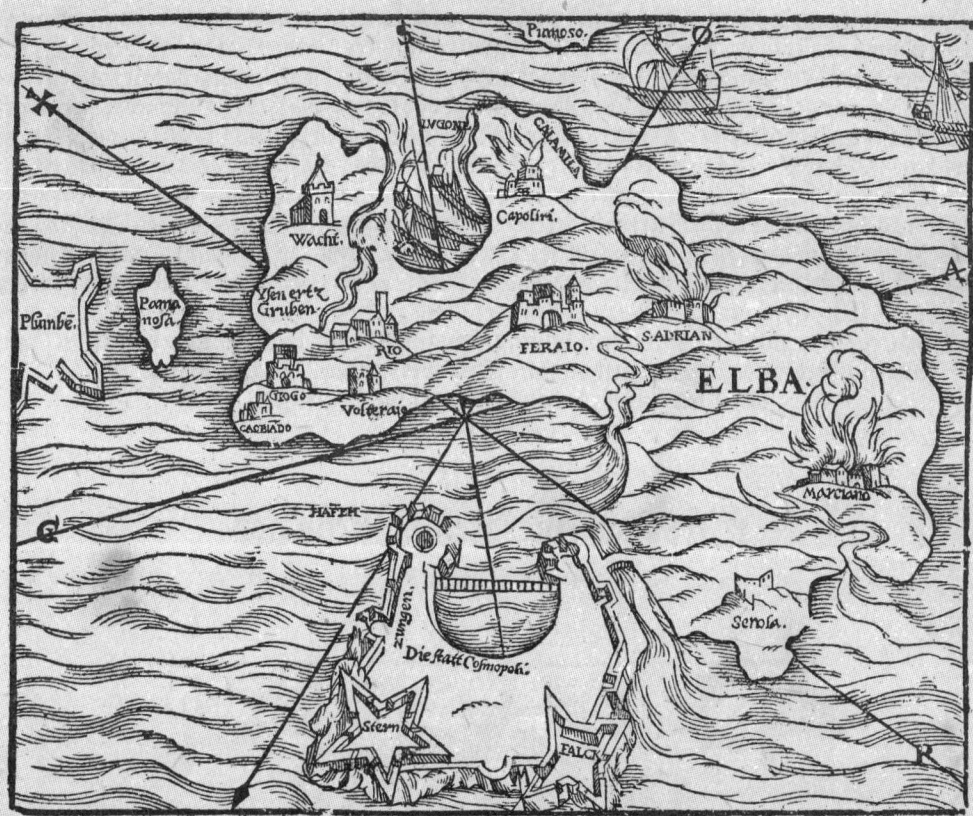

damit ließ er die Insul weiter unbekümmert. Hernach hat Cosmus Medices/deß sie jetzund ist/die Insel bey dem Hafen Ferrario/mit zweyen Vestinen verwahrt/die eine den Stern/die ander den Falck geheissen/zu welchen er hernach auch ein Statt nach seinem Namen Cosmopolin geheissen/erbawen/vnd dieselb mit sampt der gantzen Insel seinem im jahr 1561. instituierten Ritters-Orden S. Stephan eyngegeben/vñ zu bewahren befohlen. Dieser Orden ist schier der Johanniter gleich/allein daß dieser nicht wie jene ein weiß/sondern ein rohtCreutz mit Gold vmbsetzt tragen: Auch dörffen sie sich ein mal verheyraten/welches den Johannitern gantz abgeschlagen: vnd dessen Oberste seyn die Hertzogen von Florentz.

Es ligt auch ein Insel bey Sicilia/vor zeiten Hiera/heutiges tags Vulcania genannt; dann sie *Vulcanio* war vor zeiten dem Abgott Vulcano gewidmet/die hat auch ein spitzigen Bühel/der brennt bey *Inseln.* Nacht vnd dämpfft bey Tag. Man hat auch so viel acht darauff gehabt/daß man gemerckt hat/dß der Flam durch den Windt wirdt auffgeweckt/jetzund in Vulcano/darnach in Ethna/vnd wann der Wind erligt/so erligt auch der Flam. Diese Insel Vulcania ist gantz rauch/steinig vnd fewrig. Wann der Lufft von Mittag hergeht/so geht ein dämpffiger Nebel vmb die Insel. Wann aber der Mitnächtig Wind geht/so erhebt sich auß dem Loch oder Kamin ein hoher Flam/vnd wirdt damit gehört ein groß krachen vnd brechen.

Vnd so viel unfruchtbarer die Insel Vulcani ist/so viel fruchtbarer ist die Insel Lipari/die nit *Lipari Insel.* ferr von Vulcano ligt; dann sie bringt grosse Nutzung in Früchten/Alaun vnd heilsamen warmen Wassern/sie hat etwan Etolia geheissen/vnd ligt ein Statt darinn die heist Liparus/vnd hat gute Weyd/vnd heilsame Bäder. Aber jhr grösste Nutzung steht in dem Alaun. Anno 1544. hat Adriatus Barbarossa mit 150. Sägeln auf Nissa zugeschiffet/vnd als er das Schloß nicht erobern mögen/kehrt er wider auff Constantinopel zu/vnd am färfahren belägert er Lipari/er fordert's auff/sie stellten sich zur Wehr/nöhtiget es/die Bürger schrieben jhm zu vmb Frieden/er fordert 10000. Ducaten/sie wöllens nicht geben. Er stürmpt/bescheust es/sie triebens aber 10. Tag lang/hofften der Vice-Re von Neapels solt jnen Hülff schicken/aber vergebens. Da war ein reicher Burger Jacob Camagna genannt/der war zuvor deß Barbarosse Freundt/derselbig bringt so viel zu wegen/daß 60. der reichsten Bürger mit Haab vnd Gut sicher abziehen möchten.

Aber wiewol also die Statt gleich verzahten/hielt doch der Barbarossa wenig glauben/macht *Ethalia* die Statt preiß/reyß es alles eyn/brennt/mordt/führt bey 8000. Seelen/Weib/Mann vnd Kin- *Insel.* der darvon. Also hat sie hernach Keyser Carlen auff das vestes widerumb bawen vnd besetzen lassen. Nicht weit von dieser Insel ist ein ander Insel/die heist Ethalia da findt man Stein darauß man Eysen kocht.

Ander viel mehr kleiner Inseln ligen vmb Sicilien/deren ein theil bewohnt werden/vnd ein theil öd ligen öd ligen: Als Aenaria/ so jetzt Jscla heist/nicht fern von Caieta. Item Cosyra/Aeglusa/Strongile/ Didyma/Ericusa/ec. Die doch zu unsern zeiten fast andere Namen haben. Es werden ihr ein Theil von den Menschen bewohnt/sonderlich auß denen man etwas Nutzung haben mag/die andern die so gar ungeschlacht sind/bleiben öd ligen/ und das so lang biß sie der Himmel zu seiner zeit gnädiglicher anblicken wirdt. Dann es geht auff dem Meer in den Inseln zu/ gleich wie auff dem bewohnten Erdtrich. Wo zu einer zeit ein geschlacht Erdtrich ist/da sich die Leut und Vieh ernehren mögen/ wird solcher Boden zu einer andern zeit grendert/ und in ein unartig Erdrich verwandelt/ wie auch widersins zum offtermaln geschehen ist/daß auß einem ungeschlachten Erdrich/ein fruchtbarer Boden worden ist. Ursach dieser Verenderung wirdt fast genommen auß dem stäten umblauff deß Himmels/ der zu andern und andern zeiten/ andere und andere Vereinigungen der Himlischen Cörpern gibt. Dann von anfang der Welt sind die Himmel nicht in zweyen underscheidenen zeiten in gleicher Zusammenfügung gestanden/ darumb kein Wunder ist/daß die Jahr ungleich sind/ ja daß es auch in ihme stäte Verenderung hat. Und so viel von Italia/ und allen Insuln darumb/wöllen nun Teutschlandt beschreiben.

Ende deß vierdten Buchs der Cosmographey.